南昌年鉴

2022

《南昌年鉴》编辑委员会 编

方志出版社
Publishing House of Local Records

图书在版编目（CIP）数据

南昌年鉴. 2022 / 《南昌年鉴》编辑委员会编. —
北京 : 方志出版社, 2022.12
ISBN 978-7-5144-5434-5

Ⅰ. ①南… Ⅱ. ①南… Ⅲ. ①南昌－2022－年鉴
Ⅳ. ①Z525.61

中国版本图书馆 CIP 数据核字(2022)第 243844 号

责任编辑：刘方圆
责任校对：刘玉霞
责任印制：梅中英
出 版 者：方志出版社
地　　址：北京市朝阳区潘家园东里 9 号（国家方志馆 4 层）
邮　　编：100021
网　　址：http://www.zgfzcb.cn
发　　行：方志出版社图书营销中心（010-67110500）
印　　刷：江西龙莹印务有限公司
开　　本：889 毫米×1194 毫米　1/16
印　　张：34
字　　数：1301 千字
版　　次：2022 年 12 月第 1 版
印　　次：2022 年 12 月第 1 次印刷
定　　价：260.00 元

南昌市政区图

南昌市城市规划设计研究总院　南昌市测绘勘察研究院

审图号：赣S（2021）054号

资料截止日期2021年12月31日

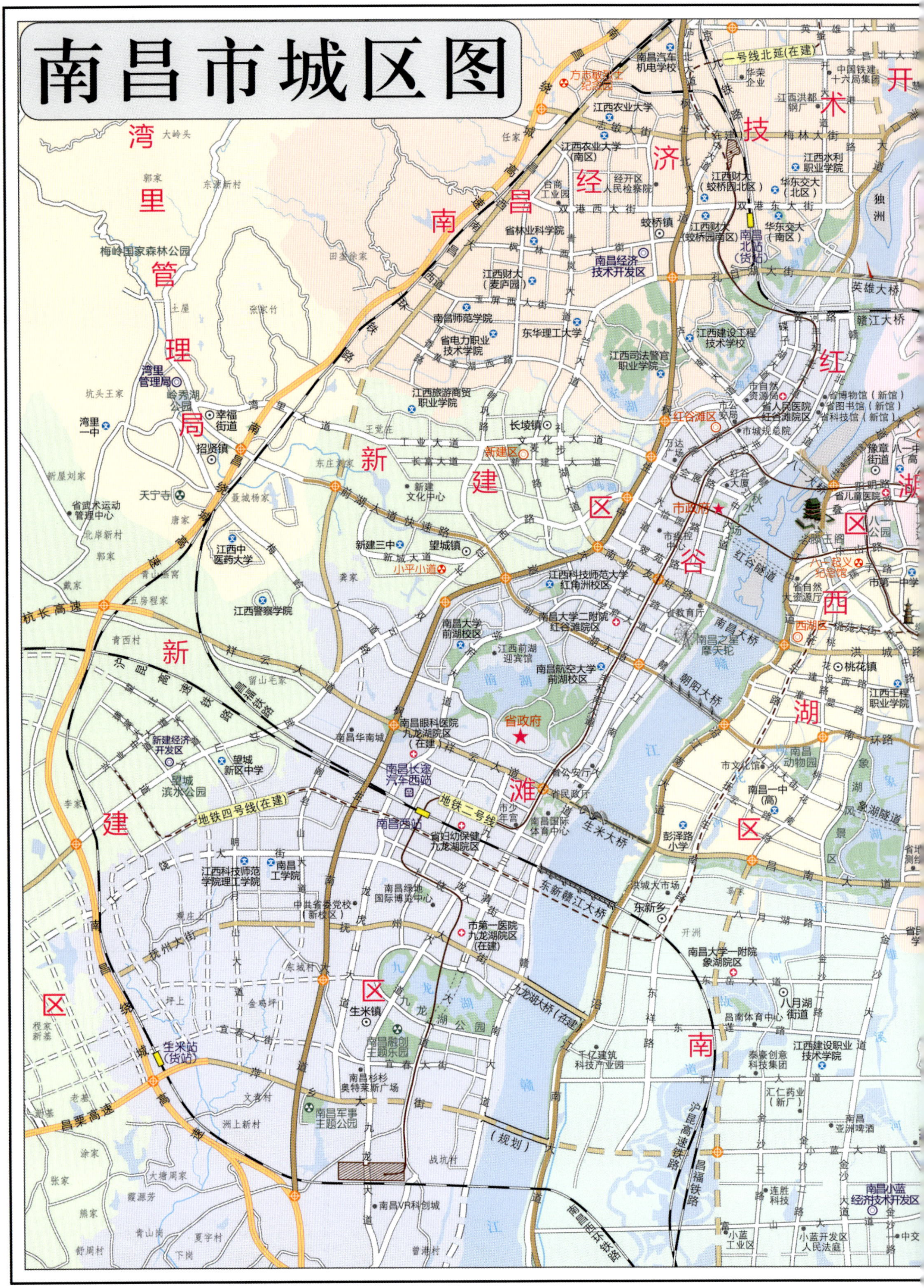

南昌市城市规划设计研究总院　南昌市测绘勘察研究院

审图号：赣S（2021）054号

资料截止日期2021年12月31日

南昌数字 ·2021

总面积：	7195 平方千米	货物运输量：	1.87 亿吨
年末常住人口：	643.75 万人	旅客运输量：	4888.8 万人次
户籍人口：	540.38 万人	旅游总人次：	17795.36 万人次
地区生产总值：	6650.53 亿元	旅游综合收入：	1743.95 亿元
第一产业增加值：	238.31 亿元	全社会用电量：	287 亿千瓦小时
第二产业增加值：	3218.10 亿元	城市供水总量：	4.73 亿立方米
第三产业增加值:	3194.11 亿元	人均公园绿地面积：	13.05 平方米
人均地区生产总值：	104788 元	城区绿化覆盖率：	43%
地方一般公共预算收入：	484.84 亿元	金融机构人民币存款余额：	14757.42 亿元
地方一般公共预算支出：	870.01 亿元	金融机构人民币贷款余额：	17620.96 亿元
社会消费品零售总额：	2878.74 亿元	城镇居民人均可支配收入：	50447 元
海关出口值:	897.68 亿元	城镇居民人均消费支出：	31038 元
海关进口值：	395.88 亿元	农村居民人均可支配收入：	22913 元
实际利用外资：	43.95 亿美元	农村居民人均消费支出：	16576 元

（资料来源于市统计局）

南昌荣誉

荣誉称号
获得荣誉城市 / 单位
荣誉颁授部门

国家卫生城市
南昌市
全国爱国卫生运动委员会

全国无障碍建设示范市
南昌市
住房城乡建设部

“四好农村路”建设市域突出单位
南昌市
交通运输部、财政部、农业农村部、国家乡村振兴局

全国“无偿献血先进市”
南昌市
国家卫生健康委联合中国红十字会总会
中央军委后勤保障部卫生局

全国对台工作系统先进集体
市委台办
中共中央台湾工作办公室
国务院台湾事务办公室

全国党史和文献部门先进集体
市史志办公室
人力资源社会保障部、中共中央党史和文献研究院

2017—2020年度全国群众体育先进单位
市体育局
国家体育总局

2016—2020年全国普法工作先进单位
市司法局
市人民检察院
市妇联
司法部

2016—2020年全国依法治理创建活动先进单位
市市场监督管理局
司法部

全国知识产权系统先进集体
市市场监督管理局(知识产权局)
人力资源社会保障部、国家知识产权局

民革全国机关工作先进集体
民革南昌市委员会
民革中央

民盟脱贫攻坚先进集体
民盟南昌市委员会
民盟中央

民进全国社会服务暨脱贫攻坚工作先进集体
民进南昌市委员会
民进中央

全国工商联民营企业调查点工作先进基层单位
市工商联
全国工商联

全民科学素质工作先进集体
市科协
中国科协

全国侨联系统助力脱贫攻坚先进集体
市侨联
中国侨联

全国残疾人工作先进单位
市政府残工委
国务院残疾人工作委员会

2021年7月26日,南昌市行政中心及周边景色 | 魏勇剑 摄

党史学习教育

2021年，南昌市将党史学习教育作为一项重大政治任务来抓，召开动员部署会，成立党史学习教育领导小组，制订实施方案，推动党史学习教育全面展开。市委理论学习中心组全年集中学习研讨21次，全市各县区、各单位中心组共开展集体学习1600余场次。市委常委深入理论学习联系点带头开展宣讲28场次，市、县两级党委组织开展4轮集中宣讲活动，宣讲1100余场次，现场听众50万余人次。各县区、各单位组建各级各类基层宣讲队伍860余支，开展集中宣讲活动1.05万场次，受众近100万人次。全市共产党员开展志愿服务80万余次，为身边群众办好事实事30万余件。

2021年3月1日，全市党史学习教育动员会召开 | 成奔 摄

2021年3月17日，市委理论学习中心组成员到南昌八一起义纪念馆开展党史学习教育专题活动 | 成奔 摄

2021年5月10日，党史学习教育市委宣讲团南昌县(小蓝经开区)宣讲报告会举行 | 南昌县 供图

2021年5月22日，南昌市体育局党史学习教育知识竞赛举行 | 市体育局 供图

2021年7月19日，南昌市卫生健康系统党史学习教育专题读书班在井冈山江西干部学院举办 | 市卫健委 供图

2021年7月31日，"八一军旗红" 党史学习教育红色故事会专场汇报展演活动在南昌市文化馆群星剧场举行 | 马悦 摄

庆祝建党百年

2021年是中国共产党成立100周年，南昌市围绕建党百年主题，集中组织开展系列庆祝活动。组织开展“永远跟党走”群众性主题宣传教育活动，创新开展“洪城街艺”街头艺术表演活动、“艺心向党”庆祝中国共产党成立100周年系列活动等，线上线下传播量近1000万次。开展“永远跟党走”广场舞展演活动，活动参与团队100支。全市组建3100支宣讲队伍，依托新时代文明实践中心、爱国主义教育基地等基层阵地，开展基层宣讲活动5万场次，受众32万人次。

2021年5月30日，南昌市少年儿童庆祝中国共产党成立100周年文艺汇演在市青少年宫（九龙湖）举行 | 团市委 供图

2021年6月4日，南昌市直机关“唱支山歌给党听”歌咏比赛在南昌广播电视台演播大厅举行 | 市直机关工委 供图

2021年6月29日，“百年回望 红心向党——庆祝中国共产党成立100周年主题展”在南昌八一起义纪念馆展出 | 马悦 摄

2021年7月26日，学习贯彻习近平总书记“七一”重要讲话精神省委宣讲团宣讲报告会在南昌市举行 | 马悦 摄

10万人才来昌留昌创业就业

2021年，南昌市开展吸引10万人才来昌留昌创业就业活动。全市举办线上线下“百场校招”活动，初步达成就业意向5.9万人次。实施“顶尖领导人才领航计划”，引进10名战略性支柱产业高层次人才，认定南昌市A、B、C、D类高层次人才388人。发放南昌“人才10条”奖励补贴超11亿元，给予近8万名大学毕业生和技能人才落户奖励、生活补贴、购房补贴、创业扶持等就业优惠。全市2736套、25万平方米人才公寓实现“拎包入住”。

2021年10月23日，南昌市10万人才来昌留昌创业就业“百场校招”启动活动在南昌大学(前湖校区)举行 | 马悦 摄

2021年10月23日，“百场校招”活动南昌大学(前湖校区)招聘现场 | 马悦 摄

2021年10月23日，“百场校招”启动活动在线直播带岗 | 马悦 摄

2021年11月18日，南昌市10万人才来昌留昌创业就业“百场校招”宣讲会在东华理工大学举行 | 市委组织部 供图

2021年11月29日，南昌市10万人才来昌留昌创业就业“百场校招”活动北京高校专场网络宣讲会举行 | 红谷滩区 供图

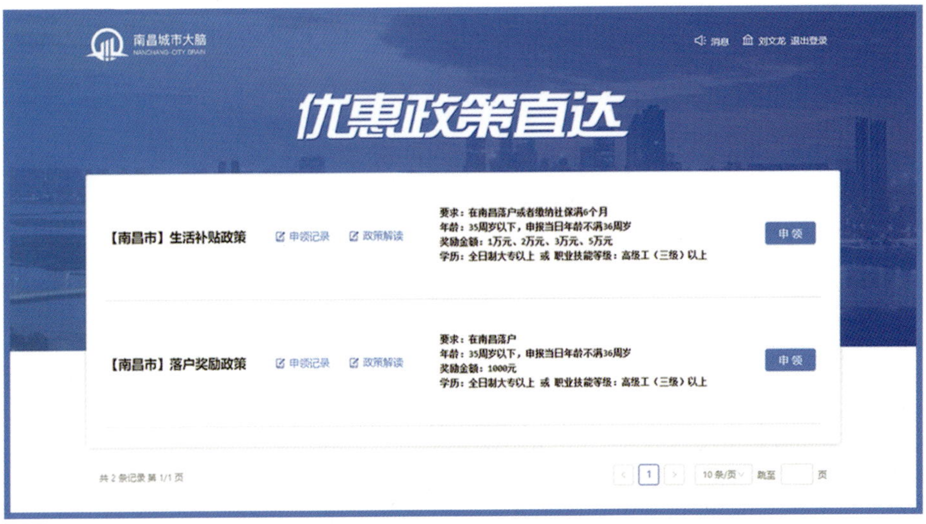

2021年，南昌市实行“人才10条”奖励补贴优惠政策。图为“南昌城市大脑”优惠政策申报页面 | 市史志办 供图

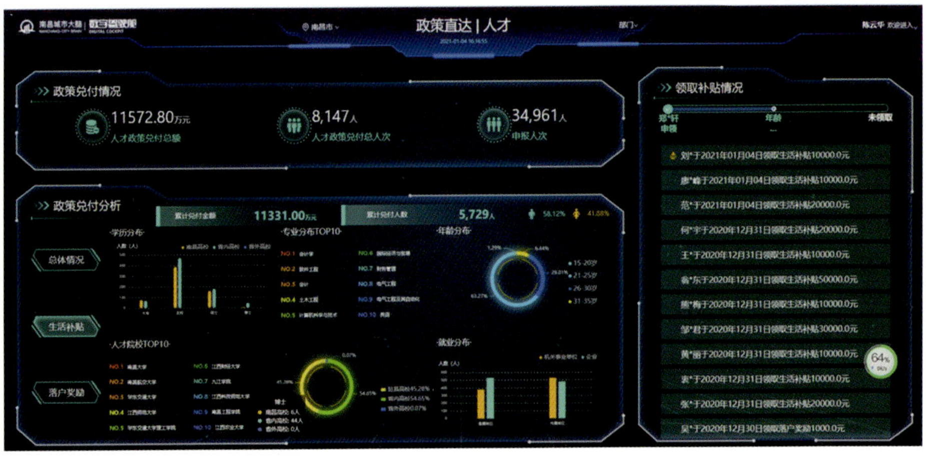

2021年，南昌“人才10条”优惠政策网络平台“免批秒办”。图为“南昌城市大脑”政策直达兑付情况页面 | 市人社局 供图

2021年，南昌市人才公寓 | 红谷滩区 供图

2021年1月30日，创业就业人才入住青山湖区高端人才公寓 | 青山湖区 供图

中国南昌人力资源服务产业园 | 市人社局 供图

2021年12月14日，2021年南昌市高层次科技人才“洪城计划”创业大赛颁奖仪式举行 | 魏勇剑 摄

世界 VR 产业大会

2021年10月19—20日，2021世界VR产业大会云峰会在南昌举办。大会设开幕式、主旨演讲和主论坛，同时举办16场主题论坛，另设奥地利、韩国2个分会场，吸引众多国内外VR领域领军人物、企业代表、行业组织负责人、专家学者参会。大会以“VR让世界更精彩——融合发展 创新应用”为主题，聚焦前沿技术、探讨发展之道，展示最新成果、推动应用普及，搭建交流平台、汇聚要素资源，共同书写VR产业发展新篇章。2021年，南昌市VR及相关企业营业收入达509.9亿元。南昌市构建“产、学、研、商、游、居”一体化生态圈，推动VR产业集群集聚发展。

2021年10月19日，2021世界VR产业大会云峰会在南昌举行 | 马悦 摄

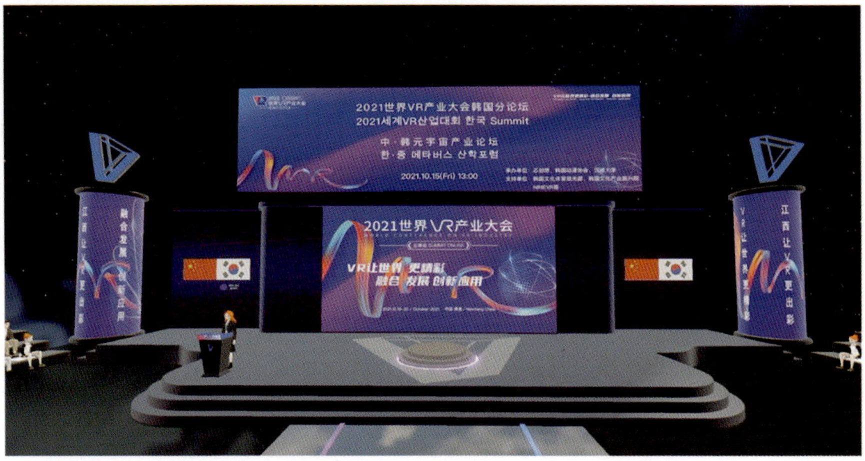

2021年10月19日，2021世界VR产业大会韩国分论坛　|　市外办　供图

2021年10月19日，图灵奖获得者约翰·轩尼诗发表题为《瞬息万变时代的创新》的视频演讲　|　市外办　供图

2021年10月20日，2021年南昌VR科创城全球招商推介会举行　|　魏勇剑　摄

2021年10月17日，2021年世界VR博览会现场 | 马悦 摄

2021年10月19日，世界VR产业博览会上展示VR智慧驾驶 | 成奔 摄

2021年10月19日，世界VR产业博览会上展示儿童自闭症VR筛查&训练系统 | 马悦 摄

2021年10月20日，2021“红谷VR精英杯”虚拟现实产业创新大赛颁奖仪式举行 | 杨紫韬 摄

2021年10月20日，2021年世界VR产业大会集中签约仪式举行 | 魏勇剑 摄

南昌航空城建设

南昌航空城于2008年创建，2009年12月、2017年1月先后被国家发改委批复为南昌国家航空高技术产业基地和全国首批通航产业综合示范区。南昌飞行大会连续三届在南昌航空城举办。中航工业洪都、中国商飞等航空企业和江西航空研究院、北航江西研究院、民航局江西适航审定中心相继入驻南昌航空城。C919、ARJ21飞机在瑶湖机场常态化试飞。至2021年年底，南昌航空城航空产业营业收入190亿元，同比增长35.2%，已落户项目70个，总投资约706亿元。

2021年4月13日，南昌航空科创城 | 杨紫韬 摄

2021年4月12日，南昌航空城内的江西洪都航空工业集团有限责任公司 | 马悦 摄

2021年6月22日，江西航空研究院成立暨揭牌仪式举行 | 市委组织部 供图

2021年10月31日，2021中国航空产业大会暨南昌飞行大会签约仪式在瑶湖机场举行 | 南昌高新区 供图

2021年10月31日，2021南昌飞行大会上CBJ飞机进行飞行表演 丨 南昌高新区 供图

2021年7月20日，东方航空昌沪快线首架国产支线客机ARJ21-700首航 丨 马悦 摄

2021年4月24日，中国商飞江西生产试飞中心竣工 丨 南昌高新区 供图

2021年7月25日，航空工业洪都高教机完成转场交付任务 | 马悦 摄

2021年10月31日，2021南昌飞行大会上初教六飞机进行飞行表演 | 南昌高新区 供图

水环境治理

“一城香樟半城湖，一江三河串十珠”是南昌市良好水生态的真实写照。2021年，南昌市认真贯彻落实习近平总书记关于生态文明建设重要讲话精神，以水环境治理为切入点，不断提升治水能力，积极打造亲水都市，城区黑臭水体全面消除，河湖水系大联通加快实现。

2021年12月26日，南昌市水环境治理工作专题会召开 | 马悦 摄

2021年6月2日，艾溪湖流域水环境综合治理先导工程现场推进会在南昌高新区举行 | 魏勇剑 摄

2021年6月18日，南昌市中心城区市政污水管网建设项目集中开工仪式举行 | 魏勇剑 摄

2021 年 4 月 12 日，夕阳照耀下的扬子洲渔业村赣江段江豚跃出水面嬉戏 | 熊家福 摄

2021年7月7日，安义县长埠镇木马凌家水库里发现国家一级保护动物——桃花水母 | 安义县 供图

2021年1月15日，青山湖（城东）污水处理厂通水试运行 | 魏勇剑 摄

2021年3月24日，改造后的幸福渠寰宇万象湿地公园 | 杨紫韬 摄

2021年7月，改造后的乌沙河 | 熊家福 摄

2021年11月3日，综合治理后的莲塘河 | 马悦 摄

2021年12月9日，改造后的鱼尾洲湿地公园 | 马悦 摄

2021年11月3日，艾溪湖及周边景色 | 杨紫韬 摄

编辑说明

一、《南昌年鉴》是《南昌年鉴》编辑委员会编纂的年度资料性文献，具体编辑工作由南昌市史志办公室承担，1998年首卷出版，此后每年出版1卷。《南昌年鉴(2022)》（以下简称“本年鉴”）是第25卷。

二、《南昌年鉴》以马克思列宁主义、毛泽东思想、邓小平理论、“三个代表”重要思想、科学发展观、习近平新时代中国特色社会主义思想为指导，坚持辩证唯物主义和历史唯物主义的立场、观点和方法，全面、真实地记录南昌市自然、政治、经济、文化、社会和生态文明建设等方面情况，为打造富裕美丽幸福现代化江西“南昌样板”，全力做大做强做优大南昌都市圈提供决策依据和借鉴，为国内外读者了解南昌市提供资料和信息。

三、本年鉴采用分类编辑法，以类目为单元。类目划分在2021年卷的基础上略有调整。全书设：(1)特载；(2)专记；(3)大事记；(4)市情概览；(5)中国共产党南昌市委员会；(6)南昌市人民代表大会；(7)南昌市人民政府；(8)中国人民政治协商会议南昌市委员会；(9)中国共产党南昌市纪律检查委员会 南昌市监察委员会；(10)民主党派·工商联；(11)群众团体；(12)法治；(13)军事；(14)经济管理；(15)开放型经济；(16)开发园区；(17)数字经济；(18)农业；(19)乡村振兴；(20)制造业；(21)建筑业；(22)商贸服务业；(23)金融业；(24)旅游业；(25)房地产业;(26)交通·邮政;(27)城乡建设和管理;(28)生态环境;(29)科学技术;(30)教育;(31)文化；(32)卫生健康；(33)体育；(34)社会生活；(35)应急管理；(36)县区(管理局)；(37)人物·荣誉；(38)附录；(39)索引。

四、类目由分目和有关条目组成。条目是本年鉴收录资料信息的主要形式，特约各县区、市直各部门及驻南昌市中央、省属单位熟悉情况的人员撰写，并经撰稿单位负责人审核，由编辑人员精选精编。为方便读者检索，本年鉴设目录、索引的检索方式。

五、本年鉴记述时限为2021年1月1日至12月31日。统计资料由南昌市统计局供稿。凡涉及南昌市国民经济和社会发展的主要数据，以南昌市统计局公布的数据为准。每个条目中出现“同比”或“比上年增长”时，保留第一次出现的“同比”或“比上年”，其余均省略。

《南昌年鉴（2022）》编辑委员会

《南昌年鉴（2022）》编辑和编务人员

各撰稿单位审稿人名单

（排名不分先后）

万菁	万强	万红玲	万忠明	万欣	万晓玲
韦小宏	尤丁发	方腾	孔令源	邓小燕	邓华正
邓强	龙国英	尧丽娜	朱君	朱素琴	伍小梅
伍秋平	刘力	刘凯	刘建坤	刘奕廷	刘晓锋
刘涛	农小兵	阮亦彬	孙中伟	杜辉根	李寅
李月明	李传润	李志超	李良生	李青峰	李通
李新宇	杨超	杨威	肖赟鹏	吴卫平	吴振江
邱垚	何彦军	何稳庚	余刚	余杨	邹萍莉
应国平	沈阳	沈彦	宋俊娟	张芳	张少中
张军伟	张纯荣	张祖法	张婷婷	张霖	陈慧
陈力	陈川川	陈以焱	陈红成	陈奕蒙	陈铭
陈超	陈期金	陈雷	陈曙	林继敏	罗琪
罗民	罗翔	罗凡	金辉	周义军	周帅
周宇亭	周俊强	周积云	郑雄文	单茹	项文杰
赵泽华	胡崇敬	胡超	胡献忠	钟雷英	侯毅军
俞建群	俞剑平	饶晨	祝雄华	姚楚君	贺龙茹
骆军	袁定福	夏志兵	徐渊	徐十斗	徐军
徐海波	徐晶	郭鹏	唐传师	唐理斌	涂建国
涂超	谈振华	陶涛会	黄丽芬	黄邑华	黄国平
黄诗健	梅梅	龚细明	康健林	章建云	章慧
梁婷	梁璐	揭东轲	彭贤柏	葛静	傅越华
舒云亭	童华	曾伟群	曾欣	曾欣龙	曾璟萍
谢兴东	鲍忠德	熊武	熊熊	熊飞	熊红文
熊学勇	熊理凰	熊斌	熊伟	樊小红	黎明
黎群	魏信民	魏美萍			

目　　录

特　　载

专　　记

大事记

市情概览

中国共产党南昌市委员会

南昌市人民代表大会

南昌市人民政府

中国人民政治协商会议
南昌市委员会

中国共产党南昌市纪律检查委员会
南昌市监察委员会

群众团体

法　　治

经济管理

开放型经济

开发园区

数字经济

农　　业

制造业

金融业

旅游业

房地产业

交通·邮政

城乡建设和管理

生态环境

科学技术

教　育

文　　化

卫生健康

体　育

社会生活

应急管理

县区(管理局)

人物·荣誉

附　　录

索　　引

特　载

巩固提升发展首位度　充分彰显省会担当　奋力在描绘好新时代江西改革发展新画卷中挑重担　勇争先(摘要)

——在中国共产党南昌市第十二次代表大会上

中共江西省委常委、南昌市委书记　李红军

(2021年9月26日)

2021年9月26日，中国共产党南昌市第十二次代表大会在滨江大会堂举行

(马悦　摄)

市第十一次党代会以来的五年，是南昌发展史上极不平凡、极不寻常、极为不易的五年。在以习近平同志为核心的党中央坚强领导下，在省委省政府的关心支持下，市委坚持以习近平新时代中国特色社会主义思想为指导，团结带领全市广大干部群众，凝心聚力、真抓实干，顺利完成第十一次党代会确定的目标任务，为新时代南昌高质量跨越式发展奠定了坚实的基础。

五年来，我们坚持政治引领不动摇，思想基础持续夯实。始终把学习贯彻习近平新时代中国特色社会主义思想作为首要政治任务，深入领会习近平总书记视察江西重要讲话精神，及时跟进学习习近平总书记系列重要讲话和重要指示批示精神，扎实开展"三严三实"专题教育、"两学一做"学习教育和"不忘初心、牢记使命"主题教育，高质量开展党史学习教育，分级分类开展党的十九大和十九届二中、三中、四中、五中全会精神教育培训和宣传宣讲，累计培训党员干部210余万人次，教育引导广大党员干部进一步增强"四个意识"、坚定"四个自信"、做到"两个维护"。坚持学思用贯通、知信行统一，深入开展"彰显省会担当、我们怎么干”解放思想大讨论和“大学习、深调研”活动，为巩固提升发展首位度、充分彰显省会担当提供“源头活水”。

五年来，我们坚持高质量发展不动摇，综合实力持续增强。经济总量迈上新台阶，“十三五”时期，全市地区生产总值从3779亿元增长到5746亿元，年均增长7.6%，人均GDP达到1.34万美元，财政总收入突破千亿大关，各项主要经济指标增速位居全国省会城市“第一方阵”。产业转型实现新突破，三次产业结构比调整为4.1：46.6：49.3，规模以上工业营业收入达到7346.9亿元，千亿产业达到4个，数字经济发展势头强劲，成功举办三届世界VR产业大会，“4+4+X”产业体系基本形成；服务业增加值年均增长8.3%，社会消费品零售总额年均增长8%，滕王阁成功晋升为国家AAAAA级景区，汉代海昏侯国遗址公园惊艳亮相；农林牧渔业总产值突破400亿元，粮食产量连年稳定在21亿千克以上，民宿经济、乡村旅游等休闲农业蓬勃发展。协同发展取得新进展，三大国家级开发区实现争先进位，现代针纺、医疗器械、新型建材等特色产业做大做强，形成错位发展、协同并进的良好格局。

五年来，我们坚持科学建管不动摇，城市功能品质持续提升。城市框架不断拓展，新建区加速融入中心城区，湾里撤区改设管理局，红谷滩区掀起第三次开发热潮，全市建成区面积达到428平方千米。基础设施不断完善，地铁运营里程达88.8千米，今年底将达到120千米，轨道交通正式步入网络化运营时代，三环路网格局初步形成，“十纵十横”干线路网加快构建，老旧小区改造、农贸市场提升、背街小巷整治、停车场建设等基础性民生工程成效显著。环境面貌不断改善，城区黑臭水体基本消除，生活垃圾分类体系逐步形成，河湖水系大连通初步实现，“全国文明城市”“国家卫生城市”顺利通过复检，河畅、水清、岸绿、景美的整体风貌逐渐显现。管理水平不断提升，城管执法体制改革深入推进，科技赋能全方位拓展，“城市大脑”正式运行，城市管理向科学化、规范化、智慧化迈进。

五年来，我们坚持改革开放不动摇，发展活力持续迸发。改革攻坚深入推进，党政机构改革全面完成，“放管服”改革持续深化，行政审批、国资国企、财税金融、减税降费等重点领域和关键环节改革扎实推进，企业事中事后监管“南昌模式”在全国推广。开放合作全面拓展，引进世界500强企业投资项目80个、中国500强企业投资项目84个，大南昌都市圈融合发展更加紧密，中欧班列和铁海联运加快发展，昌北机场货邮吞吐量年均增速居全国省会城市第一，以向塘国际陆港、国际智慧空港为载体的“南北呼应”口岸开放格局逐渐形成。创新驱动持续发力，研发投入强度达到1.95%，高新技术企业从345家增加到2054家，国家创新型城市、赣江两岸科创大走廊建设深入推进，北京大学南昌创新研究院、中国信通院江西研究院、中山大学南昌研究院等一批科研平台建设运营。

五年来，我们坚持以人为本不动摇，民生福祉持续改善。持续保障和改善民生，民生类支出占一般公共预算支出比重保持在75%以上，城镇和农村居民人均可支配收入年均增长分别达到7.9%和8.8%。脱贫攻坚取得全面胜利，全市80个贫困村实现高质量退出，城镇贫困群众实现整体性脱贫解困，巩固脱贫成果长效机制不断完善。全面超额完成学前教育治理任务，提前两年通过全国县域义务教育发展基本均衡评估认定，豫章师范学院成功升本。医疗卫生、养老服务全面升级，基层医疗卫生机构全部实现标准化，建制村颐养之家实现全覆盖，建成“1+5+X”社区邻里中心218个，社会保障体系、公共就业服务体系全面提升。圆满完成农村人居环境整治三年行动目标任务，天然水域实现全面禁捕退捕，农村环境显著提升。慎终如始做好疫情防控工作。防汛抗洪斗争取得全面胜利。

五年来，我们坚持统筹推进不动摇，各项事业持续进步。积极推进民主法治建设，支持人大及其常委会认真履行宪法和法律赋予的职责，充分发挥人民政协建言献策、服务大局的重要作用，支持开展“三有”“三风”系列活动。加强与各民主党派、工商联和无党派人士合作共事，民族、宗教、港澳、对台、侨务、外事等工作取得新成绩，爱国统一战线不断巩固发展。工会、共青团、妇联等人民团体的桥梁纽带作用进一步增强。国防动员、双拥工作富有成效，实现全国双拥模范城“九连冠”。全国市域社会治理现代化示范城市创建扎实推进，立体化社会治安防控体系和多元化矛盾纠纷排查化解体系不断完善，扫黑除恶专项斗争取得阶段性胜利。深入开展反颠覆、反暴恐斗争，全面维护网络和意识形态领域安全，稳妥推进宗教领域重点难点问题整治，安全生产形势总体保持平稳态势，社会和谐稳定局面更加稳固。

五年来，我们坚持全面从严治党不动摇，政治生态持续优化。坚持以党的政治建设为统领，全面落实新时代党的建设总要求，牢固树立正确选人用人导向，出台激励广大干部新时代新担当新作为的实施办法，扎实推进基层党建“三化”建设，基层战斗堡垒筑得更牢。全面压紧压实管党治党政治责任，坚决落实党委（党组）书记述责述廉制度，推动政治谈话实现全覆盖，有效构建“3+N”立体化监督模式。持之以恒纠治“四风”，深入整治“怕慢假庸散”等作风顽疾，始终保持反腐高压态势，五年来共查处侵害群众利益的不正之风和腐败问题7460个、处理9172人，严肃查处钟益民、丁志华、李云峰、柳华等一批严重违纪违法案件。

过去五年取得的进步和成就，在南昌发展历程中留下了坚实足迹！之所以能够取得这些突出成绩，最根本的在于习近平新时代中国特色社会主义思想的科学指引和习近平总书记定于一尊、一锤定音的权威，在于省委省政府的坚强领导和大力支持，在于历届班子的砥砺前行、接续奋斗，在于全市广大干部群众的上下一心、共同努力。在此，我代表中共南昌市第十一届委员会，向全市广大共产党员和干部群众，向各民主党派、工商联、无党派人士，向各人民团体和各界人士，向驻昌部队、武警官兵，向所有关心、支持和参与南昌改革发展的朋友们，表示崇高的敬意和衷心的感谢！

回顾过去五年的实践，我们深切体会到，办好南昌的事情：必须立足市情、把握大势，不断完善思路举措。只有坚持立足发展实际，切实把握发展不平衡不充分这一主要矛盾，把中央决策部署、省委工作要求与南昌工作实际结合起来，完整、准确、全面贯彻新发展理念，才能引领高质量跨越式发展。必须解放思想、改革创新，充分激发动力活力。思路决定出路，观念决定行动。只有始终坚持以思想解放引领发展升级、以改革创新激发发展动力，才能够打造发展新亮点、塑造发展新优势、开辟发展新境界。必须迎难而上、奋发作为，着力破解发展瓶颈。在新形势、新挑战面前，只有大力弘扬“脚上有土、心中有谱”的工作作风，以一往无前的奋斗姿态、风雨无阻的精神状态，才能在激烈的区域竞争中实现逆势突围、奋勇赶超。必须上下联动、干群同心，持续汇聚磅礴力量。广大干部群众的团结奋进，社会各界人士的同心同向，是南昌快速发展的力量源泉。只有全市上下心往一处想、智往一处谋、劲往一处使，才能形成共创美好未来的强大合力。必须立根铸魂、强基固本，全面加强党的领导。党的领导是做好各项工作的根本保障。只有毫不动摇坚持和加强党的全面领导，不断增强各级党组织的创造力、凝聚力、战斗力，我们的事业才能破浪前行、行稳致远，创造出新的更大奇迹！

南昌市国民经济和社会发展第十四个五年规划和二〇三五年远景目标纲要(摘要)

前　言

《南昌市国民经济和社会发展第十四个五年规划和二〇三五年远景目标纲要》根据《中共南昌市委关于制定南昌市国民经济和社会发展第十四个五年规划和二〇三五年远景目标的建议》制定，是政府全面正确履行职能的重要依据，是引导市场主体行为的重要参考，是全市人民的共同愿景和行动纲领。

第一篇　开启全面建设社会主义现代化新征程

“十四五”时期是我国全面建成小康社会、实现第一个百年奋斗目标之后，乘势而上开启全面建设社会主义现代化国家新征程、向第二个百年奋斗目标进军的第一个五年，也是南昌在全省“作示范、勇争先”上发挥核心引领作用、充分彰显省会担当的关键跨越期。南昌市将奋力开创高质量跨越式发展新局面，全面增强在全省的核心龙头作用，奋力在描绘好新时代江西改革发展新画卷中挑重担、走前列。

第一章　发展基础

“十三五”时期，面对错综复杂的国内外环境和艰巨繁重的改革发展稳定任务，全市上下坚持以习近平新时代中国特色社会主义思想为指导，深入贯彻落实习近平总书记视察江西重要讲话精神，践行新发展理念，积极推进供给侧结构性改革，全力打好三大攻坚战，奋力夺取疫情防控和防汛抗洪救灾斗争伟大胜利，努力开创高质量跨越式发展新局面，总体完成“十三五”规划确定的目标任务，全面建成小康社会取得决定性胜利，为全面开启社会主义现代化建设新征程奠定了坚实基础。

综合实力显著增强。2020年全市地区生产总值实现5745.51亿元，年均增长7.6%，提前三年实现比2010年翻番目标，人均生产总值接近1.5万美元，财政总收入突破千亿大关，正式迈过高收入门槛。500万元及以上固定资产投资年均增长11.2%，社会消费品零售总额年均增长6.9%，规模以上工业增加值年均增长8.3%，规模以上工业营业收入达到7346.91亿元，增速位居全国省会城市“第一方阵”和中部省会城市前列。赣江新区成功获批，成为中部地区第二个国家级新区。

产业结构不断优化。三次产业结构由4.7∶52.5∶42.8调整为4.1∶46.6∶49.3，高新技术产业增加值占工业增加值比重达到42%。电子信息、汽车和新能源汽车、绿色食品、新型材料产业超千亿，机电装备制造产业超五百亿元，产业规模、集聚效应持续扩大。三个国家级开发区全部迈入“千亿”行列，县域经济发展态势蓬勃、产业特色鲜明。国家服务业综合改革试点取得积极成效,红谷滩金融商务区聚集80%以上省级金融机构,区域性现代金融、交通物流、创新创意、综合消费、总部营运五大中心基本成型。乡村振兴战略全面推进,都市现代农业“一环两谷四区”总体布局初步形成。

创新驱动多点突破。赣江两岸科创大走廊全面推进。南昌航空科创城、中国(南昌)中医药科创城、南昌VR科创城持续推进。中科院江西产业技术创新与育成中心、北京大学南昌创新研究院、浙江大学南昌研究院等成功落地。国家级重点实验室、国家级工程技术研究中心和省级重点实验室分别占全省的80%、50%和77%。江西省高层次人才产业园正式开园。硅衬底高光效GaN(氮化镓)基蓝色发光二极管项目荣获国家技术发明一等奖,国家硅基LED工程技术研究中心高效黄光LED材料与芯片制造技术世界领先,全市高新技术企业由345家增加到2000家以上。

开放融合持续深化。“十三五”时期实现进出口总额631.48亿美元,实际利用外资年均增长9.2%,增幅位居中部省会城市前列。引进世界500强投资项目80个、国内500强投资项目84个,累计新批境外投资企业156家。对外直接投资、承包工程、劳务输出企业超380家,融入国家“一带一路”建设步伐不断加快。中欧班列、铁海联运、南昌向塘国际陆港、昌北机场国际空港建设扎实推进,国家跨境电商综合试验区获批设立。昌北机场旅客吞吐量增长25.9%,晋升千万级枢纽机场,航空货邮吞吐量增长256.9%。

城市能级蓄势攀升。全市户籍人口达到540万人,常住人口突破600万人。正式设立红谷滩区,南昌空港新城、南昌向塘国际陆港新城、南昌高铁东站新区、九望新城、中国(南昌)现代职教城五大功能板块全面启动规划建设,正式开创“跨江临湖、揽山入城”的大南昌都市圈时代。综合交通体系日臻完善,“大”字形高铁网初步形成,“一环八射”高速公路网已形成,与珠三角、长三角实现双高速贯通。地铁1、2号线全线运行,3号线开通初期运营,4号线加快建设,地铁运营总里程达到88.8千米。“十纵十横”干线路网日趋完善,城市一环闭环通行、二环和三环加速推进。

品质形象明显提升。深入实施“一江三河串十湖”水系连通工程,开工建设赣抚尾闾综合整治工程,城区绿道达到400千米、彩化道路150条。滕王阁AAAAA级景区创建成功,实现AAAAA级景区“零的突破”,南昌汉代海昏侯国遗址公园顺利开园,成功获评全国文明城市。扎实推进老旧小区改造提升工程,城市棚旧改全面收官,超3万套棚改任务提前完成。“城市大脑”正式运行,开通5G基站8620个,主城区实现5G信号连续覆盖;部署窄带物联网基站9865个,实现市域全覆盖。成功举办世界VR产业大会、南昌国际军乐节、南昌飞行大会、中国国际农产品交易会等,英雄城知名度、美誉度进一步提升。

民生福祉不断改善。脱贫攻坚取得全面胜利,城乡居民收入实现翻番,现行标准线下农村贫困人口全面脱贫,城镇贫困群众实现整体性脱贫解困。基本公共服务均等化水平不断提升,城乡居民社会保障、医疗保障、公共就业服务实现全覆盖。城市公立医院综合改革全面推开,养老服务综合改革积极推进,居家和社区养老服务改革试点成效显著。教育强市建设深入推进,学前教育普惠度显著提升,普通高中特色发展成效初步显现,“学在南昌”品牌更加响亮。平安南昌、法治南昌加快建设,综治中心、“雪亮工程”建设经验全国推广,全国市域社会治理现代化示范城市创建全面启动,全市社会治安大局持续平稳。

2021年4月15日,南昌地铁4号线望城车辆段首列车吊向轨道入库

(南昌轨道交通集团　供图)

生态建设成效显著。空气质量优良率超过90%,连续六年保持中部省会城市第一,“南昌蓝”成为城市靓丽名片。万元GDP能耗和水耗提前完成“十三五”规划目标。积极参与长江经济带“共抓大保护”攻坚行动,获评“全国水生态文明城市”。河(湖)长制、林长制全面落实,城区黑臭水体全面消除,劣Ⅴ类水整治成效明显。南昌县获评“全国绿化模范县”,原湾里区入选“国家生态文明建设示范区”和“中国天然氧吧”,安义县入选“绿水青山就是金山银山”省级实践创新基地。

重点改革纵深推进。积极推进供给侧结构性改革,“放管服”改革持续深化,在全省率先成立行政审批局,“六多合一”集成审批模式获中央深改办全国推广，“1+10+N”政策保障体系落细落实，“降成本、优环境”工作成效明显。开放型经济新体制综合试点试验成效突出，“重资本轻资产”招商模式、大数据市场主体监管新模式等创新举措形成首批试点经验在全国推广。政府数字化转型着力推进，“赣服通”南昌分厅上线运行，“五型”政府建设初见成效。

党的建设持续加强。坚决落实全面从严治党政治责任，深入学习贯彻习近平新时代中国特色社会主义思想，筑牢干部思想根基。扎实开展“不忘初心、牢记使命”主题教育和推动制度化常态化，严格落实民主集中制，严肃党内政治生活，基层党组织战斗堡垒作用得到有力发挥。持续深入整治“怕慢假庸散”等作风顽疾，始终保持反腐高压态势，坚决肃清苏荣案余毒，充分发挥巡察“利剑”作用，严肃查处违纪违法案件，创新监管制度机制，政治生态持续向上向好。

五年来的发展成就，充分彰显了习近平新时代中国特色社会主义思想的强大真理伟力和中国特色社会主义的强大生机活力，必须始终增强“四个意识”、坚定“四个自信”、做到“两个维护”，朝着总书记指引的方向坚定前行；五年来的发展成就，充分证明了省委、省政府对南昌的一系列指示要求是科学的，充分证明了市委的一系列工作思路和部署是完全正确的，符合中央精神，契合省会实际，顺应人民对美好生活的向往，必须始终把“彰显省会担当”扛在肩上，发挥好辐射带动作用，做好全省高质量跨越式发展的“排头兵”，当好全省崛起的“火车头”；五年来的发展成就，充分体现了英雄城儿女敢于战斗、敢于胜利的奋斗精神和坚定不移、百折不挠的优秀品质，必须一以贯之坚持下去，传承红色基因，把全市人民的意志、智慧和力量凝聚到共同目标上来，为全面建设社会主义现代化国家贡献更大力量。

南昌市“十三五”规划主要指标完成情况表

类别	指标名称	规划目标			完成情况		属性
		2015年基数	2020年目标	累计或年均增长(%)	2020年预期值	累计或年均增长(%)	
跨越升级	地区生产总值(亿元)	3778.82	>7000	9-10	5745.51	7.6	预期性
	人均地区生产总值(元)	71683	124600	10.4	102000	6.1左右	预期性
	地区生产总值占全省比重(%)	22.5	约25	[2.5]	22.4	[-0.1]	预期性
	三次产业结构	4.7:52.5:42.8	3.5:49:47.5		4.1:46.6:49.3		预期性
	工业营业收入(亿元)	5569.43	10000	12.8	7346.91	5.8	预期性
	战略性新兴产业增加值(亿元)	—	—	五年翻番	—	[41.5]	预期性
	高新技术产业增加值占工业增加值比重(%)	23.8	27	[3.2]	42	[18.2]	预期性
	服务业增加值(亿元)	1616.72	>3300	五年翻番	2833.35	8.3	预期性
	合同外资5000万美元及立项投资10亿元以上的招商引资项目数(个)	—	—	[400]	—	[613]	预期性
	出口总额(亿美元)	85.01	>100	>3	102.97	3.9	预期性
	地方一般公共预算收入(亿元)	389	620	>10	483.9	4.5	预期性
	500万元以上固定资产投资(亿元)	4000.07	8000	五年翻番	—	11.2	预期性
	全社会劳动生产率(万元/人)	11.42	18.88	9.5	17.5左右	7.6左右	预期性
	全社会R&D支出占地区生产总值比重(%)	1.59	2.5	[0.91]	1.95	[0.36]	预期性
	互联网普及率(%)	85	90	[5]	90	[5]	预期性
	新增劳动力平均受教育年限(年)	13.5	14	[0.5]	14.05	[0.55]	约束性
	城市人口(万人)	379.48	>410	[约30]	428	[48.52]	预期性
	城市建成区面积(平方千米)	335	>430	[约100]	366.02	[31.02]	预期性

续表

类别	指标名称	规划目标 2015年基数	规划目标 2020年目标	规划目标 累计或年均增长(%)	完成情况 2020年预期值	完成情况 累计或年均增长(%)	属性
生态宜居	森林覆盖率(%)	22.88	23.1	[0.22]	21.27	[-1.61]	约束性
	森林蓄积量(万立方米)	590	700	[110]	700	[110]	约束性
	城市绿化覆盖率(%)	41.8	45	[3.2]	41.3	[-0.5]	约束性
	耕地保有量(万公顷)	24.7	24.7	[—]	25.89	[1.19]	约束性
	万元GDP能耗(吨标准煤/万元)	0.369	—	[-16]	0.291	[-20.3]	约束性
	煤炭消费总量(万吨标准煤)	709.77	省下达的目标		省未下达目标,视为完成		约束性
	万元GDP二氧化碳排放(吨/万元)	0.786	—	[-21]	0.586	[-25]	约束性
	二氧化碳排放总量(万吨)	3144.9	省下达的目标		省未下达目标,视为完成		约束性
	主要河流监测断面Ⅰ—Ⅲ类以上水质比率(%)	92	92	[—]	100	[8]	约束性
生态宜居	江河湖泊水功能区水质达标率(%)	83	85	[2]	93	[10]	约束性
	空气质量达标率(%)	82.2	85	[2.8]	91.5	[9.3]	约束性
	城区污水处理率(%)	93	95	[2]	95	[2]	约束性
	化学需氧量累计减少(%)	[7.2]	—	[4.3]	—	[4.3]	约束性
	氨氮累计减少(%)	[11]	—	[3.8]	—	[3.8]	约束性
	二氧化硫累计减少(%)	[11]	—	[24]	—	[24]	约束性
	氮氧化物累计减少(%)	[16]	—	[6.01]	—	[6.01]	约束性
	挥发性有机污染物累计减少(%)	—	省下达的目标		省未下达目标,视为完成		约束性
	一般工业固体废物处理处置率(%)	95	95	[—]	95	—	约束性
	中心城公共交通出行比例(%)	50	65	[15]	65	[15]	预期性
社会和谐	城镇居民年人均可支配收入(元)	31942	51500	10	46796	7.9	预期性
	农村居民年人均可支配收入(元)	13693	23000	11	20921	8.8	预期性
	户籍人口城镇化率(%)	54.24	62-64	[8-10]	56.05	[1.81]	预期性
	贫困发生率(%)	3.1	0.5	[-2.6]	0	[-3.1]	约束性
	城镇常住人口保障性住房覆盖率(%)	21.5	23以上	[1.5]	28.2	[6.7]	约束性
	城镇登记失业率(%)	3.5	3.5	[—]	2.93	—	预期性
	农村安全饮用水普及率(%)	88	95	[7]	95	[7]	约束性
	每千人口拥有医疗卫生机构床位数(张)	5.8	8	[2.2]	8	[2.2]	约束性
	每千名老年人口拥有养老床位数(张)	21.5	45	[23.5]	45	[23.5]	约束性
社会和谐	基层民主参选率(%) 村委会	95	97	[2]	95	[—]	预期性
	基层民主参选率(%) 居委会	85	88	[3]	80	[-5]	
	注册志愿者占国民人口比例(%)	5.5	7.5	[2]	8.5	[3]	预期性
	重点食品安全抽样检测合格率(%)	95	98	[3]	98	[3]	预期性
	亿元GDP生产安全事故死亡率(%)	0.065	0.038	-10	0.038	-10	约束性

注:[ ]为五年累计值。

第二章　发展环境

当前和今后一个时期，中华民族伟大复兴战略全局和世界百年未有之大变局相互作用、相互激荡，我国进入新发展阶段，南昌面临一系列新机遇和新挑战。

（一）发展机遇

践行领袖嘱托带来新机遇。党的十八大以来，习近平总书记先后两次亲临江西视察指导，对江西提出了“作示范、勇争先”目标定位和“五个推进”更高要求，专门为我市举办的首届世界 VR 产业大会发来贺信，为全省全市发展把脉定向、擘画蓝图。习近平总书记的重要嘱托，省委赋予南昌“彰显省会担当”的时代使命，为全市发展提供根本遵循、注入强大动力。

新发展格局带来新机遇。以国内大循环为主体、国内国际双循环相互促进的新发展格局正在形成，扩大内需成为战略基点，生产力布局面临调整，为全市打通产业链、供应链淤点和堵点，构建更加完整、富有韧性的产业链供应链体系提供了重大历史机遇。

国家战略叠加带来新机遇。“十四五”时期，国家将纵深推进“一带一路”和长江经济带发展，全面实施京津冀协同发展、长三角一体化、粤港澳大湾区、成渝地区双城经济圈等重大战略。南昌承东启西、连南接北的枢纽地位将进一步凸显，特别是国务院批复同意江西设立内陆开放型经济试验区，将极大增强南昌市对高端生产要素的吸附力和承载力。

科技产业变革带来新机遇。新一轮科技革命和产业变革方兴未艾，以 5G、人工智能、物联网、大数据、区块链等为代表的新一代信息技术加速突破应用，正在重构全球创新版图，重塑全球经济结构。有利于南昌市发挥后发优势，加快搭建高能级创新平台，发力新基建、新技术、新制造，形成新增长点、增长极，攀升产业链供应链价值链高端。

大都市圈带来新机遇。全国区域经济发展空间格局正在发生深刻变化，中心城市和城市群成为承载发展要素的主要空间形式，省委省政府将做优做强大南昌都市圈摆到前所未有的高度，加快推进以南昌为核心的大都市圈一体化建设，将增强南昌市集聚能力，推动新一轮大投入、大建设、大发展。

（二）面临挑战

全球经济下行带来新挑战。全球经济和贸易正处于深度调整期，受大国之间博弈加剧、贸易保护主义抬头以及新冠肺炎疫情蔓延等影响，全球经济复苏的内生动力持续弱化，全球产业链供应链加速重构，世界经济面临长期衰退风险，对南昌市“低基数”叠加“低增速”带来经济增长承压加剧，迫切需要加快构建新发展引擎，大力提升产业发展掌控力。

区域竞争加剧带来新挑战。在国际产业分工重新调整、全球产业链进一步重塑的同时，全国区域经济发展分化态势明显，城市“极化”和“分化”现象突出，在日趋激烈的竞争形势下，南昌市还将面临周边大城市、城市群在人才、技术、资金、市场等多个层面的挤压。

人口结构变化带来新挑战。“十四五”时期南昌市人口老龄化将进一步加速，老龄化比例预计达 20%以上，“未富先老”压力日趋加重，老龄化引起的供需失衡日益突出，人口红利逐渐消退，人才红利尚未显现，与发展不充分不平衡问题交织叠加，给南昌市经济社会高质量发展带来巨大压力与挑战。

矛盾风险易发带来新挑战。当前和今后一个时期，是各类矛盾和风险易发时期，不可预见性和突发性风险因素明显增多。社会结构正在发生深刻变化，互联网深刻改变人类交往方式，快速城市化带来的“大城市病”开始显现，各种风险隐患内外交织、相互共振，给社会稳定带来潜在挑战，迫切需要统筹发展和安全两件大事，守住安全稳定底线。

“十四五”时期南昌市总体上将处于大有可为但充满挑战的战略机遇期，也到了爬坡过坎、转型升级的关键阶段，尤其面临“五期叠加”，即外部环境深度调整的变革期，面临全球化“逆风”与世界经济体系重构的双重变局；发展转型升级的迭代期，承受着摆脱传统路径依赖与抢抓未来发展机遇的双重压力；城市能级上升的突破期，肩负着规模总量扩张与内在品质蝶变的双重任务；全面融入区域发展大局的考验期，扮演着江西高质量跨越式发展核心龙头与国家战略重要参与者的双重角色；改革开放走深走实的攻坚期，面临着破除制约高质量发展高品质生活体制机制障碍与统筹国际国内两个市场两种资源的双重要求。全市上下要站在“两个大局”的战略高度，深刻认识错综复杂的国际环境带来的新矛盾新挑战，深刻认识社会主要矛盾变化带来的新特征新要求，保持战略定力，发扬斗争精神，树立底线思维，准确识变、科学应变、主动求变，努力在危机中育先机，于变局中开新局。

第三章　远景目标

展望二〇三五年，南昌将在全省率先基本实现社会主义现代化，富强民主文明和谐美丽现代化新南昌基本建成，大南昌都市圈成为全国重要增长板块。综合实力大幅提升，全市经济总量和城乡居民收入迈上新的大台阶，在全省率先建立现代化经济体系，基本实现新型工业化、信息化、城镇化、农业现代化，成为中部地区重要的创新中心、智造中心、金融中心、消费中心和全国新发展格局的战略枢纽，跻身国家中心城市行列。市域治理现代化基本实现，法治南昌基本建成，治理体系和治理能力建设成为全国样板。文化强市、教育强市、人才强市、交通强市、体育强市和健康南昌、文明南昌建设取得更大成效，市民素质和社会文明程度达到新高度。生态环境质量稳居全国省会城市前列，广泛形成绿色生产生活方式，人与自然和谐共生，全面建成绿色循环低碳城市，树立美丽中国“江西样板”南昌标杆。建成内陆开放型经济试验区核心城市，形成市场化、法治化、国际化对外开放新格局，在参与国际国内合作竞争中形成更大优势。人均地区生产总值达到中等发达国家水平，中等收入群体显著扩大，基本公共服务实现均等化，居民生活品质差异显著缩小。平安南昌建设达到更高水平，社会充满活力又和谐有序。人民生活更加美好，人的全面发展、全体人民共同富裕取得实质性进展。

第四章　总体要求

第一节　指导思想

“十四五”时期南昌经济社会发展的指导思想：高举中国特色社会主义伟大旗帜，深入贯彻党的十九大和十九届二中、三中、四中、五中全会精神，坚持以马克思列宁主义、毛泽东思想、邓小平理论、“三个代表”重要思想、科学发展观、习近平新时代中国特色社会主义思想为指导，全面贯彻党的基本理论、基本路线、基本方略，统筹推进“五位一体”总体布局，协调推进“四个全面”战略布局，坚定不移贯彻新发展理念，坚持稳中求进工作总基调，以推动高质量跨越式发展为主题，以深化供给侧结构性改革为主线，以改革开放创新为根本动力，以满足人民日益增长的美好生活需要为根本目的，聚焦“作示范、勇争先”目标定位和“彰显省会担当”新要求，统筹发展和安全，把南昌高质量发展大厦建立在坚实的科技创新与实体经济基础之上，着力建设现代化经济体系，积极融入构建“双循环”新发展格局，加快推进市域治理体系和治理能力现代化，不断开创“五城”（创新之城、实力之城、山水之城、文化之城、英雄之城）建设新局面，实现经济行稳致远，社会安定和谐，确保全面建设社会主义现代化开好局、起好步，在描绘好新时代江西改革发展新画卷中展现南昌作为。

第二节　基本原则

坚持党的全面领导。始终坚持党对一切工作的领导，坚决维护党中央权威和集中统一领导，健全完善上下一致、总揽全局、协调各方的党的领导制度体系，大力推进红色基因传承，不断提高贯彻新发展理念、构建新发展格局能力和水平，为实现高质量跨越式发展提供根本保证。

坚持以人民为中心。坚持人民主体地位，坚持共同富裕方向，始终做到发展为了人民、发展依靠人民、发展成果由人民共享，维护人民根本利益，激发全体人民积极性、主动性、创造性，促进社会公平，增进民生福祉，不断实现人民对美好生活的向往，切实增强英雄城人民获得感、幸福感、安全感。

坚持新发展理念。把新发展理念贯穿发展全过程和各领域，加快推动质量变革、效率变革、动力变革，努力保持经济较高速度增长和高质量发展同步，实现更高质量、更有效率、更加公平、更可持续、更为安全地发展，挺起全省高质量发展的脊梁。

坚持改革开放创新。坚定不移推进改革开放走深走实，坚定不移强化创新“第一动力”作用，加强市域治理体系和治理能力现代化建设，破除制约高质量发展、高品质生活的体制机制障碍，强化有利于提高资源配置效率、有利于调动全社会积极性的重大改革开放举措，持续增强经济社会发展动力、活力、创造力。

坚持系统观念。加强前瞻性思考、全局性谋划、战略性布局、整体性推进，统筹国内国际两个大局，办好发展和安全两件大事，坚持全国一盘棋，在新格局中找定位，在新阶段中谋发展，在全省发展大局中强担当，着力固根基、扬优势、补短板、强弱项，注重防范化解重大风险挑战，实现发展质量、结构、规模、速度、效益、安全相统一。

坚持解放思想担当实干。坚持“不以南昌为世界，而以世界谋南昌”的国际化视野，进一步增强竞争意识、前列意识、主动意识，向好的学、同强的比、与快的赛，扛起新时期省会历史责任，以思想破冰引领改革突围，大胆闯、大胆试，带头担当、带头实干，求真务实、锐意进取，努力将宏伟蓝图变为美好现实。

第三节　发展定位

锚定到二〇三五年率先基本实现社会主义现代化的战略目标，今后五年南昌发展总的定位是：围绕“富有创新活力和文化魅力，令人向往的中国智造新城、山水名城”城市愿景，努力打造国际先进制造业集聚区、全国数字经济发展先行区、全国绿色低碳发展示范区、全国市域治理现代化试验区、国家现代流通体系重要枢纽。

国际先进制造业集聚区。坚守实体经济不动摇，突出智能制造转型，深入推进产业链、供应链、价值链、创新链融合发展，加快建设电子信息、生命健康和高端装备三大国际性产业集群，着力培育若干标志性产业链，打造全国传统产业转型升级和新兴产业培育发展高地。

全国数字经济发展先行区。加快构建全领域的数字城市，着力建设以全国数字经济发展样板区、全国新型智慧城市示范区、世界VR产业发展引领区、全国数字经济体制机制创新先导区为定位的全国数字经济强市。

全国绿色低碳发展示范区。扎实践行“绿水青山就是金山银山”发展理念，深入推进国家生态文明试验区建设，大力倡导绿色生产生活方式，加快推动绿色崛起，促进人与自然和谐共生，实现生态环境“高颜值”、经济发展“高素质”。

全国市域治理现代化试验区。强化党建引领，健全自治、法治、德治相结合的城乡基层治理体系，完善共建共治共享社会治理制度，深入推进平安南昌、法治南昌和“五型”政府建设，发挥“城市大脑”治理效能，打造“昌治久安”市域治理样板。

国家现代流通体系重要枢纽。立足新发展格局，突出大通道、大枢纽、大网络规划建设，发挥南昌区位和交通优势，实现公铁水空齐头并进，促进人流、物流、信息流、技术流、资金流汇聚流通，各类要素高效流动、高效配置、高效服务，成为国家现代流通体系重要枢纽。

第四节　主要目标

到2025年，高质量跨越式发展步伐更加坚实，经济实力、创新能力、发展活力、文化引力和生态魅力迈上新台阶，在全国的影响进一步增强，在全省的核心龙头地位更加突出，居民获得感、幸福感、安全感明显提高，谱写出新时代“五城”建设新篇章。

综合考虑南昌市发展基础和环境条件，具体目标确定为：

综合实力迈上新台阶。在质量效益明显提升的基础上经济保持较快发展，主要经济指标增速保持全国省会城市前列，力争地区生产总值8200亿元，人均地区生产总值突破1.8万美元。全员劳动生产率达到23.3万元/人。投资质量明显提升，固定资产投资年均增速在8%左右。消费贡献显著增强，社会消费品零售总额达到3600亿元。规模以上工业增加值增速年均7.5%左右。第三产业占比达到53%左右。常住人口城镇化率达到78%左右。

创新驱动迸发新势能。基本建成赣江两岸科创大走廊，创新体系更加完善，国家重大创新平台建设取得重大突破，重点领域关键核心技术取得重大成果，建成更高水平的创新型城市。研发经费投入强度达到2.5%左右，每万人口发明专利拥有量达到18件。科技创新对经济发展驱动力明显增强，数字经济核心产业增加值占GDP比重达到8%左右。高新技术企业达到3500家。

改革开放开创新境界。社会主义市场经济体制更加完善，要素市场化配置体制机制基本建立，市场主体活力得到充分激发，“放管服”系统化改革持续深入，政务服务水平全面提升，营商环境达到国内一流水平。大南昌都市圈引领辐射能力显著增强，基本建成内陆高水平开放高地，贸易投资自由化便利化基本实现，更高水平开放型经济新体制基本建立，服务国家开放大局的能力进一步提升，进出口总额年均增速达到5%左右，实际利用外资额突破53亿美元。

城市品质实现新跨越。城市功能不断完善，风貌颜值持续提升，公共服务日臻便利，基础设施日益健全，安全韧性稳步提高，历史文脉接替延续，生态文明深入人心，城乡区域发展协调性明显增强，可持续发展能力大幅提升，宜居、绿色、韧性、智慧、人文的新型城市基本建成。生态环境质量继续保持全国省会城市一流水平，国考地表水达到或好于III类水体比例保持稳定，空气质量优良天数比例不低于90%。森林覆盖率保持稳定，绿色发展水平走在全国前列。

社会文明达到新高度。党的创新理论成果深入人心，红色基因更好传承与弘扬，英雄城文化魅力充分彰显。文明城市常态长效，人民思想道德素质、科学文化素质和身心健康素质明显提高。公共文化服务体系和文化产业体系更加健全，人民精神文化生活日益丰富，文化魅力进一步彰显。

民生福祉得到新提升。实现更加充分更高质量就业，居民收入与经济增长基本同步，城乡居民收入比控制在2.2左右，城镇登记失业率控制在4.5%以内。乡村振兴战略全面推进，覆盖城乡的教育、医疗、养老等公共服务体系更加完善，基本公共服务均衡化、优质化水平显著提高。全民受教育程度明显提升，新增劳动年龄人口平均受教育年限达到14.3年。卫生健康体系更加完善，每千人口拥有执业（助理）医师数达到3.5人，改革发展成果更多更公平地惠及全市人民。

市域治理谱写新篇章。社会主义民主法治更加健全，社会公平正义进一步彰显。“五型”政府加快建设，政府治理体系不断完善。社会治理成效稳居全国一流，基层治理水平明显提高，平安南昌建设向更高水平、更高质量迈进。防范化解重大风险体制机制不断健全，公共卫生应急管理、自然灾害防御等关键性短板领域得到明显增强，发展安全保障更加有力。

南昌市“十四五”规划主要指标一览表

类别	指标名称	2020年基期值	2025年目标值	年均或累计增长	属性
综合质效	地区生产总值（亿元）	5745.51	8200	7.5左右	预期性
	全员劳动生产率（万元/人）	17.5	23.3	5.8左右	预期性
	规模以上工业增加值增速（%）	[8.3]	—	7.5左右	预期性
	固定资产投资增速（%）	[11.2]	—	8左右	预期性
	社会消费品零售总额（亿元）	2452.74	3600	8左右	预期性
	粮食综合生产能力（亿千克）	21	21	保持稳定	约束性
	文化产业增加值占GDP比重（%）	3	5	[2]	预期性

续表

类别	指标名称	2020年基期值	2025年目标值	年均或累计增长	属性
创新驱动	研发支出占地区生产总值比重(%)	1.95	2.5左右	[0.55]	预期性
	数字经济核心产业增加值占GDP比重(%)	—	8左右	—	预期性
	每万人口发明专利拥有量(件)	12.3	18	[5.7]	预期性
协调发展	城乡居民人均可支配收入比	2.24	2.2左右	—	预期性
	常住人口城镇化率(%)	76	78左右	[2]	预期性
	服务业增加值占GDP比重(%)	49.3	53左右	[3.7]	预期性
改革开放	进出口总额(亿元)	1100	1400	5左右	预期性
	实际利用外资额(亿美元)	40.6	53	6左右	预期性
	营商环境便利度	—	全省领先	—	预期性
生态文明	单位GDP能源消耗降幅(%)	[20.3]	省下达目标	—	约束性
	单位GDP二氧化碳排放降幅(%)	[25]	省下达目标	—	约束性
	单位GDP建设用地降幅(%)	[20]	省下达目标	—	预期性
	单位GDP用水量降幅(%)	[28.1]	省下达目标	—	约束性
	耕地保有量(万公顷)	25.89	省下达目标	—	约束性
	森林覆盖率(%)	21.27	—	保持稳定	约束性
	空气质量优良天数比例(%)	91.5	不低于90	—	约束性
	国考地表水达到或好于Ⅲ类水体比例(%)	88.9	省下达目标	—	约束性
民生福祉	居民人均可支配收入(元)	39121	52300	与经济增长基本同步	预期性
	城镇登记失业率(%)	2.93	4.5以内	—	预期性
	新增劳动年龄人口平均受教育年限(年)	14.05	14.3	[0.25]	约束性
	每千人口拥有执业(助理)医师数(人)	3	3.5	[0.5]	预期性
	基本养老保险参保率(%)	95	95.5	[0.5]	预期性
	每千人口拥有0-3岁婴幼儿托位数(个)	2	4	[2]	预期性
	亿元GDP安全生产死亡事故率(%)	0.038	0.027	—	约束性

注:1.2020年基期值均为预计数;2.[ ]为五年累计提高或下降数,其中规模以上工业增加值增速、固定资产投资增速为“十三五”平均增速。

南昌市全面建成小康社会发展历程(摘要)

自党中央做出全面建设小康社会的战略部署以来,历届市委、市政府和全市人民一道,抢抓机遇、克难奋进、开拓创新,推动豫章大地实现沧桑巨变。特别是党的十八大以来,南昌市坚决贯彻党中央在新形势下提出的“全面建成小康社会”部署要求,始终牢记习近平总书记视察江西时的谆谆嘱托,坚定不移沿着总书记为江西、为南昌指引的道路,砥砺前行、接续奋斗,在全面建成小康社会的征程中收获丰硕成果。全市地区生产总值接连跨越4000亿元、5000亿元2个台阶,实现城市量级的跃升;全市接连实现人均地区生产总值跨越9万元大关,财政收入跨越千亿元大关2个突破,已达到高收入国家收入水平;全市城镇居民可支配收入、农村居民可支配收入2个指标分别达到46796元和20921元,较2010年均提前成功实现翻番,城乡居民收入已远高于小康社会标准。

如今的南昌,是稳扎稳打迈进了小康,是全民携手迈进了小康,是欢欣鼓舞迈进了小康,更是满怀期待迈进了小康。因为:

始终将推进与人民需要相适应的高质量发展作为第一要务,让全面小康的底色更厚。始终牢记习近平总书记对江西提出的“努力在加快革命老区高质量发展上作示范、在推动中部地区崛起上勇争先”的目标要求,坚定不移贯彻“振兴实体经济,做大做强制造业”系列决策部署,一手抓传统产业转型升级,一手抓新兴产业发展壮大,“4+4+X”产业体系基本形成,电子信息、汽车和新能源汽车、绿色食品、新型材料四大产业产值超1000亿元,机电装备制造产业产值超500亿元。坚定不移实施创新驱动战略,“十三五”期间,全市高新技术产业增加值占工业增加值比重由23.8%提高到41.9%,全社会研发经费(R&D)投入从63.72亿元增加到112亿元(预计数),高新技术企业从345家增加到2054家,科技型中小企业由563家增加到1694家。硅衬底高光效GaN(氮化镓)基蓝色发光二极管项目荣获国家技术发明一等奖,实现“零”的突破,打破了发达国家多年的技术垄断。坚定不移打造“四最”营商环境,积极推进供给侧结构性改革,“放管服”改革持续深化,在全省率先成立行政审批局,“六多合一”集成审批模式改革唱响品牌。“重资本轻资产”招商模式、大数据市场主体监管新模式等创新举措形成首批试点经验在全国推广。“降成本、优环境”工作成效明显,“十三五”期间累计为企业减负超过1300亿元,市场主体从35.76万家增加到47.74万家,注册资本从1.2万亿元增加到1.94万亿元。

始终将建设与人民期待相匹配的高颜值城市作为第一目标,让全面小康的成色更足。始终牢记习近平总书记“一个尊重,五个统筹”的城市发展要求,坚持“以人为核心”推动城市建设,致力于为百姓提供一个功能更加完善、环境更加优美、生态更加宜居的生活空间。近年来,南昌市持续优化空间布局、调整行政区划、拓展城市框架,新建撤县设区,湾里撤区设局,红谷滩正式设区,南昌空港新城、南昌向塘国际陆港新城、南昌高铁东站新区、九望新城、中国(南昌)现代职教城五大功能板块全面启动规划建设,正式开创“跨江临湖、揽山入城”的大南昌都市圈时代,全市常住人口超过625万人,城镇化率超过78%。持续加大交通基础设施建设力度,对外打开大通道,对内畅通内循环,综合交通体系日臻完善。“大”字形高铁网初步形成,“一环八射”高速公路网已经形成,与珠三角、长三角实现双高速贯通。地铁1、2号线全线

2021年11月20日,南昌向塘国际陆港新城

(南昌县　供图)

运行,3号线开通初期运营,4号线加快建设,地铁运营总里程达到88.8千米,年底可达120千米,轨道运营线网进入“放射+网格”时代。“十纵十横”干线路网日趋完善,城市一环闭环通行、二环和三环加速推进。持续改善城市人居环境,先后开展“美丽南昌·幸福家园”环境综合整治,城市功能与品质提升三年行动计划,棚改旧改、背街小巷整治、“垃圾分类”“厕所革命”等专项行动成效显著,城市环境面貌焕然一新。深入践行“绿水青山就是金山银山”理念,打好污染防治攻坚战,城区黑臭水体全面消除,河湖水系大联通加快实现,城区绿道达到400千米,人均公园绿地面积达到12.04平方米,空气质量优良率连续六年保持中部省会城市第一,PM2.5年均浓度五年内下降19%,“南昌蓝”成为城市靓丽名片。持续用大数据为城市管理赋能,“城市大脑”正式运行,“南昌交通不限行”“文明创建不下线”“舒心停车·先离场后付费”等应用场景落地生效,真正实现了科技改变城市、智慧点亮生活。

始终将打造与人民幸福相融合的高品质生活作为第一追求,让全面小康的亮色更透。始终牢记习近平总书记“人民对美好生活的向往,就是我们的奋斗目标”的庄严承诺,致力于实现人的全面小康,为人民群众提供更高品质的美好生活,让幸福感、获得感、满足感镌刻在每一个南昌人民心上。同步全面小康,消除了人民的绝对贫困。全市80个贫困村实现高质量退出,城镇贫困群众实现整体性脱贫解困,精准脱贫攻坚战取得决定性胜利,实现了脱贫路上“一个都不能少”;千方百计稳定就业,零就业家庭就业安置率达到100%,多年来实现了动态清零,多项就业民生指标任务占比及完成数超过全省总数的15%。优化服务供给,满足人民宜居需求。“十三五”期间,城乡居民社会保障、医疗保障服务实现全覆盖,城乡低保标准由每人每月480元、280元提高至735元、530元;教育、医疗、养老服务全面升级,新建扩建中小学校150所,新增学位26万个,全市医疗卫生机构床位数从3万张增加到4.4万张,养老床位数从1.2万张增加到3.7万张;公共体育设施免费或低收费开放率100%,基本形成城区“15分钟健身圈”,建成192个“1+5+X”社区邻里中心,为群众生活提供便捷。涵养城市文明,充实人民的精神世界。南昌市倍加珍惜来之不易的全国文明城市荣誉称号,持续提升城市文明水平和市民文明素质。近年来,大力推进核心价值观引领工程,注重内容融合、方式创新,挖掘整合各类红色资源,让“红色文化”跟上“时代步伐”。如今,南昌军事主题公园、建军雕塑广场等红色场馆都成为了市民喜爱的“网红打卡地”,红色文化正在悄然浸润着城市发展,滋养着城市文明。与此同时,高度重视群众“精神食粮”补给,在公共图书馆、博物馆县区全覆盖基础上,将文化触角延伸至农村,实现乡镇(街道)综合文化站、农家书屋、村(社区)综合性文化中心全覆盖。此外,鼓励传统民俗文化发扬光大,百花齐放,百姓精神生活得到极大的丰富,“瓷板画”“上坂关公灯”“西山万寿宫庙会”“南昌清音”“文港毛笔制作技艺”等5个项目更是列入了国家级非物质文化遗产保护代表性名录。坚守安全底线,守护人民的岁月静好。持续推进平安南昌、法治南昌建设,启动市域社会治理现代化示范城市创建,守住各类风险底线,全市社会治安大局持续平稳,综治中心、“雪亮工程”建设经验在全国得到推广。特别是在疫情防控和防汛救灾的过程中,坚定秉持人民至上、生命至上的理念,以最快的速度实现确诊病例“清零”,以最大的力度抵御洪水肆虐侵袭,全力以赴保护人民的生命财产安全,守护人民群众的岁月静好。

千年小康梦,百年奋斗圆。带着为中国人民谋幸福,为中华民族谋复兴的初心使命,我们将再次出发,踏上全面建设社会主义现代化国家的新“赶考路”。为此,今年3月,南昌市政府印发《南昌市国民经济和社会发展第十四个五年规划和二〇三五年远景目标纲要》,为南昌未来五年发展绘就了蓝图,锚定了方向。未来五年,我们的发展目标是:围绕“富有创新活力和文化魅力,令人向往的中国智造新城、山水名城”城市愿景,努力打造国际先进制造业集聚区、全国数字经济发展先行区、全国绿色低碳发展示范区、全国市域治理现代化试验区、国家现代流通体系重要枢纽。为了这个发展目标的实现,我们将深入贯彻落实“创新、协调、绿色、开放、共享”五大发展理念,全力开展十四项重点任务,即加快建设区域创新高地、建设数字南昌、发展现代产业体系;全面推进乡村振兴、建设现代化大都市、引领大南昌都市圈高质量发展;加快打造美丽中国南昌样板;高质量发展开放型经济、实施扩大内需战略、加快深层次市场化改革;建设独具魅力的历史文化名城、促进人的全面发展、增进民生福祉、建设更高水平的平安南昌。

梦在前方,路在脚下。站在新的历史起点,面对全面建设社会主义现代化国家的艰巨任务,我们将更加紧密地团结在以习近平同志为核心的党中央周围,坚决贯彻落实省委、省政府的各项决策部署,进一步解放思想、创新实干、奋发有为、彰显担当,努力建设社会主义现代化新南昌,为描绘好新时代江西改革发展新画卷而不懈奋斗!

(2021年9月13日江西省“全面建成小康社会”系列新闻发布会之南昌专场会新闻发言稿)

南昌市开展党史学习教育综述

2021年，南昌市始终将党史学习教育作为一项重大政治任务来抓，不断深化顶层设计，坚持把开展党史学习教育作为砥砺初心的“磨刀石”、推动自我革命的“必修课”、激励担当作为的“助推器”。全市各级党组织和广大党员干部深入学习习近平新时代中国特色社会主义思想，认真贯彻党中央部署和省委、市委要求，按照学史明理、学史增信、学史崇德、学史力行的要求，精心组织实施、有力有序推进，全市党史学习教育求实务实扎实，广大党员干部受到系统全面、深刻自觉的历史自信、理论自觉、政治意识、性质宗旨、革命精神和时代责任的教育，在学党史、悟思想、办实事、开新局上取得明显成效，为在全省率先“作示范、勇争先”营造真抓实干的浓厚氛围，凝聚起开拓进取的强大力量。

一、市委高度重视，切实做到以上率下、全面部署、强力推动

南昌市委把开展党史学习教育作为全市上下的重大政治任务，作为学习贯彻习近平新时代中国特色社会主义思想的重大举措。对照习近平总书记要求和党中央指示精神，南昌市第一时间召开动员部署大会，第一时间成立党史学习教育领导小组，第一时间制定实施方案，推动党史学习教育全面展开。把准方向，科学部署。3月，南昌市召开党史学习教育动员大会，对全市党史学习教育进行全面系统动员部署。制定下发一系列规范性文件，成立领导小组及其办公室、组建巡回指导组和工作机构，为全面推进全市党史学习教育作出制度安排、打下扎实基础。以上率下，高质高效。市委主要领导深入学习研讨、参观红色场馆、撰写理论文章等方式带头学，深入到党校主体班和企业、社区等基层一线带头讲，领衔推进农村公路等“我为群众办实事”重点民生项目带头做，示范引领全市学习教育向纵深发展。严督实导，精准调度。成立市委党史学习教育领导小组办公室临时党支部，建立巡回指导工作制度，指导全市党史学习教育开展。市委各巡回指导组坚持多往基层跑、多到现场看、多跟党员谈、多听群众说、多见具体事，着力打通党史学习教育“最后一公里”，串起党史学习教育的“点线面”。对全市各县区、各市直单位开展多轮次巡回指导，及时掌握动态、引正纠偏、推广经验，以“实”的巡回指导带动党史学习教育“实”起来。市委党史学习教育领导小组在重要节点召开专题会议研究部署，领导小组办公室及时召开会议、制发文件进行调度推动，各工作组和各巡回指导组实时跟进督促，确保全市教育活动运转有序、推进有力。

二、强化理论武装，广大干部群众深刻感悟思想伟力、坚定捍卫“两个确立”、坚决做到“两个维护”

突出理论学习的根本地位，坚持把学习贯彻习近平新时代中国特色社会主义思想贯穿党史学习教育始终。通过理论学习中心组、专题读书班、专题党课、主题党日活动等形式，深入学习习近平总书记在党史学习教育动员大会上的重要讲话、“七一”重要讲话精神，学习党的十九届六中全会精神、党的三个历史决议和中央指定的理论学习读物等，引领广大党员干部坚定理想信念、感悟思想伟力、弘扬伟大精神。注重以研讨推进深学，以党的百年历史为基本线索，围绕动员大会、“七一”、党的十九届六中全会等重要时间节点，对专题学习研讨作出系统安排。市委理论学习中心组全年集中学习研讨21次，全市各县区各单位中心组共开展集体学习1600余场次。突出以宣讲带动领学，组织收听收看中央、省委宣讲团的宣讲报告会，做好中央宣讲团成员深入南昌市基层开展宣讲的工作。市委常委深入理论学习联系点带头开展宣讲28场次;市、县两级党委组织开展4轮集中宣讲活动,宣讲1100余场次,现场听众50万余人次。各县区各单位组建各级各类基层宣讲队伍860余支,开展分众化、接地气、效果优的集中宣讲活动1.05万余场次,受众近100万人次。强化以研读强化自学,学好用好中央指定的理论学习读物,市委带领和倡导全市党员干部,特别是县处级以上领导干部每天挤出1小时进行深学研读,形成良好的学风。全市领导干部围绕"学党史、悟思想、办实事、开新局"积极撰写理论文章,《南昌日报》理论版等党报党刊集中登载。

三、用好红色资源,着力打造弘扬伟大精神谱系、赓续红色革命血脉的生动课堂

通过挖掘、整理、研究富有南昌特色的党史资源,传承八一精神,让旧址遗迹成为党史"教室",让文物史料成为党史"教材",让英烈模范成为党史"教师",有力推动红色资源活起来、红色精神扬起来、红色基因传下来。突出挖掘八一红色资源。按照省委再展英雄城雄姿要求,市委高度重视用八一南昌起义中所蕴含的理想信念来熔铸城市精神,列入党委中心组学习和干部理论学习的重要内容,纳入到精神文明创建和公民道德实践活动中去。中央简报就南昌结合用好八一红色资源深入学习领悟伟大建党精神,作单篇刊发。"七一"期间学习强国总平台首页专题推出《学习百年党史,感悟八一精神》系列理论文章,阅读总量超过400万人次。重点用好红色纪念场馆。依托红色场馆组建红色讲解员宣讲小分队4000余个(次),开展微宣讲,覆盖20万余人次。组织开展清明"祭英烈"活动,清明节期间,南昌市革命烈士陵园和方志敏烈士陵园共服务接待2000余家机关企事业和社区团体,受教育党员群众6万余人。创新打造旅游教育线路。推出"英雄城·红色城"旅游线路,入选建党百年全国百条精品红色旅游线路。全年全市红色场馆线下、线上接待游客普遍同比增长200%—300%,游客在"行走的党课"中坚定理想信念、感悟思想伟力、弘扬伟大精神。

四、强化基层基础,突出群众主体、加强主题实践、实现全面覆盖

坚持以"关键少数"带动"绝大多数",着力夯实党史学习教育群众基础。全市各地各部门立足实际、守正创新,聚焦重点群体,策划实施一批接地气、能落实、可操作的抓手载体,推动党史学习教育热在基层、热在群众。突出聚焦"两新组织"党员、农村党员、青年党员和流动党员等党员群体,推出针对性的政策举措。在"两新组织"党组织创新学习教育方式,开展"三联三共三引领"专题活动;组织省市县三级宣讲队伍,深入全市近2000个村社区开展"微宣讲"8000余场次;利用农村"村村响"大喇叭、依托"三中心一平台"基层宣传阵地,让党史学习教育进入千家万户;通过网络直播、短视频、H5等形式,加强党史学习教育资源"云端"供给。重点面向青少年群体,围绕"光辉历程,奋斗有我"主题,组织开展红色家书诵读、全市中小学生"学四史、强信念、感党恩、跟党走"知识竞赛、市属高校"忆红色,学四史,诵读红色家书,传承百年信仰"、"四史"宣传教育等系列青少年心向党教育活动,培养热爱党热爱祖国思想情怀。积极面向基层普通群众,广泛开展"唱支山歌给党听""永远跟党走"等群众性歌舞活动,共有600余支队伍参赛,直接参与群众2万余人,吸引观众10余万人,激发广大市民群众情感共鸣,使学习教育成效落地生根。

五、坚持问题导向,高质量开好专题组织生活会,充分发挥党组织战斗堡垒和党员先锋模范作用

坚持把开好专题组织生活会作为深化和巩固党史学习教育的重要环节。着力夯实学习基础,全市各基层党支部在召开专题组织生活会之前,采取"三会一课"、专题辅导学习等形式开展专题学习8000余次,把学习党史同总结经验、观照现实、推动工作结合起来,组织生活会成为系统学习新思想的重要举措。深入查摆整改问题,全市10910个基层党组织全部召开"党味正""辣味浓"的专题组织生活会,共有216893名党员参加。1368名县处级以上党员领导干部以普通党员身份参加,带头深入查摆问题,共征求意见53368条,明确整改事项、整改清单、整改时限,列出和推进问题整改60621个。广泛开展主题实践,围绕充分发挥基层党组织战斗堡垒作用和共产党员先锋模范作用,开展"党旗在一线飘扬、党徽在一线闪耀"活动,万名党员进社区、志愿服务我先行。全市共产党员开展志愿服务80余万次,为身边群众办好事实事30余万件。组织开展系列主题党日活动,市县乡三级建立3420个党支部联系点,3274名党员领导干部深入联系点11464次,帮助解决问题7383个。"七一"期间,举办新党员集中入党宣誓活动。

六、着力抓住根本,扎实开展"我为群众办实事"实践活动,聚力为群众办实事解难题

南昌市按照精准、鲜明、具体、有获得感的要求,深入开展"我为群众办实事"实践活动,切实解决群众"急难愁盼"问题,用干部"辛苦指数"换来群众"幸福指数",不断夯实党的执政基础和群众基础。建立领导领衔推进机制。市委主要领导领衔推进农村公路建设改造项目和农村人居环境整治2个民生重点攻坚项目。市四套班子领导和各县区单位领导干部采取多种方式深入基层调研,摸准群众的操心事、烦心事、揪心事,确立民生项目并领衔推进,夯实实事项目主体责任和第一责任人责任。构建实践活动制度平台。推出民生实事工程和重点攻坚项目清单,开展"将心比心,终端检验""一心向党,全心为民"等专题活动,搭建"12345"政务服务热线、政府网上信箱及网上云平台,畅通民情民意受理、转派、监督、审核、反馈、落地机制,初步形成"我为群众办实事"长效机制，探索推出“幸福圆桌会”“一号大调研”“护航行动”“点亮百姓门前一盏灯”等“我为群众办实事”生动案例。至12月20日，市本级的45个民生重点攻坚项目和68个自选民生项目、各县区（开发区、管理局）上报省里备案的402个重点民生项目、市直单位949个自选民生项目、县区1958个自选民生项目，共3422个民生项目全部完成，在开放的网络测评等“三评”工作中赢得高满意率（市本级满意率第一轮100%，第二轮94.55%）。

七、强化舆论氛围，营造全市学党史、悟思想、办实事、开新局的浓厚氛围

把加强新闻宣传、推出经验做法作为夯实和放大党史学习教育成效的内在要求，激发同频共振合力。市属新闻媒体发挥主阵地作用。在重要版面、时段、首页首屏开设“奋斗百年路 启航新征程”“学党史、听党话、感党恩、跟党走”“听党说句心里话”“南昌红色印记”等专题专栏，刊播稿件3300余篇（条），动态和深度报道全市各级各部门持续开展特色鲜明、形式多样的学习活动和工作成效，形成舆论强势。加强主题策划、推进稿件上报。市党代会以来，聚焦市委、市政府汲取党的百年奋斗经验、推进经济社会高质量发展的主动作为，新闻上稿大幅提升、进位赶超。至12月24日，中央、省级主要媒体刊发南昌市党史学习教育稿件近1900篇（条），在全省各地市上稿中排名稳居前三名。建立常态化、制度化简报编发、上报机制。至年底，南昌市在中央简报上稿3篇（其中专刊1篇），在省简报上稿207篇（条），上稿总量位列全省第一方阵。其中，市本级上稿总量在各设区市列第一名。

八、聚焦开创新局，有力激发全市率先“作示范、勇争先”的内生动力

南昌把学党史、开新局作为党史学习教育的重要落脚点，以史为鉴、开创未来，坚持两手抓、两手硬、两促进，推动党史学习教育与各项中心工作同频共振，把党史学习教育成果转化为巩固提升发展首位度、充分彰显省会担当的实际成效。在干部精神状态上开新局。着力培育和塑造南昌人要“自信、发奋、齐心”的昂扬姿态，围绕加强换届后领导班子建设市委出台制度措施，切实把忠诚干净担当“有干劲、有思路、有办法、有活力”的“四有”干部选出来、用起来，《南昌日报》刊发《南昌人要自信》《南昌人要发奋》《南昌人要齐心》等“南仲平”文章，激发广大党员干部和市民群众思发展、谋发展的内在潜力，引导大家进一步转变精神状态、与市委工作节奏合拍。落实新时期好干部标准，持续健全正向激励和容错纠错机制，大力选育忠诚干净担当的“四有”干部。突出干部专业化能力培训，实现全市各行业各领域培训全覆盖。拓宽干部选拔视野和来源渠道，创新开展党政储备人才引进工作，启动实施1000名党政储备人才选拔、1000名基层专干以及每年200名选调生工作，打造高素质、专业化的干部队伍。在从严从实抓党的建设上开新局。深入贯彻新时代党的建设总要求，大力弘扬党的光荣传统和优良作风，着力建强班子、建强组织、建强队伍，风清气正的政治生态建设取得更加明显成效，广大党员干部干事创业的精气神更加振奋昂扬。强化政府投资类项目管控，制定完善政府投资类项目管理办法，集中整治较为突出的“鲂角文化”“小鬼难缠”“中梗阻”等不良现象，以及违规吃喝、送礼等“四风”反弹问题。出台贯彻落实“三重一大”事项集体决策制度实施办法，全面开展党政事业单位资产清查专项整治，持续开展公职人员酒驾醉驾、违规经商办企业、违规借贷、违反出入境管理、领导干部违规配备司机、县乡干部“走读”等问题专项整治，推动全市干部队伍精神面貌焕然一新。持之以恒纠“四风”，在全市机关开展“转作风、提效率、树形象”专项整治，在基层干部中开展作风整顿专项行动，推动党员干部作风大转变、效能大提升。保持惩治腐败高压态势，扎实开展粮食领域腐败问题专项整治，集中整治群众身边不正之风和腐败问题，严肃查处一批典型违纪违法案件。在扎实推进深化改革上开新局。深入推进“放管服”改革，优化整合机构职能，重点推进国资国企监管、政府投资类项目管控等改革，促进科技创新成果转化，鼓励年营收3亿元以上企业自建或共建各类技术研发机构，推进每年10万人才来昌留昌创业就业，南昌陆港型国家物流枢纽成功入选国家物流枢纽建设名单。着眼进一步推动政府治理体系和治理能力现代化，持续优化营商环境，积极推进机构调整促资源整合，推进自然资源和规划、住房和城乡建设、城市综合执法、政务数据、企业服务及重点公共建设管理等政府职能的系统改革优化，在凝聚城市发展合力方面迈出重要步伐，夯实城市发展开新局制度基础。在推进高质量发展上开新局。统筹推进常态化疫情防控和经济社会发展，扎实做好“六稳”工作、全面落实“六保”任务，深入抓好各项工作落实，推动高质量跨越式发展取得新成效。以问题为导向，推动老旧小区改造，开展环境卫生整治，补齐基础设施短板，实施水系大连通，开展污水管网改造，推动赣抚尾闾综合整治工程、西二环高速公路、九龙湖大桥等重大项目开工建设，全力打响“胡子工程”攻坚战，城市功能品质进一步提升。全力推进平安南昌、法治南昌建设。“雪亮工程”及智慧平安小区等建设走在全国前列，“一网统管”数字化治理格局加速形成。深入开展安全隐患大排查整治活动，全面加强预防体系建设，严格实行“四个一”应急工作机制，深入推进常态化扫黑除恶专项斗争，严厉打击人民群众反映强烈的电信诈骗、经济金融以及黄赌毒、盗抢骗、食药环等突出违法犯罪行为，妥善处置涉房产、教育、金融等领域突发事件，有力维护和谐稳定社会大局。

（市史志办）

南昌市庆祝中国共产党成立100周年系列活动纪略

2021年是中国共产党成立100周年。根据党中央、省委统一安排部署，南昌市围绕建党百年主题，集中组织开展系列庆祝活动，在全市唱响共产党好、社会主义好、改革开放好、伟大祖国好、各族人民好的时代主旋律，激励和动员全市人民不忘初心、牢记使命，踔厉奋发、攻坚克难，为南昌奋力打造“一枢纽四中心”、努力实现“两个大幅提升”而不懈奋斗。

一、精心谋划部署，为庆祝活动确定基调、指明方向、画出红线

1. 提前制订方案。为及早谋划全市庆祝建党百年活动，市委宣传部牵头启动全市庆祝活动总体方案的统筹、策划和起草工作，组织在全市范围广泛收集庆祝活动项目并征求意见，并初步草拟形成全市庆祝活动总体方案。4月4日，省委印发全省庆祝活动总体方案，经对标对表、修改完善，形成全市庆祝活动总体方案送审稿，按照有关程序，由市委向省委报请审定。5月27日，省委庆祝活动领导小组正式审核批复南昌市庆祝活动总体方案。根据省委批复意见，市委宣传部对庆祝活动总体方案再次进行调整完善，并最终提请市委印发。

2. 高位统筹推动。参照全省庆祝活动领导机制，市委成立庆祝活动领导小组，负责指导做好全市庆祝活动组织实施及相关保障等各项工作。市委多次研究审议全市建党百年庆祝活动总体方案，市委领导多次对庆祝活动作出指示批示并亲自指挥、亲自调度，统筹推进各项庆祝活动。6月5日，市委印发《南昌市庆祝中国共产党成立100周年活动总体方案》，在全市安排收听收看中央、省委庆祝活动实况和功勋荣誉表彰、走访慰问、理论学习研讨等13个方面37项重点活动。6月17日，市委召开全市庆祝中国共产党成立100周年活动专题调度会，进行全面部署和统筹推进，确保南昌市庆祝活动高标准实施、高效率推进、高质量落实。

3. 严把纪律要求。庆祝建党百年活动政治性、政策性强。严格将党中央、省委对庆祝活动工作要求融入全市总体方案，为全市庆祝活动框定范围、画出红线。启动对县区总体方案的报审程序，对各县区总体方案进行审核，提出批复意见后，再由各县区完善印发。根据相关要求，取消1台晚会、停办1个展览，并重新按程序报审1个会议。加强舆论导控，做好网上应急培训和演练，切实把好政治关、舆论导向关。加强社会宣传阵地管理，组织开展2个轮次的社会宣传阵地排查工作，及时发现并整改各类社会宣传阵地各类问题，防范和避免在社会宣传阵地出现政治类有害信息，确保庆祝活动坚持正确导向不偏移、严守有关要求不逾线。

二、突出群众主体，群众性活动广泛开展、特色鲜明、反响热烈

为庆祝中国共产党成立100周年，根据党中央、省委和市委部署，在全市城乡广泛组织开展“永远跟党走”群众性主题宣传教育活动。

1. 坚持热在基层。结合“我为群众办实事”“志愿服务学雷锋”“让党旗在基层一线高高飘扬”等主题党日活动，推动全市各级党组织建立3420个党支部联系点，组织3274名党员领导干部深入联系点11464次，解决基层存在的困难问题7383个；推动2500余个省、市、县（区）直单位等与社区结对共建、共驻共建，组织3万余名在职党员到社区报到并开展志愿服务活动。从各行各业的先进典型、模范人物中，遴选一批抗疫英雄、劳动模范、岗位标兵等先进典型，成立“优秀红色宣传队”，联合“方志敏精神宣讲队”“青年讲师团”“赣鄱红色娘子军”“老干部宣讲团”等各类宣讲队伍，深入基层广泛开展宣传宣讲，共1200余场。

2. 坚持热在群众。打造“英雄城·红色城”红色旅游线路，入选文化和旅游部建党百年红色旅游百条精品线路。开展“传承红色基因，培育时代新人”红色旅游进校园系列活动，组织“建党百年初心之路”“足迹”“网络媒体老区行”等网络主题采访活动，开展线上线下游览，体验红色文化、重温革命历史。参与全省网络拉歌活动，摄制并播发主题短视频10条，视频总浏览量达20万人次，获6000余人次网友点赞。创新开展“洪城街艺”街头艺术表演活动，组织策划“唱响青春”音乐季、“听花开的声音”街头艺人走进景区、“艺心向党”庆祝中国共产党成立100周年系列活动，聚集线上线下传播量近1000万次。开展“永远跟党走”广场舞展演活动，活动参与团队100余支，吸引观众9000余人。

3. 坚持热在青少年。组织开展“青年大学习·一起学党史”“红领巾爱学习”等系列网上主题团课、队课学习，累计参与236.7万人次，参与率100%。组织大中小学校开展“忆红色，学四史，诵读红色家书，传承百年信仰”“学四史、强信念、感党恩、跟党走”等主题竞赛活动，在青少年群体深入推进“四史”宣传教育。开展“开学第一课”主题教育活动，组织全市中小学生收听收看“开学第一课”电视专题节目，开展系列讨论、竞赛等活动，共41万余名师生参与。

三、坚持以史为鉴，“四史”宣传教育全面覆盖、深入推进、成效显著

为庆祝中国共产党成立100周年，根据党中央、省委和市委安排，在全市组织开展党史、新中国史、改革开放史、社会主义发展史宣传教育。

1. 学习宣讲体验。将党史学习教育指定学习材料纳入学习计划，作为全市各级党委(党组)理论学习中心组学习、“三会一课”、主题党日的重要内容，作为全市各级党校和高校干部培训等重要参考材料，实现党员干部学习全覆盖。结合“书香洪城”全民阅读，组织开展好书推荐、全城共读等活动300余场次，服务市民读者121余万人次。组织大中小学生代表赴革命老区、红色场馆开展红色研学活动，引导少年学员从革命历史汲取精神力量。组建党史学习教育市委宣讲团、党建知识宣讲小分队等宣讲队伍，开展军休干部“口述历史”、英烈后代口述烈士故事等活动。全市各级组建3100余支宣讲队伍，依托新时代文明实践中心、爱国主义教育基地等基层阵地，广泛开展基层宣讲活动5万余场，受众32余万人次，让党的创新理论“飞入寻常百姓家”。推进“纪录小康工程”展示平台的整体搭建，入驻12个区县、22家市直单位，收集大事记、白皮书、新闻报道、典型人物等15个大类1.8万余件图文音视频数据信息，为全市广大干部群众提供学习体验平台。

2. 学习先进致敬先烈。召开全市“七一”表彰大会，表彰全市优秀共产党员、优秀党务工作者和先进基层党组织各100名(个)。开展“光荣在党50年”纪念章颁发仪式，颁发纪念章26540枚。组织开展第48届南丁格尔奖章获得者、道德模范、最美人物等先进模范学习宣传活动。在“9·30”烈士纪念日举办“向人民英雄敬献花篮仪式”，省市各级领导、社会各界群众代表1200余人参加。开展“替烈士看爹娘”活动，对全市406名烈属进行全覆盖走访慰问，共发放慰问金4.14万元、慰问信406份、慰问物资价值8.2万元。组织1200余名新长征退役军人志愿服务队员，为烈士擦拭墓碑、敬献鲜花、宣讲祭文、重温入党誓词。开展网上祭扫，参与3.4万余人次。举办妇女运动史图片展，展现各时期的妇女运动事件和珍贵照片160余幅，集中展现中国妇女在党的领导下投身革命和建设伟大事业的光辉事迹和感人家风故事。

3 开展群众性活动。组织“老兵永远跟党走”系列活动，开展以“老兵颂党恩，续写军旅荣光”作品征集、“党旗飘扬在心中”党史知识测试和竞赛、“回望军旅路，奋斗新征程”主题宣讲大赛以及微视频选播等活动，展现广大退役军人在党领导下奋进新时代良好精神风貌。举办系列主题展览，策划推出“百年回望，红心向党——庆祝中国共产党成立100周年主题展”“流水高山写新图——何香凝与新中国时期的北京画坛展”等一批精品展览，面向广大市民和国内外游客充分展示建党百年伟大光辉历程。推出《奋斗百年路 启航新征程——党史故事汇》等系列专题片，创作《共产党为人民百年千年万年》《风华正茂》等红色歌曲，组织开展“唱支山歌给党听”等各类群众歌咏活动，常态化开展“红色文艺轻骑兵”慰问演出、红色经典电影进万村1万余场。

四、大力开展宣传，全市庆祝活动形成声势、凝聚氛围、深入人心

1. 新闻宣传浓墨重彩。在市属媒体的重要版面、重要位置开设“奋斗百年路 启航新征程”“学党史、悟思想、办实事、开新局”“听党说句心里话”等20余个专题专栏，推出《奋斗百年路 启航新征程——党史故事汇》大型系列特色报道。全年，中央、省、市及各级新媒体平台推出相关稿件6000余条，央媒上稿150余条。

2. 网络宣传形式新颖。围绕庆祝建党100周年，积极组织属地网络媒体和新媒体强化议题设置，开设“党史故事汇”和“足迹——庆祝中国共产党成立100周年”等专栏，发布相关信息1500余条，组织“建党百年初心之路”“足迹”“网络媒体老区行”“了不起的新征途”等主题线下采访活动4场，刊发新闻报道300余篇。协调指导南昌日报社、南昌广电台、新浪江西等制作H5、微视频等新媒体作品30余个。其中，建党百年庆祝大会当天，推出“我是共产党我承诺”H5，接力超10万人次。参与“百年故事”“奋斗百年路 启航新征程”等10个话题讨论，“百年党史中的江西足迹”话题阅读量达1亿人次。

3. 社会宣传全域覆盖。组织开展庆祝建党百年暨党史学习教育社会宣传，精心设计一批主题宣传内容，充分利用全市2万余块电子大屏、走字屏、地铁电视、电梯电视、地标建筑灯光幕墙等电子类载体播放主题宣传海报和标语，各级共制作近1万个景观小品(大型户外形象宣传)、插地广告字、围挡广告、宣传栏、广告牌等实体类宣传，布置在全市城乡大街小巷、公园广场、社区小区等场所之间，在全市营造浓厚的社会氛围。

全年，在市委、市政府的高度重视、高位推动下，在全市广大党员干部的共同努力和全市广大人民群众的积极参与下，南昌市庆祝中国共产党成立100周年系列活动圆满完成。庆祝活动隆重热烈、精彩纷呈，充分彰显南昌风格、南昌气派、南昌风采，切实起到统一思想、凝聚力量、振奋人心、鼓舞士气的作用，为南昌率先“做示范、勇争先”、充分彰显省会担当凝聚强大精神力量。

(张　翔)

大 事 记

1 月

1 日

中央电视台《新闻联播》以《勇往直前,创造更加灿烂的辉煌——习近平主席新年贺词在全国各地引起强烈反响》为题,报道进贤县抗洪抢险战绩。

4 日

“绿道活起来,市民动起来”2021 南昌市迎新骑行健身活动举行。

5 日

全市旅游产业发展大会在红谷滩会议中心举行。会上,11 个文旅重大重点项目集中签约,总投资额 361.8 亿元;南昌市与武汉、长沙、合肥、济南、昆明、莆田、九江、上饶、宜春、抚州等地签署《区域旅游促销合作协议》,推进区域旅游共同发展;南昌县、安义县、东湖区、南昌汉代海昏侯国遗址公园相关负责人发言,介绍文旅产业发展情况。

7 日

南昌市荣获“全国无障碍建设示范市”称号;南昌县获“全国无障碍建设示范县”称号。安义县、东湖区、西湖区、新建区获“全国无障碍建设县(区)”称号。

11 日

省市领导吴晓军、郭毅、宋铀一行到东湖区香江家具城地块(香江佳苑三区)安置小区、西湖区大朝阳 A5 地块安置小区、青云谱区南莲路周边安置小区、青山湖区罗家镇殷王村地块综合性住房小区,就安置房建设工作进行调研,察看南昌县八月湖街道桃源住宅小区、青云谱区青云谱镇广州路社区环境整治工作,并察看幸福渠寰宇万象湿地公园段水环境综合治理情况。

同日

湖南省副省长陈飞一行到南昌高新区调研电子信息产业及航空制造产业建设发展情况。

12 日

全市创建全国文明城市总结表彰大会暨常态长效工作部署会在红谷滩会议中心召开。

同日

江西省部分十三届全国人大代表到 VR 实训基地、VR 科创城、虚拟现实 VR 产业基地、江西省高层次人才产业园、华勤制造中心、南昌航空城等地,就“十三五”规划纲要确定的主要目标任务完成情况和“十四五”经济社会发展重点难点问题进行视察。

13—15 日

2020 年全市工业、现代服务业“比学赶超”集中巡看活动分别在红谷滩区、新建区、安义县、湾里管理局、经开区、青云谱区、青山湖区、高新区、进贤县、南昌县(小蓝经开区)、西湖区、东湖区举行。

18 日

南昌城市大脑提质扩面工作座谈会在城市大脑运营指挥中心召开。市民政局、市人社局、市卫健委等市直相关部门就“城市大脑”上线六大应用场景依次进行现场演示。市委常委、副市长王万征主持并为中国工程院院士、阿里云创始人王坚颁发聘书,聘请王坚为南昌城市大脑总架构师。南昌城市大脑一期上线试运行以来,打通 53 个市直部门、11 个省直部门 1193 类数据,实现 20 余亿条数据的共享协同和跨部门、跨区域共同应用。

19 日

南昌经开区人民医院(江西省中西医结合医院经开医院)揭牌开业仪式举行。

21 日

省长易炼红一行到新建区望城镇小桥村调研指导新冠肺炎疫情防控工作。

同日

全市深化事业单位改革试点工作动员部署会召开。

22 日

市领导黄喜忠、宋铀一行到南昌县桃新大道、九洲高架东延、昌南新城南北连通渠、火车站东广场、轨道交通4号线丁公路北站项目现场等地，听取项目规划建设进展、工期人员安排、质量安全管理、疫情防控等情况汇报，协调解决有关项目推进过程中遇到的困难和问题。

同日

南昌县(小蓝经开区)澄湖北大道东延工程开工仪式举行。市委副书记严允出席并宣布开工。该项目西起澄湖东路，沿京九铁路上跨后连通青山湖大道，东至昌东大道，全长约3.3千米。

28日

“致敬”摄影展暨巡展启动仪式在南昌美术馆举行。此次摄影展以“让英雄的精神永远在英雄城流淌”为主题，共展出154名援鄂医护人员的战“疫”一线图片和感人故事。

2 月

2日

南昌市退役军人事务局组建2周年工作总结会暨2021年全市退役军人事务局局长会召开。会议宣读2020年度“全市退役军人事务单项工作先进单位”“乡镇(街道、管理处)退役军人事务工作先进单位”“十大特色亮点工作”“南昌‘最美退役军人’”“南昌市退役军人基层服务工作‘尊崇之星’”名单，并为受表彰代表颁发奖牌、证书。

4日

红谷滩区数字经济爆发式增长座谈会召开。市委常委、副市长王万征主持并讲话。会上，华为公司、阿里巴巴集团、紫光股份、科大讯飞、江西顶易科技有限公司、江西仟得文化传播有限公司等数字经济企业代表围绕政策、产业生态、招商引资等，就推进红谷滩区数字经济发展进行交流探讨。

6日

“老街老巷展示馆”“万寿宫美术馆”揭牌仪式在万寿宫历史文化街区举行。此次开幕的老街老巷展示馆设有“万寿老街·涅槃重生——万寿宫历史文化街区老街老巷文化展”。万寿宫美术馆设有“书画万寿宫”展览。

7日

省市领导吴晓军、郭毅一行到新华社江西分社、江西广播电视台、江西日报社、中央广播电视总台央视江西记者站、人民日报社江西分社，了解新闻采编和媒体融合发展情况，听取新闻媒体对南昌发展的意见和建议，并对奋战在一线的新闻工作者表示衷心感谢，致以崇高敬意和新春祝福。

8日

全市人才工作会议召开。省委常委、市委书记吴晓军出席并讲话。

同日

南昌高新区与中科院工程热物理研究所、清华大学天津电子信息研究院屏对屏云签约仪式举行。此次共云签约航空发动机研发制造、无人机研发制造等战略合作，江西新一代电子信息技术成果转化研究院和江西新一代电子信息技术成果转化研究院北京飞地孵化基地3个项目。

9日

省委书记刘奇一行到南昌深圳农产品中心批发市场、九洲高架洪都高架拓宽工程现场、省公安厅交通管理局指挥大厅、万寿宫历史文化街区，调研市场保障、安全生产等工作。

同日

全市宣传思想暨文化旅游产业推进工作会召开。省委常委、市委书记吴晓军就做好全市宣传思想文教工作作出批示。

17日

省市领导吴晓军、郭毅、宋铀一行到青山湖区塘山镇青湖村、南昌昌东工业区石桥村整体拆迁项目现场和东湖区扬子洲镇前洲村、南昌县蒋巷镇中心公路提升改造项目现场，调研城乡融合发展情况。

同日

“感动中国2020年度人物颁奖盛典”在中央广播电视总台综合频道播出。南昌市民万佐成、熊庚香夫妇获评“感动中国2020年度人物”。

18日

省委书记刘奇一行到南昌高新区日月明测控科技股份有限公司、钛创新能源科技有限公司、龙旗信息技术有限公司、洪都航空工业集团、中发天信航空发动机科技有限公司走访调研。

同日

市长提名候选人万广明一行到北斗大厦、南昌经开区视觉创新中心展示厅以及华为城市智慧视觉创新中心、空港新城人才社区等项目现场，就南昌空港新城建设进展情况进行调研。

21日

省市领导吴晓军、郭毅、宋铀一行到广州路东延工程项目现场、高铁东站站房工程项目现场、秦坊安置房一期工程项目现场以及高新区，就“城市功能品质大提升”进行调研。

22日

市政府与省通信管理局战略合作签约仪式暨南昌市通信发展办公室揭牌仪式举行。市委副书记、代市长万广明和省通信管理局局长郑蕾见证签约。市委常委、副市长王万征代表市政府签字。南昌市通信发展办公室成立后将主动融入和服务南昌市经济社会发展，完善通信基础设施建设规划，协调区域内的通信规划、建设、管理和保护等工作。

25日

南昌市2021“转作风，优环境”活动年动员大会召开。省委常委、市委书记吴晓军出席并讲话。市委副书记、代市长万广明主持。

同日

市政府和安义县政府分别与浙商银行股份有限公司签署全面战略合作协议。

27 日

省市虚拟现实产业链工作推进会召开。省委常委、市委书记、省虚拟现实产业链链长吴晓军主持。会议听取省市虚拟现实产业链链长制工作推进情况、虚拟现实产业发展情况和南昌 VR 科创城建设情况。省直有关单位、VR 龙头企业、行业重点机构和领域专家学者等围绕产业链“五链”融合、产业高质量跨越式发展建言献策。

同日

全市“城市大脑”提质扩面工作推进会在红谷滩会议中心召开。省委常委、市委书记吴晓军出席并讲话。代市长万广明主持会议。会上，市委常委、副市长肖云对《南昌“城市大脑”2021 年提质扩面工作方案》作说明。中国工程院院士、阿里云创始人、南昌城市大脑总架构师王坚就“城市大脑”提质扩面作专题报告。市行政审批局、市文广新旅局、市教育局、市交通运输局、市消防救援支队作表态发言。市领导郭毅、肖云、陈以荻、龙国英、宋铀、樊三宝、李松殿、黄耀华及全市相关单位负责人 150 余人出席。根据《南昌市荣誉市民授予办法》规定，南昌市向王坚颁授“南昌市荣誉市民”证书。

3 月

1 日

2021 年省市县三级联动推进重大项目开工暨“项目大会战”动员大会在南昌东站举行。从 2021 年开始，江西省启动为期 3 年的工业、农业、服务业、重大基础设施、新基建、公共服务等六大领域“项目大会战”。此次纳入三级联动开工的重大项目共 821 个，总投资 7458 亿元，涵盖基础设施、产业升级、公共服务、生态环保等各领域。

2021 年 3 月 8 日，“百年风华　一路芬芳”南昌市妇联庆祝中国共产党成立 100 周年暨“三八”国际妇女节主题活动在红谷滩会议中心举行

（市妇联　供图）

2 日

南昌市人民政府与江西国控、绿地集团合作框架协议签约仪式举行。省委常委、市委书记吴晓军出席并见证签约。市委副书记、代市长万广明致辞。南昌市人民政府、江西国控和绿地集团将共同打造具有投资融资、项目施工、运营管理、勘察设计、科研创新、新材料应用等综合资质的千亿级规模的大基建产业投资集团。

同日

南昌市 2020 年度“兴家风、淳民风、正社风”榜样人物发布会举行。会议表彰 19 位(组)榜样人物。

3 日

中国人民政治协商会议南昌市第十四届委员会第六次会议在红谷滩会议中心开幕。5 日闭幕。

4 日

南昌市第十五届人民代表大会第七次会议在江西前湖迎宾馆会议中心开幕。6 日闭幕。

6 日

南昌顺丰智慧产业基地项目签约活动举行。省市领导吴晓军、万广明会见顺丰集团首席运营官许志君一行并见证签约。南昌顺丰智慧产业基地由顺丰旗下深圳市丰泰电商产业园资产管理有限公司投资建设，总投资额 50 亿元，项目用地 33.33 公顷，分两期建设。

8 日

“百年风华、一路芬芳”南昌市妇联庆祝中国共产党成立 100 周年暨“三八”国际妇女节主题活动在红谷滩会议中心举行。

9 日

市长万广明一行到南昌高新区方大新材料(江西)有限公司、江西美晨通讯有限公司、江西兆驰半导体有限公司和洪都集团某机型车间，了解企业发展历程、产业发展规划、科研成果转化、产品创新应用等情况，并召开座谈会。

10 日

市委农村工作会在红谷滩会议中心召开。会议传达中央、省委农村工作会精神，总结“十三五”时期全市“三农”工作，研究部署下一步工作任务。

11 日

南昌市委全面依法治市工作会议在市红谷滩会议中心召开。省委常委、市委书记、市委全面依法治市委员会主任吴晓军出席并讲话。市委常委、市委政法委书记、市委全面依法治市委员会办公室主任胡晓海主持会议。市领导吴伟柱、李镇发等出席会议。会议传达学习中央全面依法治国工作会议和省委全面依法治省工作会议精神，研究部署全面依法治市工作。市委全面依法治市委员会其他委员等约140人参加。

同日

中国智能门窗合作示范基地授牌仪式在广州保利世贸博览馆举行。安义县荣获第8块“国字号”招牌，被授予“中国智能门窗合作示范基地”称号。

13日

省市领导吴晓军、郭毅、樊三宝一行到新建区溪霞现代农业园，安义县长均乡千亩旱稻生产示范区、六溪村富盛生态园、墨山精品示范村，绿能农业发展有限公司，调研田园综合体、植物园、美丽乡村建设，察看春耕备耕情况，听取全市春耕备耕情况汇报，了解基层工作机制创新情况。

15日

省委常委、市委书记、省虚拟现实产业链链长吴晓军一行到国家职业教育虚拟现实仿真实训基地、南昌VR科创城调研建设情况，并召开调度会，听取南昌市VR产业链“五链融合”及“一城两园多点”建设情况汇报，研究部署下一步工作。市长万广明陪同调研并主持调度会。

同日

2021南昌（深圳）电子信息与数字经济产业招商推介会在深圳市举行。南昌经开区签约中聘文化5G数字贸易产业基地等10个项目，总投资额近100亿元。

21日

江西2021相约春天消费季暨南昌约惠牛年·热购洪城活动启动仪式举行。江西2021相约春天消费季活动持续3个月，省市县三级举办近1000场促消费活动，引导3000余家重点企业采取直降、折扣、秒杀等方式让利销售。

22日

全市城市功能品质大提升暨城市建管十大提升行动推进大会在红谷滩会议中心召开。

23日

全市科技创新基础大提升工作部署暨2021年创新型城市建设推进会召开。

24日

南昌市在红谷滩会议中心设立分会场，组织收听收看党史学习教育中央宣讲团宣讲报告会。中央党史学习教育领导小组成员、中央宣讲团成员、中央党校副校长谢春涛作宣讲报告。

同日

“学史增信跟党走——发扬三牛精神，同心共绘宏图”献礼中国共产党成立100周年主题书画展开幕式在万寿宫历史文化街区举行。

25日

长沙、贵阳、合肥、南昌、宁波、武汉、湘潭、郑州、株洲等七省九市举行政务服务“跨省通办”线上签约仪式。七省九市将充分依托“互联网+政务服务”技术革新，整合各地政务服务优质资源，推动相关城市政务服务一体化。群众可通过登录全国一体化政务服务平台“跨省通办”服务专区，按照选择办理区域和事项、网上申报、异地网上预审等步骤“足不出户”实现政务服务事项异地办理。

同日

2021年南昌市金融助力“五城”建设产融对接会举行。此次对接会上，市政府与中航资本签署战略合作协议；各县（区）政府、开发区管委会、湾里管理局与金融机构分别开展产业意向合作签约；南昌东站高铁新城、南昌向塘国际陆港新城、南昌空港新城、九望新城、中国（南昌）现代职教城等五大重点片区分别与金融机构开展重点片区开发合作签约；部分市属国有企业与金融机构开展重大重点项目合作签约。现场签约项目25个，签约总金额1443亿元。

28日

南昌市“三请三回”推介会暨厦门市南昌商会第四届第一次会员大会在厦门瑞颐大酒店举行。市长万广明出席并向新当选的厦门市南昌商会领导授牌。

30日

“走向胜利——改革开放从这里走来”庆祝中国共产党成立100周年专题展江西首展仪式在南昌师范学院美术学院展览厅举行。

同日

全市法院少年法庭挂牌仪式在南昌市中级人民法院举行。

31日

南昌市人民政府与中信海洋直升机股份公司战略合作协议签约仪式举行。南昌市将与中信海直在高新区建设中信海直—华夏九州通航总部项目。项目总投资20亿元，规划建设直升机起降点、机库、通航总部大楼、部附件研发生产基地、飞行员培训及附属设施等，目标打造国内一流直升机通航综合基地，以进一步打通南昌市民用直升机的生产、运营、维修综合产业链。

同日

庆祝中国共产党成立100周年暨“文笔光华”第二届全国书画作品邀请展开幕式在南昌举行。

同日

“建党百年初心之路”全国巡展江西周暨南昌站活动启动仪式在南昌八一起义纪念馆举行。此次全国巡展活动途经50余座城市，通过2辆高科技全媒体展示大巴，以交互式、沉浸式的体验方式，传播百年党史、百年伟业、百年初心，以及全国各地的发展成就和优秀党员形象。

4 月

1日

市长万广明一行到新建区江西

五十铃汽车有限公司、南昌维科产业园、九望新城和数字新建·智慧城区项目现场，就社会经济发展情况进行调研，并召开座谈会。

2日

北京大学南昌创新研究院揭牌仪式在南昌举行。省委常委、组织部部长刘强，北京大学党委书记邱水平出席并共同揭牌。北京大学党委常委、副校长张平文，中国商飞集团副总经理史坚忠讲话。市长万广明主持。

5日

市领导万广明、杨保根、宋铀、李松殿一行到安义工业园区污水处理厂、江西晶科铝业有限公司、江西洪安化工有限公司、白水湖污水处理厂、青山湖污水处理厂、青山闸、蓑衣荚、小蓝污水处理厂，调研督导南昌市突出生态环境问题整改工作，察看披露问题整治情况。

8日

省长易炼红一行到万寿宫历史文化街区和青山湖区江西流量经济产业园、精品二手车交易中心及红谷滩区凤凰洲商圈百嘉喜宴旗舰店，就消费升级工作进行调研。市长万广明陪同。

9日

“赣鄱红色娘子军”宣讲团到南昌市，开展主题为“赣鄱巾帼心向党，扬帆奋进新征程”的巡讲。

10—11日

全国政法队伍教育整顿中央第八督导组组长蒋卓庆一行到西湖区桃花法庭、西湖区社会矛盾纠纷调处化解中心、市公安局西湖分局筷子巷派出所等地督导调研，检查教育整顿开展情况，督促有关责任、任务落实，指导做好针对干警违纪违法重点案件以案促改“后半篇文章”。

13日

2021中国商飞—江西大飞机产业培育会、中国商飞全球供应商大会—江西省航空产业推介会在南昌举行。

14日

南昌市宗教爱国主义教育基地、西山万寿宫红色驿站揭牌仪式举行。

16日

紫光智慧教育全国总部落户南昌仪式举行。市长万广明，紫光集团全球执行副总裁、紫光股份有限公司总裁王竑弢，市委常委、副市长肖云出席并共同推起启动杆。

同日

2021年第十届南昌“休闲农业·秀美乡村”活动月启动仪式在安义县举行。此届活动由市政府主办，围绕“唱响休闲农业 舞动秀美乡村——百花百果秀村光”主题，开展“致敬建党百年”“城乡共舞”“田园喜乐”三大系列137项活动，彰显新时代“五美”乡村建设成果，营造关注农业关心农村关爱农民的浓厚氛围，推进农业与文化、旅游、教育、康养等产业融合，引领休闲农业和乡村旅游业持续健康发展。

17日

省委书记刘奇一行到西湖区桃花镇国贸阳光社区和渔业路、市公安局西湖分局桃花路派出所、丁公路街道兴柴北苑社区、区政务服务中心和区委总值班室，调研基层社区治理、政务服务城市建管和政法队伍教育整顿以及值班值守等工作情况。

20日

南昌（上海）现代服务业招商推介会在上海市举行。会上签约项目18个，签约金额220亿元。

23日

市长万广明一行到青山湖区南昌699文化创意园、京东镇南方社区、江西兆驰光电有限公司、寰宇万象湿地公园等地，就提升城市功能与品质工作进行调研，并召开座谈会。

同日

南昌市城市管理智库专家受聘仪式举行。市人大常委会副主任、市城管局党组书记、局长杨保根为来自大学院校、科研机构、机关单位、创业公司的8位“南昌市城市管理智库”专家代表授予聘书，标志全省首个城市管理智库正式运行。

28—29日

老挝驻华大使坎葆·恩塔万率亚洲国家驻华使节团到南昌市考察访问，参观滕王阁、南昌八一起义纪念馆和VR产业基地。市长万广明会见使节团一行。

同日

省人大财经委副主任委员李青华率省委党史学习教育第一巡回指导组到南昌八一起义纪念馆、市行政审批局、红谷滩区沙井街道普贤社区邻里中心、VR产业基地党群服务中心、煌上煌集团党群中心、南昌县社会治理事务中心、莲塘镇新时代文明实践所等地，就全市党史学习教育开展情况进行督导和调研，并召开工作汇报会。市长万广明出席工作汇报会并讲话。

29日

南昌地铁4号线全线洞通仪式举行。线路全长39.6千米，设站29座，起点站为白马山站，终点站为鱼尾洲站。

30日

中国信息通信研究院江西研究院揭牌仪式在南昌高新区举行。揭牌仪式上，中国信息通信研究院与南昌高新区签署《中国信息通信研究院江西研究院项目合作协议》。

同日

交通运输部、中华全国总工会联合发出通知，表彰“2020年感动交通年度人物”。由南昌市交通运输局推荐的江西大众交通运输有限公司红色车队当选，成为江西省唯一获此殊荣的团队。车队成立于2020年1月10日，由公司党员驾驶员为主要成员，以爱岗敬业、遵章运营为基本要求，以“红色车队，精品服务”为宗旨。入选的车辆车容车貌状况良好，驾驶员服务意识较高，积极参与公益活动并获多项荣誉。

同日

南昌市庆祝“五一”国际劳动节暨全市五一劳动奖和工人先锋号表

彰大会召开。会上，授予全市22家单位“南昌市五一劳动奖状”，授予148名先进个人“南昌市五一劳动奖章”，授予25个先进班组“南昌市工人先锋号”称号。五一劳动奖章获得者代表宣读倡议书。举行南昌市劳模免费乘车卡首发仪式，发放首批劳模免费乘车卡。

同日

2021年全国（江西）消费促进月暨南昌红五月（春暖青山湖）活动启动仪式在青山湖区万达广场举行。

5 月

1日

胜利路步行街“胜利归来”暨东湖区“优化营商环境、促进消费升级”主题活动启动仪式举行。

6日

湖南省委书记许达哲率湖南省党政代表团到红谷滩区、南昌高新区考察调研南昌经济社会发展情况。

7日

“情牵红土地”赣湘庆祝中国共产党成立100周年全媒体主题宣传活动在南昌小平小道陈列馆、长沙橘子洲毛泽东青年艺术雕塑广场同步启动。启动仪式后，采访团赴赣湘革命老区，沿着革命前辈足迹，围绕红色文旅、乡村振兴、产业发展、交通设施等内容，进行全方位、多角度、立体化、体验式宣传报道。

同日

“救”在群众身边——南昌市红十字公益集市暨公益联盟启动仪式在八一公园举行。

8日

省委书记刘奇一行到青山湖区社会保险事业服务中心经办大厅与办事群众面对面交流，询问现场体验感和所需所求，到青山湖区青山路街道潘坊社区了解社保、医保服务下沉社区情况。

同日

中央环保督察典型案例问题整改工作部署会在红谷滩会议中心召开。会议通报省长易炼红采取“四不两直方式”督导发现的问题并讨论问题整改工作方案。市长万广明主持。

同日

市长万广明一行到青山湖区青山渠，南昌高新区高新大道江铜渠道、青山湖污水处理厂、鱼尾闸、红谷滩区丽景路排口等地，听取相关负责人关于中央环保督察指出问题整改进展情况汇报，并察看垃圾清理、雨污分离、实时监控、数据收集等工作实施情况。

10日

全市“转作风，优环境”活动年领导小组工作会议在市政府小礼堂召开。会议通报全市“转作风，优环境”活动年工作开展情况，传达省工商联营商环境企业评价工作情况。市长万广明出席并讲话。市委常委、组织部部长李镇发主持。市委常委、统战部部长乐文红出席。

12日

省委书记刘奇、省人大常委会副主任赵力平及省工信厅厅长杨贵平一行到西湖区桃花镇云卿路社区卫生服务中心、江西省人民医院红谷滩分院、南昌航空大学前湖校区医院走访调研。

同日

2021年第48届南丁格尔奖章的获奖者名单公布。南昌市第九医院护理部主任、红十字志愿者胡敏华荣获南丁格尔奖章。

14日

南昌交响乐团首场交响音乐会在江西艺术中心音乐厅举行。

15日

市委统战部、市各民主党派“学史忆传承，携手跟党走，为民办实事”——庆祝中国共产党成立100周年大型社会服务活动在西湖区里洲小区同心广场举行。

18—19日

全国妇联党组书记、副主席、书记处第一书记黄晓薇一行到南昌县冈上镇月池村、青山湖区湖坊镇进顺村调研，向基层妇女宣讲习近平总书记关于学习党史的重要论述和“3·6”重要讲话等精神。

19日

2021年江西省暨南昌市青年普法志愿者法治文化基层行活动启动仪式在南昌举行。

20日

2021年南昌市科技活动周启动仪式在新建区心怡广场举行。

同日

现代产业学院创新发展首届高峰论坛暨中国现代产业学院协同创新平台成立大会在南昌召开。

23日

第十二届中国卫星导航年会“北斗杯”全国青少年体育大赛总决赛在南昌举办。

24—25日

市文广新旅局所属5家新组建和调整设置事业单位——南昌市博物馆（南昌万寿宫博物院）、南昌市文化馆（市非物质文化遗产研究保护中心）、南昌市小平小道陈列馆、南昌画院（南昌美术馆、南昌瓷板画研究中心）、南昌市文化广电新闻出版旅游监测中心揭牌仪式举行。

25日

南昌市大数据中心成立揭牌仪式举行。

同日

南昌市新时代文明实践促进中心（市志愿服务促进中心）、南昌市文明城市创建事务中心揭牌仪式举行。

26日

第十二届中国卫星导航年会开幕式在南昌举行。省委书记刘奇，中国卫星导航系统委员会主席何玉彬，北斗卫星导航系统工程总设计师杨长风分别致辞。俄罗斯国家航天集团副总经理谢尔盖·萨维利耶夫作书面致辞。中国卫星导航系统管理办公室主任冉承其主持。开幕式上举行北斗奖、应用推进贡献奖、年会最佳论文奖和青年优秀论文一、二、三等奖颁奖仪式，以及江西省北斗产业项目集中签约仪式。第十二届中国卫星导航成就博览会同期举办。开幕式后，刘奇和与会嘉宾一同巡馆，并出席北斗模型捐赠和北斗民用项目群启动仪式等活动。

同日

省长易炼红一行到红谷滩区沙井街道沙井社区卫生服务中心、绿地康养居酒店，调研基层医疗机构疫情常态化防控工作情况和集中医学隔离观察点管理情况。

同日

南昌市目标考核事务中心挂牌仪式举行。

28 日

市长万广明在南昌会见省旅游集团董事长曾少雄一行，并共同见证南昌经开区、南昌综合保税区与省旅游集团三方签订《投资建设江西旅游跨境购基地项目合作协议》。计划投资50亿元打造的“江西旅游跨境购基地”项目，将按照“一个基地、两个平台、六个中心”发展思路，以“旅游展示交易+跨境商品销售”为核心，由省旅游集团主导投资、开发、管理、建设、招商、运营。

同日

市长万广明，省新冠肺炎疫苗接种驻点指导组组长、省医保局副局长吴国平一行到市第三医院朝阳医院疫苗接种点、新建区欣悦湖体育馆方舱式疫苗接种点、南昌经开区蛟桥镇医院疫苗接种点，调研新冠疫苗接种工作。

同日

“我为群众办实事”人民网网上群众工作江西座谈会在东湖区举行。会上，人民网“我为群众办实事”人民建议征集江西板块正式上线，领导留言板网上群众工作联系点(南昌市东湖区)揭牌，启动领导留言板网民留言办理基层试点(南昌市东湖区豫章街道、九江市共青城市茶山街道、抚州市东临新区七里岗乡)和人民网网民留言办理高校直办点(南昌大学)；发布人民网与江西网上群众工作合作计划。

同日

南昌市“为家筑梦，让爱出发”第三届家庭教育节开幕式暨“光辉百年，立德树人”第二届家庭教育高峰论坛举行。

31 日

“在灿烂阳光下——2021 年南昌市庆祝‘六一’国际儿童节文艺汇演”活动在西湖区南昌一中朝阳校区举行。

6 月

1 日

南昌市乡村振兴局揭牌仪式举行。

2 日

艾溪湖流域水环境综合治理先导工程现场推进会在南昌高新区举行。艾溪湖流域水环境综合治理项目工程位于艾溪湖片区及青山湖片区，工程面积约为 138 平方千米，总投资 45 亿元。

4 日

省长易炼红一行到西湖区、青云谱区调研稳就业工作。

同日

“人与自然和谐共生”——江西生态文明建设成就展示暨“6・5”环境日现场宣传活动在南昌举行。

5 日

电影《邓小平小道》江西发行中心揭牌暨汇报放映仪式在南昌日报社举行。

6 日

全市基层党建“三化六好”巡看总结暨基层党建工作重点任务推进会召开。会议通报全市基层党建“三化”建设和“六好”基层党组织创评工作情况。

同日

“养护水生生物建设美丽中国”——“全国放鱼日”同步放流江西分会场在南昌举行。

9 日

“百年恰是风华正茂”庆祝建党100 周年档案资料图片展在红谷大厦举行。

同日

第三届南昌市青年运动会开幕式在青云谱区梅湖景区举行。

11—15 日

第一届中国米粉节在南昌举办。11 日，副省长胡强宣布中国米粉节开幕，并与省政府副秘书长宋雷鸣，市长万广明，省商务厅厅长谢一平，省农业农村厅厅长胡汉平，中国饭店协会会长韩明，阿里巴巴集团副总裁方建生等共同启动开幕。副市长李松殿主持。12 日，2021 年 CHA 中国美食烹饪锦标赛——米粉专项赛暨第一届中国米粉节江西米粉烹饪创新挑战赛启动仪式在安义县分会场举行。

15 日

江西省 2021 年防范非法集资集中宣传日活动在南昌经开区举行。

16 日

省委书记刘奇一行到市公安局调研督导社会稳定工作，察看八一广场智慧警务站、昌北智慧公安检查站等地。

同日

南昌市 2021 年安全宣传咨询日活动在红谷滩行政广场举行。南昌市 16 个单位设置咨询台，接受市民群众对安全生产综合监管、危化品安全、建筑施工安全等方面咨询。

18 日

市长万广明带领省应急管理厅安全生产专家，采取“四不两直”方式，到南昌市燃气公司、江西铜业加工事业部的熔铸车间，检查燃气公司和重点企业安全生产工作。

同日

中国商飞江西生产试飞中心首

批下线的 2 架 ARJ21 飞机分别交付成都航空和江西航空。

同日

2021 南昌智能家居产业博览会开幕仪式在南昌绿地国际博览中心举办。

22 日

江西航空研究院揭牌仪式在南昌航空城举行。江西航空研究院由江西省科技厅、南昌高新区管委会、南昌市科技局、江西洪都航空工业集团有限责任公司、南昌航空大学共同组建而成，汇聚多方人才与技术优势，聚焦开展江西省航空发展战略及路线图、航空技术与多学科融合创新发展等顶层战略研究，重点关注虚拟现实、电子信息等高新技术与创新概念研究，共同打造航空科技创新江西样板。

23 日

南昌市设立分会场，组织收听收看全省脱贫攻坚总结表彰大会。在此次全省脱贫攻坚总结表彰大会上，南昌市共有 32 人荣获江西省脱贫攻坚先进个人称号、14 个集体荣获江西省脱贫攻坚先进集体称号。

24 日

省委书记刘奇和省长易炼红一行到南昌市公安局反恐处突训练基地观摩全省公安 2021 年“奋进新征程，忠诚保华诞”特巡警综合演练。

同日

全市铁路沿线环境整治提升工作部署会召开。南昌市决定从即日起，按照“拆、清、绿、改、装、亮、规、美”要求，分两个阶段，对途经南昌市境内的京九铁路、沪昆铁路、沪昆高铁、昌福（向莆）铁路、昌九城际铁路、南昌西环铁路、昌赣高铁等铁路沿线可视范围进行环境整治提升。

24—26 日

南昌日本集中交流周开幕式在南昌中日友好会馆举行。市长万广明，日本驻上海总领事矶俣秋男大使分别致辞。市委常委、副市长肖云主持。

25 日

南昌日本经济交流会举行。

同日

2021 年江西省首届现代种业蔬菜新品种展示会开幕仪式在南昌县蒋巷镇举行。

26 日

“相约莲花季·共筑昌南梦”2021 南昌县（小蓝经开区）第五届莲花经贸文化节在南昌县原城纪举办。

27 日

党史学习教育中央第六指导组到红谷滩区沙井街道普贤邻里中心、江西省博物馆、南昌八一起义纪念馆、西湖区桃花镇国贸阳光社区调研指导工作。

29 日

全市优秀共产党员、优秀党务工作者和先进基层党组织表彰大会召开。

同日

南昌市“唱支山歌给党听”群众歌咏展演在南昌广播电视台演播大厅举行。

同日

南昌市政协智慧文史展览馆开馆仪式举行。

7 月

1 日

南昌市设立分会场，组织收听收看庆祝中国共产党成立 100 周年大会。

同日

南昌跨境电商综合试验区开通跨境电子商务“9710”业务和跨境电子商务“9810”业务。

2 日

2021 年第十届中国创新创业大赛（江西赛区）暨第六届“洪城之星”创新创业大赛启动仪式在南昌举行。市长万广明，省科技厅厅长犹璒、副厅长席宏，副市长李松殿出席启动仪式并为第九届中国创新创业大赛（江西赛区）获奖企业颁奖。第九届中国创新创业大赛（江西赛区）全省共有 346 家企业报名，比 2019 年净增 8 家。其中，52 家企业晋级决赛，24 家企业获得奖项。同时，江西赛区还推荐 23 家企业参加全国赛，其中 6 家企业荣获第九届中国创新创业大赛全国赛优秀企业奖。

3 日

省委书记刘奇一行到青云谱区徐坊街道洪城路社区，东湖区大院街道公园小区、八一桥街道叠山路西社区调研老旧小区改造工作。省委常委、秘书长吴浩，市长万广明陪同。

4—6 日

退役军人事务部思想政治和权益维护司二级巡视员吴志生率调研组到西湖区、南昌县、安义县等地退役军人服务中心（站）和兵哥送菜食品集团、驻昌部队、方志敏烈士纪念园、南昌八一起义纪念馆及江西省医学科学院附属嘉佑曙光骨科医院等拥军企业，了解南昌市“尊崇工作法”推广情况、实际效果和群众认可度情况等，走访慰问部分烈属和困难退役军人，并召开座谈会。

5 日

南昌市“兴家风、淳民风、正社风”活动培训班开班仪式在井冈山干部教育学院举行。

6 日

市委理论学习中心组“习近平总书记在庆祝中国共产党成立 100 周年大会上的重要讲话精神”专题学习会暨研讨班在市委第一会议室举行。市长万广明主持。省委党史学习教育第一巡回指导组组长李青华到会指导。

同日

南昌市设立分会场，组织收听收看省委理论学习中心组集体学习（扩大）会。会议邀请中央党校副校长谢春涛作习近平总书记“七一”重要讲话精神辅导报告。

同日

“时代的礼赞——百年辉煌·以声献礼”庆祝中国共产党成立 100 周年经典诵读会在南昌市图书馆

举行。

7日

市级总河(湖)长总林长会议召开。会议听取2020年度全市以及市生态环境局、进贤县河(湖)长制林长制工作情况汇报,审议通过有关考核结果;审议并原则通过2021年全市河(湖)长制林长制工作要点和有关实施方案等。

8日

市长万广明一行到东湖区扬子洲洲头、赣电中心、豫章1号·文化创投大厦、江西金融租赁股份有限公司、江旅·都市方舟等项目现场,听取项目规划建设汇报,了解商贸旅游服务、数字文化产业、金融投资管理等发展情况。

9日

南昌市“四好农村路”建设新闻发布会在南昌市交通运输局大会议室举行。

11日

2021全国台企联青委会第十一届青年菁英特训营开营仪式在南昌举办。

12日

省长易炼红一行到红谷滩区市民中心、红谷滩区税务局、南昌市不动产登记中心、西湖区市场监督管理局朝农分局,调研优化营商环境工作。

13日

“讴歌伟大时代,赓续红色血脉——庆祝中国共产党成立100周年甘肃甘南·江西南昌书画摄影交流展”开幕式在八零油画学社展览馆(南昌高新区美术馆)举办。

16日

南昌市庆祝建党100周年民族器乐专场音乐会在南昌融创乐园青花剧场举行。

同日

2021海伦·福斯特·斯诺纪念图片巡回展开幕式在南昌高新区图书馆举办。

19日

北京大学南昌创新研究院第一届理事会第一次会议在南昌召开。会议审议并通过北京大学南昌创新研究院第一届理事会人员名单、《北京大学南昌创新研究院章程》《北京大学南昌创新研究院理事会章程》《北京大学南昌创新研究院学术委员会章程》、北京大学南昌创新研究院建设思路与工作规划等。

20日

南昌市领导干部大会召开。会上,省委组织部有关负责人宣读省委决定:李红军任南昌市委委员、常委、书记。

21日

南昌市工会首届“五一”新时代十大创业标兵、十佳创新人物颁奖盛典在南昌广播电视台举行。

24日

省委常委、市委书记李红军一行到南昌高新区调研,察看中国商飞江西生产试飞中心、洪都航空工业集团、华勤电子科技有限公司、晶能光电有限公司,了解南昌高新区航空制造、电子信息、数字经济、医药健康、新材料等主导产业发展情况及创新能力建设、创新动能培育情况。

25日

全省纪检监察系统信访举报宣传周暨“我为群众办实事”实践活动启动仪式举行。

26日

学习贯彻习近平总书记“七一”重要讲话精神省委宣讲团宣讲报告会在红谷滩会议中心举行。省委常委、市委书记李红军主持。省委宣讲团成员、副秘书长、政策研究室主任、改革办副主任沈谦芳作宣讲报告。

28—30日

2021上海合作组织传统医学论坛在南昌举办。

29日

全国人大常委会副委员长、全国妇联主席沈跃跃一行到红谷滩区世纪中央城调研基层妇联工作情况。

同日

傅抱石艺术馆策展团队聘任仪式、黄本贵作品捐赠仪式暨书画作品展在红谷滩会议中心东厅举行。

同日

南昌市普惠金融服务中心平台上线启动仪式举行。

30日

第七届中国中医药信息大会暨中医药健康及信息产品博览会开幕式在南昌举办。

31日

“八一军旗红”红色故事情景讲述展演活动开演。

8 月

1日

“比学赶超、争创一流”——南昌市招商推介大赛(决赛)在红谷滩会议中心举行。市长万广明出席并为部分获奖选手颁奖。

2日

省委常委、市委书记李红军会见党史学习教育市委宣讲团成员并强调,要提高政治站位,结合南昌实际,创新方式方法,做好每一场宣讲,努力讲全、讲透、讲实,让习近平总书记“七一”重要讲话精神在英雄城落地生根。市委副书记、组织部部长李镇发,市委常委、秘书长郭毅参加会见。

5日

市政协“坚决打好营商环境大提升战役”协商会议召开。会上,5名市政协建言资政专家库专家、政协委员及课题组成员代表围绕打造法治化营商环境、加快政务信息建设、提升行政审批效能等作专题发言,相关县区和职能部门现场予以回应。市长万广明出席并讲话。市政协主席刘家富主持。

7日

省委常委、市委书记李红军一行到安义县江西绿能农业有限公司、中国云厨(南昌)全域产业园、安义门窗特色产业小镇、江西建工现代产业园、中国(南昌)现代职教城和潦河市民公园项目建设现场,调研县域经济发展情况。市领导郭毅、王万征、樊三宝参加调研。

10日

省委书记刘奇一行到南昌大学附属小学前湖分校、新华培训学校,调研进一步减轻义务教育阶段学生作业负担和校外培训负担工作,并听取全省推进"双减"工作情况汇报。省领导吴浩、李红军陪同。

同日

2021年下半年财税工作和土地出让工作会议召开。省委常委、市委书记李红军出席并进行研究部署。

11日

市长万广明一行到南昌龙旗信息技术有限公司、南昌中微半导体设备有限公司、南昌高新区政务服务中心等地,就优化营商环境工作进行调研,并主持召开座谈会,邀请企业代表围绕优化营商环境谈问题、提建议,解决企业生产经营中遇到的困难和问题。市委常委、常务副市长胡晓海参加调研。

同日

2021中国园区高质量发展百强榜发布。南昌高新区在全国387家国家级开发区中进入前50强,名列第48位。

12日

欣旺达南昌动力电池生产基地项目签约活动举行。省委常委、市委书记李红军出席并见证签约。市长万广明致辞。欣旺达南昌动力电池生产基地项目总投资约200亿元,占地约120公顷,将分4期建设,主要建设内容包括动力电池电芯、电池模组、电池系统等,整体项目建成达产后将实现年产动力电池50亿瓦时的产能。

13日

省长易炼红一行到省教育厅"双减"工作专班办公室、南昌市昌北第二小学、新东方经开金铺颐园校区,就做好秋季开学疫情防控和"双减"工作进行调研,了解全省推进"双减"工作落实情况、学校暑期托管服务开展情况、减轻义务教育阶段学生校外培训负担情况。省领导李红军、孙菊生陪同。

14日

全市扫黑除恶专项斗争总结大会召开。

15日

南昌地铁4号线进入试运行阶段。此次空载试运行为期3个月。

16日

市委书记专题会议召开。会议听取十一届市委第十、十一轮巡察整改情况汇报和第十二轮巡察情况汇报,并就巡察发现问题研究处置意见。省委常委、市委书记李红军主持。

17日

南昌市汽车和新能源汽车、装备制造产业链工作推进会召开。

18日

"南昌红色文化学习地图"电子地图上线。该地图汇聚全市17个红色场馆、2个景点共19个地标。点击"地标",场馆信息就能以VR图文音并茂的形式全景呈现。

19日

全市招商引资项目调度会召开。市长万广明主持并听取全市重大重点招商项目推进情况,了解各县区在招引项目、推进项目过程中存在的主要问题,明确下一步工作思路。

20日

南昌市在红谷滩会议中心设立分会场,组织收听收看全省县(市、区)委书记座谈会。省委常委、市委书记李红军参加南昌市分会场会议并作工作部署。

22日

省市领导李红军、万广明一行察看跨赣江公铁两用大桥项目,了解项目建设规模、设计规划、投资和建设周期等情况。市领导郭毅、宋铀参加。该跨赣江公铁两用大桥位于英雄大桥下游,是昌九高铁和南昌市北二环跨赣江的共用通道,集高速铁路、城市快速路、城市主干道3种交通方式于一体的公铁混层合建公铁两用桥梁。

23日

省长易炼红一行到西湖区南站街道铁路二村社区邻里中心、南昌经开区白水湖管理处北山小区、南昌市救助管理站、南昌市"12345"政务服务便民热线平台,调研保障和改善民生工作。市长万广明陪同。

同日

南昌市中国民主同盟成立80周年纪念大会举行。

25日

国家自然资源督察上海局局长闫刚、水利部规划计划司一级巡视员高敏凤、自然资源部国土空间规划局副局长谢海霞率国务院"三区三线"调研组到南昌调研。市领导万广明、宋铀,省自然资源厅副厅长郑斌勇等陪同。

同日

文化和旅游部、国家发展改革委发布《关于公布第三批全国乡村旅游重点村和第一批全国乡村旅游重点镇(乡)名单的通知》,新建区溪霞镇店前村、湾里管理局太平镇入选。

28日

南昌市举行"文明交通我先行市直单位做表率"活动启动仪式在红谷滩行政广场举行。仪式上,宣读市直单位文明交通评选方案和文明交通倡议书,观看《城市会思考,南昌不限号》宣传片。

同日

西湖区"数字经济改变未来"——首届数字经济发展大会暨颐高数字文化创意产业园揭牌仪式举行。颐高数字文化创意产业园是西湖区2021年重大项目,面积5413.98平方米,计划投资总额约5000万元。

31日

省委书记刘奇一行到江西师范大学鄱阳湖湿地与流域研究教育部重点实验室、功能有机小分子教育部重点实验室和北京航空航天大学江西研究院、南昌光澜半导体有限公司、江西长天教育培训服务集团有限公司调研人才工作，听取全省职业教育培训情况介绍。省领导吴浩、李红军陪同。

9 月

2 日

国务院第八次大督查第九督查组组长、国家税务总局副局长任荣发率队到南昌市政务服务中心等地，就“六多合一”等工程建设项目审批改革情况进行调研，察看创新方法、简化流程、审批改革等工作情况，并召开座谈会。市长万广明陪同。

同日

第48届南丁格尔奖颁奖大会在北京人民大会堂举行。南昌市第九医院主任护师、红十字敏华志愿服务队队长胡敏华获国际护理界最高荣誉奖——南丁格尔奖章，成为江西省第3位获此荣誉的红十字志愿者。

3 日

南昌市人民政府门户网站全新改版上线。新版网站对页面设计、功能设置等进行优化完善，突出强化“市政府”“在线访谈”“小洪同学”“领导信箱”等政务互动交流和政务服务板块，调整提升政府网站易用性和互动性，为群众提供更贴心更便捷的服务。

同日

第七届MKM中国药师职业技能大赛全国总决赛落幕。中山大学附属南昌医院药学团队荣获全国总冠军。

4 日

市长万广明一行到进贤县泉岭生活垃圾焚烧发电厂、红谷滩区中山大学附属南昌医院九龙湖分院等地调研项目建设，听取泉岭生活垃圾焚烧发电厂相关负责人关于生产流程、技术工艺、工程进度等工作汇报，了解环保措施落实、交叉施工进展等情况；察看中山大学附属南昌医院九龙湖分院项目规划、功能分布等展示单元，了解工程进展、安全施工等情况，并听取项目相关负责人工作汇报。

6 日

省委常委、市委书记李红军一行到南昌高新区联创电子科技股份公司、江西美晨通讯公司、南昌龙旗科技园、南昌合力泰科技公司、江西兆驰半导体公司等重点企业，专题调研全市电子信息产业重点企业发展情况，察看产品生产，了解经营情况，帮助解决企业发展中遇到的困难，征求企业对推动南昌电子信息产业做大做强的意见建议。市委常委、秘书长郭毅等参加调研。

7 日

南昌市“十大名菜”“十大名小吃”公布。“十大名菜”分别为米粉蒸肉、藜蒿炒腊肉、啤酒烧鸭、瓦罐煨猪脚、鳜鱼煮粉、卤水白鱼、红酥肉、向塘土鸡、雄鱼头烧豆腐、清蒸大闸蟹。“十大名小吃”分别为南昌米粉、瓦罐煨汤、韭菜合子、白糖糕、拌藕片、牛舌头、糊羹、米发糕、芥菜团子、空心麻圆。

9 日

江铃汽车富山工厂全面投产活动举行。省委常委、市委书记李红军出席并宣布全面投产。江铃汽车富山工厂是江铃集团和福特公司合作升级的重要载体，占地面积100公顷，总投资约128亿元，具备年产30万台整车能力，已投产福特领界、福特领裕、JMC品牌轻卡产品，涵盖传统燃油和新能源汽车。工厂采用前沿技术、智能装备，自动化率高达98%。

同日

全市庆祝第37个教师节暨优秀教师表彰会举行。会议宣读全市教育系统“七个一百”“七个十佳”和年度教师表彰决定，为优秀教师代表颁发证书。

12 日

2021年全国科普日江西省主场活动暨首届“好奇心”科普节启动仪式在省科技馆举行。

13 日

“提升南昌发展首位度，充分彰显省会担当”江西省“全面建成小康社会”系列新闻发布会之南昌专场新闻发布会举行。

15—17 日

民进中央调研组一行到南昌市部分城区、开发区就长江生态环境保护民主监督工作进行调研。17日上午，民进中央长江生态环境保护民主监督南昌调研座谈会召开。

16 日

“2021江西金秋购物消费季暨南昌市乐购洪城·东湖区百花洲金秋购物节”启动仪式在东湖区举行。

18 日

省长易炼红一行到南昌湾里漫和城农贸市场、智慧湾里指挥中心、磨盘山森林公园，检查调研市场保供稳价、安全生产和疫情防控等工作。市长万广明陪同调研。

23 日

南昌市庆祝2021年“中国农民丰收节”活动开幕式在新建区怪石岭生态园举行。省委常委、市委书记李红军宣布开幕。市长万广明主持。市委副书记钱昀宣读“十个十大”“三农”典型名单。

24 日

全市2021年第三季度重大项目集中开工活动举行。省委常委、市委书记李红军讲话并下达开工令。市长万广明讲话。市委常委、常务副市长胡晓海通报南昌市项目建设有关情况。此次活动集中开工重大项目110个，总投资1754.19亿元，涉及产业发展、基础设施、社会民生等多个领域，呈现“投资大、结构优、后劲足、惠民生”的特点。

25 日

“2021中国企业500强”榜单发布，江西铜业集团有限公司、双胞胎（集团）股份有限公司、江西正邦科技股份有限公司上榜。

26—28 日

中国共产党南昌市第十二次代表大会在滨江宾馆召开。

27 日

2021 中国航空产业大会暨南昌飞行大会新闻发布会举行。

28 日

中共南昌市第十二届委员会第一次全体会议在滨江大会堂举行。会议通过中共南昌市第十二届纪律检查委员会第一次全体会议选举结果的报告,《中共南昌市第十二届委员会第一次全体会议选举办法》;差额选举产生李红军、万广明、钱昀、王万征、李松殿、余正琨、陆建刚、胡晓海、饶绍清、黄冬生、梅峰、熊运浪 12 名中共南昌市第十二届委员会常务委员会委员;选举李红军为市委书记,万广明、钱昀为市委副书记。

同日

省领导刘奇、吴浩一行到红谷滩区南昌西站、南昌长途汽车站西站,调研站区常态化疫情防控、安全生产和“十一”长假服务保障工作。副市长宋铀等陪同调研。

29 日

生态环境部党组书记孙金龙一行到江中药业股份有限公司、江西兆驰半导体有限公司、江西洪都航空工业集团有限责任公司、南昌高新区艾溪湖湿地公园和鱼尾洲公园,调研生态文明建设和生态环境保护等工作,了解企业生态环境高水平保护及高质量发展、艾溪湖湖水治理等相关情况。省市领导李红军、陈小平、万广明和省生态环境厅厅长徐延彬等分别陪同。

同日

汉韵海昏——2021 海昏汉文化旅游月暨“秦兵马俑”展开幕式在南昌汉代海昏侯国遗址公园举行。

30 日

南昌地铁 1、2 号线推行“同车不同温”分区温控服务,乘客可根据自身需求选择不同温度车厢。

10 月

1 日

第三届中国(江西)动漫文化产业博览会暨艾妮动漫游戏展开幕式在南昌绿地国际博览中心举行。

8 日

省委书记刘奇一行到南昌 VR 科创城展示中心、国家职业教育虚拟仿真示范实训基地、华为南昌研究院、数字江西科技有限公司、南昌大学白帆体育场,调研 2021 世界 VR 产业大会、第七届中国国际“互联网+”大学生创新创业大赛等大会、大赛筹备情况,并到南昌大学羽毛球馆、研究生院,观摩大赛参赛项目,调研全省大学生创新创业工作。省领导吴浩、李红军陪同调研。

15 日

中国工业互联网研究院、省工信厅、省通信管理局、南昌市人民政府联合共建中国工业互联网研究院江西分院和国家工业互联网大数据中心江西分中心合作协议签订仪式举行。

15—16 日

中共中央政治局委员、国务院副总理孙春兰在江西调研并出席第七届中国国际“互联网+”大学生创新创业大赛有关活动,观看冠军争夺赛,参观成果展。调研期间,孙春兰到红谷滩区 VR 科创城和南昌大学,考察国家职业教育虚拟仿真示范实训基地和新工科教育实践基地建设情况。国务院副秘书长彭树杰,教育部党组成员、副部长钟登华随同调研。省领导刘奇、易炼红、叶建春参加有关活动。15 日晚,南昌大学“中科光芯—硅基无荧光粉发光芯片产业化应用”项目获得第七届中国国际“互联网+”大学生创新创业大赛冠军。

18 日

首列南昌中欧班列跨境电商 B2B 出口专列(南昌向塘国际陆港——俄罗斯沃尔西诺)正式开行。

19 日

2021 世界 VR 产业大会云峰会开幕式在南昌举行。国务委员王勇出席并致辞。省委书记、省长易炼红,工业和信息化部副部长王志军,省委常委、市委书记李红军分别致辞。省委副书记叶建春主持。大会为期 2 天,除开幕式及主旨演讲、主论坛外,大会举办 16 场主题论坛,分别围绕标准化、游戏、传媒、教育、影像艺术、文化和旅游、健康医疗、应用创新和知识产权保护等主题展开。

19—25 日

江西省大众创业万众创新活动周在南昌举行。19 日,活动周启动仪式举行。20 日,2021 年世界 VR 产业大会应用创新主题论坛、2021“红谷 VR 精英杯”虚拟现实产业创新大赛颁奖仪式、江西省第三批 VR 产业创新创业优秀人才团队授牌仪式举行。

20 日

全市首个上线“政企通”综合服务平台——新建区“政企通”综合服务平台上线运行。“政企通”平台是一款灵活方便的手机小程序,包含政府端和企业端,平台设置政策通、诉求通、融资通、供需通和服务通五大功能板块,可有效化解“企业找不到政策,服务机构找不到企业,企业找不到服务机构,好项目找不到资金,供需信息不对称”等一系列矛盾问题。企业在平台注册后,足不出户,打开手机就能与政府部门进行零距离沟通。

23 日

南昌市 10 万人才来昌留昌创业就业“百场校招”活动启动仪式在南昌大学(前湖校区)举行。省委常委、市委书记李红军出席并讲话。此次活动旨在为各类人才和用人单位搭建良好平台、实现供需对接。此次招聘活动采取线上线下方式同时进行。线上以“云直播”方式向全球进行现场直播。线下采取“1+3”联动模式，分为南昌大学(前湖校区)主会场和南昌高新区江西师范大学、南昌经开区东华理工大学、小蓝经开区江西建设职业技术学院3个分会场，进场企业530家，现场提供就业岗位3.2万余个。

同日

南昌双季稻周年亩产1454.2千克，刷新江西纪录。此次在恒湖现代农业科技园收割测产的水稻实验项目为袁隆平生前提出“杂交水稻双季亩产3000斤”攻关目标项目。该项目由国家杂交水稻工程技术研究中心(湖南杂交水稻研究中心)组织，江西农业大学、市农科院共同实施，全国布局21个示范点，南昌是江西唯一示范点。

24日

广东省广州市、深圳市、珠海市、佛山市、惠州市、东莞市、中山市七市与江西省南昌市战略合作框架协议签约仪式在广州市举行。广东省长马兴瑞，江西省委副书记、代省长叶建春，广东省委常委、广州市委书记张硕辅等出席并见证签约。江西省委常委、南昌市委书记李红军，广东省人民政府副省长、珠海市委书记郭永航分别致辞。

25日

农业农村部公示2021年中国美丽休闲乡村名单及2010—2017年中国美丽休闲乡村监测合格名单，其中南昌市湾里管理局招贤镇乌井村入围2021年中国美丽休闲乡村名单，新建区溪霞镇石咀村、进贤县前坊镇太平村入选2010—2017年中国美丽休闲乡村监测合格名单。

29日

2021中国航空产业大会暨南昌飞行大会开幕式在瑶湖机场举行。省委书记易炼红出席并宣布开幕。省委副书记、代省长叶建春致辞。中国商飞董事长贺东风，省委常委、秘书长吴浩，省人大常委会副主任赵力平，副省长任珠峰以及中国工程院院士赵振业出席。中国商飞总经理赵越让，中国航空学会名誉理事长刘高倬，省委常委、市委书记李红军分别致辞。副省长罗小云主持。此次开幕式共集中签约24个重大项目，包含中国航发商发国产商用发动机工程项目、顺丰智慧物流基地、春秋航空运维基地、皮拉图斯完工交付中心等，累计投资总额265亿元。

同日

“东湖有艺　再生美好——东湖区首届文创艺术节暨招商·东湖意库开园”主题活动开幕式在东湖意库·时光月台举行。

11　月

1日

省市县三级联动，由市委宣传部、市社科联联合举办的南昌市第十三届社科普及宣传周活动正式启动。活动持续至12月15日。

3日

南昌轨道交通集团与科大智能科技股份有限公司举行战略合作签约仪式。

4日

省委书记易炼红一行到南昌调研，先后到南昌九龙湖过江大桥工程建设现场、江西百胜智能科技股份有限公司、青云谱区洪都街道洪科社区等南昌重大项目、园区企业和街道社区实地察看，了解情况，调研工作。易炼红在调研中听取南昌市委工作汇报，并指出省会强则全省强，省会兴则全省兴。省领导吴浩、李红军陪同调研。市领导万广明、钱昀、李镇发、卢伟平等市四套班子领导参加南昌市委工作汇报会。

同日

全市“我为群众办实事”优化营商环境工作专题调度推进会召开。市领导万广明、胡晓海、宋亮生出席。自“转作风·优环境”活动年启动后，全市解决企业反映各类问题近8000项，查处涉及破坏营商环境的干部作风问题306个，处理542人。

5日

第八届全国道德模范座谈会和颁奖仪式在北京举行。南昌市万佐成、熊庚香夫妇当选全国助人为乐道德模范。

6日

南昌市第33届菊花展在新建区马兰圩花海公园开展。此届菊花展展出时间为11月6日至12月5日。

同日

“南昌有礼”文旅创意产品评选活动正式开启网络投票。此次“南昌有礼”文旅创意产品评审方式分为线上投票初评、专家现场终评2个环节。主办方结合行业专家意见和市民评选结果，最终评出十佳礼品。

11日

省市领导李红军、万广明一行到江西联塑科技实业有限公司进行调研，察看企业生产线，了解企业经营情况，询问产品特点、创新方向、市场优势以及在项目推进、发展壮大方面存在的困难和问题，鼓励企业融入南昌发展，抢抓行业机遇，积极争取支持，进一步加快二期项目建设，加大创新驱动力度，履行企业社会责任，为南昌经济社会发展贡献力量。市领导饶绍清、赵捷参加调研。

同日

江西成烨电子信息新材料产业园开工活动在新建区举行。省委常委、市委书记李红军下达开工令。

13日

省委常委、市委书记李红军一行到进贤县白圩乡，就南昌—长沙1000千伏特高压交流工程建设情况进行专题调研，了解电网规划、施工进度等情况。副市长彭开先参加调研。南昌—长沙1000千伏特高压交流工程是国家重点工程，建设内容包括南昌、长沙变电站和两站之间的线路，总长约682千米，是华中“日”字形特高压交流环网的重要组成部分。

16日

市人大常委会开展2021年度民生实事票决项目完成情况专项视察，并召开座谈会，听取项目建设有关汇报，研究部署下一步工作。

18日

全市招商引资项目调度会召开。会议听取2021年以来全市招商引资项目情况，了解各地在招引项目、推进项目过程中存在的主要问题，以及与广东省七市签署战略合作框架协议以来相关产业项目推进情况，并安排部署下一步工作。市长万广明主持。

同日

GA20取证试飞机在南昌冠一通飞生产基地顺利下线并完成滑行测试。

同日

“工在江右，情系中华——全国工笔画名家暨江西省工笔画名家邀请展”在南昌美术馆开幕。省文联主席叶青和市领导李松殿、王强出席开幕式。此次画展共展出182件工笔画作品，持续至11月28日结束，免费向市民开放。

同日

2021年两院院士增选结果正式揭晓，共149人当选。南昌大学谢明勇当选中国工程院环境与轻纺工程学部院士，是江西高校本土产生的第三位两院院士、江西高校本土首位工程院院士。

19日

第一届中国新型智慧城市建设峰会在山东省青岛市举行。会上，南昌“学位信息一键查”场景获第一届中国新型智慧城市创新应用大赛一等奖。

20—21日

吉安市委书记王少玄、市长罗文江率吉安市党政代表团到南昌考察。省委常委、市委书记李红军，南昌市长万广明会见代表团一行，并参加考察活动。市领导李镇发、卢伟平、王万征、肖云分别陪同。在南昌期间，吉安市党政代表团考察江铃股份富山工厂、中科院苏州纳米所南昌研究院、煌上煌集团、江西百胜智能科技有限公司、万寿宫历史文化街区、南昌航空城规划展示中心、中国商飞江西生产试飞中心、江西兆驰半导体有限公司、鱼尾洲公园等地。

21日

2021青山湖区招商引资推介签约会暨“数字经济+现代针纺”产业论坛活动举行。省市领导李红军、万广明会见杭州新锐国潮品牌管理有限公司董事长程文强、北京字节跳动科技有限公司内容合作创新业务全国总经理蔡凌鹤、广东大唐盛世科技产业有限公司首席经济学家吴松、中国电建集团江西省水电工程局有限公司董事长黄利民等客商专家并见证签约。

12　月

2日

第三届江西“生态鄱阳湖·绿色农产品”博览会“赣鄱正品”品牌发布会在南昌举行。林恩、鄱湖骄子、神珠田园、高正、正邦、人之初、绿源井冈、菲乐奇果、鄱湖鸭舍、鑫瑞、梅氏、本无尘共12个南昌品牌入选第二批“赣鄱正品”认证品牌。

3日

2021年全国“最美家庭”揭晓，南昌县陈世欢家庭、南昌高新区陈小莉家庭、进贤县支国平家庭和青山湖区龚顺生家庭入选。

4日

南昌市2021年国家宪法宣传周暨“12·4”国家宪法日宣传咨询活动在南昌市法治文化公园启动。

7日

省委常委、市委书记李红军一行到南昌良良实业公司，南昌新华瑞制衣公司、江西永通鞋业公司，调研全市现代针纺重点企业，察看企业产品及生产线，了解企业发展、外贸出口、订单交付等情况，询问企业在发展中遇到的困难和问题，征求企业对推动南昌现代针纺产业发展的意见建议。市领导王万征、肖云参加调研。

11日

首届中国（中部）国际消费品博览会开幕式在南昌绿地国际博览中心举办。博览会为期3天，以“促进内循环，共享美好新生活”为主题，设置酒展区、跨境展区、食品展区等，展出面积4万平方米。国内外80余家优质酒企、100余家跨境电商企业以及100余家食品企业入驻展区。

同日

第二届鄱阳湖国际观鸟周“碳达峰碳中和企业家论坛”在前湖迎宾馆举行。

13日

市长万广明一行到部分城区调研生态环境保护工作，前往南昌高新区创新二路明渠改造工程、青山湖区塘山镇上坊路社区（南昌玻璃厂宿舍小区）改造工程现场及红谷滩区前湖补水泵站、云溪水系和前湖干渠入前湖口等地，了解项目建设进展和前湖补水、水体水质等情况，听取西湖区华侨城欢乐象湖五期扩建工程现场周边道路积尘负荷走航监测情况和大气污染防治情况汇报。市领导王万征、王强参加调研。

14日

2021年南昌市高层次科技人才“洪城计划”创业大赛颁奖仪式在南昌举行。省委组织部副部长刘光华出席。市委常委、市委组织部部长、市委人才工作领导小组组长余正琨出席并讲话。市委常委、副市长肖云主持。全市有关单位组织、科技、商务部门负责人及全国各地高科技创业人才、专家评委、创投机构代表共150人参加。此次大赛由市委人才办、市科技局主办，中科心客承办,参赛项目涵盖航空装备、生物医药、VR、人工智能、汽车和新能源汽车、数字经济等战略性新兴产业,收到248个项目报名参赛。大赛评选一等奖2个、二等奖3个、三等奖5个。

15日

新调整的市自然资源和规划局、市住房和城乡建设局、市城市管理和综合执法局、市政务服务数据管理局、市中小企业服务局、市重点公共建设项目管理中心揭牌仪式举行。省委常委、市委书记李红军出席有关活动并讲话。市长万广明主持。

同日

《2021(第五届)中国农业企业500强榜单》发布。南昌市10家企业上榜。

16日

大南昌都市圈2021年市际联席会议在抚州市召开。会议通报2021年大南昌都市圈工作推进情况,研究确定南昌市为大南昌都市圈2022年市际联席会议承办城市。市长万广明出席并讲话。市委常委、常务副市长胡晓海就《大南昌都市圈发展2022年合作重点事项》作说明。会上,南昌市人民政府、九江市人民政府、宜春市人民政府、上饶市人民政府、抚州市人民政府、赣江新区管委会共同签署《大南昌都市圈发展2022年合作重点事项》。

22日

国务院国资委党委书记、主任郝鹏一行到红谷滩区VR科创城考察调研。省市领导任珠峰、万广明等陪同。

同日

“2022年江西迎春消费季暨南昌市悦享新春·乐购洪城消费季活动”启动仪式在西湖区朝阳洲天虹购物中心举行。

24—27日

第十四届中国绿色食品博览会在南昌绿地国际博览中心举办。此届绿博会以“助力双循环·畅通消费链”为主题,展出面积共4万平方米,参展商2000余家。展品范围涵盖国内外优质绿色食品、地方特色农产品、地理标志产品以及食品加工等系列产品,并设置国际展区,联合展出来自多个国家的特色产品。

26日

上午9时58分,南昌地铁4号线正式开通初期运营。地铁4号线是南昌轨道交通线网中的主骨干线路,起点为白马山站,串联新建区、红谷滩区、南昌县、西湖区、东湖区、青山湖区、高新区7个城区,终点为鱼尾洲站,覆盖赣江东岸主要发展轴。线路全长39.6千米,设站29座。南昌地铁4号线通车后,南昌市地铁线网总运营里程达到128.6千米,在城市地下形成“微型”交通枢纽。

28日

全市2021年第四季度重大项目集中开工活动举行。省委常委、市委书记李红军下达开工令。市长万广明讲话。市委常委、常务副市长胡晓海主持。此次活动集中开工重大项目67个,总投资620亿元,涉及产业发展、基础设施、社会民生等多个领域,呈现出“体量大、支撑强、产业关联度高、引领带动作用强”等特点。

同日

2021南昌市电子信息产业发展大会举行。省领导李红军出席并讲话。市长万广明主持。市委常委、副市长肖云作南昌市电子信息产业推介,并就南昌市《关于进一步推动电子信息产业高质量发展的实施意见》等政策作重点解读。此次活动共签约项目34个,总金额656.7亿元。

同日

腾讯云启产业基地(南昌)签约仪式举行。市委常委、副市长肖云出席并见证签约。腾讯云启产业基地(南昌)项目是江西省首个腾讯云启基地、全国首个县域云启基地。

同日

南昌市数字科学研究中心(南昌市城市大脑运营中心、南昌市信息安全测评中心)成立揭牌仪式举行。

29日

2021第十六届中国全面小康论坛暨首届中国经济社会高质量发展论坛举行。西湖区、青山湖区获“2021年度中国高质量发展百佳示范县市”称号,东湖区、西湖区获“2021年度中国营商环境百佳示范县市”称号,南昌县、西湖区获“2021年度中国十大社会治理创新典型”称号。

同日

南昌华侨城运动公园开园仪式举行。市委常委、副市长肖云出席仪式并宣布运动公园正式开园。公园占地总面积约5.46万平方米,围绕潮流运动、休闲健身、体育训练、生态休养、绿色游园等方面,规划“一环五区”式布局,涵盖健身环形慢跑道、设备运动区、足球运动区、篮球运动区、极限运动区、滨河休闲区,以设计创意类型的运动设施为主,充分展示片区独特人文和生态景观,为南昌各年龄段人群提供公共开放的运动健康生活空间。

31日

中华米粉美食街在西湖区绿地井象天地开街。副省长胡强宣布开街。省政府副秘书长宋雷鸣出席。市长万广明致辞。市委常委、副市长肖云主持。该美食街由省商务厅、市商务局、西湖区联合打造,街区以中华米粉美食街和井象夜街组成,包括15栋独具特色的民国风情建筑。街区“以街为馆”,打造成开放式的“中华米粉博览园”。

(市史志办)

市情概览

自然环境

【概况】 南昌市具有承东启西、沟通南北的枢纽性区位优势，是唯一与全国经济最活跃的长江三角洲、珠江三角洲、海峡西岸经济区相毗邻的省会城市，京九、浙赣、皖赣、向莆四条铁路线交会于此，是京九线上唯一的省会城市。特别是沪昆高铁的开通，使南昌快速迈进“高铁时代”，与周边城市互联成为“一小时高铁经济圈”；轨道交通1号线的开通运营，使南昌迈入“地铁时代”；国道105线、国道320线、国道316线纵贯南昌市；昌北国际机场航线可达全国各大城市；水运经赣江入长江出东海。

【地理位置】 地处江西省中部偏北，赣江、抚河下游，濒临鄱阳湖，北纬28°09′—29°11′、东经115°27′—116°35′。东连余干、东乡；西靠高安、奉新、靖安；南接临川、丰城；北部与永修相邻。全市南北长约112.1千米，东西宽约107.6千米。

【地质地貌】 南昌市处于扬子地层区“江南古陆”南缘及其与华南地层区的过渡地带。地质构造大致可分为3个大地构造发展阶段，即九岭地槽发展阶段、加里东—印支地台发展阶段、燕山—喜马拉雅滨太平洋边缘活动阶段。地层发育较为齐全，从中元古界直至第四系均有出露。岩浆活动从晋宁期至喜山期均有发生。大地构造运动、岩浆活动和区域变质等交互作用在区内形成区域变质岩和动热变质岩两大类变质岩。主要缘于所处的特定大地构造环境和多期构造运动叠加影响，地质构造比较复杂，可分为褶皱构造、区域断裂构造、逆冲推覆及伸展构造3个构造层次。辖区内地势以平原为主，东南区域地势平坦，西北区域丘陵起伏，主要山脉是西山山脉。全市最高点是海拔841.1米的梅岭洗药湖。全市平原占35.8%，水域占29.8%，岗地、低丘占34.4%。

【江河湖泊】 辖区内有赣江、抚河、锦河和潦河。赣江穿城而过，军山湖、金溪湖、青岚湖、瑶湖等数百个大小湖泊星罗棋布。其中，老城区内有4个湖，即东湖、西湖、南湖、北湖；老城区外有4个湖，即青山湖、艾溪湖、象湖、黄家湖（含礼步湖、碟

2021年12月2日，象湖风景区

（马悦　摄）

子湖)。因此,被誉为“城在湖中,湖在城中”。

【自然资源】 南昌市可开发利用的丘陵、岗地较多,地表水、地下水资源丰富,植物种类1000余种,沙石是优势矿产品种。全市总面积7195平方千米,其中耕地面积27.56万公顷。土壤主要有堆积冲积平原土壤和侵蚀剥蚀地貌土壤两大类型。主要土类为水稻土和红壤土。水资源总量为73.86亿立方米,境内自产水量为57.8亿立方米,地表水资源量为69.99亿立方米,还原水量为4.07亿立方米,地下水资源量为15.14亿立方米。水力资源蕴藏量为7.27万千瓦,可供开发的资源3.45万千瓦,占蕴藏量的47.5%。当地树种主要有樟树、马尾松、油茶等。野生树种主要有钩樟、山苍子、乌药等。矿产以非金属建材矿为主,兼有燃料等各类矿产28种,其中有工业开采价值的8处。已发现矿点、矿化点100余处,其中,建筑用沙、砖瓦黏土、饰面石材、石灰石和矿泉水等具有较好的开发前景。花岗岩、砂卵石储量巨大,开采历史悠久。

【气候】 南昌地处鄱阳湖盆地,赣江下游。四季分明,气候暖湿,雨量充沛,日照充足,无霜期长,冰冻期短,属中亚热带湿润季风气候型。南昌冬季受蒙古冷高压控制和影响,盛行偏北气流,1月多刮偏北风;夏季受西太平洋副热带高压控制和影响,盛行偏南气流,7月多刮偏南风。春秋两季为过渡季节,分别受大陆高压和海上高压的控制和影响;春末夏初,天气温湿而多雨;秋末冬初,天气干爽而少雨雪。一年的四季中,夏冬季长,春秋季短,年平均气温比相似纬度邻省地区略高,更有利于农作物繁育生长。

(市史志办)

历史文化

【概况】 南昌始建于汉高帝五年(前202),是历代郡、府、州治所在地。古代南昌以“襟三江而带五湖,控蛮荆而引瓯越”的地理环境,成为中国东南的交通枢纽和政治、经济、文化重镇,不仅造就了“舟车不息、商贾云集”的繁荣和富饶,而且吸引无数文人名士流连忘返,吟咏不已。初唐王勃的《滕王阁序》描绘了南昌“落霞与孤鹜齐飞,秋水共长天一色”的绝妙景致,使南昌“物华天宝、人杰地灵”的美誉流传至今。明末清初的八大山人(朱耷)书画作品向外界展现了南昌博大从容的人文风度。1986年,南昌市被国务院批准为中国历史文化名城。2021年,全市有公共图书馆10个,文化馆10个,各类博物馆(纪念馆)20个,全国重点文物保护单位10个,省级文物保护单位61个,市级文物保护单位43个。

【历史沿革】 早在5000多年前,原始先民在此生产、生活。至3000年前,南起青云谱、北至艾溪湖,这一弧形地带形成古代南昌居民的聚集区。汉高帝五年(前202),汉将灌婴定豫章郡,次年筑南昌城,城址在今南昌火车站东南约4000米的黄城寺,城周长10里84步,辟有6道门,称“灌城”或“灌婴城”,为南昌建城之开始,并置南昌县为豫章郡之附廓,有“南方昌盛”“昌大南疆”之意。汉设豫章郡;隋废豫章郡,设洪州总管府;唐废洪州总管府,设洪州都督府;南唐废洪州都督府,设南昌府;宋废南昌府,设洪州府,后改为隆兴府;元废隆兴府,设龙兴路;元末废龙兴路,设洪都府,后改为南昌府;明、清为南昌府。民国15年(1926)正式设南昌市。民国16年(1927)8月1日,周恩来、贺龙、叶挺、朱德、刘伯承等人在南昌市领导和指挥了震撼世界的武装起义,南昌市成为中国人民解放军的诞生地,被誉为“英雄城”,是“军旗升起的地方”。1949年5月22日,南昌市解放。在中国共产党和人民政府的领导下,南昌人民继承和发扬光荣的革命传统,艰苦创业,开拓进取,在“一穷二白”的废墟上建设社会主义的新型城市。中共十一届三中全会以来,南昌市社会主义建设更是突飞猛进。进入21世纪,南昌市迎来新的发展机遇。市委、市政府围绕“富民强市”的目标,全力做好建设“现代区域中心城市和现代文明花园英雄城市”两篇文章,竭力把南昌打造成带动全省发展的核心增长极。2021年,南昌市城市建成区面积428平方千米。

【文化传播】 早在5万—6万年前,原始先民创造了远古文明。春秋战国时期,孔丘弟子澹台灭明(字子羽)“南游至江”,中原文化开始传入。东汉时期程曾,在南昌讲学写作,著书立说,声望很高,“会稽顾奉等数百人常居门下”;徐稚(徐孺子)被称为“江南卑薄之域,而角立杰出”,人称“南州高士”。魏晋南北朝时期范宣、范宁兴办学堂,讲授、传播儒家经学文化;雷次宗著《豫章记》是最早的江西省地方志书之一,唐宋史家的著作,多有征引;许逊传播道教,建立道观,并率民治水,成了治水的传奇人物。唐朝时期建造的滕王阁,因王勃《滕王阁序》蜚声四海,历代的人们,未见其阁,已先读其序,闻其名,慕名而来,留名而去,积得雄文百篇,名诗千首。五代南唐的山水画家董源,被誉为南派山水画之祖。元代民间航海家汪大渊撰写的《岛夷志略》,涉及国家和地区220余个,清同治六年(1867)后,西方人将该书译成多种文字。明末清初“四大画僧”之一的八大山人,以其“画风和精神开启和风靡了中国画三百年之画运”。清代末期胡思敬校辑《豫章丛书》1部，收唐宋以来江西历代名人著作经、史、子、集103种694卷266册，丰富了中国的文化宝库。现代山水画家黄秋园，自学成才，业余作画，山水、花卉、人物、界画无所不工，去世后作品逐渐被人们认识，并得到艺术界的承认。五四运动后，赵醒侬、方志敏、袁玉冰开办南昌文化书社，销售《新青年》《共产主义ABC》等书刊，并创办《红灯》《新江西》等期刊，传播马克思主义。民国二十四年(1935)，方志敏在狱中写下《可爱的中国》，表达对祖国、对人民的深厚情感，成为爱国主义的千古绝唱。

【习俗礼仪】 南昌百姓的节日习俗主要有春节(拜年、换茶、上七大似年)、闹元宵、春龙节、花朝节、清明节、端午节、划龙舟、斗力和送扇、立夏节、六月六晒龙袍、七夕节、中元节、中秋节、龙岗登高、冬至节。其中，春节是一年中最隆重的传统节日。百姓多自冬至后开始筹办年货，如腌制腊肉、腊鸡，做年糕、印花米果、碾糖块等。农历腊月二十四日过小年。“过了二十四，天天都是年”(南昌话)，南昌人过大年的日子各家不同，时辰也不一样。二十五日至二十九日都有过大年的，有的早上过年，有的是中午、晚上过大年。春节期间主要习俗：一是拜年。正月初一，幼辈依次向尊长拜年，尊长又率幼辈向左右邻居贺年。南昌有句俗话“初一的崽，初二的郎，初三初四老姑丈”(南昌话)。初三、初四也有专为亡亲祭拜的。二是“上七大似年”。南昌人重视上七(初七)，这天要好好地吃一顿，还要吃“糊羹”，象征步步高。三是闹元宵。南昌百姓过元宵叫闹元宵，闹了十五还要闹十六。南昌百姓吃元宵，象征全家团圆、幸福。吃好元宵之后，便开始闹灯。元宵节的龙灯，各式各样，有龙灯、板凳灯、关公灯、采莲灯等。板凳灯最长由1000余条板凳组成，由1000余人操作。板凳灯起舞时整齐统一，十分壮观。其中，进贤县西湖李村“同吃一桌席、同舞一条板凳龙”的节庆活动更是场面壮观，传统文化得到很好的传承。2009年11月，进贤县西湖李村的“板凳灯文化节”在中华文化促进会等单位主办的第二届“节庆中华奖”颁奖盛典上获得“最佳文化传承奖”。南昌百姓把端午节、中秋节、春节“一年三节”，视为一年内最重要的节日。定好亲事未结婚的送礼，已婚女婿送丈母娘、外甥送舅舅等，一年三节绝对不能缺。南昌人过端午节要吃粽子，插艾枝，吃红蛋、茶蛋、包子，喝雄黄酒，赛龙舟。划龙舟从四月开始筹备，“初一划、初二歇、初三初四划到节”。“六月六晒龙袍”，南昌的气候温暖湿润，每年农历六月六之前，都是梅雨季节。故此六月初六晒衣裳的习俗，实际上也应是对太阳的一种崇拜。随着互联网的发展，南昌人在沿袭传统节日祝贺方式之外，逐步兴起短信、邮子箱件、QQ、微信等方式，向亲戚、朋友表示节日的祝贺。南昌百姓人生礼仪主要体现在求子、出生、过百岁、起名、摸周、成年、寿庆丧葬等方面。出生礼仪：妇女怀孕叫“有喜”，婴儿降生叫“添喜”。婴儿生下的第三天，给孩子“洗三”。婴儿出生到一个月即“满月”，行满月礼；出生满一年整，是婴儿第一个生日，称“过周岁”，为孩子举行“摸周”。寿庆礼仪：按南昌传统习俗，祝寿活动年龄进入50岁以后才举行，越到老年，祝寿活动的仪式也就越是隆重。南昌有句俗语：“三十无人晓，四十无人知，五十做一做，六十摆宴席，七十大庆贺，八十无信息，九十、百岁大摆席。”丧葬礼仪：南昌民间对死者及其家属进行吊唁，叫作“白喜事”。吊唁者都穿白衣，以示悲哀。丧葬礼仪一般有举丧、守灵、入殓、出殡、安葬、关山、接七等。南昌地区婚姻习俗除“父母之命，媒妁之言”外，还有许多礼节。一是“托媒”。一般由男家采取主动，并请媒人张罗。二是订婚。双方同意后，男家向女家下聘礼。三是送日子。双方缔结婚约后，男家确定吉日后，要向女家通报，南昌地区将此日称为“送日子”。四是迎娶。婚期确定后，女家准备嫁妆，择日发送。举行婚礼这天，男家请花轿到女家迎亲。婚宴开始前新郎、新娘一拜天地、二拜父母，夫妻对拜后喝交杯酒。五是闹洞房。南昌民间风俗认为，“闹房三日无大小”。除取乐、闹笑外，亲朋好友用各种方法逗趣，以营造一种和谐的氛围。

【方言】 按照《中国语言地图集》对汉语方言的分区，南昌话属赣语昌靖片。南昌方言通常说的南昌，指的是南昌市市区和南昌县管辖的地区，不包括南昌市管辖的其他县。南昌曾有城，城有七门。七门之内的地区是老城区，习惯称为城里，七门之外的地区统称为乡下。南昌方言分城里话和乡下话。乡下话分很多种。由于推广普通话的影响，城里话有新、老派之分。城里话新、老派最大的差别是两点：老派分阴入阳入(阳入有并入阴入的趋势)，新派阳入都并入阴入，只有一个入声；遇摄三等知章组字，新、老派读法不同。城里话跟乡下话的一个最突出的差别是古开口三等知章组字的读音。关于调类的分合，有一部分乡下话跟城里话是一致的，有一部分乡下话则不一样。

(梅联华)

行政区划

【概况】 2021年，根据《江西省人民政府关于同意南昌市调整部分行政区划的批复》，将新建区厚田乡划归红谷滩区管辖，撤销青山湖区蛟桥镇，设立蛟桥街道，并划归新建区管辖。根据《江西省民政厅关于同意南昌市红谷滩区生米镇撤镇设街道的批复》,撤销红谷滩区生米镇,设立生米街道,以原生米镇行政区域为生米街道管辖范围。截至年底,南昌市辖南昌、进贤、安义3个县,东湖、西湖、青云谱、青山湖、新建、红谷滩6个区,以及湾里管理局、南昌高新技术产业开发区、南昌经济技术开发区。全市设36个街道办事处、28个乡、50个镇,882个社区居民委员会、1154个村民委员会。

【南昌县】 2021年,南昌县辖9个镇(莲塘、向塘、蒋巷、幽兰、塘南、武阳、冈上、广福、三江),7个乡(泾口、南新、八一、黄马、塔城、富山、东新),1个街道办事处(八月湖街道办事处),1个国家级开发区(南昌小蓝经济技术开发区),1个省级开发区(向塘开发区)和1个管委会(银三角管委会),另有麻丘镇、昌东镇由南昌高新技术产业开发区代管;123个社区居民委员会,263个村民委员会。

【进贤县】 2021年,进贤县辖9个镇(民和镇、李渡镇、温圳镇、文港镇、梅庄镇、张公镇、罗溪镇、架桥镇、前坊镇),12个乡(三里乡、二塘乡、钟陵乡、池溪乡、南台乡、三阳集乡、七里乡、下埠集乡、衙前乡、白圩乡、长山晏乡、泉岭乡),1个垦殖场(五里综合垦殖场)和1个省级开发区(江西进贤经济开发区);72个社区居民委员会,264个村民委员会。

【安义县】 2021年,安义县辖7个镇(龙津镇、鼎湖镇、万埠镇、石鼻镇、东阳镇、长埠镇、黄洲镇),3个乡(乔乐乡、新民乡、长均乡),1个管理处(红山管理处);27个社区居民委员会,104个村民委员会。

【东湖区】 2021年,东湖区辖1个镇(扬子洲镇),9个街道办事处(公园街道办事处、滕王阁街道办事处、百花洲街道办事处、八一桥街道办事处、墩子塘街道办事处、豫章街道办事处、大院街道办事处、董家窑街道办事处、彭家桥街道办事处),2个管理处(贤士湖管理处、扬农管理处);90个社区居民委员会,21个村民委员会。

【西湖区】 2021年,西湖区辖1个镇(桃花镇),11个街道办事处(南站街道办事处、南浦街道办事处、西湖街道办事处、朝阳洲街道办事处、十字街街道办事处、桃源街道办事处、广润门街道办事处、系马桩街道办事处、丁公路街道办事处、绳金塔街道办事处、朝农街道办事处);138个社区居民委员会,13个村民委员会。

【青云谱区】 2021年,青云谱区辖1个镇(青云谱镇),5个街道办事处(三家店街道办事处、洪都街道办事处、徐家坊街道办事处、京山街道办事处、岱山街道办事处)和1个城市综合功能区(新经济产业集聚区);76个社区居民委员会,12个村民委员会。

【青山湖区】 2021年,青山湖区辖4个镇(湖坊镇、塘山镇、京东镇、罗家镇),4个街道办事处(上海路街道办事处、青山路街道办事处、南钢街道办事处、站东街道办事处)和1个省级工业园区(江西青山湖高新技术产业园区);109个社区居民委员会,60个村民委员会。

【新建区】 2021年,新建区辖10个镇(松湖镇、石岗镇、西山镇、石埠镇、流湖镇、望城镇、长堎镇、溪霞镇、象山镇、联圩镇),5个乡(大塘坪乡、铁河乡、昌邑乡、南矶乡、金桥乡)和1个省级开发区(新建经济开发区);68个社区居民委员会,245个村民委员会。

【红谷滩区】 2021年,红谷滩区辖1个乡(厚田乡),3个街道办事处(沙井街道办事处、卫东街道办事处、生米街道办事处),3个管理处(红角洲管理处、凤凰洲管理处、九龙湖管理处);91个社区居民委员会,33个村民委员会。

【湾里管理局】 2021年,湾里管理局辖4个镇(招贤镇、梅岭镇、罗亭镇、太平镇),2个街道办事处(站前街道办事处、幸福街道办事处),1个管理处(洗药湖管理处);21个社区居民委员会,35个村民委员会。

【南昌高新技术产业开发区】 2021年,南昌高新技术产业开发区辖2个镇(昌东镇、麻丘镇),2个管理处(艾溪湖管理处、鲤鱼洲管理处);34个社区居民委员会,48个村民委员会。

【南昌经济技术开发区】 2021年,南昌经济技术开发区辖2个镇(樵舍镇、乐化镇),1个街道办事处(蛟桥街道办事处),2个管理处(白水湖管理处、冠山管理处);33个社区居民委员会,56个村民委员会。

(市史志办)

人口民族

【概况】 截至2021年年底,全市户籍总人口540.38万人。其中城镇人口303.34万人,户籍人口城镇化率为56.13%。年末常住人口643.75万人,比上年第七次全国人口普查增加18.25万人。其中城镇人口506.23万人,常住人口城镇化率为78.64%。全年出生人口4.58万人,出生率7.21‰;死亡人口3.19万人,死亡率5.02‰;人口自然增长率2.19‰。南昌市居住人口以汉族为主,一些少数民族人口分散居住在市区和部分县区,人口数量不多。

【人口分布结构】 2021年,市辖区总户数105.37万户,户籍人口总数318.13万人。其中,乡村人口83.51

万人,城镇人口 234.62 万人。市辖县总户数 67.95 万户,户籍人口总数 222.25 万人。其中,乡村人口 153.53 万人,城镇人口 68.72 万人。在全市户籍人口中,男性 278.69 万人、女性 261.70 万人;0—17 岁 121.54 万人、18—34 岁 127.02 万人、35—59 岁 195.39 万人、60 岁及以上 96.43 万人。

【少数民族分布】 南昌市是一个少数民族散居城市,居住人口以汉族为主,一些少数民族人口分散居住在市区和部分县区,人口数量不多。人员大多数来自新疆等地的回族、维吾尔族等少数民族,主要从事第二、三产业,为全市社会经济发展贡献自己力量。2021 年,全市有 52 个民族成分,少数民族常住人口 20451 人。少数民族人口主要分布在东湖区、西湖区、青山湖区、红谷滩区和南昌高新区,其他县区也有少量分布。进贤县池溪乡兰家畲族村是南昌市唯一的少数民族自然村,畲族人口 42 人。在南昌有少数民族流动人口 2 万余人,以回族、维吾尔族、撒拉族、东乡族居多,主要在企业务工和从事拉面馆、烧烤店、民族风味食品销售等个体经营。进贤一中、南昌十七中、南昌县莲塘一中分别设有西藏高中班、初中班和新疆克孜勒苏柯尔克孜自治州高中班。少数民族组织为南昌市民族团结进步协会。

表 1　2021 年南昌市户籍人口及其变动情况一览表

公安单位	年末总户数(户)	年末总人口									本年度人口变动									
		合计	城镇人口	乡村人口	性别		年龄				出生			死亡			迁入		迁出	
					男	女	0-17 岁	18-34 岁	35-59 岁	60 岁及以上	合计	男	女	合计	男	女	省内迁入	省外迁入	迁往省内	迁往省外
东湖公安分局	142968	426055	395834	30221	210769	215286	67677	80705	168281	109392	2535	1350	1185	903	465	438	6907	911	13913	2866
西湖公安分局	159634	459915	459915	0	227692	232223	82695	87929	176791	112500	3232	1764	1468	1139	656	483	13082	1333	11132	2433
青云谱公安分局	86946	259279	259279	0	131392	127887	39593	47200	101337	71149	1491	803	688	531	298	233	4867	510	6383	1380
湾里公安分局	32107	84629	48378	36251	44447	40182	20166	20995	29866	13602	973	553	420	156	88	68	2118	205	833	380
青山湖公安分局	150506	441992	378740	63252	223529	218463	84684	96438	168787	92083	3653	1997	1656	788	454	334	7690	882	6311	1875
高新公安分局	105205	324367	165108	159259	167316	157051	85110	89134	109821	40302	3961	2164	1797	461	264	197	8205	1123	2322	1366
红谷滩公安分局	114238	335724	279689	56035	167704	168020	102887	78814	120080	33943	4456	2427	2029	239	145	94	24653	2868	4876	2154
经开公安分局	70645	206405	153272	53133	105717	100688	50882	54358	70031	31134	2718	1482	1236	312	181	131	6286	1182	2039	1095
南昌县公安局	319556	1073014	359316	713698	562835	510179	244210	268931	375531	184342	10090	5575	4515	2287	1293	994	8049	1284	5796	2784
新建公安分局	191424	642941	205980	436961	338670	304271	167491	173485	213641	88324	7042	3840	3202	1728	986	742	4765	934	4070	1581
安义县公安局	102223	307371	94094	213277	164042	143329	79088	75361	106544	46378	3013	1619	1394	542	314	228	384	252	824	2233
进贤县公安局	257706	842146	233769	608377	442768	399378	190904	196868	313206	141168	6580	3525	3055	1635	1006	629	947	648	2861	5031
南昌市公安局合计	1733158	5403838	3033374	2370464	2786881	2616957	1215387	1270218	1953916	964317	49744	27099	22645	10721	6150	4571	87953	12132	61360	25178

(资料来源:市公安局)(张　楚　熊水英)

红色遗址遗迹

【概况】 南昌市是一座红色城市。1927 年 8 月 1 日,周恩来等在南昌领导武装起义,标志着中国共产党独立地领导革命战争、创建人民军队和武装夺取政权的开始,因此被称为"英雄城",被誉为"军旗升起的地方"。当年举行武装起义的总指挥部旧址、朱德军官教育团旧址、贺龙指挥部旧址等革命旧址及新四军军部旧址、邓小平在新建县拖拉机配件修造厂劳动旧址,经市政府的维修保护,成为革命传统教育基地。

【南昌八一起义纪念馆】 位于南昌市中山路中段380号，原为“江西大旅社”。始建于1922年，1924年建成，采用中西合璧的建筑风格，外观呈银灰色，坐南朝北，为楼高四层的“回”字形建筑。中华人民共和国成立后，1957年，江西大旅社改为南昌八一起义纪念馆，鎏金馆额由元帅陈毅手书。1961年，经国务院批准，南昌八一起义纪念馆被列为国家重点文物保护单位。1997年，南昌八一起义纪念馆被中宣部命名为全国百家爱国主义教育示范基地之一。“八一”起义指挥部旧址改扩建工程自2006年5月动工，筹资1.53亿元，在起义指挥部旧址南侧兴建新陈列馆，2007年7月28日竣工对外开放。新陈列馆大楼共4层，外立柱由8支“汉阳造”步枪造型组成，屋檐是“八一”字体组成的长城图案，外墙采取镂空造型，所有玻璃窗方框都印有八一军徽图案。新陈列馆采用声光电幻影成像、多媒体同步地台模型、120度多通道环幕投影等多项先进陈列手段，除重点展示南昌起义这段历史外，还新增中国人民解放军光辉历程和英雄城南昌形象展示的陈列内容。

【贺龙指挥部旧址】 全国重点文物保护单位，全国爱国主义教育基地，坐落在南昌市子固路165号。该旧址原为中华圣公会宏道堂及其主办的宏道中学校址，建于1916年，均为坐东朝西的砖木结构，颇具中西合壁的建筑风格。主建筑临街，是一栋有飞檐和钟鼓亭阁的三层楼房，内设传道和做礼拜等宗教活动场所，以及学校的课堂和教师办公室。主楼后面一栋三层西式小楼是牧师兼校长刘屏庚的住宅。1927年7月下旬，贺龙率领国民革命军第20军进驻南昌后，便将他的指挥部设在主建筑宏道堂内。军部各机关办公室分别设在主楼教室和礼堂内，贺龙、刘伯承等起义领导人住在主楼后面的西式小楼里。1927年8月1日凌晨，贺龙、刘伯承、周逸群在此指挥武装起义。旧址大楼三楼靠东的窗沿，留下3处敌人机枪射击留下的弹痕，这是当年激烈战斗的历史见证。中华人民共和国成立后，刘屏庚将教堂无偿捐给国家。1956年9月，贺龙指挥部旧址修复。1977年，旧址维修恢复原貌，并对外开放，同时复原陈列贺龙的办公室兼卧室，军指挥部会议室、会客室、军部办公室，刘伯承办公室兼卧室以及指挥战斗的水泥台阶。在一楼大厅还设有“贺龙元帅生平展”。

2021年6月24日，南昌警备区机关及部分人武部干部在南昌八一起义纪念馆重温入党誓词并参观

（南昌警备区　供图）

【叶挺指挥部旧址】 作为八一起义指挥部旧址的一部分，是全国重点文物保护单位，全国爱国主义教育示范基地，坐落在南昌市苏圃路南昌二中校园内，原为心远中学的教学楼。为砖瓦结构“工”字形二层楼房，面积907.2平方米。1927年，该楼是国民革命军第11军第24师司令部、办公室、会议室、电话总机房及警卫部队驻地。1927年7月30日下午2时，叶挺在此召开第11军第24师营以上及师直机关军官会议，传达中国共产党关于武装起义的决定，部署战斗任务。南昌起义后，叶挺任国民革命军第11军军长，此楼即为第11军指挥部。中华人民共和国成立后，叶挺指挥部旧址曾是南昌二中的图书馆和教师的办公室。1956年9月该旧址修复。1977年，中国人民解放军建军50周年时，在工字楼内，恢复了营以上干部会议的会议室，布置了第11军的历史陈列。2007年，建军80周年时，叶挺指挥部旧址进行全面复原整修，恢复叶挺、聂荣臻的办公室，并布置叶挺生平和第11军军史陈展，对外开放参观。

【朱德军官教育团旧址】 全国重点文物保护单位，全国爱国主义教育示范基地，坐落在南昌市八一大道376号。清末是训练清军的场所，后改为江西陆军讲武堂。占地几公顷，前后三进共四五十间房，另有礼堂及操场。1927年春，朱德在这里创办军官教育团并亲任团长，培养了一批革命武装干部，其中一部分人参加南昌起义，这里成为南昌革命活动的一个基地和堡垒。抗日战争中，讲武堂遭日本侵略军狂轰滥炸，学舍大部分被炸毁，但朱德当年的办公室幸运地保留下来。中华人民共和国成立后，讲武堂由军事部门接管。1952年，朱德办公旧址正式对外开放，这是八一南昌起义旧址群中最先开放供参观的。2009

年，朱德军官教育团旧址再次整修，并设计制作朱德军官教育团革命活动图片展、朱德军官教育团旧址复原陈列、朱德同志生平图片展。

【牛行车站】 牛行车站即南昌车站，位于南昌市红谷滩区凤凰洲管理处老北站社区，是南昌历史上的一个红色地标。1916年5月，南浔铁路全线贯通，这是江西第一条客运铁路，牛行车站是南昌的首座火车站。1927年，八一南昌起义部队从牛行车站进入南昌。展示馆大门处有一组表现起义军抵达牛行车站的大型雕塑，雕塑中的火车头造型，在多媒体演示设备的辅助下，冒出一股股白烟。从左边进入展示馆内部，按照时间脉络展示“南浔铁路，百年沧桑”“起义部队，挺进南昌”“南昌起义，牛行战斗”“红一军团，八一示威”4个单元的展览内容。此外，展示馆内还设置体感互动游戏和知识问答游戏。2017年7月30日，牛行车站与南昌起义展示馆同步开放。

【南昌新四军军部旧址陈列馆】 位于南昌市友竹路7号。南昌新四军军部旧址原为北洋军阀张勋的公馆，建于1915年，内有2栋2层楼的楼房和1栋平房，属中西合璧砖木结构的建筑。1938年1月6日，国民革命军陆军新编第四军军部从汉口迁驻南昌，开始在该旧址正式对外办公。中华人民共和国成立后，1987年7月，省、市政府拨出专款按原貌恢复整修旧址。1988年1月5日对外开放。2月，南昌新四军军部旧址陈列馆成立。2009年5月启动旧址改扩建工程，总投资约8000万元，占地约2.34公顷，总建筑面积约1.16万平方米，分旧址保护区、新陈列展示馆、纪念广场、绿化园林四大功能区，2010年年底完工。新陈列馆位于旧址的南侧，建筑面积4833平方米，采用声光电高科技、历史图片等多种方式，分多个展厅展示新四军当年的风采。1987年12月，南昌新四军军部旧址被列为省级文物保护单位。2001年被列为江西省爱国主义教育基地。2006年国务院公布该馆被列为第六批全国重点文物保护单位。

【小平小道】 位于南昌市新建区望城岗。一头连着原新建县拖拉机配件修造厂，一头连着原南昌步兵学校，全长1500米。1969年10月到1973年2月，居住在原南昌步兵学校的邓小平顺着小道前去原新建县拖拉机配件修造厂劳动。后被人称为“小平小道”。2002年5月，“小平小道”初步修复后对外开放。2004年8月22日，在小平小道纪念馆区竖立邓小平铜像。2007年11月，新建县启动小平小道纪念馆改扩建工作。2008年12月18日，小平小道陈列馆开馆。小平小道陈列馆建筑面积2134.5平方米，陈展面积1720平方米。2017年提升改造。全馆分为探索建设道路、在“文化大革命”初期、疏散到江西、小平小道、复出与整顿5个部分，从不同角度反映了邓小平在江西3年零5个月的工作和生活。

（市史志办）

经济社会发展

【概况】 2021年，面对错综复杂的国内外环境和艰巨繁重的改革发展任务，全市上下努力克服复杂严峻的外部环境以及多点散发的国内疫情带来不利影响，坚持稳字当头、稳中求进，牢牢把握“稳住、进好、调优”原则要求，以新发展理念引领高质量发展。随着一系列重点改革措施陆续显效，稳增长积极因素不断增多，全市经济运行保持稳健向好发展态势，发展韧性和活力持续显现，实现“十四五”规划良好开局。全年全市地区生产总值6650.53亿元，按可比价格计算，比上年增长8.7%，两年平均增长6.1%。其中，第一产业增加值238.31亿元，增长7.8%，两年平均增长5%；第二产业增加值3218.10亿元，增长8.3%，两年平均增长6.0%；第三产业增加值3194.11亿元，增长9.1%，两年平均增长6.2%。全年全市海关进出口总值1293.56亿元，比上年增长12.3%。其中，出口值897.68亿元，增长25.9%，高于全省平均水平0.1个百分点。

【农业生产】 2021年，农业生产形势良好，主要产品供应充足。全年全市实现农林牧渔业总产值411.11亿元，比上年增长9.7%，高于全省平均水平0.7个百分点，两年平均增长6.1%。粮食生产再获丰收，粮食播种面积34.49万公顷，粮食产量214.52万吨。生猪产能恢复较好，生猪存栏130.36万头，其中能繁母猪存栏13.07万头；生猪出栏215.55万头，猪肉产量17.57万吨。禽类产量平稳有序，家禽存栏4142.87万羽，肉禽出栏7099.21万羽，禽肉产量10.45万吨，禽蛋产量12.8万吨，保障市民日常生活供给稳定。

【工业生产】 2021年，工业生产提质增效，质量效益稳步提升。全年全市规模以上工业增加值比上年增长11.4%，两年平均增长8%。从经济类型看，国有控股企业、股份制企业、私营企业、外商及港澳台商投资企业分别增长9.4%、9.6%、13.3%、19.9%。从行业看，35个工业行业大类中30个行业实现增长，16个行业实现两位数以上增长，其中增加值总量排名前十的行业全部实现增长。从产品看，全市重点监测的142种主要工业品中105种实现增长，电子元件、液晶显示模组、通信及电子网络用电缆、移动通信手持机（手机）等产品增势较好，分别增长169.7%、113.9%、101.2%、91.8%。重点打造的八大产业增加值增长

10.2%，其中现代针纺、新型材料、机电装备制造等产业增长较快，分别增长27.6%、12.2%、13.6%，高于全市规模以上工业16.2个、0.8个和2.2个百分点。全年规模以上工业营业收入7723.86亿元，比上年增长20.7%，实现利润总额449.62亿元，比上年增长4.8%。

【投资增长】 2021年，投资增长基本恢复，民间投资贡献较大。全年全市固定资产投资比上年增长11.1%，高于全省平均水平0.3个百分点，两年平均增长9.9%，从两年平均增速看，全市投资增长基本恢复至疫情前水平，接近2019年全市10.2%的投资增速。分产业看，第一产业投资增长41.3%，两年平均增长43.6%；第二产业投资增长19.2%，两年平均增长11.2%；第三产业投资增长7%，两年平均增长8.9%。分经济类型看，民间投资增长26.4%，占全部投资比重66.1%，较上年同期提高8个百分点，拉动全市投资增长15.3个百分点，对全部投资增长的贡献率为138.1%。分领域看，工业投资增长18.7%，其中工业技改投资、制造业投资分别增长23.5%、21.5%；高技术产业投资增长27.5%，其中高技术制造业、高技术服务业投资分别增长22.5%、44%；房地产开发投资增长0.4%，两年平均增长3.4%；社会领域投资中文化、体育和娱乐业投资增长24.6%，教育投资增长11%。

【消费市场】 2021年，消费市场总体平稳，物价水平温和上涨。全年全市社会消费品零售总额2878.74亿元，比上年增长17.4%，两年平均增长9.9%。限额以上单位消费品零售额1520.47亿元，增长17%，两年平均增长12.8%。其中，城镇、乡村分别实现限额以上单位消费品零售额1463.38亿元和57.09亿元。从商品类别看，监测的22个商品零售类别中18类商品零售额实现增长，其中限额以上单位智能家电和音像器材类、化妆品类、体育娱乐用品类、新能源汽车等升级类商品消费较为活跃，分别增长38.5%、40.9%、60.5%、159.5%。限上消费需求持续释放，全市限上批零单位通过公共网络实现商品零售额216.49亿元，占限上零售额的比重14.2%，拉动全市限上零售额增长1.1个百分点。全年全市居民消费价格比上年上涨1%，涨幅较上年同期回落1.5个百分点。从分类看，八大类商品及服务价格呈“五涨三降”。其中，交通和通信价格上涨4.3%，教育文化和娱乐价格上涨4.1%，医疗保健价格上涨0.6%，生活用品及服务价格上涨0.3%，居住价格上涨0.2%；衣着价格下降0.1%，食品烟酒价格下降0.2%，其他用品及服务价格下降1.5%。

【财政收支】 2021年，财政收支稳步增长，金融存贷运行稳健。全年全市地方一般公共预算收入484.84亿元，同口径增长10%（同比增长0.2%）。其中，税收收入344.5亿元，增长5.3%，税收占比达到71.1%。全市地方一般公共预算支出870.01亿元，增长15.5%，关系到百姓切身利益的教育、医疗、社保等民生类支出726.41亿元，其中教育、卫生健康、社会保障和就业等领域支出分别为138.05亿元、84.21亿元、72.91亿元，群众获得感、幸福感不断增强。至年底，全市金融机构本外币各项存款余额14757.42亿元，同比增长7.9%。其中，住户存款余额4776.22亿元，增长10.6%；非金融企业存款余额6079.06亿元，增长5%。全市金融机构本外币各项贷款余额17620.96亿元，增长10.1%。其中，住户贷款余额4849.51亿元，增长8.7%；企（事）业单位贷款余额12701.64亿元，增长11.2%。

【居民收入和人员就业】 2021年，居民收入稳步增加，就业目标超额完成。全年全市城镇居民人均可支配收入50447元，比上年增长7.8%，两年平均增长6.9%。农村居民人均可支配收入22913元，增长9.5%，两年平均增长8.4%。全年全市城镇新增就业72245人，比上年增长17.4%，完成全年目标任务的123.5%；城镇失业人员再就业22063人，完成全年目标任务的109.8%；就业困难人员实现就业6288人，完成全年目标任务的120.9%，均超额完成全年目标任务。

【社会用电和货运】 2021年，社会用电持续增长，货运需求稳中有升。全年全市全社会用电量287亿千瓦小时，比上年增长13%。工业用电量147.52亿千瓦时，增长11.5%。其中，制造业用电量99.91亿千瓦时，增长12.9%。城乡居民生活用电量54.43亿千瓦时，增长13.2%。全年全市完成公路运输货运量16784万吨，比上年增长27.57%；货物周转量306.22亿吨千米，增长21.96%。完成水路运输货运量1474.9万吨，增长17.97%；货物周转量55.69亿吨千米，增长17.97%。

（李怀强）

中国共产党南昌市委员会

综　述

【概况】　2021年，南昌市以率先“作示范、勇争先”的省会担当，坚持“打头阵、当先锋、作表率”，紧紧围绕建设“一枢纽四中心”（综合交通枢纽和区域科创中心、金融中心、先进制造业与高品质服务业集聚发展中心）和“两个大幅提升”（推动南昌经济首位度大幅提升，推动经济总量在全国省会城市大幅提升）目标要求，深入抓好各项工作落实，推动经济社会发展取得新成效。以高质量理念聚焦发力，经济发展迈出坚实步伐，经济发展态势稳中向好。坚持稳中求进工作总基调，注重速度与质量并重、规模与效益并举，经济发展韧性逐步增强，质量效益稳步提升；新兴产业动能加速释放，以新模式、新业态、新产业、新技术为代表的“新经济”展现新活力，成为推动全市高质量跨越式发展的新引擎。

【党的政治建设】　2021年，坚持全面从严治党不动摇，政治生态持续优化。坚持以党的政治建设为统领，全面落实新时代党的建设总要求，牢固树立正确选人用人导向，出台激励广大干部新时代新担当新作为的实施办法，全面压紧压实管党治党政治责任，坚决落实党委（党组）书记述责述廉制度，推动政治谈话实现全覆盖。持之以恒纠治“四风”，在全市机关开展“转作风、提效率、树形象”专项整治，在基层干部中开展作风整顿专项行动，推动党员干部作风大转变、效能大提升。全面加强民主政治建设。充分发挥党委总揽全局、协调各方的领导核心作用。支持人大及其常委会依法充分履职，发挥人大在重大决策和工作监督中的重要作用。支持政协发挥协商民主重要作用，各级领导机关决策的民主化、科学化水平不断提高。严格落实意识形态工作责任制，持续开展网络意识形态安全专项治理，党对意识形态工作的领导更加巩固。

【统筹协调疫情防控和经济社会发展】　2021年，统筹推进疫情防控和经济社会发展，走高质量发展之路，扎实做好“六稳”工作、全面落实“六保”任务，经济发展态势稳中向好。坚持稳中求进工作总基调，注重速度与质量并重、规模与效益并举，经济发展韧性逐步增强，质量效益稳步提升。主要经济指标增速呈现企稳回升态势，多数位于中部省会城市中上游水平。做大做强优势主导产业，紧紧围绕“4+4+X”产业体系，坚持“抓存量、挖增量、提质量”，“一产一策”“一企一策”支持主导产业和龙头企业发展，推动全市优势主导产业量质齐升。战略性新兴产业快速发展，电子信息产业势头强劲，总投资超百亿元的华勤千亿产业基地、欣旺达动力电池基地、成烨电子信息新材料产业园、兆驰光电器件及相关配套项目等加快推进。传统优势产业加快转型升级，“机器换人”“设备换芯”“生产换线”扎实推进，绿色食品、新型材料、现代针纺、机电装备制造等产业技改升级、品牌创建步伐加快，一批“5G+智慧工厂”数字化改造示范项目建设完成，产品特色更加明显、产业链条加快延伸，规模化、集群化发展态势良好。现代服务业稳步复苏，在刺激消费政策推动下，服务业继续保持恢复性增长并展现强劲活力。

【巩固拓展脱贫攻坚成果同乡村振兴有效衔接】　2021年，把实施乡村振兴战略作为新时代“三农”工作总抓手，产业兴旺、生态宜居、乡风文明、治理有效、生活富裕的美丽乡村建设加快。推动巩固拓展脱贫攻坚成果同乡村振兴有效衔接，持续开展防返贫致贫动态监测和精准帮扶，实现市级领导挂点重点帮扶村全覆盖，安排并实施衔接乡村振兴项目331个，确保“两不愁三保障”和农村饮水安全问题动态清零。全面落实稳粮保供硬核任务，连续11年稳定在21亿千克以上，生猪、蔬菜等“菜篮子”产品供应充足。全面提升农业产业发展质效，培育壮大都市休闲农业、乡村旅游、农村电子商务等新业态，新增认定市级龙头企业73家，市级及以上龙头企业总数达376家（其中国家级16家、省级115家），10家企业进入全国农企500强。接续推进农村人居环境整治，新改建农村公路3266千米，成为全省首批“四好农村路”示范市之一。巩固提升重点水域禁捕退捕成果，推进农村集体产权制度改革，全市80%以上的村级集体经营性收入超过20万元。

【中央和省委重要精神贯彻落实】 2021年，以庆祝中国共产党成立100周年为契机，加强党史党性教育，将党史学习教育作为主体班次的重点任务。传达学习党的十九届六中全会、中央人才工作会议精神，研究制订全市教育培训方案，以县处级以上领导干部为重点，认真组织抓好党的十九届六中全会精神教育培训，分类分级抓好全员培训，确保全覆盖。在全市开展干部教育“双百双十”课程建设活动，推进课程开发，推动全市干部教育资源共建共享。在2021年度全省干部教育好课程、现场教学示范点评审工作中，南昌市获9个奖项，获奖门类全覆盖，获奖数量为全省第一位。贯彻落实省第十五次党代会和省委书记易炼红在南昌调研讲话精神，召开部务会和部机关全体干部会议及时进行传达学习。深入贯彻省委书记易炼红在南昌调研时的讲话精神和省委常委、市委书记李红军在市委常委会（扩大）会议上的讲话精神，形成行动方案，聚焦基层党建、干部、公务员、人才、自身建设5个方面，提出53条落实举措，明确时间表和任务图，推动省委和市委决策部署在组织部门落实。

决策部署

【概况】 2021年，中共南昌市委常务委员会从南昌实际出发，深入开展调查研究，围绕全市农业农村、产业发展、民生实事等重要工作进行科学决策，抢抓江西内陆开放型经济试验区建设的重大战略机遇，加快打造内陆双向开放新高地，持续完善城市基础设施，改善城市人居环境，切实提升城市品质，优化城市管理部门职能，推动行政执法职权下放，加快建设产业兴旺、生态宜居、乡风文明、治理有效、生活富裕的美丽乡村，解决群众关心的就业、教育、文化、社保、医疗、住房、养老等实际问题，群众幸福感、获得感、安全感持续提升。

【市第十二次党代会】 2021年9月26日，中国共产党南昌市第十二次代表大会在滨江大会堂开幕。28日，大会闭幕。会议听取、审议省委常委、市委书记李红军代表中共南昌市第十一届委员会所作题为《巩固提升发展首位度，充分彰显省会担当，奋力在描绘好新时代江西改革发展新画卷中挑重担勇争先》的工作报告；审议中共南昌市第十一届纪律检查委员会工作报告；表决通过关于中共南昌市第十一届委员会报告的决议、中共南昌市第十一届纪律检查委员会工作报告的决议；选举产生中共南昌市第十二届委员会、中共南昌市第十二届纪律检查委员会和南昌市出席省第十五次党代会代表。

【市委全体会议】 2021年，中共南昌市委认真贯彻落实中央和省委重大决策部署，及时召开市委十一届十二次、十三次、十四次全体会议和市委十二届一次、二次全体会议，学习传达中央和省委重要会议精神，坚持稳字当头、稳中求进，全面贯彻新发展理念，扎实推进改革开放创新，持续保障和改善民生，全力保持社会大局和谐稳定。8月6日，市委十一届十二次全体（扩大）会议在红谷滩会议中心召开。会议总结2021年上半年工作，研究部署下半年经济社会发展各项工作，团结带领全市干部群众凝心聚力、真抓实干，奋力提升南昌城市发展首位度。9月23日，市委十一届十四次全体会议在市委第一会议室召开。会议听取市委工作报告稿和市纪委工作报告稿的说明，审议通过市委工作报告（草案）和市纪委工作报告（草案）；听取十二届市委委员、候补委员和市纪委委员候选人预备人选建议名单的说明，酝酿并审议通过十二届市委委员、候补委员和市纪委委员候选人预备人选。9月28日，市委十二届一次全体会议在滨江大会堂召开。会议通过《中共南昌市第十二届委员会第一次全体会议选举办法》、监票人名单、中共南昌市第十二届纪律检查委员会第一次全体会议选举结果的报告；选举产生中共南昌市第十二届市委常委、书记、副书记，选举李红军、万广明、钱昀、（以下按姓氏笔画为序）王万征、李松殿、余正琨、陆建刚、胡晓海、饶绍清、黄冬生、梅峰、熊运浪为市委常委，李红军为市委书记，万广明、钱昀为市委副书记。受中共南昌市第十二次代表大会主席团的委托，李红军主持会议。会议后一阶段由市委副书记万广明主持。

【市委常委会会议】 2021年，中共南昌十一届市委共召开31次常委会会议。第126次至第135次会议由省委常委、市委书记吴晓军主持，第136次至第140次由市长万广明主持,第141次至第156次会议由省委常委、市委书记李红军主持。中共南昌十二届市委共召开15次常委会会议。第1次至第15次会议由省委常委、市委书记李红军主持。市委常委会会议认真学习贯彻习近平总书记系列重要讲话和中央、省委重要会议、重要文件精神,听取审议全市各单位有关工作情况汇报、实施意见、计划方案等,研究部署全市经济社会发展各项工作。

【市委工作会议】 2021年,市委及全市有关部门组织召开全市深化事业单位改革、全国文明城市创建、安全生产、电子信息产业发展等工作会议,研究贯彻落实上级相关政策、会议精神,部署具体工作措施和办法,推动全市经济社会建设稳步发展。1月21日,全市深化事业单位改革试点工作动员部署会召开。省委常委、市委书记吴晓军出席会议并讲话。市长黄喜忠主持会议。市领导严允、郭毅出席会议。市委常委、组织部部长李镇发传达省委编委批复的《南昌市深化事业单位改革试点工作方案》主要精神。9月11日,全市深化全国文明城市创建工作动员部署会召开。会议对创建工作进行再强调、再安排、再部署,动员全市上下立即行动起来,做好中央文明办年度测评考核各项工作,坚决打赢攻坚战。省委常委、市委书记李红军出席并讲话。市长万广明主持会议。市领导钱昀、李松殿、王强出席会议。9月16日,2021世界VR产业大会云峰会南昌市筹备情况专题汇报会召开。会议听取南昌市有关2021世界VR产业大会云峰会会务活动、技术保障、招商邀商、嘉宾接待、展览展示、项目推进、环境提升、宣传推广、市场运营、后勤保障、疫情防控、安保维稳等工作进展情况,就下一步工作进行部署。省、市领导李红军、万广明、郭毅、王万征出席会议。11月11日,全市安全生产工作会议召开。会议播放《"7·26"东湖区房屋坍塌事故警示录》,对岁末年初全市安全生产工作进行再部署、再强调。省委常委、市委书记李红军出席并讲话。市长万广明主持会议。市领导王万征、黄冬生、梅峰、王强、万昱原、谢为民出席会议。省公安厅党委委员、副市长、市公安局局长肖铁军通报全市安全生产形势。12月28日,2021南昌市电子信息产业发展大会举行。省领导李红军出席并讲话。市长万广明主持会议。市领导李镇发、卢伟平、王万征和省直有关单位负责人等出席会议。市委常委、副市长肖云作南昌市电子信息产业推介,并就南昌市《关于进一步推动电子信息产业高质量发展的实施意见》等政策作重点解读。

【《关于全面推进乡村振兴加快农业农村现代化的实施意见》出台】 2021年3月10日,市委、市政府印发《关于全面推进乡村振兴加快农业农村现代化的实施意见》。实施意见明确,坚持农业农村优先发展,坚持农业农村高质量发展,围绕打造彰显产业兴旺之美、自然生态之美、文明淳朴之美、共建共享之美、和谐有序之美的新时代"五美"乡村目标,继续夯实"三农"发展基础,全力保障粮食安全和重要农产品有效供给。深化农业供给侧结构性改革,推进都市现代农业高质量发展。全面启动乡村建设行动,提升乡村建设和治理水平。推动巩固拓展脱贫攻坚成果同乡村振兴有效衔接,保障农民收入持续稳定增长。深化农业农村改革,推动城乡融合发展见实效,促进农业高质高效、乡村宜居宜业、农民富裕富足,努力走出一条具有南昌特色的农业农村现代化道路,在全面推进乡村振兴上在全省走前列,彰显省会担当。到2021年,全市粮食、生猪等重要农产品生产保持稳定,都市现代农业实现高质量跨越式发展,设施蔬菜等乡村富民产业稳步推进,脱贫攻坚成果全面巩固,政策体系和工作机制同乡村振兴有效衔接,乡村建设行动全面启动,农村人居环境整治接续提升,重点水域禁捕退捕常态长效,农业农村改革深入推进,农村治理现代化水平显著提高,农村社会保持和谐稳定。到2025年,农业农村现代化取得重大进展,农业基础设施现代化迈上新台阶,农村生活设施便利化初步实现,城乡基本公共服务均等化水平明显提高,城乡融合发展体制机制初步建立,农村社会治理实现现代化。

【《南昌市推进江西内陆开放型经济试验区建设行动方案》出台】 2021年8月30日,市委、市政府印发《南昌市推进江西内陆开放型经济试验区建设行动方案》。行动方案明确,立足新发展阶段,贯彻新发展理念,坚持以高质量发展为主题、以深化供给侧结构性改革为主线,立足"三区"(贫困地区、边疆民族地区和革命老区)定位,主动融入共建"一带一路",积极参与长江经济带发展,对接融入长三角一体化发展、粤港澳大湾区建设、海峡西岸经济区建设等区域发展战略,加快推进大南昌都市圈建设。推动资源要素自由高效流动,营造一流营商环境,打造全省内陆双向高水平开放引领区、高质量产业开放合作先行区、高能级要素资源导入核心承载区、高标准交流合作样板区,建成中部地区崛起的重要示范,走出一条内陆城市通过双向高水平开放构建新发展格局、实现高质量跨越式发展的新路子,为江西省打造"全国构建新发展格局的重要战略支点"提供支撑。到2025年,基本形成全省内陆双向高水平开放引领区、高质量产业开放合作先行区、高能级要素资源导入核心承载区、高标准交流合作样板区的核心功能。水陆空开放通道全面贯通，贸易投资自由化、便利化基本实现，要素资源流动更加顺畅，科技创新水平显著提高，开放型产业能级大幅提升，内陆制度型开放取得明显成效，基本建成富有活力、创新力、竞争力的都市圈，成为陆海内外联动、东西双向互济的高水平内陆开放枢纽。地区生产总值突破8200亿元，人均地区生产总值突破1.8万美元。"十四五"末，国际贸易进出口总额突破1400亿元，累计实际利用外资突破240亿美元，服务贸易规模达到14亿美元，企业"走出去"对外投资额突破10亿美元。营商环境、物流成本、通关效率达到全国一流水平。到2035年，全面建成全省内陆双向高水平开放引领区、高质量产业开放合作先行区、高能级要素资源导入核心承载区、高标准交流合作样板区。形成成熟的内陆制度型开放体制机制，营商环境达到国际一流水平，形成具有国际竞争力的开放型产业体系，构筑具有国际影响的科技创新和产业创新融合发展高地，建成国内国际影响力较强的现代化都市圈，成为内陆开放型经济试验区建设的桥头堡、新时代中部地区崛起的排头兵。主要开放型经济指标在2025年基础上实现翻一番。

【《关于实现巩固拓展脱贫攻坚成果同乡村振兴有效衔接的实施方案》出台】 2021年11月20日，市委、市政府印发《关于实现巩固拓展脱贫攻坚成果同乡村振兴有效衔接的实施方案》。实施方案明确，深入贯彻落实全国、全省脱贫攻坚总结表彰大会精神，按照中央设立5年过渡期和"四个不摘"（摘帽不摘责任、摘帽不摘政策、摘帽不摘帮扶、摘帽不摘监管）的要求，帮扶脱贫村、脱贫人口，做好领导体制、工作体系、发展规划、政策举措、考核机制等方面有效衔接，从解决建档立卡贫困人口"两不愁三保障"为重点转向实现乡村全面振兴，从集中资源支持脱贫攻坚转向巩固拓展脱贫攻坚成果和全面推进乡村振兴，力争到2025年，脱贫攻坚成果得到巩固拓展，乡村振兴全面推进。到2035年，农村经济实力显著增强，乡村振兴取得重大进展，以实际行动"巩固提升发展首位度，充分彰显省会担当"，为奋力在描绘新时代江西改革发展新画卷中作出南昌新的更大贡献。

【《南昌市普法教育工作领导小组关于在全市公民中开展法治宣传教育的第八个五年规划（2021—2025年）》出台】 2021年11月27日，市委、市政府印发《南昌市普法教育工作领导小组关于在全市公民中开展法治宣传教育的第八个五年规划（2021—2025年）》。规划明确，围绕服务南昌市"十四五"时期经济社会发展，广泛开展法治宣传教育，全面提升公民法治素养，大力建设社会主义法治文化，以高质量普法推动高质量发展，在描绘好新时代江西改革发展新画卷中展现南昌作为，充分彰显省会担当。到2025年，把南昌建设成为全省笃学践行习近平法治思想的模范实践城市，构建党建统领自治、法治、德治、智治融合的基层治理体系，打造形成具有南昌特色的普法依法治理成果。

【《关于贯彻落实省委书记易炼红考察调研南昌讲话精神行动方案》出台】 2021年12月18日，市委、市政府印发《关于贯彻落实省委书记易炼红考察调研南昌讲话精神行动方案》。行动方案明确，落实江西省第十五次党代会精神，紧紧围绕"率先'作示范、勇争先'，再展英雄城雄姿，续写新的时代荣光"更高要求，瞄准推动南昌经济首位度大幅提升、推动经济总量在全国省会城市大幅提升"两个大幅提升"工作目标，对标对表"六个尽显"（在引领高质量跨越式发展上尽显英雄城气概、在引领改革攻坚开放提升上尽显英雄城胆识、在引领城市功能品质提升上尽显英雄城风采、在引领保障改善民生上尽显英雄城情怀、在引领创新社会治理上尽显英雄城格局、在引领推进全面从严治党上尽显英雄城本色）具体任务，加快打造有全国重要影响力的综合交通枢纽和区域科创中心、金融中心、先进制造业中心和高品质服务业集聚发展中心，确保在全省走在前列、在全国排名前移。

（李　攀）

督查与信息

【概况】 2021年，市委办公室深入贯彻习近平总书记"五个坚持"（坚持绝对忠诚的政治品格、坚持高度自觉的大局意识、坚持极端负责的工作作风、坚持无怨无悔的奉献精神、坚持廉洁自律的道德操守）重要指示精神，聚焦"前哨后院"的职能定位，忠诚履职，负责担当，始终把抓落实作为一切工作的重点，对中央和省委、市委作出的决策部署、交办的工作任务，第一时间响应、第一时间督办，保证抓落实成效，"三服务"（服务领导、服务基层、服务群众）各项工作取得积极成效。市委办公室获"2021年版人民网网上群众工作民心汇聚单位"称号。

【重要工作督查】 2021年，持续抓好习近平总书记视察江西重要讲话精神落实和省委、省政府综合督查提出29个问题的整改情况跟踪督办。做好省委主要领导指示批示精神督办落实，承办省委主要领导指示交办事项39件。持续向形式主义、官僚主义亮剑，基层挂牌乱象得到遏制，签订"责任状"事项由9项减为5项，同比减少44.4%，“一票否决”事项由6项减为4项，减少33.3%。深化基层减负工作。紧跟市委决策思路，对市委常委会会议、书记专题会等明确事项、市委主要领导指示批示交办事项进行台账管理、分类督办、动态跟踪、逐项对账销号，8月至12月共督办182项，开展实地复核和“回头看”160余次。围绕集中开工项目推进、疫情防控、安全生产、老旧小区改造等10余项重点工作开展专项督查，形成数篇有力度的督查报告。用好“民声通道”平台，全年受理和督办群众各类诉求3341件，定期对省、市重点办件开展实地核查，倒逼县区和部门主动提高办理效率和质量，确保及时解决。

【南昌信息编报】 2021年，市委办公室围绕“领导想知道的”和“应该让领导知道的”，及时、全面、准确采编信息。全年编发《今日南昌信息》248期、《南昌信息专报》28期，上报中央办公厅、省委办公厅信息1600余条，其中得到中央和省有关领导批示稿件12篇，获市委主要领导批示稿件126件。在全省设区市中央办公厅直报点中，南昌市信息工作排名第一名，市委办公室获中央办公厅和全省党委信息工作先进单位称号。

表2　2021年中国共产党南昌市委员会印发文件选目一览表

文号	发文时间	文件标题
洪发〔2021〕1号	2021年3月10日	中共南昌市委、南昌市人民政府印发《关于全面推进乡村振兴加快农业农村现代化的实施意见》
洪发〔2021〕2号	2021年2月23日	中共南昌市委关于转作风优环境的意见
洪发〔2021〕5号	2021年3月12日	中共南昌市委关于转发《南昌市人民政府2021年立法工作计划》的通知
洪发〔2021〕6号	2021年3月12日	中共南昌市委印发《关于在全市开展党史学习教育的实施方案》的通知
洪发〔2021〕7号	2021年5月10日	中共南昌市委、南昌市人民政府印发《关于进一步加强新时代关心下一代工作的意见》
洪发〔2021〕9号	2021年8月30日	中共南昌市委、南昌市人民政府关于印发《南昌市推进江西内陆开放型经济试验区建设行动方案》的通知
洪发〔2021〕10号	2021年11月20日	中共南昌市委、南昌市人民政府印发《关于实现巩固拓展脱贫攻坚成果同乡村振兴有效衔接的实施方案》的通知
洪发〔2021〕11号	2021年11月27日	中共南昌市委关于印发《法治南昌建设规划(2021—2025年)》的通知
洪发〔2021〕12号	2021年11月27日	中共南昌市委、南昌市人民政府印发《南昌市普法教育工作领导小组关于在全市公民中开展法治宣传教育的第八个五年规划(2021—2025年)》的通知
洪发〔2021〕13号	2021年12月6日	中共南昌市委关于加强换届后领导班子建设的意见
洪发〔2021〕14号	2021年12月7日	中共南昌市委关于同意《南昌市部分行政区划调整方案》的决议
洪发〔2021〕15号	2021年12月7日	中共南昌市委关于同意南昌市新建区流湖镇划入红谷滩区管辖的决议
洪发〔2021〕16号	2021年12月18日	中共南昌市委、南昌市人民政府印发《关于贯彻落实省委书记易炼红考察调研南昌讲话精神行动方案》的通知
洪发〔2021〕17号	2021年12月25日	中共南昌市委关于印发《中共南昌市第十二届委员会常务委员会工作规则》的通知
洪发〔2021〕18号	2021年12月25日	中共南昌市委印发《关于贯彻落实“三重一大”事项集体决策制度的实施办法(试行)》的通知
洪发〔2021〕19号	2021年12月31日	中共南昌市委印发《关于全面加强新时代少先队工作若干措施》的通知

(资料来源：市委办)(李　攀)

全面深化改革

【概况】 2021年,南昌市认真贯彻落实中央、省委关于全面深化改革决策部署,推出104项改革任务、16项重点改革举措,重点领域和关键环节改革取得重大进展,为全市经济社会发展注入强大生机活力。深化经济体制改革,高质量发展更有活力;深化生态文明体制改革,生态优势更加凸显;深化民主法治领域改革,法治南昌更有成效;深化文化体制改革,文化强市更具魅力;深化社会体制改革,人民生活更加美好;深化党建体制改革,组织保障更加夯实;深化纪检监察体制改革,政治生态更加清朗;深化农业农村体制改革,乡村振兴更进一步。南昌市被评为"2021年度江西省全面深化改革工作先进设区市"。

【市委全面深化改革委员会第五次全体(扩大)会议】 2021年12月14日,省委常委、市委书记李红军主持召开市委全面深化改革委员会第五次全体(扩大)会议。会议书面传达学习中央全面深化改革委员会第十六次至第二十二次会议精神、省委全面深化改革委员会第十三次至第十八次会议精神,审议《南昌市改革创新典型案例评选方案(试行)》。会议强调,要用好改革创新典型案例评选机制,打造一批可推广、可复制的江西改革"南昌样板"。全市各级各部门要迅速制定并完善"三重一大"制度,做到用制度议事管事办事。按照部署稳步推进行政区划调整,尽快落实相关审批职能划转工作。深入推进"放管服"改革,按照便民惠企事项网上办结率达90%以上的目标要求,定期通报相关情况,对不能完成的进行约谈、问责,提升百姓获得感。推进保洁市场化改革,按照保洁合同规定,加大保洁公司监管力度。加强粮食领域监管,确保粮食供给安全。关注房地产领域形势变化,做好研判、应对工作,推动房地产市场健康发展。

【市委全面深化改革委员会第六次全体(扩大)会议】 2021年12月23日,省委常委、市委书记李红军主持召开市委全面深化改革委员会第六次全体(扩大)会议。会议传达学习中央深改委第二十三次会议和省委深改委第十九次会议精神,审议《关于进一步完善林长制的工作方案》。会议强调,要充分发挥林长制在统筹山水林田湖草沙系统治理和乡村振兴方面的重要作用,多举措落实落细森林防火要求,开展巡林护林工作,盯紧盯牢林业病虫害综合防控,科学谋划南昌市绿化彩化工作,创新发展林下经济,统筹森林保护与科学开发。

【市委全面深化改革委员会办公室第七次主任办公会暨专项小组联络员会议】 2021年4月1日,市委常委、秘书长郭毅主持召开市委全面深化改革委员会办公室第七次主任办公会暨专项小组联络员(扩大)会议。会议书面传达学习2021年第一次省委改革专项小组联络员会议精神,审议《项目化管理制度》《动态考评制度》《督导工作制度》《联系协调调度制度》《中共南昌市委全面深化改革委员会2020年工作总结报告(讨论稿)》《南昌市全面深化改革2020年度考评情况通报(讨论稿)》《中共南昌市委全面深化改革委员会2021年工作要点(讨论稿)》《中共南昌市委全面深化改革委员会2021年重点改革举措(讨论稿)》《专项小组2021年工作计划(讨论稿)》。

【市委全面深化改革委员会办公室第八次主任办公会暨专项小组联络员会议】 2021年12月24日,市委副书记钱昀主持召开市委全面深化改革委员会办公室第八次主任办公会暨专项小组联络员(扩大)会议。会议书面传达学习2021年第二、三、四次省委改革专项小组联络员会议精神,审议《2021年度全市改革考评工作方案》《2021年度迎接省委改革办对南昌全面深化改革工作考评的实施方案》。

【经济体制改革】 2021年,实行包容审慎监管,建立市场监管领域"免罚清单"制度。探索实施"揭榜挂帅"制度,向省科技厅推荐18项"揭榜挂帅"企业重大需求项目。修订《南昌市金融机构支持地方经济发展考核奖励办法实施细则》,新增上市公司(含回迁)4家、4家绿色企业申报IPO材料、4家绿色企业辅导备案。推进终身职业技能培训制度,印发《南昌市推行终身职业技能培训制度的实施意见》。深化供给侧结构性改革,提升发展能级,连续4年举办世界VR产业大会。建立南昌市9个县区与丰樟高、鄱余万、奉靖永等大南昌都市圈内县市结对合作机制。南昌市与广东7个市开展战略合作,签约产业项目32个,协议投资总额859.85亿元。稳妥推进政府机构优化调整,新组建市政务服务数据管理局、市商务局、市住房和城乡建设局、市中小企业服务局4个政府工作部门,调整市城市管理局、市工业和信息化局、市自然资源局、市农业农村局、市发展和改革委员会、市重点工程管理办公室6个部门(单位)机构编制事项。12月15日,新调整的机构正式揭牌运行。深化"放管服"改革,创新推出"三大超简"("三大"即大容缺、大承诺、大模拟)审批改革,打造"六多合一"集成审批升级版,实现项目审批手续在达到受理条件后的快速办理,累计事项精简63%、环节减少84%，全流程审批时间压缩至74个工作日，全国工程建设项目审批改革第三方评估排名第13名，5G设施“绿色超简”审批举措被住建部全国推广。打造“赣服通升级版”，“赣服通”南昌分厅完成与四级网络审批体系、“赣政通”对接。实施“0.5日零成本”，助力企业开办快捷高效。推动市场、税务、人社等部门系统间数据共享，建立全链条审批模式，全流程时限压缩至0.5个工作日内。建成“四级网络审批体系”，加快政务服务一网可办。健全企业权益服务体系，出台《市场监管领域部门联合抽查事项清单》。制定《涉民营企业案件审判效率的综合整改办法》《保障民营企业家社区矫正对象正常经营活动的意见》等系列制度文件，为企业生产经营营造良好环境。全面推进VR产业知识产权制度改革，成立专项工作办公室，搭建联席会议平台。制定完善破产审判工作细则，建立破产案件专项援助资金，推动破产案件审理府院联动机制实质运行，进一步缩短破产案件办理、资产清算周期。健全专业法律执行体系，制订《关于规范刑事裁判涉财产部分执行工作实施意见》。深化国资国企改革，江铃集团入选国务院国资委发布的“地方国有企业(集团公司)治理示范企业”。南昌市国企改革三年攻坚行动工作开展情况得到省委督导组肯定。

【民主法治领域改革】 2021年，统一战线基层联谊组织改革试点工作取得初步成效，以南昌高新区为试点，建立由党外知识分子、新的社会阶层人士和归国留学人员组成的基层联谊组织——南昌高新区同心联谊会，并打造联谊会服务基地。民主政治建设制度机制进一步健全，出台《南昌市中心城区农贸市场管理条例》，加强农贸市场管理，维护农贸市场秩序，保护经营者和消费者合法权益，促进商品流通，繁荣城乡经济。出台《南昌市荣誉市民条例》，促进南昌市对外交往，鼓励和表彰对南昌市经济建设、社会发展、对外交流合作等方面作出突出贡献的市外人士。深入学习贯彻落实习近平总书记关于加强和改进人民政协工作的重要思想，出台《关于加强和促进南昌市政协凝聚共识工作的实施意见》，通过制度创新推动做好凝聚共识工作，发挥专门协商机构在市域社会治理中重要作用。

【纪检监察体制改革】 2021年，协助省纪委在南昌市召开警示教育大会，制定《关于开展政治谈话加强对“一把手”和领导班子监督的实施方案》，在全市开展政治谈话7604人次。协助市委开展第二轮政治谈话，全市对市管领导干部开展政治谈话1194人，实现对市管领导班子成员政治谈话全覆盖。深化派驻机构改革，健全述责述廉、政治生态研判、重要舆情和重大事件报告等工作制度。启动市属国有企业设立监察专员办公室、任命纪委书记为监察专员等工作，在8家市属国有企业设立监察专员办公室，任命5名市属国有企业纪委书记为监察专员。完成对十一届市委94个市管党组织巡察全覆盖任务，对县区(开发区)法院等23个党组织开展提级交叉巡察，对9个市直单位党组织开展巡察“回头看”。指导督导县区完成对592个县管党组织巡察全覆盖，实现对1641个村(社区)党组织延伸巡察全覆盖。全面启动十二届市委第一轮巡察工作，对6个市直单位党组织开展常规巡察。通过整改联席会、推进会和“双约谈”“三公开”等形式，推进巡察整改落实常态长效。加强对巡视巡察整改落实情况监督检查，对不履行或不正确履行整改责任、不落实整改要求，以及敷衍塞责、弄虚作假的严肃追责问责，严肃查处通报4起落实市委巡察整改不力典型问题，对7名责任人员进行问责。制订《南昌市2021“转作风、优环境”活动年作风建设监督问责专项行动工作方案》，全面推行自查整改、动态监测、媒体问政等“十大举措”。活动年作风建设监督问责专项行动开展后，查处干部作风问题663个，处理干部1339人。其中，党纪政务处分68人，通报曝光112起279人。开展涉企保证金专项整治监督工作，督促相关部门退回企业1.49亿元。开展公职人员违规经商办企业和违规借贷谋利问题专项整治、党员干部和公职人员酒驾醉驾整治、领导干部违规配备司机问题专项整治、“吃空饷”问题清理整治监督工作。建立健全办案安全、队伍建设、政治生态等定期报告制度，及时向省纪委省监委和市委报告工作。纪法衔接、法法贯通全面推进，先后制定南昌市纪检监察机关与审判机关、检察机关案件办理工作衔接办法和南昌市纪检监察机关审查调查工作中与公安机关协作配合办法(试行)等制度规定，推进规范化、法治化、正规化建设。

【文化体制改革】 2021年，创新打造“南昌文旅一卡通”，在原“南昌旅游一卡通”基础上，增加书店、影院和演艺等文化消费功能，探索文旅消费惠民新模式。至年底，“南昌文旅一卡通”发行量37万余张，稳居全国“游卡汇”年卡平台销量第一位。全年加盟景区旅游153万人次，同比增长65%，实现景区收入3300余万元。文旅融合合作商家累计核销12.1万人次，带动文化旅游消费近1.5亿元。修订《南昌市非国有博物馆扶持办法》，鼓励和引导社会力量参与博物馆事业发展。出台《南昌市重点文化企业认定管理办法》，加大扶持力度，培育一批特色鲜明、优势突出、竞争力强的现代文化龙头企业。持续推进南昌汉代海昏侯国遗址公园建设提升工作。推动南昌汉代海昏侯国遗址公园创建AAAA级旅游景区，通过省文旅厅组织的现场评审，并挂牌公示。启动国家考古遗址公园创建工作，南昌汉代海昏侯国遗址公园入选国家文物局第三批国家考古遗址公园立项名单。

【社会体制改革】 2021年，抓好顶层制度设计，全面优化平安建设考核体系。加快推进智慧平安小区建设，累计建成“智慧平安小区”906个，覆盖率为40.2%。全面完成公安视频数据云中心、社会云和警务云等重点项目建设，打通政府部门、社会机构和行业企业的数据壁垒。完成首批7个县区综治中心提档升级工作。全市法院系统全面推进涉法涉诉信访积案化解工作，梳理排查出23件重点信访案件，并全面分类引导处理，对相关重点案件开展评查，有效化解信访积案。打造“工会+N”劳动领域矛盾纠纷源头治理“共同体”，深化“三师一室”维权平台（运用法治思维和法治方式指导帮助基层工会尤其是非公企业工会更好地代表职工利益，依法维护职工特别是农民工合法权益）建设和“法院+工会”诉调对接机制，排除劳动纠纷1217件。深化公安“放管服”改革，全面放开城镇地域落户限制，推进交通、户籍、出入境等行政管理服务网上办理、一体办理。拓展公益诉讼案件范围，针对安全生产发出检察建议116件。组织英烈设施保护摸排19次。全面推行未成年被害人“一站式”救助工作机制改革，搭建“一站式”救助办案场所11个。积极探索居家和社区养老模式，南昌市被列为全国首批、全省唯一的居家和社区基本养老服务提升行动项目地区。深化教育综合改革，推进智慧教育改革，在全国率先建设城市大脑“学位信息一键查”场景，获首届中国新型智慧城市创新应用大赛一等奖，被教育部在“2021国际人工智能与教育会议”上重点推介。南昌市入选“国家智慧教育示范区”。在全省率先推出普惠型商业健康补充医疗保险“惠昌保”，采取“一站式”理赔结算模式，得到国家医疗保障局专家组充分肯定。推进城市更新工作，统筹“三旧”（旧城镇、旧厂房、旧村庄）综合改造，摸底调查、制订分工方案、出台配套政策等工作完成。至年底，南昌市中心城区“三旧”资源总量约为73.59平方千米，农房货币化政策在青山湖区试点实施。南昌市入选第一批城市更新试点名单。推进既有住宅加装电梯，南昌市部分做法获得住建部和省住建厅肯定。推进市民园长制试点工作。继续深化实施“车辆不限号，交通不拥堵”改革举措，南昌市首次跻身全国交通健康榜前十名，在中部6个省会城市排名第一名。

【生态文明体制改革】 2021年，重点水域禁捕退捕长效机制落地见效，建立覆盖全市的“网格长+网格监督员+网格员（护渔员）”网格化管理体系，“微笑天使”江豚频现赣江扬子洲段。实施中央环保督察典型案例三年整治行动，重要河湖水质明显改善，前湖、乌沙河、艾溪湖流域等水环境治理有序推进，全市国考断面水质优良率90.9%，县级及以上饮用水水源地水质优良率继续保持100%。整治空气污染突出问题，实施麦园垃圾场综合整治，全面升级末端设施，异味扰民问题基本得到解决。空气质量综合指数、优良天数比例、$PM_{2.5}$浓度等指标在中部6个省会城市中持续领先。稳步推进土壤污染防治，受污染耕地安全利用率90%以上。印发《南昌市生态产品价值实现机制重点任务清单》，南昌市被列为江西省生态产品价值实现机制GEP核算试点单位，深入推进湾里管理局生态产品价值实现机制试点。出台《南昌市生活垃圾分类管理条例》，生活垃圾无害化、资源化、减量化分类体系逐步建成，末端设施建设形成较为完善体系。着力推深做实林长制，筑实织牢森林管护全覆盖无盲区、监督管理全过程全方位的“一长两员”（行政村林长和森林资源监管员、专职护林员）森林资源源头管理体系，林长制改革正由“全面建立”向“全面见效”转变。南昌市在全省2020年度林长制工作考核中获得优秀。

【党建体制改革】 2021年，制订出台《南昌市领导干部调训管理办法（试行）》，集中开展换届后各行业、各领域、各部门相关人员培训，实现全市各行业、各领域培训全覆盖。启动“百场校招”活动，举办线下线上活动454场。至年底，兑现奖励补贴超11亿元，人数超7.6万人。创新开展党政储备人才引进工作，在全国20个省（直辖市）、82所高校开展10万名人才来昌留昌和党政储备人才赴校宣讲、面试考核、组织考察等工作。筹划实施“洪城计划”人才工程项目，开展2021年度“洪燕领航”选培工作。落实市委、市政府支持省高层次人才产业园发展“十条支持举措”，加快产业园建设速度，12公顷二期项目正式开工建设。做好人才引培服务保障工作，出台《南昌市高层次人才“绿色通道”引进办法》，一批次引进教育、卫健系统人才15人。制定《关于加强和规范南昌市新时代党的组织生活的意见》，拓展组织生活外延，全方位实施在职党员进社区报到开展志愿服务工作，建立“三联三亮三服务”（“三联”即平安联建、文明联创、防疫联抓；“三亮”即机关党员转变作风亮身份、入企帮扶亮需求、邀请企业亮评分；“三服务”即组建志愿服务队、建立红色服务站、跑出服务加速度）工作机制，推动省、市、县机关企事业单位与驻地社区联建全覆盖。出台《关于探索建立“两新”组织专职党建指导员选拔培养机制的意见》,补齐“两新”组织(新经济组织和新社会组织)党建短板,建立“两新”组织专职党建指导员选拔培养机制。制定出台《南昌市村(社区)固本强基七大提升行动计划》,启动实施村(社区)综合提升行动计划。实施村级集体经济“三年强村计划”,推进强村带弱村,因地制宜推广扶持资源型、服务型、物业型、合作型4个大类20余种发展模式,激发村集体经济的“造血”功能。推进社区活动场所提质攻坚行动,重点解决154个面积不达标、位置不集中、功能不健全的社区活动场所。建设“1+5+X”社区邻里中心264个,打造“15分钟社区党建服务生活圈”。提升村干部待遇,将村级集体经济同村级奖补资金、村干部报酬待遇“双挂钩”,全市村正职报酬待遇提升至所在县区上年度农村居民人均可支配收入2.5倍且不低于5万元。

(林　斌)

组织工作

【概况】　2021年,全市组织工作聚焦“创一流、争先进、作示范”工作目标,对标“彰显省会担当”的更高要求,牢固树立省会的龙头意识、标杆意识,善于创新、敢于争先,勇于作示范、当标杆。坚持政治建部、专业立部、改革强部、担当兴部、作风正部、从严治部,始终把政治要求贯穿于自身建设各方面全过程,谋划工作贯彻政治要求,落实工作压实政治责任,检验工作坚持政治标准。争创新时代组织部门“第一等的工作”。围绕选干部配班子、建队伍聚人才、抓基层打基础工作要求,主动服务全市发展大局,充分发挥组织部门的政治优势、组织优势、干部优势和人才优势,各项工作取得新的进步。组织参加全国“红色印记·党在我心中”短视频展映活动,获一等奖3个、二等奖16个、三等奖13个和组织奖2个。全年,全市组织系统在中央级纸媒上稿45篇(其中《中国组织人事报》纸媒上稿31篇),在中组信息上稿40篇(条),在省组信息上稿83篇(条)。组工信息用稿量创历史新高,全市组工信息和新闻宣传工作综合排名居全省第一方阵。

【基层党建】　2021年,围绕强基固本,推动基层党组织全面进步、全面过硬。推进基层党建“三化”(标准化、规范化、信息化)建设。开展基层党组织“三化”建设验收达标工作,全市1万余个基层党组织完成“六好”(班子建设好、组织设置好、服务队伍好、服务能力好、服务机制好、服务业绩好)创评验收工作。推进社区活动场所提质攻坚行动,高质量完成村(社区)“两委”换届,全市村(社区)书记进一步年轻化,村书记、村主任“一肩挑”(村党组织书记、村民委员会主任和村级集体经济组织、合作经济组织负责人由同一人担任)比例99.22%。以党建引领市域社会治理现代化,推行“红色物业”社区100余个,党群服务中心全面提档升级。

【党员和党组织情况】　至2021年年底,全市党员总数为267194名,比2020年增加12838名。其中,正式党员259078名,占96.96%;预备党员8116名,占3.04%;女党员71696名,占26.83%;少数民族党员1065名,占0.4%。农牧渔民党员64958名,村共有党员66955名。全市现有党组405个。其中,市一级机关69个,县(市、区)一级机关336个。全市现有基层党组织13124个。其中,党委1036个(较上年增加141个),总支部892个,支部11196个。

【发展党员】　2021年,全市共发展党员7696名。其中,发展女党员3029名,占发展党员总数的39.36%;发展少数民族党员30名,占发展党员总数的0.39%;发展35岁以下党员5306名,占发展党员总数的68.94%;发展高中(中专)以上学历党员7139名,占发展党员总数的92.76%;发展工作在企业生产、农村生产、教学科研和机关第一线的党员共7342名,占发展党员总数的95.4%。发展学生党员347名,占发展党员总数的4.51%;新党员中,经过“推优”的1702名,占共青团员发展为党员的100%。

【干部考核】　2021年,组建市、县(区)两级考核机构。市县(区)高质量发展考核工作统一由组织部门负责,畅通市县(区)对接工作机制。周密安排迎接省考,与省直对口部门建立常态化、长效性沟通机制,及时、准确、全面填报各项基础信息、统计数据和指标得分,动态化、滚动式掌握全市各项指标任务进展情况。优化县区高质量发展考核和市直绩效考核,精简优化部分考核内容和考核程序,推进全市考核方案做“减法”。

【干部监督】　2021年11月起,市委组织部与市纪委联合开展基层干部队伍作风整顿专项行动,着力解决基层干部作风建设存在的“漂浮散漫”“推诿扯皮”“干劲不足”等问题。专项行动聚焦新时代作风建设的新内涵、新要求,围绕群众反映强烈的作风问题,重点对照“政治忠诚、解放思想、能力素质、实干担当、为民情怀、政绩观念、工作落实、营商环境、资金管理、形象修养”10个方面查摆问题,压实整治责任。专项行动分问题查摆、集中整顿、巩固提升3个阶段进行,明确“组织一次学习研讨、开展一次民情家访、梳理一张问题清单、制定一套整改措施、办好一批民生实事、召开一次民主(组织)生活会、形成一批正反面典型、健全一批长效机制、每半年开展一次“回头看”“九个一”举措。通过定期通报调度、督查暗访,树立正反两方面典型,防止“一阵风、走过场”,确保整治成效,树立基层党员干部的好形象。

【新任县区领导干部岗前培训】 2021年,为提升换届后领导干部综合能力素质,让新任县区领导干部尽快适应工作岗位,县区换届后组织开展纪委、组织、政法、宣传、统战、应急管理、城市建设、统计工作、财政工作9项新任县区领导干部岗前培训,就党风廉政、干部作风、依法行政、宣传思想、统一战线、社会管理、经济建设等方面内容进行培训,筑牢全市领导干部清正廉洁思想防线,提高履职担当能力,提升思想政治素质,增强党性观念。举办新任县区人大常委会班子成员、政协班子成员岗前培训以及乡村振兴专业培训等4个班次,调训干部1600余人次,取得预期成效。

【市县乡换届工作】 2021年,坚持把党的领导贯穿换届全过程,发挥党组织领导和把关作用,在省委组织部具体指导下,制定市党代会组织工作操作规程,对党代会筹备阶段和实施阶段的请示、代表选举、党代会报告及有关文件起草等各环节任务进行全程纪实。制定市人大会议《组织工作操作规程及全程纪实》,将人大会议组织工作分为7个阶段,每个阶段都有工作任务、操作流程、注意事项及问题检视,工作全过程纪实。加强对市县乡党代会和人大、政协“两会”的指导,各项选举组织工作完成。率先制定出台《中共南昌市委关于加强换届后领导班子建设的意见》。围绕建设最讲党性、最讲政治、最讲忠诚、最讲担当的干部队伍,教育引导各级领导班子和领导干部带头做政治上的“明白人”,提振干部干事创业的精气神,以“打头阵、当先锋、作表率”的雄心壮志坚决扛起省会责任。选优配强市直单位党政正职,拓宽选人用人视野,打破地域限制,从省直单位优选一批综合素质高、专业能力强的优秀干部担任市直单位主要领导,优化市直单位班子年龄、学历和专业结构。

【市管干部日常选拔任用工作流程优化】 2021年,在《党政领导干部选拔任用工作条例》框架内,将日常选拔任用市管干部工作细化为14个步骤、27项工作,涵盖分析研判和动议、民主推荐、开展考察、征求意见、会议研究、干部任免后续工作等各个环节。从严规范选人用人程序,在制度执行上确保规范严谨,推动党管干部、组织选人更加具体化、更具操作性,以制度建设引领提升干部选任工作科学化、规范化。

【政法干部交流轮岗】 2021年,为巩固政法队伍教育整顿成果,加大政法干部交流轮岗力度,防范岗位廉政风险,市委出台政法干部交流轮岗工作意见,对全市政法单位领导干部在同一班子或同一职位任职满8年的,按照跨辖区系统内交流为主、本辖区跨系统交流为辅的原则,进行交流轮岗。全市有348名政法干部纳入交流范围,其中市管干部交流39人、科级干部交流309人。交流工作分2批次进行,第一批于12月前完成,第二批计划在2022年3月底前完成,不断探索健全完善政法干部交流的常态化工作机制,加强政法干部队伍建设。

【借用工作人员清理】 2021年,针对一些地方和单位借用人员偏多,工作量不够饱满,造成人浮于事的问题,全市开展借用工作人员清理工作。按照市委“清要清彻底、管要管到位”要求,本着“严格审批、控制数量、规范管理”原则,制定出台《南昌市机关事业单位借用科级及以下工作人员管理办法》,年底前对全市各单位借用人员进行全面摸底清理,规范管理。至年底,全市清退借用工作人员1075人,其中市直机关859人、市直机关所属单位216人。

【村(社区)“两委”班子结构优化】 2021年,按照村(社区)党组织书记“两升一降”(整体学历明显上升、

2021年4月23日,全市村(社区)“两委”换届选举工作总结大会召开

(市委组织部　供图)

妇女占比明显上升、平均年龄明显下降)要求,村(社区)党组织书记平均年龄比换届前降低5.24岁和4.28岁,村书记、村主任"一肩挑"比例提高到99.22%,社区全面实现"一肩挑"。全市村"两委"班子中致富能手、35岁以下人员、大专以上学历人员比换届前分别增加81.91%、176.49%、59.12%;社区"两委"班子中35岁以下人员占41.11%、大专以上学历人员占72.52%,比换届前分别增加58.66%、35.33%。通过换届,村(社区)"两委"班子结构优化,村(社区)干部队伍综合素质有较大提升。

【基层党建"三化六好"建设】 2021年,坚持每月调度机制,组织开展全市"三化六好"巡看活动,对各县区工作情况现场验收。全年,全市基层党组织"三化"建设验收达标率99%,"六好"创评率96%,标准化、规范化建设基本完成。抓紧基层党建信息化建设,坚持市县一体、同步推进,坚持厉行节约、资源整合,全市基层党建信息化平台建设方案审查通过,信息化建设按照"全省一张网"的要求逐步铺开。

【"双周大讲堂"活动】 2021年,市委组织部、市直机关工委发出《关于开展"双周大讲堂"活动的通知》,在全市各级机关开展"双周大讲堂"活动,教育引导全市机关党员干部练好内功、提升素养,着力打造最讲党性、最讲忠诚、最讲政治的"三最"机关。活动以"强业务、提效能、优服务"为主题,坚持"主要领导带头讲、分管领导示范讲、中层干部必须讲、其他干部积极讲"原则,围绕"干什么""讲什么",突出专业、专长、专题,聚焦政策理论、法律法规、业务知识、工作思路、调研成果等内容,组织开展"双周大讲堂"活动。通过集中授课、专题研讨、技能竞赛、知识测试等方式,引导广大党员干部学习业务、钻研工作,在干中学、学中干。至年底,全市87个市直机关单位的基层党组织开展"双周大讲堂"活动500余场次,1.2万余名机关党员干部参加,学习业务、提升效能、优化服务的良好氛围不断浓厚。

【村(社区)固本强基提升行动计划】 2021年,围绕乡村振兴和基层治理体系建设,聚焦村(社区)干部五年任期任务的完成,制订出台《南昌市村(社区)固本强基七大提升行动计划》,全面开展村(社区)阵地功能、发展活力、治理能力、人居环境、文明实践、基层组织、作风形象等七大提升行动,分地域、分类型探索可复制、可推广经验,力求常态长效、提升综合效益。开展社区活动场所提质攻坚行动,全市社区活动场所相对集中,面积全部达300平方米以上。发展村级集体经济,全市1153个行政村村级集体经营性收入全部超过10万元,经营性收入500万元以上的经济强村73个。

(陈　军)

人才工作

【概况】 2021年,南昌市围绕实现每年吸引10万名人才工作目标,加大力度实施"顶尖领军人才领航计划""人才10条""洪城技师"等人才项目,打造人才平台,为经济社会发展提供强有力的人才智力支撑。全年"百场校招"举办线下线上招聘会454场,兑现奖励补贴超11亿元,奖励补贴人数超7.6万人。至年底,全市专技人才50.45万人,技能人才73万人。全市先后新建市级技能大师工作室5家、市高级技能人才培养示范基地5家。

【人才补贴政策兑现落实】 2021年5月27日,为认真贯彻落实市委、市政府《关于支持大学毕业生和技能人才来昌留昌创业就业的实施意见》(即"人才10条")和市政府办公厅《关于印发南昌市优秀青年人才储备计划实施细则(试行)的通知》(即"人才新政—青才计划")等相关政策,加强领导、压实责任、统一口径、规范操作,市委人才办、市人社局联合印发《关于印发"人才10条""人才新政—青才计划"〈责任清单〉与〈问题解释〉的通知》,明确《2020年南昌"人才10条"政策兑现责任清单》《2018年南昌"人才新政—青才计划"政策兑现责任清单》,提高政治站位,压实主体责任,确保各项政策落实到位。至年底,兑现人才新政生活补贴4802人次,兑现金额3856.8万元;兑现人才新政购房补贴117人次,兑现金额1319.03万元;兑现"洪城引才奖"政策5.93万元。"人才10条"落户奖励申报82167人,已发放给9790人,累计发放979万元;"人才10条"生活补贴申报195516人,已发放给63762人,累计发放105740万元。

【人才来昌留昌创业就业工作】 2021年,围绕"每年吸引10万名大学生和技能人才来昌留昌创业就业"工作目标,制订具体工作方案,明确工作职责任务。坚持以优质岗位吸引优秀人才,全市统筹16万余个就业岗位,由市委常委带队组成11个招才引智工作组,深入省内外高校开展"百场校招"活动。自10月23日在南昌大学启动"百场校招"活动后,至年底,举办线下线上校招活动500余场,意向签约5.9万人次,吸引10283家企业参与线上"云招聘"。建立50亿元人才发展"资金池"和"城市大脑"数据平台,通过对人才业务流程再造,完善数据与人才业务协同机制。南昌"人才10条"政策兑现通过"城市大脑"实现"免批秒兑",中央、省属驻昌单位人才政策“同城同待遇”。至年底,全市兑现奖励补贴超11亿元,人数超7.6万人,一大批青年人才成为“新南昌人”。

【党政储备人才计划】 2021年,为解决全市公务员和事业干部年龄结构断层、总体年龄偏大、年轻干部储备不足的问题,实施党政储备人才计划。着眼于未来10年到20年南昌发展需要,通过给编制、给待遇、给上升通道的方式,计划连续三年面向全国82所重点高校,每年引进1000名党政储备人才。由市委常委任组长带队到全国高校开展宣讲、面试考核、组织考察等工作。全年,报名人数近7000人,其中博士研究生191人、硕士研究生6536人,清华、北大等“985”本科生254人。加大选调生接收力度,争取省委组织部支持。

【人才项目工程】 2021年,围绕南昌经济社会发展需求,推进市级重大人才工程,推动北京大学南昌创新研究院、中山大学南昌研究院、中国信通院江西研究院等科研机构与企业合作。省高层次人才产业园签约落户人才项目82个,正式投产运营项目48个,占地122.67公顷(含水域面积70.67公顷)省级人才主题公园开工建设。积极组织申报国家级、省级重点人才项目工程,全年入选国家级、省级人才计划人选再创新高。其中,国家级人才计划入选人数列全省第一位,创历史最好成绩。

【“顶尖领军人才领航计划”实施】 2021年,市人社局与市委人才办、市工信局联合印发《关于开展2021年南昌市“顶尖领军人才领航计划”申报工作的通知》。“顶尖领军人才领航计划”针对2018年4月28日以后来南昌市创新创业,拥有核心技术或掌握自主知识产权,对南昌市优势主导产业和战略性新兴产业有重大引领推动作用,经评价认定的国内外顶尖人才(A类)、国家级领军人才(B类)、地方级领军人才(C类)给予奖励补贴、购房补贴、项目资助等多项政策支持。经组织开展单位申报、资格审查、现场考察、专家评审、报市委人才工作领导小组审定、公示等程序,确定赣江新区澳博颗粒科技研究院有限公司Aibing YU(余艾冰)等10人为2021年南昌市“顶尖领军人才领航计划”人选,已兑现首次奖励补贴680万元。

【高层次人才绩效评估】 2021年,为规范南昌市高层次人才绩效评估工作,建立顶尖领军人才考核评估、激励和退出机制。市委人才办、市人社局联合印发《南昌市高层次人才绩效评估办法(试行)》(以下简称《办法》)。《办法》明确评估对象为入选南昌市顶尖领军人才领航计划的国内外顶尖人才、国家级领军人才、地方级领军人才。《办法》明确规定评估核心要素、工作程序和结果运用等内容,以业绩、贡献、能力等为核心要素,设立不同的指标分值权重,建立定量评估与定性评估相结合的人才分类评估指标体系。为加强对“顶尖领航计划”入选者培养,采取第三方评估方式,对人才创新创业情况进行评估。至年底,经评估合格后拨付25位顶尖领军人才中期奖励补贴1440万元。

【留学人员创业帮扶】 2021年,为吸纳优秀留学人员来南昌创新创业,促进高新技术产业化,全市对入驻留创园的留学人员企业实行三年内免收房屋租金和物业管理费的帮扶措施。至年底,全市已在红谷滩区、南昌经开区、南昌高新区、南昌小蓝工业园建立江西南昌留学人员创业园,有51位留学人员创办企业入驻留创园创业。其中,红谷滩园区在园企业30家,南昌小蓝园区在园企业3家,南昌高新园区在园企业8家,南昌经开园区在园企业10家,带动就业400余人。2019—2021年,全市拨付留创园房租补贴及物业补贴资金共1114.36万元。

【高层次专技人才选拔评审】 2021年,市人社局组织开展2021年度享受市政府特殊津贴人员选拔工作,确定赵宇、陈金毅等20位人才(专技人才16人、高技能人才4人)为2021年度享受市政府特殊津贴人员。开展江西省高层次高技能领军人才培养工程人选选拔工作。按照省人社厅有关文件精神,开展高层次专技领军人才推荐选拔评审工作,有16名专业技术人才参加申报。经专家评审,南昌市向省人社厅推荐7名专技人才参加评选。

【专家服务活动】 2021年,市人社局走访慰问教育类、卫生类、农业类、文化类、工业建筑类高技能人才等各类高层次专家,送去党和政府的温暖。采取讲党课、大师工作室考察学习等方式,多元化开展专家活动日活动。全年开展专家活动日活动6次。组织全市各行业“双高”人才开展疗养休假活动,全年2批43人参加庐山疗养休假。组织全市享受政府特殊津贴的专家免费体检,受益专家300余人。开展专家“送医送药送科技下乡”活动,为广大群众办实事、办好事。全年开展活动6次,惠及群众1000余人。

【“国聘行动”开展】 2021年5月25日,市人社局组织开展“国聘行动”,市委组织部副部长黄国平、市人社局局长巫滨、南昌高新区党工委副书记陈艳、市人社局二级调研员徐贞科等出席启动仪式。各县区(开发区)人社局负责人和有关企业、人力资源机构代表参加对接会。此次对接会有2家公共就业和人才服务机构、30家经营性人力资源服务机构参加，为172家用人单位提供网络招聘服务，提供招聘岗位数4387个，参加招聘人数6030人，达成初步就业意向人数836人。举办现场招聘会8场，157家用人单位参加，提供招聘岗位数17950个，参加招聘人数7180人，达成初步就业意向人数682人。

【第七届中国(宁波)人力资源服务创新创业大赛获奖】 2021年12月3日，市人社局鼓励支持南昌市本土人力资源机构——江西金手指科技有限公司打造的“村头宝——智慧就业平台”参加第七届中国(宁波)人力资源服务创新创业大赛，最终江西金手指科技有限公司在比赛中获二等奖，这是全市本土培育的机构首次在全国性大赛中获奖。“村头宝”采用“互联网+就业”服务平台模式，以语音通话和短信发送为沟通方式，在求职者寻求到合适职位时，可直接参与企业人视频面试。该设备除招聘、政策解读栏目外，还有技能培训、申领社保卡等便民服务功能。

【职业技能竞赛】 2021年，南昌市启动第七届“洪城杯”职业技能大赛暨江西省第一届职业技能大赛南昌选拔赛工作。大赛依据全省大赛设置比赛项目，实现“一对一”紧盯。结合全市实际情况，组织开展26场竞赛，涉及65个比赛项目，为选拔全市优秀选手组成南昌市参赛队伍、全面备战及承办江西省第一届职业技能大赛打下基础。7月21日至23日，江西省乡村振兴职业技能大赛暨全国乡村振兴职业技能大赛江西选拔赛在赣州市举行，全省12支参赛队200余名参赛选手共同角逐13个比赛项目。市人社局组织21名选手组成南昌代表队，分别参加13个竞赛项目。经过激烈角逐，南昌市代表队获得4金2银的优异成绩，市人社局获优秀组织奖。

【南昌经开区人力资源孵化基地获评省级人力资源孵化基地】 2021年，在产业园南昌高新园区建成省级人力资源服务孵化基地基础上，市人社局积极指导产业园南昌经开区申报省级人力资源服务孵化基地。南昌经开园区人力资源孵化基地获评全省第二家人力资源孵化基地。至年底，全省2家人力资源孵化基地落户南昌。南昌经开区人力资源孵化基地位于中国南昌人力资源服务产业园南昌经开园区。孵化基地以“立足经开，服务、辐射江西，打造中部地区领先、全国知名的人力资源服务孵化基地”为目标，集产业升级、企业服务、企业孵化、创业人才培养四大功能于一体，具有提供人力资源规划、财税筹划、高新技术对接、投融资等特色服务的一站式服务管理体系。至年底，已入驻人力资源小微企业数量20家，在孵小微企业数量12家，毕业企业8家，可为区内企业提供包括各类人才招聘、高级人才引智、职业技能培训、职业指导、人事代理、人才测评、劳务派遣、高层次人才培养、人力资源服务外包、人力资源管理咨询、人力资源信息软件服务等在内的各类人力资源服务。

【“赣才回昌·圆梦家乡”活动】 2021年，受新冠疫情影响，市人社局委托4家项目供应商在线上开展“赣才回昌·圆梦家乡”引才活动，重点向赣籍人才投送信息，吸引人才回流。全市近200家企业报名，提供1000余个工作岗位。4家供应商网站活动点击量累计33.9万余次，简历投递数累计1.3万余份。线下赴武汉市、长沙市、广州市等地开始引才活动，组织校园招聘活动4场，线上直播带岗活动1场，参与企业40余家次，现场面试300余人次。2020—2021年，“赣才回昌·圆梦家乡”项目申报引进人才5572人。

【第三届“洪城工匠”培养选树】 2021年，结合南昌市“推动产业升级，坚持培育壮大数字产业、做优做强新兴产业、改造提升传统产业”目标要求，重点围绕“4+4+X”新型产业体系，经过组织推荐、资格审核、群众投票、第一轮专家(省内专家)评议、第二轮专家(省外专家)评议、实地考察、第三届“洪城工匠”培养选树工作领导小组审定、社会公示、政府公布等环节，评选出万辉等50名技能含量高、绝技绝活特色明显、影响力较大的高技能人才为“洪城工匠”。批准通过的对象，由市政府授予“洪城工匠”称号，颁发证书及奖杯，并按1万元/人的标准，给予一次性奖励。

表3　南昌市第三届“洪城工匠”人选一览表

序号	姓名	工种	类别	工作单位
1	万辉	钳工	工业制造业建筑业类	江西洪都航空工业集团有限责任公司
2	吁明涛	外勤机械工	工业制造业建筑业类	江西洪都航空工业集团有限责任公司
3	曾祥宗	电工	工业制造业建筑业类	江铃汽车股份有限公司

续表3

序号	姓名	工种	类别	工作单位
4	王婷	建筑信息模型技术员	工业制造业建筑业类	江西慧航工程咨询有限公司
5	余飞	钳工	工业制造业建筑业类	江西洪都商用飞机股份有限公司
6	陈国清	计算机程序设计员	工业制造业建筑业类	江西意点创意设计有限公司
7	侯忠平	烟花爆竹制作	工业制造业建筑业类	江西李渡烟花集团有限公司
8	汪学军	化工检修焊工	工业制造业建筑业类	江西恒大高新技术股份有限公司
9	万勇锋	钳工	工业制造业建筑业类	泰豪科技股份有限公司
10	刘运	飞机钣金工	工业制造业建筑业类	江西洪都航空工业集团有限责任公司
11	李剑	设备维修工	工业制造业建筑业类	江西中烟工业有限责任公司南昌卷烟厂
12	熊直	变压器互感器制造工	工业制造业建筑业类	江西变压器科技股份有限公司
13	杨准正	钳工	工业制造业建筑业类	江铃汽车股份有限公司
14	殷欢	数控机床装调维修工	工业制造业建筑业类	江西省机电技师学院
15	姚志勇	装配式建筑施工员	工业制造业建筑业类	丰和营造集团股份有限公司
16	涂伟	电焊工	工业制造业建筑业类	方大特钢科技股份有限公司
17	后方	工艺品雕刻工	传统工艺绝技绝活类	江西大铁微雕艺术馆
18	夏力	保健按摩师	传统工艺绝技绝活类	御按堂
19	赵建新	陶瓷工艺品彩绘师	传统工艺绝技绝活类	南昌瓷板画研究中心
20	周建华	手绣工	传统工艺绝技绝活类	南昌市东湖区江南绣业
21	周维	工艺品雕刻工	传统工艺绝技绝活类	进贤县周信兴精微艺术馆
22	熊传发	传统技艺	传统工艺绝技绝活类	自由职业
23	熊雅琼	茶艺师	传统工艺绝技绝活类	自由职业
24	许骏	工艺品雕刻工	传统工艺绝技绝活类	青山湖区非物质文化遗产研究中心
25	徐华荣	毛笔制作工	传统工艺绝技绝活类	进贤县文港镇文鹤轩笔庄
26	黄雪军	传统技艺	传统工艺绝技绝活类	江西大地文化旅游有限公司
27	张维国	印泥制作工	传统工艺绝技绝活类	南昌市双维书画用品有限公司
28	涂莽	保健按摩师	传统工艺绝技绝活类	南昌市东湖区涂专业调颈椎
29	顾志鹏	刺绣	传统工艺绝技绝活类	江西玉玺文化产业发展有限公司
30	黄晟	古建筑修复工	传统工艺绝技绝活类	江西省工艺美术学会
31	冯义华	中式烹调师	交通通信商业服务业类	新建区新都宾馆
32	颜佳华	中药炮制工	交通通信商业服务业类	江西古汉职业技能培训学校
33	杨文浩	安装维修工	交通通信商业服务业类	中国电信股份有限公司南昌分公司
34	罗从仁	美发师	交通通信商业服务业类	南昌市西湖区京宇美容美发职业技能培训学校有限公司
35	刘智良	钞券检封员	交通通信商业服务业类	南昌印钞有限公司
36	黄卫星	中式烹调师	交通通信商业服务业类	南昌市北味时鲜楼餐饮有限公司
37	刘晨	货车检车员	交通通信商业服务业类	中国铁路南昌局集团有限公司南昌南车辆段
38	周细憨	酿酒师	交通通信商业服务业类	南昌丁坊酒业有限公司
39	周明	广电和通信设备调试工	交通通信商业服务业类	北方联创通信有限公司
40	胡少伟	品酒师	交通通信商业服务业类	江西李渡酒业集团有限公司
41	吴贤明	中式烹调师	交通通信商业服务业类	南昌市西湖区寻鲜居酒楼
42	唐太财	数控车工	文教卫体公用事业类	江西机电职业技术学院
43	刘妃艳	VR 技术人员	文教卫体公用事业类	南昌工学院
44	胡丹丹	电工	文教卫体公用事业类	江西机电职业技术学院
45	郭晓强	服装设计定制工	文教卫体公用事业类	江西服装学院
46	郑毅龙	艺术品鉴定	文教卫体公用事业类	南昌林泉文化传媒有限公司

续表3

序号	姓名	工种	类别	工作单位
47	罗德华	加工中心操作调整工	文教卫体公用事业类	核工业南昌高级技工学校
48	胡秀武	针灸师	文教卫体公用事业类	洪都中医院
49	万义军	水利水电工程	农林牧渔水利业类	南昌县幽兰镇农业农村办公室
50	何幼军	家禽饲养员	农林牧渔水利业类	江西天韵农业开发股份有限公司

（资料来源：市人社局）

【多元化技能人才评价】 2021年，市人社局开展准入类焊工职业考核鉴定工作，全市考核鉴定35人次。指导江铃汽车集团有限公司、南昌轨道交通集团有限公司、江西煌上煌集团食品股份有限公司、江西南昌公共交通运输集团有限责任公司开展等级认定工作，发放职业技能等级证书1834本。3月和6月，分2批次向省人社厅推荐23家机构遴选社会培训评价组织。按照《专项职业能力考核规范编写要求》，组织专家编制考核规范，设置考核项目。全市设置56个专项职业能力考点，涉及39个专项工种，并向社会公布。至年底，发放专项职业能力证书2299本。

【技工（培训）学校服务管理规范】 2021年，市人社局不断优化服务，规范管理助推技工学校发展。开展“迎建党百年华诞，展技校时代风采”主题活动、技工学校特色教学成果展览、“迎七一·颂党恩”主题海报设计赛、“百年恰是风华正茂”演讲比赛等特色校园活动，举办南昌市第三届技工学校校园文化节暨技能人才培育成果展。开展技工学校特色专业建设，引导学校顺应产业发展需求，结合自身办学特色，逐渐形成南昌技工学校“一校一特色”新格局。通过专家评审，评选出5个特色专业。做好民办职业培训学校年度评估工作，对部分民办职业培训学校进行实地抽查，下发年度评估通报，规范民办职业培训学校办学行为。经过评估整改，全市民办职业培训学校合格210家、撤销7家、注销5家。

（李　玢）

宣传工作

【概况】 2021年，全市宣传思想文化工作以率先“作示范、勇争先”的省会担当，聚焦举旗帜、聚民心、育新人、兴文化、展形象的使命任务，凝心聚力、真抓实干，推动全市宣传思想工作取得新成绩、实现新突破。围绕党史学习教育，牵头组建市委党史学习教育领导小组办公室，推动学习教育有序开展。突出庆祝中国共产党成立100周年这一主题，统筹推进全市庆祝建党百年各项重大活动，营造浓厚氛围。注重点面结合，组织开展理论学习宣讲、研讨和主题活动，推动全市党员干部理论学习学深学透学牢。强化舆论引导和宣传，唱响主旋律，培育和践行社会主义核心价值观，为奋力开创南昌高质量跨越式发展提供坚强思想舆论保证和强大精神文化力量。

【理论宣传】 2021年，围绕学习习近平总书记在党史学习教育动员大会和总结大会、“七一”和党的十九届六中全会上的重要讲话精神，组织开展多种形式的中心组专题学习研讨、红色走读、集中宣讲和群众性主题教育等活动，在突出重点中实现全面覆盖。市委理论学习中心组开展集中学习研讨21次，示范带动全市中心组学习向纵深发展。组建3100余支各类宣讲队伍，依托新时代文明实践中心、爱国主义教育基地等基层阵地，开展基层宣讲活动5万余场，受众32余万人次，让党的创新理论“飞入寻常百姓家”。中央宣讲团成员到南昌八一起义纪念馆，与南昌市红色宣讲员、基层党员干部、高校师生互动交流，畅叙学习党的十九届六中全会精神心得体会，得到中央媒体集中关注。做好全市经济社会发展重大课题研究、上报工作，《高质量建设南昌向塘国际陆港（物流港）的构想与建议》得到省领导批示。

【新闻宣传】 2021年，南昌宣传思想战线围绕中心、服务大局，统筹线上线下、内宣外宣、前方后方，唱响南昌好声音，中央、省级主要媒体登载南昌重点稿件4200余篇（条）。其中，中央6家主要媒体采用909篇（条），省级主要媒体采用3300余篇（条），登载《南昌人要自信》《南昌人要发奋》《南昌人要齐心》3篇“南仲平”重要评论文章，推动南昌经济社会新一轮发展。举办新闻发布会115场，完成全市12家县级融媒体中心建设和市级融媒体专班组建，形成市县两级平台上下联动、共同发声的融媒体矩阵。全年，全市462篇稿件、4个专题、1组专项答题被中宣部“学习强国”平台采用，居全省首位。常态化开展打击新闻敲诈和假新闻专项行动，率先在全省出台网络安全审查办法，组建南昌市网络安全和信息化专家库，建立网信、公安、国安、大数据等多部门联合监测、联合检查、联合处置的网络安全协同联动机制，在工作中形成“一盘棋”局面。

【文旅宣传】 2021年，持续推进文化事业产业繁荣发展，深入推进文化体制创新改革，修订《南昌市非国有博物馆扶持办法》，制订《南昌市文化体制改革专项小组2021年工作计划》，扎实推进吴齐美术馆建设，优化提升梁书美术馆、红色记忆展示馆展陈运营，启动黄本贵美术馆等名人场馆建设，持续完善“公办民助”文化场馆建设运营模式。重点文化产业项目精彩呈现，《寻梦滕王阁》大型沉浸式实景演出元旦公演，万寿宫历史文化街区运营，南昌军事装备展示中心轻武器馆对外开放，南昌汉代海昏侯国遗址公园、八大山人梅湖景区被认定为国家AAAA级旅游景区，南昌交响乐团举行挂牌仪式并举办首秀演出。建成莲花书屋、抱朴书屋、尚书阁等10家精品图书馆并免费开放，创建社区邻里中心文体中心150个、村（社区）综合性文化服务中心1993个。推动非遗传承与保护工作创新发展，新增2个国家级非遗项目、3个江西省非遗传播基地；举办首届南昌非遗美食节；联合北京大学举办“2021年滕王阁金秋诗会”，提升“滕王阁”品牌影响力和南昌城市美誉度。不断壮大文化旅游产业，出台《促进全市文旅产业经济高质量发展的若干政策措施》《南昌市重点文化企业认定管理暂行办法》等政策。持续推进“文企贷”试点，共为24家中小文化企业申请贷款1.44亿元，推荐滕王阁景区AAAA级升AAAAA级提升改扩建工程等5个项目获得省文化产业扶持资金260万元，为企业解决融资难题。狠抓文旅品牌创建，红谷滩区、青山湖区被评为江西省文化产业重点县区，万寿宫历史文化街区、原城纪·南昌特色历史文化街区被评为省级特色文化街区，安义古村群景区等5家单位获评省文化和旅游产业融合发展示范区，中至数据等5家企业被评为省文化企业20强，联创宏声、南昌广电公司被评为省文化企业20强提名企业。启动创建省文化和旅游融合发展示范区、省夜间文旅消费集聚区、省工业旅游示范基地、省文化产业示范基地，做大做优南昌市文旅产业发展格局。

【城市宣传】 2021年，“物华天宝，人杰地灵，天下英雄城——南昌”城市宣传口号正式公布，由“八一”“滕王阁”元素构成的城市形象标识“飞阁流丹”及3枚主题胸徽亮相，全新的南昌城市宣传片同期推出，成为宣传南昌、推介南昌的重要标志。南昌城市形象标识和城市宣传口号遴选工作9月启动。其间，市委宣传部和市文广新旅局召集文化界知名学者、艺术家及文化创意团队进行多轮研讨座谈，对南昌城市形象定位和发展框架进行系统研究，学习国内其他大城市先进设计理念，确定以“八一南昌起义”和“江南名楼滕王阁”为两大文化元素进行设计。南昌城市形象标识、城市宣传口号用于招商引资、文旅宣传等领域，在公共交通要道、城市公共交通以及交通场站等窗口集中展示。南昌以城市品牌形象推广为重点，立足大宣传，树立大视野，打造大产业，形成大品牌，助力南昌市高质量发展加速前进。

【党史学习教育宣传】 2021年，牵头组建市委党史学习教育领导小组办公室，推进党史学习教育有序开展。组建9个巡回指导组，深入98个单位进行全覆盖督导。充分激活用好南昌丰厚的红色资源，推出“英雄城·红色城”旅游线路，打造沉浸式情景剧《那年八一》，用红色记忆教育引导干部群众坚定理想信念、铸牢初心使命。探索用好八一红色资源的经验做法，得到中央党史学习教育简报重点关注并单篇推广。面向全市征集研究和阐释党史的论文49篇，召开南昌市庆祝中国共产党成立100周年理论研讨会，形成一批党史研究理论成果。在《南昌日报》理论版开辟《党史学习教育》专栏，刊发各县区、市直各单位负责人学习贯彻体会文章。在“学习强国”平台首页专题推出《学习百年党史，感悟八一精神》系列理论文章，阅读总量超过400万次。

【庆祝建党百年宣传】 2021年，聚焦建党百年主题，统筹推进全市庆祝建党百年重大活动，以市委名义印发总体方案，成立领导小组，列出13项主要安排和37项重点活动。完成“七一勋章”和“两优一先”评选推荐，举行“关爱革命英烈后代”活动。推出一批建党百年献礼作品，举办一系列高水平、高规格主题展览。在全市广泛开展“唱支山歌给党听”群众歌咏活动。在市属媒体及新媒体平台的重要版面、重要位置开设《奋斗百年路 启航新征程》《学党史 悟思想 办实事 开新局》等20余个专题专栏，推出稿件3300余篇（条），在中央、省级主要媒体刊发相关稿件2000篇（条），各县级融媒体中心共播发相关稿件近16000篇（条），开设官方微博“建党百年冷知识”“百年故事”等原创话题，总阅读量超过1500万次，累计投放电子类宣传品共1.9万余块，安装实体类宣传品9000余个，组织开展大型户外形象宣传，营造浓厚氛围。

【文明常态长效创建】 2021年，巩固和扩大全国文明城市创建成果，制定完善《2021年南昌市创建指挥调度工作机制（试行）》《2021年南昌市创建指挥调度考核办法（试行）》等制度机制，初步构建南昌市文明创建新的指挥体系和工作机制。市领导先后

60余次到挂点街道检查督办、巡查调度,现场协调解决创建难题。推进“创建为民系列行动”,开展“乱扔垃圾”“车窗抛物”“不礼让斑马线”集中整治活动,纠治不文明行为。根据测评体系变化情况,将空中管线整治、无障碍环境建设、文明交通治理、不文明养犬整治纳入创建重点工作。全域推进新时代文明实践中心建设,挂牌成立市新时代文明实践促进中心,落实各县区新时代文明实践中心机构设置和人员编制,建设完成新时代文明实践中心(所、站)2015个,基本实现全覆盖。组织广大志愿者开展文明实践活动,推动全市新时代文明实践。

【爱国主义和革命传统教育基地建设】 2021年,推动红色场馆改造升级,推进南昌新四军军部旧址陈列馆陈展提升项目。拓展爱国主义教育阵地,参与红色名村评选,打造市级红色名村8个,其中南昌县莲塘镇斗门村等3个村入选省级红色名村。推动红色文艺精品创作,推出电影《邓小平小道》、采茶戏《兰妹子》、歌曲《共产党为人民百年千年万年》等作品。加强纪念设施管理,开展革命旧址和纪念设施排查清理整治,充分挖掘全市爱国主义教育资源,进一步拓展爱国主义教育阵地覆盖面。做好“最美”人物、道德模范、学雷锋标兵、新时代好少年等评选推荐工作。南昌市万佐成、熊庚香夫妇被授予第八届“全国道德模范”称号,杨辉利等4人被授予第七届“全省道德模范”称号,8人被评为“中国好人”,14人被评为“江西好人”,评选第七届“南昌市道德模范”24人。刘伟平获评江西省岗位学雷锋标兵。在全市遴选产生31名2021年度南昌市“新时代好少年”,南昌市推选的付哲豪被中央文明办等五部门评为2021年度全国“新时代好少年”(江西省唯一获奖者),刘琰、张艺频、黄伊卉3位市级“新时代好少年”获评2021年度江西省“新时代好少年”。组织开展以“全见好人面对面”活动为主题的道德模范和身边好人事迹下基层活动57场,全市社会主义核心价值观建设进一步深化。

(张　翔)

统一战线工作

【概况】 2021年,中共南昌市委统一战线工作部(以下简称市委统战部)以凝聚人心、服务大局为根本任务,积极主动作为、扎实履职尽责,较好完成各项工作任务,统一战线在新时代的作用进一步彰显,为南昌“十四五”开局、率先“作示范、勇争先”作出应有贡献。在年度全省统战工作高质量发展综合绩效考核评价中,南昌市名列设区市第一名,实现四连冠。2篇文章分别获得全省统战理论创新一等奖、二等奖,2项工作获全省统战工作实践创新成果奖。宣传信息工作获得全省第一名成绩,被评为宣传信息工作先进单位。

【党对统战工作的领导】 2021年,市委常委会研究统战工作10次,市委主要领导对统战工作作出批示6次。推动将学习宣传贯彻《中国共产党统一战线工作条例》情况纳入市委2021年度重点督查计划,统战工作纳入全市高质量发展考核和党建工作考核,纳入监督执纪问责和巡察范围,压紧压实各级党委(党组)统战工作主体责任。全年组织召开市委统战工作领导小组会议2次、南昌市民族宗教工作领导小组会议3次。制定民营经济统战、海外统战工作协作机制和新时代党外知识分子思想政治工作及无党派代表人士队伍建设的若干措施等文件,明确任务和责任,推动市县两级共同发力,形成紧密协作、高效配合的统战工作合力。

【共同思想政治基础建设】 2021年,围绕学习贯彻习近平总书记重要讲话精神和指示批示精神、党的十九届六中全会精神、省第十五次党代会精神和市第十二次党代会精神等,召开党外人士学习宣讲会、座谈会、情况通报会、辅导报告会等。做好市委常委与各民主党派、工商联、知联会对口联系,市委领导分别对接服务新的社会阶层人士。开展“同心共庆百年华诞,携手共筑中国梦”庆祝中国共产党成立100周年系列活动,指导各民主党派、知联会、新联会等统战团体开展各类主题教育活动50余场次。打造西山万寿宫红色驿站、市基督教爱国史迹与传承文化展示馆2处省级宗教界爱国主义教育基地。引导全市广大统一战线成员深刻领悟“两个确立”的决定性意义,不断增强“四个意识”、坚定“四个自信”、做到“两个维护”。

【民营经济统战】 2021年,支持市非公维权服务中心做好民营企业合法权益保障工作。支持工商联加强商会建设,在工商联所属商会党组织建立统战工作联络员制度,培育一批“四好”(班子建设好、团结教育好、服务发展好、自律规范好)商会。开展“转作风、优环境”社会监督工作,建立99个营商环境监测点、聘请99名监督员,收集解决一批意见诉求,推动南昌市营商环境持续优化。充分发挥工商联和商会资源优势,支持引导市工商联加强与外埠商会的联系交流,举办南昌市“三请三回”推介会暨厦门市南昌商会第四届第一次会员大会、广州知名民营企业家南昌行、福建民营企业南昌商务考察等活动。市县两级统战系统各单位联系引进70余个项目落户南昌,签约金额近1000亿元。

【民族宗教服务管理】 2021年,完成南昌市少数民族联谊会换届,成立南昌市民族团结进步协会。与甘肃省、新疆维吾尔自治区的3个地市签订少数民族流动人口双向服务管理协议。在全市建立18家少数民族流动人口联系服务站、12家涉疆联系服务站。协调解决436名少数民族流动人口中的适龄儿童入学问题。举办新任基层民族宗教工作干部培训班，组织开展宗教界法治宣传教育工作，开办培训班18场次，1100余名宗教教职人员参加培训。贯彻落实《宗教教职人员管理办法》，开展宗教教职人员信息化管理、备案和注销备案等工作，进一步规范宗教教职人员管理。

【党外知识分子、新的社会阶层人士统战】 2021年，组织成立南昌市欧美同学会（南昌市留学人员联谊会）、市新联会网络人士分会，发挥留学人员与网络人士专业才能作用。指导和推动“党外知识分子之家”、新的社会阶层人士实践创新基地建设，实现县区全覆盖。深化基层统战联谊组织改革试点，在南昌高新区成立集知联会、新联会、留联会功能于一体的同心联谊会，有效整合基层统战资源，拓展统战工作载体。

【港澳台同胞联谊交流】 2021年，组织在南昌的港澳代表人士开展“弘扬宪法精神，增强国家意识”国家宪法日活动。联系指导香港南昌联谊会组织南昌籍港人开展“疫境·乡情”关爱家访、“浓浓家乡情，礼包赠乡亲”贺中秋迎国庆等8项活动。开展第四届洪港澳青少年网上夏令营，吸引三地青年广泛参与，线上点击量达到36万次，不断增强港澳同胞的国家意识和爱国精神。组织第八届“海峡两岸（南昌）青年学生交流营”活动，增进台胞台属对祖国的政治认同和情感认同。

【社会民生服务】 2021年，引导各民主党派、知联会、新联会开展社会服务活动80余次，深入乡村、社区，为基层群众送医疗、教育咨询、法律等服务，向困难群众捐款捐物，服务群众6000余人次。民盟市委会、民进市委会、民革进贤小组被所属党派中央评为“脱贫攻坚工作先进集体”。联系协助澳门佛教慈善会，向南昌市SOS儿童村捐赠善款10万元。启动全市“万企兴万村”行动，引导民营企业和商会投身乡村振兴事业。

【侨胞侨企服务】 2021年10月21日，本着自愿、平等、互利、诚信原则，南昌“侨梦苑”与全国各地16家“侨梦苑”在济南市签署成立全国“侨梦苑”高质量发展合作联盟。全国“侨梦苑”高质量发展合作联盟建立旨在促进全国各地“侨梦苑”间资源共享、互利共赢，团结、动员和依靠联盟成员交流、探讨工作创新举措与成功经验，建立多方位、多层次的合作，共同建立长期稳定、优势互补的战略联盟合作关系，构建大统战、大侨务工作格局。开展“侨企服务年”回头看、“侨企服务月”活动，建立7家单位与35家重点侨企挂点联系走访机制，帮助侨企纾困解难。

【党派阵地和组织建设】 2021年，整合阵地资源，高标准支持各民主党派加强“党派之家”建设，协助各民主党派结合自身特点、服务职能，打造功能特色鲜明、作用发挥充分的“党派之家”39个，成为各民主党派基层组织的学习阵地、活动阵地、服务阵地，切实增强民主党派成员归属感。南昌县、进贤县“民革党员之家”被民革中央评为“优秀民革党员之家”。全年，各民主党派获国家级和省级荣誉10余项，民革青山湖总支被评为“民革全国组织工作先进集体”。

【党外代表人士培养使用】 2021年，持续加强对党外干部规划指导，在县区换届中，19名正科级党外干部被提拔为副县级领导干部，16名副县级党外领导干部进行交流使用。县区人大、政府、政协党外班子成员配备全部达到《中国共产党统一战线工作条例》要求，实现年龄结构优化，平均年龄下降4.1岁，学历结构优化，研究生学历人员占比提高11%。制订2021年度全市统一战线教育培训计划，建立教育资源库，采集45门教育培训课程，为统战系统教育培训工作储备优秀师资和课程资源。举办新一届市各民主党派、工商联、党外知识分子领导班子培训班，市工商联新一届常委素质提升研修班，市民族宗教政策法规培训班，党外知识分子、归国留学人员素质提升班，新的社会阶层代表人士和网络代表人士培训班，全市党外科级干部第4期政治理论培训班等。与省委统战部在南昌市共建江西省党外干部实践锻炼基地，加强党外干部培养锻炼，提升党外代表人士政治素养和能力素质。

【南昌市党外知识分子联谊会】 2021年，南昌市党外知识分子联谊会深入开展“学党史、跟党走”主题教育，按照“强引领、搭平台、亮品牌、建制度、抓队伍”的总体工作思路，在议政建言、团结联谊、社会服务等方面精准发力。持续开展“不忘合作初心，继续携手前进”“弘扬爱国奋斗精神，建功立业新时代”等主题教育，进行爱国、爱党、爱社会主义教育。在全省率先系统打造“有广度、有温度、有亮度”的“三有”“党外知识分子之家”，搭建“三有”之家平台。相关工作经验得到省委统战部高度肯定，荣获全省统战工作实践创新成果奖。开展“党委出题、党派调研、政府采纳、部门落实”专题调研活动，在广泛征集选题基础上，围绕探索市域社会治理现代化开展调研。在东湖区“党外知识分子之家”，组织开展市党外知识分子第六期风采沙龙活动，邀请市知联会原理事、副教授陈方力围绕百年党史和习近平总书记“七一”

讲话精神作专题辅导。加强市知联会建设，完善管理制度，创新管理模式，激发组织活力。注重在实践中培养干部，壮大代表人士队伍。全年，推荐市知联会会员担任市人大代表 8 名、市政协委员 16 名，县（区）人大代表 9 名、县（区）政协委员 76 名。

（周雨函　严　祺）

机构编制

【概况】　2021 年，中共南昌市委机构编制委员会办公室（以下简称市委编办）认真贯彻落实中央和省、市有关机构编制工作各项方针政策和决策部署，紧贴全市改革发展稳定大局，致力发挥机构编制在促进经济社会发展、彰显省会担当中的保障作用，扎实推进深化事业单位改革试点、重点领域体制机制改革创新、优化党政机构职能体系等工作，进一步管好用活机构编制资源，全市机构编制工作再上新台阶。

【事业单位改革试点工作】　2021 年，认真贯彻落实《中共江西省委机构编制委员会关于南昌市深化事业单位改革试点工作方案的批复》精神，扎实推进全市深化事业单位改革试点工作。1 月 19 日，市委办公室、市政府办公室（以下简称市两办）印发《南昌市深化事业单位改革试点实施方案》。1 月 21 日，召开全市深化事业单位改革试点工作动员部署会，省委常委、市委书记吴晓军出席会议并作动员讲话。市委编办在研究提出市直涉改事业单位机构编制事项审核“十四条原则”的基础上，按原则逐一研究提出 171 家市直涉改事业单位的机构编制调整意见，经市深化事业单位改革试点工作领导小组和市委机构编制委员会（以下简称市委编委）审定后，以市委编委名义批复市直各涉改事业单位改革有关事项。3 月 2 日、10 日和 7 月 10 日、12 日，分批印发市规划国土发展研究中心、八一干部学院等 9 个新组建的市委、市政府直属事业单位和派出机构的职能配置、内设机构和人员编制规定（以下简称“三定”规定），以及市财政公共服务中心等 26 个市直部门所属涉改县级事业单位的机构职能编制规定。5 月 12 日，市委编委印发《关于加快推进深化事业单位改革试点工作的通知》，要求加快推进深化事业单位改革试点工作，并明确各项工作的具体要求和完成时限。5 月 17 日，召开市深化事业单位改革试点工作领导小组会议，审议《南昌市市直深化事业单位改革机构调整实施意见》。5 月 18 日，召开全市深化事业单位改革试点工作推进会，印发《南昌市市直深化事业单位改革机构调整实施意见》，对加快推进全市深化事业单位改革试点工作进行再部署、再推进。改革试点工作中，市委编办充分发挥牵头抓总作用，统筹协调推进改革试点各项工作，衔接做好涉改事业单位法人登记管理；组织、人社、财政等部门和各涉改事业单位主管部门各司其职、各负其责，有序做好市直涉改事业单位领导班子配备、挂牌组建、人员转隶、资产处置、岗位设置调整、社会保障衔接、经费保障方式调整等工作。加强对县区深化事业单位改革试点工作的督促指导，区分大、中、小县（区），明确科级事业机构限额，按程序审核、批复各县（区、开发区、湾里管理局）深化事业单位改革试点工作方案，跟踪督导县区改革试点工作进展情况，确保市县两级改革按时同步完成。改革后，党对事业单位的全面领导得到加强，事业单位结构布局更加优化，公益属性更加突出，机构总量大幅精简，制度机制健全完善，改革预期目标基本实现。市本级纳入改革范围的事业单位总数由 365 个精简至 171 个，精简 53.2%。其中，涉改县级机构由 84 个精简至 68 个，精简 19%。县区纳入改革范围的事业单位由 1309 个精简至 679 个，精简 48%。精简收回事业编制 820 个。11 月 17—18 日，省委编办深化事业单位改革试点工作调研评估组到南昌市调研评估，充分肯定南昌市深化事业单位改革试点工作成效，就有关问题进行反馈。至年底，反馈问题基本整改到位。

2021 年 1 月 21 日，全市深化事业单位改革试点工作动员部署会召开

（市委编办　供图）

【重点领域体制机制改革】 2021年,继续深入推进重点领域的体制机制改革。按照《市委办公室、市政府办公室关于新建区乐化镇和樵舍镇委托经开区管理的通知》要求,及时做好委托管理涉及的机构编制工作,4月1日,以市委编委名义印发《关于乐化镇、樵舍镇机构编制及人员划转的通知》,指导新建区、经开区做好2个镇的机构编制调整和人员划转等工作。积极谋划推进开发区管理机构清理规范工作,对市县两级19个开发区管理机构设置、人员编制、运行状况、存在问题进行调研摸底,研究草拟《关于规范开发区管理机构促进开发区创新发展的实施方案》,待省委编办审批。认真贯彻落实《省委编办关于解决市县政协"两个薄弱"问题的通知》精神,12月30日,市委编委印发《关于调整政协南昌市委员会机关有关机构编制事项的通知》《关于市四大家不再提名的厅级领导和转任一级巡视员、二级巡视员的厅级领导编制管理的通知》,调整优化市政协专门委员会设置,将市人大、市政协不再提名的厅级领导纳入机动编制人员进行管理,切实解决市人大、市政协不再提名的厅级领导挤占一般工作人员编制,以及人大、政协机关超编问题。同日,市委编委印发《关于市纪委市监委有关机构编制事项的批复》,调整市纪委市监委派驻(出)机构设置。

【部分党政机构职能调整优化】 2021年,深入做好机构改革"后半篇文章",优化机构设置,理顺管理职责,党政机构设置更加精简统一、机构运行更加协同高效。认真贯彻落实《省委办公厅、省政府办公厅关于调整扶贫工作机构设置的通知》精神,及时做好市县扶贫工作机构调整工作,6月17日,以市两办名义印发《关于调整市县扶贫工作机构设置的通知》,将市扶贫办公室重组为市乡村振兴局。结合深化事业单位改革试点,做好市机关事务管理局转为行政机构、市文明办并入市委宣传部等机构编制调整工作。7月5日和7日,以市两办名义分别印发南昌市机关事务管理局和南昌市委宣传部"三定"规定。按照市委部署要求,调整优化部分机构设置,市委编办在深入调研、充分论证的基础上,研究提出整合组建市政务服务数据管理局、市住房和城乡建设局,重新组建市商务局,设立市中小企业服务局,市城市管理局、市自然资源局、市重点工程管理办公室更名,经11月4日召开的市委编委2021年第一次会议审议后,报省委编委审批。11月22日和27日,省委编办先后批复,同意整合组建市住房和城乡建设局、市政务服务数据管理局、市中小企业服务局以及市城市管理局、市自然资源局、市重点工程管理办公室更名等事项。根据12月1日召开的十二届市委第10次常委会会议精神,12月2日,以市两办名义印发《关于调整市城市管理局、市工业和信息化局、市自然资源局、市农业农村局、市发展和改革委员会、市重点工程管理办公室机构编制事项的通知》《关于印发〈市政务服务数据管理局职能配置、内设机构和人员编制规定〉等四个市政府工作部门"三定"规定的通知》。12月3日,市委编委印发《南昌市住房和城乡建设综合服务中心机构职能编制规定》《关于调整市大数据中心、江西省南昌公共资源交易中心机构编制事项的通知》。12月8日,市委常委、组织部部长余正琨主持召开部分机构调整工作调度会,安排布置机构挂牌、人员转隶、班子配备和调整、办公场所调整、资产经费划转和移交、县区机构调整等工作。统筹推进县区部分机构调整工作,12月14日,市委编委对9个县区部分机构设立、调整事项进行批复,对相关机构组建、挂牌运行、人员转隶等工作提出时限要求。至年底,市本级部分机构和职能调整工作全面完成,9个县区正在有序推进。按照"一类事项由一个部门负责"原则,12月30日,市委编委印发《关于调整考核工作职责及相关机构编制事项的通知》《关于调整涉水管理职责及相关机构编制事项的通知》《关于县区比照市直单位理顺涉水管理体制的通知》,调整市考核职责和市直涉水管理体制,并要求相关县区比照市直单位理顺涉水管理体制。至年底,市本级完成考核工作职责和涉水管理体制调整涉及的机构编制调整工作,各相关县区跟进推进。

【机构编制管理】 2021年,贯彻落实《中国共产党机构编制工作条例》,做好机构编制规范化管理相关工作。5月19日,印发《关于对市本级和县区部分党政机构超核的内设机构及其领导职数进行整改的通知》,撤并市直党政机构中因编制达不到标准要求的3个内设机构,核销3名正科级、61名副科级领导职数,要求县区的党政机构内设机构超核数限期核销到位。8月28日,印发《南昌市机构编制管理评估工作实施意见》,明确开展机构编制评估工作的主要目的、对象、主体、评估类型、指标和程序等事项。认真贯彻落实《省委编委关于印发〈第二次全省机构编制核查实施方案〉的通知》精神,扎实开展为期5个月的机构编制核查工作,核实完善全市674个行政机构、1880个事业单位的机构编制,以及96870名实有人员的基本信息。贯彻落实《省委组织部、省委编办关于规范县处级及以下事业单位领导职数管理的意见》,按标准核定新设和重新组建事业单位领导职数,做好保留事业单位领导职数的规范调整和县处级领导职数上报备案工作。同时，加强事业单位改革试点后县区科级领导职数的备案管理工作。至年底，9个县区和3个开发区（管理局）的事业单位科级领导职数全部完成备案。

【机构编制资源配置优化】 2021年，按照“严控总量、统筹使用、有减有增、动态平衡、保证重点、服务发展”原则，强化动态管理，着力破解机构编制结构性供需矛盾，优化机构编制资源配置。1月16日，印发《关于核增我市援鄂编外医务人员定向招聘专项编制的批复》，核增市属部分医院编制30名，用于定向招聘援鄂编外医务防疫人员。结合深化事业单位改革，推进机构编制资源优化配置，将改革收回编制的62%用于南昌市城市发展研究院等新组建事业单位以及市社会保险事业服务中心等民生保障、职能强化、任务较重、面向社会提供公益服务的事业单位，提高编制使用效益。着眼于市属高校可持续发展，7月28日，印发《关于核定豫章师范学院备案编制的通知》，在豫章师范学院实行编制备案制管理，核定其备案制编制806名，其中新增备案制编制184名。按照省委编办、省财政厅、省教育厅《关于做好2021年全省中小学教职工编制动态调整工作的通知》精神，对市县中小学教职工编制进行调整。9月28日，印发《关于调整市本级中小学教职工编制的通知》《关于调整全市中小学教职工编制的通知》，新增全市中小学教职工编制1513名。积极服务创新发展战略，12月30日，印发《关于核定北京大学南昌创新研究院备案制编制的通知》，核定北京大学南昌创新研究院备案制编制30名。

【机构设置与调整】 2021年1月16日，市委编委批复，设立南昌市湾里市场监督管理局，为南昌市市场监督管理局正科级派出机构。1月16日，市委编委批复，设立南昌市政协委员履职服务中心，为南昌市政协办公室下属正科级公益一类事业单位。2月3日，市委编委批复，撤销南昌市滕王阁管理处事业单位建制。2月26日，市委编委批复，南昌市供销合作社更名为南昌市供销合作社联合社。3月12日，市委编委批复，组建红谷滩区融媒体中心（区网络应急指挥中心）等7个正科级事业单位和红谷滩区廉政教育中心等16个副科级事业单位。3月31日，市委编委批复，撤销南昌市城市规划设计研究总院事业单位建制。6月23日，市委编委批复，撤销南昌广播电视网络传输中心事业单位建制。6月29日，市委编委批复，在南昌市人大常委会设立外事华侨民族宗教工作委员会，为南昌市人大常委会正县级工作机构。7月23日，市委编委印发《关于明确梅岭——滕王阁风景名胜区滕王阁片区行政管理机构的通知》，明确南昌市文化广电新闻出版旅游局为梅岭——滕王阁风景名胜区滕王阁片区的行政管理机构。12月30日，市委编委批复，设立南昌市财政评审中心，为南昌市财政局下属正科级公益一类事业单位。

（周　友）

网络信息管理

【概况】 2021年，南昌网信系统聚焦“作示范、勇争先”目标定位和“彰显省会担当”新要求，扎实推进网络内容建设，积极开展网络舆论引导，全面压紧压实管网治网责任，切实提升网络安全保障能力，协调推动信息化发展，为巩固提升发展首位度、充分彰显省会担当提供网上舆论支持、网络安全保障和信息化支撑。中共南昌市委网络安全和信息化委员会办公室（以下简称市委网信办）机关支部被评为市直机关“五星级”党支部、“先进基层党组织”。市委网信办被授予“第十六届江西省文明单位”称号。

【网络安全保障】 2021年，市委网信办制订《庆祝中国共产党成立100周年南昌市网络安全保障工作方案》，组织召开庆祝中国共产党成立100周年南昌市网络安全保障工作动员部署会议，明确网络安全保障工作目标要求。会同市公安局、市国安局、市大数据发展管理局组成5个专项检查小组，对通信、教育、医疗、交通、市政等关键信息基础设施领域67家市直、县区单位开展网络安全现场检查。通过现场检查，发现化解安全隐患，督促相关单位建立健全网络安全工作机制，筑牢全市网络安全防护体系。

【市委网络安全和信息化委员会第三次会议】 2021年8月13日，市委网络安全和信息化委员会第三次会议召开。省委常委、市委书记、市委网络安全和信息化委员会主任李红军主持会议并讲话。会议传达学习《习近平关于网络强国论述摘编》精神和中共江西省委网络安全和信息化委员会第三次全体会议精神，审议《南昌市2020年网络安全和信息化工作总结》等文件，为做好全市2021年网信工作指明方向、明确任务、提出要求。

【江西省第八届“国家网络安全宣传周”活动】 2021年10月11—17日，组织开展江西省第八届“国家网络安全宣传周”活动。活动围绕“网络安全为人民，网络安全靠人民”主题，举办校园日、电信日、法治日、金融日、青少年日和个人信息保护日相关活动30场，开展主题论坛、网络安全主题展、网络安全云展览、无人机表演等特色宣传活动。省直、市直约110家单位1900人现场参观网络安全主题展,210万名网友在线收看活动启动仪式,500架无人机宣传网络安全,绿地双子塔外幕墙巨屏显示国家网络安全宣传周宣传标语,全市1.6万余块显示屏播放网络安全标语、网络安全宣传视频约20万次,营造网络安全人人有责、人人参与的浓厚氛围。市委网信办被中央网信办、中央宣传部等10个部门评为"2021年国家网络安全宣传周活动表现突出单位"。

【网络安全实战应急演练】 2021年5月8日,由市委网信办牵头,市委网信委成员单位配合,各县区、关键信息基础设施保护部门参与,开展2021年南昌市网络安全实战应急演练。演练采取实战型应急演练模式,不打招呼,围绕网页篡改、数据被窃、勒索病毒攻击、拒绝服务攻击4类演练科目,演练南昌市真实存在的7个事件处置过程。通过演练,有效检验机关及企事业单位关键信息基础设施安全防护能力,提升全市网络安全应急处置队伍应对水平。

【互联网巡查执法】 2021年,市委网信办协调省通信管理部门取消44家违法网站许可、备案,依法下架违规移动应用程序351款,上报协调关停色情赌博类网站311个,协调注销长期不更新僵尸类政务号109个。全年受理网民举报122件,涉有害链接8000余条。对"全邱心闻网"实际运营主体南昌妆点网络科技有限公司作出罚款3万元的行政处罚,开出全省网信部门首张罚单。

【网络宣传】 2021年,围绕习近平新时代中国特色社会主义思想、党的十九届六中全会、全国及省市"两会"、"转作风、优环境"活动年、世界VR产业大会、南昌飞行大会等重大主题,做好网上宣传,推送正面稿件5万余篇,推出融媒体作品600余个。在人民网、新华网、腾讯、新浪等中央主要新闻网站和门户商业网站总网上稿4700余篇。设置网络议题,持续打造"发现南昌,遇见南昌"品牌超级话题,话题阅读量超28亿次,评论量近60万次。"省会担当看南昌"微话题阅读讨论量达13亿次,"转作风、优环境"微话题阅读量达2.2亿次,"2021世界VR产业大会"微话题总阅读量1亿次。策划开展"天下英雄城,跨越新篇章"网络名人南昌行系列网络宣传活动,登载稿件5000余篇,微博话题"天下英雄城跨越新篇章"阅读量近8500万次,全平台总计曝光量超过2亿次,话题多次登上热搜和同城热搜榜。组织"大咖云集,共话南昌"等6期网络大V沙龙活动,关联话题"南昌V可期"等总阅读量超1.5亿次。开展"江西是个好地方——天下英雄城"南昌网络主题推介月活动。活动期间开设专题15个、专栏34个,发布稿件3500余篇,发布抖音视频250余条,播放点赞量超1亿次,微话题阅读讨论量超2.5亿次。

【政务新媒体规范发展】 2021年,对全市党政机关开设的800余个新媒体进行工作调研,开展政务新媒体内容运营违规外包清理整顿和规范宣传报道秩序专项整治工作。打造"南昌发布"办公室。全年"南昌发布"政务号发布信息1.6万余条,制作发布短视频350余个,4篇文章阅读量超10万次。其中《南昌人要自信》系列文章,单篇阅读量均超过10万次,总阅读量近300万次。开设"网民留言板",回复网友信息1500余条。"南昌发布"登上澎湃政务号2021年度最佳政务传播省会城市榜,被百度评为"2021最具影响力政务新媒体"。

【网络普法形式创新】 2021年,创新网络普法形式,全市13人考取网信行政执法证。建立法律顾问制度,组织开展"网信普法进网站"等宣传教育活动,宣传《中华人民共和国个人信息保护法》《中华人民共和国数据安全法》等网络新法。利用新媒体开展法治宣传,开设"法治南昌"微话题,开设"美好生活·民法典相伴"专题,制作《拍案南昌》法治宣传视频,营造浓厚法治氛围。南昌网络普法经验在全省作经验交流。获得"2021全国互联网法律法规知识云大赛优秀组织奖",网络普法工作被中央网信办通报表扬。

(张兰博)

政策研究

【概况】 2021年,中共南昌市委政策研究室紧紧围绕建设"一枢纽四中心"和"两个大幅提升"目标要求,充分发挥决策智囊团、宣传主阵地作用,以高站位、宽视野观大势、谋全局,在百年党史中汲取力量,在彰显省会担当中锐意进取,扎实推进调查研究、政策制定、改革协调、信息综合"四大品牌"建设,助推建设社会主义现代化南昌。全年,起草政策文件10份,完成调研报告13篇,编发《政研参阅(普刊)》41期,报送《政研参阅(专报)》23期,发行《决策参考》12期,获市委、市政府领导批示35次,以率先"作示范、勇争先"的新业绩,展现政研工作新作为。

【重要文稿起草】 2021年,参与市委中心工作,为市委重大政策和决策制订提供法律、政策和实际情况等依据。对照国家发改委营商环境全国评价体系18项一级指标,梳理优化营商环境的相关标准、重要文件、改革导向、优秀案例,借鉴各地先进经验,全面分析南昌各项工作弱项短板，牵头起草《中共南昌市委关于转作风优环境的意见》。起草《“大兴调查研究之风，谋划省会担当之策”活动实施方案》《关于贯彻落实省委书记易炼红考察调研南昌讲话精神行动方案》《南昌市贯彻落实省第十五次党代会确定目标任务工作分工方案》《市委常委班子2020年度民主生活会整改措施落实情况报告》。参与起草市委十一届十二次全会报告、市第十二次党代会报告、《关于中国共产党南昌市第十二次代表大会和十二届一次全会有关情况的报告》、《中国共产党南昌市第十二次代表大会精神传达提纲》、《中国共产党第十九届中央委员会第六次全体会议精神传达提纲》、《中央经济工作会议精神传达提纲》、《省委经济工作会议精神传达提纲》等重要会议材料和《关于上海市杨浦区、杭州市、上饶市城市更新工作考察学习报告》。参与撰写《2020年江西民营经济发展报告》蓝皮书。

【调研工作统筹】 2021年，对标对表省委、市委决策部署和工作要求，聚焦南昌发展目标，统筹全市各单位调查研究工作。充分发挥调查研究在科学决策、推动发展中的重要作用，牵头开展“大兴调查研究之风，谋划省会担当之策”活动，统筹全市市级领导和县级以上领导干部调查研究工作，收集调研报告164篇。其中，市委常委领题的重点课题(一类课题)11个，其他市领导领题的重点课题(二类课题)24个，市直各单位负责的一般课题(三类课题)108个，各县区负责的自选课题(三类课题)21个。调度和督促各调研单位提高调查研究实效，强化成果转化运用。聚焦南昌“作示范、勇争先”目标定位和“五个推进”(推进经济高质量发展、推进改革开放走深走实、推进农业农村现代化、推进社会治理创新、推进红色基因传承)更高要求，协助开展全市“大学习、深调研”活动，负责调研报告的收集、整理、汇编，动员各课题单位集中时间、集中精力深入基层、深入一线开展调研，收集整理“必须在推进高质量跨越式发展上当好龙头、必须在全面深化改革扩大开放上勇做先锋、必须在全面提升城市治理效能上作出示范、必须在持续增进人民群众福祉上走在前列、必须在纵深推进全面从严治党上树立标杆”5个专题对策建议报告19篇，部分内容被市第十二次党代会报告采用。

【课题调研】 2021年，紧扣推动南昌高质量跨越式发展，深入开展基础性、前沿性、支撑性课题研究。为促进市属平台类企业进一步聚焦主责主业，提升专业化经营水平，就市属平台类企业经营情况开展专题调研，形成《关于推进市属平台类企业整合重组、专业化运营的报告》，获省委常委、市委书记李红军批示“此件请赵捷同志阅研，结合德勤对全市国资平台的审计，抓紧拿出市属平台类企业整合重组、专业化运营的可行的实施方案”。深入佛山市、赣州市、福州市、南京市、上海市、苏州市、杭州市、长沙市等地考察学习“‘三旧’改造、城市更新”“实施城市发展战略、推进都市圈建设”“开发区高质量跨越式发展”等方面经验、做法，形成《赴佛山等地学习“三旧”改造考察报告》《赴福州、南京两地学习考察的报告》《关于进一步推进南昌市开发区高质量跨越式发展的调研报告》等系列调研报告，获市领导高度肯定。其中，《赴佛山等地学习“三旧”改造考察报告》获市长万广明批示“请宋铀同志阅研并提出操作性工作意见。调研报告有深度、有价值，请分管领导及相关部门借鉴经验，努力破解我市城市更新、城中村改造、低效闲置用地、资金平衡的难题，争取城市面貌更新的新局面快速形成”。围绕集成电路产业发展、科技创新中心建设、万亿地区生产总值城市等课题开展研究，形成一批研究成果。其中，《以赣江两岸科创大走廊为核心创建国家科技创新中心的研究》获时任省委常委、市委书记吴晓军批示“请广明同志研究”，市长万广明批示“请肖云同志、科技局认真阅研。围绕创新资源、体制机制、创新环境等要素提出操作性工作方案，专题研究一次”。《关于建设昌北高校科创谷的可行性调研报告》获时任省委常委、市委书记吴晓军批示“请广明同志研究”，市长万广明批示“请肖云、淑英同志就操作层面的意见，适时专题会议研究”，同时被省委办公厅《参阅信息》第17期采用。

【《政研参阅》报送】 2021年，高站位谋划《政研参阅》编发工作，与标杆城市动态化开展对标比较，助力南昌工作提升。《政研参阅(普刊)》中，1期获省委常委、市委书记李红军批示，1期获市委副书记钱昀批示;《政研参阅(专报)》中，获市领导批示21次，批示率65%。7期《政研参阅(专报)》获市委主要领导肯定性批示。其中，《云、贵、冀、闽四省相继出台“强省会”支持政策》获省委常委、市委书记李红军批示“请市发改委阅研、借鉴，完善即将提请书记专题会研究的文件稿”，市长万广明批示“请晓海组织研究，结合我市在拟的‘强省会’支持政策制订，提出相关建议。近期专题研究一次，请晓东安排”。《以现代服务业高质量发展助力提升省会城市首位度研究》获省委常委、市委书记李红军批示:“此件与市统计局的分析报告，对我们进一步厘清推动南昌服务业发展思路作用巨大。近期我与广明专门听一次汇报(市发改委、商务、统计、政研以及市辖六区、经开、高新、南昌县党政一位主要负责同志参加)。并结合完善南昌相关政策措施集思广益，届时肖云同志按我之前部署系统介绍前段工作情况，市委办及早作好安排。”《近期外地城市更新的新举措》获省委常委、市委书记李红军批示“广明、新洪同志：我市已被纳入国家城市更新试点，相关工作要抓紧谋划，要抓紧拿出方案，及早实施”，市长万广明批示“请新洪同志组织研究借鉴”。《多地行政审批改革向纵深发展》获时任省委常委、市委书记吴晓军批示“请广明、亮生同志阅，学习借鉴各地好经验、做法，持续深化行政审批改革，在‘转作风、优环境’行动走前列”，市长万广明批示“请亮生同志提出具体深化举措”。

【《决策参考》编辑】 2021年，始终坚持党刊姓党原则，充分发挥党刊舆论引导作用。全年编发《决策参考》12期，设置栏目36个，采用280余篇文章、370余幅图片，共78万余字。其中，围绕庆祝中国共产党成立100周年及党史学习教育，开设庆祝中国共产党成立100周年系列专栏，刊发相关文章67篇。围绕中国共产党百年奋斗历程与辉煌及中共南昌历史简述，推出第七期建党百年专刊。围绕市委年度中心工作，开设《转作风、优环境》活动年专栏，刊登县区落实活动年工作思路及举措、正面案例及经验、做法类文章16篇。围绕学习贯彻党的十九届六中全会、省市党代会精神，开设《学习贯彻十九届六中全会精神》《再展英雄城雄姿，续写新的时代荣光》《学习贯彻市十二次党代会精神》专栏，刊登县区、市直单位在学习贯彻落实党的十九届六中全会精神、省市党代会精神方面学习体会、工作思路和具体举措等文章21篇。围绕对标对表标杆城市、提升南昌发展水平，开设《政策动态》《实践观察》专栏，刊登标杆城市在经济社会发展、城市建设与管理等方面的政策、信息类文章35篇。对接中央政策研究室《学习与研究》杂志，在《学习与研究》2021年第三期发表时任省委常委、市委书记吴晓军署名文章《立足新发展阶段，贯彻新发展理念，在构建新发展格局中展现更大作为》。

（*石　磊*）

保密工作

【概况】 2021年，南昌市保密工作以贯彻落实中央、省委、市委《加强和改进保密工作实施意见》为主线，以“坚持总体国家安全观”要求为动力，凝心聚力、真抓实干，推进全市保密工作高质量发展，以优异成绩庆祝中国共产党成立100周年。全市保密工作在全省保密工作考评中名列第一名。南昌市国家保密局（以下简称“市保密局”）获国家保密局“保密观新媒体推广使用先进单位”称号，在“2021年江西省百万网民学保密法专场竞赛”活动中获优秀组织单位奖。南昌市报送的作品在全省庆祝中国共产党成立100周年保密宣传教育作品征集评选活动中获得书画摄影类二等奖。全市征订2022年度《保密工作》杂志2132份，首次突破2000份。全年上报保密工作信息90余条。其中，国家保密局采用2篇，江西省国家保密局采用24篇。

【第六个全民国家安全教育日主题展览活动】 2021年4月15日，市保密局联合市国安办、市公安局、市卫健委、市司法局、红谷滩区等在秋水广场开展“国之大者，安不忘危”第六个全民国家安全教育日主题展览活动。市委常委、秘书长、保密委主任郭毅到现场参观。全市市直机关干部参观展览活动。南昌电视台一至四套、南昌地铁传媒视频，多频次、滚动播放保密工作公益宣传片，为期1个月。全市各单位在工作群、网站和市行政中心显示屏转载并组织观看保密公益宣传片。

【保密法治宣传月专题活动】 2021年10月，组织开展全市保密法治宣传月专题活动。按照全市“十个一”保密法治宣传要求，通过举办大型保密展、打造一批乡镇基层保密工作示范点、发送一系列信息、举办培训班、印发专刊、观看警示教育片、开展保密检查等多种形式和途径，深入推进保密法学习宣传。11月18日，联合市委国安办开展“国家安全宣传教育系列活动”之“我为群众办实事——保密法制宣讲进社区”活动。活动采取现场授课方式，讲授“如何做好基层保密工作”，进一步提高基层干部和广大群众保密意识，扩大保密宣传覆盖面。同时，向社区居民发放《致全体市民的一封信》，并为社区居民提供手机保密检测服务，现场解答各种保密问题。12月22日，在红谷滩区生米镇开展“保密宣教进基层”暨基层保密示范点参观活动，并针对“微信泄密专项整治工作”召开座谈会。

【重点保（涉）密人员培训】 2021年10—12月，全市重点保（涉）密人员培训班在省保密教育实训平台举行。培训对象为全市副县级及以上领导干部。培训人员观看省保密教育实训平台各个展区，听取工作人员对泄密风险的讲解，并互动体验窃密技术与泄密途径演示及信息化条件下保密工作技术演示，了解保密工作有关情况。同时，观看保密警示教育片，参加保密知识测试，进一步增强领导干部法纪观念和保密意识。此次培训，全市有926名领导干部参加。在全市统一培训后，新建区、湾里管理局、市体育局等组织开展专场培训4场，170余名干部参加。此次全市轮训做到市县（区）领导干部全覆盖，得到省国家保密局和市委领导的高度肯定。

【进驻式保密检查】 2021年6—8月,市保密局对全市县区和市直单位开展进驻式保密检查。检查采用市县(区)联动的形式,以查代训,规范各县区执法行为。检查人员听取有关单位保密工作情况汇报、查阅保密工作相关资料、检查非涉密计算机上网浏览情况等,并梳理分析总结检查情况,形成《2021年度进驻式保密检查情况报告》呈送市委保密委。10月,印发《2021年度南昌市进驻式保密检查情况通报》,要求各单位提高政治站位,健全完善保密制度,加大保密检查力度,开展保密隐患排查,加强保密宣传教育,强化保密科技支撑,落实保密工作,筑牢保密安全防线。

【保密服务保障】 2021年,市保密局印发《关于做好南昌市中国共产党成立100周年庆祝活动保密工作的通知》,对庆祝中国共产党成立100周年活动期间的保密工作提出要求,确保庆祝活动期间保密工作安全。5—6月,围绕市直单位庆祝中国共产党成立100周年活动期间的保密工作情况,组织开展保密督查,发现问题及时处理。督促全市各单位相关人员签订《保密责任书》,重申保密纪律。升级保密工作监管平台、增加关键词组、加强审核力度。在"七一"前夕,每周上报保密工作审核情况,安排专人在机房值守,确保庆祝中国共产党成立100周年活动顺利举行。做好2021年第十二届中国卫星导航年会、2021年上海合作组织传统医学论坛等大型会议活动和全市重要会议保密服务保障工作,全年服务保障会议41次。完成2021年度中高考、国家医师资格考试实践技能考试期间的保密服务保障工作。

(刘文静)

市直机关党建工作

【概况】 2021年,中共南昌市直属机关工作委员会着力推动机关党的建设高质量发展,引领全市机关党组织和党员干部走前头、作表率。聚焦庆祝中国共产党成立100周年,开展"初心映耀英雄城、百年大庆颂党恩"行动,组织开展主题征文、微视频比赛和摄影展,举办"唱支山歌给党听"歌咏比赛和展演,营造喜迎建党百年浓厚氛围。围绕"讲政治、守纪律、负责任、有效率"要求,组织实施"六个示范"(在做到"两个维护"上当好示范,在深化理论武装上当好示范,在夯实基层基础上当好示范,在正风肃纪上当好示范,在强化制度执行上当好示范,在细化责任落实上当好示范)模范机关创建提升行动,提出并执行6项创建要求,细化落实21项测评指标,强化政治机关意识。开展习近平总书记"七一"重要讲话和党的十九届六中全会精神宣传宣讲,引导党员干部从百年党史中感悟思想伟力,树牢"四个意识"、增强"四个自信"、捍卫"两个确立",不断推动南昌机关党建工作走在前、作表率,奋力书写"彰显省会担当"机关党建领域新篇章。至年底,市直机关工委管理的市直机关党组织87个。其中,直属机关党委21个、机关党委28个、机关党总支20个、机关党支部18个。下辖25个基层党委、36个基层党总支、995个支部,共管理党员20962名。

【思想理论武装】 2021年,坚持落实"第一议题"制度,深入学习贯彻习近平新时代中国特色社会主义思想,扎实开展党史学习教育,举办百年党史图片展和"学而时习之、一起读金句"网络诵读活动,建立"八学八做"(学习中国共产党百年奋斗的光辉历程,做勇于担当的表率;学习中国共产党为国家和民族作出的伟大贡献,做知行合一的表率;学习中国共产党始终不渝为人民的初心宗旨,做为民服务的表率;学习中国共产党推进马克思主义中国化形成的重大理论成果,做信念坚定的表率;学习中国共产党在长期奋斗中铸就的伟大精神,做锐意进取的表率;学习中国共产党成功推进革命、建设、改革的宝贵经验,做开拓新局的表率;学习保证党的团结和集中统一这个创造世纪伟业的关键,做政治过硬的表率;学习历史发展规律和大势,做奋勇争先的表率)学习模式,深化党史学习教育成效。搭建理论学习平台,指导成立123个青年干部理论学习小组,联合"人民学习"网举办专题报告会6场。推进党课教育"双周讲堂"模式,指导市直机关各级党组织书记讲党课1200余场次。开展"宣讲小分队进基层"行动,组建6支党史党建宣讲小分队,推动党的十九届六中全会精神和省市党代会精神的学习宣传进机关、下基层。

【基层组织建设】 2021年,加强学习示范,召开基层党建标准化、规范化、信息化建设推进交流会6场,加强常态调度和跟踪督查,打造15个标杆单位,确保干有方向、学有样板。突出重点落实,组织开展抽查调研,查摆整改突出问题820余个,整顿"超大支部"45个,改造升级党员活动室871个。强化动态管理,根据市直机关单位机构改革工作实际,坚持加强指导督促、推进组织覆盖,第一时间撤、建、并18个机关党组织,确保组织建设不缺位、党建工作不断线。

【服务改革发展】 2021年,坚持抓结合、抓融合、抓组合、抓联合,以"党建+"理念在服务中心、服务发展、服务群众中找准定位、创设载体、贡献作为。践行"让党旗在一线飘扬,让党徽在一线闪耀"要求,印发"党员干在一线"行动实施方案,要求全市各级机关党员干部干在主责主业、攻坚克难、优化环境、服务群众"四个一线",打造"服务窗口先锋岗"等12个行动示范点,营造和树立"我是党员、干在最前"的浓厚氛围和鲜明导向。深化"我为群众办实事",推动85家省直、84家市直单位与社区结对共建,引领1.23万名机关在职党员进社区报到服务,打造"名著小书包进小学"等志愿服务品牌,筹措公益善款140.67万元,捐赠"名著小书包"5410个,开展志愿服务3000余次,打通机关服务群众的"最后一公里"。组织开展公务员礼仪培训,拍摄展播微视频《公务员的一天》,指导加强岗位练兵和职业教育,举办"自信、发奋、齐心,续写新时代英雄城荣光"演讲比赛和汇报演出,着力锻造忠诚干净担当的有干劲、有思路、有办法、有活力的党员干部队伍,引导广大党组织和党员干部在中心工作、重点任务中发挥示范作用。

【纪律作风建设】 2021年,开展转作风提效率树形象专项整治,联合相关单位组成12个明察暗访组,采取"四不两直"(不发通知、不打招呼、不听汇报、不用陪同接待,直奔基层、直插现场)方式,深入全市各级党政机关以及各类事业单位、市属国有企业机关开展全领域、全时段、全覆盖式地明察暗访,建立落实"一反馈二整改三回访四通报"整改问效工作机制,及时发现和整治机关办公环境无序、内部管理不到位、工作状态不佳等突出问题,持续推动机关作风向善向好。印发《关于在市直机关开展办公环境和秩序整治活动的通知》,建立办公环境规范标准,打造12个"样板办公室",从环境卫生、工作秩序、精神面貌和服务态度等方面有效规范机关环境秩序。部署开展作风建设专题培训,指导市直机关党组织召开专题组织生活会,加强机关党员干部队伍作风建设,形成担当作为、干事创业的良好氛围。

【党建责任落实】 2021年,明确党组(党委)书记、机关党组织书记和专职副书记、基层党支部书记四级岗位党建责任,建立清单化管理责任体系。支持纪工委和机关纪委履行职责,运用执纪监督"四种形态"(经常开展批评和自我批评、约谈函询,让"红红脸、出出汗"成为常态;党纪轻处分、组织调整成为违纪处理的大多数;党纪重处分、重大职务调整的成为少数;严重违纪涉嫌违法立案审查的成为极少数),强化日常监督,加强岗位廉政教育和警示教育,先后审理案件50起,处理违法违纪党员50名。强化管党治党人才基础,组织180余名机关党务干部外学培训,指导和推动市直机关1000余名党支部书记开展轮训。健全和深化"三级联述联评联考"机制,分网络区组织机关党组织书记全覆盖现场述职,将考评结果与年度评先评优相结合、同运用,形成全面从严、层级负责、以上率下、齐抓共管的机关党建工作格局。

(周 凯)

对台事务

【概况】 2021年,中共南昌市委台湾工作办公室(以下简称市委台办)以做台湾人民工作为主线,促进昌台融合发展,服务南昌市经济高质量发展,为推进"一枢纽四中心"建设、促进两岸关系和平发展和祖国统一彰显省会担当。全年,台商意向投资项目信息滚动增加,台资落户南昌市持续增长,新增项目33个,引进台资3.12亿美元,注册资金2.16亿美元。举办国台办重点交流活动2场。10月,市委台办被中共中央台湾工作办公室、国务院台湾事务办公室授予"全国对台工作系统先进集体"称号。

【对台工作推进】 2021年,市委、市政府主要领导和分管领导高度重视对台工作,推动涉台重点项目、重点工作。省委常委、市委书记李红军多次对台办工作作出指示批示,指明工作方向并作出部署。省政协副主席谢茹调研南昌台资企业,了解对台营商环境以及贯彻落实国家、江西省惠台政策情况。市长万广明接洽恩芯电子张汝京团队并推进合作。市委常委、常务副市长胡晓海和市委常委、市委统战部部长饶绍清及副市长赵捷等多次深入台资企业调研解决问题,推动全市对台工作向前发展。

【对台招商引资】 2021年,开展"稳经济、稳就业"工作,统筹推进疫情背景下台企发展工作,围绕江西海峡两岸产业合作区南昌产业园建设,开展产业园招商、产业链招商等精准招商活动。5月,南昌市参加全省(东莞)对台招商推介会,南昌市签约9个项目,签约金额10.87亿美元,项目数和投资总额列全省第一位。利用湘台会、东莞台博会等办会平台和参会招商时机,全市召开12场小型对台招商会,联合各县区先后派出32批次对台招商小分队,收集46个意向扩厂投资和向大陆梯次转移的项目信息。邀请东莞市台协会长吴胜丰带领协会副会长一行24人、台资企业永丰银行南京分行行长等多批重要台商到南昌市参访交流,考察投资环境。

【台胞台企服务】 2021年,弘扬"脚上有土、心中有谱"工作作风,深入践行一线工作法,多次到台企生产一线、挂点一线进行调查研究,让各级惠台政策落实落细,不断优化南昌市"四最"(政策最优、成本最低、服务最好、办事最快)对台营商环境。4月、6月、11月,3次组织召开台商台企座谈会,走访英华达智能制造公司等10余家台企,全面收集企业遇到的困难,与市直有关部门、各县区台办协调为台胞就医开设绿色通道、申请人才补贴等12个问题的解决。6月,取得相关部门支持,2次组织260余名台胞接种新冠肺炎疫苗,在青山湖区建立零星台胞接种点。加强信息沟通,帮助台企了解政策,组织台企参加跨境人民币业务培训等活动。加强昌台服务中心建设,共同打造两地青年创业基地,至年底吸引8家台湾青年创业项目入驻。

2021年7月,2021全国台企联青委会第十一届青年菁英特训营授旗仪式举行

(市委台办　供图)

【交流交往】　2021年,始终以做好争取台湾民心工作为主线,充分协调全市涉台资源,持续深化南昌和台湾两地在各领域交流,促进两地同胞感情交融。周密制订方案,科学设计内容,承接全省台协、台联会会长轮值各项工作,分2个阶段组织"奋斗百年路 启航新征程"交流会和全省台资、台属企业代表庆祝建党百年联谊活动,增进对祖国的政治认同。5月29日,青山湖区举办青山湖区第二届台籍人才交流联谊活动,金融、文化、制造业等领域台籍人才代表参加,交流在南昌工作生活情况,反映问题和困难,为经济建设和社会发展建言献策。

【台商台协慈善捐助】　2021年7月5日,旺旺南昌分公司通过市委台办向南昌市慈善总会捐赠氯水除菌液400箱,总计价值近11万元,用于南昌市福利院、南昌经开区金佳名筑社区、青云谱区广州路社区防疫消杀。7月20日,市台协到南昌县幽兰镇园艺场开展捐资助学活动,向资助的3名贫寒学子送去助学款6000元。自2015年起,市台协连续第7年到南昌县幽兰镇园艺场开展捐资助学活动,累计捐助学子18人次,捐款3.6万元。

【全国台企联青委会第十一届青年菁英特训营】　2021年7月11日,2021全国台企联青委会第十一届青年菁英特训营在南昌开营。特训营是全国台企联青委会的重要品牌活动,此次特训营由全国台企联、南昌市政府主办,以"青聚洪城·荟智赣鄱"为主题,旨在充分发挥大南昌都市圈战略和加快推进"五城"建设优势,主动融入"一带一路"、长江经济带和粤港澳大湾区建设,进一步深化昌台两地交流交往,融洽昌台两地同胞情感,促进昌台经济社会融合发展。100余名台商二代、台湾青年企业家在南昌学习、交流、参访,共同探寻大陆创新创业发展机遇。参训学员通过5天的学习、交流、参访等活动,进一步了解两岸历史、赣鄱文化、南昌产业发展情况等。

【第八届海峡两岸(南昌)青年学生交流营活动】　2021年12月,以"同心奋进新征程携手共筑中国梦"为主题的第八届海峡两岸(南昌)青年学生交流营活动在南昌举行。50余名来自南昌大学台湾籍学生和南昌职业大学学生,全程参加活动,进行"面对面、一对一"交流。海峡两岸(南昌)青年学生夏令营是南昌和台湾两地交流品牌化、长期化的重点项目。两地学子实地参观安义古村、南昌汉代海昏侯国遗址公园、南昌八一起义纪念馆,了解祖国传统文化的无限魅力;走访南昌VR主题乐园和在南昌台资企业,了解台资企业在南昌的发展状况,感受南昌市对台营商环境及政策支持,体会江西科技的飞速进步和发展。通过此次活动,让两地青年学生感受到南昌城市发展的生机活力,感受到祖国经济社会发展的日新月异,激发同根同源的思想认同、文化认同。

(杨　翔)

老干部服务

【概况】　2021年,中共南昌市委老干部局(以下简称市委老干部局)围绕庆祝中国共产党成立100周年重大活动,在离退休干部中深入开展党史学习教育,持续破解老干部工作的热点、难点、焦点问题，推动老干部各项工作作示范、勇争先。至年底，全市有离退休干部38232人，其中离休干部683人。按照全市全面深化事业单位机构改革工作整体部署，整合市老干部活动中心与市离休干部休养所职能，新成立南昌市老干部活动中心，挂南昌市离休干部休养所牌子，为市委老干部局管理的正处级参公事业单位。南昌市老干部活动中心及老年大学(九龙湖点)获建筑行业最高奖项“鲁班奖”。市委老干部局机关被评为全省老干部工作先进集体、省级文明单位。东湖区龚武红被评为全国先进老干部工作者。

【老干部宣讲】 2021年，发挥老干部耳闻、目见、亲历的史实故事更有说服力和感染力的优势，组织老干部走进机关、学校、基层进行宣讲。老红军后代罗合毅为全省离退休干部和省委组织部、省委老干部局机关干部作“不忘初心跟党走、八一精神永弘扬”党史报告，得到省长叶建春接见。《南昌日报》开设“南昌红色印迹”专栏，连续登载老红军故事。各级老干部宣讲团作党史报告近300场，受众20万余人次。

【离退休干部党组织“三化六好”建设】 2021年，聚焦“三化六好”，组织离退休干部党建工作业务培训、现场观摩、经验交流，创建市级“示范党支部”35个、省级“示范党支部”21个，夯实离退休干部党建工作基础。在临时党组织中，开展“五建”固本、“五员”连心活动。市老年大学95个临时性党支部，联系老党员1206名，志愿参与学校管理，开展“雷锋精神在老年大学闪光”“请党放心:严防严控，战疫有我”等主题党日活动和“坚决不出省、非必要不出市”倡议签名承诺等活动。全年，在全市评选表彰30个离退休干部先进党支部、40名优秀共产党员、30名优秀党务工作者，评选出1名全省“最美老干部”、10名全市“最美老干部”。开展经常性慰问，“七一”前夕，走访慰问500名离退休干部党支部书记、临时性党组织书记，为每人发放600元慰问金和1本《中国共产党章程》。在春节、重阳节期间，走访慰问离退休老党员、“最美老干部”，送去组织的关怀和温暖。

【离退休干部政治待遇落实】 2021年，全市各级老干部部门按规定组织老干部阅文、听报告、参观考察、走访慰问、传达精神、通报情况、参加重要会议和重大活动，坚持落实离退休干部政治待遇。邀请离退休干部列席市委十一届十二次全会、市“两会”。根据市委常委班子民主生活会要求，认真征求老干部意见和建议，听取离退休干部对政府工作报告意见和建议。编印发放学习资料9期，推进老干部政治学习。

【离休干部医药费“零垫资”】 2021年，针对离休干部看病就医过程中存在的报销不便利问题一一梳理，协调市医保局制定解决离休干部在医院目录外药品刷卡报销问题的操作办法，实现“零垫资”。在报销目录系统中，尽可能增补录入离休干部常用药品目录。为离休干部提供一个专用“记账码”，离休干部开具的药品不在增补刷卡报销目录范围内时，可扫“记账码”记账结算，不需个人垫付资金。

【离休干部服务管理】 2021年，逐一落实离休干部离休费、护理费、生活补贴、特需经费、医疗待遇、公用经费、高温津贴、取暖费、抚恤金等待遇，以及已故离休干部无固定收入遗偶生活补助发放情况。对6个未纳入市医保统筹的县区开展实地调研，召开老干部、医保、财政部门和定点医疗机构座谈会，上门走访部分离休干部，保证县区离休干部医疗待遇全落实、“零垫资”。开展离休干部“一对一”结对联系服务，保证离休干部的事务有人管理。做好长期困难、有突发困难的离休干部帮扶工作。动态调整离休干部信息库，为315位离休干部(配偶)按照困难程度发放帮扶金100万元。对4位鳏寡孤独离休干部开展社会化志愿服务工作，拨付5500元服务慰问经费，用于社区志愿者每周看望老干部、为老干部过生日、在重大节日进行慰问等。南昌地区离休干部防暑降温药品发放标准提高到每年300元，跟踪落实219名离休干部发放医药费结余奖124万余元，摸排离休干部无固定工作配偶55人。审批因病瘫痪期间享受护理费离休干部17名。

【联系服务老干部信息化平台完善】 2021年，南昌市老干部在全省“银耀赣鄱”信息化平台关联人数52657人，关联率100%、维护率99.9%，老干部信息及时更新。手机平台提供老干部查阅工资、了解政策、发表作品、开展支部活动等服务，为精准化服务奠定基础。市老年大学实现网上报名缴费、入校验证一体化，有效解决代课、蹭课、疫情防控安全问题。市老干部活动中心网上办证、场馆预约系统初步建成，为老干部提供便捷高效服务。

【老红军公寓楼建设遗留房改】 2021年，继续推进老红军公寓楼建设遗留房改工作，完成市干休所下沙沟地块的最后1户老红军子女的征迁工作。制定分配、补偿、公证、抽签、腾退等方案，在省委老干部局支持协调下，反复上门，向省委办公厅、省粮食局、省电信公司解释汇报情况，将市干休所征迁空出的老红军公寓楼再分配给老红军遗孀，解决健在的省市老红军遗孀房改问题。至年底，老红军遗孀均入住新房，腾退旧房。

【老干部志愿服务】 2021年，以离退休干部党支部、老年团体为骨干，老干部发挥余热，再做奉献，积极参与、助力精准扶贫、文明创建、基层党建、社会综合治理、生活垃圾分类、关心关爱、疫情防控、科技文化卫生下乡等方面工作。“时间银行”、章金媛爱心奉献团、“老座”调解室、“乐龄先锋”、“夕阳红”等志愿服务品牌的影响力、感召力进一步扩大。市关工委组织1200支由“五老”人员组成的“五防”（防疫、防汛、防诈骗、防火、防溺水）宣传队，市老年大学组织100个班级、1000名老年学员开展“百班千人进万家”活动等，推进老干部志愿服务。

【南昌市第六届老年文化艺术节】 2021年，南昌市第六届老年文化艺术节以“回望百年路·永远跟党走”为主题，线上线下相结合，举办“庆祝建党百年”民乐专场音乐会、“致敬红色经典”声乐专场音乐会、“2021年南昌市老年人迎新晚会”等线下文艺会演以及“诵读红色经典”“党史故事我来讲”“唱支山歌给党听——红歌联唱”“心中的歌儿献给党——器乐比赛”“同心向党舞华章——舞蹈比赛”云上系列活动。“艺术节”云上浏览量419万人次，投票量1125万人次，参与量创新高。

【学习活动课程和设施优化建设】 2021年，市老年大学开办78个专业、299个班级，聘请老师174名，招生12887人次，新增字画装裱印章篆刻、黄梅戏学唱、电吹管、中医时辰养生、视频后期制作、赣绣等26个专业，在全国老年大学中率先开展声乐专业分级线上测评。《零基础学唱歌》被评为全国老年大学优秀校本教材，《古典舞〈天宫〉》《〈兰亭序〉笔法精讲》《智能手机应用新手详解》3门课程分别获评第八批全国老年远程特色视频课程、特色微视频课程及获“智能技术应用”专题微视频课程特别贡献奖。市老干部活动中心做好阳明路活动点开放工作；完成九龙湖场馆家具、窗帘、体育设备、文艺设备等设备设施采购，初步拟定相关活动、管理制度。与老年学员签订安全责任书，定期对消防、电梯、燃气、房屋等进行安全检查并实施更新改造，坚决保障学习活动阵地安全。

（梅冠群）

关心下一代工作

【概况】 2021年，市关工委坚持紧扣立德树人根本任务，紧盯十项重点工作，立德树人全面推进、帮扶帮教卓有成效、全国会议成功承办、品牌建设不断提升、重点工作亮点纷呈、基层基础强力夯实。以市委、市政府名义印发《关于进一步加强新时代关心下一代工作的意见》，从强化政治站位、党建引领、阵地建设、改革创新、关怀激励、宣传发动6个方面提出明确要求，制定建立健全组织网络体系、融合利用各类资源、加大关怀激励力度、搞好协调联动等12条政策措施，通过汇聚各方力量，开创全市关心下一代事业发展新局面。全年，关爱报告团累计作报告2910场，全市“双百工程”结对帮扶超10万对，关爱基金209个，市级发放帮扶助学金200万元，协调打造小平小道陈列馆等10个关心下一代思政教育基地、江西国鸿生态园等10个劳动科普实践基地、南师附小等10个校内活动教育基地。南昌市有20个基层关工委组织荣获“全省关心下一代工作先进集体”、37人荣获“全省先进个人”称号。

【第29次全国部分城市关心下一代工作座谈会】 2021年10月21—23日，第29次全国部分城市关心下一代工作座谈会在南昌召开。全国人大常委会原副委员长、中国关心下一代工作委员会主任顾秀莲出席开幕式并讲话。中国关工委常务副主任任茂东、省关工委主任傅克诚出席。南昌市委副书记钱昀致辞。来自沈阳市、南京市、武汉市等全国25个城市关工委负责人130余人参加会议，交流关心下一代工作经验，观摩南昌市5个基层阵地关心下一代工作开展情况。会议审议通过《第29次全国部分城市关心下一代工作座谈会会议纪要》。

【“学党史 跟党走”教育活动】 2021年，市关工委和市教育局联合下发《关于在全市中小学校开展“学党史、跟党走”教育活动的通知》，采取“读、演、写、讲、做、研、展”等形式，在全市广大青少年中深入开展“学党史 跟党走”教育活动。全市各级关工委积极组织关爱报告团成员深入学校、社区，开展党史知识宣讲，邀请方志敏的女儿方梅、老红军罗友林的儿子罗合毅等一批老革命后代和英烈子女为青少年讲述革命斗争故事，传承红色基因，引导广大青少年学党史、感党恩、跟党走。全年，全市各级关爱报告团共作包括党史、“四史”等内容的各种宣讲报告近900场，直接受教育青少年28万余人次。

【青少年“五防”安全教育】 2021年，市关工委把“五防”教育摆在青少年关爱工作重要位置，做好青少年防溺水、防触电、防交通事故、防食品安全事故、防疫情传染等工作，在全市组织1200支由“五老”人员组成的“五防”宣传队，深入村边路边巡查，深入学校、农村、社区宣讲“五防”安全知识。充分发挥学校主阵地作用，利用校讯通、微信群等通信手段，通过张贴警示语、校园广播、主题班会、家长会等形式对学生和家长开展“五防”教育，提高学生预防能力和自救互救能力，督促家长履行安全监管和安全教育责任。通过寒暑假期悬挂横幅、张贴标语、报纸刊登温馨提示、电视台播放专题宣传片等形式，开展社会层面的“五防”教育，营造浓厚教育氛围。注重在暑期扎实做好青少年“五防”工作，各县区关工委组织“五老”积极开展巡查，认真做好教育引导工作。全年，全市各类安全事故发生率同比下降四成。

（梅冠群）

党史编研

【概况】 2021年，南昌市史志办公室（以下简称市史志办）围绕“为党立言、为国存史、为民修志”职责使命，按照出精品、创特色、铸品牌工作要求，以庆祝中国共产党成立100周年为契机，强化史志资料征集、编纂研究和宣传教育“三条主线”，编纂出版一批反映南昌历史发展变化和成就的史志书籍。狠抓各县区党史正本编写进度，严把县区党史著作质量关，指导县区党史编写，提出具体要求。至年底，各县区党史一、二卷编写工作有序推进。12月31日，市史志办获得人力资源和社会保障部、中央党史和文献研究院授予的“全国党史和文献部门先进集体”称号，是江西省唯一获此殊荣的集体。

【资政优势发挥】 2021年，与市委组织部合作开展红色名村建设工作，从党史专业角度出发，思考南昌市红色名村建设规范要求。撰写《南昌市“传承红色基因，打造英雄之城”的思考及对策》调研报告，就红色名村打造提出意见和建议。配合市自然资源局推进南昌历史文化名城保护工作，参加《南昌历史文化名城保护规划（2020—2035）》编制工作讨论会，为提高保护规划的科学性与合理性出谋划策。参加市政协智慧文史馆陈列布展座谈会和“发挥我省红色资源优势，增强红色基因传承效果”调研课题，参加第五批南昌市爱国主义教育基地考察及评审会，提出陈展及评审意见。审读南昌一江两岸灯光秀微电影《追光》剧本、进贤县情景话剧《黎明之前》剧本、市纪委市监委“廉洁南昌”廉文化主题列车材料、全市党史知识竞答题库，提出修改意见。

【党史宣教领域拓展】 2021年，市史志办以庆祝中国共产党成立100周年、深化党史学习教育为主要目标，创新党史宣教手段，拓展党史宣教领域，做好党史宣教工作。联合市档案馆举办“百年恰是风华正茂”中国共产党南昌历史档案资料图片展，选取照片300余幅，展示中国共产党在南昌百年持续奋斗的光辉历程，全市共100余个部门单位参观。与市委《决策参考》、南昌日报社、大江网等联动，合作开设《奋斗百年路 启航新征程》《南昌红色印迹》《百年心向党，省会显担当》《江西人身边的党史故事》等专栏，不断拓展党史文化受众群和覆盖面。至年底，登载文章30余篇。“南昌史志”微信公众号全年发布原创文章69篇，为干部群众了解南昌提供更为便利渠道。与市自然资源局联合制作“石破天惊——八一南昌起义”用地图讲党史H5专刊，获得广泛好评。组建“南昌新时代文明实践红色故事宣讲志愿服务队”，统筹推进开展党史“七进”宣传教育活动，分别到南昌县、安义县、东湖区、市林业局、红谷教育集团绿茵路小学等地开展党史宣讲活动。录制《学习党史国史，坚守共产党人的精神家园》党课视频，引导党员干部从党史国史、地方史中汲取力量。全年向市直单位、企业、街道社区赠送书籍3000余册，不断扩大南昌文化影响力。

【助力党史学习教育】 2021年，市史志办发挥专业和资源优势，助力全市党史学习教育。选派1名科级干部和1名县处级干部参加全市党史学习教育领导小组办公室集中办公，并担任材料简报组组长和副组长职务，与省党史学习教育领导小组及时沟通，报送南昌市党史学习教育开展情况。全年编写市本级简报121期、增刊42期，向中央、省材料简报组提供素材600余篇。南昌市在中央简报上稿3条；在省简报上稿114条，其中市本级上稿29条，在全省各设区市中排第一名。

【《中国共产党100年南昌大事记》编纂出版】 2021年，市史志办聚焦党史服务中心、服务大局工作重点，围绕庆祝中国共产党成立100周年活动，编纂出版《中国共产党100年南昌大事记》（以下简称《大事记》）。《大事记》63万余字，记述时间从1921年中国共产党成立至2021年，分“新民主主义革命时期”“社会主义革命和建设时期”“改革开放和社会主义现代化建设新时期”“中国特色社会主义新时代”4个历史时期，采用编年体记述，按照时间先后顺序编排。《大事记》记述中国共产党在南昌革命、建设、改革的奋斗历程，展示南昌党组织在各个历史时期所实施的重大举措、组织的重要活动、发生的重大事件、取得的重大成就，是一部用党的历史教育全市党员、群众的有益教材。

【《中共南昌历史简明读本》编纂出版】 2021年，市史志办在庆祝中国共产党百年华诞之际，编纂出版《中共南昌历史简明读本》。《中共南昌历史简明读本》2万余字、图片120张，分“新民主主义革命时期（1921—1949）”“社会主义革命和建设时期（1949—1978）”“改革开放和社会主义现代化建设新时期（1978—2012）”“中国特色社会主义新时代（2012—）”4个部分。此书以史料史实为依据，对南昌各个时期党史事件进行客观总结和概述，帮助读者科学认识、准确把握南昌地方党组织发展规律，从中汲取经验教训，从而教育引导读者学史明理、学史增信、学史崇德、学史力行。

【《南昌大事记》编纂】 2021年,对全市月度大事记栏目进行调整和修改,围绕全市工作重点,增加《党史学习教育》栏目。不断巩固全市大事记工作网络,加强大事记编辑工作督促和指导,定期征集各单位大事要事素材,编纂完成全市月度大事记12期23万余字。在全市月度大事记基础上,按照时间先后顺序重新编排,增加市委、市政府主要领导在重大活动、重要工作中的指示要求内容,编纂全市2020年年度大事记。广泛征集全市大事、要事照片,从党和国家领导人到南昌视察和省、市主要领导在南昌考察调研、全市重要会议、产业经济发展等方面设计制作彩页,图文并茂展现南昌经济社会发展成就和亮点。12月,2020年《南昌大事记》内部印刷,全书22万字、121张图片。

(李皓月)

党校(行政学院)工作

【概况】 2021年,市委党校立足本职工作职能,求真务实,守正创新,抓实抓细干部培训、思想引领、理论建设、决策咨询等各项工作,取得新的成效。3月16日,西湖区、青云谱区、红谷滩区、东湖区4所市委党校分校挂牌成立。5月,根据全市事业单位机构改革安排,撤销市社会主义学院,市委党校加挂市社会主义学院牌子,为市委直属正处级公益一类事业单位,参照公务员法管理。全年,举办各类轮训培训班次89期,培训学员7368人。在全省党校(行政学院)办学质量评估中位列第一名。《弘扬江西优秀传统文化》获评全省党校行政学院系统第四届精品课。《践行"两山"理念,实现绿色发展——生态产品价值实现案例》《弘扬伟大建党精神,赓续红色血脉》《弘扬江西优秀传统文化》入选全省干部教育培训好课程。

【教学工作】 2021年,市委党校坚持党校姓党,抓牢党的理论教育和党性教育主业主课,确保相关课程占主体班总课程比例超过70%。科学设置各类班次培训课程,把学习习近平新时代中国特色社会主义思想作为教育培训的重中之重,将习近平总书记"七一"重要讲话精神、党的十九届六中全会精神、市第十二次党代会精神等纳入教学内容。创新教学方式,把"双主体"(以教师指导的教和以学生的学相结合的教育方式)理念落实到教学和管理的各个环节当中,突出学员的参与性、体验性,综合运用讲授式和案例式、模拟式、体验式等互动式教学方法。突出红色基因传承,打造以"八一"为特色的党性教育品牌,把八一南昌起义作为开展红色基因教育的第一教材,建立"1+N"红色基因教育课程体系,开设"八一枪声践初心铁心向党铸军魂""走进八一南昌起义感悟共产党人的初心和使命""对南昌起义几个问题的探讨"等系列课程。综合运用专题授课、现场教学、小组研讨、党性分析、微党课等多种手段,使学员在"听、看、研、思、讲"中不断强化主体意识,自觉把思想摆进去,真正实现入脑入心。党性教育经验总结文章《推进红色基因传承,增强党性教育实效》登载在《学习时报》。

【理论研究】 2021年,各类课题立项27个,其中全省党校系统社会科学课题7个、省社会科学规划课题1个。3篇论文在江西省党校系统庆祝中国共产党成立100周年理论研讨会征文活动中获奖。9篇论文在全市庆祝中国共产党成立100周年理论研讨会征文活动中获奖,市委党校获全市庆祝中国共产党成立100周年理论研讨会征文活动组织奖。报送调研报告15篇,获省领导批示7次、市政府主要领导批示1次。牵头联合市委办、市政府办、市委组织部、市委宣传部、市委政研室、市委政法委、市发改委、市司法局、市文广新旅局、市政务数据局组建南昌市高质量发展资政联盟,以"率先'作示范、勇争先',再展英雄城雄姿,续写时代荣光"为主题,举办第一期论坛活动。

【承接中国井冈山干部学院中医药高层次专家国情研修班南昌教学任务】 2021年4月13日,中国井冈山干部学院中医药高层次专家国情研修班在南昌开展教学。此研修班由中组部人才局、国家中医药管理局主办,来自全国各地获得院士、岐黄学者、(岐黄工程)首席科学家等荣誉称号的50余名中医药专家参加。研修班人员到江中药谷、小平小道陈列馆、邓小平劳动车间开展现场教学,了解江中药谷50年的发展历程,回忆邓小平在南昌工作、生活的点滴故事,感悟邓小平不怕困难、攻坚克难、开拓创新的精神。这次研修班是自2020年8月市委与中国井冈山干部学院签订战略合作协议后,市委党校第一次承接的中国井冈山干部学院研修班。中国井冈山干部学院充分肯定此次教学,表示将深化双方战略合作,推动更多更高规格班次到南昌教学。

【迎接全省党校(行政学院)办学质量评估】 2021年5月11—12日,全省党校(行政学院)办学质量评估工作组对市委党校开展办学质量评估。评估以听取工作汇报、实地考察、查阅材料及访谈的方式进行,主要对市委党校2016年以来,贯彻落实《中国共产党党校(行政学院)工作条例》、省市党校(行政学院)工作会议和省市党校(行政学院)校(院)长会议精神的总体情况进行评估。在全省党校(行政学院)办学质量评估中,市委党校在全省位列第一名。

(周　瑶)

南昌市人民代表大会

综　述

【概况】　2021年，南昌市人民代表大会常务委员会（以下简称市人大常委会）坚持党的领导、人民当家作主、依法治国有机统一，旗帜鲜明讲政治，为民代言献实策，依法履职促发展，不断推动新时代人大工作与时俱进。落实中央人大工作会议精神，不断推进政治机关、权力机关、工作机关、代表机关建设。加强组织建设，新增外事侨务民族宗教工作委员会，成立人大工作理论研究会、青年工作委员会、书画学习院，激发机关活力，凝聚干事合力。弘扬实干担当，对标先进，《南昌市居家养老服务条例》实施、代表联络工作站等多项工作获全国人大常委会办公厅《联络动态》、全国人大微信公众号、《中国人大》杂志专题报道。全年，制定地方性法规2件，检查法规实施情况7项，听取审议工作报告15项，作出决议决定24项，审查规范性文件175件，任免国家机关工作人员154人次。

【贯彻党委决策部署】　2021年，按照全市县乡人大换届工作部署要求，依法指导县乡人大换届选举，稳妥有序做好换届选举各项工作。开展快速公交系统（BRT）项目专题调研，实地察看BRT运行情况，跟进项目建设，找准实际问题，提出意见建议，为市委决策提供参考。开展公路货运超限超载治理专题调研并召开座谈会，精准分析超限超载、噪声污染成因，结合实际提出对策建议，为市委决策提供参考。全面落实请示报告制度，坚持重要工作、重大事项和重大问题及时向市委请示报告，确保人大工作与市委的中心工作同频共振、同向发力。

【助力经济高质量发展】　2021年，围绕全市工作大局，找准助推经济建设的最佳契合点，开展监督、视察、调研工作，为推动经济平稳较快发展发挥积极效应。开展法院知识产权审判、检察机关服务保障民营经济健康发展工作情况专题调研，激发南昌市创新活力和创新动能，营造法治化良好营商环境。完善市级预算审查联网监督平台建设及运行工作，指导县区建成预算审查联网监督平台，依法审查批准年度预决算，跟踪调研预算执行情况，推进全面实施预算绩效管理。持续开展审计查出问题整改督办，对部门、县区审计查出问题整改情况进行满意度测评，着力解决“屡审屡犯”顽疾，为人民群众看好“钱袋子”。

【法治建设】　2021年，坚持高标准、高质量立法，发挥好法治在社会治理中的作用，以良法促进发展、保障善治，为法治南昌建设贡献人大力量。制定《南昌市中心城区农贸市场管理条例》《南昌市荣誉市民条例》，理顺农贸市场监管体制，建立并完善荣誉市民退出机制，推进农贸市场规范化管理及南昌市荣誉市民评选工作制度化。加强宪法宣传教育，举办国家宪法日和宣传周系列活动，28家市直单位开设咨询服务台，群众积极参与法治游园等活动，新华社、央广网等中央、省市媒体相继报道。全年，南昌市宪法教育馆接待省市及外地单位近100批次，被评为江西省法治宣传教育基地。加强对法律实施情况监督，开展《江西省物业管理条例》《江西省旅游者权益保护条例》《南昌市居家养老服务条例》等执法检查，推动法规落地落细。听取审议“七五”普法规划实施情况报告，作出“八五”普法决议，推动形成全社会尊法、学法、守法、用法的良好氛围。

【助推民生实事落实】　2021年，紧扣市委中心工作，积极回应社会关切，实行正确监督、有效监督、依法监督，推动办成一批党委想做、政府能做、群众盼做的事。持续跟进2021年市政府10件民生实事票决项目,全力推动2021年民生实事票决项目保质保量如期完成。组织人大代表进站收集2022年民生实事候选项目意见和建议,认真梳理汇总。深入开展“我为群众办实事”代表行动,就代表提出的“解决老百姓慢性病门诊看病难的建议”,约见市医疗保障局负责人,召开督办交流会,督促市医疗保障局和市卫健委印发《关于完善高血压、糖尿病长期用药处方管理工作的通知》,方便高血压、糖尿病参保群众就医取药,推动破解群众“看病烦”难题,省人大常委会党组书记、副主任赵力平作出批示给予肯定。听取审议生态文明建设和生态环境状况、重点水域禁捕退捕报告,开展前湖水系、黄家湖水环境综合治理调研,持续开展环保赣江(南昌)行主题活动,督促政府有关部门统筹推进水资源、水环境、水生态治理,持续改善南昌市水环境质量。开展南昌市生活垃圾分类实施情况、重点水域全面禁捕退捕工作、黄家湖改造提升等专题调研,督促有关部门做好建设规划。

重要会议

【概况】 2021年,市人大常委会共召开2次人民代表大会、12次常务委员会会议、20次主任会议,传达学习贯彻中央、省、市有关会议精神,听取和审议有关单位工作情况报告,讨论和决定全市政治、经济、文化等各方面重大工作事项,审议并通过全市地方性法规和有关情况议案,认真研究部署人大各项工作,切实履行工作职责。

【市十五届人大七次会议】 2021年3月5—7日,南昌市第十五届人民代表大会第七次会议在前湖迎宾馆召开。大会通报2021年市政府十大民生实事项目票决结果;表决通过关于政府工作报告的决议、关于南昌市国民经济和社会发展第十四个五年规划和二〇三五年远景目标纲要的决议、关于南昌市2020年国民经济和社会发展计划执行情况与2021年国民经济和社会发展计划的决议、关于南昌市2020年全市和市级预算执行情况与2021年全市和市级预算的决议、关于市人大常委会工作报告的决议、关于市中级人民法院工作报告的决议、关于市人民检察院工作报告的决议。大会选举万广明为南昌市人民政府市长;梅茂发、余志坚、杨保根为南昌市第十五届人民代表大会常务委员会副主任,汪军伟为南昌市第十五届人民代表大会常务委员会秘书长;刘志勇、邹建华、周国群、胡灵驱、黎建武为南昌市第十五届人民代表大会常务委员会委员。省委常委、市委书记吴晓军在闭幕大会上讲话。

【市十六届人大一次会议】 2021年10月26—28日,南昌市第十六届人民代表大会第一次会议在前湖迎宾馆召开。大会听取和审议市政府工作报告、市人大常委会工作报告、市中级人民法院工作报告、市人民检察院工作报告,并表决通过上述各项决议。大会选举李镇发为南昌市第十六届人民代表大会常务委员会主任,宋铀、刘德辉、谭绍木、王强、万昱原、张湘赣、寇立群、孙毅为副主任,汪军伟为秘书长,选举出30人为南昌市第十六届人民代表大会常务委员会委员;选举万广明为南昌市人民政府市长,胡晓海、龙国英、肖铁军、赵捷、江新洪、彭开先、王强为南昌市人民政府副市长,黄冬生为南昌市监察委员会主任,刘星为南昌市中级人民法院院长,刘鸿斌为南昌市人民检察院检察长。大会表决通过南昌市第十六届人大各专门委员会组成人员人选。省委常委、市委书记李红军在闭幕大会上讲话。

【市十五届人大常委会会议】 2021年,市十五届人大常委会召开11次会议。会议表决通过《关于提请接受蔡社宝等同志辞去江西省第十三届人民代表大会代表职务请求的决定》《关于推迟召开南昌市第十五届人民代表大会第七次会议的决定》的议案;审议并表决通过《南昌市荣誉市民条例》《南昌市中心城区

2021年3月5—7日,南昌市第十五届人民代表大会第七次会议在前湖迎宾馆召开

(市人大办 供图)

农贸市场管理条例》《南昌市人民代表大会常务委员会关于南昌市第十六届人民代表大会代表名额分配和选举问题的决定》《关于召开南昌市第十六届人民代表大会第一次会议的决定》；补选江西省第十三届人民代表大会代表；作出《关于授予王坚院士“南昌市荣誉市民”称号的决定》；决定接受黄喜忠辞去南昌市人民政府市长职务的请求，任命万广明为南昌市人民政府副市长，万广明代理南昌市人民政府市长职务，任命胡晓海为南昌市人民政府副市长，任命唐艳华为南昌市工业和信息化局局长；表决通过人事议案等。

【市十六届人大常委会会议】 2021年12月30—31日，市十六届人大常委会第一次会议召开。会议审议并表决通过《关于召开南昌市第十六届人民代表大会第二次会议的决定》《关于批准2021年地方政府债务限额及市级预算第二次调整方案的决定》；审议市人民政府关于南昌市“七五”普法规划实施情况和“八五”普法工作安排情况的报告，市人大监察司法委关于提请审议《南昌市人民代表大会常务委员会关于开展第八个五年法治宣传教育的决议》的议案；审议市人民政府关于南昌市重点水域全面禁捕退捕工作情况报告的审议意见研究处理情况的报告，并进行满意度测评；审议市中级人民法院关于知识产权审判工作情况报告的审议意见研究处理情况的报告，并进行满意度测评；审议市工业和信息化局、市重点公共建设项目管理中心、市生态环境局、市城市管理和综合执法局、市政务服务数据管理局、市文化广电新闻出版旅游局关于审计查出问题整改情况的报告，并进行满意度测评；听取市人民政府关于南昌市2021年上半年国民经济和社会发展计划执行情况报告的审议意见研究处理情况的报告（书面）、关于南昌市2020年市级财政决算及2021年上半年财政预算执行情况报告的审议意见研究处理情况的报告（书面）、关于南昌市2020年度南昌市市本级预算执行和其他财政收支的审计工作报告审议意见研究处理情况的报告（书面）、关于《江西省旅游者权益保护条例》实施情况报告的审议意见研究处理情况的报告（书面）、关于《南昌市居家养老服务条例》实施情况报告的审议意见研究处理情况的报告（书面）、关于开展2021年“环保赣江（南昌）行”活动情况的报告；表决通过人事议案。

【市十五届人大常委会主任会议】 2021年，市十五届人大常委会召开17次主任会议。会议传达学习全国“两会”精神，全省县乡两级人大换届选举工作会议精神；讨论《关于推迟召开南昌市第十五届人民代表大会第七次会议的决定（草案）》的议案，关于提请审议授予王坚院士“南昌市荣誉市民”称号的议案，关于召开市十五届人大常委会第三十六次会议的工作方案（草）及人事议案，《关于召开南昌市第十五届人民代表大会第七次会议的决定（草）》的议案；听取关于南昌市生态文明建设和生态环境状况的调研报告，关于禁止露天焚烧调研情况及立法意见建议的汇报，《南昌市中心城区农贸市场管理条例（草案二次审议稿）》审议情况的汇报；讨论关于南昌市国有自然资源资产管理情况报告的审议意见研究处理情况的报告，关于检查《江西省湿地保护条例》实施情况的审议意见、关于召开市十五届人大常委会第三十七次会议的工作方案（草）及人事议案；关于检查《南昌市居家养老服务条例》实施情况的工作方案（草），关于检查《江西省旅游者权益保护条例》实施情况的报告，关于南昌市重点水域全面禁捕退捕工作的调研报告，关于检查《南昌市居家养老服务条例》实施情况的报告，关于召开市十五届人大常委会第四十三次会议的工作方案（草），关于召开市十五届人大常委会第三十八次会议的工作方案（草）及人事议案等。

【全市县乡两级人大换届选举工作会议】 2021年6月25日，全市县乡两级人大换届选举工作会暨业务培训会召开。会议传达全省县

2021年6月25日，全市县乡两级人大换届选举工作会议

（市人大办　供图）

乡两级人大换届选举工作会议精神，部署全市县乡两级人大换届选举宣传报道工作，邀请省人大常委会选任联工委原巡视员李元生作县乡人大换届选举工作辅导。市委副书记、组织部部长李镇发，市人大常委会主任吴伟柱出席并讲话。市人大常委会副主任沈杰主持。市人大常委会秘书长汪军伟出席。各县(区)人大常委会主任、组织部部长，各开发区党工委副书记，各县(区)人大常委会分管领导、选任联工委负责人、乡镇人大主席等有关人员参加。

【市十六届人大常委会主任会议】 2021年，市十六届人大常委会共召开3次主任会议。会议讨论关于南昌市2020年度国有资产管理情况的报告的审议意见(草)，关于提请审议《关于召开南昌市第十六届人民代表大会第二次会议的决定(草案)》的议案，南昌市人大常委会2022年立法计划(草案)；听取关于南昌市“七五”普法规划实施情况和“八五”普法工作安排情况的调研报告，关于提请审议《南昌市人民代表大会常务委员会关于开展第八个五年法治宣传教育的决议(草案)》的议案(草)，南昌市中级人民法院对市人大常委会《关于知识产权审判工作情况报告的审议意见》研究处理情况的报告，关于南昌市重点水域禁捕退捕工作情况报告审议意见研究处理情况的报告，关于开展2021年“环保赣江(南昌)行”活动情况的报告(草)，关于检查《南昌市居家养老服务条例》实施情况的报告审议意见研究处理情况的报告，关于2021年地方政府债务限额及市级预算第二次调整方案(草案)的审查报告及人事议案等。

【全市人大工作暨代表约见工作经验交流会】 2021年7月27日，全市人大工作暨代表约见工作经验交流会召开。市人大常委会主任吴伟柱，市人大常委会副主任申少平、王敏、谭绍木、沈杰、罗剑云，市人大常委会秘书长汪军伟出席会议。会上，部分县区人大汇报上半年工作情况，并就开展代表约见工作中的好经验、好做法进行交流发言。在听取汇报后，吴伟柱就做好下一阶段工作指出，要抓进度、讲质量做好立法工作，确保如期高质量完成年度立法和立法调研任务；抓重点、讲认真做好监督工作，促进“一府一委两院”工作落实；抓深入、讲特色做好代表工作，推进代表进站规范化、代表约见多样化、代表视察常态化。要全面加强自身建设，深入抓好党史学习教育，扎实推进优秀代表经验交流工作，全方位展现人大代表积极履职的良好精神风貌。要严肃开展换届选举工作，认真总结本届各项工作，对照目标狠抓落实，确保届内各项工作完美收官。市人大常委会各专(工)委负责人、各县区人大常委会主要负责人、各县区人大常委会办公室、选任联工委有关干部参加。

重要活动

【概况】 2021年，市人大常委会自觉坚持党对人大工作的领导，深刻领会“两个确立”的决定性意义，切实增强“四个意识”、坚定“四个自信”、做到“两个维护”，学党史、悟思想、办实事、开新局，不断提高政治判断力、政治领悟力、政治执行力，注重立法质效，履行监督职能，发挥代表作用。围绕庆祝中国共产党成立100周年举办系列活动，加强全市人大工作经验交流与培训，开展2021年度民生实事票决项目完成情况专项视察，各项工作务求实效、走在前列。

【全市新任县(区)人大常委会班子成员培训班】 2021年9月2日，全市新任县(区)人大常委会班子成员培训班开班。市人大常委会主任吴伟柱作开班仪式动员讲话。市人大常委会副主任申少平、谭绍木、沈杰、杨保根，市人大常委会秘书长汪军伟出席开班仪式。吴伟柱围绕如何做好人大工作、当好人大干部，同全市新任县(区)人大常委会班子成员交流工作实践和感悟体会，就圆满完成换届交接和全年各项任务，推动全市人大工作再上新台阶提出要求。此次培训班为期2天，采取集中授课和分组讨论相结合方式进行。培训班邀请现任的2位县区人大常委会主任围绕“如何当好人大常委会主任”“如何开展代表约见工作”进行授课，安排市人大常委会选任联工委和市人大监察司法委人员讲授人大换届选举业务知识、开展监督工作流程等。各县(区)新任人大常委会班子成员、市人大各专门委员会、市人大常委会各工作委员会负责人参加。

【民生实事票决项目专项视察】 2021年11月16日，市人大常委会开展2021年度民生实事票决项目完成情况专项视察，并召开座谈会，听取项目建设有关汇报，研究部署下一步工作。市人大常委会主任李镇发，市人大常委会副主任宋铀、刘德辉、谭绍木、王强、万昱原、张湘赣、寇立群、孙毅，副市长王强，市人大常委会秘书长汪军伟参加有关活动。视察组到湾里管理局、红谷滩区，实地察看部分农村人居环境整治、加装电梯、老旧小区改造项目。座谈会上，市人大常委会各监督小组汇报民生实事监督工作开展情况，市发改委汇报2022年民生实事候选项目筹备情况。李镇发指出，要继续以“坐不住”的紧迫感、“慢不得”的危机感、“等不起”的责任感，抓好各项民生实事人大票决项目的落实，围绕“岗位、园位、学位、床位、车位、厕位”

等群众“急难愁盼”问题，积极征求全社会的意见建议，确保选准选好2022年民生实事项目，不断增强政治定力、战略定力、改革定力，咬定目标，知难而进，团结协作，精益求精，切实把代表票决制工作抓实抓好、抓出成效。市人大常委会副秘书长，市政府分管副秘书长，市人大各专门委员会、市人大常委会各工作部门主要负责人，市政府有关部门主要负责人参加座谈会。

【超限超载噪声污染治理专项视察】 2021年12月10日，市人大常委会视察组就公路货运车辆超限超载噪声污染治理情况开展专项视察。市人大常委会主任李镇发带队，市人大常委会副主任宋铀、刘德辉、谭绍木、王强、万昱原、张湘赣、孙毅和副市长赵捷、江新洪及市人大常委会秘书长汪军伟参加有关活动。视察组到方大特钢科技股份有限公司、洪都高架（金域名都小区周边路段）、南昌赣江海螺水泥厂、昌北钢材大市场，实地察看南昌市治超降噪工作开展情况。召开专题汇报座谈会，观看全市治超工作暗访视频，听取有关职能部门履行治超职责情况，研究部署下一步工作。

【宪法宣传咨询活动】 2021年12月4日，南昌市2021年国家宪法宣传周暨“12·4”国家宪法日宣传咨询活动启动仪式在南昌市法治文化公园举行。市人大常委会主任李镇发宣布活动启动并发言。市人大常委会副主任宋铀、谭绍木、王强、万昱原、张湘赣、孙毅，市人大常委会秘书长汪军伟出席启动仪式。市委老干部局、市总工会、市妇联、市发改委等28家单位在现场开设宣传咨询服务台，开展法治宣传、法律咨询服务。市文联组织书法家现场撰写法治书法作品，赠送给游园的市民群众。

【立法新闻通报会】 2021年12月29日，贯彻实施《南昌市荣誉市民条例》《南昌市中心城区农贸市场管理条例》新闻通报会召开。《南昌市荣誉市民条例》《南昌市中心城区农贸市场管理条例》经市人大常委会审议通过，省人大常委会审查批准，将于2022年1月1日实施。会议指出，《南昌市荣誉市民条例》有利于增强市外人士对南昌的价值认同和情感认同，有利于擦亮“天下英雄城”金字招牌、助推南昌扩大开放，为南昌打造一流“朋友圈”。出台《南昌市中心城区农贸市场管理条例》是治理城市顽疾、文明城市创建的迫切需要，是反映群众心声、保障改善民生的内在要求，有助于进一步完善南昌市社会治理法规体系，为群众构建一流“幸福圈”。会议强调，良法善治，良法是前提，善治是关键。要加强学习宣传，扩大社会影响，使法规深入人心。要加强业务培训，提高执法水平，使执法规范文明。要加强监督检查，建立长效机制，使法规落到实处。

监督工作

【概况】 2021年，市人大常委会紧紧围绕全市工作大局，坚持正确监督、有效监督，创新人大监督方式，以有力监督助推全市经济社会发展。组织开展快速公交系统（BRT）项目、公路货运超限超载治理、生活垃圾分类管理条例、农作物秸秆露天禁烧和综合利用决定贯彻情况、社会保险工作、推进乡村振兴专题调研，提出相关意见和建议，促进经济社会协调发展。开展前湖水系、黄家湖水环境综合治理调研，持续开展环保赣江（南昌）行主题活动，推进江湖水域环境保护工作。全年，听取和审议工作报告15项，检查法规实施情况7项，接收报备规范性文件175件。

【《南昌市居家养老服务条例》执法检查】 2021年4月至7月，市人大常委会就全市贯彻实施《南昌市居家养老服务条例》（以下简称《条例》）情况进行执法检查。7月9日，召开《条例》执法检查工作动员部署会，就重点检查阶段工作进行动员部署。此次检查着重检查全市居家养老基本公共服务保障、全面落实普惠性居家养老服务补助政策、助餐服务覆盖、城企联动普惠养老以及养老、孝老和敬老政策体系建设情况；城区居家养老服务设施布局规划、服务用房配建标准和5亩以下土地优先用于养老服务设施建设情况；农村颐养之家功能完善、品质提升和服务覆盖面等情况；智慧养老服务平台、日间照料、助餐服务和医养结合等养老服务质量建设情况。执法检查采取自查、重点检查和随机抽查相结合方式进行，重点检查西湖区、青山湖区、红谷滩区和安义县。通过执法检查，督促市政府及相关部门完善城乡一体化居家养老服务体系，切实抓好居家养老服务设施建设和服务能力提升，全面落实普惠性居家养老服务补助政策，科学编制服务设施布局规划，严格落实服务用房配建标准，提升老年助餐服务品牌，深化居家养老服务领域改革，构建出多元参与、运行有序的居家养老服务发展格局。

【“一法两条例”执法检查】 2021年4月至6月，市人大常委会就全市贯彻实施《中华人民共和国消防法》《江西省消防条例》《南昌市消防条例》（以下简称“一法两条例”）情况进行执法检查。执法检查组围绕检查重点，聚焦消防队站、高层建筑、危化企业、老旧社区、施工现场、地下空间、商场、校园、医院、养老机构和轨道交通等消防安全，进行实地检查。执法检查组每到一处仔细看、详细问,与相关单位负责人进行座谈交流,征求消防员、社区工作者、物业服务企业人员以及相关企事业单位工作人员的意见和建议,研究切实可行的对策措施。通过“一法两条例”执法检查,监督和推动“一法两条例”贯彻实施,提升全市消防工作水平,保障人民群众生命财产安全。

【《江西省旅游者权益保护条例》执法检查】 2021年7月23日、26日,市人大常委会副主任罗剑云率执法检查组到南昌县、青云谱区、西湖区、新建区、东湖区开展《江西省旅游者权益保护条例》(以下简称《条例》)执法检查工作。执法检查组分座谈询问组、实地检查组、问卷调查组3个小组,采取听汇报、提问题、看实地、做问卷等方式,了解当地政府、旅游和市场主管等部门贯彻落实《条例》的实施情况、主要工作成效、执法过程中存在的问题及面临的困难以及旅游者对权益法规、维权渠道、先行赔付制度等方面掌握情况和意见建议。7月29日,罗剑云率执法检查组赴湾里管理局、红谷滩区开展《条例》执法检查工作。执法检查组先后对智慧湾里、雷岗民宿村、融创文化旅游城、军事装备展示中心开展实地检查,组织座谈问询、问卷调查、设施检查等工作,及时了解和掌握行政区域内旅游者权益保护工作落实情况,提出改进工作意见建议,督促政府及有关部门进一步履行好职责,推动先行赔付、巡回法庭等特色创新条款落到实处、发挥作用。

人事任免

【概况】 2021年,市人大常委会坚持党管干部和依法任免干部相统一原则,按照规范程序和办法,任免国家机关工作人员154人次。其中,任命95人次,免职48人次,接受辞职11人次。补选20名市人大代表。

【人事任免名单】 2021年,南昌市第十五届人民代表大会常务委员会第三十六次会议通过,决定任命胡灵驱为南昌市人大常委会副秘书长、办公室主任。免去吴新财的南昌市人大常委会副秘书长、办公室主任职务。

南昌市第十五届人民代表大会常务委员会第三十七次会议通过,决定任命万广明为南昌市人民政府副市长,决定万广明代理南昌市人民政府市长职务。任命汤王东为南昌市人大社会建设委员会副主任委员;谢芸为南昌市中级人民法院立案二庭副庭长;陈洁为南昌市中级人民法院刑事审判第一庭副庭长、审判员;李恒为南昌市中级人民法院民事审判第一庭副庭长;万俊健为南昌市中级人民法院民事审判第二庭副庭长;周丽华为南昌高新技术产业开发区人民法院审判委员会委员;陈勇为南昌经济技术开发区人民检察院检察长、检察委员会委员、检察员;田勇为南昌市人民检察院检察委员会委员、检察员;周兰香为南昌高新技术产业开发区人民检察院检察委员会委员、检察员。批准免去汪军伟的南昌市监察委员会委员职务;钟瑛的南昌高新技术产业开发区人民法院院长、审判委员会委员、审判员职务;熊祖赉的南昌市中级人民法院刑事审判第二庭副庭长职务;陈勇的南昌市人民检察院检察委员会委员、检察员职务;赵雪艳的南昌市人民检察院检察委员会委员、检察员职务;周兰香的南昌市人民检察院检察员职务;杨根玉的南昌经济技术开发区人民检察院副检察长、检察委员会委员、检察员职务。

南昌市第十五届人民代表大会常务委员会第三十九次会议通过,决定任命巫滨为南昌市人力资源和社会保障局局长。批准任命吴奇峰为南昌县人民检察院检察长;赵雪艳为进贤县人民检察院检察长;吴佳隽为安义县人民检察院检察长;朱国根为东湖区人民检察院检察长。批准免去吴曙明的南昌县人民检察院检察长职务;吴奇峰的进贤县人民检察院检察长职务;田勇的安义县人民检察院检察长职务;杜迎春的东湖区人民检察院检察长职务;罗祥发的青云谱区人民检察院检察长职务;贺小亮的南昌市人民检察院检察员职务。

南昌市第十五届人民代表大会常务委员会第四十次会议通过,决定任命段毅为南昌市中级人民法院立案一庭庭长;陈建华为南昌市中级人民法院立案二庭庭长;姜伟杰为南昌市中级人民法院民事审判第一庭庭长;宛继斌为南昌市中级人民法院民事审判第四庭庭长;周兵为南昌市中级人民法院审判监督庭庭长;熊义元为南昌市中级人民法院刑事审判第三庭副庭长;曹成云为南昌市中级人民法院行政审判庭副庭长。免去陈建华的南昌市中级人民法院立案一庭庭长职务;周兵的南昌市中级人民法院立案二庭庭长职务;段毅的南昌市中级人民法院民事审判第一庭庭长职务;胡朋的南昌市中级人民法院民事审判第四庭庭长职务;李敏的南昌市中级人民法院刑事审判第三庭庭长职务;余行飞的南昌市中级人民法院行政审判庭庭长职务;姜伟杰的南昌市中级人民法院未成年人案件综合审判庭庭长职务;廖江川的南昌市中级人民法院审判监督庭庭长职务;曹成云的南昌市中级人民法院民事审判第三庭副庭长职务;熊义元的南昌市中级人民法院审判监督庭副庭长职务;胡巧明的南昌市中级人民法院立案一庭审判员职务;李水金的南昌市中级人民法院刑事审判第三庭审判员职务。

南昌市第十五届人民代表大会常务委员会第四十二次会议通过，决定任命胡晓海为南昌市人民政府副市长；唐艳华为南昌市工业和信息化局局长。

南昌市第十五届人民代表大会常务委员会第四十四次会议通过，任命黄冬生为南昌市监察委员会副主任，决定代理市监察委员会主任职务；任命刘星为南昌市中级人民法院副院长、审判委员会委员、审判员，决定代理市中级人民法院院长职务；任命刘鸿斌为南昌市人民检察院副检察长、检察委员会委员、检察员，决定代理市人民检察院检察长职务。决定任命肖铁军为南昌市公安局局长；刘晓博为南昌市中级人民法院审判员。决定免去万秀奇的南昌市公安局局长职务；杨保根的南昌市城市管理局局长职务；贾彧超的南昌市发展和改革委员会主任职务；徐强的南昌市城乡建设局局长职务；张萍的南昌市中级人民法院副院长、审判委员会委员、审判员职务；涂平贵的南昌市人民检察院副检察长、检察委员会委员、检察员职务。

南昌市第十五届人民代表大会常务委员会第四十五次会议通过，任命刘峥为南昌市监察委员会副主任；黄细华为南昌市监察委员会副主任。免去朱斌的南昌市监察委员会副主任职务；寇立群的南昌市监察委员会副主任职务；徐强的南昌市监察委员会副主任职务。

南昌市第十六届人民代表大会常务委员会第一次会议通过，任命汪军伟为南昌市人大常委会办公室主任。决定任命邹晓东为南昌市人民政府秘书长；雷强为南昌市发展和改革委员会主任；黄琰为南昌市教育局局长；李淑英为南昌市科学技术局局长；唐艳华为南昌市工业和信息化局局长；肖铁军为南昌市公安局局长；戴闽为南昌市民政局局长；涂晓晖为南昌市财政局局长；巫滨为南昌市人力资源和社会保障局局长；陈宏文为南昌市生态环境局局长；李勇为南昌市住房和城乡建设局局长；罗建华为南昌市城市管理和综合执法局局长；熊保良为南昌市交通运输局局长；胡崇敬为南昌市水利局局长；龚林涛为南昌市农业农村局局长；戴琼为南昌市商务局局长；万利平为南昌市文化广电新闻出版旅游局局长；朱世鸣为南昌市卫生健康委员会主任；刘祈虎为南昌市退役军人事务局局长；万仁如为南昌市审计局局长；梅梅为南昌市人民政府外事办公室主任；黄中平为南昌市国有资产监督管理委员会主任；宋明为南昌市林业局局长；邓峰为南昌市人民政府金融工作办公室主任；徐云辉为南昌市市场监督管理局局长；黄文为南昌市民族宗教事务局局长；杨春为南昌市体育局局长；兰园为南昌市统计局局长；徐静为南昌市人民防空办公室主任；郭宇为南昌市医疗保障局局长；汪成为南昌市机关事务管理局局长；宋亮生为南昌市政务服务数据管理局局长；陈建军为南昌市中小企业服务局局长。任命李莉为南昌市监察委员会委员；晏永青为南昌市监察委员会委员；屈小兵为南昌市监察委员会委员；肖璐为南昌市监察委员会委员；张乐洋为南昌市监察委员会委员；吴红龙为南昌市中级人民法院审判监督庭副庭长。批准任命王勇为南昌县人民检察院检察长；赵雪艳为进贤县人民检察院检察长；吴佳隽为安义县人民检察院检察长；朱国根为南昌市东湖区人民检察院检察长；李世峰为南昌市西湖区人民检察院检察长；唐景扬为南昌市青云谱区人民检察院检察长；王忠华为南昌市青山湖区人民检察院检察长；刘娟为南昌市新建区人民检察院检察长；杜迎春为南昌市红谷滩区人民检察院检察长。免去胡灵驱的南昌市人大常委会办公室主任职务；晏青的南昌市监察委员会委员职务；姚平的南昌市监察委员会委员职务；罗辉的南昌市中级人民法院副院长、审判委员会委员、审判员职务；吴红龙的南昌市中级人民法院民事审判第一庭副庭长职务；梁珂的南昌市中级人民法院审判员职务；刘炽的南昌市人民检察院检察委员会委员职务；刘贞禄的南昌市人民检察院检察员职务；章苏北的南昌经济技术开发区人民检察院检察员职务。批准接受吴奇峰辞去南昌县人民检察院检察长职务；王忠华辞去南昌市西湖区人民检察院检察长职务；王勇辞去南昌市青山湖区人民检察院检察长职务；雷武辞去南昌市新建区人民检察院检察长职务。

【表决通过接受辞职人员请求决定】 2021年，南昌市第十五届人民代表大会常务委员会第三十五次会议表决通过《关于接受蔡社宝等同志辞去江西省第十三届人民代表大会代表职务请求的决定》。

南昌市第十五届人民代表大会常务委员会第三十七次会议表决通过《关于接受徐永立同志辞去南昌市第十五届人民代表大会常务委员会秘书长职务请求的决定》《关于接受吴新财等同志辞去南昌市第十五届人大常委会委员等职务请求的决定》《关于接受黄喜忠同志辞去南昌市人民政府市长职务请求的决定》。

南昌市第十五届人民代表大会常务委员会第三十九次会议表决通过《关于接受杨文斌辞去南昌市人民政府副市长职务请求的决定》。

南昌市第十五届人民代表大会常务委员会第四十次会议表决通过《关于接受张振球同志辞去江西省第十三届人民代表大会代表职务请求的决定》。

南昌市第十五届人民代表大会常务委员会第四十四次会议表决通过《关于接受龚绍林同志辞去江西省第十三届人民代表大会代表职务请求的决定》《关于接受吕清泉同志辞去南昌市中级人民法院院长职务请求的决定》《关于接受刘炽同志辞去南昌市人民检察院检察长职务请求的决定》。

（韩丽平）

代表履职

【概况】 2021 年，市人大常委会不断加强和改进代表工作，完善履职机制，拓宽履职渠道，充分发挥代表主体作用，支持和保障代表依法履职。加强代表活动阵地数字化建设，建成网上代表联络工作站（室）251 个，创建新一届市人大代表履职电子档案，提高代表履职管理信息化水平。通过联席会、业务学习、专题培训等多种方式，加强对新一届人大代表的集中学习培训，提高代表综合素质。督办市十六届人大一次会议代表提出的 472 条意见建议，建立工作台账，推动问题解决。开设“代表讲堂”，定期邀请具有专业知识的人大代表，开展讲课与学习交流，增强代表履职的积极性。全年，共组织和邀请代表参加各类视察、调研、执法检查等活动 600 余人次。

【代表议案建议办理】 2021 年，市十五届人大七次会议共收到代表建议 189 件。至年底，189 件建议全部按期办结。其中，吸纳代表建议，相关工作取得进展的（A 类）建议有 119 件，占建议总数的 63.1%；列入工作计划拟解决的（B 类）建议有 51 件，占建议总数的 26.9%；暂未吸纳代表建议，向代表说明解释或留作工作参考的（即 C 类）建议有 19 件，占建议总数的 10%。从代表对办理答复的反馈情况看，均表示满意或基本满意。针对市人大代表提出的“解决老百姓慢性病门诊看病难的建议”，南昌市人大常委会约见市医疗保障局，详细了解慢性病门诊相关情况，对督办此项建议提出具体要求。市医疗保障局立即行动，联合市卫健委开展调研摸底工作，印发《关于完善高血压、糖尿病长期用药处方管理工作的通知》，并立即开始实施。

2021 年 12 月 16 日，2021 年南昌市人大代表初任培训班开班仪式举行

（市人大办　供图）

【市人大代表约见机关负责人】 2021 年 5 月 12 日，市人大常委会组织召开人大代表约见国家机关负责人会议。市人大常委会副主任沈杰出席并讲话。市人大农业和农村委、市人大常委会选任联工委及相关市直部门、县区政府负责人参加会议。前期，市人大常委会组织代表就乡村振兴工作到 3 个县、1 个区开展专题调研。针对调研视察中代表提出的问题，市人大常委会组织代表约见有关单位负责人，并就代表的提问进行现场解答。全市各级人大开展代表约见活动 165 次，收到问题 595 个，推动解决问题 447 个。

【人大代表初任培训】 2021 年 12 月 16 日，2021 年南昌市人大代表初任培训班开班仪式举行。市人大常委会主任李镇发出席并作动员讲话。市人大常委会副主任宋铀、谭绍木、万昱原、张湘赣、孙毅，市人大常委会秘书长汪军伟出席。李镇发指出，举办此次培训班的目的是希望通过学习、培训、交流，更好地提高代表履职能力，更好地发挥代表主体作用，更好地坚持和完善人民代表大会制度。新任人大代表要以此次培训为契机，把加强学习、坚持学习、终身学习作为一项重要任务，坚持不懈地抓下去，做到知法明义、知情问政、知责履职。开班式后，省人大常委会选任联工委原一级巡视员李元生以《地方人大的组织和职权》为题，讲授“第一课”。150 余名初任市人大代表参加培训。

【市第十五届人民代表大会代表履职作为交流会】 2021 年 9 月 23 日，市第十五届人民代表大会代表履职作为交流会召开。市人大常委会主任吴伟柱出席并讲话。市人大常委会党组书记李镇发主持。市人大常委会副主任申少平、谭绍木、沈杰、罗剑云、杨保根,市人大常委会秘书长汪军伟出席。会议宣读《关于表彰南昌市第十五届人民代表大会优秀代表的通报》,为受到表彰的市人大代表集体颁奖,部分优秀市人大代表作履职情况交流。市人大常委会二级巡视员,各县区人大常委会党组书记、主任,市人大各专门委员会、市人大常委会各工作委员会负责人,各县区分管代表工作有关负责人,各乡镇人大主席、街道人大常委会主任以及受表彰的市人大代表参加常委会。

表4　　2021年市十五届人大七次会议代表建议重点督办情况一览表

建议编号	建议名称	提出建议的代表	督办领导或部门
109号	关于在红谷滩中心区增加初中教育用地的建议	蔡爱民	申少平
029号	关于加快推进养老服务体系建设的建议	熊春水	王敏
015号	关于加大机动车管理,为南昌市智慧交通助力的建议	刘小坚	沈杰
038号	关于加强村卫生室建设的建议	徐会强	罗剑云
136号	关于加快推进乡村振兴建设的建议	彭国禄	梅茂发
137号	关于加快推进老旧小区改造的建议	彭国禄	余志坚
162号	关于加大对湾里财政支持力度的建议	胡强	杨保根
043号	关于开设中小学劳动实践课的建议	曹三院	市人大法制委
001号	关于进一步落实认罪认罚案件社区矫正机构接受检察机关社会调查评估委托的建议	耿承军	市人大监察司法委
046号	关于进一步优化营商环境的建议	周茂林	市人大财经委
084号	关于尽快出台赣江两岸科创大走廊建设的建议	廖峰	市人大教科文卫委
166号	关于完善凤凰洲市民公园绿道建设的建议	余萌	市人大城建环保委
159号	关于要求完善乌沙河、碟子湖水系防洪防涝体系建设的建议	胡明清	市人大农业农村委
105号	关于出台退役军人就业创业扶持政策的建议	欧阳小敏	市人大社会建设委

(资料来源:市人大办)

南昌市人民政府

综　述

【概况】　2021年，南昌市全面落实党中央、国务院，省委、省政府和市委决策部署，涵养自信，奋发进取，齐心协力，稳住经济基本盘，兜住民生保障网，守牢社会稳定线，实现“十四五”良好开局。南昌市人民政府（以下简称“市政府”）扎实开展党史学习教育，持续深化“五型”（忠诚型、创新型、担当型、服务型、过硬型）政府建设。坚持重大问题向市委报告，自觉接受市人大、市政协及各方面的监督，高质量办理省市人大代表建议187件、省市政协委员提案380件；深入开展法治政府示范创建，连续5年获评全省优秀；在全省率先开展市本级部门预算执行全覆盖审计。开展“我为群众办实事”实践活动，全市447个重点民生项目全部完成。在2021（第二届）全国政务热线发展年会上，市“12345”政务服务便民热线获“2021年度优秀智能建设成果案例”奖。全年受理各类诉求121.3万余件，群众满意率95.4%。红谷滩区、安义县和南昌高新区昌东镇、新建区溪霞镇等7个县（区）和乡镇分别获评全省第二批“五型”政府建设示范县（区）和示范乡（镇、街道）。

【综合实力提升】　2021年，定期对经济运行形势进行分析研究，精准施策补短板、强弱项，做好“六稳”（稳就业、稳金融、稳外贸、稳外资、稳投资、稳预期）、“六保”（保居民就业、保基本民生、保市场主体、保粮食能源安全、保产业链供应链稳定、保基层运转）工作，扩大项目投资，深入挖掘消费潜力，经济运行呈现出“稳中有进、进中向好”的良好态势。地区生产总值增速8.7%；地方一般公共预算收入同口径增长10%；规模以上工业增加值增长11.4%；固定资产投资增长11.1%；社会消费品零售总额增长17.4%；海关出口总值增长25.9%；城镇和农村居民人均可支配收入分别增长7.8%、9.5%。

【产业转型加快】　2021年，重点打造的八大产业全年营业收入6227.32亿元，增长21.0%，其中电子信息产业营业收入接近2000亿元（含电子信息服务业）。全年实现服务业增加值3194.11亿元，增长9.1%。推进企业上市“映山红行动”，新增A股上市公司4家。总部经济发展成效初显，腾讯安审中心、中盛金融中心、紫光智慧教育全国总部、世纪华通XR研发总部、德勤会计师事务所南昌分所等项目落地。文化旅游、会展服务、现代物流等产业加快发展，南昌陆港型国家物流枢纽入选“十四五”首批全国物流枢纽建设名单。深入实施数字经济“一号工程”，南昌高新区5G+VR特色产业园获评全省首批5G产业基地，华勤、泰豪等4家企业入选省级“5G+工业互联网”应用示范场景，江铃、龙旗入选省级“5G+工业互联网”应用示范工厂，开通5G基站12350个，重点场所5G网络通达率100%，获评全国首批千兆城市。推进现代农业发展，新增市级农业产业化龙头企业73家、总数376家，国家级龙头企业总数16家，占全省的1/4。10家农企入围中国农企500强。航空科创城、中医药科创城、VR科创城建设加快推进，引进落户北京大学南昌创新研究院、中国信通院江西研究院、中国工业互联网研究院江西分院等一批大院大所创新平台。开展每年吸引10万名大学生和技能人才来昌留昌创业就业行动，举办线上线下“百场校招”活动500余场，兑现奖励补贴超11亿元、人数近8万人，产业高质量发展的动力更加强劲。

【改革开放推进】　2021年，坚持以供给侧结构性改革为主线，推出并实施一系列重点改革举措，城市大脑“一网统管”基本构建,“赣服通”4.0版建设加快推进,5G基站设施审批改革被住建部列入全国工改2021年首批十大创新举措,营商环境不断优化。持续加大减税降费力度,累计为企业减负395亿元。与广东省7个市签署战略合作框架协议,举办2021世界VR产业大会、2021中国航空产业大会暨南昌飞行大会、中国卫星导航年会、中国绿博会、第一届中国米粉节等重大活动,全年签约重大项目717个,协议投资总额4567.42亿元,扩大开放的层级和水平不断提升。

【品质城市打造】 2021年,南昌地铁4号线一期开通运营,九洲高架东延、桃新大道主线通车,南昌高铁东站、沿江中北大道快速路、广州路东延等工程加快推进,西二环高速公路、九龙大桥、桃花南路快速化改造等项目开工建设,城市体检工作、城市更新行动稳步推进,城市功能品质持续提升。农村生活垃圾治理实现全覆盖,农村旱厕基本全部拆除,农村生活污水治理梯次推进。空气质量连续四年达国家二级标准,在全国省会城市持续领先、中部省会城市持续领跑。民生类支出累计完成726.41亿元,全面完成新增就业任务,落实“双减”政策成效显著,教育、文化、卫生健康事业全面发展,巩固拓展脱贫攻坚成果同乡村振兴有效衔接。常态化抓好疫情防控,开展疫苗接种,安全生产形势总体平稳,社会治安防控体系不断完善,社会大局保持和谐稳定。

【长效交流合作平台建立】 2021年,以建立长效合作交流平台为目标,积极探索新思路方法,增进城市间交际往来,增加与广东省、湖北省、湖南省、江苏省、河南省、安徽省等省内各地市接待系统的联络沟通,共享信息资源,共同保障政务活动顺利开展。以架构投资促进桥梁为目标,发挥“载体”功能和“窗口”作用,利用参加上海现代服务业招商推介会等随团外出考察和各类大型活动期间一对一接待机会,推广宣传富有南昌特色的红色历史、古色文明、绿色资源,为争取投资意向、促成投资签约发挥积极推动作用。

(谭梦阳)

2021年11月16日,九洲高架东延工程的昌东大道主线项目建设现场

(马悦 摄)

重要会议

【概况】 2021年,市政府共召开3次全体会议。其中,第1次会议由市长黄喜忠主持,第2、3次会议由市长万广明主持。市政府召开33次常务会议。其中,第1—2次会议由市长黄喜忠主持,第3—4次会议由市委副书记、副市长、代理市长万广明主持,第5—33次会议由市长万广明主持。副市长、市政府秘书长等出席。

【市政府全体会议】 2021年1月11日,市政府全体会议召开。会议贯彻落实党的十九届五中全会、中央经济工作会议、省委全会、省委经济工作会议和市委全会等一系列重要会议精神,研究审议提请市十五届人大七次会议审议的《政府工作报告(讨论稿)》、《南昌市国民经济和社会发展第十四个五年规划和二〇三五年远景目标纲要》,安排部署下一步重点工作。3月8日,市政府全体(扩大)会议召开。会议学习市“两会”精神,部署市政府工作报告重点任务落实工作。市长万广明强调,全市政府系统要认真贯彻习近平总书记关于抓落实的重要指示精神,深入学习贯彻市“两会”精神,大力发扬“三牛”精神,全力以赴抓好政府工作报告各项工作落实,全力冲刺首季“开门红”,奋力完成全年各项目标任务,确保“十四五”开好局、起好步,以优异成绩庆祝中国共产党成立100周年。10月13日,市政府全体会议召开。会议研究审议提请市第十六届人大一次会议审议的《政府工作报告(讨论稿)》,安排部署下一步重点工作。

【市政府常务会议】 2021年,市政府先后召开33次常务会议。会议传达贯彻中央、省、市相关会议精神，听取并审议市政府各部门有关工作情况报告、汇报、计划、规划、方案、预案，部署落实政府各项工作等。会议要求各级各部门按照中央、省委经济工作会议和市委关于经济工作的决策部署，坚持加速度与高质量相结合、内循环与外循环相结合、有效供给与需求管理相结合、硬件完善与软件提升相结合、促发展与防风险相结合，坚持系统观念，巩固拓展疫情防控和经济社会发展成果，更好统筹发展和安全，扎实做好“六稳”工作、全面落实“六保”任务，确保“十四五”开好局。

表 5　　2021 年南昌市政府重要文件目录一览表

文号	文件标题
洪府发〔2021〕15 号	关于印发蓑衣荚排口、乌沙河水质提升后续整改方案的通知
洪府发〔2021〕16 号	南昌市人民政府关于印发南昌市推动老工业城市工业遗产保护利用、打造“生活秀带”工作方案的通知
洪府发〔2021〕17 号	印发关于促进建筑业转型升级进一步推动装配式建筑发展若干意见的通知
洪府发〔2021〕18 号	南昌市人民政府印发关于推进更高水平气象现代化助力南昌高质量跨越式发展实施方案的通知
洪府发〔2021〕20 号	关于印发《南昌市市级行政事业单位资产清查摸底工作方案》的通知
洪府发〔2021〕21 号	南昌市人民政府关于印发《南昌市市长质量奖管理办法》的通知
洪府发〔2021〕22 号	南昌市人民政府印发关于深入开展爱国卫生运动的实施意见的通知
洪府发〔2021〕23 号	关于支持南昌综合保税区高质量发展的若干意见的通知
洪府发〔2021〕24 号	南昌市人民政府关于认领实施江西省统一行政权力清单和落实、衔接江西省人民政府取消、调整部分行政权力事项目录的通知
洪府发〔2021〕25 号	关于印发《关于进一步推动电子信息产业高质量发展的实施意见》的通知
洪府发〔2021〕26 号	南昌市人民政府关于推行终身职业技能培训制度的实施意见
洪府发〔2021〕27 号	关于印发南昌市全民科学素质行动规划纲要实施方案（2021—2025 年）的通知
洪府发〔2021〕28 号	关于印发《南昌市生态环境保护“十四五”规划》的通知

（谭梦阳）

政务服务

【概况】　2021 年 12 月 2 日，根据《中共江西省委机构编制委员会办公室关于整合组建南昌市政务服务数据管理局的批复》精神，南昌市行政审批局与南昌市大数据管理局整合，组建新的政务服务数据管理局。南昌市政务服务数据管理局（以下简称市政数局）紧紧围绕市委、市政府做强做优大南昌都市圈、加快全市高质量跨越式发展和奋力推进“五城”建设目标任务，聚焦深化“放管服”改革，围绕打造“四最”营商环境，深入推进简政放权，不断优化政务服务。多措并举创新政务服务方式，着力构建“进一扇门、到一个窗、办多件事”政务服务新格局，做好审批提速，多项改革任务精准落地，企业群众的获得感、满意度逐步增强。南昌市获 2021 年国务院重点城市网上政务能力全国第 7 名，2021 年住建部工程建设项目审批制度改革评估第 13 名。“多规合一”业务协同、简化投资审批、5G 设施“绿色超简”审批等举措连续 3 年被住建部推广；“六多合一”被中央改革办《情况交流》第 49 期报道；“三大超简”模式得到国务院第八次大督查第九督查组的高度肯定，并作为典型案例上报。南昌市行政审批局被评为第十六届江西省文明单位、全市政府系统“五型”政府建设先进集体、2021 年全市“转作风、优环境”活动年先进集体。

【市民中心正式运营】　2021 年 12 月 8 日，市政数局搬迁至市民中心办公，市民中心正式运营。通过录制市民中心宣传片，拍摄抖音视频以及在《南昌日报》《江南都市报》等主要媒体以及相关公众号上刊登搬迁公告和正式对外运营公告，并详细介绍市民中心运营时间、地点、乘车路线、进驻单位和具体可办理事项，使企业群众足不出户可知市民中心全貌。在地铁站和主要商业街区刊登广告和增设户外广告牌，滚动播出搬迁公告等方式告知群众市民中心搬迁具体情况。增设51路和501路公交线路，设置市民中心站，在交通要隘及地铁口增设指示牌。坚持“设备先进，网络先通，系统先调”，公安、税务等10个专网全部接通。40个标准化的前台全面启用，涉及办事的285台电脑、扫描仪、打印机等全部优化。大厅设备设施全面升级，39台综合自助机、18台叫号机全厅铺开。志愿者导巡台，帮办导办专窗持续服务，免费地下停车场、沙发区、休息区，推动办事自动化、智慧化程度大幅提升。深化“一件事一次办”改革，优化“就近办、集中办、帮代办”服务，提升“网上办、掌上办、码上办”效率，推动数据共享，持续提升政务服务效能。按照一网通办改革要求，打造“四级一体”线上政务服务平台。围绕一站式服务的目标，全市1698项依申请政务服务和300余项公共服务全部进驻。

【一体化平台建设】 2021年，依托“互联网+政务服务”技术体系，推进市、县、乡、村四级一体政务服务平台建设，医疗广告审查、卫生许可证核发、教师资格认定审核表遗失补办等高频事项实现全程网办。通过事项标准化、技术智能化、数据共享化，近200个首批高频事项可以全程网上流转、证照自动关联、快递邮寄送达，真正实现“集中办、就近办、无证办、一次办”。推进建设“六端协同”（南昌市政务服务网、赣服通App、南昌城市大脑App、微信小程序、微信公众号和自助服务机）一体化平台，对接证照库证照103种，累计签发100.9万张电子证照，群众可通过平台进行查询、申报、办理，开设智搜、智问、智答等智慧应用模块。

【“六多合一”改革】 2021年，着力提高行政审批效率，推进“六多合一”改革。“六多合一”审批管理系统升级版深度融合“多审合一”“多介合一”“多评合一”“多规合一”“多测合一”“联合图审”“联合验收”等模块合一业务子系统，服务涵盖行政审批、自然资源、城乡建设、市政公用等部门，实现全市12个县区全覆盖，创新打造“一张蓝图、一个办法、一个平台”（“一张蓝图”即叠加整合基础地理、城乡建设、资源调查、历史建筑、总体规划、控制性详细规划等12个子专题220个图层数据；“一个办法”即健全完善建设项目管理工作机制，推进“以地选商”；“一个平台”即打通对接多规合一业务协同系统，提前收集意向项目、征求意见、预审项目建设条件等）南昌“多规合一”特色。全市项目储备库中用地项目412个，生成库中策划成熟项目244个。全面对行政许可、技术审查、中介服务、市政公用服务、备案等事项，专家评审、会议审查、征求意见、现场核验、公示公告等环节进行“三查一监督”（自查、互查、督查、监督），对全市中介服务纳入系统进行规范管理。南昌市“多规合一”的“一张蓝图”业务协同不断更新整合土地利用总体规划（2017）等216个图层数据，实现基于地块红线的两规冲突检测、控制线检测、合规性检测、辅助选址等分析功能。项目生成库中有284个策划成熟项目（经营性用地项目116个、划拨用地项目166个、工业项目2个），有120个项目进入国家监管平台。审批和建设部门采取“双评双控”方式，强化对中介服务机构价格、耗时与质量的监管，及时对外公示评价结果，实行末尾淘汰法，倒逼中介机构提升服务。至年底，“多介合一”服务机构567家，委托办件1123件。

【“三大超简”审批改革】 2021年，为加快推进项目“早落地、早开工、早见效”，探索推进政府投资重大重点项目实行“三大”（大承诺、大容缺、大模拟）超简审批改革。制定出台《南昌市社会投资项目“拿地即开工”实施细则》，推进符合条件的社会投资工业类项目按照企业自愿申请、书面承诺的原则，职能部门提前介入、提前预审，全过程无偿帮办代办，企业拿地后前期手续办理时间不超过8个工作日。7月29日，南昌市制定出台《社会投资项目“拿地即开工”实施细则》《树木迁移审批服务及批后监管举措》《轨道交通上盖物业综合开发工程审批指导办法》《政府投资项目建设控制标准（试行）》等配套审批改革文件，助力“三大超简”模式落地见效。全国首创《政府投资项目建设控制标准》，试行明确市政道路桥梁、安置房、学校、绿化、行政办公用房装修、外立面维修改造、公共停车场等七大类政府投资项目建安单价或综合单价上限控制，为投资规模控制提供依据。

【“惠企便民”工程推出】 2021年，全市实有企业233671户，注册资本约19739.77亿元。其中，内资企业20099户，注册资本约7187.39亿元；私营企业212072户，注册资本约12356.18亿元；外商投资企业1500户，注册资本约196.2亿美元。全市新增企业48106户，同比增长20.42%，新增注册资本约2394.36亿元，同比减少19.36%。为缩减企业开办时间和成本，深入推进“优流程、减时限、降成本”，打破新办企业多部门、跨领域断点式申办的传统模式，实现企业开办登记“审核合一、一人通办”新模式，将企业开办流程压缩至2个环节。在全省率先推行企业开办市场主体注册登记、公章刻制、银行预约开户、申领发票、社保登记等由2个工作日压缩至0.5个工作日，实现企业开办全流程“半日结”。全面推行印章刻制政府买单，向新办纳税人免费发放税务UKey，实现企业开办“零成本”。扩大企业开办全面提速知晓度，鼓励企业享受开办全流程服务，对标对表先进城市做法，推出企业开办大礼包。

【“双向跟班学习”模式探索】 2021年，推进审管互动实践创新，探索事前审批与事中事后监管部门干部双向跟班学习模式，创新出台《2021—2022年南昌市行政审批与事中事后监管部门干部双向跟班学习实施方案》，推进17个行政审批与监管部门34名干部进行5批次审管双向交流，进一步提高审管联动效能和协同服务能力。4月初，市委组织部联合市行政审批局制定印发《南昌市行政审批与事中事后监管部门干部双向跟班学习实施方案》，为期2年的审管干部双向交流学习开始，17家市直单位参与，34名干部分4批参加，每批次交流学习6个月。至年底，第一批9名审管交流干部学习期满，为民办实事办好事33件，为帮助企业纾困解难26个，取得良好的社会反响。

【“难事直通窗”上线】 2021年8月1日，出台《南昌市行政审批局政务服务大厅“难事直通窗”解决企业群众难事工作方案》，搭建“我为群众办实事”全新载体，专门为企业群众提供有效兜底服务，打造“‘南’事不难办”服务环境。实行领导带班制，每日安排一名领导坐班“难事直通窗”，亲自调度、推动难事高效快速解决。实行“三级处置响应”机制，简单问题当日协调解决，复杂问题2个工作日内协调解决，特别复杂问题实行“一事一议”，5—10个工作日内集体研究解决。出台《南昌市行政审批局政务服务大厅“难事直通窗”解决企业群众难事工作方案》，将机制制度化，责任压实到人。“难事直通窗”设立后累计解决企业群众“急难愁盼”事20余件。

（刘艳冰）

政务信息化建设

【概况】 2021年，南昌市大数据管理局聚焦数字经济、数字社会、数字政府建设，加快数字产业化、产业数字化、城市数字化进程，努力开创数字产业新局面。全市累计新增申报政务信息化项目15个，总计投资预算5.06亿元。全市信息化项目主要围绕应急处突、综合监测、智慧景区、数字传媒、政务服务提升等领域展开。大数据发展专项资金支持项目24个。其中，13个续建项目占资金的57%，3个新开工项目占资金的14.7%，5个运维类项目占资金的9.5%，3个数字经济产业发展扶持项目占资金的16.7%，管理费123.08万元。全市信息化项目主要围绕智慧城市建设、云网平台搭建、政务服务提升、公共安全治理等领域展开，且以“城市大脑”建设为统领，将3个项目并入城市大脑项目中，做到资源集约、数据共享。南昌政务数据共享工作排名从2019年的全省第九位提升到2021年的全省第一位。南昌数字经济创新发展试验区被列为江西省数字经济创新发展试验区（全省共4个试验区）；南昌经开区数字经济创新发展（智能终端）试验基地被列为江西省数字经济创新发展试验基地（全省共5个试验基地）。

【南昌政务云扩容提质】 2021年，市政务云扩容提质工作全面完成，建成覆盖全市的政务外网国产云平台，可提供大容量计算、存储、备份等优质服务，大幅提升政务数据共享能力。持续开展政务数据资源目录编制，制定《南昌市政务信息数据资源目录》《南昌市政务信息资源系统清单》《南昌市政务信息资源共享责任清单》《南昌市政务信息资源开放责任清单》等“一目录三清单”，确定开放责任清单845项，共享责任清单1573项。建成全市数据共享交换平台，初步建成全市数据开放平台，搭建人口、法人、宏观经济库、地理空间库、电子证照、信用库等16个基础数据库，累计存储数据1.8亿条，可为全市部门提供共享数据、交换数据等服务，实现政务数据横向和纵向互通。南昌市在全省政务数据共享排名中稳居第一位。通过共享交换平台订阅教育部学历学位信息、省公安厅人口基本信息、省人社厅社会保障卡信息、省民政厅婚姻信息等1102个高频共享信息库，为全市各部门业务协同提供强有力的数据支撑。打通数据助力优化营商环境，探索政务数据“聚、通、用”，赋能营商环境优化，开展打通“信息孤岛”专项行动，制定任务清单，推动全市政务信息系统整合和政务数据共享。至年底，收集11个单位的193项数据需求，全部打通。

【南昌“城市大脑”提质扩面】 2021年，市大数据局推进南昌“城市大脑”提质扩面。作为智慧赋能城市治理、社会治理的辅助决策指挥系统，南昌城市大脑以云计算、大数据、物联网、人工智能等新一代信息技术为基础，以一云（政务云）、一中枢（数据中枢）、一视频、一批场景、一舱（领导数字驾驶舱）、一端（城市大脑客户端）、一热线（“12345”政府服务热线）为核心，在国内首次采用“飞天云+鲲鹏处理器+中枢”全国产化体系构建大规模云平台计算、存储环境。6月，省数字经济创新发展领导小组办公室专门发文推广南昌市率先点亮“城市大脑”，开启城市数字化治理新篇章。经过提升、完善，“城市大脑”通过数据协同、业务协同推动流程再造、制度重塑，成功打造出一个便民惠企高效便捷、城市治理智能智慧、市场资源精准配置的数字化政务服务系统和智能化城市管理平台，7个场景聚焦市民出行难、停车难、看病难等民生领域的难点、痛点，从群众需求出发，建立起多部门协同建设、运维的管理机制。

【学位信息一键查场景建设】 2021年，实现在南昌（城市大脑）客户端在线采集学生信息，减少信息采集负担。“学位信息一键查”场景解决城区3.1万名小升初孩子信息采集、核验问题。初中学位信息在城市大脑上可自动生成场景，根据家长选择依次自动查询比对学籍、户籍、婚姻、出生证明、商品房、租房、居住证、工商注册信息、纳税证明、社保信息等入学要素确定学生类别；依据学区路段、学校容量和学生信息、通过AI学位匹配算法智能为学生分配学校。同时通过场景建设，将以往每年班主任、学校、县区教育局、市教育考试院4级逐级式审核变为数据比对、智能匹配，实现管理流程的重组和优化，最大限度地提高工作效率、降低管理成本。与以往每年历时3个月的小升初报名和审核流程相比，2021年家长平均只需要1分32秒即可获取模拟分配学校信息。

【“交通不限行”应用场景建设】

2021年，南昌“交通不限行”应用场景是全国第一次通过城市大脑中枢系统，融合交管、公交、出租等多元数据的交通场景。“南昌交通不限行”应用场景对主要交通堵点进行数字化改造提升，接入公交、出租及高德导航等多源数据，构建态势感知、拥堵识别、通行评价、成因诊断等功能模块，接入公交车和出租车数据，打造“1分钟拥堵报警并快速响应—3分钟警力到达现场—5分钟完成轻微事故处理恢复交通”的扁平化指挥调度机制。交通健康指数等均位居全国省会城市前列，实现车辆不限号、交通不拥堵。全市工作日日均机动车在途量70万辆，节假日日均机动车在途量高于工作日，约73万辆；工作日外地车在途量12万辆，节假日外地车16万辆。在“南昌交通不限行”场景支撑下，南昌取消限号，实现交通不限行。同时由于取消限号，外地车到南昌更加便利，不断吸引外地车辆进入南昌，增加商业、景区周边道路交通流量，增强南昌经济活力。

【“扶贫不落一人”应用场景建设】

2021年，南昌“扶贫不落一人”应用场景打通扶贫、民政、残联、人社、公安、市场监管等部门数据，实现扶贫补助在线发放精准快捷、过程留痕有源可溯、数据留底有据可查。全省丧葬数据打通后，安义县、新建区分别实时比对出1例、49例贫困群众死亡数据，以往类似监测时间长达半年。在南昌城市大脑“扶贫不落一人”应用场景中，通过实时比对，自动计算，每月自动生成发放清单，直接推送至贫困户社保一卡通，补贴资金直接发放到户，流程时间由原来的10余个工作日缩短到1天，人力和时间均节约90%，实现工作省人、办理省时、基层省事和部门同心、基层省心、群众放心。“扶贫不落一人”场景让“几十个人忙十几天”的低保发放成为历史，实现当天造表当天发放，覆盖7个县区，累计发放3.17亿元。该场景获第二届数字政府特色评选50强“用户满意创新奖”。

【“优惠政策直达”应用场景建设】

2021年，南昌“优惠政策直达”应用场景打通公安、社保、教育、人社等部门数据，让符合条件的人才点击鼠标3下，就能实现奖补政策免批秒兑、即时到账。“优惠政策直达”应用场景改变原有人才政策兑付模式，通过“数据比”代替“人工审”，政策兑付全过程“免批秒办”（免人工审批、系统5秒内办结）。通过城市大脑政策“沙盘”，不但发放更快更准确，并且通过大数据计算，还可以预估资金规模，了解人才分布等情况。让“南昌人才10条”生活补贴和落户补贴兑现效率由传统方式的日均17人、20万元，提升到日均221人、330万元，同时企业供岗补贴于6月底正式上线。9月30日，省委组织部组工微讯发布《江西南昌：天下英雄城 · 聚天下英才》文章，介绍场景在做大基础型人才规模，政策的辐射效应和带动效应的突出成效。至11月1日，落户奖励总申报7.35万人，通过9933人，兑现奖励993.3万元；生活补贴总申报17.77万人，通过5.76万人，兑现补贴9.69亿元；供岗补贴总申报42人，通过42人，兑现补贴6.5万元。

【“赣服通”南昌分厅建设优化】

2021年，按照全省政务服务“无证办理”标准规范，依托省市共享交换平台，创新应用身份认证、电子证照、数据共享等技术手段和人脸识别、“区块链+电子证照”等新技术，在全省率先推出标准化、便利化，线上线下融合“无证办理”服务，实现从电子证明过渡到隐形无感证明，让企业和群众感受贴心政务服务，提升办事效率、行政效能。推动信用在“赣服通”南昌分厅应用，上线“信易批”专区，将个人、企业信用信息的查询嵌入审批流程，依托赣通分，为赣通分达到一定分数及以上申请人提供容缺受理、告知承诺、简化程序、优先办理等便利服务措施，真正实现“让信用信息多跑路，让诚信主体少跑腿”。打造“一次不跑”“免证减证”“秒批秒办”“企业开办”“水电气服务”等一系列主题特色专区，让企业群众可以结合需要，直奔主题、快速申报。至年底，“赣服通”南昌市分厅上线特色服务事项1865项，特色全程网办事项135项，无证办理事项305项，秒批事项1项，79种电子证照签发317万余张电子证照，依托“赣服通”提供亮证、扫码授权、在线提交办事材料和归档打印等服务。“赣服通”南昌市分厅访问量达到5984.9万人次，实名注册用户数234.5万户，涵盖公积金、养老、就业创业、不动产、房屋租赁、社会保障、教育、交通、燃气等各个方面。

【"赣政通"南昌分厅协同办公系统上线】 2021年1月13日，正式上线"赣政通"南昌分厅协同办公系统。该系统整合全市(政府部门)政务办公系统，实现公文线下纸质签批到线上无纸化签批，实现市、县、乡、村4级移动协同办公，提供沟通、办公、审批、执法等各类政务管理服务，实现政务工作"手机一开，说办就办"，推动全市各级政府部门办公系统互联互通和数据共享，提升跨区域、跨部门、跨层级沟通效率。规范政务管理"先申请、后审批、再使用"，压缩一般公文流转办理至3个工作日。完成与赣服通4级审批体系对接，实现更多政务服务事项在"赣服通"掌上受理、"赣政通"后台办理的政务服务完整闭环，提高政务服务质量和办事效率，助力南昌打造"四最"营商环境。推动全市各部门内部工作交流、政务信息群迁移到平台，打破地域限制、部门限制及层级限制，实现工作沟通和办公协同融合，提升工作效能。至年底，"赣政通"南昌分厅协同办公系统市级平台实现13个县区、开发区和政府部门联通，用户数2.5万人，开发570个公文处理事项，累计发起公文流程数量约30万个，总活跃群数1208个，公文处理117万人次。

(刘艳冰)

人事管理

【概况】 2021年，南昌市人力资源和社会保障局(以下简称"市人社局")围绕全市经济社会发展大局，凝心聚力，真抓实干，做好人事各项工作。开展事业单位公开招聘工作，完善事业单位岗位设置，推进事业单位人员创新创业。严格日常工资福利业务审核审批，健全教师工资待遇保障长效机制，创新开展绩效工资总量核定工作，完成涉改事业单位工资划转工作。推进职称制度改革，科学评定各系列职称，规范专业技术职务聘任(续聘)工作。完善博士后三级管理体系，开展博士后(博士)科研平台评估，推动企业产学研有效结合。做好稳就业、强保障、抓人才、优服务、促和谐等各项工作，就业创业量质齐升，服务水平显著增强，为全市高质量跨越式发展提供强有力的人才智力支撑。

【事业单位公开招聘】 2021年，市人社局严格审核招聘计划、规范资格审查内容和考试流程，做好事业单位公开招聘工作。按照计划申报、岗位审核、公告发布、笔试、资格审查、面试、考核、体检、公示等程序，组织开展南昌市2021年事业单位公开招聘工作。此次计划招聘137人，有13712人报名。完成2021年全市卫生专业技术人员招聘计划申报、岗位审核、公告发布、笔试、面试及体检等工作，计划招聘136人，共有1559人报名，实际录用71人。完成2021年全市中小学教师招聘计划申报、岗位审核、笔试、资格审查、面试及体检等工作，计划招聘1486人(其中编内教师622人、聘用教师控制数864人)，有19215人报名，实际录用1441人。

【事业单位岗位设置】 2021年，完善事业单位岗位设置，做好事业单位岗位设置的政策指导、监督管理和核准备案工作。开展南昌市2021年专技二级岗评审工作，推选出专技二级岗拟聘人员报省人社厅审核。做好县区岗位设置变更工作，核准变更656家涉改及非涉改单位岗位设置。核准南昌市特设岗，完成市直及县区91名申报特设岗人员材料的受理核准工作。办理完成市直事业单位岗位聘用1644件(4632人次)岗位聘用业务。就部分县区人社部门进行岗位设置和县以下事业单位建立管理岗位职员等级晋升制度实施前开展培训，陪同省人社厅开展事业单位专业技术岗位结构比例调整工作调研。

【事业单位人员创新创业】 2021年，发挥人才的"鲶鱼效应"，推动南昌市事业单位科研人员创新创业高质量发展，促进人才在事业单位和企业间合理流动。向市直各主管单位及各县区传达《江西省人力资源和社会保障厅关于进一步支持和鼓励事业单位科研人员创新创业的实施意见》文件精神，深入实施创新驱动发展战略，推进创新型省份建设，激发事业单位活力和社会创造力。至年底，南昌市事业单位创新创业职工854人，其中市直事业单位324人、县区事业单位530人。

【日常工资福利业务审核审批】 2021年，严格日常工资福利业务审核审批程序，办理市直事业单位人员等级晋升、职务晋升、调出、辞职、解聘等工资审批业务3780人次。办理机关工勤晋级晋档306人次，事业单位人员晋薪29268人次。办理事业单位到龄退休手续人员420人。审核新招聘人员、退伍安置人员、调入人员等人员工资待遇904人。办理高级专家延长退休年龄审批2人。配合办理教龄满30年、战时立功等核定一次性退休补贴15人。审核市直事业单位绩效增减材料223家。

【绩效工资总量核定】 2021年，为做好市直事业单位2021年绩效工资总量申报核定工作，市人社局对南昌市现行绩效工资总量核定操作办法、省直事业单位新政策绩效工资总量核定操作办法、省内其他地市做法及相关政策进行分析研究，结合南昌市实际，在征求财政部门意见后，采取加权系数的办法核定单位2021年绩效工资总量，确保涉改事业单位绩效工资总量不降。为做好义务教育学校2021年绩效工资总量核定工作，按照省教育工委等6个部门印发的《关于加强新时代中小学思想政治理论课教师队伍建设的实施意见》,在核定义务教育学校2021年绩效工资总量时,统筹考虑思政课教师岗位津贴等因素,纳入绩效工资管理,并相应增加学校绩效工资总量。

【工资划转套改】 2021年,根据市委关于事业单位改革有关文件精神,稳步推进事业单位改革,维护涉改单位专业技术人员权益,按照事业单位改革工作相关部署,为涉改事业单位专业技术人员5723人次办理职称聘任手续,确保南昌市涉改事业单位人员划转平稳有序。为优化市直涉改事业单位人员工资办理程序,提高办理效率,市人社局草拟工资业务办理指南,做到市直涉改单位工资划转"即来即办",县区上划人员档案"即来即审"。充分利用"互联网+工资服务"技术手段、"一次性告知"服务手段,对市直事业单位划转人员工资业务做到线上线下即时办结。全年,完成156家市直事业单位2258人的工资划转工作。为贯彻落实国家、省关于国家综合性消防救援队伍工资政策有关精神,与南昌市消防救援支队进行沟通,严格按照相关政策和标准,对消防员的数量、职务工资、衔级工资、消防救援职业津贴、消防救援执勤补贴等进行审核,完成535名消防员基本工资首次套改。

【教师工资待遇保障长效机制健全】 2021年,为贯彻落实市政府2021年《政府工作报告》关于健全教师工资待遇保障长效机制的有关要求,制定完善"核定市直义务教育教师的基本工资(岗位工资、薪级工资),会同市财政局按照《南昌市义务教育学校绩效工资实施方案》中规定核定市直义务教育学校绩效工资总量,按国家政策和标准相应调整义务教育教师工资待遇"的长效机制。由市教育局牵头,市人社局、市财政局等相关职能部门配合,市政府印发关于落实义务教育教师工资待遇保障政策的文件。

【江西省人事人才一体化平台上线】 2021年,根据《江西省人力资源和社会保障厅关于推广应用江西省人事人才系统的通知》要求,按照省人社厅推进人社公共服务体系建设工作安排,配合省人社厅做好江西省人事人才一体化平台上线工作。积极对接软件公司,做好工资数据报送工作,并组织市直单位进行网上培训和系统试用,收集反馈市直单位试用系统的意见建议。至年底,在省人社厅新系统完成1.2万人次工资业务办理,不断扩大江西省人事人才一体化平台使用范围。

【招募招聘工作】 2021年,省下达南昌市117名"三支一扶"招募计划,经征求各县区意见、分解任务、征集岗位等环节,下达招募计划120名。此次考试报名人数15140人,报名比率达126∶1,最终确定招募"三支一扶"计划118个。根据省体育局、省人社厅《关于做好2020年全省运动队优秀运动员退役就业招聘工作的通知》精神,会同市体育局对南昌市拟招聘就业的11名退役运动员进行档案审核。按照市政府下达的安置计划,完成一类、二类退役运动员11人安置工作。

【职称评定】 2021年,组织开展全市高中级职称申报和评审工作,在线审核12630人的申报资格(向省人社厅推荐2605人参评高级职称)。完成企业高级经济管理人才直评高级经济师职称申报推荐工作,15人取得高级经济师职称。结合中小学教师正高级职称申报推荐工作开展"洪城学师"评选工作,新增24名"洪城学师"、17名小学正高级教师。完成中小学教师、卫生系统副高级职称评审工作,664名中小学教师(含366名艰边教师)、163名医务人员通过评审取得副高级职称。完成以中小学教师、工程系列为主的中级职称评审工作,2821名工程系列专技人员、1206名中小学教师通过评审取得中级职称。全面推开职业农民职称评定工作,186名职业农民通过评定取得中初级职称(中级51人、初级135人)。

【博士后三级管理体系完善】 2021年,根据省委人才办和省人社厅《关于做好2021年度博士后创新实践基地申报工作的通知》要求,推荐2家单位申报省级博士后创新实践基地,其中1家单位经省人社厅批准设立基地。开展2021年度市级博士科研创新中心认定工作,认定江西泰豪军工集团有限公司等13家企事业单位为市级博士科研创新中心。开展博士后科研平台科研资助补助工作,全市55家博士后(博士)科研单位获各类资助总计398.5万元。

(李　玢)

外　事

【概况】 2021年,全市对外工作紧紧围绕市委第十一届十一次、十二次全会和市第十二次党代会确定的目标任务,突出建党百年党史学习教育强化外事政治建设,稳妥开展涉外安全保障工作,深入推进优化开放环境基础工作,全市外事、外经、外贸工作取得突破性进展。与80余个国家的驻华使领馆官员和国际机构友人及地区、组织等负责人进行线上和线下友好接洽3000余人次,助力江西内陆开放型经济试验区建设。

【党管外事工作】 2021年,市委外事工作委员会以书面形式召开第三次会议,学习《习近平外交思想学习纲要》及中共中央、省委外事工作委员会有关会议和文件精神，审签《南昌市外事工作助力江西内陆开放型经济试验区建设方案》《南昌市推动落实国际友好城市"三个一批"工作总体方案》《南昌市外事工作协调管理联席会议制度实施方案》等重要文件。省委常委、市委书记、市委外事工作委员会主任李红军，市长、市委外事工作委员会副主任万广明就进一步做好全市外事工作分别作出批示，南昌市人民政府外事办公室（以下简称"市外办"）认真贯彻落实。5月13日，召开全市外办主任会议，传达贯彻市委外事工作委员会第三次会议精神，研究部署年度重点对外工作。扎实开展调研，编发《外事专报》9期，市委、市政府主要领导作重要批示9次。编发《外交信息通报》92期，市领导作重要批示11次。支持相关市直部门、县区及企业深入了解外事信息内容，帮助承接相关项目。在《友好城市》《友声》《决策参考》等国家、省、市级刊物上发表文章7篇。其中，在市委《决策参考》上发表文章数列年度全市第一位。走访翰昌汽车零部件（南昌）有限公司、南昌东申针织制衣有限公司等部分外向型企业，指导帮助开拓国际市场。编发"南昌外事大事记"，在市外办网站、南昌外事微信公众号发布外事信息和文章430篇，为机关、企事业单位和社会公众提供外事政策指导和信息服务。修史资政，编纂完成"十三五"时期《2016—2020南昌外事画册》，初步完成《南昌外事志（1990—2020年）》编纂工作。开展建党百年党史学习教育，提高党对外事工作集中统一领导的认识和执行自觉性。在南昌市中日友好会馆开办"南昌外事讲堂"，为全市涉外干部、民主党派民盟干部、江西师范大学外国语学院师生代表等讲授"践行习近平外交思想，深入推进新时代南昌对外工作"主题课。自3月3日起，南昌市中日友好会馆展示的"南昌国际交流展"常年向社会免费开放。至年底，参观交流展5000余人次。

【涉外安全保障】 2021年，市外办切实抓好常态化涉外疫情防控工作，累计处理各类预警信息107686条，管控6717人次，发布涉外疫情防控工作简报62期。协调做好江西经济管理干部学院采购境外飞机落地南昌拆卸、由境外搭乘临时航班返回南昌的毕业生管控及停滞在俄罗斯的南昌留学生疫情摸排安抚工作，协助开展市三建公司沙特阿拉伯分公司6名被确诊感染新冠病毒的中方员工心理援助和防疫等工作。帮助企业员工就地过年，鼓励企业发展生产。春节前夕向部分外资企业送去一次性医用口罩、款物等抗疫和慰问品，向坚持在生产第一线的员工发放一次性补贴。倡导在南昌的外籍人士接种疫苗。5—12月累计接种疫苗外籍人士1165名，接种率62.5%。完善涉外安全保障机制。牵头成立南昌海外利益安全工作协调机制小组、"一带一路"建设安全保障协调小组，分别制订工作方案，明确工作任务和要求。开展南昌企业及人员在非洲生产生活情况摸排工作，研判高风险项目，分级分类予以解决，最大限度降低南昌海外利益安全风险。妥善处理南昌县居民万某某在菲律宾被绑架等6起领保事件和坦桑尼亚籍留学生溺亡案等涉外案（事）件48起56人次。

【开放环境优化】 2021年，市外办起草并参与修订《南昌市荣誉市民条例》，旨在适应当前经济社会发展需要，更好地鼓励和表彰积极参与南昌建设的中外人士。该条例经6月17日市十五届人大常委会第四十次会议审议通过，7月28日省十三届人大常委会第三十一次会议决定予以批准，于2022年1月1日起正式施行。开展南昌市外文标识标准化建设，针对市区外文标识存在译写正确率不高、标准不统一、监管不归口等问题，开展全市九大公共服务领域外文标识情况排查摸底工作。同时，组织有关人员前往其他城市学习经验，并邀请相关专家座谈讨论。6月30日，形成《南昌市公共场所外文标识调研报告》，为下一步整改外文标识存在的问题提供科学依据。推进涉外参观点建设，按照"符合外国人口味"并能形象生动、特色鲜明地讲好南昌故事的标准，共筛选、规范、建档小平小道、南昌八一起义纪念馆、滕王阁、南昌汉代海昏侯国遗址公园、南昌国际交流展等31处涉外参观点。其中，7处被省外办授牌首批"江西省外事参观点"。4条外宾参访路线，关联驻足参观点和解说词被选送全国对外友协，配合统筹做好让世界"听懂中国""看懂中国"外宣工作。中国人民对外友好协会会长林松添、中国政府欧亚事务特别代表李辉、上海合作组织睦邻友好合作委员会副主席崔丽、陕西省人民对外友好协会专职副会长曹辉、湖南省人民对外友好协会专职副会长郭向丽以及大批外国驻华使节、地方政要等中外嘉宾到南昌参观和调研。发展国际友好关系。春节期间，举办南昌市"贺新春、叙友谊"系列国际拜年活动，邀请因疫情留在南昌的日本、俄罗斯、美国等17个国家部分高校留学生、外籍教师、企业外籍专家，与当地知名书画家等一起写春联，向参会国际友人送上中国祝福。在南昌外办网、外事微信公众号播放牛年新春南昌国际贺岁视频。视频以南昌"五城"建设典型新貌为背景，市外办、市对外友协、市中日友好会馆工作人员用中、英、日、俄、法、德、西班牙7种语言向南昌和境外的国际友人拜年。中秋节期间，以"庆建党百年、领南昌风采，迎中秋佳节、送故乡温暖"为主题，开展"国际友人看南昌"活动。组织来自美国、韩国、几内亚等21个国家60名在南昌学习工作的外国友人代表参加。同时,邀请新华社、中新网、《中国日报》、《江西日报》、《南昌日报》等10余家国家和省、市级主流媒体对活动进行报道,展示外国人眼中的南昌之美,获得超过50万人次的阅读量。7月16日至10月中旬,在南昌高新区图书馆举办国际友人海伦·福斯特·斯诺(第一个获得"中国理解与友谊国际文学奖"的美国著名诗人、作家、记者和社会活动家,长期致力于促进中美民间友好交往)纪念图片巡回展。中国人民对外友好协会副会长姜江视频连线开幕式,为纪念图片巡回展在南昌举行致辞。1月,2021南昌马拉松被评为世界田联精英标牌赛事。5月12日,南昌市第九医院主任护师、红十字志愿者胡敏华获第48届南丁格尔奖章,成为江西省第3位获此殊荣者。

【国际合作】 2021年,市外办为9场国家和省、市级的大型国际活动做好相关外宾接待、国外事务对接、文稿翻译等涉外服务保障工作。上合组织传统医学论坛、世界VR产业大会云峰会、中国商飞全球供应商大会暨中国商飞—江西省大飞机产业培育会、第十二届中国卫星导航年会、第二届鄱阳湖国际观鸟周、2020年迪拜世博会中国馆江西活动日、中国航空产业大会暨南昌飞行大会、南昌日本集中交流周、中国(中部)国际消费品博览会的举办,为南昌发展提供广阔的国际合作平台。北斗系统首届年会——第十二届中国卫星导航年会在南昌举行,吸引5000余名来自国内外卫星导航领域的顶级专家、学者和产业界优秀人才线上线下参会。南昌市签约10个北斗产业项目,总投资额约230亿元。全面做好友城工作,深化友城合作。2月10日,日本高松市举办中国春节文化活动"欢乐春节in四国",播放市长黄喜忠应约录制的祝贺视频。4月28日,白俄罗斯奥尔沙大区举行国际经济论坛暨第十届共和国环球展销会"奥尔沙传统"线上会议,市委常委、副市长肖云出席并致辞,市外办、市工商联负责人及3家南昌企业代表在线上就深化工商企业合作与对方达成共识。市外办线上参加由中日韩合作秘书处主办的"促进中日韩地方政府合作"交流研讨会、由韩国主办的第22届中日韩友好城市交流大会,共同探讨恢复和促进后疫情时代三国地方交流新模式等情况。协调选送南昌5名中学生作品参加摩尔多瓦"2021温格内友城杯艺术创作大赛国际展",铁路一中学生肖可芸绘画作品获奖。按照"巩固周边,突出非洲,重点中东欧"策略,开拓新的友城。与俄罗斯雅库特首府雅库茨克市、比利时列日市、奥地利格拉茨市、乌拉圭三十三人省、埃及十月六日城,就发展友城关系开展联系。侧重与外国驻华使领馆官员交往。市外办制定印发《南昌市关于外国驻华领馆来昌活动归口管理的实施细则》,线下接待外交部组织的16个国家驻华使节团及拉美和加勒比地区13个国家驻华使节团等14批194人次来访。外交部组织的以老挝驻华大使坎葆·恩塔万为团长的周边11个国家驻华使节团一行到访南昌古色、红色文化和现代产业。市领导万广明、肖云会见使节团一行。法国驻武汉总领事贵永华一行到南昌访问,副市长樊三宝会见。双方就参加5月在南昌举办的第十九届中国畜牧业博览会以及推进在农业、经贸、环保、城市建设等领域合作进行交流。市外办联系江铃汽车股份有限公司副总经理单丰武参加由泰国驻厦门总领事馆、泰国驻广州总领事馆共同主办"关于邀请福建和江西新能源汽车行业到泰国东部经济走廊(EEC)投资的线上座谈会"。助力企业"引进来""走出去",市外办共审核办理外国人来华33批75人次。将"APEC商务旅行卡审核转报"事项列入市政务服务网,实行"一网、一门、一次"审批,建立市级APEC商务旅行卡"白名单"制度,开通企业直报"绿色通道"。加强经贸、教育、经援等各领域合作。市委常委、副市长王万征与意大利斯蒂瓦那托集团(SG)投资部总监安德莱阿·赞波博士和意大利意中交流协会主席、意大利江西总商会会长朱裕华就SG到南昌投资医用玻璃器皿项目事宜进行线上交流。王万征会见普华永道全球跨境服务中国主管合伙人黄耀和一行。双方就助力南昌市重点行业发展、相关企业项目的引入落地、进行战略合作以及设立普华永道(南昌)办事处等事宜进行磋商。市委常委、副市长肖云与美国惠普公司全球副总裁、PC供应链总负责人米格尔·古兹曼等举行视频会议,就南昌高新区与惠普进一步合作事宜进行交流。北京大学"东方奖学金"项目22个国家学员代表团一行34人到南昌参观南昌八一起义纪念馆、滕王阁及VR产业基地。市外国语学校与韩国全罗南道举行线上交流会,开展文艺表演、互动等活动。安置赤道几内亚因3月7日巴塔市军火库爆炸事故受难的民众,南昌企业江西赣粮实业有限公司通过所负责的中国援赤道几内亚涅方示范农场,向该国农业、畜牧业、森林与环境部捐助1000千克大米和500千克蔬菜等生活物资。

【2021上海合作组织传统医学论坛】 2021年7月28日,由上海合作组织睦邻友好合作委员会、国家中医药管理局、江西省政府共同主办,江西省政府外事办公室、江西省中医药管理局、中国中医科学院、江西省卫生健康委、南昌市政府、赣江新区管委会承办的2021上海合作组织传统医学论坛在中国(南昌)中医药科创城会议服务中心开幕。全国人大常委会副委员长、上海合作组织睦邻友好合作委员会主席沈跃跃,江西省委书记刘奇,国家中医药管理局党组书记余艳红等出席论坛

并致辞。吉尔吉斯斯坦副总理巴卡绍娃、白俄罗斯第一副总理斯诺普科夫通过视频致辞。塔吉克斯坦驻华大使萨义德佐达,阿富汗驻华大使贾维德·卡伊姆,亚美尼亚驻华大使谢尔盖·马纳萨良,俄罗斯驻华大使馆副馆长、公使衔参赞热洛霍夫采夫,上海合作组织副秘书长张海舟,世界卫生组织副总干事苏珊娜·雅克布现场或通过视频致辞。江西省省长易炼红主持开幕式。国内外嘉宾约500人出席。开幕式前,参加论坛的上海合作组织副秘书长张海舟以及阿富汗驻华大使贾维德·卡伊姆、亚美尼亚驻华大使谢尔盖·马纳萨良等12个国家的28名使节一行由省市外办和对外友协负责人陪同,参观考察南昌汉代海昏侯国遗址公园、滕王阁、南昌八一起义纪念馆、一江两岸灯光秀等。论坛以"传承、创新、互鉴、共享"为主题,为期3天活动包括参观考察、开幕式、全体会议以及4个分论坛,发布《关于开展上海合作组织传统医学合作的南昌倡议》。

【南昌日本集中交流周】 2021年6月24—26日,南昌市政府联合日本驻上海总领事馆在南昌中日友好会馆举行南昌日本集中交流周。活动期间,日本驻上海总领事馆总领事(大使)矶俣秋男率领的总领事访问团、日本驻上海总领馆招募在华日企组成的日本工商俱乐部团和日本养老产业考察团约60人,在VR、通信、养老、旅游、文化等领域与南昌市开展对口交流。24日开幕式上,市长万广明和矶俣秋男分别致辞,市委常委、副市长肖云主持。市外办、市投促局以及各县区政府和招商部门负责人,在南昌日本企业和友好人士代表等近200人出席。25日,双方举办南昌日本经济交流会。政府、企业代表约100人围绕在"后疫情时代"如何充分发挥各自产业特色、寻求经贸领域的实质性合作进行交流。在养老领域,双方召开中日养老产业合作座谈会,探索在养老与大健康产业方面的合作。26日,矶俣秋男就华东地区和日本的密切关系、今后中日两国之间开展交流合作的方向等进行演讲。集中交流周同时举办赴日留学和JET(外语指导等外国青年聘用)项目说明会、日本高校留学展、宝可梦动漫电影放映以及日本包袱皮制作等一系列文化交流活动。交流周活动受到高度关注,中新网关于该活动报道日浏览量突破100万人次,《创新对外交流从城市出发——"南昌日本集中交流周"活动成功举办》文章被中国人民对外友好协会《友好城市》刊发。

(易　钧)

港澳事务

【概况】 2021年,南昌市人民政府港澳事务办公室(以下简称"市港澳办")认真贯彻落实中央、省、市的港澳事务工作方针、政策、指示精神,强化对港澳政治、经济、疫情防控形势发展的宣传引导,深入做好为港澳同胞及眷属服务工作,积极推动南昌与港澳在经贸、文教等领域交流合作,取得互利共赢新成果。

【考察合作活动】 2021年,香港特别行政区政府有关机构负责人到南昌访问2次、举办活动1次。3月17日,市委常委、副市长肖云在南昌会见履新后首次来访的香港特别行政区政府驻武汉经济贸易办事处主任郭伟勋一行。双方就进一步推动南昌与香港在各领域合作进行交流。郭伟勋一行参观南昌国际交流展、滕王阁、南昌汉代海昏侯国遗址博物馆,考察港资企业南昌立健药业有限公司,与有关方面洽谈文旅、医药产业合作事宜。6月3日,香港特别行政区政府贸易发展局华东、华中首席代表吕剑一行3人到南昌访问。参观考察南昌高新区规划馆、南昌小蓝经开区规划馆、江西联创光电科技股份有限公司和江西煌上煌集团食品股份有限公司,了解开发区及重点产业发展情况,探讨双方加强合作的方式和途径,并邀请华润江中制药集团有限责任公司参加11月在香港举办的第一届"亚洲医疗健康高峰论坛"。10月11日,香港特别行政区政府驻武汉经济贸易办事处在南昌市举办"江西省'十四五'规划热点问题专题讲座"。此次活动旨在助推赣港两地的企业家充分利用国内稳定的经济局势和庞大的市场,发掘发展新机遇。南昌市部分港资企业代表参会,市外办相关负责人应邀出席,并配合组织媒体对活动进行报道。开展与港澳文旅、教育、经贸等领域合作。3月31日,《澳门日报》登载《从小平小道到改革开放大道》文章,记叙改革开放的总设计师邓小平在江西南昌劳动的艰辛岁月,激励澳门特别行政区在邓小平创立的"一国两制"道路上行稳致远。9月,分别举办"洪港澳"青少年(网上)夏令营、"促进文旅消费发布会"。《澳门莲花日报》以《促进四季度旅游消费八大举措》为题,对发布会进行报道。10月24日,南昌市与粤港澳大湾区7个"核心节点"城市(广东省广州市、深圳市、珠海市、佛山市、惠州市、东莞市、中山市)签订战略合作框架协议,加快南昌对接粤港澳大湾区步伐,进一步凝聚赣粤推动国家战略落实落地合力。12月11日,特邀香港跨境电子商务协会参与举办2021中国(中部)国际跨境电商高峰论坛暨中国(南昌·英雄城)跨境电商英雄会。

【港澳同胞及眷属服务】 2021年,市港澳办通过办网站、微信公众号等传媒,陆续登发香港、澳门政治、经济、社会以及疫情防控形势发展和南昌与港澳友好交往等信息。向港澳同胞及眷属等社会公众宣传香港社会治理工作和新冠肺炎疫情防控成效明显及国际金融中心地位保持稳固等情况；宣传澳门有效防控新冠肺炎疫情、经济逐步复苏、丰富“世界旅游休闲中心”内涵建设列入国家“十四五”规划等情况；宣传南昌与港澳交流合作发展进程情况。深入部分港澳资企业调研。春节期间为港澳资企业送上一次性医用口罩、84消毒液，鲜肉、水果、现金等慰问款物，鼓励疫情期间就地过年；对留南昌过年并参与正常生产经营的非南昌籍员工给予每人1000元的一次性专项补贴。向企业推介APEC商务卡和国际友城合作途径，助力开拓国际市场。密切配合市疫情防控工作组对来（返）南昌的港澳人士做好管控工作。落实港澳同胞接种疫苗、核酸检测与本地居民同等待遇政策，帮助香港居民郑健雄的代理律师依法查阅其父亲的南昌房产档案，与市委统战部协同做好港澳同胞子女中考加分待遇实施工作等。在“七一”前夕，红谷滩区组织港澳台人士代表到省博物馆参观江西独特的“红、绿、古、金”四色文化景观，激发其感党恩、跟党走，传承红色基因，弘扬爱国精神，为实现中华民族伟大复兴的中国梦贡献力量。

【第四届“洪港澳”青少年（网上）夏令营】 2021年9月4日，举办“歌颂祖国，爱我中华”第四届“洪港澳”青少年（网上）夏令营活动。来自南昌、香港、澳门三地营员和青少年通过网络，一同讲述三地故事，云游三地风景，了解三地文化，抒发爱国情怀。夏令营成员以诵读烈士方志敏的《可爱的中国》作为开篇，回顾祖国近百年的峥嵘岁月和取得的辉煌成就，向建党百年致敬。南昌的青少年围绕“红色、绿色、古色、金色”四色文化景观，走进爱国主义教育基地、优秀传统文化景点、VR产业园等地，分别讲述改革开放后的“南昌故事”，介绍南昌“人才10条”政策和优良的营商环境，发出欢迎港澳同胞到南昌发展事业邀请。来自港澳的青少年依托香港历史博物馆、香港大学、澳门回归贺礼陈列馆、澳门轻轨等著名“城市打卡点”，自导自演Vlog，展现各自城市的发展特点、风土人情，讲述港澳回归后的“香港故事”和“澳门故事”。直播活动吸引各地网友的广泛参与，点击量达到36万人次。

（易　钧）

参事工作

【概况】 2021年，市政府参事室克服疫情影响，组织引导参事围绕全市中心工作，认真履行参政议政、咨询国是、民主监督、统战联谊职能，为市政府科学决策、民主决策、依法决策服务。启动新参事聘任工作。围绕学习贯彻《中共中央办公厅、国务院办公厅印发〈关于坚持和完善新时代政府参事制度文史馆员制度的意见〉的通知》精神，研究草拟贯彻意见。坚持每周星期四参事集中学习交流制度，开展参事集中学习活动16次、调研21次，先后邀请6个部门有关领导向参事通报情况，安排参事全员参加“2021国是论坛”和列席全市“两会”。编发《每日信息》刊物246期，编印《南昌参事》简报10期和《2020年南昌市政府参事建言集》。13名参事中5名参事新聘为市“五型”政府建设监督员，3名参事被评为年度优秀参事。

【履行参事职能】 2021年，按照《中共中央办公厅、国务院办公厅印发〈关于坚持和完善新时代政府参事制度文史馆员制度的意见〉的通知》要求，与市委组织部、市委统战部沟通，草拟《中共南昌市委办公室、南昌市人民政府办公室关于坚持和完善我市政府参事制度的意见（草）》，落实参事工作制度。按照《参事履职考评办法》要求，加强参事履职日常管理，对履职优秀的参事进行表彰。1月开始，执行参事岗位津贴每人每月500元标准。推进参事政策理论宣传，加强参事业务理论学习，先后参加国务院参事室举办的全国政府参事室文史馆工作会议和“2021国是论坛”，通过相互交流授课形式，加深对参事理论和工作的认识。

【建言献策成果】 2021年，在参事调研选题上做到早布置、早安排，服务于统筹疫情防控和经济社会发展，提前为参事提供20余个参考课题。经过组织参事学习研究全市工作，反复思考酝酿，向市领导征题，并经市领导审定，确定11个调研课题。围绕调研课题，组织有关人员先后到20余个部门和单位调研，召开调研座谈会10余次。全年，上报调研报告9篇，专题建议19篇，一句话建言60条。其中，2篇调研报告在国务院参事室举办的“2021国是论坛”上交流，3篇调研报告获市长万广明批示，1篇调研报告获市委常委、常务副市长胡晓海批示，3篇调研报告获副市长龙国英批示，1篇调研报告获副市长王强批示。召开3次课题对接座谈会，其中市长万广明主持召开课题对接座谈会1次。专题建议大部分获得市政府领导批示。围绕相关意见建议的落实，召开由8个部门领导参加的专题研究座谈会1次，市政府部门专题回复2次。参与市政府工作报告和有关法规修改，提出意见建议60余条。

（张　松）

机关事务管理

【概况】 2021年5月25日，南昌市

机关事务保障中心和南昌市市直机关车辆服务中心挂牌成立。7月9日,南昌市机关事务管理局(以下简称"市机关事务局")正式挂牌成立,成为南昌市人民政府工作组成部门。市机关事务局认真贯彻新发展理念,不断提高政治站位,以"打头阵、当先锋、做表率"为目标,推动机关事务管理工作争先进位,做好全市党政机关办公用房、公务用车、资产管理、公共机构节能管理、全市重大活动保障及市行政中心疫情防控常态化等各项机关事务工作。在2020年度全省公共机构节能考核中,南昌市再次获全省设区市考核成绩第一名。市机关事务局节能科被推荐为全省生态文明先进集体,2个案例入选国家"2019—2020年度公共机构能源资源节约示范案例"名单。

【资产管理】 2021年,深化全市经济体制改革,率先在全省试点通用设备集采工作。以党政机关通用设备采购为先行试点,与市财政局联合印发《南昌市通用办公设备批量集中采购试点实施方案》,摸索通用设备配置标准。市行政中心各大楼会议室集中管理,预定使用、统一调配、统一保障,实现会议室高效管理。推进全市国有资产清理盘活工作,联合市纪委、市财政局、市房管局等部门成立南昌市行政事业单位资产清理工作专班,全面摸清市级行政单位国有资产底数,盘活国有资产,破解资产管理要素制约,实现国有资产安全高效运转。在全省首次试点建立政府公物仓,在全市组织开展空调集中统一采购(试行)和全市重要保障任务的办公设备、办公用品的集中购置、统一配置,避免资产重复配置、闲置浪费,最大程度发挥服务保障效能。

【公车管理】 2021年,制定出台《南昌市市级公务用车服务平台监督管理实施细则》,积极推进公车平台网络服务便利化,完善网上用车平台建设,创新互联网信息化派车手段,安装北斗卫星定位系统,实现对公务用车统一管理、统一调配,从申请到调度全部实现网上或手机App操作,公务用车活动更加科学高效。全年,市公务用车服务平台派车量50731次,安全行驶里程367.26万千米,出车率100%。完成全市多项重大活动用车保障,收获锦旗、感谢信等200余面(封)。

【节能降耗】 2021年,出台《南昌市公共机构合同能源管理暂行办法》,修订《南昌市公共机构节能考核评价制度》,全市公共机构节能管理逐步实现有标可依。推动实施建筑外墙、空调、电梯、照明等节能改造,建成太阳能光伏、太阳能热水、地(水)源热泵等新能源可再生能源项目。开展节约型机关、示范单位创建和领跑者遴选工作,全市县级及以上党政机关节约型机关创建率47%。全市创建1家国家级节水领跑者,11家国家级、16家省级节约型公共机构示范单位。市级单位节水型单位创建率100%,完成"十三五"节能目标任务和国管局试点任务。举办2021年首届公共机构绿色出行季低碳达人赛暨"美丽中国,我是行动者"主题实践活动。全市各级公共机构257个单位19415名干部职工参加活动,产生绿色行程246628乘次,人均12.7次,总里程236.78万千米,折合减少碳排放213.34吨。坚持落实"过紧日子"要求,采取有效措施,建立长效机制,坚决制止餐饮浪费,率先在全市行政中心各单位实施生活垃圾"撤桶并点"分类投放工作,为引领党政机关节约新时尚树立标杆。

【服务保障机制建立】 2021年,市机关事务局贯彻落实机关事务工作新发展理念,尝试建立市、县(区)两级保障服务资源调剂、共享的联勤联动保障机制办法,集成南昌市机关事务系统资源,构建"高度集成、全域全时、开放共享"的机关事务服务新格局。草拟《市领导办公区域物资保障管理规定(试行)》《全市重大任务保障制度(试行)》等制度,完成2021世界VR产业大会、中国卫星导航年会和江西"生态鄱阳湖绿色农产品"博览会及省、市党代会等各项大型活动会议保障和市行政中心疫情防控常态化保障任务。

【服务保障设施提升改造】 2021年,市机关事务局践行为人民服务宗旨,着力解决停车车位、托幼园位、食堂餐位等机关干部急难愁盼问题,办好民生实事,做好贴心服务。推进市行政中心智能化管理系统建设,车辆门禁系统、人脸门禁系统、人脸消费系统相继投入使用,标志着市行政中心"智慧机关"一期工程建设完成。完成行政中心大楼屋顶翻新改造工程、市委大院生态停车场东扩及实施人车分流管理项目、行政中心各大院天井庭院改造项目等,做好行政中心绿化提升改造工作。行政中心环境改造提升效果明显,基本实现统一设计、统一布局、统一管理,助力南昌文明城市创建。

(刘智发)

信访工作

【概况】 2021年,全市信访系统坚持以习近平总书记关于加强和改进人民信访工作的重要思想为指导,全面贯彻落实中央、省、市关于信访工作的重要决策部署,围绕"信访总量持续下降、信访秩序持续好转、群众满意度持续提升"目标,以信访业务指标量化考评为抓手,深入推进信访矛盾化解攻坚、信访积案专项化解等重点工作,解决一大批事关群众切身利益的信访突出问题，实现“控增量、减存量、防变量、提质量”，为全市高质量发展率先“作示范、勇争先”营造和谐稳定的社会环境。全年全市信访工作同比2019年（2020年因疫情影响，接访场所关闭3个月）在巩固原有成效基础上取得“一个保持、两个上升、三个确保、四个下降”的良好成效。“一个保持”即保持全市信访形势持续向好的良好态势。“两个上升”即受理网上信访21421件次，上升6%；网上信访一次性化解率83.83%，上升20%。“三个确保”即无论是在全国“两会”、中国共产党成立100周年庆祝活动、党的十九届六中全会等重要活动时期还是平时，均确保未发生一起因信访引起的问题。

【信访工作高位推进】 2021年，市委、市政府高度重视、高位推进信访工作。市委常委会、市政府常务会7次研究部署信访工作，市领导对信访工作作出批示63次，省委常委、市委书记李红军对信访工作作出重要批示，为全市信访工作提供遵循依据。李红军到南昌县莲塘镇访信访群众，带头接待解决信访问题。市长万广明选取3件疑难复杂信访突出问题约访群众，推动解决合理诉求，为全市各级领导干部接访下访、包案化解作出示范。分管市领导密集调度信访工作，主持召开4次全市信访工作联席会议全体（扩大）会，对信访工作进行具体部署。分管市领导、各地各单位党政主要领导带头下访、约访。针对农民工工资拖欠、金融受损群体、房地产领域、农校委培生、涉退役人员群体等信访突出问题，分别成立由分管市领导牵头的工作小组或工作专班，定期调度，协调化解，推动共性问题批量解决。全年市领导接访90次、包案22件，全市县区领导共信访值班2836次、现场接待信访群众704批次，做到对重要信访案件亲自上手、亲自包案、亲自调度，亲自到接访一线，形成攻坚合力。

【信访突出问题治理】 2021年，中共南昌市委信访局（以下简称市委信访局）推进治理重复信访和化解信访积案专项工作，开展赴京越级访和集体访集中整治专项行动。对长期难以解决的信访问题，全部提级由县区党政主要领导和市级领导双重包案，纳入市委督查室、市政府督查室联合督查，提请市委巡察办作为巡察重要内容。对不按时完成、工作不到位，造成严重影响的，提出责任追究建议。至年底，国家信访局交办南昌市第一批1167件（任务数全省第一位，占全省总数的16.22%）重复信访事项化解1137件，化解率97.43%，实现进位赶超。对新交办的第二批344件信访事项采取同步包案方式，推进落实。开展2个月的集体访专项治理行动，采取每日对集访、突发、异常、滞留等情况进行梳理交办，每半个月通报1次化解进展并报市有关领导，排查化解集体访信访突出问题156件，解决一批群众反映强烈的急难愁盼问题。

【重要节点信访保障】 2021年，坚持提前谋划、周密部署、狠抓落实，组织保障庆祝中国共产党成立100周年、党的十九届六中全会、省第十五次党代会、中央环境保护督导组督导、全国政法队伍教育整顿中央督导组2次督导、上海合作组织传统医学论坛、省“两会”、世界VR产业大会、全国文明城市创建、省市领导植树等重要会议、重大活动23次，保障时长233天，充分展现英雄城干部勇于担当、甘于奉献的良好形象。庆祝中国共产党成立100周年活动期间取得“零非访、零登记、零倒流”的成绩，受到市委、市政府领导批示表扬。

【南昌市人民来访接待中心揭牌】 2021年5月25日，南昌市人民来访接待中心成立暨揭牌仪式在市行政中心举行。市委常委、副市长肖云到场祝贺并讲话。市委副秘书长、市委信访局局长、二级巡视员聂嘉平出席揭牌仪式。新组建的市人民来访接待中心为市委信访局管理的正科级公益一类事业单位，主要负责引导、接待来访群众，协调处理来市上访事项，协助做好重要事项的督办、重大活动和重要时期的信访稳定、来市群体性突发事件的应急处置等工作。市人民来访接待中心的成立，是南昌市进一步畅通信访渠道、倾听百姓呼声、完善制度机制、深化信访改革的重要举措，是信访部门转作风、优环境和为群众办实事的重要延伸。

（孙　亮）

中国人民政治协商会议南昌市委员会

综　述

【概况】　2021年，南昌市政协常委会牢牢把握团结民主两大主题，紧紧围绕中心，倾力服务大局，积极履行政治协商、民主监督、参政议政职能，广泛凝聚共识，为南昌高质量跨越式发展作出积极贡献。加强政治引领，强化理论学习，深化党建工作，把党的领导落实到政协全部工作之中。把握性质定位，紧扣党政部署深入调研，聚焦发展重点主动作为，围绕南昌高质量跨越式发展协商建言。牢记初心使命，“三有”活动关注民生诉求，民主监督增进民生福祉，提案信息助推民生改善，助力实现人民群众对美好生活的向往。坚持双向发力，加强团结联谊，汇集发展合力，夯实共同思想政治基础。

【加强党对政协工作的领导】　2021年，深入学习贯彻习近平总书记“七一”等系列重要讲话精神和党的十九届六中全会精神。全年组织召开市政协党组中心组学习会14次、党组会议18次、主席会议15次、常委会会议10次、学习座谈小组活动28次。坚持党的领导。市委、市政府主要领导高度重视人民政协工作，交办协商课题，出席政协活动，领办重点提案，推动政协履职成果落实。市政协党组先后就政协全会筹备、年度履职情况、协商监督计划等事项向市委作专题汇报，做到一切工作在市委领导下开展。严格落实全面从严治党要求，高质量开展党史学习教育，专题推进“四史”学习，深入开展“我为群众办实事”实践活动，把党的主张和决策部署转化为委员思想共识和政协履职实践。

【协商建言】　2021年，通过党委点题、政府出题、广泛征题，制定和实施年度协商计划，就推进数字经济发展、推动城乡经济高质量发展、南昌全域旅游发展、加快推动外资企业在昌发展等课题深入协商议政，形成调研报告和建议案15篇，省、市党政领导批示12次。围绕经济总量与质量大提升、科技创新基础大提升、城市功能品质大提升、营商环境大提升，组织4个专班开展专题调研，一批意见建议转化为具体的政策举措。拓展协商平台广集众智。依托市政协十五届一次会议重要平台，围绕省委对南昌提出的“五个必须”开展联组讨论，41名委员发言。会后，梳理形成8个方面73条具体建议专报市委、市政府，省委常委、市委书记李红军批示要求将委员建议分解到相关部门、融入各项工作安排中。

【履职为民】　2021年，全市新增“三有”平台254个，开展基层民主协商活动4291场次，推动办理民生实事2975件，播出“赣事好商量，‘三有’在洪城”电视专栏40期。聚焦建设高颜值城市，对老旧小区改造、老旧小区物业化管理、社区矫正、城市道路保洁等工作开展视察监督。持续跟进乡村振兴战略实施，就乡村建设行动、农村人居环境整治、乡村特色旅游发展等事关“三农”的热点问题开展专项监督。开展“南昌市荣誉市民称号授予办法”立法协商，委员提出的9项建议被纳入新修订的《南昌市荣誉市民条例》。市政协十四届六次会议共提交提案349件、立案298件，已全部办复；市政协十五届一次会议以来提交提案424件、立案373件，逐步推动办理落实。

【团结民主】　2021年，加强同市各民主党派、工商联、无党派人士和各人民团体联系合作，推动社会各界不断增强对中国特色社会主义制度的政治认同、思想认同、理论认同、情感认同。与省政协沟通对接赣抚尾闾工程建设事宜，省政协主席姚增科批示要求全力支持，省政协常委会听取专题汇报，省政协人资环委组织委员和专家召开情况通报会。深入开展“三风”活动，深入挖掘报道“凡人善举”“身边好人”故事45篇，评选2021年度全市“三风”榜样人物20名。加强宣传和意识形态工作，国家和省、市主流媒体报道南昌市政协工作1200余篇次。

【市政协智慧文史展览馆建成】 2021年6月29日，南昌市政协智慧文史展览馆经过10个月的筹建正式开馆。展厅面积约300平方米，分为“协商建国”“非凡历程”“南昌实践”三大展区。智慧文史馆以沉浸式影院、VR、AR、AI等为主要元素，“虚拟+现实”“线上+线下”，展出图片近1万张、文字1500万余字。通过充分发挥文史展览馆“存史、资政、团结、育人”平台作用，为人民政协事业发展和南昌经济社会高质量跨越式发展贡献新的智慧力量。

【政协南昌市第十五届委员会委员培训班（第一期）】 2021年12月23—24日，政协南昌市第十五届委员会委员培训班（第一期）在泰耐克酒店举行。市政协主席卢伟平作动员讲话。培训期间，省委党校副校长、省行政学院副院长、教授、清华大学访问学者、博士廖清成作题为《中共十九届六中全会精神及省第十五次党代会精神》的解读授课；省政协常委、副秘书长、办公厅主任、社会科学研究员杨木生作题为《人民政协的新时代就是协商的新时代》的授课；市政协一级巡视员周智安作题为《习近平总书记关于加强和改进人民政协工作的重要思想》的授课；市政协常委、市书法家协会副主席陈云海作题为《书画鉴赏——素质提升》的授课；省政协提案委办公室主任刘彬进行提案业务辅导。

2021年12月23日，政协南昌市第十五届委员会委员培训班（第一期）开班

（市政协办　供图）

重要会议

【概况】 2021年，市政协共召开2次全体会议、10次常务委员会议、21次主席会议，深入学习贯彻习近平总书记“七一”等系列重要讲话精神和党的十九届六中全会精神，听取有关工作情况报告，审议通过有关草案等，及时研究部署政协各项工作，推动工作贯彻落实。

【政协南昌市委员会十四届六次会议】 2021年3月3—5日，中国人民政治协商会议南昌市第十四届委员会第六次会议举行。会议审议通过刘家富代表十四届市政协常务委员会所作的工作报告，审议通过黄耀华代表十四届市政协常务委员会所作的关于市政协十四届五次会议以来提案工作情况的报告，举行大会选举。与会委员列席南昌市第十五届人民代表大会第七次会议，听取和讨论万广明所作的政府工作报告，讨论市“十四五”规划和二〇三五年远景目标纲要草案及其他报告，并表示赞同。委员围绕全市经济社会发展出谋划策。省委常委、市委书记吴晓军，市委副书记、代市长万广明等出席会议。

【政协南昌市委员会十五届一次会议】 2021年10月25—27日，中国人民政治协商会议南昌市第十五届委员会第一次会议举行。会议审议通过刘家富代表政协南昌市第十四届委员会常务委员会所作的工作报告和胡彬代表政协南昌市第十四届委员会常务委员会所作的提案工作报告。委员列席南昌市第十六届人民代表大会第一次会议，听取并协商讨论政府工作报告和其他报告，对报告均表示赞同。会议选举产生政协南昌市第十五届委员会主席、副主席、秘书长和常务委员。省委常委、市委书记李红军，市长万广明等出席开幕会和闭幕会，并参加联组讨论，与委员共商发展大计。

【南昌市政协常委会会议】 2021年，政协南昌市第十四届委员会第28—36次常委会会议在市政协一楼常委会议室召开。第28—36次常委会会议由时任市政协主席刘家富主持。市政协副主席黄清玉、熊志刚、万敏,时任市政协副主席周智安、李广振、朱东、黄耀华、胡彬,秘书长余刚出席。市委、市政府相关部门负责人,各县(区)政协主席,市各民主党派、工商联负责人,各界别召集人及市政协副县以上领导干部列席。政协南昌市第十五届委员会第1次常委会会议在市政协一楼常委会议室召开。市政协主席卢伟平出席并讲话。市政协副主席樊三宝主持。市政协副主席黄清玉、熊志刚、万敏、谢为民、薛有旺、黄小华、魏宏平,秘书长余刚出席。市委组织部负责人,各县(区)政协主席,各界别召集人及市政协副县以上领导干部列席。

【南昌市政协主席会议】 2021年,政协南昌市第十四届委员会第51—68次主席会议在市政协一楼东会议室召开。会议由时任市政协主席刘家富主持。市政协副主席黄清玉、熊志刚、万敏,时任市政协副主席周智安、李广振、朱东、黄耀华、胡彬,秘书长余刚出席。政协南昌市第十五届委员会第1—3次主席会议在市政协一楼东会议室召开。会议由市政协主席卢伟平主持。市政协副主席樊三宝、黄清玉、熊志刚、万敏、宋亮生、谢为民、薛有旺、黄小华、魏宏平,秘书长余刚出席。

协商民主

【概况】 2021年,市政协始终围绕市委决策部署谋划推进政协工作,通过党委点题、政府出题、广泛征题,制定和实施年度协商计划,就推进数字经济发展、推动城乡经济高质量发展、南昌全域旅游发展、加快推动外资企业在南昌发展等课题深入协商议政,为南昌加快发展贡献"政协智慧"。

【"提升南昌发展首位度,推进数字经济加速发展"专题协商】 2021年,制订调研协商方案,征求市政府时任主要领导意见,争取工作支持。召开"提升南昌发展首位度,推进数字经济加速发展"课题调研座谈动员会,就相关工作进行部署安排。围绕加快推动南昌数字产业化、产业数字化存在的不足,组织课题组成员深入市工信局、市大数据局等单位和相关县区、开发区进行深入调研,撰写《提升南昌发展首位度,推进数字经济加速发展》调研报告。该调研报告得到省委常委、市委书记李红军批示。

【"老旧小区改造——洪城协商·委员市长面对面"协商前期筹备】 2021年12月9日,为做好"老旧小区改造——洪城协商·委员市长面对面"协商前期筹备工作,让委员更好了解南昌老旧小区改造工作,为南昌老旧小区改造建言献策,组织政协委员视察南昌老旧小区改造工作,详细了解老旧小区改造前后的显著变化和正在改造中存在的困难和问题,对进一步做好老旧小区改造提出有针对性的意见建议,形成《看变化、提建议,南昌市政协委员视察"老旧小区改造"活动侧记》宣传报道文章。12月13日,省委常委、市委李红军书记对此活动作出重要批示,给予充分肯定。

【"坚决打好营商环境大提升战役"协商】 2021年3月开始,制定协商工作方案,召开专题座谈会、实地考察调研,了解南昌优化营商环境和南昌外资发展的现状、存在的问题。在广泛、深入调研考察学习基础上,调研组起草调研报告。8月,召开"坚决打好营商环境大提升战役"专题协商会并向市委、市政府报送调研成果。该报告得到市长万广明和市委常委、统战部部长乐文红批示。

【修订《南昌市荣誉市民授予称号办法》立法协商会】 2021年,积极与市人大、市司法局、市外办等部门沟通协调,成立专门调研组,学习考察外地市荣誉市民授予称号先进经验做法。5月17日,召开修订《南昌市荣誉市民授予称号办法》立法协商会。会上,部分市政协委员、市政协建言咨政专家库成员就该法修订草案提出意见建议,市人大法工委、市外办、市司法局有关人员进行回应发言,与会人员围绕立法协商主题交流发言。会后,市政协综合与会人员意见形成建议案报市人大,其中9条建议被采纳到修订的条例中去。

民主监督

【概况】 2021年,市政协加强组织领导,聚焦城市建设、社区矫正等方面工作,开展城市道路保洁工作、老旧小区实行物业化管理情况、社区矫正工作情况视察监督,感受喜人变化,查找短板不足,提出对策建议,并以调研报告、建议案等形式报市委、市政府,相关部门积极采纳委员意见建议。

【"城市道路保洁工作"视察监督活动】 2021年12月22日,市政协组织委员现场察看西湖区象湖垃圾站、市环境卫生工程车辆在线监管平台、南昌经开区黄家湖西路城市管理服务驿站,听取市城管局等相关部门道路保洁工作相关推进情况,对做好道路保洁工作提出"加大道路保洁机械化作业和城市环卫外包服务力度,充分发挥群众、委员和新闻媒体的监督作用建立规范化监督机制,提升城市管理智慧化水平"等有针对性、可操作性的意见建议。

【"老旧小区实行物业化管理情况"民主监督】 2021年5月20日,市政协组织委员实地察看西湖区铁路二村小区和江电小区老旧小区实行物业化管理情况，召开老旧小区实行物业化管理情况民主监督协商会，听取有关意见建议。“老旧小区实行物业化管理情况”民主监督活动成果纳入《关于城市功能品质大提升“四方面情况”的调研报告》，得到市委领导批示。

【社区矫正工作情况民主监督】 2021年，市政协成立调研组，多次召集相关市直单位负责人、县区基层司法干部、社会组织负责人、部分市政协建言咨政专家库专家开展座谈，了解掌握南昌社区矫正工作现状。组织调研组成员前往西安市等地，学习社区矫正工作先进经验做法。综合各方意见，形成《关于加强南昌社区矫正工作的建议案》报市委、市政府，得到市长万广明等领导批示肯定。市司法局专题研究建议案落实情况，并出台相关文件。

调研视察

【概况】 2021年，市政协围绕坚决打好经济总量与质量大提升、科技创新基础大提升、城市功能品质大提升、营商环境大提升“四大战役”，组织4个专班开展专题调研，为市委、市政府决策部署建言献策，一批意见建议转化为具体的政策举措，推动全市经济社会建设快速发展。

【“坚决打好经济总量与质量大提升战役”调研】 2021年4月28日，市政协启动“坚决打好经济总量与质量大提升战役”调研工作。调研组克服时间紧、任务重的困难，把握时间节点，扎实推进。坚持问题导向，结合南昌市“十四五”规划和2035年远景目标，结合国家政策和部署，围绕南昌经济总量与质量大提升，提出有价值、有针对性和可操作性的意见建议16条，为市委、市政府提供决策参考。

【“南昌主导产业发展”调研】 2021年，市政协十四届六次全会闭幕后，市政协课题组成员到南昌经开区、南昌高新区、南昌小蓝经开区实地考察电子信息、汽车和新能源汽车等主导产业企业，深入企业产品研发基地、生产车间等，与相关部门、企业人员座谈交流，详细了解南昌主导产业发展情况。调研形成的《关于助推南昌主导产业发展的建议》调研报告，得到市长万广明批示。

【“大力发展智能制造，助推产业高质量发展”调研】 2021年，省委常委、市委书记李红军在市政协十五届一次会议上点题，市政协经科委迅速行动，制订调研方案，组建调研团队，开展“大力发展智能制造，助推产业高质量发展”调研。11月，市政协副主席宋亮生带领部分市政协委员及建言咨政专家，深入南昌高新区、南昌经开区、南昌小蓝经开区实地调研，详细了解南昌市大力发展智能制造情况。着力打造调研精品，形成《大力发展智能制造，助推产业高质量发展——南昌市智能制造发展调研报告》，为南昌高质量跨越式发展献计献策。

【“实施乡村建设行动，助推乡村全面振兴”调研】 2021年，市政协主要领导审定方案、指导调研。市政协分管领导多次召集相关部门讨论研究，部署推进，并率调研组到县区乡镇、项目企业走访，开展“实施乡村建设行动，助推乡村全面振兴”调研。调研围绕乡村建设5个重要方面内容，分成5个子课题组，走访联系18个市直部门，整理基础材料4.1万余字。在深入调研基础上，形成调研报告，报送市委、市政府，获得省委常委、市委书记李红军和时任副市长樊三宝批示。

【“做大做强南昌（向塘）国际陆港”调研】 2021年，市政协成立专题调研组，多次召开专题调研座谈会，深入实地了解南昌（向塘）国际陆港建设情况和问题，听取相关意见建议，研究解决问题对策；组织人员前往浙江省金华市义乌县学习考察相关经验做法，最终形成《关于“做大做强南昌（向塘）国际陆港”的调研报告》。9月18日，省委常委、市委书记李红军对调研报告作出重要批示“调研报告深刻、厚重，提出问题中肯，所提建议针对性强，请广明尤其是肖云、赵捷同志认真研究，指导南昌县集中力量切实‘做大做强南昌（向塘）国际陆港’。”

【“加快推进大南昌都市圈建设”调研】 2021年，市政协与省政协办公厅沟通联系，详细了解“加快推进大南昌都市圈建设”调研要求。向市发改委、市工信局、市交通局、市生态环境局等市直相关单位了解南昌都市圈建设推进情况，收集意见建议。在分析研讨基础上，形成《南昌市关于加快推进大南昌都市圈建设的调研报告》报省政协办公厅，助力构建大南昌都市圈。

【“关于建立文旅商融合机制，推动南昌全域旅游发展”调研】 2021年3月，市政协启动“关于建立文旅商融合机制，推动南昌全域旅游发展”调研课题。调研组到进贤县、南昌县、新建区等地实地调研，邀请市文广新旅局、南昌旅游集团及南昌部分红色纪念场馆负责人召开座谈会，详细了解南昌全域旅游发展现状及存在的问题。通过远程调研等方式，学习借鉴南京市、杭州市、郑州市、长沙市及省内部分城市经验做法，形成《建立文旅商融合机制，推动南昌全域旅游发展》调研报告报市委、市政府。

【“关于推进南昌职业教育”调研】 2021年，市政协调研组深入南昌高新区，实地考察南昌合力泰科技有限公司、南昌龙旗信息技术公司等企业，了解南昌职业教育情况；前往深圳市职业教育学校进行学习考察，与相关企业负责人座谈交流，学习发展职业教育工作经验。邀请市财政局、市教育局、市人社局、市发改委、市自然资源局及部分职业学校负责人召开座谈会，听取职业教育发展工作意见建议。通过梳理归纳、提炼总结，形成《优化职业教育环境，推进产教深度融合》调研报告上报相关部门。

【“关于坚决打好科技创新基础大提升战役”调研】 2021年，市政协课题组在召开课题组成员座谈会基础上，到市科技局、南昌高新区、南昌经开区、南昌小蓝经开区等单位和企业调查研究，向市工信局、市人社局等13个单位函询相关资料，远程调研武汉市、长沙市、合肥市等地先进经验和做法，形成《促进南昌科技创新与成果转化工作调研报告》报市委、市政府，被市第十二次党代会报告引用。省委常委、市委书记李红军将调研报告批示给市科技局，要求研究和落实调研组提出的建议。

提案工作

【概况】 2021年，市政协委员、政协各参加单位共提交提案349件，审查立案298件，分别送交76家承办单位办理。至10月底，全部办复。年度提案涉及面广、针对性强，反映全市经济社会发展实际情况，表达广大人民群众的意愿与期盼。接待全国政协、华东六省一市政协第二十八次提案工作座谈会与会人员和省政协及有关城市市政协提案工作部门到南昌开展视察、调研、考察活动。加强对县区政协提案工作指导，促进全市政协提案工作均衡发展、共同提高。加大提案工作宣传力度，全年共在各级各类媒体上登载有关政协提案工作的新闻稿件131篇（次）。

【提案质量提升】 2021年，加强科学引导，通过编写《提案选题调研参考提纲》，公布历年立案提案目录，组织调研视察、协商座谈等履职活动，引导政协委员、政协各参加单位在提案选题、调研、撰写等方面用心用情用力。召开市各民主党派、工商联、市政协各专委会提案征集座谈会，推动将重要协商议政成果及时转化为高水准集体提案。严格审查立案，坚持“质量优先，不搞凡提必立”原则，按照会中初审、会后复审、征求主席会议成员意见“三审”程序对2次市政协全会提案进行审查，确保立案提案提得好、立得住、能办理。

【高位推动提案工作】 2021年，市委、市政府和市政协领导高度重视政协提案工作。省委常委、市委书记李红军在市政协十五届一次会议上提出，全市各级政协组织和广大政协委员要围绕市第十二次党代会各项目标举措，努力提出更多高质量、高水平的提案，为南昌发展献计出力。市政协主席会议多次听取并研究提案工作，市政协主席卢伟平上任伊始即要求加快提案工作节奏，提高审查立案效率，及时交办立案提案。

【督促办理提案】 2021年，以市委办公室名义发文，对市委、市政府、市政协领导领衔督办的39件重点提案督办工作作出安排部署，确定重点提案的督办时间、责任部门、承办单位等。市领导分别采取现场督办、批示促办、调研座谈、跟踪问询等方式，推进相关提案办理落实，产生明显成效，起到以点带面、整体推进作用。市委、市政府领导坚持对分管部门的提案办理复文审阅把关，保证提案办理质量。

【提案办理实效提高】 2021年，依托“有事多商量、有事好商量、有事会商量”协商平台，专题召开“打造文化之城”提案办理协商会，提案者、承办单位、建言资政专家库专家和利益攸关方群众代表面对面共商办理措施，共议解决办法，群策群力助推文化之城建设。针对医卫文体、城乡建设管理、科技教育等群众关注度高的提案，开展分类集中协商，更广泛、更深入、更客观地听取意见，努力把每一件提案办出共识、办出团结、办出实效。

【提案办理保障强化】 2021年，市政协主席会议、常委会会议把提案工作摆在突出位置，定期听取提案工作汇报，研究推进提案工作。先后召开提案办理工作会、调度会，市政协主要领导出席会议并对提案办理工作提要求、作部署，要求承办单位贯彻新精神新要求，不断提升办理实效。进一步发挥目标管理考核和平安建设考评促进提案办理的加持效应，对部分提案办理不力、落实不到位且委员反馈不满意的单位在年度考核中扣分。

表 6　　2021 年市政协重点提案一览表

序号	案由	提案者
1	关于打通惠企政策“最后一公里”的建议	胡巧蓉
2	关于改善营商环境，提升城市吸引力的建议	范义兵、周胜明、陈虹、郑建辉、裘峻、陈拥军、韩莉、李杰、胡国华、李家强、吴婷、童华、贾明、陈铭、晏明智、王子文、杨双、陈建兵、李琴、雷峻峰、林新兴、夏文情、付长根
3	关于加强科技型企业保护机制的建议	刘文峰
4	关于加速推进我市科技创新的建议	缪金生、姜江、李淑英

（资料来源：市政协办）

团结联谊

【概况】 2021 年，市政协把握团结民主两大主题，充分发挥好人民政协“重要阵地、重要平台、重要渠道”作用，服务招商引资，反映社情民意，凝聚各界共识，汇聚发展合力，助力乡村振兴对口帮扶，加强同市各民主党派、工商联、无党派人士和各人民团体的联系合作，为南昌改革发展稳定厚植政治基础、社会基础。

【南昌之友联系联谊】 2021 年，市政协加强南昌之友联谊会各分会和会员联系联谊，为南昌之友会员及企业来南昌投资考察、推进项目落地做好服务保障。全年邀请会员来南昌开展项目考察、洽谈活动 120 余人次，新增落地项目 1 个。南昌之友联谊会各分会积极开展活动，香港分会联名为香港立法做贡献，深圳分会开展高尔夫球队年终赛，上海分会协助市政府举办 2021 南昌（上海）现代农业招商推介会，厦门分会、北京分会（筹）举行工作交流会，云南分会走访会员企业，广州分会举办新时代支持革命老区教育发展交流研讨会，杭州分会多次组织会员开展项目考察活动。在南昌市政协微信公众号上增设“南昌之友”专栏，宣传各分会的工作动态及会员企业。

【反映社情民意】 2021 年，收集市各民主党派、工商联、各县（区）政协及市政协委员报送的社情民意信息 507 条，编报各类信息 90 余条。其中，报送省政协办 60 条，编发 32 期专报呈送市党政领导并报送相关单位处理。一些社情民意信息专报引起市党政领导及相关职能部门的高度重视，为帮助党委、政府客观全面地听取基层声音、推动解决群众急难愁盼问题发挥积极作用。召开社情民意工作部署会，向市各民主党派、市工商联、市政协各专委会等与会单位提出新要求。修订《关于进一步加强社情民意信息工作的意见》，进一步规范完善报送机制及采用反馈程序。

【宣传联络】 2021 年，市政协组织委员积极宣传中央大政方针，宣传市委、市政府为推动经济社会高质量发展所采取的有力措施、取得的显著成效。推动赣抚尾闾工程建设，与省政协沟通对接，省政协主席姚增科批示要求全力支持，省政协常委会听取专题汇报，省政协人资环委组织委员和专家召开情况通报会，在社会各界中凝聚广泛共识合力。推进“书香政协”建设，依托市政协智慧文史馆开展统一战线史、人民政协史学习，接待参观团体 25 批、近 1000 人次。

【发展合力汇集】 2021 年，市政协切实加强宣传和意识形态工作，通过南昌政协会刊、网站、微信公众号等多样化平台强化思想政治引领，展现政协履职风采，国家和省、市主流媒体报道南昌政协工作信息 1200 余篇次。发挥文史资料存史、资政、团结、育人独特作用，编辑出版《南昌市政协文史系列丛书》《南昌历代名胜诗词精选》等文史书籍。做好全国政协、省政协到南昌调研视察及外地政协来访保障工作。

（石　钏）

中国共产党南昌市纪律检查委员会　南昌市监察委员会

综　述

【概况】　2021年，中共南昌市纪律检查委员会、南昌市监察委员会(以下简称市纪委市监委)忠实履行党章和宪法赋予的职责使命，坚持实事求是、守正创新，无私无畏、担当实干，坚定不移推进全面从严治党，为巩固提升南昌发展首位度、充分彰显省会担当提供坚强保证。紧紧围绕全市经济社会发展大局，稳中求进、坚定稳妥推进全面从严治党、党风廉政建设和反腐败斗争，充分发挥全面从严治党引领保障作用，切实履行监督保障执行、促进完善发展职责，全面从严治党不断向纵深推进，严的氛围越来越浓，党员干部作风发生明显变化，政治生态积极向上向好。

【政治监督】　2021年，始终聚焦“两个维护”，不断推动政治监督具体化、常态化。加强对“一把手”监督。聚焦权力规范运行跟进监督。紧盯项目审批、国企经营、招投标领域等权力集中、资金密集、资源富集的部门和领域开展监督检查。针对有的国有企业资产监管不到位、主责主业不聚焦等，协助市政府及相关部门做好止损挽损工作。紧盯政府投资类项目运行风险点开展监督检查，对南昌“西二环”“赣抚尾闾”等市重大重点项目招投标工作开展有效监督。将意识形态工作纳入政治监督范畴，联合市委宣传部出台《南昌市意识形态工作追责问责办法(试行)》。严肃换届纪律监督。派出监督组全程参与市、县党代会和人大、政协“两会”会风会纪督导，切实强化全市各级党员领导干部换届纪律和规矩意识，以良好的会风会纪全力保障南昌市换届风清气正。全面完成十一届市委94个市管党组织巡察全覆盖任务，对县区(开发区)法院等23个党组织开展提级交叉巡察，对9个市直单位党组织开展巡察“回头看”。完善巡察上下联动机制，指导督导县区完成对592个县管党组织巡察全覆盖，实现对1641个村(社区)党组织延伸巡察全覆盖。启动十二届市委第一轮巡察工作，对6个市直单位党组织开展常规巡察。加强对习近平总书记重要讲话、指示批示精神和党中央重大决策部署及省委、市委工作要求落实情况的监督检查。采取市县联动方式，开展涉粮领域腐败问题、城市绿化领域专项巡察和监督检查。扎实做好巡察整改工作，由分管市领导、市委巡察工作领导小组成员带队进行反馈，压紧压实巡察整改主体责任。对十一届市委巡察反馈问题整改落实情况开展“起底督查”，推动反馈问题真改实改、全面整改。对虚假整改、整改不力的追责问责，严肃通报4起落实市委巡察整改不力典型问题，对7名责任人员进行问责(其中县处级6人)，倒逼被巡察单位党组织推动整改落实落地。

【群众利益维护】　2021年，把维护群众利益作为重要政治任务，坚持从群众感受最直观、反映最强烈的问题抓起，着力推动群众身边的腐败问题在群众身边解决。坚持综合施策强化基层监督。在进贤县试点开展民生资金“码”上监督工作，将与群众密切相关的民生补贴等情况向社会公开，让人民监督政府、让权力在阳光下运行。针对南昌市检举控告重复访、越级访较多问题，开展重复访专项治理，积极解决群众诉求。持续加大基层反腐“拍蝇”力度，严肃查处一批基层公职人员。全年共查处群众身边腐败和不正之风问题1293个，处理1633人。聚焦粮食购销领域开展专项整治，全市纪检监察机关排查涉粮问题线索93件，立案40件50人，督促主动交代问题27人，留置8人，移送司法6人。参与政法队伍教育整顿，制定信访举报及问题线索处置工作流程、“宽严政策”（自查从宽，被查从严），深入开展线索核查，严肃查处案件，清除“害群之马”，教育整顿工作得到省第一驻点指导组充分肯定。

【“四风”纠治】 2021年，持之以恒纠“四风”（形式主义、官僚主义、享乐主义、奢靡之风）树新风，推动干部作风大转变。保持进攻姿态纠治“四风”，变“坐等线索”为“主动进攻”，变“先处理后通报”为“先通报后处理”。在中秋节、国庆节期间，组织人员明察暗访，第一时间公开通报发现的问题，在全市上下形成强烈震慑。针对日常监督和查办案件中发现的违反中央八项规定精神、酒驾醉驾、违规出入境、巡察整改不力、违规经商办企业等突出问题，集中下发5个通报点名道姓曝光，并要求将通报精神传达到全市每一个基层党组织、每一名党员干部，持续释放“严”的信号。全年，全市查处形式主义、官僚主义问题261起340人，享乐主义、奢靡之风问题251起280人。

重要会议

【概况】 2021年2月、9月，市纪委十一届六次、七次全会相继召开，研究部署全市纪检监察工作。9月，市纪委第十二届一次全体会议召开。会议选举产生8名中共南昌市第十二届纪律检查委员会常务委员会委员和书记、副书记。市纪委市监委多次组织召开纪检监察工作会议，研究部署党风廉政建设和反腐败工作，监督推动党中央重大决策部署、习近平总书记重要讲话精神和重要指示批示精神在南昌落实落细，全力推进新时代南昌纪检监察工作高质量发展。全市风清气正政治生态建设不断巩固发展，呈现积极向上向好态势。

【市纪委十一届六次全会】 2021年2月4日，市纪委十一届六次全会在红谷滩会议中心东厅召开。省委常委、市委书记吴晓军出席并讲话。吴晓军强调，要坚持以习近平新时代中国特色社会主义思想为指导，深入贯彻落实中央、省委决策部署，立足新发展阶段、贯彻新发展理念、构建新发展格局，坚定政治方向、保持政治定力、强化政治担当，坚定不移深化全面从严治党，把严的主基调长期坚持下去，一体推进不敢腐、不能腐、不想腐，实现纪检监察工作高质量发展，推动政治生态持续向上向好，引领保障“十四五”开好局、起好步。全会由市纪律检查委员会常务委员会主持。全会以习近平新时代中国特色社会主义思想为指导，全面贯彻党的十九大和十九届二中、三中、四中、五中全会以及十九届中央纪委五次全会精神，深入贯彻习近平总书记视察江西重要讲话精神，认真落实省委十四届十二次全会、省纪委十四届六次全会和市委十一届十一次全会部署和要求，回顾2020年全市纪检监察工作，部署2021年任务，审议通过市纪委常委会工作报告。市委常委，市人大常委会、市政府、市政协领导，市中级人民法院、市人民检察院主要负责人等出席会议。5名党委（党组）书记现场述责述廉。会议以视频形式开到县区（开发区、管理局）一级。

【全市党风廉政建设和反腐败工作情况通报会】 2021年2月25日，全市党风廉政建设和反腐败工作情况通报会召开。会议向党外人士通报2020年南昌市党风廉政建设和反腐败工作情况。会议指出，2020年，全市纪检监察机关坚持以习近平新时代中国特色社会主义思想为指导，认真贯彻中央纪委、省委和省纪委以及市委决策部署，坚持稳中求进工作总基调，在强化理论武装、加强政治监督、正风肃纪反腐、推进巡察工作、抓好自身建设等方面取得新进展、新成效，各项工作呈现高质量发展的良好态势，与党外人士的有力支持是分不开的。市纪委市监委将加强与党外人士的联系，自觉接受监督，并希望党外人士继续关心和支持纪检监察工作，积极建言献策，发挥监督作用，推动全市党风廉政建设和反腐败工作再上新台阶。市委常委、统战部部长乐文红主持会议。

【全市县区纪委书记座谈会】 2021年6月24日，全市县区纪委书记座谈会召开。会议传达学习全省设区市纪委书记座谈会和省纪委省监委派驻机构2020年度述职会议精神。会议强调，全市各级纪检监察机关要在强化理论武装上持续用力，把党史学习教育与贯彻落实中央、省、市纪委全会精神结合起来，推动全市纪检监察工作高质量发展。要在做实政治监督上守正创新，加强对“一把手”和领导班子的监督，推动政治谈话常态长效，把各项整改作为监督重点，以整改实效推动工作质效提升。要在纠“四风”树新风上久久为功，深挖彻查“四风”背后腐败问题，不断优化营商环境，推动干部作风持续好转。要在维护群众利益上找准突破口，将政法队伍教育整顿与常态化整治涉黑涉恶“保护伞”相结合，巩固专项斗争成果，聚焦民生领域，切实解决好群众“急难愁盼”问题。要在一体推进“三不”上提升质效，充分发挥案件查办治本功能，做好查办案件的“前后半篇文章”，真正把办案成效转化为治理效能。要在加强自身建设上毫不放松，结合县乡换届契机，选优配强纪检监察干部队伍，提升基层纪委履职能力，着力建设一支政治素质高、忠诚干净担当、专业化能力强、敢于斗争善于斗争的纪检监察铁军。会上，各县区纪委书记、开发区（湾里管理局）纪工委书记汇报发言。市纪委市监委班子成员，市委巡察办主任；各县区纪委书记、开发区（湾里管理局、海昏侯管理局）纪工委书记；市委巡察组组长、正县级巡察专员，市委巡察办副主任；市纪委市监委派驻机构主要负责人，市纪委市监委机关各部门负责人；市属国有企业纪委书记参会。

【市纪委市监委机关"两优一先"表彰大会】 2021年7月1日，市纪委市监委机关"两优一先"表彰大会召开。会议强调，机关各级党组织和广大党员要坚定理想信念，永远做党和人民的忠诚卫士，弘扬信念坚定、对党忠诚、无私奉献的崇高品格，把对党和人民的忠诚牢记在心中、落在行动上。要站稳人民立场，坚持不懈为群众办实事，强化党建引领，以党史学习教育为抓手，全力推动"我为群众办实事"实践活动走深走实。要激励拼搏奉献，以受表彰的先进集体和个人为榜样，不畏艰险、敢于牺牲，埋头苦干、攻坚克难，推动纪检监察工作高质量发展。要涵养优良作风，永葆忠诚干净担当的政治本色，扎实推动作风建设，强化自我约束，完善内控机制，以铁的纪律维护纪检监察队伍纯洁性，以忠诚干净担当扛起党和人民重托。市纪委市监委班子成员，市委巡察办主任、市委巡察组组长，市纪委市监委各部门主要负责人及"两优一先"获奖者和部分党员干部代表出席会议。

【市纪委十一届七次全会】 2021年9月17日，市纪委十一届七次全会召开。会议听取《市纪委向市第十二次党代会工作报告的起草说明》，审议、表决并原则通过市纪委向市第十二次党代会的工作报告，授权市纪委常委会对工作报告进行修改完善。市委常委、市纪委书记黄冬生主持并讲话指出，过去的五年，全市各级纪检监察机关忠实履行党章和宪法赋予的职责使命，主动扛起"两个维护"重大政治责任，持之以恒纠"四风"树新风，一体推进"三不"战略目标，不断深化纪检监察体制改革，全面从严治党政治效果不断彰显，风清气正政治生态建设不断巩固，为推进南昌高质量跨越式发展提供坚强保证。要系统谋划发展蓝图，坚持使命引领，强化担当精神，把自身工作放到全市改革发展大局、全面从严治党工作全局中去思考、去谋划、去推动。要坚决服从组织安排，以党和人民事业为重，切实把精力集中到干事创业上来，为巩固提升发展首位度、充分彰显省会担当凝聚合力。市纪委委员出席会议。市监委委员，市委巡察组组长、正县级巡察专员，未担任市纪委委员的县区纪委书记、开发区（湾里管理局）纪工委书记，市纪委机关相关部门主要负责人列席。

【市纪委十二届一次全体会议】 2021年9月28日，市纪委十二届一次全体会议在滨江宾馆召开。出席会议的委员应到35人，实到35人，符合规定人数。受中共南昌市第十二次代表大会主席团委托，黄冬生主持会议。会议选举产生8名中共南昌市第十二届纪律检查委员会常务委员会委员和书记、副书记。常务委员会委员是：黄冬生、刘峥、黄细华、姚平、李莉、晏永青、屈小兵、徐军。黄冬生当选为市纪委书记，刘峥、黄细华当选为市纪委副书记。黄冬生代表新一届市纪委常委会讲话并指出，新一届市纪委班子要珍惜组织的重托和人民的信赖，在省纪委省监委和市委的坚强领导下，忠实履行党章和宪法赋予的职责使命，坚持实事求是、守正创新，无私无畏、担当实干，坚定不移推进全面从严治党，为巩固提升南昌发展首位度、充分彰显省会担当提供坚强保证。要旗帜鲜明讲政治，忠实履行职责使命，始终心系"国之大者"，监督推动"两个责任"（党委负主体责任，纪委负监督责任）贯通协同，深化运用"三不"一体推进方针方略。要始终站稳人民立场，持续整治民生领域腐败和作风问题，积极回应群众关切，着力提升人民群众的获得感、幸福感、安全感。要优化发展环境，营造风清气正的政治生态，

2021年9月28日，中共南昌市纪委十二届一次全体会议召开

（市纪委市监委　供图）

打造优质高效的营商环境，提升干事创业的人文环境，以全面从严治党成效引领保障经济社会健康发展。要敢于斗争善于斗争，真正做到同一切影响党的先进性纯洁性、破坏党的集中统一的人和事作斗争，坚决把反腐败斗争不断推向深入。要锻造过硬队伍，自觉接受最严格的约束和监督，树立正确选人用人导向，加大严管严治、自我净化力度，坚决防止“灯下黑”，打造忠诚干净担当的纪检监察铁军。

【市纪委市监委派驻工作高质量发展座谈会】 2021年11月20日，市纪委市监委派驻工作高质量发展座谈会召开。市委常委、市纪委书记、市监委主任黄冬生出席并讲话强调，要深入学习党的十九届六中全会精神，认真领会习近平总书记关于加强派驻监督的重要论述，解决好“我是谁”“为了谁”“干什么”“怎么干”的问题。要坚守政治监督职责定位，完整、准确全面把握“国之大者”，切实增强做好派驻工作的思想自觉、政治自觉、行动自觉。要加强对“一把手”和班子成员的监督，与驻在部门同向发力、同题共答，以对“关键少数”的监督撬动对“绝大多数”的监督。要推进更高水平、更深层次“三转”(转职能、转方式、转作风)，发挥近距离、全天候、常态化的优势，加强对被监督单位权力运行的制约和监督。要切实加强派驻机构自身建设，在办案中学会办案，在斗争中学会斗争，不断提升派驻干部的政治能力、监督能力、办案能力。派驻纪检监察组组长要走在前、干在前，做示范、当表率，抓好班子带好队伍，着力打造一支能监督、会办案的高素质干部队伍。会上，各派驻纪检监察组主要负责人、市属主要国有企业纪委书记围绕如何更好推动派驻监督工作高质量发展进行交流发言。市纪委市监委班子成员，市委巡察办主任；各派驻纪检监察组组长、副组长；市属主要国有企业纪委书记、副书记；市纪委市监委各部门主要负责人出席会议。

党风廉政建设

【概况】 2021年，市纪委市监委认真贯彻落实中央、省市纪委全会精神，坚持正确的政治方向和舆论导向，将宣传工作融入纪检监察全过程把握，在廉洁南昌“两网两微”及时转载党中央重大决策部署、上级党委重要指示批示精神和关于全面从严治党的重要论述，跟进报道市纪委市监委机关重大会议、重要活动，编辑刊发全市各级纪检监察机关的履职动态。总结履职成效，探索特色亮点，在《人民日报》、新华社、《中国纪检监察报》、中央纪委国家监委网站等中央级媒体共登载稿件90余篇次，在《江西日报》、江西电视台、江西省纪委省监委网站等省级媒体登载稿件500余篇次，全方位、多角度讲好“廉洁南昌”正风肃纪反腐故事，为推动纪检监察工作和“廉洁南昌”建设高质量发展提供坚强有力的思想舆论支持。

【警示教育片拍摄】 2021年，紧盯重点案件，准确把握案情特点，先后运用市文化广电新闻出版旅游局原党组成员、副局长郑某违纪违法案，拍摄制作警示教育片《以案为鉴》。运用全市政法系统违纪违法典型案例，拍摄制作《铸牢政治忠诚，清除害群之马——南昌市政法系统典型案例警示录》。运用东湖区贤士湖管理处公园村房屋坍塌事故，拍摄制作《敲响安全责任和作风建设警钟——“7·26”东湖区房屋坍塌事故警示录》。拍摄制作丁某某、辛某某忏悔短片，在全市警示教育大会上播放。编印《党员干部严重违纪违法典型案件警示教育材料汇编》，向全市科级以上干部发放，切实增强不想腐的自觉，推动全市各级党组织和有关部门以案为鉴、完善制度、堵塞漏洞，净化政治生态。

【廉文化阵地建设】 2021年，在前期打造12个全市范围内的教育场所基础上，制作《一图推荐：南昌市党章党规和党性党风党纪教育场所》，通过图文并茂形式介绍教育场所内容，扩大纪律教育阵地的知晓度。组织拍摄7期“廉洁南昌行”系

2021年11月20日，南昌市纪委市监委派驻工作高质量发展座谈会召开
（市纪委市监委　供图）

列短视频教育片，在短片中展陈党章党纪、监察法等内容，结合剖析违纪违法典型案例，融入本地红色资源，将廉政教育开展从“线下”搬到“线上”，进一步提升优质廉文化的覆盖面和影响力。

【全市政法队伍教育整顿廉政辅导会】　2021 年 3 月 23 日，全市政法队伍教育整顿廉政辅导会召开。市委常委、政法委书记胡晓海主持。会议指出，全面从严治党是关乎党的生死存亡、国家兴衰成败的政治工作，提高政治站位，把握好形势任务，深刻认识党中央全面从严治党的鲜明态度和坚定决心。要坚持以案为鉴，清醒认识全市政法队伍面临的新问题新挑战，以最坚决的态度和最有力的行动抓好政法队伍教育整顿工作。要牢记初心使命，打造绝对忠诚纯洁可靠的政法铁军，坚持自我革命，紧盯突出问题，加强警示教育，注重常态长效，做教育整顿的“引领者”。站稳人民立场，巩固扫黑除恶“惩腐打伞”成果，深入整治执法司法领域腐败和不正之风，坚决破除形式主义、官僚主义，做群众利益的“守护者”。严守职责使命，作制度执行、严格执法、公正司法的表率，做制度权威的“捍卫者”。市委政法委、市公安局、市法院、市检察院、市司法局等单位班子成员，各县区（开发区、管理局）政法队伍教育整顿办主任、政法单位主要负责人，部分市政法单位干警代表，市教育整顿办专班全体人员等出席会议。

【南昌市警示教育大会】　2021 年 10 月 16 日，南昌市警示教育大会在红谷滩会议中心东厅召开。省委常委、省纪委书记、省监委主任马森述出席会议并讲话强调，要深刻汲取案件教训，切实把自己摆进去、把工作摆进去、把职责摆进去，履行好肩负的职责使命，进一步净化政治生态，推动经济社会高质量发展。省委常委、市委书记李红军主持并作表态发言。李红军表示，作为南昌市委书记，将从各方面严格要求自己，发挥示范带头作用，坚决履行好第一责任人责任，常态化与市四套班子成员和下级“一把手”开展政治谈话，督促市四套班子成员认真履行“一岗双责”（一个领导干部既要对所在岗位应当承担的具体业务工作负责，又要对所在岗位应当承担的党风廉政建设责任制负责），真正把党建责任传导到“神经末梢”、任务落实到“基层细胞”。会上播放有关违纪违法人员忏悔片。会议以视频形式开到县区（开发区、管理局），全市 2700 余名党员干部参加。

2021 年 2 月 28 日，《南昌问政现场》第十一期节目开播

（市纪委　供图）

【南昌问政现场】　《南昌问政现场》是由南昌市作风建设问政问责工作领导小组主办的一档电视节目。节目聚焦“怕、慢、假、庸、散”等作风问题，通过电视直播曝光、后续问政问责联动，接受群众监督，促进问题整改，推动作风建设深入发展。2021 年，围绕市委、市政府中心工作，《南昌问政现场》反映营商环境领域的顽疾，推动县区政府一把手现场办公解决问题，促进南昌市营商环境改善。《聚焦“怕慢假庸散”》播出稿件 99 条，重点聚焦营商环境、城市建管、交通出行、生态环保等领域突出问题，一系列老大难问题得到解决。

（赵云龙）

监督执纪

【概况】　2021 年，市纪委市监委坚持做好常态化监督执纪问责工作，市纪委市监委各执纪监督室联动派驻纪检监察组每周开展一次专项检查，各县区（开发区）纪委监委（纪工委监察组）也结合本地实际，深入开展监督检查。紧盯“关键少数”，加强对“一把手”和领导班子落实全面从严治党责任、执行民主集中制、依规依法履职用权等情况的监督。把落实“三重一大”集体决策制度情况作为日常监督重要内容，督促各地各部门完善“三重一大”决策制度、履行“三重一大”决策程序。常态化开展政治谈话，不断深化谈话机制和谈话模式。持续深化公职人员违规经商办企业、违规借贷谋利问题专项整治，切实维护公平公正的市场秩序。推动实现更深层次更高水平“三转”，做到监督不替代、支持不包办。进一步配齐建强基层纪检组织，统筹乡镇(街道)监督力量配置，发挥村级纪检委员、村级监察联络员作用，将监督触角延伸到“神经末梢”。

【政治谈话】 2021年，协助市委开展政治谈话。省委常委、市委书记李红军坚持以上率下，与挂点县党政主要负责人进行政治谈话。市四套班子成员紧紧跟上，结合挂点联系县区、分管部门扎实开展政治谈话。至年底，全市开展市管领导干部政治谈话1194人，实现对市管领导班子成员政治谈话“全覆盖”。市纪委不断深化谈话机制和模式，将“政治谈话”与“任前谈话”“廉政谈话”相结合。市委常委、市纪委书记、市监委主任黄冬生分别与新提任的部分市直部门“一把手”开展任前政治谈话，帮助新提任干部分析政治生态、查找廉政风险点、提醒管党治党责任，推动政治谈话常态长效。

【县乡领导干部“走读”问题专项纠治】 2021年9月，为加强和改进干部作风，密切党群干群关系，弘扬“干字当头、问题导向、重点发力、以上率下”工作作风，市纪委联合市委组织部出台《关于改进工作作风，纠治县乡领导干部“走读”问题的通知》，坚决破除领导干部因“走读”导致上班迟到早退、工作遥控指挥、晚上唱“空城计”、突发事件不能第一时间到现场等问题。建立县乡主要领导干部“住夜”制度，要求领导干部“住夜”期间要积极开展民情家访、干部夜访等活动，密切联系群众，到基层联系点指导工作，与基层干部群众交流、谈心，了解情况，帮助解决实际困难。

【“转作风、优环境”监督问责专项行动】 2021年3月，按照市委统一部署，市纪委市监委及时召开动员部署会，开展“转作风、优环境”监督问责专项行动，下发《作风建设监督问责专项行动工作方案》，明确6类监督内容，强化十大工作举措，针对涉企服务中吃拿卡要、“小鬼难缠”等8类问题开展整治，共查处干部作风问题663个，处理干部1339人，有效解决一大批审批办证效率低、“六稳”“六保”政策不落实、专项补贴申请程序烦琐等问题，推动全市效能水平显著提升、政策更加公平公开透明、党风政风持续向上向好，努力把南昌市打造成为全国内陆高水平双向开放新高地、区域性营商环境新标杆。

【领导干部违规配备司机问题专项纠治】 2021年10月，为进一步落实全面从严治党要求，切实加强对领导干部司机的教育、管理和监督，市纪委联合市委组织部出台《关于严肃纪律纠治领导干部违规配备司机问题的通知》，就领导干部违规配备司机问题开展专项纠治，明确规定“领导干部工作调动时，司机一律不得随调、随借”，坚决反对特权思想、特权现象。全市纪检监察机关和组织部门采取多种形式开展明察暗访，加强领导干部违规配备司机问题的监督检查，把全面从严治党要求贯穿于对领导干部及司机管理监督全过程、各环节。

【公职人员违规经商办企业、违规借贷谋利问题专项整治】 2021年11月，为深入推进全面从严治党，进一步规范全市公职人员从政、从业行为，构建亲清政商关系，市纪委市监委会同市委组织部、市审计局出台《关于在全市范围内开展公职人员违规经商办企业违规借贷谋利问题专项整治的通知》，在全市范围内开展公职人员违规经商办企业、违规借贷谋利问题专项整治。整治内容重点围绕公职人员违规经商办企业、违规借贷谋利和其他可能影响公正执行公务的经营活动开展。整治步骤按照个人自查、组织核查、问题整改和常态化监督检查等4个阶段分步实施。整治行动开展后，全市各级各部门各单位按工作步骤和时间节点要求组织开展工作，进一步营造公平的经济发展环境和风清气正的良好政治生态。

【粮食购销领域专项整治】 2021年，市纪委市监委始终把深化开展粮食购销领域专项整治作为整治群众身边腐败问题的重点，第一时间成立工作专班，对粮食购销领域进行全方位、深层次、无空隙式体检。专项整治坚持以查办案件为突破口，通过开展线索处置、案件复核、资金核查、问题整改“四个大起底”，严肃查处粮食购销领域腐败问题，督促责任部门和单位全面排查粮食领域风险隐患，堵塞制度漏洞、健全完善制度。全市纪检监察机关排查涉粮问题线索93件，立案27件35人，督促主动交代问题27人，留置8人，移送司法机关5人。

（赵云龙）

审查调查

【概况】 2021年，市纪委市监委始终保持反对和惩治腐败的强大力量常在，主动应对反腐败斗争新形势新挑战，坚持无禁区、全覆盖、零容忍，坚持重遏制、强高压、长震慑，坚持受贿行贿一起查，坚持有案必查、有腐必惩，不断提升“三不”（“不打棍子”让愿讲话者没阻力，“不扣帽子”让敢讲话者没压力，“不抓辫子”让讲实话者没顾虑）一体治理效能。准确把握运用全面从严治党政策策略，坚持惩前毖后、治病救人，强化政策感召、正面引导，继续推进党风廉政建设和反腐败斗争，推动全面从严治党向纵深发展。全年，全市立案2089件，其中县处级以上65件66人，给予党纪政务处分2267人，采取留置措施76人，移送司法机关36人。

【政法系统教育整顿】 2021年3月,市纪委市监委成立政法队伍教育整顿工作专班,组建4个问题线索处置专班,对中央督导组重点督办、省指导组和市教育整顿办移交的问题线索,优先调配队伍、优先处置、优先查办。制定信访举报及问题线索工作流程、"宽严政策",深入开展线索核查。全市纪检监察系统处置政法干警线索495件,对1574名政法干警按照第一种形态进行处理,立案123人,移送司法机关6人。坚持宽严相济,以"自查从宽"引导,以"被查从严"倒逼,针对有关案件召开主动说明问题动员大会,有13名干警主动向组织说明问题。全市教育整顿工作得到省第一驻点指导组充分肯定。

【腐败惩治高压态势】 2021年,坚持有腐必反、有贪必肃,聚焦政策支持力度大、投资密集、资源集中的领域和环节,系统梳理中央巡视、省委巡视移交问题线索,并进行集中调度,确保惩治"后墙"不松。市纪委市监委严肃查处一批典型违纪违法案件,持续释放不敢腐的震慑效应。严格落实"三个区分开来"重要要求,旗帜鲜明为担当者撑腰鼓劲,对信访举报失实、受到诬告陷害的干部,公开为其澄清正名,充分保护调动干部积极性、主动性和创造性。全市对14名受到失实检举控告的干部进行澄清正名。

(赵云龙)

巡察工作

【概况】 2021年,南昌市委巡察工作贯彻落实党中央和省委对巡察工作的新部署新要求,坚持巡视工作方针,坚定不移深化政治巡察,紧扣"三个聚焦"(聚焦基层贯彻落实党的路线方针政策和党中央决策部署情况,进一步促进基层党组织和党员干部担当作为;聚焦群众身边腐败问题和不正之风,进一步增强群众获得感幸福感安全感;聚焦基层党组织软弱涣散、组织力欠缺问题,进一步强化政治功能、打造坚强战斗堡垒)开展政治监督,在坚持中深化、在创新中发展,主体责任不断强化,监督质量整体提升,呈现出稳步推进、深化发展的良好态势。全年开展十一届市委第十二轮巡察"回头看"、市委涉粮问题专项巡察监督检查、城市绿化领域专项监督检查,启动十二届市委第一轮巡察,组织5个市委巡察整改督查组对十一届市委巡察反馈问题整改情况进行"起底督查",接受省委第一巡察指导督导组现场指导工作。

【巡察工作组织领导强化】 2021年,市委把巡察工作纳入市委常委会年度工作要点,全年召开常委会、书记专题会共5次,传达学习中央和省委巡视工作会议精神,听取巡察情况汇报,专题研究部署巡察工作。省委常委、市委书记李红军对全市巡察工作作出重要批示3次,听取巡察情况汇报,对重点人、重点事、重点问题提出意见,明确整改要求,督促案件查办、问题整改落实。组织召开新一届市委巡察工作动员部署会议,要求各县区党委书记、巡察工作领导小组做好工作。推动市县联动开展绿化领域专项监督检查,推动开展市委涉粮问题专项巡察监督检查。市委巡察工作领导小组扛牢组织实施责任,研究巡察工作,推动破解人员抽调、整改落实、巡察保障等巡察工作难题,科学编制《十二届市委巡察工作规划(试行)》,统筹谋划新一届市委巡察工作。市委其他班子成员履行"一岗双责",15名分管市领导带队向20个被巡察党组织反馈巡察情况,审定分管单位、部门巡察整改情况报告。

【十一届市委第十一轮巡察情况反馈工作】 2021年1月26日,十一届市委第十一轮巡察反馈工作全部完成。市领导、市委巡察工作领导小组成员分别带队,向市城市管理局党组、临空经济区党工委、市委办公室、市政府办公室、市中级人民法院党组、江铃汽车集团党委、南昌轨道交通集团党委、市水投公司党委、市公路局党委等9个被巡察单位党组织反馈巡察情况。在各被巡察单位反馈会上,向被巡察党组织主要负责人传达省委常委、市委书记吴晓军听取巡察情况汇报时的讲话精神;市委巡察组组长代表市委巡察组向被巡察党组织反馈巡察情况,提出整改工作要求;被巡察党组织主要负责人针对巡察反馈存在的问题,就做好巡察整改工作作表态发言。

【十一届市委第十二轮巡察】 2021年3月15日,市委巡察工作领导小组在市委第一会议室主持召开十一届市委第十二轮巡察工作动员部署会。此轮巡察安排5个巡察组,对市委教育工委、市委卫健工委、市民政局党组、市交通运输局党组、市自然资源局党组、市住房保障和房产管理局党组、市市场监督管理局党组、市人力资源和社会保障局党组、市农业农村局(市粮食局)党组9个单位的党组织开展巡察"回头看"。3月17日,十一届市委第十二轮巡察业务培训暨全市巡察干部业务培训会在红谷滩会议中心东厅召开,市、县巡察干部230余人参加培训。此轮巡察发现普遍性倾向性问题354个、问题线索39件,形成领导班子履职情况、派驻纪检监察组履职情况专题报告,为市委深化全面从严治党提供决策参考。9月2日,十一届市委第十二轮巡察反馈工作全部完成。市领导、市委巡察工作领导小组成员分别带队,向市农业农村局党组、市委卫健工委、市人社局党组、市交通运输局党组、市自然资源局党组、市住房保障和房产管理局党组、市民政局党组、市市场监督管理局党组、市委教育工委9个被巡察单位党组织反馈巡察情况。在各被巡察单位反馈会上，向被巡察党组织主要负责人传达省委常委、市委书记李红军听取巡察情况汇报时的讲话精神；市委巡察组组长代表市委巡察组向被巡察党组织反馈巡察情况，提出整改工作要求；被巡察党组织主要负责人针对巡察反馈存在的问题，就做好巡察整改工作作表态发言。

【市委巡察工作领导小组会议】2021年5月27日，市委巡察工作领导小组会议召开。会议传达学习全国巡视工作会议暨十九届中央第七轮巡视动员部署会、全省巡视巡察工作会议暨十四届省委第十一轮巡视动员部署会精神，听取十一届市委第十二轮巡察工作情况汇报。市领导李镇发、余志坚等出席会议。会议指出，要做好十一届市委巡察工作总结，对市委巡察整改情况进行“大起底”，科学规划、合理安排十二届市委巡察全覆盖任务，抓好《关于加强巡视巡察上下联动的意见》及具体措施的贯彻落实，强化对县区、开发区（管理局）巡察工作的指导督导。市委巡察工作领导小组其他成员参加会议，市委巡察办、市委巡察组有关人员列席会议。

【市委书记专题会议听取巡察情况汇报】2021年8月16日，省委常委、市委书记李红军主持召开市委书记专题会议，听取十一届市委第十、十一轮巡察整改情况汇报和第十二轮巡察情况汇报，就巡察发现问题研究处置意见。市领导万广明、李镇发等出席会议。会议强调要提高政治站位，正确认识政治巡察重要作用，准确把握巡察监督职能定位、工作方针、价值取向，充分发挥巡察利剑作用，把南昌政治生态建设得更加清朗；要切实督促整改落地，实现标本兼治，一体推进巡察监督、整改和治理有机贯通；要加强巡察队伍建设，维护巡察权威和公信力。

【涉粮问题专项巡察监督检查】2021年，为贯彻落实党中央决策部署和习近平总书记重要指示批示精神，根据中央纪委国家监委、省纪委省监委关于开展粮食购销领域腐败问题专项整治以及省纪委机关、省委巡视办关于开展涉粮问题专项巡视巡察工作部署要求，市委部署开展涉粮问题专项巡察监督检查工作。9—12月，市委巡察工作领导小组统筹巡察、纪检监察及相关职能部门监督力量，在市县两级抽调83人组成7个专项巡察监督检查组，对40个地方（单位）涉粮问题开展专项巡察监督检查。专项巡察发现粮食购销、存储监管不严和编造“空气粮”骗取专项资金、多扣杂质侵害群众利益等普遍性倾向性问题162个，移交问题线索82件涉及93人，推动立案审查28件涉及29人。其中，市本级发现普遍性倾向性问题38个，问题线索28条涉及41人，推动立案审查5件涉及10人。县区17名违纪违法粮站（所）负责人被立案审查，一批基层粮站（所）负责人主动投案交代问题。

【绿化领域专项监督检查】2021年11月开始，按照省委常委、市委书记李红军指示要求，市委巡察工作领导小组组织市县两级联动开展绿化领域专项监督检查，在市县抽调162人组建16个专项监督检查组对南昌市绿化领域承担城市绿化管理职能或建设任务的43个单位党组织开展专项监督检查，严查责任、作风、腐败问题。市本级派出5个专项监督检查组对8个检查单位党组织开展监督检查。检查发现贪大求洋、高价买绿、苗木管护不力、以次充好、绿化工程建设违规违法等普遍性倾向性问题263个，问题线索42件，直接挽回经济损失5.54亿元，督促补栽乔木2.21万株、补种灌木苗木220余万株。其中，市本级发现普遍性倾向性问题108个、问题线索21件，为财政直接挽回经济损失5.31亿元，督促补种乔木1.89万株，补种灌木212.36万株。

【规范开发区（管理局）巡察工作指导意见】2021年7月，市委巡察工作领导小组出台《关于规范开发区、湾里管理局党工委巡察工作的指导意见》，从组织领导、监督内容、力量配备等方面规范开发区（管理局）巡察工作。指导意见包括指导思想、授权巡察范围及对象、巡察监督内容、组织实施、工作要求等5个部分。指导意见围绕授权开发区（管理局）党工委开展巡察工作，从推进市县巡察高质量向基层延伸方面，明确谁授权巡、谁来巡、巡什么、怎么巡、以什么标准巡等方面内容。为确保巡察监督质量，指导意见明确市委巡察办通过现场指导、列席会议、审核把关等方式，加强对开发区（管理局）党工委巡察工作的指导督导。

【十一届市委巡察整改“起底督查”工作】2021年6—7月，市委巡察机构会同市纪委、市委组织部、市委宣传部组成5个整改督导组，对十一届市委99个被巡察党组织巡察反馈问题整改情况开展“起底督查”工作，推动反馈问题全面整改。10月12日，市委巡察工作领导小组会议召开，听取十一届市委巡察反馈意见整改“起底督查”工作情况汇报。12月4日，市纪委对“起底督查”发现的4起虚假整改、整改不力典型问题进行通报，对7名相关责任人员（其中县处级6人）进行追责问责，推动被巡察单位党组织问题整改清仓见底。

（李　贤）

民主党派·工商联

综 述

【概况】 2021年,全市有民主党派市委会6个,即中国国民党革命委员会南昌市委员会(以下简称“民革市委会”)、中国民主同盟南昌市委员会(以下简称“民盟市委会”)、中国民主建国会南昌市委员会(以下简称“民建市委会”)、中国民主促进会南昌市委员会(以下简称“民进市委会”)、中国农工民主党南昌市委员会(以下简称“农工党市委会”)、九三学社南昌市委员会(以下简称“九三学社市委会”)。有总支(基层委员会)29个(下设支部社105个),直属支部(社)112个,小组13个,成员5996人。其中,具有中级以上职称的3918人,占成员总数的65.34%。市区有成员5421人,占成员总数的90.41%。至年底,发展新成员174人,平均年龄37.07岁。其中,具有中级以上职称的89人,占新发展成员总数的51.15%。各级民主党派成员中担任省级人大代表8人,市级人大代表56人(其中市人大常委会副主任1人),县级人大代表103人;担任全国政协委员1人,省政协委员15人,市政协委员135人(其中市政协副主席3人),县(区)政协委员606人;担任市、县(区)政府副职的7人[副市长1人,副县(区)长6人]。

【参政议政】 2021年,各民主党派、工商联参加市委、市政府召开的不同形式协商会、座谈会,对市委、市政府重要工作和一些重大问题等提出意见建议。1月8日,在市政府召开的座谈会上,党外人士就《政府工作报告》提出意见建议。2月25日,市委召开全市党风廉政建设和反腐败工作情况通报会。6月4日,市委召开党外人士全市“扩内需、促消费”情况通报会。7月22日,市委召开全市“立法情况通报会”。9月29日,市委统战部召开党外人士学习通报会,传达学习中共南昌市第十二次代表大会精神。10月8日,在市政府召开的座谈会上,党外人士就《政府工作报告》提出意见建议。10月30日,市委召开优化营商环境工作情况通报会,市委常委、常务副市长胡晓海出席并听取党外人士对优化营商环境工作提出的意见建议。11月18日,市委统战部召开党外人士学习座谈会,传达学习中共十九届六中全会精神。12月5日,市委统战部召开党外人士学习通报会,传达学习中共江西省第十五次代表大会精神。全市各民主党派、工商联和党外知识分子联谊会参与市委统战部组织的“党委出题、党派调研、政府采纳、部门落实”活动,组织力量,深入开展调查研究,市委主要领导对各党派的调研报告汇编做出批示。党外人士撰写提案、议案和信息专报,为党委、政府决策提供参考。全年各党派报送社情民意信息230余篇。其中,中办采用1篇,省级采用76篇,市级采用83篇,7篇社情民意获市委、市政府主要领导批示。

【主题教育学习】 2021年,全市各民主党派、无党派人士继续开展“不忘合作初心,继续携手前进”主题教育,不断深化政治共识。结合庆祝中国共产党成立100周年系列活动,各民主党派开展以“学史忆传承,携手跟党走”为主题,以中共党史学习为重点的学史教育活动。5月10日,庆祝中国共产党成立100周年全市统战系统书画摄影作品展开展。5月15日,举行庆祝中国共产党成立100周年大型社会服务活动。7月6日,开展全市统战系统“双学、双悟、双讲、双促”活动。各民主党派各级组织和广大成员创新学习形式,全年开展党史故事学习会、经典诵读会、知识竞赛等活动30余场,实地参观60余次,拍摄30余条微视频。

【社会服务】 2021年,各党派结合

自身优势与特色，在社会服务中形成各自不同品牌。如民革市委会的“法律志愿服务团”、民盟市委会的“黄丝带帮教行动”、民建市委会的“思源工程”、民进市委会的“1%工程”、农工党市委会的“健康教育宣讲团”、九三学社市委会的“科学与和平”等。全市各民主党派在市委统战部挂点的综治村开展富有各自特色活动。全年，全市各民主党派各级组织开展“学史忆传承、携手跟党走、为民办实事”社会服务活动100余次，为企业提供法治体检，为群众提供心理、教育咨询服务，向困难群众捐款、捐物、送教、送医，服务群众近1万人次。

表7　　2021年南昌市各民主党派基本情况一览表

序号	党派	人数（人）	基层组织情况（个）			领导班子
			总支（支部）	直属支部	小组	
1	民革市委会	1016	7(28)	4	1	主委：薛有旺 副主委：徐余波、熊秋林、余斌、邹萍（专职） 秘书长：朱世刚
2	民盟市委会	1260	4(15)	38	1	主委：郭翀 副主委：胡巧蓉、万菁（专职）、雷伍华
3	民建市委会	783	6(24)	2	1	主委：黄清玉 副主委：田艳、贺龙茹（专职）、郑建辉、雷峻峰
4	民进市委会	938	4(11)	24	0	主委：谭绍木 副主委：邹玉萍、郑洪健、王光、邹萍莉（专职）
5	农工党市委会	1309	7(23)	27	2	主委：龙国英 副主委：李美君（专职）、吴一建、李杰、胡国华（专职）
6	九三学社市委会	690	1(4)	17	8	主委：魏宏平 副主委：童华（专职）、王晖

（资料来源：市委统战部）（曾　欢）

中国国民党革命委员会南昌市委员会

【概况】　2021年，中国国民党革命委员会南昌市委员会深入学习领会省第十五次党代会、市第十二次党代会、市委十二届三次全会精神，紧紧围绕率先“作示范、勇争先”的更高要求，积极开展“学史忆传承，携手跟党走”主题教育活动和“我为群众办实事”社会服务活动，全面加强自身建设，积极参政议政，各项工作取得新成效。民革市委会获评“民革全国机关工作先进集体”，民革青山湖区总支获评“民革全国组织工作先进集体”，民革南昌县一支部获评全国“民革示范支部”，民革南昌县总支、民革进贤小组获评全国“优秀民革党员之家”。积极参与脱贫攻坚工作，民革南昌市进贤小组被评为“民革助力脱贫攻坚工作先进集体”，民革党员喻远征被评为“民革助力脱贫攻坚工作先进个人”。

【组织建设】　2021年，全市新发展民革党员20人，平均年龄38.9岁。其中，具有民革传统渊源及社会法制、“三农”领域的党员14人，占发展总数的70%；机关事业单位11人，占发展总数的55%；具有中高级职称12人，占发展总数的60%；研究生5人，占发展总数的25%。3名领导干部参加全市各民主党派、市工商联、市知联会新一届领导班子成员培训班，学习统战理论知识。选派24人次参加省市各类培训班，干部理论素养和业务水平不断提高。向有关单位推荐民革党员任职或担任社会职务60余人次，推荐民革党员担任市、县（区）两级人大代表31人、政协委员134人，评选出全市民革工作先进集体33个、全市民革工作先进个人70名。完成民革红谷滩区总支换届工作，广泛开展示范支部创建和党员之家建设工作。民革市委会和各县区民革组织均开展领导班子述职和民主生活会,提高领导班子解决自身问题的能力。民革市委会领导班子成员带队对基层组织开展严守政治纪律和政治规矩专项教育活动进行工作督导,征求对机关工作的意见建议。民革市委会获得全省民革5项先进集体荣誉称号,7名民革党员获评全省民革先进个人。

【思想建设】 2021年,民革市委会深入学习领会中共十九届五中、六中全会精神和习近平总书记重要讲话精神、省市党代会精神及《中国共产党统一战线工作条例》,开展中心组学习4次,中心组成员作主题发言11人次,机关学习会议11次,组织开展专题学习座谈会、聆听党史讲座、参观红色故居学习教育活动30余次。民革市委会主委薛有旺撰写的“主委谈《条例》”体会文章《凝心聚力谋发展,砥砺前行新征程》登载在《南昌日报》。邀请中共南昌市委党校基础理论室主任、副教授潘明到民革市委会机关作《描绘新蓝图,开启新征程——学习党的十九届五中全会精神》专题报告,发放《中国共产党统一战线工作条例》近200册给机关干部和基层党员。打造有声思想政治建设云空间“智慧学习谷”,全年开展3期朗诵活动,近200人次参与,收到上传作品100余篇。开设学习宣传专栏,推出专题报道近70次,在《团结报》、民革中央网站、江西民革网站等省级及以上媒体登载20余次,刊登中共十九届六中全会精神学习心得文章20篇,发布民革党员学习“两会”心得文章20余篇,引导全市民革党员不断增强拥护中国共产党领导、坚定走中国特色社会主义道路的思想自觉和行动自觉。

【参政议政】 2021年,民革南昌市委会围绕市委、市政府中心工作,组织课题调研,提出切实可行的意见建议。全年参加政党协商11次,提出的6条建议得到市人大常委会、市商务局等部门采纳。市“两会”期间,民革党员中的人大代表、政协委员提交个人建议11条,个人提案36篇,内容涉及道路交通优化、医疗、法律诉讼、养老服务等多个方面,其中多名代表、委员的意见建议得到新闻媒体的关注。按照“常委领题、专委会(县、区)落实、年终汇报”的模式,完成19个调研课题。其中,“把南昌打造成中部地区版权产业高地”被确立为2021年“市委出题”大课题和省委会重点调研课题,调研报告形成后提交给市委并获民革江西省委会终审评为A类课题;“关于提升司法服务优化营商环境的建议”被省政协采纳报送至省委;“推进科技金融,引导中小微企业发展”和“破解五难,推动我市民宿业高质量发展”2篇调研报告入选市政协十五届二次会议发言材料;“加快垃圾分类进程,共建绿色美丽南昌”课题提交至市委政研室,调研报告中的许多建议得到采纳。

【社会服务】 2021年,民革南昌市委会组织民革党员跟进学习习近平总书记关于坚持“一国两制”和推进祖国统一重要论述,开展“端午聚亲情,两岸一家亲”等传统节日系列活动4场。全年,开展走访慰问帮扶24场,覆盖人数121人,企业家民革党员谭庆义捐款3万元驰援河南灾后重建,做到走访“接地气”,帮扶“立心志”。开展医疗服务志愿活动9场,开展送法进社区免费法律咨询3场,开展法制宣传、普法讲座5场。关爱青少年健康成长,持续开展捐资助学活动,全年资助100名学子。开展送教进社区、下乡村活动,宣传防溺水知识和交通安全知识,获得群众一致好评。开展制止餐饮浪费专项民主监督,详细了解餐饮浪费情况,开展专项调研6次,收集意见、建议,形成调研成果文章10余篇。开展“提倡健康饮食习惯”“反对餐饮浪费”主题宣传活动2场,发放宣传资料300余份,悬挂海报、横幅、张贴警示标语等40余张(条),覆盖干部群众数千人。

【民革南昌市十四届二次全委(扩大)会议】 2021年4月18日,民革南昌市十四届二次全委(扩大)会议在民革市委会机关会议室召开。民革市委会主委、市人民检察院副检察长薛有旺,中共南昌市委统战部副部长、市社会主义学院党组书记麦建宁出席会议。民革市委会副主委熊秋林、余斌、邹萍参加会议。市投资促进局副局长曾伟群,市农业农村局党委委员邓善华应邀参加会议。会议学习全国“两会”精神、《中国共产党统一战线工作条例》和《中国国民党革命委员会纪律处分办法(试行)》;表彰2020年度民革南昌市先进集体和个人;听取和审议民革南昌市十四届委员会常委会工作报告和监督委员会工作报告。

(郜志高)

中国民主同盟南昌市委员会

【概况】 2021年,中国民主同盟南昌市委员会创建“党盟同心”+民盟讲坛、协商共建、盟眼聚焦、三老三新(“三老”即同心双共建、烛光行动、黄丝带品牌,“三新”即同心善行、同心治理、同心振兴品牌)、五型机关(政治型、学习型、创新型、务实型、廉洁型)等“党盟同心+”体系品牌建设,思想政治建设、组织建设、履职能力建设、作风建设和制度建设实现历史性突破。民盟市委会获“民盟中央脱贫攻坚先进集体”“中共党史学习教育先进集体”“民盟80周年微视频宣传工作优秀集体”等中央和省、市先进集体、个人荣誉361项。

【组织建设】 2021年,创建"党盟同心·协商共建"机制,组织建设实现创新发展。严格落实民主集中制,召开21次民盟市委会主委会和常委会集体讨论研究决定重大工作。开展7个批次的领导班子政治谈话、家访等监督工作,签订《民盟领导干部廉洁自律承诺书》《民盟干部家属守廉助廉承诺书》。举办1次新任委员集体谈话暨廉政教育谈心谈话会,举行廉政签约仪式,完成领导班子"深化作风建设、强化履职担当、不忘初心跟党走"专题民主生活会,召开2021年度领导班子述职评议会。开展主委"谈心谈话"活动,对领导班子成员、全市民盟基层组织负责人、代表人士、机关干部、骨干盟员、入盟对象等300余人次进行谈心谈话,举办6场系列座谈会,启动副县级、科级干部以及省、市、区人大代表、政协委员等代表人士人才库建设,代表人士库储备200余人。全年发展41名新盟员,储备近20名入盟积极分子。主要领导及班子成员参加全省各民主党派新任主委领导班子成员培训班,选调14名骨干盟员、17名新盟员到省社院培训,选送2名副主委、7名科级干部到市委党校学习,选送1名副主委挂职省发改委。3名盟员被提拔为副处级干部,2名盟员副处级干部被重用到县区政府、政协工作,19名盟员或被提拔为副科级干部(副校级领导)或转岗重用,4人被推荐为市营商环境监督员,177人次优秀盟员被推荐为市、县区人大代表、政协委员建议人选。抢救性开展软弱涣散基层组织激活工程。首次向26个市直基层组织拨付活动经费3.3万元,启动"以强带弱"组团援建机制,推进软弱涣散基层组织参加盟组织的各项活动,实现全市民盟组织活动全覆盖。先后与县区、市直单位、高校共同开展23场"党盟同心"座谈会。全市有"盟员之家"12个,在建设和提升改造5家。省政协副主席、民盟省委会主委刘晓庄为民盟红谷滩区支部、民盟西湖区总支、民盟南昌县总支"盟员之家"揭牌。以论坛促专委会工作,创新开展"青年论坛""教育论坛""妇女论坛""文化论坛""法制论坛""老干部座谈""经济科技论坛""参政议政论坛"8场专题论坛。举办教育工作者、文艺工作者、经济科技工作者、法律工作者、医务工作者、盟员老干部6场代表人士系列座谈会。成立民盟红谷滩区支部,完成民盟市体育支部、民盟市文艺支部换届改选工作,成立南昌民盟书画院、南昌民盟艺术团。举办"金秋九九,情满重阳"等2场老盟员座谈会和"赣文化历史传统教育"重阳节活动,走访150余名老盟员、困难盟员、代表性盟员。

【思想建设】 2021年,民盟市委会开展中心组学习,创新"党盟同心·民盟讲坛"学习机制,扎实推进思想政治建设和宣传工作发展。成立学史教育领导小组,印发《"学史忆传承,携手跟党走"主题教育实施方案》,举办"学史忆传承,携手跟党走"主题教育活动48场,在微信公众号开通"学史忆传承,携手跟党走"主题教育专栏,引导全市各级盟组织和广大盟员进一步增强听党话、感党恩、跟党走、与党同心奋斗的政治自觉。50批次开展"线上"远程教育+"线下"13期中心组学习(扩大)会,学习中共十九大以来历次全会精神和习近平总书记重要讲话精神。开展庆祝中国共产党成立100周年活动,录制庆祝中国共产党成立100周年视频15个。开展16期"民盟讲坛",在南昌新四军军部旧址陈列馆、南昌八一起义纪念馆举办多党合作史专题培训班,组织参观小平小道陈列馆,分别邀请老领导老干部作改革开放史、社会主义史等专题讲座,参观方志敏烈士图片展。聚焦重要时间节点和重要事件,以系列的形式报道盟务工作同比增加353期。推进宣传工作,树立南昌民盟正面形象。《人民政协报》《团结报》等国家级媒体、平台采用信息文章33篇次,微信公众号推送的盟务信息多次进入《团结报》微信公众号全国各民主党派热文展播前三名。《江西日报》、《南昌日报》、南昌广播电视台等媒体报道盟务活动13次。民盟中央微信公众号、网站采用信息11次,民盟省委会微信公众号、网站及《江西盟讯》采用信息699篇。

【参政议政】 2021年,创建"党盟同心"+盟眼聚焦、民盟面对面参政议政交流平台,成立南昌民盟课题攻关专家小组,抓好参政议政工作,荣获民盟省委会2020—2021年度反映社情民意信息工作先进集体,荣获全市党委信息工作、全市政协社情民意信息工作先进单位。全年申报调研课题48件,民盟省委会中标立项15件,中标率31%;中标专项课题1件,市委重点委托调研课题1件。《提高水稻、蔬菜等优良品种自主研发,实施现代种业提升工程》等3篇调研成果被民盟省委会采用为省政协大会书面发言,《完善灵活就业群体合法权益保障,促进新业态健康发展》等7篇调研成果被民盟省委会转化为集体提案提交省政协,《织密织牢地方公共卫生应急管理网络》《构筑我市会展经济新蓝海》等5篇获时任市政府、市政协主要领导肯定和批示。参与民盟中央多个主题论坛征文,6篇论文入选民盟中央论文集,其中《老工业基地振兴:国际借鉴与中国实践》获评民盟中央第七届经济论坛优秀论文,打破了南昌民盟论文入选民盟中央优秀论文零的纪录。全年围绕"'一枢纽四中心'框架下南昌市打造区域性金融中心"等13个课题深入开展实地调研,调研37个单位。积极反映社情民意信息。在社区成立首个社情民意收集中心,全年报送社情民意信息308篇,被各级采用125篇,其中《构建5G时代工业互联网安全保障体系》等2篇获全国政协采用;《完善外卖骑手劳动权益保障的建议》等6篇被民盟中央采用;《"双减"政策下,多渠道增加体育老师》等6篇信息刊登在《人民政协报》《经济日报》《江西政协报》上,《南昌西客站出租车乱象亟待整治》等2篇信息获中共南昌市委主要领导批示。参加由市委、市政府、市政协召开的专题协商会、情况通报会、座谈会,就南昌市经济社会发展、"十四五"规划编制、优化营商环境等问题建言献策,其中《关于我省"十四五"规划的三点建议》获江西省"十四五"规划建言献策二等奖。在市政协十四届六次会议上作《完善会展产业体系,构建"双循环"新发展格局》大会发言,《关于统筹5G生态资源共享,推动南昌市数字经济快速发展的建议》等被评为2020年度优秀提案。在市人大十六届一次会议、市政协十五届一次会议上,提交建议、提案75件。其中,代表建议18件;集体提案10件、个人提案47件,12件提案被列为重点提案。民盟市委会主要领导作《推进新型研发机构成果转化　落实创新驱动发展战略》大会发言,6位委员在市政协联组会议上围绕"五个新突破""八个聚焦"作发言。省人大建议《打造"夜南昌"促进城市经济消费集聚区形成》获省人大常委会重点督办,《建议出台独生子女家庭的针对性养老政策》等被评为省政协2021年度优秀提案。创建"盟眼聚焦"平台,聚焦乡村振兴、区域经济发展等举办4场"盟眼聚焦"专题论坛。举办5场"民盟面对面"沙龙,推进参政议政工作。成立以民盟市委会主要领导为组长,14名博士(其中4名博士后)为主要成员的课题攻关专家小组,开展4场课题攻关研讨会议。举办提案议案撰写培训、参政议政工作培训、骨干盟员参政履职培训等3场专题培训班,参训人数近300人,提高全市盟员参政议政能力。组织召开2次盟员人大代表、政协委员"两会"前建议、提案撰写碰头会。

【社会服务】　2021年,开展各类社会服务活动68场,盟员参与社会服务1000余人次,受益群众2万余人,累计捐款捐物价值5万元。在省未成年管教所和西湖区南站街道铁路三村东社区建立民盟"黄丝带"帮教基地,在3个县和6个区建立农村教育"烛光行动"基地,在青云谱区洪都街道洪西社区、西湖区丁公路街道恒茂社区、安义县长均乡等地建立社区、乡村"同心双共建"基地。在主城区社区开展"五个一""十个送"(一个笑脸、一封信、一幅画、一首歌、一句问候,送法典进企业、送教育进社区、送医疗进社区、送戏曲进乡村、送服务进企业、送故事进心田、送健康进景区、送春联进家庭、送温暖进乡村、送欢乐进社区)和走进110余名80岁以上老领导、老盟员、代表性盟员家庭等活动。教师节期间,在安义县长均乡等地举办"烛光行动""黄丝带"帮教活动等20场,受益群众4000余人。创新开展同心善行、同心治理、同心振兴"三新"社会服务品牌,启动"同心善行·日行一善"行动,全市13个分会场同时开展"学雷锋"活动,3000余名群众受益。开展"同心治理·环保卫士"行动,在全市部分县区、高校开展环保卫士行动、服务乡村活动等20场,5000余名群众受益。开展"同心振兴·乡村振兴"行动,举办"同心振兴"行动揭牌和乡村振兴实验基地成立活动,围绕法制乡村建设和关爱留守老人儿童等开展活动5场,捐赠价值6000元的红色书籍和4000元的帮扶善款。采取"以强带弱"组团划片方式,开展春节、"三八"妇女节、"3·19"建盟日、"五一"劳动节、"六一"儿童节、"七一"建党日、教师节、中秋节、国庆节、重阳节等系列走访慰问与送温暖活动30场。

【纪念中国民主同盟成立80周年系列活动】　2021年,举办纪念中国民主同盟成立80周年"十个一"活动,包括:制作全市盟史展板48块;编制《南昌民盟大事记》《南昌民盟简史》等史料22本,共348余万字、1200余张照片;创作南昌民盟之歌《盟心永驻》及MV;制作纪录片《英雄城·民盟人》;举办中国民主同盟成立80周年纪念大会、文艺会演和盟史成果展,开展"永远跟党走·盟心向党"歌咏比赛;开展以"我与民盟的故事"为主题的征文活动,选出88篇优秀文章集结成册;举办"新时代·新使命·争做优秀盟员"演讲比赛,23位盟员现场演讲等。8月23日,民盟市委会举行中国民主同盟成立80周年纪念大会。省政协副主席、民盟江西省委会主委刘晓庄,市委常委、市委统战部部长乐文红等应邀出席大会。

(张英群)

中国民主建国会南昌市委员会

【概况】　2021年,中国民主建国会南昌市委员会积极履行参政党职能,团结带领全市会员,围绕中心、服务大局,充分发挥民建特色优势,扎实做好参政议政、民主监督、社会服务等工作,取得较好成绩。完善基层组织考评办法,建立量化管理体系,不断提高考评工作实效。进一步推进"会员之家"建设,为民建会员提供固定的活动场所,方便大家交流、休闲、学习。凝聚各方智慧力量,提交提案、建议,真实反映社情民意。坚持走访民建会员与会员企业,加强民建企业家联谊会合作交流,促进民建企业合作共赢,为服务南昌经济社会建设作出努力。

【组织建设】 2021年，通过完善《民建南昌市委基层组织工作考评方法(试行)》和《民建市委委员履职年度评估办法》，对各基层组织和委员进行量化考核。根据会务工作需要，对民建南昌市第十二届委员会专门委员会进行调整，下设7个专门委员会。8月，民建红谷滩支部成立，推动民建组织发展。市、区、支部三级联动，进一步推进民建“会员之家”建设。至年底，完成1个市级、4个总支、2个支部“会员之家”建设。从制度着手，以班子建设为重点，以作风整治为抓手，修改完善《市各民主党派领导班子述职评议制度》《南昌市各民主党派内部监督工作制度》等5项制度。制定《民建南昌市委会干部职工绩效管理暨平时考核办法》，调整常委组成人员和机关干部联系基层组织分工，与机关干部签订《市民建机关干部职工转作风树形象承诺书》，夯实机关干部勤政为民思想基础。

【思想建设】 2021年，坚持领导班子带头撰写理论研究文章，不断推进民建市委会自身建设再上新台阶。民建市委会副主委贺龙茹领衔的《对标“四新”“三好”以政治建设为统领推进新时代参政党建设》获民建省委会2021年重点理论研究课题优秀成果二等奖。7月1日，“南昌民建”微信公众号正式开通，献礼中国共产党成立100周年。全年，民建市委会在各级媒体上发表稿件204篇次，其中在国家级媒体上发表稿件40篇次、省级媒体发表稿件126篇次、市级媒体发表稿件38篇次。民建市委会在全省和全市各民主党派中率先启动党史学习教育，制定《民建南昌市委会“风雨同舟同心行”庆祝中国共产党成立100周年活动方案》《民建南昌市委会“风雨同舟同心行，凝心聚力促发展”走访谈心活动方案》《民建南昌市委会“学史忆传承，携手跟党走”主题教育方案》，以党史学习教育为统领，以“双走双促”为品牌建设，抓好各项工作的开展，用学习教育激发的正能量，推动学史教育活动走深走实。举办“唱支山歌给党听”“先进事迹报告会”和“学史故事会”活动。开展“双走双促”活动，民建市委会及总支班子成员走访民建会员和会员企业家50余人次，各总支依托“会员之家”开展市内外的相互交流活动6次，协助会员和会员企业解决难题，推动基层组织建设服务水平提升。征集快闪作品、书画摄影作品、文章、演讲作品等，积极参加民建省委会系列学史教育活动和全市统战系统“同心共筑百年华诞，携手共筑中国梦”系列活动。

【参政议政】 2021年，坚持以“提案月”“议政日”活动为平台，集思广益做好提案建议工作。在市政协十四届六次会议和十五届一次会议期间，提交集体提案14件，民建委员个人提案40余件，9名会员获评全市优秀政协委员。全年，向有关部门报送社情民意信息37条。其中，中共中央办公厅采纳1条，省政协采纳2条，民建江西省委会采纳7条，获省委常委、市委书记李红军批示1条，市政协采纳2条。民建市委会先后以“南昌市职业教育发展探讨”“南昌向塘国际陆港建设的功能定位与对策建议”“聚焦发展首位度，当好全省‘领头羊’”“南昌VR产业及数字经济发展”为主题开展调研，其中“聚焦发展首位度，当好全省‘领头羊’”调研分别获得省委常委、市委书记李红军和市长万广明及市委常委、统战部部长饶绍清批示，并分别签批给市直主要经济部门和各民主党派、工商联、知联会借鉴研阅。把推进“三有”(有事好商量、有事多商量、有事会商量)基层民主协商活动作为“我为群众办实事”的重要抓手。6月，在青云谱区南莲社区召开全市民主党派首期“三有”协商活动，在南昌广播电视台“赣事好商量——‘三有’在洪城”专题播出，《有情·有方·有味“三有”协商结新果》被评为“三有”活动优秀案例。

【社会服务】 2021年，先后组织会员到赣州市、抚州市、九江市等地民建企业家协会开展活动，邀请杭州市、上饶市等地民建会员企业家参加联谊会交流座谈。南昌民建企业家联谊会与南昌农商银行联合举办银商互联座谈会，签约战略合作协议，实现互利共赢。全年，民建市委会领导班子带头走访会员企业10余家，重点了解企业面临的机遇和挑战，对企业发展提出建议。推进“思源工程”(中华思源工程扶贫基金会)建设，全年民建市委会和各总支(支部)以各种形式开展社会公益活动，捐款捐物折合人民币150余万元。郑州市遭遇严峻汛情时，民建市委会第一时间与民建郑州市委会取得联系，发动会员募集近80万元的救灾物资驰援，展现民建会员共克时艰的优良风尚。

【“向塘国际陆港功能定位与对策建议”专题调研座谈会】 2021年6月10日，民建市委会召开“向塘国际陆港功能定位与对策建议”专题调研座谈会，邀请市直相关单位负责人座谈。市政协副主席、民建市委会主委黄清玉在调研座谈会上感谢各相关单位对民建市委会调研工作的大力支持，并对下一步的调研工作提出要求。民建市委会副主委郑建辉主持座谈会。会议听取市发改委、市自然资源局、市交通运输局、市财政局、市投资促进局、中铁南昌局集团等相关单位负责人介绍向塘国际陆港规划、交通、产业、口岸建设等相关情况，并就下一步向塘国际陆港的发展进行探讨，为向塘国际陆港进一步发展提供借鉴和参考。

(高　兴)

中国民主促进会南昌市委员会

【概况】 2021年1月15日，中国民主促进会南昌市第八次代表大会顺利召开，选举产生民进南昌市委会第八届委员会。民进市委会新一届领导班子团结带领各基层组织和广大会员，以庆祝中国共产党成立100周年为重点，围绕党委、政府中心工作，不断加强自身建设，积极履职尽责，服务发展大局，各项工作取得新进展。民进市委会先后获民进中央授予的“民进全国社会服务暨脱贫攻坚工作先进集体”“民进全国反映社情民意信息工作先进集体”称号和民进省委会授予的“民进全省市级组织工作先进单位”“民进全省抗击新冠肺炎疫情先进集体”称号，8个基层组织获“民进全省抗击新冠肺炎疫情先进集体”称号。

【组织建设】 2021年，新组建第八届民进市委会专门委员会8个，首次成立青年工作委员会和社会法制委员会，成立开明读书分社7个，组建南昌民进骨干会员库，进一步强化骨干会员、青年会员及优秀专业人士培养。指导民进基层组织开展换届工作，完成红谷滩民进支部更名及换届、豫章师范学院民进支部和市二十三中民进支部换届工作。指导“会员之家”建设。新打造青山湖区、西湖区“会员之家”，优化提升红谷滩区、青云谱区、进贤县“会员之家”。开展会务工作考核，编制《民进南昌市委会总支、支部工作手册》，将思想建设、组织建设、参政议政和社会服务等履职情况全部纳入考核，促进基层组织活动规范化、实效化。开展“三走”活动，进一步加强与基层组织及会员所在单位的联系沟通，增进与基层会员感情。抓好会员发展与培训。全年吸收发展新会员31名，平均年龄35.1岁。其中，教育、文化界别等重点领域占比77.4%，大学及研究生学历占90.3%，中高职称占比48.4%。为提升会员政治理论水平，举办1期党史教育培训班和2期新会员入会培训班，组织会员参加中央社院、省委党校、省社院等开展的培训。及时更新会员信息，建立南昌民进会员信息数据库。在市“两会”换届中，38名民进会员当选人大代表、担任政协委员；在县区“两会”换届中，120名会员当选人大代表、担任政协委员。

【思想建设】 2021年，召开主委会、常委会、中心组学习会，传达学习中共十九届五中、六中全会精神，学习习近平总书记系列重要讲话精神，学习全国、省、市“两会”精神和省、市党代会精神及民进中央、民进省委会全会精神。深入学习《中国共产党统一战线工作条例》及民进中央印发的工作条例，组织会员参加《中国共产党统一战线工作条例》网上知识竞赛，撰写学条例心得体会文章，其中1篇文章在“学习强国”App登载。在全会范围内动员部署开展党史学习教育，指导各基层组织和广大会员开展“学史忆传承，携手跟党走”主题教育活动。组织机关干部听市政协党组书记党史学习教育主题党课及全市统战系统《中国共产党百年统战史》专题辅导报告会。组织骨干会员到红色故都瑞金开展党史学习教育。指导各基层组织通过到红色教育基地现场学习、诵读红色家书、讲述英烈故事等方式开展党史学习教育。组织收看庆祝中国共产党成立100周年大会，开展系列庆祝活动。发挥主界别文化艺术人才优势，承办全市统战系统“同心共庆百年华诞，携手共筑中国梦”——庆祝中国共产党成立100周年书画摄影作品展。参加民进中央开明画院与民进江西省委会共同主办的“在正道上行——庆祝中国共产党成立100周年江西开明美术摄影作品展”。组织会员参加各类庆祝活动。参加民进中央、省委统战部、省叶圣陶研究会等部门举办的中国共产党成立100周年主题征文活动，参加市政协“学党史、知党情”党史学习教育知识竞赛暨“四史”知识抢答活动，参加全市统战系统大型社会服务活动和趣味运动会。在民进省委会“在正道上行——党史学习教育演讲比赛”和市政协“唱支山歌给党听”歌咏比赛中分别荣获二等奖。在市委统战部举办的“双学双悟双促进演讲活动”中，1名会员获二等奖、2名会员获三等奖。开展基层组织党史知识学习竞答活动。组织各基层组织会员代表在南昌新四军军部旧址陈列馆开展党史知识问答活动。围绕学习贯彻习近平总书记“七一”重要讲话精神及“学史忆传承，携手跟党走，为民办实事”等主题，全年报送信息文章200余篇。其中，中央级媒体采用16篇，省级媒体采用179篇，市级媒体采用24篇。从历史沿革、历任领导、履职成果、特色工作、市政协委员风采5个方面完成南昌民进会史编纂工作，受到市政协领导表扬。在民进市委会机关会议室召开南昌市政协智慧文史展览馆资料整编工作现场会，助推市政协智慧文史展览馆如期建成。撰写《凝聚民进力量，为南昌市经济社会发展建言献策——1984—2020年民进南昌市委会履职成果汇报》，参加市政协系列丛书编纂。

【参政议政】 2021年，认真贯彻落实中共南昌市委2021年度政党协商计划工作部署，形成一批高质量调研成果，在“扩内需，促消费”情况通报会和立法工作情况通报会上，民进市委会有关负责人的发言获市领导肯定。开展课题调研，申报完成“党委出题、党派调研、政府采纳、部门落实”调研课题1项、“大兴调查研究之风，谋划省会担当之策”调研课题1项、民进江西省委会调研课题4项。调研课题全部结题，“党委出题、党派调研、政府采纳、部门落实”课题调研获市领导批示。引导基层组织开展调研，动员各基层组织围绕本地区、本单位中心工作制定课题调研计划，每个基层组织每年提交调研报告不少于1篇。围绕政党协商计划，由民进市委会牵头，各专委会参加，发挥会内专家力量，开展专项调查研究。3月，市十五届人大六次会议和市政协十四届六次会议召开，民进市委会副主委王光在大会上发言。民进市委会提交集体提案7件，会内市政协委员提交个人或联名提案30余件，会内市人大代表提交个人建议10余条。市政协委员张国标、熊春兰《关于推动社区养老服务的建议》等一批提案被列为市政协会议重点督办提案，由市领导亲自督办。市人大代表仇金凤、陈琦和市政协委员李淑英、徐俊等的提案建议受到南昌电视台、《南昌日报》等多家媒体报道。10月，市十六届人大一次会议和市政协十五届一次会议召开，民进委员围绕南昌经济建设、城市建管、社会事业等领域，积极建言献策，共提交集体提案11件、代表建议12条、委员提案30件。民进市委会以民进中央反映社情民意信息主题年为抓手，通过指导选题、举办专题培训、定期通报采用情况等方式，撰写社情民意信息。全年报送社情民意信息64篇。其中，全国政协采用1篇、民进中央采用4篇、中共江西省委采用2篇、省政协采用5篇、民进省委会采用36篇，所采用篇数在全省市级民进组织中居首位；中共南昌市委采用8篇，市政协采用3篇，采用数量在全市市直单位中位居前列。民进市委会编印完成《2016—2020年南昌民进参政议政成果集》和《2020年南昌民进抗疫集》。

【社会服务】 2021年，坚持服务群众，带头开展“1%工程”公益活动。连续15年在西湖区天灯下社区开展捐资帮困活动，全年向社区困难居民发放慰问金和新春礼包3万余元。在新建区大塘坪乡开展助学帮困活动，向30名受助学生发放助学金共1.5万元。在豫章师范学院举办2021年“1%工程·芒果青年助学基金”发放仪式，向10名受助学生发放助学金2万元。在进贤县开展“1%工程·爱满家园”保护省鸟白鹤公益宣传活动。组织开展“1%工程·2021年志愿阅读”活动，积极转发民进省委会党史学习教育资料。坚持开展“春联万家”活动，春节前夕，邀请会内书画家书写春联近100副。引导基层组织积极开展“1%工程”系列活动。南昌县民进支部连续4年开展“八月清凉的爱——1%工程关爱环卫工公益行活动”。东湖、西湖、经开、青云谱、进贤和市直一、二民进支部等开展走访慰问困难群众活动10余次。新建民进总支开展公益普法、教育知识讲座和图书捐赠进社区活动。红谷滩民进支部开展“1%工程”法律宣讲进社区和助学活动。重新组建南昌民进“名师库”，遴选72名年轻骨干会员教师入库。在进贤县民和镇中心小学开展南昌民进“名师下乡好书进村”活动，会员熊继萍、余鹿为学生带来精彩课程，并向民和镇中心小学捐赠少儿图书100余册。南昌三中民进支部主委蒋玉清与赣州市全南县教科体局签订《柔性引进名师协议》，南昌民进“名师下乡好书进村”品牌走出南昌，走向全省。依托开明读书社，传承“1%工程”及“名师下乡”理念，打造一个全新品牌——“南昌民进开明读书社·洪城悦读”。“洪城悦读”先后组织人员到东湖区、西湖区、青山湖区、红谷滩区、进贤县、南昌县和豫章师范学院，开展送书进校、结对读书活动10余场，受到会员、学校老师和学生欢迎。民进市委会领导走访会内企业家，了解企业发展中遇到的难题，就南昌市惠企政策进行交流。民进开明商城扶贫馆举办“学史忆传承，携手跟党走，为民办实事”普惠活动，助力南昌市消费扶贫。

【民进南昌市第八次代表大会】 2021年1月15日，民进南昌市第八次代表大会召开。会议听取和审议民进南昌市第七届委员会工作报

2021年1月15日，中国民主促进会南昌市第八次代表大会召开

（民进市委会　供图）

告、第七届委员会监督委员会工作报告;通过大会决议;选举产生民进南昌市第八届委员会。谭绍木当选为主任委员,邹玉萍、郑洪健、王光、邹萍莉当选为副主任委员,任命邹萍莉为秘书长。省政协副主席、民进省委会主委汤建人,市委常委、组织部部长李镇发出席并讲话。市人大常委会副主任、民进南昌市委会主委谭绍木作工作报告。

【专项民主监督】 2021年,筹备长江生态环境保护民主监督有关工作,按照民进中央和民进省委会工作部署,制定《民进南昌市委会开展区域内生态环境保护民主监督工作实施方案》,先后到市发改委、市生态环境局开展专题调研,及时向民进省委会及市委统战部汇报工作进度,呈报调研报告2篇。全国政协副主席、民进中央常务副主席刘新成在南昌开展长江生态环境保护民主监督实地调研,走访民进市委会机关,参观会史墙,详细了解民进市委会机关建设和会员之家建设情况,代表民进中央对中共南昌市委、市委统战部长期以来对民进市委会的关心与支持表示由衷的感谢,并勉励民进市委会要继续发挥好参政党地方组织的积极作用,履行好自身职责,在各民主党派新开展的长江生态环境保护民主监督工作中贡献才智。按照市委统战部工作部署,民进市委会班子成员分组带队到对口联系的县区基层组织开展调研,通过问卷调查、座谈交流、实地走访食堂和餐饮企业等形式,做好制止餐饮浪费专项民主监督工作。

(胡　琨)

中国农工民主党南昌市委员会

【概况】 2021年,中国农工民主党南昌市委员会履行参政党职能,凝心聚力,开拓创新,各项工作任务顺利推进。紧扣庆祝中国共产党成立100周年活动,紧贴农工党市委实际,组织开展征文、座谈、展览等各项专题活动,歌颂中国共产党丰功伟绩。组织农工党员参加农工党中央、农工党省委和全市有关部门开展的各项专题培训,不断提高农工党员思想素质和业务能力,努力打造一支政治素质高、工作能力强的农工党员干部队伍。扎实履行工作职责,充分发挥自身优势,积极参政议政,写提案、提建议、帮乡村,为南昌经济社会发展贡献力量。农工党市委会先后获得农工党中央授予的“2021年度《前进论坛》发行工作省辖市级先进单位”称号及农工党江西省委会授予的“理论和党史研究工作先进组织”、“社情民意信息工作先进市委会”、“助力大方县消费扶贫活动先进市委会”、庆祝中国共产党成立100周年主题征文活动“优秀组织单位”等称号。

【组织建设】 2021年,进一步规范农工党员发展程序,制订农工党党员发展任务分解表,发展新成员53人,平均年龄36.6岁。其中,具有中级以上职称的21人,占新发展成员总数的39.6%。开展培训工作,组织农工党市委会领导班子成员及农工党员先后参加农工党中央“农工党党内监督网络培训班”、农工党省委会各设区市委会新一届领导班子成员和监督委员会主任专题学习会议、农工党省委会第1期农工党全省党务骨干培训班、农工党省委会“第2期农工党全省代表人士培训班”和全市县处级主要领导干部学习贯彻中共十九届五中全会精神专题研讨班、市政协“政协市十五届委员会委员培训班”、市委统战部“全市各民主党派、市工商联、市知联会新一届领导班子成员培训班”、市委党校县干班。农工党市委会结合实际,举办“2021年骨干党员参政议政专题培训班”、2021年新党员培训班。以《基层组织工作手册》和“三本册子”(《成员信息本》《工作台账》《团队风采簿》)为抓手,提升基层组织的活力、动力和凝聚力。全市有3个基层组织获农工党省委会2020年度“优秀基层组织”称号,16名农工党员获农工党省委会“优秀党务工作者”“优秀党员”称号。农工党红谷滩区支部成立,6个基层组织完成换届。农工党市委会及基层组织陆续开展“政治生日”活动,有8个基层组织先后建成“党员之家”,确定每月9日作为“党员活动日”。做好干部考察和推荐工作,向中共南昌市委推荐10名农工党员担任市人大代表,33名农工党员担任市政协委员(含省直党员5人),1人任区政府副区长,2人任县区政协副主席。

【思想建设】 2021年,注重思想政治教育,开展“学史忆传承·携手跟党走”主题教育、双周大讲堂理论学习、庆祝中国共产党成立100周年系列活动,认真学习习近平总书记“七一”等重要讲话精神。组织参加农工党中央2021年度理论征文,获一等奖3篇、二等奖4篇、三等奖5篇。参加农工党省委会庆祝中国共产党成立100周年理论研究征文活动,11篇征文获奖。参加农工党省委会主题征文活动,5篇征文获奖。参加农工党省委会中共党史知识竞赛,3人获奖。搜集整理农工党史参加市政协智慧文史展览馆展示,学习《中国共产党统一战线工作条例》,学习中共十九届六中全会精神。农工党市委会主委、副市长龙国英关于民生的论述登载在《人民政协报》,《初心融入血脉》登载在中国纪检监察报网,《传承革命精神致力复兴伟业》登载在中国政协杂志。2篇信息登载在农工党中央网站、微信公众号。

【参政议政】 2021年,为帮助基层

做好参政议政工作，印发《农工党南昌市委会关于设定2021年度参政议政工作参考指标的通知》，将工作任务细化分解到基层组织。开展“加快探索实行‘揭榜挂帅’制度，推动创新驱动内涵式增长”统战大调研。《加快紧密型县域医共体建设，提升乡村防病能力》得到副市长龙国英的批示。参加农工党省委会课题招标，获一等奖1件、二等奖2件、三等奖3件。在全国政协十三届四次会议上，龙国英提交的10个提案受到广泛关注。2个建议获2020年度市人大代表好建议奖，2人获南昌市第十五届人民代表大会优秀代表，3件集体提案、7件个人提案获2020年度市政协优秀提案，4人获“优秀市政协委员”，2人被市政协表彰为优秀建言资政专家。《关于新冠病毒疫苗重点人群预防接种工作相关建议》等5件社情民意被全国政协采用，8件社情民意被农工党中央采用，3件社情民意被省委办公厅采用。《规范中医药特色技术项目收费的建议》获时任省长易炼红和副省长孙菊生批示，《为民生福祉和国家长远发展发声》登载在中国政协杂志，《大力提倡“光瓶”行动》登载在《团结报》。1人获农工党省委会“先进社情民意信息报送员”称号、4人获农工党省委会“撰写社情民意信息先进个人”称号。

【社会服务】 2021年，以庆祝中国共产党成立100周年活动为主题，举办“同心共庆百年华诞，携手共筑中国梦”——庆祝中国共产党成立100周年大型社会服务活动。助力脱贫攻坚和乡村振兴有效衔接，制定《农工党南昌市委会服务乡村振兴工作活动方案》，组建“医疗帮扶专家团”“文化教育帮扶专家团”“农业产业专家帮扶团”“绿色生态帮扶专家团”“乡村法律帮扶专家团”到安义县长均乡天坪村开展服务乡村振兴送医义诊活动，开展文化下乡、“戏曲进校园”“授农技，助力乡村振兴”活动。1个基层组织获农工党省委会“助力大方县消费扶贫活动先进基层组织”荣誉称号。农工党员积极参加抗击新冠疫情，2人参加援上饶市铅山医疗队，6人参加区级抗疫工作。参加农工党省委会健康江西大讲堂活动，开展“环境与健康宣传周”活动，在基层组织打造“心灵之家”，向公众开展免费心理讲座和心理咨询服务。农工党员联系市图书馆为新疆阿克陶县小白杨小学捐赠学习用品。农工党新建区总支联合企业向区中医院捐赠抗疫物资。龚文广参加第25批中国（江西）援突尼斯医疗队获得表彰。

【“学史忆传承·携手跟党走”座谈会】 2021年6月26日，为庆祝中国共产党成立100周年，农工党市委会在机关会议室召开“学史忆传承·携手跟党走”座谈会。农工党省委会副主委、南昌市政府副市长、农工党市委会主委龙国英，农工党市委会副主委李美君、吴一建、李杰、胡国华参加。座谈会上，学习中共党史知识，播放中共党史学习教育微视频，围绕中国共产党历史等座谈交流学习心得体会，并对中国共产党成立100周年表示美好的祝福。

（尹　雨）

九三学社南昌市委员会

【概况】 2021年，九三学社南昌市委员会以建设高素质参政党为目标，团结带领全市社员，认真履行参政党职能，切实加强自身建设，完成各项工作任务，为推动南昌高质量跨越式发展作出积极贡献。至年底，九三学社市委会有基层委员会1个，支社21个，小组8个，成员690人。其中，具有中级以上职称的554人，占成员总数的80.3%。市区有成员642人，占成员总数的93%。

【组织建设】 2021年，九三学社市委会发展新成员17人，平均年龄38.4岁。其中，具有中级以上职称的10人，占新发展成员总数的58.8%。选派12名社员参加九三学

2021年6月26日，农工党南昌市委会“学史忆传承 携手跟党走”座谈会召开

（农工党市委会　供图）

社中央、九三学社省委会和有关部门组织的各类培训。自办培训班31期,培训社员100余人次。加强代表人士及其后备队伍的培养、管理和推荐工作。各级组织按照1∶2的比例建立后备人才队伍资源库。在县区换届时,推荐的2名社员被提拔到副县级领导岗位。成立1个新的县区支社——九三学社红谷滩区支社。高起点规划,高标准建设"社员之家"。九三学社青山湖区支社与青山湖区图书馆共同打造占地500余平方米的"社员之家",依托"社员之家"组建近40人的讲师团,定期开展科普"四进"活动(进机关、进学校、进社区、进乡村),推行社员积分激励机制;成立慈善义工站,定期开展爱心帮扶活动。打造"在地管理"品牌,将原来活动不能正常参加、成员老龄化程度严重的部分基层组织社员就近划到各县区基层组织开展组织生活。各专门工作委员会开展各项组织生活。着力建设青年工作委员会"启明星"品牌,举办2期青年论坛和1期庆祝中国共产党成立100周年座谈会,九三学社市委会老龄工作委员会和妇女工作委员会在重阳节和"三八"妇女节开展相关活动,进一步增强社组织的凝聚力。

【思想建设】 2021年,先后举办党史教育、社史教育等主题活动20余次,获九三学社省委会表彰1项,5位社员获九三学社中央表彰,2位社员获省委统战部表彰,14位社员荣获九三学社省委会表彰。参加省委统战部举办的"同心奋斗听党话、携手同行跟党走"微信征文活动获优秀组织奖,2篇优秀征文在"赣鄱统战"微信公众号上登载,14篇征文在九三学社省委会组织的评选中获奖,九三学社市委会荣获优秀组织奖。动员社员参加中共党史知识竞赛活动获得全省优秀组织奖,3位社员获得答题优秀奖,在九三学社中央举办的"社员之家"党史知识竞赛中4位社员受到表彰。九三学社市委会统一部署,各基层组织结合当地实际,开展形式多样的学习活动,累计开展活动30余次,参加社员600余人次。举行庆祝中国共产党成立100周年系列活动,以"百年荣光,照我前行"为主题,举办"同心共庆百年华诞,携手共筑中国梦"书画笔会。组织九三学社市委会机关干部到于都县开展党史学习教育现场教学活动。九三学社市委会微信公众号共发布宣传报道文章100余篇,在《团结报》的全国各民主党派微信公众号热文排行榜进入前十位。组织120名社员参加九三学社中央专题政治辅导"网络课堂"。加强参政党理论研究和社史整理工作,全年完成理论研究论文2篇,完成市政协文史馆九三学社篇目的编纂工作,完成老社员口述历史整理3篇。

【参政议政】 2021年,在九三学社省委会中标课题14个,完成调研课题18个,报送九三学社省委会及市委、市政协的社情民意信息36篇。在市政协十五届一次全会上提交并立案12件集体提案,占集体提案总数的23%。3篇社情民意信息获得省、市主要领导批示;2篇调研报告和1篇社情民意信息被九三学社中央采用;1篇调研报告被九三学社省委会采用作为省政协十二届四次会议集体提案采用,并作为大会发言及重点督办提案;1篇调研报告被选为省政协大会书面发言。3篇调研报告和4篇社情民意信息被省委和省政协采用。提交市政协的1篇集体提案被采纳作为协商办理提案,在南昌电视台《"赣"事好商量,"三有"在洪城》播出。

【社会服务】 2021年,打造九三学社科普驿站的社会服务品牌,探索流动服务与固定服务相结合方式,将不定点不定性服务与定点定性科普有机融合、互为补充,在科技、文化、教育等方面服务百姓、造福社会,受到群众欢迎和好评,取得服务实效。在南昌高新区艾溪湖管理处玫瑰城社区组织义诊活动,为社区居民检测白内障、近视眼100余人次,提供口腔健康咨询服务、标准血压检测及心理咨询服务60余人次。九三学社西湖区基层委员会为解决部分重度瘫痪高龄老人到定点医院体检办理残疾人证的难题,为辖区困难群众提供免费上门办理残疾人证服务。九三学社新建区支社为社区居民免费发放常用药品,组织内科、心血管科、儿科、中医科等医疗专家,开展心电图、血糖、血压、针灸、健康咨询等医疗服务。九三学社青云谱区支社和红谷滩区支社在多个社区开展"同心齐聚送福暖人心"活动。九三学社青山湖区支社联合南昌市慈善义工协会成立爱心分会,在新建区樵舍镇敬老院、青山湖区塘山镇上坊路社区建立义工点,定期开展爱心公益活动。各基层组织开展"学史忆传承,携手跟党走,为民办实事"活动20余场次,服务群众1000余人次。九三学社青山湖区支社与区科协、区图书馆联合打造"九三科普驿站",通过共建共享,实现集科普阅读、科普电影、科普讲座、科普活动于一体的多功能科普示范基地。九三学社东湖区支社借助省青少年科技教育协会师资力量,在董家窑街道紫金城社区开办机械动力编程夏令营,组织20名10岁左右青少年开展科普实践。九三学社新建区支社开展"送科技下乡,菌菇包捐赠"活动,向19户脱贫户每户捐赠菌菇包300包,价值2万余元,邀请省农科院专家提供技术咨询服务,使每个菌菇包可以生长4到6茬,为每户脱贫户增收约3000元,总计6万余元。九三学社南昌县支社开展"关爱肾功能衰竭患者活动",成立卫生保健、心理健康、爱心慰问3个"关爱行动"小组,给予物质慰问,帮助病人和家属积极面对生活。

【九三学社南昌市委会八届八次主委会议】 2021年11月23日,九三学社南昌市委会召开八届八次主委会议,专题学习贯彻中共十九届六中全会精神。市政协副主席、九三学社市委会主委魏宏平主持会议。市委会副主委童华、王晖参加会议。会议指出,在中国共产党成立100周年的重要历史时刻,在胜利实现第一个百年奋斗目标、全面建成小康社会,向着全面建成社会主义现代化强国的第二个百年奋斗目标迈进的重大历史关头,中共十九届六中全会全面总结党的百年奋斗重大成就和历史经验,具有重大现实意义和深远历史意义。全市广大社员要迅速全面地学习贯彻此次会议重要精神,把学习领悟与本职工作结合起来、与参政履职结合起来,深刻体会坚持中国共产党领导的正确性、关键性和根本性。

(李　旸)

南昌市工商业联合会

【概况】　2021年,南昌市工商业联合会(以下简称市工商联)围绕“两个健康”(非公有制经济健康发展和非公有制经济人士健康成长)工作主题,紧扣“一枢纽四中心”目标定位,坚持把推动民营企业参与构建新发展格局作为中心工作,开展党史学习教育,加强民营企业教育培训,引导企业履行社会责任,着力提升维权工作质效,服务民营企业发展,充分发挥所属商会平台作用,为助推“两个健康”和全市经济社会高质量发展贡献力量。市工商联获得全国工商联民营企业调查点工作先进基层单位、全国节约型机关、江西省促进非公有制经济发展先进单位、全省工商联目标管理评价第一名、南昌市五星级基层党支部等荣誉。全市7家县区工商联获评全国“五好”县级工商联。

【“万企兴万村”行动】　2021年,市工商联全面启动全市“万企兴万村”行动。向全市民营企业发出《积极履行社会责任,彰显民企使命担当》倡议书,联合市农业农村局、市乡村振兴局等6家单位出台《南昌市“万企兴万村”行动的实施方案》。召开全市“万企兴万村”行动启动大会。会上与中国农业银行股份有限公司南昌分行签订《金融服务“万企兴万村”行动战略合作协议》,为民营企业参与乡村振兴授信6.2亿元,并提供9个大类金融产品服务。率先在全国省会城市和全省地级市中开展南昌市民营企业社会责任报告编纂发布工作。

【民营企业教育培训】　2021年,市工商联深入开展理想信念教育活动,不断提高民营企业家综合素质。组织企业家到南通博物苑等地进行现场教学。在张謇企业家学院举行市工商联新一届常委素质提升研修班、在甘祖昌干部学院举行南昌市工商联年轻一代民营企业家学习贯彻习近平总书记“七一”重要讲话精神专题研讨班等。开展“企业中高层人员培训”,推动涉企部门开展各类政策培训活动20余期,累计培训1100余人次。通过组织分享交流会等活动,宣扬煌上煌集团党委等先进典型,发挥典型示范引领作用。

【非公有制企业维权】　2021年,市工商联成立以市长为组长的市非公企业维权服务工作领导小组,推动各县区、开发区成立本级非公企业维权工作机构。与市公、检、法、司、税务等部门建立联系机制,共建合作平台。至年底,全年走访诉求企业20余次,组织召开21场现场协调会,形成4期工作专报,共受理诉求120件(其中实质性诉求73件,解决65件),受理咨询类诉求177件,为维护南昌民营企业合法权益、营造公平正义法治发展环境发挥积极作用。市工商联《建五大协作平台,抓强民企维权服务》入选2021“创新中国”工商联(商会)工作地市级工商联最佳案例。《南昌市工商联“五个动作”加强非公有制企业维权服务工作》文章在全国工商联办公厅第45期《工商联工作》登载。紧扣企业需求,开展“我为商会办实事”民营企业维权服务接待月活动,56家商会、700余家企业到现场参观交流,收集政策咨询100余件、意见建议64条。有针对性地开展反诈骗知识讲座等法律宣传活动6场。召开全市警示教育大会精神通报会,110余名民营企业家参加。

【民营企业发展服务】　2021年,市工商联致力于服务民营企业发展,配合开展南昌市营商环境企业评价工作。召开市“转作风、优环境”活动年工作领导小组会议,市长万广明出席并讲话。深入50余家商会开展“转作风、优环境”集中宣传月活动,征集企业对南昌营商环境及工商联活动年开展的意见建议。完成5701家企业营商环境网络调查问卷,组织30家商会和企业代表参加2场营商环境企业评价专题座谈会。借助外埠商会资源,举办“三请三回”推介会及各类招商活动5场,推动一批招商项目投资落户南昌。

【商会改革和发展】　2021年,市工商联以打造“四好”商会为抓手,推动商会标准化、规范化、特色化建设。搭建鄱商夜话交流平台,开展“四好”商会学习交流活动,建立“五色同心”(红色教育强信心、金色闪耀聚人心、绿色发展稳核心、本色真情暖民心、蓝色护航显真心)联系工作机制等,深入推进商会改革和发展。充分发挥工商联桥梁纽带作用,与东莞市、佛山市、广州市、珠海市、中山市、惠州市、深圳市南山区和龙岗区等广东省7个市和地区缔结友好工商联,搭建与粤港澳大湾区之间交流合作平台,帮助商会和企业争取更多合作共赢机会。

(吴雯霞)

群众团体

南昌市总工会

【概况】　2021年，全市各级工会围绕推动高质量发展履职尽责、担当作为，凝心聚力推动“十四五”开好局起好步，各项工作取得新成效。中央电视台《朝闻天下》《东方时空》栏目和全国总工会《工人日报》头版头条报道南昌市工会工作。南昌市总工会先后承办全省零工经济就业群体入会服务工作启动仪式、全省工人文化宫高质量发展推进会，在全省工会双创工作现场会、江西省劳模创新工作室命名授牌仪式上作典型发言，继续保持“在全省树标杆、当旗手，在全国站前列”的目标定位。市总工会获评全国“安康杯”优秀组织单位、全国总工会城市困难职工解困脱困工作重要贡献集体、全省工会“七五”普法先进单位、全省工会财务会计工作竞赛特等奖、全市平安建设考核先进单位、全市节能考核优秀单位、全市绩效考核优秀单位、市直机关“唱支山歌给党听”歌咏比赛一等奖。至年底，全市工会数15983家，会员数88.25万人。年度新建工会460家，新入会2.5万人。

【工会工作水平提升】　2021年，持续增强基层基础，推进阵地建设，优化工会服务内容。实施“21426”行动，制定《关于推进新就业形态劳动者工会工作的实施方案》《关于推进零工经济就业群体入会及服务工作的实施意见》，与市邮政管理局联合下发《关于加强全市快递员群体入会及服务工作的通知》，召开集中建会入会行动部署会，在全国率先成立零工经济工会联合会。联合市教育局举办南昌市民办学校教职工集中入会仪式，组建邮政快递行业工会联合会。通过单独建会、联合建会、行业建会、区域建会等多种方式，不断扩大工会组织覆盖面。至年底，全年建会460家，新入会职工总数2.5万人。市工人文化宫与社会专业团队合作，打造职工羽毛球运动中心、南昌职工棋院。进贤县、青山湖区、新建区、红谷滩区文化宫建设取得突破性进展。全市各级工会通过新建、合作、清理等方式新增职工活动阵地近5万平方米。顺应新媒体发展趋势，在抖音等开辟市总工会官方号。新建3家女职工培训示范基地，打造162家户外劳动者服务站点，在南昌工会微信公众号上发布南昌市爱心驿站服务站点地图。召开全市工会深化全国文明城市创建工作部署会，实施“助力文明创建，贡献职工力量”职工行动计划。建立健全“法院+工会”劳动争议诉调对接工作机制，被列入南昌市市域社会治理现代化“十大工程”重点项目，调解劳动争议案件431件，提供免费法律咨询4990次、工会法律援助1255件。委托第三方机构评估洪工贷工作，南昌小蓝经开区、慧谷、奋发等3家创新创业基地获评省级双创服务站，学习强国3次登载市总工会“双创”工作经验。“送温暖”走访慰问职工4800余人次，“送清凉”慰问一线职工近1.9万人。全市互助保障参保会员25.15万人，同比增长4.8%，为近1900名职工办理赔付及慰问约800万元，赔付率56.84%。

【为职工办实事】　2021年，市总工会紧贴职工实际情况，认真办好“二十件实事”。全年贴息1000万元发放“洪工贷”1.8亿元，组织500名一线职工开展疗休养，组织2100余名职工参加“携手小康”职业技能培训，为1400名民营企业女职工免费开展“两癌”筛查，举办12场单身青年职工联谊活动，建设13家职工子女假期爱心托管班，开展制造业产业工人技能提升行动，举办省(市)第三届虚拟现实(VR)、增强现实(AR)职工职业技能大赛，为2279名乡村教师提供免费体检，评选10名“五一”新时代十大创业标兵、10

名十佳创新人物，为全市4745名各级劳模发放公交地铁免费乘车卡，为334家小微企业全额返还工会经费1137.86万余元，开展“洪城职工心向党，砥砺奋进勇担当”主题系列活动，开展“爱在工会·四季有约”职工文化艺术公益培训，推进“追逐梦想·绽放风采”女职工素质提升活动，打造20家爱心妈咪小屋，为12个县区694个社区4218名在职女社区干部每人赠送1份女职工幸福互助保障计划，组织120余名职工子女开展夏令营活动，评定12家星级南昌市“法院+工会”劳动争议诉调对接工作室，举办“尊法守法·携手筑梦”服务农民工公益法律服务讲座163场，开展“7+5”职工卡普惠服务活动拉动消费19.49亿元。

【和谐劳动关系巩固】 2021年，贯彻实施《江西省企业工会工作条例》，推动有关劳动法律执法检查，健全劳动关系协调机制。推广《女职工权益保护专项集体合同》样本，督促企业签订劳动合同和集体合同。督促企业按时召开职工代表大会，建立健全职工董事和职工监事制度。飞尚科技、麦格纳动力、费森尤斯卡比3家公司被列入首批全省厂务公开民主管理示范点单位。广泛开展优秀职工代表提案和企业民主管理微视频征集活动，引导职工代表参与企业管理。南昌经开区新城学校黎婷等4名职工代表提案获评全省优秀提案。

【职工劳动经济权益维护】 2021年，开展2021年集体协商“春季要约”行动，推动各县区、行业协会、平台企业加强行业集体协商工作。开展外来务工人员“就地过年”关爱活动，联合市人社局开展“春风行动”“民营企业招聘周”等活动，保障职工就业权益。发动职工群众参加“安康杯”竞赛、安全隐患随手拍等群众性劳动保护系列活动，协调配合相关部门开展安全生产检查，参与安全生产事故调查，督促企业落实安全生产主体责任。协助政府有关部门帮助895名职工追讨欠薪1027万余元。开展“健康教育进基层、职工健康科普行”活动，增强职工健康意识。

【产业工人队伍建设改革】 2021年，实施全市产业工人队伍提升行动，推动将产业工人队伍改革工作列入市委督查工作范畴。召开全市新时代产业工人队伍建设现场推进会和产业工人队伍建设改革专题会，组织开展南昌市产业工人队伍建设十大提升行动专项督查工作，落实产业工人队伍改革各项重点任务。开展产业工人队伍建设十大提升行动试点工作，组织30家企业参加市级试点工作。全国总工会《工人日报》头版头条报道方大特钢公司产业工人队伍改革工作经验，南昌轨道交通集团、南昌印钞公司被纳入省级产业工人队伍改革试点单位。

【劳动和技能竞赛】 2021年，围绕南昌产业发展重点，组织开展VR、大数据抓取、电力行业、钣金喷漆、驾驶员等劳动技能竞赛，全市职工直接参赛6000人次以上，带动岗位练兵7万余人次。承办2021年全省职工职业技能大赛暨第七届全国职工职业技能大赛通用工种江西选拔赛钳工项目，南昌市选手获省级赛事第一名。联合市教育局举办第二届中小学青年教师教学竞赛、第三期全市青年教师素质提升大讲堂暨送教下乡活动，联合市卫健委举办首届“承岐黄薪火，展百年风华”中医护理技能大赛、全市“公共卫生杯”新冠肺炎流行病学调查大比武、第七届“白衣天使”护士护理技能竞赛，举办第二期全市青年护士素质提升大讲堂活动。

【劳动先进典型表彰宣传】 2021年，表彰南昌市五一劳动奖状22个、五一劳动奖章148名、工人先锋号25个，选树南昌市五一巾帼标兵岗50个、五一巾帼标兵80名、女创业带头人15名。每天在地铁电视循环播放以弘扬劳模精神为主题的专题宣传片《榜样的力量》26期，为全市4745名劳模发放慰问金500余万元，为劳模开辟医院就诊绿色通道，打造3家省级、10家市级劳模创新工作室，倡导劳动光荣、技能宝贵、创造伟大的时代风尚。

（魏长承）

中国共产主义青年团南昌市委员会

【概况】 2021年，中国共产主义青年团南昌市委员会（以下简称“团市委”）充分发挥团员青年能打硬仗、勇于拼搏、锐意进取的先锋模范作用，在巩固提升发展首位度中充分彰显省会青年担当。在全省率先出台《关于全面加强新时代少先队工作若干措施》，推动全市少先队工作稳步发展。至年底，全市有10071个团组织，254269名团员，南青基金累计筹款突破1.2亿元，公益透明指数连续7年满分排名全国第一名。团市委在2021年度全省共青团工作评议中获得第一名，获全省共青团工作优秀单位称号；分别获全省共青团宣传和思想引领、少先队工作优秀单位称号，全省普法工作先进单位称号；获“平安江西建设先进集体”称号，为全省共青团系统唯一获奖单位。创新实施“洪城街艺”文艺“青”骑兵，获评全省共青团“一品一特”项目。

【团的建设提升】 2021年，团市委把庆祝中国共产党成立100周年与提升团的引领力、组织力、服务力和大局贡献度结合起来，牢记“政治团”定位，推进红色基因传承，引导全市青少年学党史、强信念、跟党走。组织南昌市青年讲师团开展党史等各类宣讲200余场,覆盖青少年35万人次。"青年大学习"网上团课累计参与人数312.41万人次,全年稳居全省第一位。举办全市各界青少年学习贯彻落实习近平总书记"七一"重要讲话精神专题培训暨学习交流座谈会,线上线下30.62万人收听收看。组织南昌市青联红色走读暨少年军校红色研学活动,公演红色爱国主义儿童剧《星球密码》,举办各界青年庆祝中国共产党成立100周年歌咏大赛和《致敬》摄影展,发布《我们的八一》红色主题手绘图画书,《人民日报》、新华社等各大媒体报道团市委党史学习教育信息129次。党史学习教育中央第六指导组组长陈强一行到南昌市青少年宫检查指导青少年学党史工作,给予充分肯定。官方抖音号、快手号"青春英雄城"综合传播影响力全年47次进入全国共青团地市榜前十名,4次位列第一名。官方微信号"南昌青年之声"成为全省首个突破百万粉丝的地市级团委微信号。在全省率先成立洪城街艺团工委,举办首届洪城街艺街头文化艺术节,108组持证青年艺人开展"艺"心向党主题巡演等公益街演近1600场。发起创作歌曲《百年回望》《我的名字叫苏维埃》,全网全平台点播量超过5000万人次。依托南昌高新区图书馆、湖畔美书阁等精品图书馆开设党史学习角,获得新华社、《光明日报》等央媒点赞报道。

【青年志愿服务】 2021年,团市委聚力服务社区,以"社区青春行动"全国试点为契机,探索丰富"团干部+青年志愿者+青年社会组织+青少年事务社工""四青"模式,引导广大青年参与基层社会治理,与全市21所高校和25个社会组织建立合作机制,参与服务志愿者851人,开展活动198场。聚焦全市中心工作,招募3000余名青年志愿者,服务第十二届中国卫星导航年会、中国米粉节、世界VR产业大会云峰会、上海合作组织传统医学论坛、第29次全国部分城市关心下一代工作座谈会、中国航空产业大会暨南昌飞行大会等大型赛会,参与南昌市吸引10万名大学生和技能人才来昌留昌创业就业"百场校招"活动。聚焦民生服务,在春节期间开展春运"暖冬行动"。联合南昌八一起义纪念馆举办"军旗升起的地方"红色故事百人团招募活动,面向社会公开招募100名红色文化志愿者走进学校、企业、社区、军营等地,开展红色文化宣讲,传播红色文化。组织全市团员青年、部分市级青年文明号集体及青年志愿者开展植树活动。在暑期推出"七彩假期"志愿服务,组织大学生服务队到乡村学校少年宫开展不少于10天的"七彩假期"志愿服务。在净滩日前后,集中开展"我是河小青,生态南昌行"净滩行动。围绕疫情防控需求,招募储备3000名志愿者,协助开展疫情防控工作。聚势应急救援,组建720人的市县两级赣青突击队,定期开展专业化演练培训,其中6名队员驰援河南省抗洪一线。

【基层团组织建设】 2021年,全市各级共青团组织建设不断加强,全年新建"两新"组织团组织678家,超额200%完成年度工作任务,基层团建指标完成率位居全省前列并获团省委10万元奖励。组织全市村(社区)团组织换届工作,在全省率先编写指导手册,按一村一册标准免费发放,采取"日联系,周通报,月督导"方式有序推进换届工作。全市村(社区)团组织换届后,班子成员平均年龄28.61岁,大专以上学历70.39%。推动南昌县、东湖区、西湖区、青云谱区4个县区被纳入全国县域共青团基层组织改革试点,因地制宜给予指导。指导南昌县加强团代表联络站建设,完善运行、接待活动等各项制度,相关案例被团中央刊发。东湖区通过青少年事务社工、"区校共建"、返乡大学生等渠道,拓宽充实团的工作骨干力量。西湖区聚焦扩大团组织阵地覆盖,构建"连点成线"式的西湖区青年微信沟通交流平台,打造"云共青团",按照业缘特点设立"梦想小街"青创团工委及汇海国际楼宇团工委。青云谱区将青年发展规划以专节形式写入青云谱区"十四五"发展规划,区财政每年投入经费20余万元用于青少年事务社工保障。团员发展稳步有序,突出政治标准,严把入团关口,探索推优入团、积分入团、评议入团等制度。科学合理分配1.5万名团员发展计划,动态化管理,定期调剂或扣减。

【青少年权益保障】 2021年,团市委强化青少年权益维护,助力青少年健康成长。举办各类青少年法治宣传教育活动300余场,覆盖青少年10余万人次。开展"青春护航——2021年南昌市假期自护教育进校园"活动,全市770余名法治副校长开展防溺水、交通安全等青少年自护教育,20余万名青少年参与活动。开展第七届"南昌杰出(优秀)青年卫士"评选活动,评出杰出青年卫士10人、优秀青年卫士30人,充分彰显当代南昌青年杰出精神风貌。打造全省规模最大"12355"青少年服务台,受理线上咨询求助500余次,处置青少年家暴、感情纠纷吞服安眠药等突发个案3例。线下承接团中央"守护健康,益动起来""12355"青少年健康守护行动公益项目,开展团辅活动26场,为3所学校1132人次学生开展心理测评和咨询服务。履行专门学校工作牵头单位职责,经市政府第34次常务会议原则同意调整南昌市阳光学校办学经费,组织召开阳光学校工作推进会,强化学校安全管理和制度建设。组织青少年事务社工,通过实施离校学生跟踪帮教,巩固学生离校后的教育矫治成效。阳光学校累计接收有严重不良行为青少年983人，矫治离校880人，矫治成效90%以上。

【青少年发展服务】 2021年，南昌市落实《江西省中长期发展规划（2018—2025年）》局际联席会议第三次全体会议召开，审议通过88项年度工作任务，设施项目化、清单化、数据化，推动青年人才发展工作。紧跟“每年吸引10万名大学生和技能人才来昌留昌创业就业”工作导向，实施“三推五进”（推广城市文化、推介人才政策、推进权益保障；青年学子进企业、青年学子进机关、青年学子进农村、青年学子进园区、青年学子进社区），打造具有强大吸引力的青年人才发展环境。开展2021年“青英归巢”暑期见习活动，发布277个岗位，需求人数818人。在全市行政服务中心建设青年志愿服务站，600余名青年志愿者助力营商环境提升。开展第九届南昌市青英人才创业大赛，1000余名选手300余个团队参与报名。组织返昌优秀学子、大赛选手开展“才聚南昌，智荟洪城”青创学子走进南昌活动，引导广大青年集聚洪城共谋发展。开展首届南昌市青年职业技能大赛卫健系统分赛，引领广大青年在不同岗位苦练技能。青英人才驿站城区全覆盖，为高校毕业生提供7天免费住宿和就业指导服务。针对青少年婚恋交友需求，市县两级举办青少年交友活动15场，参加活动青年4000余人。市青少年宫组织开展各项培训活动，全年累计培训4.37万人次。全年开展党史主题青少年专题活动20余场，累计参加活动5万余人次。全年，全市青少年累计获得国家、省、市级荣誉306项，新时代青少年宫校外教育主阵地的作用全面彰显。

【青少年帮困】 2021年，出台《“我为青年做件事”实践活动工作方案》，梳理5个大类17个项目清单，着力解决青少年急难愁盼问题。累计开展5期“宝贝出村——圆梦微心愿”公益活动，1000余名儿童参与。开展“青云班”助学行动，助力78名困境青少年升学。名著小书包红色基因版捐赠活动筹款近400万元，捐赠名著小书包11709套。南青基金2021年筹集款物3584万元，“99公益日”发起公益项目计划208个，筹集款项近1200万元。“希望星辰”青少年慈善扶贫专项工程，累计助学4031人，招募志愿者支教3292课时，服务对象1500余人次。“亲亲宝贝”项目为6000余人次病困家属提供救助咨询，救助238名患重大疾病贫困儿童。乡村青少年“奥林匹克”、贫困中高考尖子生冲刺“青云班”、女童保护、青帆课堂等项目均取得良好成效。

【少先队工作】 2021年，团市委坚持全团带队方针，在全省设区市中率先出台《关于全面加强新时代少先队工作若干措施》。在“六一”“十一三”等少先队重要时间节点组织开展“红领巾心向党”主题队日活动，全市59万名少先队员参与。深化品牌工作，在全国设区市中率先推出《中国少年报》城市专栏。在南昌市13个省级爱国主义教育基地建立红领巾讲解员校外实践基地，常态化组织少先队员为群众进行义务讲解。少年军校持续保持每周进入110所学校授课。党史学习教育期间，专业化制定16堂党史主题课程，利用进校园上课前10分钟学习党史。举办1500人参与的少年军校大会演，200余万人在线观看。组织南昌市代表队参加江西省红领巾讲解员风采大赛和江西省少先队辅导员风采展示大赛，均获特等奖。

（金一品）

南昌市妇女联合会

【概况】 2021年，南昌市妇女联合会（以下简称“市妇联”）紧贴妇女工作实际，坚持服务全市工作大局，认真履行引领服务联系职能，在妇女思想政治引领、家庭家教家风建设、妇女维权发展服务、深化妇联改革上迈出新步伐，推动妇女儿童事业创新发展。准确把握“学史明理、学史增信、学史崇德、学史力行”目标要求，依托“南昌市妇女联合会”微信公众号，开设“党史故事汇”“学党史、讲故事、颂巾帼”等专栏25期，以实地参观践学、集中宣讲深学、主题培训研学等形式扎实开展党史学习教育。市妇联获全国妇联系统先进集体、全国“七五”普法工作先进单位、全国妇女新闻宣传阵地建设地（市）级先进单位、江西省“振兴杯”职业技能大赛家政服务行业职业技能竞赛优秀组织奖、江西省家庭教育微课征集评选活动优秀组织奖等16个全国、省、市级荣誉。

【妇联组织建设】 2021年1月8日，市政府驻深圳办事处召开第一届妇女工作委员会成立大会。3月6日，南昌市妇联驻上海妇工委第一次代表大会暨成立大会在上海市举行。至年底，市政府驻北京联络处、驻上海联络处、驻厦门办事处、驻深圳办事处均组建妇女工作委员会。4月28日，市洪城大市场第一届妇女代表大会召开，标志着南昌市首个综合市场妇联正式成立。12月9日，全省首个邮政快递行业妇联组织——南昌市邮政快递行业妇联成立大会举行。全年，推动全市妇联系统在女性社会组织、楼宇商圈、行业市场建立妇联组织34个、妇女微家116个。

【维权体系完善】 2021年，组建由155名专业律师组成的“巾帼公益律师团”，全市挂牌成立13个妇女儿童维权法律服务站，实现“一县一站一团队”全覆盖。联合各级司法行政部门将妇联干部、村妇女小组长、农村妇女“法律明白人”骨干纳入本级人民调解员队伍，遴选培养一批人民调解专家。联合市司法局、市中院、市检察院出台文件,规范妇女儿童维权“三队一站”(农村妇女“法律明白人”、家庭纠纷人民调解员、“巾帼公益律师服务团”和妇女儿童维权法律服务站)职责,进一步强化维权保障。联合法检系统建立家事调解、家事调查、司法救助、关护回访、共商共讨、社会救助、亲职教育等联合工作机制,切实撑起妇女维权“防护网”。全年,全市妇联系统调处案件540件。

【“赣鄱红色娘子军”宣讲】 2021年,围绕庆祝建党100周年,组织开展“赣鄱红色娘子军”宣讲活动。宣讲团用好用活本土红色资源,深入新时代文明实践中心讲述党史故事、巾帼故事等。此次活动开展宣讲58场次,线上线下听讲30万人次,做到高频次广覆盖,提高妇女整体素质,激发妇女活力,发挥妇女作用。举办全市妇联系统学习贯彻党的十九届六中全会精神宣讲会。宣讲人员进机关、进社区、进农村、进学校、进企业、进家庭开展宣讲183场次,覆盖5000余人,进一步统一妇女群众思想,凝聚智慧力量,开创妇女工作新局面。

【“把爱带回家”儿童关爱活动】 2021年,为进一步巩固拓展党史学习教育成果,落实中央、省委、市委关于关爱儿童特别是留守儿童的工作要求,市妇联联合市直机关工委、市民政局印发《关于开展“把爱带回家”留守儿童关爱活动的通知》并单独印发《关于开展关爱留守儿童“大调研、大走访、大联动”工作的通知》,在全市开展以宣传贯彻《中华人民共和国家庭教育促进法》为主线的“把爱带回家——送法到家,让孩子健康成长”寒假儿童关爱活动。“南昌市妇女联合会”微信公众号开设“把爱带回家”专栏,展示各县区、市直各单位开展活动情况。

【国际反家暴日宣传活动】 2021年11月25日,市妇联与市司法局联合在湾里管理局冯翊小区举办“三队一站”助维权“法治南昌”齐建设主题暨国际反家暴日宣传活动。市、县(区)司法局和市妇联机关领导干部,妇女儿童维权法律服务站律师代表,农村法律明白人,人民调解员代表等80余人参会。省妇联党组成员、副主席吴艳玲出席活动。市人大常委会党组成员、副主任寇立群出席活动并讲话。市妇联党组书记、主席胡裔主持活动。活动现场开展党的十九届六中全会精神宣讲知识竞答、普法咨询服务、反家暴法和防艾知识宣传等,邀请金牌调解员廖喜玉为群众讲授“家事调解,把爱带回家”婚姻家庭调解公开课。活动内容接地气,使妇女群众从认知上和行动上提高自我保护意识,更好地促进家庭和谐、维护社会稳定。

【第十八届女性专场(线上)招聘会】 2021年3月6—31日,由市妇联、市人社局主办,市劳动就业服务管理处、市人力资源服务中心承办,南昌人才招聘网网络支持的2021年“春风行动”大型人才招聘会、第十八届女性专场(线上)招聘会举办。40余家企业提供岗位800余个,400余人达成就业意向。招聘会旨在进一步落实“六稳”“六保”工作,统筹推进南昌市经济社会发展,帮助更多女性就业创业、实现人生价值。

【首届女性创新创业人才高峰论坛】 2021年6月11日,“潜心笃志·与党同行”南昌市首届女性创新创业人才高峰论坛在前湖迎宾馆举行。活动由市委人才工作领导小组主办,市委人才工作领导小组办公室、市妇女联合会承办,省高层次人才产业园、江西博士鑫创新科技有限公司、广州博士信息技术研究院有限公司协办。副市长龙国英出席活动并致辞。市政协副主席朱东,市政府副秘书长黄琰,市委组织部副部长黄国平,市妇联党组书记、主席胡裔,市妇联党组成员副主席黄朝华等出席活动。知名院士、赣籍女企业家代表以及行业女企业家代表近300人参加论坛。活动通过战略签约、主旨演讲、圆桌对话为南昌招商引资、招财引智,展现巾帼作为,为女性创业者赋能。

【南昌市民族器乐专场音乐会】 2021年7月16日,由市妇联主办,市妇女儿童活动中心、省民族管弦乐学会联合承办的“传承百年路,国乐颂党恩”南昌市民族器乐专场音乐会在南昌融创乐园青花剧场举行。省妇联党组成员、副主席吴艳玲,省文联党组成员、副主席张越,市委副书记、组织部部长李镇发,省文旅厅二级巡视员潘之钰,市人大常委会副主任、党组成员王敏,省地方志办原党组书记、主任梅宏,市委副秘书长熊绍群,市妇联党组书记、主席胡裔等出席活动。此次民族音乐会在曲目设计和演奏组合上别出心裁,选取的13首经典民乐曲目融合笙、葫芦丝、二胡、打击乐、弹拨乐等多乐器组合,充分展现江西红色文化特色。南昌市首支公益性少儿民族乐团——南昌市少儿民乐团的孩子和省民族管弦乐学会、市文化艺术中心的演奏家同台献艺,师生共奏红色华章。300余组家庭现场参与,122万余人在线收看。

【南昌市巾帼志愿服务协会成立】 2021年12月10日,为贯彻落实党的十九届六中全会精神,按照省妇联统一安排部署,切实发挥妇联组织优势,创新推动新时代巾帼志愿服务工作,南昌市巾帼志愿服务协会成立大会暨第一届会员大会在市妇女儿童活动中心召开。市妇联党组书记、主席胡裔,党组成员、副主席梅丽等出席大会。此次大会全体表决通过《南昌市巾帼志愿服务协会章程(试行)》(草案)以及《南昌市巾帼志愿服务协会第一届会员大会选举办法(草案)》,选举产生第一届理事会会长、副会长、秘书长。

(刘文瑶)

南昌市科学技术协会

【概况】 2021年,南昌市科学技术协会(以下简称"市科协")坚持"四服务"(为科技工作者服务、为创新驱动发展服务、为全民科学素质提升服务、为党和政府科学决策服务)职责定位,围绕南昌"一枢纽四中心"建设和"4+4+X"新型产业体系,激励引领科技人才,提高全民科学素质,积极引进科技资源,推进创新驱动发展,服务党和政府科学决策,取得较好工作成效。市科协获"十三五"期间全国"全民科学素质工作先进集体"、2021年中国科协全国科普日活动优秀组织单位、2021年全国科普日优秀活动及2021年江西省"汲取红色精神·科普成就未来"科普知识网络竞赛优秀组织单位荣誉称号。南昌县、新建区、青山湖区获"2021—2025年度全国科普示范县(市、区)"称号,新建区科技志愿服务大队被评为中国科协"科技志愿服务队先进典型"。至年底,成立高校科协17家,三甲医院科协8家,企业(园区)科协228家,市级学会17家,形成以自身为中心,县区科协为枢纽,学会为重点,企业、园区、高校为依托的基层科协组织网络。

【科普宣传活动】 2021年,市科协主办中国卫星导航年会地方科普展,展示北斗系统建设发展辉煌历程。科普展得到市领导高度重视,市长万广明和市委常委、副市长肖云在展览开幕前分别到展区检查指导工作并提出要求,时任市委副书记、组织部部长李镇发以及省科协、全民科学素质工作领导小组成员单位领导分别参观体验。展览当天吸引3000余名群众观展。承办以"百年再出发,迈向高水平科技自立自强"为主题的2021年"全国科普日"江西省主场活动,创新采取3D建模方式,开展网上"云观展",让公众"云体验"现场实景。全市举办各类科普日活动100余场次,受益群众50万余人。邀请龙乐豪、江风益、邱志明3位院士和张德良、王渝生等5位专家举办"赣鄱科普大讲堂"13场次报告会。报告会分别围绕科学精神、科学家精神、新时代北斗精神等,采取线上线下相结合的方式开展,受益群众近20万人次。该活动获评中国科协2021年全国科普日优秀活动。联合市科技局举办2021年"中科心客杯"南昌市科普讲解大赛,深入挖掘培养科普讲解人才。举办"第36届南昌市青少年科技创新大赛终评展示活动"和3期南昌市青少年科技辅导员专题研讨会,组织青少年人工智能、无人机(航空、航天)模型和青少年空模、海模、车模、建模等竞赛,激发青少年创新意识。南昌市第十九中学获评"北斗科普基地"。"北斗杯"全国青少年科技创新大赛无人机比赛项目南昌市分别获二等奖、三等奖。

【科普服务能力提升】 2021年,起草《南昌市全民科学素质行动规划纲要(2021—2025年)实施方案》(征求意见稿)。实施方案从指导思想、原则和工作目标,提升行动,重点工程,组织实施和保障措施4个方面,对"十四五"时期南昌市全民科学素质工作进行全面部署,提出41项具体任务。市政府正式印发实施方案,为全省首个印发实施方案的设区市。组织注册登记科技志愿者24890人、科技志愿组织435个、科普中国信息员15621人,数量均为全省第一位。选取专业性强、热心科技志愿服务活动的专家100人组建"南昌市科技志愿服务团",举办"百场科普下基层"新文明实践活动,进一步弘扬科学精神、科学家精神和志愿精神。命名41个南昌市科普教育基地,25个单位被评为"江西省科普教育基地"。制定《南昌市科普教育基地奖补办法》,评选6个"南昌市优秀科普教育基地"。

【创新平台建设】 2021年,推动科技与经济融合发展,持续推进"科创中国"试点园区建设。收集南昌高新开发区区内企业需求,针对技术攻关、科技成果转化、人才培训等企业创新发展瓶颈问题20余个,协助开展各类科技合作需求对接会10余次。协调推动中国航空制造产业科技服务团和中国虚拟现实与仿真技术产业科技服务团进南昌高新区开展志愿活动,仿真学会、南昌高新区、北航江西研究院签署三方战略合作协议。南昌高新区获评中国科协2021年海智计划助力"科创中国"试点城市(园区)建设资助项目,在"科创中国"试点城市(园区)样板间建设综合排行榜65个城市(园区)中排名稳定在第10位左右。

【人才项目实施】 2021年,继续谋划"洪燕领航"项目,进一步优化办事流程,完成专家评审和综评会工作,确定6名2021年度"洪燕领航"资助对象。组织省级"海智计划"工作站申报工作,推荐的江西联智集成电路有限公司和江西天佳生物工程股份有限公司获批江西"海智计划"工作站。组织省级专家工作站建站申报工作,6家单位通过网上申报系统申报。开展南昌市专家工作站建设工作,11月正式下发《南昌市专家工作站建设实施细则》,至年底有19个单位申报市级专家工作站。经过初评,16个单位列入实地考察名单,通过专家组考察评审。

【科技助力乡村振兴】 2021年,以高校、科研院所、农技协等专家为依托,围绕科技助力巩固拓展脱贫攻坚成果同乡村振兴有效衔接，强化新型职业农民培训，助力乡村振兴发展。组织高等院校和科研院所知名农业科技专家60余人次，先后举办技术培训和跟踪服务30余场，推广粮食、蔬菜等优良品种30余个，推广测土配方施肥、水产品测水健康养殖等实用新技术20余项，接受培训与科技服务的农业经营主体和农民群众3000余人次，免费发放农业生产技术指导资料和学习文具近1万份。

【科技人才引进】 2021年，举办“科创中国”技术路演——5G+VR（南昌）专场活动，优选7家创新创业企业展示优秀创新项目。推动和促成全国唯一展示手外科治疗发展史历程的中国手博物馆落户南昌。协助做好2021中国航空产业大会暨飞行大会相关工作，汇总梳理在院士专家共话江西航空产业高质量发展专题研讨会上院士专家对南昌航空产业提出的对策建议，并专门呈报市委、市政府，为南昌市航空产业发展提供决策参考。开展“发挥科技人员作用，助推南昌‘创新之城’建设”专题调研。调研报告完成并上报市委、市政府。邀请50位知名农业专家，组成科技志愿服务团，先后多次深入南昌县乡村，围绕现代农业产业发展规划，开展“深调研、科技助力乡村振兴”活动，形成13篇具有针对性和可操作性的“现代农业产业发展规划技术指导材料”。

【人才培育工程实施】 2021年，以开展惠企政策宣讲方式，为企业推广“科技信息企业推广应用服务项目”，共举办海外专利信息资源库培训活动3次，培训企业中高层人员520人。邀请省内外高校、重点企业、专门培训机构具有创新方法培训及组织参加大赛经验的20名专家组成“南昌市科协创新方法专家服务团”，开展服务14次，为江中、江铃等重点企业宣讲创新方法。动员参加全国创新方法大赛，组织29个创新团队报名参赛（全省参赛队伍86个）。经过角逐，获得全省一等奖1个、二等奖1个、三等奖5个，获得全国总决赛三等奖1个、优胜奖1个。

【科技工作者服务】 2021年，举办“学党史、守初心、勇担当”红色教育培训班，培训科技人员40余人。召开“全国科技工作者日”座谈会，开展南昌市“最美科技工作者”学习宣传活动，高军等30人获南昌市“最美科技工作者”称号。市科协通过“科普南昌”微信公众号对南昌市“最美科技工作者”进行系列宣传。组织申报2021年江西省企业“创新达人”和“创新达人宣讲代表”，15人获评“创新达人”，1人获评“创新达人宣讲代表”。经推荐，南昌市农技协理事长、江西农大教授朱述斌获“2021年江西省最美科技工作者”称号。

【科技服务站建设】 2021年，开展科技服务站建设，先后建立江西省作物学会作物科技服务站、江西省农业科学院蔬菜花卉研究所新建区蔬菜科技服务站等6家科技服务站。利用省级学会和科研院所的技术、人力等资源以及先进成熟的技术成果，建立全面的产学研合作关系，形成专业、产业相互促进、共同发展的良好机制，为南昌市果品、作物、蔬菜产业创新发展服务。

（涂　超）

南昌市归国华侨联合会

【概况】 2021年，南昌市归国华侨联合会（以下简称“市侨联”）认真履行服务经济发展、依法维护侨益、拓展海外联谊、积极参政议政、弘扬中华文化、参与社会建设职能，坚持国内海外工作并重、老侨新侨工作并重，聚焦拓展海外工作和新侨工作，深化改革创新，凝聚侨界力量，扎实做好归侨侨眷和海外侨胞联络联谊、文化交流、权益保障、服务宣传等工作，不断夯实基层侨联组织建设，为全市经济社会发展作出侨界贡献。市侨联获全国侨联系统助力脱贫攻坚先进集体和全国侨联系统抗击新冠肺炎疫情先进集体称号，南昌县八月湖街道“侨胞之家”、西湖区南浦街道里洲慢生活街区“侨胞之家”、青山湖区“侨胞之家”获2018—2020年度全国侨联系统优秀侨胞之家称号。

【基层侨联组织建设】 2021年，红谷滩区正式成立侨联，安义县侨联完成换届，东湖区成立南昌首家公证归侨侨眷服务站。在各县区全部成立侨联基础上，推进社区（村）侨联组织建设，出台《关于开展市级基层侨联组织示范点创建活动的实施方案（试行）》，明确“路线图”“任务书”，实施标准化创建。全年，全市新成立15个基层侨联组织，累计成立119个基层侨联组织。根据市委“大调研”活动要求，围绕“南昌市侨联基层组织的建设与思考”主题，市侨联班子成员分别带领调研组到9个县区开展全市基层组织建设实地调研活动，通过发放调查问卷、座谈交流等多种形式，摸清全市基层侨联组织建设情况，收集基层组织建设中遇到的困难及意见和建议，为下一步找准问题、提出有效破解措施打下基础。召开基层侨联组织建设现场工作会，现场观摩基层侨联组织样板。按照南昌市《“大兴调查研究之风，谋划省会担当之策”活动实施方案》和省侨联对南昌市在基层组织建设上“要在全省树标杆、做示范”的要求，市侨联率调研组到福州市、漳州市和厦门市实地调研，学习和借鉴先进地区推进基层组织建设工作和活动开展的好经验好做法，形成基层侨联组织建设调研报告。

【"456 工作法"推广】 2021 年，围绕市域社会治理实体项目建设与基层侨联组织建设深度融合、标准化建设的总体思路，找准促进社会和谐稳定发展的着力点和结合点，在村（社区）级基层侨联组织中推广"456 工作法"（即：建立全市一体化的矛盾调解室、心理咨询室、法律援助室、侨法宣传室"4 个工作室"；建成广泛认可的领导班子好、干部队伍好、工作保障好、活动成效好、群众反映好"5 好基层组织"；健全承载群众的情感地标和精神家园的帮扶解困志愿者服务队、法律咨询志愿者服务队、矛盾纠纷调解志愿者服务队、文明志愿者服务队、心理咨询志愿者服务队、文化宣传志愿者服务队"6 支为侨服务志愿者队伍"）。全面整合县区侨联、市侨联律师服务团、市侨联驻人民法院调解服务队、村（社区）侨胞之家志愿服务队等各类资源，注重有效发挥村（社区）侨联组织"4 个工作室"和"6 支为侨服务志愿者队伍"功能和作用，跳出就侨联抓侨联视野，拓宽服务对象范围，由侨胞侨属向辖区群众延伸，从维稳与维权相统一出发，提高政治站位，创新思路实招，不断适应群众日益增长的美好生活需要，实现以基层侨联组织示范点创建推进市域社会治理实体项目建设标准化建设，以市域社会治理实体项目建设促进基层侨联组织示范点创建双循环。

【侨界联谊交流】 2021 年 5 月 23 日，由省侨联总策划、市委统战部和市侨联共同主办、市侨联文协会承办的"侨心永向党·逐梦新征程"——南昌市侨界庆祝中国共产党成立 100 周年文艺会演在红谷滩会议中心举行。省侨联党组书记、主席张知明到场观看。市委常委、市委统战部部长乐文红出席并致辞。全市归侨侨眷代表、市委统战部和市侨联机关干部 300 余人观看演出。文艺会演在交响曲《红旗颂》和《激情燃烧的岁月》中拉开序幕，全体演职人员围绕"不忘初心·牢记使命""侨心永向党""逐梦新征程"3 个篇章，通过独唱《不忘初心》《把一切献给党》《跟你走》和组合唱《我爱你中国》《游击队之歌》及舞蹈《青春翱翔》《我和我的祖国》与器乐演奏《唱支山歌给党听》《情深意长》等节目，歌颂中国共产党百年辉煌历程，引导全市广大归侨侨眷和海外侨胞"忆党史，颂党恩"，展现侨界健康向上、奋发有为的精神面貌。中秋和国庆期间，由市侨联主办、50 余个海外侨团协办的"云端共聚叙乡情、双节同话中国心"主题活动举行，海内外华侨华人、留学生、归侨侨眷及南昌市侨界人士、基层侨联工作者积极参与投稿。来自 25 个国家和地区的 50 余个侨团参加活动，共收到 300 余个微视频、祝福寄语和绘画、书法、摄影作品，表达海外侨胞心系祖国、情牵家乡的美好情怀，抒发对伟大祖国热爱、对故土思念之情。

【"亲情中华·为你讲故事"网上夏（春）令营活动】 2021 年 4 月 17 日至 5 月 1 日，"亲情中华·为你讲故事"网上夏（春）令营活动举行，来自西班牙、肯尼亚、泰国等国家的 170 余名海外华裔青少年参与活动。此次"亲情中华·为你讲故事"网上夏（春）令营以微信为网络载体，所有营员在微信群中体验夏（春）令营活动。课程内容包括说文解字、姓氏起源、成语寓言、名著名人、人文地理、风景名胜、历史溯源、防疫知识等，帮助广大海外华裔青少年在疫情期间坚持学习、深入了解中华文化、获取抗疫知识。活动期间，网上留言共 3000 余条，点赞 5 万余次。

【"侨企服务月"品牌活动】 2021 年，推进"侨企服务月"品牌活动，市侨联班子成员带队深入基层侨企，宣传南昌优化营商环境相关政策，广泛征求对优化南昌营商环境及机关干部作风的意见和建议，了解侨企诉求，协调解决困难，指导做好"六稳""六保"工作，促进侨企健康发展。在"侨企服务月"活动中，市、县（区）侨联走访侨资企业共 105 家，收集意见和建议 128 个。对于企业提出的组织开展培训及外出交流方面的 15 条意见和建议，市侨联及时将其列入下一步工作计划，稳步实施。对于政策性的 106 条意见和建议，交市优化办在今后制定政策时予以参考。所收集到的意见和建议处理和办结率达 100%。

（万　云）

南昌市青年联合会

【概况】 南昌市青年联合会（以下简称"市青联"）是全市各族各界青年广泛的爱国统一战线组织，是团结和凝聚各行各业杰出青年人才的组织，是代表南昌青年对外交往的主要团体，是以共青团为核心的南昌市基本人民团体之一。2021 年，市青联团体会员包括团市委、市学生联合会、4 个县（区）青联以及市青年企业家协会、市青年志愿者协会。南昌市第十四届青年联合会现有科学技术、教育、农业和社会科学、经济和技能人才、金融商务、法律、文化艺术和体育、新闻出版和新媒体、医药卫生、宗教港澳和海外华侨、青年社会组织等界别 11 个，委员 334 名。

【南昌市青联十四届五次常委会会议】 2021 年 11 月 18 日，市青联十四届五次常委会会议在市青少年宫召开。团市委书记、市青联主席刘众星，团市委副书记、市青联副主席曾晋以及市青联第十四届委员会常委 37 人参加会议。会议传达党的十九届六中全会、习近平总书记"七一"重要讲话和全国青联十三届二次常委会（扩大）会议及全省、全市重要会议精神，通报 2020 年度全市优秀界别、秘书长和委员名单，审议通过《南昌市青年联合会提案和建议工作制度(草案)》。

【青联组织改革】 2021年,市青联按照省青联改革部署要求,降低党政干部和企业负责人比例,提升基层一线代表比例,大幅提高工人、农民、农民工和商业服务业等一线劳动者比例,先后增补基层一线委员100余名。通过"人链"形式,不断结交"新面孔"、吸收"新生代"、扩大"朋友圈",把更多的人力、物力、智力汇聚青联大家庭,吸收新的社会阶层、新兴领域和新型职业群体青年。严格按照《南昌市青年联合会组织细则》要求,完善主席会、常委会和委员"双联"等工作制度,开展大走访、大调研活动,深入委员单位50余家,走访青联委员100余人。完善《南昌市青联界别工作委员会工作制度》《南昌市青联秘书处工作制度》《南昌市青联委员活动制度》《南昌市青联履职考核制度》等8项工作制度。其中,《南昌市青联履职考核制度》被省青联《江西省青联履职考核规范》借鉴。

【青年典型选树推报】 2021年,鼓励和引导全市各行各业青年及青年集体积极参加创先争优活动,充分展示青年活力和光彩。市青联委员易艳丹获"2021年全国五一劳动奖章"称号,谢志平获"全国优秀共青团干部"称号。推报市公安局东湖分局邓金海和赣鄱书院创始人、江西六相翔和文化艺术传媒有限公司董事长苏淼及南昌燃气集团"蓝焰突击队",分获得第24届"江西青年五四奖章"个人和集体荣誉。徐晶、周琴获评"全省优秀青联委员"称号。开展第十届"南昌青年五四奖章"评选,评选30名青年获"南昌青年五四奖章"称号,10个青年集体获"南昌青年五四奖章",10名青年获"南昌青年五四奖章"提名奖。

【青年五四奖章荣誉卡全省首发】 2021年,团市委、市青联联合市政公用集团制作"青年五四奖章荣誉卡",发放给30名第十届"南昌青年五四奖章"获得者。此卡是江西省首个面向"青年五四奖章"获得者制作发放的定制卡。卡面融合"团徽"等共青团元素,每名持卡者都拥有自己的专属卡号。此卡可免费在北京市、上海市、南昌市等全国314个地级以上城市乘坐公交、城市轨道交通等公共交通。

【第三届南昌市青年运动会】 2021年6月9日,第三届南昌市青年运动会开幕式举行。市政协副主席朱东,市委副秘书长熊绍群,青云谱区委书记孙毅,团省委统战联络部部长夏日辉,青云谱区副区长李万汲,团市委副书记、市青联常务副主席邓培出席开幕仪式。此次运动会将党史学习教育融入其中,设置"筑梦青春·悦动南昌"城市定向赛,竞技类项目包括3V3篮球赛、七人制足球赛、羽毛球男女单打,趣味类项目包括螃蟹运球、绑腿跑、背人踩指压板、袋鼠跳,530支队伍、2500余名青年参赛。

【青年联谊活动】 2021年,开展"歌颂祖国·爱我中华"第四届"洪港澳"青少年(网上)夏令营活动直播,南昌、香港、澳门的营员和青少年通过网络讲述三地故事、云游三地风景、了解三地文化。直播活动吸引各地网友广泛参与,点击量达36万人次。团市委、市青联联系在就读的香港青年大学生周家亿拍摄《赣港一家亲·一起过大年》,选送至团中央、全国青联,向港澳台青年和海外青年推介别样的春节。

(黄　皇)

南昌市文学艺术界联合会

【概况】 2021年,南昌市文学艺术界联合会(以下简称"市文联")认真贯彻上级决策部署,团结引导全市文艺家和文艺工作者,以服务经济社会发展和推进"文化强市"建设为己任,以"出作品、出人才、出影响力"为目标,以推进自身深化改革为抓手,重点围绕市委提出的"十个继续大抓"(大抓产业、大抓建管、大抓项目、大抓改革、大抓开放、大抓创新、大抓生态、大抓民生、大抓统筹、大抓党建)中心工作,在科学研判形势、明确职责转变、突出工作重点、狠抓任务落实上下功夫,取得良好成效。市文艺志愿者协会主席、市摄影家协会执行主席王岩,市美协副主席、市文学艺术院专职画家黎墨获得全省"最美文艺志愿者"称号。

【意识形态和网络安全工作专题研究部署会】 2021年2月2日,市文联召开意识形态和网络安全工作专题研究部署会。会议传达全市意识形态和网络安全专项治理整顿工作会议精神,对意识形态和网络安全专项治理整顿工作开展情况及下一步整改进行说明,明确从抓学习、抓导向、管阵地、强队伍、建制度5个方面加强意识形态工作。组织学习《党委(党组)意识形态工作责任制实施办法》等文件精神,成立意识形态工作领导小组和网络安全工作领导小组,研究制定2021年文联意识形态工作要点。

【新时代江西散文创作研讨会在南昌举行】 2021年12月21—22日,由省作家协会主办,省作协创研部、江西文学院、市文联、市作协承办的"新时代江西散文创作研讨会"在南昌市举行。省作家协会主席李小军主持会议。此次研讨会旨在学习贯彻习近平总书记在中国文学艺术界联合会第十一次全国代表大会、中国作家协会第十次全国代表大会开幕式上的重要讲话精神,贯彻落实省第十五次党代会提出的"做示范、勇争先"要求,不断推动文学事业繁荣发展。会前,省作协、江西文学院邀请著名作家、评论家及《人民文学》《光明日报》《文艺报》《散文》《散文海外版》《散文选刊》《天涯》等主流报刊负责人和编辑，为傅菲、江子、范晓波、王晓莉、王芸、陈蔚文、朝颜、简心、安然、罗张琴、朱强、李晓君12名本省重点研讨散文作家的最新散文集撰写评论文章，编印成册，发给全体与会作家参考借鉴。研讨会上，江西省文学评论家李洪华、陈离、江腊生、龚奎林、袁演等对一批江西重点研讨散文家进行评论。江西省部分散文家50余人参加会议。研讨会期间，与会作家、评论家到南昌高新区鲤鱼洲(五星农场)白鹤保护小区采风，深入鲤鱼洲文化馆、北大和清华分校旧址等地积累文学创作素材，不断拓宽散文创作思路。

【市动漫协会第二次代表大会】 2021年4月8日，市动漫协会第二次代表大会在南昌召开。市动漫协会主席团成员、会员代表等100余人出席会议。大会审议通过市动漫协会第一届理事会工作报告，修改《南昌市动漫协会章程》，选举产生市动漫协会第二届理事会。宋军当选为南昌市动漫协会主席，王懿清、刘广、刘长万、汤耀华、吴凡平、李士界、赵勤、涂乐、涂秋、黄佳俊、赖传可当选为南昌市动漫协会副主席。汤耀华兼任南昌市动漫协会秘书长，李洁(女)、肖平、肖洁(女)、周升(女)、彭有盛、廖先锋担任市动漫协会副秘书长。

【南昌市楹联家协会第六次代表大会】 2021年12月5日，市楹联家协会第六次代表大会在南昌召开。市文联党组成员、市楹联家协会主席团成员、与会代表60余人参加会议。会议选举产生市楹联家协会第六届理事会。张小华当选为市楹联家协会第六届理事会主席，肖放亮、吴智勇、聂丽芹(女)、龚岚(女)、魏祖钦当选为副主席。市楹联家协会第六届理事会聘请臧定禄为名誉主席，聘请杜华平为名誉副主席。蔡雄彪任市楹联家协会第六届理事会秘书长，张华军、徐忠民、张雪林任副秘书长。

(龚慧颖)

南昌市残疾人联合会

【概况】 2021年，南昌市残疾人联合会(以下简称“市残联”)实施“龙腾”(强预防康复“龙头”，壮教育就业“龙身”，活宣传文体“龙尾”，立信访维权“龙爪”)工作策略，做好残疾人预防康复、教育就业、组织宣传、文化体育、信访维权等工作，实现8项工作“全省站首位”，8项工作“全国列前位”，残疾人的获得感、幸福感和安全感显著增强，残疾人工作“全省站首位，全国列前位”态势基本形成。3月，《人民日报》报道南昌促进盲人和重度残疾人就业的典型做法。6月，《人民日报》(海外版)头版关注报道南昌淘宝“云客服”培训工作。7月，国务院残疾人工作委员会授予南昌市政府残工委“全国残疾人工作先进单位”称号，市残联党组书记、理事长余颖获“全国残疾人工作先进个人”称号。

【康复服务精准化】 2021年，全市为17466名残疾人提供精准康复服务，康复服务率100%，辅具适配率100%。在全市开展残疾预防重点干预项目摸底筛查工作，对高危孕产妇和新办证残疾人进行筛查，不断增强全社会残疾预防意识，有效减少残疾发生。为满足残疾人个性化辅具需求，出台《关于印发〈南昌市残疾人适配基本型辅助器具补贴办法(试行)〉的通知》，开展残疾大学生辅助器具适配助学行动，深入43所高校，为77名残疾大学生适配助听器、助行器、腋拐等辅具。对15家残疾人社区康复站和7家民办康复机构进行提升改造，为残疾人提供就近就便、优质有效的社区康复服务。

【就业创业渠道拓宽】 2021年，全市有24家残疾人就业集中安置单位，安置368名残疾人就业。对6家符合条件的残疾人辅助性就业机构进行扶持，帮助111名残疾人托养对象实现就业。印发《关于下达2021年南昌市农村残疾人种养业扶持补助经费的通知》，对37位农村残疾人种养业户进行扶持。新打造18家“五统一”(统一标识，统一店招，统一工作服，统一规章制度，统一按摩床上用品)南昌盲人按摩机构，至年底全市有126家盲人按摩机构。在八一公园手语角的聋人创业示范中心——东湖示范点，开展手工艺品义卖活动。开展以“就业帮扶、真情相助”为主题的“2021年就业援助月专项活动”，走访残疾登记失业人员家庭468户，组织198人进行就业培训，帮助86人实现就业。组织线上专场、大学生专场、农村专场等12场残疾人就业专场招聘会，410人签订就业意向。做好残保金征收工作，征缴残保金2.64亿元。

【受教育权利保障】 2021年，保障残疾学生受教育权利，对409名新入学困难残疾学生及困难残疾人家庭子女学生补助资金74.75万元，为26名残疾人高考生提供无障碍通道、优先进入考点、免除听力、佩戴助听器、引导辅助等助考便利。全市有71名残疾学生参加高考，49名学生被全国各高等院校录取，录取率69%。投入64.7万元，帮助6家特教学校改善办学条件，资助4家特教学校开展职业技能培训，不断提高教学质量，加快推进全市残疾人劳动技能职业教育。

【民生托养服务】 2021年，建立市级残疾人2项补贴资格认定申请

"跨省通办"工作协调机制，南昌市残疾人生活和护理补贴提高至 80 元/月，为近 38.89 万人次发放困难残疾人生活补贴，为 47.38 万人次发放护理补贴 6894 万元。出台《南昌市残疾人日间照料托养服务工作实施方案》，新建 4 家托养机构。至年底，全市有托养机构 16 家，为 865 名残疾人提供托养服务。开展"农村特殊对象巾帼帮帮团"活动，为 508 名困难重度失能残疾人，提供每周进行一次家庭卫生服务。落实《2021 年省政府民生实事工程残疾人就业与培训项目实施方案》，培训城乡残疾人 261 名，购买公益性岗位 62 个，安置 886 名农家书屋管理员。

【文化惠残活动】 2021 年，组建首届青年残疾人励志典型先进事迹巡回演讲报告团，在各县区开展巡回演讲 12 场。与江西电视台二套都市频道签订宣传协议，在南昌电视台《新闻说报》《每日新闻》节目开展专题报道 53 篇，编撰《残联工作动态》28 期，做好南昌残联"两微一端"平台建设及《今日头条》《江西新浪》新闻推送工作。举办 2021 年南昌市残疾人文化周活动，安排残疾人文化艺术作品、手工制品展示义卖，为广大残疾人搭建文化平台。组织残疾人艺术团深入全市各乡镇、社区开展送文艺下基层巡演活动。市残疾人青少年特殊人才基地利用周末时间，对全市 97 名有文艺潜质的残障青少年进行集中培训。

【权益保障】 2021 年，全市受理各类残疾人来访来信 180 件，答复率 100%。依托县区残联和五大专门协会，持续做好盲人群体相关上访诉求的关注和上报工作，维护全市残疾人群体总体稳定。开展第六届"南昌残友·法治学堂"送法助残活动，为残友提供法律事务咨询 8 件。继续为残疾人购买乘车意外伤害保险 5000 份，为 2457 名残疾人发放燃油补贴 63.88 万元。与南昌静心社合作，打造"愈心行"残疾人社区心理辅导室，通过"愈心行"心理助残服务，关爱关注残友的心理诉求，从心灵上给予抚慰和温暖。

【无障碍环境建设】 2021 年，联合市创建办在全省范围内率先明确文明城市创建测评体系中新增无障碍环境建设的相关标准。依托全市各级残联和无障碍义务监督员队伍，对全市范围内的政务大厅、医院、公共文化服务设施等七大类公共场所的无障碍环境建设实施检查指导。联合市检察院组织无障碍环境建设业务培训班，通过检察建议、公益诉讼，营造良好的无障碍环境建设氛围。制定《南昌市困难残疾人家庭无障碍改造实施方案》，为 651 户困难残疾人家庭进行无障碍改造。资助 3 家残疾人服务机构进行无障碍改造。

【"十百千万亿"行动】 2021 年，制定《"十四五"残疾人就业创业"十百千万亿"行动实施意见》，推进残疾人就业创业。"十百千万亿"行动：聚焦打造十个残疾人就业创业特色优势品类，形成"一县一品"就业创业新格局；宣传百个乡镇，培育孵化百个残疾人就业创业服务组织，构建就业创业"孵化基地+服务点+促进会+互助会+公益联盟+网络平台"的就业创业新模式；覆盖千个村(社区)评比选树千名残疾人就业创业带头人，树立就业创业典型引领新风尚；动员组织万名残疾人参与多渠道、多形式就业创业，营造就业自强、创业共富新氛围；共同创造亿万产值，帮助残疾人实现更加充分更高质量的就业。中国残联就业服务指导中心通过工作简报的方式向全国残联系统推广"南昌经验"。

【"我为残友办实事"活动】 2021 年，市残联组织人员深入 28 个乡镇村开展"千村万户配送辅具"助残暖心工程，为残疾人发放辅具(用品) 4038 件。开展"转作风送服务上门"办理第二代残疾人证活动，上门(集中)办理残疾人证 1400 本，涉及全市 90 余个乡镇(街道)残疾人。组织党员干部、盲人按摩技师深入社区、机关、乡村，开展南昌盲人按摩"六进"志愿服务活动 23 场，为 1000 余名群众提供按摩义诊和健康咨询服务。深入南昌县、进贤县、青云谱区、青山湖区，开展"南昌残友·法治学堂"送法助残活动，让法治思想深入残疾人心中，使残疾人零距离感受法治服务。

【残疾人脱贫攻坚成果巩固】 2021 年，出台《南昌市残疾人联合会关于实现巩固拓展残疾人脱贫攻坚成果同乡村振兴有效衔接的实施方案》，不断巩固拓展残疾人脱贫攻坚效果，推进乡村振兴。印发《关于做好 2021 年农村困难残疾人家庭危房改造需求摸底排查工作的通知》，共有 83 户困难残疾人家庭纳入危房改造对象。市残联乡村振兴工作队入驻新建区昌邑乡坪门村，制定《2021—2023 年新建区昌邑乡坪门村定点帮扶工作方案》，积极推动垅下自然村门前塘改造项目。

(胡子博)

南昌市红十字会

【概况】 2021 年，南昌市红十字会(以下简称"市红十字会")聚焦"彰显担当，争创一流"目标定位，紧扣"实施强基固本工程、打造群众身边的红十字会，实施党建引领工程、打造干净担当的红十字会，实施品牌创建过程、打造'救'在身边的红十字会"工作主线，在围绕中心、服务大局上持续发力，在服务群众、改善民生中践行初心使命，不断推动红十字事业提质增效。市红十字会获江西省红十字会绩效管理考核工作先进单位。志愿者胡敏华获第 48 届南丁格尔奖章、获评 2020 年全国推选宣传红十字志愿服务先进典型活动优秀红十字志愿者,周嘉宇获评中国红十字会“会员之星”、全国红十字志愿服务先进典型,王诚臣、龚志榜获评全国红十字志愿服务先进典型。

【人道资源动员能力提升】 2021年,市红十字会以项目为核心载体,以网络众筹为抓手,以文化传播为臂助,奋力作为,人道资源动员能力得到跨越式提升。结合全市工作大局和市红十字会主责主业,策划“爱心助力乡村振兴”“救在洪城”“博爱校园阳光助力”“秀美乡村安逸行动”“回音计划”等49个公益项目,引导社会力量注入。把宣传红十字运动、传播红十字文化贯穿人道资源动员全过程,到机关事业单位、乡镇(街道)、大中专院校、社会组织、爱心企业等近200个单位(组织)开展红十字文化宣讲,增进群众对红十字事业的了解和认同。联合12家爱心企业、公益组织和志愿服务队发起成立“南昌市红十字公益联盟”,与多家爱心企业建立友好合作关系。5家爱心企业出资400万元发起成立江西省南昌市红十字基金会。“99公益日”活动期间,28万人次参与全市红十字会系统发起的公益项目,捐赠爱心款1006.75万元,获全省市本级“‘99公益日’众筹榜样单位第一名”和“全省红十字系统众筹榜样单位第三名”。全年全市红十字会系统共筹集爱心款物3913.27万元,超过年度目标的3倍,用于红十字精神传播、市民自救互救能力提升和改善困难学生、白血病患儿、困难遗体器官捐献者家庭等弱势群体的生产生活,受益人数超2万人。

【“强基攻坚”行动】 2021年,市红十字会印发《南昌市红十字会“强基攻坚战”实施方案》《南昌市红十字会2021年“红基工程”实施方案》,与市教育局、市卫健委、团市委等部门联合印发《关于进一步加强和改进新时代全市学校红十字工作的实施意见》,编印《基层组织建设实施模板》,指导各类红十字基层组织和基层阵地规范化建设。新增各类基层组织213个,承接中国红十字会总会基层组织试点项目1个、博爱家园项目5个,筹措资金360万元,分级分类打造具有传播、服务、实践功能的博爱家园、乡镇(街道)红十字服务中心、社区红十字服务站等基层阵地126个。把“应急救护培训、人道救助申请、遗体器官捐献志愿登记、造血干细胞捐献咨询、会员入会、志愿者注册、接收捐赠”7项服务内容纳入乡镇(街道)便民服务中心窗口,推动红十字服务常态化。指导基层组织按照年有计划、季有主题、月有活动要求,开展“世界红十字日”“世界急救日”等主题活动。

【“红心向党——惠民救护百千万”工程实施】 2021年6月,市红十字会印发《关于开展“红心向党——惠民救护百千万”活动的实施方案》,将应急救护培训延伸到乡镇(街道)、村(社区),优化培训对象结构,提升培训数字化、无纸化水平。推进公共场所投放AED(自动体外除颤仪)工作,投放AED22台。应急救护培训工作纳入民生工程,建立月有通报、季有督导、半年有调度的工作机制,推动在全市100余个乡镇(街道),1000余个村(社区)集中开展应急救护培训和普及活动。应急救护培训纳入高中新生入学军训课程,29所中学2万余名高中新生参训。对部分重点行业主管部门进行重点行业应急救护培训差异化考核,培训保卫人员、公安民警、建筑行业从业人员、体育教师等重点行业人员1590人。VR+应急救护培训管理服务平台、慧救App建成投入使用,培训现场教学时间由2天缩减为1天,核发电子救护员证16388张,降低培训成本,实现培训全程数字化、无纸化、信息化管理。全年培训救护师资60名,培训红十字救护员17304名,应急救护普及培训11.13万人。

【红十字志愿服务】 2021年,市红十字会通过专业服务、项目运作、典型引领,打造红十字志愿服务“南昌品牌”。5月,组建南昌市红十字敏华志愿服务队、南昌市红十字文化传播志愿服务队,带动一批有爱心、有能力的志愿者继续在防艾领域、红十字文化传播中发光发热。以活动增强活力,全市31支志愿服务队融入新时代文明实践中心、党群服务中心等社区公共服务阵地,策划开展“‘5·8’红十字救在身边公益集市”“章金媛爱心助老”“回音计划”“艾在一起”等主题活动,常态化开展急救知识普及、健康宣教、人道救助、爱心助老等红十字特色活动1000余场,帮助群众解决居家养老、健康管理方面的难题。培育的“章金媛爱心助老”“回音计划”等5个项目在2021年全省红十字志愿服务项目大赛中全部进入一类,包揽前4名。

【人道救援参与】 2021年,市红十字会持续加强应急救援能力建设,支持社会力量参与应急救援。5月11日,联合市应急管理局、市气象局在红谷滩赣江流域开展“5·12”防灾减灾日多部门联动水域应急救援综合演练。9月18日,承办“2021——江西省红十字应急救援综合演练”,来自省、市红十字会的5支红十字应急救援队90余名队员和红十字志愿者参加演练。市红十字雄鹰救援队演练建筑物坍塌救援及人员转运、高空伤员转运和水上机器人救援等项目,加强与省内其他社会救援力量的联动协作。筹措社会捐款24.48万元,支持市红十字雄鹰救援队提升救援设备,增强整体救援能力。组织2支志愿者救援队伍参与抗洪救灾,转移群众2000余人,募集款物101.9万元援助河南省抗洪救灾。志愿者龚志榜获“河南省防汛救灾优秀志愿者”称号。

（汤慧婷）

法　治

人大立法

【概况】　2021年，市人大常委会深入推进科学立法、民主立法、依法立法，夯实善治基础，着力为高质量发展提供良法供给，创造良好法治环境。全年制定地方性法规2件，报省人大常委会批准后实施。就涉及长江保护法、行政处罚法、计划生育法的法规开展清理工作，确保法治统一。

【立法调研】　2021年，市人大常委会组织开展电动自行车管理条例、城市供水和节约用水管理条例、爱国卫生工作条例、城市绿化管理规定等法规制定或修改调研，推动立法决策与改革发展决策相配套相衔接。3月26日，市人大常委会副主任梅茂发到市水利局调研《南昌市城市供水和节约用水管理条例》立法工作，组织召开调研座谈，就立法调研的必要性、立法要解决的主要问题、有关上位法规定及相关条款修改内容等进行互动交流。8月17日，南昌市人大常委会调研组就《南昌市电动自行车管理条例》贯彻实施情况开展调研。调研组一行分别到南昌火车站、九州大街文明交通宣教室，观摩“以教代罚”开展流程，了解通行执法管理工作情况，并与电动自行车驾乘人员互动交流，征集关于电动自行车路权保障、停车充电、文明佩戴头盔等方面意见。调研组一行到昌南大道桃花路立交，了解非机动车道路标识设置情况。

【《南昌市荣誉市民条例》】　2021年6月17日，南昌市第十五届人民代表大会常务委员会第四十次会议通过《南昌市荣誉市民条例》。7月28日，江西省第十三届人民代表大会常务委员会第三十一次会议批准，自2022年1月1日起施行。《南昌市荣誉市民条例》共十六条，对荣誉市民工作的授予条件、授予程序、荣誉市民享有的礼遇、称号授予后的管理等内容作具体规范。荣誉市民授予对象为遵守国家宪法和法律法规的外籍人士、华侨、港澳台同胞以及其他非本市人士，同时符合在促进全市经济社会发展、招商引资、科技创新、教体文卫、社会保障、公益慈善、对外交流合作、突发事件应急与处置等方面作出突出贡献的条件。

【《南昌市中心城区农贸市场管理条例》】　2021年8月27日，南昌市第十五届人民代表大会常务委员会第四十三次会议通过《南昌市中心城区农贸市场管理条例》。9月29日，江西省第十三届人民代表大会常务委员会第三十二次会议批准，自2022年1月1日起施行。法规共七章六十二条，对农贸市场适用范围、管理机制、规划建设、经营规范、部门职责、监督管理和法律责任等内容作具体规范。《南昌市中心城区农贸市场管理条例》规定，南昌市中心城区和县中心城区原则上不得设置临时农贸市场。市、县（区）人民政府应当鼓励和支持农贸市场开办者、场内经营者依法利用大数据、物联网、云计算、人工智能等现代信息技术，实现交易溯源、计量监管、价格监测等智慧经营和管理。

（韩丽平）

政法委与综治

【概况】　2021年，全市政法工作立足省会城市率先“作示范、勇争先”目标定位，统筹做好防风险、保安全、护稳定、促发展各项工作，奋力推进平安南昌、法治南昌建设，为全市经济社会高质量跨越式发展营造安全稳定的社会环境。全市故意伤害案件数、毒品犯罪案件数、抢夺案件数分别同比下降7.5%、48.5%、

35.9%,破刑案数、抓获刑案人员数分别同比上升6.2%、24.1%。全市法院受理各类案件153918件,同比上升27.9%;审结执结146316件,上升24%。全市检察院共办理各类案件19039件,办案量居全省第一位。全年办理法律诉求12.4万余件、法律援助案件4198件、公证事项6.4万余件、司法鉴定5万余件。"12348"热线接听咨询7.85万余人次,均位居全省第一。全市公众安全感指数达到98.35%,为近6年最高,社会治安满意率连年攀升,连续多年位居百姓生活分项指标满意率榜首。

【维护社会稳定】 2021年,以庆祝中国共产党成立100周年安保维稳工作为主线,积极预防和化解各类不稳定因素,确保全市社会大局持续和谐稳定。完成党的十九届六中全会等重要时间节点安保维稳工作。强化境外、中高风险地区来南昌人员摸排管控,充分发挥疫情防控大数据平台作用,有效助力疫情常态化防控。严格执行落实涉稳问题分类归口处置、社会稳定风险评估等制度机制,开展多轮次矛盾纠纷排查化解工作。统筹全市政法机关对重大案事件制定"三同步"预案。

【市域社会治理】 2021年,围绕"全省作标杆、全国有影响"工作目标,构建完善"昌治久安"社会治理体系,深入推进市域社会治理现代化试点城市创建。坚持系统导向,完善治理体系。建立完善组织领导体系,构建高频率调度推进机制。建立完善治理项目体系,强力实施市域社会治理现代化"十大工程",建立全市市域社会治理项目库,确定181个社会治理项目进行重点建设打造。坚持项目导向,强化治理能力。坚持"五治融合"发展,建设党群服务中心882个、"红色驿站"274个、"1+5+X"社区邻里中心264个。培养"法律明白人"62.4万余名,建成基层法治文化阵地235个,建成市、县、乡、村四级新时代文明实践中心(所、站)1845个。建立南昌市英雄基金会,募集资金1120余万元。持续扩大"季艺力""小青鸟"等平安志愿者队伍,推进"雪亮工程"、综治中心实体化、智慧平安小区等重点项目建设,全市有9个县区完成综治中心提档升级,建成1502个高质量的"智慧平安小区","雪亮工程"实现"村村全覆盖"。坚持问题导向,夯实治理基础。推动建立道交一体化平台、物业服务矛盾纠纷调处平台、涉校涉教矛盾纠纷调处中心、南昌掌上"12348"等20余个矛盾纠纷调解平台,"幸福圆桌会"成为全省唯一入选的全国基层治理创新典型案例。组织市综治责任单位筹集473.58万元帮创资金,对124个村的平安建设基础设施进行全面升级改造。强化重点人员、不良行为青少年服务管理,深入推进平安湖区治理,在重点水域增设视频探头,出动执法人员和巡护人员2.8万人次,确保禁捕退捕各项政策落实到位。

【保驾护航经济建设】 2021年,围绕经济高质量发展和人民群众对公平正义的更高期盼,按照市委"转作风、优环境"活动年总体部署,努力营造公平正义发展环境。优化法治营商环境,建立企业轻微违法首次不罚、涉企诉讼快办快结、多部门统一执法、企业家社区矫正对象正常经营等工作机制,设立民营企业诉讼服务绿色通道,创新建立"清算与破产审判庭",开展破产积案清理行动,推动企业破产处置府院联动,畅通企业市场退出机制。加大对扰乱市场秩序的各类违法犯罪打击力度,严格落实"少捕慎诉慎押"司法政策,不捕率38.33%,不起诉率29.57%。打造良好治安环境,深入推进常态化扫黑除恶专项斗争,推动行业领域整治、黑恶财产处置等10项工作开展,稳步推动黑财清底。持续加大侦查打击力度,"12·27"等重点案件、"漏网之鱼"追逃工作均取得重大突破。深入推进电信网络诈骗、跨境赌博等犯罪打击治理工作,破获电诈案件、抓获犯罪嫌疑人同比分别上升175%、85%。严厉打击传销、毒品等突出犯罪,南昌市摘除"全国传销重点整治城市"帽子。全年破获毒品数量排名全省第一名,全市治安形势持续向好。提供优质服务环境,深入开展"我为群众办实事"实践活动,先后收集各类意见建议1500余条,有针对性地出台周末律师会见、简化印章刻秒办理程序等302项便民利民举措。深化"放管服"改革,实现多项证明网上办理,办证时间平均缩短35%。高标准建设"赣法民意中心南昌分中心",进一步畅通群众来电、来信、来访的立体化诉求表达渠道。完善检察融入社会矛盾纠纷多元预防调处化解综合机制,深入开展"公益法律服务集结号""万所联万会"等活动。

【政法领域改革】 2021年,推进政法领域全面深化改革,持续优化体制机制,完善执法司法监督体系,提升政法智慧化建设水平,不断提升政法工作适应新形势、履行新使命的能力水平。推进体制机制科学化,深化司法责任制综合配套改革,全面落实县区级法院财物市级统一管理体制,速裁程序平均适用率比上年提高9.73个百分点。全面落实诉源治理、分调裁审、专业审判等新型司法机制,全市法院受理、审结执结各类案件均同比上升。全面加强刑事检察、民事检察、行政检察、公益诉讼"四大检察"职能,办案量位居全省第一位。深入推进公安派出所"八个一"勤务机制改革、信息化警务(勤务)机制改革、"交所合一""交治合一"改革,整合公安基层警力资源,提升打防管控及快速响应能力。推进执法司法规范化,进一步深化执法司法改革，加强执法司法监督制约。常态化运用“四类案件”监管平台，自动监管12个月以上未结案件，形成审管部门抓调度、承办法官抓落实的督办体系。全面落实“案-件比”质效评价标准，刑事检察“案-件比”位居全省前列。深入推进认罪认罚从宽制度适用，开展人民监督员工作。推进运行方式智能化，推进智慧警务、智慧法院、智慧检务、智慧司法等信息化项目建设。完成大数据基础平台建设，打造全省首个社会治安防控中心，开展“档案e管理”试点，搭建统一业务应用系统和流程监控子系统，实现个案瑕疵的自动识别、自动预警。建立社区矫正对象智能管控系统，实现对社区矫正对象全时管控。

2021年5月20日，南昌市政法队伍教育整顿便民利民措施新闻发布会召开

（市委政法委　供图）

【政法队伍建设】　2021年，以政法队伍教育整顿为契机，全面推进政法队伍革命化、正规化、专业化、职业化建设，努力打造一支党和人民信得过、靠得住、能放心的政法队伍。深化政治建设，夯实忠诚根基。严格贯彻落实《中国共产党政法工作条例》、省委《关于贯彻〈中国共产党政法工作条例〉实施细则》及市委《关于贯彻〈中国共产党政法工作条例〉实施办法》，深入开展政治督察、执法监督、纪律作风督查巡查等工作。强化对政法干警的思想政治建设，全市政法各单位分类分级开展政治轮训200余场，教育引导广大干警领会“两个确立”的决定性意义，增强“四个意识”、坚定“四个自信”、做到“两个维护”，对党忠诚。注重能力培育，提升履职本领。紧扣政法工作特点，切实加强政法干警履职能力建设。针对政法干警履职短板，聚焦维护社会稳定、平安建设、市域社会治理、扫黑除恶等政法工作，结合党史学习教育，开展各项政法业务培训。紧紧围绕中央和省委、市委开展政法队伍教育整顿的部署要求，深入开展查纠整改教育引导工作，从严推进组织查处工作，强力推进顽瘴痼疾整治销号清零。全市处分处理2301人次，其中第一种形态2188人次、第二种形态88人次、第三种形态13人次、第四种形态12人次。全年核定全市政法干警六大顽瘴痼疾问题4101个，“N”类顽瘴痼疾问题11803个，销号率均达100%。针对各专项整治中发现队伍教育管理上存在的问题、顽瘴痼疾暴露出的执法司法突出问题，出台《政法干部交流轮岗工作意见》《执法监督工作暂行规定》等制度规定260个。

（贺　成）

法治政府建设

【概况】　2021年，南昌市聚焦率先“作示范、勇争先”目标定位，深入贯彻新发展理念，强化法治政府建设保障，推动政府职能履行转变，优化法治化营商环境，完善依法行政制度体系，严格规范公正文明执法，推动政务信息公开，深化信用南昌建设，落实行政执法责任制，推进行政复议体制改革，完成年度立法修订工作，全面建设法治政府，加快推进政府治理体系和治理能力现代化，为巩固提升南昌发展首位度、充分彰显省会担当提供坚强的法治保障。

【法治政府示范创建和考评】　2021年，积极开展全国法治政府示范创建活动，以创建促提升，以示范带发展。制定下发《南昌市2021年开展法治政府示范创建活动实施方案》，明确创建目标要求，推动创建工作有序开展。督促各县区政府及市政府有关部门积极参与法治政府示范创建工作，努力提升依法行政能力水平。其中，申报的综合示范创建候选单位（南昌县）、单项示范创建候选项目（三大超简审批模式），均进入中央依法治国办参选名单。组织法治政府建设情况半年督导考评，对33家市直单位和12个县区、开发区进行集中书面考评，推进法治政府建设工作任务落实。

【行政综合执法改革】　2021年，制定综合执法改革机构职能编制规定，完成市县文化市场、交通运输、农业等7个领域综合执法改革任务,执法机构的组建和人员转隶全部到位。推进行政执法权限和力量下沉,出台《南昌市基层综合执法案件协调协作工作暂行办法》《南昌市关于推进基层整合审批服务执法力量的实施方案》,组建乡镇综合行政执法队伍,全面推行乡镇(街道)综合设置便民服务中心和综合行政执法队建设,建立健全乡镇统一指挥协调、行政执法案件协调协作机制。

【法治化营商环境优化】 2021年,深入开展“转作风、优环境”专项行动,召开工作推进会,出台《市场监管领域部门联合抽查事项清单》《企业破产处置涉税事项办理意见》等文件。全面落实215项营商环境改革举措,营商环境综合评价排名全省第一名。纳税人满意度在全国省会城市排名第四位,较上年提升17位。试行企业开办“3小时办结流程”;推行“企业开办首套印章刻制政府买单”,企业开办实现“零成本”。编制出台《南昌市2021年度涉企资金兑现政策清单》,包括支持先进制造业、现代服务业、现代农业、建筑业、科技创新、金融支撑、就业创业、改善民生8个方面133条惠企政策。持续开展纾困助企、减税降费等工作。

【政府规章修订】 2021年,严格执行《南昌市制定地方性法规条例》,运用好地方立法权,在充分履行考察调研、分析研究、反复认证、征求各方意见等立法程序基础上,编制《南昌市人民政府2021年立法工作计划》,完成《南昌市城乡集市贸易市场管理条例》《南昌市荣誉市民称号授予办法》等年度立法修订工作,全市法规体系建设日趋完善。审查修改《南昌市土地储备管理办法》《南昌市电梯安全监督管理办法》《南昌市城镇排水与污水处理管理办法》《南昌市城市管理相对集中行政处罚权实施办法》等规章。

【文件规范性审查】 2021年,印发《南昌市人民政府文件审查工作规则》,健全完善规范性文件合法性审核机制,审查报送文件342个,出具书面合法审查意见和法律审核意见323个,完成备案审查行政规范性文件14个,做到有件必备、有备必审、有错必纠。按程序向省政府报送行政规范性文件备案10件。对不符合长江流域保护的地方性法规、政府规章开展清理。专门组织开展涉及行政处罚的地方性法规、政府规章和规范性文件专项清理。

【行政执法检查】 2021年,推进行政执法责任制落实,推动严格规范公正文明执法,重点加强对公共场所卫生、生活饮用水卫生、传染病防治、医疗卫生、学校卫生、血液安全等领域执法检查。围绕行政执法“三项制度”(行政执法公示制度,行政执法全过程记录制度,重大执法决定法制审核制度)落实、行政裁量权基准制度制定使用、执法证件管理等方面开展检查。全年组织行政执法案卷评查3次,评查执法案卷382件。市县两级行政执法部门随机抽查事项清单全部调整到位。组织开展“双随机、一公开”检查,完成率100%,联合检查率23.76%,平台录入案件数3858件。落实安全生产责任制,推进安全生产专项整治三年行动“十大攻坚战”,全市全年安全生产形势保持总体稳定。规范行政执法主体,完成市本级43个行政执法主体的行政执法主体编号工作,组织9个县区完成本级行政执法单位的行政执法主体编号工作。换发全国统一行政执法证件,组织申领行政执法证件人员法律知识考试,杜绝发生考试未通过而发证现象,市级全年223人通过考试取得执法证。

【政务公开】 2021年,印发《2021年南昌市政务公开工作方案》,强化规划设计、市场监管、生态环境等重点领域信息公开。实行重大行政决策全过程公开,在政府网站上公开2021年市政府重大行政决策目录。加大市政府网站集约化建设,全市政府58个政务网站迁移到市政府网站集约化平台。按照政务新媒体矩阵建设部署,全市各级政府489个政务新媒体纳入全国政务新媒体监管平台。围绕26个试点领域标准指引内容,推进基层政务公开“两化”(标准化、规范化)建设。全年9个县区全部公开基层政务公开标注目录。建立政务公开清单管理制度,对依申请公开政府信息及时答复。

【行政复议应诉】 2021年,制定印发《南昌市进一步深化行政复议体制改革实施意见》,推进完成全市行政复议体制改革任务。市本级全年共受理行政复议案件413件,审结421件(含往年结转68件)。严格落实《关于进一步加强和改进行政应诉工作的意见》,全年以市政府为被告的行政应诉案件108件,做到尊重并执行法院生效裁判。专门印发《南昌市关于加强政府负责人出庭应诉工作的通知》,要求全市各级政府正职负责人每年至少出庭1次,争取2022年度实现全市行政诉讼案件行政负责人出庭应诉率达100%目标。

【领导干部学法】 2021年,深入开展“践行习近平法治思想,提升人民群众法治获得感满意度”主题活动,紧抓“关键少数”学法用法,每季度安排市政府常务会学法,建立完善常态化市政府常务会学法制度,领导干部学法清单制度,新提任领导干部考法制度,编制《2021年市政府常务会议学法计划》《2021年南昌市领导干部学法清单》,推进领导干部学法工作落到实处。2月18日,春节后上班第一天南昌市举办以《习近平法治思想开启法治中国新篇章》为题的领导干部法治讲座,进一步深化全市领导干部对习近平法治思想的认识，引导和推动全社会形成办事依法、遇事找法、解决问题用法、化解矛盾带法的良好氛围。“南昌市连续坚持18年在春节后上班首日举办领导干部法治讲座”工作经验入选第二批“全国普法依法治理创新案例”。

【行政立法】　2021年，紧扣民生热点和发展所需，完成《南昌市荣誉市民称号授予办法》《南昌市农贸市场管理条例》2件法规和《南昌市土地储备管理办法（修订）》《南昌市电梯安全监督管理办法》《南昌市城镇排水与污水处理管理办法》《南昌市城市管理相对集中行政处罚权实施办法（修订）》4件规章的审查修改工作，配合市人大开展《南昌市城市供水和节约用水管理条例（修正）》《南昌市城市绿化管理规定（修正）》《南昌市爱国卫生工作条例》3件法规项目的立法调研。坚持立改废并举，组织开展全市涉及行政处罚法、外商投资、计划生育、长江流域保护4次地方性法规、规章和规范性文件专项清理，1次市政府规章中涉及不合理罚款规定的清理。征集到2022年度法规、规章申报项目30件。

【行政规范性文件备案审查】　2021年，合法性审查各类文件、协议、重大决策等366件，完成10件市政府规范性文件按期向省政府、市人大常委会报备工作。对县区、开发区、市政府各部门报送的16件行政规范性文件进行备案审查，每季度对备案登记的规范性文件目录进行公布。草拟并提请市政府审议通过《南昌市人民政府文件审查工作规则》，对市政府文件界定审查范围、厘清审查职责、健全专家协助审查机制、明确审查时限和强化审核责任，对规范和完善市政府文件审查工作、保证市政府文件质量、有效防止文件部门利益化发挥积极作用。

【行政执法协调监督】　2021年，全面推行行政执法“三项制度”（行政执法公示制度、行政执法全过程记录制度、重大执法决定法制审核制度）工作落实，开展“双随机”（随机抽取检查对象、随机选派执法检查人员）联合检查251次，督促行政执法部门依托平台办理执法案件5497件。推行证明事项告知承诺制，涉及市本级64项、县区610项，受理申请42794件。先后2次对市城管局、市交通运输局等8个市直部门以及9个县区进行监督检查，对工作落实不到位、问题较突出的2个市直部门下发问题整改通知书。组织开展3次行政执法案卷评查，对发现的问题案卷评查情况进行点评通报。探索“包容审慎”监管模式，指导监督市市场监管局等15个部门，对208种轻微违法行为免予行政处罚。指导督促11个市直部门完成自由裁量权细化工作。随同市生态环境局执法人员深入企业，对执法人员的执法行为进行全程监督。

（吕守洪）

公　安

【概况】　2021年，全市公安机关以中国共产党成立100周年安保维稳工作为主线，以党史学习教育、队伍教育整顿为抓手，全力做好防风险、保安全、护稳定、促发展各项工作。南昌市公安局（以下简称市公安局）制定出台规范性文件，推动政工干部回归主责主业。深化思想宣传工作，健全完善政治工作述职、思想形势分析、谈心谈话等制度，研发智慧学习教育平台，建立英雄警乐团、警旗护卫队，打造“邱娥国育警基地”，组织开展首个中国人民警察节和中国共产党成立100周年系列庆祝活动。举行“创新追梦、担当前行”等先进事迹巡回报告会，宣扬先进典型。以推进“反制、铸墙、净土、攻心”四大工程和14个专项行动为抓手，严密防范和严厉打击各种渗透、颠覆、破坏活动。市公安局弘扬英模精神做法被《人民公安报》专题报道。社会调查专项工作得到公安部高度肯定，西湖公安分局国保大队被公安部授予“全国公安反邪教工作示范点”，东湖公安分局网安大队被评为“全国公安机关成绩突出青年集体”。

【安保维稳】　2021年，完成庆祝中国共产党成立100周年、中央领导视察等活动安保警卫任务，完成中国卫星导航年会、世界VR产业大会、南昌飞行大会等54项大型活动安保工作，严密做好党的十九届六中全会、全国“两会”和省、市全会、党代会等重要会议期间维稳工作。在庆祝中国共产党成立100周年安保维稳工作中，市公安局治安支队一大队被公安部记集体一等功。借鉴和发扬新时代“枫桥经验”，深入开展矛盾纠纷排查化解、治安重点人员管控，化解矛盾纠纷5.2万起，妥善处置涉众群体维权事件，全市未发生规模以上群体性事件。

【扫黑除恶】　2021年，研发涉黑涉恶警情智能监测预警监督管理平台，深入开展“三打三治三追”（集中打击“沙霸”“矿霸”“村霸”黑恶犯罪，集中治理治安复杂场所、信息网络空间、生态环保领域乱象，集中追捕“漏网之鱼”目标逃犯、涉黑涉恶逃犯、涉诈逃犯）等专项行动。全市“八大类”案件（社会治安工作中对故意杀人、故意伤害致人重伤或者死亡、强奸、抢劫、贩卖毒品、放火、爆炸、投毒罪的总称），破案率86.22%，现行命案全部告破。进贤县公安局被评为全省扫黑除恶专项斗争先进集体。侦破“盗抢骗”侵财案件1527起，网站追逃清网率59.6%。抓获国家扫黑办目标逃犯，率先在全省取得突破。开展“团圆”行动，帮助87个家庭团圆，组织认亲活动13场，中央电视台4次专题报道，市公安局刑侦支队三大队获“全国维护妇女儿童权益先进集体”称号。

【刑事犯罪案件侦查】 2021年，全市刑侦部门坚持民生导向，打击传统侵财犯罪，打击整治电信网络诈骗犯罪，追查被拐失踪儿童，追捕网上逃犯，做好疫情大数据研判，全心维护群众切身利益。巩固刑侦基础，推进传统刑事技术建设、智慧新刑技建设、新型犯罪研究，全速推进专业手段建设。坚守安全底线，全力攻坚重大恶性案件。全年，全市“八类”案件破案率86.22%，21起现发命案全破，侦破一大批重大有影响案件；全市刑侦部门共侦破涉枪支案件5起，抓获犯罪嫌疑人5名，缴获火药动力枪4支、气枪9支，落地核查涉枪线索44批次100余条；全市立案侦办恶势力集团案件2起，刑事拘留24人，破获各类刑事案件15起，查封、扣押、冻结涉黑案件财产633万余元，抓获涉黑涉恶重点目标逃犯12名。

【户政管理】 2021年，全市户政管理工作坚持民意、问题、创新、目标导向，取得较好工作成效。进一步深化户政放管服改革，推行延时错时预约服务，将居民身份证办理时限缩短至15个工作日，优化居住证办理流程，为民办事提供便利。进一步深化户籍制度改革，出台《市公安局关于做大落户总量强化户政服务的实施意见》，积极推动落实落户“零门槛”政策，全市户籍人口540万人，户籍人口城镇化率56.12%。进一步规范业务办理，建立业务电子档案系统，规范档案信息管理，重点抓好无户口人员排查补录工作，为270名无户口人员解决户口登记问题，核实并注销重复户口422人。落实开具户籍类证明、五项户口迁移等业务“跨省通办”以及首次申领居民身份证“闽赣跨省通办”。

2021年10月9日，全市公安机关“2021赣鄱百日缉毒”专项行动推进会召开

（市公安局 供图）

【新型网络犯罪打击】 2021年，深入开展“断卡”“断流”“长风”“打击跨境网络赌博”等专项行动，高标准建设市、县（区）两级反诈中心，创新建立三级线索研判、预警劝阻工作体系。破获电诈案件数和抓获涉诈犯罪嫌疑人数同比分别上升176%、86%，冻结、止付账户3.35万余个、资金5.08亿余元，返还被骗资金3740万元。公安部、省公安厅先后发贺电充分肯定全市“长风2号”灭鼠行动战果。南昌经开公安分局侦破“6·6”组织考试舞弊案，得到公安部党委书记王小洪批示肯定。市公安局解救受困缅北电诈窝点群众案例被《焦点访谈》和《新闻直播间》等央视栏目专题报道。

【经济领域犯罪查处】 2021年，建设市涉众型经济犯罪智慧监测预警平台，以“云端”“猎狐”专项行动为抓手，重点打击整治金融、商贸领域违法犯罪。市公安局经侦支队、税侦支队和进贤县公安局侦办一起国务院督办的涉及医疗器械领域特大虚开增值税专用发票案件（“8·20”专案），涉及金额13亿余元。红谷滩公安分局侦办的江西氧气科技期货配资案，被中国证监会、公安部联合评为场外配资违法犯罪十大典型案例之一。

【禁毒系列行动】 2021年，开展“雷霆扫毒”“赣鄱百日缉毒”“寄递渠道禁毒百日攻坚”等专项行动以及“清零”“清库”“清隐”行动，建设污水毒情监测体系，开通“南昌禁毒”微信、微博等4个禁毒宣传平台，开展禁毒宣传活动80余场，禁毒工作成果排名全省第一名。创新出台吸毒人员网格化管理“1+1+3”工作机制，实现全市在册吸毒人员归口管理。南昌县公安局在全省介绍禁毒经验，南昌高新区提前一年被国家禁毒委取消“通报警示”，南昌高新区“626”服务中心被省禁毒委表彰为“赣鄱禁毒先锋”先进集体。

【公共安全强化】 2021年，强化危爆物品、行业场所和新业态等公共安全监管，整改涉枪爆隐患32处、酒店安全隐患89处，严密管控网约房、网约车、无人机、寄递物流业，加强公交地铁安保督导检查。开展“新型警力护校园”活动，完成2批次941所中小学、幼儿园"四个一"工程建设,相关做法被中央和省市媒体报道。加强交通安全管理,整改临水临崖等交通安全隐患3060处,排查全市设施整改路口407个,全市道路交通事故数、死亡人数、受伤人数、经济损失数分别同比下降4.41%、4.67%、1.65%、54.55%,市民骑行头盔佩戴率从20%提升到90%,交通拥堵指数由1.31降为1.27,实现"车辆不限号、交通不拥堵"。南昌市首次跻身全国交通健康榜前十名,中部6个省会城市排名第一名,南昌市被列为驾驶证电子化全国首批推广城市。

【社会治安防控】 2021年,完成治安防控体系"9+1+N"系统建设,打造全省首个社会治安防控中心,高标准建设3个智慧治安检查站和21个智慧街面警务站,形成三级圈层防控模式,中央5个部委给予充分肯定。"智慧警务赋能、防控体系升级"做法被《人民公安报》头版头条刊发。落实定点执勤、动中备勤、早晚高峰勤务、联勤巡逻等机制,设置22个武装巡逻屯警点和3个公安武警联勤点,启动街面摩托化巡防快反机制,从严从紧管控社会面。平安湾里建设经验做法被省委政法委转发推广。深入开展"利剑2021""强打击、重防范、压发案、保平安"等专项整治行动,整治治安突出问题,黄赌问题得到有效遏制,犬类问题投诉查处率100%。调整扩大禁燃区范围,实现全市所有建成区全覆盖。

【智慧警务建设】 2021年,完成大数据基础平台建设,整合、汇聚2800余亿条数据,搭建200余个应用模型,为全警提供数据支撑。深入推进治安防控平台和智慧平安小区、平安校园、平安监管、平安景区、平安医院、平安楼宇、平安物流建设,完成全国"雪亮工程"示范城市工作,"智慧监管"项目建设全省排第一名。"警用地理实战"App、非机动车违法抓拍系统分别获全省公安基层技术革新类二等奖、三等奖,"数字派出所平台"获全国公安基层技术革新优秀奖。

【生态环境保护专项行动】 2021年,开展长江大保护工作,深入推进"昆仑2021""鄱湖2021"等专项行动,公安部副部长杜航伟批示肯定南昌市侦破涉野生动物部督"5·20"专案,胡某顺等人非法捕捞水产品案及"10·24"非法采矿案件被公安部列为督办案件。聚力推进乡村振兴,持续巩固拓展脱贫攻坚成果,新建区石埠镇竹园村、新建区流湖镇上房村脱贫户人均家庭收入分别同比上升15%、16%。市公安局被评为全市创建"全国文明城市"工作先进单位。

【警务(勤务)机制改革】 2021年,深化信息化警务(勤务)机制改革,开展24小时集中联勤、综合情报信息研判,提升快速响应能力。打造"情指勤舆"一体化警务指挥体系,推动信息警务向智慧警务转型升级。安义县公安局在全省率先开展可视化指挥调度系统建设。推进基层派出所"八个一"勤务运行机制,推动基层派出所工作规范化发展。

【政务服务改革】 2021年,深化公安"放管服"改革,实现承诺办理时限、业务办结时间"双减"。出台做大落户总量、强化户政服务的实施意见,办理人才落户4.04万人,全年迁入人口同比增长9.6%。推进"证照分离",实行首套公章政府买单政策,做法被公安部改革专栏刊发。打造"一车通办"上门服务新模式,推进户政、交管、出入境3类数十项业务进驻市民中心,交管高频业务进派出所窗口,全市公安政务服务群众满意率99%。

【执法管理监督】 2021年,规范执法行为,组织开展"教科书式执法微视频"和"推荐优秀执法制度"评比选送工作,打造一批正反典型执法案例。南昌高新公安分局获全省公安机关教科书式执法微视频作品一等奖。加强执法管理监督,推进执法办案中心建设,推广应用执法办案智能辅助系统、电子签名及电子指纹捺印设备。建设执法记录仪管理平台和公检法跨部门大数据平台,推进执法办案积分制上线,制定执法规范规章12个。

【基层警务警力加强】 2021年,牢固树立"大抓基层、大抓基础"导向,认真落实公安部、省公安厅加强新时代公安派出所"三年行动计划",全面推进防控体系、警格警务、基层治理等重点工作,推动公安派出所实现高质量快速发展。至年底,全市公安派出所"三年行动计划"任务完成率近70%。西湖公安分局筷子巷派出所入选"枫桥式公安派出所"。全面推行农村派出所交所融合,试点开展城区派出所交治合一,得到公安部调研组高度评价。开展"万警千车下基层"活动,抽调机关警力联系学校和医院、支援监管场所,抽调警力和警车支援农村派出所,排查化解涉校矛盾风险121起,维护农村交通秩序4538次,处置交通事故1844起。

【"135"快速反应机制】 2021年,市交管局打造畅通南昌联勤指挥中心,持续优化"桌面+路面"巡查实战模式,实现扁平化指挥调度,结合高德、百度等拥堵预警图和市民意见反馈,及时发现、收集路面即时警情。根据警情发生地,"一对一"进行推送,变"等待警情"为"寻找警情",即时警情处置更加高效。至年底,快反专班主动巡查并处置事故类和故障类警情3.35万起,"135"快速反应率98.7%,因即时警情造成路面长时间拥堵情况减少,道路通畅率提升，“135”快速反应机制（1分钟快速发现并及时响应；3分钟调度指挥路面警力快速到达现场；对轻微事故、简单故障做到5分钟全力恢复交通，对较大事故全力疏导）入选南昌政法“十大创新举措”。

【交通信号三级优化机制】 2021年，市交管局加强快速路桥隧与地面衔接路口、进出城重要交叉口、道路施工区域路口的信号应急处置。全年进行预案控制、一键绿灯多路口联动控制5292次，对全市871个路口信号优化2758次。坚持每月对停车延误指数TOP20的路口进行实地调研，通过优化交通组织、设置待行区、压缩信号放行周期等综合施策，路口停车延误时间平均下降15.48%。在具备条件的凤凰北大道、云飞路等10条道路平峰时段新增信号绿波，减少车辆停车次数，提升道路通行效率。对比2019年限号期，日均在途量由76万辆提高到89万辆，全市交通拥堵指数由1.31降为1.27，平均车速由每小时32.6千米提升至37.1千米。

【一点一策治堵】 2021年，市交管局深入开展堵点治理，在全市范围问计于民，实行路面动态排查，分门别类，一点一策治理。至年底，主动排查交通堵点546个，其中一类堵点93个、二类堵点24个、三类堵点429个，完成交通堵点治理432个。在全市范围内征集堵点治理意见建议791条，采纳有效建议540条，解决507条。广大市民群众积极参与、出谋划策，道路通行能力得到明显提升。南昌市首次跻身全国交通健康榜前十名，南昌市交通健康指数在全国36个重点城市中排名第三，在中部6个省会城市中排名第一。

【文明交通治理】 2021年，市交管局联合市直属机关工作委员会、市公安局、市城市管理局和市交通运输局共同举办“情满英雄城，文明大家行”文明交通治理宣传活动。出台《南昌市开展文明交通治理工作方案》，制定《南昌文明交通十大公约》和《南昌市文明交通治理工作考核办法》，明确县区、街道主体职能，压实企事业单位、机关、学校履行交通安全法定职责，提高社会各界和人民群众参与积极性。全力整治机动车不礼让斑马线和车窗抛物等十大不文明交通行为，组织各县区发动各乡镇街办、社区村委和学校、企事业单位等，地毯式开展文明交通劝导宣传活动。至年底，共整治十大不文明交通行为151.2万起，开展文明交通直播191场，推出文明交通直播间抖音短视频526个，组织新闻媒体召开新闻通气会111场，寄送不文明交通劝导信（含电子劝导信）106.6万封，寄送文明交通单位提示函1490封，抄告党政机关1183家、公职人员1447人，全市非机动车驾乘人员佩戴头盔率从20%提升至90%左右，市民群众文明安全出行理念得到提升。“文明交通治理新模式”获全省“智慧公安我先行”二等奖。

【交通安全隐患排查】 2021年，市交管局以安全生产专项整治三年行动为抓手，成立交通安全治理中心，下设1个办公室和8个职能工作组，坚持问题导向，协助市道安委、市道专委组织开展国省道、县乡道路、城市道路隐患交叉排查和治理，并对交通隐患车辆进行大排查、大整治。至年底，排查各类道路隐患10249处，投入经费约4.1亿元整改临水临崖、急弯陡坡等设施隐患3060处，安装防护栏1120千米；排查逾期未报废车9900辆，其中农村面包车6100辆、货运车3383辆、非营运车276辆、营转非车99辆、危化品运输车42辆。落实“万警千车下基层”（通过警力下沉，进一步夯实公安基层基础，促进农村道路交通安全秩序进一步好转，学校、医院等重点场所安全防范能力进一步提升，公安监管场所安全隐患进一步消除，同时也让机关民警队伍得到磨炼，增加实战经验，进一步转变工作作风）活动相关工作要求，共排查农村道路2586处道路隐患，全部上报属地政府和相关部门，不断夯实交通治理社会责任。

【交通安全设施完善】 2021年，市交管局不断提高全市道路交通精细化管理水平，开展道路交通品质提升标准化创建工作。通过调查问卷和自查梳理，查找交通安全设施方面存在的交通标志不齐全、交通护栏设置不合理、信号配时优化不够科学等问题。按照标准化要求，针对排查的问题认真进行整改，确保交通标志规范、齐全、醒目，交通标线清晰，交通信号配时科学，交通护栏设置合理，交通科技设备有效，并在此基础上打造一批精品路口、精品路段。至年底，整改路口407个、路段216条，完善标线32万平方米，更换滕王阁仿古交通护栏16千米，在全市53个路口的125个方向设置“右转弯盲区警示带”，增设电子警察告知标志3900块，在抚河中路、站前西路、紫阳大道等道路设置“阶梯式”停止线、反光道钉、预成形警示标线，在城区407个路口施划非机动车通道和左转弯导向标线，全面提升道路功能品质，及时消除路口路段安全隐患。

【交管业务办理】 2021年，市交管局制定《南昌市公安局交管业务进驻派出所户籍窗口管理规范》等一系列文件，建立业务培训、运行保障、业务管理等工作机制，进一步规范交管业务进驻派出所户籍窗口交通违法业务工作。至年底，在146个公安户籍派出所开通3类18项简单高频交管业务办理服务，办理高频交管业务6326起。为创建全国文明城市工作，实施开通绿色通道、送牌上门办理等举措。至年底，完成全市电动车上牌40万块，其中共享电动自行车上牌8万块。对电动自行车上牌实行"容缺补办"，开通网上办理服务，方便群众办理电动自行车业务。至年底，办理车驾管业务450万笔，受理货车通行证申办47.19万张，为群众办理违法处理233万起，共办理电子驾驶证申领51.5万人次。

【交管业务监管体系构建】　2021年，市交管局为彻底整治"顽瘴痼疾"，提升公安交警整体执法形象和服务品质，实现队伍风险防范的规范化、体系化管理，组建市交管局业务监管中心，建立发现—下发—签收—处置—反馈的监管工作流程和动态风险防范机制，每月对监管中发现的问题进行通报，督促、指导各单位开展业务监管工作。至年底，对文明交通治理工作、安全交通治理工作、减量控大执法整治、货车执法专项整治等进行专项执法监管，下发嫌疑调查信息183条，提出工作建议33条，纠正业务问题16次。在公安部交管局通报的货车执法突出问题中，实现执法数据零异常。

【重点车辆事故风险防范】　2021年，市交管局建立人、车、路、企交通管理责任闭环运行体系，对有发生过伤亡事故、多次重点交通违法、酒驾醉驾毒驾等严重违法的重点车辆所在运输企业，督促强化安全管理和隐患整改。至年底，对江西省中汉混凝土有限公司、江西省江山旅游汽车服务有限公司等738家高风险企业和美团、饿了么等207名红标骑手开展集中警示约谈，曝光隐患企业并下达整改通知书82家，不断夯实交通治理社会责任，全力防范重点车辆事故风险。

【严重交通违法行为打击】　2021年，市交管局推动电子警察规范化应用，进一步细化电子警察的开通、关闭、巡查等相关流程，在129套监控设备内增加人工智能算法、非机动车违法人工智能识别，持续加强重点车辆监管和非机动车违法抓拍工作。至年底，通过人脸识别系统抓拍非机动车违法行为79677起，研判隐患车辆1815起。其中，逾期未年检1530起，报废车辆102起。依托信息化警务中心，把图像侦查、合成作战等理念融入交管信息化应用，一切以实战为目标，强化缉查布控，强化功能板块建设，有效净化道路交通环境。至年底，精准查处重点人员、重点车辆、重点违法行为9118起，比上年3121起，增长192%。其中，重点人员2466起，重点车辆6228起，重点违法行为424起。

【执法督察体系构建】　2021年，市交管局针对队伍中存在的执法问题，深入基层调研，深度研判问题症结所在，建立"1托5加3"模式，全面打造全市一盘棋督察格局。针对各执勤大队、机关职能部门路面执勤执法、提供交管服务等现场工作，成立5个现场督导组和3个规范执勤检查组，在组织构架上形成横向到边、纵向到底的监督格局，重点加强对路面执法、事故处理、业务办理等执勤执法和交管服务监督力度，坚决摒弃随意执法思想，不断规范民警执法行为。同时，全力保障民警正当执法权益，对每起维权案件严肃处理，全力开展维权工作。至年底，发督察通报208期，办理维权案件25起。

（熊水英　罗　忠）

检　察

【概况】　2021年，南昌市检察院坚持党对检察工作的绝对领导，注重系统观念、法治思维、强基导向，按照"彰显省会担当"的更高要求，忠实履行"四大检察"（刑事、民事、行政和公益诉讼检察）职能，为大局服务，为人民司法，扎实开展党史学习教育、政法队伍教育整顿，打造过硬检察队伍，以检察工作高质量发展服务保障南昌经济社会高质量跨越式发展。至年底，全市检察机关办理各类案件19039件，办案规模位居全省第一位，纳入最高人民检察院考核的60项核心业务数据总分和综合工作质效排名全省第二位，其中20项数据位居全省第一位。高质量办理一批全国、全省有重大影响的大要案，3个案件被最高人民检察院作为指导性案例、典型案例发布，20个案件入选全省检察机关优秀案例。全市检察机关获市级以上表彰的集体61个、个人167人次。其中，省级以上表彰的集体26个、个人37人次，获"全国文明接待室""全国检察机关扫黑除恶专项斗争优秀集体和个人""全国维护妇女儿童权益先进个人""全国根治拖欠农民工工资先进个人"等称号。

【刑事检察】　2021年，充分履行刑事诉讼主导责任，对90.39%的刑事案件依法适用认罪认罚从宽制度。贯彻宽严相济刑事政策，依法对轻微刑事案件不批捕1717人、不起诉1458人。坚决纠正有案不立、有罪不究和违法运用刑事手段插手民事、经济纠纷等问题，监督立案66件、撤案58件，追捕追诉204人，监督纠正侦查活动违法299件次。对认为确有错误的刑事裁判提出抗诉32件。强化刑事执行监督，发出书面纠正违法意见431件，发出检察建议书28份，采纳率100%。

【民事行政检察】　2021年，审查办理各类民事行政检察案件485件，同比上升13.85%，提出审判程序违法监督、执行监督检察建议105件，采纳率100%。关爱老年人、农民工等弱势群体，办理追索赡养费、劳动报酬等支持起诉案件数量上升128.92%，青山湖区检察院办理的胡某祥民事支持起诉案入选最高人民检察院指导性案例。开展行政争议实质性化解工作，探索建立行政检察与行政争议实质性化解工作衔接机制，与市司法局联合会签出台《南昌市人民检察院、南昌市司法局关于推进社会治理促进行政争议实质性化解工作的实施意见》。全年，全市检察机关协同实质性化解行政争议19件。

【公益诉讼检察】 2021年，受理公益诉讼线索578件，立案561件。市检察院办理的督促整治手机App侵害公民个人信息行政公益诉讼案，被评为全国检察公益诉讼"十大精品案件"和个人信息保护典型案例。从严追究损害公共利益行为，提起公益诉讼案件41件，对赚"黑心钱"的重惩重罚，诉请的惩罚性赔偿金全部赔偿到位。助力英烈保护，与市退役军人事务局联合设立检察公益诉讼英烈保护联系点。安义县检察院针对烈士陵园管理方面存在的问题发出诉前检察建议，被评为全省检察机关保护红色资源典型案例。部署开展电动自行车安全专项检察监督活动，督促解决420起电动自行车质量安全隐患和281户飞线充电问题，推动安装635个充电装置。

【市域社会治理建议和服务】 2021年，发出社会治理类检察建议89件。进贤县检察院通过"调研+建议"方式，围绕农村人居环境问题为党委、政府提供决策参考。青云谱区检察院通过"听证+建议"方式，推动解决高音喇叭揽客长期扰民问题。坚持应救尽救，为278个困难家庭发放司法救助金508.33万元。讲好司法救助案件背后温暖民心的检察故事。西湖区检察院主动提供服务，发放救助金15.4万元。落实"谁执法谁普法"责任，市检察院获评"全国'七五'普法先进单位"，是全省检察机关唯一获此称号的单位。

【人民群众矛盾纠纷化解】 2021年，抓实涉农检察，部署开展"助力农民工讨薪"专项监督活动，起诉侵害农民工合法权益犯罪12人。办好群众信访，受理信访1516件，全部做到"7日内程序性回复、3个月内实体性答复"。将案结事了作为办理群众信访的根本，两级检察院检察长带头包案化解信访矛盾255件，最高人民检察院指定化解的6件涉法涉诉信访积案全部办结。守护生态环境，起诉破坏环境资源犯罪73人，办理涉生态环境类公益诉讼案件272件，上升172%。严格落实长江10年禁渔计划，与市河湖长制办公室共同印发《关于推行"河长湖长+检察长"工作机制的意见》。

2021年12月4日，南昌市检察机关"为民办实事·百名检察官进百企"活动启动仪式举行

（市检察院　供图）

【金融风险防范化解】 2021年，维护金融安全，制定《贯彻落实最高人民检察院"三号检察建议"的实施意见》，起诉危害金融安全犯罪211人，办理洗钱犯罪案件数量排名全省第一名。推动落实"三号检察建议"，起诉金融诈骗等犯罪261人，依法办理涉案金额22.3亿元的丁某妹等人涉嫌虚开发票案等一批重特大案件。红谷滩区检察院金融检察办案团队被评为全省优秀办案团队、全省政法英模集体。落实"自洗钱"入罪，起诉洗钱犯罪案件21件23人，办案量居全省第一位。

【法治营商环境营造】 2021年，牢固树立"法治是最好的营商环境"理念，严厉打击破坏企业生产经营类犯罪，起诉132人。加大对侵犯民营企业合法权益犯罪打击力度，起诉非法吸收公众存款、集资诈骗、强迫交易、串通招投标、合同诈骗等严重扰乱经济秩序犯罪260件455人。落实"少捕慎诉慎押"司法政策，对涉嫌犯罪的民企人员依法不批捕134人，不起诉224人，采取取保候审措施605人，提出缓刑量刑建议138人。加强对企业联系指导，发挥38个检察联系点作用，办理非公有制企业诉求103件，办结99件，办结率96%。开展法治服务指导，深化"转作风、优环境"活动年，部署开展"为民办实事·百名检察官进百企"活动，服务保障民营经济健康发展。发放《案说民营企业法律风险防范》

等案例宣传册2600余册。开展法律宣讲、法律咨询服务1521次，次数排全省检察机关第一名。

【未成年人综合司法保护】　2021年，以零容忍态度严厉打击侵害未成年人犯罪，起诉194人。抓好“一号检察建议”监督落实，推动建立学校教职员工入职查询制度。联合市公安局、市妇联、团市委、市卫健委、市民政局等单位共同建立“一站式”询问救助机制，防止询问不当造成未成年被害人“二次伤害”。落实涉罪未成年人特殊保护制度，附条件不起诉率同比上升21.91个百分点，制发“督促监护令”200份。新建区检察院提请区人大常委会通过《关于加强未成年人文身治理工作的决议》，以地方决议方式推进未成年人文身治理工作。

【“少捕慎诉慎押”刑事司法政策落实】　2021年，全市检察机关充分发挥提前介入机制，利用驻公安执法办案中心检察室和未成年人一站式工作平台优势开展提前介入引导侦查取证。出台《南昌市检察机关关于对部分犯罪情节轻微刑事案件适用不起诉指导意见（试行）》，进一步规范全市检察机关不起诉裁量权使用，充分发挥不起诉在认罪认罚案件中的审前分流作用，确保认罪认罚从宽制度正确一致适用。开展羁押必要性审查专项活动，确保各个羁押环节准确适用，及时变更羁押强制措施，有效减少不必要羁押，推动降低审前羁押率，依法保障被羁押人人身权利，推动实现以社会危险性条件为重点的羁押必要性审查实质化、规范化、常态化、长效化运作。全年，全市检察机关不捕率、不诉率呈大幅上升趋势，诉前羁押率呈下降趋势。不捕率35.03%，同比上升24.65个百分点；不诉率20.37%，上升10.14个百分点；诉前羁押率65.08%，下降5.84个百分点。

【社会安全稳定维护】　2021年，依法惩处危害国家安全等各类刑事犯罪，批准逮捕4765人、起诉7405人。其中，起诉故意杀人、抢劫等严重暴力犯罪127人，起诉盗窃、抢夺等多发性侵财犯罪1373人，起诉电信网络诈骗、侵犯公民个人信息等人民群众反映强烈的犯罪1296人，起诉毒品犯罪852人。对暴力伤医零容忍，从严办理裴某堂暴力伤医等伤医、扰医案件，保护医护工作者合法权益。加大惩治安全生产领域犯罪力度，常态化开展“行政执法+检察公益诉讼”联合检查，共同推进安全生产领域依法治理。

（伍林雅）

法　院

【概况】　2021年，南昌市法院围绕“努力让人民群众在每一个司法案件中感受到公平正义”总体要求，聚焦“巩固提升发展首位度，充分彰显省会担当”工作大局，锚定“充分彰显省会担当，争先进位第一方阵”目标任务，积极践行服务大局、司法为民、公正司法，各项工作取得新进展。全年，全市法院受理各类案件153918件（含旧存），审（执）结共146316件，同比分别上升27.9%、24%，法官人均结案352.6件，继续位居全省第一位。其中，南昌市中级人民法院（以下简称市中院）受理各类案件17230件（含旧存），审（执）结16629件，法官人均结案198件，继续位列全省中院第一。全市法院有25个集体和个人获全国青少年维权岗、全国扫黑除恶先进工作者、全国法院先进个人、全国优秀法官等省级以上称号，1篇裁判文书入选全国法院“百篇优秀裁判文书”，7篇论文在全国法院学术讨论会获奖，市中院首次被最高法院授予“组织工作先进奖”。

【刑事案件审判】　2021年，坚持宽严相济刑事政策，审结刑事案件13269件。严厉打击利用邪教组织破坏法律实施等犯罪，捍卫国家政治安全。常态化开展扫黑除恶，审结涉黑涉恶案件27件，判处五年以上有期徒刑52人，重刑率37.68%。维护社会稳定，审结故意杀人、抢劫等严重暴力犯罪案件98件，被告人劳某某、王某某一审被判处死刑。做好禁毒工作，审结毒品犯罪案件627件。依法严惩腐败犯罪，审结职务犯罪案件41件，福建省原副省长张某某当庭认罪悔罪。严格规范刑罚执行，审结减刑、假释、暂予监外执行案件7059件。

【民商事案件审判】　2021年，平等保护民事主体，审结民商事案件83614件。推进繁简分流、速裁快审，简易程序适用率77.59%。保障群众切身利益，审结涉教育、劳动报酬、医疗、住房等民生案件3577件。促进家庭和睦，审结婚姻、赡养、继承等家事案件5512件。南昌县、西湖区法院少年家事审判庭分别获评“全国三八红旗集体”“全国维护妇女儿童权益先进集体”。全面实施城乡居民人身损害赔偿统一标准，审结人身损害赔偿纠纷案件3510件。助力打造内陆双向开放新高地，审结涉外案件91件。坚决维护军队军人军属合法权益，审结涉军案件10件。

【执行难题攻坚】　2021年，努力兑现胜诉权益，执结案件45728件，到位金额116.94亿元。加强执行信息化建设，建立全省首个“互联网+不动产查解封登记”平台，实现不动产查解封登记“一站式办理”。开展网络查控38571次，发起执行委托12621件。着力破解财产变现难，网络拍卖成交金额28.47亿元，为当事人节省佣金9100万元，位居全省第一位。保持强制执行高压态势，向公安机关移送涉“拒执罪”案件59

件，搜查134次，拘留106人次，限制消费30654人次，罚款172.46万元。坚持惩戒失信与褒奖诚信并重，纳入失信被执行人名单18145人次，信用修复13人次。

【审判监督管理】 2021年，强化“四类案件”（涉及群体性纠纷，可能影响社会稳定的；疑难、复杂且在社会上有重大影响的；与本院或者上级法院的类案判决可能发生冲突的；有关单位或者个人反映法官有违法审判行为的）监管平台运用，对2940件案件进行全过程监管。清理长期未结案件74件，12个月以上未结案件同比下降45.68%。常态化开展案件质量评查，集中评查发回重审、重大改判等重点案件210件。出台《司法人员审判权力和责任清单》，规范法官自由裁量权，确保履责有据、行权有度。深入贯彻落实《中华人民共和国监察法》，支持配合监察机关对法院工作人员进行监督。配合检察机关开展诉讼监督，审结抗诉案件59件，共同维护公平正义。充分发挥人民陪审员审判监督作用，人民陪审员参审案件16738件次。

【审判体制改革】 2021年，推进司法体制改革，完善法官员额动态调整和交流退出机制，新遴选员额法官21名，核准退出13名。健全院庭长带头办理重大疑难复杂案件制度，院庭长办结案件98933件，占比67.62%。落实政法干部轮岗交流要求，完成全市法院24名科级领导干部轮岗交流。推动落实司法职业保障，按期晋升法官等级50人。深化阳光司法，推进司法公开，上网公开裁判文书51824份，庭审直播12718场，召开新闻发布会2次，举行“公众开放日”活动15场。加强与代表的联络沟通，邀请代表视察法院、出席会议、旁听庭审、见证执行等530人次。

【智慧法院建设】 2021年，深入推进“收转发e中心”“法官e助理”“审判e管理”“档案e管理”等信息化系统应用，累计流转材料10.23万批次、送达文书57.78万人次、档案电子化300万页。拓展法院“云”应用，跨域立案、网上立案6554件，网上调解1.1万次，网上开庭8372次。市中院获全国法院“数助决策”整体示范应用二等奖。红谷滩区法院运用区块链技术，开启无纸化庭审新模式。南昌高新区法院加强电子卷宗随案同步生成和深度应用，实现电子卷宗“一键归档”。

【助力优化营商环境】 2021年，坚持把优化营商环境作为“一号改革工程”，出台助力优化营商环境规范性文件。市中院牵头的3项营商环境评价指标分别在全省评比中获得第一名。服务供给侧结构性改革，成立全省首家破产审判庭，审结破产案件146件。审结洪航机械厂等9家企业破产清算案，4000余名职工得到妥善安置。凤凰顺羽科技有限公司破产清算案入选全省十大破产审判典型案例。安义县法院出台《与百家重点企业建立长效对接机制实施方案》，为企业提供精准服务。

【“三大攻坚战”取得成果】 2021年，发挥金融法庭跨区域集中管辖优势，审结金融案件21071件，防范化解金融风险。推进巩固拓展脱贫攻坚成果同乡村振兴有效衔接，严惩涉农犯罪，审结土地承包流转等涉农案件59件，派出5名干警驻村帮扶。联合出台《南昌市生态环境领域行政执法与司法衔接工作规程》，构建环境资源保护协调联动机制，审结环资案件110件，郭某等人倾倒污泥污染环境案入选全省十大环境资源审判典型案例。

【创新创业服务】 2021年，优化科技创新法治环境，审结知识产权案件1519件，“CoCo奶茶”商标侵权纠纷案等3件案件入选全省十大知识产权审判典型案例。对接2021世界VR产业大会，协办首届“VR知识产权保护”主题论坛，1篇论文获一等奖。召开知识产权审判工作新闻发布会，发布《南昌知识产权审判白皮书》和十大典型案例。南昌经开区法院与市知识产权保护中心联合出台《知识产权纠纷诉调对接工作机制》，深化知识产权纠纷诉源治理。

【诉事速办】 2021年，围绕“诉事速办”诉讼服务品牌打造，多措并举实现立、审、执全流程提速。创建“诉事速办”诉讼服务通道，建成直通全部业务、直达各个庭室、直连所有法官，集咨询、预约、办事、投诉于一体的直达式服务群众通道。在全省法院率先实施申请执行无须提交生效证明，让申请执行更顺心；通过跨域立案实现线上缴纳上诉费用，让费用缴纳更省心；建立全市法院立案管辖协商机制，让登记立案更舒心。新建区法院推行“周末法院”，提供延时错时诉讼服务，赢得群众好评。

【多元解纷】 2021年，深化诉讼服务体系建设，构建线下诉讼服务大厅与线上“微法院+网上诉讼服务中心+赣法民意中心”立体化诉讼服务网络，打通司法为民“最后一公里”。全市法院集中挂牌成立物业合同纠纷巡回审判点，审结物业纠纷案件8474件，构建和谐物业关系。加强专业法庭建设，青山湖区法院打造南昌交通事故调处“一庭一中心”，跨辖区受理在线调解申请1517起，工作经验在全国法院诉调对接推进会上作介绍。进贤县法院推进医疗器械纠纷速裁，保障常态化疫情防控下医疗器械行业稳健发展。

【权益保障】 2021年，推进《中华人民共和国民法典》学习宣传教育，确保《中华人民共和国民法典》正确实施。付某某侵犯他人名誉权案等2件案件，入选全省法院贯彻实施《中华人民共和国民法典》十大典型案例。青云谱区法院创新"法院+工会+劳动仲裁"模式，将劳动争议纠纷化解阵地前移。东湖区法院强化"法院+医调委"诉调对接，助力医患纠纷快速化解。联合团市委共建全市首个"爱心家园维权工作站"，实现未成年人权益保护全覆盖。依法为当事人缓、减、免交诉讼费202.2万元，让困难群众打得起官司。发放司法救助金700万元，帮助涉诉困难群众摆脱困境。

（钟　婷）

司法行政

【概况】 2021年，南昌市司法局立足"一个统筹"（统筹协调依法治市）、"四大职能"（行政立法、行政执法、刑事执行、公共法律服务）"，坚持以党的政治建设统领司法行政工作，统筹协调全面依法治市工作，推进合法性审查工作，加强行政执法协调监督，深化普法依法治理，提升公共法律服务水平，持续推进法治南昌、法治政府、法治社会一体建设，为全面开启"十四五"新征程，巩固提升发展首位度、充分彰显省会担当，打造更高水平的平安南昌、法治南昌作出应有贡献。围绕加强政治建设、促进正风肃纪、完善执法司法制约监督、提升干警能力素质、推进干部交流轮岗等方面，制定出台32项制度，促进司法工作规范化发展。在全市司法行政系统选树6名"政法英模人物"。12月，获"2016—2020年全国普法工作先进单位"称号。

【法律援助】 2021年，全市法律援助机构共办理法律援助案件3865件（其中刑诉3084件、民诉762件、行政19件），受援人3947人次，帮助困难群众挽回经济损失2630余万元；受理农民工案件713件，受援人715人，为农民工挽回经济损失404.68万元。将劳动保障、婚姻家庭、食品药品、教育医疗、环境保护等与民生紧密相关事项，以及符合条件的司法鉴定援助和公证援助案件等纳入法律援助范围；将涉及农民工和农业生产经营人员切身利益的劳动争议、土地纠纷、养殖种植、环境污染等事项纳入法律援助补充事项范围；加大对农村高龄、失能、失独、空巢老人和留守儿童、事实无人抚养儿童及留守妇女、重度残疾人的援助。推行"优先办、重点办、协作办"工作方法，为老年人、未成年人、残疾人、妇女、农民工等特殊群体开辟法律援助快速通道，实行优先受理、优先审查、优先指派、优先办理。加强与工青妇、残联、民政、人社等部门联系，建立特殊群体法律援助对象信息共享机制，开展"法援惠民生·关爱特殊群体"主题活动。以农民工请求支付劳动报酬、确认劳动关系、工伤赔偿等法律援助为重点，明确根治欠薪的来源和范围，对农民工申请支付劳动报酬、确认劳动关系、工伤赔偿等案件免予审查经济困难状况，开辟农民工维权"绿色通道"，简化申请流程，缩短审批时间，做到"即时申请""即时受理""即时指派"。实行容缺受理、后补办手续，为申请确实存在困难的农民工代为书写申请材料、接收亲属代理申请等优待服务。

【人民调解】 2021年，推动人民调解延伸到医疗、物业等21个领域，打造特色个人工作室86个，行政调解、人民调解各类矛盾纠纷9.6万余件。组织开展"喜迎建党百年 维护和谐稳定"矛盾纠纷排查化解专项行动。1—9月，共排查纠纷3050次，预防纠纷1611起，受理调解纠纷6816件，调解结案6749件，结案率99%。推行人民调解"一次都不跑"服务举措，为行动不便的高龄老人、残疾人、孕妇等特殊困难人群提供电话调解、线上调解、上门调解等多元调解服务方式，提供电话调解71起，线上调解服务16起，上门调解服务156起。加强民商事、劳动争议等矛盾易发、频发领域调解组织建设，指导市工商联成立南昌市总商会人民调解委员会，指导南昌市豫章公证处成立南昌市公证人民调解委员会，指导、推动县区成立青云谱区工会职工纠纷人民调解委员会、进贤县职工维权调解中心、进贤县民商事纠纷人民调解委员会。推进南昌县、安义县、进贤县、东湖区、西湖区、青云谱区、青山湖区成立本级人民调解协会。组织开展一级人民调解员等级评定摸底申报工作，向省人民调解协会推荐报送87名一级人民调解员。加强对知识产权纠纷人民调解工作指导，出台《南昌市知识产权纠纷人民调解委员会人民调解工作暂行规定（试行）》、人民调解员考核相关规定。

【社区矫正】 2021年，社区矫正安置帮教部门新接收社区矫正对象1370人，解除1467人，年末在矫1860人，安置帮教期内刑满释放人员。市、县、乡三级社区矫正委员会和市、县两级社区矫正管理局全面组建成立。开展社区矫正队伍教育整顿，出台《社区矫正工作人员"十不准"》。出台《依法保障民营企业家社区矫正对象正常经营活动的指导意见》，为民营企业家社区矫正对象简化外出申请审批23人次，快速办理外出审批81人次，协助反映经营等方面问题8个。建成覆盖市、县、乡三级远程视频会见点134个，办理远程会见1.96万次，提供便民化远程视频会见服务1725次。完善重点对象监管制度，出台《南昌市社区矫正对象日常管理考核办法（试行）》《南昌市暂予监外执行类社区矫正对象日常监管教育工作制度（试行）》。推动成立全省首家社区矫正专业社会组织——南昌"心安家"司法服务中心。发挥社区矫正信息管理系统及“心岸”手机社矫App的监管教育作用，全市社区矫正对象日常报到指纹签到率保持在98%以上，手机定位率达96%以上。

【全面依法治市工作统筹协调】 2021年，以打造法治江西“首善之区”为目标，制定《市委全面依法治市委员会2021年工作要点》，确定141项具体任务，分别由62个市直部门牵头承办。印发《关于做好2021年南昌市全面依法治市重点任务台账管理的通知》，每2个月通报一次任务完成情况。召开全面依法治市工作推进会，4个协调小组报告工作开展情况，2个县区及2个市直部门进行经验交流。开展“践行习近平法治思想，提升人民群众法治获得感满意度”主题实践活动，明确7个方面19项重点任务，推出法治为民举措565条，实施法治为民项目458项，办理法治为民实事7794项。立足南昌实际，编制《法治南昌建设规划(2021—2025年)》。迎接全面依法治省考评，组织开展全面依法治市年度考评，各项工作取得较好成绩。

【公共法律服务水平提升】 2021年，推动建立南昌市公共法律服务体系建设联席会议制度，组织实施公共法律服务体系标准化规范化建设，南昌市2个公共法律服务中心、2个工作站获评全省首批示范点。开展“公共法律服务便民服务年”“乡村振兴，法治同行”等活动，推出“大咖”律师接听热线助维权等19项便民服务举措。全市公共法律服务热线、实体、网络三大平台共回复和办理群众法律事项146454件，群众满意率99.9%。其中，“12348”公共法律热线平台提供服务88090件，同比增长60.67%，满意率99.84%；实体平台提供服务数据52049件，增长341.88%，满意率99.93%；网络平台提供法律服务数据6315件，满意率99.76%。将劳动争议、土地纠纷、环境污染等事项纳入法律援助补充事项范围，加大对留守妇女和重度残疾人的援助，办理法律援助案件5190件。组织开展“公益法律服务集结号”“传承红色基因，当好人民律师”等活动，全市52家律师事务所与83家商会签订合作框架协议，对130家企业开展“法治体检”，开展法律咨询服务430次，纠纷调解120起。公证机构拓展知识产权保护领域新型公证业务，保障“三限房”(商品房销售价格、销售对象、5年之内不能转让)摇号、民办初中电脑派位摇号等民生项目，办理世界VR产业大会虚拟现实产业创新大赛等现场监督公证。全年办理各类公证事项78122件，收费4106.8万元，分别增长11.4%和19.5%。司法鉴定行业加强司法鉴定制度建设、质量建设、诚信建设、能力建设，全市办理各类司法鉴定业务5.6万余件，业务收费7377万余元。

【安全管理和疫情防控】 2021年，市强戒所建立健全风险隐患排查、安全稳定形势研判、安全管理防控运行等6项机制，完善专业化戒毒医疗、心理矫治、诊断评估等6个中心建设，保障生活卫生服务、警务运行等6个平台运行，推进病残吸毒人员收治中心(专区)建设、应急通道建设、警营文化建设等5项重点工程建设，实现安全管理“六无”(无毒品流入、无戒毒人员脱逃、无戒毒人员非正常死亡、无所内案件、无安全生产事故、无重大疫情发生)和疫情防控“三零”(医务人员零感染、患者家属人员零交叉感染、零投诉纠纷发生)安全目标。

【案件办理】 2021年，受理市本级复议申请461件，审结421件，纠错率50.2%。承办行政应诉案件170件。建立司法机关参与诉前调解工作机制，以调解和解方式化解争议的案件占案件总数的50%以上。

【司法行政改革】 2021年，推进刑辩律师全覆盖，派驻律师提供法律帮助4786人次，参与认罪认罚案件3735件。推进行政复议体制改革，各县区均实现“一级政府只设一个行政复议机关”目标。启动司法所建设等级评定，制定复议工作“十必须、十严禁”规定、执法司法制约监督体系改革实施方案等文件，进一步规范司法行政工作。推进律师行业“放管服”改革，将市属172家律师事务所全部下放至县区属地管理，满足人民群众多层次、多领域、个性化的公共服务需求，更好地服务县区经济社会发展。推进公证机构改革，2家市属公证处合并重组后，业务收入超1770万元。

(解鹏程)

仲裁

【概况】 2021年，南昌仲裁委员会严格按照“完善仲裁制度，提高仲裁公信力”总体要求，推动创新发展，落实规范管理，注重案件质量，提高仲裁效率，切实做好机构建设和质效管理等工作，取得较好成绩。全市仲裁案件主要指标实现较大突破。全年受理各类民商事案件757件，较上年增长15.22%；受案标的额65.39亿元，较上年增长104.38%。办案质效继续保持较高水平。全年办理案件1062件，结案662件。其中，和解调解结案率55.29%，受理案件在审限内结案率98.96%。

【仲裁服务宣传】 2021年，强化与省市相关部门、行业组织、金融机构和律师事务所等单位工作联系，探讨为企业提供仲裁服务有效途径，让仲裁制度充分融入市场经济中。运用新闻媒体，广泛宣传仲裁法律制度。制作南昌仲裁形象宣传片，展示南昌仲裁的过去、现在和未来。通过线上、线下相结合方式，开展“仲裁大讲堂”活动。各仲裁分会和仲裁服务中心发挥熟悉本区域、本行业特点和企业支持配合度高的优势，深入基层，深入一线，有针对性地宣传仲裁法律知识。在部分律所聘任100余名仲裁工作宣传员，借助律师联系顾问单位的优势，宣传和推行仲裁法律制度。在省市重点企业聘任数十名仲裁工作联络员，实时互通企业仲裁需求，及时对接、提供仲裁法律服务。

【仲裁分支机构建立】 2021年，按照在块块（县区、开发区）设立仲裁分会、在条条（商协会等行业）设立仲裁服务中心的发展工作思路，南昌仲裁委员会在全市各县区（开发区）设立豫章仲裁分会、昌南仲裁分会、新建仲裁分会、进贤仲裁分会、安义仲裁分会、青山湖仲裁分会、经开仲裁分会、高新仲裁分会、红谷滩仲裁分会等9个仲裁分会，在省市部分商协会设立江西涉台商事仲裁中心、江西民营企业仲裁服务中心、江西保险行业仲裁服务中心、江西建筑业仲裁服务中心、江西地产业仲裁服务中心、江西城乡建设管理仲裁服务中心、江西融资担保业仲裁服务中心、江西民营投资仲裁服务中心、南昌建筑（装饰）业仲裁服务中心、南昌非公经济仲裁服务中心、南昌商贸业仲裁服务中心等11个仲裁服务中心，实现仲裁发展工作全覆盖。

【仲裁管理制度完善】 2021年，先后对仲裁规则、仲裁档案管理、鉴定机构选定、裁决书核阅等10余项制度进行修订完善，为规范和监督仲裁工作行为，提高办案质量和办案效率，提供制度依据。根据工作需要，制定分支机构财务管理、岗位职责管理、工作人员职业教育管理等制度，各项事务规范、有序、高效运转。至年底，建立修订完善管理制度40余项，初步形成以仲裁业务、行政管理为主要内容的“洪仲制度”体系，基本做到仲裁工作有法可依、行政管理有章可循。

【仲裁队伍建设】 2021年，根据仲裁形势发展和工作需要，增聘部分仲裁员。至年底，第六届南昌仲裁委员会仲裁员增加到441名。仲裁员队伍的专业、学历等结构更趋合理，进一步满足仲裁业务工作需要。先后组织仲裁员、仲裁秘书、仲裁联络员、仲裁宣传员举行2次培训大会，不断提高仲裁队伍的综合素质和仲裁工作水平。与江西财经大学签订“仲裁人才培养合作协议”，制定仲裁秘书学历提升计划，努力改善仲裁秘书知识结构，提高专业水平和业务能力，不断增强南昌仲裁发展后劲。

【劳动人事争议仲裁】 2021年，市人社局全面推进仲裁院标准化、规范化、实体化、信息化建设，不断提升劳动争议调解仲裁效能，打造“四化”仲裁新形象。全年，受理劳动争议案件5188件，同比增长66.64%，仲裁结案率100%。探索建立多元联动的劳动争议调解机制，逐步建立司法调解、人民调解、仲裁调解相结合的劳动争议纠纷联动化解工作模式。与司法部门联动，在市劳动仲裁院设立法律援助室、人民调解室，对劳动争议案件进行案前调解。实行调解优先，劳动仲裁机构将调解贯穿于办案全过程并丰富多种调解手段，探索出实地调解、电话调解、座谈调解、预约调解、委托调解等多种调解方式，调解思路进一步拓宽。至年底，全市受案后调解率85%。发挥劳动争议仲裁与劳动保障监察制度优势，快捷高效处理劳动关系矛盾纠纷，依法维护当事人合法权益。通过切实开展劳动纠纷联调联处，及时做好案件办理工作。坚持首问负责、依法履职、协调合作，全力保障劳动争议仲裁与劳动保障监察协调联动工作开展。通过建立劳动仲裁与劳动监察联动办案机制，更好地发挥仲裁和监察在劳动维权方面的作用。至年底，全市共向社会公布重大劳动保障典型案例7起。

【案件质效管控】 2021年，通过各种形式的培训、交流、学习活动，不断提高仲裁员和仲裁秘书履职能力和业务水平。制定实施《南昌仲裁委员会关于进一步加强仲裁员管理提高仲裁案件办理质效的若干意见》，通过强化阅卷、完善考核机制、改进工作方式等措施，不断提升仲裁员业务水平，提高办案质效。落实仲裁文书四级核阅制度，建立裁决质量风险防控机制。落实审限管理制度，实行“案件进度月报”和“审限预警”机制，对案件实行跟踪管理，严格把控案件审理期限，杜绝无故超审限现象。在仲裁程序推进过程中，落实仲裁员指定、鉴定机构指定和仲裁秘书案件分配摇号等各项制度，最大限度避免人为因素，确保仲裁案件公开、公平、公正。

【《南昌仲裁委员会“十四五”时期仲裁发展规划》编制】 2021年，编制完成《南昌仲裁委员会“十四五”时期仲裁发展规划》，在分析发展的有利条件和不利因素基础上，提出到2025年，实现进位赶超，力争在案件受理数与涉案标的额等方面达到全国仲裁机构工作业绩中上水平，综合实力跻身全国仲裁机构第一方阵，成功打造并打响“有公信力、有影响力、有活力”的“洪仲品牌”。制定《南昌仲裁委员会年度奋斗目标》和“十四五”时期仲裁发展规划目标任务分解表，逐年细化目标任务，量化数据指标，增强规划的可操作性。

（廖田梅）

军 事

南昌警备区

【概况】 2021年，南昌警备区党委突出举旗铸魂、练兵备战、厉行法治、创新驱动、稳中求进，在政治之年、大庆之年的特殊背景下，牢牢扛起把关定向、举旗铸魂的政治担当，思战谋战、主业主抓的使命担当，攻坚克难、滚石上山的责任担当，风清气正、安全发展的底线担当，推进全面建设，呈现出步履坚实、向上向好的良好态势。紧扣庆祝建党百年契机，全面贯彻思想建党、政治建军要求，突出强势领导、示范引领、氛围营造、实践转化，多措并举深入开展党史学习教育，引导官兵在弘扬传统、感悟变化中夯实思想政治根基。开展全民国防教育，持续推进创建国家国防教育示范城工作，参与八一干部学院筹备组建。持续开展净化涉军网络环境专项行动，确保部队高度集中统一和纯洁巩固。全年在省级以上媒体用稿691篇、省军区以上重要信息用稿31条。

【备战打仗能力】 2021年，狠抓战备值班和民事报情制度落实，规范战备等级要素设置，战备秩序得到进一步规范提升。严格按纲施训，落实首长机关训练，推进军事体育训练考核，实现个人军事训练档案全覆盖。推进“智慧动员”系统应用，高标准迎接军委国防动员部主要领导“智慧动员”专题检查调研。开展基地化轮训、实景化演练，实现专武干部、基干民兵训练全要素训练。对接论证“十四五”时期民兵建设任务需求，完成基干民兵、普通民兵编建任务，民兵编组质量进一步提升。训练和民兵工作综合考评全省排第一名，战备工作综合考评全省排第二名。

【国防动员准备】 2021年，坚持聚焦备战打仗完善国防动员体系，调整完善国动委机构设置，修订完善方案计划，组织国防动员潜力数据调查。召开军地需求对接会，推动解决驻军保障需求和问题协调。推动民兵编组企业落实政策保障，市委出台《关于加强新时代民兵工作的实施意见》，建立民兵“编、训、管、用、保”20项政策措施。适应“一年两征”改革形势，拓展运用微信、抖音等新媒体展开宣传，完成年度兵员征集任务，全市征兵“五率”排名全省第二名。

【部队建设】 2021年，紧跟地方区划调整、机构改革和换届选举步伐，军地联合规范调整26个基层武装部，提拔重用专武干部42名、新选拔配备专武干部107名，编发《南昌市党管武装工作法规政策汇编》。全面推进师团两级“四个秩序”规范化建设，持续抓好基层武装部民兵基层建设2个规范落实，提升战备建设水平。持续推动基层武装部规范化建设三年规划落实落地，组织西湖区、青山湖区开展武装部规范化建设试点，完成第二批次考评验收。建立军地联防联控安全管理“三项机制”，全区安全建设发展基础不断夯实。

【练兵备战】 2021年1月5日，新年度开训动员大会在湾里民兵训练基地召开，全区现役干部、文职人员和部分职工参加。采取誓师动员形式，开展训令精神集中学习宣讲。组织开展“学法规、正秩序、强素质、勇担当”练兵备战法规知识竞赛，全市9个县区人武部分别组织代表队参赛。区分军事与政治工作，分别召开重难点问题集中研讨会，集智攻关，破解现实矛盾问题。以遂行应战任务为背景，以体能技能为主要内容，组织开展全区年度首长机关考核，全面检验年度军事训练成效，为进一步提升练兵备战能力奠定基础。

【基层武装建设评价运行机制构建】 2021年，以评价体系促规范抓建，以制度机制促常态抓建，以课题攻关促转型抓建，以综合评价促严实抓建。融合上级政策法规，构建战备工作、军事训练、政治工作、民兵整组、征兵“五率”、后装保障、安全管理等7类基层武装建设评价体系核心指标，拓展信息服务和新闻报道、基层武装部和民兵基层建设、国防动员潜力调查等3类基层武装建设评价体系专项指标。建立“师团两级每月同步大交班、阶段工作季度综合大讲评、重心向下全年末端大督导”工作运行机制。围绕政策制度、基层建设、后装保障等5项民兵重难点问题，探索民兵基地轮训、在岗自训、跨区联训、挂钩训练、联训联演等7项组训新模式。通过考评与帮带相结合、自主与问效相促进、实绩与评先相挂钩，不断激发基层自主抓建活力。

【南昌警备区党委六届五次全体(扩大)会议】 2021年1月22日，南昌警备区党委六届五次全体(扩大)会议召开。会议传达军委国防动员部和省军区党委全体(扩大)会议精神，宣读2020年度表彰通报。南昌警备区政委代表南昌警备区党委常委会向全会作党委工作报告。省委常委、市委书记、警备区党委第一书记吴晓军出席并讲话，充分肯定南昌警备区上一年工作，就抓好全年工作提出明确目标要求。南昌警备区司令员陆建刚出席并讲话。全市各人武部主官、开发区(湾里管理局)武装部部长进行大会发言。会后，围绕如何提升自主抓建能力、推进年度工作落实，分练兵备战和政治工作2个组召开重难点问题研讨会，确保新年度工作起好步开好局。

【南昌警备区党委第一书记任职大会】 2021年8月18日，南昌警备区党委第一书记任职大会召开。省军区政委到南昌警备区宣读第一书记任职通知并颁发任职通知书。省委常委、市委书记、南昌警备区党委第一书记李红军作表态发言。各县(区)党委、开发区(新区)、湾里管理局党工委书记，各县(区)人武部主官和开发区(新区)、湾里管理局武装部部长及南昌警备区机关部分官兵参加会议。

【南昌市民兵工作领导小组会议】 2021年11月17日，南昌市民兵工作领导小组会议召开。会议通报南昌市“十三五”民兵工作情况；传达“十四五”民兵工作规划要求；就南昌警备区起草的南昌市《关于加强新时代民兵工作的意见(征求意见稿)》进行说明，并征求南昌市民兵工作领导小组33家成员单位意见建议。南昌警备区司令员陆建刚出席并讲话，围绕推进民兵建设高质量发展提出具体要求。会上，组织南昌市民兵工作领导小组成员单位有关负责人学习《中华人民共和国国防法》《党管武装工作法规政策汇编》等，着力强化按职抓建、依法抓建责任意识。

【军地“守护戎装”专项行动任务部署会】 2021年12月23日，南昌警备区联合市委网信办、市教育局、市公安局、市文广新旅局、市市场监督局和南昌广播电视台等部门和驻地部队，召开南昌市军地“守护戎装”专项行动任务部署会，成立专项行动机构，建立协作机制，完善对接渠道，部署具体任务。军地“守护戎装”专项行动围绕净化网络环境、整治市场秩序、纠治穿着使用、清查管理漏洞4项重点任务展开工作。开展前期舆论宣传，南昌广播电视台《每日新闻》栏目滚动宣传军地“守护戎装”专项行动情况，营造舆论声势，提高广大群众参与度，产生震慑力。

【解放军代表建言献策】 2021年3月3—6日，南昌市第十五届人民代表大会第七次会议在前湖迎宾馆举行。会议期间，解放军代表坚持着眼推动解决实际问题、助力部队备战打仗，提出随军家属安置不分职级不按年度随到随安、军车免费停放、908医院高压线路改造升级等意见建议。着眼提升法治化水平，提出将《中华人民共和国兵役法》《中华人民共和国国防法》《中华人民共和国军事设施保护法实施办法》《中华人民共和国退役军人保障法》《中华人民共和国国防教育法》等法规和交通、医疗、旅游军人依法优先措施落实情况，纳入到人大专项执法监督检查的范畴，每年开展1至2次专项监督检查，确保法规政策和优待政策落地落实，进一步唱响天下英雄城的“八一品牌”。10月25—28日，南昌市召开第十六届人民代表大会。南昌警备区积极做好解放军和武警部队代表团会议保障任务。大会期间，代表团代表积极履职建言，提出加强学习宣传贯彻国防军事法律法规等6条建言议案。

【市委常委议军会暨全市党管武装工作会议】 2021年12月21日，2021年度市委常委议军会暨全市党管武装工作会议在市委第二会议室召开。会议传达学习中央军委主席习近平关于国防和军队建设重要论述精神，听取各县(区)人武部党委第一书记、开发区(管理局)党工委书记述职，研究审议通过《关于加强新时代民兵工作的实施意见》。省委常委、市委书记、南昌警备区党委第一书记李红军出席并讲话，对各县区领导述职发言进行点评，就做好全市党管武装和国防动员工作提出明确要求。

【基层规范化建设检查考评】 2021年2月2—8日，南昌警备区成立联合检查考评组，开展基层规范化建设第一阶段检查考评工作。从全市8个县(区)、2个开发区(不含红谷滩区、湾里管理局)推荐上报的30%基层单位中，随机挑选基层武装部、民兵营(连)进行检查考评。通过检查考评,进一步摸清全市基层武装部和民兵营(连)建设现状,掌握基层规范化建设推进落实情况,进一步推动全市基层武装部规范化建设工作深入发展。

【党管武装工作考评考核】 2021年,为做好迎接全省党管武装考评工作,南昌警备区认真对照省军区下发的《2020年党管武装工作考评标准》,协调机关各处和地方党委、政府及组织、宣传、财政、民政、人社、退役军人事务、教育等有关部门逐条逐项收集整理工作材料,完善台账资料。南昌市2020年度党管武装工作考评成绩进入全省第一方阵前列。组织开展全市党管武装考核工作,采取自查自评、综合评定、抽查核实相结合的方式,对9个县(区)、2个开发区和湾里管理局党管武装工作进行考核。通过量化评比打分考核,切实发挥考评“指挥棒”作用,进一步增强地方党委、政府落实党管武装工作的责任意识。

【练兵备战工作考核】 2021年7月20—22日,省军区工作组一行8人,对南昌警备区及东湖区、西湖区人武部首长机关训练情况进行抽核,对南昌警备区及南昌县人武部、东湖区人武部进行半年练兵备战工作检查考评。考核顺利完成,得到工作组充分肯定。12月10日、11日,省军区战备建设局局长封晓冰带队一行10人,对南昌警备区及南昌县、青云谱区人武部年度练兵备战工作进行综合考评,对南昌警备区首长机关进行年度训练考核,对南昌县人武部民兵应急连进行“战斗力水平”考核。经考核,全市战备、训练、民兵工作考核成绩均排在全省前列。

【专武干部培训考核和资格认证】 2021年10月14日至11月13日,依托南昌警备区教导队组织开展全市64名新任职的专武干部培训考核及资格认证工作。培训考核内容主要包括单个军人队列动作、教学法、业务理论、基本常识、组织指挥、军事体能技能等。南昌警备区动员处会同市委组织部、市人社局对受训专武干部军事理论、基本技能、业务工作、组织指挥、体能测试、论文答辩6个方面进行资格认证。

【民兵整组工作部署推进】 2021年4月7日,结合军事训练计划会审,开展全市人武部民兵整组工作业务培训。4月9日,参加全省民兵工作会议,同步召开全市民兵工作会议,进一步分析当前民兵工作形势,部署年度工作任务。围绕民兵整组工作任务、方法步骤、标准要求等,军地联合印发《2021年民兵组织整顿工作指示》《2021年民兵军事训练指示》,确保民兵整组各项工作落地落实。严格按照训练大纲规定的课目要求,下发民兵训练规范,明确民兵整组点验“八个步骤”程序方法,细化检验验收标准要求,确保民兵训练和整组点验规范组织、取得实效。

【防汛抗洪准备】 2021年5月17日,省军区副司令员吴学军到南昌重点圩堤进行防汛勘察,南昌警备区陆建刚司令员及相关人员陪同勘察。南昌警备区及时修订下发防汛抗洪应急行动预案,制定防汛抗洪准备10项具体措施,明确巡查处置、抢险突击、机动支援、专业救援4类力量。南昌警备区值班室与市防指值班部门建立通联机制,实时掌握信息,及时研判形势,做好应急响应。指导环鄱阳湖新建区、南昌县、进贤县3个人武部做好防汛抗洪准备工作。

(章亮亮)

武警南昌支队

【概况】 2021年,武警南昌支队深入贯彻落实中央军委和武警部队党委决策部署,按照武警江西总队有关工作要求和建设一支政治坚定、素质过硬、纪律严明、作风朴实的武警部队工作目标,统筹推进疫情防控、防洪抢险、维护社会稳定,支援经济建设和保障人民安居乐业等工作,坚持打基础、全力谋发展、务实解难题,完成年度各项任务,部队呈现稳步推进、向上向好的发展态势。

【练兵比武活动】 2021年2月18日,武警南昌支队举办练兵比武活动。活动主题是“千锤百炼砺虎气、聚焦实战练精兵”。活动中,参赛官兵围绕自动步枪快速射击、5公里武装越野、携枪通过100米障碍等6个竞赛课目展开。为确保竞赛公平公正,赛前统一评分标准,官兵现场抽签,裁判员即时评判,相机全程录像,部分课目智能计时记圈系统,自动生成成绩。最终,3个单位和20余名官兵取得优异成绩,接受表彰。此次活动为新的一年武警官兵继续抓好练兵备战提供了厚实的勇气、底气。

【春运期间执勤】 2021年春运期间,武警南昌支队官兵坚守岗位,做好常态化疫情防控条件下春运执勤安保工作,全力维护春运秩序,确保旅客安全有序出行。因倡导就地过年,春运人流量大幅减少。但受国内国际疫情变化影响,官兵执勤压力有增无减,既要保证旅客平安,也要做好自身防护。担负执勤任务的武警官兵,提前进行风险评估,制定方案预案、开展专勤专训,为平安春运“提速增效”。除火车站、机场等各大交通枢纽外,医院也是人流大量聚集场所。官兵定时前往医院巡逻,维持秩序,确保群众就医安全。

【春节假期旅客安全出行护航】 2021年春节假期结束,旅客踏上返程之路,武警南昌支队为应对客流高峰,合理调配兵力、灵活组织勤务,确保旅客出行安全。官兵主要在南昌各大交通枢纽进站通道和出站通道以及人员密集的区域站岗执勤，帮助旅客更加方便出行。针对节后返程高峰部分时段车次集中、旅客密集的特点，针对性地加强站台、出站通道、地铁入口等区域兵力部署，提高旅客出站速度，为旅客安全出行全力护航。

【防汛综合演练】 2021 年，为应对南昌市 5 月中下旬出现连降暴雨导致洪灾害情况，武警南昌支队某部队官兵在赣江水域开展防风综合演练。此次防风综合演练突出复杂水上救援、冲锋舟编队行进、封堵管涌等重点难点课目，全面检验和提高部队在实战环境下的抢险救援能力，确保遇有情况拉得出、开得动、冲得上，保障人民生命财产安全。

【军民共建协议签署】 2021 年 12 月 17 日，武警南昌支队机动大队与江西中医药大学签署军民共建协议。武警南昌支队大校支队长任吉祥、江西中医药大学党委书记徐兰宾等出席签约仪式。根据协议，双方将结为“双拥共建单位”，在开展国防教育活动、党建团建活动、爱国教育基地、帮助学校建设安全保卫队伍和医疗服务进军营、专业辅导、文艺体育等方面开展合作，加强军地交往，巩固和发展和谐军民关系，实现军地资源互补、优势共享。

（市史志办）

人民防空

【概况】 2021 年，南昌市人民防空办公室（以下简称市“人防办”）深入开展党史学习教育和“转作风、优环境”活动，紧紧围绕“完善国防动员体系，建设强大稳固的现代边海空防”战略目标，坚持以战领建、精准施策、协调推进、固强补弱，做好军事斗争人民防空准备，持续做好人防领域“防疫”及“六稳”“六保”工作，着力建设“五型”政府机关，开拓创新、锐意进取，较好地完成全年各项工作任务。推进事业单位改革，南昌市人防工程维护中心由差额拨款改为全额拨款单位，南昌市 0112 工程管理处与南昌市人防信息指挥保障中心合并为南昌市 0112 工程事务中心。积极回应群众关切，出台南昌人防优化营商环境 14 条措施，方便群众办事。提请市政府研究并出台《南昌市落实〈江西省推进人民防空高质量发展三年行动计划（2020—2022 年）〉的方案》，要求全市各级各单位明确人防发展目标，营造齐心协力共建人防的良好氛围，推进人防事业发展。

【人防规划编制】 2021 年，通过宏观微观两个层面同步推进人防规划落实落细。按照《南昌市国土空间总体规划（2020—2035 年）》要求，同步编制《南昌市城市人防建设专项规划（2020—2035 年）》，保持规划年限、范围、区域划分与《南昌市国土空间总体规划（2020—2035 年）》完全一致，形成初步方案。对市自然资源和规划局项目库中 80 余个地块建设出具人防设施配置意见，并建议列入土地出让条件。

【人防工程建设管理】 2021 年 1 月 1 日起，根据《财政部关于水土保持补偿费等四项非税收入划转税务部门征收的通知》规定，南昌市防空地下室易地建设费划转至税务部门征收。防空地下室审批仍由市行政审批局负责，市人防办负责事中事后管理，并做好人防工程竣工验收备案登记工作。为掌握城区老旧人防工程安全情况，开展全市老旧人防工程全面安全评估工作。南昌轨道交通 4 号线继续按照全线兼顾人防标准建设。7 月 29 日，承办全省人防标识标牌设置工作现场观摩会。与会人员实地观摩南昌地铁国博站和绿地铂瑞酒店人防标识标牌的创新设置。南昌轨道交通兼顾人防标识标牌作为试点样板由省人防办向国家人防办报送。

【人防系统安全生产检查】 2021 年，市人防办严格落实“管行业必须管安全”“管业务必须管安全”“管生产经营必须管安全”要求，结合党史学习教育和“我为群众办实事”活动，扎实开展人防系统安全生产大排查、大整治行动。7 月 30 日，市人防办主要领导率队赴市人防工程直属主干道、维护中心、福州路停车场等地进行实地调研，指导防火、防汛、防疫等安全生产工作。8 月 2 日，市人防办组织召开专题会议，传达省委常委、市委书记李红军在全市安全生产工作视频会议上讲话精神，对全市人防领域安全生产工作形势进行研判分析，部署开展全市人防系统安全大检查工作。加强督导检查，实现拉网式全覆盖。印发《关于全市人防系统开展安全隐患大排查、大整治工作的紧急通知》，要求各办属及责任单位对人防地下商场、早期人防工程进行拉网式安全检查，重点查看是否存在消防安全隐患，消防器材和设施是否到位并完好有效，消防安全措施是否落实等。成立市人防办安全生产大排查大整治工作领导小组及专项工作督查组，开展全市人防领域特别是人防工程安全生产大排查、大整治工作。切实做好包括老旧人防工程在内的安全生产工作，消除隐患，确保安全，为全市经济社会高质量发展提供安全稳定的人防环境。

【人防领域营商环境优化】 2021 年，为全面落实《江西省优化营商环境条例》精神，市人防办不断优化人防政务服务，注重人防工程报备和竣工验收两大重点环节，实施“最多跑一次”改革，兑现限时办结承诺。依据省人防办要求，梳理人防行政权力清单、责任清单,对行政许可、“双随机、一公开”事项、人防工程质量监督等情况,主动在部门网站公开,规范人防执法,方便群众查询。试点开展掌上执法,引入信用权重,对失信者、重点监管对象加大抽查比例和频次,应用“互联网+”营造诚实守信的人防市场环境。

【人防法规宣传教育】 2021年,在“9·18”警报试鸣日选定南昌三中青云谱校区、南昌新四军军部旧址陈列馆等地开展多点位全媒体直播,增强全市人民国防意识。继续做好“5·12”防灾减灾日、“10·31”国防创立日等时间节点的人防宣传“六进”(进机关、进企业、进学校、进社区、进网络、进农村)工作。为庆祝中国共产党成立100周年,市人防办在全市上下集中开展庆祝建党百年系列宣传活动。编撰人防简报和彩刊,宣传党的光辉历程和伟大成就。积极组织县区参加全省人防短视频大赛,全市报送参赛作品8个,有5个作品分别荣获一等奖、二等奖和优秀奖,并获优秀组织奖。相关作品融入网络宣传资源库,为党员教育及人防知识学习提供更多丰富内容。

【以战领建强化训练】 2021年,市人防办承担全省空情演练任务,时刻以备战姿态完成人防指挥通信建设管理。11月中旬,组织全市人防系统开展野外通信通联训练。此次训练科目主要包括运用超短波数字对讲系统进行车辆集结编组、组织短波电台野外快速架设互通互联、5G及卫星图传、无人机飞行及航拍传图等。市人防办所属单位和责任县区做到全装备参训、专精特岗全员参训。累计出动卫星、警报指挥及保障车20批次,各类型单兵、电台、无人机终端超100余次。南昌县人防办、进贤县人防办、新建区人防办各出动1台中型指挥车,携带背负式短波电台(含野外天线及支架)设备参训。通过训练,进一步提升人防业务人员多种类通信通联专业技能,提高人防指挥信息保障的实战能力。

2021年3月1日,关注民防,平安生活——“3.1”国际民防日宣传活动开展
(市人防办　供图)

【国际民防日宣传活动】 2021年,市人防办组织开展以“关注民防,平安生活”为主题的“3·1”国际民防日系列宣传活动,旨在强化公众安全防护意识,提高应对灾害的知识和技能。2月26日至3月1日,通过中国移动向广大市民发送宣传彩信,并通过《江西日报》、南昌广播电视台经济生活频率FM89.7、《南昌晚报》等主流媒体广泛宣传民防知识。同时,充分拓展线上宣传渠道,借助政府网站、微信公众号、城市综合体以及社区大型多媒体等宣传载体,发布和推送相关公益广告和防空防灾知识。3月1日,分别在东湖区公园街道戴家巷社区、西湖区广润门街道惠民门社区及象南广场等地组织开展民防知识现场宣传活动。通过发放“3·1国际民防日”宣传彩页、制作展板等形式讲解民防和人防知识,增强民众国防意识,提高应对各种突发事件能力。同日,各县区人防办通过多种形式开展国际民防日的宣传活动。

(龚　昆)

经济管理

宏观经济调控

【概况】 2021年，南昌市发展和改革委员会（以下简称“市发改委”）紧紧围绕“巩固提升发展首位度，充分彰显省会担当”主要目标，坚持稳中求进工作总基调，完整、准确、全面贯彻新发展理念，深入推进强产业、兴城市、促改革、扩开放、优生态、惠民生等各项发展改革工作，推动经济社会稳步复苏、各项指标运行良好，“六稳”“六保”工作全面落实，产业结构持续优化，改革开放纵深推进，民生保障扎实有力，社会大局和谐稳定，为“十四五”开好局、起好步打下坚实基础。全市GDP迈上六千亿台阶，达到6650.53亿元，首位度为22.5%，较上年提高0.1个百分点；按不变价计算，同比增长8.7%，高于年初提出的8.5%左右的预期目标；两年年均增长6.1%。其中，第一产业增加值238.31亿元，增长7.8%，两年平均增长5%；第二产业增加值3218.1亿元，增长8.3%，两年平均增长6%；第三产业增加值3194.11亿元，增长9.1%，两年平均增长6.2%。

【发展规划编制】 2021年，高质量编制《南昌市国民经济和社会发展第十四个五年规划和二〇三五年远景目标纲要》并正式发布实施。统筹推进专项规划编制，全市“十四五”专项规划共53个。其中，经市政府同意撤销编制规划2个（防震减灾、城市功能品质提升园林绿化建设）；报市“十四五”规划办审核完成的规划48个（其中，32个正式印发实施，11个提请市政府审议）；形成初稿专项规划3个（数字经济、城市消防、巩固脱贫），因客观因素需进一步修改完善。召开“十四五”规划纲要新闻发布会，在《南昌日报》及市发改委官网等平台发布规划宣传文稿15篇，并将所有宣传文稿印刷成册，在市民中心发给办事群众。

【经济运行监测】 2021年，农业生产平稳增长。全市农林牧渔业实现增加值246.16亿元，同比增长7.8%，拉动地区年总值增长0.3个百分点。其中，畜牧业生产持续较快增长，按不变价计算，产值增速达17.2%。工业生产稳中加固。全市全部工业行业实现增加值2307.84亿元，同比增长8.8%，拉动地区年总值增长2.9个百分点；占地区年总值比重为34.7%，较上年提高1.8个百分点，其中，制造业增加值占比为30.1%，提高1.8个百分点。规模以上工业增加值同比增长11.4%。服务业较快增长。全市服务业实现增加值3194.11亿元，同比增长9.1%，增速自2021年以来首次超过第二产业。其中，超过地区年总值增速的行业有4个，分别是住宿和餐饮业、其他营利性服务业、交通运输仓储和邮政业、批发和零售业，增加值增速分别为20.0%、13%、11.7%和11.6%。服务业对经济增长的贡献稳步提升。全市服务业对经济增长的贡献率达51.6%，高于第二产业6.8个百分点；拉动地区年总值增长4.5个百分点，高于第二产业0.6个百分点。其中，贡献率超10%的行业有3个，分别是其他营利性服务业、非营利性服务业、批发和零售业，贡献率分别为10.7%、10.5%和10.4%，合计拉动地区年总值增长2.8个百分点。投资、消费平稳发展。500万元及以上固定资产投资同比增长11.1%，其中，工业投资增长18.7%，房地产投资增长0.4%；社会消费品零售总额总量2878.74亿元，增长17.4%。

【现代产业构建】 2021年，以“链长制”为抓手，切实推进产业基础高级化、产业链现代化。全年，全市规上工业企业完成营业收入7723.86亿元，同比增长20.7%。八大产业运行稳健，全年完成营业收入6227.32亿元，增长21%。工业投资稳中向好，增长18.7%，其中工业技改投资增长23.5%。中国商飞江西生产试飞中心项目阶段性交付使用。江铃小蓝富山新能源汽车生产基地项目全面投产,欣旺达南昌动力电池生产基地、华勤千亿产业基地、济民新药研发生产基地、华润微电子、东方雨虹(江西)生产基地、同兴达精密光电摄像头模组等"5020"项目加快建设。服务业发展后劲增强,全年实现服务业增加值3194.11亿元,增长9.1%。研究编制并发布南昌市第一个中长期服务业总体发展规划《南昌市服务业高质量发展规划(2021—2025年)》,将科技服务业、商务服务业、工业设计、金融服务等生产性服务业作为"十四五"时期全市服务业发展重点领域之一,推动全市服务业全方位发展。总部经济发展取得成效,腾讯安审中心、中盛金融中心、紫光智慧教育全国总部、世纪华通XR研发总部、德勤会计师事务所南昌分所等项目相继落地。农业发展形势良好,粮食生产连续11年稳定在21亿千克以上,"米袋子""菜篮子"量足质优。农业龙头企业发展全省领先,全市国家级龙头企业总数16家,占全省的23.2%,其中千亿元级企业1家、百亿元级企业3家。创建省级以上都市休闲农业品牌101个,其中国家级品牌25个。

【重大重点项目建设】 2021年,在全市收集并遴选2021年市重大重点项目756个,项目总投资15697.58亿元,年度计划投资2145.82亿元。在此基础上,进一步筛选出市"四套班子"领导挂点帮扶的100个市重点推进项目进行重点跟踪调度,总投资4965.98亿元,年度计划投资652.98亿元。深入开展"项目大会战",牵头举办2021年省市县三级联动开工仪式和第三季度、第四季度全市重大项目集中开工活动。通过运用窗口催办、现场督办、进度评办、每月一通报排名等手段,采取日常跟踪督查、不打招呼随机督查等形式开展项目专项督查。编制《2021年南昌市重点推进项目年度推进工作链条图》,梳理项目全年推进工作链条,依照工作链条实行红黄灯预警。全年,共争取到中央、省级预算内资金210676万元,获地方政府专项债发行额度共217.38亿元,获批企业债券44亿元发行额度。

【营商环境提升措施】 2021年,深入开展"转作风、优环境"活动年活动,出台《中共南昌市委关于转作风、优环境的意见》等一系列文件,对营商环境各指标领域、重点改革领域工作进行周密部署。针对南昌市18个营商环境指标领域薄弱环节形成问题清单,制定2021年度优化营商环境294项提升措施。持续推进降成本优环境行动,全面落实国家系列减税降费政策。至年底,南昌市在融资、用能、用工方面分别为企业减负18.67亿元、3.26亿元、26.65亿元。南昌市获评2020年度省级营商环境评价综合排名全省第一名,"南昌市打造'惠企便民'优化营商环境升级版"入选全省"我为群众办实事"三十佳典型案例。打造"信用南昌"品牌,加快推进全市信用体系建设工作,进一步完善政务诚信和商务诚信建设。实施信用分级分类监管,重点领域信用建设规范化水平不断提高。印发联合奖惩措施清单和对象行为清单,守信联合激励和失信联合惩戒工作机制进一步健全。打造南昌市诚信示范街区,深入推进全国文明城市创建为民系列行动。市级公共信用信息二期平台上线试运行,信用建设基础不断夯实。

【区域协同发展】 2021年,制定《南昌市推进江西内陆开放型经济试验区建设行动方案》,推进南昌市先行先试政策实施。出台《南昌市落实〈江西省打造全国构建新发展格局重要战略支点开局起步行动计划〉工作方案》,助推南昌市加速畅通循环,融入新发展格局。协调推进昌景黄铁路、南昌东站站房建设,加快推进昌九高铁、三清山大道对接丰厚一级公路项目、南昌地铁1号线北延至昌北机场、南昌地铁2号线东延至南昌东站工程前期工作。着力建设综合物流大枢纽,精心编制《南昌市陆港型国家物流枢纽建设方案》,推动南昌市入选"十四五"首批国家物流枢纽建设名单。至年底,京东物流、苏宁物流、传化物流等30余家品牌物流企业落户南昌向塘国际陆港新城,建成物流标准仓储面积80万平方米。做强做优大南昌都市圈,牵头起草"强省会"政策,加快推进《大南昌都市圈市域(郊)铁路建设规划(2022—2027年)》编制工作,协助赣江新区建立完善赣江新区、南昌市、九江市三地领导联合挂点工作机制,修订完善《五市一区社会信用体系合作共建框架协议》,建立合作联络机制。开放水平不断提升,举办2021世界VR产业大会云峰会、2021中国航空产业大会暨南昌飞行大会、中国卫星导航年会、上合组织传统医学论坛、中国绿色食品博览会等重大活动,被列为第三轮中欧区域政策合作中方案例地区之一,与广东省7个市签署战略合作框架协议。

【绿色发展】 2021年,高质量完成《南昌市"十四五"生态文明专项规划》编制工作,印发《南昌市2021年绿色发展工作要点》《南昌市贯彻落实〈关于加快建立健全绿色低碳循环发展经济体系的若干措施〉重点举措清单》,推动生态文明建设各项工作落实落细。2020年度全省高质量发展综合绩效考核中,美丽中国"江西样板"建设单项指标考核在全省11个设区市中位列第二名。有序推动碳达峰行动方案编制,对全市在建、拟建、存量"两高"项目进行全面排查,"两高"项目盲目发展得到有效遏制。南昌小蓝经开区成功申报国家县城产业转型升级示范区,南昌高新区国家园区循环化改造试点通过验收，基本完成重点用能单位能耗在线监测系统建设。推进全市塑料污染治理工作，高质量通过国家部委、省有关厅局组织的专项检查。印发《南昌市城镇生活污水处理设施补短板强弱项实施方案》《南昌市生活垃圾分类和处理设施补短板强弱项工作实施方案》，着力补齐污水垃圾领域短板弱项。

【民生保障事业举措】 2021年，深入践行以人民为中心的发展思想，以推进民生重点攻坚项目为抓手，遴选老旧小区改造工程、社区嵌入式养老院建设项目、住宅加装电梯项目等12个民生实事人大票决候选项目，解决群众身边一批急难愁盼问题。减轻市民"菜篮子"负担，在全省率先启动平价商店建设先行先试工作，将此列入民生"菜篮子"工程。至年底，南昌市共有平价商店92家，为市民"菜篮子"减负2.4亿元，较好发挥"稳物价、惠民生"的积极作用。南昌市平价商店建设被国家发改委作为重要民生商品保供稳价典型经验做法向全国予以推介。加强公共产品定价成本监审，开展南昌市五星灌区农业用水定价成本监审、南昌市义务教育阶段学科类校外培训收费等多项成本调查，共核减不应该计入成本的费用7.18亿元。统筹推动教育医疗养老等民生事业发展，推动江西赣洪健康服务发展有限公司入选江西省第二批产教融合型企业建设培育入库名单。推动4家企业入选江西省家政服务业提质扩容省级重点联系企业名单。出台《南昌市支持国家区域医疗中心建设政策清单》，在南昌市打造一批一流国家区域医疗中心。编制《南昌市城企联动普惠养老专项规划（2019—2030年）》，建立和完善政府购买养老服务制度，全面开放养老服务市场，鼓励多种社会化运营模式进入养老服务领域。

【统筹协调疫情防控和经济发展】 2021年，统筹推进疫情防控和经济社会发展，走高质量发展之路，扎实做好"六稳"工作、全面落实"六保"任务，经济发展态势稳中向好。坚持稳中求进工作总基调，注重速度与质量并重、规模与效益并举，经济发展韧性逐步增强，质量效益稳步提升。主要经济指标增速呈现企稳回升态势，多数位于中部省会城市中上游水平。做大做强优势主导产业，紧紧围绕"4+4+X"产业体系，坚持"抓存量、挖增量、提质量"，"一产一策""一企一策"支持主导产业和龙头企业发展，推动全市优势主导产业量质齐升。战略性新兴产业快速发展，电子信息产业势头强劲，总投资超百亿元的华勤千亿产业基地、欣旺达动力电池基地、成烨电子信息新材料产业园、兆驰光电器件及相关配套项目等加快推进。传统优势产业加快转型升级，"机器换人""设备换芯""生产换线"扎实推进，绿色食品、新型材料、现代针纺、机电装备制造等产业技改升级、品牌创建步伐加快，一批"5G+智慧工厂"数字化改造示范项目建设完成，产品特色更加明显、产业链条加快延伸，规模化、集群化发展态势良好。现代服务业稳步复苏，在刺激消费政策推动下，服务业继续保持恢复性增长并展现强劲活力。

（周怡芳　龙雪娇）

自然资源管理

【概况】 2021年，南昌市自然资源局更名为南昌市自然资源和规划局。全市自然资源工作围绕自然资源"两统一"（统一行使全民所有自然资源资产所有者职责，统一行使所有国土空间用途管制和生态保护修复职责）核心职责，聚焦"率先'作示范、勇争先'"的要求和"两个大幅提升"工作目标，做好自然资源开发和保护利用、土地供给和使用管理、地质灾害防治、不动产确权登记、地理信息数据利用等工作，市自然资源和规划局被评为第十六届江西省文明单位，获第一批全国"公共机构水效领跑者"称号。全市自然资源和规划系统被评为"六好党支部"（五星示范点）1个、"五星级党支部"13个、"四星级党支部"19个。

【用地报批供应】 2021年，全市组织上报并通过省级审核用地2260公顷，落实新增用地计划1940公顷。出台《南昌市自然资源局土地征收成片开发方案审查办理指南（试行）》，指导上报并获批成片开发方案16个（总规模3760公顷）。根据房地产市场化形势和调控需要，起草并报请市政府出台《南昌市人民政府办公室关于进一步加强住宅用地供应调控工作的通知》，推行住宅用地"限房价、限地价"出让，探索实施"网上拍卖+随机摇号"复合交易模式。全市供应土地494宗，总面积1968.07公顷。其中，出让土地132宗，面积553公顷，成交价款220亿元；划拨土地362宗，面积1415.07公顷。

【节地增效】 2021年，落实未纳入重点保障项目用地配置计划与处置存量土地挂钩政策，推动全市批而未用土地消化处置。全市消化批而未用土地1570公顷，实时批而未用率22.46%，实时消化周期3年；消化2009—2018年批而未供土地687公顷、2019年以来批而未供土地807公顷，处置闲置土地410.11公顷。成交工业"标准地"28宗、面积162.6公顷，超额完成省自然资源厅下达的按标准地制度供地不低于60%的目标任务。

【基准地价更新】 2021年，在2020年《南昌市城区土地定级成果》及《南昌市城区基准地价更新》成果实施的基础上，经市政府同意公布实施进贤县、安义县、新建区、湾里管理局新一轮城区土地定级与基准地价更新成果。南昌县新一轮基准地价更新正在做前期准备工作。新一轮城镇基准地价包含综合用地定级、商业用地定级、商务金融用地定级、住宅用地定级、工业用地定级、公共服务用地定级等6类定级和商业用地、商务金融用地、住宅用地、工业用地、公共服务用地等5类土地的级别基准地价及配套的宗地地价修正体系。新基准地价的实施,强化政府对城市地价和土地市场的管理,规范土地市场交易行为,促进全市土地市场持续健康发展。根据省自然资源厅统一部署,在市本级范围内组织开展集体建设用地和农用地及国有农用地基准地价制订工作。9月,该项目完成公开招投标工作,技术承担单位开展前期数据收集工作。

【土地利用管理】 2021年,坚持节约集约用地原则,对缺乏明确用地标准和超规模的项目用地开展节地评价工作。先后组织对南昌地铁1号线北延、东延及2号线东延项目、九州高架东延工程(洪都大道—天祥大道)项目用地规模的节地评价,确保项目用地节约集约高效。按照《江西省自然资源厅关于印发江西省全民所有自然资源资产有偿使用制度改革试点方案的通知》要求,稳步推进自然资源有偿使用制度改革,进一步完善全市自然资源资产产权制度。南昌市作为城市地下空间开发利用的试点城市,紧密结合实际,把科学合理开发利用城市地下空间资源工作作为推进自然资源有偿使用制度改革的有力抓手,制定《南昌市地下空间开发利用试点工作方案》,按计划推进。有序开展"南昌市城市地价动态监测数据采集与地价监测点维护"工作,按时上报各季度监测数据。

【土地储备计划管理】 2021年,编制完成《南昌市土地储备三年滚动计划(2021—2023年)》,三年内可收储的土地规模约为1670公顷。建立健全储备土地全生命周期"1+N"管理体系("1"即以"储备土地全生命周期管理办法"为总纲,"N"即按照精细化管理的要求出台"N"个管理办法及规范性文件),加强全流程规范化管理。全年,累计收储土地438.82公顷,其中市本级收储土地149.76公顷,筹集到位各类资金202.92亿元,实际支付各类资金153.42亿元。

【矿产资源保护与开发利用】 2021年,组织开展砖瓦企业专项整治、矿山开发整治专项行动等清理整顿工作,对不达标矿山企业全部关闭。至年底。全市持证矿山数量由"十三五"初期的198家减少至9家。自然资源和规划、生态环境、水利、农业农村、应急管理、林业等6部门联合开展矿山生态环境问题大排查大整治专项行动,排查涉及矿山生态环境问题170个,完成整改169个,整改到位率99.4%。组织编制《南昌市矿产资源总体规划(2021—2025年)》,报省自然资源厅审核。开展绿色矿山建设,全市完成1家绿色矿山省级核查验收,完成59个项目压覆矿查询、3个项目压覆矿产资源储量评审备案和1宗采矿权延续审批。按照自然资源部要求,组织开展2021年度矿产资源储量年报和登记统计工作,完成全市矿产资源国情调查工作。

【自然资源依法行政】 2021年,全市立案查处土地违法违规案件89宗(其中市本级46宗),立案面积456.37公顷。其中,耕地面积175.26公顷,收缴罚没款4293.4万元(市本级4137.7万元)。办理涉法涉诉案件42宗,同比减少8.7%;回复行政复议7宗,减少12.5%;受理群众来信来访290件,增长14.5%;市本级接待群众来信来访117批次、347人次,增长14.7%,逐一按时依法妥善办结。接受涉黑涉恶问题线索4件,处置完成3件。

【不动产登记服务】 2021年,拓展延伸"互联网+不动产登记",实现首次登记、变更登记、更正登记、注销登记、抵押登记等网上办理。在全省率先实现由"人工审核"向"智能审核"的转型,抵押登记、商品房分户转移登记"秒办",不动产转移登记与水电气过户由"一站式办结"到"一窗办结"的转变,"互联网+查解封登记"一次不跑。实现不动产登记信息查询、抵押登记等事项"跨省通办",二手房转移登记等12项业务"全城通办"。稳妥推进农村房地一体确权登记发证,全市共调查宗地650715宗、房屋907088栋,调查总面积7680公顷,符合登记发证条件395870宗,完成登簿数372488宗,占应发证数的94%。全市项目调查成果和数据库成果通过省级验收,安义县登记发证成果通过省级验收。规范推进农村土地承包经营权登记成果资料移交,全市农经权登记成果资料共移交2.6万份,其中纸质档案1.2万余份、电子档案1.4万余份,占应移交数的70%。推进自然资源统一确权登记工作,起草并报请市政府出台《南昌市自然资源统一确权登记工作方案》,配合省自然资源厅完成对梅岭国家森林公园、潦河、赣江、锦江、抚河干流自然资源所有权调查,面向社会发布首次登记通告。

【自然资源创新改革】 2021年,全面完成市自然资源和规划局机关和派出机构名称变更及相关职责划入划出工作,基本完成全市自然资源和规划系统事业单位机构改革,部门运转有序。挂牌成立全省首个诉源治理办公室,推行行政争议在诉前调解结案。该创新举措得到省高院和省委政法委的关注,在省电视台和《自然资源报》等省部级媒体相继报道。城镇全覆盖地籍调查示范项目通过自然资源部验收，完成红谷滩区辖 164.7 平方千米范围内 5628 宗土地、6090 栋楼、29 万余户房屋的地籍调查，366 宗不动产单元代码的编制，初步建立以不动产单元代码贯穿土地管理全生命周期的工作机制。推进自然资源资产清查和平衡表编制试点，开展自然资源资产清查价格体系（国家级）建设数据资料收集工作，完成 2019 年度自然资源资产平衡表编制和自然资源资产实物量清查工作。实施自然资源资产有偿使用制度改革试点，做好城市地下空间开发利用试点工作，起草并报请市政府出台《南昌市地下空间开发利用试点工作方案》。

【自然资源信息数据利用】 2021 年，南昌市第三次全国国土调查工作完成，报请市政府同意，向社会公布主要数据成果。南昌市地理信息公共服务平台通过自然资源部组织的验收，建成一套汇聚地上地下、二三维一体化、多种类、多时态的时空数据库，开发多版本、多服务方式的地理信息公共服务平台，实现地理信息服务从文件服务到平台服务的升级，为市政数局、市公安局、市生态环境局等政府部门的 30 个信息系统提供在线式地理信息服务。建立南昌市自然资源和规划综合管理服务门户和三大中心，完善南昌市自然资源和规划“一张图”（南昌市自然资源和规划资源“一张图”是基础地理、遥感监测、土地利用现状、基本农田、国土空间规划和社会经济等多源信息的集合，与自然资源的“批、供、用、补、查、登”和规划许可等行政管理数据的叠加，构建统一的国土空间监管展示分析系统）核心数据库，实现与省自然资源厅“一张图”信息共享。全面完成项目约定的 1400 平方千米多要素城市地质调查，提交地下空间资源评价、应急水源地规划和特色土地资源调查等成果。

（胡云霞）

公共资源交易管理

【概况】 2021 年度，南昌市公共资源交易市场入场交易项目 9664 宗，总成交金额 1398 亿元。南昌市多措并举，全面优化公共资源交易市场发展环境。市本级共废止 8 项已失效或与现行法律法规相抵触的招投标制度规则，保留 16 项，修订完善 2 项。全面清理废止县区级招投标制度文件。积极推广远程异地不见面评标系统。全年，南昌市公共资源交易中心作为主场开展 90 场次、作为副场开展 13 场次远程异地评标活动。

【公共交易电子化】 2021 年，全面推进应用电子保函，公共资源交易金融服务系统在南昌市开出 72624 单电子投标保函，为 1.2 万余家企业提供平台服务，为企业释放资金约 188.75 亿元。规范小额工程交易，实现全程网办不见面交易。全面推进公共资源交易全流程电子化，交易信息全网公开，进一步精简优化交易流程，实施监管靠前服务，政策咨询上门服务，取消部分交易前置条件，有效应对疫情冲击，有力支持南昌市社会经济发展。

【规范小额工程交易】 2021 年，进一步规范小额工程交易，优化网上交易平台系统。以建立完善南昌市小额工程网上交易平台为主要抓手，在全国范围内首创提出规范小额工程交易管理工作思路，经过一年运行，成效显著。项目建设过程中严格按照基本建设程序及重大项目备案报告制度，于 1 月 25 日通过终验专家组验收后，经过工程结算和财务决算审计，项目核定总投资概算 345.84 万元，项目支出 303.88 万元，至年底，已支付合同款项286.68万元，尚未支出项目有 5% 的质保金 13.2 万元和等保测评合同款 4 万元。全面对接城市大脑，实现数据共建共享。8 月 1 日，完成与南昌市电子政务共享数据统一交换平台数据共享对接工作，实现南昌市小额工程网上交易信息数据 16 个关键字段数据信息全市政务共享。9 月 23 日，完成与南昌城市大脑对接工作，通过城市大脑可直接访问南昌市小额工程网上交易系统，实现快速一键登录。11 月 15 日，完成与南昌市指挥中心调度平台对接工作，实现在南昌市指挥中心调度平台点击南昌市小额工程网上交易系统 Logo 实现单点登录至南昌市小额工程网上交易系统。

【公共资源交易投诉处理工作规范】 2021 年，为进一步优化南昌市公共资源交易领域营商环境，畅通投诉受理渠道，规范投诉处理程序，根据《中华人民共和国招标投标法》《中华人民共和国政府采购法》《工程建设项目招标投标活动投诉处理办法》等法律、法规、规章，结合实际，在征询相关部门意见、建议基础上，起草《关于进一步规范公共资源交易投诉处理工作的通知》，印发给各县（区）发改委、开发区经发局、各市场交易主体，要求各县区、开发区参照此通知，结合实际，遵照实行。

（市发改委）

国有资产监督管理

【概况】 2021 年，南昌市国有资产监督管理委员会（以下简称“市国资委”）贯彻落实市委、市政府决策部署，聚焦“作示范、勇争先”，迎难而上、敢于担当、善于作为，各项工作取得新成效。江西国控汽车公司贯彻落实市委、市政府决策部署，配合推进江铃控股有限公司重组工作。6 月 22 日，江西国控、长安汽车、江铃集团举行有关江铃控股合资合作协议签约仪式。市政公用集团、南昌城投集团、南昌轨道交通集团、南昌水投公司加快推进实施重大重点项目建设,南昌地铁4号线、真君路隧道等一批重大项目建成投入使用。赣抚尾闾综合整治、九龙大桥、西二环高速公路等一大批重点项目加快推进。南昌旅游集团绳金塔历史文化街区项目、南昌国资产业集团江纺历史文化街区项目稳步推进。市城规总院贯彻落实市委、市政府关于规范政府投资类项目管理和杜绝过度设计等系列要求,及时提供技术支撑服务。至年底,市国资委监管企业资产总额6674.7亿元,同比增长9.7%,净资产总额2268.7亿元,增长5.9%。全年,出资监管企业累计实现营业收入1945.7亿元,增长13.5%,实现利润总额74.1亿元,增长11.2%,已交税费总额88亿元,增长32.7%。江铃集团、市政公用集团继续入围中国企业500强,分别位居2021年度榜单230位、367位。江铃集团营收再跨1000亿元台阶,全年整车销量突破40万辆。

2021年6月22日,江西国控、长安汽车、江铃集团有关江铃控股合资合作协议签约仪式举行

(市国资委 供图)

【国企改革】 2021年,在全省率先印发《南昌市国企改革三年攻坚行动方案(2020—2022年)》,制定印发《南昌市国资委系统国企改革三年攻坚行动重点任务清单》,全面推动国企改革三年攻坚行动任务落地落实。至年底,任务清单中的21项重点改革任务综合完成率接近90%。在2021年度全省国资国企改革创新工作推进会上,南昌市作为唯一设区市代表作大会交流发言。推进国有企业混合所有制改革,以市政建设等8户企业入围全省"百户国企混改攻坚行动"企业为抓手,全面探索在市国资委系统二、三级企业中实施混合所有制改革。至年底,8户入围企业全部完成混改工作。市国资委系统国有企业整体混改率68.6%。

【国企管理】 2021年,按照国务院国资委、省国企改革领导小组要求,要求出资监管企业制定方案、确定目标,积极稳妥、有序地开展各项对标任务。至年底,9家监管企业均完成既定对标任务。在开展对标世界一流管理提升专项行动中,江铃集团获国务院国资委授予的"标杆企业"荣誉称号。出资监管企业积极推行市场化用工机制,按照公平、公正、竞争、择优的原则实行市场化招聘。全年,出资监管企业公开招聘人员2374人,新进员工2374人,公开招聘人数占新进员工的比例达到100%。严格按照党中央、国务院和省委、省政府及市委、市政府的决策部署,以试点为突破,推进全市国有企业经理层任期制和契约化管理工作。至年底,旅游集团、轨道集团水投公司全部完成所属企业经理层任期制和契约化管理签订工作,江铃集团集团完成比例超90%。实施多元化中长期激励,着力打造"事业共建、价值共创、利益共享、风险共担"的激励约束机制,持续激发核心骨干队伍的积极性、主动性、创造性,全面激发企业内生动力。洪城环境实施限制性股票激励计划,市政建设、南昌对外工程有限公司等企业开展员工持股,有效激发企业内生动力,取得较好效果。

【企业董事会建设】 2021年,着力于企业董事会应建尽建、配齐建强、董事会中外部董事原则上占多数,推进企业董事会建设。至年底,市属9户一级出资监管企业集团全部实现董事会应建尽建,二级及以下子企业建立董事会的企业户数为376户,应建尽建比例100%。一级及下属各级子企业已建立董事会的企业中,实现外部董事占多数的企业户数占应实现外部董事占多数企业户数的比例达85%。市属9户一级企业集团及36户重要子企业全部制定党委前置研究讨论重大经营管理事项清单。

表8 南昌市国资委出资监管企业情况一览表

单位:亿元

序号	公司名称	成立年份	主营业务	主要下属企业	2021年资产总额	2021年营业收入
1	南昌工业控股集团有限公司	2008	国内贸易、资产经营管理;房地产开发、建筑工程,经济技术开发及咨询;技术转让	南昌国资创业投资管理有限公司、南昌市国金工业投资有限公司、南昌金泰国资管理有限公司、江西工控商贸发展有限公司、南昌市国资置业有限公司、南昌三建建设集团有限公司等140家	719.72	72.05
2	南昌市政公用投资控股有限责任公司	2002	管理运营本企业资产及股份、投资兴办实业、国内贸易、物业管理、自有房租赁、房地产开发、园林景观绿化及开发、环保工程、市政工程;信息及技术咨询服务	江西南昌公共交通运输集团有限责任公司、南昌水业集团有限责任公司(江西洪城水业股份有限公司)、江西长运集团有限公司(江西长运股份有限公司)、南昌市政公用房地产集团有限公司、南昌市政投资集团有限公司、南昌市政公用工程项目管理有限公司等355家	1582.94	563.07
3	南昌城市建设投资发展有限公司	2002	城市基础设施项目的建设、管理、经营,项目投资咨询、策划及可行性研究,城市综合开发(含房地产开发),房屋室内外装修;房屋租赁;资产经营与管理;计算机软硬件的设计、制作;国内贸易;餐饮服务;酒店管理	南昌高速公路有限公司、南昌城投资产管理有限公司、南昌城投置业有限公司、南昌城建集团有限公司等42家	1320.85	16.18
4	江西南昌旅游集团有限公司	2002	资产经营、旅游资源及旅游景区的开发、房地产开发、旅游咨询服务、代订火车票、国内贸易;设计、发布、代理、制作国内各类广告;自有房屋租赁;旅游业务;住宿服务、粮油仓储服务、仓储设备租赁服务;道路旅客运输经营;国内水路旅客运输;进出口代理;各类工程建设活动;物业管理、企业管理	江西南旅文化产业集团有限公司、江西南旅粮食产业集团有限公司、南昌物资集团有限公司等244家	133.23	75.88
5	南昌轨道交通集团有限公司	2008	负责轨道交通项目的工程投资、建设、工程咨询、设计、负责轨道交通的营运;负责轨道交通的通信及其他特许经营权的经营;负责轨道交通项目周边相关资产经营管理;负责轨道交通项目的投资融资业务;负责设计制作代理发布国内各类广告;房地产开发;房地产经纪;物业管理;城市公共交通运输;餐饮服务;预包装食品销售;房屋租赁;负责国内贸易;自营和代理各类商品及技术的进出口业务	南昌轨道交通集团有限公司地铁项目管理分公司、南昌轨道交通集团有限公司运营分公司、南昌轨道交通地产开发有限公司、南昌轨道交通资产经营有限公司等18家	1060.69	35.10

续表8

序号	公司名称	成立年份	主营业务	主要下属企业	2021年资产总额	2021年营业收入
6	江西国控汽车投资有限公司	2019	汽车及相关产业投资、管理及服务；新能源汽车及汽车零部件的技术开发、技术转让、技术咨询、技术服务；物业管理；企业管理服务；企业形象及产品形象策划；设计、制作、发布、代理国内各类广告；会展服务；汽车新车销售；新能源汽车整车销售；汽车租赁；汽车旧车销售，道路机动车辆生产，国内贸易代理，非居住房地产租赁	江铃汽车股份有限公司、江西五十铃汽车有限公司、江西江铃集团新能源汽车有限公司、江铃汽车集团财务有限公司、江西江铃房地产股份有限公司等107家	755.33	675.59
7	南昌国资产业经营集团有限公司	2013	资产管理；实业投资、投资项目管理；投资咨询服务、企业管理咨询服务；城乡基础设施开发、建设、经营、管理；房地产开发、经营；物业管理；自有房屋租赁；仓储；建材销售	江西华源江纺有限公司、江西锅炉化工石油机械联合有限责任公司、江西耐火材料有限责任公司、江西省物资储运有限责任公司等52家	219.96	44.27
8	南昌水利投资发展有限公司	2006	水利建设和城市基础设施项目的建设、管理、经营；项目投资咨询策划及可行性研究；城市综合开发、旅游开发；房地产开发与经营；房屋室内外装修；资产经营管理；广告设计、制作、发布；国内贸易；财务咨询、企业管理咨询服务	南昌水投项目管理集团有限公司、南昌南水投资有限公司、南昌水天投资集团有限公司（浙江富春江环保热电股份有限公司）、南昌市第八建筑工程有限公司等103家	689.25	112.28
9	南昌市城市规划设计研究总院	1993	城市规划设计、市政工程设计、工业与民用设计、技术服务、技术开发、技术咨询、技术转让、技术协作；工程监理；工程勘察；地理信息系统工程；工程测量；不动产测绘；摄影测量与遥感；地图编制；大地测量	南昌市测绘勘察研究院有限公司、南昌市市政工程设计研究院有限公司、南昌市昌城施工图设计审查中心、南昌昌城科技有限公司等	12.93	4.78

（资料来源：市国资委）

【国资监管方式优化】 2021年，在国资监管体制方面，实现国资国企由分口管理向统一管理转变。南昌市明确由一位市领导统一分管国资国企，进一步理顺管理体制。开展市直党政机关、事业单位经营性资产摸底、清理工作。可划转的70家企业总资产59.05亿元，总负债48.41亿元，净资产10.64亿元；在职职工总人数2807人，离退休总人数5262人；总房产面积55.58万平方米，土地面积54.47公顷，农垦用地面积5686.67公顷。组织开展企业投资项目后评价等工作。部署推进国资国企在线监管系统建设，逐步建立和完善市属国资国企横向到边、纵向到底的信息化监管体系，促进形成上下联动的信息化监管格局。

【企业经营能力增强】 2021年，南昌工业控股集团有限公司产业投资实力不断壮大，新设立南昌市产业发展母基金，参与组建产业基金11支，落地产业基金4支，规模86.7亿元；向南昌市电子信息龙头企业提供纾困支持，联合央企收购上市公司控股股东诚志科融100%股权；与君和资本、中金资本、中信证券等专业机构开展战略合作；建立投资决策咨询专家库机制；投资的长远锂科、百胜智能陆续上市，取得较好浮盈；投资的浙江万凯获准上市。资产运营成效显现，产业园区工作重心从项目建设向招商运营转变，建立园区数字化招商中心，运用虚拟现实技术提供园区全方位实景展示；引进深圳华讯方舟、赣粤高速工程、嘉瑶恒科技等知名企业入驻，租售去化近20万平方米；太酷云介、驭世界、520文创园开园运营，引进星巴克、ESMI酒吧等一批知名商户入驻；新南昌建材大市场一期招商签约率超50%。金融服务功能完善，新设保理公司，形成"1+7"产业金融服务体系，实现营业收入21.87亿元、利润总额2.67亿元，服务企业2242家；实现担保业务规模718.69亿元，其中非融担保业务规模位居全省前列；收回滕王阁基金投资9.74亿元；投放纾困帮扶转贷资金38亿元。建设开发步伐不断加快，三建、建工不断优化"建筑+投资"模式，新签合同额66.79亿元，建安总产值40.41亿元，承揽鄱阳文和里文旅生态城、昆明雍景园等项目；置业公司走出去合作开发湖北阳新天骄、天樾等项目，在南昌自主开发项目江岸嘉苑、九湾华苑实现开盘预售。综合融资能力不断增强，融资额度更高、利率更低、结构更优，全年获取融资总额度232.1亿元，同比增长超100%。全年新增融资利率较AAA评级前下降96基点，直接融资成本再创新低，中长期融资占比超75%，直接融资占比41.27%，分别上升2.3%、3.94%。

【治理能力提升】 2021年，南昌工业控股集团有限公司治理架构逐步健全，完善"三会一层"议事规则和权限清单，着重优化集团监事会组织架构和管理体系。实施集团本部机构改革，强化人力资源、招投标、风险管控、督查督办等职能，调整改革办、棚改指挥部、薪酬委员会、投资风控评审委员会等议事协调机构，修订完善规章制度42项。精简留守企业，将28家留守企业按区域整合成8个管理处，清理退休返聘人员83名，留守企业管理单元更加精干高效。人事管理逐步强化，完善员工招聘与特殊人才引进管理办法等制度，引进各类专业人才82人（包括4名所属企业高管），内部竞聘交流7人；开发人力资源线上功能模块，人事信息统计实现正常化、数字化；与31家经营型企业班子成员签订任期制和契约化"两书一协议"；引入全国知名第三方咨询机构深化薪酬制度改革。授权管理逐步清晰，完成对工控担保、工控供应链等9家经营型企业在绩效考核、投融资等方面的授权管理；完成对工控企管在留守企业人财物管理方面的全面授权，工控企管职责定位更加明晰，一体化管理功能进一步发挥；完成集团本部各部门的权责清单梳理。风险管控逐步夯实，优化风控评审工作制度和流程，对17个投资项目进行风控评审，完善项目投资风控措施；制定合同审核、法律顾问制度；制定审计整改管理办法，修订内部审计制度，推动直属企业内审工作全面开展，全年实施内审项目32个，落实内审发现问题的整改；实现市审计局审计整改21项任务全部销号。信息化建设逐步深化，办公自动化系统、经济运行数据智能分析系统、财务管理系统正式运行，建立人力资源、经济运行、资金、资产、投资等基础性数据报表系统，实现系统内企业全覆盖，夯实集团数字化转型基础。

【民生服务保障】 2021年，南昌工业控股集团有限公司民生保障更加坚实，筹措资金7.86亿元用于清欠职工社保、支付特殊群体政策待遇等费用，其中集中清缴集体企业职工养老保险历史欠费4.76亿元，在册职工社保全部纳入国家社保体系；完成南柴、防爆、防水棚改项目竣工备案和分房工作，完成链条、油化棚改项目拆迁征收安置；完成剩余9户改制企业的32个生活区住房维修资金账户转移工作，社会化管理职能实现应交尽交；继续巩固进贤县架桥镇土坊村脱贫成果，对14个产业扶贫种植大棚进行转产升级。

（王春梅　付金平）

财　政

【概况】 2021年，南昌市财政局紧紧围绕"率先'作示范、勇争先'，再展英雄城雄姿，续写新的时代荣光"的更高要求，瞄准"两个大幅提升"工作目标，对标对表"六个尽显"具体任务，攻坚克难、担当实干，财政运行平稳有序，各项财政事业良好发展。全年，全市地方一般公共预算收入完成484.8亿元，同口径增长10%。其中税收占比达71.1%，高出全省平均水平2.5个百分点，位列全省一类设区市第一名。全市地方一般公共预算支出完成870亿元，同口径增长15.5%，位列全省各设区市第一名。市财政局继续保留"全国文明单位"荣誉称号，并先后获"全省政府系统'五型'政府建设先进集体""全省脱贫攻坚先进集体""全省财政系统信息宣传工作优秀单位""全省中小企业创新创业大赛优秀组织奖""全市市直单位绩效考核经济类第一名"等省、市荣誉20余项。

【财政收支统筹协调】 2021年，以综合治税为抓手，从"制度保障、数据共享、问题导向"3个层面发力，着力消除"房地市场持续低迷、减税降费深入推进、驻昌大户大幅减收、全省财政体制调整"等4个方面刚性减收因素，强化统筹协调，提前完成收入目标。成立综合治税小组，更新财税银企综合治税平台，深化数据共享机制，强化源头控税，夯实征收责任。省财政体制调整后，南昌财政收入在全省首位度仍逐季上扬，从一季度的16.2%上升至全年的

17.2%。继续实施更加积极的财政政策，全力保障重大民生政策落实和重点项目支出，确保经济运行在合理区间，有力推动经济恢复和社会稳定。

【财政政策扶持兑现】 2021年，贯彻新发展理念，打好财政政策“组合拳”，全力推动高质量跨越式发展。加大财政资金整合力度，扶持企业做大做强，全年累计拨付制造业扶持专项资金10.5亿元，支持电子信息、生物医药、纺织服装、汽车、航空等产业发展。实施创新驱动发展战略，全年拨付市级科技发展专项资金5.4亿元。做大做强产业投融资平台，一次性注入资本金40亿元。全年，全市完成“财园信贷通”放贷总额63.2亿元，惠及企业1199户次，有效缓解中小微企业融资难题。贯彻“转作风、优环境”活动年要求，牵头开展市本级涉企资金政策清理兑现工作，清理出相关政策133条。聚力优化人才发展环境，计划三年内筹集50亿元资金池实施英雄城聚才计划。全年，拨付市级人才发展专项资金等各类人才资金15.7亿元，累计兑现落户奖励和生活补贴9.2亿元。

【支持城市建设发展】 2021年，继续做好“筹资、理财、融资”等方面工作，全力支持全市重大重点项目建设。安排重大重点项目资金86亿元，加快昌景黄铁路、南昌高铁东站、昌九高铁及南昌地铁1号线北延、东延和南昌地铁2号线东延等工程建设。在注重债券项目谋划基础上，强化与省财政厅汇报沟通，南昌市获得新增地方政府债务限额250亿元，主要用于保障轨道交通基础设施、卫生健康社会事业、生态环保和棚户区改造等重点领域。与财政部直属事业单位——中国财政科学研究院共同打造南昌政府和社会资本合作创新中心，发挥PPP模式杠杆作用，引入社会资本支持经济发展。至年底，全市入库项目共29个，投资规模约321.8亿元，引入社会资本约318亿元。紧紧围绕重大重点项目建设，积极开展财政投资评审，全年完成评审项目234个，送审金额380.4亿元，审减率15.3%，节省项目建设资金58.1亿元。

【财力优先集中民生】 2021年，坚持财力优先向民生集中，全市民生类支出累计完成726.4亿元，占全市支出比重83.5%，比上年同期提高3个百分点。实行财政支出“十严控”（严控一般性支出、严控“三公”经费、严控人员经费、严控资产管理、严控节会庆典、严控预算追加、严控专项资金管理、严控财政资金审批、严控结余结转资金、严控财政支出事项）措施，累计盘活约257.5亿元财政存量资金，用政府的“紧日子”换来百姓的“好日子”。贯彻落实“双减”政策，促进义务教育均衡化发展，市本级拨付教育经费支出26.4亿元。落实疫情防控经费保障，拨付全市新冠疫情防控经费5亿元，从医保基金预付新冠疫苗和接种费用4.06亿元，持续巩固疫情防控成果。累计拨付老旧小区改造中央补助资金15.5亿元，中心城区棚户区改造资金6.9亿元，公共租赁住房补贴0.76亿元，用于支持保障性安居工程建设。在试点区域开展老年人助餐服务和家庭养老照护服务，获得中央财政下达的补助资金，补助规模位列全国第三，是全省唯一获此支持的设区市。创新财政支农机制，加快推进巩固拓展脱贫攻坚成果同乡村振兴有效衔接，累计下达中央、省级及市本级衔接推进乡村振兴补助资金1.8亿元。在全省率先实施城乡低保统一标准和城乡特困人员供养统一标准，累计下达社会救助资金5.6亿元，惠及困难群众12万人次。

【南昌市财政公共服务中心挂牌成立】 2021年，按照《南昌市深化事业单位改革试点实施方案》要求，组建南昌市财政公共服务中心，为市财政局管理的公益一类全额拨款事业单位，机构规格为副县级。7月15日，南昌市财政公共服务中心挂牌成立。市委常委、副市长肖云为南昌市财政公共服务中心揭牌。市政府副秘书长、办公室主任王耀，市财政局党组书记、局长万昱原，市财政局党组成员、南昌政府和社会资

2021年7月15日，南昌市财政公共服务中心揭牌

（市财政局 供图）

本合作创新中心主任涂晓晖，市财政公共服务中心班子成员参加揭牌仪式。南昌市财政公共服务中心主要职能：承担财政数据资料的收集和整理、财政网络安全、数字财政建设和维护等事务性工作；承担市财政绩效评价管理的行政辅助工作，参与市级部门预算的编制、批复和信息公开等工作；承担市本级社会保险基金收支管理和预决算编制、审核的行政辅助工作；承担市本级投（融）资财政基本建设项目的会计委派和工程预算、竣工结算、财务决算评审的行政辅助工作；承担集中管理的市直行政事业单位资产处置、出租出借、评估和资产运营等事务性工作；承担财政票据及非税收入征缴的行政辅助工作；承担全市协税护税、税源分析等事务性工作；承担全市会计高端人才选拔、培养，会计人员继续教育、注册会计师行业党建等事务性工作。

【财税体制改革】 2021年，瞄准制约高质量发展的重点难点堵点，持续深化财税体制改革，财政治理水平稳步提高。加快完善预算管理体系，作为先行试点地市，率先上线运行预算管理一体化系统，数字财政信息化建设水平有效提高。全面启动账户体系改革，调整全市其他资金管理模式，国库资金管理效率持续提升。稳步推进非税票据改革，积极实施财政票据和非税收入收缴电子一体化管理改革，实现教育缴费、医疗收费、交通罚款等非税收缴"掌上办"。防范化解隐性债务风险，建立隐性债务化解数据核查和政府平台公司债务风险核查2项长效机制，坚决杜绝虚假化债、数字化债情况发生。开展资产专项清查，深入开展市级行政事业单位资产清理盘活工作，全力摸清资产底数，盘活国有资产。严肃查处设立和变相设立"小金库"行为，进一步加强财务管理，严肃财经纪律。优化政府采购营商环境，持续开展政府采购意向公开工作，大力推进非招标项目全流程电子化，支持中小企业参与政府采购活动。创新预算绩效管理模式，搭建市直部门绩效联动机制，建立健全绩效评价业务标准体系，初步实现绩效目标管理全面覆盖。

表9　2020—2021年南昌市财政收入和支出一览表

指标	2020（亿元）	2021（亿元）	2021年比上年增长（%）
地方一般公共预算收入	483.86	484.84	10.0
其中，税收收入	370.23	344.50	5.3
其中，增值税	135.67	123.72	21.1
地方一般公共预算支出	838.17	870.01	3.8
其中，一般公共服务	76.87	70.86	-7.8
教育	135.11	138.05	2.2
科学技术	37.22	45.86	23.2
文化旅游体育与传媒	11.52	11.85	2.8
社会保障和就业	62.20	72.91	17.2
卫生健康	93.32	84.21	-9.8
城乡社区事务	155.65	143.35	-7.9
农林水事务	62.22	63.52	2.1

说明：2021年地方一般公共预算收入增速为同口径增速

（资料来源：市财政局）（刘兆奇）

税　务

【概况】 2021年，南昌市税务系统全面深化"放管服"改革，落实减税降费政策，优化税收营商环境，促进高质量发展。开展"转作风、优环境"活动年系列活动和"大调研、大整改、大督查、大落实"专项行动，进一步提升办税服务水平。落实首问责任、限时办结、一次性告知和提示提醒等制度，实现90%以上涉税事项网上"一次办"。打造5G智慧自助办税服务厅，推行微电子交互平台，实现手机App端、微信公众号、赣服通等"移动化"办税缴费和远程

“一键呼叫”实时回应。推出“容缺受理”和网上“一次办”服务清单,明确办税事项和要求。政务服务“好差评”中“好评率”95%以上。在全国纳税人满意度调查中,南昌市排名省会城市第四位,较2020年上升19位。在全省2020年营商环境评价中,南昌“纳税指标”蝉联全省第一名。全年,征收各项税收853.42亿元,比上年增长5.3%;社保基金收入328.03亿元,非税和其他收入43.09亿元,办理出口退税67.39亿元。市税务局获“全国青年文明号”“江西省五一劳动奖状”“全省政府系统‘五型’政府建设先进集体”等荣誉。

【税收政策落实】 2021年,持续落实税收优惠政策,为77825户增值税小规模纳税人减免增值税22.96亿元;为运输重点物资、公共交通、生活服务和快递收派等企业免征增值税5316.15万元;电影行业免税603.40万元。减免企业所得税158.05亿元,减免个人所得税50.74亿元。完成卷烟消费税计税价格信息采集和白酒消费税最低计税价格核定工作,对801户次电池、涂料类企业减免消费税2106.6万元。落实机动车“一车一票”制,对申报车辆购置税价格偏低等异常情况开展核查,对14024辆新能源汽车免征车辆购置税2.37亿元。为1421户企业落实研发费用加计扣除金额51.77亿元,确保企业应享尽享税收政策红利。

【“两费”划转征收】 2021年1月1日起,根据财政部印发《关于水土保持补偿费等四项非税收入划转税务部门征收的通知》精神,南昌市“两费”(水土保持补偿费、防空地下室易地建设费)正式划转税务部门征收。市税务局与市财政、自然资源、城管等部门建立“两费”划转工作协调机制,及时解决划转征收问题。加强相关政策宣传和业务辅导,让缴费人知政策、会操作,推动“两费”划转征收顺利进行。全年,征收水土保持补偿费5194万元、防空地下室易地建设费31267万元。

【纳税信用管理】 2021年,开展2020年度企业纳税信用评价,评出A级纳税人11889户、同比增长33.2%。落实纳税信用补复评与修复机制,辅导涉税违法企业纠正失信行为,重塑纳税信用,提升税法遵从度。全市修复信用升级5万余户次。其中,1683户升级为A级纳税人,646户摆脱D级。建立纳税信用档案,将信用A级、重大违法、非正常户、欠税和行政处罚等记录进档。向南昌市公共信用信息平台、信用中国(南昌)网站推送9997条A级纳税人红名单、80条重大违法黑名单、2.59万条行政许可和270条行政处罚等信用信息,推动纳税信用融入社会信用体系,联合实施守信激励、失信惩戒。依托“税银互动”服务平台共享纳税信用评级信息,支持诚信纳税企业优先获得银税贷,体现纳税信用有价值。

【税费服务提升】 2021年,提升税费服务水平,推出13类42项140条便民服务再提升措施。增设发票配送中心,全市“网上申领、免费邮寄”提速至0.5天送达。推行出口退税电子化,退税时长压缩至5.5个工作日。推行财产和行为类税“十税合一”申报、主税附加税一体化申报,报送资料精简50%,表证单书精简20%,办税时长压缩近40%,年均纳税次数降至6次。实施“审批事项前移”改革,拓展便利注销等15项重点服务和网上“一次办”事项清单,获“全省税务系统纳税服务创新项目一等奖”。

【出口退(免)税服务】 2021年,与市投资促进局联合开展专项调研,推动跨境电商“阳光化”和“无票免税”等政策落实。支持全市海关特殊监管区域发展升级和南昌综合保税区增值税一般纳税人试点获国家税务总局批复且正式落地。联合江西省口岸贸易促进中心等单位为全市200余户外贸企业举办出口退税政策、国际贸易“单一窗口”国家标准版出口退税申报功能和出口退税申报系统操作培训。辅导出口企业健全风险防控机制,提高出口退税申报、审批、退库“网上一次办”通过率。全年,办理出口退税67.39亿元,助力外贸企业加快发展。

【税务稽查积案清理】 2021年,成立税务稽查积案清理工作组,实行领导督战、责任到人、限时完成,开展全市税务稽查积案清理工作。梳理积案来源和所处环节,建立积案清理台账,加强与银行、市场监管和公安等部门协作,形成执法合力。将积案分为检查取证难、审理定性难、查结执行难3类,找准问题根源,专家团队商研,依法精准施策。全年,全市清理积案471件,清缴税款1.89亿元。为防范税收流失风险,营造公平公正的税收经济秩序,全市税务系统依法在税务门户网站和南昌政务公开平台等分层级发布“欠税公告”2802户次,公告欠税金额37.98亿元。其中,市级公告338户次,金额35.21亿元;县级公告2464户次,金额2.77亿元。通过采取催缴、公告、公示、限供发票等措施,清缴欠税共27.83亿元。

【税收风险监控】 2021年,利用税收征管系统、税收大数据智慧服务平台和税收风险监控平台,实施税收风险动态监控和全流程一体化管理,构建精准识别、扎口推送、规范应对、及时反馈和考核评价的全方位闭环管理体系,掌握区域、行业、企业税收风险情况,推进“以票管税”向“以数治税”和智能化分类精准监管与服务转变。全年,下发110批次涉及虚开发票、落实政策、未办登记和出口退税等风险任务信息4027条，查补税款2.62亿元；推送221户增值税异常扣税凭证6373份；接收风险任务信息622条，涉及438户异常凭证8039份；接收和发起跨区域风险协作任务信息共613条；对本地251户“千户集团”企业开展风险应对，追缴税款1.16亿元。

【部门联动协作】 2021年，拓展“联合办公+数据共享”模式，打通部门间数据壁垒，避免多次跑、多头找。市税务、房管、不动产登记部门实时共享房地产合同备案、家庭住房套次等关键信息，拓展“赣税行”功能，实现“PC+移动”的不动产交易“一网通办”。在全市各房地产交易大厅实行税费“一窗受理、并行办理”，在各政务服务中心实行缴费业务和社保（医保）经办业务“一厅联办”。同市中级法院建立破产企业涉税事项处置协作机制，共堵税收漏洞。同市市场监督管理局建立股权查询及沟通机制，解决被执行人难找、财产线索难寻等问题。推出“银税互动”服务平台银税贷，支持945户诚信纳税小微企业贷款8.53亿元，破解融资难题。

【税收宣传月活动】 2021年4月，围绕“税收惠民办实事，深化改革开新局”主题，举办全市第30个全国税收宣传月系列活动。邀请市“五型”政府建设监督员、纳税人代表、中央驻赣及省、市主流媒体记者等40余人参加活动启动仪式。利用门户网站、电子税务局和纳税人学堂等开展线上线下相结合的税法宣传、培训和税企座谈会24场次，走访企业1.68万户。做客凤凰网江西频道“在线访谈”节目，同网友互动。推出13个方面42项140条便民服务措施，制发税务宣传品73240份。录制纳税辅导课程供全国纳税人网上学习。制作“图说”“动漫”税务宣传作品在微信公众号中开展20期税收政策辅导，让广大纳税人缴费人知晓、会用便民惠民税收政策措施。

2021年4月1日，市税务局开展“第30个税收宣传月”启动仪式暨办税大体验活动

（帅雪琴　供图）

【预约定价政策宣讲】 2021年4月26日，市税务局、市投资促进局联合举办“预约定价安排，实现税企共赢”政策宣讲活动，邀请“引进来”和“走出去”企业代表40余人参加。税务专家就出口产品预约定价政策进行详细讲解，并现场解答有关问题。通过视频连线，与会人员分享某外商独资企业预约定价谈签的成功经验，以及预约定价在稳定预期、促进出口和公平税收等方面成效。此次政策宣讲，有利于企业用好用足税收政策减轻外贸压力，解决国际税收争端和争取公平税收待遇。

【智慧办税大体验活动】 2021年，首次向社会公开招募“纳税服务体验官”，在全省第一个24小时无人值守的5G智慧办税服务厅组织56场智慧办税大体验活动，1535名纳税人代表参加。体验官现场体验人脸无感识别、VRM可视远程连线、智能导税办税、云桌面和VR等智慧办税新产品，微信预约、一键帮助、无音叫号、自助办理、待办提醒和误填提示拦截等智能化新服务，零距离、全流程了解智慧办税服务“台前幕后”，感受便民服务“云”升级新变化，对“三个自动”（自动识别、自动计算和自动生成申报信息）和“三个无须”（享受优惠政策无须审批流程、无须核查手续和无须证明资料）倍感便捷。

【民营企业涉税服务中心成立】 2021年6月17日，为探索支持民营企业发展新模式，市税务局和市工商联在南昌非公有制企业维权服务中心联合成立南昌市民营企业涉税服务中心。市政协副主席、市工商联主席熊志刚，市税务局党委书记、局长龚云斌，以及20余名商会会员代表等出席揭牌仪式。正式启动助力小微企业发展的“春雨润苗”专项行动，免费为民营企业提供涉税政策咨询、培训辅导、风险预警和银税贷等服务，推动减税降费直达快享，助力企业做优做大做强。市税务局、市工商联获评“江西省服务非公有制经济发展先进单位”。

【“税收惠企办实事直通车”进企业】 2021年4月，市税务局同有关县区（分）局联合举办“税收惠企办实事直通车”进企业活动。“直通车”先后开进用友产业园(南昌)基地和江铃新能源公司等企业。税收服务团队为200余户企业财务人员现场解答涉税问题165个,发放《企业税收政策汇编》等资料300余份。举办“企业所得税汇算清缴及最新税收优惠政策讲解”和“增值税电子专用发票相关政策及解读”等业务培训班,就“加速折旧”“税收抵免”“留抵退税”等业务重点辅导。“直通车”畅通个性化服务,助力企业用好用足税收优惠政策,把握政策机遇,实现高质量发展。

【微电子交互平台推广】 2021年,向广大纳税人、缴费人推广基于实名办税系统、电子税务局和微信服务号搭建的数字税务智慧平台——江西税务微电子交互平台,让纳税人缴费人轻松体验平台“五大中心”(用户中心、互动中心、消息中心、办税中心、公众服务中心)的互动服务。实现用户微信精准接收税费政策、服务措施和待办提醒等信息,并可选用智能机器人、人工咨询、在线留言和临时通话等税企互动方式,随时办税缴费、开具完税证明和跨区域报验等69项业务,全天候享受掌上“服务五化”(办税缴费“移动化”、政策推送“精准化”、税企交流“互动化”和涉税提醒“自动化”)。

【“双随机、一公开”实施】 2021年,实施“随机抽取检查对象、随机选派执法检查人员和抽查检查结果向社会公开”制度,动态更新“重点税务稽查对象名录库”“税务稽查执法检查人员名录库”。采取辅导自查和重点检查相结合方式,为企业提供查前纠错途径,对高风险企业和疑点问题实施实地核查或异地协查。分批对省级111户、市级33户重点对象实施“双随机、一公开”,企业自查补税9779万元,稽查立案29户,查补税款8126.01万元。

【追缴企业税款】 2021年,依托《多边税收征管互助公约》及双边税收协定,通过国际税收专项情报交换机制获得某科技有限公司向新加坡关联方支付劳务费用的相关信息。经对情报数据进行分析和调查取证,依法确定该公司向境外关联方支付的亚太服务费不符合独立交易原则,对该公司2011—2020年相关费用作出纳税调整,追缴税款537.34万元。该案是南昌市税务局首次利用国际税收专项情报交换机制成功实现反避税的典型案例,有效防范跨国公司通过集团内部费用支出导致税基侵蚀与利润转移风险,避免国家税收流失。通过涉税大数据分析和历时9个月的核查、取证、磋商,依法对某美资公司间接股权转让价格作出特别纳税调整,将该公司申报合同价7.52亿元上调为12.42亿元,调增其应纳税所得额,追缴企业所得税8284万元。

【“打虚打骗”专项行动】 2021年,按照“打团伙、抓重点、全链条打击”要求,对“三假”(假企业、假出口、假申报)和涉税高风险行业、区域分批开展打击虚开发票和骗取出口退税专项行动,推动“双打”从集中整治向常态化打击和精准化治理转变。全年,查处涉税违法举报156件,委托、受托协查3657起,稽查立案282户,认定虚开发票1.23万份、金额32.98亿元,推送涉税违法“黑名单”90户,移送公安机关57户,查办医疗器械“820专案”“虚开机动车销售发票专案”等大要案,共查补税款7.62亿元。市税务稽查局被评为“江西省四部门打击虚开违法犯罪两年专项行动先进集体”“全市扫黑除恶专项斗争优秀集体”。

【进贤县医疗器械行业专项整治】 2021年8月30日开始,抽调100余人次组成专项工作组,历时3个月分3个阶段对进贤县医疗器械行业税收开展专项整治。对未按照规定建账,财务核算不规范的2411户企业开展辅导式约谈自查,采集各种数据400余万条,掌握企业法定代表人、办公场所、银行账户和身份存疑等各类信息6463条,收回存疑发票1260份,挽回税收损失3000余万元。构建涉税风险分析模型,对“利用未开票收入恶意调节税率”等12项风险指标开展二次分析和企业风险全面识别。对29户风险较大企业开展全面应对,12户企业移送税务稽查,17户企业补税3839.51万元。

(程应运)

金融监管

【概况】 2021年,江西银保监局引领银行保险机构持续有效扩大金融供给,打造普惠金融样板,推动绿色金融发展。强化风险防控和乱象整治,保护消费者合法权益。开展金融服务乡村振兴创新示范区创建,全力支持南昌重大基础设施建设、产业转型升级、赣江新区绿色金融发展、红谷滩金融商务区建设,为南昌经济高质量发展提供强劲金融支撑。至年底,南昌市银行业各项贷款余额1.77万亿元,保险业保费收入252亿元,银行业保险业累计实现净利润173.1亿元。全市有证券公司2家,证券分公司41家,证券营业部91家,全年累计证券交易金额46898.51亿元;有期货公司1家,期货分支机构30家,代理成交金额46032.39亿元,同比增长30.55%。

【绿色金融发展】 2021年,着力推动绿色金融发展,继续开展绿色信贷考核评价,制定《江西保险业加快发展绿色保险的指导意见》,在全国率先开展绿色保险统计,督促引导银行保险机构加快推进绿色金融改革创新,不断扩大绿色金融供给。支持培育绿色专营机构,推进绿色金融改革创新。南昌设立绿色金融中心1家,累计评选赣江新区绿色分(支)行共14家。赣江新区绿色分(支)行成为全省绿色金融改革创新的先行者、专业绿色金融服务的引领者,积累一批可复制、可推广、可借鉴的经验做法。因地制宜开展绿色金融产品创新,先后推出绿色节能贷、节能技改贷、污染处理收费权质押贷款、绿票融、银租通等一批特色绿色金融产品,有效提升绿色金融供给能力。

【普惠金融样板打造】 2021年,制定《江西银行保险业2021年普惠金融行动方案》,进一步构建普惠金融工作大格局。继续推进普惠金融服务中心创建,努力把普惠金融服务中心建成政策宣传传导中心、借贷主体信用信息中心、信贷业务撮合中心、信贷增信中心、金融知识培训与咨询中心,着力打造"一站式"金融服务平台。至年底,南昌市建成普惠金融服务中心2个,累计发放贷款4.66亿元。开展小微企业金融服务监管评价,坚持按月监测、按季通报、按年考核,推动完善"敢贷愿贷"机制。至年底,南昌普惠型小微企业贷款余额1254.41亿元,较年初增长30.03%,高于各项贷款增速20.33个百分点;贷款户数14.66万户,较年初增加1.5万户;新发放普惠型小微企业贷款平均利率5.59%,同比下降0.3个百分点。

【乡村振兴金融服务】 2021年,制定《关于支持省级乡村振兴重点帮扶县的实施意见》,开展金融服务乡村振兴创新示范区创建,积极探索巩固脱贫攻坚成果与乡村振兴的有效途径。至年底,南昌市涉农贷款余额3124.08亿元,较年初增长8.3%;脱贫人口小额信贷累计发放2.76亿元、1.02万户。持续推进农业保险"扩面、提标、增品",农业保费收入1.97亿元,为全市34.67万户次参保农户提供50.91亿元风险保障。

【消费者合法权益保护】 2021年,坚持带着感情和责任做好消保工作,召开全省消费者权益保护工作会议,强化市场行为监管,严厉打击侵害消费者权益行为,推动建立健全投诉处理机制,完善合规管理体系,进一步压紧压实银行保险机构主体责任,保护消费者合法权益。开展金融知识宣传教育,提升涉老服务水平,及时发布消费者风险提示。加快纠纷多元化解机制建设。督促寿险销售落实对所有一年期以上人身险产品销售实施录音录像"双录"制度,进一步规范业内保险销售人员销售行为,防范销售风险,真正落实"保险姓保"理念。全年,"12378"热线接听来电满意度99.48%。

【金融风险防范处置】 2021年,始终牢记"有风险没有及时发现就是失职、发现风险没有及时提示和处置就是渎职",按照"稳定大局、统筹协调、分类施策、精准拆弹"总体思路,统筹推进风险防控和处置,着力构建常态长效机制,进一步巩固和拓展防范处置金融风险成果。紧盯风险防范处置目标,坚决扛起监管责任,坚持把监管资源向法人监管倾斜,凝聚风险防控处置合力。坚持综合施策、标本兼治,持续整治市场乱象,重拳出击违法违规行为。积极配合参与打击非法金融、电信诈骗活动和整治网贷平台活动,再次获全国扫黑除恶专项斗争先进单位荣誉称号。

【外汇管理改革】 2021年,解决涉外主体需求,实现有效扩容增量,贸易外汇收支便利化扩大至全省6个地区,新增15家试点银行、企业,涵盖货物贸易及服务贸易。全市办理贸易外汇收支便利化业务63.19亿美元,增长4.2倍;资本项目收支便利化业务7.96亿美元,增长近29倍,业务占比率位居全国前列。推进"我为群众办实事",解决"一带一路"企业境外账户开立、跨国公司经常项目集中收付、重疾险赔偿入账等30余项实际难题,得到市场主体高度肯定。引导企业通过跨境金融区块链服务平台、境外发债等方式融资。至年底,全市企业通过平台融资3.85亿美元,境外发债募集资金3.59亿美元。推进汇率风险中性管理,开展汇率避险"首办户"拓展专项行动,试点设立汇率避险财政奖励专项资金,支持中小微企业开展汇率避险。至年底,南昌市外汇衍生产品履约额增长93.25%,中小微企业占全部签约企业比例达67%。

【外汇业务管理】 2021年,推进国际收支统计与存量权益登记工作,统计数据差错率实现连续多年下降,境外投资企业登记率97%。推广税务备案网上核验系统,便利银行快速办理核验业务,有效节省企业时间成本和脚底成本。至年底,累计办理核验业务316笔,惠及137家企业,付汇金额6.25亿美元。优化外商直接投资企业环境,全面落实准入前国民待遇加负面清单管理,外商直接投资企业资本金实际流入5.73亿美元。优化政务服务网上办理,梳理实施行政许可办理标准化流程,助力落实全省"一网通办",全市行政许可业务网上办理比率67.91%。运用"好差评"功能接受市场主体监督,外汇业务办理满意率100%。

【外汇风险防控】 2021年,完善跨境资金流动风险监测分析、会商评估和处置管理机制,建立集指标监测、问题排查与定量预测为一体的系统化监测分析模式,定期跟踪监测变动较大企业,有针对性开展专项核查和随机抽查,降级或注销问题企业63家。实时动态监测九鼎集团、新力地产等6个集团及全国地方国企等重要性机构外汇风险,发现关注问题20余项。搭建非现场线索智能筛查体系,有效提升非现场精准打击能力,相关经验材料在全国推广。按照中央决策部署要求,查处虚拟货币交易外汇违规、虚假出口骗退税、虚拟招商引资等大案要案。联合公安部门破获南昌“7·9网络赌博案”，就赌博资金链追踪分析和涉汇违规行为查处进行深度协作。

【市场主体监管加强】 2021年，加强上市公司分类监管、精准监管。坚持以信息披露为核心的监管理念，依托监管“大数据”，深挖细究，增强分析的准确性。紧盯股票质押、财务舞弊、资金占用、违规担保、商誉减值、异地迁址等风险领域，将监管资源向重点公司和重点领域倾斜。突出合规稳健，加强证券期货基金经营机构监管。贯彻落实《健全证券期货基金经营机构治理的工作方案》，督促相关机构加强内控合规管理。严把高管人员“入口关”，强化法人证券公司合规总监、首席风险官定期约谈，督促合规总监履职尽责，持续传导监管压力。持续关注辖区期货公司内控及治理情况，对公司风控体系开展专业化评估，压实大股东职责，督促公司管理层平稳过渡。发挥私募产业园统一管理作用，规范对来赣注册异地经营私募机构登记管理。寓监管于服务，促进其他市场主体规范发展。持续推进新三板挂牌公司治理专项活动，建立公司治理监管档案。对新挂牌公司开展“监管第一课”培训，提高挂牌公司合规意识。组织开展新增债券发行人自查，指导企业主动规范整改推动提升辖区债券市场规范水平。召开辅导监管会议，加大非现场督导力度，引导发行人及辅导机构及早适应注册制改革要求。严格备案管理，做实全面检查，督促审计评估机构履职尽责，优化执业生态。

【市场风险防范化解】 2021年，多方式、多渠道做好上市公司、新三板挂牌公司、债券发行人风险画像。定期调整风险分类，建立每日监测、每周更新、每月报送的股票质押风险监测常态化机制。加强监管协作，保持风险意识，一司一策，强化与地方政府风险通报，严防输入性风险。建立债券风险预排查机制，逐月滚动式监测分析，及时研判、动态把握债券风险，妥善化解个案风险。强化证券期货经营机构及私募机构风险监测。以问题为导向，开展法人证券公司债券业务、两融业务、标准化票据业务、业绩对赌等10项专项风险排查，摸清风险底数，排查风险隐患。强化对期货居间业务监管，对居间业务情况和合规管控情况进行摸排和评估，提出明确监管要求，对违规问题采取行政监管措施，推动完成整改。全面深入开展私募基金风险排查，推进私募基金风险分类整治。

【投资者合法权益保护】 2021年，打击违法违规行为和非法活动，保护投资者合法权益。推进健全完善全市打击证券违法活动工作机制，与市中级人民法院签署合作备忘录，建立协作机制。深化与公安司法部门协作，在线索研判、案件侦办、性质认定、联合宣传、行刑衔接等方面密切配合，打击证券期货违法犯罪活动取得成效。开展场外配资平台专项清理排查，彻底摸清平台实况，逐一分类妥善清理，及时通报风险。以“3·15”消费者权益保护日、“5·15”打击防范经济犯罪宣传日（投资者保护宣传日）、“12·4”宪法宣传日等契机，在遵守疫情防控政策前提下，通过线上、线下相结合形式，有针对性地开展一系列宣传活动，普及证券期货相关知识，提高投资者风险防范意识。制作场外配资、非法荐股、股市黑嘴3部原创短视频投教产品，组织辖区各类市场主体及投教基地充分利用“两微一端”、营业场所、进高校、进社区、健康跑等形式，广泛开展各类防非宣传教育。

（何凤远　柳　翠　胡文静）

审　计

【概况】 2021年，南昌市审计局以《南昌市审计监督全覆盖五年规划（2021—2025年）》为纲，科学谋划审计项目计划，推进审计工作深入发展。组织开展优化政务服务、打造诚信政府、服务企业发展、提高审计质量、增强干部素质、提升工作作风六大专项行动，对接全市任务清单，将任务细化为43项具体任务，建立任务推进表，明确时间节点，确保任务保质保量完成。至年底，市本级完成审计项目48个，查出违规金额32960万元、损失浪费金额1536万元、管理不规范金额215.68亿元，上缴财政45035万元，向纪检监察机关等移送处理事项32起，移送处理人员73人，提交审计专题、综合性报告和信息被批示、采用共70篇。市审计局连续四届获评全省文明单位，在全市绩效、节能、综治、依法治市、部门决算等工作中获评先进单位。在宜春市高安市和九江市柴桑区开展的2个经济发展环境专项审计调查项目获评全省审计机关优秀审计项目。

【市委审计委员会决策部署落实】 2021年，根据全市经济发展态势，科学分析审计形势，及时向市委审计委员会提出全年工作设想计划。按照市委对审计工作的集中统一领导，立足全市工作大局，明确年度审计项目计划。结合全市工作重点，及时向市委审计委员会报告预算执行审计情况，并对审计工作计划进行调整，得到市委审计委员会认可。及时向市委审计委员会报告重大审计事项，全年共上报审计专报5期，均获市委、市政府主要领导批示。加强对县（区）党委审计委员会办公室业务指导，各县区审计委员会各项工作稳步推进。推动全市重点部门、单位成立审计委员会8家，更好地适应审计工作发展需要。至年底，全市共有审计委员会108家，其中市本级57家、县区51家，逐步构建集中统一、全面覆盖、权威高效的审计监督体系。

【城市建设等重点投资项目审计】2021年，重点关注“六稳”“六保”及保障和改善民生等方面政策落实情况，揭示医疗服务、新农村建设、拖欠工程款、税收征管等方面问题。对市城市管理局建设项目、市残疾人康复就业体训中心项目、沿江中南大道工程项目和花博园（含梅湖水系截污工程）等重点投资项目进行审计，重点关注概算控制意识不强、“三重一大”决策程序缺失、规避招投标、“招小建大”、管理监督职能缺位等方面情况，移送问题线索2起。

【优化营商环境审计】 2021年，开展南昌市公职人员违规经商办企业专项审计调查，成立以市审计局主要领导任组长的专项审计调查领导小组，抽调审计业务骨干、数据人员、法规人员组成审计专班，历时3个半月，运用大数据审计技术，在省审计厅支持下，与市纪检、组织、编办、财政、国资、市场监督管理等相关部门沟通配合，将公职人员13.15万人纳入排查范围，共采集数据400余万条，呈报3期简报均获得省委常委、市委书记李红军和市长万广明的批示，进一步促进规范全市公职人员从政、从业行为。开展南昌县、新建区地方政府专项债券资金审计，重点关注2018年至2021年6月底的专项债券资金管理、使用、发挥绩效及还本付息情况，提出完善政府专项债券资金管理、科学谋划专项债券申报发行、规范专项债券项目建设手续等建议。开展类金融企业审计，完成市江铃鼎盛、市政投资和市企业转贷金融服务有限公司3家类金融企业的审计调查，重点关注国有资产经营管理、改革政策落实、企业负担等方面情况，揭示减税降费政策落实不到位等影响企业高质量发展的问题和风险隐患。开展新能源汽车推广应用资金专项审计，揭示新能源汽车停车优惠政策推进缓慢、充电站点运营维系困难、电费补贴政策兑现条款不明确及补贴覆盖面不广、新能源数据平台建设不完善等问题。从贯彻“节能环保”理念、落实“数字智慧”工作、完善“政策体系”建设等方面，有针对性提出4条审计建议，促进新能源汽车健康快速发展、服务企业减负，工作信息被《今日南昌》《每日要情》采用。开展南昌经济技术开发区财政财务收支审计，聚焦招商引资政策落地等情况，推动南昌市发展内陆开放型经济。巩固经济发展环境审计成果，对宜春市、九江市6个县（区）经济发展结构进行研判，查出主要问题金额137.5亿元，向纪检监察等部门移送处理事项31起，移送处理人员70人。

【市本级一级预算单位审计调查】2021年，首次对市本级一级预算单位实施审计全覆盖，采取“电子数据全覆盖审计+疑点核查”方式，顺着市本级一级预算单位预、决算主线，围绕一级预算单位对财政支出“十严控”（严控非生产性投资、严控成本性工程投入、严控新设公司各类开办费用、严控培训费用支出、严控出国（境）人员经费、严控固定资产购置、严控中介机构服务费用、严控各类对外捐赠、严控各类慰问费用、严控各类疗养支出）措施贯彻执行等情况，建立多维度分析模型29个，分析出涉及一般性支出压减、政府性奖励发放及“三公”经费［政府部门或者事业单位人员因公出国（境）经费、公务车购置及运行费、公务招待费产生的消费］等多类疑点数据1463条，查出7个大类17个小类问题，涉及金额3524.16万元，向50个单位出具整改意见函，维护财经纪律严肃性，促进政府过“紧日子”要求落实。

【经济责任审计】 2021年，结合党政领导和国企领导换届，增加经济责任项目19个，全年经济责任项目共39个。集中力量，由市审计局领导牵头，市、县（区）审计局和内审人员共70余人组成9个审计组开展南昌县、新建区、南昌旅游集团等7个县区3家大型企业领导干部的任期经济责任审计。在对南昌市城市建设局原党组书记、局长经济责任审计中，聚焦经济责任，从贯彻执行党和国家方针政策、重大经济事项决策和执行、部门财政财务管理和经济风险防范情况等方面入手，对该局的重点经费收支、重大资产资金管理以及内控薄弱环节审深审透审实，移送问题线索2起。制定《南昌市经济责任审计项目操作规程》，规范全市经济责任审计工作。制定南昌市领导干部自然资源资产离任审计工作领导小组工作规则和办公室工作细则，健全自然资源资产离任审计规章制度。

【民生资金及项目审计】 2021年，对南昌县、新建区新农村建设资金分配使用情况开展专项审计调查，查出问题金额6569.03万元，就全市财政扶贫专项资金的审计情况形成专报，获得市长黄喜忠的批示。对南昌市第一医院进行审计，促进公立医院财务收支规范管理和健康发展，切实维护患者利益。对南昌市实验中学、外国语学校、第三中学进行审计，揭示违规收取学生补课费用、吃空饷等问题，保障南昌市教育事业健康发展。

【国企资产专项审计】 2021年，根据市委、市政府安排部署，聘请德勤华永会计师事务所开展出资监管企业资产、负债、损益专项审计工作。德勤华永会计师事务所通过3个月时间，按期完成专项审计报告，报告完整、系统、客观反映各市属国有企业的资产状况和经营情况。专项审计报告从“投融管退”4个方面对市属国有企业进行深入剖析,形成各个企业集团的画像,找到各个企业的痛点和不足。

【审计整改】 2021年,狠抓审计整改,要求各审计组形成审计整改任务清单,各被审单位形成责任清单,明确责任领导、责任人员、整改时效。加强对上级审计机关、巡视组指出南昌市存在问题及市审计局各审计项目查处问题的整改,通过下发整改督办函,加大整改验收力度,全年整改审计问题1300余条。在第一时间收集素材,起草《南昌市关于建立健全审计查出问题整改长效机制的实施意见(征求意见稿)》,着力破解全市存在的审计整改任务重、调度难的问题。

【审计管理方式创新】 2021年,进一步采取优化“制图上墙 挂图作战”模式,对年度审计项目细化、量化、直观化,以图表的形式明确审计准备、实施、审理、报告和整改等阶段各事项的时间节点,加强动态跟踪及横向对比,提高工作效率。开展审计质量提升年专项行动,在全市开展审计项目质量评比,评选出优秀审计项目12个。将审计质量控制点细化成44项清单,落实行政执法公示、执法全过程记录、重大执法决定法制审核3项制度,提高一线审计人员质量控制意识。严把项目质量关,实行四级审理复核制度,全年审理出具审计报告47份,审计决定书6份,确保审计项目质量。

【国资企业审计监管机制完善】 2021年1月28日,中共南昌市国资委委员会审计委员会第一次会议召开。市国资委党委书记、市国资委党委审计委员会主任黄中平主持。会议原则同意《中共南昌市国资委委员会审计委员会工作规则(审议稿)》,原则通过《中共南昌市国资委委员会审计委员会办公室工作细则(审议稿)》《市国资委2021年审计工作计划要点》等3份文件,为2021年度市国资委审计工作指引方向。起草并制定下发《南昌市国资委关于改革完善市属国有企业监事会工作机制的通知》《关于印发〈南昌市国资委关于深化出资监管企业内部审计监督工作的实施意见〉》《关于印发〈南昌市国资委国资监管责任约谈工作规则〉的通知》,进一步完善市国资委出资监管企业的法人治理结构,构建集中统一、全面覆盖、权威高效的审计监督体系。

(熊 英)

统 计

【概况】 2021年,南昌市统计局(以下简称“市统计局”)以政治建设为统领,以提高数据质量为核心,以推进统计现代化改革为主线,深化统计改革创新,强化统计分析服务,立足新起点、展现新作为,为实现全市“巩固提升发展首位度、充分彰显省会担当”提供坚实统计保障。组织开展农业、工业、服务业等行业以及投资、消费、人口、社科、能源等常规统计调查任务和统计报表工作。推进年度人口抽样调查、百姓热点民意调查、妇儿“两纲”(《中国妇女发展纲要(2021—2030年)》和《中国儿童发展纲要(2021—2030年)》)等专项调查工作。做好人口普查后续工作,公开发布《南昌市第七次全国人口普查公报》,专题发布主要数据情况和人普结果主要特点,详细解析全市人口总量、城镇化率、人口结构、教育程度、流动人口等主要指标,为社会公众提供准确及时的人口统计信息服务。全年,撰写印发统计要情(专报)112篇,获得省市领导批示40篇,撰写各类统计课题14篇,2篇课题分获2020年度全省优秀统计分析文章评比二、三等奖。

【统计服务升级】 2021年,市统计局对标高质量发展,创新思路,高效组织统计调查,强化经济运行实时监测预警分析。面对新形势,不断完善经济运行监测预警体系,针对GDP核算基础指标,实时监测预警指标增速变化,做到月度数据有分析、经济走势有研判、重大问题有预警。除对重点指标进行常态化监测外,拓宽视野与思维,紧跟形势,同高质量发展要求对标对表。全市经济发展保持良好态势,高质量发展取得新成效,实现“十四五”良好开局。全年全市地区生产总值迈上6000亿元新台阶,总量达到6650.53亿元,比上年增长8.7%;规模以上工业增加值增长11.4%;固定资产投资增长11.1%;社会消费品零售总额增长17.4%;城镇、农村居民人均可支配收入分别增长7.8%和9.5%。

【经济分析研判】 2021年,市统计局重点围绕全市主要经济指标变化情况和突出问题,每月(季)对主要经济指标进行深入分析,挖掘数据变化背后的深层次原因,全面反映经济运行情况,增强经济运行监测的时效性和科学性。撰写统计监测报告,提升分析质量,提高经济运行趋势预判水平,为党政领导科学决策提供参考依据。

【统计数据产品创新】 2021年,市统计局创新统计载体,丰富统计产品,满足各界对统计产品的更高需求。根据全市经济形势变化,发挥统计优势,在及时向市主要领导提供《统计专报》《南昌统计要情》《数据快递》《南昌统计手册》《南昌统计年鉴》《南昌市“两会”统计专刊》等统计产品基础上,为保证统计数据的时效性,每月第一时间向市委、市政府整理报送《数据快报》,收录全省、全市及中部省会城市主要经济指标情况,按月整理《南昌市各行业运行情况分析材料汇编》专报市委、市政府领导参阅。

【统计宣传】 2021 年,市统计局深入挖掘统计数据背后的内涵,客观准确地反映全市经济社会发展全貌,积极寻找各行业各领域发展中的闪光点,以点带面进行重点宣传,增强统计宣传的影响力和认同感。进一步加强统计政务公开,召开全市经济运行情况发布会,定期在《南昌日报》《南昌晚报》《决策参考》等载体发布月度统计数据,满足社会各界获知国民经济运行状况的需求。全年发布新闻稿 15 篇,实时更新统计门户网站信息 389 条,发布微信信息 464 条、今日头条 138 条、微博 349 条,为企业和社会公众提供优质高效的统计信息服务。

【统计重点领域改革】 2021 年,市统计局贯彻落实国家统计局“十四五”时期统计现代化改革规划部署,对标全省统计工作部署要求,积极推进南昌市统计重点领域改革任务。全面推进地区生产总值核算改革,准确反映经济增长质量和效益,推进转变经济工作方式,促进高质量发展。开展数字经济“一号工程”统计监测,探索制定《南昌市数字经济统计报表制度(试行)》,定期开展数字经济发展情况统计监测,全面准确反映南昌市数字经济发展规模、速度、效益、质量等方面情况,为“十四五”期间南昌市数字经济核心产业发展提供坚实统计支撑。

【统计基层基础夯实】 2021 年,市统计局进一步推进统计资源向基层倾斜,推动以市政府办公室名义制定《关于进一步加强统计基层基础工作的实施意见》,从加强基层统计的机构建设、规范化建设和工作保障等 3 个方面加以规范和明确,改善基层工作条件,增强基层技术和设施保障能力。强化基层数据质量保障,健全完善统计数据质量评估办法,建立统计标准化台账,构建数据质量长效机制,实现各项统计制度建设全覆盖和统计台账全覆盖。

【统计法治建设】 2021 年,市统计局全面贯彻落实《关于深化统计管理体制改革提高统计数据真实性的意见》《统计违纪违法责任人处分处理建议办法》《防范和惩治统计造假、弄虚作假督察工作规定》等统计工作法规规定,不断强化统计法治建设,全面提升依法统计、依法治统意识。出台防惩统计造假制度,建立统计法治监督制度,持续推进国家统计督察情况反馈意见整改工作。根据国家统计督察反馈意见,配合省统计局完成后续检查核查工作。丰富统计普法宣传教育内容和载体,利用业务培训、大型普查、执法检查等形式,向调查对象和社会各界宣传普及统计法律法规,统计法治氛围更加浓厚。

(丁 璎)

市场监督管理

【概况】 2021 年,南昌市市场监督管理局(以下简称“市市场监管局”)坚定为民立场,立足市场监管职能,以服务发展、强化监管、保障民生为主线,锐意改革创新,推进维护消费者和经营者合法权益各项工作。紧盯市委“我为群众办实事”民生重点攻坚项目清单,深入全市 99 家营商环境监测点开展企业走访活动,制定专项落实方案,实行清单化管理,办好人民群众“急难愁盼”问题,营造安全、有序的市场环境和健康、放心的消费环境。南昌市移出全国传销重点整治城市。南昌市应用智慧市场监管手段、有力提升食品安全监管精准化智能化水平经验做法被国务院改革专刊转发。市市场监管局获全国依法治理创建活动先进单位、全国知识产权系统先进集体。

【市场营商环境优化】 2021 年,坚持把优化营商环境作为“一号改革工程”,持续深化“放管服”改革,全力培育壮大市场主体,推动形成优化营商环境市场监管新格局。在降低市场准入门槛方面,持续优化企业开办程序,由 1 个工作日缩短为即来即办。推行“一照含证”[通过统一证照申办、集中并联审批、统一加载证照信息,向申请人发放一张同时加载市场监管领域所有相关许可证(含登记备案)信息的营业执照],试行市场主体住所(经营场所)登记告知承诺制,以“一纸承诺”取代“证明材料”,实现市场主体开办即来即办和“零成本”。全年,受理各类行政许可事项共 1462 件。加大“个转企”扶持力度,建立“优质个体户培育库”,完成“个转企”577 户。

【行政执法新路探索】 2021 年,规范抽查检查制度,联合市直部门出台市场监管领域“双随机、一公开”(监管过程中随机抽取检查对象,随机选派执法检查人员,抽查情况及查处结果及时向社会公开)抽查清单,实现“一支队伍、进一次门、查多项事”。分类量身定制监管规则和标准,推行企业主体责任清单制,企业依“单”尽责、监管按“单”检查,最大程度减少对市场主体干扰、提高检查效率。出台柔性执法管理办法和轻微违法行为免罚清单,对 127 项首次轻微违法违规经营行为实施“首次不罚、告诫到位、下不为例”。优化完善企业经营异常名录列入、移出工作流程,激发市场主体活力。全年移出经营异常名录企业 4866 户。联合中部省会城市,建立统一的市场监管行政处罚裁量权适用规则,保护企业合法权益。

【特种设备安全专项整治】 2021 年,全市共有特种设备 94899 台(不包括压力管道和液化气瓶)。其中,电梯59520台，锅炉1315台，压力容器20632台，起重机械9083台，场内车辆4209台，大型游乐设施140台。市市场监管局抓实特种设备安全监管，深入开展安全隐患大排查整治活动。全市共出动安全监察人员8950人次，涉及生产、使用单位3498家，排查整改安全隐患431个，下发监察指令书364份。立案查处50起，累计罚没款275.52万元。电梯应急救援4870起、解困9705人次，平均救援时间下降到15分钟。督促生产企业落实主体责任、自觉排查消除隐患盲区，保障特种设备安全。突出重要时期特种设备安全监管，加强元旦、春节、五一节、端午节、中秋节、国庆节等节日及庆祝中华人民共和国成立100周年、2021世界VR产业大会、2021南昌飞行大会等重大活动期间及疫情防控特种设备安全监管。突出在疫情防控常态化条件下特种设备安全监管特点规律，针对南昌实际和各重要时期工作特点，突出加强地铁站、车站机场、医院学校、商场宾馆、景区公园等公众聚集场所特种设备安全监管。有针对性地开展特种设备安全大督查、大排查、大整治，对辖区内重大风险和较大风险进行专项排查治理工作，有效保障全市特种设备安全运行。

【市场秩序规范】 2021年，坚持把进口冷链食品作为疫情防控最大输入性风险点，全市集中监管进口冷链食品5.25万吨，开展核酸检测15.3万批次，查处体外循环4起，阻断阳性输入风险4例。通过关口前移、精准施策、提升效率、全链条追溯，最大限度阻断进口冷链食品储存、加工、销售环节疫情传播风险。开展“铁拳”行动，查办各类涉及民生领域案件448起，开展教育、医疗服务、机动车停放服务收费等专项检查立案15起，有力震慑违法犯罪行为。深入开展教育“双减”工作，吊销无证无照机构39家，责令暂停营业187家。

【智慧监管完善】 2021年，健全完善覆盖市、县和基层市场监管部门的三级智慧市场监管平台，全面融入食用农产品电子追溯、电梯应急处置服务平台、“明厨亮灶”、冷链食品集中监管、药店数字防疫信息登记等系统。对市场主体实行全入库管理，建立市场监管大数据采集、分析制度，实现精准定位、靶向监管，达到检查清单标准化、调度指挥扁平化、社会共治协同化。构建“一网覆盖”“一员多能”“一链监管”的智慧监管新模式，全面提升市场监管的便利化、网络化、智能化水平。

【消费环境营造】 2021年，出台南昌市市场监督管理局规范投诉举报处理程序有关措施，从投诉人提供材料、调解书制作、对投诉举报分类处理、涉及食品安全有关线索及时移交等方面，规范投诉举报程序，简化投诉举报流程，便利消费者投诉举报。全年，全市通过“12315”投诉举报热线接听来电及全国“12315”互联网平台、南昌市“12345”政府服务热线转办消费者咨询投诉举报和来信来访共158957件（咨询89838件、投诉45653件、举报23466件），同比增长24.27%。其中，受理南昌市“12345”政府服务热线转办工单共1037件，下降40.37%，按期办结667件，办结率100%。消费者对处理结果表示满意204件，满意率100%。鼓励引导企业向社会作出放心消费公开承诺，依法诚信经营，落实消费维权主体责任，履行放心消费承诺，快速和解消费争议。对创建放心消费示范单位履行承诺的情况进行监督检查，督促企业自觉履行消费维权主体责任，营造安全放心消费环境。至年底，开通44条绿色通道，处理消费争议1378件，办结1378件，和解879件，和解率63.79%。发展创建放心消费示范单位61家，覆盖餐饮、超市、批发零售、药店、景区等各行业。

（陈　希）

质量技术监督管理

【概况】 2021年，南昌市市场监督管理局坚持以质量品牌抢市场、强竞争、促发展，推进质量强市、品牌兴市战略，提升质量技术监管与服务，助推经济高质量发展。以南昌市检验检测中心为基础，全面铺开南昌市质量基础设施“一站式”服务站建设，共设立35个线下和1个线上服务站。服务站通过有机融合计量、标准、认证认可、检验检测、质量管理等要素资源，构成“1”张网络、“2”个统一、“3”种模式、“N”项服务的质量服务网络。为促进全市企业主体高质量发展提供全方位的质量综合服务，实时提供相关咨询与技术服务。推动计量和检验检测认证能力提升，新增国家标准24个、团体标准16个，发布3项市级地方标准。引导并获批筹建“江西绿色生态VR中心”和“江西绿色生态智慧城市中心”2个国家技术标准创新基地（江西绿色生态）分中心。南昌市晶能光电（江西）有限公司荣获第四届中国质量奖提名奖。南昌中节能晶和科技有限公司的LED路灯标准入选2020年全国企业“照明灯具”领域标准“领跑者”名单，实现全国企业标准“领跑者”零的突破。

【质量标杆打造】 2021年，适应新形势发展要求，结合市委、市政府“转作风、优环境”活动，根据企业意愿，对《南昌市市长质量奖和南昌名牌产品管理办法》进行修订，形成科学、完整、适应新形势发展的《南昌市市长质量奖管理办法》并向社会公布。整合2000余万元资金用于质量提升、品牌建设、专利创造，实施“一企一策”，形成一批争创质量奖的组织群体。充分发挥质量强市领导小组办公室牵头作用，联合市教育局、市卫健委等部门，推荐符合条件的单位参与第四届中国质量评选。组织南昌市泰豪科技、南大一附院烧伤科、南昌师附小等14个单位、部门和4名医学、化工等领域专业技术人员参与第四届中国质量奖评选。9月16日，中国质量（杭州）大会召开，南昌市晶能光电（江西）有限公司荣获第四届中国质量奖提名奖，实现南昌市该奖项零的突破，成为全省第一家中国质量奖提名奖的制造业企业。开展长三角质量提升示范试点项目创建，培育欧菲光等2家企业入选苏浙皖赣沪四省一市“先进质量管理方法典型案例”，为南昌市企业树立一批质量标杆。南昌市制造业质量竞争力指数85.56，连续3年保持全省第一位，是首个进入中等竞争力发展阶段的设区市。

【质量提升】 2021年，南昌市市场监管局与合肥市、九江市市场监管局共同合作，围绕三地主导新型产业共同开展电子信息产业（电子材料与电子元器件）质量提升活动，牵头制定《长三角质量提升示范试点项目建设工作方案》，形成质量提升合作新模式。继续做好质量提升重点项目建设，完成19家获工业产品生产许可证管理的电线电缆企业质量宣讲、质量调查、体系建设等基础工作。在项目收尾阶段，对19家企业产品绝缘平均厚度、导体电阻等25个指标抽查结果合格率达到100%，对企业内部管理存在的问题，召开质量研讨会，为企业建立一套事前、事中和事后质量管理体系，提升质量控制能力。开展质量培训，动员南昌市50余家大、中、小型企业质量管理分管领导、质量管理人员、班组长等200余人参与2021年度首席质量官任职培训。组织开展质量大讲堂暨先进质量管理方法培训，邀请质量、标准化、计量、认证等方面专家，为全市70余家、老字号、专精特新、小巨人等企业人员进行集中授课，提升企业质量基础能力建设，推进企业质量管理上水平。完成2020年制造业质量竞争力指数调查有关工作，对南昌市机械设备、交通运输设备等29个行业438家生产制造企业开展体系认证、产品执行标准等全方位的质量数据采集和电子录入。通过深入企业进行现场核实，数据采集率达100%，保证采集工作完成。

【质量安全整治】 2021年，利用“双随机、一公开”的市场监督检查，把有效期内江西名牌产品列为监管对象，通过“双随机”平台，对企业开展现场监管、质量执法检查，保证名牌产品条件不丧失。落实好“我为群众办实事”民生项目，以儿童和学生用品的质量安全为重点，对全市儿童和学生用品生产企业的产品设计、制造、警示等环节易引发伤害的问题进行排查，消除隐患。做好缺陷产品召回，根据省市场监督管理局有关工作安排，对南昌市3家箱包企业缺陷产品信息进行摸底调查，督促企业做好缺陷产品信息系统录入及公示、分析缺陷原因等，确保将缺陷产品对市场及消费者的影响降到最低。

【产品质量安全隐患排查】 2021年，围绕社会和民生需求，突出消费品、食品相关产品、涉及安全健康和节能环保产品，针对监督抽查合格率低、安全隐患风险高、具有行业性和苗头性质量安全风险的产品，组织开展专项监督抽查，对危险化学品生产企业进行100%全覆盖监管。加大电线电缆、钢结构、铝合金型材、预拌混凝土、防护型口罩、钢材等7个领域不合格工业产品监督检查，立案18起，罚没80万余元。开展禁捕退捕行动，全市累计发放、张贴公告7万余份，组织现场宣传活动104场次，出动执法人员5万人次，检查各类经营主体6万家，监测辖区网络主体1192户次，依法查处各类违法案件27件，其中移送相关线索15条，罚没29.2万余元，被国家市场监督管理总局评为典型案例1起。加强对儿童玩具、日用塑料制品、一次性使用卫生用品质量安全监督检查。全年，全市工业产品质量安全态势平稳，未发生一起系统性、区域性安全事故。

【计量监管专项检查】 2021年，市市场监管局开展为期3个月的“计量保春耕”专项检查，对南昌市9家农资生产企业、311家农资销售企业的183台在用计量器具进行检查，受检率99.3%。在对化肥等农资类定量包装商品检查中，现场抽查种子、化肥、农药定量包装商品372个批次，合格批次371个。对3家使用未经检定商品的商户下达整改，查处1起定量包装不合格案件，保障春耕生产顺利进行，维护广大农民的合法利益。在全市范围内开展集贸市场计量专项整治行动，检查南昌市集贸市场346家，发现8家未建立集贸市场计量管理制度，查处32台不合格计量器具，责令5家集贸市场进行整改，没收计量器具33台，新设置公平秤12台，打击计量作弊行为，保护消费者合法权益。建立诚信承诺市场156家，落实市场主体责任。

【计量技术基础夯实】 2021年，按照《江西省市场监管局开展计量技术机构和计量标准监督检查方案》精神，及时组织辖区内6家计量技术机构和45家建标单位进行自查自纠。针对自查中发现的问题，逐一督促整改、落实到位，保障国家计量单位制的统一和量值的准确可靠，提高计量标准考核工作质量。7月20—22日，配合省市场监管局检查组对南昌市的5家计量技术机构和7家计量标准建标单位进行监督检查。针对检查组提出的问题，受检单位均整改到位。进一步完善提升南昌市量值传递体系。全年，共完成15家单位64个最高计量标准的新建、复查考核发证工作。

（陈　希）

食品药品监督管理

【概况】　2021年，南昌市市场监督管理局深入学习贯彻习近平总书记“四个最严”（最严谨的标准、最严格的监管、最严厉的处罚、最严肃的问责）要求，紧紧抓住食品、药品安全，强化措施，落实责任，编制发布《南昌市食品安全“十四五”规划》，创建国家食品安全示范城市，推进基层食安办规范化建设，开展食品安全整治，进行食品安全教育宣传，加强药品化妆品流通领域和医疗器械质量监管，落实食品药品化妆品抽检、药品不良反应监测，不断推进全市食品药品安全治理能力和水平提升。南昌市在2020年度全省食品安全工作评议考核中获优秀等次，获“2018—2020年江西省食品安全治理示范城市（县区）”称号。

【食品药品安全检查】　2021年，强化食品药品安全责任，南昌市9个县区、72个乡镇食安办通过规范化建设验收。组织民生领域案件查办“铁拳”行动，完成食品抽检2.2万批次，合格率97.25%，销毁不合格食用农产品8.03吨。开展餐饮安全“你送我检”“你点我查”“你我同查”系列活动，网络直播点击量1000万余人次，赢得群众广泛欢迎。持续推进药品经营环节疫情防控和质量安全监管，检查药品经营企业1303家，使用单位517家。全市共出动检查人员4200余人次，立案26件。通过检查，进一步提高南昌市药品流通环节监管能力和水平，有效增强药品从业人员的安全意识、责任和法律意识，强化药品安全保障。建立南昌市药店数字防疫信息登记平台，要求零售药店销售退热、止咳、抗病毒、抗生素4类药品时，核对人员身份信息进行登记销售，做好4类药品质量监管和销售监测，实现零售药店登记全覆盖，发挥零售药店“哨点”监测作用。

【食品安全“十四五”规划发布】　2021年，按照高标准、高质量原则，编制发布《南昌市食品安全“十四五”规划》，为南昌市“十四五”食品安全工作谋篇布局。重点围绕落实党中央、国务院和江西省食品安全工作方针政策以及市委、市政府食品安全工作要求，结合全市食品产业发展实际，坚持问题导向和目标导向，以项目带动、任务牵引，确保规划具有前瞻性，体现南昌特色与实际发展策略。规划的出台，对南昌市全面落实国家食品安全战略，稳步推进食品安全治理体系和治理能力现代化建设具有重要意义。

【食品安全示范城市创建】　2021年，召开2021年全市食品安全委员会全体（扩大）暨创建国家食品安全示范城市第六次调度会，围绕《国家食品安全示范城市评价细则（2021版）》，逐项细化分解任务，压实政府属地责任、部门监管责任、企业主体责任，推动提升南昌市食品安全治理能力，迎接国家评价验收。调整市食品安全委员会成员，构建由市长任主任、常务副市长任常务副主任、分管副市长任副主任，分管政府副秘书长及29个市直单位主要领导或负责人为成员的食品安全委员会，统筹协调食品安全工作。同步调整市创建国家食品安全示范城市领导小组成员，强化创建工作组织领导。出台《南昌市创建国家食品安全示范城市专项检查工作办法》，以问题为导向，不定期开展针对性检查，查找补齐短板弱项，推进各项创建工作落细落实。以推动落实食品安全城市创建任务和年度重点工作为重点，协调市食品安全委员会相关成员单位，共同编制2021年度县区政府（管委会）及市食品安全委员会成员单位食品安全工作评议考核细则，分解任务、落实责任，突出重点、查缺补漏，按时、按要求报送考核材料。南昌市在2020年度全省食品安全工作评议考核中获优秀等次。

【基层食安办规范化建设】　2021年，深入开展走访、座谈、研讨活动，对南昌市8个县区20个乡镇（街道）食安办规范化建设情况进行摸排调研，摸清底数、掌握实情，为深化规范建设奠定基础。制定《县乡食品安全办规范化建设考评验收细则》，围绕组织建设、制度建设、硬件建设3个方面20项标准，采取座谈交流、材料评审、现场检查等方式，分阶段组织对申请的72个乡镇食安办、9个县区食安办规范化建设情况验收。检查发现部分县乡能因地制宜开展食品安全工作，食安办规范化建设取得较好成效，其中77个食安办验收基本达标，通过率95%。根据验收结果，及时总结经验，修订完善验收评价标准，持续深入推进规范化建设，年底如期完成100%达标目标。

【食品安全整治】　2021年，坚持“严”字当头，抓好全市食品安全工作。南昌深圳农产品中心批发市场的快速检测中心共检测食用农产品411478批次，发现534批次6.6吨不合格食用农产品，全部由市场管理人员依照协议第一时间予以收缴并在指定地点销毁。赣昌水产品批发市场共检测水产品20064批次、果蔬28160批次，检测出不合格样品32批次，不合格批次水产品由市场管理方会同属地市场监管部门予以收缴销毁。根据国家和省、市关于冷链食品疫情防控工作要求，组织实施冷链食品集中监管，实现对进入南昌市并在南昌市储存、加工、销售、食用的进口冷链食品核酸抽样全检测、外包装全消杀、从业人员全管理、来源全追溯。连续开展一系列民生领域食品安全整治，对全市婴辅食品、保健食品、乳制品、肉制品、罐头类企业开展“双随机”抽查检查工作，重点检查原辅料进厂查验、食品添加剂使用等环节，查办各类涉及民生领域案件448起。

【食品安全教育宣传】 2021年，以南昌市智慧市场监管平台为依托，举行2021年江西省食品安全突发事件应急示范演练暨南昌市食品安全智慧应急实战演练。综合运用各种新技术全景展示食品安全突发事件应急处置各环节、全过程，达到预期目的和效果。演练活动同步在快手、微博、百度视频、抖音等平台直播，669.2万人在线观看，得到全国网友1万余条评论、点赞。总结近年来食品安全突发事件应急处置经验教训，编制《南昌市食品安全突发事件应急操作手册》，为规范处置食品安全突发事件提供指南。开展南昌市首次线上食品安全有奖知识竞赛活动，全市31万人次参与网络答题，累计浏览量近310万人次。组织协调全市食品安全监管人员、乡镇（街道）优秀协管员和信息员2000余人参加“食安教育”平台培训，提升全市市场监管队伍食品安全监管能力和知识水平。

【药品化妆品流通领域监管】 2021年，为规范药品经营单位落实主体责任，分别开展中药饮片专项整治、特殊药品专项检查、药品网络销售违法违规行为专项整治、婴幼儿化妆品专项整治等，突出城乡接合部、农村偏远地区等重点区域，突出老慢病用药、冷链药品、高风险药品等重点品种，突出私立医院、个体诊所等重点单位，深入排查药品安全风险和隐患。全市检查药品经营企业1303家、使用单位517家，出动检查人员共4200余人次，立案26件，罚没金额超过45万元。进一步提高药品流通管理水平，增强药品从业人员的安全意识、责任和法律意识，保障药品安全。开展新冠病毒疫苗流通领域监督检查，对全市疾控机构、配送单位、接种单位开展全覆盖、多频次检查，共检查疫苗相关单位994家次，出动执法人员2123人次。成立新冠病毒疫苗应急处置领导小组，印发《南昌市新冠病毒疫苗质量安全事件应急预案（试行）》，为疫苗安全接种把好质量关。持续推进化妆品备案工作，加强对化妆品备案产品合规性检查，完成国产非特殊用途化妆品备案网上一级审核258批次。压实疫情防控责任，把好药店防疫安全关口，通过“南昌市药店数字防疫信息登记平台”实现对全市零售药店“四类药品”（退热、止咳、抗病毒、抗菌素）销售数据的自动上报和监测。平台全年上报数据350余万条，为南昌市疫情防控工作提供全面信息化支撑。

【医疗器械质量监管】 2021年，组织开展南昌市整治医疗器械经营领域专项行动，加强对重点地区开展工作情况的督促指导，按照“全面推进与突出重点相结合”“风险排查与责任落实相结合”“查处违法行为与树立典型示范相结合”“治理体系建设与治理能力提升相结合”原则，开展医疗器械质量安全风险隐患排查治理，收到医疗器械企业和医疗机构上交自查报告7108份，出动执法人员3186人次，检查医疗器械企业和医疗机构8478家次，发现风险点18个，市本级查处违法案件16起，罚没款52万元。组织开展新冠检测试剂监督检查，重点检查新冠病毒检测试剂运输、储存条件是否符合标签、说明书和《医疗器械冷链运输管理指南》的要求，是否配备相适应的设施设备等，检查经营企业（包括网络销售企业）44家次、使用单位180家次，责令整改19家次。紧盯整形填充材料、整形用注射填充物、乳房植入物、射频治疗设备等可用于医疗美容的医疗器械开展专项检查，检查经营企业125家次、使用单位116家次，责改3家，立案4起。

【食品和“两品一械”抽检监测】 2021年，全市市场监管部门共抽检食品39603批次，按第七次人口普查南昌市人口625.5万人计算，市场监管系统抽检达到6.33‰批次。完成药品抽检1026批次，完成化妆品检验166批次。南昌市药品不良反应4项监测报告数量全部居全省地市前列。全市药品不良反应报告共上报11121例，报告百万人口均数1779份。其中，新的/严重报告4547份，报告占比40.89%；严重报告3256份，报告占比29.28%。报告总数同比增长8.30%，新的/严重报告增长0.51%，严重报告增长0.34%。医疗器械可疑不良事件报告上报4025例，报告百万人口均数644份。其中，严重不良事件报告1060例，报告占比26.33%；来自生产企业的报告23例，报告占比0.57%。报告总数同比增长20.94%，严重报告增长4.23%。化妆品不良反应报告共上报829例，报告百万人口数133份。药物滥用监测报告共上报1028例，报告百万人口数164份。联合卫健部门确立76家二级以上医疗机构作为重点监测单位，日常重点跟进25家省市直医院上报情况，及时发现问题，及时协调、沟通，针对监测能力薄弱医院、县区进行入驻培训。推动国家医疗器械故障上报系统和CHPS系统实施运行，落实国家化妆品不良反应监测评价基地和国家药物滥用监测哨点（医疗机构）建设维护工作，利用“3·15”及“两品一械”（药品、化妆品、医疗器械）安全活动日宣传，打造江西省妇幼保健院、南昌大学第一附属医院、南昌大学第二附属医院、江西省皮肤病专科医院、江西省第五人民医院等省市级标杆单位。采用市县双重合力的监管模式与打造标杆引领并行，实行法规宣传贯彻与技术能力服务融合助力，稳步推进南昌市“两品一械”监测工作再创新高。

（陈　希）

价格管理

【概况】 2021年,市发改委价格调控工作紧紧围绕中心谋发展,齐心协力抓稳价,保持全市价格总水平基本稳定。1—12月全市居民消费价格总水平累计上涨1%,低于年初调控目标(3%左右),较全省水平(0.9%)高0.1个百分点,平均涨幅比上年下降1.5个百分点。构成CPI的八大类同比指数中呈七涨一平:食品烟酒类价格持平;衣着类价格上涨1.1%;居住类价格上涨0.4%;生活用品及服务类价格上涨0.5%;交通和通信类价格上涨5.4%;教育文化和娱乐类价格上涨4.3%;医疗保健类价格上涨0.7%;其他用品和服务类价格上涨0.4%。加强价格形势分析与研判,不断提升监测能力和质量。重点关注重要节假日和价格异常波动,早反应、早应对,全力做好重要民生商品保供稳价,牵头推进落实重要政府储备品种,按时按量完成国家发改委下达的1650吨冻猪肉储备任务。

【价格调整】 2021年,调整管道天然气价格,做好价格管理工作。自4月1日起,南昌市非居民用天然气销售价格调整为2.95元/立方米。为优化营商环境,助推南昌市经济发展,自7月1日起,全市非居民用天然气销售价格从2.95元/立方米调整至2.93元/立方米。自10月1日起,全市非居民用天然气销售价格调整为3.78元/立方米。开展农副产品平价商店建设。至年底,南昌市共有农副产品平价商店92家,市政府投入资金298万元,为市民减轻"菜篮子"负担3313.96万元。南昌市平价商店建设被"学习强国"学习平台、《江西新法制报》、江西卫视联播、江西卫视《社会传真》栏目专题报道,被国家、省发展改革委作为重要民生商品保供稳价典型经验做法在全国、全省予以推介。会同市财政局制定《2021年南昌市行政事业性收费目录清单》《2021年南昌市涉企行政事业性收费目录清单》,对3所市属非营利性民办学校首次制定和调整学费、住宿费的收费行为进行规范,对偏高的收费标准引导其进行合理定价。牵头联合市行政审批局、市教育局、市市场监管局制定《南昌市义务教育阶段学科类校外培训收费改革方案》。方案规定,10人以下(不含10人)班型基准收费标准为30元/课·人次;10—35人(不含35人)班型基准收费标准为25元/课·人次;35人以上班型基准收费标准为20元/课·人次。南昌市城区范围内培训机构,可根据实际情况以基准收费标准为基础,上浮10%以内,下浮不限;进贤县、南昌县、安义县范围内培训机构,可根据实际情况以基准收费标准为基础,上浮5%以内,下浮不限。

【价格监督检查】 2021年,组织开展"治理涉企收费,减轻企业负担"专项行动,查处商业银行价格收费违规行为4起,责令退还企业多收价款1660.71万元,督促商业银行合规收费、以质定价、公开透明。加强转供电环节收费监管,责令退还企业1043.38万元,推动电价降费政策红利及时传导至终端用户。持续加强教育、医疗等重点领域价格监管,检查教育机构(含校外培训机构)106个,立案6起,罚没37.31万元;检查医疗机构168个,立案16起,罚款18.43万元。加强机动车停放服务收费监管,检查停车场219家,责令35家停车场进行整改,查处停车收费违规案件2起,罚没4.83万元。

【价格成本调查监审】 2021年,南昌市按照"准确核定成本、科学确定利润、严格进行监管"思路,通过主动出击约束成本,维护企业合理利润,保护消费者利益,政府价格监管水平进一步提升。相继开展五星灌区农业用水定价成本监审、南昌市天然气管道配气定价成本监审、南昌市燃气集团有限公司转供气成本监审、南昌市义务教育阶段学科类校外培训收费成本调查,共核减不应该计入成本费用7.18亿元。全市农产品成本调查工作质量不断提高,先后组织开展"早(晚)籼稻、生猪养殖成本直报调查""存售粮、农资购买、种植意向专项调查""蔬菜、花生成本常规调查""生猪月度调查"等调查项目共30项,了解农业生产效益,促进农业提质增效,服务农业农村现代化发展。

【价格认定监测】 2021年,按照上级价格监测报告制度和价格工作总体部署要求,不断拓宽价格监测领域及价格监测方法和手段,推进数据来源多样化,做好分析预测预警工作,为政府宏观调控决策和价格监管服务提供高效的信息支持。全年,全市各级价格认定机构受理办结各类价格认定1453件,标的33857万元。其中,市价格认证监测中心办结涉纪案件6件,标的31445万元;涉刑案件195件,标的416万元。

【燃煤发电上网电价市场化改革】 2021年,南昌市按照国家发展改革委《关于进一步深化燃煤发电上网电价市场化改革的通知》要求,深化燃煤发电上网电价市场化改革。自10月15日起,市内燃煤发电市场化交易价格,在基准价格0.4143元/千瓦时基础上,上下浮动原则上均不超过20%,高耗能企业市场交易电价不受上浮20%限制。全面取消全市工商业目录销售电价,仅保留居民(含执行居民电价用户)、农业用电目录销售电价。推动工商业用户进入市场,从电力市场购电,对暂未直接从电力市场购电的用户由电网企业代理购电。

【农产品价格波动明显】 2021年，全市蛋禽肉蔬类农产品价格波动明显。从时间段上比较分析，年底，五花肉平均价格为8.08元/千克，较6月初9.43元/千克，降幅14.32%；白条鸡平均价格7.48元/千克，较6月初7.81元/千克，降幅4.23%；鸡蛋平均价格2.86元/千克，较6月初2.49元/千克，增幅14.86%。另外，苹果、香蕉、橘子等水果价格都有小幅下降，而各类日常蔬菜受季节天气等因素影响，价格波动尤为明显。

表10 2021年南昌市居民消费价格指数一览表

时期(月)	1	2	3	4	5	6	7	8	9	10	11	12
同比(%)	0.2	-0.3	0.5	1.2	1.9	1.3	0.9	0.8	1.6	1.5	2.3	1.5
环比(%)	0.9	0.7	-0.4	0.1	0.2	-0.3	0.2	0.2	0.1	0.4	0.1	-0.3
累计比(%)	0.2	-0.1	0.1	0.4	0.7	0.8	0.8	0.8	0.8	0.9	1.0	1.0

（资料来源：市统计局）（陈　莉）

中小企业服务

【概况】 2021年，南昌市中小企业服务部门紧紧围绕减税降费、减负纾困、融资促进、市场主体培育、创新创业载体建设等重点工作，着力构建多元化中小企业综合服务体系，不断优化营商环境，切实提升服务水平。加强中小企业政策宣传，开展中小企业梯次培育行动，完善小微企业融资担保业务，推动中小企业公共服务示范平台和小微企业创业创新示范基地建设，持续增进中小企业获得感，促进全市中小企业和民营经济健康快速发展。

【小型微型企业创业创新示范基地打造】 2021年，南昌市推动小型微型企业创业创新示范基地建设，打造一批基础设施完备、综合服务规范、示范带动作用强的小型微型企业创业创新示范基地，加速小型微型企业创立、成长，推动大众创业、万众创新。江西省科学院科技园、泰豪软件园小型微型企业创业创新示范基地等2家基地获评“2021年度国家小型微型企业创业创新示范基地”。中国（南昌）虚拟现实VR产业基地、江西省科学院科技园、南昌小蓝创新创业基地、特康科技园小微企业创业基地等4家基地获评“2021年度江西省小型微型企业创业创新示范基地”。南昌小蓝创新创业基地、江西淘鑫电商基地等6家基地获评“2021年度南昌市小型微型企业创业创新示范基地”。其中，南昌小蓝创新创业基地、江西淘鑫电商基地、8090梦工厂等3个基地被评为一类示范基地，瑞华创新创业基地、西湖区梦想小街电商产业园、励氪智慧文创产业园等3个基地被评为二类示范基地。

【中小企业公共服务示范平台建设】 2021年，南昌市推动中小企业公共服务平台和服务体系建设，树立服务品牌，整合聚集服务资源，为全市中小企业提供信息查询、技术创新、质量管理、管理咨询、创业辅导、人才培训、信息化应用等服务，提升中小企业服务能力水平，促进中小企业持续健康发展。华中国际认证检验集团有限公司等3家机构获得“2021年度国家中小企业公共服务示范平台”称号；江西财智名家论坛有限公司、江西尚通科技发展有限公司等6家机构获得“2021年度江西省中小企业公共服务示范平台”称号；南昌科德信息咨询有限公司、江西为易科技有限公司等15家机构获得“2021年度南昌市中小企业公共服务示范平台”称号。

【中小企业梯次培育行动】 2021年，南昌市以优质企业培育为重要抓手，推进企业梯次培育工作，鼓励“专精特新”中小企业发展壮大，构建“专精特新”中小企业、专业化“小巨人”企业、制造业单项冠军企业的梯次培育格局。至年底，南昌市12户企业获评“第三批国家专精特新小巨人企业”，63户企业获评“2020年度江西省专精特新中小企业”，6户企业获评“2020年度江西省专业化小巨人企业”，5户企业获评“2020年度江西省制造业单项冠军示范（培育）企业”。

【小微企业融资担保业务】 2021年，组织全市信用担保机构每月底在工信部中小企业信用担保业务信息报送系统报送业务信息，推动小微企业融资担保业务发展。根据《江西省工业和信息化厅、江西省财政厅关于继续实施小微企业融资担保业务降费奖补政策的通知》要求，联合市财政局出台《南昌市小微企业融资担保降费奖补资金实施方案》，组织各县区、开发区中小企业主管部门审核推荐南昌工控产业担保有限公司、南昌市农业产业化信用担保有限责任公司和江西华章汉辰融资担保集团股份有限公司申报2021年小微企业融资担保业务降费奖补资金。其中,南昌工控产业担保有限公司获得奖励资金391.87万元,江西华章汉辰融资担保集团股份有限公司获得奖励资金50.58万元,南昌市农业产业化信用担保有限责任公司获得奖励资金33.55万元。

【中小企业政策宣传】 2021年,南昌市多措并举、广泛宣传中小企业政策,使更多中小企业了解惠企政策。利用南昌市工信局网站、微信公众号等线上平台积极开展促进中小企业发展的政策宣传。编印《中小企业服务手册》,深入企业发放,主动送政策上门,帮助企业了解和掌握国家、省、市扶持中小微企业发展的有关政策、举措,与企业进行互动交流,对企业提出的问题一一解答。

【《南昌市"专精特新"中小企业认定管理办法》】 2021年3月,制定出台《南昌市"专精特新"中小企业认定管理办法》,引导南昌市中小企业走"专精特新"发展之路,提升自主创新能力,加快新旧动能转换,培育一批专注主业,产品精良或服务精准,工艺、配方、原料独特,技术、管理或商业模式创新,在细分行业内技术领先、产品质量优、市场份额高、发展前景好的中小企业,持续为南昌市经济发展注入新的活力。

【第六届"创客中国"江西省南昌市中小企业创新创业大赛】 2021年,由市工业和信息化局、市财政局、市促进非公有制经济发展领导小组办公室主办,市新兴产业发展推进中心承办的第六届"创客中国"江西省南昌市中小企业创新创业大赛举行。7月31日,第六届"创客中国"江西省南昌市中小企业创新创业大赛初赛在南昌日报社举行。参赛项目按照抽签顺序依次上台演讲,随后专家进行提问、点评。区域赛和专题赛分别选取12家企业参加复赛。8月5日,复赛在绿地铂瑞酒店举行。初赛和复赛都按照项目创新性、项目经济效益、项目社会效益和可推广可复制性等4个方面进行现场打分。经过专家评委审核筛选,大赛复赛的区域赛和专题赛评出一、二、三等奖12名。比赛的全流程、晋级名单在官网公示。最终选出区域赛排名前三名企业和VR专题赛排名前两名企业共5个项目进入省内决赛。

(尧丽娜　闵涌波)

知识产权保护

【概况】 2021年,全市深入推进知识产权强市战略,建立知识产权工作部门联席会议制度,实施专利质量提升工程和商标品牌战略,推动知识产权成果产业化,建立完善知识产权协同保护机制。全年,南昌市专利授权量2.38万件,同比增长32.9%,占全省的24.44%。其中,发明专利授权量2667件,增长59.2%,占全省的39.56%。PCT专利申请量66件,占全省的47.14%。有效发明专利拥有量10018件,占全省的43.99%;每万人有效发明专利拥有量16件,增长3.53件,是全省的3.13倍,各项指标均居全省首位。开展重点产业知识产权运营,全年专利质押融资金额7.59亿元。南昌保护中心预审服务由两大领域拓展为三大领域,吸引20余家企业在南昌市设立分公司或落户南昌市,为南昌市高质量跨越式发展提供坚实保障。

【知识产权执法】 2021年,开展知识产权专项执法,构筑行政保护和司法保护相衔接的知识产权立体网络,规范知识产权市场秩序,优化营商环境。建立完善知识产权协同保护机制,以市政府名义成立南昌市知识产权工作部门联席会议制度。充分发挥中国(南昌)知识产权保护中心国家级功能平台作用,成立"南昌仲裁委员会知识产权仲裁中心""南昌市知识产权纠纷人民调解委员会",与市中级人民法院开展司法案件审判专利侵权咨询试点,建立一支专业化知识产权人才队伍。全市知识产权工作部门为相关单位出具专利侵权判定咨询意见书43份,涉案金额超8500万元。某发明专利纠纷案意见书得到最高人民法院认定。

【知识产权转化运用】 2021年,加大企业知识产权金融扶持,探索知识产权运营模式,促进知识产权与创新资源、金融资本、产业发展有效融合,推动知识产权成果产业化。知识产权优势培育力度加大,全市知识产权创造能力和管理水平得到普遍增强。知识产权转化运用全面开展,为解决中小微科技型企业融资难问题,先后与南昌银行、农业银行、招商银行、交通银行等签订知识产权质押融资合作协议,组织召开银企对接会,给企业提供指导和创造条件,在全省首次实现企业一次不跑办理商标质权登记。搭建南昌市知识产权公共信息服务平台,组建南昌市重点产业知识产权运营基金,基金规模1.05亿元,对普瑞丰公司进行投资,储备中业科技、中德生物、衡源智能等公司多个项目,积极推动知识产权转化运用。

【知识产权服务保障】 2021年,牢固树立以人民为中心的发展思想,把知识产权工作作为"我为群众办实事"重要实践活动,全力为民解忧、为企服务。积极组织宣传培训,结合"3·15"消费者权益日、"4·26"世界知识产权日等宣传日,开展知识产权宣传服务万里行宣传活动,推进知识产权进企业活动、进校园、进社区,发放宣传资料1万余册、开展相关咨询 3000 余人次。搭建知识产权线上学习交流平台，全面开启知识产权免费公益系列直播活动，宣传知识产权法律法规和政策。全面提供优质服务，开通专利预审“绿色通道”，通过网络投递、上门服务等途径优化服务，即到即办，跟踪服务。南昌保护中心申请的专利授权时间普遍缩短 90%，发明专利的授权率 76%，远高于普通通道 20%左右的授权率。专利快速授权量同比增长 100%。开通远程视频审理，降低企业维权成本。

（陈　希）

信用体系建设

【概况】　2021 年，南昌市信用体系建设工作围绕“诚信南昌”建设发展战略目标，加快构建以信用为基础的新型监管机制，信用管理制度基本健全，信用信息系统基本建成，信用信息应用服务成效日益明显，信用社会建设氛围日益浓厚。南昌市公共信用信息平台和信用中国（江西南昌）网站二期于 12 月 10 日上线运行，实现与国家、省公共信用信息平台联通，归集 52 家单位、12 个县区（开发区）信用数据约 3.3 亿条。“信用中国（江西南昌）”网站实现企业信用信息可查询，行政许可信息 162272 条，行政处罚信息 19753 条，红名单 34896 条，黑名单 11909 条，总浏览量突破 700 万次。全年，市信用办组织各县区、相关部门积极开展信用主题宣传活动，充分利用报刊、广播、电视等媒体加大对诚信体系建设宣传力度，累计报道相关新闻 66 次，在全社会营造“知信、守信、用信”的良好社会氛围。

【政务诚信】　2021 年，推进政务诚信建设，先后出台《南昌市关于建立“政府承诺+社会监督+失信问责”机制工作方案》《南昌市政务诚信评价办法》《南昌市政务诚信建设第三方评价行动方案》，以提升政务公信力为重点，归集并公示各县区政府及市直部门《政务承诺书》38 份；研究制定《政务服务告知承诺制实施办法》，进一步简化政务服务程序，畅通群众办事渠道。创新信用服务场景，为“城市大脑”建设提供信用数据支撑，在停车先离场后付费、先看病后付费等应用场景提供信用支持。依托市轨道交通集团，探索推进“信易行”场景建设。

【行业诚信】　2021 年，协调推进商务诚信建设，协调相关行业部门在市场监管、税务、房管、交通运输、建筑等多领域开展信用分级分类监管。加快推进“信易贷”，助力营商环境持续优化。印发《对接入驻全国中小企业融资综合信用服务平台（全国信易贷平台）》工作方案，在全社会推广“信易贷”模式，鼓励企业及金融机构入驻全国“信易贷”平台并发布投融资需求，真正让守信获得更多红利，为优化全市营商环境提供坚实的信用支撑。有序开展企业信用修复工作助力企业发展，加大“信用中国”和“信用南昌”网站行政处罚信息信用修复推进力度，推进市场失信主体主动改正违法行为，采取“线上+线下”“迎进来+走出去”方式进行培训。充分依托电话、邮箱、培训会等方式就有关申请方式进行面授和培训。对于部分企业，积极开展“电话回访”，了解摸排有关情况，并进行指导申请。对有关申报材料、信用修复情况进行审查，对符合条件的，依法予以办理。不符合条件的，提出整改建议和说明，并做好后续指导。至年底，共协助 1377 家企业完成修复工作。强化信用信息应用，推动信用信息产品在社会治理和市场交易中应用，推动各行业部门把企业信用信息作为评优评先的重要佐证材料。

【文明城市创建诚信建设】　2021 年，牵头创建诚信示范街区，落实为民服务提升举措，会同商务、市场监管、城管、行政审批等部门开展诚信示范街区创建活动，经县区自主申报、指导创建、实地考察和综合验收等程序，拟命名“西湖区绳金塔特色街区”等 11 个街区为首批南昌市诚信示范街区，引导商家树立诚信守法理念，助力全国文明城市创建。从平台创建，重点领域信用信息系统建设及从业人员信用记录征集，推进诚信建设制度化，开展诚信行业、诚信企业、诚信经营示范店主题实践活动等方面精准发力，及时填报相关工作汇总资料，常态化推进文明城市创建工作，为文明城市创建工作贡献信用力量。

【信用体系建设管理】　2021 年，印发《南昌市信用分级分类管理办法（试行）》，协调推进相关部门开展分级分类监管工作，推动形成“让守信者处处受益，让失信者处处受限”的信用监管局面。以南昌市公共信用信息平台为支撑，构建全市企业信用分数据模型。加快推进全市双公示评估工作，按照国家、省相关要求，每季度开展行政许可、行政处罚，双公示数据评估工作。建立健全行业信用管理制度。在房管、医保、电力、烟草等多个领域协助印发行业信用管理办法，不断完善信用制度，重点领域信用建设规范化水平不断提高。

（龙雪娇）

开放型经济

参与“一带一路”建设

【概况】 随着“一带一路”建设不断推进，南昌市与“一带一路”沿线国家贸易往来日益紧密，贸易规模稳步提升。2021 年，南昌市与“一带一路”沿线国家进出口总值达 313.5 亿元，比上年同期增长 15.2%，较同期南昌市外贸整体增速高出 2.9 个百分点，占全市进出口总值的24.2%。东盟、印度和阿联酋为前三大贸易伙伴，合计占全市“一带一路”沿线国家进出口总值达 73.9%。出口商品以机电产品为主，占全市“一带一路”沿线国家进出口总值超六成。机电产品出口 159.5 亿元，同比下降1.5%。同期，纺织服装出口 38.7 亿元，增长 94.2%；钢材出口 7.6 亿元，增长3.6倍。进口商品中农产品进口成倍增长。机电产品进口 33.7 亿元，增长 4.9%。同期，农产品进口7.4亿元，增长 2.9 倍；纸浆、纸及其制品进口 1 亿元，增长 37%。

【“一带一路”沿线市场开拓】 2021 年，以贸易为先导、市场为依托、输出具有比较优势的技术管理和设备为重点，鼓励发展境外投资，有效转移省内富余产能，推动农业、制造业、建筑业、服务业、矿业“五大行业”走出去。探索出口企业采取海外仓、体验店等模式，培育自由品牌，拓展营销渠道，推动南昌市企业通过股权并购等方式拓展海外市场，获取先进技术、知名品牌和销售网络。围绕全市国际竞争优势明显的重点产业和企业，统筹谋划产业升级和有序转移，实现省内境外联动发展，支持实施一批电力、水泥、玻璃、纺织、光伏、钢铁、冶金、有色金属、化工等产业投资项目，建立境外生产加工基地。加强与东盟国家的产业对接，着力推动劳动密集型企业“走出去”。引导全市有实力的企业，在“一带一路”建设沿线国家和地区建立能够促进南昌市产业发展、带动出口、获取资源技术的境外经贸合作区。

【对外承包工程】 2021 年，南昌市企业在“一带一路”建设沿线国家新签对外承包工程项目合同 8 份，新签合同额 26 亿元，增长 66.5%；完成营业额 36.5 亿元。有 6 家承包商企业进入 2020 年度工程新闻记录（ENR）全球 250 强榜单，3 家承包商企业进入 2021 年度对外承包工程行业 A 级企业。在 30 余个国家和地区全方位参与基础设施互联互通产能合作、能源电力等领域的开发与建设。江西水建承揽的莫桑比克 Corumana 大坝项目为莫桑比克首都和沿线几百万人民带来生命之水和清洁电力能源；江联重工的燃生物质锅炉、城市生活垃圾焚烧锅炉、余热锅炉在印度、印尼、泰国、越南、埃塞俄比亚等国家的特色国际品牌效应持续释放能量，其中印度垃圾焚烧发电项目被联合国列入“南南合作”推广项目；中江国际公司实施的援赞比亚中国井和援巴布亚新几内亚国际会议中心升级改造等 2 个项目获商务部通报表扬；中江国际公司承揽的博茨瓦纳卡尊古拉大桥及边关项目，非洲五国元首出席项目投运仪式；江西赣粮实业公司援赤道几内亚示范农场技术援助项目完成验收；江联重工集团吸附器产品首次进入沙特市场；中鼎国际获以色列建筑总承包最高资质。参与 10 余个亚非拉美地区的基础设施建设，水利工程、电力设备安装等领域业务发展态势较好，国际影响力进一步提升。以水电气、能源供应、交通运输、环境保护等基础设施项目为重点，以“融资+总承包”“投资+总承包”“投建营一体化”等方式开拓市场，带动产品和技术出口、劳务和服务输出。

（市史志办）

江西内陆开放型经济试验区建设

【概况】 2021年,南昌市积极贯彻新发展理念,聚焦“做示范、勇争先”目标定位和“彰显省会担当”新要求,在贸易投资、科技创新、产业开放合作、区域协同发展、构建双向开放通道、优化营商环境等重点方面大胆创新、积极探索,加快建设高水平内陆开放门户,努力打造全省内陆双向高水平开放引领区、高质量产业开放合作先行区、高能级要素资源导入核心承载区、高标准交流合作样板区,江西内陆开放型经济试验区建设取得明显成效。至年底,全市生产总值总量达到6650.53亿元,比上年增长8.7%;人均国内生产总值突破10万元大关,达到104788元,增长6.1%;全年进出口总值1293.56亿元,增长12.3%;实际利用外资43.95亿美元,增长8.3%;通关效率进一步提高,物流成本持续下降,营商环境不断优化。

【建设行动方案】 2021年,南昌市在与国家“十四五”规划纲要总体方案、省实施方案保持衔接的前提下,借鉴全国自贸试验区、自贸港的发展经验,结合全市“十四五”规划、土地空间规划要求和资源禀赋及未来发展导向,高标准高水平编制印发《南昌市推进江西内陆开放型经济试验区建设行动方案》,明确南昌市在试验区建设中的主体地位、指导思想、基本原则、发展目标、重点任务、重点项目等。方案主要包括贸易自由化便利化、投资自由化便利化、资金流动自由便利、产业开放合作、科技创新协同合作、人才交流合作、文化旅游交流合作、公共服务领域合作、双向开放大通道构建、高能级开放平台建设、高质量开放主体培育、一流营商环境营造、合作体制机制创新等13个部分、共50条政策内容以及8条保障措施;《重点任务分工表》共包括293项重点任务;《重大项目表》包括贸易自由便利类、资金流动自由便利类等九大类273个涉及推进江西内陆开放型经济试验区建设的重大项目,总投资11621.89亿元。

【建设成效】 2021年,南昌市积极促进贸易和投资自由化便利化,推广建设国际贸易“单一窗口”,推动开通“免税数据登记”“出口清单查询”等功能,助力“赣品出海”,实现跨境电商综试区无票免税惠企政策落地;实现海关业务“一网受理、一网通办”;上线运行“总提单式”通关,开通“整车验放”模式,通关效率由原来的5000件/日,优化到25万件/日,提升50余倍。南昌港先后开通“抵港直装”“船边直提”通关业务模式,畅通港口与海关之间的信息交互,实现集装箱货物通关提前预约,提升口岸通关作业时效,有效降低企业国际货运物流成本。主动对接粤港澳大湾区建设,从深化开放平台、优势产业互补、联合科技创新等多方面统筹推进南昌与广州、深圳等7个市对接合作。推进口岸功能优化提升,南昌国际邮快件中心完成改造升级,“9610”“9710”“9810”“1210”监管模式全面开通,昌北国际机场进境冰鲜水产品、食用水生动物和进境水果3个指定监管场地通过南昌海关预验收。全市营商环境不断优化,“六多合一”改革被全省列为江西省党的十八届三中全会以来全面深化改革40佳改革案例,5G基站设施“绿色超简审批”被住建部推广为全国工程建设项目审批制度改革复制推广经验,创新开办企业“零成本半日办”被《江西改革》作为单篇典型推介,“四级网络审批体系”被中国信息协会授予“2021数字政府管理创新奖”。

(黄如桃　张含宇)

国际陆港新城建设

【概况】 2021年,南昌向塘国际陆港新城位于南昌县向塘镇。向塘镇境内拥有路网性特等编组站——向西货运编组站,京九、沪昆、浙赣和向莆等干线铁路在此交会,江西南部地区70%的货物或经过向塘进入南昌市,或通过向塘发往全国各地。依托铁路运输优势,向塘镇正在把国际陆港新城建设成为“一带一路”的重要物流枢纽和大南昌都市圈国际门户枢纽新城。南昌向塘国际陆港新城总规划面积33.82平方千米,已设置铁路口岸、商品车物流区、综合保税区、口岸物流区、冷链物流区、电商物流区等一系列功能区域。为进一步降低企业物流成本,加速周边地区进出口货物集结,南昌向塘国际陆港新城通过建设江西“三同”实验发展创新区,逐步实现“货物进境与沿海同价到港、出境与沿海同价起运、通关与沿海同样效率”。通过靶向招商,南昌向塘国际陆港新城引进263家企业,形成以现代物流业为主,高端服务业和先进制造业为辅的“一主两辅”全链条产业格局。11月,南昌陆港型国家物流枢纽获国家发展改革委批复,成为“十四五”首批、全省唯一入选的国家物流枢纽。

【产业发展】 2021年,南昌向塘国际陆港围绕“一主两辅”产业规划和“三新四化”产业招商定位开展精准招商,深入对接粤港澳、珠三角等地开展产业合作。全年引进6个项目,项目总投资163.2亿元,涉及冷链物流、快递物流、智能供应链和高端制造等多个领域,进一步补齐物流上下游产业链,促进多业态发展。陆港内集聚世界500强企业7家、上市公司13家,汇聚京东物流、苏宁易购、菜鸟网络、传化物流等国际国内知名物流企业，成为江西省物流产业最集聚的物流园区。智慧物流方面，京东物流地狼智能系统是京东全国十大AGV地狼智能仓，也是江西省最大AGV机器人智能化运营仓，共有90台AGV机器人、1000余组货架，已全面投入运营；“产学研创”方面，南昌向塘国际陆港积极探索，与江西工商学院战略合作，规划建设产学研现代化教育基地，逐步开启“政校企”全面合作模式。4月，江西工商职业技术学院与京东物流集团成功签订校企合作协议，全国首个“京东物流智能供应链产业学院”落户南昌向塘国际陆港。

【外贸班列】 2021年，南昌向塘国际陆港已开通8条中欧班列（南昌向塘到荷兰鹿特丹、越南河内、俄罗斯莫斯科、白俄罗斯明斯克和奥尔沙、法国巴黎、乌克兰基辅、波兰马拉），5条铁海联运外贸班列（南昌向塘到深圳盐田港、宁波北仑港、福建江阴港、厦门高崎港、上海港），联动4个出境口岸，覆盖7个国家，构建起连接东西、衔接南北、通江达海、辐射全球的国际运贸服务网络。全年开行外贸班列940列，6.12万个标箱，货值约16.52亿美元，分别同比增长22.56%、32.06%、30.52%。其中，中欧班列112列，到发标箱（重箱）1.1万个，货值3.3亿美元；铁海联运班列828列，到发标箱（重箱）5.03万个，货值13.22亿美元。先后开行全国首列“法国防疫物资”专列、“俄罗斯防疫物资”专列、全国首列“俄罗斯地铁基建设备”专列以及“江西制造”“糖果食品”“美的家电”“燕麦片食品”等特色专列，丰富班列货源，提升产品附加值，保障本省中小型外贸企业国际贸易需求。货源种类从生活日用品扩展到太阳能组件、防疫物资、白色家电、地铁基建设备、汽车整车散件等高附加值产品。

【项目建设】 2021年，南昌向塘国际陆港纳入全市五大重点片区开发项目12个，总投资332.93亿元，年度计划投资60.7亿元。京东亚洲一号、菜鸟网络、苏宁易购、传化智能公路港、宇培冷链、向塘标准化冷库等6个项目入选2021年省大中型建设项目名单。南昌（向塘）铁路口岸二期作为一期的拓展延伸，按照国家开放口岸标准规划建设。铁路专用线于2021年12月底完工，即将开通投入运营。引进宇培、炜洹、民生电商、圆通、天虹、盒马鲜生、华能零碳产业基地等重大重点项目10个，投资额超过200亿元，形成电商物流、铁路物流、冷链物流等多种业态优势互补、竞相发展的良好局面。与京东签订全面战略合作框架协议，全省最大AGV机器人智能仓—京东亚洲一号一期地狼仓、全国首个“京东物流智能供应链产业学院”落户国际陆港。向塘国际陆港成为全省物流产业最集聚的物流园区。

【区域交通路网建设】 2021年，完成105国道、河滨路、工业大道、丽湖大道、星城大道等14条现有内部路网的品质化提升。工业大道、物流大道、向西大道、河滨路、丽湖大道、星城大道等内部路网全面贯通，形成“六纵六横”路网格局。昌东大道南延、沿江快速路南延、金沙大道南延等大通道正在加紧建设。

（黄如桃　张含宇）

利用外资及港澳台资

【概况】 2021年，南昌市抢抓国家战略机遇，主动对接融入，深入推进“外资外贸外经”融合发展，稳外资、促投资，稳外贸、促升级，促进全市外资及港澳台资企业稳生产、优结构、扩规模，实现全市利用外资及港澳台资稳中有增。新设外资企业76家，同比增长26.67%，合同外资12.03亿美元，减少6.17%。实际利用外资7.58亿美元，港澳台资36.37亿美元，增长8.25%。其中，现汇进资7.45亿美元，减少4.73%。实际利用外资总量、现汇总量均列全省第一位，实际利用外资增幅列全省第四位，增幅高于全省0.2个百分点，现汇总量占全省的31.41%。

【外资及港澳台资项目引进】 2021年，南昌市坚持以项目为核心，以招商引资为抓手，紧扣客商需求，围绕产业链招商，为企业来南昌落户、发展提供一对一的服务，让广大来南昌投资者获取更大发展空间。坚持“请进来”和“走出去”并重，“招大”和“引强”并举，聚焦主导产业、重点区域和龙头企业，强化项目调度，开展重大项目落地专题调研，引进一批外资及港澳台资项目。按产业来分：一产项目3个，合同资金550万美元，占比0.46%；二产项目72个，合同资金3.05亿美元，占比25.31%；三产项目67个，合同资金8.93亿美元，占比74.23%。按投资来源地来分：港澳台地区项目118个，实际利用资金36.37亿美元；欧洲大洋洲地区项目20个，实际利用外资5.92亿美元；投资性公司项目1个，实际利用外资7000万美元；日韩东南亚地区项目1个，实际利用外资7万美元；美加地区项目1个，实际利用外资5018万美元；其他国家（地区）投资项目1个，实际利用外资4663万美元。

【现汇进资规模减小】 2021年，全市30家外资及港澳台资企业实现现汇进资，现汇总额7.45亿美元，比上年减少4.73%，进资平均规模2483万美元，减少23.69%。全年累计现汇进资5000万美元以上（含5000万美元）1亿美元以下企业5家，实现现汇进资5.27亿美元；累计现汇进资1亿美元以上（含1亿美元）企业2家，实现现汇进资3.12亿美元。现汇进资较大的有新力商务咨询、江西平创置业、华润江中、江西莲越房地产、江西亿凯房地产等企业。

【全市县(区、开发区)利用内外资工作调度会议举行】 2021年5月18日,为全面落实好“六稳”工作,确保全市利用内外资稳步提升,全市县(区、开发区)利用内外资工作调度会议举行。各县(区)、开发区商务部门分管领导参加会议。会议通报1-4月全市利用内外资情况,分析全市利用内外资工作面临的新局面、新难题,听取各县(区)、开发区下一步工作汇报,对全市5-6月利用内外资工作进行部署。同时,会议还对江西省与跨国公司合作交流会进行初步安排,对“稳外资、促投资”活动提出了要求。各县区、开发区务必加强内外资项目进度调度,加强与客商沟通对接,进一步挖存量、拓增量,实现应统尽统,确保利用内外资工作在全省保持前列。

(张佳佳)

进出口贸易

【概况】 2021年,南昌市充分发挥航空、铁路口岸平台功能,以国际化视野,积极开展海铁联运工作,融入“一带一路”建设,不断拓展国际物流大通道,为南昌打造内陆双向开放新高地提供支撑保障。按照全市“转作风、优环境”活动总体部署和要求,积极帮扶外贸企业,为企业纾危解困,外贸企业恢复增长,跨境电商、外贸供应链等新业态快速发展,外贸新动能不断集聚,为全市外贸稳增长提供强有力支撑。全市外贸既有量的增长,又有质的提升,连续保持全省进出口第一大市地位,取得远超预期成绩,实现“十四五”对外贸易良好开局。全市实现外贸进出口总值200.17亿美元,同比增长20.5%。其中,出口138.93亿美元,增长34.9%,外贸各项总量稳居全省首位。全市进出口总额在2014年首次突破100亿美元的6年后,在2019年跨过150亿美元台阶,2021年达到历史新高点。

【进出口规模创新高】 2021年,南昌市外贸进出口值、出口值均创历史新高,全省设区市中仅南昌市进出口规模超千亿元。南昌市外贸进出口总值1293.6亿元,比上年增长12.3%,占同期全省进出口总值的26%。其中,出口897.7亿元,增长25.9%,占同期全省出口总值的24.4%;进口395.9亿元,下降9.7%,占同期全省进口总值的30.3%。贸易顺差501.8亿元。南昌市一般贸易进出口926.5亿元,增长8.4%,占全市外贸总值的71.6%。加工贸易进出口229.4亿元,增长2.8%。海关特殊监管区域物流货物进出口133亿元,增长1.3倍。

【新兴市场开拓】 2021年,对美国、东盟和欧盟分别进出口209.1亿元、195.2亿元和120.1亿元,分别增长73.2%、26.4%和24.3%。同期,对拉丁美洲、非洲、印度等新兴市场分别进出口79.1亿元、48.3亿元和20.6亿元,分别增长25.8%、45%和91.3%。南昌民营企业进出口1078.5亿元,增长14.2%,占全市外贸总值的83.4%。外商投资企业、国有企业分别进出口174.4亿元和39.4亿元,分别增长2.2%和22.9%。机电产品出口544亿元,增长9.2%,占全市出口值的60.6%。其中,笔记本电脑出口93.7亿元,增长77.1%。汽车(包括底盘)出口29.9亿元,增长64.7%。服装及衣着附件出口123.6亿元,增长58.9%;玩具出口24.9亿元,增长1.4倍。

【国际经贸】 2021年,南昌中欧班列效能延伸,世界各地特色商品引入全市商业场地。南昌跨境电商业务快速发展。5月18日,赣货通全球平台成立。5月28日,南昌经开区、南昌综保区与省旅游集团在南昌签订《投资建设江西旅游跨境购基地项目合作协议》,旨在打造全国标杆综合保税区跨境购基地,为跨境电商企业提供一站式集成服务。市长万广明会见项目主导方省旅游集团董事长曾少雄一行,共同见证此次签约。1—12月,南昌综保区实现跨境电商进出口额59.64亿元,较2020年增长45倍。12月11—13日,由南昌市政府、江西省商务厅联合江西省贸促会、江西省跨境电商协会、江西省电子商务协会、南昌市跨境电商协会共同主办的2021年中国(中部)国际消费品博览会在南昌绿地国际博览中心开幕,2021中国(中部)国际跨境电商高峰论坛暨中国(南昌·英雄城)跨境电商英雄会活动同期举办,国内外近900家企业参展。南昌市参加第四届中国国际进口博览会之江西省国际贸易投资合作推介会,签约项目7个,签约金额4.71亿美元,签约项目数和金额均位居全省设区市之首。“一带一路”沿线贸易规模持续扩大。全年“丝绸之路经济带”和“21世纪海上丝绸之路”沿线国家进出口总值313.5亿元,比上年同期增长15.2%,较同期南昌市外贸整体增速高出2.9个百分点,占全市进出口总值的24.2%。东盟、印度和阿联酋为前三大贸易伙伴,合计占比达73.9%。出口商品以机电产品为主,占比超六成。南昌市实现外贸进出口总值1293.56亿元,比上年增长12.3%。其中,出口值897.68亿元,增长25.9%,高于全省平均水平0.1个百分点。外贸各项总量稳居全省首位。

【贸易洽谈】 2021年11月5—10日,第四届中国国际进口博览会在上海国家会展中心举办。南昌交易分团在第四届进博会期间开展贸易洽谈,推动产业合作。博览会上,南昌交易分团共组织注册专业采购商284家,人数767人。11月6日,在江西省国际贸易投资合作推介会上，南昌市签约项目7个，签约金额4.71亿美元，签约项目数和金额位居全省设区市之首。博览会期间，南昌市放大博览会溢出效应，开展一系列投资促进、人文交流活动，全面宣传推介南昌营商环境和优势产业，吸引境外企业投资南昌，促进南昌交易分团采购商与境外展商洽谈采购。

（张佳佳）

对外经济技术合作

【概况】 2021年，南昌市引导和鼓励企业“走出去”及参与“一带一路”建设，取得良好成效。400余家企业开拓海外市场，谋划参与60余个国家和地区的国际产能合作及基础设施建设，其中涉及20余个“一带一路”建设沿线国家。至年底，全市新增境外投资备案企业28家，中方协议投资额5700万美元，占全省比重5.54%；对外直接投资额2.77亿美元，同比下降5.8%，占全省比重30.93%；对外承包工程新签合同额4.05亿美元，增长66.45%，占全省比重11.24%；完成对外承包工程营业额5.46亿美元，下降24.47%，占全省比重13.24%；外派劳务43人，在外人数797人，雇佣海外劳务人数2203人。对外投资和对外承包工程实现“双丰收”，对外直接投资额及完成工程承包营业额稳居全省总量第一位。

【对外直接投资】 2021年，南昌市企业对28个国家（其中涉及20个“一带一路”建设沿线国家）直接投资18.6亿元，主要投向美国、澳大利亚、瑞典、新加坡、印尼、老挝、越南、柬埔寨、马来西亚、泰国、赞比亚、肯尼亚、南非等国家。从投资国别来看，欧美国家投资持续放量，“一带一路”建设沿线国家投资持续增长，非洲国家依然是主要市场，RCEP协议国家成为新的投资热点。从投资行业来看，基础设施建设依然是企业投资主要方向，制造业转移升级步伐加快，农业合作基础扎实。随着全球自贸协定RCEP的签署并在2022年1月生效以及非洲大陆自贸区一体化的实施，南昌市企业融入“一带一路”建设主动性增强。越来越多的企业赴沿线国家投资建厂、承揽工程及参与境外经贸合作区建设，饲料生产销售、加工制造、电力工程设备采购安装、矿产勘察等优势产业和富余产能加快流向“一带一路”建设区域，从传统的贸易、农业开发、加工制造、建筑施工等扩大到光电技术研发、生物医药研发、航天航空服务等高新技术行业。3月31日，济民可信集团自主研发的新冠病毒特异性中和抗体注射液（项目代号：JMB2002）获得美国食品药品监督管理局（FDA）批准，将在美国开展临床试验；南昌矿山机械在瑞典设立研发中心，联创电子与韩国美法思设立电子研发中心；瑞能光电、金达莱环保相继在美国设立研发中心和销售网络。正邦集团在埃及、缅甸建立饲料加工厂，埃及、缅甸二期扩产项目有序推进；京九电源、东劲实业在土耳其、孟加拉国、菲律宾等国建成蓄电池组装厂；人之初集团在泰国使用当地香米加工生产婴幼儿米粉辅料；3L医用制品集团在柬埔寨有300余名员工生产一次性医疗用具，并向多国捐赠医疗防疫物资，在世界抗疫中贡献南昌力量；由中江国际发起的首个非洲赞比亚多功能经济合作区一期已建成开园，并有序组织南昌企业入驻。

【本土企业跨国经营能力培育】 2021年，培育全市优势企业发展成为集境内外研发、生产、销售、服务一体化的跨国企业，支持大型企业参与境外经济贸易合作区建设，设立海外生产基地、营销中心、研发设计中心。依托南昌市龙头骨干企业和上市公司实力，开展国际化经营，在全球范围广泛建立技术、品牌、销售网络和战略资源渠道。通过直接投资、收购兼并等方式建立国际化生产基地、研发设计基地、海外孵化器，拓展海外分支机构，提高海外雇员比例，增加海外销售收入，提升跨国公司在进出口贸易中的主体地位，构建以本土功能总部为主的全球产业链，引导企业将高端产业环节回归南昌，打造一批具有国际竞争力的本土跨国公司。

（张佳佳）

表11　2021年南昌企业对外投资情况一览表

涉及行业	涉及国家（个）	投资金额（万美元）
建筑业	15	7713.5
制造业	8	3244.5
采矿业	5	2650.26
租赁和商务服务业	6	7973.79
农、林、牧、渔业	3	270.95
其他（文化、批发、科研、环保、交通）	5	3440.55

（资料来源：市商务局）

口岸管理

【概况】 2021年,按照建设大平台、构建大通道、形成大枢纽、发展大产业的工作思路,着力优化口岸平台功能,发挥其为产业发展赋能的重要作用。昌北机场枢纽地位逐步提升,新开通西宁市、佛山市、常州市等10个新航点,昌北国际机场实现旅客吞吐量976.6万人次,同比增长3.6%;货邮吞吐量17.3万吨,其中国际货邮吞吐量11.2万吨,增长46.2%。进境冰鲜水产品、食用水生动物和进境水果3个指定监管场地通过南昌海关预验收,进入海关总署最终验收阶段;南昌国际邮快件中心完成改造升级,龙头岗综合码头实现“抵港直装”“船边直提”监管模式,国际货运时效大幅提升。南昌中欧班列实现图定运行并提供定制化运输服务,首次开行“江西制造”“美的家电”“跨境电商B2B”出口专列。全年开行中欧班列112列,到发外贸进出口集装箱10952标箱;铁海联运累计完成外贸集装箱50288标箱,增长29.54%。

【中欧班列发展合作协议签订】 2021年4月11日,南昌向塘开发区管委会和渝新欧(重庆)供应链公司签订战略合作框架协议,共同推进中欧班列发展。这是南昌市落实省委、省政府关于加快推进内陆口岸开放提升指示精神,深入推进“转作风、优环境”活动和党史学习教育的重要成果,标志着南昌市和重庆市合作推进中欧班列持续健康发展迈入新阶段。

【南昌首票“船边直提”业务完成】 2021年6月8日,市投资促进局联合赣江新区海关协调码头和相关企业,在南昌龙头岗综合码头完成南昌首票“船边直提”业务。进口“船边直提”是南昌海关提升通关效率、优化营商环境的重要便利化措施,畅通港口与海关之间的信息交互,实现集装箱提前预约,企业根据事先查询的船舶靠港信息安排好货柜车,切实减少企业卸货等待时间,降低物流运营成本,实现到港即提货的“零延时”通关。此次南昌首票“船边直提”业务完成,是南昌市继2020年10月23日实现水运码头出口“抵港直装”业务模式后,实行的又一新的通关便利化举措,助力南昌水运港口进出口货运“再提速”,有利于进一步提升南昌口岸通关便利化水平,进一步优化南昌市口岸营商环境。

【南昌铁海联运“三同”试点】 2021年6月28日,第500列南昌铁海联运“三同”(进境与沿海同价到港、出境与沿海同价起运、通关与沿海同样效率)班列满载100标箱的食盐、瓷砖、家具、五金等“江西制造”货物,从南昌向塘国际陆港启程,驶向宁波舟山港。这标志着南昌铁海联运“三同”试点工作跨上新台阶、迈入新征程。

【“跨境电商B2B”出口专列首次开行】 2021年10月18日,南昌中欧班列首列跨境电商班列正式开行,标志着南昌中欧班列发展迈上新的台阶。此次南昌中欧班列跨境电商B2B出口班列采用“9710”申报模式,通过“预约通关、舱单归并、自主选择报关地”等通关便利化措施,实现班列查验“零延时”、通关“零延误”、企业“少跑路”、运行“无阻滞”,大幅提升货物通关时效、降低企业物流成本。

2021年1月10日,南昌中欧班列“江西制造”专列首发

(市商务局 供图)

【“江西制造”出口专列首次开行】 2021年1月10日,南昌中欧班列首列“江西制造”专列满载着江西企业自产货物从南昌向塘国际陆港驶出,一路西行驶向俄罗斯莫斯科,开启“十四五”南昌中欧班列高质量发展进程。为助力江西本土货物出口,南昌中欧班列优先保障本省企业运力和舱位需求,实现本省货源在南昌中欧班列优先承运、优先装车、优先挂运,得到全省外贸进出口企业的普遍欢迎和认可。

【“美的家电”出口专列首次开行】 2021年2月18日,南昌中欧班列首列“美的家电专列”满载着50个集装箱、货值超过148万美元的美的家用电器从南昌向塘国际陆港出发驶向俄罗斯莫斯科,推动南昌中欧班列高质量发展。为稳定国际产业链、供应链,促进国际抗疫合作,南昌中欧班列充分发挥南昌向塘国际陆港的功能和平台优势,主动调配资源、增加运力,为客户提供定制化班列服务,畅通国内国际双循环。

(张佳佳)

海 关

【概况】 2021 年,青山湖海关聚焦"作示范、勇争先"目标定位,推动落实"五关"建设(政治建关、改革强关、依法把关、科技兴关、从严治关),各项工作取得新的成效。建立跨部门联合会诊机制,将项目清单转化为落实主体责任的"履职清单",实现外贸进出口企业诉求件件有落实、事事有回音,持续优化营商环境,助力企业发展。推进海关稽查、减免税集中复核集约化改革,打造业务特色亮点,筛选重点企业进行"一对一"帮扶,服务南昌市开放型经济发展。结合实施"十百千万"服务工程,扎实开展"我为群众办实事"实践活动,帮助外贸进出口企业解决急难愁盼问题。

【减免税集中复核业务改革】 2021 年,南昌海关减免税政策种类涉及面广,疑难问题集中研判、分类攻克,建立问题台账本,动态发布复核情况。参加关区集中工作、交叉互查和业务培训,定期与各关交流工作经验。全年,减免税集中复核业务涉及九江市、赣州市、吉安市、景德镇市、新余市、鹰潭市、上饶市、宜春市、萍乡市、抚州市、龙南市 11 个隶属海关,业务种类主要涉及科技创新、鼓励类项目、种子种源等多个种类。全年共办理关区减免税集中复核业务 521 票,减免税设备总货值 1.97 亿美元。

【稽查业务】 2021 年,青山湖海关突出传统涉税领域稽查不放松,围绕商品归类、特许权使用费、低报价格等事项开展稽查,打击偷漏税情事。拓展新兴贸易业态稽查,落实总署跨境电商"断链刨根"专项整治行动要求,经企业主动披露发现追补税情事 1 起,初步发现某企业存在进口非正面清单商品、伪报贸易方式等问题 1 起。开展涉检稽查维护国门安全,密切关注危险化学品逃漏检、进境粮食违规调运等 5 类新型涉检领域风险。开展打击走私"国门利剑 2021"行动,重点打击洋垃圾、象牙等濒危物种及其制品、防疫物资、疫苗非法出境和重点涉税商品等走私。通过完善风险共判、兼职情报员、赴企业稽核查等机制,不断提高监管缉私整体效能。全年共查获行政违法案件线索 12 起,自行立案查处案件 5 起;向南昌海关缉私局移交案件线索 7 起,立案 5 起。

【外贸营商环境优化】 2021 年,青山湖海关深化"放管服"改革,常态推进"十百千万"服务工程(支持十大产业,重点围绕有色金属、新能源、医药、汽车等产业,量身定制帮扶措施;精准服务百家重点企业,建立"一对一"联络员机制和"一企一策"工作台账;调研千家中小外贸企业,研发"关企互动复工复产平台",实时收集反馈企业遇到的困难和问题;妥善应对国外禁限措施,开展国外技术壁垒研究应对,送政策送服务覆盖万家企业),做好进出口食品企业备案工作。加强产业调研和分析,撰写产业分析报告、进出口监测预警分析、调查分析、南昌外贸分析报告 30 余篇。支持辖区高新技术产业和国家重点项目发展,用好"十四五"期间过渡期减免税政策为企业排忧解难。全年共办理辖区减免税业务 661 份,减免税设备总货值约 4206 万美元。对接华勤、洪都航空等重点企业,帮助企业实现由"两头在外"到"两个市场"的转变。对接支持 C919 大飞机项目,利用海关货物保税优惠政策,为航空企业承接大飞机制造订单提供便利。

【主动披露作业流程优化】 2021 年,青山湖海关推广"主动披露"制度,引导企业以"线上"方式主动披露企业违反海关监管规定行为,依法协助企业申请减免税款滞纳金。组织海关稽核查业务专家,联合地方商务部门,开展海关政策法规宣讲,引导进出口企业规范申报和守法经营。指导企业对税则号列、特许权使用费等易错申报事项进行自查,对发现的问题及时主动披露。同时,给予企业从轻或减轻处罚等优惠措施,帮助守法企业以"诚信"换"红利"。全年共办结主动披露企业 12 家,帮助企业减免滞纳金 150 余万元。

(袁 冰)

开发园区

综　述

【概况】　2021年，全市开发区工业企业实现营业收入7774.89亿元，比上年增长21.8%；实现利润总额478.78亿元，增长9.2%。为加快特色园区建设，坚持“开发区+特色产业园”建设发展模式，推进南昌高新区“5G+VR”产业园、南昌县智能装备制造产业园、进贤县医疗器械科技产业园、新建区轨道交通产业园等特色园区建设。加快向塘商贸物流园城市配送中心建设，推进京东“亚洲一号”、苏宁易购江西电商产业园等综合供配中心、分拨中心建设。实施数字经济“一号工程”，加快发展5G和物联网上下游产业，以南昌高新区国家软件科技园、慧谷产业园、北大科技园等为重点，打造一批软件和信息技术为特色的园区。南昌高新技术产业开发区工业营业收入稳居全省开发区第一位，为全省唯一营业收入过3000亿元的开发区。小蓝经济技术开发区和南昌经济技术开发区工业营业收入均超1500亿元，分列全省第二和第三位。

【园区招商引资】　2021年，全市开发园区拓展招商引资新渠道、新方向，引进一批投资规模大、科技含量高、产业关联度强的优质重点项目。同时，拉伸产业链条，在项目招引上着力建链、补链、强链，突出产业转型、科技创新、人才引进、产出高效，推动招商引资在投资质量、效益提升上取得新的突破。至年底，全市省级以上开发园区签约重大项目365个，投资总额3152.63亿元。其中，南昌高新区签约重大项目129个，投资总额869.68亿元；南昌经开区签约重大项目84个，投资总额891.51亿元；南昌小蓝经开区签约重大项目60个，总投资额493.25亿元。全市开发园区招商实际到位资金1458亿元，同比增长18.3%。其中，南昌高新区招商实际到位资金334.46亿元，增长30.2%；南昌经开区招商实际到位资金543.22亿元，增长8.4%；南昌小蓝经开区招商实际到位资金215.85亿元，增长18.2%。

【园区固定资产投入】　2021年，全市开发园区在加快招商引资签约项目成果落地转化同时，加大对存量资源、技改项目的挖潜、梳理，建立投资项目库。做好工业固定资产投资项目统计，针对新增项目，认真梳理项目存在的问题和困难，协助配合及时解决，推进项目开工建设。总投资150亿元的南昌经开区江铃新能源汽车生产基地项目实现部分投产，总投资128亿元的江铃小蓝富山新能源汽车生产基地项目全面投产，总投资200亿元的欣旺达南昌动力电池生产基地项目、总投资120亿元的华勤千亿产业基地项目、总投资50亿元的济民（小蓝）新药研发生产基地项目等开工。南昌高新区全年固定资产投资比上年增长15.2%。其中，第二产业投资增长0.8%，第三产业投资增长9.9%。房地产开发投资完成96.97亿元，增长17.8%。南昌经开区全年500万元以上固定资产投资比上年增长13.3%，其中工业投资增长27.0%、房地产开发投资增长29.9%。商品房成交销售面积216.81万平方米，增长19.6%。南昌小蓝经开区固定资产投资343.36亿元，增长13.34%。

【园区基础设施建设】　2021年，全市开发园区坚持规划和基础设施先行，全力推进基础设施建设，不断提升承载能力，进一步扩展园区开发空间，为招商引资、项目引进提供良好基础环境。南昌高新区加快“两新一重”建设，用好地方政府专项债券，推进5G、数据中心、物联网等“新基建”项目建设。启动瑶湖“云巴”项目，串联电子信息产业园、南昌航空城、瑶湖高教园区等区域，与地铁1号线、3号线和4号线实现无缝对接。推动瑶湖隧道、沿江快速路东延、高新大道过江通道、艾溪湖三路等“断头路”开工建设，加快鲤鱼洲公路拓宽、航空科创城配套路网、艾溪湖南路改造、艾溪湖二路东延等市政道路建设。南昌经发区推动33条市政道路更新改造，其中赤府路、香樟路2条“断头路”打通。推进6处污水管道建设。推进完成停车场项目建设11个。新建标准化公厕2座。建成3条城市绿道，推进3个城市公园建设，增设5个“邮票绿地”。龙潭水渠提升改造完成、青岚水渠改造正推进。双港东立面改造工程已完成97%。安置房、标准厂房“两房”项目建设有序推进。南昌小蓝经开区推进富士康、富山基地（二期）、济民可信等落户园区企业的“三通一平”工作、电力专线，保障企业落户、生产。推进东祥路、河洲路、发展大道、杨巷路等小蓝滨江高新技术产业园路网建设，打通交通脉络，促进产城融合。

【园区工业经济】 2021年，全市开发园区工业企业实现营业收入7774.89亿元，比上年增长21.8%；实现利润总额478.78亿元，增长9.2%。南昌高新区工业营业收入稳居全省开发区第一位，为全省唯一营业收入过3000亿元的开发区。南昌小蓝经开区和南昌经开区工业营业收入均超1500亿元，分列全省第二和第三位。南昌高新区全年规模以上工业总产值234.59亿元，增长31.2%。支柱产业完成工业总产值228.77亿元，增长31.2%。全年规模以上工业营业收入153.49亿元，增长29.6%；利润总额5.73亿元，同期0.96亿元，增加4.96倍。南昌经开区实现园区工业营业收入1541.71亿元，增长13.5%；实现利润总额155.22亿元，增长12.03%。其中规模以上工业增加值增长11.6%。全区电子信息产业、新能源汽车及汽车零部件产业、医药健康产业、新能源电池及新材料、装备制造产业五大主导产业实现营业收入1358.6亿元，增长11.9%。南昌小蓝经开区完成工业总产值1529.75亿元，增长14.16%。汽车及零部件、医药仪器、食品饮料等三大主导产业共完成工业总产值813.8亿元，增长7.62%，占园区比重为53.2%；完成营业收入861.82亿元，增长9.79%，占园区比重为54.37%。

【科技创新发展加快】 2021年，南昌高新区围绕“一带一岛一园两城（科技创新带、瑶湖科学岛、江西省高层次人才产业园、大学科技城、航空科创城）”创新区域布局，加快推进一批创新基地建设。建设北京大学南昌创新研究院、中国信通院江西分院等9个大院大所研发机构。实施3亿元以上工业企业研发机构全覆盖，建成江铜研究院、正邦农业科学研究院等，加快推进华勤图灵研究院、天珑研究院建设。全区有国家级创新平台29个，国家级产业基地13个，国家级科研平台16个，国家级平台占全省的10%、全市的40%；培育和申报科技成果，落户南昌大学技术转移中心、南昌科技广场、江西省技术交易中心等成果转化交易平台。获得国家级科技奖励12个，其中国家科学技术发明一等奖1个和科技进步奖一等奖1个、二等奖9个、三等奖1个；专利授权量2.5万件，每万人口发明专利拥有量52.36件，居全省首位，科技进步贡献率提高到65%。高新区成为江西省唯一入选火炬中心企业创新积分制试点单位。南昌经开区围绕电子信息、新能源汽车、装备制造等产业发展，探索实行“揭榜挂帅”模式，攻克关键技术领域核心难题。培育一批专精特新“小巨人”企业、高新技术企业、“独角兽”企业、“瞪羚”企业。全年新增高新技术企业62家，有高新技术企业216家，各级各类研发中心150家，国家级科技企业孵化器3家，省级科技企业孵化器2家，国家级众创空间6家、省级众创空间3家。争取中国工业互联网研究院江西分院和国家工业互联网大数据中心江西分中心落户，为工业高质量发展注入强大数字动能。与江西农大、华东交大等3所大学签订战略合作框架协议，完成技术合同交易额9.8亿元，培育壮大规模以上数字经济企业16家，数字经济全年营收6.09亿元。

【人才引进和服务】 2021年，南昌高新区实施“瑶湖英才计划”，出台人才产业园“双十条”政策，兑现省、市、区三级人才政策资金1.1亿元。有各类人才16.7万人。其中，自主培养或引进院士30人，国家级人才61人，省级人才68人。高新区已成为省市高层次人才的重要聚集区域。全区有国家级科技企业孵化器5家、省级科技企业孵化器7家、市级科技企业孵化器9家，国家级备案众创空间6家、省级备案众创空间12家、市级备案众创空间12家。南昌经开区扎实做好招才引智和服务人才工作，采取线上线下相结合方式，开展招聘会18场，协助到岗4000余人，建立“四平台、一中心”的“互联网+人力资源服务”服务平台，服务企业3100余家；成立高层次人才创新创业基地和大学生创业孵化基地，吸引5个高层次人才创业项目和20余个大学生创业项目入驻，解决大学生就业100余人。

【全省首家企业上市北交所】 2021年，华维设计集团股份有限公司成功由“新三板”精选层平移为首批北交所上市公司，为江西省首家北交所上市公司。2015年华维设计完成股份制改造并在“新三板”挂牌。随着“新三板”精选层转板政策推出，高新区随即着手推动区内“新三板”企业朝精选层进军，联合全国股转公司、省地方金融监管局、市金融办多次走访华维设计，实时掌握企业发展动态，帮助企业找准上市工作重心，高效解决企业诉求，快速为企业出具上市所需材料，最终帮助华维设计于2021年1月5日进入精选层，并同步完成公开发行股票2371万股，完成融资1.9亿元。高新区上市公司数量占全市的53%。为抢抓“新三板改革”、设立北交所政策机遇，持续纵深推进企业上市“映山红行动”，推动区内企业完成北交所上市工作，有60家公司入选“江西省北交所拟上市企业”，并组织开展上市培训、走访等活动。

2021年5月26日，第十二届中国卫星导航年会举行

（马悦　摄）

【第十二届中国卫星导航年会签约项目】　2021年5月26日，第十二届中国卫星导航年会在南昌绿地国际博览中心举行。年会开幕首日，赣江新区经开组团现场共签约5G基站模块集成电路封装基地、智能网联测试区等9个项目，涵盖北斗电子集成电路模块、车路协同应用和自动驾驶、智能机器人生产制造等北斗产业链上下游多个领域，签约金额总投资额约154亿元，列全省第一位，签约项目数占全省项目签约总数的1/4。作为全省第一个国家级经开区和第一批数字经济创新发展试验基地，赣江新区经开组团坚持改革创新，重点发展特色产业、培育新兴产业，切实把握北斗系统开启全球化、产业化新征程的发展契机，围绕“建设全国一流北斗产业示范基地，成为支撑省市北斗产业发展样板区”的目标，以北斗+低空空域改革为切入点，全力加快北斗产业发展，重点推动北斗卫星导航综合应用示范、北斗大厦、中久激光、航天科工安防及信创产品生产基地等10余个重大项目的落户和建设，产业示范集聚效应正在显现。

【南昌电子信息（LED）创新示范园（二期）建设】　2021年，南昌电子信息（LED）创新示范园（二期）建设项目是省市级重大重点（5020）项目，由江西青山湖高新技术产业园区管委会下属江西青山湖产业控股集团开发，摘牌土地28.13公顷，总投资50.5亿元，规划建设标准厂房、创意厂房、总部研发中心、生活配套用房等各种建筑约70万平方米。已规划建设面积25.33公顷，首期25栋（约20万平方米）标准厂房全部封顶。项目建成后将成为集生产制造、研发设计、产业配套、总部办公等功能于一体的创新型产业综合体，为全区承载优质企业、优质项目打造高品质产业空间载体，提供巨量产业调蓄空间。

表12　　2021年南昌市工业园区主要经济指标一览表

项　目	投产工业企业数（户）	招商实际到位资金		出口交货值	
		绝对数（亿元）	比上年增长（%）	绝对数（亿元）	比上年增长（%）
南昌市	2114	1458.00	18.3	499.36	
国家级园区					
南昌小蓝经济技术开发区	390	215.85	18.2	80.10	20.5
南昌经济技术开发区	369	543.22	8.4	80.74	-43.8

续表12

项　目	投产工业企业数(户)	招商实际到位资金		出口交货值	
		绝对数(亿元)	比上年增长(%)	绝对数(亿元)	比上年增长(%)
南昌高新技术产业开发区	333	334.46	30.2	296.76	14.9
省级重点园区					
南昌青山湖高新技术产业园区	302	84.00	12.0	27.39	65.7
新建经济开发区	174	146.12	49.6	3.06	31.1
安义工业园区	317	45.52	16.6	6.51	5.6
进贤产业园	229	88.82	10.3	4.80	-17.5

项　目	营业收入		利润总额	
	绝对数(亿元)	比上年增长(%)	绝对数(亿元)	比上年增长(%)
南昌市	7774.89	21.8	478.78	9.2
国家级园区				
南昌小蓝经济技术开发区	1596.46	15.5	98.19	16.4
南昌经济技术开发区	1544.07	12.4	155.22	12.0
南昌高新技术产业开发区	3049.28	28.6	120.59	9.4
省级重点园区				
南昌青山湖高新技术产业园区	435.41	27.8	48.06	13.0
新建长境经济开发区	557.61	19.7	25.70	46.8
安义工业园区	317.43	41.1	18.07	52.1
进贤产业园	274.64	22.9	12.94	23.7

（资料来源：市统计局）（张佳佳）

南昌高新技术产业开发区

【概况】 南昌高新技术产业开发区（以下简称“高新区”）于1991年3月创建，1992年11月被国务院批准为国家级高新区。2021年，全区区域面积286平方千米，下辖2个镇（昌东镇、麻丘镇）、2个处（艾溪湖管理处、鲤鱼洲管理处），管辖48个行政村、34个社区（居委会），辖区人口约45万人。地区生产总值为920.38亿元，同比增长9%；高新区总收入6109亿元，同比增长20%；工业营业收入突破3000亿元，增长28.5%；固定资产投资、规模以上工业增加值分别增长15.2%、12.0%，均为南昌市第一。全区企业2.4万家，其中规上工业企业214家、高新技术企业600家；世界500强、中国500强和民营企业500强总计23家，总部在高新区的上市公司18家。在全国169家国家级高新区综合排名中连续七年进位赶超，较上年提升2位，跃升至第24位，站稳“第一方阵”；在全省率先挺进全国387家国家级开发区50强，列第48位；获评2021年全省产业集群高质量跨越式发展示范园区、全省开放平台先进单位；在2021年上半年全省开发区争先创优综合考评中连续7次蝉联第一名。

【基础设施建设】 2021年，高新区竣工安置房面积121万平方米;新建停车泊位1650个。新增幼儿园学位4170个,公办幼儿园占比由2018年不足5%提升至57%。江西师大附属学校、航空一中等学校建成,新增义务教育优质学位近6500个。引进南大一附医院、省中西医结合医院、省中医药大学附属医院和省肿瘤医院等优质医疗资源,建成2个社区卫生服务中心、近20个卫计室和社区卫生服务站,实现医疗资源全覆盖。深入实施推进老旧小区三年改造计划,打造19个"1+5+X"社区邻里中心规划建设,不断提升社区功能和品质。南昌地铁1、3、4号线全面接入,艾溪湖隧道竣工通车,构建四通八达的立体交通网络。

【招商引资】 2021年,高新区共签约重大项目129个,签约投资总额869.68亿元。其中,认定"152"项目8个,包括100亿元项目1个、50亿元—100亿元项目3个、20亿元—50亿元工业项目4个。项目建设强劲有力。10个省大中型项目、11个市重点推进项目全部开工建设,开工率100%。组建高新招商集团,发挥国有平台在投融资、项目建设上的主力军作用,与央企及省市区市场化投资机构合作设立江西省高层次人才产业基金、映山红专项基金、电子信息基金、航空产业基金等市场化投资基金平台。高新区智能制造产业园融资项目获国家开发银行批复金额18.8亿元,期限19年。五星白鹤小镇融资项目纳入鄱阳湖生态修复与提升工程整体打包项目,取得国家开发银行江西省分行授信35亿元,期限15年。

【产业建设】 2021年,高新区深入开展强链引链补链工程,推动四大主导产业总量做大、结构做优、链条做长。主导产业扩容增量。打造电子信息、新材料2个千亿元级产业。电子信息产业营业收入1302.2亿元,同比增长31.5%。移动智能终端产业整机出货量1.2亿部。新材料产业营业收入1180.4亿元,增长28%;航空制造产业营业收入186.2亿元,增长30.7%。举办第三届南昌飞行大会,中国商飞江西生产试飞中心正式启用,首批下线ARJ21国产客机完成试飞并交付使用。初步形成整机零部件配套及通航服务为一体的产业链。医药健康产业营业收入183亿元,增长47.6%。

【生态建设】 2021年,高新区全力推进"城市功能与品质提升三年行动""城市环境综合整治八大行动"。实施"白改黑""暗改亮""上改下""面改美""堵改疏""荒改绿""绿改彩"等工程,城市管理更加精细、更加智慧。生态环境更加优美。充分挖掘"一江相临,四湖相间"生态优势,新建改造鱼尾洲、南塘湖和艾溪湖、瑶湖等一批生态公园,配套建成一批城市绿道,塑造城市的"绿肺"、候鸟栖息的天堂、市民休闲的热土,"最美高新"得到社会各界广泛认可。

【园区服务】 2021年,高新区深入实施"一企一策、一企一方案、一企一专班"工作机制,定期举办"高新下午茶"等政企交流活动,全力推动产业倍增计划落地落细,为企业"量体裁衣"式制定个性化政策和全生命周期服务,带动全产业链迅速扩张。先后召开2021中国商飞—江西大飞机产业培育会、中国商飞全球供应商大会—江西省航空产业推介会、2022华勤技术全球核心供应商大会,出台区内企业配套采供双方按销售额各奖1%的激励举措,打出政策组合拳,形成订单牵引和成本优势两大抓手,打通全产业关键链条。全面推行企业开办全流程"零成本""1小时"办结制,在全省首推"办不成事兜底办"专窗,开设全省首家企业开办"政银合作"示范点,"政务超市"实现24小时不打烊。打造"5G+智慧政务"实体政务大厅,21个审批部门权限内210项行政许可事项和659项公共服务类事项全面入驻。整合各系统各部门职责,开展"一件事一次办"集成改革,实现企业开办全流程"零成本""1小时"办结,推出"免证办理"等多项政务服务改革,政务服务便利化程度进一步提升。推行"人民调解+线上司法确认"模式,并成立南昌仲裁委员会高新分会,为丰富商事纠纷解决机制、营造良好投资环境提供优质高效法律服务。全年走访对接区内民营企业共2.01万家、农民合作社119家、个体工商户1.48万家,共收集到企业反馈的问题线索445条,已全部办结清零。

(李志恒)

南昌经济技术开发区

【概况】 南昌经济技术开发区(以下简称"南昌经开区")位于南昌市北郊,毗邻红谷滩区,创建于1992年,2000年被国务院批准成为江西省第一家国家级经济技术开发区。2021年,辖区面积310平方千米,下辖2个镇(樵舍镇、乐化镇)、1个街道(蛟桥街道)、2个处(白水湖管理处、冠山管理处),有56个村民委员会、33个(社区)居民委员会,常住人口53.75万人。规上工业增加值同比增长11.6%,增速位列全市第二位;固定资产投资增长13.3%;社会消费品零售总额214亿元,增长20%;地方一般公共预算收入21亿元,同口径增长15.1%;实际利用内资540.8亿元,增长7.03%;实际利用外资13.1亿美元,增长8%;实现进出口总额30亿美元,增长13%。在第六届中国国际绿色创新发展大会上,全国12个开发区获全国首批"绿色低碳示范园区"称号,南昌经开区名列其中。

【基础设施建设】 2021年,南昌经开区围绕提升城市功能和品质,在精致建设、精细管理、精准整治上下足“绣花”功夫，推动城市建管朝着科学化、精细化、智能化方向纵深发展。在道路更新、安置房建设、老旧小区改造、绿道游园建设、“厕所革命”等方面重点发力，有序推进城市建设和城市更新。提升改造市政道路33条，打通“断头路”2条；完成老旧小区改造4个；新建停车场11个、标准化公厕2座；建成城市绿道3条，城市公园3个，“邮票绿地”5个。依托数字城管平台，从照明监管、污水排放监管、园林绿化监管等方面动态发力，持续开展“马路本色”行动，加快推进“暗改亮”工程，扎实推进城市邮票绿地建设，全面加强对城市日常运转的精细化管理。

2021年10月14日，2021欣旺达动力电池全球供应商大会举行

（南昌经开区　供图）

【招商引资】　2021年，南昌经开区聚焦产业龙头、区域总部、创新平台等，主动出击开展精准招商，通过深圳、厦门、北京等产业推介活动、委托招商、“三请三回”等方式，引进一批投资力度大、带动作用强、发展前景好的好项目、大项目，推动招商引资工作发展。出台《南昌经开区推进建设内陆开放型经济试验区新高地工作方案》《南昌经开区产业高质量发展“三年再翻番，进军三十强”2021年行动方案》《南昌经开区“管委会+平台公司”运行模式试点示范工作2021年任务清单》《关于做大全区经济总量工作方案汇编》等文件。全年签约亿元以上产业项目84个，投资总额891.51亿元。其中，“152”项目12个，总投资额544亿元。主要有欣旺达南昌动力电池、华创新材超薄锂电池铜箔、科达利电池精密结构件生产等项目，为新能源汽车及动力电池产业集群发展打下基础。承办第十二届中国卫星导航年会，现场签约项目9个，总投资额约154亿元。承办第三届中国航空产业大会，现场签约项目4个，总投资额约120亿元，扩大南昌经开区航空产业在全国的影响力。

【产业建设】　2021年，南昌经开区工业营业收入1500亿元，增长13%。其中，电子信息产业463.3亿元，下降10.8%；新能源汽车新材料产业124.4亿元，增长39.1%；医药健康产业191.6亿元，增长30.3%；装备制造产业233.7亿元，增长24.1%。为有效地推动项目建设，严格落实重大重点项目协调推进机制。建立“一办一图一灯”推进机制，对重大重点项目实行“链条式推进、封闭式管理”，以最快速度推进项目早落地、早投产。全年新开工重大项目126个，完成投资额33.11亿元；新投产重大项目102个，完成投资额46.29亿元。建立“一项目一专班”“企业吹哨，部门报到”服务机制，全方位、全周期跟进服务项目，帮助协调解决项目推进中遇到的困难问题。全年项目服务专班和区企情收处中心协调解决193家企业236个问题，办结率100%。

【生态建设】　2021年，南昌经开区深入推进生态文明建设，开展江河湖库水环境监测与风险监控预警体系建设，完成水体水质监控预警系统工程子项的初步设计报告初稿，成立并运营南昌经开区绿色发展促进中心。做好碳达峰、碳中和各项工作，编制全区工业领域碳达峰碳中和初步方案，进一步摸清“碳家底”。组织全区20余家重点工业企业开展“双碳”专题培训，分析碳排放政策动向及提升企业“双碳”知识水平。深入开展“蓝天、碧水、净土”行动，从生态环境改善和人居环境提升2个维度切入，精准开展环境污染整治和社会乱象行为整治，扎实开展“违章搭建”“超载超限”“占道经营”等乱象整治行动，生态环境和社会秩序持续优化。全年空气质量优良率91.4%，水环境质量、土壤环境质量总体稳定，中央第二轮环保督察回头看交办信访件47件，完成整改率97.9%；白水湖污水处理厂顺利摘牌、完成整改销号；综合整治“散乱污”工业企业60余家。

【园区服务】　2021年，南昌经开区坚持向改革要动力、向开放要活力、向创新要竞争力，着力通过改革开放积蓄发展动能，奋力推动科技创新提升发展能级。推进“放管服”改革，重点推进人事制度和薪酬制度改革，着力通过改革激发干劲、提升效率、堵塞漏洞。全年出台重点改革措施16项、专项改革措施82项，梳理“全市通办”175项,推行“无证办理、不见面审批”,网上可办事项968项。企业开办压缩至0.5个工作日,实现2.5个小时完成发票申领、发放税务Ukey、免费公章刻制等工作目标。持续推进“六多合一”集成审批和重大重点项目“三大超简”审批改革。围绕企业全生命周期,坚持问题导向,“e心帮”团队推出“上门办、集中办、帮代办”服务632件次,办结率、满意率100%。通过2轮“企业大走访”活动收集问题271个,办结率100%。区企情收处中心协调解决193家企业236个问题,办结率100%。

(万志平)

2021年10月22日,2021南昌小蓝经开区汽车及零部件产业(广州)招商推介会在广州市举行

(南昌小蓝经开区 供图)

南昌小蓝经济技术开发区

【概况】 南昌小蓝经济技术开发区(以下简称“小蓝经开区”)位于英雄城南,赣水之滨,创立于2002年3月,2006年3月成为省级经济开发区,2012年7月升级为国家级经济技术开发区。规划核准面积18平方千米,已建成约33平方千米,辖2个管理处(11个行政村、2个社区)。2021年,小蓝经开区营业收入、工业总产值、财政总收入分别完成1596亿元、1529.75亿元和80.8亿元,同比增长15.47%、14.17%和12%。

【基础设施建设】 2021年,小蓝经开区以水、电、房、路为重点,不断改善基础设施条件,及时协调解决各种问题,扩大开发区招商引资的承载空间,营造安心投资、舒心创业的生产生活环境,推动入孵、入驻企业快投、快建、快产。推进富士康、富山基地(二期)、济民可信等落户园区企业的“三通一平”工作、电力专线,保障企业落户、生产。推进东祥路、河洲路、发展大道、杨巷路等小蓝滨江高新技术产业园路网建设,打通交通脉络,促进产城融合。

【招商引资】 2021年,小蓝经开区坚持“每2个月举办1次大型招商推介、每季度举办1次项目集中开工”,实际利用外资、实际利用内资分别完成7.83亿美元、337.27亿元,分别增长11.24%、1.07%。全年签约引进亿元以上项目60个,总投资额493.25亿元,其中“152”重大项目(100亿元、50亿元、20亿元以上产业项目)7个。10月22日,“2021南昌·小蓝经开区汽车及零部件产业招商推介会”在广州举办,现场签约项目12个。

【产业建设】 2021年,小蓝经开区获批国家发改委“国家县城开发区转型升级示范园区”,获评国家外贸转型升级基地(汽车及零部件)。汽车及零部件产业、绿色食品产业、生物医药产业三大主导产业完成工业总产值813.8亿元,增长7.62%,占园区比重为53.2%;完成营业收入861.82亿元,增长9.79%,占园区比重为54.37%。新增4家企业被认定为国家专精特新“小巨人”企业,2家企业获批省“专精特新”中小企业,2家企业获批省智能制造标杆企业,3家企业被认定为省级企业技术中心,5家企业获批市级企业技术中心,9家企业被认定为市优强工业企业,6家企业入选市“5G+智慧工厂”项目培育库。推进江铃富山基地、上海沪工、济民可信及泰豪VR等50亿元以上续建项目全部投产,完成投产项目共18个。同时督促江铃汽车股份有限公司零部件搬迁改造项目、江铃汽车股份有限公司汽车生产线调整及产能优化项目等15个项目新开工。中国移动VR创意产业园、华为(江西)智能网联汽车产业创新中心、中国联通虚拟现实(VR/AR)基地等一批科技型项目开业运营。

【生态建设】 2021年,小蓝经开区对52家2016—2020年中央、省环保督察信访件涉案企业、46家“散乱污”企业和140家涉VOCs企业进行全面“回头看”。持续推进市政雨污管网清淤、CCTV检测、修复及错漏接改造“四位一体”市政管网综合治理工程。增设高空瞭望系统、雷达液位计、空气监测点和水质监测点,为环境执法、环境应急、环境监测等提供有效的数据保障和技术支撑,全面提升生态环境管理水平。完成13个水环境综合治理项目,实施全面明渠清淤截污、排水管网综合整治工程,排水管网总里程27.6千米。

【园区服务】 2021年,完成股改企业5家;新增上市企业3家,区内上市企业增至47家。10月21日,百胜智能在深圳证券交易所正式上市,为南昌市此年首家首次公开募股(IPO)企业。双创特色项目“大中小企业融通型载体”在全国58个开发区中小企业发展专项资金绩效评价中获财政部认可。通过“财园信贷通”“洪城科贷通”等金融产品,为区内572户次企业解决融资需求75.13亿元,放款户数、额度增长30.5%、12.1%。开展“蓝精灵”代办帮办试行服务,为入园企业在县区代办帮办,从企业注册到生产经营所需各类证照以及各项扶持政策兑现等服务,变企业开办“多次跑”为“最多跑一次”,变“自己办”为“政府无偿办”。全省率先上线“惠企帮”“蓝财通”政策兑现在线平台,全年为236户企业实现政策兑现12.38亿元;组织指导90余家(次)企业申报省、市、县(区)相关惠企政策,申报扶持奖励金额共4.4亿元。

(刘　韬)

南昌临空经济区

【概况】 南昌临空经济区位于南昌市北郊,距红谷滩中心区20千米,2014年3月获批成立,规划总面积223平方千米,其中直管区面积16.8平方千米。2016年6月,国家级赣江新区成立,临空经济区以组团形式,纳入新区发展的国家战略。2019年5月,赣江新区管理体制调整,临空经济区按属地原则由南昌市直接管辖。2021年,南昌临空经济区依托现有产业基础,深入推进铸链、强链、引链、补链工程,注重培育发展特色产业园区,推动电子信息、智能制造、数字经济、航空关联产业等集聚集群发展,打造完整的产业生态。推进空港新城规划编制、新城建设、招大引强、产业发展等各项工作,保持良好的发展态势。全年经济运行呈现“三稳态势”(稳中加固、稳中有进、稳中向好),经济指标持续向好。至年底,园区总收入完成784.7亿元,同比增长9.14%;工业投资增长8.5%;实现社会消费品零售总额16.05亿元,增长16.84%;规上服务业营业收入完成9.34亿元,增幅23.44%;实现外贸出口2.5亿美元,实际利用内资完成60.5亿元。

【基础设施建设】 2021年,快速推进长约8千米昌北国际机场以东七里岗片区和樵舍片区“两纵两横”主干路网建设,启动富强大道、建园四路东延、七里岗大街东延、顺丰项目路网工程等21条主、次路网建设。富强大道已开工,其他道路正在加快推进征拆、可研、初设等各项前期工作,交通闭环正加速形成。

【招商引资】 2021年,始终把招商引资作为开发区生命线,进一步坚持招大引强,推动产业规模做大、产业能级攀升。提升招商实效,加大宣传力度,主动联系企业,推出积极有效政策吸引总部经济落地。优化营商环境,不断借鉴、创新,强化项目服务,摒弃“跟随”,达到“并轨”,期望“领跑”,切实做大做强行业总部经济,实现高质量发展。成功举办深圳电子信息招商推介会、江西(北京)“北斗+”招商座谈会等重大招商活动,依托航空关联产业,招引一大批大项目、好项目。全年,签约项目共19个,总金额167.5亿元。其中,50亿元以上项目2个,20亿元以上项目1个。项目涵盖电子信息、高端制造、数字经济、航空物流、航空总部、跨境电商等领域。

【产业建设】 2021年,主动调度项目、务实高效推进项目、精准管理落实项目,发挥项目的“主引擎”作用。按照“两行动一机制”(产业高质量发展行动、城市功能品质提升行动、重大重点项目协调推进机制)要求,进一步健全完善常态化的重大重点项目领导、调度、服务、督查、奖惩机制,严格“挂图亮灯”机制,推动项目建设“加速度”。推进中国电信云数据中心(一期)、鸿利光电(二期)、泰豪能源物联网等20个产业项目开工建设;推进易虎网都市智造谷、倬云数字营销产业园、晶弘新材料、江西国际货运航空基地等24个产业项目建成投产运营。列入2021年省重点建设项目4个,总投资23.48亿元,累计完成投资6.11亿元,占年度计划投资的135.83%;列入2021年省大中型项目11个,总投资116.04亿元,累计完成投资22.03亿元,占年度计划投资的110.44%;列入2021年南昌市重大重点项目20个,总投资268.5亿元,累计完成投资35.32亿元,占年度计划投资的116.37%;列入2021年赣江新区重大重点项目23个,总投资185.05亿元,累计完成投资39亿元,占年度计划投资的107.74%,均超过时序进度。抢抓江西内陆开放型经济试验区建设重大机遇,主动融入国内大循环为主体、国际国内双循环相互促进的新发展格局,发挥“一区三口岸”(南昌综合保税区、昌北国际机场、龙头岗综合码头、昌北铁路物流园)叠加优势,建成运营昌北国际机场新国际货站、国际邮件互换局、国际快件监管中心、海关通关中心“一货站三中心”,加速建设跨境电商产业园等一批平台项目,为“买全球、卖全球”开通阳光通道。完善《南昌临空经济示范区总体方案》,11月参加国家发改委组织的临空经济示范区申报视频评审会,争取国家发改委支持,力争尽快获批国家级临空经济示范区这一块“国字号”金字招牌,进一步提升区域影响力,为促进区域经济社会发展和经济发展方式转变提供有力支撑。

【生态建设】 2021年,牢固树立生态优先、绿色发展的理念,建立健全长效机制,扎实推进生态环境突出问题大排查和专项整治问题整改,推动各项环保工作常态化、长效化,全面提升生态环境保护工作能力和水平,不断改善园区环境、提升城市形象。在打造城市形象方面,按照“生产、生活、生态”融合发展思路,以生态园区为目标,深入开展环境提升行动。实施道路“以克论净”保洁机制,开展市容环卫“地毯式”巡查,推进生活垃圾分类。完成总面积1.7万平方米的邮票绿地建设和4.3千米儒乐湖大街西段、港隆路的道路绿化植物景观优化美化改造,打造舒适多彩的路域环境。

【园区服务】 2021年,推进“转作风、优环境”活动年,开展企业大走访大宣传活动。全年,走访企业409家,收集企业问题建议57个,解决57个。开展“我为群众办实事”实践活动、设立营商环境监测点,制作派发扫码随手拍的《“转作风、优环境”问题举报直通车》,收集营商环境问题线索,听取企业意见建议,落实非公企业党风廉政工作方案和优化营商环境构建亲清政商关系方案,双向发力营造廉洁优质营商环境。探索建立“12345”模式的项目调度机制,建立工作专班,对重点项目实行领导挂点负责制,践行“一线”工作法,变专员服务为全员服务、单向服务为联动服务、主动服务为深度服务,项目推进服务效率持续提升,工作成效不断显现。全年,走访企业110余次,协调解决问题100余件,为园区企业兑现有关优惠政策资金2.08亿元。帮助企业解决用工问题,通过多渠道助企招聘,开展招聘活动25场,推荐265人到企业面试。

(刘舒敏)

江西青山湖高新技术产业园区

【概况】 江西青山湖高新技术产业园区是全省城市规划范围内最大的省级高新园区,规划面积21.5平方千米,已开发面积13.6平方千米,辖区内有8个行政村、4个社区,常住人口8.3万人。园区形成针织服装、电子信息、生物制药、电子商务四大支柱产业,先后获国家纺织服装产业基地、省级重点工业园区、江西省工业崛起园区发展专项奖出口创汇第一名、中国针织行业集群工作先进单位等荣誉。2021年,园区一般公共预算收入2.43亿元,同比增长0.4%,完成预期目标的102.8%。固定资产投资104.1亿元,增长8%。工业企业新增24家,占全区33家的72.7%;规上工业总产值共154.32亿元,增长23.48%,超全区的1/3,总量稳居全区第一名。服务业企业新增5家,规上服务业总产值共8.36亿元,增长33%,增速排全区第一名。限上财贸新增企业7家,总产值42.5亿元,增长15.3%。全年完成实际利用内资140亿元,增长9.73%;完成实际利用外资2.57亿美元。

【基础设施建设】 2021年,实施九洲高架东延工程征迁,拆迁面积9.63万平方米,累计签约114栋,累计倒房108栋。启动并完成昌鸿路(城南大道—佛塔路段)“断头路”开通,推进佛塔路(昌南大道—昌鸿路段)、仁杰北侧规划路等工程建设。持续加大教育文化投入,建设4个基层综合性文化服务中心、3个农家书屋、2个邻里中心文体服务中心。全面启动万科红墅幼儿园建设,投入50万元扩充学前教育资源。打造三原色邻里中心100平方米健康小屋,新建沈桥幸福家园三人制足球场1座。全面推进厕所革命,市场化管护5座公厕。推进殡葬改革工作,新建佛塔、义坊、石桥、梧岗农村公益性骨灰堂,完成“三沿六区”散坟迁移。优化便民服务,及时解决路灯损坏、私搭乱建、噪声扰民等生产生活难题200余件。申请适老化改造9户、家庭养老床位建设5个,推进3个社区居家养老服务中心和8个农村颐养之家建设运营。

【招商引资】 2021年,围绕主导产业,积极运用以商招商、平台招商、第三方招商等方式,精准开展招商

2021年9月14日,飞桨人工智能产业赋能(江西)中心落户青山湖高新园区签约仪式举行

(青山湖高新园区 供图)

引资。完成招大引强任务，签约落地项目7个，签约金额186.15亿元。其中，包括中国电建南昌总部经济产业园、百度飞桨人工智能产业赋能（江西）中心等重点项目，签约金额76.2亿元，已开工项目4个。新增"四上"企业37家，新增数排名全区第一名。新增投资项目101个，总投资金额162亿元。其中，5000万元以上项目31个，超过全区的50%；5000万元以上项目总投资金额140亿元，占全区总投资312亿元的44.9%。

【产业建设】 2021年，园区共有区重大项目59个，总投资约320亿元，完成年度投资约100亿元。共有全市重大重点项目22个，占全区市重大项目一半以上。有省大中型项目8个，占全区省大中型项目总数将近一半。重大重点项目皆按序时推进，项目竣工率100%，投资完成率118.5%。在青山湖区"抓大引大、做强产业项目"工作专班首轮考核评价中，园区排名第一名。其中，兆驰光电厂房改造及2000条生产线扩建项目、新增1000条封装线基本到位并上线投产。LED产业园二期（青山湖科创园）全面施工。针纺产业园二期基本竣工。九洲高架东延工程全面完成征地拆迁工作。昌南大道绿化建设项目完工。义坊、石桥张村、沈桥漆村、梧岗等4个安置房项目全面封顶。区智慧化政务服务大厅、园区人才服务中心及人才公寓、佛塔综合市场等建设项目竣工投入使用。

【生态建设】 2021年，园区坚持方向不变、力度不减，着力打好打胜污染防治攻坚战。建成集企业污染源监控于一体的数字化在线监控平台，实现24小时动态监控园区企业污染源状况，打通本地数据上传及省级数据回流通道，实现对园区内每一家危废企业都能看得清、管得住、可追溯。按照"有口皆查、有水皆查、应查尽查"要求，全面摸清掌握93个排污口位置、排放方式等信息，建立入河排污口名录清单，做到入河排污口"一口一档"。开展全国文明城市创建，聚焦群众关注的难点问题，投资1000万元提升改造佛塔路、绿都丹石社区东侧小游园、广州路小游园及杧果小游园、佛塔路夜市等，全面提升城市综合环境和功能品质。加强城市管理，取缔各类占道摊点4000余起、出店经营1000余起，清除乱吊乱挂300余处、乱堆乱放200余处，拆除不规范店招5处，各类处罚案件650余起。处理数字城管问题4万余起，整改率100%。拆除农房违法建设38处，面积3450平方米。

【园区服务】 2021年，聚焦"转作风、优环境"活动年，召开"金融政策宣讲会""四上"企业政策大宣讲等一系列政策宣讲活动，真正送政策、帮企业、送服务。300余户企业负责人现场参加活动，熟悉了解"纺织十条""推项目37条"、外贸补贴等惠企政策。开展"扫楼扫街"专项行动，完成4251家企业和3486家个体户名单的全覆盖摸排走访，建立详细的企业走访台账和企业诉求台账。排查登记正常经营企业2146家、个体户2759家，收集企业诉求95条，对接解决率100%。优化"财园信贷通"工作制度。研究出台《关于进一步规范青山湖区"财园信贷通"工作流程的通知》，规范贷前审核、贷后管理，提升服务效能简化办事流程，建立风险管控、预警和诚信机制。全年"财园信贷通"共完成放贷总额6.92亿元，惠及全区中小微企业138户，占全市放贷总额的10.95%，同比增长0.38%。

（彭妍艳　赵子龙）

江西新建经济开发区

【概况】 2021年，江西新建经济开发区（以下简称新建经开区）立足于区外大循环、区内小循环、融入大南昌，围绕"在全市彰显省会担当中作表率、勇争先，打造现代产业新城新区，建设实力、繁荣、和谐新建"奋斗目标，紧扣"九望新城"建设重点推进，聚力"西拓南延、项目引进、项目建设、营商环境"任务重点攻坚，全面践行新发展理念，持续巩固拓展疫情防控和经济社会发展成果，聚焦补短板、挖潜力、增优势，各项工作实现稳步发展。至年底，实际完成内资131.6亿元，占新建区政府下达任务数125.13亿元的105.17%。完成外资进资5.36亿美元，占任务数5.19亿美元的103.28%。完成现汇进资8412万美元，占任务数1亿美元的84.12%。实现主营业务收入553.44亿元，500万元以上固定资产投资完成13.7亿元，其中工业投资完成10.1亿元。全年完成税收23.4亿元。

【基础设施建设】 2021年，路网基础设施建设完成梦山南大道、梦山北大道、望北大道、宁远大街延伸、明志大街延伸等主干市政道路共6.37千米。加快推进望北大道（坚磨大道—宏图北大道）、玲岗路、望德路等道路建设。其中，望北大道（坚磨大道—宏图北大道）工程总体已完成70%，排水、绿化、电力、通信、防护工程等除涉铁区域和涉高速公路区域外已基本完成；玲岗路、望德路各完成路基、水稳400米。围绕宏图南大道、洋湖支三路、梦山大道、田冈街、月光脑路、羊通西街、抚州大街、上饶大街、鲁田路、兴业西大道10个项目，完成55.8公顷征地；围绕市政建材园、九昌樟成品油、轨道产业园、绿地贸易港、武警置换地等项目，完成房屋征收2.78万平方米，土地征收54.2公顷；完成九望新苑安置点征地工作，推进玲岗花园、梦庐花园安置点项目建设工作，确保拆迁户早日住上满意房、放心房。至年底,望盛小区安置房分配工作完成,辖区内完成房屋征收821户,面积为11.24万平方米、土地征收273.33公顷,108.13公顷林地指标正在报批。

【招商引资】 2021年,新建经开区坚持把招大引强作为招商引资重点,将引进电子信息产业项目作为重中之重,围绕现有汽车及零部件、电子信息、机电制造等产业,实施靶向招商,不断延链、补链、强链。同时,绘制招商地图,把精品项目与目标企业相匹配,制定洽谈方案,组成招商小分队,按图索骥,精准对接,积极洽谈。全年新引进重大项目37个(任务数30个),完成全年计划任务的123.33%。其中,50亿元以上项目3个(居然之家生活MALL项目、市政公用集团绿色建筑产业园项目、轨道交通产业园项目),20亿元以上项目2个(生鲜新零售流通网络及新零售智慧园区项目、东方雨虹江西生产基地项目),10亿元以上项目1个(华讯方舟电子信息产业园项目);工业项目24个,涵盖智能制造、数字经济、电子信息、新材料、汽车零部件、总部经济等产业。

【项目建设】 2021年,新建经开区将项目建设作为加快经济发展、做强工业园区的主抓手,提高思想认识,高效组织实施,严格督查奖惩,动态指挥协调,落实招商引资和项目推进衔接机制。举办重大重点项目暨南昌轨道交通产业园开工仪式。开工仪式上,有快速推进项目41个,总投资约400.6亿元。其中,计划开工建设项目20个,加快推进项目7个,竣工投产项目13个,谋划跟踪项目1个。至年底,按计划已完工项目3个,时序顺利推进项目31个,赶上进度项目5个,在积极协调调度项目2个。东方雨虹江西生产基地项目推进迅速,开工建设106天后开始试运营;金鹰巧克力生产基地项目完成工作计划;东佳信线缆生产基地项目进度提前半个月。

【生态建设】 2021年,新建经开区环保中心工作围绕三年专项整治行动,编制《新建经开区区域风险评估报告》《新建经开区区域风险四色图》《新建经开区区域风险管控建议》。完善数字化监控平台废气监测功能和空气质量监测,完成重点排污企业污水和废气监测站数据平台建设。扎实推进中央环保督察组问题整改落实。按区整改办规定,严格落实整改销号制,明确责任单位、责任人、整改目标、整改措施和整改时限,督办落实,及时销号。园区共接到整改问题13个,已销号13个,完成整改销号100%。全面排查污水和雨水管网,特别是对物华渠和永强渠排入前湖水系超标问题,进行沿渠企业和小区乱排现象整治。对江西新建经济开发区扩区和调整区位规划环境影响进行跟踪评价,已向省环保厅报备。为解决低效用地,纾困江西远成汽车技术股份有限公司发展瓶颈,启动收购该公司土地、厂房等不动产工作,并聘请第三方机构完成评估工作。

【园区服务】 2021年,结合"转作风、优环境"专项活动,对园区2800余家企业、1500余家个体工商户开展大走访大宣讲活动,建立诉求清单、建议清单、投诉清单,对清单中问题、建议、投诉进行研究,梳理出营商环境中的问题28个,全部督促整改到位。租用宾馆为辖区企业设立重点地区外来人员留观点,落实兑现春节期间非南昌籍员工补贴和正常生产经营奖励政策资金249.5万元。为江西五十铃汽车、江西中再生环保、江西乾照光电、江西维乐电池等100余家企业,落实兑现各级各类惠企政策扶持资金4亿元,鼓励支持企业用活用足用好政策借力发展。协同区国资运营公司,为江西乾照光电、江西信飞技术等9家企业,协调办理落实各类产业引导资金、产业基金共13.63亿元;为远成股份担保2300万元生产性流动资金贷款;办理15批次"财园信贷通"事宜,为126家企业解决信贷资金共7.05亿元。引进第三方人力资源服务机构常驻园区,动态摸排区内企业用工需求。通过"新建经开区人才服务中心"公众号及时发布招聘岗位信息600余条,举办校园专场招聘会1场、人力推介会1场。新建经开区劳动仲裁办成功调解仲裁劳动争议纠纷案件82起,涉及金额1745.34万元。组织推荐江西林恩茶业、江西维乐电池等企业申办第一批市级APEC商务旅行卡。开展企业服务沙龙、企业家恳谈会、科技活动周等活动,围绕"同心聚力、智赢未来",搭建企业家交流经验、探究问题、共谋发展平台,密切政企关系,帮助企业快速成长壮大。举办"知识产权保护""惠企政策"等宣讲活动,召开"海纳百川·智在新建"2021年新建区第十四届"人才活动周"暨人力资源服务对接会,搭建人力资源机构与企业"联姻"桥梁,展现新建经开区"尊重知识、尊重人才"的社会风尚。

(朱家宪　万　箭)

江西进贤经济开发区

【概况】 2021年,江西进贤经济开发区(产业园)管理委员会(以下简称"进贤经开区")坚持发展理念,推进招商引资和项目建设,优化发展环境,加大企业帮扶力度,加强基础设施建设,促进区域经济持续快速发展。进贤经开区(一区五园)有企业382家,其中规模以上企业127家(新增规上企业30家),规上企业累计实现营业收入249.16亿元;固定资产投资完成78.08亿元;实现税收5.06亿元(其中医科园2.4亿元),同比增长27.46%。

【基础设施建设】 2021年，完成温圳污水处理厂主体建设工程和进出水管铺设、高新园和温圳园管网清淤检测、永盛路中段道路基础工程工作。完成架桥园3条道路工程碎石铺设工作；高新园、温圳园主干道绿化带降坡5千米，植绿面积1.3万平方米。道路交叉口区域“八字口”扩面5个，修复路沿石破损1千米。督促企业拆除围墙外不合规的宣传展板56块，拆除围挡5千米，修复企业破损围墙3000平方米。推进温圳园邻里中心设计招标及规划审批和高新园人才公寓设计招投标、中粮至污水处理厂新增管道工程设计及控制价编制工作。

【招商引资】 2021年，考察洽谈项目40个，报请进贤县开放型经济工作领导小组办公室评审项目14个，进贤经开区党工委会评审项目19个。落户项目16个，总投资16.25亿元，其中用地项目5个（包含盘活项目），总用地13.49公顷；租赁闲置厂房项目11个。投资10亿元的项目有落户于高新园的江西致邦住宅工业集团有限公司，占地8.97公顷。盘活闲置低效用地项目3个，盘活用地3.27公顷，分别是江西清梅金属制品有限公司盘活高新园江西绿色芽苗菜有限公司1公顷、江西波罗克文化创意有限公司盘活温圳园江西毕加索实业有限公司1.67公顷、江西省敏绿电子商务有限公司盘活高新园南昌青岚机械有限公司地块0.6公顷。入驻标准厂房落户项目16个，租赁面积1.94万平方米，其中租赁标准厂房项目4个（进贤县恩威杰服饰有限公司租赁高新园铭发标准厂房2400平方米、南昌华艳峰服装有限公司租赁高新园铭发标准厂房H区南栋2000平方米、江西展云纺织有限公司租赁高新园铭发标准厂房B区1200平方米、南昌泽润纺织有限公司租赁铭发标准厂房1500平方米）。入驻企业闲置厂房项目11个，主要有江西勇利织造有限公司租赁高新园德丰洗涤有限公司闲置厂房4000平方米、南昌芬妮内衣有限公司租赁高新园辉煌医药有限公司闲置厂房4000平方米、江西双工阀门有限公司租赁高新园进贤县南进弹簧有限公司闲置厂房500平方米、南昌市楷书印刷包装有限公司租赁温圳园华科科技有限公司闲置厂房3800平方米。

【产业建设】 2021年，进贤经开区已形成以医疗器械产业、装配式建筑（钢结构）两大主导产业为主，电子信息、文化用品、汽车零配件、电力管线、五金制造等五大产业为辅的产业发展格局。主导产业中：医疗器械产业企业70家，实现营业收入45.28亿元，实现税收1.39亿元，代表性龙头企业有洪达集团、美格尔、锦晟医疗、江西益莹等；装配式建筑（钢结构）产业企业67家，实现营业收入94.88亿元，实现税收0.94亿元，代表性龙头企业有江联重工、力宏钢构、万隆重钢构、荣信钢构、松昊重工、中天钢构等。

【生态建设】 2021年，围绕中央环保督查整改、省环保督查回头看、化工园集中整治、大气VOCs整治等环保行动，以“找差距、补短板、求突破、优环境”为目标，整治低散乱小企业环保问题，投资400万元建设污水在线监控，投资100万元建设空气质量监测站，投资38万元建设电子鼻对重点项目监控，规范厂中厂环保手续办理。在2019年中央环保督查“回头看”信访件及2021年省级环保督查信访件销号问题上主动作为，中央环保督查信访件及省级环保督查信访件13件，按要求整改完成11件。加快经开区内VOCs排放未达标企业整治，完成VOCs整改企业41家。疏通清理雨污管道2800米，高新园99家生产企业全部纳管，纳管率100%，污水收集比例91.42%。出水水质连续、稳定按一级A标准达标排放。温圳园在生产企业45家，已纳管企业32家，纳管率70%。

【园区服务】 2021年，开展2020年度南昌市涉工政策奖补资金申报工作，组织收集江联重工、江西晟威、雄宇（集团）、南昌通威等20家企业申报材料，申请奖补资金2257.33万元。指导企业申报成功高新技术企业8家。协助中成药业集团申报博士工作站。执行财园信贷通资质审批流程，秉持“产值优先、缴税为王”原则，为企业打开信贷绿色通道，并对企业贷款后的经营情况进行实时了解和掌握，降低贷后资金追偿风险。全年为雄宇（集团）、万隆实业等62家企业提供财园信贷通服务支持，信贷资金3.6亿元。邀请申万宏源证券江西分公司专家，就企业上市条件、省市扶持政策、新三板转板制度等，对经开区辖区江联重工、雄宇集团、力宏钢构、万隆实业、隆莱生物制药，医科园洪达、长山晏乡科美等30家意向企业代表，进行专题业务培训，提高企业上市积极性。为雄宇（集团）、万隆实业等78家企业提供财园信贷通服务支持，信贷资金4.67亿元。

（王　方）

江西安义工业园区

【概况】 江西安义工业园区于2001年8月开发建设，2006年3月被省政府批准为“省级工业园”并更名为“江西安义工业园区”。至2021年，已开发面积15平方千米，落户企业520余户（其中规上工业企业188户、高新技术企业59户、专精特新企业16户、科技小巨人企业9户），注册企业2000余户；累计完成基础设施投资4.96亿元。2021年，园区实现营业收入437.54亿元，同比增长40.1%。工业总产值331.74亿元，增长41.5%。完成税收8.62亿元，增长45.9%。安排就业人员2.28万人。在2021年上半年全省98个开发区争先创优综合考评中获评B等次，创造近3年来的最好成绩；被认定为全市唯一的省级化工集中区。推进45个工业重大项目建设，其中江西沐邦高科总部及生产基地项目、富丰5G智慧路灯产业园项目在全市高质量发展率先"作示范、勇争先"现场会上引起市委、市政府领导的重视。启动园区安全生产排查大整改和雨污分流整治工作，聘请"安全卫士""环保管家"，实时监管安全生产、生态环保工作。建有路网24条、日处理3万吨的工业污水处理厂1座、220千伏变电站1座、110千伏变电站2座、35千伏变电站1座，拉设电网35千米，设立西气东输、川气东输分输总站，建有研发检测平台、大数据管理平台、会展博览平台、经营销售平台、人才培训平台、物流配送平台、供应链平台、融资服务平台、综合服务平台、企业孵化平台等10余个。9月，中共安义县第十四次党代会明确"一园驱动"发展路径，加速产业链由中低端向中高端、智能化迈进，打造实力强劲的千亿园区、集约高效的现代园区、创新引领的高新园区。至年底，园区已形成以铝型材、新材料、光伏新能源、智能制造为代表的"1+3+N"现代工业体系。现拥有"中国铝材之乡""中国门窗之乡""中国塑钢门窗型材示范基地""中国门窗生产采购基地""中国智能门窗合作示范基地""全国中小企业创业基地""全国铝型材流通示范基地""全国铝框组合塑料模板创新示范基地""江西铝合金塑料型材及制品产业基地""江西(安义)铝合金塑钢型材产业基地""经济总量上100亿元产业集群""省级民营科技园""省级清洁园区""省级循环化改造园区""省级城乡融合发展试验区""第三批省级特色小镇""江西省双创示范基地""江西省首批化工集中区""知识产权试点园区"等众多名片。

【基础设施建设】 2021年，全面启动污水管网改造工程，铺设雨水管网约6千米及污水管网约5.6千米，改造工业园区红山大道、凤凰东路污水管网(设计、采购、施工EPC总承包项目)，内港修复整治4千米。新建市政道路约5千米，维修路面14次，维护路灯20次；孙滤城东路提升改造工程、红山大道以北片区"三纵两横"路网EPC项目已建成通车；增设公交专线530路长班，增加营运里程8.4千米，满足企业员工上下班出行需求。完成富丰5G智慧路灯补征地块及永洁铝单板、讯普法纳、安鸿路以北等项目土方平整面积20公顷；新建房屋建筑面积约2万平方米，新建标准厂房约7.2万平方米。全面启动110千伏红橄变电站建设前期工作，工业园区红山大道以北片区"三纵两横"路网路灯专变新建工程已完成预算审核，东阳大道北延10千伏线路新建工程、孙滤城东路提升改造线路迁改工程及工友路线路架空工程已完工并投入使用。按照水、气同路原则，已完成孙滤城东路、匠心东路、新纺北路水管、气管铺设共5千米，形成气管闭环、水管延伸网络。全面启动工业园区企业服务综合体一期(凤凰山工业公园)工程前期工作及建设，江西安义工业园区企业服务中心维修工程竣工并投入使用。

【招商引资】 2021年，以强攻产业、决战工业为主线，坚持把招商引资作为"一号工程""生命线工程"，把世界500强、国内百强企业、央企和民营龙头企业作为招商猎头，不断拓展招商深度和广度，加强对重点区域、重点行业、龙头企业、重点客商的产业招商，力争引进一批科技含量高、市场前景好、带动能力强的招引项目。全年签约工业项目32个，签约投资额153.39亿元；累计引进工业项目33个，立项投资额165.39亿元。利用外资完成1.05亿美元，增速全市第四位；利用内资完成105.91亿元，外贸出口完成11.33亿元。对接邦宝益智、常铝股份、爱康科技、金固股份、春阳集团、联创股份等6个上市公司(其中邦宝益智已明确将总部搬迁至安义县)和华鹰涂布、力科达新材料(瞪羚企业)、雪玲妃化妆品、汇池汽车等一大批重点企业，全年共对接18个项目。

【产业建设】 2021年，围绕新型建材、新能源、新材料、医药化工、纺织服装等产业，全面推动产业集群不

2021年1月18日，安义门窗特色产业小镇展示交易中心未来之窗现场
(江西安义工业园区 供图)

断发展壮大,逐步形成“铝型材、新材料、光伏新能源、智能制造”四大产业集群发展格局。铝型材产业是安义县的首位产业、支柱产业和富民产业,成为全国三大铝型材生产基地之一,产能产量位居全国第二位、华东第一位,创有“虹鑫”铝材、“南亚龙”铝材、“天昌”铝材、“实德”塑钢、“雅丽泰”铝塑板等中国驰名商标6个和江西省名牌产品19个,产品销往北京、上海、广州、香港、台湾以及欧美、澳大利亚、东南亚、非洲、阿联酋等国内外市场,南亚铝业成为特斯拉汽车供应轻量化铝型材配件供应商。全年园区共有铝型材及其相关配套企业415户,挤压线576条,实现产能200万吨,产值400亿元,在全省百个产业集群中排在第30位。新材料产业以晶安高科、安德力、陶氏化学水性环保材料、信达航科为典型代表。晶安高科项目已成为全球化学锆行业龙头企业,全球市场占有率约30%,是国内最大的锆材研发生产基地;安德力高新材料项目建成投产,可实现主营业务收入50亿元左右,打开安义县气凝胶产业新局面;信达航科项目为航空航天和核工业领域提供来源稳定的高性能碳化硅陶瓷前驱体和相关制品,打破碳化硅材料国外技术垄断;世界500强陶氏化学项目引进国际国内最先进的科研设备,研发具有自主知识产权,实现水性环保新材料的产业化、规模化。光伏新能源产业以豪安能源为主要代表,新建的单晶硅切片和半导体单晶炉生产项目,已成为单晶硅切片领域行业龙头企业,转换效率在国内处于领先地位,填补省内半导体设备制造空白。智能制造产业主要以德朔实业、中力工贸为代表。德朔实业生产的笔记本电脑背光膜组件市场占有率居全国第一位,中力工贸生产的挖机配件国内直供三一重工、中联重科等知名企业及出口至亚欧等地。工控智能科技生产基地完工后将建成由100台工业机器人、200台数控机床组成的自动化生产线和数控加工中心,实现生产过程自动化。另外以凤凰纱业、金祥亚麻等为代表的传统产业纺织服装产业,产能达90万锭。凤凰纱业已经成为杉杉、罗蒙、安踏等全国著名企业的生产配套商;金祥亚麻生产的高端纺织制品,70%供销欧美市场。

【生态建设】 2021年,秉持“绿水青山就是金山银山”发展理念,严把项目准入关,严抓排放标准和总量管控,依托“环保管家”和环保一体化监管平台,倒逼落后产能退出、“高污染高耗能”企业转型、传统产业升级,投入97.75亿元用于节能技改项目,整改熔铸企业21家,完成盈创小微创业园、昌工控股高新孵化园等标准厂房建设。加大执法监管力度,全面抓好污水、废气、固废物治理工作。治污水方面,检测雨污管网12.5千米,疏通管网7.7千米,对70家涉水企业实行24小时在线监控,全面排查205家用地企业雨污分流,排查率100%,动工率100%,整改验收通过率达90%以上。管废气方面,开展VOCs专项整治,在全市率先开展VOCs企业绩效评估,在园区上下风口安装2个大气排放监测装置,全部更换熔铸企业的除尘器布袋。治固废方面,建立固废管理长效机制,加强固废全过程环境管理,规范转运铝灰、铝渣等危险废物,紧把回收处理资质关,委托有回收处理资质企业,负责21家企业的铝灰危废处置。

【园区服务】 2021年,坚持“与园区企业共成长”的理念,通过“转作风、优环境”“我为企业办实事”“1号大调研”等活动,营造“四最”营商环境,安义县再次获评全省第四届十佳营商环境县(市、区),在南昌市县域营商环境综合排名第一名,“转作风、优环境”营商环境企业评价工作走在全市前列。争取市政府出台加快推进安义铝型材转型升级的意见措施,促进铝型材产业发展。出台《做大做强工业经济十条政策措施》《安义县优化江西安义工业园区企业营商环境“十不准”规定》《园区企业职工子女入学实施办法(试行)》等政策。办理企业诉求服务39起,办结企业行政审批46件,“财园信贷通”放贷6.64亿元,解决企业职工子女入学80人。

(陈　攀)

南昌综合保税区

【概况】 南昌综合保税区(以下简称“南昌综保区”)于2016年2月9日经国务院获批成立,2017年7月封关运行,总规划面积4.41平方千米,其中海关特殊监管区域面积2平方千米。全区包括高新和空港片区。高新片区为原南昌出口加工区,位于南昌国家高新技术产业开发区内,规划面积0.31平方千米;空港片区位于赣江新区腹地,规划面积1.69平方千米。2021年,南昌综保区始终以“立足综保、服务全省、对接自贸”为己任,围绕加工制造中心、研发设计中心、物流分拨中心、检测维修中心、销售服务中心“五大中心”建设,致力发展保税加工、保税贸易、保税物流、保税服务和保税金融“五大产业”,继续推动区内产业升级、业态升级、价值链升级和体制机制创新,在承接国际产业转移、稳定发展对外贸易、推进区域协调发展等方面取得新的成绩,为南昌开放型经济发展作出应有的贡献。

【园区经济运行】 2021年,完成进出口总值212.58亿元,同比增长112%,增速较全市进出口平均增速高出99.7个百分点,占全市进出口比重提升至16.4%,对全市外贸增长贡献率为58.4%;跨境电商实现交易额59.64亿元,较上年增长45倍,规上工业产值完成20.2亿元;工业投资完成2.35亿元;现汇进资实现7526万美元,增长36.8%。据南昌智慧外贸公共服务平台订单管理系统数据显示,南昌综保区跨境电商交易额59.64亿元,增长45倍。招商引资签约项目共32个,其中江旅跨境购和顺丰智慧产业园为投资规模达50亿元的重大重点项目。注册跨境电商企业60家,聘请招商顾问12位,举行招商引资推介会7场,参与省市举办招商引资活动10场。

【项目推进加速】 2021年,开展"招商引资年"活动,制定《南昌综合保税区2021年"招商引资年"任务推进工作方案》,成立由各部门(单位)组成的"七条战线"招商指挥部,在全区开展新一轮招商引资工作。制定出台《南昌综合保税区招商引资项目决策机制及准入标准的若干意见》,促进招商引资工作标准化、规范化、流程化、常态化。全区完成招商引资签约项目32个,其中投资额达50亿元项目2个、投资额达亿元以上项目10个。聚焦"项目大会战",落实"一个重大项目、一名牵头领导、一个牵头部门、一个工作队伍"协调推进机制,推进宏德海、亿芯半导体、有好货、懿达仓储4个项目提前建成投产,成为全区经济增长重要支撑力量。与广州白云机场综合保税区就物流通关合作、优势产业互补等方面签署《合作框架协议》,开启与粤港澳大湾区城市、沿海口岸协同发展的新篇章。

【保税功能】 2021年,认真贯彻落实市政府印发的《关于支持南昌综合保税区高质量发展若干意见》精神,充分利用全市的产业、人才、财税、金融等优势,与全市各县区(开发区)的产业联动,推动保税功能加快发挥。获批增值税一般纳税人资格试点并在12月28日开出首张增值税专用发票,区内企业可自主择优享受区内区外2种税收模式,做到统筹利用国际国内"2种资源,2个市场",形成国内国际双循环相互促进的新发展格局。同时,深化周边区域合作协同,分别与南昌县、南昌高新区、南昌经开区签订合作备忘录,发挥县区(开发区)资源优势,叠加南昌综保区的口岸功能,实现区域产业联动发展。南昌县方面,依托中欧班列、铁海联运等货运方式发展铁路物流。南昌高新区方面,联动南昌高新区成立工作专班,探索"腾笼换鸟"转型升级高新片区产业,创新"保税+新零售"模式,让"老片区"焕发新生机。南昌经开区方面,充分发挥以南昌经开区电子信息和医疗器械产业为核心,叠加南昌综保区通关便利化、物流模式多样化功能优势,引导相关企业实现国际国内备料、产能自由转移,降低企业经营成本。

【外贸服务】 2021年,按照共建、共用、共享原则,与各县区合作,通过物流分拨等方式将各县区本地进出口资源向南昌综保区汇集,降低各县区本地外贸企业进出口成本,有助于做大企业进出口规模,提高外贸的区域竞争优势。为南昌市、景德镇市、鹰潭市等地市134家企业提供集物流、仓储、通关、保险、退税、咨询等全外贸流程的综合服务,累计出口4463万美元、退税2300万元。落地"阳光结汇"业务,为区内跨境电商出口企业开辟新的结汇回流通道,解决跨境电商出口企业无法设立境外收款账户的问题,使跨境电商企业可以安心做好业务开发,进一步吸引更多企业入驻南昌综保区。

【跨境电商升级】 2021年,引进报关结算服务、供应链金融、物流仓储配套等上下游跨境电商企业,全面优化跨境电商产业服务链,培育完整生态链。依托"跨境电商海外仓"模式,充分运用南昌综保区在国内国际市场的优势地位,放眼全球、布局海外,打造公共海外仓,构建与南昌互联互通的海外仓网络,形成以南昌为核心进出口通道的功能枢纽。已建成比利时列日仓、日本东京羽田仓、美国洛杉矶仓、日本千叶仓4个公共海外仓,进一步拉近南昌与国外客户距离,增强物流配送优势,提升外贸企业竞争力,扩大对外开放步伐,有效助推"赣品出海"。探索适应跨境电商新业态的服务模式,充分运用新媒体技术,采取融媒体直播平台、线下推广活动等方式,与江西红星传媒集团有限公司联合探索"线上平台+线下跨境体验店"发展模式,与江西旅游集团牵手合作打造跨境电商展示交易中心,探索"旅游+跨境"新业态发展,实现1+1>2的效果,助力全省跨境电商创新发展。

【营商环境优化】 2021年,围绕市场化、法治化、国际化和政策最优、成本最低、服务最好、办事最快的营商环境做文章,着力在全区营造稳定、公平、透明、可预期的营商环境。优化监管流程,联合驻区海关积极引导企业综合运用"两步申报""先出区、后报关"等模式,全面实施"四自一简"改革,提供"提前申报""容缺办理""7×24小时通关"等服务举措,帮助企业有效节约通关成本20%,通关时间缩短30%以上。强化审批代办,全面推行行政审批代办制度,设立包含行政审批、政策咨询、政策兑现等在内共75项具体服务事项,组建专业代办队伍帮企业"跑腿",实现"清单式"一条龙精准服务。实化服务举措,坚持落实"为企办实事",制定"9710""9810"扶持政策,建设首个生活配套中心,聘请"南昌综保安评小管家",开通"综保区公交专线",搭建政、校、企三方沟通桥梁,开展容缺承诺制加快政策兑现,以实实在在的举措优化营商发展环境。

(汪双玲)

数字经济

数字基础设施建设

【概况】 2021年,南昌市获批建设全国第17个国家级互联网骨干直联点,荣获国家首批“千兆城市”称号。至年底,全市4G综合覆盖率达100%,5G基站累计开通超1.24万个,约占全省的1/4,5G网络在全省率先实现主城区100%连续覆盖和乡级行政区100%全部开通。全市可提供超2万个标准机柜部署能力。

【通信基础设施建设】 2021年,南昌市开通5G基站12350个(其中南昌移动、南昌电信、南昌联通分别开通4510个、3920个和3920个),在全省占比22%,排名第一位;全市行政村和自然村光纤宽带与4G网络覆盖率达100%;家庭千兆光纤网络覆盖率达271.31%,位列全省第一位,获国家“千兆城市”。全面部署窄带物联网(NB-IoT)基站。至年底,NB-IoT基站3189个,已基本实现移动通信网络全覆盖。统筹构建南昌市数据中心体系,推动云计算中心向“算力化、智能化、绿色化”转型升级,全市已建、在建、拟建的数据中心15个,各数据中心可提供22684个标准机架部署能力,占全省的34%(全省66291个),排第一位。

【新基建推进】 2021年,江西移动工业互联网标识解析综合型二级节点平台正式投入运营。中国信通院江西分院综合型行业二级节点已通过中国信通院建设能力评估评审,正在加紧筹建。5G基站加速开通,全市累计开通5G基站1.24万个,重点场所5G网络通达率100%,每万人拥有5G基站数16.2个。总投资50亿元的志博信高多层5G通信电路板制造基地等一批优质项目落地。

【网站IPv6升级改造】 2021年,建立全市统筹协调机制,全面推进贯彻落实《推进互联网协议第六版(IPv6)规划部署行动计划》,推进IPv6在南昌的规划部署和应用。指导督促推动各县区和相关主管单位开展属地新闻网站、重点商业网站、商业App前50强和其他互联网应用IPv6升级改造。至年底,属地80家重点党政企事业公有网站IPv6升级改造全部达标。全市完成各类网站IPv6升级改造124家,完成量位列全省各设区市首位。

【“5G+智慧工厂”项目建设】 2021年,不断加快新一代信息技术与工业生产制造深入融合,全面推动“5G+智慧工厂”项目建设。制定《南昌市推动“5G+智慧工厂”建设三年行动计划》,通过三年努力,力争“5G+智慧工厂”实现主要产业全覆盖。出台《促进南昌市工业经济高质量发展的若干政策措施》。建立“5G+智慧工厂”项目培育库,在全市筛选出26家数字化转型成果较好的工业企业纳入项目培育库。甄选一批具备专业知识人员组建“5G+智慧工厂”高端智库,为南昌市“5G+智慧工厂”项目的培训、规划、建设、验收、推广等环节提供有力支撑。成立“5G+智慧工厂”项目推进工作专班,对重点项目实行全程跟踪服务,协调解决项目推进中的问题和困难,推动项目早开工、早投产、早见效。学习借鉴国内其他城市在“5G+智慧工厂”建设方面先进经验,制定“5G+汽车和新能源汽车产业”路线、“5G+新材料和纺织产业”路线、“5G+电子信息和装备制造产业”的学习考察路线。

【网络协同发展】 2021年,南昌移动和华为成立项目组,通过端到端分析南昌分流比关键影响因素,不断提升登网率和驻留比,努力提高5G网络能力和利用率。加强市网协同,开展5G用户调研和营销引导,同时运用线上线下多种方式推广,完成用户迁移及开关打开率提升。基于5G高价值用户分布，精准规划，快速完善高校、商超、交通枢纽等高流量及高价值区域5G网络覆盖。通过高倒流小区集中优化等一系列举措，保障5G用户体验，提升驻留比。持续推进5G网络及NB-IoT网络规模部署，持续做好5G和4G网络协同、室内外覆盖协同。全年南昌移动建成NB-IoT基站1923个，覆盖率达到98.8%；4G基站数12642个，实现全域深度覆盖；开通5G基站4564个，实现5G网络城区、县城、重点乡镇连续覆盖，实现红谷滩中心区、八一广场、机场快速路、昌北机场等5G网络精品覆盖。

（市史志办）

数字产业发展

【概况】 2021年，南昌市全面贯彻落实省委、省政府关于加快数字经济发展决策部署，大力实施数字经济"一号工程"，全面推进数字产业化、产业数字化、数字化治理和数据价值化，数字经济实现蝶变跃升。全市信息传输、软件信息技术服务业拥有规模以上企业140家，实现营业收入223.2亿元，同比增长15.4%。其中，互联网相关和软件信息技术服务业实现营业收入110亿元，增长19.9%，占全省比重的1/3。

【大数据产业】 2021年，南昌市以"i南昌"App提质扩面为抓手，推动实现政务服务实现"一网通办"、城市运行"一网统管"。"i南昌"结合南昌城市基础和发展需求，以城市数据资源的整合共享和深度应用为突破口，以新一代信息技术的创新应用为引领，是基于云计算、大数据、物联网、人工智能等新一代信息技术构建的，支撑经济、社会、政府数字化转型的开放式智能平台和新型智慧城市建设的基础设施。推动"赣政通"分厅覆盖市、县，并逐步延伸至乡、村两级，构建从市到村的管理服务平台。运用南昌交通不限行场景，助力南昌继续取消机动车车尾号限行措施。推进"四级体系"建设，打造政务服务一体化，探索"三大超简"审批，促进项目审批高效化。创新融合"六多+两联"（多审、多规、多介、多评、多测、多证，联合图审、联合验收）集成模块合一新系统，实现功能全覆盖、县区全覆盖、数据实时共享、证照全程电子化。采取"集中会审"的新方式破解难题，累计召开"六多合一""集中会审会"400余次，赣江东岸沿线风光带、汉代海昏侯国遗址公园博物馆消防设计审查等130余个疑难项目受益，400余件"久拖难决"案例得到破解，国土使用证明等28个需提供复杂证明的事项采取"替代性材料"方式走出困局。通过与国家、省市相关行业部门主动沟通对接，已完成省食品经营许可管理系统、数字民政等40个省级系统对接，已完成南昌市互联网+不动产服务平台等9个市本级系统对接，同时还与省电子证照库、EMS邮政物流系统、电子政务交换平台等应用系统实现对接。

【区块链产业】 2021年，南昌市以区块链作为突破口，引入新惠链科技、大地数据、先锋软件等一大批区块链企业和项目。杭州趣链科技有限公司是全球领先的区块链技术及解决方案企业，其产品在金融、民生、政务、司法等领域获得广泛应用，已落地180余个典型场景。江西信惠链科技有限公司作为趣链科技在江西落地的实体公司，入驻数字经济港。全市打破"条块"审批系统壁垒，运用"区块链"技术，在全国工改非试点城市率先上线"六多+两联"（多审、多规、多介、多评、多测、多证，联合图审、联合验收）集成模块合一的南昌市工程建设项目审批管理系统，实现功能全涵盖、县区全覆盖、数据全共享、证照全电子化，效能监管全"线上"。特别是将原需500余份报审资料压缩至工程建设"四个阶段"各1张申请表单，并联办理多个审批事项，全力解企业材料多之困。

【VR产业】 2021年，南昌市VR及相关企业270家，营业收入突破500亿元。深入推进上游核心硬件、中游软件服务、下游内容应用的一批重点项目，先后引育华为、阿里、腾讯、微软、高通、紫光、海康威视等7家全球VR相关领域头部企业，HTC、科大讯飞、威爱、睿悦等18家全国VR50强企业，联创电子、华勤电子、小派科技、江西影创、三极光电5家VR硬件制造龙头企业。2021世界VR产业大会云峰会53个签约项目中，39个项目工商注册，33个项目开工建设，20个项目投产运营。同时，着力打造一批涵盖教育、党建、医疗、工业、交通、文旅等领域的VR示范应用项目，中国联通云VR十大应用场景被评为近三年中国虚拟现实产业15项重要成果之一，智能制造VR+5G设计与展览公共服务平台等7个项目获评江西省第二批VR示范应用项目（全省共10个）。

【中国南昌"VR+文旅"应用场景路演推介会举办】 2021年4月28日，2021中国南昌"VR+文旅"应用场景路演推介会举办。推介会以"VR让世界更精彩—天下英雄城，智慧文旅放异彩"为主题，由省工业和信息化厅、省科学技术厅指导，市政府主办，市工业和信息化局、市文化和新闻出版旅游局、红谷滩区政府承办。市委常委、副市长肖云，省工信厅副厅长何琦，省科技厅副厅长陈金桥出席会议并致辞。省市有关部门及县区、参赛企业、VR行业相关联盟或协会、VR领域科研机构、投融资机构代表以及省市有关景区、博物馆、展览馆代表等200余人参会。经过现场路演、专家评审，最终评选出金奖1个、银奖4个。活动充分展示全国“VR+文旅”应用的最新“产、学、研、用”协同成果。

【世界VR产业大会举办】 2021年10月19—20日,2021世界VR产业大会在南昌举行。国务委员、国务院党组成员王勇出席开幕式并致辞;省委书记易炼红,工业和信息化部党组成员、副部长王志军,省委常委、市委书记李红军致辞;省委副书记、省政府代省长叶建春主持开幕式。图灵奖获得者、美国国家工程院院士约翰·轩尼诗,高通公司中国区董事长孟樸,欧洲科学院院士迪特·斯马尔斯逊克,中国联通集团董事长刘烈宏,中国工程院院士赵沁平,中国科学院院士梅宏,中国工程院院士王坚、王耀南、周立伟等国际一流专家到场参会。此次大会以“VR让世界更精彩—融合发展,创新应用”为主题,采取线上为主、线下结合的云峰会方式进行,举办开幕式、主旨演讲、主论坛、平行论坛、海外分会场以及世界VR产业博览会、南昌VR科创城全球招商推介会等32场活动。来自13个国家和地区的260余位演讲嘉宾发表现场或者视频演讲,线上线下参会嘉宾共5000余人,100余家主流媒体320余名记者“长镜头”聚焦报道大会盛况。主会场外设置成果体验区;博览会上216家企业和机构现场展示穿戴式显示设备、无介质全息现实技术等VR最新技术成果,华东交通大学、小核桃科技等企业举办10余场新品发布会。大会发布三年以来中国虚拟现实产业15项重要创新成果,公布2021中国VR50强企业名单,举办2021虚拟现实产业创新产业大赛,授予第三批江西省VR产业创新创业优秀人才团队等。围绕VR等相关产业精准招商,全省共签约项目114个,签约总金额首次突破700亿元,达704.15亿元。其中,南昌市签约项目53个,签约总金额428.55亿元,占全省的61%。

【世界VR产业博览会】 2021年10月17—20日,2021世界VR产业博览会在南昌绿地国际博览中心举行。此次博览会展区面积3万平方米,吸引VR/AR产业链硬件、软件、服务、应用等各个环节的企业前来参展,其中包括华为、微软、航空工业联盟、惠普、英伟达、影创、NOLO、科骏等216家知名企业和机构,现场展示VR在教育、游戏、工业、航空、影视、医疗、博物馆等众多领域的应用,通过触觉、视觉、听觉等多种感官带给观众体验互动。大会达成114个投资合作项目,签约总金额704.15亿元。其中,外资项目3个,签约金额9.6亿元;VR产业项目签约金额291.15亿元,电子信息及相关产业项目签约金额413亿元,涉及虚拟现实技术研究、经典IP开发、专业人才培训、线下VR游乐开发等多方面。南昌5G+VR虚拟驾驶模拟设备通过华为、中国电信、南昌优行科技和市道路运输服务中心不断努力,在世界VR产业大会及南昌白云驾校分会场上再次亮相。展出的第3代六自由度5G+VR虚拟驾驶模拟设备代表国内最高水平,较上一代设备,通过华为VR Glass6DOF眼镜与乘坐六自由度模拟设备相结合进行虚拟仿真驾驶训练学习时,进一步提高学员的体验感、获得感,解决学员眩晕等问题,更加适用于新模式下的驾培行业应用。

【南昌VR科创城全球招商推介会举行】 2021年10月20日,2021南昌VR科创城全球招商推介会举行。市委副书记、市长万广明致辞。省工业和信息化厅一级巡视员王亦斌、省商务厅一级巡视员朱元发分别作江西产业推介、招商推介。市委常委、高新区党工委书记王万征作南昌市产业推介。红谷滩区委副书记、区长刘光荣作VR科创城招商推介。此次推介会着力引进一批龙头性、引领性强,规模、体量大的重大项目签约落地,覆盖硬件制造、软件开发和内容创作等产业环节。其中,软硬件生产服务等核心业态项目22个、签约金额176.55亿元,较上年增加10个、金额增加43亿元;50亿元以上项目5个,较上年增加1个;20亿元以上项目8个,较上年增加3个;10亿元以上项目11个,较上年增加5个。

【中国南昌“VR下午茶”(上海)招商推介会举行】 2021年7月30日,2021中国南昌“VR下午茶”(上海)招商推介会在上海市浦东新区举行。活动由南昌市人民政府主办,南昌市工业和信息化局、南昌市投资促进局承办,中共南昌市委常委、南昌市人民政府副市长王万征主持并讲话。此次“VR下午茶”活动首次走出南昌,以在上海举办的中国国际数码互动娱乐展览会为契机,邀请来自浙江世纪华通、深圳时代伯乐、北京易智时代、上海曼恒数字、上海趣立科技、上海塔普翊海、上海多媒体协会等的20余位VR龙头企业、行业协会、投融资机构负责人参加,围绕“VR爆点可期,南昌该当何为”主题,深入探讨VR市场引爆机会以及南昌市VR产业发展环境,并向参会嘉宾发出2021世界VR产业大会参会邀请。南昌市有关县区分别与参会企业开展招商对接。

【中国南昌“VR+党史学习教育”应用场景路演推介会举办】 2021年8月10日,2021中国南昌“VR+党史学习教育”应用场景路演推介会举行。推介会由省工业和信息化厅、省科学技术厅指导,市政府主办,市工业和信息化局承办,旨在进一步加大VR应用推广力度,加快打造VR企业技术合作与交流展示平台。此次推介会以“VR让世界更精彩—数字中国新时代,智慧党建新征程”为主题,采取线上线下互动、路演评审相结合的“云”推介形式进行,面向全国征集及初选出的8个项目参加现场路演，包含VR红色研学平台、AR学党史等各类特色内容。经过激烈角逐，中国VR50强企业江西科骏实业有限公司荣获金奖，泰豪创意科技集团股份有限公司、合肥云艺化科技有限公司等省内外企业分获银奖和铜奖。

【南昌高新区“5G+VR”特色产业园获评江西省首批5G产业基地】 2021年9月17日，省工业和信息化厅公布江西省首批5G产业基地，南昌高新区“5G+VR”特色产业园获评（江西省5家）。高新区“5G+VR”特色产业园是南昌市虚拟现实产业“一城两园”产业布局的重要组成部分，通过发挥高新区移动智能终端国家新型工业化产业示范基地优势，围绕VR整机制造、光学器件、显示屏、模组、交互设备、基础元器件等关键环节发力，打造形成VR硬件制造全产业链，并以此为牵引，推动“5G+VR”技术及应用成果转化。园区以电子信息产业园、华勤千亿产业基地、龙旗科技园、迅特通信生产基地为主要载体，规划打造可科学切割组合的标准厂房，建设物流通畅、配套齐全、环境优美的优质厂区，以加速承接移动智能终端制造、5G研发创新及VR硬件制造等项目落地和企业入驻，打造“5G+VR”产业重要集聚区。

【关键核心技术产品推广】 2021年，落实国家软件发展战略，组织开展重点软件领域关键核心技术产品征集活动，加强基础软件、应用软件、新兴技术软件等重点软件领域关键核心技术研发和产品的推广应用。全市有2个产业关键共性技术攻关项目获省级工业发展专项资金支持，有120个产品列入省新产品试制计划。根据《江西省工信厅关于评选2020年度江西省优秀新产品的通知》，推荐南昌市77个新产品参加省优秀新产品评选。经省工信厅组织评审，南昌市有43个新产品获奖，其中一等奖10个、二等奖18个、三等奖15个。

【创新平台建设】 2021年，已建成中山大学（南昌）研究院、北航江西研究院等10个新型研发机构，涉及芯片技术、VR、物联网、人工智能、芯片技术等多个领域。国家职业教育虚拟仿真示范实训基地于8月挂牌并试运营，成为全国首个国家级职业教育虚拟仿真示范实训基地。推进华勤图灵研究院、龙旗研究院、天珑研究院、欧菲中央研究院、美晨研发中心等龙头企业研发平台建设，实施科技型企业梯次培育行动；规划建设中国（南昌）科学岛，力争建设成电子信息技术领域具有全国影响力的创新高地；引建创新平台，南昌VR研究院（省级VR创新中心）已突破超薄VR眼镜显示模组、360度全景影像模组等共性技术难题，达到国际先进水平。华为南昌研究所、高通影创联合创新中心、微软AI+VR创新基地等一批创新平台已经开展实际运营；中国移动虚拟现实创新中心、世纪华通XR研发总部、浙江大学南昌研究院已签约，正在加快推进落地建设。

【重点企业培育】 2021年，南昌高新区以电子信息和软件信息服务业为基石，智能硬件重点完善产业链条，引进惠普等30个产业链上下游项目，集聚10余家移动智能终端整机企业和80余家配套企业，产业链条完整度超80%；软件信息产业重点构建生态数字经济，在创新要素方面引进中国信通院江西分院等机构，在人才要素方面引进抖音江西学院，打造中部最大数字人才实训基地。集聚贝谷、思创数码、博微、泰豪、软云科技等一批优势企业，在电子政务、电力信息化、嵌入式软件、教育软件等细分领域位居行业前列。思创数码自主研发的智慧发改、智慧交通等政务软件产品在全国处于领先水平，软云科技自主研发的教育测评软件全省市场占有率90%，博微电力造价软件全国市场占有率90%。

【数字经济特色园区打造】 2021年，结合全市数字经济产业优势和基础，提出重点发展VR、软件、数字文娱、大数据与云计算、物联网、电子商务、区块链、智慧城市八大产业，以红谷滩区为数字产业核心区，南昌高新区为软件产业聚集区，重点打造8个数字经济特色园区。《加快推进数字产业发展政策十条》发布以来，南昌市8个数字经济特色园区的入驻率不断提高，总入驻及签约企业360余家。南昌高新区数字经济产业园、西湖区“梦想小街”电商产业园等园区入驻率超过80%，红谷滩区数字经济游戏特色产业园、青山湖区江西流量经济产业园等园区入驻率达70%，南昌综保区跨境电子商务产业基地入驻率达62%，南昌小蓝VR产业基地入驻率达42.5%，其他园区入驻率也均超过30%。

【南昌市数字经济产业推进会召开】 2021年2月25日，南昌市数字经济产业推进会召开。省委常委、市委书记吴晓军出席并讲话。市委副书记、代市长万广明主持会议。市委常委、副市长王万征介绍南昌市数字经济产业发展思路、政策、措施。红谷滩区、南昌高新区、青山湖区领导及华为、阿里巴巴、腾讯、软通动力等企业家代表发言。吴晓军指出，数字经济是经济增长的“生力军”、转型升级的“动力源”、优化治理的“催化剂”，是省市“十四五”期间加快新动能培育的“一号工程”。各级各部门要明确目标、明晰责任、精准发力，围绕“深化数字产业化、产业数字化协调发展”主线，狠抓“全力优化数字产业发展格局、做大数字产业市场主体、提升产业要素支撑能力、夯实数字基础设施建设、优化数字产业发展环境”五大重点，全力打造红谷滩数字产业核心区和高新区软件产业聚集区，着力构建“两区六园多点”的产业格局。要在创新能力上实现新突破，重点实施科技攻关、做优研发平台、健全人才队伍；在产业能级上实现新突破，持续做强优势产业、做大市场主体、做优特色园区；在数字赋能上实现新突破，以数字经济增加新供给、以数字生活提供新需求、以数字治理营造新环境；在融合应用上实现新突破，不断打通信息孤岛、提升治理水平、拓展应用场景；在要素支撑上实现新突破，坚持力量聚合、要素聚集、服务聚焦，推动数字经济产业做大做强做优。

2021年9月14日，南昌海立电器有限公司智能化车间

（杨紫韬　摄）

【移动用户发展】　2021年，南昌移动深化基于规模的价值经营，实施场景化融合营销，助力网络强国、数字中国事业发展建设，开展“全民升5G、智享双千兆”系列活动。基于用户画像，通过线上线下多种方式，推送5G开关打开，全面推出5G套餐优惠活动。通过开展打开5G开关送流量和“双11”“国庆节”送流量等活动，吸引用户体验5G高速网络并打开5G开关。同时，联合终端厂家，开展5G手机入网补贴活动，加速4G终端迁移为5G终端。全年有移动手机用户数464.5万户，有线宽带用户数140.47万户，5G终端用户157.9万户。

（市史志办）

产业数字化转型

【概况】　2021年，加快制造业数字化转型，积极推广智能工厂、智能车间、智能生产线。实施“上云用数赋智”行动，拓展“5G+工业互联网”应用，打造全国产业数字化转型示范区。推进服务业数字化发展，推动现代物流、金融服务、检验检测、商业咨询等数字化转型。推动“互联网+农业”和农业大数据发展，发展设施农业、精准农业和智慧农业。全市产业数字化增加值超2400亿元，数字经济规模占地区生产总值的比重超40%。全市规模以上工业企业关键工序数控化率达45%，数字化车间、智能工厂普及率达15%，产业数字化转型正向更深领域、更大范围拓展。

【工业互联网】　2021年，全市围绕“4+4+X”产业体系，着力推动绿色食品、现代针纺等产业数字化改造。华兴针织等26个项目被列入2021年度项目培育库，被重点培育。在产业数字化的推动下，南昌市针纺服装产业产值增速加快。南昌现代针纺产业增速达29.8%。其他领域也乘着5G、人工智能等新一代信息技术的东风，加快数字化转型。作为全球最大的空调压缩机智能工厂之一，南昌海立电器有限公司智能化车间AGV小车在仓库和生产线间来回穿梭，载着物料精准送达工位；机械臂有条不紊地进行着装配作业；厂房内的中央MES电子显示屏实时更新着生产数据与产品数据，依靠这些智能设备，一条条自动化生产线有序运转；南昌弘益药业有限公司，中药前处理、提取车间，所有工序由自动化生产线完成，工人只需在中控室进行数据调试和监控。数字化、智能化正成为南昌推动传统产业转型升级的新引擎。高新区获批国家新型工业化产业示范基地和省级“两化融合”示范园区，江铃新能源被评为工信部两化融合管理体系贯标试点企业，方大特钢等39户企业被认定为两化融合省级示范企业。高新区、经开区、小蓝经开区被评为省级智能制造基地。江中药业、洪都航空、欧菲光、煌上煌4家企业获评工信部智能制造综合标准化与新模式应用项目，27个项目获得省级智能制造试点示范项目支持。

【服务业数字化】　2021年，南昌大力推动数字赋能服务业产业结构升级和优化，激活创新引领新动能为现代服务业加速成长提供动力支撑。电子商务、现代物流、跨境贸易等服务业数字化转型加速推进，数字商业广场打造取得初步成效。“数字+线上体验”的文旅产业发展模式不断成熟。电子商务新业态不断涌现，移动电商、微商城、微店繁荣发展，网红直播渗透到各行各业，推动电商经济发展。全市50%以上商铺实现“线下打烊、线上开播”“线上引流+线下服务”新运营模式。已有国家级电子商务示范企业1家，省级电子商务示范基地8家，示范企业30家。市级电子商务示范基地8家，示范企业40家。吸引京东、天猫、苏宁易购、猪八戒网、土巴兔、滴滴等一批国内知名电商企业纷纷落户南昌。全市A级物流企业达32家，中欧班列、铁海联运班列常态化运行。至年底，全市信息传输、软件信息技术服务业规模以上企业有140家，营收223.2亿元，同比增长15.4%。

【农业数字化】 2021年，农村和农业物联网示范区不断延伸，全省首个“水稻无人化农场”正在建设，充分利用电商平台及“赣品网上行”等活动，多方拓宽农产品销售渠道，探索以“党建+电商+村集体+合作社”模式打造农产品电商平台。农业物联网、植保无人机、智能养殖、智能温室等智能化农业应用场景不断丰富。南昌县蒋巷镇的大田农社，1000公顷农田都进行编号，建设30多个农情监测站。通过传感器，将监测到的土壤温湿度等数据传回农场智慧平台终端，农技人员可以由此判断选择农机插秧还是无人机播种；同时，还能根据收集到的土壤pH值、光照等数据，量身定制不同的种植方案。借助大数据、物联网等技术，农田有“智慧大脑”，农业耕作效率也大幅提升。通过数字化、科学化种植，一亩地的种植效率提升30%，直接带动粮食亩产增长15%。随着物联网、大数据、5G等新一代数字技术在农业生产中的推广运用，精准种养有更多科学依据。进贤县的农发智慧农业产业园，利用物联网技术，采用小气候智能化自动控制系统，水、肥、光照、温度都进行一体化高效综合管控，智慧农业园单平方番茄产量达到75千克，是传统日光温室的5倍。安义县的泰晟农业数字果园运用农业物联网的数字化技术和绿色防控、生态栽培的技术，整合果园资源，实现果树生长与果园环境的全过程自动监测和全要素数据收集，果园虫害预警的自动化、可视化、智能化，空气、温湿度等信息一目了然，果农还可根据情况提前做好病虫害防治和水肥控制。新建区的江西山容生态农业科技有限公司通过智能化监测系统，草莓园棚内温度、湿度、光照等都能精准调控，浇水、施肥、补光等日常管理可以通过电脑和手机远程操控。在智慧农业上，越来越多的农民和种植户从“靠经验”到“靠数据”，从粗放走向精准。

【特色优势传统产业转型】 2021年，加快推动新一代信息技术与传统产业深度融合，着力促进绿色食品、现代针纺、新型材料、机电装备制造产业链、供应链、价值链、创新链融合发展。制定《南昌市推动“5G+智慧工厂”建设三年行动计划》，筛选26家数字化转型成果较好的工业企业纳入“5G+智慧工厂”项目培育库，江铃新能源“5G+智慧工厂”项目、华勤“5G+智慧工厂”项目、龙旗“5G+智慧工厂”项目等快速推进，华兴针织“5G+智慧工厂”项目基本建成；鼓励企业技改升级、强化品牌意识，开展智能制造标杆企业推荐工作、工业企业技术改造智能化制造项目推荐工作，并帮助69个项目获得省级工业发展专项扶持资金8250万元；洛客科技有限公司入选第五批国家级工业设计中心。

【流通领域数字化】 2021年，全市流通领域中电商化水平较高。超市、便利店、连锁店均采用第三方平台、自建App或微信小程序等方式，打造“三公里配送圈”，构建高效、便捷的电商销售网络；餐饮、酒店、景点等普遍利用第三方平台，建立网订配送上门的网络销售模式；居民服务（机票、火车票、电影票、水电费等）等全部可以实现网上办理交费。

【华兴针织智能化升级】 2021年10月15日，华兴针织借助联通公司技术支撑建成5G智慧工厂。产线改造后，年销售额预计将在原基础上翻一番，达到10亿元。华兴针

2021年10月20日，中国联通有关人员调研南昌华兴针织实业有限公司5G智慧车间

（南昌联通　供图）

织5G智慧工厂以中国联通5G专网为基础，将工厂基础资料集中管理、客户与员工信息、设备与产品、原料信息、供应商信息等企业管理数据和生产数据、设备重要参数等实时展现于工业智脑看板，便于管理者进行实时数据监看与分析，随时掌握产线重要数据，进行决策与诊断。华兴针织5G智慧工厂运行后，不仅节约成本，还提高生产效率。企业整烫包装车间所需人员由原来300人，减少到100人，实现减员近70%；产线日整烫包装由原来5万件，提升至10万件，效率提升100%。

【南昌“5G+智能物联”联合创新实验室揭牌】 2021年12月20日，中国电信南昌分公司与中科水研（江西）科技股份有限公司举行战略合作签约暨“5G+智能物联”联合创新实验室揭牌仪式。中科水研是江西水投与中科院上海微系统所共同组建的科创企业，拥有多项自主研发的核心技术，在智慧水利、安全检测等领域有着深厚的自主创新实践与积累，科研创新实力雄厚，与中国电信南昌分公司的云网安数智用六大能力优势融合起来，双方发挥所长，积极探索更广泛更深入的产品创新与应用空间。双方在前期以NB-IoT物联网业务合作为主体的基础上，向水务云、水利大数据平台以及智慧城市建设等方向展开多领域、全方位合作。双方人员嵌入、能力融合、携手推广，定标准，共同打造产业数字化、数字产业化的标杆合作模式。

【5G服务“南昌智造”】 2021年，南昌移动充分发挥5G专网优势，运用标识解析节点平台、工业互联网平台、安全态势感知平台等核心能力，全面助力5G园区数字孪生、5G智慧视觉检测、5G柔性制造、5G数字可视化看板等10余类5G智慧应用建设，提升企业生产和运营效率。依托全市做大工业经济总量的若干政策措施，助力江铃新能源、华勤电子、方大特钢等企业建设“5G+智慧工厂”，帮助企业逐步实现智能化生产和管理，推动企业转型发展、创新发展。在汽车制造、电子信息、钢铁、化工、医疗器械等多个细分领域，推动一批龙头企业成为数智化转型标杆，带动产业链上下游企业加速上云、上链、用数赋智。

（市史志办）

数字化公共服务

【概况】 2021年，南昌市根据公共服务需求，推动交通、金融、医疗、教育等领域应用场景开放，开展部门应用、行业应用、交互式集成应用、跨部门集成应用，实现全市运行一网感知、便民利企一网通办，城市治理一网通管。实施乡村信息基础设施振兴行动，提升农村用户普及率和网络接入覆盖率。加快推进农业生产大数据应用，推动农村物流、电子商务基础设施建设，培育“互联网+”现代农业新业态。推动“互联网+党建”“互联网+社区”等向农村延伸。

【数字乡村建设】 2021年，按照《数字乡村标准体系建设指南》及相关标准，统筹指导进贤县做好数字乡村国家试点工作，细化10项试点工作任务，推动一期建设项目落地，推进温圳镇李溪李家村进行“数字乡村试点村”建设。完成数字乡村国家试点阶段性评估工作。建立市、县（区）数字农业农村建设工作机制，推进《江西省数字农业农村建设三年行动计划》实施落地，赋能当地经济社会发展。组织南昌县、安义县、新建区申报“江西省数字乡村试点地区”，南昌县成功入选试点县。开展信息进村入户工程建设工作，在全市优化提升建设1个市级农产品电商运营中心、4个县级农产品电商运营中心。11月27日，省农业农村厅公布2021年度江西省农业物联网示范基地（企业）名单，南昌市有江西赣粮实业有限公司、进贤城投农业开发有限公司、江西泰晟农业生态有限责任公司、江西省小才子食品集团有限公司等13家企业榜上有名。

【“互联网+监管”推行】 2021年，推进监管事项目录清单动态调整，确保应领尽领，逐一完成检查实施清单编制。至年底，全市监管事项总数8374个，检查实施清单总数3957个，完成率100%。全市执法监管部门与省“互联网+监管”实现数据全面共享，通过省“互联网+监管”上报至国家“互联网+监管”。省“互联网+监管”汇聚的数据类型有执法人员、监管对象、“双随机、一公开”、投诉举报、其他，对监管动态和监管曝光台栏目中的信息进行补充、更新。全年发布监管动态和曝光台信息共1935条。针对省“互联网+监管”系统推送的风险预警线索，组织开展风险核查、处置工作，将反馈核查、处置结果反馈给省“互联网+监管”系统。至年底，预警总数下发362条，已反馈362条，反馈率100%。

【“互联网+物业管理”平台建设】 2021年，市住建局利用新技术，开发推进“互联网+物业管理”平台建设，规范物业管理市场秩序，促进物业管理矛盾纠纷就地解决。研发业主大会网络投票平台，提升公共事务表决效率，解决业主大会成立难问题，推动物业服务企业优胜劣汰。研发物业服务矛盾纠纷调解平台，建立市、县、街道三级联动的物业矛盾纠纷调解平台，形成横向多渠道、纵向多层次的物业服务矛盾纠纷调解工作机制，提高物业矛盾纠纷调解速度，将矛盾纠纷化解在基层。

【"互联网+执法"系统运用】 2021年,南昌市被应急管理部确定为全国"互联网+执法"系统工贸专项执法工作的5个试点城市之一。市应急局推动"互联网+执法"系统在安全监管中运用,通过专项执法与日常检查相结合,实行每周一调度,每周一通报。此项工作试点3个月后,覆盖全市13个县(区、开发区)287家企业,涵盖冶金、有色、建材、机械、轻工、纺织、烟草、商贸八大行业。至年底,全市安全生产行政执法人员使用"互联网+执法"系统,开展日常检查2366次,查处事故隐患3072处;已整改事故隐患2494处;开展预防性行政处罚(非事故处罚)66次,处以罚款共99.95万元。向"互联网+执法"系统报送典型执法案例31个,"行刑衔接"追究2名犯罪嫌疑人刑事责任。

【5G赋能市域治理】 2021年,南昌移动深入推进市域社会治理现代化建设,在东湖区建设5G+智慧平安医院,实现9家三甲医院与公安、卫健部门构建联防联控机制,保障正常医疗秩序、维护医疗机构、医护人员和人民群众的安全。在红谷滩区建设5G+智慧平安小区2.0平台,在高新区建设5G+禁毒大数据平台,在青山湖区建设5G+智慧情报指挥中心,在公交集团建设全市公交主动安全预警系统等,着力构建社会治理数智化体系,打造"昌治久安"市域治理现代化样板。

【职教示范项目打造】 2021年,南昌移动助力南昌创建"国家智慧教育示范区",与市委党校共建5G+VR红色文化研究院,推动5G+VR红色教育应用进校园、进社区。承建国家职业教育虚拟仿真示范实训基地课程教学项目,打造飞机维修、警务实训、石化培训等虚拟现实与职教相结合的应用。联合职业院校申报省教育厅职教高考平台,推动打造国家级职业教育改革示范样板。

【核酸检测管理系统开发运行】 2021年,南昌移动顺应疫情防控常态化形势,深化运营"昌通码"平台,自主开发南昌市核酸检测管理系统,对接省疫苗接种信息系统,实现与鹭鹭行"两码合一"扫码乘地铁,在火车站出站口提供刷身份证自动核验健康码服务。充分利用5G、大数据、云计算等技术手段,全面保障"昌通码"及核酸检测系统平台运行。成立核酸检测系统平台应急支撑小组,安排专班驻点实时协助防疫工作,处理系统技术问题,助力构筑群体性免疫屏障,打赢疫情防控阻击战。

【民生资金"码"上监督平台建设】 2021年,南昌移动助力进贤县建设民生资金"码"上监督平台。该平台着眼破解"县里的权、乡里的情、村里这个点"监督难题,以权力监督、公开公示、群众诉求、政策直达、干群交流、办事服务、作风画像、督促整改为主要功能,集监督、服务于一体,把全县民生资金运行情况放在网上进行公示、公开,让群众一"扫"可登录、一"键"可查询、随时可举报,帮助群众解决身边的问题。该平台功能较强、操作简便,共包括民生项目、到户资金、村级"三资"(资金、资产、资源)、乡村振兴、营商环境、信息公开、投诉举报等7个板块,公示全县民生资金发放、民生项目建设、村级"三资"管理使用等情况,公开民生政策等内容。

【"我为群众办实事,让爱听得见"畅听王卡体验推广活动】 2021年5月27日,南昌联通联合市残联,在南昌联通红角洲办公大楼举办"我为群众办实事,让爱听得见"畅听王卡体验推广实践活动。市残联、南昌联通有关人员及各区县残联理事长和100余位聋友代表参加现场活动。南昌联通为全市所有听障人士赠送畅听王卡,同时提供优先服务、上门服务、专属客服及专属优惠,满足听障人士对于无障碍通信需求。

【智慧文旅分时预约平台】 2021年,国庆节期间,南昌八一起义纪念馆凭借南昌联通公司技术支撑建设的智慧文旅分时预约平台,充分满足游客不排队、不拥挤、有秩序的个性需求,全面提升游客体验和景区运营效率。该平台的使用,在落实好常态化疫情防控措施同时,最大限度地保障旅游秩序和旅游安全,使景区管理更加智慧化,用户体验更好,提升游客满意度。

【智慧家庭服务优化】 2021年,中国电信南昌分公司启动"智慧家庭工程师亮身份走进千家万户"服务活动,提高宽带、智慧家庭业务使用问题的解决效率。启动宽带免费巡检服务,即免费上门为客户提供家庭网络和WiFi巡检服务,主动为客户解决宽带/WiFi网速慢、上网卡顿等使用问题,免费巡检宽带近3万条,检测解决疑难故障760户。开发掌上App功能,将客户服务全流程透明化,整合工单过程可视化监督、操作规范真实性、客户服务感知评价等功能在同一平台实现全方位管控。向客户提供一个集工单进度查询、流程跟踪、信息反馈、装移修竣工交付、服务满意度评价等功能于一体的服务平台,改变过去客户盲等被动局面。开展一系列"便民惠民"活动,丰富服务手段、提升装维能力,装维服务连续4个季度获得"集团公司NPS满意度评价"同行业第一。

(市史志办)

农 业

综 述

【概况】 2021年，全市农业农村工作稳住农业基本盘、守好“三农”基础，为全市社会经济发展应变局、开新局发挥“压舱石”作用。落实早稻生产任务，整合各级资金1.9亿元支持早稻生产，全市早稻播面13.99万公顷，超省农业农村厅下达任务1.33万公顷。完成冬种油菜面积5.47万公顷，超出计划任务1386.67公顷。南昌县在全省农村工作会上围绕粮食生产作典型发言。全市年生猪存栏145万头，出栏215万头，产能恢复到正常年份。新引进5家(安义县聚宝盆、南昌县牧原、新建区牧原、进贤县正邦、翠园生态)年产10万头以上大型猪场已基本投产，年产达80万头以上。全市蔬菜、生猪、水产、禽、蛋、水果等重要农产品供给充足，有效保障南昌市民消费需求。完成水稻、豆类、蔬菜等种质资源普查，摸清种质资源基本情况。举办全省首届现代种业蔬菜新品种展示观摩会，扩大合作交流。与袁隆平团队合作开展的水稻高产攻关，双季稻亩产达到1454.2千克，打破全省纪录。全市承办全国农机博览会、全国畜牧产业大会、全省绿博会、全省现代种业展示会等现场会、大型活动19次，获得国家级荣誉15项。

【绿色食品产业链】 2021年，坚持全产业链发展思维，接续推进稻米、生猪、水禽、水产、蔬菜、茶叶等六大农业绿色食品产业链建设，以农产品加工业为抓手，推动种养业往后延伸，带动农业生产、加工、流通、服务等全产业链发展升级。至年底，全市绿色食品产业实现营业收入882.2亿元，同比增长19.1%。

【农业龙头企业】 2021年，南昌市加快农业经营体系、生产体系、产业体系转型升级，推进质量兴农、效益兴农、品牌强农，树立农业现代化建设标杆，将产业园打造成为示范引领农业转型升级、提质增效、绿色发展的农业高质量发展“南昌样板”。将经济实力较强、联农带农较紧、现代化水平较高的龙头企业纳入市级龙头企业队伍，构建国家、省、市龙头企业三级联创、梯度发展格局。围绕农业全产业链发展目标，推进农业产业化经营，壮大龙头企业队伍，提升龙头企业层次水平，发挥龙头企业主力军作用，引领小农户与现代农业有机衔接。至年底，市级以上农业产业化龙头企业376家，营业收入2895亿元，同比增长7.8%，带动7193万户农户进入大市场。其中，省级龙头企业115家，占全省的1/8；国家级龙头企业16家，占全省近1/4。营业额千亿级企业1家(正邦集团)、百亿级企业3家(双胞胎集团、深农批、煌上煌集团)，10家农企上榜中国农业企业500强。

【现代农业发展】 2021年，以都市现代农业十大行动为抓手，推进全市都市现代农业高质量发展。全年新增国家级龙头企业3家、市级龙头企业73家。至年底，市级以上龙头企业有376家。其中，省级龙头企业115家，占全省的1/10；国家级龙头企业16家，占全省的1/4；10家企业进入中国农企500强。推进6个市级示范田园综合体建设，创建省级现代农业产业园4个。云厨全域产业园、中建材智慧农业园等一批科技化、智能化程度高的高效设施农业园区快速发展。

(杨 鹏)

种植业

【概况】 2021年，市农业农村局压实粮食安全党政同责，从春耕备耕开始，一季接着一季抓，主动作为，多措并举，抓好粮食生产，取得全年粮食丰产丰收。加大资金支持力度，整合各方面资金支持早稻生产。加强示范引领，建设百亩以上集中连片早稻示范片，辐射全市早稻生产。加强粮食生产服务指导，落实“日调度、周通报”制度，实现早稻播种进度列全省第一位。加强日常防灾减灾指导，与气象、应急等部门对接协作，全年及时下发生产防灾减灾措施和建议48期(次)，联合气象部门发布气象服务信息53期(次)，为粮食生产保驾护航。至年底，全市粮食播面34.49万公顷，同比增长0.29%；粮食总产达21.45亿千克，增长1.3%，连续11年稳定在21亿千克以上，以占全省8.1%的耕地，生产占全省9.8%的粮食。完成油菜播种面积5.58万公顷，增长10%。

【粮食生产】 2021年2月，市委办、市政府办下发《关于毫不松懈抓好粮食生产工作的通知》，压实稳粮党政同责，将全年粮食生产和早稻生产任务分解下达至各县区，落实到村组、田块。全市整合各级各类资金共1.9亿元(其中安排市级资金1000万元)支持早稻生产。组成4个工作组，深入全市10个县区、80余个乡镇提供粮食生产技术服务指导，通过“日调度、周通报”制度，发布通报9期、简讯4期。建设百亩以上集中连片早稻示范片100余个，示范面积达4733.33公顷。下发《关于全力抓好“双抢”保障秋粮稳产丰产的通知》，加强抢收抢种进度调度，做好生产指导，发布农事预警8期。下发《关于下达2021年秋杂粮扩种面积指导任务的通知》，具体分配秋杂粮扩种面积任务，保证秋粮和全年粮食丰收。抽调人员组成6个中晚稻田间管理、秋杂粮扩种和晚稻增施穗粒肥调研指导组，采取听取情况介绍、实地查看指导方式，围绕全年粮食面积产量“只增不减”目标要求，重点督导中晚稻长势、田间管理和病虫害防控、秋杂粮扩种面积、晚稻增施穗粒肥等情况，推进工作落实落地。全市完成秋杂粮扩种面积6606.67公顷，各县区完成晚稻增施穗粒肥面积12.89万公顷。

2021年11月9日，安义县绿能农民专业合作社水稻收割场景

(市农业农村局　供图)

【油料生产】 2021年，全市夏收油菜面积4.97万公顷，较上年增加180公顷，增幅0.4%；总产5.9万吨，较上年增加1000吨，增幅1.7%。组织召开全市冬种生产工作动员会，全面部署冬种工作，下发《关于抓好2021年冬种生产工作的通知》，明确冬种任务和工作要求，同时抓好油稻稻试验，在总结经验的基础上，建设万亩、千亩油稻示范片，在一季稻种植区推动扩大油菜种植，稳步扩大全市油菜种植面积。

【蔬菜生产】 2021年，全市推动蔬菜产业高质量发展，全年蔬菜及食用菌播种面积4.24万公顷，较上年同期增长1.38%；蔬菜及食用菌产量134.5万吨，增长1.62%。市委、市政府出台《推动南昌市蔬菜产业高质量发展实施意见》《南昌市2021年蔬菜产业发展工作方案》，确定“十四五”时期全市蔬菜产业的发展思路、举措和路径，提出2021年蔬菜产业发展的具体步骤。2021年推进设施蔬菜基地建设，将蔬菜产业发展列入2021年全市重大重点项目予以支持，下达市级财政资金8000万元支持蔬菜生产。至年底，全面完成设施蔬菜基地年度建设任务，完成率100.03%。南昌县、安义县、新建区、市农科院新建成的设施蔬菜高效服务技术(科研)示范推广中心，发挥棚型、新品种、新技术引进试验示范和推广作用。

【茶叶生产】 2021年，全市茶园面积1426.67公顷，产量1900吨，和上年基本持平。根据《省政府办公厅关于进一步加快茶产业发展的实施意见》《2021年江西省茶产业发展项目实施方案》等，全市推进省级领军茶企创建工作，加快推进茶产业转型升级。经逐级申报、专家竞争性立项评审、媒体公示、市政府审定，2021年南昌市茶产业发展项目由红谷滩区申报的江西赣茶集团有限公司立项，红谷滩区组织项目具体实施。按照“补短板、破瓶颈、解难题”和“缺什么、补什么”的原则，支持茶企开展品牌化创建、市场化营销、科技化支撑等建设。

【冬种冬翻】 2021年，加强冬种油菜技术指导和宣传，加大项目、资金等支持力度，确保种植任务完成围绕国省县道、高速公路、铁路沿线及秀美乡村周边进行布局，通过项目支持、示范引导、培训指导等，落实稻油轮作试点面积3000公顷，建设6个千亩以上“油稻稻”等模式的绿色高质高效试验示范区。至年底，全市完成油菜播种面积5.58万公顷，同比增长10%。推进红花草等绿肥种植，不断改善耕地地力，推动化肥农药减量增效。全市落实冬种绿肥面积共3.13万公顷。召开2次全市现场观摩会，动员各地开展冬闲田翻耕。安排400万元市级冬翻奖补资金，调动农户冬翻积极性。全市完成冬翻面积共5.45万公顷。

【农药化肥减量技术应用】 2021年，建立农作物病虫害绿色防控示范区19个，示范面积1293.33公顷。推广“三生三诱”(农业生产性、生活性、生态性和频振诱控技术、生态黏虫板诱杀技术、性信息素诱杀技术)等绿色防控措施，全年农药使用量同比减少20吨以上。建设70个50亩以上化肥减量增效示范区，在不减产的基础上化肥用量减少5%、利用率提高0.5%。同时，开展茶叶有机肥替代化肥示范面积333.33公顷和绿色高质高效示范面积2400公顷，采购有机肥4400吨，减少化肥用量704吨。全市主要农作物肥料综合利用率及农药利用率均达42%以上，农药化肥使用量实现负增长。

【水稻侧深施肥技术推广】 2021年7月19日，全市水稻侧深施肥现场培训观摩会在南昌县蒋巷镇大田农社召开。培训会上，邀请专家重点讲解水稻电控螺推式侧深施肥技术和应用、测土配方施肥技术及耕地质量监测与酸化耕地治理技术等内容。在南昌县大田农社观摩现场，技术专家演示水稻侧深施肥技术操作流程，并就水稻侧深施肥关键技术进行现场培训教学。相关工作人员就与会农技骨干和部分种粮大户提出的问题逐一答疑，取得良好效果。在南昌县蒋巷镇、新建区象山镇、进贤县衙前乡、恒湖垦殖场等乡镇推广水稻侧深施肥技术66.67公顷。实现机插秧与施肥一体化，同步将肥料集中施于耕层中，有效减少肥料在田间的养分挥发和径流损失，提高肥料利用率。降低人工施肥成本，水稻平均增产8%，每亩增加收益超100元。

【耕地质量监测】 2021年，组织力量开展全市耕地质量长期监测点监测工作，增强耕地质量监控能力，减少农业生产污染，切实提升耕地综合生产能力，提升农产品质量。至年底，完成全市45个耕地质量长期监测点监测工作。监测点的农作物涉及花生、莴头、蔬菜和水稻。监测点基本覆盖全市主要耕地土壤类型和主要农作物，全年采集土壤并完成容重、有机质、全氮、有效磷、速效钾、pH、铁、锰、铜、锌以及重金属等理化指标检测1000余项次。同时。还对各监测点作物产量、施肥量、耕地土壤理化性状以及耕地环境质量进行监测，统计化肥对农作物产量贡献率等情况，分析评价耕地质量年度变化情况和发展趋势，出具年度耕地质量监测报告，为耕地保护与质量提升工作提出意见和建议。

【省级领军茶企创建】 2021年，推进省级领军茶企创建工作，加快推进茶产业转型升级。经逐级申报、专家竞争性立项评审、媒体公示、市政府审定，下达2021年南昌市茶产业发展项目资金1500万元，用于创建1个省级领军茶企(赣茶集团)。按照“补短板、破瓶颈、解难题”和“缺什么、补什么”的原则，支持茶企开展品牌化创建、市场化营销、科技化支撑等建设，开创江西茶叶振兴发展的崭新篇章。

(邹煜菲　刘　薇　戚艳艳)

林　业

【概况】 2021年，全市林业系统坚持山水林田湖草生命共同体协同发展思路，做足“建设好”“保护好”“利用好”南昌森林、湿地和野生动植物资源三篇文章，持续推进林业各项工作发展，充分发挥出“精致森林、大美湿地”在全市社会经济发展中的重要作用。着力推进森林“四化”(绿化、美化、彩化、珍贵化)建设、森林质量提升工程、森林乡村创建等工作，打造城乡优美生态环境。加大湿地保护修复，维护湿地生态功能和生物多样性，促进湿地资源可持续利用。注重野生动物栖息地建设和修复改造，打击野生动植物违法行为，为野生动植物提供良好生存环境。至年底，全市共完成人工造林面积900公顷，占省下达计划任务的112.5%，绿色生态基础不断夯实。

【特色林茶】 2021年，全市立足省会城市区位和资源优势，继续倡导“规模化、基地化、产业化、特色化”运作模式，通过政府引导，鼓励、支持企业、大户等社会资金投入，发展富民产业，重点推进高产油茶等产业发展。通过市财政重点扶持、专项补贴，已完成高质量油茶建设666.67公顷、低改600公顷、提升733.33公顷。油茶造林在争取省级补助基础上，市级财政配套资金将由原来的每亩300元提高到500元。新建区财政继续实行油茶造林奖补政策，在省市补助基础上，对达到建设标准的油茶基地按每亩650元的标准进行奖补，已完成油茶基地建设240公顷。进贤县推进林业产业富民工程，结合南昌硒谷·钟陵现代农业产业园和梅庄万亩猕猴桃基地建设，实施完成猕猴桃、山核桃、杨梅、柚等特色经济林造林 33.33 公顷，引进专业公司在前坊镇等乡镇打造雷竹产业种植基地，雷竹栽植总面积突破 233.33 公顷。

【森林药材】 2021 年，南昌市出台《关于加快全市林下经济发展的实施意见》，明确 2021—2025 年新增森林药材面积 333.33 公顷，重点打造森林药材等林下经济产业，不断提升林下经济对区域经济的拉动能力、对生态建设的支撑功能、对农民增收的促进功能。支持省内外龙头企业、专业合作社、专业大户，集中连片地建设森林药材基地，实施范围为林地上新种植的中药材，要求基地相对集中连片 0.33 公顷以上，木本药材种植密度符合造林有关技术规定，成活率 85%以上。草本及藤本药材覆盖率、成活率符合有关技术规定。南昌市级财政将林下经济产业纳入年度林业生态建设实施范围，列支预算 320 万元，按照“先建后补”方式支持林下经济发展。木本类森林药材，一次性奖补每亩 500 元，在林地上种植的草本中药材，一次性奖补每亩 100 元。至年底，全市新栽植森林药材 126.67 公顷。

【花卉苗木】 2021 年，南昌市苗木花卉产业规模保持稳定，销售收入不断攀升，产业发展极具潜力。全市苗木花卉种植面积约 1 万公顷，栽植乔、灌、草、花在内的各类高、中、低档品种 1100 余个，年产各类苗木花卉达 1.5 亿株(盆)，苗木花卉直接销售产值突破 15 亿元，综合产值估计突破 50 亿元，带动相关从业人员超过 20 万人。南昌县启动总投资 6000 元的江西(黄马)蓝天花卉苗木市场，建立花卉苗木基地 533.33 公顷。湾里招贤村以“党组织+公司+合作社+基地+农户”的经营模式，带动村民创办 22 家园林苗木公司，形成花卉苗木特色产业，创建全国“一村一品”示范村。草拟完成《关于激励花木产业高质量发展的实施意见》，修订《主要绿化树种苗木质量》标准，采集发布花木信息报价，建设完成南昌花木信息网站，采取多种组合拳建立健全苗木花卉服务体系，推动林业产业高质量发展。4 月 1 日，市花卉苗木行业协会共同组织 30 余位会员召开“转作风、优环境”花木产业服务效能提速座谈会。会上，围绕如何加快全市花卉苗木产业发展、如何提升花卉苗木行业服务能力和水平、如何“转作风、优环境”等问题进行讨论，收集花木交易市场、退林还耕、苗木造价信息、劳务用工整合、园林机械信息共享、苗木运输、征苗补偿、苗木保险融资、对外考察交流等方面的意见建议 10 余条，为促进提升花木产业发展提供切实可行思路和规划。

2021 年 5 月 12 日，南昌市林业系统开展防灾减灾宣传活动

（市林业局　供图）

【林业加工】 2021 年，全市木材经营加工产业，采取走出去、引进来办法，学习借鉴林业产业发达省市先进经验，积极扶持一批带动能力强、示范效益好、规模较大的龙头企业，全面提高产品附加值、扩大利润空间，逐步实现由粗加工向精加工转化，由单一产品加工向系列化产品加工转化，实现全产业更新换代。全市木材经营加工产业总产值 152 亿元。其中，木材加工和木、竹、藤、棕、苇制品制造 95.84 亿元；木、竹、藤家具制造 29.21 亿元；木、竹、苇浆造纸和纸制品 23.57 亿元；林产化学产品制造 3.2 亿元；木质工艺品和木质文教体育用品制造 2400 万元；非木质林产品加工制造业 2100 万元。18 家林业类企业荣获省级龙头企业称号，龙头企业总资产 85.05 亿元，固定资产 51.28 亿元，年产值 43.42 亿元，带动 50453 个农户增收。全市年收入 2000 万元以上林业类企业共 20 家，其中7 家企业年收入 1 亿元以上、2 家企业年销售收入突破 5 亿元。

【森林“四化”建设】 2021 年，按照省委、省政府统一部署，对全市主要高速公路、高铁和生态廊道两侧可视范围内，或第一重山脊内裸露山体、重点风景名胜区周边和重点乡村风景林等重要区域，融入森林景观设计理念，按照结构调整、品种优化、增彩增色、提升景观效果的建设思路，通过栽植或插补观花、观叶彩色树种和珍贵阔叶树，以乔灌花果草结合方式打造景观生态林，实现景观特色彰显和质量功能效益提升目标，不断满足人民群众对优美生态环境需要。推进高速公路、高铁等主要通道两侧可视范围和重点景区周围森林“四化”建设。投资800万元,高标准完成昌赣高铁沿线“四化”建设153.33公顷;投资640万元,完成蒋巷中心公路“观鸟路”沿线“四化”建设60公顷;在沪昆高铁、沪宁高铁进贤段等地开展高标准森林“四化”建设造林73.33公顷,补植46.67公顷。

【森林质量提升行动】 2021年,全面实施森林质量精准提升工程,着力提高森林质量与效益,充分发挥森林多种功能,构建健康稳定优质高效的森林生态系统。加大松材线虫除治迹地、火烧迹地的更新改造和低产低效林的补植补造工作,推进乡土树种、彩叶树种、阔叶树种的栽植和补植工作。至年底,全市阔叶树更新改造146.67公顷,用阔叶树及“四化”树种补植补造的低产低效林改造240公顷,封山育林566.67公顷。

【林业防灾减灾】 2021年,全市共清理病(枯)死松树34余万株,松材线虫病疫情得到控制,病(枯)死松树量同比下降56%。南昌市荣获2020—2021年度设区市松材线虫病防控目标考核二等奖。推进森林防火宣传“五进”(进林区、进社区、进学校、进机关、进厂矿)和集中宣传周活动,组织参加全省中小学生森林防火主题海报设计比赛。全市共33幅作品获奖,市林业局获得最佳组织奖。完成森林火灾风险普查外业调查和数据录入,全面掌握森林火灾风险情况。开展森林防灭火“平安春季行动”,做好野外火源查处、森林火灾隐患排查、森林防火基础设施建设等各项工作,保障森林防火安全。南昌市未发生重大及以上森林火灾,没有发生人员伤亡事故,获评全省“平安春季行动”先进市称号。

【林下经济产业发展】 2021年,全市各地充分利用现有资源潜力,因地制宜发展高质量油茶、森林药材、森林康养等产业,将林下经济打造成推进巩固拓展脱贫攻坚成果同乡村振兴有效衔接的重要着力点。利用林下土地资源和林阴优势从事林下种植、养殖等立体复合生产经营,使农林牧各业实现资源共享、优势互补、循环相生、协调发展。以林业产业结构调整、助力脱贫攻坚为导向,加快推进森林药材、森林蔬菜、林下养殖等林下经济产业扶持,推广林药、林禽、林菌等种植养殖模式,整合资源优势,打造具有特色的林下经济示范片区。引进和培育林下经济种植龙头企业,按照“企业+基地+农户”“企业+基地+合作社+农户”等组织模式,推进林下经济向组织化、规模化、标准化生产发展,实现林下经济产销一体化经营。发展油茶产业,按照“扶大、扶强、扶优”原则,培育竞争力强、带动面广的油茶龙头企业,打造规模种植、精深加工、产品销售的完整产业链,提升产品附加值,带动全市油茶林产业持续健康快速发展。开展绿色产品认证,树立南昌本土油茶品牌。至年底,全市共完成高质量油茶建设600公顷,低改600公顷,提升733.33公顷,新栽植森林药材126.67公顷、其他经济林120公顷。斐然生态园、中盛山庄、佐家寨、高正集团油茶基地创建成为省级森林康养基地。

(王　越)

畜牧业

【概况】 2021年,全市畜牧业克服非洲猪瘟疫情、新冠疫情及生猪价格下行等不利影响,保持稳定健康发展态势。全市生猪存栏130.4万头,同比减少3.0%,能繁母猪存栏13.1万头,减少9.8%,生猪出栏215.6万头,增加48.1%,达到省农业农村厅对南昌市提出的新目标要求。牛存栏18.1万头,增长17.2%,家禽存栏4142.9万羽,减少14.4%;牛出栏7.8万头,增长3.8%,羊出栏3.3万头,减少27.6%,家禽出栏7099.2万羽,增长16.7%。肉类总产29.1万吨,增长18.9%,禽蛋产量12.8万吨,减少7.5%,牛奶产量2.4万吨,减少27.4%。

【生猪稳产保供】 2021年,将上年结余的引种补贴资金继续用于生猪引种补贴,对安义县、进贤县、南昌县、新建区、高新区申报的22家养殖场引进的1.52万头能繁母猪进行补贴,补贴资金1258.31万元。下达市级财政资金2000万元,用于支持新建大型规模猪场、病死畜禽无害化集中处理中心、畜禽粪污集中处理中心和畜禽运输车辆洗消中心运营补贴及生物安全示范场、生猪生产先进养猪场奖补等方面,提高生猪养殖积极性,助推生猪复产增养工作。实施生猪良种补贴项目,发放良种补贴资金74万元。落实800万元生猪养殖贴息资金用于全市95个畜禽养殖场贷款贴息,涉及总贷款金额40亿元。通过发挥财政资金扶持的“指挥棒”作用,激发全市生猪养殖企业积极性,促进生猪生产稳定有序。安义县聚宝盆、南昌县牧原、新建区牧原、进贤县正邦傲新、翠园生态等5个大型现代化猪场相继竣工投产,全市新增生猪产能80万头。指导规模猪场完善养殖设施,提高生猪养殖安全水平。通过与大型猪场租赁、代管、“公司+农户”等形式,解决猪场资金和技术难题,盘活存量猪场。至年底,全市1135家规模猪场全部投产运行。

【畜牧养殖污染治理】 2021年,全市禁养区畜禽养殖场全部关停退养,没有出现复养污染情况。非禁养区规模养殖场1288家,配套粪污处理设施装备1287家,配套率99.92%。其中,254家大型规模养殖场全部完成配套设施,配套率100%。全市畜禽粪污资源化利用率95.2%,畜禽规模养殖场配套率和畜禽资源化利用率均达到省政府进度要求。进贤县畜禽粪污资源化利用整县推进项目完成市级验收，涉及养殖场改造585家，粪污处理中心改造2家。南昌县、新建区畜禽粪污资源化利用整县推进项目加快推进，完成养殖场改造480余家，建设畜禽粪污集中处理中心1个。安排432.55万元用于畜禽养殖污染治理项目，其中病死畜禽无害化集中处理中心运行补助经费210万元、畜禽粪污集中处理中心运行补助经费200万元、养殖环节病死生猪无害化处理补助22.55万元。南昌县、进贤县、新建区3个病死畜禽无害化集中处理中心全部建成投产，日处理病死畜禽能力52吨。全年各中心累计集中处理9.21万头，占全市病死猪无害化处理头数的96.41%。建立"县、镇、村"三级监管体系，实行日常监管保护责任制度，由当地乡镇政府、乡镇农技(畜牧部门)站、村委会逐级与养殖户签订环保责任书，实现全过程、全方位、全链条监管，确保养殖粪污处理设施正常运行、粪污合理消纳利用。

2021年12月9日，南昌县冈上镇安仁村水禽养殖基地

（市农业农村局　供图）

【动物疫病防控】　2021年，推进重大动物疫病春秋防疫集中行动，全市累计免疫家畜256.8万头、家禽6204万羽，免疫密度达到100%。加强工作部署和宣传动员，各县区通过网站、微信、视频、发放宣传资料等多种渠道宣传"先免后补"政策。市防重办定期调度，每周通报申报完成情况，实地指导帮助各县区养殖场户完成直补申报。配合国家禽流感参考实验室、国家流行病学调查中心、省动物疫控中心完成禽流感、口蹄疫等各类监测采样，共采集畜禽样品、环境样品1600余份。加强设施建设，南昌县畜禽运输车辆洗消中心建成运行，全市各规模猪场生物安全设施配备率100%。对全市所有的生猪养殖场户、生猪定点屠宰企业、交易市场、肉类冷藏场所、无害化处理场所开展全面排查，建立市级非洲猪瘟长期监测点10个。至年底，全市共排查生猪养殖场户9620户次，排查生猪740万头次，未发现临床疑似病例。市动物疫病预防控制中心兽医实验室作为全省首批检测单位，开展覆盖全产业链监测，全年共监测各类非洲猪瘟样品780余份。在全市范围内重点场所组织开展非洲猪瘟防控集中消毒灭源专项行动，督促养殖场、屠宰场等建立清洗消毒操作技术规程，强化工作条件保障，扎实推进清洗消毒工作。市级发放消毒药20余吨，全市累计消毒面积5600万平方米。全市非洲猪瘟防控做到疫情排查到位、消毒灭源到位、非洲猪瘟假疫苗排查到位、检疫监督及屠宰监管到位、应急和培训指导到位，全市未发生一例非洲猪瘟疫情事件。强化兽医实验室生物安全监管，全市共登记备案兽医实验室32家。通过重点检查与日常监管相结合、省市联合督查等方式，切实强化动物病原微生物实验室生物安全管理，重点规范实验室建设、实验室管理制度、落实生物安全管理责任制、实验室安全保卫制度、生物安全事件应急预案及应急演练、检测活动开展、"三废"处理及记录档案等内容。开展家畜血吸虫病防治，全市共完成家畜血吸虫病查病6639头次、治疗5862头次。

【畜产品质量安全】　2021年4月，全市开展打击非洲猪瘟假疫苗有关违法行为专项行动，印发《严厉打击非洲猪瘟假疫苗明白纸》1500余份，不定期对各县区重点规模猪场和兽用生物制品经营企业进行随机抽查，累计抽查企业40余家，未发现违法销售使用非洲猪瘟假疫苗行为。针对央视"3·15"晚会曝光省外个别地区肉羊养殖户违禁使用"瘦肉精"事件情况，印发《全市"瘦肉精"专项整治行动实施方案》，在全市范围集中组织开展为期3个月的"瘦肉精"专项整治行动，打击在畜禽养殖、运输和屠宰等环节非法使用"瘦肉精"等违禁品违法行为，保障畜产品质量安全。整治行动累计排查养殖场屠宰场339次，排查牛羊6032头，未发现非法使用"瘦肉精"行为。做好生猪运输车辆备案工作，全市备案有效生猪运输车辆75辆。执行"点对点"调运制度，共受理南昌双汇等屠宰企业申报的"点对点"生猪养殖企业318家。落实屠宰检疫制度，全市屠宰动物受检率100%，病害动物、动物产品的无害化处理率100%，出厂肉品持证率100%。做好畜禽检疫电子出证工作，全市通过电子出证系统共出具各类检疫合格证明92.5万份。

落实屠宰环节质量安全属地管理责任,与所有生猪定点屠宰场签订《屠宰企业肉品质量安全和安全生产责任状》《企业主要负责人安全生产履职承诺书》。对全市生猪定点屠宰企业开展年度监督检查、飞行检查和双随机检查,督促企业落实各项管理制度和完善生猪屠宰台账。在全市开展为期3个月生猪屠宰行业专项整治,督查违法屠宰生猪行为,严惩注水、注药和注入其他物质等行为,查处取缔私屠滥宰窝点7个。强化违禁药物及药物残留监管,完成例行监测猪肉样95份、猪肝样88份、牛肉样23份、禽肉样35份。把兽药生产经营企业在国家兽药追溯系统的录入情况列为兽药各项检查活动的必检项目,让通过国家兽药追溯系统开展生产经营活动成为企业习惯性行为,使兽药生产经营企业在兽药追溯系统注册率100%,数据上传率100%。做好兽药行业管理,从源头杜绝畜产品质量安全隐患,严格兽药生产经营准入,对37家到期申请换证或新申请开办兽药经营企业开展GSP现场检查验收,对9家兽药生产企业申请新兽药产品批准文号开展现场核查,通过新版GMP现场检查验收兽药生产企业2家。至年底,全市共有兽药生产企业26家,兽药经营企业187家。开展饲料质量安全现场督察,出动监管执法人员275人次,检查饲料生产经营主体155家次,抽取样品258个,发现问题12个。迎接农业农村部饲料企业现场监督检查及饲料行业风险检测抽样工作,共有6家饲料企业12批次饲料样品接受抽检。迎接省农业农村厅"双随机"饲料企业现场监督检查,监督检查饲料企业1家。完成省饲料行业风险检测抽样工作,共抽取60批次饲料样品。全市共有饲料企业102家,总产值100亿元。

【畜牧业产业化】 2021年,南昌市评选出十大生猪养殖示范场,示范引领生猪产业现代化发展。开展全市十大特色畜禽养殖基地评选工作。按照畜禽养殖基地的畜禽良种化、养殖设施化、管理规范化、防疫制度化、粪污无害化等创建要求,通过养殖场申请创建、材料审核、现场核查、评审公示,评选出除生猪以外其他畜种的10家特色畜禽养殖基地,每家奖补50万元。开展推广宣传活动,将10家特色畜禽养殖基地发展经验宣传到全市各养殖场,激励并引导全市特色畜禽养殖企业发展。开展畜禽养殖标准化示范创建行动,创建畜禽养殖标准化部级示范场1家、市级示范场7家。

【畜禽种业】 2021年,全市共有种畜禽生产经营企业29家,其中10家畜禽养殖场通过现场验收。发放二级种畜禽生产经营许可证,指导2家畜禽种场完成畜禽遗传资源保护单位申请。推进全国第三次畜禽遗传资源普查行动,全市各级畜禽遗传资源普查主管部门全面完成面上普查任务,基本摸清地方畜禽品种资源分布情况,实现行政村普查率、有资源行政村填报率、有资源乡镇完成率"三个100%",完成种业振兴"一年开好头、三年打基础"首要任务。全市共填报有畜禽遗传资源行政村224个,普查到11个畜种25个品种。其中,上报新发现地方畜种1个、品种1个,即进贤瓦灰鸽。

表13 2021年南昌市畜牧业主要经济指标一览表

生猪出栏(万头)	生猪存栏(万头)	家禽出笼(万羽)	家禽存笼(万羽)	牛出栏(万头)
215.6	130.4	7099.2	4142.9	7.8
牛存栏(万头)	肉类总产量(万吨)	禽蛋产量(万吨)	牛奶产量(万吨)	—
18.1	29.1	12.8	2.4	—

(资料来源:市农业农村局)(陈熙根)

渔 业

【概况】 2021年,全市渔业渔政工作围绕渔业稳产、渔民增收目标,实现产业链融合发展,渔业产业提质增效。全面落实禁捕退捕政策,"微笑天使"江豚再现南昌,渔业资源养护工作成效明显。全市水产养殖面积5.1万公顷,与上年度持平;水产品总产量43.01万吨,同比增长2.72%。其中,特种水产品总产量14.88万吨,增长2.56%;淡水鱼苗孵化量33.15亿尾,增长3.14%;鱼种投放量5.48万吨,增长0.19%。养殖总面积5.1万公顷。其中,池塘面积1.77万公顷、水库面积3500公顷、湖泊面积2.67万公顷、河沟面积2500公顷、其他面积600公顷。机动渔船102艘、861总吨、2736千瓦。水产加工总产4.09万吨。

【水产品质量安全】 2021年,加强水产品质量安全工作领导,成立南昌市水产品质量安全工作小组。广泛开展宣传,增强渔业企业人员质量安全意识。强化水产品质量监管,组织开展全市水产品质量安全检查。全年开展水产品质量安全检查12次,对养殖基地的水产品抽检16批次,合格率100%。组织实施养殖水域滩涂规划,加强水域滩涂养殖发证登记管理,开展现代渔业示范和技术推广工作,推进水产养殖尾水处理工程建设,修复生态环境。开展规模以上养殖区(场)养殖尾水治理试点示范工作,全市建成10个以上养殖尾水治理示范点。

【渔业特色产业发展】 2021年,依托新建区、南昌县小龙虾和进贤县河蟹产业集群,发展河蟹、小龙虾、黄鳝、黄颡鱼、加州鲈等品种的水产养殖。特色渔业涉及全市31家市级以上龙头企业、342个集中连片6.67公顷以上水产养殖基地,总养殖面积2.67万公顷。形成虾蟹、黄鳝、黄颡鱼、加州鲈等四大特色产业集群。全市稻渔(虾)综合种养面积累计8000公顷。其中,新增稻渔(虾)综合种养面积666.66公顷,全年水产养殖户新增收入250元/公顷。实现河蟹放养面积2.67万公顷,年产量3000吨,产值6亿元。黄鳝年产量2万余吨,产值超20亿元。进贤三里乡(黄鳝养殖)入选2021年全国乡村特色产业10亿元乡镇。黄颡鱼年产量8000吨,产值2亿元;加州鲈年产量700吨,产值2000万元。

【水产品养殖技术培训和宣传】 2021年10月12—13日,全市水产养殖实用技术暨禁捕退捕转产转业培训班在新建区怪石岭开班。此次培训邀请省农业农村厅渔业渔政局、南昌大学、江西农大、市农科院等省市有关渔业渔政领域专家,对渔业渔政法律法规知识、渔业项目管理、渔业安全生产、水生生物救护知识、稻虾综合种养技术、池塘养殖尾水处理技术、池塘养殖病害防治和养殖用药注意事项等内容开展培训。培训主要采用集中授课模式,并在培训过程中进行面对面交流互动,针对学员在渔业渔政方面遇到的问题进行一一解答。参加培训的有各县区和乡镇水产技术推广人员和水产养殖大户、合作社、养殖企业等技术人员共80余人。12月10—11日,全市渔业渔政培训班在市委党校举行。培训内容包括退捕水域渔政专管与群管探索、禁用网具和钓具辨识、水生生物养护与救护等渔政执法巡护与水生生物养护知识。参加培训的有各县区和乡镇的水产技术推广人员和水产养殖大户、合作社、养殖企业等技术人员,退捕转产转业渔民和渔政执法人员及各县区护渔员。6月,组织市、县相关人员共50余人收听收看2021年全国水产苗种产地检疫线上培训视频会,听取水产苗种产地检疫技术和动物卫生监督执法办案程序等辅导。6月2日、18日,先后组织40余人次到进贤县、安义县5家企业开展养殖安全生产宣传和督导工作,增强从业人员安全生产意识,提高从业人员安全生产技能。

【渔业发展补助资金】 2021年,全市共下达中央、省、市渔业发展补助资金4034.52万元,用于支持水产养殖尾水处理设施建设、渔业高质量发展试验与示范建设、工厂化循环水养殖基地建设、渔业信息化建设、休闲渔业精品基地建设、水产品加工流通设施建设、水产原良种场提升改造等项目建设。通过项目建设,巩固渔业基础设施,推动全市渔业高质量发展。

【省级水产健康养殖和生态养殖示范区创建】 2021年,根据《江西省农业农村厅办公室关于开展2021年省级水产健康养殖和生态养殖示范区创建示范活动的通知》要求,组织各县区按照《国家级水产健康养殖和生态养殖示范区管理办法(试行)》规定的程序开展申报工作。经县区政府推荐、省农业农村厅组织专家组考核,全市3个单位通过评审获得省级水产健康和生态养殖示范区称号。该示范区有效期从2022年1月1日到2024年12月30日。

(熊永平)

种 业

【概况】 2021年,南昌市作为全省种子集散中心,发出的水稻种子和蔬菜种子分别占全省用种量的60%和70%,其中辣椒种子和豇豆种子是江西蔬菜种子在国内种业界的2张名片,产品销售覆盖全国近30个省市区。全年种子销量约1870万千克,其中水稻种子约1420万千克、蔬菜等其他种子约450万千克。全市初步建立农作物新品种展示示范和跟踪评价体系,在农业县区建立水稻和蔬菜新品种展示示范基地,持续开展农业品种推广、新品种展示示范与现场观摩、区域性主导品种推荐以及新品种试验,加快新品种推广应用。安排10万元农业种质资源普查和保护工作经费,全面完成农作物种质资源普查任务,收集包括水稻、豆类、蔬菜等作物种质资源104份。

【种子培育】 2021年,全市建立以企业为主体、产学研企结合,育繁推一体化的商业化育种体系,培育一批优良品种,3家水稻种业企业培育出省审水稻品种4个,3家种业企业选育的优质稻品种馥香两优19香、珍乡优211、金珍优瑞丝获得2021年"十大"江西省优质稻食味品质鉴评金奖品种,优质辣椒品种"特早早杂""辛香"系列品种、优质豇豆品种"海亚特""新杂"系列品种累计推广面积6.67万公顷以上。全市育繁推一体化企业逐步形成规模,种子生产加工能力进一步加强。至年底,全市注册种业企业46家,其中水稻种子生产经营企业14家、蔬菜种子生产经营企业25家、绿肥种子生产经营企业7家。

【新优品种推广】 2021年，举办江西省首届现代种业蔬菜新品种展示观摩会，吸引全省种业管理、技术推广、育种科研、蔬菜企业及行业协会等方面200余名专家学者参加。观摩会集中展示辣椒、豇豆、西瓜、玉米等七大类作物，1000余个新品种新成果，展示面积8公顷。其中，设置5个水稻新品种展示点共展示优质水稻品种60余个。组织企业、种粮大户参加各项展示、鉴评活动。其中，馥香两优8号、唐两优郁香占等2个品种获"2021年江西省十大潜力品种"，馥香两优19香、珍乡优211、金珍优瑞丝等3个品种获2021年"十大"江西省优质稻食味品质鉴评金奖品种，珍乡优211、鹰香丝苗、馥香两优19香、乾两优馥香占等4个品种获评"2021年江西省十大新优品种"。全市水稻优质品率达70%以上，水稻主推品种市场占有率45%以上，良种覆盖率98%以上。打造34个优质稻高效百亩示范区，建立优质稻高效种植技术模式示范，实现两季收获亩产达1106千克，优质再生稻高效种植技术推广模式得到省市领导肯定。

【种子市场检查】 2021年3月，市种子管理局组织开展春季农作物种子市场检查工作。检查以水稻种子为重点，选择部分种子集中交易市场和种子经营门店开展。具体检查市场销售种子的标签，使用说明，二维码等是否完整、规范，种子经营门店台账是否齐全、规范，主体产品备案是否完整；种子是否存在未审先推、越区种植、已撤销审定品种违法推广销售；种子品质和真假性等。9月，市农业农村局组织机关人员，分3个组前往各县区，开展秋季农作物种子市场检查督导调研工作，听取有关情况汇报，抽查部分种子经营门店和种子企业的种子标签、档案、品种登记等情况，纠正部分商家不规范经营行为，净化种子市场，保障农民合法权益。此次检查未发现有套牌侵权和制售假劣种子等违法行为。

（杨　鹏）

农产品质量建设

【概况】 2021年，全市农业农村部门以"强监管保安全、提品质增效益"为主线，以问题为导向，以补短板、强弱项为主攻方向，强化组织领导、狠抓监测预警、严打违法违规、创新监管模式，做实农产品质量安全监管、农产品品牌创建、三级龙头企业联创等各项工作，推动农产品质量安全水平进一步提升，保障农业产业发展和公众"舌尖上的安全"。

【农业综合执法】 2021年，市农业执法部门采取专项整治与日常巡查相结合方法，坚持抽检分离、检打联动原则，抓重点对象和薄弱环节，对使用违禁物质或者其他有毒有害物等违法行为，做到发现一起、查处一起，打击各类农产品质量安全违法行为。全市共出动执法人员3810余人次，检查经营门店及企业1421余家，发现问题线索33余起。完成省级农业投入品抽检80个批次，各级各类抽样检测任务（日常农产品质量安全监管以及执法检查工作等）389余批次，发放宣传资料1.32万份。办理农产品质量违法案件43起（其中，农产品类21起，农业投入品立案22起），罚没金额90.29万元。

【农产品抽样检测】 2021年，结合全市农业生产实际，科学制定抽检方案，规范操作程序和检测项目，完成农产品质量安全抽样检测7768批次。其中，监督抽查2021批次、风险监测2007批次、快速筛查3740批次。配合开展部级抽检363批次，省级抽检751批次，指导县区完成定量检测5192批次。以400余家检测合格证试点单位为重点，推动规模化生产主体参与检测合格证试行，累计完成农产品自检2.1万余批次，打印检测合格证4万余张，提升全市农产品质量安全追溯水平，为区块链溯源+合格证合二为一开具奠定基础。

【农产品品牌建设】 2021年，加大农业品牌建设与推广力度，编制《南昌市农业品牌目录制度管理办法》，举办"乡村振兴·品牌同行"研讨活动，组织军山湖大闸蟹、煌上煌、稻香园、绿源油脂、萧坛旺、安义小水果参加江西农产品央视和N个渠道广告宣传活动。5月8日，农业农村部公布首批农业国际贸易高质量发展基地名单，南昌市林恩茶业入选。12月2日，江西农产品发布会上，军山湖大闸蟹入选江西农产品"20大区域公用品牌"，煌上煌、阳光、绿滋肴、林恩、鄱湖骄子、稻香园、神珠田园、高正、正邦、人之初、绿源井冈、菲乐奇果、鄱湖鸭舍13个农产品入选"企业产品品牌百强榜"，林恩、鄱湖骄子、神珠田园、高正、正邦、人之初、绿源井冈、菲乐奇果、鄱湖鸭舍、鑫瑞、梅氏、本无尘12个企业产品入选2021年"赣鄱正品"第二批认证品牌。

【农产品产地冷链物流】 2021年，为畅通农产品出村进城最初一公里，开展全市农产品仓储保鲜冷链设施情况调查摸底。至年底，全市共有各类冷库110座、冷库总容积148万立方米。其中，农产品批发市场中有冷库37座、总容积56万立方米。启动中央和省级农产品产地冷链物流项目建设工作，推进14个项目建设，共获得中央项目补助资金216.45万元、省级补助260万元。

【绿色有机地理标志农产品认证管理】 2021年,推进绿色有机地理标志农产品认证管理,通过专题座谈、摸底调查、下发计划、明确任务、政策扶持等形式,引导农产品生产企业增强品牌意识、提升产品竞争力和附加值,鼓励发展优质安全绿色农产品,增强认证的积极性、主动性,推动7家农产品生产企业创建省级绿色有机地理标志农产品标准化生产基地。至年底,全市有效期内绿色有机地理标志农产品共121家单位、441个产品(其中,绿色农产品41家单位、118个产品,有机农产品76家单位、319个产品,地理标志农产品4个产品)。

【绿色食品产业链】 2021年,坚持全产业链发展思维,接续推进稻米、生猪、水禽、水产、蔬菜、茶叶等六大农业绿色食品产业链建设,以农产品加工业为抓手,推动种养业往后延伸,带动农业生产、加工、流通、服务等全产业链发展升级。至年底,全市绿色食品产业实现营业收入882.2亿元,同比增长19.1%。

【农业龙头企业】 2021年,为进一步激发龙头企业创新活力和发展动力,充分发挥好示范带头作用,市农业农村局将经济实力较强、联农带农较紧、现代化水平较高的龙头企业纳入市级龙头企业队伍,构建国家、省、市龙头企业三级联创、梯度发展格局。农业龙头企业是构建现代农业产业体系的重要主体,是推进农业产业化经营的关键力量,对于提高农业组织化程度、加快转变农业发展方式,促进一、二、三产业融合等方面发挥着重要作用。至年底,全市共有市级以上龙头企业376家,其中国家级16家、省级115家。营业额千亿级企业1家(正邦集团)、百亿级企业3家(双胞胎集团、深农批、煌上煌集团),10家农企上榜中国农业企业500强。

(皮丽霞　何　悦)

农业科技

【概况】 2021年,全市农业科技工作坚持创新发展理念,开展产学研深度融合,推进现代农业提质增效。全市农科院共有15个科研及示范推广项目被立项。其中,省级项目7项,包括省科技厅“三区”人才项目1项和省农业厅现代农业示范园项目1项、物联网示范基地奖补项目1项、现代种业发展项目1项、产业体系项目2项及产业集群项目1项;市级项目7项;横向项目1项。全市建设完善市级农作物病虫疫情监测中心和40个乡镇病虫害监测点,购置4套虫情信息自动采集系统,配置性诱智能测报系统、高空测报灯等,建立植保监测数据直报系统,实现水稻等重大病虫情况的实时远程自动化监测和网络化传输。

【养殖技术模式创新】 2021年,市农科院水科所曾柳根作为《大鳞副泥鳅养殖关键技术创新与集成应用》项目组成员,其项目获省科学技术进步奖三等奖。市农科院水科所承担的《黄鳝综合防病及口服疫苗示范推广》项目,在全市累计示范推广33.33公顷,累计增加经济效益1110.74万元;承担的南昌市科技计划资金后补助项目《蒙古红鲌繁养殖技术研究与示范》,在南昌市及九江市示范推广,新增纯收益171.01元/公顷;承担的《水蕹菜生物浮床在草鱼高效养殖中的应用》项目,在南昌市及九江市示范推广100公顷,亩产草鱼商品鱼1450千克以上,鱼菜共生示范养殖区域内养殖水体的TN降低9%、TP降低11%,鱼病防治药品的用量减少3%。市农科院经作所承担的《水蕹菜与黄鳝网箱无公害种养模式的研究》项目获省科技成果证书。该项目成果在核心示范区应用该项技术能提高黄鳝产量与品质,亩产量提高8%—10%,品质达到绿色环保价值更高,每亩增值1800元;水蕹菜亩采收4500千克—5500千克,亩收入1.35万元—1.65万元。《茄果类及瓜类蔬菜工厂化育苗关键技术研究与示范》获省科技成果证书,登记号为Y200000675。基于该项技术建立工厂化育苗生产流程,完成工厂化育苗500万株年生产能力,省内示范推广1000公顷。市农科院粮油所与江西农业大学联合实施袁隆平院士双季稻亩产1500千克试验示范点项目,开展双季超高产攻关。项目使用超高产品种,采用超高产“三定”栽培技术,经专家实地测产,早稻平均亩产为599.5千克,晚稻平均亩产为854.7千克,双季平均亩产达1454.2千克,实现江西省晚稻单季亩产与双季稻周年亩产新突破。市农科院粮油所“花生连作障碍缓解技术研究与示范”项目,于12月31日批准发布江西省地方标准。

【数字农业技术研究与应用】 2021年,市农科院深化数字农业通用性技术研发推广,依托市农科院平台和人员技术优势,开展“人工智能+农业”“物联网+农业”等技术研发,将良种培育、病虫害防治、农药化肥精细化投入等列为重点应用场景。完成省科技厅03专项项目1项。在市农业科技园建立5G农业物联网试验基站1座,实现该园区5G有效覆盖;建立农业物联网基础解析平台1个,建立稻虾、精养池塘和设施蔬果农业物联网web端业务平台3个,建立上述业务手机App2个。

【现代农业专家咨询服务团】 2021年,受市、县(区)农业农村部门委托,南昌市现代农业专家咨询服务团领导小组办公室完成遴选专家70余次,遴选专家200余人次。组织专家开展有关项目评审,完成“南昌市农田基础设施建设”“市级乡村产业发展”“市大型农业综合开发项目初步设计”“2021年度省级现代农业专项资金支持推进农产品品牌建设”“省级农产品仓储冷链物流建设”等400余项项目评审工作。根据市农业农村局要求，南昌市现代农业专家咨询服务团领导小组办公室完成专家团扩库工作，将专家团由原有的13个专家组扩增至17个，新增省市专家57人。

【农业科技特派员指导】 2021年，为助力农业科技服务与乡村振兴，市农科院以23名省“三区”科技特派员和39名市科技特派员为核心，充分发挥各科技特派员的特长与作用，多方位、多层次地开展对接服务工作。全年，完成科技特派员对接服务农业企业或合作社40余家，开展入驻服务单位技术指导120余次，现场指导或现场技术培训企业员工或农户300余人次，接受企业或农户电话咨询600余次，推广新技术10余项，引进新品种10余个。推动科技成果在“三农”工作中有效转化，推进农村产业结构调整和优势特色产业优化升级，促进全市现代都市农业建设。

【新品种、新肥料筛选试验】 2021年，全市设置2个水稻种质资源筛选试验点，筛选水稻种质资源1000余份，为选出适宜南昌市的优质高产品种奠定种质资源基础。设置国家级水肥一体化示范点1个、市级水肥一体化示范点1个。同时，在各县区高标准设置试验示范点，通过不同施肥技术，采用不同肥料进行试验示范，综合分析各种新肥料新技术应用效果，总结提炼适宜南昌市的技术模式进行推广应用。

【种质资源创制及特色新品种选育】 2021年，市农科院粮油所育成的瑜晶优50获得江西省主要农作物品种审定证书。“广和优33”通过“国审”(审定编号:国审稻20210321)。全年共有10个水稻新品种(新组合)参加省级预备试验、区域试验或联合体试验。市农科院经作所“特异辣椒种质资源创制及特色新品种选育”项目获得江西省科技成果证书，并与省内外10余个辣椒生产基地合作，开展该项目特色新品种区域试验及示范推广工作。

【农业大讲堂下基层】 2021年，市农业农村局先后2次组织市、县级农业技术专家，深入南昌县、进贤县、安义县、新建区开展“学党史、悟思想、办实事、促振兴”农业大讲堂下基层宣讲活动。活动结合党史学习教育，采取集中宣讲、座谈交流、田间指导等多种形式，宣讲党和国家强农惠农富农、乡村振兴、人居环境整治等政策，为农民送去新思想、新政策、新技术、新服务、新点子。活动中，现场发放《养殖技术》《种植技术》《农膜回收利用要点》《受污染耕地安全利用技术要点》《秸秆利用十大模式》等一系列农业科技书籍、宣传册2万余份。

【基层农技推广体系建设】 2021年，按照全市农业农村改革工作要求，以农技推广体系改革建设为主线，以先进适用技术示范样板为载体，在南昌县、进贤县、安义县、新建区等4个县区实施基层农技推广体系改革与建设。基层农技推广体系建设项目总资金670.5万元，建立“专家+农业技术人员+科技示范户+辐射带动户”技术服务模式，为全面推进乡村振兴和加快农业农村现代化提供科技支撑。至年底，全市建设集示范展示、指导培训、科普教育等多功能一体化的农业科技示范基地15个；培育示范主体1235户；依据农业特色遴选主推技术48项；招募特聘动物防疫人员47名；培训农技人员308名。

【农民教育培训】 2021年，全市遴选946名新型职业农民参加省、市、县三级培训。其中，参加省级农业经理人、省级行业班培训146人；参加市级经营管理型和专业生产型培训班培训200人；参加县级培训班培训600人。全市投入培训项目资金246.2万元，围绕主导产业和特色优势产业，组织开展农民生产技术培训。全年举办各类培训班共16期，参加培训人员800余人。其中，市本级4期，南昌县3期，新建区3期，进贤县3期，安义县3期。培训内容涉及创新创业及农机维护、水稻种植技术等专题。通过培训，丰富学员理论知识和实践经验，培育一支有文化、懂技术、善经营、会管理的高素质农民队伍。

(余　连　王文龙　戚艳艳)

农业机械化

【概况】 2021年，全市主要农作物耕种收综合机械化率79.26%，比上年增长1.52个百分点；全市水稻耕种收机械化率83.49%，增长1.49个百分点。水稻机耕、机收和机械种植面积分别为32.14万公顷、32.05万公顷和16.03万公顷，水稻机耕、机收和机械种植水平分别为98.36％、98.1％和49.1%，机种水平大幅提高。全市依托优秀农机服务经营组织，推动水稻机械化育秧中心建设，率先建设一批操作规范、技术过硬、服务优良的机械化育秧中心，不断提高水稻机械化种植水平，在全省发挥示范样板作用。

【农机化人才培育】 2021年，加大新型农机主体、农机生产企业实用技能型人才培训力度，不断提高农机化人才能力素养。南昌市拖拉机和联合收割机驾驶员集中培训班在江西省通用技术工程学校举办。培训分4期，每期5天，参加培训学员共120名，经考试合格均取得拖拉机、联合收割机驾驶证。南昌县富山乡清湖村村民殷真入选第一批全国农机使用一线“土专家”名录；进贤县宏志农机服务专业合作社理事长付建忠被评为2021全国“最美农机合作社理事长”；南昌县黄志伟农机服务专业合作社黄志伟、进贤县宏志农机服务专业合作社付建忠、安义县绿能机械服务专业合作社吴江、新建区恒伟农机服务专业合作社张恒伟被评为2021年全省“十佳农机合作社理事长”。

【农机装备结构优化】 2021年，在中央农机购置补贴政策基础上，争取到省农机购置补贴监管和农业机械化全程全面高质量发展项目、南昌市农业机械化和农机装备产业升级项目等项目支持。针对水稻种植全程机械化种植关键技术开展重点农机具累加补贴。全年使用中央农机购置补贴资金4482.76万元，贴息补贴资金8.5万元；省级累计补贴资金79.43万元；市级补贴资金221.46万元。全市农机新增动力10.14万千瓦，为全市农业发展提供装备支撑，为乡村振兴注入强劲动力。针对水稻种植全程机械化种植关键技术，选择水稻插秧机、秧苗移栽机（水稻有序抛秧）2个品目实施市级累加补贴，补贴用户共76户，补贴机具共230台，发放奖补资金221.46万元。全市共办理登记拖拉机997台、联合收割机496台；淘汰报废老旧农业机械22台，发放报废补贴23.85万元。

【中国一拖现代农业装备制造基地落地】 2021年2月24日，中国一拖现代农业装备制造基地落户南昌小蓝经开区签约仪式在南昌小蓝经开区管委会举行。项目由中国一拖集团有限公司和江西赣发机械制造有限公司、江西瑞丰农机有限公司等江西本土农机领军企业合作共建，建设内容包括农业装备整机制造、农业装备智能电子制造、农业装备关键部件制造等。项目将围绕精准农业、智慧农业发展，加速构建“互联网+大数据+农业装备”协同创新体系，致力于打造成为国际一流的现代农业装备制造基地。

【中部（江西）农业机械及零部件展览会举办】 2021年3月6—8日，省农业农村厅、省工商联、市政府、全国工商联汽车摩托车配件用品业商会在江西省农机大市场共同举办2021中部（江西）农业机械及零部件展览会。全省11个地市农业农村系统相关单位、南昌市物流与采购联合会、省农科院等单位相关人员和农业合作社负责人、农机用户等500余人参加展会开幕式。此次展会参展商家总数200余家，展品范围涵盖30个大类、200余个种类、1000余件展品，总展出面积5万平方米。展会采用线下展览和在线直播、在线展览方式进行，共吸引超过10万人次参与，各类农机及相关机械、装备、设备意向成交量1500余台（件），交易额1.2亿元。

（吴 琦）

农田水利

【概况】 2021年，全市加强耕地建设，高标准农田建设，增加灌溉土地面积，创新节水措施。编制水网建设计划纲要，落实水网建设任务，推进重大水利工程建设，补齐供水短板，加大水生态环境修复，提升水污染防治力度。加快推进农田基础设施建设工作，完善水利基础设施体系建设，加强支流和中小河流治理，补齐农田基础设施建设短板。积极争取有关部门支持，将农田建设作为重点事项，优化财政支出结构，提高土地出让收入用于高标准农田建设的比例，完善多元投入机制，优化中央财政衔接推进乡村振兴补助资金使用方向。围绕加强建设质量管理、竣工验收、建后管护等重要制度，结合实际，抓好贯彻落实，为农田建设工作保驾护航。

【高标准农田建设】 2021年，全市统筹推进高标准项目建设农田5533.33公顷、高效节水灌溉项目建设农田553.33公顷，分布在进贤县、安义县、新建区等3个县区的17个乡镇、56个行政村。通过项目建设，有效改善项目区农田基础设施条件，提升耕地质量，提高水资源利用率，增强粮食综合生产能力，进一步优化农业种植结构。全市田间道路通达度为100%，农业（水稻）生产综合机械化率达到85%以上，高标准农田项目耕地质量平均提升0.3个等别，粮食产能提高10%以上，受益群众满意度达90%以上。

【农田基础设施建设】 2021年，为进一步夯实全市农田基础设施建设，完善高标准农田建设系统，解决好农田基础设施中“微梗阻”现象，打通农田设施“最后一公里”，真正把“藏粮于地、藏粮于技”落到实处，市政府安排1300万元用于建设106个农田基础设施建设项目，涉及南昌县、进贤县、安义县、新建区、青山湖区、东湖区、红谷滩区、湾里管理局、高新开发区、市农业科学院和恒湖垦殖场等11个单位。项目资金主要用于支持服务于粮食等主要农产品生产的路、田间灌排沟渠及配套基础设施等新（续）建、修复与改造。全市通过实施高标准农田建设项目，不断加强小型水源工程、输配水工程、渠系建筑物工程、田间灌溉工程、排水工程等灌溉与排水工程建设，增强全市农田灌溉和防汛抗旱能力。至年底，全市高标准农田建设项目内新（修）建灌溉渠道和排水沟1542.63千米，铺设高效节水灌溉管道44.31千米，建设电排（灌）站84个，建设机井130座，建设桥涵闸板等渠系建筑物4.81万座。

【灌区改造】 2021年，市水利局将进贤县钟陵灌区和安义县万长灌区纳入2021—2022年度国家中型灌区续建配套与现代化改造，计划总投资7652.58万元，其中市级配套补助1170万元，总工期2年。2021年度投资计划3822.7万元。主要建设内容是灌区骨干沟渠整治、渠系建筑物拆除重建以及泵站设备更新改造等。至年底，2个项目共完成投资3750万元。其中，进贤县钟陵灌区完成投资1000万元，安义县万长灌区完成投资2750万元，占2021年度计划的98.1%。汛前项目完工后可恢复灌溉面积946.7公顷，改善灌溉面积1920公顷。

【节水型灌区创建】 2021年，市水利局积极组织开展节水型灌区创建工作，不断加快中型灌区续建配套与现代化改造。12月，经南昌县自主申报、市级初审、省水利厅现场复核，南昌县蒋巷中型灌区被省水利厅评定为江西省2021年度节水型灌区。蒋巷中型灌区灌溉供水保障率达到100%，有效灌溉面积占设计灌溉面积达到80%以上，灌区干渠口门计量率超过80%，执行水价达到运行维护成本水价，农田灌溉水有效利用系数达到0.52，依据《江西省节水型灌区评价指标》，符合省级节水型灌区命名标准。

（陈云飞）

农垦业

【概况】 2021年，南昌市农垦业以农业产业化经营为抓手，大力发展主导产业，壮大特色农业产业，实现农垦业稳步发展。至年底，全市农垦企业共17家，实现生产总值18.59亿元，工农业总产值36.49亿元（其中农业产值6.81亿元、工业产值29.68亿元），利税9300万元。其中，市农业农村局属恒湖垦殖场完成工农业总产值2.59亿元，生产总值6322万元。推进恒湖垦殖场农田基础设施建设和稻米、小龙虾等产品质量提升及品牌建设，加大恒湖垦殖场发展步伐。

【垦区防汛】 2021年4月6日，根据省农业农村厅农垦局《关于组织开展农业防汛检查和防汛救灾应急演练工作的通知》，市农业农村局等单位组织各垦殖场、涉水单位开展农业防汛检查和防汛救灾演练工作。各垦殖场就汛期可能存在的各种安全隐患做出应对措施。恒湖垦殖场对所管辖各水利排灌站进行检修，将责任压实到各水利排灌站；修复各水毁地段，完成泡泉、圩堤挡墙、护坡损坏地段、堤顶损毁路面等修复工作；对防汛物资及救灾物资开展检查，购买防汛所需的麻袋、土石等。安义县红山管理处、湾里太平垦殖场组织广大干部群众成立抗洪救灾应急队，开展防汛、防山洪灾害应急演练队伍拉练工作，旨在检验防汛抢险队伍的组织能力、快速反应能力、现场操作能力，为防汛保障工作做好准备，确保人民财产安全。

【环境整治】 2021年，根据农村人居环境整治三年行动工作要求，市农业农村局推进全市各垦殖场环境整治工作。市属恒湖垦殖场内恒湖大道的白改黑工程竣工，便捷群众生产生活出行。五星垦殖场投入230万元完成五星社区3条路网的白改黑提升工程，投入46万元实施水管下地工程，投入48万元对社区部分堵塞下水道进行改造，投入36万元开展五星、文教、鲤鱼洲3个小区楼道的“清洁、明亮”工程，营造干净、整洁、有序的人居环境。

【稻虾产业发展】 2021年，全市各垦殖场按照“区域化种植、规模化生产、产业化经营”要求，积极发展特色农业。恒湖垦殖场结合自身实际，利用低洼农田发展稻虾轮作面积2000公顷，成为全省重要示范点，为垦区发展特色农业提供借鉴和参考。为服务好产业，在恒湖居民区外新建1座1600平方米的水产品交易市场，建设框架结构层高8.5米。鲜活小龙虾交易区占地面积0.33公顷，建筑面积1600余平方米（小龙虾集散基地），并配套建设600立方米的小龙虾仓储保鲜冷库，新增1台小龙虾分选设备（班产10吨，分3个规格）。5月14日，2021年首届（南昌）恒湖小龙虾美食节在南昌新建区恒湖垦殖场举行。其中，2只龙虾凭借重量96.49克、94.30克，分别获得龙虾美食节“虾王”“虾后”称号。在为期3天的美食节上，参加龙虾品鉴活动共5.2万人次，产销对接总成交额1100万元，拉动消费超1000万元。恒湖微信公众号美食节相关情况网络浏览点击量超100万人次，转发信息8万条。其中，《首届南昌恒湖龙虾节火爆来袭，品捕钓虾，更有虾王邀您带回家》阅读量超2.7万人次。

【农垦困难职工建档立卡】 2021年，全市垦区摸排17个垦殖场100余名困难或意外致困职工，对符合要求的10名意外致困职工建档帮扶，帮助解决困难职工因生病或供养直系亲属大病导致的生活困难。其中，恒湖垦殖场困难职工1名，铁河垦殖场困难职工4名，五里垦殖场困难职工5名。根据《关于2021年度第二批中央财政专项帮扶资金分配下拨和使用有关事项的通知》《关于2021年度第三批省财政专项帮扶资金分配下拨和使用有关事项的通知》，按照每户7331.3元发放生活救助，并分档给予医疗救助。其中，中央财政专项帮扶资金2.56万元，省财政专项帮扶资金9.97万元。根据意外致困职工情况，拨付帮扶资金共12.53万元。

（刘志文）

乡村振兴

乡村规划

【概况】 2021年，全市按照产业兴旺、生态宜居、乡风文明、治理有效、生活富裕的总体要求，坚持乡村振兴与新型城镇化双轮驱动，以南昌县、进贤县、安义县、新建区、湾里区“三县二区”为重心，统筹城乡国土空间开发格局，优化乡村生产、生活、生态空间，构建城乡协调联动的融合发展格局。推进城郊融合类村庄、集聚提升类村庄、特色保护类村庄、搬迁撤并类村庄等4类乡村发展。因地制宜、分类指导，有序推进乡村规划发展和建设。

【村镇规划编制】 2021年，为更好地改善农村人居环境，实现乡村振兴战略，市自然资源规划局编制《南昌市村庄布局专项规划（2020—2035年）》，明确全市村庄发展目标，规划村庄基础设施建设。启动编制重大项目发展需求的钟陵乡、西山镇等7个乡镇国土空间总体规划。市级先行试点编制进贤县李渡镇焦石村和湾里管理局太平镇泮溪村村庄规划，县区级同时开展村庄规划编制试点。全市完成71个村庄规划评审，形成85个村庄规划成果。新建区溪霞镇店前村村庄规划编制做法在全国推广。

【南昌市“十四五”农业农村现代化规划】 2021年，《南昌市“十四五”农业农村现代化规划》编制完成。规划共11章，涵盖25个专栏，提出未来五年南昌市农业农村现代化建设的思路目标和重点任务，绘就南昌未来五年推进农业农村现代化的“路线图”，为加快推进南昌市乡村全面振兴、实现农业农村现代化发挥重要作用。规划明确全市农业农村现代化发展主要目标：重要农产品供给能力稳步提升，全市粮食综合生产能力稳定在21.5亿千克以上，猪肉、水产、禽蛋等“菜篮子”供给充足，常年重要蔬菜自给能力达70%以上；都市现代农业发展全面升级，全市市级以上产业强镇达到30个，省级现代农业产业园达到30个左右；农村基础设施和人居环境显著改善，建成900个左右共同富裕样板村和80个左右乡村振兴示范村；城乡融合发展水平显著提升，农村人口城镇化进程有序推进，农业转移人口市民化体制机制进一步完善，城乡人才双向流动格局基本形成；农村基层治理能力显著增强，涌现一批具有特色的乡村善治模式，50万元以上收入的集体经济强村占比达到30%；农民收入和生活水平大幅度提高，农村居民人均可支配收入年均增速高于城镇居民，城乡居民收入比下降到2.20以下。

【村庄规划编制和管理工作调研】 2021年6月1日，市自然资源局组织村镇规划和耕地保护等相关职能部门人员前往南昌县幽兰镇开展村庄规划编制和管理工作调研。调研通过召开基层座谈会方式，听取南昌县“多规合一”实用性村庄规划编制工作情况和《南昌县幽兰镇涂村村宅基地制度改革村庄规划（2020—2035年）》（集聚提升类）方案汇报。南昌县自然资源局、宅改办和幽兰镇人民政府等有关人员就村庄规划编制技术与管理工作存在的问题、困难等进行交流和讨论。会后，调研组一行实地察看幽兰镇涂村村、枫林村宅基地改革及规划建设情况。南昌县计划用2年时间完成“多规合一”实用性村庄规划编制工作。至年底，南昌县有稳定规划成果的村庄26个，规划方案正在征求村民意见的村庄4个，处于初步成果阶段的村庄60个，处于收资测量及驻村调查阶段的村庄18个，启动规划编制招投标工作的村庄99个。

【传统村落保护发展规划通过审查】 2021年7月15—16日，省住房和城乡建设厅会同省文化和旅游厅在南昌市组织召开历史文化名村、传统村落保护(发展)规划专家技术审查会议。南昌大学、江西省国土空间调查规划研究院、江西省文物考古研究院、赣州市博物馆、江西省人居环境研究院等单位专家应邀参与评审。市自然资源局、市文广新旅局、市建设局及相关县、镇、村负责人等参加会议。与会专家对安义古村(石鼻镇罗田村、水南村、京台村)、进贤县李渡镇桂桥村、进贤县文港镇前塘村进行现场踏勘,审阅规划文本,听取规划编制情况汇报。经过充分讨论,专家评审组一致认为《安义县罗田村、水南村、京台村历史文化名村保护规划(安义县千年古村群传统村落保护发展规划)》《进贤县桂桥村传统村落保护与发展规划》《进贤县文港镇前塘村传统村落保护发展规划》指导思想明确,技术路线清晰,规划内容较齐全,对村落格局、历史遗存、非物质文化遗产等方面进行较翔实调查,成果体例较规范,基本符合国家相关法律法规和传统村落保护发展规划编制要求,原则通过以上规划,并对规划编制成果提出进一步修改和完善意见。

(市史志办)

农村改革

【概况】 2021年,南昌市持续深化农业农村改革,为乡村振兴注入强劲动力。稳步推进农村宅基地制度改革,全面加强对农村村民建房规范管理,在全省率先出台《南昌市农村村民住房建设管理条例》。城乡冷链物流骨干网建设加快推进,建成4个"第四方物流"供销集配中心。研究制定南昌市土地出让收入用于农业农村的联席会议制度,协调解决优先支持乡村振兴重大问题,推动全市农业支持保护体系相关工作向前发展。

【农村宅基地制度改革】 2021年,全市农村宅基地制度改革试点和规范管理工作稳步推进。成立省委常委、南昌市委书记李红军任组长的宅基地改革领导小组,出台《南昌市农村宅基地制度改革试点和规范管理工作实施方案(2022—2024年)》,组建农村宅基地改革工作专班,推动宅基地改革工作。安义县被评为省级宅基地改革规范管理先行县,承担全市的主要改革试点内容。市财政局扶持安义县500万元宅改资金,并要求安义县自筹不少于500万元资金,合计1000万元以上资金用于安义县宅基地改革试点工作。

【农业水价综合改革】 2021年,推进农业水价综合改革,划定责任范围,落实责任主体,明确管护要求,确定收费标准,多方筹措资金,建立补贴机制,完成年度水价综合改革目标任务。至年底,全市本级累计落实农业水价综合改革专项资金1131万元,全面构建农田灌溉用水计量设施体系。全市农田灌溉实际用水总量31.94亿立方米,稳定在控制指标33.47亿立方米范围之内,农田灌溉水有效利用系数明显提高。4月27日,市水利局召集全市农业水价综合改革第一次联席会议。市水利局、市发改委、市财政局、市农业农村局有关负责人参加。会议传达全省农业水价综合改革现场推进会议精神,解读《江西省2021年度农业水价综合改革实施方案》,就整体推进全市农业水价综合改革工作进行部署。会议要求,各有关部门要高度重视农业水价综合改革工作,明确各自工作职责和任务,加强各县区工作督促和指导,确保完成全市农业水价综合改革目标任务。12月21日,安义县农业水价综合改革市级中期评估会议召开。市、县水利、发改、财政、农业部门相关负责人和技术骨干,市级技术服务单位代表和改革工作专班成员以及灌区管理单位代表参加评估会议。市级评估组现场查看安义县改革展览馆、骨干工程改革示范点情况,听取安义县农业水价综合改革自评汇报,逐条对照翻阅评估资料并提出具体评估意见。

【《南昌市农村村民住房建设管理条例》施行】 《南昌市农村村民住房建设管理条例》由市十五届人大常务委员会第三十三次会议通过,经省十三届人大常务委员会第二十五次会议批准,自2021年10月1日起施行。该条例共6章43条。条例规定,鼓励和引导农村村民尽可能利用原有农村宅基地、荒山、荒坡、空闲地和其他未利用地建设住房。鼓励和引导村集体采取建设中心村、住宅小区等方式满足农村村民住房需要。农村村民1户只能拥有1处农村宅基地,农村村民住房建设不得占用永久基本农田,确需占用耕地的,每户农村宅基地面积不得超过120平方米;占用原有农村宅基地或者空闲地的,每户农村宅基地面积不得超过180平方米;因地形条件限制、居住分散而占用荒山、荒坡的,每户农村宅基地面积不得超过240平方米。农村村民每户住房建设房基占地面积不得超过120平方米,建筑面积(含附属用房)不得超过350平方米,住房层数不得超过3层,住房檐口高度不得超过11米。

【农业农村改革专班工作调度会召开】 2021年,全市农业农村改革专班工作调度会召开。会议研究部署全市农业农村改革工作;各县区就实施村级集体经济"三年强村计划"、农村集体产权制度改革成果巩固、乡村治理试点示范、农村产权交易市场建设等工作进行汇报交流。会议强调,农业农村改革工作政策性强、工作量大,利益关系大,各县区农业农村局要进一步加强组织领导、调研指导,拿出切实可行的扶持政策,创新推进村级集体经济发展、乡村治理试点示范等工作;加快推进集体经济组织股权证书发放和农村产权交易市场建设。全市12个县区农业农村部门分管领导及有关部门负责人参加会议。

(市史志办)

巩固拓展脱贫攻坚成果

【概况】 2021年6月1日,经市委、市政府研究,并报省委编办批准,南昌市扶贫办公室重组为南昌市乡村振兴局,为市政府工作部门,规格为正处级,由市农业农村局统一领导和管理。市乡村振兴局把巩固拓展脱贫攻坚成果同乡村振兴有效衔接作为首要任务,严格落实五年过渡期"四个不摘"(摘帽不摘责任、不摘政策、不摘帮扶、不摘监管)重要要求,毫不松懈地抓好责任落实、政策落实、工作落实和成效巩固。扶持壮大各地扶贫产业发展,巩固产业带动脱贫户解决就业、持续增收的脱贫成果。做好就业跟踪精准帮扶,扎实开展职业技能提升行动,持续推动脱贫人口和监测对象稳岗就业。至年底,全市脱贫人口人均纯收入为16706.7元,同比增长18.2%;累计消除374户1059人返贫致贫风险,守住不发生规模性返贫的底线,过渡期首年各项工作取得明显成效。

【"四个不摘"工作要求落实】 2021年,继续落实义务教育(小学、初中)学生资助政策学校校长与属地乡镇双负责制,加强对控辍保学工作组织领导,层层压实工作责任,保持政策不变、力度不减,防止辍学新增和反弹。出台《关于做好全市健康扶贫政策衔接工作的通知》,明确在未出台新政策之前,对原建档立卡贫困人口健康扶贫政策暂时不变。组织完成市、县公立医院55名优秀医务人员到乡镇卫生院挂职副院长轮换工作。与39761名原建档立卡贫困人口开展家庭医生签约服务,签约率86.8%。全面摸排农村易返贫致贫户、农村低保户、农村分散供养特困人员、农村低保边缘户、突发严重困难户、其他脱贫户等"六类人群"房屋改造需求,并对257户"六类人群"实施房屋改造。制定印发《南昌市农村供水设施安全隐患排查整治专项行动实施方案》,组建市级督查专班,对农村饮水安全开展常态化调度,全力推进农村饮水安全工作落到实处。结合省水利厅开展的水利工程标准化管理工作,筹措资金861万元用于农村水厂维修养护,进一步提高农村供水服务品质。印发《关于提高我市城乡困难群众保障标准的通知》,实施城乡低保、特困人员标准统一,将城乡低保标准提高到每月795元,城乡特困人员供养标准提高到每人每月1035元。定期开展数据比对和经济核查,全年脱贫人口新增纳入低保50户89人、纳入特困供养30人;边缘易致贫人口663名中新增纳入低保12户31人。

【"两不愁三保障"政策优化调整】 2021年,围绕上年度成效考核反馈问题整改工作推进情况和"两不愁三保障"等各项政策落实情况对各相关县区开展督导,促动各项工作落实。对"三类对象"精准落实各级帮扶力量和教育、医疗、低保、住房等保障性措施举措。其中,享受产业帮扶措施103户,享受就业帮扶措施105户,享受健康帮扶措施300户,享受综合保障性措施360户,享受公益性岗位帮扶39户,享受安全住房保障5户,享受教育帮扶22户,享受饮水安全保障措施5户。通过因户施策,确保"两不愁三保障"和饮水安全问题动态清零。

【防止返贫政策落实】 2021年,制定出台《中共南昌市委农村工作领导小组关于健全防止返贫动态监测和帮扶机制的实施方案》,通过农户自主申请、部门筛查比对和干部摸排走访"三线预警"监测方式,根据家庭收入支出、"两不愁三保障"情况,快速精准识别脱贫不稳定户、边缘易致贫户和突发严重困难户"三类对象",深入县乡村开展防返贫监测督导调研,督促县区广泛宣传防返贫监测App和农户自主申报二维码。全年新识别纳入监测帮扶的"三类对象"45户142人。对"三类对象"精准落实各级帮扶力量和教育、医疗、低保、住房等保障性措施举措,确保"两不愁三保障"和饮水安全问题动态清零,做到"应扶则扶"。

【防贫保险与临时救助】 2021年,继续为三县两区覆盖2.5%的农村户籍人口,采取市县两级财政1∶1配套的出资方式,按照人均每年100元的省内最高保费标准购买防贫保险。督促保险承保机构,及时查勘、合理定损、快速理赔、足额赔付,及时化解困难群众返贫、致贫风险,全市通过防贫保险实施理赔共415例530.44万元。利用网络、电视、报纸等媒体对防贫保险典型案例进行广泛宣传,并解读防贫保险政策,提高防贫保险群众知晓度,充分发挥防贫保险社会效益。同时,在防返贫保险基础上,创新推出"农村突发困难户临时应急补充救助"机制,在落实监测帮扶政策前,及时给予每户1万元的应急补充救助,提高易返贫致贫人口抵御风险能力,真正做到遇难即扶、遇困即扶。

【脱贫攻坚成效考核反馈问题排查整改】 2021年,牵头抓总全市各类问题整改工作,统筹抓好全市上年度成效考核反馈问题、省级暗访督导发现问题、全市巩固拓展脱贫攻坚成果同乡村振兴有效衔接领域作风问题专项整治自查发现问题、全面排查及“回头看”自查发现问题等各类监督检查发现问题整改，同步建立完善各类问题整改工作台账。至年底，全市所有问题完成整改。及时高效处理省乡村振兴局转办的“12317”信访举报件。全市办理“12317”举报件 1 件，按时保质办结，办结率 100%，同比下降 66%。

【财政衔接资金使用和项目管理】 2021 年，南昌市共投入中央、省、市、县衔接乡村振兴补助资金 26160 万元，其中中央资金 7621 万元、省级资金 8398 万元、市级资金 3104 万元、县级资金 7037 万元。安排衔接乡村振兴项目 338 个、预算投资总额 26214 万元。为确保衔接资金规范使用，印发《南昌市财政衔接推进乡村振兴补助资金管理办法（试行）》。对各县区衔接资金、项目管理情况开展专项调研指导，严格落实资金项目公告公示制，确保衔接资金、项目管理规范有序、运行高效。为进一步规范项目库管理，印发《南昌市乡村振兴局关于做好县级巩固拓展脱贫攻坚成果和乡村振兴项目库建设管理的通知》。持续加大财政资金向产业发展项目倾斜力度，安排 14829.49 万元用于扶贫产业发展，产业占比 56.7%。

【驻村帮扶】 2021 年，制定《南昌市 2021—2023 年省市级重点村定点帮扶工作方案》，在全市选定 64 个省定乡村振兴重点帮扶村，每村每年投入不低于 100 万元用于扶持产业发展和基础设施建设等。选定 18 个市定乡村振兴试点示范村，按照每村每年不低于 300 万元的投入补助标准进行重点打造，为全市乡村振兴先行先试打造亮点。对全市 80 个“十三五”脱贫村帮扶单位和驻村工作队进行轮换，向 64 个“十四五”省定乡村振兴重点帮扶村派驻帮扶单位和驻村工作队，除省直单位派驻 5 个第一书记和驻村工作队外，市直部门和县区直部门对其余 59 个重点帮扶村下派第一书记和工作队。做好全市脱贫攻坚先进个人和集体推选工作，共有 1 名个人、1 个集体荣获全国脱贫攻坚先进，32 名个人、14 个集体荣获全省脱贫攻坚先进称号。

（王祥平）

乡村产业

【概况】 2021 年，坚持“高产、高质、高效”发展思路，进一步落实“菜篮子”市长负责制，推进设施蔬菜基地建设。将蔬菜产业发展列入全市重大重点项目予以支持，下达市级财政资金 8000 万元支持蔬菜生产。全面完成设施蔬菜基地年度建设任务，完成率 100.03%。南昌县、安义县、新建区、市农科院新建成的设施蔬菜高效服务技术（科研）示范推广中心，充分发挥棚型、新品种、新技术引进试验示范和推广作用。统筹省市级财政资金 1642.64 万元，支持水果、茶叶、中药材、花卉等农业四大特色产业基地建设。通过连续三年扶持，壮大一批规模化、标准化、设施化的农业四大特色产业基地，辐射带动效果明显，发展成效显著。全年水果、茶叶、中药材、花卉等经作生产稳中有进，较好地完成各项生产任务。

【乡村产业新业态】 2021 年，培育体验农业、民宿经济、研学康养、数字农业、美丽经济等新业态新产业发展主体。中央厨房（小才子、良膳、云厨）、基地直供（市政、土蛋蛋）、网络直销（多多送菜日均 40 万单、兴盛优选日均 20 万单）、创意农业（梅岭果立方）、民宿服务（太平九龙溪、安义古村）等“农业+”多业态发展态势良好。

【农村经营主体培育】 2021 年，全市加快打造现代农业产业园，省市财政投入 3880 万元支持产业园建设。认定南昌县水禽、进贤县富硒、安义县小水果、新建区科旅等 20 个市级现代农业产业园，成功申报创建 4 个省级现代农业产业园，全市产业园主导产业覆盖面积超 8 万公顷，拥有市级以上龙头企业 106 家。在 2021 年南昌市农民丰收节上，认定并发布十大重点现代农业产业园。加快推进南新薪火、钟陵硒谷、长埠鄱湖明珠、梅岭果立方、南昌恒

2021 年 10 月 25 日，安义县设施蔬菜基地

（安义县　供图）

湖·赣鄱粮仓等6个市级示范田园综合体建设并投入运营,探索产镇、产村、产园融合模式,按照"三产融合、三生同步、三位一体"要求,鼓励发展特色种养、加工流通、休闲旅游、电子商务、健康养老、智慧农业等产业。获评全国"一村一品"示范镇2个(东阳镇、太平镇),认定全国乡村特色产业10亿元乡镇1个(三里乡)、全国农业产业强镇1个(长均乡),参与国家农业优势特色产业集群1个(稻米)。至年底,全市累计认定全国"一村一品"示范村镇13个,全国乡村特色产业10亿元乡镇2个,全国农业产业强镇2个,入选国家农业优势特色产业集群2个。

【农村人才培养】 2021年,市农业农村局以创新创业为导向,建设一支数量充足、结构合理、素质优良、示范带动能力强的新型农村实用人才队伍,增强农业产业发展后劲,助力全市农业农村现代化和乡村振兴。选拔31名"洪城农财丰收计划"人员进行培养;扶持55名乡村大学生创新创业,累计扶持108人创办农业生产和涉农服务项目;实施"一村一名大学生工程""千村千名大学生工程"和高职扩招高素质农民工作,全市累计招收农民大学生7011名;上下联动培养万名适应产业发展、乡村振兴急需的"绿领"新农民,完成1.07万人次培训。

【乡村特色产业发展平台】 2021年,优化优势特色产业布局,统筹推动优势特色产业集群、现代农业产业园、农业产业强镇、"一村一品"示范村镇等产业平台建设,加快构建"跨县集群、一县多园、一镇一业、一村一品"的南昌农业特色产业体系,全面提升南昌特色产业竞争力。至年底,累计推动13个全国"一村一品"示范村镇建设,认证富硒农产品33个。6个市级示范田园综合体建设成效初显;20个市级现代农业产业园主导产业覆盖面积8万公顷,吸纳106家市级以上龙头企业参与特色产业发展。

【"美丽宜居与活力乡村(+民宿)"联动建设】 2021年,南昌市按照省农业农村厅《关于开展"美丽宜居与活力乡村(+民宿)"联动建设开辟乡村振兴新路径的实施意见》要求,围绕"产业兴旺、生态宜居、乡风文明、治理有效、生活富裕"乡村振兴"二十字"方针,牵住产业发展"牛鼻子",以推动乡村民宿、乡村旅游等新业态为抓手,强化农村公路、照明、绿化、污水治理等基础设施建设,盘活乡村闲置资源,打造出安义古村民宿群、湾里太平镇雷港民宿村、梅岭镇上堡民宿村等民宿集群,带动乡村民宿产业发展,促进农村富民增收。安义县和湾里管理局被评为全省首批"美丽宜居与活力乡村(+民宿)"联动建设试点县,并获得省级财政补助资金516万元。

【休闲农业品牌创建】 2021年,全市休闲农业发展工作全省领跑。至年底,休闲农业经营主体共1096家,比上年增加161家,接待3856万人次。休闲农业营业收入41.54亿元,增加5.24亿元。举办休闲农业节庆活动114场次,扩大休闲农业影响。至年底,全市创建各类休闲农业品牌共151个,其中国家级品牌25个、省级品牌76个。创建省级以上休闲农业精品线路7条,2021"漫游南昌休闲精品,体验美丽诗意乡村"秋季精品线路获全国推介。

【新型农业经营主体培育】 2021年,全市通过建基地、链龙头、树品牌,进一步加强新型农业经营主体培育力度,壮大区域优势特色产业,实施数字化转型战略,全面提升农业特色产业水平,增强全市乡村产业发展的内生动力,助力南昌农业产业高质量发展。"数字农场"全机械化实现"耕、种、管、收"闭环。"数字牧场"实现全程可知可控可追溯。位于南昌县广福镇的牧原智能生猪养殖示范基地,由于采取"自动化、数据化、智能化"养殖模式、"固液分离+掩眼法发酵+气浮+缺氧+好氧"处理工艺,形成种养结合的循环生态农业,形成新的经济增长点。"数字果园"做优做强果品产业。安义县泰晟农业数字果园综合运用农业物联网和绿色防控、生态栽培技术,整合果园资源,实现果树生长与果园环境的全过程自动监测和全要素数据收集。

(市史志办)

乡村建设

【概况】 2021年,南昌市坚持把农村人居环境整治作为乡村振兴的第一场战役,统筹谋划协调,率先在全省推进农村生活垃圾分类试点,在23个乡镇开展生活垃圾分类处理终端建设,实现农村生活垃圾"第三方治理"全覆盖。常态抓好通道沿线环境精细化提升行动,共拆除违章搭建17813.4平方米,清除垃圾23196吨。全市农村水冲厕普及率100%,农村户厕改厕率94%,位列全省第一位,"厕所革命"工作获评全省先进。在安义县和湾里管理局推进"万村码上通"5G+长效管护平台建设,基本实现全市农村"保洁区域、保洁时间"两到位目标。

【美丽乡村建设推进】 2021年,市农业农村局围绕"产业兴旺、生态宜居、乡风文明、治理有效、生活富裕"总要求,从示范创建、村庄整治等方面着手,全力推进美丽乡村建设。全市统筹推进稻香昌南、硒旺进贤、画里安义、古韵新建、醉美湾里5个乡村振兴示范区创建,在区域内重点推进8个美丽宜居示范乡镇、20

个乡村振兴试点村和20个美丽宜居示范村建设，示范引领带动乡村全面振兴。全年安排1090个新农村建设点开展村庄整治建设，着力打造一批新农村建设提升点，补齐农村基础设施和公共服务设施短板，全面提升村容村貌。

【“四好农村路”全国示范创建】2021年，南昌市坚持把农村公路发展作为交通惠民、让农民群众共享交通改革发展成果的实际举措，高标准谋划、高质量推进“四好农村路”建设，全市农村交通基础设施条件得到有效改善。按照“交通+扶贫”“交通+产业”“交通+旅游”“交通+党建”模式，推进“四好农村路”与新农村建设、脱贫攻坚、乡村旅游、农村产业发展相融合，建成一批致富增收的扶贫路、带动发展的产业路、养眼洗肺的旅游路和红色党建的教育路。在建好农村公路基础上，统筹城乡发展，大力提升服务水平。通过开通134条村村通公交线路，实现全域1062个建制村农村客运公交运营全覆盖。健全农村物流末端网络，加快构建畅通便捷、经济高效、便民利民的县、乡、村三级物流服务体系，提升农村物流综合服务能力。至年底，全市农村公路建设295.18千米，总里程达10328.19千米。其中，县道835.49千米，乡道2186.74千米，村道7305.96千米；农村公路桥梁814座。南昌市获全国“四好农村路”建设市域突出单位称号，安义县荣获“四好农村路”全国示范县称号。

【新农村建设“60日攻坚战”行动】2021年，南昌市围绕村庄整治建设、“整洁庭院”整治和村庄长效管护三方面开展新农村建设“60日攻坚战”行动。加快路、水、厕、灯、沟、塘等“七整一管护”施工建设，强化村庄环境整治和日常管护。推进湾里管理局和安义县2个全省“美丽活力乡村+民宿”联动建设试点县建设，高标准建设一批休闲乡村民宿周边的美丽活力乡村，推动村庄高质量建设、可持续发展。推进全域“整洁庭院”整治试点县（区）和试点乡（镇）整治工作，多措并举发动群众开展庭院内外、房前屋后环境整治，落实“门前三包”（包卫生、包绿化、包秩序）责任，消除“脏、乱、差”现象，探索形成可复制推广的庭院整治方法模式，高起点打造一批布局美、设施美、卫生美、绿化美、家风美的美丽庭院。全年全市安排1090个新农村建设村点，其中省级点316个、县区自建点774个。至年底，全市1082个村点开工建设，其中南昌县向塘镇剑霞村、新建区樵舍镇峰桥村等599个村点完成建设任务。

2021年，改造后的新建区樵舍镇峰桥村新基自然村

（新建区　供图）

【农村污染环境治理】　2021年，南昌市高度重视农业面源污染治理，积极探索农业资源循环利用路径，扎实做好生态环境保护工作，多措并举、分类施策抓好农业农村污染治理各项工作，进一步增强广大群众的获得感和幸福感，为推进乡村振兴战略打下良好生态基础。全面开展农业面源污染治理，全市禁养区4148家畜禽养殖场已经全面关停退养，畜禽粪污综合利用率95.2%，大型规模养殖场246家，已配套处理设施246家，配套率100%。建立水产养殖尾水处理设施16个，其中环鄱阳湖区域14个。建立农药减量增效绿色防控示范区19个，示范面积1293.33公顷。建设化肥减量增效示范区73个，农作物秸秆综合利用率93.2%。鄱阳湖南昌湖区等重点水域实施禁捕退捕，4243个捕捞证已经全部收回，赣江及鄱阳湖流域水生态环境得到有效改善。根据农村生活污水治理推进工作安排，重点在饮用水水源保护区、水环境敏感区和重点旅游景区、环境保护重点区域，开展农村村点生活污水治理工作，分梯次推进农村村庄生活污水治理设施建设。同时，加强房前屋后、道路两侧排水沟整治，形成网络化的雨水排放体系，建立完善雨污分流体系；强化对已建成的村点污水处理站管理、运营和维护，保障污水处理站长久稳定运行，不断改善农村水环境整体质量。推进农村人居环境整治提升行动，全面启动乡村建设，加强农村生态环境保护。全市农村水冲厕普及率100%、卫生厕所普及率94%，农村“厕所革命”工作获评全省先进。

率先在全省推进农村生活垃圾分类试点，实现农村生活垃圾"第三方治理"全覆盖。"万村码上通"5G+长效管护平台全面建立，农村环境长效管护机制不断完善。完成中央第二轮生态环境保护督察各项整改工作，农药化肥使用持续负增长，受污染耕地安全利用率90%。禁捕退捕成果进一步巩固，率先在全省对赣江、抚河南昌水域实行全面退捕，全市天然水域生态得到明显改善。

【省级森林乡村创建】 2021年，按照省政府和省林业局关于开展省级森林乡村建设工作部署，认真编制森林乡村建设实施方案，积极开展乡村绿化美化，不断提升乡村绿化水平，改善农村人居环境，取得良好成效，为推动乡村振兴、不断满足群众对美好生态环境的需要发挥典型示范作用。至年底，完成32个森林乡村和4个乡村风景林建设任务。推荐25个村庄开展省级森林乡村创建工作，打造一批乡村绿化品牌。全市完成乡村道路高准标绿化35千米。南昌县投入1200万元打造黄马乡旅游小镇重要节点景观绿化工程、白虎岭旅游休闲游步道绿化工程等4个乡村绿化美化亮点工程。

【城乡供水一体化】 2021年，南昌市明确市县城乡供水一体化主管单位、实施主体和供水单位，构建城乡供水一体化模式。市水利局指导进贤县新建设计日供水量20万吨的军山湖水厂1座，督促新建区和湾里管理局衔接乡村振兴发展，推进农村供水工程入户管网工程建设。至年底，完成农村供水工程投资2.1亿元，覆盖农村居民约4.3万人。制定落实城乡供水一体化服务承诺制，完成年度维养任务，全市34处有独立水源的农村水厂全部通过省级标准化管理评价。

（市史志办）

乡村文化

【概况】 2021年，全市开展新时代文明实践活动，不断丰富农村文化生活，发展农村体育事业，促进农村移风易俗，构建特色乡村文明体系，描绘出"乡风文明"之美。建立健全乡村公共文化服务体系，加强基层综合性文化服务中心建设，推动基层文化、体育、广播电视等设施统一管理、综合利用，保障正常运行。加强基层公共文化设施的数字化和网络建设，提升服务效能，丰富乡村文化生活。

【新时代文明实践中心（所、站）建设】 2021年，全市坚持以群众需求为导向，发挥优势、突出特色，全面实施建设新时代文明实践中心试点工作，围绕新时代文明实践中心建设"做什么、谁来做、怎样做"的问题，坚持试点先行，勇于探索创新，使新时代文明实践中心逐渐成为学习传播科学理论的大众平台、加强基层思想政治工作的坚强阵地、培养时代新人和弘扬时代新风的精神家园、开展中国特色志愿服务的广阔舞台。通过发挥市直相关行业部门的职能作用，市级组建10支行业性志愿服务队伍；通过压实属地主体责任，县区组建"县区、乡镇（街道）、村（社区）"三级志愿服务队伍；通过发挥示范引领作用，组建一批文明单位、文明校园志愿服务队伍；通过发挥市、区志愿服务联合会作用，吸纳一批社会组织志愿服务队伍。积极探索"百姓点单""中心派单""志愿者接单""群众评单"工作模式，进一步解决群众的个性化需求与服务资源信息不对称、供需不对接的难题。至年底，全市已建设完成县区、乡镇（街道）、村（社区）新时代文明实践中心（所、站）2015个。其中，县区级新时代文明实践中心12个、乡镇（街道）级新时代文明实践所132个、村（社区）级新时代文明实践站1871个。

【乡村学校少年宫建设】 2021年，南昌市深入推进乡村学校少年宫项目建设，全市建成57所省级以上乡村学校少年宫、23所市级乡村学校少年宫，覆盖率达到100%。南昌县广福镇中心小学等4所学校被省文明办确定为省级专项彩票公益金支持项目。通过推行特长教师的多校互聘，实行跨校教师"走教"，吸纳"五老"人员（老党员、老专家、老教师、老战士、老模范）、"非遗"传承人、民间艺人等担任辅导员，充实师资力量，丰富授课内容，推动乡村学校少年宫建设。开展"复兴少年宫"试点建设。南昌县被省文明办列为全省乡村"复兴少年宫"5个试点县区之一，围绕阵地建设、资金投入、师资队伍等关键要素，制定《南昌县乡村"复兴少年宫"试点建设实施方案》，依托幽兰镇、黄马乡等4个乡镇新时代文明实践所，探索打造校外乡村"复兴少年宫"4所。

【农村公益电影放映】 2021年，市电影公司坚持以人民群众为中心，不断创新工作思路和举措，以服务农业、农村、农民"三农"为目标，深入实施农村电影放映工程，扎实开展农村数字电影放映工作。精选电影产品，组织10个流动放映队前往青云谱区、西湖区、南昌高新区、南昌经开区、红谷滩区的乡（镇）、村及学校等场所开展农村公益电影放映活动，为广大群众放映公益电影。全年放映公益电影1347场，观影18万余人次。

【农业节庆活动】 2021年，全市以"唱响休闲农业舞动秀美乡村—百花百果秀村光"为主题，举办第十届南昌"休闲农业·秀美乡村"活动月。

4月16日,活动月启动仪式在安义县宗山米粉小镇举行。活动月期间,开展"致敬建党百年、城乡共舞、田园喜乐"三大系列137项特色活动,吸引50万名游客走进农村赏农景、品农味、享农趣。9月16日至10月16日,以"百园百村庆丰收,砥砺前行感党恩"为主题,举办庆祝2021年中国农民丰收节活动。通过开展"1+6+N"庆祝活动,充分展示"三农"发展成就、农耕文化活力和农民群众时代风采。9月23日,南昌市庆祝"中国农民丰收节"活动开幕式在新建区怪石岭生态园举行。省委常委、市委书记李红军,市长万广明等出席开幕式活动。

(市史志办)

2021年9月23日,南昌市庆祝2021年中国农民丰收节活动在新建区启动

(马悦　摄)

乡村治理

【概况】 2021年,全市继续以党建强基础、自治激活力、法制促保障、德治润民心、智治解民忧,创新探索乡村治理有效形式,积极构建"党建引领、三治融合"的现代乡村治理体系。加强村党组织建设,充分发挥自治组织作用,丰富村民议事协商形式,推进农村移风易俗和文明乡风建设。加强法治乡村、平安乡村建设,探索创新乡村治理方式,健全党组织领导的自治、法治、德治相结合的乡村治理体系,建设充满活力、和谐有序的乡村社会。南昌市1个乡镇和5个村入选。南昌县幽兰镇被评为第二批全国乡村治理示范乡镇,南昌县蒋巷镇柏岗山村和幽兰镇东田村、安义县长均乡观察村、青云谱区青云谱镇城南村、湾里管理局罗亭镇义坪村等5个村被评为第二批全国乡村治理示范村。

【民主法治示范村(社区)创建】 2021年,南昌市以民主法治示范村(社区)创建为载体,坚持自治、法治、德治相结合,不断创新基层社会治理方式,推进基层治理体系和治理能力现代化。2月,南昌县武阳镇前进村、西湖区桃花镇一村、东湖区贤士湖管理处永溪村、青云谱区三家店街道祥和社区、红谷滩区凤凰洲凤凰花园社区5个村(社区)入选第八批"全国民主法治示范村(社区)"。至此,南昌市国家级、省级民主法治示范村(社区)81个,其中国家级15个。8月,市司法局联合市民政局组成督查组赴县区对部分国家级、省级民主法治示范村(社区)进行实地核查,对违反创建指导标准和考核标准的村(社区)撤销称号,确保示范村(社区)始终发挥榜样示范作用。

【村民协商议事平台建设】 2021年,南昌市以最广大人民群众根本利益为坐标,从人民群众最关心最直接最现实的问题入手,积极探索基层治理新路径,回应民生诉求,解决群众的烦心事、闹心事、揪心事。西湖区推行"幸福圆桌会",干部群众面对面协商议事,老百姓的急难愁盼被摆在桌面上;安义县实施"萤火虫"行动,通过夜访、夜谈、夜议、夜查、夜学,搭建起民情"直通车",做到服务群众不分昼夜,变"群众找我办事"为"我要为群众服务"。南昌高新区开展"善治小区(村)"创建示范活动,广大机关干部当面锣对面鼓、实打实心贴心地为群众办好事办成事。至年底,全市共搭建"有事来说""幸福圆桌会""协商议事室"等"三有"协商议事平台1331个,治理的触角延伸到基层"神经末梢",切实营造起村民事村民议、村民建村民管的良好氛围,有效激发乡村自治活力。

(市史志办)

制造业

综　述

【概况】　2021年，南昌市规模以上工业增加值同比增长11.4%，排位由全省第10位提升至全省第6位，在全国省会城市排名由第12位进至第6位，进入全国“第一方阵”。工业投资增长18.7%，比全省平均增速高3.3个百分点，列全省第3位，进入全省“第一方阵”。其中，工业技改投资增长23.5%，工业技改投资占工业投资比重达到40.4%，比上年提高1.6个百分点。重点打造的八大产业营业收入合计6227.3亿元，增长21%。其中，新型材料、现代针纺2个产业增速领跑，分别增长35.7%、29.8%。电子信息产业营业收入1734.5亿元，新型材料产业营业收入1449.9亿元。规模以上工业企业营业收入7723.9亿元，增长20.7%；实现利润总额449.6亿元，增长4.8%。勤胜电子、诚志股份、美晨通讯、龙旗、晨鸣纸业、海立电器6户企业营业收入迈入百亿元阵营，全市营业收入百亿元企业数量13户，其中江铃集团营业收入超千亿元。

【规划编制】　2021年，起草《南昌市新型工业“十四五”发展规划》《南昌市智能制造与产业转型升级“十四五”发展规划》《南昌市产业集群提能升级计划（2021—2025年）》等文件。11月18日，市工信局、市发改委联合印发《南昌市智能制造与产业转型升级“十四五”发展规划》。规划提出，到2025年，规模以上制造业企业基本普及数字化，骨干企业基本实现智能化转型，初步建成全国智能制造发展示范引领区和具有国际竞争力的智能制造产业集聚区，并在智能制造进程、智能装备供给、智造生态链条、创新支撑能力4个方面提出具体目标。到2025年，探索形成50个以上新技术应用智能场景，建设360个智能车间、230个标杆智能工厂，规模以上制造业企业智能制造能力成熟度达2级及以上的企业比例超过50%，工业机器人密度（每万名工人使用工业机器人数量）提高到120台/万人，规模以上工业企业全员劳动生产率达到45万元/人，规模以上工业企业单位工业增加值能耗累计下降10%，企业生产效率、产品良率、能源资源利用率等大幅提升。到2025年，设计研发具有较强竞争力的前沿智能装备产品20种以上，超过20款产品入选省首台（套）重大技术装备推广应用指导目录，主营业务收入超5000万元的智能制造系统解决方案供应商达到5家以上，系统集成能力明显提升，基本满足产业智能转型的需要。到2025年，遴选培育5个智慧供应链，制造业质量竞争力指数力争突破92。引导和支持中小企业提升专业化能力和水平，推动中小企业专精特新发展，“十四五”期间全市每年重点培育50家左右省级专精特新“小巨人”企业，梯度培育一批省级以上专业化“小巨人”企业、省级以上制造业单项冠军培育（示范）企业，支持一批专精特新企业成长为上市企业，引领带动全市中小企业高质量发展。到2025年，建设一批国际先进的智能制造协同创新平台和智能制造云服务平台，规模以上工业企业研发投入强度达1.5%以上，智能制造创新支撑体系基本形成，发明专利质量数量和技术标准水平明显提升。

【产业链“链长制”机制推进】　2021年，制定南昌市产业链链长制工作要点，督促各产业链继续完善细化“四图”“五清单”，加快建立全方位、立体式产业链全景图。同时，指导各产业链开展产业链技术对接、市场拓展、金融保链强链等活动。至年底，各产业链已累计开展各类调研、座谈400余次，产销对接、产业链招商、产融对接、人才对接等活动220次，协调解决企业困难120余个，办结率超90%，有效助推南昌市产业链高质量跨越式发展。

【优势主导产业做强】 2021年，围绕“4+4+X”产业体系［四大战略性新兴支柱产业（汽车及新能源汽车、电子信息、生物医药、航空装备）、四大特色优势传统产业（绿色食品、现代针纺、新型材料、机电装备制造）及若干生产性服务业］，坚持“抓存量、挖增量、提质量”，“一产一策”“一企一策”支持主导产业和龙头企业发展，推动全市优势主导产业量质齐升。全年，八大重点产业营业收入6227.3亿元，同比增长21%。战略性新兴产业加快发展，电子信息产业势头强劲，总投资超100亿元的华勤千亿产业基地、欣旺达动力电池基地、成烨电子信息新材料产业园、兆驰光电器件及相关配套项目等加快推进。举办世界VR产业大会云峰会，签约金额429亿元。总投资150亿元的南昌经开区江铃新能源汽车生产基地项目实现投产，总投资128亿元的江铃小蓝富山新能源汽车生产基地项目全面投产。生物医药产业快速增长，全年规模以上企业113户，较上年同期增长31.4%。航空产业加速布局，举办2021中国航空产业大会暨南昌飞行大会，签约项目24个、总金额265亿元，中国商飞江西生产试飞中心、中发天信航空发动机项目等均建成并投入使用。传统优势产业加快转型升级，“机器换人”“设备换芯”“生产换线”扎实推进，绿色食品、新型材料、现代针纺、机电装备制造等产业技改升级、品牌创建步伐加快，一批“5G+智慧工厂”数字化改造示范项目建设完成，产品特色更加明显、产业链条加快延伸，规模化、集群化发展态势良好。现代服务业稳步复苏，在刺激消费政策作用下，服务业继续保持恢复性增长并展现强劲活力。全年，服务业增加值占比48.0%；社会消费品零售总额2878.74亿元，增长17.4%，增速居中部省会城市第一位、全国省会城市第二位。

【工业领航企业培育】 2021年，南昌市向省工信厅推荐申报20家企业进入领航企业培育库，获批18家，名列全省前列。同时，为进一步支持领航企业高质量发展，协同市直相关部门、县区拟制“一企一策”配套政策，系统地谋划领航企业培育工作；推荐“双胞胎集团数字化转型与平台变革ERP管理创新项目”“泰豪智慧工厂精益生产管理系统改善项目创新项目”入选江西省领航企业管理创新项目。

【创新发展】 2021年，新认定市级企业技术中心52家，数量增幅超80%，新认定省级企业中心22家。另有43个新产品获得2020年度省优秀新产品奖，占全省总数的27%；34个产品被列入首届“赣出精品”名单，占全省总数的25%，企业品牌化发展成效显著。推荐江西省企业管理创新示范企业9家，占比全省（40家）22.5%，位居全省首位。围绕主导产业发展需求，加快完善公共技术服务平台，中国工业互联网研究院江西分院和国家工业互联网大数据中心江西分中心落户南昌；天津大学南昌微技术研究院、北航江西研究院、中科院苏州纳米所南昌研究院、哈工大机器人（南昌）智能制造研究院、南昌智能新能源汽车研究院等一批新型研发机构建成使用。

【“项目大会战”】 2021年，制定下发《南昌市工业领域“项目大会战”专项实施方案》，梳理出251个项目纳入市工业领域“项目大会战”清单。251个项目总投资3342.72亿元，至年底，完成投资676.08亿元，占计划完成投资比重110.4%。总投资150亿元的经开区江铃新能源汽车生产基地项目实现部分投产，总投资128亿元的江铃小蓝富山新能源汽车生产基地项目全面投产，总投资200亿元的欣旺达南昌动力电池生产基地项目、总投资120亿元的华勤千亿产业基地项目、总投资50亿元的济民（小蓝）新药研发生产基地项目等开工。通过《南昌市工信局领导挂点联系十大标志性工程（项目）工作方案》，成立8个挂点联系组，定期深入项目现场，共发现并解决项目企业提出的10个问题。

【企业技术中心认定评价】 2021年，切实规范市级企业技术中心认定和评价工作，制定印发《南昌市市级企业技术中心认定评价工作指南（试行）》，组织开展省、市级企业技术中心申报工作，新认定市级企业技术中心52家；推荐20余家企业申报省级企业技术中心，组织已认定的100家省级企业技术中心、47家市级企业技术中心开展两年一次的综合评价工作。

【绿色制造创建】 2021年，组织各县区开展工信部第3批工业产品绿色设计示范企业申报、国家工业节水工艺装备征集、国家工业和通信业节能技术装备产品推荐、国家级绿色制造名单推荐暨省级绿色制造名单遴选等工作。组织对已完成建设的南昌海立电器有限公司“高效多联式空调（热泵）双转子压缩机绿色设计平台建设项目”、江西金达莱环保股份有限公司“绿色制造系统解决方案供应商项目”进行验收，并上报省工信厅审核。江西江钨稀有金属新材料股份有限公司、江西联创电子有限公司、江西兆驰半导体有限公司3家企业获评省级绿色工厂，江西省江铜耶兹铜箔有限公司获评省级绿色供应链企业。

（张　露）

汽车制造业

【概况】 2021年,南昌市汽车和新能源汽车产业工业增加值同比增加9.4%;营业收入860.14亿元,增长11.7%;生产整车39.7万辆,增长3.35%。龙头企业江铃集团实现营业收入1041.07亿元,增长10.05%,重回千亿元;实现工业总产值581.5亿元,增长6.77%。至年底,全市汽车和新能源汽车产业规上企业172家,产业链主要分布在南昌经开区、南昌小蓝经开区、新建区等县区、开发区,涉及整车和零部件、新能源汽车关键零部件等全产业链,形成江铃集团、麦格纳动力、欣旺达、远成股份等龙头企业带动下的产业集群。南昌市汽车和新能源汽车产业集群是江西省汽车产业的主要集聚区。全省5个省级汽车零部件产业基地,南昌市小蓝经开区、南昌经开区、新建区3个汽车零部件产业基地位列其中。南昌市汽车和新能源汽车产业营业收入占江西省汽车产业的70%,整车产量占江西省的85%。

【人才培养合作协议签署】 2021年7月19日,江铃集团、同济大学汽车学院、南昌智能新能源汽车研究院在江铃集团总部大楼共同签署人才培养三方合作协议。江铃集团党委副书记、总经理万建荣,同济大学汽车学院党委书记曹静等共同见证签约。江铃集团副总经理谈政,同济大学汽车学院党委副书记、院长张立军,南昌智能新能源汽车研究院院长楼狄明代表产学研三方共同签约。根据协议,江铃集团将选拔推荐符合条件的员工报考同济大学工程硕士相关专业并参加全国硕士研究生统一入学考试,同时将选拔推荐符合要求的员工申请同济大学对口专业的工程博士。同济大学汽车学院将按照规定标准实施面试及人员录取。各方将致力于联合培养创新性、复合型、应用型人才,以促进产学研协同创新和深度融合。此次签署人才培养合作协议,是江铃集团产学研融合的又一次深化。“理论+实践”的培养模式,让人才在科学理论中成长,在项目实践中历练。江铃集团作为高校创新实践基地,将吸引集聚更多高层次人才,为企业高质量发展提供助力。

【首届新能源汽车下乡活动南昌站】 2021年7月10日,以“绿色、低碳、智能、安全——一步跨入‘新’时代,助力全面推进乡村振兴”为主题的2021年江西省新能源汽车下乡活动—南昌站,在南昌县澄碧湖广场开幕。此站活动是江西省新能源汽车下乡系列活动的第二站,江铃集团、昌河汽车、国机智骏、爱驰汽车、吉利新能源商用车、博能上饶客车、凯马百路佳客车等众多品牌参展。各新能源汽车企业在现有政策基础上,配合国家新能源汽车下乡活动,推出针对农村市场的购车“优惠活动”,为消费者准备了购车豪礼,以实际行动推进乡村地区新能源汽车推广应用。

【江铃汽车小蓝工厂第100万辆车下线】 2021年2月16日,江铃汽车小蓝工厂第100万辆车下线。江铃汽车小蓝工厂规划30万辆整车及20万台汽油发动机产能,同时建设国家级整车研发中心与试车跑道,建有全球汽车行业最先进的全自动冲压生产线,焊接生产线柔性化、智能化程度最高,并实现9轴机器人应用于喷涂生产线,是国内汽车行业最大的阴极电泳涂装自动生产线。整车总装厂面积11万平方米,是国内汽车行业混线程度最高,车型平台最多的总装线,3条装配线能同时生产商务车、SUV、皮卡、MPV等车型,每小时可生产60台整车。江铃汽车小蓝工厂下线的100万辆产品,主要包括58万台全顺轻客系列产品,以及42万台SUV系列产品。

【江铃汽车富山工厂投产】 2021年9月9日,江铃汽车富山工厂全面投产仪式在南昌举行。省委常

2021年9月9日,江铃汽车富山工厂全面投产仪式举行

(马悦　摄)

委、市委书记李红军出席并宣布全面投产。在焊装车间安装200余台全自动化机器人设备，新工厂焊接设备联网后，富山工厂的焊接自动化率升至98%，产能提升50%。在总装车间内，智能化生产线可以24小时不停歇，汽车从下订单到整车下线，数字化工厂让交付周期缩短20%。

【兵装集团调研合作】 2021年6月22日，江西国控、长安汽车、江铃集团有关江铃控股合资合作协议签约仪式举行。根据协议，江铃控股公司将陆续导入长安汽车3款车型。"十四五"期间，江铃控股公司预计产销48万辆，实现产能利用率提升。

【江铃汽车股份有限公司产品研发总院成立】 2021年1月12日，江铃集团和江铃汽车股份有限公司将产品技术中心调整设立统一的江铃汽车股份有限公司产品研发总院。产品研发总院下设深圳星支点科技分公司、智能网联研究院、整车工程研究院、动力总成研究院、车型开发院。其中深圳星支点科技分公司、智能网联研究院、整车工程研究院、动力总成研究院是能力平台，车型开发院是产品平台和技术管理平台。全年科研投入超过27亿元，推出全新车型和大改款车型11款，有效专利数同比增长6%，其中发明专利数增长55%。

【欣旺达动力电池项目落地】 2021年8月12日，欣旺达全资子公司欣旺达电动汽车电池有限公司与南昌经济技术开发区管理委员会签订《项目投资协议》，拟投资200亿元，在南昌建设动力电池生产基地项目。项目内容为动力电池电芯、电池模组、电池PACK、电池系统等。项目整体达产后可实现年产动力电池50亿瓦时，产值约310亿元，后期将根据市场情况增加投资，总体产能将达到100亿瓦时。项目分4期建设，一期项目总投资24亿元，租赁金开双创产业园建设6.4亿瓦时新能源汽车动力电池生产能力，12月部分试产，计划2022年3月底建成投产。项目研发、技术、管理人才占比达70%以上，将带动区域高新技术及创新管理人才聚集。

【雷诺江铃"羿"上市】 2021年，江铃集团与法国雷诺合作开发的首款轿车"羿"在德国慕尼黑车展展出，并于9月26日在国内上市发布。"羿"是雷诺江铃旗下首款车型，为支持"羿"面向国内及出口市场销售，江铃集团新能源汽车有限公司对原有渠道进行整合及提升，在国内建设多家省级经销点，同时在雷诺集团的支持下在国外市场开拓经销商网点，土耳其、以色列、法国等市场均完成商务阶段工作。后续雷诺集团将对江铃集团新能源汽车有限公司导入先进的纯电动车型，并进行技术共享和车型平台共享，支持江铃集团新能源汽车有限公司在自动驾驶、车联网、新能源汽车共性技术等方面开发。江铃集团新能源汽车有限公司将引入雷诺集团和联盟的技术及质量管理体系，提升产品力和品牌力，面向全球市场开发智能化、模块化的平台车型。

（廖渝涛）

航空航天设备制造业

【概况】 2021年，南昌市航空产业实现总收入770亿元，同比增长28%，占全省比重超过50%（达到54.5%）。其中，航空装备产业营业收入207亿元，增长38%。全市拥有航空产业项目70余个，集研发、制造、运营于一体的航空产业链正加速构建，已成为国产民机、教练机的科研生产重要基地。江西航空研究院正式挂牌，中国商飞江西试飞基地、江西先进复材研发中心、中国商飞上飞院（南昌）机体设计中心、北航江西研究院、北大南昌创新研究院等平台建设全面启动，已基本形成覆盖设计、审定、制造、试验、试飞、交付等环节的产业发展能力。航空工业江西洪都航空工业集团有限责任公司（以下简称洪都公司）航空装备交付体量创近10年新高，经济规模迈入行业"百亿俱乐部"，获全国老干部工作先进集体、第三届江西省功勋企业等称号和航空工业集团"脱贫攻坚先进集体"三等功，实现"十四五"良好开局。

【科研项目成果】 2021年，洪都公司全面完成27项预研及基础科研项目年度工作，新增批复19项。开展科研项目成果申报，获批航空工业集团科技奖10项、国防科技奖2项；推进知识产权和成果转化，全年申请专利309件，实现知识产权转化效益36万元，2个项目分获全国创新方法大赛三等奖、优秀奖，2个项目获航空工业集团创新创效大赛铜牌。深化企地、校企合作，联合组建"江西航空研究院""校企联合科技创新中心"，推动筹建国家级无损检测联合实验室，构建以工程技术研究中心、博士后工作站、院士工作站、重点实验室等为组合的高端创新平台体系，努力打造航空技术区域创新"策源地"。

【民机产业】 2021年，洪都公司完成C919大飞机中后机身段批产交付年度任务，启动CR929宽体客机试验件研制立项工作，常态化保障C919、ARJ21飞机瑶湖机场试飞，获中国商飞"优秀现场支持奖"。民机版初教六在第十三届中国国际航展上正式发布，从产品制造、性能体验、使用成本、维护保障等多个维度开展市场化营销推介。洪都公司多人获航空工业集团表彰。

【综合改革】 2021年,洪都公司超额完成国企改革三年行动目标任务,科改专项在国务院阶段性评估中获“优秀”评价,首家控股子公司国际机电实施混合所有制改革,省级产业工人队伍改革试点工作扎实迈进。设立瑶湖飞行基地,发展训效服务产业链;发挥瑶湖机场资源优势,开展货运空港、航空应急救援论证。洪都公司综合改革案例入选《中国改革年鉴(2021)》。

【第三届南昌飞行大会举办】 2021年10月29日,2021中国航空产业大会暨南昌飞行大会在瑶湖机场开幕。此届大会为期3天,以“江西飞机飞起来、航空产业大起来”为主题,展商数量、展示产品数量超越往届,各类参展飞机100余架。飞行表演包括自主飞行器动态飞行、动力伞、无人机飞行展示和特技飞行表演等,来自美国、俄罗斯的冠军极限表演队、毒蛇表演队、三角翼表演队等9支队伍进行特技飞行表演。航空工业自主研制的AG600大型水陆两栖飞机进行低空投水展示,新版民用初教6飞机首次进行飞行展示,运5B进行双机飞行展示。K8、初教6、AG600等固定翼飞机以及直11、AC313、AC311等系列直升机进行静态展示。同时,空客中国、巴航中国、法国赛峰、中国商飞、中国航信、航空工业洪都、航空工业昌飞等50家国内外航空企业、院校进行企业静态展示。大会期间开展航空嘉年华、大众航空科普互动娱乐等活动。在室外2000余平方米的区域,设置模拟飞行器体验,航空科普大讲堂、航空文创区、无人机足球、航空主题绘画展等多个体验项目。开幕式上,大会举行航空产业及人才项目签约仪式,有24个项目签约,投资总额265亿元。

【国内国际重点展会参展】 2021年9月28日至10月3日,洪都公司多型装备亮相第十三届中国国际航空航天博览会。其中,新型高级教练机进行“尾冲”等高难度飞行表演,系列军贸产品模型及高教机模拟器亮相展出,展示了企业在航空装备科研发展方面的最新成果。11月14日至18日,洪都公司2架外贸型高级教练机参加第十七届迪拜航展(飞行表演、地面静展各1架),在迪拜画出“中国红”,获得广泛关注和好评,展示中国航空工业实力。

【南昌航空城建设】 2021年,南昌航空城航空产业营业收入190亿元,同比增长35.2%。已落户项目70个,总投资约706亿元。其中,整机制造企业9家、航空运营企业3家、航空客改货企业1家、通航服务企业6家、无人机制造企业4家、航空发动机制造企业2家、航空新材料制造企业4家、航空科研机构6家、航空产品配套企业35家。中国商飞江西生产试飞中心、中发天信航空发动机、宝航新材料项目办公场所及厂房已交付企业使用。约10万平方米的航空科创城标准厂房项目4栋厂房建设已完成,配套的人才公寓、研发楼等正在进行主体建设。CR929复材机身段项目、华彬航空器生产基地等一批重点项目正在推进。全年先后筹办江西省中国商飞C919供应商大会、航空产业培育大会、中国商飞江西生产试飞中心ARJ21飞机交付仪式和2021南昌飞行大会等活动。

(涂松林)

电子信息产业

【概况】 2021年,南昌市立足电子信息制造基础优势,以产业链链长制为引领,全力聚焦移动智能终端、LED、VR3个重点细分领域,探索发展5G、新型显示、物联网等新兴电子信息产业,实施“产业集群打造、龙头企业引培、创新能力提升、人才引进支撑、公共服务优化”五大工程,全方位助推南昌电子信息产业做优做大做强,坚定不移朝着打造“中部电子信息产业重镇”“国家级电子信息制造基地”“世界级VR中心”的目标加速迈进。至年底,全市电子信息产业营业收入1734.54亿元,同比增长16.5%;工业增加值增长3.3%;规模以上工业企业186家。

【南昌市电子信息产业发展大会召开】 2021年12月28日,2021南昌市电子信息产业发展大会召开。此次大会由市委、市政府主办。省委常委、市委书记李红军出席会议并讲话。市长万广明主持。市委常委、副市长肖云作南昌市电子信息产业推介和政策解读。南昌高新区、南昌经开区、南昌小蓝经开区、红谷滩区有关负责人分别作招商推介。上海龙旗科技有限公司董事长杜军红,深圳同兴达科技股份有限公司董事长万锋,中微半导体设备有限公司执行副总裁、首席运营官杜志游,浙江世纪华通集团股份有限公司首席战略官方辉,惠普贸易有限公司副总经理朱军等企业代表发言。此次大会约800家知名电子信息企业及金融机构、研发机构代表参会,现场签约项目34个,总金额656.7亿元。

【国家职业教育虚拟仿真示范实训基地挂牌营运】 2021年8月9日,教育部回函,同意国家职业教育虚拟仿真示范实训基地正式挂牌并进入试运营阶段。国家职业教育虚拟仿真示范实训基地由教育部与江西省人民政府共同打造,是具有国际领先水平的国家级职业教育实训基地样板工程，致力于创新人才培养模式，促进虚拟现实技术与职业教育教学深度融合，有效提升高素质技能人才培训水平，助力江西省工业高质量跨越式发展。项目位于南昌VR科创城，分2期建设，总投资25亿元。其中，一期占地5.6公顷，包括虚拟仿真教学实验中心、创新创业孵化中心、产品研发中心、传统实训基地以及创研工坊等，可同时容纳8000名学生实训、6000名学生住宿。2021世界VR产业大会期间，实训基地开设航空器航务技术、工业机器人等7个专业班和现代信息技术、轨道交通专业2个企业定制班，实训学员270余名。

2021年11月24日，华勤技术千亿产业园开园仪式在南昌高新区举行

（南昌高新区 供图）

【华勤技术南昌第二制造中心开园】 2021年11月24日，位于南昌高新区的华勤技术南昌第二制造中心正式开园。市委常委、副市长肖云，市政府副秘书长汪成等出席仪式并致辞。华勤技术董事长兼CEO邱文生携公司核心管理层以及300余家上下游核心供应商共同参加此次开园仪式。此次开园的华勤千亿产业基地是华勤技术继2017年南昌制造中心一期项目落户高新区后的又一重要投资，于2020年4月签约，总投资约130亿元，占地面积58公顷，总建筑面积128万平方米，计划建设122条SMT生产线、302条组装线，已开始逐步分批交付使用。华勤2期项目全部建成后，预计年产能1.6亿台笔记本电脑、手机及其他智能终端产品，实现年主营业务收入1000亿元，提供5万个以上的就业岗位。

【《关于进一步推动电子信息产业高质量发展的实施意见》出台】 2021年12月7日，市政府印发《关于进一步推动电子信息产业高质量发展的实施意见》，提出打造“中部电子信息产业重镇”“国家级电子信息制造基地”“世界级VR中心”的目标。到2025年，全市电子信息产业规模力争达到5000亿元，其中电子信息制造业力争达到4000亿元、电子信息服务业力争达到1000亿元，形成具有全球竞争力的电子信息产业集群。实施意见明确南昌市电子信息产业发展的主攻方向和实施路径，围绕推动骨干企业倍增发展、加大招大引强、提升企业创新能力、促进要素资源集聚等方面，制定一批精准有力、“真金白银”的政策措施，全方位支持南昌市电子信息产业高质量跨越式发展。

【《南昌市万亿级电子信息产业发展规划》发布】 2021月12日22日，市工业和信息化局、市发展和改革委员会联合发布《南昌市万亿级电子信息产业发展规划》，明确以高新区、经开区为核心集聚区，以红谷滩区为创新引领区，各县区错位发展、优势互补的“两核一新、多点配套”总体产业格局。在“十四五”期间实现5000亿元产业目标的基础上，进一步提出“到2030年，南昌市电子信息产业规模达到万亿级，全国电子信息产业集群地位基本确立，产业链融通水平大幅上升，主导产业具有较强国际影响力”的远期目标。

（安 静）

生物医药产业

【概况】 2021年，南昌市贯彻落实打造“国内领先、世界知名”的中医药强省战略目标，以“做大南昌市工业经济总量”为牵引，以保障新冠肺炎群体免疫任务为重点，加快推进进贤医疗器械产业升级步伐，稳步推进中国（南昌）中医药科创城建设，努力实现产业布局更优、集聚程度更高、企业规模更大、竞争优势更强的生物医药产业高质量跨越式发展新格局。至年底，全市有生物医药生产企业300余家，经营企业1.6万余家，从业人员8万余人。其中，规模以上生物医药企业113户，工业增加值增长4.1%，实现营业收入350.6亿元，约占全省的1/4，同比增长16.4%，产业规模居全省第一位。

【名优企业培育】 2021年，工业和信息化部的中国医药统计年报数据，中国医药工业信息中心发布

“2020年度中国医药工业百强榜单”,济民可信集团排名第11位。年营业收入超过10亿元的企业有华润江中、洪达医疗、益康医疗等。南昌市生物医药企业拥有江中药业、三鑫医疗2家上市公司,贝欧特医疗、一保通等5家新三板挂牌企业。在区域分布上,南昌市生物医药产业已形成“双城创新引领、三区高效协同”发展格局。双城,即中国(南昌)中医药科创城江中药谷核心区和中国(南昌)现代医疗器械科创城;三区,即以济民可信集团、华润江中集团为龙头的南昌高新区医药总部和营销集聚区,以汇仁药业、江西制药、江西国药等为龙头的南昌小蓝现代药品生产集聚区和以诚志股份、一方天江、立健药业、费森尤斯卡比为龙头的南昌经开区药械产业集聚区。在世界品牌实验室发布的《2021年中国500最具价值品牌排行榜》中,华润江中连续18年上榜,位于第266位,品牌价值291.15亿元。至年底,全市生物医药产业拥有“洪达牌一次性输注器械”等中国名牌产品和“江中”“汇仁”“洪达”“义鑫”“初元”等中国驰名商标。拥有金水宝胶囊、汇仁肾宝片、乌鸡白凤丸、健胃消食片、复方草珊瑚含片等一批明星中药产品。

【医药科技研发】 2021年,全市有国家级研发平台(包含医药、中医药、基地)6个,省级研发平台13个,国家级知识产权优势企业4家,国家级创新方法基地1个。江西中医药大学教授陈日新的“热敏灸技术的创立及推广应用”获得国家科技进步二等奖,在全国27个省500余家医院应用,治疗患者超350万例;龚千峰教授的“大蓟饮片炮制工艺与质量标准规范化研究”被《中国药典》2005版作为国家药品标准收载,成为中药学及中药炮制学科中的领军人物;三鑫医疗与大连理工大学蹇锡高院士合作,自主研发中国第一条透析器封装国产线、第一条空心纤维透析膜纺丝国产线,成功实现国产装备自主纺丝零的突破;江西中医药大学首席科学家刘红宁教授团队完成的“中药制造现代化——固体制剂产业化关键技术研究及应用”项目获2019年度国家科学技术进步奖二等奖,成果已应用于全国20个省市近300家企业,推动中药制造现代化进程。

【防疫物资保供】 2021年,按照中央和省委、省政府“外防输入、内防反弹”要求,在市委、市政府的坚强领导下,南昌市新冠肺炎疫情防控形势持续向好,疫情防控重要医疗物资保供工作有序开展。全市有15家企业列入工信部重点医疗物资保供企业名单。6月7日,省疫情防控应急指挥部在南昌召开第三十一场新闻发布会,明确全力构建群体免疫屏障工作任务。会后,南昌市就注射疫苗用0.5毫升注射器短缺问题开展调研协调,并分别向三鑫医疗、洪达集团2家企业派驻“驻厂员”,确保疫苗注射器稳定供应。

【新冠中和抗体获准在美国开展临床试验】 2021年,济民可信集团自主研发的新冠病毒特异性中和抗体注射液已获得美国食品药品监督管理局批准,其新冠病毒特异性中和抗体注射液(项目代号:JMB-2002)已完成I期临床试验。作为江西省医药行业龙头企业,济民可信集团在美国波士顿、上海张江等地建有产业研究院,致力于新药创新研发。该企业研发的新冠中和抗体获准在美国开展临床试验,是江西省深入推进医药产业创新的又一成果。12月13日,由省政府新闻办、省工商联主办的2021江西民营企业100强暨社会责任报告新闻发布会在南昌召开。会上发布2021江西民营企业100强、2021江西制造业民营企业100强、2021江西服务业民营企业20强榜单。其中,江西济民可信集团在“2021江西民营企业100强”中位列第八,在“2021江西制造业民营企业100强”中位列第六。

【上海合作组织传统医学论坛】 2021年7月29日,2021上海合作组织传统医学论坛在中国(南昌)中医药科创城会议服务中心开幕。论坛以“传承、创新、互鉴、共享”为主题,由上海合作组织睦邻友好合作委员会、国家中医药管理局、江西省人民政府共同主办,有来自国内外的500余位嘉宾代表参加会议。其中,上海合作组织副秘书长以及13个国家驻华使节参加论坛,10个国家代表通过视频连线方式出席会议;国家有关部委领导和各省中医药主管部门、中医药高校、中医药企业以及国内外传统医学专家学者等齐聚江西,共话传统医学发展。全国人大常委会副委员长、上海合作组织睦邻友好合作委员会主席沈跃跃作主旨讲话。省委书记、省人大常委会主任刘奇致欢迎辞。省委副书记、省长易炼红主持开幕式。论坛上,与会各方达成共识,共同发布《关于开展上海合作组织传统医学合作的南昌倡议》。开幕式后,举行全体会议和4个分论坛。吉尔吉斯共和国卫生部部长别伊舍纳利耶夫、乌兹别克斯坦共和国卫生部部长哈吉巴耶夫、巴基斯坦伊斯兰共和国国家卫生事务特别助理费萨尔·苏尔坦、哈萨克斯坦共和国卫生部副部长吉尼亚特·阿扎尔、塔吉克斯坦共和国卫生和社会保障部第一副部长穆赫辛佐达、印度共和国传统医学部国际合作司研究员拉胡尔·贾恩、俄罗斯儿童基金会副主席利哈诺夫、中国香港特别行政区食物及卫生局局长陈肇始、中国澳门特别行政区卫生局药物事务厅厅长蔡炳祥介绍当地传统医药发展情况以及在应对新冠肺炎疫情中发挥的作用。中国工程院院士黄璐琦、姚新生等专家与上合组织国家的医学专家分别介绍各自国家传统医学发展情况，特别是在新冠肺炎疫情防控和应对变异病毒中发挥的独特作用，以及作出的积极贡献，并围绕传统医学与人类健康、产业发展等开展学术研讨，就未来开展传统医学交流合作提出意见和建议。论坛为期3天，与会嘉宾还参观江中药谷制造基地、江西中医药大学中医药文化馆、中国（南昌）中医药科创城、景德镇中国陶瓷博物馆、井冈山和瑞金等地。

【第七届中国中医药信息大会暨中医药健康及信息产品博览会】 2021年7月29日至8月1日，由中国中医药信息学会、中国农工民主党江西省委员会、南昌市人民政府举办的第七届中国中医药信息大会暨中医药健康及信息产品博览会在南昌绿地国际博览中心举行。博览会以"保护传承、守正创新、全球共享"为主题，开展以中医健康服务、中医信息融合共享、中医药传承保护与创新发展等为主题的多场论坛。国家中医药管理局局长于文明，省人民政府党组成员、副省长罗小云，农工党江西省委会主委、省科协主席史可，市长万广明，中国科学院院士韩济生，中国工程院院士刘德培，中国工程院院士谭建荣，中国中医药信息学会会长吴刚及学会副会长、正副秘书长，江西中医药大学、江西省赣江新区管理委员会等协办单位以及中华中医药学会、省卫生健康委员会、省科学技术协会、省中医药管理局等支持单位以及部分省中医药管理局的领导出席大会。大会有各级各类中医药医疗、教育、科研、产业、健康养生康复等机构从事信息化的工作人员和各地卫生行政部门分管信息化工作的领导、中医药信息化领域从事科研和教育的专家学者、信息化企业管理及技术人员、大学生等线上线下

2021年7月30日，第七届中国中医药信息大会暨中医药健康及信息产品博览会开幕式在南昌绿地国际博览中心举行

（魏勇剑　摄）

2700余人参加。中医药医疗、教育、科技、产业、文化和健康养生技术与应用等方面的健康产品及信息产品参与展示，参展企业620余家。大会分学术论坛和博览会。学术论坛设1个主论坛、13个分论坛及多个主题活动。大会邀请两院院士及著名专家学者，围绕中医药传承与创新发展、中医药信息化"十四五"规划、"互联网+"中医药健康服务、中医药健康大数据应用、中医药人工智能、智慧中医药建设、中医医院信息化与高质量发展、中医药健康管理与养生保健、信息化与疫情防控等方面做学术交流，分享中医药信息化研究动态和最新成果。

【科技自立自强助推江西产业高质量发展高峰论坛召开】 2021年5月2日，由南昌大学和省药品监督管理局共同主办的"科技自立自强助推江西产业高质量发展高峰论坛——生物医药与健康产业高质量发展分论坛"在南昌召开。论坛旨在搭建院士与产业对话平台，深化政产研协作，促进多学科交叉融合，共同推动省生物医药和生命健康产业高质量发展。副省长、省生物医药产业链链长孙菊生，中国科学院院士、第三世界科学院院士饶子和，中国工程院院士丁健，中国工程院院士顾晓松，中国科学院院士陈晔光，南昌大学副校长朱友林出席论坛。省药品监督管理局党组书记吴维主持论坛。

（文　春）

绿色食品产业

【概况】 2021年，南昌市绿色食品产业有以煌上煌股份、人之初为龙头的南昌小蓝食品产业基地，以汪氏蜜蜂园、江西小黑小蜜为龙头的江西新建经开区食品产业基地，以南昌统一为龙头的青山湖区食品饮料产业基地，以正邦、双胞胎为龙头的南昌高新区饲料总部基地。至年底，全市规模以上食品工业企业有138户，累计实现营业收入882.17亿元。138家规模以上食品工业企业，覆盖农副食品加工业、食品制造业和酒、饮料与精制茶制造业四大

二级行业，形成以饲料加工业优势突出为主体，饮料、乳制品、肉制品等行业为支撑的产业发展格局。建成南昌小蓝经开区、青山湖区、新建长埈工业园3个省级食品产业基地，集聚规模以上食品企业80余家。

【第三届中国白酒中南核心产区高质量发展峰会举办】 2021年12月8—10日，以“传承创新，共享发展”为主题的第三届中国白酒中南核心产区高质量发展峰会在南昌召开。峰会由中国食品工业协会白酒专业委员会和中南六省食品工业协会共同主办，江西李渡酒业有限公司承办，旨在加强中南产区酒企交流合作，探索中南产区高质量发展道路。全国政协常委、江西省政协副主席李华栋，江西省工业和信息化厅党组成员、副厅长郑正春，中共南昌市委常委、副市长肖云，湖南省工业和信息化行业事务中心党委书记、主任倪东海，中国食品工业协会副会长兼秘书长马勇以及白酒专家出席会议。江西省、湖北省、湖南省、广东省、广西壮族自治区、福建省6个省、自治区200余位酒企负责人参加会议。大会同期举办中南核心产区白酒技术文化与品牌营销发展论坛。郑州大学教授、硕士生导师刘春雄和酒鬼酒股份有限公司企业文化中心总经理龙莉晖、湖北稻花香酒业股份有限公司集团总工程师谢永文、石门县品德堂文化传播有限公司总经理刘鹏讲述中国白酒故事，为品牌营销赋能，共同推进中南核心产区高质量发展。峰会举办大型中南核心产区典型风格产品品评会。与会有关行业领导、著名白酒专家、国家评委、专业技术人员对中南核心产区酒企提供的69款酒样进行感官品评，评选出中南核心产区标志产品奖16个、风格特色奖15个、感官质量奖15个，并在会上为获奖企业颁发证书。

【人之初获中乳协“2020年度质量金奖”】 2021年3月25日，由中国乳制品工业协会举办的“中乳协第六届理事会第八次会议暨2021年中国乳业经济运行会议”在南京市召开。人之初在“2020年主流品牌婴幼儿配方乳粉质量大赛”中获“质量金奖”。人之初自创立以来，一直用全球优质资源、以制药的标准生产配方科学、品质卓越的配方奶粉、营养米粉等营养健康食品。精准把握消费者品质需求，构建全链条品质保障体系，制定完善的品质服务。

【双胞胎集团获中国肉类食品行业“先进单位和最具价值品牌”称号】 2021年9月13日，由中国肉类协会举办的“2021中国国际肉类产业周暨2021肉类产业发展大会”在青岛市开幕。此次大会对中国肉类行业中勇于创新、敢于开拓、乐于奉献、引领行业发展的模范企业进行表彰。双胞胎集团作为副会长单位，获“2021中国肉类食品行业先进企业”“2021中国肉类食品行业最具价值品牌”称号。

【正邦科技进入中国食品行业60强】 2021年12月6日，上海胡润研究院携手环球首发联合发布《2021那香海·胡润中国食品行业百强榜》(2021The Dream Sea · Hurun China Food Industry Top 100)，正邦科技名列中国农牧业第8位，中国食品行业第56位。此次百强榜按照企业市值或估值进行排名，上市公司市值按照2021年10月8日的收盘价计算，非上市公司估值参考同行业上市公司或者根据最新一轮融资情况进行估算。9月24—25日，2021中国500强企业高峰论坛在长春市举办。会上发布2021中国500强企业榜单、2021中国制造业企业500强榜单，正邦科技以营业收入491.66亿元名列2021中国企业500强第399位、2021中国制造业企业500强第191位。

【煌上煌获中国食品工业协会科学技术奖一等奖】 2021年12月17—18日，以“科技·洞见未来”为主题的2021中国食品工业科技进步大会在郑州市召开。会上颁发“中国食品工业协会科学技术奖”。煌上煌承担的科研项目“江西特色酱卤禽肉制品的保鲜和冷链物流关键技术及其产品研发”获得中国食品工业协会科学技术奖一等奖，煌上煌股份公司副董事长褚剑被授予“全国食品工业科技创新领军人物”称号。

（刘轶君）

现代针纺产业

【概况】 南昌市现代针纺企业3500余家，其中规上工业企业326家，从业人员10万余人。至2021年年底，全市规模以上现代针纺产业实现营业收入373.3亿元，同比增长29.8%。南昌市纺织服装产业已呈现出产业链配套相对完整、空间分布相对聚集的新格局。在产业链条上，涵盖中低档针织面料、印染印花后整理、服装加工、检验检测、电子商务和面辅料市场等多个环节，特别是针织服装加工、印染后整理环节均有骨干企业支撑。

【产业发展】 2021年，南昌市纺织服装产业规模在全省11个设区市排名第二位。其中，青山湖针织服装产量约占全省的60%，在全国针织服装产业集群中规模排第四位，是全国重要的针织服装出口加工基地，全省最大的针织服装产业基地，先后被授予“中国针织服装名城”“国家外贸转型升级专业性示范基地”“南昌青山湖纺织服装创意设计园区”等称号。

【产品销售】 2021年,南昌市纺织服装企业大部分是针织服装及其配套企业,产品以贴牌加工各种中档、中偏低档文化衫及针织T恤为主,90%以上销往欧美、东盟等境外市场,在华东地区、全国乃至国际针织服装采购圈内都有较高的知名度,是中国中部地区重要的针织服装出口及加工基地。至年底,全市有服装批发企业34个,销售总额27.74亿元,出口7.25亿元。服装零售企业30家,销售总额11.91亿元,出口498万元。青山湖区的南昌华兴针织实业有限公司实现产值12亿元,同比增长35%,出口创汇5500万美元,创造税收3000万元。

【产业集群】 2021年,南昌市纺织服装企业主要集中在青山湖区,是青山湖区的草根产业。青山湖针织服装产业集群聚集近1500家纺织服装企业,年产针织服装10亿件,占全省的60%,形成以青山湖高新技术产业园、罗家镇、湖坊镇为载体,以华兴针织、东申制衣、依佰汇制衣、泽林实业等骨干企业为支撑、众多中小针织企业共同发展的集群优势。

【产业人才引育】 2021年,全市现有江西服装学院、南昌大学、南昌航空大学、江西科技师范大学、江西工业职业技术学院等各类纺织服装大中专院校,是全国三大职教中心之一。技工人力资源丰富,每年为社会培养大量纺织服装人才,储备一大批纺织服装技术人才,并与国内多所著名服装院校有着良好合作关系,成为纺织服装、服饰行业的人才库。通过鼓励纺织服装高等院校培养高级服装设计师,加强服装品牌国际经营,提高南昌服装品牌在国际上的地位与影响,带动高质量纺织服装产品出口。

【生产装备升级】 2021年,全市针织服装行业拥有各式进口的、先进的织造设备共1000余台(套),包括从德国引进的单面、双面圆机、高速罗纹机等织造设备和日本产的各种缝纫、检针设备,电脑绣花机以及意大利电脑配色和布、纱物理质检仪器等。部分企业还从意大利、法国、日本等国家引进服装设计体系及计算机管理系统,进一步推广数码印花、气流染色等先进技术工艺,充分利用节能减排倒逼机制,淘汰能耗高、污染重的落后设备,提高资源利用效率和产品整体质量水平。其中,京东实业、福德隆实业2家印染企业配置的立信染色机及后整理装备更具国际领先水平,这些设备给纺织服装产业增添巨大发展潜力。

【转型升级】 2021年,推进中国(江西)针织服装创意产业园、江西太酷云介·时尚产业园等产业园建设,利用现代针纺产业承载平台,引进一批设计、研发、销售、制造等生产链关键环节企业。与此同时,为彻底破解纺织产品送检必须到外省的窘境,降低企业产品检验成本,缩短出口商品生产周期和交货时间,整体提升纺织产品出口竞争力,成功引进江西省首家纺织服装检验机构——全球知名的国际检验、认证集团必维国际检验集团。

【江西太酷云介时尚产业园开园】 2021年4月22日,位于青山湖区的江西太酷云介时尚产业园正式开园,有力助推全市加快针纺产业转型升级,打造时尚产业生态链。青山湖区是全省最大的纺织服装产业基地,也是全国第四大针织服装类产业基地,拥有包含织布、染整、印花、设计、成衣制作、包装、电子商务、仓储配送等环节的针纺产业链条。江西太酷云介时尚产业园是在原南昌色织总厂基础上改造的全新项目,总建筑面积为4.4万平方米,集高端品牌定制、创意设计、时尚休闲、特色艺术培训于一体,融入现代化创意元素,推动园区向"需求导向再生产"的品牌规划方向发展。

【服装行业智能制造培训活动】 2021年9月23日,省工业和信息化厅纺织处邀请江西联通工业互联网研究院相关专家赴青山湖区开展服装行业智能制造培训活动,20余位服装企业负责人与技术骨干参加培训。培训会上,专家围绕数字化工厂解决方案、工业互联网新一代信息技术应用等主题,从不同角度与参加培训人员分享,让企业家更多地了解智能制造实施和设备使用各个环节。授课结束后,企业负责人围绕智能制造工作开展中存在的困难和问题与专家进行互动交流,取得较好的培训效果。

【南昌青山湖纺织服装创意设计园区获公示】 2021年11月23日,工信部发布公告,公示拟公告的第一批纺织服装创意设计示范园区(平台)名单及拟通过复核的第三批纺织服装创意设计试点园区(平台)名单。其中,南昌青山湖纺织服装创意设计园区等为拟通过复核的第三批纺织服装创意设计试点园区(平台)。此次公布的名单是根据《工业和信息化部关于印发〈纺织服装创意设计试点示范园区(平台)管理办法(试行)〉的通知》要求,经园区(平台)自愿申报、省级工业和信息化主管部门推荐、专家论证等程序确定的。12月20日,青山湖纺织服装创意设计园区通过复核,被确定为纺织服装创意设计试点园区(平台)(第三批)。

(刘轶君)

新型材料产业

【概况】 2021年,南昌市新型材料

产业涵盖钢铁、有色金属、建材和化工等传统产业以及新材料产业。在产业布局上,已形成南昌高新区铜精深加工产业、南昌经开区钨精深加工产业、青山湖区特种钢产业的产业分布;行业上,基本形成以方大特钢为龙头的钢铁产业、以江铜集团为龙头的铜精深加工产业、以锦鹏铝业为龙头的铝型材产业、以雄宇集团为龙头的钢构产业。至年底,全市规模以上新型材料企业415户,营业收入1450亿元,同比增长35.7%。

【方大特钢】 2021年,方大特钢生产铁、钢、材分别为354.09万吨、421.68万吨、424.79万吨,年计划完成率105.62%、105.58%、105.72%。实现营业收入1126.16亿元、利税总额155.49亿元、利润总额124.62亿元、上缴税金58.01亿元。生产的弹簧扁钢和热轧带肋钢筋荣获国家产品"金杯奖",形成"长力"牌汽车弹扁和"海鸥"牌建筑钢材两大系列品牌优势。汽车板簧系列产品拥有"长力""红岩""春鹰"三大知名品牌("春鹰"为中国驰名商标),被中国质量管理协会用户委员会、中国汽车工业协会市场贸易委员会列为全国首批推荐商品。致力于打造世界先进的弹扁、板簧精品生产基地。加大科技研发投入,推动自主创新能力有效提升,获"2021中国特钢企业优秀品牌"称号。入围世界钢铁企业技术竞争力排名50强,获"2021中国卓越钢铁企业品牌"称号。11月16—17日,中国船级社质量认证公司审核组到方大特钢,对该公司两化融合管理体系开展年度审核。审核期间,审核组围绕钢材产、供、销、财精细化管控能力,对方大特钢两化融合管理体系的持续、改进及运行情况等进行监督审核。审核最后一次会议上,审核组对方大特钢两化融合管理体系的领导重视、全员参与、深度融合和本质贯标等方面给予充分肯定,并对审核中发现的问题,提出建立信息安全责任制及进一步落实分级贯标的改进建议。最终,审核组专家一致给出方大特钢两化融合管理体系通过评估审核组现场监督审核的意见,将向评定工作委员会推荐继续保持评定证书。

【江西铜业集团】 2021年,江铜集团完成营业收入4552亿元,生产阴极铜178万吨、铜加工材167万吨。8月2日,2021年《财富》世界500强排行榜揭晓。以488.2亿美元的营业收入排名第225位,比上年前移118位,连续第9年跻身《财富》世界500强。10月26日,中国企业联合会、中国企业家协会发布"2021中国制造业企业500强"榜单。江铜集团以上年3368亿元的营业收入位列第19位,排名较上年上升7位。"中国制造业企业500强"以营业收入作为排名依据,每年从全国制造企业中遴选出营收靠前的500家企业。江铜自2005年首次上榜以来,至2021年连续17年上榜。近3年来,随着江铜"三年创新倍增"的强势推进,营业收入连年攀升,2020年从持续6年"2000+"亿元时代迈入"3000+"亿元时代,江铜的"中国制造业企业500强"排名同步跃升,从2020年的第26位前移至2021年的第19位。12月23日,中国有色金属工业协会公布2021年度有色金属行业企业信用等级评价结果,江西铜业集团有限公司获评"有色金属行业企业信用等级AAA级单位",是有色金属行业企业最高信用等级评价。

【江西锦鹏铝业有限公司】 江西锦鹏铝业有限公司成立于2008年,是集铝合金型材产品研发、生产与销售于一体的综合型大型企业,是江西省规模大、实力强的铝合金生产企业。公司坐落于安义县工业园,占地14公顷,总资产4.2亿元,员工总人数560人,曾获"中国铝型材50强企业""江西省重点企业""江西省名牌产品""质量·服务·信誉AAA企业"等称号。2021年,公司营业收入11.34亿元,年生产能力10万吨。公司拥标准厂房13万平方米,拥有可生产型材截面宽度达600毫米的5000吨挤压生产线及配套的2500吨、1800吨等挤压生产线26条。全自动立式喷涂线2条,卧式氟碳喷涂线1条,卧式电泳线3条;木纹热转印线8条。主要产品有铝合金门窗型材、隔热断桥等型材。公司主要经营工业型材,如建筑铝模板、汽车轻量化、纺织、太阳能等工业型材。

【南昌硬质合金有限责任公司】 南昌硬质合金有限责任公司始建于1966年。2003年5月,改制成立南昌硬质合金有限责任公司,是世界500强中国五矿集团有限公司旗下重要骨干子企业。公司立足三大主要产品,夯实做强做大产业链基础,致力于打造三个基地(粉末制备重要基地、有特色硬质合金棒材生产基地、金洲公司产能转移承接基地),建成国内一流钨深加工企业。公司是国内最大的钨粉末制品、硬质合金及精密工具生产、经营、出口基地之一,拥有一条完整的钨生产链,产品广泛应用于机械、汽车、电子以及航空航天等行业。2021年,实现营业收入11.59亿元,同比增长32.49%,完成预算的122%;利润2393万元,增长92.52%,完成年中调整预算目标2300万元的104.04%,完成年初预算目标1700万元的140.76%,上缴利税1533万元。

【江西晶安高科技股份有限公司】 江西晶安高科技股份有限公司成立于1988年,位于安义县万埠镇,是江西省地质局控股的一家专业研发、生产和销售锆系列产品的高新技术股份制企业。公司旗下有2家全资子公司,为江西晶安物贸有限公司和江西晶瓷新材料科技有限公司。公司先后承担省部级以上重点研发项目30多项,开发6项国家级重点新产品、8项省级重点新产品;获得“国家火炬计划重点高新技术企业”“‘十五’国家高新技术研究发展计划(863计划)成果产业化基地”“江西省优秀企业”“江西省优秀高新技术企业”“江西省企业100强”等称号。公司院士工作站被评2016年全国及江西省示范院士专家工作站。现有专利49件,其中发明专利13件、实用新型专利36件,参与制定6项行业标准,出版技术专著2部,发表论文18篇。2019年被工信部列为绿色生态设计示范企业及国家绿色工厂,2020年9月再次被江西省科技厅认定为“高新技术企业”。2021年,公司以锆材料研发和生产为主业,以新产品开发为核心,以项目建设为主抓手,逐步扩大生产规模,不断发展下游产品,延伸产业链,已形成基础氧氯化锆6.8万吨、氧化锆3600吨、碳酸锆/硫酸锆1.5万吨、稳定氧化锆1200吨的年生产规模。产品种类和产能规模居国内同行业前列,约占全国总产量的20%,是国内锆材料重要的生产基地。年营业收入9.95亿元,市场占有率稳居国内同行前二位。

(王　磊)

机电装备制造产业

【概况】　2021年,全市机电装备制造产业共有规模以上工业企业130户,实现工业增加值同比增长13.6%;实现主营业务收入567.03亿元,增长16.5%。机电装备产业是南昌市的优势产业,其范围涵盖以南昌奥克斯、南昌海立为龙头的家电行业;以泰豪科技、人民输变电、南缆集团、开开电缆等输变电设备行业;以江联重工、恒大高新为代表的锅炉行业;以南昌矿山机械、聚泰矿山机械为代表的矿山与工程机械行业;以佳时特、中机公司为代表的数控机床行业;以中广核贝谷、江西日月明为代表的仪器仪表行业;以怡杉环保、金达莱环保为代表的环保设备行业;以轨道交通集团为代表的轨道交通装备行业;以江西省智能产业技术创新研究院、哈工大机器人(南昌)智能制造研究院为依托的智能装备行业等细分门类。主要产品包括空调及空调压缩机、智能电网、电机电源、电力变压器、锅炉、矿山机械、数控机床、智能化成套装备、智能安防设备、智能机器人等。

【江西省首台(套)重大技术装备推广应用指导目录入选产品】　2021年11月10日,省工信厅发布《江西省首台(套)重大技术装备推广应用指导目录(2021年版)》,全省38家企业49个产品列入,其中南昌市14家企业22个产品。“首台套”,指的是通过原始创新、集成创新或引进技术消化吸收再创新,实现技术突破、拥有自主知识产权、尚未取得大量市场业绩的装备产品,包括成套设备、整机设备及核心部件等。全省“首台套”的范围包括:民用航空航天装备、民用高技术船舶、节能与新能源汽车关键部件、先进轨道交通装备、工业和服务机器人、自动化生产装备、中高档数控机床、数控加工中心、3D打印设备、电力装备、医疗装备、大型农业机械装备、工程装备、矿山装备、安防装备、节能环保装备、自动化智能化成套装备及关键核心零部件等。此次企业“首台套”目录产品将获得从创新引导、推广应用、政府采购到人才培育、财政支持、保险补偿、金融扶持等多方面支持。首次获得国家“首台套”保险补偿的,可一次性奖励300万元到500万元;项目单位在招标采购时,对能够满足采购需求的“首台套”产品,不得设置市场业绩等门槛条件或评审因素;对产品列入“首台套”目录的企业,落实研发费用加计扣除、固定资产加速折旧、税额抵免等优惠政策。

【南昌海立智能制造新模式】　2021年4月11日,中央电视台《新闻联播》头条专题报道南昌海立近年来如何运用大数据、人工智能等新技术,对传统产业进行数字化、智能化升级改造的先进做法,紧紧抓牢技术创新这个战略基点,以关键核心技术抢占行业发展制高点。南昌海立智能工厂采用世界一流水平的自动化设备、工业机器人与现代化物流系统,通过ERP、HCM、MES、SCM、PLM等信息系统的加持和串联,实现全程信息化,并通过产品实时数据的录入利用、云端共享,实现整个工厂的数字化和网络化。其最终目标就是要实现机器自感知、自触发,甚至自适应的智能化,实现建设“全球的现代化压缩机制造基地”“海立全球制造中心”和“全球智能制造人才培养基地”的目标。通过打通供应链数据流达到供应链上下游协同优化,网络协同制造;通过打通生产制造数据流达到产品全生命周期数字一体化和产品全生命周期可追溯;通过打通生产流程数据流达到生产计划到执行的过程中数据管控与优化,提升数字化制造水平,实现压缩机“大规模定制”的智能制造新模式。

【江西百胜智能科技股份有限公司】
江西百胜智能科技股份有限公司注册成立于1999年,是一家以出入口管理系统为核心的智慧园区解决方案提供商,集研发、制造、销售及服务于一体的高新技术企业。公司注册资金1.33亿元,占地面积10.2公顷,拥有国内领先的智能出入口管理产品制造基地。公司已形成“智能停车场管理系统、智能道闸、门控设备、智能门体、出入口安防”五大系列18个品种120多款智能化及机电一体化产品；基于出入口管理设备、依托物联网技术，打造智慧园区云平台、平安校园云平台；完善城市智慧停车管理整体解决方案，打造“离散型智慧停车云平台”，以“百胜”品牌拓展出入口控制与管理整体解决方案。在31个省市设立代理商、100余个城市设有服务机构，营销服务网络遍及全国各省市，远销欧洲、美洲、非洲、中东等50余个国家地区。公司建立完善的品质管理系统，行业内率先通过ISO 9001:2015国际质量管理体系认证及欧盟CE认证。公司主营产品拥有自主知识产权，核心部件自主研发、制造，累计获得国内外专利210余项，是中国《工业滑升门开门机》行业标准、《电动门窗通用技术标准》国家标准和《户外安全电动门》国家标准的参编单位。2021年，公司实现营业收入4.94亿元，同比增长4.36%。

【江联重工集团股份有限公司】 江联重工集团股份有限公司前身为原国家机械工业部和原化学工业部重点骨干企业江西锅炉厂和江西化工石油机械厂，具有60年历史。1992年，2个厂联合组建江西锅炉化工石油机械联合有限责任公司。2001年，公司完成股份制改造，成立江西江联能源环保股份有限公司。2010年，公司完成国有企业改制。2016年，经国家工商总局核准，公司更名为江联重工集团股份有限公司。公司是同时具有设计制造安装A级锅炉和A1、A3类压力容器及具有进出口企业资质的能源装备企业，是江西省和南昌市人民政府重点扶持的国家高新技术企业，2018年获批国家级企业技术中心，设有院士工作站（潘际銮）、江西省低热值余能利用工程技术研究中心和江西省高效节能锅炉工程研究中心。公司的蓄热稳燃技术、高低差速循环流化床燃烧技术和高低差速床与V+4T相结合的燃烧技术等国内领先并达到世界先进水平，拥有发明专业10项，实用新型专利100余项。2013年12月，公司“高效低耗流化床燃煤工业设备关键技术及应用”获国家科学进步二等奖。2018年8月，公司“燃煤机组复杂煤种掺烧与多污染物深度脱除关键技术及应用”获江西省科学进步一等奖。2021年，公司实现营业收入16.35亿元，同比增长14.15%。

（廖渝涛）

烟草工业

【概况】 2021年，江西中烟南昌卷烟厂围绕“强基固本、匠心提质、源头治理”工作主线，把握稳字当头、稳中求进工作总基调，以“利器、优术、树人、铸魂”四大工程为抓手，推进装备升级、管理提升、队伍培养和文化塑造，抓紧抓实生产保供，积极谋划推进技改项目实施、管理体系和信息化孪生共建以及人才培育体系建设工作，实现“十四五”良好开局。全年生产卷烟36.6万箱，为南昌经济社会发展做出贡献。

【技术改造项目】 2021年，南昌卷烟厂1周内拆除现场设备，1个月内主机安装就位，2个月内接通水电气汽主回路，3个月内联动投料，4个月内工艺调试，5个月内全线试产，实现“安全为先、民生为本、物流畅通、柔性生产、创新提质、数字转型”目标。磨合适应新设备新技术新工艺，确保每一批试生产投料有序高效，完成分阶段的既定目标任务。

【人才培育推进】 2021年，南昌卷烟厂搭建培训平台，推进人才培育工作。全年实施培训1068项次、2.57万人次。做好技术技能队伍分类分级培养，高层次技术技能人才加速成长，已认定企业高级专业技术人才7人、中级专业技术人才102人、星级员工682人，其中首席技师3人、三星技师69人、二星技师160人。优化专业技术职务和技能职级评聘，推进各类人才选拔、使用、培养和激励机制。全年评审备案中级以上专业技术职称12人，评定三级以上行业特有工种职业技能等级31人。至年底，聘用中级专业技术资格32人，聘用二星级以上职级232人。科学测评全厂288个岗位，以岗位价值为基础的宽带薪酬体系初步构建，员工层级能上能下、收入能增能减、员工能进能出机制初步建立。优化岗位设置，规范劳动用工，严控劳动用工总量，盘活人力资源，劳动用工关系更加和谐稳定，企业用工成本稳中有降。

【生产管理优化】 2021年，南昌卷烟厂以MES系统集成为指引，全面梳理优化生产管理全价值链流程，持续优化融合式综合管理体系，初步建立体系化、信息化的内控管理升级转型模式。完善职能带“战略地图”，重点关注业务流程的“上下游、左右缝、前后结”，健全法律、安全、财经、规范等风险防控机制，构建风险排查治理、分级管控和动态更新多轨并行的防控体系，提升依规治企、规范管理合力。建立生产与技改、管理与业务、硬件与软件3个协同工作机制，全面诊断和优化指标体系，初步形成指标到岗、责任到人的绩效管理运行机制，基于数字化转型、数字赋能的融合式综合管理体系框架初步构建。全年完成省级管理创新成果一等奖1项、省质协QC成果一等奖7项、专利授权9项、精益课题成果45项。

（熊文浩）

建 筑 业

综 述

【概况】 2021年,市住建局围绕挖掘存量、培育增量、提高质量、做大总量工作思路,不断提高全市建筑企业核心竞争力和创新力,完善质量保证体系,提升建筑工程品质,促进建筑业转型升级。全市建筑产业实现较快发展,建筑业产值保持增长态势。至年底,全市建筑业产值5106亿元,同比增长13.6%;建筑业企业5862家(占全省的27.37%),其中特级16家(占全省的72.7%)、一级542家(占全省的55.03%)、二级1777家(占全省的31.22%);新增企业1497家,增长34.30%;引进6家央企、大型国企下属子公司落户南昌。

【建筑业高质量发展政策出台】 2021年3月1日,《关于促进南昌市建筑业转型升级高质量发展的意见》(以下简称《意见》)印发实施。《意见》出台是为充分发挥建筑业在国民经济中的支柱作用,提升建筑业对全市经济发展的贡献率,促进建筑业产业结构调整和转型升级,推动南昌市建筑业高质量发展。《意见》突出问题导向,坚持补短板、强弱项,明确南昌市建筑业5年发展目标及重点任务,主要增加引进大型建筑企业落户、鼓励建筑企业增产创收、鼓励企业做大做强创优和鼓励建筑企业资质升级等方面的资金奖励政策。

【龙头骨干企业评选】 2021年,市住建局组织开展全市龙头骨干企业评选活动,促进建筑业产业结构调整和转型升级,做大做强建筑企业,发挥建筑业龙头企业、骨干企业的引领作用。活动针对在南昌市行政区域内工商注册登记、具有独立法人资格的建筑业企业,就企业资质、产值税收、质量安全、奖励表彰、科技创新、经营管理、社会责任等多方面内容进行评比。8月23日,评选结果公布,市住建局对中联建设集团股份有限公司等30家龙头企业、润邦控股集团有限公司等20家骨干企业予以通报表彰。

建筑设计与施工

【概况】 2021年,市住建局推进工程质量管理标准化,推进在建项目建筑工人实名制,压实责任,严守安全底线。申报发布《胶轮有轨电车交通系统技术标准》,纳入江西省工程建设地方标准,编制《南昌市"城市蛛网"整治工程技术与管理导则》,促进BIM技术在建设工程中应用,提升城市建设水平。全市建设工程获2020—2021年度鲁班奖3项、国家优质工程奖3项,获2020年度江西省杜鹃花奖15项、省优建设工程奖19项,评选市优质建设工程奖84个。

【装配式建筑发展】 南昌市先后被列为江西省装配式建筑发展试点城市以及钢结构装配式住宅建设试点城市。2021年,全市有装配式建筑生产企业17家,装配式建筑产业基地10个(含国家级6个、省级4个)。市住建局为充分发挥装配式建筑产业基地的示范引领和产业支撑作用,积极主动对接财政部门,落实历年来住建部和省住建厅认定的装配式建筑产业基地奖励政策,向6个国家级、4个省级装配式建筑产业基地发放一次性资金补贴共1220万元。9月7日,印发《关于促进建筑业转型升级,进一步推动装配式建筑发展的若干意见》,推进装配式建筑示范项目建设,推动装配式建筑全产业链协同发展,加快装配式建筑产业发展。至年底,全市新开工装配式建筑面积为474.34万平方米,占新开工建筑总面积的33.5%。

【绿色建筑发展】 2021年,市住建局制定《南昌市绿色建筑创建行动实施计划》,提出"全面实施绿色建筑标准、完善星级标识管理、规范住宅全装修、引导健康住宅性能、提升建筑能效、推进装配式发展、推动绿色建材应用、建立绿色住宅监督机制、加强技术研发"9个方面任务计划,保障绿色建筑等工作全面实施。修订《南昌市推进绿色建筑发展管理工作实施细则(2021—2025年)》,调整范围,更新标准,适应新阶段绿色建筑发展新要求。组织编写《南昌市一星级绿色建筑(示例)施工要点(参考版)》,在全省率先出台《南昌市一星级绿色建筑标识认定和管理实施办法(试行)》,对南昌市一星级绿色建筑管理工作提出具体操作办法,组建南昌市一星级绿色建筑评价专家库。至年底,全市新增400个民用建筑项目(建筑面积2700万平方米)通过绿色建筑施工图设计审查,绿色建筑施工图设计审查率100%;新开工绿色建筑2370万平方米,新开工绿色建筑占比99.3%;新增竣工绿色建筑1400万平方米,竣工阶段绿色建筑占比80.4%;新增可再生能源应用建筑面积900万平方米,新增45栋楼宇安装能耗监测系统并上传省级能耗监测平台。

【勘察设计质量终身责任承诺制落实】 2021年,市住建局持续规范勘察设计单位质量承诺行为,切实发挥企业法人和项目负责人的勘察设计质量把控关键作用。通过明确项目负责人任职资格、加强项目负责人履职管理、加强项目负责人变更管理、办理建设工程勘察设计质量责任承诺书等方式,强化建设工程勘察设计质量责任承诺管理。至年底,全市办理395个工程项目的勘察、设计质量承诺,其中外地勘察设计单位完成155个、本地勘察设计单位完成240个。

【全装修住宅工程质量管理】 2021年3月4日,市住建局为适应全装修交付住宅项目快速增长新形势,提高住宅户内精装修工程施工质量和群众满意度,出台《关于加强全装修住宅工程质量管理的通知》。通知要求严格履行基本建设程序、落实全装修实物样板间制度、强化装修施工过程质量控制、严格按照标准验收、切实做好交付和使用管理、进一步强化监督管理,并从施工前的责任分配、样板房的装修标准、未来实际施工的质量管控对新建商品房全装修住宅提出相关要求,切实加强全装修住宅工程施工质量监管。同时,全面落实开发建设单位首要责任,建设单位应组织参建责任主体对主体工程质量进行交接验收,验收中应对开裂、空鼓、渗漏等常见质量问题进行重点排查,明确责任,并形成书面验收意见。

【建筑工程安全生产标准化】 2021年,市住建局推动南昌市标准化工地建设和建筑行业规范化管理,进一步提升工程质量安全和文明施工管理水平。认真做好住建部《房屋市政工程安全生产标准化指导图册》和《工程质量安全手册》推广使用工作,要求建筑施工企业、监理企业通过开展内部培训、设立宣传咨询台、制作宣传展板等多种形式,将手册和图册相关内容传达到每个项目和每个员工、落实到工程建设全过程。举办全市建筑施工领域安全生产培训会,进一步增强从业人员安全生产意识,切实提高各参建单位安全生产管理水平。出台《南昌市2021年安全标准化现场观摩会工地评定标准》,从安全体验区展示、各类展板、宣传栏展示、智慧工地展示、安全实体防护展示、文明施工展示等方面制定评定标准。在青山湖区罗家南部片区安置房项目工地和南昌县君誉印象项目工地召开建筑施工安全生产标准化观摩会,通过观看警示片、参观样板工程、经验分享和观摩交流等形式,不断提升全市建设行业安全生产文明施工管理水平。至年底,南昌市建筑施工领域事故起数和死亡人数实现"双下降"。

【工程质量管理标准化】 2021年9月29日,南昌市建设领域"质量月"活动暨建设工程质量管理标准化现场观摩会召开。通过现场观摩找差距、示范引领促提升,进一步增强参建各方质量,提高建设工程质量管理水平。10月11日,印发《关于开展南昌市建设工程质量管理标准化活动的通知》,制定房屋建筑、市政基础设施和城市轨道交通工程质量管理标准化实施与评价内容,加快推进南昌市建设工程质量管理标准化实施与评价工作。组织有关企业开展部分分项工程工艺及管理标准化内容梳理,先后制作9项标准工艺视频,编制相关标准化工艺图册,利用标准化示范图册(视频)等可视化载体发挥示范带动作用。

【智慧工地应用优秀案例】 2021年1月,首届新基建杯中国智能建造及BIM应用大赛启动。大赛由中国建筑材料流通协会主办,旨在通过建筑行业相关企业数字化转型示范应用案例,培养创新和应用型人才,推进新一代信息技术与建筑产业化技术协同发展。8月,大赛公布获奖名单,由南昌城投智慧平台公司选送的《桃花南路安置小区BIM+GIS+IOT技术应用》获得智慧工地应用优秀案例赛组优秀奖。桃花南路项目深度推行策划—深化设计—实施—过程管理,结合BIM+GIS+IOT技术,取得良好应用效果,其相关技术实施经验在业内具有推广作用。

建筑行业监管

【概况】 2021年，市住建局推进建筑行业行政检查“双随机、一公开”工作，进一步提升管理水平，提优服务质效。建立省市重大重点项目季度调度会制度，健全培训、巡查、咨询服务等制度，申报列入全国既有建筑改造利用消防设计审查验收试点城市。对符合开展“智慧工地”建设条件的建筑工地逐步接入扬尘监测、视频监控、劳务实名制管理设备，并对已接入平台的62个试点工地重点线上巡检，推动实时监控、智能管理。

【预拌混凝土工程施工质量专项整治】 2021年，市住建局将预拌混凝土施工质量专项整治工作作为结构在建工程日常监督巡查的重要内容，按照“四不两直”（不发通知、不打招呼、不听汇报、不用陪同接待、直奔基层、直插现场）要求，在日常监督巡查中对受监在建工程预拌混凝土质量情况进行抽查，重点抽查参建各方主体质量行为，跟踪预拌混凝土试块制作、见证和检测过程。至年底，全市抽查在建项目395个，对巡查中发现67个项目存在混凝土试块制作、养护不合规及监理单位履职不到位的情况，下发整改通知单67份。同时，宣传贯彻落实施工现场混凝土工程举牌验证制度，要求所有新开工项目必须落实举牌验证制度，并引导部分结构在建项目作为试点。至年底，约50%的结构在建项目开展举牌验证试点，逐步按照文件要求在预拌混凝土进场和混凝土试件制样、养护、送检等4个环节进行举牌验证。

【施工扬尘治理】 2021年，市住建局按照省建设厅《江西省建筑施工扬尘检查标准》要求，在日常监管过程中，加大对项目扬尘污染防治工作巡查检查力度，严格督促建筑项目按照“6个100%”（工地周边围挡100%、物料堆放覆盖100%、出入车辆冲洗100%、施工地面硬化100%、在建工地湿法作业100%、渣土密闭运输100%）要求，配置扬尘治理各项硬件设施，制订扬尘防治专项方案，做好裸土覆盖、湿法作业、洒水降尘等措施。为指导各参建单位做好在建工地扬尘治理工作，编制《南昌市建设工地扬尘治理指导图册（2021年版）》，对工地围挡、场地土方、覆盖材料、湿法作业管理、路面硬化管理、车辆冲洗管理、密闭运输等方面进行图示指引。3月18日，按照《关于深入开展在建工地扬尘治理大排查大整治的通知》，围绕南昌市辖区范围内在建房屋建筑和市政基础设施工程（含非法工地），全面排查、严格整治各在建工地落实建筑施工扬尘防治“6个100%”的情况以及按要求配备冲洗平台、冲洗设施、雾炮机、喷淋等防尘降尘设施情况，促进全市建筑施工扬尘治理水平不断提高。

【项目工程重大危险源监管】 2021年，市住建局坚持把超过一定规模的危险性较大的部分项目工程作为安全监管重点，按差别化管理原则，加大对重大危险源巡查频率，并督促相关单位落实危险性较大的分部分项工程清单识别、申报和专项方案编制及审核、审批、论证、交底、验收等环节。认真落实深基坑、高支模、建筑起重机械和脚手架等重点部位的安全管理保障措施，施工作业前必须进行安全技术交底，施工过程中必须按施工方案施工，施工完成后必须经验收合格后进入下一道工序。至年底，对监督项目重大危险源开展监督巡查1453次，发现并消除安全隐患820余处。

【重大重点项目消防验收】 2021年，市住建局通过专题培训、现场指导、咨询服务等多种形式，指导重大重点项目加快推进消防施工和验收。开辟“绿色通道”，主动对接绳金塔历史文化街区、省人民医院、南昌市民中心、南昌地铁4号线等重大重点项目和民生工程。至年底，全市受理建设工程消防验收申请236件，总建筑面积1294万平方米；受理建设工程消防验收备案申请91件，总建筑面积180.8万平方米，办结91件，办结率100%。

【“不见面开标”试点】 2021年，市住建局配合市公共资源交易中心完成“不见面开标”系统软硬件建设和测试工作，组织县区、招标代理机构和业务监管人员开展“不见面开标”业务培训，确保“不见面开标”系统上线。6月25日，南昌经开区蛟桥镇舍里甲社区南泥小区综合提升改造项目在南昌市公共资源交易中心第一个采用“不见面开标”方式竞标，455家投标企业通过“不见面开标”系统报名在线参加开标活动，现场40余位招标代理业务人员观摩学习。至年底，全市范围内已有100个招标项目采用“不见面开标”方式开标。

（柯一航）

商贸服务业

商贸流通

【概况】 2021年，南昌日用百货和副食品经营行业稳步发展，消费升级持续推进，各类百货用品和副食品消费促进举措丰富多样，居民日常消费呈现多层次、多元化，尤其是品质型消费表现活跃。消费载体加快创新，零售品牌不断发展。全年完成社会消费品零售总额2878.74亿元，同比增长17.4%。全年限额以上批发零售业日用品类零售额增长2.9%，粮食、食品、饮料、烟酒类比上年增长12.5%。居民收入保持上涨，城镇居民人居可支配收入50447元，上涨7.8%；农村居民人均可支配收入22913元，上涨9.5%，居民消费能力有所增强。

【市场保供】 2021年，全市副食品市场供应充足，肉类、禽类、蛋类、水产品、豆制品、奶制品、调味品、食糖、食盐、蔬菜、饮料、水果等生活必需品供销两旺。常态化储备冻猪肉1650吨，储备期2月1日至5月31日，猪肉价格逐步下行。2月11至17日，全市粮、油、禽、蛋、奶、蔬菜、水果等生活必需品供应正常。南昌深圳农产品市场组织广大经营户提前备货，其中蔬菜日均交易量7000余吨，本地菜供应充足，价格整体平稳；水果日均交易量5000吨，价格总体平稳。“五一”劳动节期间，纳入商务部生活必需品日报监测范围的主要蔬菜品种价格稳定。

【消费升级】 2021年，全市紧扣“一枢纽四中心”目标定位，扩消费、提能级、畅循环，全力打好商贸消费升级三年行动收官战，加速推进全国性消费中心城市建设。全市实现社会消费品零售总额2878.74亿元，同比增长17.4%，高于全国4.9个百分点，增速位于中部六省省会城市第一位、全国省会城市第二位。引入海蓝之谜LAMER、希思黎Sisley、UGG、品高PINKO、肌肤之钥CPB、魅可MAC、积家、伯爵等高端商业品牌，满足中高端消费。完成《南昌市“十四五”夜间经济发展规划》编制工作，重点围绕“一带、两核、四片、五心”总体格局全面推进，紫荆夜市、699文化创意产业园、艾溪里、阳门里、瑶湖里等夜市街区竞相发展。国庆节期间，南昌市累计开展夜间经济促消费活动122场次，参与商家2093余家，人流量316.8万人次。印发《关于印发促进全市批零住餐行业经济高质量发展的若干政策措施的通知》，8条硬核政策鼓励商贸企业做大做强，引入天猫超市、盒马鲜生、京东电子商务等项目落户南昌。新增评定5家江西老字号企业、新增1家AAAA级物流企业和2家AA级物流企业。青山湖万达广场和西湖区朝阳天虹商场入选省级绿色商场。全市有30家企业被评定为省级电商示范企业，占全省的33.3%。华南城大学生孵化基地成为全市首家入选的全国电子商务示范基地。全年发动8000余户商贸企业，累计开展促消费活动1000余场，“南昌年货节”“约惠牛年·热购洪城”“红五月促消费活动月”“金秋购物节”“南昌市悦享新春·乐购洪城消费季”等一批活动引爆消费市场，撬动相关消费300亿元。举办“2021网上年货节”、首届“赣品网上行·劳动最有型”购物节等线上活动20余场，其中“2021网上年货节”网络零售额32.43亿元，增长35.9%。举办展会200余场，展览面积共210万平方米。其中，5000平方米规模以上展会70余场，展览面积共150万平方米。6月11—15日，第一届中国米粉节在南昌举办。展览展示面积超3万平方米，省内外参展企业550家。其中，主展区(南昌绿地国际博览中心)展示面积2.5万平方米，摊位数近1000个，来自21个省市的4000余名嘉宾参展参会。编制《南昌市城乡高效配送专项规划(2021—2025

年)》,明确具体目标任务。南昌市入选全国第二批城乡高效配送实施城市。京东、德邦、顺丰等11家物流企业项目通过城乡高效配送专项行动验收,获批财政补贴资金515万元,企业共同配送率、仓库利用率和车辆往返满载率不断提升。

【商圈建设】 2021年,全市商业网点布局不断优化,商业业态日益丰富,消费品质明显改善,市级核心商圈与区级中心商圈优势互补、竞相发展的格局基本形成。已建成开业的大型商业综合体达38个,商业建筑面积344万平方米;在建商业综合体20个,商业建筑面积约144万平方米。万寿宫和绳金塔历史文化街区分别入选省级商业街区改造提升试点街区和重点培育街区名单。国庆节期间万寿宫街区正式营业,成为市民游客打卡的必去之处。以南昌作为全省唯一一个申报成功全国首批一刻钟便民生活圈试点城市的地市为契机,市商务局不等不靠不懈怠,通过深入调研,摸清底数,找准突破口、选好关键点,将具有邻里中心建设基础、网点设施相对齐全、功能业态较为完备的12个社区作为首批试点,并通过利好政策引导,激励全市品牌连锁便利店加快发展。15分钟便民消费圈初见雏形,在一定程度上便利社区居民生活。

【汽车销售】 2021年,围绕"县区干事有劲头、群众观展有看头、企业参展有甜头"工作目标。主动顺应消费升级趋势,充分把握汽车消费热点,开展汽车展览展销活动,基本实现办展时间贯穿全年,办展地点覆盖全市。全年安排省级财政资金260万元组织各县区开展汽车展览展销活动21场,展览面积超29万平方米。至年底,汽车类商品消费实现零售额461.41亿元,是全市规模最大的商品类别,占限额以上批零住餐零售额比重为30.3%。

【二手车交易便捷化】 2021年,南昌市作为全国"二手车交易登记跨省通办"的20个试点城市之一,自6月1日起,正式推行小型非营运二手车异地交易登记。实现车辆交易登记一地办理、档案资料网上转递,异地交易二手车,可以就地直接办理车辆查验、登记,无须返回登记地验车、办理转出,变"两次登记查验"为"一次登记查验",减少两地往返时间。至年底,在全市二手车交易市场完成跨省通办交易的车辆3559辆。

【县域商业体系建设】 2021年,为进一步加强县域商业体系建设,推动消费提质扩容,在全市范围开展县域商业体系建设工作。深入基层,对县、乡(镇)、村三级商业体系建设情况进行全面摸排,切实做到不漏一镇、不少一村。经过摸排,县域商业体系建设共覆盖全市24个乡镇、288个行政村,乡镇商贸中心116个,村级便民商店1793个。制定《南昌市商业网点"十四五"规划》,提出各级商业中心建设参考标准。引导各县区加强县域商业网点规划布局,突出县域商业中心、乡镇商贸集聚区等建设重点,强化制度保障,促进商业网点建设健康有序发展。建立《县域商业体系建设工作协调机制》,形成全面推进县域商业体系建设强大合力。出台《县域商业体系建设实施方案》,制定《县域商业体系项目推进计划表》,分解工作任务,明确责任主体。组织人员到安义县、东湖区扬子洲等地,现场督促指导县域商业体系建设工作,及时掌握区域内商业体系建设进程,聚焦基础型、增强型、提升型网点建设完善基础设施提升改造。因地制宜,分层分类做好县区商业体系建设引导服务。

【商品市场优化升级专项行动试点】 2021年,为推进商品市场优化升级专项行动试点工作,经与相关县区及部门沟通,市政府下发《关于成立南昌市商品市场优化升级专项行动试点工作领导小组的通知》。根据省商务厅等7个部门印发的《关于做好商品市场优化升级专项行动试点有关工作的通知》要求,结合实际,进一步修改完善市级层面试点方案。按照"聚焦问题、补足短板、以点带面、有序推进"总体要求,综合考虑企业意愿、硬件设施、示范效应等因素,将新洪城大市场作为全市专项行动计划试点市场予以重点推进。督促指导新洪城大市场对标对表具体任务要求,推动各项工作落实落地。优化市场环境,搭建完成市场公共信息平台、市场诚信管理体系,建立健全市场招商引资标准细则;提升服务能力,为市场140余名商户申请"洪工贷",争取到2500万元贴息贷款;促进创新融合,结合主市场现有业态,引进延伸配套业态,已完成西面底商81户112间家居用品业态的招商落户。9月,南昌市入选全国商品市场优化升级专项行动试点城市之一。

【农副产品平价商店考核】 2021年6月,根据《南昌市农副产品平价商店考核办法》有关规定,市农副产品平价商店建设工作领导小组办公室对南昌市第二批38家农副产品平价商店2020—2021年度进行综合考核。按考核分数由高到低划分,评定"优秀、良好、合格"3个等级("优秀"平价商店数量按规定不超过考核单位总数20%,且分数须在85分及以上;"良好"平价商店数量按规定不超过考核单位总数40%,且分数须在75分及以上;"合格"分数须在60分及以上)。其中,被评为"优秀"的平价商店有8家;被评为"良好"的平价商店有15家;被评为"合格"的平价商店有15家。

【消费市场优惠】 2021年,南昌市积极响应省商务厅“全省消费促进月”号召,使全市人民“五一”国际劳动节假期,尽享消费优惠。4月30日,在青山湖万达广场,启动为期1个月的“南昌红五月”消费促进活动,开展“南昌双品网购节”“商超综合体嘉年华”“新洪大双品购物节”“胜利归来步行街开街活动”“经开购车狂欢季”“云闪付五一特惠”等十大主题120余场系列促消费活动。万达广场、杉杉奥莱、华润万家、天虹商场等商家们抓住假日商机,先后推出内容丰富、形式多样的百货促销活动。5月1日,胜利路步行街开展“胜利归来”主题活动,人流超过15万人次;杉杉奥莱营业额1178.8万元,增长23%,客流量3万人次。“五一”国际劳动节期间,天虹商场人流量248万人次,增长93%,销售额7026万元,增长16%;青山湖万达广场,人流量45万人次,增长205%,销售额2405万元,增长154%。

【南昌老字号品牌发展】 2021年,为进一步促进全市老字号传承与创新发展,加快老字号品牌与历史文化品牌对接,助推商旅文深度融合,扩大万寿宫、滕王阁、绳金塔品牌效应。8月6日,组织召开南昌市老字号企业创新发展座谈会。邀请林恩茶叶有限公司、江西李渡酒业有限公司、南昌市东南饼庄、南昌丁坊酒业有限公司、南昌稻香园调味食品有限公司、江西乔家栅食品有限公司、南昌恒湖药酒有限责任公司、南昌市大唐酒业有限公司等8家老字号企业有关负责人,就企业抱团进入滕王阁景点、万寿宫历史文化街区进行探讨分析。市商务局充分发挥企业市场主体作用,制定切实可行方案,明确牵头企业和参与企业,并协助老字号企业与市政公用集团、市旅游集团沟通,支持老字号企业进商业街区、旅游景区。至年底,全市有老字号企业34家。其中,中华老字号企业3家,江西老字号企业22家,南昌老字号企业34家。南昌老字号企业抱团进入商业街区、景区有利于老字号的传承与发展。

【重点零售企业联系制度建立】 2021年,为推动全市零售企业创新发展,促进商贸消费升级,进一步掌握企业发展情况,构建政企互通、经验共享的交流平台,市商务局建立全市重点零售企业联系制度。选择南昌市天虹商场有限公司、华润万家江西有限公司、江西有家实业有限公司等21家代表不同零售业态、示范引领较好的重点零售企业纳入重点零售企业名单,并将企业名单报送省商务厅,实行省、市、县(区)三级商务主管部门共同联系、共同推进。关注重点零售企业经营管理和创新发展情况,及时挖掘和总结重点零售企业经营管理、技术应用和模式创新等方面成功经验,切实协调解决企业反馈的一些困难和问题,推动重点零售企业做大做强,提升竞争力和影响力。

【全市生活必需品应急保供工作会召开】 2021年2月3日,市商务局召开全市生活必需品应急保供工作会,全市11家大型重点保供商贸流通企业代表参加会议。会议向各企业代表传达中央、省、市关于做好人民群众就地过年生活必需品应急保供工作会议精神,并对全市生活必需品应急保供工作做出具体安排。要求企业各地商务主管部门要切实履行职责,启动生活必需品市场日报表制度;建立健全县区应急保供预案;强化疫情防控和安全生产责任制;安排节假日县级商务主管部门人员深入商场、超市、农贸市场、批发市场等经营一线,掌握生活必需品市场供求和价格变化情况。各大生活必需品保供企业要根据市场需求变化,及时制定应急预案,确保有备用货源供应。

【盒马鲜生南昌首店开业】 2021年11月27日,盒马鲜生南昌首店正式开业。首店位于红谷滩区庐山南大道地铁万科广场B1层,占地面积3000余平方米,线上线下一体化的新零售模式,为周边约3千米范围内的用户提供最快30分钟到家的配送服务,覆盖附近200余个小区。为满足南昌消费者需求和喜好,盒马不仅引进帝王蟹、波士顿龙虾等极具“盒马特色”的活鲜外,还集结各地“只有盒马有”的网红商品。此外,完成新升级的盒马花园、盒马烘焙等业务模块也悉数亮相。而此前备受业内关注的盒马X18酒窖也落户南昌首店。

【22家入选全省百家重点零售企业】 2021年8月,为构建政企互通、行业互联、经验共享的联系交流互动平台,推动实体零售业创新发展,省商务厅组织开展全省重点零售企业推荐工作。经企业申报、各设区市商务主管部门推荐、省商务厅审核,确定江西华润万家商业有限公司等100家企业为全省重点零售企业。100家全省重点零售企业中,综合零售企业20家、百货商场7家、超市54家、便利店12家、专业店7家。南昌市华润万家、天虹商场、百盛中山城、百货大楼、杉杉奥特莱斯等22家零售企业入选,数量居全省第一位。

【试行食品经营直营连锁企业经营许可告知承诺制】 2021年,为进一步贯彻落实市委、市政府“转作风、优环境”活动年和“我为群众办实事”实践活动精神,全力营造高质高效的政务环境和开明开放的市场环境,促进食品经营企业向连锁化、规模化、品牌化、产业化方向发展,市行政审批局、市市场监督管理局、市投资促进局推动全市试行食品经营直营连锁企业经营许可告知承诺制。7月1日，市行政审批局、市市场监督管理局联合印发《关于印发〈南昌市食品经营直营连锁企业经营许可试行告知承诺制实施方案〉的通知》，自即日起在全市范围内试行食品经营直营连锁企业经营许可告知承诺制，试行期2年。方案明确适用范围：对全市范围内具有统一总部（商号字号）、统一经营项目、统一流程布局、统一设施配置、统一采购配送、统一经营管理，各门店经营项目、流程布局和设备设施相同或相近，已有10家及以上直营门店的食品连锁企业。方案明确工作目标：在保障食品安全前提下，聚焦企业需求，服务企业发展，进一步优化食品经营许可条件、简化许可流程、缩短许可时限、精减申请材料，加快推进电子化审批，为市场主体投资兴业营造一流营商环境，持续提升人民群众办事便利度、体验度和满意度。

（张佳佳）

表14　2021年南昌市各级老字号企业一览表

序号	项目	企业名称	区域
1	中华老字号（3家）	南昌亨得利股份有限公司	东湖区
2		江西黄庆仁栈华氏大药房有限公司南昌市黄庆仁栈总店	东湖区
3		南昌市品香斋旅游食品有限公司	西湖区
4	江西老字号（19家）	南昌真真照相馆	东湖区
5		南昌三花实业有限公司	东湖区
6		南昌市东南饼庄	东湖区
7		江西李渡酒业有限公司	进贤县
8		进贤县朵云宣笔厂	进贤县
9		进贤县文港镇昌盛文房四宝经营部	进贤县
10		江西李渡烟花集团有限公司	进贤县
11		南昌市梦生文化产业有限公司	进贤县
12		南昌八一电缆有限公司	进贤县
13		进贤县邹紫光阁制笔厂	进贤县
14		南昌市昌勇文化礼品有限公司	进贤县
15		江西林恩茶业有限公司	新建区
16		南昌市大唐酒业有限公司	新建区
17		江西红歌食品有限公司	新建区
18		南昌恒湖药酒有限责任公司	新建区
19		南昌丁坊酒业有限公司	南昌县
20		南昌稻香园调味食品有限公司	南昌县
21		江西阳光乳业股份有限公司	青云谱区
22		江西南缆集团有限公司	青云谱区

续表14

序号	项目	企业名称	区域
23	南昌老字号（12家）	南昌市清真万花楼	东湖区
24		江西宾馆	东湖区
25		江西饭店	东湖区
26		江西久安铆钉有限公司	进贤县
27		江西沪华五金工具有限公司	进贤县
28		进贤县民和工具厂	进贤县
29		江西银桥菜业有限公司	新建区
30		南昌市新丰米制品有限公司	新建区
31		诚志股份有限公司	经开区
32		江西赣江宾馆	西湖区
33		江西千年古村酒业有限公司	安义县
34		江西乔家栅食品有限公司	高新区

说明：中华老字号同时也是江西老字号，中华老字号、江西老字号同时也是南昌老字号

（资料来源：市商务局）

住宿业

【概况】 2021年，随着城市改造逐步完善、营商环境不断优化，南昌市住宿业逐渐恢复，呈现良好发展态势。南昌县凯美旅城国际酒店被评为四星级旅游酒店，南昌市嘉莱特精典国际酒店和南昌县恒大酒店被评为金树叶级绿色饭店。全市住宿业营业额36.94亿元，同比增长24%，增速排名全省第五位。独立门店企业141家，从业人数6857人，营业额14.99亿元，客房收入9.04亿元，餐费收入4.18亿元，商品销售收入1892万元。连锁总店（总部）企业2家，从业人数103人，营业额1765万元，客房收入1298万元，餐费收入378万元，商品销售收入25万元。连锁直营店企业5家，从业人数213人，营业额4019万元，客房收入3841万元，餐费收入35万元，商品销售收入17万元。连锁加盟店企业28家，从业人数630人，营业额1.25亿元，客房收入1.13亿元，餐费收入448万元，商品销售收入34万元。

【萧峰谷生态农业观光度假村项目】

2021年，湾里管理局洗药湖管理处依托生态资源优势，对闲置土地和民房进行升级改造，重点打造萧峰谷生态农业观光度假村生态观光项目。该项目总投资5000万元，以打造“一乡一谷多特色”为主线，围绕建成2个特色园（现代农业特色园、生态木屋度假特色园），将生产、生活、生态进行融合打造，使散乱的村落变成美丽乡村。生态木屋度假特色园项目主要是改造升级周围村民闲置房屋，拟建7栋仿古建筑民宿。至年底，2栋民宿主体改造已经完成，正在进行室内配套设施安装调试。

【休闲乡村民宿从业人员培训】

2021年7月27日，由市农业农村局主办的全市休闲乡村民宿从业人员培训班开班。培训班为期10天，各县区50余名休闲乡村民宿从业人员参加。培训课程主要采取专题讲座、案例教学、现场观摩、交流互动等形式，做到理论与实践相结合、现场观摩和专家点评相结合、线上学习与线下实操相结合，全方位提升从业人员综合素养，高质量经营发展民宿，推动美丽活力乡村建设。

【湾里民宿行业协会成立】 2021年12月22日，湾里管理局民宿行业协会成立仪式在湾里保利半山温泉民宿举行。大会选举产生湾里民宿行业协会第一届理事会会长、执行会长、副会长、秘书长等。湾里民宿行业协会是由个人会员与单位会员自愿结成的区域性、行业性社会团体，属于非营利性社会组织，致力于深化发展适合湾里民宿产业的“乡村+民宿”合作模式，实现乡村振兴、旅游发展、生态崛起融合发展目标，形成带动闲置房屋盘活、带动村集体年均增收、带动地方农副产品销量提高、带动地方经济提升的“四带动”效应，将“湾里人家”民宿品牌打造成具有更深更广影响力的全国知名民宿品牌。

【南昌青山湖希尔顿欢朋酒店开业】 2021年2月5日,希尔顿旗下的中高端品牌——青山湖希尔顿欢朋酒店在青山湖区高新南大道开业。青山湖希尔顿欢朋酒店毗邻青山湖万达广场,是昌东片区第一家国际品牌酒店。客房使用美国“Hampton Bed”标准的舒达双专利床垫和生态认证床上用品,并采用希尔顿专用“Peter Thomas Roth”卫浴用品——科勒卫浴,打造云端甜梦体验。酒店拥有全球一线健身品牌的健身器械。欢朋餐厅有健康早餐、各式简餐和蔬果饮品,为客人提供健康饮食体验。

【潮漫酒店·南昌八一广场地铁站店开业】 2021年7月23日,潮漫酒店·南昌八一广场地铁站店正式开业。该店是潮漫酒店在营店第100家。酒店融“多功能变换区域+24小时体能充电站+定制会议室”于一体,配备健身房、洗衣房、多功能商务打印区、下午茶等特色服务,满足不同客人需求。酒店从Colorful Living的设计概念出发,大堂提取原色中代表着活力与希望的黄色和蓝色,让品牌主色调融入酒店设计中,使材质以及色彩的配搭变得丰富。

(张佳佳)

餐饮业

【概况】 2021年,在全省率先出台《南昌市打造赣菜品牌三年行动计划(2021—2023年)》,组织评选南昌市“十大名菜”“十大名小吃”“十大名店”“十大名厨”。190家餐饮门店入选省商务厅评定的赣菜“百城千店”特色门店,占全省入选总数的19%。23家特色门店入选全省“百佳赣菜名店”,占全省入选总数的23%。组织举办首届赣菜厨王争霸赛启动仪式暨南昌赛区主题突围赛、南昌市“美食洪城”首届厨艺大赛等活动,提高烹饪技能,弘扬赣菜文化,促进生活消费。持续打造万寿宫历史文化街区、湾里太平镇心街、红谷滩万达金街、绳金塔美食街、经开紫荆夜市、青山湖699等特色美食街区,丰富群众美食休闲生活。南昌市餐饮业营业总额188.79亿元,同比增长32.9%,增速排名全省第三位。

【“美食洪城”消费月活动启动】 2021年,由市政府主办,市商务局和红谷滩区共同承办的2021年南昌市“美食洪城”消费月暨打造赣菜品牌三年行动计划启动仪式在南昌融创茂腾龙广场举行。启动仪式现场开设县区名菜名点展示区、网红直播区、美食年货促销区。网红直播区采用现场直播方式,设立1个网红直播区和12个县区线上直播间,邀请知名网红达人现场直播参评菜品及各县区的饮食文化、本地特色饮食风味等。县区名菜名点展示区呈现红酥肉、向塘土鸡、南昌米粉、瓦罐煨汤、金线吊葫芦等地方特色名菜、名小吃。美食年货促销区由12个县区组织企业集中进行特色美食年货展销和促销,展示南昌传统美食特色、餐饮文化,促进特色美食年货消费。此次“美食洪城”消费月活动以“弘赣菜文化,品洪城美食”为主题。活动期间,开展一系列打造赣菜品牌活动,包括“十大名菜”“十大名小吃”“十大名店”评选活动、“美食洪城”厨艺大赛、“美食嘉年华”活动、网红直播活动及联合大型商超同步开展促消费活动等。

【南昌美食入围十大赣菜、十大名小吃】 2021年2月1日,由省商务厅组织的赣菜“十大名菜”“十大名小吃”榜单在南昌正式发布。经各地推荐、专家初审、大众投票等环节,最终确定赣菜“十大名菜”“十大名小吃”名单。由南昌市推荐的鳜鱼煮粉、藜蒿炒腊肉和瓦罐煨汤、南昌米粉四道名菜、名小吃入围江西省“十大名菜”“十大名小吃”榜单。

【第一届中国米粉节开幕】 2021年6月11日,第一届中国米粉节在南昌绿地国际博览中心开幕。副省

2021年6月11日,第一届中国米粉节开幕

(安义县 供图)

长胡强致辞并宣布开幕。省商务厅党组书记、厅长谢一平，市长万广明，中国饭店协会会长韩明，阿里巴巴集团副总裁方建生分别致辞。省政府副秘书长宋雷鸣，省农业农村厅厅长胡汉平，省商务厅党组成员、副厅长饶芝新，中国农业银行江西省分行行长黎朝，中国银联江西分公司总经理陈兵，江西省各设区市政府、南昌大学、赣商联合总会负责人，省内外餐饮行业协会和米粉龙头企业代表出席开幕式。开幕式上，中国饭店协会确定江西为中国米粉节永久举办地，授予南昌市"中国米粉地标美食城市"、安义县"中国手工米粉地标美食县"称号。开幕式后，省市领导一行现场察看米粉节展览展示情况，听取展位设置等介绍，并与参展企业进行沟通交流，了解参展企业产品。全国米粉看江西，江西米粉看南昌。南昌米粉历史悠久、制作讲究、品类繁多、口味丰富，既是赣菜的重要组成部分，也是南昌的一张亮丽名片。南昌市举全市之力，全力打响"一粉一汤"品牌形象，推动米粉产业标准化、规范化、规模化发展。

【全省赣菜"百城千店"特色门店入选】 2021年8月30日，省商务厅认定赣菜"百城千店"1000家特色门店，南昌市190家门店入选。190家赣菜特色门店分布在全市12个县(区)、湾里管理局，不仅有商圈、商业综合体、特色街、夜市街区中品牌连锁店，也有遍布在新老城区大街小巷、县城乡镇的中小型特色门店。入选的门店既有老南昌味道，也有百年老字号，还有新派赣菜。消费者在品尝赣菜"十大名菜""十大名小吃"和南昌本地特色美食同时，还能领略到拥有千年古韵的豫章文化。190家赣菜特色门店中，限额以上门店96家，占比50.53%；连锁经营门店82家，占比43.16%；年经营收入1000万元以上门店41家，占比21.58%。其中，云境、新南轩酒楼年经营收入超1亿元，合味原等年经营收入超过5000万元。

【首届赣菜品牌走进海昏侯展演活动启动】 2021年9月30日，"汉韵海魂·国潮赣菜"首届赣菜品牌走进海昏侯展演活动开幕仪式在南昌汉代海昏侯国考古遗址公园海昏食邑举行。此次活动旨在打造具有全国性影响力的"现代汉文化盛宴"，展现新时代江西汉文化和赣菜品牌新风貌，搭建一个集创意策划、品牌推广、餐饮消费、文化旅游等为一体的赣菜餐饮+汉代文化旅游的融合性发展示范平台。该活动不仅是落实省政府打造赣菜品牌三年行动计划的有效举措，更是推广海昏侯文化、展现赣菜魅力、传承赣菜文化的有效载体。

【"美食洪城"首届厨艺大赛】 2021年10月24日，南昌市"美食洪城"首届厨艺大赛在江西新东方烹饪学院举行。省内外100余名选手参加比赛。各县(区)商务主管部门负责人、南昌市餐饮(烹饪)行业协会负责人、江西新东方烹饪学院负责人及南昌市"十大名店"企业负责人等300余人出席。此届厨艺大赛由省商务厅指导，市商务局、青云谱区政府主办，青云谱区商务局、南昌市餐饮(烹饪)行业协会、江西新东方烹饪学院承办。大赛以"弘扬赣菜文化，品味洪城美食"为主题，旨在为参赛选手提供切磋和交流的平台，推动加快建设南昌市赣菜高技能人才队伍，进一步提升南昌市美食知名度，推进南昌市餐饮业发展。经过赛场激烈角逐，评选出若干名特金奖、金奖、银奖。成绩排名前10名的选手被授予"十大名厨"称号，奖励5000元；成绩排名第11名到第30名的选手被授予"洪城名厨"称号。

【首届赣菜厨王争霸赛启动赛】 2021年10月28日，首届赣菜厨王争霸赛启动仪式暨南昌赛区主题突围赛在红谷滩区百嘉喜宴酒店开幕。全市各大宾馆、饭店、酒店、酒楼等160余名选手参加比赛。市商务局、市人社局、市总工会有关负责人，各县(区)、开发区、湾里管理局商务部门分管领导及江西省各设区市餐饮行业代表等300余人出席。当晚，首届赣菜厨王争霸赛南昌赛区主题突围赛颁奖仪式在百嘉喜宴酒店举行。江西省餐饮烹饪行业协会常务副会长涂立波对大赛进行点评，江西省餐饮烹饪行业协会有关负责人宣读获得"银奖""金奖""特金奖"选手名单，江西省餐饮烹饪行业协会秘书长涂国华宣读代表南昌赛区出征全省百强总决赛的选手名单，并为前16位出征选手颁发特金奖。

(张佳佳)

供销合作

【概况】 2021年2月，南昌市供销合作社更名为南昌市供销合作社联合社(以下简称"市供销联社")。市供销联社牢记为农服务宗旨，聚焦主责主业，完成土地托管服务面积3.64万公顷；以深化供销合作社综合改革为重点，以搭建农业投融资平台为主线，探索与国企错位发展新模式的南昌市供销集团；以社有资产保值增值为路径，制定企业经营业绩考核办法、修订租赁管理办法等12项制度，优化资产租赁管理的流程和方式。至年底，社有资产租赁收入2500万元，较上年增长38.9%，连续第三年正增长。南昌市获2021年度全省供销合作社系统综合业绩考核一等奖(列全省第二位)。

【供销综合改革】 2021年,市供销系统累计实现“四位一体”运作基层社23个、规范建设“3+2+N”综合服务社245个、领办创办农民专业合作社247个,加强农民合作社之间交流合作,组织6家农合联成员参加中国(海南)国际热带农产品冬季交易会,完成土地托管服务面积3.64万公顷。3月、8月,分别与中国建设银行南昌分行、南昌市邮政管理局签订战略协议,为开展“三位一体”综合服务提供有力支撑。

【为农服务】 2021年,落实淡季化肥储备工作,积极与生产厂家、零售网点对接,完成上年度市级化肥淡季储备任务,360万元补贴资金已拨付至各化肥淡季储备承储企业,下达年度6万吨淡季化肥储备任务,做好春耕农资的保供服务,确保春耕农资价稳、量足、质优。用好南昌市供销发展专项资金,完成23个项目的验收和资金拨付工作,累计改造升级农民专业合作社8个、村级社7个、惠农服务中心(综合服务中心)9个,提升全市供销系统为农服务能力,助力乡村振兴。

【供销集配体系建设】 2021年,推进城乡冷链物流骨干网、“互联网+第四方物流”供销集配体系建设,不断形成连接产地到消费终端的农产品市场网络。4月、9月,赴赣州、吉安和广东广州等地,实地考察学习供销集配体系建设等先进经验。9月,与江西旅游商贸职业学院冷链物流研究院共同研究,积极探索“供销合作社+涉农龙头企业”现代化经营合作模式,发挥城市供销网点优势,为本土特色农产品下沉提供渠道。

【安全生产排查】 2021年,坚决防范重特大事故发生,通过教育培训、隐患曝光、问题整改、经验推广、知识普及等方式,压紧压实安全生产责任。全年先后2次对社有资产开展全面安全大检查、隐患大排查,完成对南昌商厦、凤凰花园集贸市场等租赁资产的提升改造。完成对5家社有企业年度平安建设工作的考核检查,维护系统安全稳定。

（谭　骥）

粮油物资储备

【概况】 2021年,南昌市贯彻落实“六稳”“六保”工作,充分发挥粮食安全省长责任制考核“指挥棒”作用,进一步巩固粮油主产区地位,更好维护种植农民利益,增强地方储备粮油规模。不断优化储粮储油仓储设施,全面提升粮油企业精深加工水平,培育发展地域优势粮油品牌。进一步完善粮油宏观调控体系,规范粮油执法监督检查,粮油贸易各项工作得到全面提升。按照有关政策要求和实际情况,对地方粮油储备进行新增调整。全市计划储备原粮15.6万吨、成品粮2.1万吨,食用油3250吨,达到国家规定的粮食主产区原粮3个月和成品粮15天的储备要求,率先在全省落实地方储备粮油新增储备任务。至年底,全市地方粮油储备规模已落实到位原粮13.63万吨、成品粮8800万吨,食用植物油3250吨。其中市本级储备原粮(稻谷)6.5万吨、成品粮(大米)7800吨,食用植物油2500吨;县区落实储备原粮7.13万吨、成品粮(大米)1000吨,食用植物油750吨。

【粮食收购】 2021年,守住“种粮卖得出”底线,坚持政策性收购和市场化收购并重,连续5年启动稻谷最低收购价执行预案,积极引导多元主体入市收购,种粮农民收益得到有效保护。至年底,全市各类企业累计收购粮食106.24万吨。收购早稻33.24万吨,其中地方国有粮食企业收购6.24万吨、社会企业收购27万吨,市场化收购占总量的81.22%;收购中晚稻共68.75万吨,其中地方国有粮食企业收购9.17吨、社会企业收购59.58万吨,市场化收购占总量的86.67%。同时,组织相关企业参加福建省等地粮食交易会,建立产销协作关系,年度内购销企业销售粮食128.07万吨。

【粮油应急保障体系】 2021年,市发改委按照“以人为本、生命至上,党委领导、政府负责,科学布局、全面覆盖,平时自营、急时应急”要求,充分整合现有资源,统筹规划应急储运、加工、配送、供应网点布局,增强网点功能相互衔接,建立完善响应迅速、运转高效、保障有力的粮油应急保障体系,确保粮油市场正常供应,保持粮油市场价格基本稳定,维护社会正常秩序。全面建立包含市级粮油应急供应网点183家、应急加工企业28家、应急配送企业9家、应急储运企业8家、应急保障中心11家在内的粮油应急保障供应网络,基本实现城乡全覆盖、畅通粮油产品供应“最后一公里”。

【粮油执法督查】 2021年,不断强化粮食收购、政策性粮食处置和销售出库监管,切实维护粮食市场秩序。开展粮食收购期间专项检查,加强对参与市场化收购的各类粮食收购主体监督。不断创新日常监管方式方法,有序推进“双随机、一公开”“互联网+监管”等监管方式,完成政策性粮油库存大清查工作,查清粮油库存实数,粮油流通执法监督取得实效。全年检查粮油存储库点24个,仓、罐(货位)105个,实物库存97958吨;地方承储政策性粮食库点107个,货位791个,实物库存63.37吨;承储政策性油脂库点4个,货位8个,实物库存6312.94吨。加大“12325”热线粮油销售政策宣传力度，充分发挥热线的“前哨”和“利剑”作用，印刷6类海报共1931张，张贴在全市粮库、各单位办公场所显著位置，部分海报直接发放给销售粮油农民，增强依法依规销售粮油意识。

【粮油安全抽检】 2021年，为保障全市储备粮油质量安全，维护生产者、经营者和消费者的合法权益，采取定期与不定期相结合抽检方式，开展粮食安全抽检工作。实行收购、加工和储存环节粮食质量安全监测制度，规范扦样取样、分样、封样，并委托有资质的检验机构进行检验，确保全市储备粮油库存数量真实、质量可靠、储粮储油安全。全年抽样检测样品320个，其中原粮67个、成品粮113个、早稻品质测报70个、晚稻品质测报70个。

【粮食仓储建设管理】 2021年，加强粮食仓储建设管理，确保“储好粮”。坚持“储好粮、粮储好”原则，以“绿色、节能、高效、安全”为目标，加大资金投入，加强粮食仓储基础设施建设管理，提升全市粮食仓储能力和信息化管理水平，让仓储粮食成为“放心粮”“绿色粮”。推进仓储设施建设专项资金支持重点项目建设工作，先由各县区申报重点项目，然后由市粮食局对申报重点项目资料进行审核，并进行实地核查，最后择优选择拟支持的重点项目向省粮食局申报。至年底，全市获得省粮食局仓储设施建设专项资金支持项目8个，争取资金共2140万元。各个支持的重点项目正在建设当中。规范粮食仓储安全化管理，把好“入库关”，按照“谁收粮食、谁负责任”原则，建立责任追究制度，坚持杜绝收“人情粮”。坚持把好“存库关”，加强对库存粮食日常管理。把好“出库关”，落实粮食出库检验、粮食质量管理档案等制度，确保不符合标准的粮食不流入口粮市场，让老百姓吃上“放心粮”。

表15　2021年南昌市粮食购销情况表　单位：万吨

地　区	粮食收购		粮食销售	
	合计	其中：国有粮食企业	合计	其中：国有粮食企业
南昌县	42.40	3.08	98.35	3.47
进贤县	16.00	7.39	38.47	26.33
安义县	10.29	0	10.27	0.34
新建区	25.87	4.30	30.93	4.21
青山湖区	5.69	0.4	85.06	0.46
高新区	5.79	0.25	46.74	0.1
市　直	0.20	0.02	89.68	17.81
合　计	106.24	15.44	399.50	52.72

（资料来源：市发改委）（周冬忠）

医药销售

【概况】 2021年，全市医药及医疗器材批发企业171家，购进总额476.51亿元，进口总额2.28亿元。销售总额557.94亿元，批发总额530.43亿元，出口总额1.87亿元，零售总额25.16亿元。医药及医疗器材专门零售企业31家，购进总额51.35亿元，销售总额61.1亿元，批发总额9248万元，零售总额60.17亿元。西医零售企业16家，零售总额54.21亿元。中药零售企业4家，零售总额3.52亿元。江西南华医药有限公司完成销售收入135亿元，同比增长19.1%，高于同行业增幅；上缴税费2.5亿元。公司批发和零售销售业务分别在全国药品批发百强企业及全国药品零售百强企业位列18位，为服务医药健康产业、推动经济社会发展做出积极贡献。公司获“南昌市五一劳动奖状”称号。

【销售网络建设】 2021年，江西南华医药有限公司发挥国有企业主渠道作用，在满足县级以上医疗单位用药基础上，加大乡镇医疗单位衔接，调整经营品种结构，不断适应市场变化，打好药品销售和新型业务组合拳。落实精细化管理，不断创新思维，立足药品配送主营业务，做好药品销售工作。把握市场机会，补足服务短板,大力推动新业务发展,从基层卫生院、零售连锁分销、民营医院、器械四大业务形态发力,取得较好成效。公司销售收入40%的增幅来自新业务板块。

【零售药店发展】 2021年,江西南华医药有限公司进一步提升慢病管理服务,慢病服务门店扩展至50家。全年组织开展专题社区活动120余场、患者教育活动80余场、线上微课50场。新增慢病会员1.8万人,建立专业患者档案1万余份,为患者提供检测服务5万余次,不断提升门店整体慢病服务能力,为慢病患者带来更有可及性的专业化服务。DTP专业药房作为省内覆盖最广、专业化程度最高的新特药服务药房,提升患者购药体验。全年服务患者1万余次,新建药历2000余份,开展患者教育285次。与慈善机构保持良好合作关系,开展慈善援助服务41718人次,发放援助药品合计2.1亿元。面对人口老龄化和疾病谱变化以及人民健康意识增强的形势,零售药店积极探索专业化、数字化、智能化转型路径。优化组织架构,成立"OTC事业部""院边店事业部""特药事业部",通过专业化发展,提升不同业态服务优势,为不同群体消费者提供更优质的价值输出。同时通过积极布局,响应国家医保谈判药品"双通道"(定点医疗机构、定点零售药店两个渠道)政策,对准备承接"双通道"的专业药房在信息化、存储、配送、专业人才等方面加大投入,在确保药品质量安全和临床用药安全方面做好充分准备。

【管理提升】 2021年,江西南华医药有限公司不断深挖自身潜力,开拓创新,寻求变革与空间,在竞争加剧、供应商要求不断提高、资金和库存压力不断加大情况下,积极引进新品和新业态,完善整体流程管理体系,增加一些新的管理制度,在经营活动中规范运作,有效地控制和防范经营风险。以"降费增效、提质增效"为目标,严格控制经营运行成本,进一步提升服务质量,对各运营板块及分公司实行"费用责任包干",员工降本增效意识逐步提高。同时优化工作流程,不断提高工作效率。在南华微信平台公众号,实现对采购来货远程预约和现场排队叫号功能,规范收货流程,保证公平、有序的收货环境。优化冷链配送线路,完成全省范围所有市、县、乡的冷藏车配送网络建设,及时将冷藏药品送达全省各地乡镇卫生院,并对冷藏车辆的配送作业安装可视化监控系统。

(张朝晖)

成品油销售

【概况】 2021年,全市加油站销售成品油总量为73.95万吨,其中汽油55.08万吨、柴油18.87万吨;总销售额为64.98亿元,其中汽油48.04亿元、柴油16.94亿元。全市共有191家成品油零售经营站点。加油站按所有制情况分,中石化加油站98家、中石油加油站22家、中化加油站1家、其他国有加油站10家,民营加油站60家;按经营模式分,自行经营加油站143座、租赁经营加油站48座;按站点属性分,城区加油站82座、国道省道加油站69座、县乡道农网加油站29座、高速公路加油站11座。

【"爱跑98"汽油上市销售】 2021年,南昌石油严格按照标准,对辖区25座销售98号汽油加油站的灯箱、广告、地面画线等更换为"爱跑98"品牌汽油标识,并将青云谱云飞路、红谷滩昌北加油站设置为"爱跑98"汽油旗舰站。至年底,21座加油站完成"爱跑98"油品易换。其中,17座加油站"爱跑98"汽油通过质检合格,正式上市销售。"爱跑98"汽油是中国石化自主研发、自主创新的汽油。"爱跑98"汽油与普通汽油相比,能改善汽车的提速性和动力性,提升汽油的清净性,具有防伪功能。

【加油站建设】 2021年1月12日,祥云大道加油站开通ETC无感支付。为确保新支付方式顺利推广,该站组织员工进行专项培训。ETC无感支付系统不仅实现快捷支付,同时与祥云站"智慧看板"实现数据共享,对车流量、进站率进行计算,为经营提供精准数据分析。6月26日,中国石化江西南昌石油分公司枫生快速省庄加油站开业。枫生快速省庄加油站不仅是全市西一环路的重要节点,更是全市沟通南北的主要通道,是南昌市东部地区出城必经之路,地理位置优越,对南昌城市发展及成品油市场消费起着积极促进作用。11月26日,南昌石油与南昌特来电新能源有限公司合作的学府大道充电站正式上线运营,成为继麦庐、昌大后第三座对外运营的充电站。新能源车主可通过特来电、快电等手机App享受导航到站、自助充电等智能服务,并实时查看车辆充电状态。

【消费者权益保护日宣传活动】 2021年,"3·15"国际消费者权益保护日期间,南昌石油邀请中国石化江西石油分公司数质量检测中心技术人员,在加油站现场,摆放宣传展板,设置油品鉴别台,为顾客现场讲解油品知识。加油站员工为顾客介绍加油机工作原理,并针对消费者提出网上盛传的一些加油频繁"跳枪""揩油"、加油金额凑整少油、加油量与油表对不上、早晚加油更划算等问题,进行现场模拟及现场答疑,解除消费者疑虑。同时,介绍98号高标号汽油及易捷商品有关情况,让顾客深入了解中国石化油品和多元化服务。

【安全生产】 2021年,南昌石油开展"百日安全无事故"专项行动,树立全员安全首位意识,牢牢守住安全生产、安全施工底线,确保活动有效实施。通过落实责任主体,加强施工全过程管理,建立施工安全网格化责任体系,全面落实施工现场安全监管责任。持续开展隐患排查,形成隐患清单,实行闭环管理,制定整改管控方案,明确责任人和整改期限,进一步强化承包商管理,做到风险全明、隐患全治,全面提升安全管理水平。6月,为提高全体员工安全防范意识及处理突发事件能力,开展以"落实安全责任,推动安全发展"为主题的安全生产月消防演练技术比武活动,有100余名加油站站长和员工参加。通过"以赛代训"方式提高基层员工安全意识,了解消防器材性能及使用方法,同时检验员工灭火技能和预案演练水平,进一步提升加油站应对突发事件的应急处置及协同作战能力。

【油品市场整顿】 2021年,为打击加油黑窝点、流动加油车、自建油罐、销售违法调制成品油等违规违法行为,促进行业自律、净化市场环境、守护公共安全,南昌石油与各级地方政府及职能部门紧密联系,加强向政府领导汇报,积极配合执法部门开展油品市场整治工作。通过日常检查、突击排查、夜间督查等多种方式,对非法流动加油车辆、非法储油罐、无证无照非法油品窝点进行严厉打击,并做好拍照取证等技术支持工作,进一步强化市场监管、规范经营秩序、净化市场环境。

【春耕生产服务】 2021年,为助力春耕生产,南昌石油在做好防疫基础上积极行动,组织相关区域负责人提前联系走访,了解农民用油困难和需求。在县域加油站开通"绿色通道",派遣春耕送油服务队,深入田间地头,面向广大种粮大户、村民解决农业生产用油难题,提供强有力的供油用油保障。为确保送油下乡工作安全管控,按照相关工作流程安排车辆、人员、设备,全程检查用油配送现场消防安全,确保农民用放心油、放心用油。同时,加强计量质量检测,严格留样抽检到站油品,确保油品质量合格、计量精准。

(唐　谦)

烟草制品专卖

【概况】 2021年,南昌市烟草专卖局围绕"构建科学治理的现代化商业企业,提升发展软实力"主题,锚定南昌烟草"走前列、立标杆"发展目标,筑牢"稳"的基础,凝聚"进"的力量,握指成拳、扬优成势,各项工作取得进展和成效,总体呈现出政治引领更加强化、发展思路更加清晰、进的优势更加明显等"三个新变化",实现"十四五"发展良好开局。全市烟草专卖系统实现税利21.56亿元,同比增长2.31%。市烟草专卖局获得全省系统2021年度市级公司目标管理考核先进单位称号、2021年全省系统宣传舆论工作竞赛一等奖、2021年全省工商协同营销优秀案例征集评选二等奖以及江西省第四十二次质量管理小组课题发布会QC技术成果一等奖和二等奖各1个。

【零售终端建设优化】 2021年,聚焦"确立一个核心、优化两个环境、建立三支队伍"总体思路,进一步做强品牌、做优结构、做实状态。加大服务资源投入,打造软硬实力均衡的优质终端。协同江西中烟开展工商零库存管理探索,首个建立全省系统"工商协同式供应链库存管理"模式。作为全国第一批信用体系建设试点单位,搭建信用体系平台,并将信用评级结果运用于终端分级与诚信互助小组建设工作中。建设"星火·小澄"品牌授牌终端,打造"美丽乡村星火店",形成一整套城乡一体终端建设、运维、管理机制,助力乡村振兴。至年底,全市卷烟零售户年平均毛利率14.38%,位居全省第一位;客户满意度得分在全国36个重点城市中位列第一名。

【卷烟市场监管】 2021年,坚持"立足本地、露头就打"打击思路,注重"精准施策、靶向打击",加大物流寄递打击力度、坚持做好违法持证户治理、稳步推进新型烟草制品依法监管。强化与公安、邮管、市监等部门沟通和协作,构架跨部门立体监管体系。推进检查审批制度,出台文明执法规范,落实专卖执法监督员机制。与多部门联合印发《南昌市烟草市场信用管理办法》,形成联防联控、齐抓共管的卷烟市场治理新格局。构建"3+X"内管监督防控机制,不断巩固真烟异动治理成效。全年查获各类涉烟违法案件1160起,涉案总金额5750万元,查处各类非法卷烟3648万支。破获国标网络案件9起,省标网络案件1起。

(伍木兰)

会展业

【概况】 2021年,南昌市会展管理部门主动寻求机遇与创新,以"聚焦全国展、主攻产业展、紧盯消费展"为抓手,主动作为,大力发展会展经济,妥善处理好疫情防控与经济发展关系,将政策措施由"非必要不举办"变为"非必要不停办",充分发挥会展兴业、兴城作用,推动会展经济稳步发展。南昌市获得"2020年中国会展品牌城市""最具创新会展城市"称号。全年举办展会200余场,展览面积达210万平方米,展览面积比2019年(最高峰)增长超10%。其中,5000平方米规模以上展会70

余场，展览面积150万平方米。会展场地主要包括展览场地和会议场地，展览场地为室内展览中心、体育馆、专业市场以及体育场、露天广场等；会议场地为专业会议中心及宾馆酒店会议室等。2021年，全市会展现代化专业展馆仅南昌绿地国际博览中心1家，其他适合举办中小型消费型展销活动场地若干，有的是专业市场、有的是体育场馆、有的是文玩艺术中心、有的是露天广场等。全市可用于办展场所10余个，主要有江西国际汽车会展中心、安义建材门窗博览中心、江西省艺术馆（原江西省展览中心）、江西工控艺术品市场（南昌古玩城）、699街区、蓝天碧水广场、鹿鼎国际茶叶交易市场和香江、鹿鼎、喜盈门等多个家居市场以及奥体、国体、八一等3个体育馆（场）。南昌现有适合举办国际性、综合性大型高端会议论坛的会议中心2个，即南昌绿地国际会议中心、前湖会议中心，配备餐饮住宿及酒店等。另外还有江西省行政会议中心、滨江宾馆大礼堂、市政府红谷滩会议中心，均为政府行政性会议场所，市场化利用较低；其他商业酒店内的会议场所，普遍较小，配套也不完善。

【会展业主体培育】 2021年，为鼓励推动会展产业发展，制定相关培育政策，不断优化南昌办展营商环境，助推会展企业主体加速壮大。江旅国际会展、南昌翔雁会展、南昌建业展览、五湖祥和展览等一批本土会展企业乘势而上做强做大。推进“会展赣军”计划，不断加大招企引智，引进外地会展企业到南昌落户发展及赣籍会展人返乡创业，广东中展集团、北京乾坤会展、武汉尚格、广州鸿威集团、上海友擎展览、上海华墨等一批外地头部会展企业扎根南昌。其中，江西友擎品牌管理、江西鸿威数字会展、江西华墨展览等一批公司总经理均为赣籍会展人返乡二次创业。

【产业性展会】 2021年，重点依托南昌市四大战略性新兴支柱产业、四大特色优势传统产业和若干生产性服务业的“4+4+X”产业发展体系，筑牢“会展”之巢，招引“产业”之凤。举办世界VR产业博览会、南昌飞行大会、中国绿色食品博览会、中国智能家居产业博览会、中国米粉节5个有地方特色产业展会。产业+会展发展模式初见成效，已有众多国内VR领域头部企业入驻VR科创城及VR基地，无线充电产业园已落户经开区，智能家居及NFC产业园即将在高新区落户。

【消费型展会】 2021年，在做好疫情防控前提下，通过政府引导、企业唱戏，围绕汽车、建材家居装饰、服装、美容美发、绿色食品、茶叶、孕婴童等热点消费领域，举办大众消费类展销活动，做到“周周有展销、月月有展览”，带动消费潜力不断释放，让市民百姓得实惠，使商贸繁荣有支撑，为打造中心消费城市助力。南昌国际汽车交易会销售新车8000余台，拉动消费16.2亿元；华夏家博会各类厨电、家电、床垫、沙发等意向成交6000余个订单，交易额1287.39万元。

【大型品牌展会】 2021年，南昌市依托生态资源禀赋和独特区位优势，围绕“打造中部会展名城，全国会展目的地”目标，主动出击，化“危”为“机”，积极对接国家有关部委、全国行业协会、专业机构，申办引进一批高质量的大型品牌展会落户南昌。全年承接中国畜牧业博览会、中国磷复肥展、中国卫星导航年会、全国工艺美术展等10余个全国流动品牌展会。展会的举办为全市产业转型升级赋能，为提升消费升级助力，为搞活经济提供新的增长点。

【中国畜牧业博览会】 2021年5月18—20日，第十九届（2021）中国畜牧业博览会暨2021中国国际畜牧业博览会在南昌绿地国际博览中心举行。此届博览会共8200余个展位，比上年6500个增长26.15%。参展面积超过16.5万平方米，比上年14万平方米增长17.86%。来自温氏集团、牧原集团、新希望集团、正大集团、铁骑力士集团、禾丰集团、正邦集团、双胞胎集团等30余个国家和地区的1万余家企业参展，展出近100家国内知名品牌。会展涵盖育种、饲料、添加剂、养殖、设备、智能、环保等行业品牌。特设置乡村振兴展区，集中展示猪、禽、牛、羊、兔、鹿、驴、骆驼、鸵鸟等。继续开放品牌畜产品展区，扩大企业品牌宣传力度，弘扬特色民族畜产品。室内14个展厅，室外7个大棚展厅及5000平方米环保、物流展示区，成为历届畜博会中规模最大、展商最多、增长最快、龙头企业最全的一届行业盛会。各类采购商和专业观众、进场观众超过24万人次，共有50余家国内外媒体、近100名记者现场参会。展会接待国内外各类采购商和专业观众，达成一系列合作意向，为畜牧业上下游产业的健康发展搭建一个融合平台。组委会在博览会期间举办“第十九届（2021）中国畜牧业博览会展商答谢及创新大赛颁奖盛典”活动，面向广大参展企业发出征集令，充分展现畜牧行业科技创新发展成果。活动中，197家参展企业提供申报材料，150家通过初审。评审专家对每个申报产品进行打分，并结合网络投票情况，最终确定创新大赛获得金奖、银奖企业。

【中国卫星导航年会】 2021年5月26—28日，第十二届中国卫星导航年会在南昌绿地国际博览中心召开。此届年会是北斗系统开启全球化、产业化的第一届年会，以“时空数据·赋能未来”为主题，涵盖高峰论坛、学术交流、高端论坛、成就博览以及科学普及等内容，10余位两院院士和科学委员会专家、400余位专家学者和产业界优秀人才、3000余位来自全国各地的行业代表参会共论卫星导航事业发展。年会共统筹全省40名签约代表、20个重大项目，签约总金额320亿元（南昌市签约项目10个，总金额230亿余元）。其中，投资50亿元以上项目3个，20亿元以上项目7个，涵盖产业链各环节，进一步壮大江西北斗产业实力和完善产业生态。

【中国智能家居产业博览会】 2021年6月18—20日，2021中国（南昌）智能家居产业博览会在南昌绿地国际博览中心举行。此届展会展览面积2.5万平方米，汇聚100余家智能家居行业内知名龙头企业前来参展，吸引30余家行业协会携旗下5000家会员单位代表前来参观交流，观展人数10万余人次。展会以“智能创新 · 智享生活”为主题，涵盖全屋智能家居、智能安防、智能娱乐、智能生活科技、智慧社区、智慧家装及解决方案、核心技术与平台等七大领域，通过展览展示、论坛交流、商务沙龙、投资推介、行业联盟大会等多项活动，全面展示智能家居行业领域中的新技术和新产品，为智能家居企业搭建一个全方位展示与交流平台。

【中国会展主办创新大会】 2021年7月15—16日，第一届中国会展主办创新大会暨第五届江西会展经济发展论坛在南昌举行。大会以“会展助力产业发展”为主题，来自全国各地的行业协会专家学者、会展企业代表等300余人，从“政府、城市、产业”等多个视角聚焦产业会展，共同探讨“十四五”时期会展经济跨界融合、创新发展之路。大会还举行“会展赣军”合作发展平台启动仪式与合作签约仪式。南昌市与中国电子商会等5家机构就展会项目合作进行签约，签约总展览面积30万平方米。其中，与智奥瑞和（上海）展览有限公司签约的中国国际检验医学暨输血仪器试剂博览会项目，面积10万平方米。

【中国绿色食品博览会】 2021年12月24—27日，第十四届中国绿色食品博览会在南昌绿地国际博览中心举行。展会共设置展出面积4万平方米，展品涵盖国内外优质绿色食品、地方特色农产品、地理标志产品等系列产品。大会吸引2000余家参展商、10万人次采购商和消费者参观采购，意向签约金额11.35亿元，现场销售总额1.13亿元。大会以“助力双循环 · 畅通消费链”为主题，打造优质绿色食品交易平台、技术交流平台、信息共享平台，为食品生产加工与流通消费搭建桥梁，促进食品行业结构不断优化，全面推进绿色食品流通与消费不断升级。

（张佳佳）

表16　　2021年全市大型会展活动一览表

序号	展会名称	举办时间	主办单位	面积（平方米）
1	首届2021中部江西农业机械及零部件展览会	3月6日至3月8日	江西省农业农村厅、南昌市人民政府	50000
2	南昌首届汽车家居博览会	3月13—14日	团圆网络科技（北京）有限公司	10000
3	第十一届南昌华夏家博会	3月19—21日	南昌华墨展览有限公司	15000
4	全国春季古玩艺术品交流会	3月19至21日	江西工控艺术品有限 公司	5000
5	2021年春季服装博览会	3月17日至3月31日	北京冬宝国际展览展示有限公司	10000
6	南昌国博购车节	3月20—21日	江西麦多信息科技有限公司	9000
7	全民装修日	3月27—28日	南昌典范广告展览有限公司	10000
8	南昌广告标识及LED照明展览会	3月27—29日	江西合旭文化传媒有限公司	20000
9	第十四届智慧商业信息化展览会	3月23—27日	中国电子商会商业信息化专委会	13000
10	第15届（正创）江西渔具展览会	3月26至28日	广州正创展览服务有限公司	5000
11	2021年春季服装商品购物节	4月1—15日	北京冬宝国际展览展示有限公司	10000
12	江西（李渡）国际医疗器械展览会	4月3—5日	中国国际卫生健康产业交流协会	12000
13	第40届江西美容化妆品博览会	4月11—13日	江西汇中展览广告有限公司	10000
14	（江西）建材新产品暨系统门窗铝材博览会	4月24—26日	南昌启耀会展服务有限公司	20000
15	中国（江西）家居产业暨全屋定制 博览会	4月24—26日	南昌启耀会展服务有限公司	20000
16	江西药械渠道交易会	4月28日	武汉药联众科技有限 公司	5000

续表16

序号	展会名称	举办时间	主办单位	面积(平方米)
17	2021南昌国际汽车交易会	5月1日至5月4日	南昌市人民政府、江西广播电视台	40000
18	第十九届中国畜牧业博览会	5月18—20日	中国畜牧业协会	165000
19	2021南昌房地产展销会	5月18—30日	南昌市住房保障和房产管理局	13000
20	中国卫星导航年会	5月27—30日	中国卫星导航系统管理办公室学术交流中心	20000
21	全国夏季古玩艺术品交流会	6月4—6日	江西工控艺术品有限公司	5000
22	江西南昌茶业博览会暨紫砂展	6月11—14日	江西省茶叶协会	20000
23	第一届中国米粉节	6月11—15日	江西省商务厅、南昌市人民政府、中国饭店业协会	30000
24	南昌市(昌南)汽车消费节	6月12—13日	江西省汽车摩托车配件用品商会	50000
25	首届中国智能家居产业博览会	6月18—20日	南昌市人民政府、中国通信工业协会	25000
26	第十二届南昌华夏家博会	6月26—27日	南昌华墨展览有限公司	15000
27	江西第五届大型高招咨询会	6月26日	江西耀好教育科技有限公司	10000
28	庆祝建党100周年红色藏品交流会	7月2—4日	江西工控艺术品有限公司	8000
29	中国(江西)数字化工业博览会	7月9—11日	江西迈格尔会展服务有限公司	10000
30	团车网江西惠民团车节	7月17—18日	团圆网络科技(北京)有限公司	10000
31	中国中医药及健康产业博览会	7月26—31日	中国中医药信息学会	50000
32	上海合作组织传统医学论坛	7月28—30日	上海合作组织睦邻友好合作委员会、国家中医药管理局、江西省人民政府	15000
33	全国秋季古玩艺术品交流会	9月3—5日	江西工控艺术品有限公司	5000
34	第十三届南昌华夏家博会	9月10—12日	南昌华墨展览有限公司	15000
35	第四届江西旅游消费节	9月19—20日	江西省旅游集团股份有限公司	8000
36	第二届中部(南昌)国际汽车后市场博览会	9月11—12日	江西省汽车摩托车配件用品商会	50000
37	中国(江西)糖酒食品博览会	9月15—17日	南昌仁创会展服务有限公司	20000
38	第35届中国节能绿色墙体屋面产业博览会	9月23—27日	中国砖瓦工业协会	15000
39	第16届(正创)江西渔具展览会	9月28—30日	广州正创展览服务有限公司	5000
40	第十六届南昌国际汽车展览会	10月1—4日	尚格会展股份有限公司	39000
41	第十三届南昌国际孕婴童博览会	10月1—3日	南昌梦飞船文化传媒有限公司	10000
42	中国国际水泥技术及装备展览会	10月8—12日	中国水泥协会	15000
43	中国国际摩擦密封材料技术交流暨产品展示会	10月8—12日	中国摩擦密封材料协会	10000
44	2021年城市购物节	10月21日—11月4日	北京冬宝国际展览展示有限公司	10000
45	2021年名优特商品博览会	11月5日至11月19日	北京冬宝国际展览展示有限公司	10000
46	2021中国南昌国际环保产业展览会	10月25—29日	江西中威会展有限公司	10000

续表16

序号	展会名称	举办时间	主办单位	面积（平方米）
47	2021第三届中部（南昌）国际汽车房车露营旅游博览会暨第二届中部（南昌）国际商用车展览会	10月29—31日	江西省汽车摩托车配件用品商会	70000
48	世界VR产业博览会	10月17—20日	南昌市人民政府	30000
49	中国磷复肥工业博览会	10月27—31日	中国磷复肥工业协会	25000
50	2021南昌飞行大会	10月29—31日	南昌市人民政府	50000
51	第41届江西美容化妆品博览会	10月29—31日	江西汇中展览广告有限公司	20000
52	2021首届江西（南昌）消防设备技术交流展览会	11月8—10日	江西省消防协会	10000
53	2021第七届南昌国博购车节	11月5—7日	江西麦多信息科技有限公司	10000
54	2021第三届中部（南昌）国际汽车房车露营旅游博览会	11月6—7日	江西省汽车摩托车配件用品商会	50000
55	中国（江西）国际消防设备技术交流展览会	11月8—10日	江西广播电视台	10000
56	江西广播电视台都市频道第三届都市放心购年货节	12月1—19日	江西都市放心购电子商务有限公司	20000
57	中部（江西）国际农业博览会	12月2—6日	南昌建业鑫瑞展览有限公司	20000
58	2021全国冬季古玩艺术品交流会	12月3—5日	江西工控艺术品有限公司	8000
59	中国（中部）消费品博览会	12月8—13日	中国贸促会商业行业委员会	40000
60	第十四届中国绿色食品博览会	12月24—27日	中华人民共和国商务部、江西省人民政府	40000
61	2021中部（南昌）国际车展	12月31日至2022年1月2日	全国工商联汽车摩托车配件用品业商会	30000

（资料来源：市商务局）

物流业

【概况】 2021年，全市物流业总体呈现稳中向好、稳中有进的运行态势，物流市场供需关系不断平衡，物流发展质量、效益稳步提升。全市A级以上物流企业35家，其中AAAAA级企业3家、AAAA级企业19家、AAA级企业11家、AA级企业2家。12月，江西京邦达供应链管理有限公司、江西中瑞物流有限公司、江西桐韵速递有限公司、南昌德邦物流有限公司入选第九批省级重点商贸物流企业。至年底，全市有省级重点商贸物流企业17家，省级重点商贸物流园区（中心）3家；省级重点冷链物流企业4家；四星级冷链物流企业1家；五星级仓库2家、四星级仓库1家；仓储服务质量金牌企业1家。全市城乡高效配送专项行动中11家物流企业项目通过验收。

【商贸物流产业链】 2021年，市商务局制定《2021年南昌市商贸物流产业链链长制工作要点》，并按照要点内容，对表推进各项工作任务。推动一批商贸物流仓储、冷链、快递等商贸物流重点项目建设。重点推进京东亚洲一号二期项目、南昌向塘传化智能公路港项目一期建设、煌上煌冷链物流交易中心项目、韵达江西快递电商总部项目、中国智能物流骨干网南昌核心节点项目等，全力构建起创新化、多元化、集约化、高效化的商贸物流发展格局。至年底，全市快递总部直接投资项目5个，建成省、市级快递电商园区19个，县级集散中心8个，寄递企业开通4条全货机航线和24条高铁邮路，物流基础不断完善。同时，持续健全问题收集、限时办理、信息报送、督查督办等链长制工作制度，每月排查梳理项目建设中存在的难题，建立问题台账、交办工作清单，定期调度重点项目推进情况，及时沟通、协调有关部门解决重点项目实施中的实际困难和问题，进一步完善全市物流配送体系。

【商贸物流发展相关规划制定】 2021年5月，完成《南昌市商贸物流三年行动计划（2021—2023年）》编制工作。行动计划列出南昌市商贸物流未来三年13项重点项目清单，明确项目分工，实施属地责任制，由各县区推进落实，为全市商贸物流发展明确目标和方向。同时，以实施城乡高效配送专项行动为契机，市商务局组织有关部门、各县区和重点企业开展城乡高效配送专项规划研讨，经征求多方意见，并结合南昌发展实际，于12月与省物流与采购联合会共同完成《南昌市城乡高效配送专项规划（2021—2025年）》编制工作。

【城乡高效配送专项行动】 2021年，市商务局、市交通运输局、市公安交管局、市供销联社和市邮政管理局等5家单位联合制定实施方案、资金管理细则等保障文件，专门安排省、市财政专项资金支持，成立市城乡高效配送专项行动领导小组，确保城乡高效配送专项行动有序推进。专项行动围绕"342"总体目标，即推动建设市级城市集配枢纽，加快建设县区公共配送中心，配套建设城区、乡镇末端公共服务点3级城乡配送网络；发展连锁企业统一配送、零担运输"落地配"、线上线下统一配送、农村末端配送整合4种城乡配送模式；简化城市配送车辆出行限制及推进配送车辆标准化2项配套政策。11月，南昌市城乡高效配送专项行动完成验收，京东、德邦、顺丰等11家物流企业项目通过验收。专项行动实施，进一步完善南昌市物流基础设备，提升企业共同配送率、仓库利用率和车辆往返满载率，降低物流成本，初步构建起高效集约、协同共享、融合开放、绿色环保的南昌城乡高效配送体系。同时，优化配送车辆通行配套政策，88辆"三统一"城乡高效配送车辆享受通行便利，保证晚间9—11时期间，不受货车限行要求，取消周六、周日及法定节假日早晚高峰通行限制，通行证有效期由1个季度延长至1年，有效解决城乡高效配送车辆通行难问题。

【南昌陆港型国家物流枢纽】 2021年，根据国家发展改革委《关于做好"十四五"首批国家物流枢纽建设工作的通知》，南昌陆港型国家物流枢纽入选"十四五"首批国家物流枢纽建设名单，成为全省首个获批的陆港型国家物流枢纽，对推动江西内陆开放型经济实验区建设意义重大。南昌陆港型国家物流枢纽以向塘物流园区为核心，毗邻江南最大的向西货运编组站，依托南昌区位优势、物流优势、产业优势，围绕支撑打造"通道+枢纽+网络"的现代物流运行体系，构建立足江西、辐射全国、联通欧亚的班列运行服务网络，集成多式联运、供应链组织、口岸服务等功能，推动现代物流、先进制造、特色服务等产业在枢纽周边集聚发展，高质量建设"一带一路"陆海双向开放组织型枢纽、中部国际货运班列（南昌）区域集结中心、江西双循环枢纽经济通道经济发展引擎、大南昌都市圈供应链组织服务中心。枢纽核心功能包括铁路干线运输、区域分拨配送、多式联运、国际物流服务，延伸功能包括信息综合服务、供应链服务、专业物流服务、应急物流保障等。

（张佳佳）

电子商务

【概况】 2021年，南昌市电子商务稳中有进，向着高质量发展。全年实现网络零售额502亿元，同比增长12.89%。全面开通"9610""9710""9810"、"1210"等跨境电商业务，跨境电商进出口147亿元，增长106倍，对外贸贡献度超过10%，成为外贸发展的"生力军"。全市有国家级电子商务示范企业1家、国家级电子商务示范基地1家；省级电子商务示范基地3家，示范企业30家。市级电子商务示范基地（含直播基地）11家，示范企业33家。

【业态发展】 2021年，电子商务新业态不断涌现，移动电商，微商城、微店繁荣发展，网红直播渗透到各

2021年1月18日，主播在南昌高新区新经济产业园直播间推介商品

（杨紫韬　摄）

行各业，推动电商经济发展。特别是在新冠疫情出现之后，线上下单，线下无接触配送，成为消费主渠道。电商新业态、新模式发展迅速，社区团购、生鲜电商、智能物流配送，呈井喷式爆发，成为消费零售的新动能，有力地拉动消费增长。

【商品网购促销活动】 2021年4月28日至5月10日，组织京东、美团、阿里、苏宁易购等10余家平台和全市电商示范企业、电子商务（含直播）基地、社区电商企业等，集中开展力度大、优惠多、折扣实的线上促销活动。同时举办首届"赣品网上行·劳动最有型"购物节，发放线上消费券1000万元；举办第三届西湖区"梦想小街"电商消费节。在万寿宫街区开展美食免费试吃直播活动，吸引大量市民和游客参与；举办2021南昌首届云车展活动，打造江西本地汽车厂商的首届线上购物活动。在洪城大市场举办"赣鄱网上年货节"，设置30个直播间、近100名网红开展大型直播带货活动；华南城举办淘宝直播江西年货节，累计曝光量破1000万人次，进入会场页面流量破100万人次，累计销售额200万元；大型商超在自营平台和App上开展近100场各类线上促销活动。

【电商直播】 2021年，南昌市出台《2021年南昌市电子商务产业发展专项资金管理实施细则》（以下简称《细则》），对符合《南昌市国内知名电子商务企业认定标准》，并在南昌市落户的国内知名电子商务企业，并在南昌市注册登记纳税，承诺经营期限在5年以上的，给予最高不超过50万元的一次性奖励；对获得国家级、省级和市级电子商务示范园区（基地），分别给予园区运营管理单位（行政事业单位除外）不超过50万元、30万元、20万元的奖励。按照《细则》要求，安排电子商务事项资金800万元（2021年市级商务发展专项资金中安排400万元，县区配套400万元）支持直播电商、社区电商等新业态。根据《关于公布2021年南昌市电子商务示范项目单位的通知》，绿滋肴职业技能培训学校、江西流量经济产业基地、美翻国际网红经济产业园获评市级电商直播示范基地。

（张佳佳）

家政服务业

【概况】 2021年，南昌市家政服务相关部门紧紧围绕群众日常生活需求，不断发展家政服务相关业务，打造本地家政服务品牌，拓宽下岗失业人员及农村劳动力就业渠道，提高家政服务从业人员服务水平，推动家政服务业健康发展。全市家政服务业在生活消费方式已由生存型、传统型、物质型向发展型、现代型、服务型转变，市场潜力巨大，行业稳步发展，规模日趋壮大，经营模式日益丰富。南昌市家政服务就业培训中心被授予江西省"巾帼家政示范基地"称号。市家庭服务业协会统计，至年底，全市家政企业（含个体）582家，同比增长6.12%；从业人数达8.5万人，增长16.62%；实现营业额15.58亿元，增长15.68%。

【家政服务企业入选江西省家政服务业提质扩容省级重点联系企业】 2021年，为培育家政服务龙头企业，打造江西"家政服务"品牌，通过企业自愿申报、部门推荐、专家评审、审核企业信用信息、公示等遴选程序，南昌市推荐的江西省长天康养实业投资集团有限公司、江西东堃家政服务有限公司、南昌市巾帼家庭服务有限公司、南昌市倍邦家庭服务有限公司4家企业入选江西省家政服务业提质扩容省级重点联系企业。南昌市相关部门按照重点联系企业承诺服务清单，督促企业不断完善企业培训体系，提高家政服务质量，创新企业运营模式，研究制定行业标准，积极向社会推广，推动全市家政服务业提质扩容高质量发展。

【江西省第二届家政节在南昌召开】 2021年12月9—13日，由省商务厅指导、省家庭服务业协会主办的"2021年（第二届）江西省家政节"在南昌召开。该活动旨在培育江西家政服务品牌，提高家政服务技能和服务水平，提升行业整体形象和凝聚力，引领家政企业规范管理和诚信经营。此届家政节以"品牌引领促诚信、提质扩容惠民生"为主题，同步举行全省品牌家政企业表彰、重点家政企业宣传推介、优秀家政人员职业分享、家政服务人员培训等活动，省市县家政服务业协会负责人、全省家政服务业协会理事、会员单位和品牌家政企业代表230余人出席有关活动。南昌市大力推进家政服务行业发展，在家政信用体系建设、培育员工制家政企业、推进家政进社区、健全家政标准建设等方面加大工作力度，引导全社会形成关心、支持家政服务行业发展的浓厚氛围，有效发挥家政服务行业在促进创业就业、助力脱贫攻坚、保障民生需求、拉动内需增长等方面的重要带动作用。

【江西省"振兴杯"康养服务行业技能竞赛】 2021年12月21日，由市人力资源和社会保障局、青山湖区政府主办，青山湖区人力资源和社会保障局、江西省东堃家政服务有限公司、南昌市东堃职业技术培训学校承办的2021年江西省"振兴杯"康养服务行业技能大赛正式开启。此次大赛以"匠心筑梦·康享生活"为主题，弘扬"崇尚技能、尊重劳动"新时代精神，从康养服务整体体系出发，适应市场需要，结合行业发展要求，开展产后康复师、母乳喂养指导师、老年人能力评估师、社群健康助理员、健康照护师、公共营养师等六大工种技能竞赛。竞赛分为职工组、学生组,全省284名技能标兵参加。竞赛以考核理论知识和专业技能操作为重点,设置养老院、家庭、妇产医院等不同机构场景,全面考核参赛选手的专业技能、沟通表达以及应急反应能力。经过激烈角逐,36名选手分别获得一、二、三等奖。南昌市涉及6个康养家政职业工种,公共营养师、健康照护师、老年人能力评估师、社群健康助理员、产后康复、母乳喂养指导,参赛人数240余人,来自60余个家政服装行业单位参赛,14人获得“江西省技术能手”称号,7人获得“江西省青年岗位能手”称号,10人获得“江西省巾帼建功标兵”称号,65人获得职业技能等级的提升。

（张佳佳）

养老服务业

【概况】 2021年6月19日,南昌市被列为全国首批、全省唯一的居家和社区基本养老服务提升行动项目地区,获得中央专项彩票公益金支持。居家养老方面,在全省率先出台《南昌市居家养老服务条例》,配套出台三年行动计划等10余个文件。建立政府购买居家养老服务参考清单,包含助洁、助医、助急、助行、助餐等10类服务。社区养老方面,全市城镇社区养老服务站445家,建成嵌入式养老院59个。盘活闲置资源,整合养老、医疗、文体、教育、商业“五大业态”,累计建成“1+5+X”社区邻里中心230个,社区养老“15分钟服务圈”逐渐形成。机构养老方面,激发公办养老机构活力,市老年福利院、市第二福利院红谷滩分院、市第三福利院康复楼等项目采取“公建民营”方式,引进专业团队运营管理,新增养老床位2210张,形成“兜底有保障、普惠有供给、特色有选择”的机构养老体系。

【农村养老服务】 2021年,南昌市创新开展“党建+农村互助养老服务”。市、县、乡、村四级联动,构建形成县级福利院、乡镇敬老院、农村颐养之家互为补充、高效协调的闭环服务网络。县级福利院特困失能老人集中照护占比达到100%,保障特困失能老人1396人。特困供养服务、护理经费全面落实。乡镇敬老院困难老人供养水平得到改善,市、县两级投入2亿元提升改造乡镇敬老院68家,增加护理型床位994张。探索公办养老院社会化运营模式,南昌高新区麻丘镇敬老院、南昌县社会福利院、安义县社会福利中心、西湖区福利院等床位入住率提升。以农村颐养之家为阵地,拓展留守老年人互助服务,全市累计建成农村颐养之家1141个,实现建制村全覆盖,为农村颐养之家配置“十件套”(消毒柜、留样柜、蒸饭柜、餐具、工作服、摄像头、电视机、冰箱、空调、标识标牌)。落实助餐补贴,在个人自缴不少于50%的基础上,由市、县(区)两级财政各补贴100元,农村留守老年人用餐难问题得到解决。

【普惠养老新模式构建】 2021年,南昌市坚持“政府支持、社会运营、合理限价”,深入推进城企联动,构建“政府量力能托底、企业运营有效益、老人支付能承受”的普惠养老新模式。以市政府名义出台政策支持普惠养老,承诺兑现土地供应、财费税等系列支持政策。养老机构每张床位享受一次性建设补助4000元—6000元,运营补助每人每月200元—400元。居家养老机构一次性建设补助10万元,运营补助3万元—5万元。养老服务人才入职奖补5000元—10000元。3个养老项目(共5600张床位)获得国家每张床位2万元的建设补助,落实补助资金1.12亿元。大力推进医养结合型、护理型、嵌入式等多种业态养老模式,积极引进天津天同医养院、浙江绿康等10余家国内专业服务企业进驻南昌,形成养老服务企业推荐清单。养老服务机构与医疗卫生机构签约服务率100%。

【养老机构安全风险防范】 2021年,南昌市在全省率先建立养老机构返院返岗人员集中隔离观察点,采取“一确保三做好五暂停七严格”的1357工作法,全市6195名在院老人、2091名工作人员新冠肺炎“零感染”,确保院内老人生命健康安全。为全市养老服务机构投保养老机构综合责任保险。全市公安、市场监管、消防、金融、卫健等部门联合开展养老机构安全风险交叉检查,分16批次覆盖全市113家养老机构,全面开展服务资质、疫情防控、消防安全、食品安全、非法集资等风险防范检查,下发整改通知书47份,排查隐患1222个,整改问题936个。对3家养老机构采取关停取缔措施,1家机构停业整顿,转移安置老年人27名。

（李　玢）

商务服务业

【概况】 2021年,南昌市紧贴经济发展和群众生活,制定一系列鼓励和支持服务业发展政策措施,加快发展商务服务业,不断开发科技商务服务、公证自助取证服务等新的服务渠道和服务产品,提高服务质量,降低服务成本,扩大服务消费规模,提高商务服务业在全市服务业中的比重,全市商务服务业规模继续扩大,结构和质量得到改善。

【律师】 2021年,全市律师行业组织开展“公益法律服务集结号”“传承红色基因 当好人民律师”等活动,组建法律援助、律师调解、金融风控和民营企业等服务队,开展公益性法治宣传、义务企业法律咨询活动,52家律师事务所与83家商会签订合作框架协议,对130家企业开展“法治体检”,与企业开展联合调研、座谈51次,建立服务岗和工作站27个,组织企业员工培训67次,座谈交流95次,开展法律咨询服务430次,纠纷调解120起。召开第六次南昌市律师代表大会,选举产生新一届常务理事会及会长、副会长、监事长。办理律师事务所及公职机构设立37家,律师事务所事项变更243件,新执业律师初审696件,律师变更713件。全市199家律所(含公职律师办公室、公司律师事务部)参加考核,合格199家,3186名律师考核称职。组织实施2021年国家统一法律职业资格考试南昌考区工作。

【公证服务】 2021年,全市公证机构办理各类公证事项78122件,收费4107万元。开展公证行业突出问题专项治理,出台《关于进一步加强公证执业分级监督管理和行业惩戒工作的意见》《南昌市公证诚信档案管理办法》,完善公证执业纪律月报月查机制,建立南昌市公证执业“黑名单”制度、公证行业警示教育常态化机制、公证投诉约谈工作机制。完成市直公证处重组,将原江西省南昌市豫章公证处与原江西省南昌市洪城公证处整合组建为江西省南昌市豫章公证处。召开市公证协会换届大会,选举产生第三届协会领导班子,实现协会与行政机关脱钩。开展“我为群众办实事”活动,组织50余场次进乡村、进社区法律宣传活动,推出线上视频办证、自助取证服务,为70岁以上老年人办理免费遗嘱公证近300件。

【科技服务业】 2021年,南昌市加快推动新一代信息技术与传统产业深度融合,着力促进绿色食品、现代针纺、新型材料、机电装备制造产业链、供应链、价值链、创新链融合发展。制定《南昌市推动“5G+智慧工厂”建设三年行动计划》,筛选26家数字化转型成果较好的工业企业纳入“5G+智慧工厂”项目培育库,江铃新能源“5G+智慧工厂”项目、华勤“5G+智慧工厂”项目、龙旗“5G+智慧工厂”项目等快速推进,华兴针织“5G+智慧工厂”项目基本建成;鼓励企业技改升级、强化品牌意识,开展智能制造标杆企业推荐工作、工业企业技术改造智能化制造项目推荐工作,并帮助69个项目获得省级工业发展专项扶持资金8250万元;洛客科技有限公司入选第五批国家级工业设计中心。培育工业设计主体,洛客科技有限公司入选第五批国家级工业设计中心,江铃股份参加第三批国家工业设计中心复核。推动工业设计创新券政策落地,推广应用江西省工业设计创新券,草拟创新券扶持条款,对获得省工业设计创新券政策支持的工业企业,拟按设计合同金额的30%给予年度不超过50万元的配套补贴。制定奖励措施和细则,引导企业重视工业设计中心建设,促进工业设计创新发展,对新认定为国家级工业设计中心、省级工业设计中心的工业企业及生产性服务业,分别一次性奖励50万元、20万元。培养工业设计人才,组织相关企业参加省工业设计MBA总裁高级研修班及有关培训。通过专业课程的学习和参观考察,使企业更好理解国家政策要点,了解工业设计的发展趋势和先进管理方法,增强应对市场变化的能力,推动南昌市工业设计产业升级发展。

【检验检测服务】 2021年,南昌市充分发挥认证认可检验检测“信用证”“通行证”“体检证”作用,提升全市认证认可检验检测工作水平。坚守安全底线、提升质量高线,全面提升认证认可检验检测工作水平。充分依托信用监管和智慧监管网络平台,提升主动监管、常态监管、精准监管能力。组织全市25家涉及民生领域(环境、机动车、食品、黄金珠宝检测等)的部分检验检测机构开展咨询讲座,讲解、演示检验检测过程,减免检测费用等活动,增强社会公众对检验检测服务的信任感。组织中国船级社质量认证公司江西分公司等认证机构专家深入金属制品、光电等小微企业开展质量认证帮扶行动,解决企业质量管理“痛点”问题,提升质量管理体系运行的有效性,增强小微企业活力和市场竞争力。组织方圆标志认证集团江西有限公司、华中国际认证检验集团有限公司等认证机构专家,深入新建区、南昌县等有机产品种植、养殖、加工企业开展有针对性的认证帮扶行动,推动有机产品认证示范区创建工作。

【广告业监管】 2021年,南昌市按照国家市场监督管理总局、省市场监督管理局工作部署,强化广告导向监管,加强重点领域广告监管,维护风清气正、健康有序广告市场环境。全年,检查户外广告3690条(块),监测淘宝、天猫、京东、拼多多及自建网站、微信公众号、微信小程序等平台南昌店铺等网络商户13083户,监测广告745541条,发现涉嫌违法广告242条,立案查处虚假违法广告案件51件,罚没金额199.95万元。聚焦医疗、医疗美容、药品、保健食品以及教育培训等领域广告乱象,开展“护苗助老”专项整治行动、民生领域案件查办“铁拳”行动,依法打击医疗、医疗美容、药品、保健食品以及教育培训等领域虚假违法广告,严厉打击“神医”“神药”虚假广告,立案查处违法广告案件28件,维护了人民群众健康财产安全。以规范网络直播营销行为和查处违法网络直播行为为重点,对抖音、微信等直播发布行为进行清查,未发现涉嫌违法违规宣传内容。

(市史志办)

金 融 业

综 述

【概况】 2021年，南昌市金融系统围绕市委、市政府工作部署，积极落实稳健货币政策，把服务实体经济放在更加突出位置，抓工作落实，保障金融供给、优化金融服务、深化金融改革，进一步搭建产融对接平台、建立融资担保体系、完善普惠金融服务专项平台，为巩固提升南昌发展首位度、充分彰显省会担当提供坚实金融支撑。聚焦重点产业，加大对全市重大战略、重点产业、重要项目融资需求保障力度，在形成产业集群发展格局、推动制造业高质量发展上给予全力支持。优化金融营商环境，切实解决民营中小微企业融资难、融资贵的问题，全面提升企业融资便利度，提升南昌城市竞争力。加快与先进制造业发展相配套的证券、信托、保险等生产性服务业体系建设，为实现南昌发展跨越创造良好的金融生态环境。全市金融业主要指标实现稳步增长。全市金融机构本外币各项存款余额为14757.42亿元，同比增长7.9%。金融机构本外币各项贷款余额为17620.96亿元，增长10.1%。全市拥有证券分支机构132家，全年证券机构股民资金账户数349.22万户，比上年增长9.9%。全年客户交易结算资金134.09亿元，增长18.4%；A股交易额32578.27亿元，增长11.7%；B股交易额4.86亿元，增长5.0%。全年保险公司原保险保费收入252.19亿元，比上年增长0.6%。

【产融对接活动】 2021年，市金融办先后组织开展多次融资对接活动，促进金融业稳步发展。举行南昌市金融助力“五城”建设产融对接会，相关金融机构与各县区（开发区管委会、湾里管理局）、五大重点片区、部分市属国有企业共签约25个项目，金额1443亿元。开展南昌市虚拟现实产业融资对接活动，吸引10余家金融机构和30余家虚拟现实企业参加，现场9家企业开展融资路演，签订7.24亿元贷款授信合作协议。与市建设局联合组织举行全市金融助力建筑企业发展工作座谈会，引导银行机构支持建筑企业发展。联合市工信局、工商银行南昌分行组织开展“工融惠万企，助力中小微”专项行动，至年底，为580家中小微企业提供超过10.5亿元信贷支持。协调工商银行南昌分行、海通证券江西省分公司、人保财险南昌市分公司以及江西省信用担保公司前往小蓝经开区，与小蓝经开区管委会、园区企业开展政银企对接活动。联合市农业农村局开展“金融助力乡村振兴”专项行动，为乡村振兴提供全面高效的金融服务。联合市工信局下发《关于加强金融支持“专精特新”中小企业发展的通知》，将全市“专精特新”企业名单推送至驻南昌金融机构，引导金融机构从增强信贷支持、加强上市服务、提供精准对接三个方面为企业提供全方位金融服务。

【金融供给扩大】 2021年，立足南昌实际，深入贯彻新发展理念，引领银行保险机构认真落实国家金融方针政策，盘活存量、用好增量、做大总量、提高质量，持续提升金融服务实体经济的针对性、有效性。制定《银行业保险业支持江西工业强省战略实施的指导意见》，召开支持制造业发展座谈会，积极探索供应链金融新模式，督促引导银行保险机构持续加大对重大战略和重点行业、重点企业、重点项目的支持。至年底，南昌市银行业各项贷款余额1.77万亿元，较上年底增加1822.6亿元，增长11.5%，各项贷款余额占全省比重37.48%；不良率0.89%，较上年底下降0.03个百分点。全年保险业保费收入252亿元，较上年增长0.59%；提供各类风险保障41万亿元，增长5.5%。全市银行业保险业实现净利润173.1亿元。

2021 年 7 月 29 日,南昌市普惠金融服务中心平台上线启动仪式举行
(市金融办　供图)

【重大重点项目推送】　2021 年,市金融办全面收集全市重大重点项目,向驻南昌金融机构推送,加强金融机构与企业之间联系,提升金融机构服务质效。年初,向全市驻南昌金融机构推送 758 个重大重点项目。在三季度重大重点项目集中开工后,积极与市发改委联系,收集三季度、四季度集中开工项目共 172 个推送至金融机构,引导金融机构为全市重大重点项目提供融资融智支持。

【金融扶持政策实施】　2021 年南昌市发挥金融政策扶持效应,促进金融业高质量发展。3 月 9 日,制定印发《南昌市支持总部经济发展的若干政策》,就支持范围、认定标准、支持政策、保障措施、组织实施、监督管理等方面作出具体规定。同时明确银行、证券、保险、信托、期货、公募基金等国家金融监管部门批准设立的金融机构总部、功能总部或一级分公司,不受行业标准限制,直接认定为总部企业,列入支持范围。4 月 23 日,制定印发《关于促进全市金融业高质量发展的若干政策措施》,从强化信贷支持力度、积极拓展保险市场、加快利用和发展资本市场、强化金融机构评价激励机制、鼓励新设持牌类金融机构、支持股权投资基金发展、鼓励金融机构引进高层次人才、大力培育“金融昌军”、资金奖补条件等方面提出具体措施。6 月 15 日,根据《南昌市金融机构支持地方经济发展考核奖励办法(试行)》,为充分调动驻南昌金融机构积极性,结合全市金融业发展实际,修订印发《南昌市金融机构支持地方经济发展考核奖励办法实施细则》,就金融机构考核标准、地方类金融机构考核标准、金融监管部门考核内容及考核程序、奖励办法等作出明确规定。

【南昌市普惠金融服务中心创建】　2021 年,按照“政府主导、监管推动、立足市场、多方聚力”原则,运用互联网、大数据、云计算等金融科技手段,与江西银保监局联合创建南昌市普惠金融服务中心。服务中心平台于 7 月 29 日正式上线,吸引 26 家驻南昌银行和 2 家担保公司入驻,提供 130 种信贷产品供企业挑选。至年底,全市普惠金融服务中心平台共服务企业 1545 家,收到融资需求 997 件,完成授信 2.8 亿元。

【金融服务实体经济】　2021 年,坚持“干字当头、问题导向、重点发力、以上率下”工作要求,主动担当作为,不断强化政银企合作,持续提升金融服务实体经济水平。坚持以推进金融供给侧结构性改革为方向,深化金融改革创新,不断推动全市与金融机构战略合作,综合运用多种金融工具,多渠道夯实资金投放规模。扩大信贷投放规模,加强对信贷运行调度和指导,引导金融机构进一步聚焦重点产业,加大对全市重大战略、重点产业、重要项目等领域信贷投放,全市存贷款增量分别达到 1081 亿元、1615 亿元。拓宽企业融资渠道,大规模、高规格举办形式多样融资对接活动,为企业提供全方位的精准金融服务。提升金融服务宽度及广度,将分行业重点支持企业白名单推送至金融机构并反馈对接结果,引导银行加大对白名单企业的融资支持,拓宽企业获得信贷渠道。收集并分类整理银行机构各类信贷产品,编印成册并向企业上门发放。

【金融专家服务团组建】　2021 年,按照“政银企校合作、资源优势互补、对接产业需求、携力合作共赢”原则,从银行、证券、保险、融资担保、融资租赁、商业保理、基金公司、风投公司、创投公司等金融机构遴选一批金融专业人士,从高校、研究机构遴选一批金融业专家学者,组建一支 195 名金融专家组成的服务团队伍。专家服务团下设 9 个产业小组,围绕“4+4+X”新型产业体系发展遇到的金融问题制定金融服务计划,重点为民营企业、中小微企业开展精准对接,从源头加大金融支持力度,为全市金融难点、痛点提供一站式金融服务。

【江西红谷滩金融商务区建设】　2021 年,建立省、市、区三级建设调度机制,引导新设立金融机构和重点金融项目优先入驻。以“无事不扰、有求必应”的“店小二”服务模式，为入驻企业提供便捷高效政务服务，让金融资源加速汇聚。加强金融机构、高校联动合作交流，共同致力于服务实体经济发展。加强区域金融人才学习交流和培养合作，为地方金融发展储备金融人才、提供新鲜血液。至年底，江西红谷滩金融商务区落户各类金融机构和金融服务企业1252家，汇集全省80%以上的法人金融机构和省级区域性总部，形成以银行、证券、保险等传统金融业为主体，股权基金、融资担保、融资租赁、商业保理等新兴金融业为补充，区域性资本交易平台、金融中介服务机构为支撑的金融业发展格局，初步形成全牌照、多层次的区域金融服务体系。

【全市典当行年审工作部署会议召开】 2021年4月30日，市金融办召开典当行年审工作部署会议。市金融办党组成员、副主任李志超主持。市金融办金融科、县(区)金融办有关负责人及12家典当行主要负责人参加会议。会议组织学习省地方金融监管局《关于开展2020年度全省典当行年审工作的通知》，深入分析全市典当行业发展形势和存在的问题，对加强行业监管、促进健康发展提出要求。会议强调要高度重视、提高认识，督促各典当行结合年审工作扎实开展自查整改，逐步规范公司治理、风控和业务行为；要把握“审查重点”和“时间节点”保质保量地准备好各项材料按时提交年审；要落实责任，凝聚合力，落实属地责任，守土尽责、严格把关，加强沟通配合，推动年审工作落到实处。

(王　琼　徐子峰)

银行业

【概况】 2021年，全市银行业聚焦聚力、共识共为，围绕绿色金融改革、科技金融发展、金融中心建设，聚焦重大战略、重大产业、重大项目，紧贴园区企业、小微企业等，进一步推进产融对接平台、融资担保平台体系、普惠金融服务中心平台建设，深化金融改革，优化金融服务，保障金融供给，净化金融环境。至年底，全市有银行业金融机构1089个，从业人员23942人。

【贷款】 2021年，全市金融机构认真贯彻灵活精准、合理适度的稳健货币政策，在保持信贷增长与经济发展相适应同时，持续加大对重点领域和薄弱环节的信贷支持，助力构建新发展格局。至年底，全市金融机构本外币各项贷款余额17620.96亿元，比年初增加1615.33亿元，同比少增342.97亿元，贷款余额增长10.09%，增速在全国27个省会城市排名中游。与全省各设区市相比，贷款余额、增量均位居全省第一位，贷款增速排名全省最后一位，比全省平均水平(13.21%)低3.12个百分点，比全省排名第一位的鹰潭市(19.95%)低9.85个百分点。贷款余额和增量占全省的比重分别为37.35%和29.34%，同比分别下降1.06个和3.46个百分点。

【存款】 2021年，全市金融机构坚持“支付为民”初心，积极落实账户管理新政策，主动作为、多措并举，统筹优化账户服务和风险防控工作，取得一定成效。至年底，全市金融机构本外币各项存款余额为14757.42亿元，其中住户存款余额4776.22亿元，增长10.57%；非金融企业存款余额6079.06亿元，增长4.96%。存款余额增长7.9%，增速减少5.16个百分点，低于全省存款增速0.85个百分点。存款比年初增加1080.59亿元，少增499.43亿元，存款增量占全省新增存款的比重达28.12%。

【中国农业发展银行省分行营业部】 2021年，中国农业发展银行江西省分行营业部加大信贷资金投放促发展，坚持以服务乡村振兴统揽新阶段履职支农工作，聚焦“三农”重点领域和薄弱环节不断加大信贷投入。全年累计投放各类贷款68.5亿元，各项贷款余额387.6亿元。全力保障政策性粮食收购资金供应，支持双胞胎、正邦、江粮等企业开展市场化收购，累计投放粮油收购贷款9.9亿元，支持收购粮食7.35亿千克，市场收购份额占65.45%，“粮食银行”品牌影响力不断扩大。保持帮扶政策“四个不减”，累计投放巩固拓展脱贫攻坚成果贷款15.2亿元，累计购买吉林大安、江西南丰等县扶贫产品8.9万元，带动贷款客户消费帮扶、无偿捐赠13万元，发挥农业政策性金融扶贫先锋主力模范作用。聚焦旧城改造、安置房建设、产业园升级等城乡融合发展重点领域，投放农业农村基础设施贷款25.9亿元；持续服务长江经济带“共抓大保护”攻坚行动和“一江三河十湖”(“一江”即赣江，“三河”即抚河、玉带河、乌沙河，“十湖”即瑶湖、艾溪湖、青山湖、东西南北湖、象湖、梅湖、前湖、礼步湖、黄家湖、孔目湖)全流域治理，投放长江大保护贷款10亿元，助力擦亮南昌“中国水都”品牌。发展普惠金融，全年投放普惠小微贷款7925万元。坚持优惠支农、让利于农，累计退回减免利率转换利差及手续费212.7万元，有效降低企业融资成本。

(丁丽珊)

【中国工商银行南昌分行】 2021年，中国工商银行南昌分行各项存款余额1387亿元，较年初增加72亿元。服务实体经济成效明显，各项贷款总量达到1176亿元，增量突破100亿元，达到112亿元，余额增量均为同业第一位。各项贷款累计投放930亿元，较同期多投315亿元，投放额创历史新高。加大对南昌市重点领域和薄弱环节支持力度，制造业、民营贷款分别完成年初计划的276%、165%。助力绿色发展，年末绿色贷款余额146亿元，较年初增加48亿元，完成计划的107%。数字供应链融资超额完成工商银行省分行年度计划，新增供应链12条，新增供应链融资7.96亿元，完成全年计划的124%。新办理非金融企业债94亿元，承销额列四行（中国工商银行南昌分行、中国农业银行南昌分行、中国银行南昌分行、中国建设银行南昌分行）第一位。累计办理直贴业务204亿元，较同期多增98亿元。个人金融银行战略初显成效，个人中高端客户增加2.07万户至24.65万户，增量系统排名第一位；活跃商户3.31万户，较年初增加2.16万户；三方绑卡较年初增加43.83万张，个人手机银行渗透率65.6%，有效客户动户率31%，均排名系统第一位；新增私银客户绑卡233张，私银客群绑卡渗透率从64.4%提升至74.2%。境内外汇业务首选银行战略加快推进，新拓千万美元客户14户，完成年初计划的175%。医保医药行业拓户攻坚成效明显。至年底，拓展医院药店1828家，市场覆盖率53%。

（史耀文）

【中国农业银行南昌分行】 2021年，中国农业银行南昌分行围绕产业转型升级、城市基础设施建设、“三农”县域发展、普惠金融等领域，不断加大信贷支持和金融服务力度，推动城乡联动、区域协调发展，助力南昌经济高质量发展。按照南昌市经济社会发展规划要求，围绕全市产业体系，支持实体经济发展，加大对“映山红”企业、制造业、民营企业、绿色金融业支持力度。至年底，全年实体贷款余额937.4亿元、较上年净增65.33亿元；累计发放贷款438亿元、较上年多发放38.56亿元。其中，制造业贷款余额62.42亿元，较上年净增13.51亿元；民营企业贷款余额139.24亿元，较上年净增33.19亿元；绿色信贷余额92.11亿元，较上年净增7.68亿元。支持城市基础设施建设，优先保证政府重点项目融资用信需求，分别向央企投放47.98亿元、省属企业投放122.84亿元、市属企业投放21.41亿元，支持轨道交通等重点客户，助力城市建设和功能完善。投资江西省地方债金额220亿元，全省金融同业份额第一位。加大金融产品创新力度，加快乡村振兴重点领域信贷投放，完成各项工作目标任务。至年底，县域各项贷款余额197.08亿元，较上年净增15.72亿元，涉农贷款余额188.54亿元，较上年净增25.49亿元，保持10年持续增长。聚焦普惠金融，助力小微企业发展。至年底，普惠贷款余额72亿元，较上年净增22亿元、增速45%。同时，持续落实减费让利政策，普惠型小微企业放贷款年化利率较上年下降11个基点，对多个专业市场普惠型小微企业和个体工商户，实行平均优惠28个基点的差异化利率政策。

（谢雨辰）

【中国银行南昌市分行】 2021年，中国银行南昌市分行（以下简称南昌中行）紧扣深化供给侧结构性改革这一主线，将更多金融资源投向经济社会发展的重点领域和薄弱环节，服务南昌社会经济高质量发展。至年底，在全市共设有营业机构68个，从业人员1400余人。本外币各项存款余额872亿元，各项贷款余额985亿元。支持重大项目和基础设施建设，年末基础设施类贷款余额317亿元，新增42亿元，增幅15.27%。支持传统产业提档升级和战略性新兴产业发展，年末战略性新兴产业贷款余额16.03亿元，新增15.28亿元。支持民营企业发展壮大，全年累计投放民营企业贷款161.15亿元，为江西国药、江西洪达医疗器械集团、双胞胎集团、江西正邦、煌上煌集团等省内知名企业注入更多的“金融活水”。主动服务普惠金融发展。年末“两增两控”口径普惠金融贷款余额63.45亿元，新增21.13亿元，增速49.93%。全年为南昌轨道交通集团、昌九城际铁路项目、南昌水业集团等企业新投放29.48亿元绿色信贷资金。至年底，绿色信贷余额134.73亿元，新增39.38亿元，增幅41.3%；涉农贷款余额143.49亿元，新增16.13亿元，增速12.66%。全年国际贸易结算量30.33亿美元，跨境人民币结算量58.87亿元。

（叶　挺）

【中国建设银行南昌分行】 2021年，中国建设银行南昌分行把握“三新”（新发展阶段、新发展理念、新发展格局）要求，践行新金融行动，聚焦三大战略，不断提升数字化经营水平，各项主要业务继续保持平稳快速发展。至年底，一般性存款日均余额1448.94亿元，日均新增144.11亿元，余额、新增均列四行第一位。各项贷款余额1079.05亿元，较年初新增66.80亿元，余额、新增均列四行第二位。实现中间业务净收入10.32亿元，同比增长0.76亿元，增幅7.91%，列四行第一位，占四行总数的39.96%。加大“两新一重”等基础设施重点领域支持力度。至年底，基础设施类贷款新增34.56亿元，战略新兴产业贷款新增22.7亿元。发挥金融引擎作用，“贷”动绿色产业发展。至年底，绿色贷款余额115.47亿元（人行口径），较年初增长29.22亿元，增速33.87%，绿色贷款占各项贷款比重10.6%，较年初提升2.18个百分点。创新绿色信贷产品，全省首发“碳中和债”、能源补贴确权贷款、绿色电力证书质押贷款。为南昌市辖区公租房产权方南昌市城投提供金融服务，实现公租房租金代扣907笔，金额142.51万元。全年普惠金融贷款新增51亿元，新增占四行超过50%，2

项指标连续3年在同业和系统保持第一位。聚焦乡村振兴客群和特色产业，通过公司、机构、普惠等多条线联动，加大该领域信贷投入，全行涉农贷款比年初新增7.61亿元。与村委会合作，拓展优质裕农通服务点，全年实现乡村覆盖率85%。

（彭　玲）

【江西银行】　2021年，江西银行股份有限公司积极应对不断变化的市场形势，努力做好各项工作，经营指标稳步向好，风控基础逐步夯实，发展动力不断增强，服务实体能力提高，为全省经济社会发展作出积极贡献。至年底，集团资产总额5085.60亿元，较上年末增长10.87%。发放贷款和垫款总额2777.14亿元，增长24.30%；吸收存款总额3437.26亿元，增长8.85%。吸收存款日均3308.60亿元，增加286.10亿元，增长9.47%。实现营业收入111.44亿元，净利润21.12亿元，增长10.85%。加大对重大重点项目、“2+6+N”产业链、全省“映山红”“独角兽”“瞪羚”企业信贷投放，省内信贷投放余额2596亿元，支持地方经济发展。参与江西省地方债发行承销工作，承销江西省地方债146.33亿元。参与承销全省首单“碳中和债”，推出“绿色生态通”“林权抵押”“绿色票据”等产品，对清洁能源、节能环保、碳减排技术等重点领域绿色信贷给予利率优惠和资源倾斜，绿色信贷余额170.06亿元，新增53.62亿元。加大“三农”金融服务力度，涉农贷款余额340.67亿元，增加96.02亿元，增长39.25%。服务涉农客户8337户，脱贫地区贷款余额173.71亿元，较年初新增28.75亿元。在英国《银行家》“2021全球银行1000强”榜单中，居第273位。在中银协“2021年中国银行业100强榜单”中排商业银行第46位。相继获“脱贫攻坚贡献企业”“2018—2020年全省绿色金融先进单位”等称号。

（叶征昌）

【招商银行南昌分行】　2021年，招商银行南昌分行在“服务实体、力促转型、夯实基础”上采取一系列措施，各项工作取得新成效。至年底，存贷款双双破1000亿元。实现全折人民币自营存款时点余额1025.5亿元，新增56.2亿元，增幅5.8%，三年复合增长率11.9%。各项贷款余额1010.09亿元。其中，个人贷款增长32.45亿元，普惠小微贷款增长16.68亿元，对公贷款增长33.08亿元。全年累计投放制造业贷款48.77亿元，对公制造业贷款余额45.14亿元，占各项贷款比重4.47%，超目标要求0.37个百分点。至年底，先进制造业贷款余额32.89亿元，较年初新增12.89亿元。通过产业园批量获得客户，创新南康家具产业园批量授信模式，简单、高效且门槛低，园区内25户小微企业获6070万元贷款支持。通过付款代理、国内信用证、票据贴现等方式为1149户小微企业法人客户提供日常资金周转支持，融资额210.54亿元。为1.5万名客户提供“小微闪电贷”服务，贷款余额近3亿元。至年底，绿色信贷余额突破55亿元大关，达56.82亿元，较年初新增10.45亿元，增幅22.53%，超对公贷款增速19个百分点；全年累计投放绿色信贷22.92亿元，户数35户。在清洁能源上发力，对太阳能发电、固体废弃物处理、废弃家电拆解的晶科能源、江西格林循环、南昌洪崖环保等企业，通过租赁、表外理财、表内贷款等多元化方式提供资金支持近10亿元。支持一批具有市场竞争力和行业领先优势的省内清洁能源重点企业，清洁能源企业贷款增速达208.95%。

（龚艳萍）

【中国民生银行南昌分行】　2021，中国民生银行南昌分行坚持业务本源，加强绿色信贷、普惠金融、乡村振兴及重点产业领域信贷支持，不断加强风险合规建设，在实现分行各项业务稳健发展同时，为江西省经济社会高质量发展贡献民生力量。至年底，民生银行南昌分行在全省内设立上饶、赣州、九江3家二级分行，16家支行，22家社区支行，并正在筹建宜春二级分行，员工数600余人。各项存款余额447.4亿元，较年初增加25.54亿元；各项贷款余额716.56亿元，较年初增加96.7亿元。至年底，分行制造业贷款余额61.73亿元，比年初增加29.4亿元，增幅90.94%。至年底，涉农贷款较年初增加10.52亿元，制造业贷款较年初增加29.4亿元；绿色贷款较年初增加13.19亿元，普惠型小微企业贷款余额79.71亿元，较年初新增11.58亿元。

（王凯攀）

【南昌农商银行】　2021年，南昌农商银行着力固根基、扬优势、补短板、强弱项，各项业务保持平稳健康发展。至年底，员工总数900余人，下辖73个营业网点（其中支行65个、分理处8个）。各项存款余额534亿元，同比净增7亿元；各项贷款余额472.86亿元，净增44.04亿元。全年发放小微企业贷款61.49亿元。全年发放涉农类贷款56.28亿元。落实金融支持和纾困惠企政策，全年对263户客户、36.66亿元贷款实施延期还本付息；全年为3296名客户实施优惠利率，累计减费让利3500余万元，荣获“全国农村金融优秀助力复工复产机构”奖项。

（罗雪蕾）

【兴业银行南昌分行】　2021年，兴业银行南昌分行坚持“稳中求进”工作总基调，持续强化“1234”战略（“1”是一条主线，以轻资产、轻资本、高效率为方向，稳中求进、加快转型；“2”是商行+投行两个抓手，坚持客户为本、商行为体、投行为用；“3”是三项能力，持续提升结算型银行、投资型银行、交易型银行建设能力；“4”是四个重点，强化重点分行、重点行业、重点客户、重点产品的战略作用)定力,保持和巩固“稳中有进、稳中提质”的发展态势,实现新一轮五年规划良好开局。至年底,分行各项存款余额490亿元,较年初增加50.4亿元,增幅11.5%;分行全口径融资余额982.8亿元,较年初增加48.4亿元,增幅5.2%;其中各项贷款余额559.8亿元,较年初增加35.1亿元,增幅6.7%。平台建设加速推进,新增交易银行平台项目20余个,涉及民生缴费、财政、住建、医疗、教育等多个板块,带动客户增长和存款留存。供应链金融展业拓客,供应链融资余额同比增长642.3%,供应链客户数增长150%,其中绿色供应链业务实现突破性增长,融资余额增长403%。同业业务稳步发展,同业负债及托管规模稳步提升,居兴业银行同等级行第一位;贴现总量再创新高,累计办理贴现171.53亿元,再贴现余额8.83亿元,增长119.65%。继续深化发展策略,重点业务保持较好发展势头,非金融企业债务融资工具发行150亿元,理财基础资产供应量85.74亿元。

(刘冰倩)

证券期货业

【概况】 2021年,南昌市上市公司25家,总市值2482.7亿元,同比增长5.86%;5家企业(阳光乳业等)在证监会或交易所审核过程中,10家企业(3L集团等)在江西证监局正常辅导。南昌市新三板挂牌企业23家,江西联合股权交易中心挂牌展示企业1751家。至年底,南昌市有证券公司2家,证券分公司41家,证券营业部91家,全年证券交易金额46898.51亿元,增长11.47%,辖区证券经营机构实现营业收入32.63亿元,净利润7.38亿元;有期货公司1家,期货分支机构30家,代理成交金额46032.39亿元,增长30.55%,开立资金账户总数25244户,客户总权益15.97亿元,代理成交额18196.06亿元;登记私募基金管理人273家,备案基金产品860只,管理基金规模(净资产)1611.52亿元。

【“映山红行动”取得新突破】 2021年,全市以加大政策支持、着力优化环境、切实强化服务为重点,全力推进企业上市“映山红行动”,取得“新增4家上市、5家申报、4家备案”的新突破。百胜智能在创业板挂牌上市,上市公司沐邦高科、凤形股份回迁南昌市,华维设计由“新三板”精选层平移至北交所,成为全省首家北交所上市公司。至年底,全市有上市公司34家,占全省比重为39.4%;在审企业5家(阳光乳业、兆驰科技、百通能源、软云科技、江盐集团),占全省比重为31.58%;辅导备案企业10家(晶安高科、华农恒青、中国瑞林、3L集团、汇仁堂连锁、赣通通信、联创宏声、发达控股、国科军工、南矿集团),占全省比重为25.64%;纳入省重点上市后备企业资源库企业144家,占全省比重为18.48%。

【服务实体经济发展】 2021年,南昌地区新增上市公司3家,新增IPO在审企业4家,新增正常辅导企业5家。全年南昌资本市场融资927.9亿元。其中,2家公司首发融资5.93亿元,5家新三板公司发行股份融资1.34亿元,11家债券发行人发行公司债券23只、融资237.6亿元,2家原始权益人发行资产支持证券64只、融资633.03亿元,江西股交中心发行私募可转债融资50亿元。南昌地区证券经营机构帮助省内企业发行债券、中期票据、定向工具、资产支持专项计划等融资1035.06亿元,同比增长20.04%。南昌地区证券经营机构协助江西省交通投资集团发行全国首单碳中和短期公司债,中航首钢生物基础设施公募REITs首批获批并发行。

【直接融资再创新高】 2021年,全市企业把准政策,抢抓机遇,拓宽融资渠道,创新直接融资品种,直接融资工具日益丰富,直接融资金额再创新高,直接融资比重稳步提升。至年底,全市企业实现直接融资2555.93亿元,同比增长35.07%。其中,股权融资94.02亿元,债券融资2555.93亿元。南昌工控集团、南昌市政发行45亿元公司债,南昌轨道交通集团发行30亿元绿色超短期融资券,中航信托发行616.02亿元资产支持证券。

(王 琼 徐子峰)

保险业

【概况】 2021年,全市保险公司原保险保费收入252.19亿元,比上年增长0.6%。其中,寿险业务原保险保费收入140.35亿元,健康险和意外伤害险业务原保险保费收入46.12亿元,财产险业务原保险保费收入65.72亿元。支付各类赔款及给付95.48亿元,增长15.2%。其中,寿险业务给付22.27亿元,健康险和意外伤害险业务赔款及给付22.60亿元,财产险业务赔款50.61亿元。

【中国人民财产保险股份有限公司南昌市分公司】 2021年,中国人民财产保险股份有限公司南昌市分公司(以下简称“人保财险南昌市分公司”)实现保费收入22.22亿元(剔除地市普惠),增速5.07%,领先市场同业,市场份额同比提升2.29个百分点。分公司主动对接市委、市政府“六稳”“六保”政策要求,针对产业转型升级需要,推进新材料、首台套、科技保险,发展首台套、新材料业务,对照补贴名录跟进相关企业,向4个重点单位的首台套新材料业务提供6422.34万元保险保障。对接南昌港东新港区姚湾作业区综合码头项目等全市重点项目,组建专业保险项目团队，跟进项目的工程险、安责险等业务。同时，分散和转移实体经济运行中的各种自然灾害、意外事故、法律责任以及信用等风险，向各类工程项目提供152亿元财产险保障以及562亿元安全生产责任险保障，为全市100余家企业提供风险保障。与劳动监察部门对接，走访建筑企业，针对建设领域农民工工资保证金，使用保险进行替代，为农民工工资支付安全提供3.68亿元保证险保障，在减轻企业资金压力同时，为10万余名农民工提供风险保障。利用"保险+服务+科技"模式，为客户安装水淹防汛报警设备，进一步提升全市防大灾抗大灾能力。先后为高校出版社、前湖迎宾馆等60余家承保的企事业单位安装相关报警设备，为及时防灾降损发挥重要作用。分公司对接县区政府和有关部门，发展综治防贫保险业务，完成南昌县、湾里管理局、安义县的乡村防贫保和安义县综治险承保工作，为其提供24.89亿元风险保障，为区域内百万居民提供风险保障。为南昌县、新建区、进贤县的种粮大户提供8947万元的商业性水稻完全成本保险保障；在响应国家生猪稳产保供战略部署工作中，以"扫村走户"方式对接辖内规模养殖户，根据其实际需求，提供7288万元生猪保险保障，提高生猪养殖积极性。结合本地特色农业产业生产特点和风险保障需求，不断加大特色农险产品供给力度，扩大地方特色农险承保覆盖面，在实现新建葡萄和进贤鸽子等项目基础上，为南昌县、新建区、进贤县的莲子、芡实、半夏、吴茱萸等中药材项目提供6276万元保险保障，实现涉农县区特色农险"一县一品"全覆盖。

（袁　燕）

【中国人寿保险股份有限公司南昌分公司】　2021年，中国人寿保险股份有限公司南昌分公司。按照中国人寿保险省分公司要求，成立高质量发展委员会小组，制定《强化业务质量管控，深化公司高质量发展方案》，坚持"质量第一、效益优先"，坚持发展广大客户实际需要业务，全面推进高质量发展。针对赔付率过高情况，下发短险费率新规，加强核保环节，提高承保门槛，降低赔付支出。

（余　欢）

【太平洋人寿南昌中心支公司】　2021年，太平洋寿险南昌中支拥有南昌中支、东湖支公司、西湖支公司、高新支公司、南昌县营销服务部、新建区营销服务部、进贤县营销服务部7家业务经营单位。南昌中支设有职业营销部、个险训练部、团险业务部、银行保险部、顾问营销部、服务营销部、营运服务部、财务会计部、合规与风险管理部、行政人事部10个部门。至年底，实现规模保费5.7亿元，标保2.12亿元。在6家主要寿险同业中市场份额占比排名第四位。主动为企业分忧解难，推出含新增感染新型冠状病毒导致肺炎身故责任的企业保险产品，扩展企业员工福利保障计划新冠保险责任。同时，为企业开通线上服务平台，实现企业客户线上承保及企业客户线上自助理赔，为企业客户提供极简、极速、安全、便捷、有温度的保险服务。在抗击疫情期间，及时为客户提供"非接触式"优质服务，广泛开展线上服务，充分发挥科技赋能优势。保障服务通畅，保单服务不打烊。通过微信、App平台，实现远程投保、电子保单、自助理赔、自助保全、自助交费、自助查询、智能回访、直通客户"95500"随身听、云柜面等各种互联网创新工具，客户不出门、服务不中断，让客户享受到更安全、便捷的保险服务。通过"问医生""重疾绿通"等线上增值服务，提供免费疫情症状健康咨询，为客户答疑解惑。

（万虹莉）

【平安产险江西分公司】　2021年，中国平安财产保险股份有限公司江西分公司（以下简称平安产险江西分公司）赠险产品"疫苗安心保"，助力开展疫情防控，服务小微企业和个体工商户503家，提供保额5.52亿元。促进普惠金融发展，搭建综合金融渠道，充分运用险资、信贷、租赁等综合资源，深度参与政企合作，联合平安租赁为江西省多家新材料、制造加工企业等提供超1.3亿元资金支持。坚持服务群众，连续8年为高考护航，护送考生6348人；联合交警开展节假日护航，累计为41880名车主排忧解难。支援抗险救灾，在河南省遭受巨大暴雨灾害危难时期，组织7名理赔专家第一时间驰援河南省。履行理赔职责，成立"暖心理赔"专项小组，开展暖心理赔服务案例678次。开展暖心服务，送出保额10万元的就地过年专属风险保障"平安爱员宝"。保护消费者合法权益，全省同步开展"平安守护者行动"，陆续举办9场"进社区、进农村"等重点区域金融知识宣传活动，提升消费者反诈能力及风险防范意识。

（丁玲玲）

【平安人寿江西分公司】　2021年，中国平安人寿保险股份有限公司江西分公司（以下简称"平安人寿江西分公司"）保费收入累计40.2亿元，同比下降4.6%。其中，个险新单保费收入6.8亿元，下降15.8%；个险续期保费收入25.4亿元，下降3.34%。全省设立9家中心支公司，个险营销员7700人。平安人寿增值服务持续"在线"，以提升客户体验，改善客户健康为出发点，通过平安金管家App，为客户提供全面、免费的增值服务，包括在就医绿通、在线轻问诊、血糖管理、特惠加油、在线药房、平安RUN、急难援助、VIP体检等功能，实现以在线轻问诊为核心的线上线下全流程健康管理增值服务。开展客服节活动，线上依托金管家App服务平台，构建富有科技感的互动形式、趣味强的活动内容，贴合客户生活娱乐潮流，使客户从多维度体验公司高品质服务；线下通过开展客服节现场活动，打造公司客服节服务口碑，丰富客户线下服务体验。

（袁玉琳）

其他非银行业金融机构

【概况】 2021年，南昌市按照省委、省政府和市委、市政府关于建设全省金融商务区的战略决策部署，以构建中部新兴区域金融中心为目标，抓好金融资源集聚发展、金融服务经济转型发展、防控区域性金融风险、深化金融改革创新等重点工作，不断加快推进江西红谷滩金融商务区建设。积极引进和设立各类优质金融机构和企业，进一步完善金融产业链，不断提升区域金融中心功能。

【小额贷款公司】 2021年，南昌市新设立1家小额贷款公司——西湖区金钻小额贷款有限责任公司，4月获批开业，注册资本金5000万元。至年底，全市有小额贷款公司法人机构31家，其中网络小贷2家、传统小贷29家，注册资本在1亿元以上的有20家。南昌随行付网络小额贷款有限公司注册资本金最高，为5亿元。按照《江西省小额贷款公司监督管理办法》，对小额贷款公司开展分类监管评级，并依据评级结果对小额贷款公司进行管理，推动全市小额贷款公司健康有序发展。

【融资租赁】 2021年，南昌市新设立1家融资租赁公司——国网国际融资租赁有限公司江西分公司，6月获批开业，分支机构无注册资本金。至年底，全市有融资租赁公司10家，其中6家为法人机构、4家为分公司。其中，注册资本金在1亿元以上的有8家。江西中通融资租赁有限公司注册资本金最高，为6.27亿元。全市多措并举推动行业合规稳健发展，定期做好监管检查、风险排查、窗口指导等相关工作，持续促进融资租赁公司合规经营。

【商业保理】 2021年，南昌市新设立2家保理公司，分别是江西金政商业保理有限公司（8月获批开业，注册资本金1亿元）、江西省工控商业保理有限公司（8月获批开业，注册资本金2亿元）。至年底，全市有商业保理公司法人机构5家，均为国有控股或参股，注册资本总额6.5亿元。江西省工控商业保理有限公司注册资本金最高。全市通过监管检查、监管第一课、风险排查、窗口指导等多种方式规范商业保理公司经营行为，推动行业规范稳健发展。

【典当行】 2021年，南昌市新增4家典当行，分别为江西俊创典当有限公司、江西省汇裕通典当有限责任公司、江西聚鑫德典当股份有限公司以及江西华富典当有限公司。至年底，全市有典当行32家，均为法人机构。全市典当行注册资本为6.68亿元，典当总额7.49亿元，典当余额3.86亿元。全市通过对典当行进行年审，组织典当行业务培训会、机构风险排查等方式引导典当行依法合规经营，促进典当行业健康发展。

【“国担快贷”业务】 2021年，“国担快贷”是由南昌工控产业担保有限公司提供担保，省融资担保集团提供再担保，并与中国工商银行南昌分行、国家融资担保基金按照3∶2∶2∶3的比例共同分担风险，推出的银担批量业务。企业获得融资的门槛更低，放款速度更快，融资成本更低。5月，南昌工控产业担保有限公司、工商银行南昌分行就银担“总对总”批量担保业务达成合作协议，是南昌工控产业担保有限公司继建设银行、农业银行和民生银行之后的第四家合作银行。自首笔贷款落地后，南昌工控产业担保有限公司为南昌地区银担“总对总”批量担保业务承保金额突破10亿元，为超过400户小微客户提供便捷、高效、优惠的融资服务。

【全市小额贷款公司业务培训会】 2021年7月19日，全市小额贷款公司业务培训会暨“我为群众办实事”小贷行业政策宣讲会召开。市金融办相关负责人，省小贷协会秘书长，各县区金融办负责人以及全市31家小额贷款公司负责人参加会议。会上，市金融办金融科负责人对《江西省地方金融监督管理条例》进行详细解读。省小贷协会代表刘芳作主题为《全省小额贷款公司基本情况及行业有关政策》的业务培训，从全省小额贷款公司基本情况、国家及全省有关小额贷款公司文件及规定、江西省小额贷款公司分类监管评级办法（试行）、小贷公司比较关心的几个问题等方面进行专业授课。

【小微企业融资担保业务】 2021年，组织全市信用担保机构每月底在工信部中小企业信用担保业务信息报送系统报送业务信息，推动小微企业融资担保业务发展。根据《江西省工业和信息化厅、江西省财政厅关于继续实施小微企业融资担保业务降费奖补政策的通知》要求，联合市财政局出台《南昌市小微企业融资担保降费奖补资金实施方案》，组织各县区、开发区中小企业主管部门审核推荐南昌工控产业担保有限公司、南昌市农业产业化信用担保有限责任公司和江西华章汉辰融资担保集团股份有限公司申报2021年小微企业融资担保业务降费奖补资金。其中，南昌工控产业担保有限公司获得奖励资金391.87万元、江西华章汉辰融资担保集团股份有限公司获得奖励资金50.58万元、南昌市农业产业化信用担保有限责任公司获得奖励资金33.55万元。

（王　琮）

旅游业

综　述

【概况】　2021年,全市文化广电新闻出版旅游部门主动适应优质旅游时代新需求,统筹推进“旅游强市”建设,深入实施规划引领、项目提速、深化融合、提升动能等举措,全市旅游业呈现“旅游市场加快复苏、项目建设发展提速、产品供给不断丰富、宣传推介出新出彩”新局面。全市有AAAAA级景区1家,AAAA级景区15家,AAA级景区35家。全市旅行社310家,其中五星级旅行社27家、四星级旅行社14家、三星级旅行社28家。全市星级酒店48家,其中五星级酒店5家、四星级酒店22家、三星级酒店20家、二星级酒店1家。绿色饭店25家,其中金树叶级绿色饭店12家、银树叶级绿色饭店13家。

【旅游接待】　2021年,南昌市加快建设全省旅游中心城市,全面推进“大南昌都市圈”文旅一体化,充分发挥文化旅游“龙头”作用,逐步实现“圈”域旅游资源共融、市场共兴、交通共享、品牌共建,引领带动全省文化旅游高质量跨越式发展。全市旅游景区平稳安全运行,文化和旅游市场监管有序,未接到游客人身安全和重大旅游投诉。至年底,全市旅游接待游客1.78亿人次,旅游总收入1743.95亿元,分别同比增长15.9%和6.92%。春节期间,滕王阁景区日均接待游客4000余人次,与往年比有所下降。南昌八一起义纪念馆日均接待游客3700余人次(固定人次)。万寿宫历史文化街区日均接待游客10万余人次。五一期间,滕王阁景区、南昌八一起义纪念馆、万寿宫历史文化街区等8家重点景区接待游客109.19万人次,旅游综合收入1.53亿元。国庆假期,湾里各景区景点接待游客52.18万人次。其中,10月1—4日狮子峰、竹海明珠、月亮湾、神龙潭、紫清山景区接待游客约7万人次,同比增长约136%,实现全产业总收入约为140万元。

【国内旅游】　2021年,全市推出一系列文旅市场消费政策举措,先后出台《关于进一步激发文化和旅游消费潜力的实施意见》《促进文旅企业复苏的十条措施》等文件,发放1000万元文旅消费券(含电影及演艺消费券)、160余万元书店及影院行业疫情补贴。同时,积极拓展旅游客源市场和新消费热点,组织文化旅游促销团赴广东省广州、韶关2个客源地开展文化旅游促销活动,将南昌市红色旅游、绿色旅游、古色旅游等精品线路“送”上旅游客源地“货架”,受到当地旅游市场广泛好评与欢迎。全年全市接待游客旅游综合收入分别达到2019年的99.2%和93.3%,基本恢复到新冠肺炎疫情前水平。旅游总收入在中部省会城市中位居第二。

【全域旅游】　2021年,全市旅游功能品质提档升级,八大山人梅湖景区、南昌汉代海昏侯国考古遗址公园、南昌市小平小道陈列馆成功创建国家AAAA级旅游景区,湾里管理局太平镇被评为全国乡村旅游重点镇,新建区溪霞镇店前村被评为全国乡村旅游重点村,南昌县入选2021年省级全域旅游示范区;安义县黄洲镇茅店村、南昌县黄马乡罗渡村被评为省级乡村旅游重点村,浒南原城纪度假村、绿都生态谷被评为省AAAA级乡村旅游点。在全市AAAA级及以上旅游景区打造12家“天下英雄城·南昌礼物”旗舰店,组织“南昌礼物”在旗舰店进行销售,培育“南昌礼物”营销体系,进一步做强“南昌礼物”品牌。

【旅游规划】　2021年,结合新时代省会城市发展需要,坚持以规划为引领,把旅游业作为支柱型产业进行打造,高起点、高标准将旅游业发展纳入《全市国民经济和社会发展第十四个五年规划和2035年远景目标纲要》中进行整体部署、通盘谋划，旅游定位更加清晰，发展目标更加明确。邀请专业规划编制团队，准确把握文旅融合背景下的新机遇、新挑战、新任务、新目标，科学开展《南昌市“十四五”文化和旅游发展规划》编制工作，旨在构建南昌全域旅游高质量发展新格局，唱响“物华天宝 人杰地灵 天下英雄城——南昌”的城市形象品牌，打造高颜值城市，尽快使南昌成为全省旅游中心城市和享誉国内外的旅游目的地，成为引领全省高质量跨越式发展的核心引擎、支撑中部地区崛起的重要增长极和宜居宜业、宜学宜游的现代都市。

【《文化旅游战略合作协议》签订】 2021年3月9日，莆田市文化和旅游局考察交流组到南昌考察交流文化旅游工作，在南昌市文化广电新闻出版旅游局召开交流会。双方就两地文化旅游交流合作领域的广阔前景互相交换意见，并签订《文化旅游战略合作协议》。按照合作协议规定，双方将在文化和旅游领域开展全方位的战略合作，实现共同发展与繁荣。莆田市文化和旅游局考察交流组一行还赴南昌景通旅游发展有限公司、南昌汉代海昏侯国遗址公园等地进行考察交流，并调研南昌市旅行社业务发展情况。

表17　2021年南昌市国内旅游情况一览表

时间	国内旅游收入(亿元)	接待国内游客(万人次)
全年	1743.95	17795.36
春节	17.55	397
“五一”	32.86	689
“十一”	64.51	1442

（资料来源：市文广新旅局）（刘明光）

旅游资源

【概况】 2021年，南昌有文化遗址600余处、人文景观20余处、自然景观26处。其中，国家级、省级、市级的文物保护单位70余处。与城市融为一体的瑶湖水上娱乐区、八大山人纪念馆文化游览区、梅岭度假旅游区、“滕王阁”景区构成特有的旅游资源。南昌市又是一座红色城市。八一南昌起义革命旧址，如起义总指挥部旧址、军官教育团旧址、朱德旧居等，经市政府的维修保护，成为革命传统教育基地。

【滕王阁】 滕王阁位于南昌市东湖区。唐永徽四年（653年），唐太宗李世民之弟滕王李元婴任洪州都督时所创建，因初唐诗人王勃所作《滕王阁序》而闻名于世。唐代文学家韩愈曾赞美“江南多临观之美，而滕王阁独为第一，有瑰伟绝特之称”，故又素享“西江第一楼”之美誉。历代滕王阁迭废迭兴28次。现阁于1989年10月8日第29次重建落成。2018年10月29日，滕王阁旅游区被评为国家AAAAA级旅游景区。2021年，滕王阁景区推出“私人订制游览滕王阁”旅游产品，首次开放夜间主阁游览，为游客提供全程金牌讲解、人性化导览服务，逐步打开滕王阁夜游市场。利用“研学基地”资源，开拓研学旅游市场，推出以中小学生为主的“寻找滕王足迹，探索千年文化”研学课程。春节期间，推出“五福齐聚，福运满园”新春文化游园活动；清明节、“五一”节期间，推出“登千年古阁，赏赣江美景”特惠活动；端午节假期，推出“迎端午、答问卷、送丛书”活动；国庆节期间，联合南昌广播电视台举办“学习强国”总平台“实播中国——‘日出东方，红映滕阁’国庆升旗全国联动直播”活动；重阳节期间，举办第六届“九九”重阳金婚盛典活动。至年底，滕王阁景区累计接待游客143万人次，同比增加52万人次，增幅57.14%。

【绳金塔】 绳金塔位于南昌市西湖区。始建于唐天祐年间（904—907年）。相传建塔时，据地得铁函1只，内有金绳4匝、古剑3把、舍利子300粒，绳金塔因此而得名。该塔为江南典型的砖木结构楼阁式塔，塔高50.86米，塔身7层8面，青砖砌筑，平面为内正八边形。塔内设步梯直通顶层，“直视湖山千里道，下窥城郭万人家”。现该塔为南昌市仅存的高层古建筑。2014年，绳金塔引进3D裸眼技术，以实景绳金塔为背景，通过3D灯光秀讲述老南昌的千年传奇。2021年，绳金塔民俗风情街建设工程项目累计完成投资4.76亿元，进入工程建设和招商运营冲刺阶段，A08地块、商业街区主街区及主街区周边配套工程的建设工作已基本完成。至年底，签约面积5379.23平方米。

【南昌汉代海昏侯国遗址公园】 南昌汉代海昏侯国遗址公园位于南昌市新建区东北部，鄱阳湖西岸，东临赣江，地处大塘坪、铁河两乡境内。于2020年9月23日对外开放，规划范围12.03平方千米，将海昏侯国考古遗址公园划分为遗址博物馆区、墓葬展示区、紫金城展示区、考古预留区、入口功能区、历史体验生态休闲区等六大功能区。南昌汉代海昏侯国遗址由海昏侯国国都紫金城城址、第一代海昏侯刘贺墓园、城址西部及南部墓葬群组成，是中国目前发现的面积最大、保存最好、格局最完整、内涵最丰富的典型汉代列侯国都城聚落遗址。由于其重要而独特的历史文化价值，南昌汉代海昏侯国遗址先后获中国社会科学院"中国考古六大新发现"、国家文物局2015年度"全国十大考古新发现"等中国考古方面重量级奖项。2021年，南昌汉代海昏侯国遗址管理局以让海昏文物"活起来"为主题，以"文物保护研究、建设运营、品牌创建"为主线，开展宣传推介活动。海昏侯国遗址入选全国"百年百大考古发现"，遗址公园入选"全国文化遗产旅游百强案例"，成功创建国家AAAA级旅游景区，"金色海昏"陈列展入选国家文物局"100个核心价值观"主题展览推介项目、全省"十大陈列"展览精品。8月25日，江西省汉代文化(海昏)研究基地揭牌仪式在南昌汉代海昏侯国遗址管理局举行。9月29日，为期1个月的"汉韵海昏——2021海昏汉文化旅游月"以及为期3个月的"大秦雄风——秦始皇兵马俑展"正式开启。汉文化旅游月期间组织开展"健步海昏""美味海昏""戏说海昏""达人秀海昏""主播带你游海昏"等系列专题活动，为广大游客提供一场汉代历史文化盛宴。"大秦雄风——秦始皇兵马俑展"分为"秦始皇帝""秦始皇陵""神秘军团"3个单元，展出来自秦始皇帝陵博物院的铠甲军吏俑、铠甲武士俑、立射武士俑、跪射武士俑、秦陵彩绘铜车马(复制品)、两诏文青铜权、"半两"青铜钱、兵器、金器、玉器等69件(套)精品文物，受到各级主流媒体高度关注和广大游客好评。全年共接待游客约120万人次，完成门票等经营收入3200万元。

【李渡烧酒作坊遗址】 李渡烧酒作坊遗址位于进贤县李渡镇，是中国迄今发现年代最早、遗迹最全、遗物最多、延续时间最长、最具地方特色的古代白酒作坊遗址，也是目前中国及至世界范围内证明元代蒸馏酒产生、发展并在科技史上取得突破的最好遗址。李渡元代烧酒作坊遗址被誉为"中国白酒祖庭"，江西李渡酒业被誉为"中国白酒国家宝藏"。2002年被评为中国十大考古发现之一；2006年5月被国务院核定为第六批全国重点文物保护单位；2013年获批国家地理标志保护产品；2018年获批国家AAAA级旅游景区资质，李渡元代烧酒作坊遗址入选第二批国家工业遗产；2021年6月，李渡酒业被工信部纳入国家工业遗产并申报世界文化遗产。李渡元代烧酒作坊遗址遗迹有元代的陶质地缸、酒窖、水井，以及明代的炉灶、晾堂、蒸馏设施、水沟、墙基、酒窖22个。其中，元代酒窖13个、明代酒窖9个(有6个仍在使用)，蒸馏设施2处，圆桶形砖座。遗址出土遗物350件，有陶瓷器、石器、铜器、铁器、竹木器等，以陶瓷器为主，陶瓷器又以酒具为多。主要游览体验项目有：参观古窑及古窑活体保护利用，传统酿酒工艺展示，自调酒体验，个性化定制，封坛活动系列酒文化体验，特色餐饮等。2021年，参观体验宾客10万余人。

【八大山人梅湖景区】 八大山人梅湖景区位于南昌市青云谱区境内，是以八大山人纪念馆为核心，以传统文化为主轴，以梅湖生态美景为纽带，以艺术产业和文化旅游产业为支撑的文化产业示范园区。景区内有八大山人纪念馆、八大山人真迹陈列馆、程允贤雕塑艺术馆、陈云旧居、彭友善美术馆等景点，是国家AAA级旅游景区、江西省文化产业示范基地。八大山人纪念馆于1959年建馆。八大山人，姓朱名耷，为明朝皇室后裔，世居南昌。明朝灭亡后，其隐姓埋名，为僧为道。八大山人为清初画坛革新"四大画僧"之一，作品幽深玄远，宁静纯洁，超凡脱俗，浑然天成。其画风影响中国画坛三百年。馆内现存有八大山人的代表作《双鹰图》《荷花图》《松鹤图》《山水图》《七绝草书法轴》等。

【西山万寿宫】 西山万寿宫又称玉隆万寿宫，位于南昌市新建区西山镇，占地面积3.1万平方米，是纪念晋代著名道家人物许真君而修建的一座宫殿，中国道教名刹。西山万寿宫始建于东晋太元元年(376年)，初名许仙祠。西山万寿宫历经1600余年，几经兴废。1983年，新建县人民政府组织专门机构募款重修。恢复建设8座大殿和一些附属建筑。西山万寿宫是一座体现明代汉族宫殿建筑风格的名胜古迹，建筑巍峨，气势恢宏，古朴壮观，体现了古代汉族劳动人民的聪明才智和艺术创造力。西山万寿宫为道教净明忠孝道的发祥地，是江南著名道教宫观和游览胜地。

【安义古村群景区】 安义古村群景区位于南昌市安义县南面约10千米的西山梅岭之麓。安义古村群游览区由京台、罗田和水南三大古村落组成，面积约3平方千米。3座古村落成鼎足之势，村间有长寿大道、祈福古道和丰禄大道(简称福、禄、寿"三星"道)相连通，各自相距仅0.5千米。3个村落既是独立的，又是一个有机整体。安义古村群先后获中国历史文化名村、国家农业旅游示范点、江西省乡村旅游示范点、南昌城市名片等荣誉，2018年被评为国家AAAA级旅游景区。安义六大遗迹，融古郡风韵、赣派建筑、田园集风光于一体，古村内赣派古民居有数百栋，是赣文化与赣商文化结合典范。

【江西省凤凰沟风景区】 江西省凤凰沟风景区(又名江西省现代生态农业示范园)位于南昌市南昌县黄马乡，占地面积8平方千米，离南昌市中心35千米，已经形成空间相对独立、功能紧密互补的“八区三馆一站”的整体格局。凤凰沟风景区为国家AAAA级旅游景区，全国休闲农业与乡村旅游五星级园区、全国十佳休闲农庄。景区拥有333.3公顷苗木、143.33公顷茶园、40余公顷果园、6.67公顷桑园、66.67公顷水面和2千米长的抚河等特色旅游资源。凤凰沟风景区以生态农业为主题，以农业带动旅游业的凤凰沟生态旅游。黄马凤凰沟风景区是集采摘、野战、观光、休闲与会议于一体的农业生态示范园。

【天香园】 天香园位于南昌市青山湖南大道，距市中心八一广场4千米。16米高的朱拱珐琅彩绘大门正面上方是启功的亲笔镏金大字“天香园”，反面为其胞弟启儒的书写真迹。该园始建于1976年，占地84公顷，广植林木，培育花草，湿地、湖泊、原始沼泽连通成片，保持良好的自然环境，吸引大批鸟禽，高峰期野生候鸟30余种，几十万羽，被称为“鸟类的天堂”。园内还建有茶艺馆、金佛堂、云泉书画室等仿古建筑。联合国教科文组织专家考察天香园后指出，这里鸟类之多、密度之大、之美和与人之近，堪称世界城市第一。

(曾 宁 李昀聪)

旅游项目建设

【概况】 2021年，南昌旅游集团以服务南昌市全域旅游发展为己任，致力发展和丰富旅游项目，投资文旅类项目5个，其中有4个项目被列入全市重大重点项目库，累计投资金额19.52亿元。打造《寻梦滕王阁》大型实景演出，加快推动滕王阁南扩、绳金塔历史文化街区等项目建设，打造城市旅游品牌，为提升城市综合实力做出应有努力。围绕推进十大文化重点工程建设，做好历史文化资源保护、开发、传承“三篇文章”，打造有历史、有故事、有温度、有情怀的“四有名城”。紧抓旅游重大项目建设、旅游产业招商引资、旅游产品创新发展，打造国际旅游目的地。

【滕王阁南扩项目】 2021年，滕王阁南扩项目(滕王阁景区AAAA升AAAAA提升改扩建工程)位于滕王阁主景区南侧，是景区整体规划的一部分。项目总投资4.36亿元，具体建设内容为省博物馆、省科技馆外立面及内部改造、周边环境综合改造及市图书馆周边环境改造。同时，打造赣东大堤文化创意片区，包括文化旅游长廊、滨江步道、滨水滩地、城市阳台等。工程占地面积14.2万平方米，总建筑面积4456.67平方米。该项目自2019年9月开始动工建设，2021年6月项目沿江景观工程全部完工，同步加速推进市科技馆及景区南门停车场改造工程，计划2022年底前实现整体对外开放。打造的滕王阁南扩区域分为三大片区，南部区汇集文化娱乐、餐饮文创业态于一体，融合现代技术和历史文化，打造符合现代游客尤其是“90后”“00后”独特品位的新业态旅游项目；中部区以传统文化观光业态为主；北部区以传统文化休闲业态为主，致力为南昌夜间经济消费活动提供保障，驱动全市旅游业转型升级。

【《寻梦滕王阁》打造】 2021年1月，南昌旅游集团与杨澜团队合作打造的大型实景演出《寻梦滕王阁》正式公演。该项目投资1.3亿元，以滕王阁及其整体环境为演出空间，结合滕王阁“明三暗七”的建筑结构特点，分为“七境七梦”“游园对诗”“盛唐舞乐”3个篇章，由130余名专职演员和100余名专业工作人员共同参与完成。至年底，《寻梦滕王阁》演出339场，观演12.96万人次。

2021年1月1日，《寻梦滕王阁》公演

(南昌旅游集团 供图)

2021年11月15日，南昌市赣江两岸灯光秀场景

（马悦 摄）

【绳金塔历史文化街区】 绳金塔历史文化街区是南昌市三大历史文化街区之一。2021年，南昌旅游集团以“文化为基础，商业为核心，旅游为增量”的核心运营理念，坚持文商旅融合发展思路，力求实现历史文化商业街区的古今文化交相辉映、传统时尚完美融合。该项目总投资25亿元，总建筑面积22万平方米，商业街区建筑面积9万平方米。绳金塔历史文化主街区于9月底初步完工，并同步推进招商工作。在对非遗文化挖掘方面，项目招商团队走访全省11个地市的100个区县，拜访商户900余家，旨在系统梳理江西非遗美食、非遗演艺和非遗手工艺资源，坚持“非遗+文旅”的生产性保护与发展思路，着力将其打造成为“一站式江西”非遗民俗体验地。

【一江两岸灯光秀】 2021年，由南昌旅游集团负责运维的一江两岸灯光秀项目范围为：赣江两岸南起生米大桥、北至英雄大桥段，两岸约28千米长的建筑、驳岸线，涉及赣江两岸600余栋临江建筑，以整体画卷式设计实行城市夜景亮化。一江两岸灯光秀在进行日常灯光秀表演基础上，配合各类重大活动和节日打造多部大型灯光秀微电影，如春节微电影《金牛迎春》、中国共产党百年华诞微电影《追光》、中国人民解放军建军94周年微电影《八一军旗》、国庆微电影《我和我的祖国》等，获得央视、中新网、新华网、大江网、江西电视台一套、《南昌日报》等各大媒体专题报道。

【南昌礼物旗舰店开业】 2021年初，由南昌旅游集团打造的全市规模最大南昌礼物旗舰店（滕王阁店）正式开业。该门店产品数量充足、结构合理、品类齐全，全年售卖产品700余种。其中，南昌礼物品牌产品100余种，包括来自南昌汉代海昏侯国遗址公园、八大山人梅湖景区、绿滋肴、煌上煌、南昌八一起义纪念馆等20余家旅游景区和供应商提供的产品。此外，该门店还对八大山人梅湖景区、怪石岭、凤凰沟风景区、小平小道、梅岭风景区、南昌八一起义纪念馆、融创乐园、天香园等景区的南昌礼物旗舰店供应产品，实现南昌礼物系列产品对全市AAAA级以上景区的全覆盖。全年，滕王阁南昌礼物旗舰店产品销量超11万件，游客在店人均消费37.82元，自营文创产品销售比例超过50%。其中，滕王阁文创雪糕、滕王阁绢布折扇等受到消费者追捧，许多自营文创产品成为游客来到南昌的必带伴手礼，促进文化传播和经济效益共同发展。

【“滕王阁号”游轮夜游赣江推出新举措】 2021年，为满足夜间不同时段游客游览南昌一江两岸风光的需求，自5月起，“滕王阁号”游轮每晚增设至3个班次。与《寻梦滕王阁》合作，推出“游轮+演出”联票，共享资源、客源，达到“1+1>2”的效果；与滕王阁管理处合作开展日游母亲河项目，盘活日间闲置资源。此外，不断研发“滕王阁号”游轮私人订制船餐新的菜品，提升服务质量和客户体验，同时扩大线上营销力度，使其成为游轮经营的一大特色亮点。“滕王阁号”游轮完成“2021上海合作传统医学论坛”等重大活动以及国家和省、市重要嘉宾接待任务，开出626班船，接待游客10.8万人次。

（曾宁 李昀聪）

旅游业态

【概况】 2021年，全市文化旅游部门持续创建文旅品牌。红谷滩区、青山湖区被评为江西省文化产业重点县区，万寿宫历史文化街区、原城纪·南昌特色历史文化街区被评为省级特色文化街区，安义古村群景区等5家单位获评省文化和旅游产业融合发展示范区，中至数据等5家企业被评为省文化企业20强，联创宏声、南昌广电公司被评为省文化企业20强提名企业。启动创建省文化和旅游融合发展示范区、省夜间文旅消费集聚区、省工业旅游示范基地、省文化产业示范基地，做大做优南昌市文旅产业发展格局。出台《促进全市文旅产业经济高质量发展的若干政策措施》《南昌市重点文化企业认定管理暂行办法》等政策，进一步规范全市文旅产业发展。

【红色旅游】 2021年，南昌市打造红色旅游精品线路，申报"英雄城·红色城"精品线路——江西省南昌八一起义纪念馆—南昌起义总指挥部旧址—新四军军部旧址（陈列馆）—二十军指挥部旧址—江西革命烈士纪念堂—朱德军官教育团旧址—方志敏纪念馆—南昌市新建区小平小道陈列馆成功入选全国"建党百年红色旅游百条精品线路"。围绕庆祝中国共产党成立100周年和党史学习教育，加大红色旅游活动宣传。组织开展"传承红色基因 培育时代新人"红色旅游进校园系列活动、"红色讲解员讲党史"宣讲活动等86场；组织百人专业宣讲团队开展红色故事宣讲活动200余场，线上线下参与2500万人次；报送的红色旅游进校园视频是文旅部从500余个视频中选出的15个视频之一，并在中国青年网上同步展示。

【文化旅游】 2021年，南昌市抢抓全市列入第一批国家文化和旅游消费试点城市的机遇，出台一揽子促消费政策举措，激活文旅市场消费潜力。推出"南昌文旅一卡通"，在原有"南昌旅游一卡通"旅游景区对持卡人免费基础上，采取政府补贴形式，增加演艺、影院、书店等文化企业对持卡人免费或优惠政策，使旅游一卡通增加文化服务内容，扩大消费覆盖面。自7月19日文旅一卡通正式上线，至10月25日通过一卡通预约演艺、书店、影院达10万人次，激发市民文旅消费热情，文旅消费成为文旅经济增长新动力。

【乡村旅游新标杆打造】 2021年，南昌市不断深入挖掘乡村特色文化、生态等资源，推进旅游业与农业、林业、体育业等产业融合发展，拓展乡村旅游业态，构建乡村旅游产品体系。为丰富文旅产品体系，发展以"白鹤小镇"（原五星农场）、南矶湿地等为代表的"白鹤品牌"生态游，以安义古村等为代表的"农耕品牌"乡村游。出台政策对创建等级旅游品牌的乡村旅游点给予资金奖励。印发《促进全市文旅产业经济高质量发展的若干政策措施》，自2021年6月1日至2023年12月31日，将对发展工业旅游、乡村旅游、红色旅游的企业、单位进行奖励。全市有134家乡村旅游点。其中，省AAAAA级乡村旅游点2个，省AAAA级乡村旅游点18个，省AAA级乡村旅游点17个；全国乡村旅游重点村3个，全国乡村旅游重点镇1个，省级乡村旅游重点村9个，乡村旅游整体向规范健康方向发展。

【"乡村+民宿"合作模式探索】 2021年，以创建国家全域旅游示范区为统领，加快培育休闲观光园区、森林人家、康养基地、旅游小镇等乡村文化旅游产品。为游客提供"食住行游购娱"一站式产品服务，让游客在民宿"足不出户"享受休闲度假生活。湾里管理局多家民宿成为复合型网红打卡地。各家民宿以"微度假"形式推出篝火晚会、房车露营、生态观光采摘、户外拓展野战等特色系列活动，丰富旅游业态，激活民宿品位潜能。湾里管理局持续升级民宿产业新业态，通过农文旅融合发展点亮"大美湾里"。楠坪古村民宿集群，位于太洗旅游休闲线（太平镇至洗药湖）中段，一个隐秘于大山深处，具有1400余年历史的古村落修建而成。民宿室内设计以原木为主，营造出原生态的感觉，既能反映江西的地域性，又符合当代人的审美和舒适性。全市休闲农业经营主体发展到1096家，创建各类休闲农业品牌151个，其中国家级品牌25个。

（市史志办）

旅游推介

【概况】 2021年，市文化广电新闻出版旅游局围绕将南昌建设成为"引领全省高质量跨越式发展的核心引擎、支撑中部地区崛起的重要增长极和宜居宜业、宜学宜游的现代都市"奋斗目标，精心策划形式多样的宣传推介活动，持续做热做旺全市旅游市场。城市品牌宣传稳步推进，在《南昌日报》、南昌广播电视台等媒体设立文旅专版专栏，在机场、火车站、地铁站等游客聚集地设置投放城市文旅形象广告。做好新媒体平台，宣传发布各类政务信息、文旅活动资讯、节庆活动图文信息，微信公众号持续位列全国市级文化和旅游新媒体传播力指数榜单前十位。旅游促销合作不断增进，与莆田市文旅局签订战略旅游合作协议，组织开展浙闽旅行社媒体来南昌采风，对接广州市等5个市文旅部门来南昌宣传推介，搭建沟通交流渠道。

【南昌城市形象标识体系搭建】 2021年，市文化广电新闻出版旅游局甄选"八一南昌起义""江南名楼滕王阁"两大南昌最具有代表性的文化元素，组织开展南昌城市形象LOGO和城市宣传口号的创意设计。经业界专家学者及代表对设计稿进行综合比选，并呈报市委常委会集体审议，最终选取"飞阁流丹"为南昌市城市形象LOGO，"物华天宝，人杰地灵，天下英雄城——南昌"为城市宣传口号。城市形象LOGO和城市宣传口号整体传递了敢为人先、勇于斗争的八一南昌起义精神和恢宏厚重、古朴稳健的豫章故郡风采，进一步向外界展示英雄城风采、英雄城本色，树立在新时代以新担当、新作为奋力赶超的崭新形象。

【城市整体形象宣传】 2021年，市文化广电新闻出版旅游局在各大主流媒体多角度、多层次投放城市旅游宣传广告，面向国际国内展示南昌城市形象。强化省市主流媒体宣传报道力度，向省级以上卫视和各大旅游频道投稿，呈现南昌文化和旅游特色工作亮点。在南昌电视台、《南昌日报》和南昌地铁电视开设“畅游南昌”“欢乐南昌行”等文旅专版（专栏），通过本地平台的覆盖传播，打造文旅精品内容、精品栏目。在昌北机场、南昌西客站、南昌火车站等重点交通枢纽投放城市形象平面广告，进一步提升“天下英雄城”城市品牌的知名度、美誉度和影响力。

【旅游营销宣传】 2021年，市文化广电新闻出版旅游局围绕“天下英雄城”主题，以微博、微信、头条、抖音、快手等自媒体平台为依托，以“南昌文旅，天下英雄城”“文化南昌”等自媒体号为支撑，打造南昌文化和旅游系统新媒体矩阵。结合流行短视频传播形式，将最直观反映南昌文化旅游特色的亮点活动、特色产品、文旅品牌，通过抖音短视频、西瓜视频、火山小视频、微博、快手等平台线上推广。由全市文化和旅游系统官方自媒体原创的线上信息，综合累计点击率近2000万人次，展现南昌文化和旅游的时尚活力新风采。

【宣传推介活动对接】 2021年，市文化广电新闻出版旅游局先后对接协助广州市、宁波市、文山市、莆田市、银川市、上饶市、抚州市、景德镇市、九江市等10余个城市来南昌开展旅游宣传推介活动。通过推介活动，加强南昌市和其他城市的旅游交流，搭建旅游互动平台，不断放大旅游辐射效应，努力实现资源共享、客源互送、市场共兴、发展共赢的美好愿景。

【参加文旅会展】 2021年，市文化广电新闻出版旅游局组织旅游企业先后参加2021广东国际旅游博览会、2021西安丝绸之路国际旅游博览会、2021中国（大连）国际文化旅游产业交易博览会等多个国内外重要文旅会展活动，精心设计宣传海报和宣传折页，全方位展示南昌丰富的文化旅游资源，推介南昌市品牌景区、精品线路和旅游商品，为文旅企业搭建沟通交流平台。

【重点客源市场文化旅游推介】 2021年，为进一步拓展旅游市场辐射范围，市文化广电新闻出版旅游局组织旅游景区、旅行社和县区文化旅游部门，锁定重点客源市场，开拓潜在客源市场，赴广州市、韶关市等旅游客源地城市开展“天下英雄城，欢乐南昌行”南昌旅游推介活动。整合全市文化旅游资源，创新“订单式”宣传推介模式，共赢共商。10月，在全国红色旅游博览会期间，组织全市重点红色旅游景区开展主题演艺推介，全方位展示南昌红色旅游形象。

【“留在南昌过好年”大型新春惠民活动】 2021年2月4日，市文化广电新闻出版旅游局推出“留在南昌过好年”大型新春惠民活动。活动旨在满足人民群众节日期间的精神需求，引导全市居民和在南昌工作、学习的外地人就地过年、温暖过年。惠民活动包含873项文旅活动与优惠，线上线下文化展演、文旅消费惠民活动相继开展，让就地过年人员更有归属感和幸福感，让在南昌过年的外地人留得安心、玩得精彩。滕王阁景区推出2021年“盛世中国年”等活动让市民感受浓浓年味。凤凰沟景区推出“遇见百年、五福迎新”等主题节庆活动串联吃住游娱购等旅游需求让祈福民俗有温暖、美食盛宴有温度、相聚瞬间有温情。市图书馆推出一系列新春活动让市民在家门口就能品尝“文化盛宴”。南昌汉代海昏侯国遗址公园、市文化馆、市博物馆、八大山人纪念馆、万寿宫历史文化街区、绳金塔历史文化街区等全市主要文化场馆和景区在春节期间都推出各种活动。

【闽浙旅行商媒体踩线团采风考察】 2021年3月29日，闽浙旅行商媒体踩线团一行30余人抵达南昌，对南昌旅游行业进行为期3天的采风考察。南昌市文化广电新闻出版旅游局为踩线团举办欢迎会，并做“千年豫章郡，天下英雄城”主题推介。踩线团一行考察景点包括滕王阁、南昌汉代海昏侯国遗址博物馆、安义古村群景区、绿地303观光厅、南昌舰主题公园等，实地感受南昌旅游产业高质量发展动态，为引客到南昌打下良好基础。

【“犇游江西·温暖过年”宣传推广月活动启动】 2021年1月31日，由省文化和旅游厅主办，各设区市文化广电新闻出版旅游局、全省重点旅游景区宣传推广联盟承办的“犇游江西·温暖过年”宣传推广月活动启动仪式在南昌县原城纪景区举行。“犇游江西·温暖过年”宣传推广月活动旨在通过开展防疫安全游、新春温暖游、文旅体验游、文明风尚游等，鼓励引导游客自驾游、家庭游、休闲游、周边游，全力盘活省内旅游消费内循环市场，实现以节促销、以节促游的目标，助推江西省旅游业全面复苏。南昌市推出“恰噶南昌幸福新年”主题，以原城纪景区为主会场，通过“原绎南昌·唱响国粹”“原艺南昌·俗说史技”“原忆南昌·达人寻味”等现场展示+直播互动方式，满足群众新春旅游休闲新需求。

【促进四季度旅游消费】 2021年，南昌市为抢抓国庆假期和秋冬季旅游消费“窗口期”“机遇期”，打好全年旅游消费“翻身仗”，扎实开展文化旅游消费“八大活动”，丰富旅游产品供给，做热旅游消费业态，全面推动“江西人游江西”“八方来客游南昌”，促进四季度旅游消费，激发全市旅游市场消费活力。此次推出的“八大活动”分别为，“百万学子研学行 品读江西嘉游赣”活动；“南昌景区百日惠游”活动；“文旅消费季”活动；各种文化旅游节事活动；长江中游省会城市群、大湾区旅游区域合作活动；支持旅行社企业加快发展纾困活动；“千年豫章郡 天下英雄城”品牌营销活动；营造优质旅游消费环境。

【精品旅游线路】 2021年5月31日，文化和旅游部联合中宣部、中央党史和文献研究院、国家发展改革委推出“建党百年红色旅游百条精品线路”。南昌市“英雄城·红色城”精品线路——江西省南昌八一起义纪念馆—南昌起义总指挥部旧址—新四军军部旧址（陈列馆）—二十军指挥部旧址—江西革命烈士纪念堂—朱德军官教育团旧址—方志敏纪念馆—南昌市新建区小平小道陈列馆入选。9月28日，农业农村部在湖南省浏阳市举办2021中国美丽乡村休闲旅游行（秋季）推介活动，现场发布浙江省湖州市安吉县采摘迎丰收休闲游等52条秋季精品线路，以及瑶山古寨、桂园农庄等198个精品景点。其中，南昌“漫游南昌休闲精品，体验美丽诗意乡村”精品线路及7个精品景点获全国推介，为全省获推介的2条线路之一。该精品线路涵盖南昌县、新建区、安义县、湾里管理局，包括凤凰沟风景区、工控陌上园、怪石岭生态公园、果立方·梅岭时光亲子乐园、九龙溪花海（太平镇合水分场）、斐然生态园、安义古村7个乡村休闲旅游精品景点。

【“红土情深·嘉游赣”旅游宣传推介会举行】 2021年12月16日，由省文化和旅游厅主办的2021年江西省对接粤港澳大湾区经贸合作活动专题活动——“红土情深·嘉游赣”粤港澳大湾区（深圳）旅游宣传推介会在深圳市举行。市文化广电新闻出版旅游局向参会嘉宾推介南昌的文化和旅游资源，具体介绍“山水之城、文化之城、英雄之城”内涵，充分展示南昌、推介南昌。此次推介会由国家级非物质文化遗产传承项目南昌瓷板画代表性传承人赵建新在外场展示技艺，引起广泛关注，围观打卡、拍照、直播者众多。会上，南昌市与国内多家文化和旅游企业、在线旅游服务商达成战略合作意向。

2021年10月12日，2021中国红色旅游博览会南昌分会场暨“我为英雄城代言”红色旅游宣传推介活动举行

（魏勇剑　摄）

【“我为英雄城代言”红色旅游宣讲推介活动举行】 2021年10月12日，2021中国红色旅游博览会南昌分会场暨“我为英雄城代言”红色旅游宣讲推介活动在南昌八一起义纪念馆举行。活动现场发布“建党百年百条精品红色旅游线路”之“英雄城·红色城”精品红色旅游线路。东湖区、西湖区、青山湖区等各县区进行红色旅游宣传推介活动。现场20名志愿者一起宣读“我为英雄城代言”倡议书，倡议南昌市民参与“我为英雄城代言”活动。

【文创产品亮相全国红色旅游创意产品展示活动】 2021年7月28—31日，由文化和旅游部资源开发司、国家博物馆、浙江省文化和旅游厅主办，温州市人民政府协办，中国旅游协会旅游商品与装备分会、温州市文化广电旅游局承办的“全国红色旅游创意产品和红色旅游演艺创新成果征集展示活动”在温州市开展。来自全国的300余件（套）创意产品进行展出，涵盖红色旅游文创纪念品、手工艺品、家居用品、办公用品、户外用品五大类。南昌八一起义纪念馆研发的红色文创“英雄城竹尺套装”“东方欲晓书灯”“长征冰箱贴套装”“军徽闪闪书签”“意气风发小夜灯”“朝气蓬勃软胶系列”获得“创新成果展示资格”。

【“英雄城”品牌在2021中国红色旅游博览会展出】 2021年10月26—29日，由江西省人民政府和湖南省人民政府共同主办，中国红色旅游推广联盟成员单位协办，以“万山红遍，重上井冈”为主题的2021中国红色旅游博览会在井冈山举行。八一“军旗升起”雕塑、新四军“集结号”“中国梦，百年潮”建党100

周年文创伴手礼等体现南昌红色元素的文创产品在2021中国红色旅游博览会主题展会场南昌馆展出，受到与会嘉宾追捧。南昌将红色文化与传统艺术、现代艺术有机结合，创作雕塑、微雕、赣发绣、瓷板画等红色文化作品。每一幅作品都充分展现着新时代非遗传承人精湛的传统手工艺，既是艺术精品的呈现，也是革命历史的传承。

（殷　悦）

旅游管理

2021年，南昌县浒南村原城纪度假村

（市文广新旅局　供图）

【概况】 2021年，市文化广电新闻出版旅游部门贯彻落实市委、市政府"旅游强市"决策部署，履行行业指导和行业管理职能，推动旅游产业实现高质量发展，旅游业态不断丰富、旅游品牌显著增强、服务质量日臻完善、服务水平明显提升、旅游市场持续净化、旅游资源得到进一步开发利用。创建1家全国乡村旅游重点镇（湾里管理局太平镇），1家全国乡村旅游重点村（新建区溪霞镇店前村），3家国家AAAA级旅游景区（八大山人梅湖景区、南昌汉代海昏侯国考古遗址公园、南昌市小平小道陈列馆），1家省级旅游休闲街区（万寿宫历史文化街区），2家省级乡村旅游重点村（安义县黄洲镇茅店村、南昌县黄马乡罗渡村），2家省AAAA级乡村旅游点（南昌县浒南原城纪度假村、安义县绿都生态谷），1家省级全域旅游示范区（南昌县），1家"绿水青山就是金山银山"省级实践创新基地（湾里管理局太平镇）。

【导游管理】 2021年，南昌市加强导游培养、教育和管理，积极完善导游管理体系，强化教育培训，优化从业环境，实施导游服务标准化，提升全市导游队伍整体素质，为推动旅游业转型升级提供强有力人才保障。8月，举办2021年南昌文旅管理人员学习班，83名文旅管理人员参加培训。9月和10月，举办2期2021年南昌市导游人才培训班，对获得导游资格证书并有意走向导游岗位的学员150余人进行集中培训。此外，组织旅游景区负责人、相关旅游企业人员参加第二期全国智慧化旅游景区建设系列培训班暨"智慧文旅新基建、数字运营新发展"专题线上免费公开培训班。完成导游员星级评定，组织开展2021年"金牌导游"培养项目申报，1人获评五星级导游、29人获评四星级导游、58人获评三星级导游、7人获评二星级导游。

【旅游安全管理】 2021年，南昌市统筹抓好旅游业疫情防控和安全生产工作，落细落实各项疫情防控和安全防范措施，全面压紧压实安全生产隐患排查和疫情常态化防控责任，确保全市旅游市场安定有序、繁荣发展。持续加大旅游市场监管和执法力度，深入开展全市文化和旅游市场"风暴"专项整治行动，着力开展文化和旅游市场打击养老诈骗专项行动，持续开展未经许可经营旅行社业务专项整治行动、旅行社及服务网点不合理"低价游"专项整治行动，常态化开展旅游市场"体检式"暗访和旅游服务质量监督暗访服务，严厉打击文化和旅游市场各类违法违规经营行为。全年出动检查人员5086人次，检查经营单位1881家（次），受理旅游投诉237起1110人次，协调理赔金额88万元，维护游客合法权益。

【风景名胜区管理】 2021年，南昌市建立健全风景名胜区管理机构。3月，市委批复象湖风景名胜区的职能配置、内设机构和人员编制情况；7月，南昌市文化广电新闻出版旅游局明确为梅岭—滕王阁风景名胜区滕王阁片区的管理机构，负责梅岭—滕王阁风景名胜区滕王阁片区的保护、利用和统一管理工作。为加强风景名胜区监督管理工作，市林业局制定下发《关于切实加强风景名胜区监督管理工作的通知》《南昌市林业局关于印发〈南昌市风景名胜区违法违规问题排查整改工作方案〉的通知》，扎实开展风景名胜区内违法违规问题排查工作。全市共排查出湾里泊园茶村、象湖玛雅乐园未批先建问题2个。至年底，已完成整改并销号。对全市涉林清查整治开展“回头看”，原13个违建别墅整治问题全部整改完成。对全市重点区域再排查，未发现新增违建问题。

【品牌动态管理机制建立】 2021年，市文化广电新闻出版旅游局实施景区品牌动态管理机制，对纳入省文化和旅游厅复核名单的国家AAAA级旅游景区——融创主题乐园、安义古村群景区以及省AAAAA级乡村旅游点——凤凰沟风景区进行实地指导，3家单位均顺利通过复核。开展AAA级旅游景区复核，象山森林公园、明清风情园、国鸿生态园、紫园山庄通过复核，对鼎湖家园、玉明生态园景区2家单位进行严重警告处理，给予森美生态园和梅仙山庄摘牌处理。

【全国文化遗产旅游百强案例入选】 2021年10月15日，由中国文物学会、中国文物报社主办，北京兴旅国际会展有限公司承办的“2021全国文化遗产旅游百强案例”发布活动举办。此次活动自4月启动以来，收到全国28个省（区、市）申报的146个文化遗产旅游案例，经过专家初评，遴选出在价值阐释、文物保护利用、旅游品牌营销、游客旅游体验度、促进文化遗产地可持续发展、弘扬优秀文化传统、增强民族凝聚力等方面具有典型性和创新性的100个案例。江西省共2个项目入选。其中，南昌八一起义纪念馆申报的“历史教室红色美育”主题研学旅游项目入选。南昌八一起义纪念馆整合自身红色资源设置的“历史教室”，通过融教学、观摩、实验于一体的综合性沉浸式参观空间，让观众沉浸在时空的摇篮中与历史碰撞，身临其境地接受红色文化洗礼。

【“红色旅游进校园”作品入选优秀实践案例】 2021年5月，由文化和旅游部资源开发司、中国青年报社主办的以“新时代新青年·中国梦中国红”为主题的“红色旅游进校园”案例作品征集展示活动结果总结发布。该活动于2020年11月启动，收集全国各地申报的有效案例300余个、短视频作品600余个，经专家组集中评议，遴选出“红色旅游进校园”优秀实践案例40个、短视频作品15个。南昌八一起义纪念馆报送的“八一红色旅游新媒体研学实践”、南昌新四军军部旧址陈列馆报送的《红色主题课堂》入选“红色旅游进校园”优秀实践案例；南昌市文化广电新闻出版旅游局制作的短视频“红色旅游进校园”入选短视频作品，在中国青年网上展示播放。

【红色故事讲解员获奖】 2021年4月14日至16日，由省委宣传部、省文化和旅游厅、共青团江西省委、江西省少工委主办，江西旅游商贸职业学院承办的第四届江西省红色故事讲解员大赛暨第三届江西省红色旅游五好讲解员大赛在江西旅游商贸职业学院举行。大赛志愿组、专业组、红领巾讲解员组分别决出一等奖1名、二等奖2名、三等奖3名、优胜奖若干名。南昌新四军军部旧址陈列馆查满鑫、南昌市小平小道陈云旧居陈列馆罗艳楠、南昌八一起义纪念馆崔忆冬分别获得志愿组一等奖、二等奖、三等奖；南昌八一起义纪念馆魏宸、甘婧分别获得专业组二等奖、三等奖；来自南师附小香溢花城校区、南昌大学附属小学前湖分校、南昌市西湖区站前路学校云飞路校区的3位红领巾讲解员包揽红领巾讲解员组一等奖和二等奖，来自南师附小玉泉岛校区的红领巾讲解员获得三等奖。

【国家文化和旅游科技创新工程项目储备库入选】 2021年8月，文化和旅游部官网发布《2021年度国家文化和旅游科技创新工程项目储备库拟入库名单公示》，全国100个建议入库项目中，江西省入选5个，南昌泰豪虚拟现实科技有限公司申报的“VR红色文化体验馆”入选。项目入库工作旨在深入推进国家文化和旅游行业科技创新，充分发挥科技在文化和旅游发展中的支撑引领作用，是增强文化和旅游发展活力的一项重要举措。

【获评全国乡村旅游重点镇（乡）、村】 2021年8月，文化和旅游部、国家发展改革委公布第三批全国乡村旅游重点村和第一批全国乡村旅游重点镇（乡）名单，确定第三批入选全国乡村旅游重点村镇名录的全国乡村旅游重点村199个，第一批全国乡村旅游重点镇（乡）100个。南昌市新建区溪霞镇店前村入选“全国乡村旅游重点村”，湾里管理局太平镇入选“全国乡村旅游重点镇（乡）”。

【中国特色旅游商品大赛获奖】 2021年8月31日至9月5日，以“地域特色、文旅融合、创新发展”为主题的2021中国特色旅游商品大赛在四川国际旅游交易博览中心举行。大赛由中国旅游协会、四川省文化和旅游厅、乐山市人民政府主办。此次活动以突出地域特色、文化与科技相结合、扩大旅游购物消费为宗旨开展评选。大赛吸引来自全国30省市自治区和直辖市15000余件商品参赛。南昌市选送的“煌上煌匠鸭·煌上煌功夫鸭休闲包装系列”获银奖，“南昌八一起义纪念馆·意气风发小夜灯”荣获铜奖。

【南昌市导游大赛举办】 2021年11月27—28日，由市文化广电新闻出版旅游局主办，市导游协会承办的以“讲好南昌故事”为主题的“2021年南昌市导游大赛”在南昌万国国际大酒店举行，100余位选手参加比赛。大赛聘请曾担任省、市级大赛评委的旅游院校专家、国家金牌导游员等组成评委组。比赛产生陈衡萍等10位“2021年南昌市十佳导游”、张丽丽等30位“2021年南昌优秀导游”，江西万达亚细亚旅行社等15家单位获本届大赛优秀组织奖。此次大赛旨在提升导游队伍整体服务水平，强化导游职业认同感、荣誉感和自豪感，增强行业自尊自律，推出一批讲政治、专业精、服务好的优秀导游，发挥以点带面的示范引领作用。

【绿色旅游饭店评定】 2021年，市文化广电新闻出版旅游局按照《绿色旅游饭店》国家标准，开展绿色旅游饭店评定工作。南昌市瑞颐大酒店（南昌华远和平里酒店有限公司）被江西省旅游星级饭店评定委员会评定为金树叶级绿色旅游饭店，南昌滕王阁希尔顿欢朋酒店、南昌凯美格兰云天酒店、南昌丽枫洪城玛雅乐园酒店、南昌缦旅酒店被评定为银树叶级绿色旅游饭店。绿色旅游饭店旨在倡导可持续发展理念，坚持清洁生产、维护饭店品质、倡导绿色消费、合理使用资源、保护生态环境。按照《绿色旅游饭店规定》行业标准，从环境保护、资源合理利用、绿色消费等方面进行测评，划分为金树叶和银树叶绿色旅游饭店等级。其中，“金树叶”级是全国绿色饭店工作委员会及中国饭店业协会所授予的业内最高级别称号。

【旅行社星级评定】 2021年，市文化广电新闻出版旅游局按照江西省《旅行社星级的划分与评定》地方标准，开展旅行社星级申报评定工作。初评并推荐江西环游旅行社有限公司为五星级旅行社，推荐南昌市中盈国际旅行社有限公司、江西放心国际旅行社有限公司、南昌城际通国际旅行社有限公司为四星级旅行社。批准江西新世纪旅行社有限公司、南昌红土地国际旅行社有限公司、江西乐容国际旅行社有限公司、江西大洋旅行社有限公司、江西天鹅国际旅行社有限公司、海外国际旅游集团江西旅行社为三星级旅行社。

（殷　悦）

旅游公共服务

【概况】 2021年，南昌市推进旅游公共服务体系建设，以增强“旅游公共服务能力”“游客满意度”为重点，以旅游厕所革命为契机，提升旅游公共服务品质，夯实旅游公共服务体系基础。引进智能手段，推行“旅游公共服务+互联网”模式，深化科技在旅游公共服务领域的应用，提供更加便捷、舒适、智能的全新旅游公共服务，全市旅游公共服务体系建设成效显著。引导开通旅游直通车，解决自由行及跟团游客直达景区“最后一公里”问题；完善《南昌市内道路旅游标识牌规划》，制作高速公路旅游交通标识牌，实现全市AAAA级以上旅游景区全覆盖；巩固提升“厕所革命”成果，完成全市511座旅游厕所的评定验收工作，旅游厕所电子地图上线率97.21%。

【智慧旅游】 2021年，南昌智慧文旅指挥调度监测系统建设完成，通过大数据技术，实时采集全域旅游人流数据、景区数据（包括客流量、视频监控数据、停车场数据）、旅游大巴轨迹、全网涉昌旅游舆情数据，实现低价游监管、景区人流预警、交通预警、旅游舆情管理、气象预警、投诉管理等功能。推进南昌城市大脑畅游南昌应用场景建设，成立畅游南昌应用场景建设专班，形成畅游南昌应用场景初步建设方案，继续推进场景项目建设。4月，承办2021中国南昌“VR+文旅”应用场景路演推介会，南昌市博物馆VR体验中心示范项目、八大山人文化旅游智慧化项目入选南昌市第二批VR技术试点示范应用项目。

【旅游厕所建设管理】 2021年，南昌市不断完善旅游厕所服务体系，按照《旅游厕所建设管理指南》进行旅游厕所的建设、管理和评定，建立健全全市旅游厕所建设和管理各项制度。组织相关部门积极开展专项治理，集中解决管理工作中存在的重点和难点问题，对检查中存在问题的公厕，下发整改通知书，督促责任单位对照管理标准认真进行限期整改，加大保洁力度，提高公厕卫生水平。各景区建立健全厕所管理工作机制，形成常态化管理机制。在凤凰沟景区等国家A级景区，景区厕所管理制度上墙，配有专人负责厕所环境卫生和维护管理工作，确保“数量充足、干净无味、实用免费、管理有效”。大部分景区通过文化图画结合文明旅游提示语方式，引导游客文明卫生，倡导入厕人员爱护设施和环境卫生，提醒便后及时冲洗、勿随地吐痰、勿乱丢废弃物等。

【旅游公共交通】 2021年，秉承“便捷交通 初心为民”理念，努力为市民和各地游客提供舒心、贴心、便捷出行服务。陆续开通的旅游直通车班线，分别以南昌长运停车场、各车站为中心，辐射周边滕王阁、南昌八一起义纪念馆、万寿宫历史文化街区、八大山人、凤凰沟、安义古村、怪石岭、海昏侯国遗址公园等AAAA级以上景区。5月1日起，新开通景区直通车，串联起溪霞怪石岭生态公园、融创主题乐园、南昌汉代海昏侯国遗址公园等景区。五一节期间，开通新余市汽车站—溪霞怪石岭、景德镇市汽车站—南昌八一起义纪念馆、武宁汽车站—滕王阁、修水汽车站—滕王阁、共青城汽车站—滕王阁5条旅游直通车，方便周边城市游客到南昌旅游。

（刘明光）

房地产业

房地产开发经营

【概况】 2021年，南昌市住房和城乡建设局（以下简称市住建局）坚持“房子是用来住的、不是用来炒的”定位，落实城市主体责任，从供给、需求、市场稳定上多方发力，合理优化土地竞拍规则，引入“限房价、限地价”土地出让方式，调整开发项目销售指导价格定价规则，将项目周边二手住房价格因素引入评估体系，落实对全装修住宅工程质量的管理、强化房价备案制度、开通“商转公”组合贷款等相关措施，推动房地产市场平稳运行。至年底，全市登记注册房地产企业586家，其中国内企业575家、外商投资企业11家。在库的房地产项目517个，全年新增房地产企业86家，新增房地产项目98个。

【房地产投资】 2021年，全市房地产开发投资比上年增长0.4%。其中，住宅投资增长5.6%，办公楼和商业营业用房投资下降14.1%。全市房地产开发投资按构成分：建筑工程投资同比增长10.7%，安装工程投资增长3%，设备工器具购置下降19.4%，其他费用投资下降11.8%；按工程用途分：商品住宅投资增长5.6%，办公楼投资下降16.6%，商业营业用房投资下降12.6%，其他投资下降4.6%。

【房地产开发】 2021年，全市房屋施工面积5927.1万平方米，房屋竣工面积628.37万平方米。新建商品房批准上市面积同比下降。全市新建商品房批准上市面积850.8万平方米，同比下降25.6%。全市成交住宅用地44宗、面积248.2公顷，较往年同期均值减少33%，计划执行率为45%，成交总额200亿元，减少41%。其中，市本级成交住宅用地21宗、面积160.6公顷，较往年同期均值减少28%，计划执行率为39%，成交总额145亿元，减少42%。房地产税收同比下降。全市房地产业税收153.5亿元，下降12.7%；占全市税收总收入的18.9%，下降4个百分点。房地产信贷规模收缩明显。全市房地产开发贷款余额1983.7亿元，增长1.1%，减少2.5个百分点；房地产开发贷款新增额下降67.2%。全市个人住房贷款余额3136.4亿元，增长5.7%，减少3.9个百分点；个人住房贷款新增额下降34.7%。

【房地产销售】 2021年，全市房地产市场呈现“量减价平”态势，交易量下行压力明显。全市新建商品房网签销售面积1021.8万平方米，下降2.8%。其中，住宅销售面积784.8万平方米，下降11.0%；非住宅销售面积237万平方米，增长39.5%。住房价格总体平稳。全市新建商品住宅销售均价9987元/平方米，增长5.1%。新建商品房库存面积同比下降。至年底，全市商品房库存面积1341.8万平方米，下降6.7%，去化周期16.9个月，缩小0.8个月。

【房屋交易“云签约”推出】 2021年5月26日，房屋交易“云签约”正式推出。买卖双方不需到办事窗口，不需提交纸质材料，通过手机便可进行购房合同“电子签约”。购房人可通过微信小程序“南昌房信网”进行购买资格申报，待开发企业与购房人约定合同条款后，由开发企业在网签系统制作完成网签合同，购房人在手机端经过人脸识别和电子签名就能轻松完成购房合同签约操作，并自动备案，真正实现从购房资格审核到房屋交易签约全程“掌上办理、不见面办理”。全市有340家房地产开发企业完成数字证书及电子签章办理，200余个项目通过“云网签”平台完成38996份购房合同电子签约。

【房地产交易展销会举办】 2021年5月28—30日，2021年南昌市房地产交易展销会在南昌绿地国际博览中心举办。展销会以“魅力英雄之都，幸福人文之居”为主题，以普通商品房、二手房为展销重点，展示房地产行业形象，引导市民正确的购房消费理念，提高房地产消费市场品质，提升群众居住质量，推动南昌房地产市场健康平稳发展。展销会展出面积约2万平方米，分为品牌房地产展区、物业服务展区、住宅家居及家装配套展区、法律金融服务区、活动互动区等五大主题展区，帮助市民了解区域发展概况，并提供购房、装修、建材、政策咨询、信贷咨询等一条龙服务，助力住房消费健康发展。参加展销会企业68家。其中，房地产开发企业32家，房地产经纪机构4家，物业企业13家，装饰装修公司5家，银行13家，房地产培训机构1家。

【《南昌市住房发展规划（2021—2025年）》发布】 2021年8月12日，《南昌市住房发展规划（2021—2025年）》编制完成并向社会发布。综合预测新增人口购租房、存量人口改善型购房、城市更新等带来的住房需求，预计“十四五”期间全市新增住房需求年均10万套。规划提出“十四五”期间的住房空间布局战略导向，推动老城区住房更新改造，提高主城区住房与居住配套供给质量，重点推进轨道交通沿线住宅开放，加大重点新城新区住房供应，合理布局保障性住房。规划明确“十四五”期间的住房发展主要任务，优化完善住房保障体系，加大公租房保障力度，大力支持政策支持性住房，力争完成旧改安置房建设；促进住房市场平稳健康发展，稳定新建商品住房市场，规范存量商品住房市场，大力培育住房租赁市场，加大市场监管督察力度，进一步完善公积金制度；提升住房质量与环境品质，深入实施老旧小区改造更新，加强老旧住房使用安全管理，促进物业服务行业健康发展，完善社区治理体系，加强住房配套设施建设，提高住宅建设标准。

（汪向阳）

2021年5月28日，2021年南昌市房地产交易展销举办

（市住建局 供图）

房地产中介和租赁

【概况】 2021年，市住建局以行业健康发展为目标，开展全市房地产中介专项整治行动，打击违法违规行为，加强房地产中介管理，规范房地产中介市场秩序，维护消费者合法权益，提高房地产中介服务整体质量和服务水平。至年底，全市备案的房地产中介机构123家（其中商品代理机构91家、存量房代理机构32家），中介门店960余个，房地产经纪从业人员9000余人。全市较大规模的房地产经纪机构有贝壳找房、中环房产、鸿基房产、我爱我家等。

【住房租赁市场管理】 2021年，市住建局联合市发改委、市市场监管局、市公安局、市委网信办、市金融办、人行南昌支行6个部门制定印发《关于进一步加强住房租赁市场管理的通知》，从加强从业主体管理、规范信息发布管理、加强网签备案管理、加强租赁资金管理、落实纠纷调处机制、加强部门联合监管等6个方面，规范住房租赁企业、房地产经纪机构经营行为，引导企业回归住房租赁本源，防范化解金融风险，保障住房租赁当事人合法权益，促进住房租赁市场健康发展。通知自10月1日起施行。全市各区（含各开发区，不含新建区）国有土地上商品住房和按照有关规定要求列入租赁平台管理的其他租赁住房的租赁活动按照此通知要求执行。各县、新建区参照此通知执行。

【房源信息发布规范】 2021年，市住建局定期对各房地产中介公司发布的房源信息进行检查，重点检查房地产经纪机构接受业务委托、权属信息核对、房源信息核验、信息编制和发布要求、信息发布禁止事项等方面内容。全年，核验房源信息91005套（其中已核验未成交58652套），对229个不规范房源信息责令中介机构整改，并要求中介机构加强对所属人员及房源信息发布行为管理，确保房源信息真实。

同时，联合网信部门对房源信息发布平台提出要求，对未经房管部门核验的房源信息采取全部下架处理，进一步净化信息发布渠道。

【房地产经纪机构从业人员信用管理】 2021年，市住建局利用房地产经纪机构从业人员信用平台加强对从业人员信用管理，通过日常管理、专项整治、“双随机”检查和群众举报投诉等途径采集信息，采用量化评分方式，对从业人员进行信用行为记录，并将个人执业诚信和所从业的经纪机构诚信挂钩，不断规范房地产经纪机构和从业人员服务行为，促进房地产从业人员素质提升和存量房交易行为规范发展。全年，记录从业人员不良行为2322条，列入失信名单（“黑名单”）的从业人员8人，取消在南昌市从事房地产经纪服务资格。

【配合“城市大脑”学位信息核验】 2021年6月，配合南昌市小升初的学位信息采集工作，通过“城市大脑”对接入学家长的住房租赁备案信息。由于全市商品房租赁平台2021年2月开始运行，需将2020年4月以来的租赁信息补入到租赁平台。市住建局将各区租赁信息进行汇总，梳理8678条备案信息，并在规定时间内，补入租赁平台，确保通过“城市大脑”查询租赁信息的学生家长能够及时知晓。同时，组织租赁中心和各区房管部门对租赁信息申诉平台进行核验，派出人员到市、区考试院现场办公，及时解答学生家长的问题，确保租赁信息完整准确。

（胡飞祥）

房地产市场监管

【概况】 2021年，市住建局紧扣“稳地价、稳房价、稳预期”目标，实施房地产长效机制，加强房地产市场监测和分析，提高和完善房地产市场监测手段。建立健全防范和化解房地产领域重大风险相关制度，积极应对以恒大、新力为代表的企业工程停工、逾期交付楼盘房地产涉稳风险，持续整治规范房地产市场秩序，促进房地产市场平稳健康发展。为加强建筑节能和绿色建筑的监管，强化施工质量管控，组织召开建筑节能与绿色建筑监督管理业务培训会。

【房地产市场秩序整治规范三年行动启动】 2021年11月1日，市住建局联合市发改委、市公安局、市自然资源局、市委网信办、市税务局、市市场监管局、市金融办印发《南昌市持续整治规范房地产市场秩序三年行动方案》，针对全市所有在建在售的房地产开发项目和所有房地产开发企业、房地产经纪机构、住房租赁企业、物业服务企业以及房地产交易活动各环节，特别是2020年以来信访投诉多、举报反映问题突出的项目和企业，重点整治房地产开发、房屋买卖、住房租赁物业服务、从业人员行为等方面的违法违规行为。方案分为部署安排、宣传发动、全面整治、总结巩固4个实施阶段，力争通过3年整治，规范房地产开发、房地产经纪、房屋买卖、住房租赁、物业服务企业（机构）和从业人员服务行为，实现全市房地产秩序明显好转。

【房企涉稳风险防范化解处置】 2021年，市住建局围绕“保民生、保交房、保稳定”目标任务，联合各县（区）、开发区、湾里管理局和市金融办、市法院、市公安局等有关单位，成立工作专班，建立工作机制，明确责任分工，调度协调，防范化解处置恒大、新力等房企49个项目存在的逾期交付、烂尾风险，特别是指导涉稳项目楼盘结合实际情况制定“一盘一策、一楼一策”化解处置方案，确保不发生重大涉稳风险问题。同时，对照目标任务，结合工作职责，抓好房企项目复工复产、建立共管账户、拨付建设资金、协调解冻资产、对接请示上级、督导属地政府等各项具体工作任务，助力维护社会和谐稳定。

【房地产行业非法集资涉稳矛盾问题集中摸排化解专项行动】 2021年，市住建局印发《关于房地产行业开展非法集资涉稳矛盾问题集中摸排化解专项行动方案》，对房地产企业非法集资案件（风险）进行分析排

2021年2月2日，建筑节能与绿色建筑监督管理业务培训会

（市住建局　供图）

查，摸清风险企业底数，全面掌握情况。对涉众多、金额大、群众反映强烈、网络舆情突出的案件（风险）进行科学研判，充分评估涉稳风险以及可能出现的“引爆点”“导火线”，并采取有力措施稳妥有序处置。同时，将房地产交易场所、在售楼盘售楼处、中介机构合同签约中心作为宣传重点，宣传防范非法集资有关法律法规和金融常识，要求企业和机构必须向服务对象提醒防范非法集资注意事项和识别方法，并加强对房地产中介发布的各类融资类广告资讯信息进行全面排查，重点关注宣称高收益、高回报、明示或暗示保本、有担保、无风险等内容的广告主体，确保全市1200余个中介门店的经营范围内不得涉及非法集资广告。

（吴　越　胡飞祥）

物业管理

【概况】 2021年，市住建局贯彻落实物业管理法律法规，强化对物业行业的监管和服务，规范物业管理活动，维护业主合法权益，促进物业管理规范、有序、健康发展，为物业企业、物业从业人员创造良好的市场环境，为业主创造安全、文明、舒适、和谐的人居环境。至年底，全市物业服务企业2000余家，物业管理项目1500余个，建筑面积2亿平方米。其中，住宅1200余个、物业服务面积1.7亿平方米，非住宅300余个、物业服务面积3000万平方米。新建商品房住宅小区实现物业服务企业服务管理全覆盖。市物业管理协会开展2021年度物业管理先进单位和个人评选工作，评选出示范住宅小区20个、示范大厦7栋、十佳项目经理和优秀服务人员39名。

【老旧小区物业服务新模式推行】 2021年，根据《南昌市“彰显省会担当，唱响南昌品牌”创新老旧居民区物业服务模式工作方案》要求，对各区报送的老旧居民区点位情况进行走访调研，与区政府分管领导、街道社区和区房管部门负责人现场沟通、当面交流，并结合实际问题，提出意见建议，加强老旧居民区改造与管理衔接。召开相关工作会议，宣传物业管理法规政策，宣讲创新老旧居民区物业服务模式工作方案，明确工作目标、步骤措施和职责分工。按照工作要求，各区房管部门摸清老旧小区改造和物业管理需求情况、区域划分情况、居民（业主）的意愿情况等，为推行物业服务管理模式奠定基础。会同城管、民政、公安、消防、财政等相关部门，考核2020年符合条件的54个项目，42个项目合格，合计奖补683.4万元，由市、区两级财政各承担50%。

【《南昌市物业服务企业信用信息管理暂行办法》试行】 2021年，根据《住房城乡建设部关于废止〈物业服务企业资质管理办法〉的决定》，取消物业服务企业资质管理，政府职能部门对物业服务企业行政管理手段相对弱化。为营造诚实守信的物业服务市场环境、建立对物业服务企业的信用管理体制。6月1日，《南昌市物业服务企业信用信息管理暂行办法》正式试行。物业服务企业信用信息由基础信息、物业服务项目日常监督检查信息、良好行为信息和不良行为信息组成。信用信息采集渠道主要包括物业服务企业自行申报、物业行政管理部门采集，街道办事处（乡镇人民政府）、相关行政管理部门和社会组织提供。按照“量化评分、综合评价、按分授星、分类管理”的信用监管模式，明确由县区房管部门、街办、业主等评分主体，分别针对基础服务、环境卫生、小区容貌、参与社区建设、业主满意度等内容，对物业服务企业实行量化评分，并按评分高低对物业服务企业授予“五星”至“一星”5个等级。根据物业服务企业信用评价结果，建立物业服务企业“红黑名单”制度，实行守信激励、失信惩戒、优胜劣汰的差异化管理措施。

（周　屹）

交通·邮政

铁路

【概况】 2021年,中国铁路南昌局集团有限公司落实“交通强国、铁路先行”战略,实施“四精管理”(经营精益化、投入精准化、成本精细化、组织精干化)举措,运输安全持续稳定。南昌市境内铁路运输单位有:南昌车站、南昌车务段、南昌机务段、南昌工务段、南昌高铁基础设施段、南昌电务段、南昌通信段、南昌供电段、南昌车辆段、南昌南车辆段、南昌客运段、向塘西车站、向塘机务段、南昌房建生活段。全年南昌车站旅客发送2930.3万人,完成客运收入36.46亿元;南昌车务段货物发送868万吨,完成货运收入7.51亿元。

【南昌车站疫情防控】 2021年,南昌车站落实常态化疫情防控“外防输入、内防反弹”工作,实施“重点人群闭环管理”。在进(出)站口配置测温仪15台、手持测温枪43个、自动口罩发售机4台,处置发热旅客252人次,转运入境旅客1222人次。为职工发放一次性医用口罩26.12万个、N95口罩2.58万个、医用一次性橡胶手套1.72副、护目镜1055副、防护服275套、防护面罩619个。根据疫情变化,对人员出行限制进行动态调整,实现“职工零感染、铁路零传播”目标。做好职工疫苗接种组织工作,完成疫苗第二针接种862人,应接人员接种率97.5%;完成疫苗第三针接种588人,到期接种率81.7%。

【“红领巾号”首发列车开行】 2021年是中国少年先锋队建队72周年。10月12日,由共青团中央、全国少工委、国铁集团共同命名的T147次“红领巾号”首发列车从南昌站驶出,经由中国少年儿童运动发源地——萍乡,向北京行进。参加“红领巾号”列车假日营活动的25名南昌市、萍乡市少先队员前往北京,与北京少先队员们开展实践体验交流活动,手工制作龙舟、航模,观看微电影。“红领巾号”列车的开行,是铁路共青团探索服务青年发展的创新举措,通过选拔优秀团员青年担任乘务班组、强化铁路青年马克思主义讲师宣讲能力、创建青年文明号优质团队等形式,助力铁路青年在岗位成长。

【南昌站开行红色研学专列】 2021年4月20日,为庆祝中国共产党建党100周年,中国铁路南昌局集团有限公司组织开行研学专列,将红色文化学习融入行程。8时39分,532名江西师范大学附属中学师生乘坐Y573次红色研学专列,从南昌站出发,开往兴国站,开展为期4天的“学党史、强信念、跟党走”“传承赣鄱文化,建设美丽江西”赣州研学特色实践活动。在专列上,列车长为同学们讲述铁路红色故事,重温京九铁路的历史和现在。江西师范大学附属中学老师带领同学们齐唱红色歌曲《苏区干部好作风》,感受苏区干部艰苦朴素为人民的精神,以及老一辈革命家的优良品质。

【向塘国际陆港首趟跨境电商出口专列开行】 2021年10月18日,向塘国际陆港开行首趟跨境电商出口专列——8218次中欧班列。该专列是由中远海运承运的南昌中欧班列跨境电商B2B出口专列,这标志着南昌首列跨境电商中欧班列正式开行。该专列满载50车服装和床上用品等货物,从向塘国际陆港开出,经由满洲里口岸出境,于15天后抵达俄罗斯莫斯科沃尔西诺。出口专列的成功开行,进一步丰富南昌向塘国际陆港的口岸功能。

【南昌首家中欧班列进口商品保税店营业】 2021年2月20日,南昌首家中欧班列进口商品保税店“南铁易购”正式营业,销售产品涵盖美妆个护、母婴用品、糖果酒水、居家用品等400余种。“南铁易购”中欧班列进口商品保税店采用“全球直采”加“1210保税跨境电商合作”方式运作，采用全球先进RFID（射频识别技术）防伪技术对所售商品实现全程追踪、溯源，从试点门店至后期规划建设门店，实施同城同质同价供货；融合多种促销方案和营销渠道，配备赣闽两省农特产品售卖专区，为消费者提供“一键购买+门店自提+物流送达”购物服务。

（曾　进）

公　路

【概况】　2021年，南昌市境内高速公路有7条，总里程429千米；国道6条，总里程285.35千米；省道23条，总里程682.4千米。农村公路总里程10349.63千米。其中，县道835.73千米，乡道2187.33千米，村道7326.57千米。南昌市统筹推进公路发展规划、安全隐患整治、公路信息化建设等各项工作，全年累计完成投资总额2.19亿元普通国省道干线公路升级改造建设和养护类项目工程，有效服务全市经济社会发展大局。南昌市加强道路运输服务，提高服务水平，加快道路运输发展，开展道路运输安全专项整治，确保道路运输安全。公路货运大幅增长，公路运输货运量16784万吨，比上年增长27.57%。公路运输客货运总周转量307.28亿吨千米，增长21.44%，增速与全省均数持平。其中，累计完成货运量1.68亿吨，增长27.57%；货物周转量306.23亿吨千米，增长21.96%。累计完成客运量842万人，下降55.48%；旅客周转量10.46亿人千米，下降45.98%。

【公路养护管理】　2021年，市公路事业发展中心按照小修保养计划，及时修复公路病害，推进公路预防性养护，公路路况持续保持良好。至年底，整修路肩159.19万平方米，修补油路坑槽1.74万平方米，处理油路裂缝2200米，修复水泥砼路面7693平方米，沥青灌缝2.32万米等。实施路面大中修项目7个，建设里程63千米，总投资1.4亿元；“畅安舒美”示范路项目1个，建设里程6.1千米，总投资1879.5万元；驿站新建工程1个，投资560万元。全面开展公路承灾体普查。雨雪冰冻季节，严格落实领导带班24小时应急值班机制和巡路制度，落实每天一巡制度，保障公路安全畅通。

【公路业务信息化建设】　2021年，市公路事业发展中心应用无人机服务公路桥检工作，全年共拍摄60余座桥的影像和图片资料，为桥梁管理人员直观地发现和分析桥梁存在的病害提供参考；利用云计算、GIS卫星定位、移动通信、大屏显示等多项现代信息技术实现对养护车辆运行状态、位置的实时监控和科学调度、精确指挥。开展e路通智能养护移动系统在公路养护人员间的推广应用，提升全市公路养护、计划、建设等业务的信息化水平和管理效率。

【公众出行信息服务】　2021年，市公路事业发展中心充分运用互联网、手机、交通广播、车载终端、可变情报板、交通诱导屏等多种手段和载体，为出行者提供更为即时完善的出行信息参考。至年底，累计通过门户网站、微信公众号发布路况信息93条，通过固定可变情报板发布信息53条，通过短信平台发送湾里智慧公路路况信息约304万条。完成203座桥梁二维码的制作和发布，管养单位实时更新各项技术指标信息，公众通过微信扫描二维码可随时查看桥梁信息。拓展升级丰富视频查阅、路线导航、环境监测、通行情况等微信公众号服务功能。深化与现有信息媒体渠道（电视、广播台）合作，加强与市大数据局、市公安局等协作部门的信息互联共享，进一步扩大信息源和发布渠道，丰富出行服务手段。

【“安全隐患整治百日攻坚”行动】　2021年，市公路事业发展中心开

2021年2月24日，安全隐患整治后的湾里管理局招贤镇堎上村农村公路

（喻云亮　摄）

展"安全隐患整治百日攻坚"行动，补短板、强弱项、夯基础，为群众出行提供更安全的公路通行环境。利用为期3个月时间，整治平交道口隐患点5013处；整治临水临崖、急弯陡坡隐患点699处，安装护栏107.65千米，涉及4条国道、19条省道重点路段任务全面完成。整治与国省道搭接的农村公路隐患1906处(其中道路硬化191处)，修剪行道树326棵，施划标线3862平方米，埋设警示桩600余根、警示牌60套。共整治重要县乡道隐患点3107处，其中道路硬化44处。对辖区临水临崖、急弯陡坡等路段进行拉网起底式摸排，筛查出国省道安全生命防护设施共需新增、更换护栏107.65千米。项目用时2个月，1个月内完成立项、审批、招标等前期工作，1个月内安装完成107.65千米护栏，为春运期间群众出行提供更为舒适、安全的通行条件。

【路网运行监测体系建设】 2021年9月，南昌市普通干线路网运行监测与应急处置平台(二期)完成项目交工验收并投入运行。全市路网运行监测体系已建成包含市县二级路网分中心9个、视频监测点108个、交通量调查点56个、可变信息发布点28个、移动车载监测10个、科技治超点10个、桥梁健康监测点4个以及4组无人机。辖区内普通国省干线特大桥梁、长大隧道监测覆盖率100%，普通国省干线公路重要路段、重要节点监测覆盖率85%以上。借助纵向业务网络，推动湾里公路信息综合平台、交通流量管理系统、综合监控中心软件、湾里智慧公路大数据分析平台等系统对接至市指挥中心调度平台，实现17个交通量监测站点流量数据与45条公路沿线视频监控图像的共享。

【路网平台业务数据共享】 2021年，市公路事业发展中心依托政务外网构建全市公路纵向业务网，全面联通市、县二级公路部门。借助纵向业务网络，推动湾里公路信息综合平台、交通流量管理系统、综合监控中心软件、湾里智慧公路大数据分析平台等系统对接至市指挥中心调度平台。至年底，实现17个交通量监测站点流量数据与45条公路沿线视频监控图像的共享。将省中心建设"昌九大道智慧公路"中南昌市范围内，涵盖交通量调查、智能视频监测、可变信息发布、AR全景智能运行监测、长直路段超速提示、行人/非机动车主动安全预警等监测点位数据接入路网管理中心，扩展监测覆盖面。

【"十四五"公路发展规划编制】 2021年，市公路事业发展中心委托江西省交通科学研究院，完成编制《南昌市普通国省干线"十四五"发展规划(2021—2025年)》。规划经过征求省、市、县(区)各级政府和相关单位意见后，反复修改完成。规划涵盖"十四五"期间南昌市普通国省道建设、养护、科技创新、信息化建设、管理机制体制改革等方面内容，做到与《江西省普通国省干线公路"十四五"发展规划》《大南昌都市圈综合交通规划(2019—2025年)》及南昌市国土空间规划相对接。

【不停车检测点二期项目建设启动】 2021年9月29日，南昌市公路不停车检测点二期项目建设采购项目公开招标挂网公示，预算金额为3055.76万元。项目合同金额2994.3万元，10月底开工。项目涉及东湖扬子洲检测点、新建乐化检测点、新建邹家垄检测点、安义万埠检测点、安义东阳检测点、新建西山检测点、新建流湖检测点、南昌县幽兰检测点、南昌县三江检测点、进贤长山乡检测点、进贤池溪乡检测点等11个点位。项目建成后，各点位间将形成相辅相成的管控和制约合力，充分发挥科技治超效用，推动全省"一张网"的管控网络形成。

【春运工作】 2021年，按照国家发改委部署，南昌市春运工作从1月17日开始，至2月25日结束。受新冠肺炎疫情影响，市交通运输局加强春运安全监管，加大运输统筹调度，转变调整工作思路，统筹做好春运期间疫情防控和道路运输保障工作，巩固道路运输疫情防控和经济社会发展成果，保障人民群众安全便捷出行需求。全市道路春运期间运送旅客6021万人次，增长23.38%，日均投入运力1302辆。其中，发送旅客21.59万人次，下降46.90%。未发生安全生产责任事故、未发生旅客滞留现象、未发生重大服务质量投诉事件，春运工作平稳有序。

【互联网租赁自行车整治】 2021年，为规范全市互联网租赁自行车运营管理秩序，提升市域社会治理现代化水平，营造"安全、畅通、有序"的道路交通环境，市交通运输局、市城市管理局、市公安局交通管理局联合开展全市互联网租赁自行车(电动自行车)集中整治活动。通过督促企业整改、车辆合规上牌、违规整治回收等方式，回收共享电动车12万余辆。根据市场需求和科学测算，牵头完成共享单车配额招投标工作，确定5家中标企业，确定首期投放量8万辆，有效治理共享单车乱象，运营秩序明显改善。

【出租车驾驶员爱心服务驿站】 2021年，市交通运输局着力提高推动道路运输事业高质量发展能力水平，积极推动城区出租汽车驾驶员爱心服务驿站建设，分别在南昌市出租汽车有限公司、江西益驾汽车服务有限公司建设2个出租汽车驾驶员爱心服务驿站。驿站为出租汽车驾驶员提供安静的学习环境和舒适休息区，设有警示安全教育主题宣传栏，并提供饮水、急救药品、复印等便民服务。爱心服务驿站的建成，促进了道路运输服务转型升级，提升行业创新能力，为人民群众提供高品质道路运输服务。

【网约车合规化整治】 2021年，南昌市重点抓好网约车合规化整治工作，开出对网约车经营平台的首张罚单。至年底，累计处罚网约车平台15家，实施行政处罚100余起。全市网约车双合规率在84%以上，订单合规率超过80%的只有9个城市，在全国34个主要中心城市中排第6位，在全省居首位。

【网约车驾驶员专场考试】 2021年，市交通运输局针对市网约车平台“双合规率”化进程中存在的驾驶员报考日益增多需求，增设网约车驾驶员专场考试，帮助网约车平台企业推进合规化进程。全年增设从业人员考试专场11场、解决508个从业人员考试需求。在增加考试专场同时，中心机动车服务科专门制作详细易懂的出租汽车从业人员网络办理业务流程解析图，方便广大从业人员了解网络办理出租汽车从业资格证相关业务的流程及要求。至年底，全市新增网约车平台企业36家，新增网约车4086辆。

【全国汽车维修行业诚信企业创建】 “全国汽车维修行业诚信企业创建及表彰活动”是经全国评比达标表彰工作协调小组核准，并保留到“全国评比达标保留项目目录”的重要行业活动，是创建全国汽车维修行业信用体系的重要工作之一。南昌市汽车维修与检测行业协会以此项活动开展为契机，积极响应、深入开展汽车维修诚信企业创建推荐工作。在2021年4月至11月中国汽车维修行业协会2021年“全国汽车维修行业诚信企业创建及表彰活动”中，南昌市13家汽车维修企业和1家机动车检测企业获“2019—2020年全国诚信维修企业”荣誉称号，并对评选出的企业进行表彰。

【全省“最美十大农村路”】 2021年2月，经过组织推荐、网络投票及专家评审，2020年江西省“最美十大农村路”揭晓。南昌市湾里罗亭—梅岭公路获2020年度全省“最美十大农村路”称号。作为南昌市重点打造的2019年县道升级改造工程、2020年美丽生态文明示范路建设项目，湾里管理局罗亭—梅岭公路设施提升改造。该公路提升改造投资1.29亿元，采用三级公路标准建设，沥青砼路面宽6.5米—8.5米，增设路灯、公交站台、休闲驿站、彩色游步道、生态停车场、文化宣传等服务设施，路况优良，生态环境优美，为当地老百姓出行提供便利，同时带动当地旅游业发展。

（黄　煌　张　辰）

水　运

【概况】 2021年，南昌市有水运企业29家，其中普通货运企业27家、客运企业1家、液货危险品运输企业1家。营运船舶125艘，353908.5载重吨，215814总吨。其中，普通货船82艘、175171.5载重吨、143094总吨；客船2艘、398客位；危险品船舶10艘、9577载重吨、6119总吨；多用途船31艘，65832总吨（4150TEU）。港口企业9家，码头14座，泊位35个，最大靠泊能力2000吨级。南昌港完成吞吐量4054.3万吨，同比下降16.68%。其中，集装箱吞吐量完成13.2万标箱，下降5.53%。完成水路货运量1474.9万吨，增长17.97%；完成水路货物周转量55.7亿万吨千米，增长17.97%。5月，规范提升后的龙头岗综合码头投入运营。

【南昌港总体规划修编】 2021年，市交通运输局按照“服务战略、优化布局、远近结合、合理开发”原则，立足南昌港特色和优势，整治优化中心城区，重点发展南北两翼，全力推进南昌港总体规划编制工作。南昌港总体规划工作取得重要成果。9月28日，生态环境部对《南昌港总体规划（修订）环境影响报告书（送审稿）》出具审查意见。至年底，南昌港总体规划修编工作进入最后关键环节，编制单位交通运输部规划研究院正根据国家各部委的意见再次修改

2021年5月13日，规范提升后的龙头岗综合码头

（马悦　摄）

完善规划文本。

【港区建设推进】 2021年,市交通运输局启动南新、厚田、市汊、昌东等港区建设前期工作,加快推进官塘一期码头、厚田张胡码头、南新洲渼码头等一批"十四五"时期重大项目建设前期工作协调,规划获批后,立即开展码头项目建设。12月3日,南昌龙头岗综合码头(二期)工程第一批施工图设计已获批;市水投公司完成南新洲渼码头一期和昌东下尾万家作业区码头工程编制工作。

【码头规范提升】 2021年,为巩固非法码头整治成果,加快推进码头规范提升工作,按照市政府《关于加快规范类码头提升工作会议纪要》要求,市交通运输局加快南昌港码头建设工作。南昌港晨鸣纸业码头、昌北防汛码头按要求于6月规范提升到位,并取得港口经营许可正常运营。江西长运港务有限公司南昌白水湖码头将建成集多种货物装卸、仓储于一体的现代化综合性港口。至年底,已完成规范提升,于12月29日通过综合验收,预计2022年3月底之前可投入运营。

【港口防污染】 2021年,市交通运输局强化对全市港口、航运企业船舶污染物接收工作监管,督促各类船舶主动交付船舶污染物,2个船舶污染物接收站如期完工并投入试运营。至年底,全市船舶交付生活垃圾8873单,计35.1吨;生活污水4435单,6686.21立方米;含油污水965单,346.33立方米,转运782单,293.24立方米。处置(生活垃圾运到麦园垃圾场处理,生活污水进入污水处理厂处理,油污水运到有资质的第三方机构处置)639单、249.63立方米。全市船舶水污染物联合监管与服务信息系统平台运行正常,形成船舶污染物接收转运和处置闭环管理。

【港区疫情防控】 2021年,面对新冠肺炎疫情严峻形势,根据省、市疫情防控指挥部安排和部署,市交通运输局结合部门职能,主动担当履职,全面做好码头疫情防控工作。落实疫情防控工作责任,要求企业加强组织领导,明确责任要求。督促企业建立疫情防控"三道防线"(即防输入、防感染、防扩散)。严格疫情报告制度,严禁瞒报、漏报、和谎报。加强宣传疫情防控知识,引导职工做好防护措施。至年底,南昌港航业未出现新冠病例。

【改渡便民工程推进】 2021年,市交通运输局结合交通强省建设,明确任务,压实责任,督促协调,加快推进实施改渡便民工程助力乡村振兴。市水路运输服务中心按照要求对渡船进行割解,撤除渡口码头设施和标识,对已拆解的渡船要求及时办理船舶证书注销手续,严禁任何组织和个人私自进行渡运。至9月,全市完成撤销进贤县4个渡口(三里乡章家渡口、梅庄镇徐家渡口、前坊镇太平渡口、前坊镇马咀渡口)、安义县2个渡口(长埠镇义基渡口、东阳镇义奉渡口)的工作任务目标,从源头上消除渡运安全隐患,为助力乡村振兴提供交通保障。

【港航企业安全隐患排查治理】 2021年,市交通运输局组织开展港航企业安全隐患排查治理工作,制定《安全生产专项整治三年行动实施方案》,加强夏季高温危险化学品运输安全生产监管、水运工程建设项目监管,保障重点时段、重大节日期间安全生产。开展新《安全生产法》宣传等活动,提高安全生产意识。至年底,组织港口企业开展消防、防污、防台风等应急演练13场。安全生产大排查大治理检查企业28家,排查安全隐患62个,下达隐患整改告知单13份,全部完成整改,整改率100%。

【船舶防污染设备提升改造】 2021年,全市13家码头投入资金1000余万元,对防污染设施设备进行提升改造,并配备船舶污染物接收设施设备,提高码头船舶污染物接收能力。南昌县、新建区投入2600余万元建设2个船舶污染物接收站,市财政投入600余万元建造2艘船舶污染物接收船。至年底,船舶污染物接收站和船舶污染物接收船投入使用,船舶污染物的接收、转运处置情况良好。

【港口岸电设施建设改造】 2021年,市交通运输局水运中心切实贯彻生态优先、绿色发展理念,全面推进南昌市港口岸电设施建设与使用工作。指导市水运企业制定船舶岸电受电设备改造计划,把改造任务量化至每个月,专人负责跟踪企业船舶岸电情况并制定跟进台账,将船舶岸电改造安装中遇到的困难和问题及时予以协调解决。至年底,南昌港9座码头建设港口岸电设施26套。其中,集装箱码头按要求实现岸电设施全覆盖,均可正常使用。完成船舶岸电系统受电改造40艘,投入资金252万元,涉及企业14家。全年南昌港靠港船舶使用港口岸电3430艘次,使用岸电时间8145.1小时,使用岸电电量6128.9千瓦时,为实现南昌市水运绿色、低碳、可持续发展提供基础保障。

【姚湾综合码头项目建设】 2021年,南昌姚湾综合码头项目启动5个件杂货和2个散货泊位的施工建设。南昌姚湾综合码头于2020年年底开工,项目将建设18个2000吨级泊位,年通过能力1040万吨、15万标准箱,是南昌港在建规模最大的综合码头项目,也是全国一次性批复泊位最多、岸线最长的内河港口码头项目,总投资约25.6亿元。至年底,7个泊位桩基施工已完成,5个泊位的建设完成并陆续投入运营。项目开工已完成投资额约3.57亿元。

(张 辰)

航 空

【概况】 2021年,江西省机场集团秉承用创造满足客户需求、用创新谋求集团发展、用创业实现人生价值的企业宗旨,全面贯彻以人为本管理理念,以服务地方社会经济发展为己任,努力实现科学发展,将所属机场打造成国内各个层级的领先机场。全年机场飞机起降架次13.5万架次,同比增长9.9%;旅客吞吐量1376万人次,增长7.8%;货邮吞吐量17.8万吨,下降4.8%。其中,南昌机场飞机起降架次8.8万架次,增长3.7%;旅客吞吐量979.6万人次,增长3.9%;货邮吞吐量17.3万吨,下降4.9%。

【机场疫情防控】 2021年,省机场集团贯彻落实"外防输入、内防反弹、人物同防"总要求,始终坚持"思想不松、标准不降、力度不减",在国内疫情形势仍然多点散发的复杂形势下,经受住多轮疫情考验,实现"三个零"(旅客防控零失误、员工防控零感染、紧急运输零投诉)目标。围绕客货防控、员工防控和紧急运输3条主线,严格落实验码、测温、佩戴口罩等要求,加大航站楼消毒频次。严格做好旅客转运工作,全年省机场集团共登记转运境外旅居史旅客8073人次。严格落实国际货运防控"四指定""四固定""两集中"要求,设置专用保障区域、通道,强化国际货物消杀,不断压实闭环管理举措,共实施22批次集中居住管理。严格落实核酸检测要求,全年累计开展员工核酸检测18.64万人次。大力推进疫苗接种,省机场集团员工及合约商共接种6304人,接种率98.89%,完成加强针接种4759人,应接尽接率98.63%。

【航运生产恢复】 2021年,南昌机场加密首都、大兴等11条干线,新开9个支线航点。协调4家基地公司和国航、南航等加大对南昌机场主干航线的运力投入。支线机场共新开8个空白航点,上饶机场实现通达北京2个机场,九江机场实现复航。南昌至列日、洛杉矶货运航线稳定运行,新增南昌至纽约货运航班。南昌机场推出"飞昌快"广深快线服务和"经昌飞"中转服务品牌,有效提升旅客出行效率和中转服务体验。推出"最强登机牌"产品,增强"引客入赣"吸引力。新开南昌至修水、高安等5条机场直通车,新增安义城市候机楼。精准投放补贴政策至萍乡市、三明市、南平市等高铁沿线客源市场,有效拉动"空铁联运"旅客增长。开展票价直减、主题营销,南昌空中转旅客同比翻番。

【机场货运项目建设和航线增加】 2021年南昌昌北国际机场在国内外疫情压力不减的情况下,在落实南昌机场"三个零"目标不被突破的同时,大力推进国际业务中三类指定商品口岸和跨境电商(9610、9710)两大政府重点项目建设,保障首批"9710"跨境电商货物成行。至年底,年货邮吞吐量17.3万吨,下降4.9%。全国机场货运量排名第20位,较上年下降2位。其中,国内货邮6.1万吨,下降42%;国际货邮11.2万吨,增长46.2%。在货运航线网络方面,在原有南昌至列日、洛杉矶货运航线稳定运行基础上,新增南昌至纽约货运航班。

【航线网络拓宽】 2021年,省机场集团积极争取民航华东地区管理局对江西机场航班增量支持。冬航季航班换季后,南昌机场日均航班量近390架次(不含国际及地区航班),加密首都、大兴、虹桥、浦东、成都、昆明、青岛、重庆、南宁、海口、兰州等航线,新开西宁、福州2个省会城市航线,实现适宜通航的省会城市全覆盖。同时,新增忻州等9个支线航点,航线网络覆盖面持续拓宽。

【航运服务质量提升】 2021年,省机场集团践行"真情服务",争取航班正常、促进旅客舒心出行为目标,从细节着手,做好春运航空运输保障工作,航班正常性保持较高水平。全年,南昌机场放行正常率为

2021年3月12日,昌北机场工作人员在机坪上对进口货物进行消杀

(马悦 摄)

91.10%，在全国旅客吞吐量占0.2%的机场排名第19位。南昌机场ACI旅客满意度达到4.95分，高于年度目标值，所有支线机场ACI满意度全部达到年度目标。完成全国“两会”“全国脱贫攻坚表彰大会”、庆祝中国共产党成立100周年等重要会议和活动期间的重大运输保障任务。

【机场基础建设推进】 2021年，省机场集团狠抓重点项目建设管理，各重点建设项目稳步推进。南昌机场T2航站楼C指廊房建工程已基本完成，工程建筑面积3.47万平方米，将T2航站楼向北延伸338米，并新增4条滑道、20个机位。建成后，T2航站楼可以达到高峰小时起降飞机33架次、年旅客吞吐量2000万人次的目标。全面启动南昌机场三期扩建前期工作，项目建议书获国家发改委正式批复；先行项目主进场路跨线桥正式开工建设，“两站一池”迁改工程可研获批。

（王若羊）

邮政管理

【概况】 2021年，南昌市邮政管理局坚持稳中求进工作总基调，紧紧围绕“稳态势、促改革、强基础、畅循环”工作要求，统筹推进常态化疫情防控和行业改革发展，统筹行业安全和稳定，认真落实邮政业更贴近民生7件实事，大力推进“两进一出”（快递进村、快递进厂、快递出海）工程，扎实做好“六稳”工作，全面落实“六保”任务，全市邮政业持续健康快速发展。全年邮政业业务总量累计完成70.67亿元，同比增长31.77%；业务收入完成72.54亿元（不包括邮政储蓄银行直接营业收入），增长12.12%。其中，快递业务量完成6.36亿件，增长36.44%；业务收入完成63.73亿元，增长14.83%。市邮政管理局荣获国家邮政局2020年度《邮政社会监督信息》评选组织奖；获江西省邮政管理局授予的中国共产党成立100周年庆祝活动期间寄递安保专项工作集体称号。圆通、顺丰、百世3家快递企业荣获“全国青年文明号集体”称号，邮政、德邦、顺丰、京东4家企业入选全国城乡高效配送专项行动实施企业。

【行业基础设施建设】 2021年，全市邮政快递企业由快递总部直接投资项目5个，投资额32.7亿元。加快推进京东亚洲一号、韵达江西快递电商总部、南昌昌北机场空侧邮件处理中心、顺丰南昌电商产业园等重大项目建设，主要处理中心全部实现自动化分拣，全市寄递企业开通4条全货机航线和24条高铁邮路。建成省市级快递电商园区19个、县级集散中心8个，快递服务乡镇覆盖率100%。全市城区自营快递网点标准化率为96%，智能快件箱投放全市住宅小区、商务楼宇等场所覆盖率近40%，村级邮政快递服务站点覆盖率100%。

【快递员群体合法权益保障】 2021年，市邮政管理局联合市人社局印发《关于开展优化“快递小哥”从业环境的工作方案》，举办“南昌市首届‘快递小哥’专场招聘会”，组织110家企业参加，提供就业岗位4000余个。全面提升行业人才素质，对接地方劳动部门推进快递从业人员职业技能培训“246”工程，累计培训1085人。联合市总工会印发《关于加强全市快递员群体入会及服务工作的通知》，推出打造户外劳动者“安心驿站”、依托“南昌市工会法律服务站”维护快递员劳动权益等10项服务。联合团市委、市总工会等部门开展“暖蜂行动”，开展各类走访慰问近1万人次，慰问物资37.5万元。对省级快递分拨中心45台安检机加装辐射防护设备，为安检人员购置90套辐射防护服，对多品牌整合的县区级分拣和揽投人员统一购买“雇主险”。

【行业绿色节能减排推进】 2021年，市邮政管理局扎实推动行业禁塑、限塑专项治理。加大宣传贯彻《中华人民共和国固体废物污染环境防治法》《邮件快件包装管理办

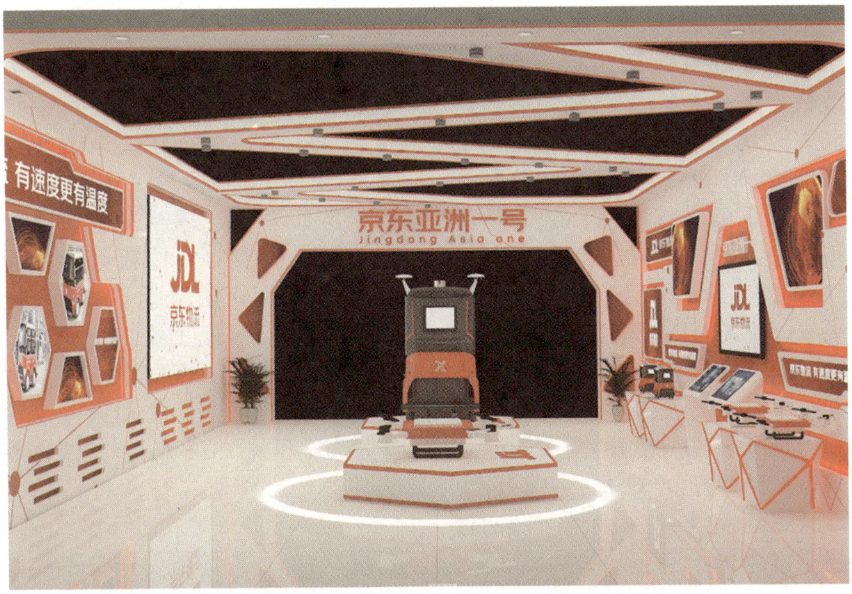

2021年5月，南昌京东亚洲一号物流园建成投产

（市邮政管理局　供图）

法》工作力度，深入实施“2582”工程，开展重金属和特定物质超标包装袋、邮件快件过度包装2个专项治理，结合本地实际制定“211”工作目标。全行业电商快件二次包装率为19%（目标20%以下），可循环快递箱（盒）使用量10120个（年度目标新增1万个），新增标准化包装废弃物回收装置处1103个（年度目标新增1000个），年度目标任务全部完成。

【“中国快递示范城市”建设】 2021年，市邮政管理局推动市政府出台《南昌市建设“中国快递示范城市”实施方案》，将城乡高效配送体系建设、“两进一出”工程、平安寄递建设、快递员群体合法权益保障和绿色邮政发展等重点工作列为示范城市建设的核心任务，加大对快递基础设施建设、车辆通行、政策资金等要素供给，对示范城市建设给予全方位保障。国家邮政局出具《关于中国快递示范城市中期评估工作情况的复函》，南昌示范城市建设工作成效在全国25个城市中排第七名。

【行业疫情防控】 2021年，严格落实“外防输入、内防反弹”要求，抓细抓实常态化疫情防控。督促邮政快递企业认真落实《疫情防控期间邮政快递业生产操作规范建议（第七版）》和《行业疫情防控与寄递服务保障工作指南》要求，从环境管理、人员防护、核酸检测、邮件快件处理等方面明确操作规范和要求。把疫情防控落实情况纳入日常执法检查内容，对企业开展常态化疫情防控执法检查。有序组织从业人员开展疫苗接种，全市快递员疫苗接种率超99%，加强针接种工作持续推进，行业未发生新冠病毒感染事件。

【市邮政业安全中心揭牌】 2021年4月21日，南昌市邮政业安全中心举行揭牌仪式。江西省邮政管理局党组书记、局长魏遵红出席仪式并讲话。省邮政管理局人事处、省邮政业安全中心负责人，南昌市邮政管理局及市邮政业安全中心全体干部职工参加揭牌仪式。南昌市邮政业安全中心正式运行，为进一步完善南昌市寄递安全组织建设、健全邮政快递业治理体系、充实安全监管力量、夯实行业高质量发展基础发挥重要作用。

【快递电动三轮车规范管理】 2021年，加强快递电动三轮车管理，联合市公安交管部门持续规范快递电动三轮车安全文明通行。印发《关于进一步加强快递车辆安全管理的通知》，建立快递企业文明交通分色分级管理制度。根据快递经营许可和停驶黑名单制度情况，对快递企业进行交通安全风险三级分级评定；根据快递员交通违法及违反文明公约情况，对快递电动三轮车驾驶员实行“红、黄、绿”三色管理，持续推动快递电动三轮车管理安全、高效、规范。

【快递企业许可备案】 2021年，市邮政管理局进一步完善快递经营许可管理体系，编制许可办理指南，指导帮助快递企业提高许可办理工作效率。全年完成许可审批事项295项。有序开展全市快递服务新业态专项治理工作，全面排查全市开办服务站经营快递业务企业与运营智能快件箱经营企业信息，梳理全市快递服务站与智能快件箱数量，督促企业加快完成所属快递服务站以及智能快件箱备案工作。至年底，全市办理服务站等末端备案网点1311家、智能快件箱末端备案1397处。

【邮件快件处理场所安全管理规范化提升行动】 2021年，市邮政管理局组织开展邮件快件处理场所安全管理规范化提升行动，印发《邮件快件处理场所安全管理规范化提升行动方案》，集中整治企业作业场地内设备设施不达标、现场管理不到位、员工着装不规范、作业操作不合规、业务培训不到位“五不”突出问题。至年底，省级各邮件快件处理场所基本做到“四个全覆盖、五个必须、六个严禁”。“四个全覆盖”：一线作业人员安全教育培训、设备设施安全警示标志、配备专兼职安全监督员、分拣区设置查验门岗实现全覆盖。“五个必须”：设备设施必须做到“有轮必有罩、有轴必有套、有台必有栏”，传送带跨越处必须设置安全人行跨梯，电气线路必须安装防漏电和过载保护装置，内部道路必须实现人车分流，装卸接驳车辆必须在指定位置停靠熄火、驻车制动。“六个严禁”：严禁无关人员进入处理场所，严禁鞋帽不合规、长发辫不盘起、系围巾围脖，严禁违规下钻跨越踩踏传送带，严禁冒险捡拾掉落件、疏通拥堵件，严禁违规动火作业、冒险检修、疲劳作业、超速驾驶，严禁遮挡消防器材、占用消防通道。

【寄递安全保障】 2021年，持续推进寄递行业安全生产专项整治三年行动，压实企业安全生产主体责任，严格落实寄递安全“三项制度”。加快推进邮政快递业“绿盾”安全工程建设，基本完成主要快递品牌生产现场视频同步，提升信息化监管水平。完善寄递渠道安全管理领导小组协调机制，将市应急、卫健2个部门纳入领导小组，切实提高行业应急处突和疫情防控能力。全力做好全国“两会”、庆祝中国共产党成立100周年等重大活动期间寄递安保工作，持续做好涉枪涉爆隐患整治、反恐禁毒、扫黄打非、打击跨境走私以及濒危野生动植物保护等工作，保障全市邮政快递行业安全健康发展。

（缪兰萍）

城乡建设和管理

城乡规划

【概况】 2021年，市自然资源规划局认真贯彻执行城乡规划法律法规，与时俱进，不断创新规划理念，修订完善相关配套机制，充分发挥规划调控引领作用，为全市经济社会发展提供有力的规划支撑及服务保障。全年受理、办结各项审批事项业务共2354件。其中，核发建设项目用地预审与选址意见书59件，建设用地规划许可证51件，建设工程规划许可证（建筑类）1238件（其中外立面装修类30件），建设工程规划许可证（交通市政工程类）68件；审定建设工程设计方案（市政道路综合管线工程类）审批85件，建设工程规划条件核实审批165件，建设工程规划验线审批667件；国家基础测绘成果资料提供使用审批15件，丙级测绘资质审批6件。代市政府征收市政公用设施配套费4.89亿元。

【国土空间总体规划编制】 2021年，市自然资源规划局积极推进《南昌市国土空间总体规划（2021—2035年）》编制工作，在已形成的市级国土空间总体规划初步方案成果基础上，深入研究市域国土空间格局，进一步明确大型市政基础设施及公共服务设施布局，加强对大南昌都市圈与周边城市群的交通分析，优化提升方案成果。统筹推进南昌县、进贤县、安义县及新建区国土空间总体规划编制工作，多次组织召开县级规划专题调度会，市县联动、压茬推进。至年底，市县两级规划均已基本形成方案成果，并汇总完成文本和图集初稿。全面开展南昌市“三区三线”（在城镇空间、农业空间、生态空间划定的城镇开发边界、永久基本农田、生态保护红线三条控制线）试划工作，按照党中央、国务院决策部署，根据自然资源部、省自然资源厅工作安排和下发的划定规则先后完成2轮“三区三线”试划工作，将生态保护红线、永久基本农田、城镇开发边界等管控范围落实到具体地块。

【城市设计规划编制】 2021年，市自然资源规划局围绕“在建设高颜值城市上实现新突破”要求，提升城市品质功能、实施城市精细化管控、塑造城市特色风貌，推进南昌市总体城市设计工作。规划层面，围绕城市山、江、湖等重点元素，开展《南昌市总体城市设计》《南昌市一江两岸详细城市设计（优化）》《赣江西岸山江湖城通廊城市设计》编制工作。报请市规委会听取《南昌市一江两岸详细城市设计（优化）》中期成果汇报。重点区域层面，开展《南昌市广州路沿线及东站站前地区城市设计》《南昌市VR小镇起步区城市设计》《南昌市九龙湖滨湖区域（九龙大道以西）城市设计》编制工作，并联合南昌高新区开展《中国（南昌）科学岛城市设计》竞赛工作。

【交通市政规划编制】 2021年，市自然资源规划局结合国土空间总体规划，同步开展《南昌市城市综合交通体系规划》《南昌市第二轮城市轨道交通线网规划》编制，完成专家评审，并报请市规委会审议通过。构建“十纵十横十联”（十纵：西外环快速路、枫生快速路、沿江快速路、洪都大道快速路、高新大道快速路、天祥大道快速路、昌西大道—武功山大道、经开大道—丰和大道—三清山大道、抚河路—金沙大道、昌东大道。十横：北外环快速路、英雄大道快速路、玉屏大街—英雄大桥快速路、前湖快速路—九洲快速路—新溪桥快速路、祥云大道—昌南大道快速路、南外环快速路、黄家湖西路—阳明路—火炬大街、红湾公路—解放西路、皇姑路—二七通道—民强路、抚州大街—东莲路。十联：萍乡大街—澄湖北大道快速路、桃花南路—桃新大道快速路、机场路/金山大道—碟子湖大道快速路、兴业大道/莘洲大道、志敏大道—梅林大街—艾溪湖北路、迎宾大道、九洲大街—广州路、海棠南路—长堎大道—华南大道、青山路—八一大道—莲塘大道、航空城大道)干线路网格局,总规划里程约730千米。积极做好东二环快速路、北二环快速路、九洲高架东延、枫生快速路三期改造等6条快速路及九龙大桥、洪州大桥、隆兴大桥等5座跨江大桥的方案制定及研究论证工作。以昌九客专建设为有利契机,争取昌九客专和"北二环"工程合建项目,最大限度利用好过江通道资源及节约集约利用土地。加强各重要节点规划研究,有效统筹南昌县、新建区城市主干路以上的道路规划,并进行技术把关,确保全市交通体系"一张网""一盘棋"。做好"打通断头路,畅通微循环"方案起草和研究论证工作,完成市第十二次党代会提出的老城区东西向通道快捷化规划方案研究工作。靠前服务南昌高铁东站片区建设,把握"花小钱、办大事"原则,开展12项专项规划编制工作,彻底改变片区开发走"先建设、后治理"的老路。认真贯彻落实"揽山入城"战略,开展梅岭索道线路及观景平台规划研究和论证工作,做大做强"大梅岭"景区。围绕"四主四辅多点"综合客运枢纽体系,开展昌北机场、南昌东站等多个客运枢纽的规划研究;推进大南昌都市圈轨道交通"四网融合"方案布局,规划布局市域市郊铁路,实现与大南昌都市圈其他地市互联互通;着眼城市长远发展,将重大线性工程及其附属设施纳入国土空间总体规划优先布局。做好南昌—武汉—长沙1000千伏世界最高等级特高压等14条高压电力线路、污水全收集全处理、应急水源、综合管廊、取水口优化、前湖水系整治等重大市政项目的规划服务工作。

【测绘地理信息发展】 2021年,南昌市地理信息公共服务平台(原"智慧南昌时空信息云平台")通过自然资源部组织的验收。实施后,南昌市测绘地理信息服务水平得到质的飞跃,在多方面实现从0到1的突破。搭建一套集数据智能会聚、存储、全生命周期管理、共享服务与数据挖掘分析于一体的时空大数据资源库及治理体系,实现多源异构数据资源的统一存储与管理,资源库中包含数字线画图、影像图、数字高程模型、地名地址、地下管线、实景三维等地理信息,包含法人、教育、物联网节点等政务专题数据。建成第一版地理信息公共服务平台,实现在线发布地理信息数据服务、功能服务、接口服务及二次开发服务,为自然资源规划管理、生态文明建设和数字经济发展提供统一的空间基准、准确的空间框架和丰富的数据底板,支撑"城市大脑"建设,消除数据共享壁垒,为市直相关单位的30个信息系统提供在线式地理信息服务。推进工程建设"多测合一"(即工程建设项目报建全流程各报建阶段涉及的测绘事项整合)改革,依托南昌市"多测合一"应用系统加强对中介机构监管,促进各部门成果共享应用,实现工程建设项目竣工阶段"多测合一"项目委托、成果汇交、流转及在线监控。至年底,全市74家建设单位和26家测绘中介机构录入南昌市"多测合一"应用系统,75个项目通过南昌市"多测合一"应用系统发布。

【城市规划管理】 2021年,市自然资源规划局为适应城市发展变化需要,在赴上海市、杭州市等地学习考察和深入社区调研基础上,开展《南昌市城市规划管理技术规定》修订工作,提高建设项目停车配建标准,提升群众居住舒适度和出行便捷度。开展《南昌市控制性详细规划及城市设计编制指南》编制工作,将城市设计管控要求纳入控制性详细规划。严格用地规划条件管理,将空间形态、建筑风貌、地下空间等3个方面、12项城市设计管控要求纳入规划条件,落实到具体地块;社区养老服务设施及幼儿园配建全部纳入用地规划条件,作为强制性内容。从严控制工业厂房容积率调整,支持工业企业合理诉求。出台《关于进一步规范邻避设施项目规划选址许可程序的通知》,规范邻避设施项目申请条件,明确办理材料和流程,有效指导邻避设施项目规划选址许可办理,进一步加强邻避问题风险防范意识。制定《南昌市居住区便民服务设施规划审批管理规定(试行)》,满足社会多方需求,提供舒适居住环境,提升居住区品质。制定完善《南昌市轨道交通上盖物业综合开发工程审批指导办法》,有序推进城市轨道交通上盖物业综合开发工程建设,规范轨道交通上盖物业综合开发工程规划、建设审批工作。

【规划信息化建设】 2021年,市自然资源规划局建成南昌市国土空间规划"一张图"(以自然资源调查监测数据为基础,建立全国统一的国土空间基础信息平台,并以信息平台为底板,结合各级各类国土空间规划编制,逐步形成全国国土空间规划"一张图",推进政府部门之间的数据共享以及政府与社会之间的信息交互)实施监督系统规划管理子系统,实现规划许可线上审批。全年"多规合一"(实现各类规划的定位目标统一)业务协同平台录入项目831个,完成策划生成项目364个,进入国家监管平台项目133个。97家建设单位和27家测绘中介机构录入南昌市"多测合一"应用系统,104个项目通过南昌市"多测合一"应用系统发布。开展《南昌市2021年度项目生成空间实施规划》编制,已通过专家评审,完成2021年度内1247个项目的信息收集及490个项目的红线坐标系转换、项目分区、分类型的数据库建立及现状评估和规划核实工作,初步形成《南昌市2021年度项目生成空间实施规划》的文本、图集及矢量数据库。通过“六多合一”(多证、多规、多介、多评、多审、多测)系统,实行核发建设工程规划许可证电子证照,不再核发纸质证照。

(胡云霞)

城市建设

【概况】 2021年,南昌市住房和城乡建设局(以下简称“市住建局”)围绕打造“一枢纽、四中心”目标定位,面对问题矛盾勇担当,推动行业发展谋举措,建筑业发展实现量质同增,城市功能品质持续提升,改革创新活力加速释放,城乡建设事业呈现高质量发展态势。南昌城市建设投资集团(以下简称“南昌城投公司”)抓住城市发展战略机遇,持续深化国企改革,做强城建主业,做优资本运作,做活资产经营,在传统基建、投资融、企业改革等方面取得成效。全年重点实施25个在建项目(含棚改项目),总投资约673.78亿元,年度计划投资61.22亿元,实际完成投资64.21亿元,占年度计划投资的104.89%。实现融资146亿元(不包含国开行棚改贷款落实的78.57亿元),分期发行的51亿元永续中票。南昌市智慧平台建设管理有限公司获“国家高新技术企业”称号。南昌市重点公共建设项目管理中心(以下简称“市重点项目管理中心”)紧紧围绕“巩固提升发展首位度、充分彰显省会担当”要求,紧扣市重大重点项目投资计划,按照南昌市重大重点项目协调推进机制,充分发挥督促、协调、指导、推进的职能,通过主动靠前、深入一线、积极协调、全力推进,为城市建设重大重点项目实施提供有效保障。全年共组织召开城市建设重大重点项目协调会议37次,涉及81个项目(含历年重大重点项目),协调推进253件事宜。协调推进的76个城市建设重大重点工程项目中,已完工8项,开工在建43项,前期推进25项,累计完成投资额约371亿元,占年度计划投资的106%。

表18　2021年度南昌市城建口已完工重大重点工程项目情况表

序号	项目名称	项目建设单位	责任单位	总投资(万元)	开、竣工时间	工程进展	开工累计完成投资(万元)	占总投资比例(%)
	已完工项目(8项)			3567658			3560643	100
1	南昌轨道交通1号线一期工程电客车架修整体委外项目	南昌轨道交通集团	南昌轨道交通集团	18138	2020.1—2021.12	项目已于7月底完成	18138	100
2	南昌市轨道交通1号线一期车辆增购及配套工程项目	南昌轨道交通集团	南昌轨道交通集团	62125	2019.8—2021.12	项目已于8月底完成	62125	100
3	朝阳新城市政道路设施提升真君路隧道工程	南昌城投基础设施开发有限公司	市城投公司、西湖区政府	58265	2020.10—2022.12	项目已于9月底完工	54103	93
4	南昌轨道交通4号线工程	南昌轨道交通集团	南昌轨道交通集团	3082983	2017.12—2021.12	12月26日通车初期运营	3082983	100
5	艾溪湖隧道工程	南昌轨道交通集团	南昌轨道交通集团	241480	2019.7—2022.12	12月30日完工	241480	100
6	莲西大道提升改造工程(斗南路—岱山东路)	南昌县交通建设投资发展有限公司	南昌县政府	39080	2020.3—2021.12	斗南路至莲富路、向阳路至斗柏路、澄湖北大道至农科路、农科路至小蓝南路、小蓝南路至小蓝北路、小蓝北路至振兴大道、振兴大道至繁荣路、繁荣路至开发路、开发路至岱山东路等道路工程均已完成	48700	125

续表18

序号	项目名称	项目建设单位	责任单位	总投资（万元）	开、竣工时间	工程进展	开工累计完成投资（万元）	占总投资比例（%）
7	梦山大道南段（武功山大道—昌栗高速）工程	新建区城投公司	新建区政府	53450	2020.6—2021.12	项目已完工通车	53520	100
8	南昌九昌樟成品油管道（黄家湖至西外环与物华路交叉口段）迁改工程	中国石化销售股份有限公司华中分公司	市政公用集团、新建区政府、红谷滩区政府、湾里管理局、经开区管委会	12137	2021.3—2021.09	全线累计完成11.25千米管道铺设	12364	102

（资料来源：市重点项目管理中心）

【高铁东站新区建设】 2021年，高铁东站新区建设进度加快。高铁东站新区是市中心城区由市级投资开发的唯一大型新区开发项目，核心区东至铁路站房、西至尤氨公路、北至解放路、南至昌东三路，总占地面积约10平方千米，远期将扩展至22平方千米。建设内容包括征地拆迁、交通路网建设、安置房建设、水系公园建设以及其他配套公用设施建设，项目总投资约307亿元（不含融资成本以及学校、医院、地铁等公用配套设施建设费用）。按照“三年基础设施基本成形，五年新城片区初步建成”总体目标，采取“多主体共建共享、多环节融合推进、多渠道资金平衡”的片区综合开发模式，计划利用5年时间，将高铁东站新区打造成为以区域交通枢纽和生态低碳为基础，融合综合服务、文化创意、创新产业的活力新区，成为南昌市城市次中心。至年底，高铁东站新区建设累计完成年度投资额约20.58亿元，占年度投资计划的103%。

【旧改安置房建设】 2021年，市住建局落实旧改安置房建设日常问题实时调度机制，建立健全进度考核评比制度，按照月考核、月排名、月通报方法，对所有在建市本级投资旧改安置房项目进行考核，加快安置房建设进度，力争早建成、早交房，让群众尽快住进新居。至年底，全市中心城区市本级投资集中安置小区共68个，总建筑面积约1511万平方米；住宅约9.9万套，总投资约455亿元。开工项目61个。其中，36个项目在建，25个项目完成竣工验收备案。

【老旧小区改造】 2021年，市城管执法局印发《2021年南昌市老旧小区改造工作实施方案》，在改造过程中坚持共同缔造理念，问需于民、问计于民；坚持规划先行，出台改造技术标准指引；坚持服务为本，完善社区水、电、路、气等基本设施；坚持多元保障，多方筹措资金，加强项目督查；坚持建管并重，探索“准物业”模式破解后续管理难题，打通服务居民的“最后100米”。至年底，全市完成231个老旧小区改造任务，青云谱区洪科社区老旧小区改造南昌经验得到省市领导肯定。

【既有住宅加装电梯】 2021年，市住建局按照“政府引导、业主主体、市场运作”原则，多措并举推进既有住宅加装电梯工作。制作发放宣传手册加装电梯通告，出台每部电梯奖励2000元政策，印发电梯设备标准优惠价格公告，提供加装电梯业主分摊比例合集供百姓参考选择。实现“一窗受理、一窗答疑、一窗解惑”，建立电梯企业参考名录，鼓励“一家企业全包”，负责手续办理、施工安装、运营维护全过程，建立联合审批机制，将审批时限压缩至5个工作日，着力破解审批难问题。至年底，全市既有住宅加装电梯累计完工141台，超额完成139台的年度任务数，部分做法获住建部和省住建厅肯定，工作经验作为全省唯一入选城市向全国予以推广。

（柯一航　朱　浩　陶小玲）

道路建设

【概况】 2021年，市公路事业发展中心坚持路网提升需求与地方建设需求相结合，重点做好“十三五”跨“十四五”建设项目，推进“十四五”规划项目前期工作，提前将一批重大重点项目列入“十四五”交通运输部部库及省级项目储备库、南昌市重大重点项目库。“十四五”期间拟建国省道项目6个（含在建2个项目），建设里程约60.8千米，总建设投资69亿元。做好G320向塘至石埠段公路新建工程、安义县石鼻镇果田村至安南小镇桥梁新建工程前期工作。

【朝阳新城真君路隧道全线通车】2021年9月30日，由南昌城投基础设施开发有限公司建设的真君路隧道实现全线通车。真君路隧道东邻象湖旅游景区，北起水厂路，南抵九洲大街（象湖隧道），全长约1.8千米。其中，隧道长约1千米，配套市政道路改造0.8千米。隧道规划双向四车道，铺设沥青混凝土路面，设计时速为40千米，地面标准段宽度为36米，地下隧道标准段宽度为21米。项目于2020年6月6日开工，主体采用钻孔围护桩+旋喷桩止水，明挖施工。2021年4月14日，隧道主体贯通。6月29日，设备监控用房封顶。真君路隧道提升道路通行能力，降低交通风险，减少来往车辆对其核心商业区造成的影响，有利于华侨城文化旅游城两侧核心区功能一体化组织发展。

2021年9月30日，朝阳新城真君路隧道实现全线通车

（市公建中心　供图）

【绕城高速公路西二环（厚田至乐化段）工程开工】2021年12月28日，南昌市绕城高速公路西二环（厚田至乐化段）工程开工建设。工程全长86.81千米，按高速公路标准建设，设计速度为每小时100千米、双向六车道高速公路标准建设、路基宽度33.5米。路线起于沪昆高速的厚田枢纽，对接沪昆高速，与昌樟高速形成“十”字交叉枢纽，先后经新建区流湖乡、石岗镇、西山镇，安义县的乔乐乡、石鼻镇、长埠镇、鼎湖镇、东阳镇、万埠镇、长均乡，湾里管理局的罗亭镇，新建区的溪霞镇，南昌经开区的乐化镇，终于南昌北枢纽，顺接东外环，与昌九高速形成“十”字交叉枢纽。全线共设置13座互通，其中枢纽立交4座（分别为厚田枢纽、西山枢纽、石鼻枢纽、南昌北枢纽）、互通立交9座（分别为流湖、石岗、西山北、乔乐、安义古村、安义东、长均、罗亭、溪霞互通）；设置服务区1处（为安义古村服务区）；分离式隧道1条（梅岭隧道），长约2.7千米；特大桥2座（南潦河特大桥、东阳特大桥）。路线穿越安义西山岭自然保护区及怪石岭公园，经过梅岭风景区及溪霞水库等保护区，建设9个收费站所。

【南外环绕城高速公路项目剩余工程复工建设】南外环绕城高速公路项目于2014年3月开工，2017年9月26日南外环绕城高速公路项目迎宾大道以西和莲塘大道以东段完工通车，但工程线路剩余410米因涉及第一储备资产管理局南昌管理站和江西省军区第一干休所2个单位土地置换问题，导致工程不能全线贯通。所涉的土地置换问题，须由驻地部队按程序报其上级多个部门审批。2021年8月，省委常委、市委书记李红军前往南外环绕城高速公路现场调研，并指示成立工作专班，全力协调推进南外环绕城高速公路项目线路剩余土地置换报批事宜。专班办公室设在南昌市重点公共建设项目管理中心。在市委、市政府高位推动下，工作专班紧盯报批各环节，抓好报批问题的落实办理。至年底，土地置换方案获取中央军委批复，南外环绕城高速公路项目剩余410米工程复工建设。

【“十纵十横”干线路网项目建设】

2021年，落实年度计划任务，全力推进“十纵十横”干线路网项目建设。全年开工在建项目12项，实施里程数约148千米，累计完成年度投资额约41.22亿元，占年度投资计划的95%。其中，沿江中北大道道路提升改造工程（八一桥—二七路段）于年底通车，桃新大道项目（昌南大道—东岳大道段）于10月1日通车；昌西大道（320国道—白玉兰路）工程、丹霞路（沿江北大道—青山湖北大道）道路、桃花南路（九洲高架—昌南大道）快速化改造工程等在建项目正在推进。建成后，将有效缓解中心城区的交通压力，进一步完善南昌市的干线路网结构，构建以南昌为中心多层次、放射状、强联通的综合交通网。

【城市主次干道项目改造】2021年，精心组织协调，科学安排施工，深入推进城市主次干道项目改造工程建设。其中，朝阳新城市政道路设施提升真君路隧道于9月完工通车；医科园路网及沪昆高速连接线改扩建、莲西大道提升改造、梦山大道南段（武功山大道—昌栗高速）工程均在年底完工通车；海关桥及周边道路改造工程基本完成；青山湖西岸片区基础设施建设工程、洪都新城规划道路建设等14项工程按总工期目标加速施工。全年累计完成投资额约41.2亿元，已完工通车项目5项，通车里程数约16.89千米；开工在建项目14项，实施里程数约156.24千米。建成后，将进一步提高道路标准，加强中心城区与周边县区的联络通道，促进城市道路平衡发展，提升城市道路通行能力。

【农村公路建设】　2021年，全市农村公路建设取得新成果。市交通运输局深入开展农村公路安全隐患专项整治，全面排查清底数，强化督导保质量，举一反三促提升，排查全市在册农村公路临水临崖、高陡边坡隐患2373处，须设置护栏1023千米。至年底，已完成整改2370处，完成率99.87%。按照市政府确定的100千米农村公路新改建民生项目目标，重点推进县道升级、乡道双车道改造、通建制村公路拓宽和农村旅游公路建设，提升农村地区公路通行等级，促进农村产业和旅游业发展。至年底，全市完成农村公路民生实事票决项目155.4千米，完工率155.4%。组织开展全市重要县、乡道平交道口整治工作，全市排查出重要县乡道平交道口隐患点3163处(加装减速装置3110处，硬化53处)，已完成隐患整改3099处，完成率97.98%。

(柯一航　朱　浩　陶小玲)

城市绿化

【概况】　2021年，市城管执法局贯彻落实城市功能与品质提升行动整体思路，围绕建设“山水名城、生态都市”工作目标，做好全市园林绿化管理维护的监督考核、行业性规范制定和市管园林绿化、绿道、苗圃管理维护及园林科学技术研究、推广与运用等工作。城市园林风貌持续塑造，市容市貌量质并举，不断开创城市新气象。全市建成区拥有园林绿地面积14642公顷，建成区绿化覆盖面积15743公顷，公园绿地4053公顷，城市建成区绿化覆盖率43%，人均公园绿地面积13.05平方米。

2021年11月6日，南昌市第33届菊花展开幕

(刘文龙　摄)

【公园城市建设】　2021年，市城管执法局围绕“精心规划、精致建设、精细管理、精美呈现”总体要求，推进公园城市建设。多管齐下推进公园精细管理，对公园广场内绿化植物、环卫设施、照明及景观亮化设施、游乐设施进行全面维护，提升公园广场园容园貌。推广试点“市民园长制”，选定5个公园作为前期试点，聘任13位市民园长参与公园管理，实现公园共享、共管、共治的管理模式。市民园长制工作受到省市媒体关注，形成良好的社会效应。全年计划新建和提升改造公园23个。至年底，已开工21个，完工15个，建成南昌县渔庄秋月公园、进贤县火车站广场、安义县平安公园、西湖区朝阳足迹公园等一批精品公园。

【绿道网络拓展延伸】　2021年，市城管执法局围绕打造山水相连的绿道之城目标，推进城市绿道建设。至年底，已开工绿道项目38个，完工项目13个，完成绿道建设长度127.24千米(其中完成2021年计划内任务80.73千米，完成2020年绿道续建长度46.51千米)。南昌经开区龙潭水渠滨水绿道、儒乐湖公园(一期)绿道项目、湾里管理局罗亭集镇至周丰段绿道、安义县平安公园绿道、G354绿道均已完工。全市城市绿道绿廊建设部门累计建设绿道538.54千米，绿道覆盖范围进一步拓展延伸。

【市第33届菊花展】　2021年11月6日至12月5日，为进一步加大菊花展文化推广力度，以“菊耀洪城，美丽赣鄱”为主题的第33届菊花展在新建区马兰圩花海公园举办。18家单位选送的100余个品种、110万盆菊花参展，展示南昌的生态园林建设成果，并巧妙地与庆祝中国共产党成立100周年活动有机结合，在方案设计、氛围营造、景点布置等方面，展示中国共产党建党百年以来的伟大征程、伟大成就以及人民对新时代美好生活的愿景。11月20日，由新建区选送的花冠直径达31厘米的独头菊“国华晓红”脱颖而出，摘得菊花展的“花王”桂冠。菊花展吸引众多游客前来观赏，日平均人流量1万人次，高峰期日人流量达到2万-3万人次。

【邮票绿地建设】 2021年，市城管执法局开展围挡围墙整治专项行动，集中拆除一批有碍观瞻的闲置空地围墙、围挡，实施邮票绿地建设，实现拆墙透绿、拆墙建绿、拆墙见景。在城区现有262个邮票绿地基础上，利用城市拆违区、斑秃区、废弃地、边角地带、老旧社区等见缝插绿，补足休闲、体育、公共卫生服务设施，完成52个邮票绿地建设。同时，通过城市主干道的彩化和种植市花月季等工作，使城市景观季相分明，让市民共享更多绿化发展成果。

【科技应用水平提升】 2021年，市城管执法局不断推进科学技术研究、推广与运用，在园林科学技术、动物科普宣传教育、动物繁育与饲养等方面取得成效。加强梅岭风景区三化课题研究，完成中期执行报告的撰写、项目样地调查和部分苗木培育技术规程编制等工作。引进新优植物品种1000余株，并对部分新优花卉品种进行量产。依托省级科普教育基地平台，举办市民园艺科普主题活动2次。南昌动物园繁殖4胎8只华南虎仔，园区华南虎数量增至40只，居全国动物园第二位，得到国家和省市媒体广泛关注。

（夏霄霄）

市政公用事业

【概况】 2021年，南昌供电公司深入践行“人民电业为人民”企业宗旨，积极履行社会责任，为全市3个县6个区321万户用电客户提供安全、经济、清洁、可持续的电力供应服务。全年完成电网发展投入18.01亿元，完成售电量255.68亿千瓦时，同比增长14.24%；综合线损率(2.23%)，下降0.36%，居全省第一位。南昌市燃气集团有限公司(以下简称“南昌燃气”)累计用户总数114万户，全年销售气量4.79亿立方米，累计投资建设管网长度6587千米。未发生C类及以上安全事故，未发生5万户以上居民用户连续24小时供气中断事件。南昌水业集团有限责任公司(以下简称“南昌水业”)紧抓国家生态文明建设发展机遇，开拓固废、水环境治理和供排水一体化等产业领域，取得长足发展。旗下拥有1家主板上市公司——江西洪城环境股份有限公司，在“2021中国环境企业50强”评选中名列第18位。

【城市电力供应】 2021年，南昌供电公司打造一流城市电网，推动城乡电网协调发展。完成特高压属地协调任务及长山主变扩建，高标准编制“十四五”主配网规划，完成富广220千伏送出等13项工程核准，投产500千伏豫章等7座变电站，竣工钱岗扩建等23项重点工程，开工鱼目山改造等17个重点项目，冈北变电站成为公司首座自主建设投运的220千伏变电站，全市保供应能力不断提升。全面提升配网自动化和带电作业水平，省内率先实现“5G+无线遥控”应用，有效覆盖率、FA投运率分别提升至92.1%、98.2%。全年不停电作业次数3380次，提升2.5倍。实施“农村电网巩固提升工程”，投入资金7亿元，户均容量提升至2.26千伏安。集中开展频繁停电、低电压问题整治，10千伏线路跳闸下降50.9%，城、农网供电可靠率99.95%、99.91%。总投资突破10亿元，完成自主实施项目5.48亿元，为县域发展、乡村振兴提供强力支撑。全年为1744家企业节约接电成本1.5亿元、降低客户电费成本2.8亿元。打造江西首个“无人智慧”供电营业厅，线上办电率86.3%。优化精简办电环节，高、低压客户受电工程供电侧办理时间分别压减至5个、1个工作日，让企业更早用电。投入8800万元，推进31个老旧小区电力设施改造。配合开展空中网线、供电设施景观化改造等专项行动，净化城市环境。

表19　2021年南昌地区社会用电构成一览表

单位：万千瓦时

合计		用电量
		2869952
类型	一、全行业用电总计	2335669
	1.第一产业	11942
	2.第一产业	1533434
	3.第一产业	790291
	二、城乡居民生活用电总计	534283

（资料来源：市供电公司）

【城市燃气供应】 2021年11月3日，由南昌燃气投资建设的市重点民生项目——南昌市环城高压天然气管网北线工程投产通气。天然气环城高压管网项目于2016年10月开工建设，全长227千米，分东线、南线、北线、西线，西至湾里管理局，沿西外环铺设，北至赣江新区祥和路，呈环状围绕南昌城区，年输气能力10亿立方米，全线储气量20万立方米，为沿线湾里管理局、南昌经开区、赣江新区燃气用户提供更充足的气源保障。至年底，该项目完成160余千米管道敷设。南昌燃气选派业务骨干入驻政府政务服务中心，改善服务体验，优化业务流程，在燃气报装领域推行“三零服务”（即在流程上做到“零审批”、在价格上做到“零收益”、在过程上做到“零跑腿”），实行“一窗通办、专窗受理、一事联办”的服务模式，提升服务质量和效率。2021年12月12日，调度指挥中心改造完成正式启用。升级改造涉及视频监控、抢维修、压力远传等相关软件，并整合地理信息、数据采集与监视控制、远传表、视频监控等系统，打造公用事业企业综合智能调度中心，形成统一的生产调度指挥平台，实现对气源调度、应急指挥调度、大数据应用及分析预测、管网运行等板块的无缝衔接，为做好上下信息互通、预警管理、辅助决策、科学指挥起到重要作用。

【供水】 2021年，南昌水业持续深化“放管服”改革，服务民生再升级。服务渠道再丰富，入驻南昌市、县（区）两级政务服务大厅，推行供水业务线上“一网通办”，实现40余项线下供水业务线上办理。用水营商环境再优化，推出工改系统用水报装申请“110”服务（0份材料申请，1个环节参与、1个工作日通水），用水报装费用再降低，取消计量装置、红线外工程等费用，对新建简易社会投资项目DN40及以下的接水工程“零费用”通水，降低用户接水成本。持续推进污水厂标准化建设。按照“标杆引领、规范管理”总目标，全面深化污水厂精细化管理。至年底，标准化污水厂建设实现全覆盖。建立统一的标准化管理和评价制度，提升污水厂管理水平；建立污水处理大数据分析系统，全面提升环保板块运营管理水平。

【市政设施建设】 2021年，市城管执法局推进市政设施项目建设，巩固设施长效管养水平，加强城市桥涵、隧道、地下通道、人行道的检测和养护管理，实施城市路灯照明“暗改亮”，消除照明盲区并进一步淘汰高耗能的高压钠灯。至年底，推动实施道路“白改黑”项目27项，完工17项；维修改造550条背街小巷，完成525条；实施18项城市照明“暗改亮”项目，完成15项，新增照明灯4110盏，节能改造照明灯5447盏；处置道路空洞74个；修复市政道路约11万平方米；维修路灯13014盏；摸排统计全市建成区共有井盖527958个，破损、松动、缺失等问题井盖30199个，完成整改24408个。

（付欢春　汪游胤　刘彦薇　邓　蕾）

城市交通

【概况】 2021年，江西南昌公共交通运输集团有限责任公司（以下简称“南昌公交运输集团”）总资产75.24亿元，净资产27.04亿元，日均客运量65万人次，年客运收入和相关产业收入约12.38亿元。南昌市轨道交通线网运营线路4条，总运营里程128.6千米，线网车站总数94个，其中换乘车站9个。客运量25968.01万人次，进站量16939.4万人次，旅客周转量165268.3万人次千米。实际开行37.55万列次，线网日均客运量约71.15万人次，单日最高客流181.5万人次，客运强度0.79，最小行车间隔缩短至4分48秒，列车正点率、运行图兑现率、设备设施可靠度高于国家标准，线网客运强度、移动支付水平位居全国前列。乘客满意度整体感知良好，总体满意度为9.36分，比上年度上升0.13分。江西省城市轨道交通智慧建设与运维技术工程研究中心获批为省级工程研究中心。

【公交场站建设】 2021年，南昌公交运输集团围绕“人进场、车进站”战略工程，全年投资约1.25亿元推进公交场站建设，不断增强主营生产保障能力、改善职工工作环境。至年底，香江路公交首末站及出租汽车服务中心、莲武路公交枢纽投入使用，新洪城大市场枢纽站项目完成，红谷滩“北外滩”凤凰洲公交枢纽站项目主体结构封顶，青山湖微公交首末站和塘南枢纽站开工建设。

【公交线网优化】 2021年，南昌公交运输集团坚持“服务从心开始”工作理念，到工业园区、企事业单位、大专院校、社区街道，听取和收集群众有关公交出行意见和建议，统筹研究线网布局，合理调配运能运量，确保人民群众在乘坐公交时，有更多更直接的安全感、幸福感和获得感。至年底，优化调整公交线路203条，升级改造东华理工西门等候车亭122个，新建立杆站牌667个，有效满足市政公用城、翰林世家、东华理工大学等地群众出行需求。

【新能源车比例提升】 2021年，南昌公交运输集团结合《南昌市绿色出行创建实施方案（2020—2022年）》相关要求，配合市政府积极推进南昌市“绿色公交”建设工作，加快新能源公交车辆推广，多渠道筹措资金，不断加快新能源车辆更换速度。全年投入资金2.5亿余元，更新395台高品质新能源公交车，其中包括具有特色的16辆铛铛车和15辆双层巴士。至年底，有新能源车2072辆，占全部车辆比例超过50%，不仅实现南昌市空调公交车全覆盖，还进一步优化车辆能源结构。

【南昌轨道交通产业园(一期)项目开工】 2021年3月26日，新建区2021年一季度重大重点项目暨南昌轨道交通产业园(一期)项目开工仪式在九望新城举行。南昌轨道交通产业园位于新建区望城经济开发区，紧邻红谷滩区九龙湖片区。项目总用地面积约200公顷，分3期完成建设。项目一期投资62亿元，面积为52.2公顷，共建有12个地块厂房，围绕"装备制造、工程建设、设计研发及智能运维"进行产业布局，打造成为轨道交通建设、运营全链条产业集群。至年底，项目一期主体结构基本完工，首批28个重点项目签约落户，项目总投资超过100亿元。

【地铁空调优化调整】 2021年9月30日，南昌地铁1、2号线改变空调采用的全列集控形式，推行"同车不同温"分区温控服务，乘客可根据自身需求选择不同温度的车厢。"同车不同温"服务，依据南昌地铁站台扶梯布置特点，分别设置"强冷车厢""中冷车厢""弱冷车厢"。空调优化调整是在保留原空调温度设计基础上，以既有国际标准UIC曲线为依托，通过融入载荷因子温控软件、设置3层目标温度控制等方式对列车空调控制系统软件进行升级、改造，从而实现空调分车控温调整功能，并能根据车厢载客人数自动调温，进一步提升乘客体感舒适度。

【轨道交通综合应急演练】 2021年11月19日，为汲取"7·20"郑州地铁雨水倒灌事故教训，全面提高轨道交通运营突发事件预防和应急处置能力，南昌市轨道交通运营突发事件综合应急演练在南昌地铁4号线礼庄山站举行。演练模拟南昌市遭遇极端暴雨情况下，南昌地铁4号线高架与地下过渡段挡墙发生垮塌，内涝积水瞬时倒灌入区间隧道，导致礼庄山站至中堡站上下行行车中断。市轨道交通运营突发事件应急领导小组办公室启动应急预案Ⅳ级应急响应，市属相关部门按照Ⅳ级响应要求展开联合处置应对，疏散转移100余名乘客，解救3名被困人员，及时修复受损地铁运营设备。演练有20余家单位300余名参演人员参加，公安、消防、急救、轨道、供电、通信等单位出动救援及保障车辆20余辆。

【地铁4号线开通运营】 2021年12月26日上午9时58分，南昌地铁4号线一期工程正式开通运营。4号线是南昌轨道交通线网中的主骨干线路，起点为白马山站，串联新建区、红谷滩区、南昌县、西湖区、东湖区、青山湖区、南昌高新区7个城区，终点为鱼尾洲站，覆盖赣江东岸主要发展轴。该工程总投资超300亿元，线路全长39.6千米，设站29座，其中地下站25座、高架站4座。与南昌地铁1、2、3号线相比，4号线具有线路最长、设站最多、投资最大的特点，并有"换乘之王"称号，通过5个换乘站点实现与其他地铁线便捷换乘。5个换乘站分别是：西站南广场站(2、4号线换乘)、绳金塔站(3、4号线换乘)、丁公路南站(2、4号线换乘)、丁公路北站(1、4号线换乘)、上沙沟站(3、4号线换乘)。南昌轨道交通在实现"三线运营"基础上，进一步迈向网络化运营。

(罗忠　付欢春　周星　万孟灵)

城市水利

【概况】 2021年，南昌市水利局扎实抓好流域生态治理、水旱灾害防御、水利建设管理、水利行业监管等工作，努力建设人民群众满意的"幸福河湖"，为南昌唱响"山水名城、生态都市"提供更加有力的水利支撑。重大工程建设不断推进，赣江抚河下游尾闾综合整治工程主体开工，裘家洲生态保护工程前期工作基本完成。水利工程短板得到有力补齐补强，推进7处城市防洪工程建设，实施2处灌区改造，基本完成5处涝区治理，启动1处涝区治理，完成2座水库除险加固、19处中小河流治理、8处堤防整治，治理水土流失面积1460公顷。市水利局获省委、省政府授予的"全省扫黑除恶专项斗争先进单位"称号。昌北城区乌沙河防洪工程和进贤县三叉港池溪水南台段整治工程获全省水利工程优质(赣鄱)奖。新建区石埠水厂被水利部评为2021年度全国百座农村供水规范化水厂。

【赣抚尾闾主体工程开工】 赣江抚河下游尾闾综合整治工程主要建设内容包括赣江下游尾闾综合整治工程(一期)、抚河下游尾闾综合整治工程(二期)及河湖水系连通工程(三期)。项目估算总投资170.64亿元，一期建安费为67.89亿元。一期工程即赣江下游尾闾综合整治工程，主要包括南昌水利枢纽工程和洲头防护工程。工程由市水投公司代建，采用EPC方式由中国水利水电第八工程局有限公司中标承建，2021年12月28日开工。南昌水利枢纽工程等别为Ⅱ等大(2)型工程，由主支枢纽、北支枢纽、中支枢纽及南支枢纽等4座枢纽组成。此次开工的主支枢纽位于赣江下游尾闾，新建区象山镇鸭洲村附近，距象山镇6千米，距南昌市约35千米，左、右岸分别为赣西联圩、廿四联圩，主要建筑物有泄水闸、船闸、鱼道和连接挡水建筑物，闸址轴线总长1358.3米，计划建设期60个月，2024年3月船闸具备通航条件，2024年

12月工程具备蓄水条件,2026年12月完工。同时开工的南支枢纽位于赣江下游尾闾赣江南支,五洲尾附近,距南昌市约35千米,左、右岸分别为蒋巷联圩、红旗联圩,主体建筑物有泄水闸、船闸、鱼道、溢流堰、明渠和值班管理房平台,轴线总长1093.28米,计划工期28个月,2024年4月完工。

【赣抚尾闾一期临时通航工程完成】 赣抚尾闾一期临时通航专项工程位于主支枢纽旁,是赣抚尾闾综合整治一期的先导性工程。工程建安投资4.5亿元,2020年12月26日开工,由市水投公司代建,中国水利水电第三工程局有限公司中标承建。2021年,工程建设共投入工程船、运输船近70艘、土方机械近110辆,完成疏浚黏土约530万立方米,沙石开挖约169.7万立方米。至年底,工程全部完工,具备通航条件并交付使用,为主体工程施工创造基础条件。

【乌沙河泵闸枢纽工程建设】 乌沙河泵闸枢纽位于南昌市昌北城区乌沙河入赣江口,设计排涝流量342立方米/秒,日排涝量3000万立方米,采用7台低扬程大流量的竖井贯流泵方案,单机功率2500千瓦,总装机容量为17500千瓦,泵站规模为大(1)型,泵站等别为I等。工程建安投资约4.67亿元。采用PPP方式,由中国水利水电第十六工程局有限公司中标承建,2020年10月19日开工。2021年,泵闸主体工程、交通桥工程、五孔闸改造工程及泵闸管理房工程等均已有序实施,累计完成投资2.69亿元。

【河道采砂监管】 2021年,市水利局落实扫黑除恶专项斗争常态化要求,加强河道采砂监管,扎实开展专项整治,切实清除行业乱象,堵塞行业管理漏洞。至年底,开展河道采砂执法巡查行动712次,出动执法人员10474人次、执法车辆2113辆次、执法船舶366艘次;查处非法采砂船舶(机具)192艘(台),强制切割采砂船舶(机具)28艘(台),整治非法砂场10处,查处涉砂行政案件68起,移送公安机关刑事立案3起,移送扫黑除恶线索1条。落实年度开采计划,全市省管、市管河道规划采区30处。至年底,年度砂石开采总量650.6万吨。

【河道采砂规划修编】 2021年,市水利局根据《江西省水利厅办公室关于开展赣江抚河信江饶河修河中下游干流河道采砂规划修编(2022—2023年)工作的通知》精神,委托中铁水利水电规划设计集团启动赣江、抚河、潦河(南昌段)河道采砂修编(2022—2023年)工作。现场勘察赣江、抚河、潦河的9个采区,核准修编内容,完成规划修编初审和环境影响评价报告。此次修编调整可采区6个,续原规划采区17个,新增可采区面积0.46平方千米,新增可采砂石总量373.7万吨,规划2022—2023年度开采总量2226.3万吨。

【"智慧水利"项目建设】 2021年,市水利局启动"5+N"智慧水利系统建设,主要内容是建设一套信息标准、一张感知网络、一张地图展示、一个数据中心、一个水利云平台以及一批智慧水利应用,以水利信息化带动水利现代化。项目工程由长江水利勘测设计研究院中标承建,计划投资3600万元,完成投资2200万余元。至年底,已完成网络结构深化设计与设备部署、外业视频监控施工、防汛会商中心升级改造、业务科室数据收集、部分业务系统设计与开发等工作。

【圩堤房屋整改】 2021年,市水利局严格落实中央巡视整改工作要求,对河湖圩堤管理范围房屋进行整改,分类处置圩堤房屋。摸排统计91条河流、25座湖泊涉及的175座圩堤房屋情况,共有房屋20659栋。其中,限期拆除类房屋、通过工程建设拆迁房屋、有计划迁建房屋共19095栋。2021年计划整改389栋(限期拆除308栋,工程建设拆除房屋81栋)。至年底,已拆除房屋430栋。其中,限期拆除类房屋308栋,通过工程建设拆除房屋82栋,有计划迁建房屋40栋,完成限期拆除类房屋整改任务。

(查　晟)

城市管理

【概况】 2021年,南昌市城市管理和综合执法局(以下简称"市城管执法局")围绕"精心规划、精致建设、精细管理、精美呈现"总体要求,精心谋划、担当作为、狠抓落实,全面开展城市功能与品质提升和环境综合整治八大行动(市容环卫大提升、市政设施大整修、园林绿化大升级、街面秩序大规范、重点专项大整治、公用服务大保障、氛围营造大布置、安全隐患大治理),深入开展党史学习教育,扎实推进中央环保督察、中央及省市巡视巡察整改工作,进一步深化体制机制改革,持续优化城市管理领域营商环境,不断提升城市环境面貌,全力保障城市运行安全,确保城市管理"十四五"时期各项工作开好局、起好步。

【城市道路清扫】 2021年,市城管执法局进一步优化城市道路"机械化清扫、人行道冲洗、快速流动保洁"作业机制,每日对全市主次干道及车行道在5米以上的背街小巷进行机扫、冲洗。建立健全市、区、街道环卫考核机制,强化环卫车辆管理,全面整治清扫车辆高峰期间占道清扫和雨天洒水等行为。11月起,全市城管执法系统开展"洗城"行动,主次干道、背街小巷道路洁净度得到有效提升。至年底,全市城区道路机械化清扫率95%以上。

【垃圾分类】 2021年,市城管执法局贯彻落实《南昌市垃圾分类管理条例》,建设全市生活垃圾分类监管平台,开展生活垃圾分类宣传教育,推进"撤桶并点"、前端分类设施等垃圾分类重点工作,创新利用物联网、引入第三方专业企业等模式开展垃圾分类收集、运输、处理和管理工作。至年底,全市共建成生活垃圾分类投放亭4381个,配备垃圾分类转运车辆1713台,新建和升级改造垃圾中转站173座,设置可回收资源化利用收集点456个。

【垃圾末端处理设施完善】 2021年,市城管执法局持续提升垃圾处理能力,不断推动垃圾末端处理设施建设。至年底,日处理400吨的南昌固废循环产业园浓缩液处理项目、日处理1000吨的南昌固废循环产业园浓缩液处理项目、日处理300吨的南昌固废循环产业园餐厨垃圾处理项目以及日处理1000吨渗滤液应急处理设施投产运行。2个大件垃圾破碎中心建成,基本解决中心城区大件垃圾收集难、转运难等问题。推动实施泉岭垃圾焚烧发电厂扩建以及麦园填埋场封场二期项目;针对大件家具处置难的问题,启动建设大件家具破碎中心项目。

【违法建设治理】 2021年,市城管执法局开展建成区违法建设集中整治百日行动,加大对违法建设的巡查力度和密度,严厉打击各类违法建设。全面排查并分步拆除公房违法建设、过期临时公棚、小区阳光房、圈地房以及楼顶搭建、村镇搭建。至年底,共拆除富力建筑公司、扬子驾校、新力时代广场、绿滋肴等违法建设5458处,拆除面积26.79万平方米;查处老旧房屋装修改造工程安全隐患402起,整改到位342起;查处未办理《建筑工程施工许可证》擅自施工案件222起,处罚136起,处罚金额310.05万元。

2021年8月31日,南昌市城管执法局工作人员查扣违规停放的共享单车

(魏勇剑 摄)

【共享单车无序停放专项整治】 2021年,市城管执法局强化日常巡查,对无序停放的共享单车,发现一处,规整一处,暂扣一批,重新施划磨损褪色的停车泊位线,约谈各运营企业,督促其加强日常调度和运维,及时转运"潮汐"车辆,回收问题车辆和超量投放车辆,确保街面车辆停放有序。至年底,全市开展共享单车无序停放专项整治行动5次,整治乱停放共享单车93万辆,暂扣共享单车17.63万辆,整治其他非机动车乱停放12.65万辆,新增及重新施划非机动车停车泊位1.5万余米。

【施工围挡设置规范整治】 2021年,市城管执法局对擅自占用或者挖掘城市道路、占用城市道路期满或者挖掘城市道路后不及时清理现场、未按照批准的位置和面积、期限占用或者挖掘城市道路、未在城市道路施工现场设置施工公示牌、临街工地不设置围挡以及超面积围挡、围而不建、擅自围挡、围挡破污、样式不规范、完工后不拆除围挡等乱象,开展集中整治,确保围挡规范、干净整洁。至年底,全市整治施工围挡5899处,处罚案件703件,处罚金额77.18万元。

【市容环境污染整治】 2021年,为进一步净化城市空气环境,市城管执法局开展占道经营、餐饮油烟、露天烧烤和露天垃圾焚烧整治,加大巡查力度和频次,实现露天焚烧垃圾的全覆盖监管、全天候禁烧。6月,在全市开展夜市市容环境专项整治,进一步防止夜市环境污染。至年底,全市共整治占道摊点、出店经营23.97万余处,餐饮油烟污染问题5493起,露天烧烤问题1.18万起,露天垃圾焚烧问题1152起,各类噪声扰民问题1.25万起。

【广告整治专项行动】 2021年,为保障人民群众生命财产安全,消除头顶上的"定时炸弹",市城管执法局开展户外广告整治专项行动。对全市高空广告进行摸底排查,下发2229份安全告知书,对西湖区银田大厦等87处高空危险广告牌进行拆除,维护市民头顶安全。至年底,全市拆除各类违规广告10350块。

按照“全面覆盖、不留死角”原则，对主次干道、商业大街、公园广场、交通场站以及楼宇楼道的垃圾广告进行全面清理，全市清理垃圾广告532.28万条，整治面积约46.22万平方米。

【建筑垃圾运输整治】 2021年，市城管执法局按照全链条管控原则，持续推进建筑垃圾运输整治。在全市22个路面执法卡点，实行夜间执法人员驻守，实时监管路面车辆运输。同时联合市交管局、市工信局、市城乡建设局制定《南昌市城市运输车辆市容管理专项整治方案》，扎实开展城市运输市容管理专项整治，查处违规违法行为。至年底，全市查处建筑垃圾运输车辆泄漏、遗撒、挟带污泥等违法违规行为为4634起，处罚金额829.16万元。

【铁路沿线环境整治】 2021年，市城管执法局按照“拆、清、绿、改、装、亮、规、美”具体要求，精准发力、强势推进，通过采取“线上乘火车看、线下赴实地查、空中无人机拍”等多种方式，全方位推动铁路沿线环境整治提升工作。至年底，全市铁路沿线拆除新增违章搭建1.7万平方米，新增有碍观瞻建筑物2.3万平方米，新增违章广告494平方米；清除垃圾2.2万吨；绿化面积31万平方米；改造修复道路、围栏（墙）2840米；建筑立面装饰美化11.8万平方米。

【燃气安全保障】 2021年，市城管执法局按照“全覆盖、零容忍、重实效”原则，进一步推进燃气安全专项整治行动。至年底，整改违章占压133处，老旧管网改造45.2千米，建设26.67千米环城高压管网，其中迁改工程完成6.4千米；检查燃气场站600余家次，餐饮服务企业7200余家次，下达燃气安全隐患整改通知书1527份、责令停止违法（章）行为通知书83份，整治无烟道燃气热水器隐患2458户；排查农贸市场222个、商业综合体105个，排查整改各类隐患1614处；取缔违法经营瓶装液化气供应站点39个，查处5起第三方施工破坏燃气管道行为；完成171个300平方米以上餐饮场所“瓶改管”（将瓶装液化气改成管道天然气）整改工作。

【公厕建设管养】 2021年，市城管执法局在“厕所革命”三年行动基础上，继续推动公厕建设，优化公厕布局。每月组织开展各县区环卫公厕的日常管养、对外开放等环境卫生情况督查考核，督促县区严格执行《南昌市公共厕所管理员工作职责》和《南昌市公共厕所保洁工作质量标准》，确保公厕各类设施齐全、完好，环境卫生干净整洁，营造环境整洁、空间安全有序、服务文明的如厕环境。至年底，全市新建公厕57座，基本实现“十分钟步行如厕圈”。

【污水处理专项规划】 2021年，市城管执法局委托南昌市城市规划设计研究总院和上海市城市建设设计研究总院结合南昌市实际修编《南昌市中心城区污水专项规划（2019—2035）》，邀请省赣北专员办、市直部门、县区政府、驻昌大企业有关人员及专家学者等提出意见，不断修改完善污水专项规划，确保污水专项规划的科学性、可行性、实操性。10月17日，该修编规划经市政府批复实施。通过此次修编规划，进一步提高污水治理规划标准，将专项规划中老城区的合流制排水体系改造提前4年（从原来的2026年调整为2022年），明确近、中、远期南昌市污水治理目标、主要工作、投资估算等。

【雨污管网系统整治】 2021年，市城管执法局根据城区分流制区域和合流制区域不同特点，分区域开展污水管网系统整治。结合老旧小区改造推进老旧小区内雨污管网改造，持续推进市政老旧管网改造和城管系统2019—2020年南昌市城区城镇污水全收集全处理达标整治管网建设工程。至年底，完成污水管网改造约103千米，完成雨水管网改造约99千米，累计完成投资额3.4亿元；改造市政老旧管网50.34千米，完成投资1.61亿元；完成管网建设工程21项。

【供水安全保障】 2021年，市城管执法局发挥行业主管部门作用，指导水业集团进一步优化工作流程，为市民提供优质供水。打造“南水通”App、“南昌水业网上营业厅”微信小程序以及南昌水业官网“网上营业厅”三位一体的供水服务信息体系，实现供水业务线上办理。同时，对水业集团每月报送的水厂水质监测报告进行审核，对详细水质监测结果进行随机抽检，督促水业集团开展安全隐患大排查工作，并不定期进行检查，确保供水安全。

【环境整治八大行动】 2021年9月，市城管执法局在全市开展城市环境综合整治八大行动工作。市八大行动指挥部坚持高频调度，开展多次交叉检查，增强各城区开展八大行动的积极性。同时，市八大行动指挥部不断深化八大行动内涵，及时将“僵尸车”清理、围墙围挡整治等纳入八大行动中。至年底，全市冲洗交通护栏14717条次，维护交通护栏6406处，清理绿化带垃圾、死树、杂草、枯枝106382处，整修路灯、景观灯57859盏，整修道路142253.47平方米，整治违法装修2115处，整治占道摊点75145处，规范施工围挡4965处，涂装桥隧42085.7平方米，冲洗道路57588条次，清理“僵尸车”8703辆。

（夏霄霄）

生态环境

生态环境质量

【概况】 2021年,南昌市生态环境质量总体稳中有升、持续向好。全市拥有国家生态文明建设示范市县1个、国家生态县(市、区)1个、国家级生态乡镇18个,省级生态县(区)4个、省级生态乡(镇)62个、省级生态村91个、“绿水青山就是金山银山”省级实践创新基地3个,市级生态村834个。各级自然保护区10个,总面积12.40万公顷。全年空气质量优良天数334天,优良率91.5%,列中部六省省会城市第一位。赣江、抚河南昌段国考、省控监测断面共13个,水质优良率100%。县级及以上集中式饮用水水质达标率100%。区域声环境质量昼间等效声级54.6分贝,道路交通声环境昼间等效声级路段长度加权均值65.9分贝。城市生活污水集中处理率达到95.8%。

【大气环境质量】 2021年,全市环境空气质量综合指数为3.69,同比改善3.1%。全年空气质量优良天数334天,优良率91.5%,比2015年提升4.7个百分点,$PM_{2.5}$年均浓度30.7微克/立方米,比2020年下降7.3%,比2015年下降23.3%。南昌市环境空气首要污染物为细颗粒物,占比45.2%,其余依次为可吸入颗粒物、臭氧。空气质量综合指数连续4年达到国家二级标准,空气质量综合指数、$PM_{2.5}$、优良天数比例连续8年在中部省会城市排名第一名。

【水环境质量】 2021年,全市33个(鄱阳湖5个断面按1个计算)地表水断面水质优良比例为81.8%,无劣V类断面。全市11个(鄱阳湖5个断面按1个计算)国考断面水质优良比例为90.9%,同比上升2%,达到国家考核要求。赣江、抚河断面优良率为100%。赣江干流10个断面稳定保持Ⅱ类水质,实现省政府工作报告中提出的“力争赣江干流基本达到Ⅱ类水质”目标。全市县级及以上饮用水水源地12个,水质优良比例继续保持100%。

【土壤环境质量】 2021年,全市土壤环境质量状况总体良好,受污染耕地安全利用率93%以上,污染地块安全利用率90%以上,重点重金属污染物排放量较2013年下降23.69%,地下水环境状况保持稳定,超额完成国家考核目标要求。全市未发生因耕地土壤污染导致农产品质量超标事件,未发生疑似污染地块或污染地块再开发利用不当造成不良社会影响事件。

【声环境质量】 2021年,全市城区区域环境噪声昼间等效声级为54.6分贝,总体水平达到二级,声环境质量等级“较好”。全市道路交通噪声昼间等效声级路段长度加权均值为65.9分贝,强度等级为一级,声环境质量等级“好”。功能区噪声整体合格率昼夜85%、昼间93.8%、夜间76.3%,首次达到文明城市考核达标率≥75%的要求。

(韦小宏)

一江三河十湖保护

【概况】 2021年,南昌市按照“共抓大保护、不搞大开发”要求,着力打好碧水保卫攻坚战,以改善水环境质量为核心,聚焦“一江三河十湖”保护。加强河湖管理保护突出问题整治,全面推进流域生态综合治理,全力打造“河畅、水清、岸绿、景美”水生态环境。切实落实全市河(湖)长制,着力推进保护水资源、防治水污染、改善水环境、修复水生态等各项工作。裘家洲生态保护工程前期工作基本完成,安义县创建全国第二批水系连通及水美乡村建设试点县。农村水环境治理加强,水环境治理质量稳定提升,赣江干流10个断面持续保持Ⅱ类水质。在全省率先对赣江和抚河南昌水域实施全面禁捕退捕,进一步巩固禁捕退捕成果。至年底,全市建档立卡退捕渔民6516户、24354人,注销渔业船舶证书4413本,回收渔船10037艘,回收处置各类网具132万余千克,船、网、证实现100%回收。

【河(湖)长制落实】 2021年,南昌市全面建立"市县乡村全覆盖、江河湖库全纳入、区域流域相结合"四级河(湖)长制组织体系。结合市县乡村换届,动态调整河(湖)长制组织体系,创新设置由副市长、市河长办主任担任的赣江、抚河、信江、修水、鄱阳湖等重要河(湖)执行河(湖)长机制。编制重点河流湖泊"一河一策""一湖一策"管理保护方案,做到因河施策、系统管理。设置"河小青"志愿者、民间河长、企业河长和生态检察室,成为河(湖)长制的有益补充。至年底,全市有河(湖)长1721人,其中市级24人、县级185人、乡级351人、村级1161人;市、县、乡三级河(湖)长共巡河(湖)4000余次。全市水环境质量稳中有升,11个国考断面水质优良比例为90.9%,上升2%;赣江干流10个断面持续保持Ⅱ类水质。

【河道清理专项整治行动】 2021年,南昌市聚焦河道管理问题,扎实开展"清四乱"(河湖管理范围内乱占、乱采、乱堆、乱建)和"清河行动"专项整治行动。以"清洁河湖水质、清理违章建筑、清除违法行为"为重点,整治农村生活污水及垃圾、工业污染、船舶港口污染、农业面源污染等17类涉河污染问题和违法占用、乱占滥用、占而不用等河湖乱象,解决危害河湖健康、群众反映强烈的突出问题。至年底,全市摸排发现"清河行动"突出问题228项,河流湖泊健康专项检查发现问题41个;"清四乱"突出问题114项,并全部整改完成。

【水土保持监督治理】 2021年,市水利局坚持以共享发展理念指导水土保持工作,加强水土保持生态建设,为人民群众提供更多优质生态产品,提供更加宜居宜业的生活环境。坚持经济效益、社会效益、生态效益统一,在水土流失防治中把水土流失治理修复与改善农业生产条件、发展特色种植业等结合起来,帮助农民增产增收,获得经济效益。至年底,治理水土流失面积14.6平方千米、重点预防保护面积57.8平方千米。核查水利部和省水利厅下发的卫星遥感水土保持图斑559个,认定查处违法违规项目213个,全面完成整改。对市委巡察组反馈2012—2019年未缴纳水保补偿费的118个项目依法开展追缴工作,已整改项目115个。开展中央生态环境保护督察反馈矿山生态环境问题涉及水土保持问题整改督导工作2次,涉及15个矿山、54个水保问题,已全部完成整改,并在江西省矿山生态环境问题排查整治信息管理系统中逐一销号。组织开展水土保持监督检查496次,下发整改通知280份,完成整改项目175个;批复水土保持项目29个,征收水土保持补偿费5084.54万元(其中市本级征收水土保持补偿费2571.74万元),接受水土保持设施自验报备119项。

【万元GDP用水量下降】 2021年,市水利局推动水资源节约、保护和管理,取得积极进展和成效。落实最严格水资源管理制度,确立水资源开发利用控制、用水效率控制、水功能区限制纳污"三条红线",实施水资源消耗总量和强度双控行动,促进水资源可持续利用和经济发展方式转变。强化水资源日常监督,积极开展节水型企业、单位、居民小区建设等节水载体建设,在"世界水日""中国水周""城市节水宣传周""节能宣传周"等关键时间点,举办各类节水宣传活动,营造全民节水良好风尚。细化水量分配指标和分县区、行业、部门、单位的用水计划、节水计划,实行956户非居民用水户计划管理。至年底,全市万元GDP用水量降低至45.3立方米,同比下降14%。

2021年1月4日,工作人员在乌沙河清理水上漂浮物

(熊家福 摄)

【裘家洲生态保护工程启动】 裘家洲位于赣江段南昌大桥至八一大桥之间水域，是赣江自然冲刷淤积而成的中心洲。裘家洲生态保护工程的建设着力应对赣抚尾闾工程建成后赣江城区段水位变化，立足打造城市“岸际线”。2021 年 9 月，市水利局编制《裘家洲生态保护工程规划方案》。裘家洲生态保护工程项目概算总投资约 1.3 亿元，其中工程建安投资 7956 万元。至年底，项目规划方案、可研、初设计、水保、安评、湿地评价、环评、稳评等获得批复，完成工程招标。

【安义县水系连通试点】 2021 年 6 月，安义县成为国家第二批水系连通及水美乡村建设项目试点县，是江西省唯一的试点县。试点项目主要建设内容涉及鼎湖、黄洲、石鼻、长埠及东阳等 5 个乡镇，治理河道总长 75.83 千米、河湖水系连通长度 28.08 千米，整治门塘 12 座，河道清淤疏浚 60.26 千米，护坡护岸 96.69 千米，堤防加固 9.66 千米，水土保持与水源涵养面积 723 公顷，新建集镇污水处理站 4 座、农村污水处理站 28 座，铺设污水管道 54.9 千米，新建农村公厕 120 座，打造人文景观节点 25 处等。工程总投资约 4.98 亿元。其中，水利部分投资 2.93 亿元，非水利部分投资 2.05 亿元(含防污控污、人文景观)。7 月 5 日，项目开工建设。至年底，完成投资 2.64 亿元，占总投资的 52.98%，完成年度建设任务。

【水环境综合治理】 2021 年，南昌市对河湖进行水环境综合整治，全面改善全市水环境质量，打造“河畅、水清、岸绿、景美”的水生态环境。紧盯前湖水系、玉带河等水环境综合治理工作，利用国内外先进技术，综合规划、系统治理，前湖水系、玉带河水质环境得到改善。重点推进南昌县赣江岸线生态综合治理工程，进贤县青岚湖水环境综合治理工程，新建区、经开区、红谷滩区前湖及乌沙河水环境综合治理工作，推进鄱阳湖生态环境专项整治和消灭 V 类及劣 V 类水专项行动。

【城区河湖水系连通工程建设】 2021 年，南昌市充分发挥五干渠、六干渠连接艾溪湖、青山湖、象湖和抚河的纽带效应，使全市城区内河水系总长度达到 138.06 千米、湖泊面积达 32.26 平方千米。同时，推进中小河流治理重点县综合整治及水系连通试点青山湖区幸福渠整治工程，至年底完成幸福渠流域 8 条河 23.4 千米整治任务。

【污水处理厂提标扩容】 2021 年，市城管执法局扎实推进中央环保督察整改工作，落实好污水处理厂提标扩容项目，完成青山湖、红谷滩、九龙湖 3 座污水处理厂扩建及湾里、航空城污水处理厂一级 A 提标收尾工作。至年底，全市有城镇生活污水处理厂 11 座。其中，市本级 6 座，分别为朝阳、青山湖、红谷滩、瑶湖、象湖、航空城，日处理污水能力 144 万吨，约占全省城镇污水处理厂设计总规模的 1/3，均执行一级 A 出水标准；县区 5 座，分别为九龙湖、南昌县、进贤县、安义县、湾里，总规模为 21.5 万吨/日，均执行一级 A 出水标准，实现建成区全域污水处理厂出水达一级 A 排放标准，有效缓解生活污水造成的环境污染。

(查　晟)

鄱阳湖治理

【概况】 2021 年，南昌市以河湖长制工作为抓手，坚持水岸并重，标本兼治，推进鄱阳湖生态环境专项整治。重点整治生活污水及垃圾、工业污染、农业面源污染、船舶港口污染、水域采砂等 17 类涉河污染问题和违法占用、乱占滥用、占而不用等乱象，着力解决危害鄱阳湖健康的突出问题，探索开展无人机巡湖工作，提升鄱阳湖管理科技水平。

【鄱阳湖南昌湖区生态环境专项整治】 2021 年，南昌市成立鄱阳湖南昌湖区生态环境专项整治工作领导小组，出台《鄱阳湖南昌湖区生态环境专项整治工作实施方案》，将生活污水及生活垃圾、工业污染、农业面源污染、船舶港口污染以及水域采砂纳入专项整治，梳理鄱阳湖生态环境专项整治突出问题清单，建立整改台账，滚动销号，推进突出问题整改。全年累计排查发现 229 个鄱阳湖流域生态环境突出问题，完成率 99.7%，累计完成鄱阳湖沿线 157 个村庄生活污水分散式处理设施建设。

【鄱阳湖流域生活污水截污纳管】 2021 年，南昌市贯彻落实省委、省政府推进生态鄱阳湖流域建设行动计划要求，对照《江西省推进生态鄱阳湖流域建设行动计划的实施意见》《江西省推进生态鄱阳湖流域建设行动计划 2021 年重点工作汇总表》，结合工作实际，制订南昌市 2021 年推进生态鄱阳湖流域建设行动计划的重点工作计划，重点对环鄱阳湖的乡镇集镇、村庄生活污水进行截污纳管，建设污水处理厂和氧化塘。至年底，建设集镇污水处理厂 23 个，农村村点 539 个，提升湖区农村水环境。

(查　晟)

土地资源保护

【概况】 2021 年，南昌市自然资源和规划局(以下简称“市自然资源规划局”)全面落实生态文明建设要求，坚持保护优先、强化底线约束，加强政策宣传，采取切实措施，扎实做好国土空间规划、节约集约用地、耕地保护、执法监察等工作,保护土地资源。组织实施耕地保护责任目标考核和永久基本农田特殊保护,监督占用耕地补偿制度执行,稳定和扩大耕地面积,确保国家各项耕地保护政策落到实处。

【土地资源利用控制】 2021年,市自然资源规划局以第三次全国土地调查为基础底图,结合"双评估、双评价"(国土空间开发保护现状评估、现行空间类规划实施情况评估和资源环境承载力评价、国土空间开发适宜性评价),优先划定不能进行开发建设的范围,严守粮食安全、生态安全、国土安全、水安全和历史文化保护底线。科学划定落实三条控制线,按照保质保量要求划定永久基本农田,按照生态功能划定生态保护红线,按照集约适度、绿色发展要求划定城镇开发边界。严控增量、盘活存量,促进南昌实现由外延扩张向内涵提升高质量发展的转变,实现绿色持续发展。

【节约集约用地】 2021年,市自然资源规划局坚持土地要素跟着项目走,在控制总量前提下,统筹安排新增和存量建设用地,有效保障投资用地需求,实现存量用地消化和项目质量优化,提高土地节约集约水平,保障土地可持续利用促进耕地保护利用。至年底,消化批而未用土地1566.67公顷,消化2009—2018年批而未供土地686.67公顷,处置闲置土地410.11公顷,全市批而未用消化周期由年初的3.7年降至3年以内,批而未用率由年初全市28.21%降至22.46%。坚持节约集约用地原则,对缺乏明确用地标准和超规模的用地项目开展节地评价工作,组织对南昌市轨道交通1号线北延、东延及2号线东延项目和九州高架东延工程(洪都大道—天祥大道)、南昌昌北国际机场三期扩建工程(机场工程)项目用地规模节地评价,确保项目用地节约集约高效。南昌市作为城市地下空间开发利用试点城市,将科学合理开发利用城市地下空间资源工作作为促进土地节约集约利用的有力抓手,制定印发《南昌市地下空间开发利用试点工作方案》,稳妥有序推进全市地下空间资源立体开发和复合利用,持续提高存量土地资源配置效率。制定《南昌市开展城镇低效产业用地再开发促进产业高质量发展三年攻坚专项行动方案(2021—2023年)》,结合城市品质改造提升、棚户区改造、产业转型升级等工作,综合运用协商收回、鼓励流转、合作经营、自主开发等方式,促进低效用地再开发。对暂不改变土地用途,利用现有工业用地兴办先进制造业、生产性和高科技服务业、创新创业平台等国家支持的新产业、新业态项目,实施五年过渡期政策。全面推行工业"标准地"供地。科学布局工业产业用地,发挥规划引领作用,按照布局集中、用地集约、产业集聚要求,推进高标准厂房建设,探索实施工业用地长期租赁、先租后让、租让结合的供应方式,鼓励探索工业用地弹性年期出让制度,对单个规模较大的项目采取分期供地。至年底,全市共成交工业"标准地"28宗,面积162.6公顷,按宗数核算省级以上开发园区"标准地"供应97%,超过省自然资源厅下达的60%年度任务目标。

【耕地保护政策落实】 2021年,市自然资源规划局严防死守耕地保护红线,全力推进耕地"非农化""非粮化"问题整改,对新增问题图斑,实行"零容忍",按要求恢复耕地属性,种植粮食作物。进一步落实耕地用途管制制度,严格管控耕地转为林地、草地、园地等其他农用地,坚决遏制耕地"非农化""非粮化"。严格落实永久基本农田种植粮食作物要求,确保良田粮用。在国土空间"三区三线"划定过程中,优先将优质耕地划入永久基本农田,并落实应保尽保、应划尽划要求,倒逼用地高效化,节约集约化。在严格执行节约集约用地政策前提下,依法依规支持重大基础设施、民生工程、保障性住房以及重大产业等项目建设,合理确定项目选址及用地规模。加强用地预审和用地指导,引导建设项目统筹规划、科学选址、节约用地,鼓励非农建设项目不占或少占用耕地,从源头上保护耕地资源。严格落实耕地占补平衡政策,各类建设占用耕地的必须落实耕地占补平衡,对一般耕地转为其他农用地和农业设施建设用地的,必须落实耕地"进出平衡",确保耕地总量不减少。至年底,耕地占补平衡(建设占用多少耕地,各地人民政府就应补充划入多少数量和质量相当的耕地行为)840公顷;验收土地开发项目6个,新增耕地145.75公顷,高标准农田建设项目新增耕地10.29公顷,完成补充耕地任务156.04公顷,完成省级下达的补充耕地任务;验收土地整理项目5个,实际建设规模2813.33公顷,实际投资7448万元;完成2020年高标准农田上图入库工作,建设规模9333.33公顷。

【用地违法行为查处】 2021年,市自然资源规划局推进违法用地查处整改和日常执法监管,打好查处、整改、监管"组合拳",协同推进自然资源违法违规问题解决。以执法办案为主业,以卫片执法为抓手,按照"月卫片、月清零"要求及时核查疑似图斑,下发图斑核查完成率100%。全年共完成核查图斑4428个,涉及监测土地面积3888.65公顷。对发现的违法用地行为依法及时、严肃查处到位,持续做好农村乱占耕地建房问题整治等一系列专项行动,对新增违法违规用地问题实行"零容忍"。全年共立案查处违法用地89宗,涉及耕地175.26公顷。推进违法用地查处整改"清零"专项行动工作,对历年的违法用地实行台账销号管理,督促各县区强化违法用地查处整改工作，整改一宗销号一宗，坚持不整改不放过、不销号不放过，力争尽早实现“清零”目标。通过“人防+技防”方式，强化日常监管，利用卫星遥感监测、市自然资源执法监管平台等信息化手段，实行网格化管理，加大在永久基本农田等重点区域的动态巡查，推动违法行为早发现、早制止、严查处，持续保持对违法用地行为的高压态势。紧盯耕地保护目标，对突出问题和行业乱象开展专项整治，全面加强行业领域监管，加大涉黑涉恶线索摸排力度，推动自然资源领域“深挖整治，长效常治”重点工作落实落细。重点整治违法占用耕地等行业乱象，严防耕地“非农化”“非粮化”，坚决守住耕地保护红线。

【“大棚房”问题整治】 2021年，按照农业农村部、自然资源部有关工作部署要求，完成“大棚房”问题“回头看”全面总结和全面自查自改工作，防止“大棚房”问题反弹回潮。对上报的7个“大棚房”违规问题，涉及违规建设面积2.18公顷，各县区动真碰硬、攻坚克难，坚持分类整改、立行立改，全部依法依规整治整改，确保整改结果经得起检验，真正做到农地农用、农棚农用，坚决制止耕地“非农化”。

【土地综合整治与生态修复】 2021年，南昌市完成自然资源部下发全市的70个长江经济带废弃露天矿山修复图斑（废弃矿41个）的生态修复工作，修复面积135.39公顷，修复率100%。开展历史遗留矿山核查，下达“十四五”期间废弃矿山生态修复任务。推进安义县全域土地综合整治试点项目实施，指导各县区（开发区、湾里管理局）全域土地综合整治试点项目申报。全市国土空间生态修复专项规划编制形成初步成果。

（夏　飞）

森林资源保护

【概况】 2021年，南昌市林业局牢固树立绿水青山就是金山银山理念，始终坚持保护优先、绿色发展，坚持预防为主、源头管控，坚持依法治理、综合施策，依托林长制改革，全面加强森林资源保护发展，推动森林资源永续利用。至年底，全市森林覆盖率21.27%，全市林地面积14.39万公顷，其中森林面积12.38万公顷。列入国家、省级生态公益林面积4.74万公顷，占森林面积比例38%；列入天然商品林保护面积0.59万公顷。全市古树3312株，其中一级古树425株、二级古树651株、三级古树2236株；林木蓄积量922.39万立方米，乔木林每公顷蓄积为76.65立方米。全市建有森林公园9个，其中国家级森林公园2个（梅岭国家森林公园、江西圣水堂国家森林公园）、省级森林公园6个（新建区象山森林公园、梦山森林公园、进贤县香炉峰森林公园、南昌县冈上兴农沙漠生态森林公园、江西林湾森林公园、经开区江西龙泉森林公园）、市级森林公园1个（进贤县大公岭森林公园），总面积4.6万公顷，约占全市面积的6.4%。

【林长制工作】 2021年，南昌市全面构建以林长负责制为基础、覆盖市、县、乡、村四级林长的责任体系，构建村级林长、森林资源监管员、专职护林员“一长两员”的源头管理架构，推动林长制工作全面见效。市县两级召开总林长会议，研究部署落实林长制工作，明确工作职责任务。市委办公室、市政府办公室联合印发《关于进一步完善林长制的实施方案》，就完善林长制工作目标任务、组织体系、重点工作、保障措施等提出具体要求。建立健全《南昌市林长制“一长两员”监督管理办法》《关于建立“林长+检察长”协作机制的实施办法》等一系列配套制度，共设立市、县、乡、村四级林长1759名（其中，市级5名、县级74名、乡级669名、村级1011名）。将全市14.39万公顷林地划分为515个网格，聘用专职护林员515名，1个网格对应1名专职护林员，设置专职护林员必巡路线，并以乡镇为单位布设森林资源监管员134名。加强林长制巡护信息系统、南昌市林长制巡护系统展示平台等信息化平台管理和使用，实现森林管护全覆盖无盲区、监督管理全过程全方位。市级总林长先后签发《关于迅速开展森林督查问题整改专项行动令》《关于扎实开展打击毁林专项行动令》，组织开展森林督查问题整改和打击毁林专项行动。至年底，市县两级林长共开展集中巡林292人次，两级林长办共下发督办函92份，协调解决森林资源保护发展问题130个。

【林业行政执法】 2021年，全市开展森林督查、涉林矿山排查整治、打击毁林、护绿提质等专项行动，坚决打击乱砍滥伐林木、乱征滥占林地湿地、乱捕滥猎野生动物等各类破坏森林资源违法行为。全市森林督查工作进入常态化，通过不断拓展遥感技术在森林资源保护中的应用，构建“天上看、地下查”的“天空地”监管全覆盖体系，有效遏制违法破坏森林资源行为。至年底，市本级查处各类林业行政案件22起，结案率100%，案件查处罚款50.96万元，复绿3.15公顷。市、县（区）同步建立“林长+检察长”协作机制，确立检察院和林长办联席会议、信息共享、线索移送、联合检查调查、公益诉讼案件督促反馈等工作机制。对全市林业行政执法案卷开展大规模案卷评查工作，认真开展涉及长江流域保护、行政处罚内容的地方性法规规章和行政规范性文件清理工作，全面推行证明事项告知承诺制，继续推进行政检查“双随机、一公开”等工作。

【森林防火】 2021年，市林业局坚持重点时段与平时管理相结合、人防与技防相结合、严格审批与严厉打击相结合的“三结合”管控模式，全面加强野外火源管理。做到重点时段全天候值守、重点区域全覆盖巡护、重点人员全方位管控。全面启用“防火码”和“互联网+森林防火督查”系统，及时增设更新森林防火视频监控点及设备，实现管理全链条、火因可追溯，用科技手段筑牢全市森林防火墙。至年底，全市营造生物防火林带73.33公顷，完成防火林带和防火隔离带除杂清理333.33公顷。新建双光谱自动报警监控31套、超远程烟雾探测器3套，做到重点区域视频监控全覆盖。森林火灾高风险项目完成火情瞭望监测系统和防火岗亭建设、防火宣传牌采购安装等建设内容。推进国有林场等森林经营单位的半专业队伍建设，加强防火物资储备，提升火灾预防和火情早期处置能力。

【松材线虫病防控】 2021年，全市各县区紧紧围绕《2020—2021年松材线虫病防控工作目标责任书》目标要求，加强组织领导，层层落实责任，强化治理措施。至年底，全市共清理病枯死松树34余万株，涉及除治面积1.44万公顷，疫情蔓延态势得到有效控制，全市病（枯）死松树量同比下降56%。其中，新建区下降65%，安义县下降56%，进贤县下降30%，湾里管理局下降62%。由于松材线虫病防控工作成效良好，在2020—2021年度全省松材线虫病防控目标考核工作考核中，南昌市获二等奖。

（陈　春）

自然保护区保护

【概况】 2021年，南昌市林业局围绕“全面保护、科学修复、合理利用、持续发展”方针，以“世界湿地日”“世界野生动植物日”和“爱鸟周”等公益宣传活动为载体，推进野生动植物保护管理、自然保护地管理、湿地保护管理、环保督察整改及创建国际湿地城市等工作。至年底，全市建有自然保护区10个。其中，国家级自然保护区2个（江西鄱阳湖南矶湿地国家级自然保护区、江西鄱阳湖国家级自然保护区），省级自然保护区2个（鄱阳湖银鱼产卵场省级自然保护区、安义峤岭省级自然保护区），县级自然保护区6个（新建区象山野生动植物保护区、南昌县三湖和白虎岭、进贤县大公岭和香炉峰、安义县西山岭），总面积约11.55万公顷，占全市面积的16%。建有风景名胜区2处。其中，国家级风景名胜区1处（梅岭-滕王阁风景名胜区），省级风景名胜区1处（象湖风景名胜区），总面积约1.5万公顷，占全市面积的2.1%。建有省级湿地公园5处（北潦河湿地公园、瑶湖湿地公园、江西进贤磨盘洲省级湿地公园、江西进贤青岚湖省级湿地公园、江西南昌澄碧湖省级湿地公园），总面积约0.36万公顷，占全市总面积的0.5%。南矶湿地国家级自然保护区管理局南山管理站站长万松贤、南昌五星白鹤保护小区创始人周海燕被第二届鄱阳湖国际观鸟周组委会授予“鄱阳湖卫士”称号。

【自然保护地整合优化预案修改完善】 2021年，市林业局按照“应保尽保，应划尽划”原则，扎实推进自然保护地整合优化预案编制和成果上报工作。根据相关政策和省林业局统一部署，认真开展“回头看”工作，反复修改完善预案，不断提高预案质量。通过编制市、县两级预案，全市自然保护地管理机制逐步完善，为解决自然保护地交叉重叠、边界不清、保护与发展矛盾突出等问题，着力构建科学合理的自然保护地体系，建立统一规范高效的管理体制，为创新自然保护地建设发展机制奠定基础。至年底，全市有各级各类自然保护地26处，面积18.02

2021年3月29日，安义县北潦河湿地公园

（魏勇剑　摄）

万公顷，占国土总面积的25.04%。

【风景名胜区自然生态资源保护】 2021年，高度重视违法侵占林地和风景区内违法违规建设问题，加强对风景名胜区管理，依法行政。保护好风景区内自然资源和生态资源，加大宣传，营造氛围，让自然保护地和森林资源保护意识深入人心。按照自然资源部和国家林草局最新关于风景名胜区的操作细则等有关文件精神，持续推进自然保护地整合优化工作。3月，确定象湖风景名胜区的职能配置、内设机构和人员编制和梅岭—滕王阁风景名胜区滕王阁片区管理机构，明确风景区管理区职责。开展风景名胜区内违法违规问题排查整治，象湖玛雅乐园未批先建问题已完成整改销号，湾里曼山谷(泊园茶村)、金坛寺违法违规建设问题已进行整改。

【湿地保护修复】 2021年，市林业局加强中央财政转移支付支持项目监管，督导检查全市2019年以前的中央财政湿地生态效益补偿项目实施情况，并落实问题整改工作，督促有关县区推进2020年度、2021年度中央财政湿地生态效益补偿项目实施。争取到南矶湿地国家级自然保护区湿地保护与修复补助资金750万元，争取到南矶湿地国家级自然保护区湿地保护与恢复工程建设项目资金5000余万元。配合市人大开展《江西省湿地保护条例》实施情况执法检查。在进贤县开展“湿地银行”建设试点工作。“湿地银行”建设试点围绕湿地总量不减少、质量不降低总目标，按照“谁占用、谁补偿，谁修复、谁受益”原则，有序推动湿地生态治理市场化运作，通过湿地占补平衡指标交易、湿地生态产业化经营、湿地生态品牌创建等多种途径，促进湿地生态产品价值实现，构建湿地保护和经济社会发展双赢新格局。依托象湖、艾溪湖、九龙湖等城市内的湖泊河流湿地，建立多个集市民休闲游憩与生态保护于一体的城市湿地公园。至年底，全市有2个国际重要湿地，也是国家级湿地自然保护区；省级重要湿地4个，省级湿地公园5个；县级湿地自然保护区1个。

【江西鄱阳湖南矶湿地国家级自然保护区】 2021年，江西鄱阳湖南矶湿地国家级自然保护区总面积3.33万公顷，位于南昌市的面积有3.17万公顷。保护区湿地生态系统完整，有极具代表性、典型性、完整性的内陆河口三角洲湿地生态系统，完整的湿生植被演替系列和稳定的湿地生境结构；记录鸟类15目45科221种，其中湿地鸟类7目89种，占中国水鸟种类的35.6%。保护区处在亚太地区东亚—澳大利西亚水鸟迁飞区内，是重要的水鸟越冬地和中继站，每年为近90种、总数超过20万羽迁徙水鸟提供栖息地，也是重要的经济鱼类产卵和育肥场所、长江中下游洄游性鱼类的重要洄游通道、鄱阳湖江豚主要栖息场所。

【江西鄱阳湖国家级自然保护区】 2021年，江西鄱阳湖国家级自然保护区总面积2.24万公顷，位于南昌市的面积为772.9公顷。保护区管理局位于南昌市境内，主要保护对象有以白鹤、东方白鹳等珍稀鸟类为主的越冬水禽。冬季有几十万只候鸟在这里越冬，主要有白鹤、东方白鹳、白琵鹭、小天鹅、鸿雁、白额雁等几十个物种，水禽数量超过国际重要湿地标准。

（王　越）

生物多样性保护

【概况】 2021年，南昌市加大生物多样性保护力度，探索生物多样性保护体制机制改革路径，以实施生物多样性保护重大工程为重点，深入研究生物多样性保护具体措施，探索建立各行业主管部门各自具体负责的生物多样性保护体系，防控外来物种入侵，维护生物安全。启动GEP(生态系统生产总值)核算试点工作，将生物多样性保护融入生态环境保护日常监管。“微笑天使”江豚时隔40余年再现赣江扬子洲水域；“水中大熊猫”桃花水母现身军山湖；全球98%以上的白鹤、95%以上的东方白鹳、70%以上的白枕鹤、60%以上的鸿雁在鄱阳湖越冬。

【自然保护地管理提升年活动】 2021年4月至12月，南昌市开展自然保护地管理提升年活动。市林业局全力推进“江西鄱阳湖湿地生态系统监测预警平台建设项目”建设。严格源头管控，强化服务意识，配合推进重大项目选址和用地预审，及时开展重大重点项目涉及自然保护区范围内用地的审核查验工作。按照上级部署，组织开展自然保护区人类活动问题点位核查。按照有关要求，开展国家级自然保护区自评估工作并完成成果上报。利用“自然保护地在线学习系统”，组织各地开展自然保护地在线学习。

【候鸟栖息地环境优化】 2021年，南昌市以项目实施为抓手，不断优化候鸟栖息环境，助力第二届鄱阳湖国际观鸟周活动。南矶湿地保护区通过争取中央湿地生态效益补偿项目，为当地社区提供保护资金，与当地社区居民共同以“协议管湖”形式，采取“控水、休渔、禁扰”等措施保护水鸟栖息地，取得较好成效。五星白鹤保护小区通过争取中央湿地生态效益补偿项目资金200万元，在由原来20公顷面积扩大到70公顷面积基础上，加大莲藕等作物种植数量，不断增强藕田湿地生态功能，将其改造为优质人工湿地。同时，开展周边区域提升维修改造，布置生态型观鸟廊道和候鸟科普场所，减少候鸟栖息的环境干扰。至年底，监测到小区觅食的白鹤近3000只。南昌市下拨象山省级森林公园观鸟点及候鸟栖息地修复建设项目补助资金130万元，专项用于新建区公园候鸟栖息地修复改造和现有林相生态修复，建设观鸟及监测设施，提升森林质量，恢复原有生境。

【野生动植物保护】 2021年，全市各地以实施项目为抓手，不断优化候鸟栖息环境。五星白鹤保护小区提质扩面，面积由原来的20公顷扩大到70公顷，越冬期间可同时为数万只候鸟提供栖息觅食场所。市本级专门下拨130万元资金，专项用于象山森林公园候鸟栖息地修复改造、建设观鸟及监测设施。开展“清风行动”，对辖区内所有野生动物及其产品的经营场所进行拉网式排查、整治。全市共查处12起野生动植物违法案件，其中行政案件5起、刑事案件7起。打击处理违法犯罪人员14人，打掉犯罪团伙1个。其中，新建区行政案件3起，当场收缴野生动物制品20只，已对4名当事人进行立案查处，并按最高标准处罚金25640元。安义县刑事案件1起，收缴野生动物10只，处理违法犯罪人员1名。进贤县刑事案件1起、行政案件2起，打掉犯罪团伙1个，处理违法犯罪人员5名，收缴野生动物2只，处罚金6000元。湾里管理局刑事案件1起，在湾里南山逸居小区南面山上3株野生樟树基部被环割致死亡，树木主杆基部树皮被环剥致不可逆受损7棵，总材积量为9.71立方米。该案情节严重，根据《中华人民共和国森林法》及案件管辖规定，该案已移送至南昌市公安局湾里分局处理。市本级刑事案件4起，共收缴羚羊角刀柄2把、疑似象牙三通1件、犀牛角珠子1件以及象牙兽形雕件制品1件，苏卡达陆龟活体1只，四爪陆龟活体1只、死体1只。

2021年12月11日，南昌五星白鹤保护小区内候鸟栖息景象

（马悦　摄）

【第二届鄱阳湖国际观鸟周】 2021年，南昌市作为“第二届鄱阳湖国际观鸟周”活动三大会场之一，举办“第二届鄱阳湖国际观鸟周”活动。活动期间，全市组织开展各种形式宣传活动、召开国际观鸟周筹备新闻发布会、提升南矶湿地保护区和五星白鹤保护小区等观鸟点建设、组织安排嘉宾观鸟及公众自然教育等一系列活动，进一步发挥鄱阳湖生态资源、人文资源等优势，全力打造永不落幕的国际观鸟胜地。通过此次活动，展现南昌市湿地候鸟之美。

（王　越）

污染防治

【概况】 2021年，南昌市扎实推进污染防治攻坚战，建立空气质量改善目标责任制，空气质量及考核排名实行月通报，对考核排名连续靠后的县区开展提醒谈话，倒逼责任落实。以$PM_{2.5}$和臭氧协同控制为主线，全面推动挥发性有机物（VOCs）、机动车尾气、燃煤锅炉治理和露天禁烧工作。全力保障饮用水水源安全，加强入河排污口整治，推进鄱阳湖南昌湖区水环境治理、前湖水系综合整治。持续推进净土保卫战，严格建设用地管理，明确建设用地土壤污染状况调查报告评审工作流程。压实农村生活污水处理设施运维主体责任，完成70个建制村农村环境综合整治。

【大气污染防治】 2021年，市生态环境局持续深入打好蓝天保卫战，围绕《2021年南昌市大气污染防治工作要点》，进一步强化大气污染监测能力建设，完善日常调度和应急管控机制，构建大气污染防治网格化监管体系，压实监管责任，强化联防联控，推动全市空气质量持续稳中向好。年初制定《南昌市大气污染防治目标考核办法》《南昌市大气污染防治重点工作调度方案》《南昌市大气污染防治重点领域联合执法工作方案》，发挥考核指挥棒作用，强化市县联动、部门协同。在夏季臭氧污染季之前，抢抓窗口期强化挥发性有机物污染治理，完成南昌小蓝经开区、南昌经开区、进贤经开区3个省级园区挥发性有机物整治，新增安义工业园区、南昌高新区

2个市级重点整治园区，建成1套挥发性有机物组分站、1套标准空气站和14套微站，动态开展挥发性有机物治理绩效评级工作。纳入市级重点治理企业由29家增至59家。组织省、市专家团队对重点企业开展2-3轮现场帮扶指导。对中心城区106家加油站、3个储油库和30家涉及喷涂作业的汽修企业开展治理技术帮扶，编印油品储运销行业问题整改指导手册并送达企业。通过全省首个挥发性有机物自动监测站，联合省环科院开展全市臭氧源解析工作。推动"高空瞭望"项目31套监控设备全部投入使用，南昌县、南昌经开区建成全域覆盖的露天禁烧视频监控网络，依托"技防+人防"巡查监管，累计及时处置各类焚烧333起，编写露天禁烧周报18期。全市黑烟车电子抓拍卡口15个，累计抓拍黑烟车930辆，路检抽测柴油货车10870辆，对排放超标的1269辆机动车累计处罚金额25.38万元。超标车辆全部督促维修治理，同时倒查定期检验情况，发现问题线索9条，暂停机动车排放检验机构检测业务9家次。持续加大非道路移动机械监管力度，全市非道路移动机械累计编码登记11999台，尾气抽测1375台，下达行政处罚决定书9份，处罚总金额14万元，处罚后机械撤场，禁用区内工程机械冒黑烟现象得到有效遏制。持续巩固燃煤锅炉整治成效，开展2019年度燃煤锅炉整治财政补助发放工作，审核下发39台锅炉所属的37家企事业单位的707.5万元补助。对往年整治的232台燃煤锅炉开展"回头看"检查，实现全市10蒸吨以下燃煤锅炉清零。市生态环境、市住建、市城管执法、市工信等8个部门联合印发《关于对城市重点领域扬尘污染违法违规行为联合惩戒的通知》，依托"智慧环保"系统，建立大气污染管控调度指挥平台，实施污染问题"发现、交办、处置、反馈"闭环管理，实现线上线下联动执法、联合惩戒。建立污染天气联防联控机制，修订《南昌市污染天气应急预案》，建立分级响应，完善基于绩效评级结果实施的企业差异化减排措施。组织市县两级大气第三方服务团队，开展横向纵向污染形势会商，建立健全全市污染天气"事前调度+事中督导+事后复盘"工作机制。针对重点区域、重点时段、重点季节，持续细化完善《重点区域臭氧污染精准巡查管控方案》和《重点区域颗粒物污染精准巡查管控方案》，指导各县区强化对氮氧化物、挥发性有机物和颗粒物的管控。全年累计开展臭氧和颗粒物污染天气应急调度56天，保住优良天40天，臭氧污染天数比上年减少7天。

【水污染防治】 2021年，市生态环境局印发《南昌市赣江流域生态环境保护联合执法工作方案》《南昌市赣江干流断面水质达标方案》《南昌市2021年秋冬季水环境治理攻坚实施方案》《南昌市工业污水污染问题大排查整治行动方案》，全面推进全市水环境治理。开展2020年度饮用水水源地环境状况评估工作，进一步推进饮用水水源地规范化建设。完成应急水源建设和应急水源地保护区规范化建设，城市供水安全保障体系得到完善。全面推进河湖长制，对全市国控、省控和县界断面及城区主要开展例行监测，建立水质通报制度，定期向各县区、开发区和湾里管理局及相关市直单位通报全市地表水断面（湖渠点位）水质情况及变化趋势，督促相关县区对水质下降断面（湖渠点位）汇水范围内污染源进行排查并提出整治建议。严格按照规范要求对全市261个入河排污口（除赣江干流外）进行重新命名编码。以朝阳污水处理厂服务范围内的部分小区和泵站为试点，开展城区生活污水处理厂调研，掌握城区污水处理厂进水浓度偏低问题。持续推进开发区水污染防治工作，全市8个省级及以上开发区均已建设污水处理设施或依托城镇污水处理厂，除安义高新园区污水厂污染物排放标准为一级B外，其他开发区污水处理设施（含依托）均达一级A标准。

【土壤污染防治】 2021年，市生态环境局认真开展土壤和地下水环境状况调查和风险评估，土壤污染防治工作稳步推进。出台《关于明确南昌市建设用地土壤污染状况调查报告评审工作流程的通知》，强化对土壤污染状况调查活动工作监管。对重点地块，生态环境部门对报告编制单位采样进行现场监督，样品备份，视情况进行同步检测分析。重点行业企业用地土壤污染状况调查工作在全省排名第一名，得到生态环境部表彰。在全省率先出台《南昌市农村生活污水处理系统运行维护管理办法》《南昌市农村生活污水处理系统运行维护管理工作考核方案》，规范农村生活污水处理系统运行维护管理。持续推进农村生活污水处理建设，投资3.4亿元，新建污水处理设施208个。推进农村黑臭水体治理工作，净化农村生活用水。全市排查、整改农村黑臭水体4个。组织实施安义化工集中区地下水调查项目，推动硬质合金地块地下水风险评估工作、农大化工厂地块地下水污染调查及风险评估项目。摸查南昌市地下水环境国考点水质情况，对南昌市11个地下水国考点水质质量进行摸查，并初步分析超标原因，制定地下水国考点位水质初步提升稳定方案。

【辐射污染防治】 2021年，市生态环境局开展全市使用Ⅳ、Ⅴ类放射源专项检查，对在用放射源单位检查实现全覆盖。全年共完成全市196家使用核技术利用单位现场检查，对排查发现的辐射安全隐患，提出整改要求，并就整改情况跟踪落实。全市共送贮或回收废旧放射源22枚，切实消除各类安全隐患。进一步规范辐射事故应急工作，开展辐射事故应急设备演练。多渠道、全方位宣传电磁电离辐射安全防护知识和相关法律法规，正确引导公众科学认识辐射与安全，增强群众对辐射知识了解。

【固体废物与化学品环境污染防治】 2021年，市生态环境局持续加强固体废物与化学品环境污染环境监管。至年底，全市工业危险废物产生量18.99万吨，其中处置量6.64万吨，综合利用量12.03万吨，贮存量0.32万吨。医废处置中心收集医疗废物8916.3吨，处置医疗废物7777.15吨，由江西洪城康恒环境能源有限公司（麦园垃圾焚烧厂）协同焚烧处置1139.15吨。完成全市企业年度危险废物申报1031家，申报率80.01%。危险废物管理计划备案1427家，备案率89.94%。完成市工业固体废物全过程监管平台（一期）项目验收。推进试点单位接入智能终端，全过程接入（含视频）13家试点单位，智能称重设备接入23家试点单位。23家试点单位全年通过智能终端设备入库危险废物24683批次，转移危险废物3143吨。全市3家小微产废企业危险废物集中收集暂存点收集小微产废企事业单位危险废物2966批次1825.3吨。企业危险废物申报转移数1295家，较上年度755家提升71.5%。开展危险废物规范化环境管理评估工作，考核省重点监管产废单位60家、其他产废单位20家，考核合格率87.69%；危险废物经营单位27家，考核合格率84.07%。

【饮用水水源地保护】 2021年，南昌市有牛行水厂、双港水厂、红角洲水厂等6个市级集中式饮用水水源保护区，均分布在赣江两岸，日供水量约180万吨。市生态环境部门深化市级集中式饮用水水源保护区生态环境整治，从源头保障饮用水安全，组织实施饮用水水源地视频监控项目，在6个市级集中式饮用水水源地保护区安装35个高清监控摄像头，并与监控平台联网，重点关注水源保护区内游泳、垂钓、洗衣服、破坏隔离网、船舶停靠等威胁水源安全行为，用科技手段实现水源地全天候监管。

（韦小宏）

节能减排

【概况】 2021年，南昌市发展和改革委员会（以下简称“市发改委”）坚持把节能减排作为优化经济结构、推动绿色低碳循环发展、加快生态文明建设的重要抓手和突破口，不断加大节能工作管理力度，严格落实节能目标任务，取得较好工作成效，完成省政府下达任务。全年全市规模以上工业综合能源消费量629.8万吨标准煤，同比增长1.20%；万元规模以上工业增加值能耗下降9.16%；全市单位地区生产总值能耗为0.27吨标准煤/万元，同比下降2.9%。“两高”项目盲目发展势头得到有效遏制。

【工业领域节能减排】 2021年，南昌市将工业节能目标任务分解到各县（区），建立目标责任制。市发改委对100家企业进行能耗日常监察和6家水泥（粉磨）企业进行国家重大工业专项节能监察，下达节能监察建议书8份。利用南昌市工业在线能耗监察综合平台对重点企业实施实时监控，淘汰高耗能用能设备（电机、风机、水泵等）合计205台（套）。开展绿色制造创建活动，南昌市有3家企业获评省级绿色工厂，并为28家企业提供节能诊断服务、编写节能诊断报告。拨付253.2万元工业节能专项资金，用于扶持7个企事业单位节能技术改造；拨付20万元用于扶持3家企业开展节能新产品研制和建立能源管理体系；拨付62万元用于扶持60余家企业开展用能设备测试、能源审计及电平衡工作。全年实现节能1.1万吨标准煤。

【建筑领域节能减排】 2021年，南昌市印发实施《南昌市推进绿色建筑发展管理工作实施细则》《关于进一步加强南昌市绿色建筑项目管理的通知》，全面落实国家部委建筑节能强制性标准，将绿色建筑纳入市对县区高质量考核体系，压实建设、设计、监理等各环节主体责任，丰富绿色建筑项目全生命周期监管手段，引导近零、低耗排放项目建设。11月，市城乡建设局对各县（区）建筑节能与绿色建筑在建项目开展双随机检查，对发现的问题下达整改通知书，并通报2个存在的问题项目。全年新开工绿色建筑占比99.3%，竣工绿色建筑占比80.4%，新增可再生能源应用建筑面积900万平方米。

【交通领域节能减排】 2021年，南昌市推动轨道、公交、慢行交通三网融合，打造“1公里步行、3公里自行车、5公里公交、长距离轨道为主”出行模式，基本形成“以轨道交通为骨干、常规公交为主体、公共租赁自行车为补充”的立体公共交通体系，中心城区公共交通站点500米覆盖率100%，轨道交通站点100米范围内公交线路接驳比率100%。在重要交通节点和重要场所投放公共自行车，并在全国首创“有桩+无桩”公共自行车规范停放管理模式，实现“随借随还”和“无缝接驳”。至年底，开通运营4条地铁线路，全市新能源汽车保有量达到44166辆，新增和更新新能源和清洁能源公交车比例为99.21%，全市码头岸电设施建设实现全覆盖。

【公共机构领域节能减排】 2021年，南昌市出台《南昌市公共机构合同能源管理暂行办法》，全市公共机构实施合同能源管理项目14个，投资818.3万元，形成414吨标准煤的节能能力。举办南昌市首届公共机构绿色出行季低碳达人赛暨“美丽中国，我是行动者”主题实践活动，全市各级公共机构257家单位19415名干部职工参加，产生绿色行程246628乘次，人均绿色出行行程12.7次。绿色出行总里程236.78万千米，折合减少碳排放213.34吨。2个案例入选“全国公共机构能源资源节约示范案例”名单，分别有5家单位、6家单位获第四批国家级、第三批省级节约型公共机构示范单位。

【重点用能单位节能管理】 2021年，市发改委做好重点用能单位在线监测系统建设工作，指导督促各县区（开发区）、湾里管理局重点用能单位推进能耗在线监测系统和接入端系统建设。及时将2021年能耗总量和强度“双控”目标任务分解下达至各县区，建立年度考核、季度预警、日常调度工作机制，不断压紧压实属地责任。扎实推进能源管理体系建设、能源计量统计、能源审计、能效对标达标和能源利用状况报告等重点工作，淘汰落后用能设备和生产工艺，挖掘存量项目节能潜力。

【“两高”项目遏制】 2021年，南昌市启动市碳达峰行动方案编制工作，成立市碳达峰碳中和工作领导小组，并下设市坚决遏制“两高”项目（高耗能、高排放项目）盲目发展专项工作组。市委召开常委会，专题研究南昌市坚决遏制“两高”项目盲目发展有关工作。召开2021年度生态文明建设领导小组工作会议、市绿色发展专业委员会工作会议，研究全市生态文明建设工作。印发《关于进一步开展南昌市“两高”项目梳理排查的通知》《关于进一步做好南昌市“两高”项目梳理排查和能耗双控有关工作的通知》，对全市已建、在建、拟建“两高”项目进行全面摸排，形成市县两级“两高”项目清单。至年底，全市有在建项目2个、拟建项目3个、建成项目5个。

【中广核进贤前坊风电场正式发电】 2021年，全省首个风电储能项目——中广核进贤前坊风电场正式并网发电。该项目总投资3.4亿元，场址区域面积4.67公顷，总装机容量为3.99万千瓦，布置13台风力发电机组，1座4兆瓦/8兆瓦时储能电站，1座110千伏升压站和2回35千伏集电线路工程，年发电量约8000万千瓦时，每年可节约标煤约2.6万吨，减少排放二氧化碳约7万吨，是江西省首个带储能的风力发电项目，也是南昌地区第一个风力发电项目，对于改善进贤区域电网电源结构，推动风电事业发展，开发可再生能源，助力“碳达峰、碳中和”目标实现有着重要意义。该项目从开工到并网只用4个月，创下江西区域风电建设期最短纪录。

【全国节能宣传周活动】 2021年8月23—29日，是全国第31个节能宣传周，活动主题为“节能降碳，绿色发展”。8月25日，是全国低碳日，活动主题为“低碳生活，绿建未来”。市节能减排办印发《南昌市2021年节能宣传周和低碳日活动方案》，对全市节能宣传周和低碳日活动进行全面部署。8月23日，南昌市节能宣传周活动正式启动。活动通过南昌地铁电视联播网、绿地中心双子塔LED显示屏等平台滚动播放2021年南昌市节能宣传片和节能宣传标语，在市行政中心主要出入口布置节能宣传主题喷绘，在全市公共机构醒目位置处悬挂宣传横幅、张贴宣传画。通过节能宣传周和低碳日活动，动员社会各界共同参与支持全市节能低碳事业，形成崇尚节约、合理用能的社会风尚，推动形成绿色低碳的生产生活方式。

（徐文俊　商　婷）

环境监管

【概况】 2021年，全市生态环境部门始终坚持生态优先、绿色发展理念，扎实推进环境监管工作。全面总结环保督察问题整改及销号管理工作经验，推进各类存量问题整改

2021年12月31日，中广核进贤前坊风电场并网发电

（进贤县　供图）

销号，将各级各类环保专项整治问题及督察交办信访件划分为疑难复杂问题、重点问题和一般性问题。建立督察信访件办理调度、审核、督查、督办机制，确保督察信访件整改责任落实到位。在全省率先建成环境检测单位监管平台，探索违规检测单位查处方式，完善环境监测与预警体系。

【环保督察问题整改】 2021年4月7日至5月7日，中央第四生态环境保护督察组对江西省南昌市开展第二轮中央生态环境保护督察，并形成督察意见，其中涉及南昌市6个个性问题、15个共性问题。督察期间交办南昌市704件信访件（其中，疑难复杂信访件5件，重点信访件136件），总量全省排名第一名（全省共3435件）。为切实抓好涉及南昌市第二轮中央生态环境保护督察反馈问题、交办疑难复杂和重点信访件的整改落实，市中央生态环境保护督察问题整改工作领导小组办公室印发《南昌市贯彻落实中央生态环境保护督察报告整改方案》《南昌市第二轮中央生态环境保护督察交办疑难复杂信访件整改方案》和《南昌市第二轮中央生态环境保护督察交办重点信访件整改方案》。同时，按照“分级分类管理、优化销号程序、压实销号责任、提升整改成效”原则，对《南昌市中央生态环境保护督察问题整改销号管理办法》进行修订。至年底，中央第二轮环保督察交办的704件信访件，已解决673件，解决率95.6%。在2016年中央环保督察、2018年中央环保督察“回头看”、2021年第二轮中央生态环境保护督察、2018—2020年长江经济带警示片和2018年省环保督察、2020年省生态环境保护督察“回头看”、2020年省生态环境警示片反馈涉及南昌市的252个问题中，有整改时限且达到时限的202个问题已完成整改197个，完成率97.5%；交办2981件信访件，已解决2970件，解决率99.6%，已销号2874件，销号率96.4%。其中，2016年中央环保督察反馈问题和交办信访件实现问题整改清零。

表20　2021年南昌市生态环境保护督察问题整改情况表

类别	有整改时限反馈问题（个）	达时限问题（个）	已完成（个）	完成率（%）
2016年中央环保督察	6	6	6	100
2018年中央环保督察“回头看”	10	10	8	80
2021年中央环保督察	18	3	3	100
2018-2020年长江经济带警示片	11	11	11	100
2018年省环保督察	36	36	35	97.2
2020年省环保督察“回头看”	130	129	128	98.5
2020年省生态环境警示片	7	7	6	85.7

（资料来源：市生态环境局）

【生态环境执法】 2021年，市生态环境局推行轻微违法行为以“整改为主、处罚为辅”执法手段，在全市范围内开展厂矿周边“散乱污”企业排查整治、违反“三同时”违法违规企业专项执法、涉铊企业专项排查、环境安全隐患专项排查、重点园区常态化挥发性有机物专项执法检查和第三方核酸检测机构医疗废物处置专项执法检查等工作。至年底，检查企业7279家次，出动执法人员25409人次；对292家企业下达《责令改正违法行为决定书》；立案调查169件，下达行政处罚决定书166件，执行到位案件172件，结案案件147件（其中，申请法院强制执行案件17件，查封扣押4件，涉嫌刑事犯罪移送3件），行政处罚金额955.23万元，执行到位金额1477.73万元。

【环境监测能力建设】 2021年，市生态环境局进一步完善环境监测体系，监测点位覆盖空气、地表水、地下水、土壤、噪声、污染源等环境要素。扎实推进“智慧环保”平台建设，持续织密监测网络，在全省率先建成挥发性有机物组分站，配置33套便携式挥发性有机物监测设备、6台红外热成像挥发性有机物泄漏检测仪，完善空气质量监测网络，高标准建成4座乡镇空气质量自动监测站，开展挥发性有机物及颗粒物走航监测。完善地表水监测网络，优化调整城区水环境监测点位50个，设置农业面源污染控制断面54个，9座县级饮用水水源自动监测站完成联网。持续巩固排污许可全覆盖成果，在全省率先实现全市648家排污单位2020年度排污许可执行报告100%提交、往年核发的排污许可证质量核查100%覆盖。至年底，大数据平台归集生态环境数据3685万条。

（韦小宏）

科学技术

综　述

【概况】　2021年，南昌市强化科技计划管理，及时下达项目专项资金，服务创新创业发展。认真落实相关政策，完善高新技术企业培育机制体系，推动高新技术企业量质“双提升”。加强校企、院企合作与交流，充分发挥各方优势，推动科技成果转移转化。大力实施人才引进和培育计划，多渠道吸收创新技术人才，不断增强创新创业动力。县区创新能力快速提升，南昌县在“全国科技创新百强县市”排名前移至第37位，小蓝经开区获评国家双创升级大中小企业融通发展示范区（汽车零部件产业），青山湖区、新建区入选“2021年度全国科技创新百强区”，安义工业园区更名为省级高新技术产业园区。第一批市级创新型试点县区和乡镇试点建设工作顺利推进。南昌市科技局先后17次获得市委、市政府领导批示（其中主要领导批示9次），获得第十届中国创新创业大赛优秀组织单位称号和江西省科普讲解大赛优秀组织奖。

【创新研发机构逐增】　2021年，加大科技研究平台建设，新增国家重点实验室1家，省级重点实验室16家，省级技术创新中心6家，市级重点实验室20家，市级工程技术研究中心29家。推动北京大学南昌创新研究院、浙江大学南昌研究院落地建设。至年底，与大院大所合作共建10家新型研发机构（其中，8家已运营的新型研发机构共引进博士141人、硕士116人，高级职称117人，国家级人才27人，省级人才22人）；授权发明专利26项；承担国家级科研项目8项，省级科研项目71项，市级科研项目16项；培育孵化19家科技创新型企业。

【创新人才引育计划开展】　2021年，开展2021年高层次科技创新人才“双百计划”，引进和培育高层次科技创新人才和团队40个；推进2020年南昌市“洪城计划”创业大赛8个获奖项目落地南昌；举办2021年南昌市高层次科技人才“洪城计划”创业大赛，吸引248个项目参赛，同比增长43.35%，最终10个项目斩获奖项；认定表彰首届“十大青年科技英才”；评选27名市级优秀科技特派员，市级特派员总数224名。

（钟思平）

赣江两岸科创大走廊建设

【概况】　2021年，南昌市推进赣江两岸科创大走廊建设，发挥鄱阳湖国家自主创新示范区核心区引领作用，推进南昌航空科创城、南昌VR科创城、中国（南昌）中医药科创城、南昌（国家）大学科技城等核心科创平台建设，打造中国（南昌）科学岛、前湖科创园、昌北高校科创谷、富山科技园等未来科创平台。整合省内创新资源，争取设立综合性国家科学中心，建设区域性创新高地，建设一批创新街区、创新楼宇、创新小镇和协同创新中心。

【鄱阳湖国家自主创新示范区建设】

2021年，鄱阳湖国家自主创新示范区建设加快推进，成立由市长担任组长的南昌市鄱阳湖国家自主创新示范区核心区建设领导小组，推动自创区核心区建设工作。南昌高新区主动围绕产业链部署创新链，培育高新技术企业600家，为企业引育省级以上人才159人，落户建设中科院南昌协同创新研究院、北京大学南昌创新研究院、北航江西研究院、江西航空研究院、中国信通院江西分院等大院大所创新平台，在全国国家级高新区综合排名中连续7年进位赶超，上升至第24位，站稳“第一方阵”，鄱阳湖国家自主创新示范区核心龙头地位进一步凸显。

【南昌航空科创城建设】 2021年，南昌市及时协调解决南昌航空科创城建设项目推进过程中的难点问题，齐抓项目建设质量与进度，航空科创城建设取得成效。至年底，落户项目60个，总投资约670亿元，航空科创大厦完工交付，中航光电、赛鹏紫玄、江西腾宇、彦畅机电、江西航空研究院、民航局江西适航审定中心等企业及研发机构平台、中心相继入驻；中国商飞江西生产试飞中心、中发天信航空发动机、宝航新材料项目办公场所及厂房交付企业使用；约11万平方米的航空科创城标准厂房项目中的4栋厂房建设完成。

【南昌VR科创城建设】 2021年，南昌VR科创城建设开发面积超过4平方千米，入驻企业12家，其中规模以上企业3家，全年产值近2亿元，纳税近200万元。南昌VR科创城招引和培育一批虚拟现实领军企业和创新标杆企业，带动产业链上下游生态伙伴聚集，建成以龙头企业为核心、配套产业链完备的虚拟现实产业集群。先后引育华为、阿里、腾讯等7家全球VR相关领域头部企业和HTC、科大讯飞等18家全国VR50强企业，签约上海乐相、深圳瑞立视、南京睿悦等30家企业，华为南昌研究院、高通影视联合创新中心等一批创新平台开展实际运用，全国首个国家级职业教育虚拟仿真示范实训基地挂牌并试运营。

【中国(南昌)中医药科创城建设】 2021年，中医药科创城建设稳步推进，中医药科创城综合体完成项目建设，新增省级重点实验室3个、科研基础条件平台1个、省临床医学研究中心1个。江西中医药大学教授冯育林团队主持研发的治疗奶牛乳房炎新中兽药——白头翁皂苷提取物和白头翁皂苷提取物注射液被农业农村部批准为国家二类新兽药，是江西中医药大学首次获得的兽药新药，标志着江西兽药研究取得重大突破。

【南昌(国家)大学科技城建设】 2021年，南昌(国家)大学科技城对接引进中国信通院江西研究院、5G智能终端创新应用服务平台、中科院智慧水务(江西)创新中心、增材制造公共服务平台等一系列重点项目。引进洪城人才计划7家，培育掌中无限、智容科技、倍康信息3家潜在瞪羚企业。至年底，大学科技城入驻企业800余家(其中科技型企业490余家)，科研院所平台类项目32个，入驻企业累计拥有授权专利数177个，科技成果转化数82个，培育高企35家；拥有国家级人才6人，国家杰出青年科学基金获得者2人、国家自然科学基金获得者1人，省级人才18人，硕士以上人才135人。获国家首批双创升级开发区科技资源支撑型特色载体、国家级众创空间、江西省科技企业孵化器、江西省现代服务业集聚区等称号。

（钟思平）

2021年1月13日，南昌VR科创城应用场景招商推介会举行

（熊家福　摄）

科技项目与成果

【概况】 2021年，市科技局通过组织开展学习调研，推动市委、市政府于4月出台《南昌市科技创新基础大提升三年行动方案(2021—2023年)》，提出“重大创新布局优化、科技创新平台升级、科技成果转化促进、企业创新能力提升、科技金融深度融合、高端创新人才集聚、重大关键技术攻坚七大行动。11月，制定《南昌市科技局“揭榜挂帅”制项目实施方案》，重点聚焦汽车与新能源汽车、航空装备、电子信息、生物医药与医疗器械、VR/AR战略性新兴产业和现代农业、节能环保等与民生密切相关的产业，征集、凝练一批关键核心技术难题和需求，组织具备较强创新能力的单位或团队揭榜攻关。聚焦科技创新重点工作，获批市级公

共财政预算安排科技发展专项资金5.4亿元，同比增加11.11%。加上2000年代垫人才发展专项资金1875万元，全年可使用专项资金总额5.59亿元。依托南昌科技广场，成立全省首个技术转移产业联盟，中国科学院院士、南昌大学副校长江风益为联盟终身顾问，197家成员单位入盟。建立133人的专家学者共享专家智库，开展各类校企对接、成果拍卖等活动40余场，共有20项科技成果成功拍卖，成交金额2985万元。起草《南昌市促进科技成果转移转化补助奖励实施办法》，对在南昌市实施成果转化、技术交易的双方，技术转移服务机构、技术合同登记机构等进行政策性后补助。完成93个项目科技成果登记，共推荐28个项目申报2021年度江西省科学技术奖励。

【上级科技计划项目经费争取】 2021年，全市获批中央引导地方科技发展专项项目5个，经费1490万元；中央补助“三区”（边远贫困地区、边疆民族地区和革命老区）科技人才支持计划5个，经费28万元；“三区”科技人才支持计划科技人员专项省级财政补助38万元。争取到其他省级科技计划143项，经费支持7714.5万元。其中，列入省“揭榜挂帅”关键技术类（首批）项目清单2项，获得财政经费支持600万元，占全省的36.9%；列入省“揭榜挂帅”企业重大技术需求揭榜建议榜单9项，获得财政首批经费补助900万元，占全省的34.62%。

【市级科技发展专项资金下达】 2021年，市级科技发展专项资金支出5.58亿元，支出进度99.92%。下达科技重大专项资金2519万元，其中2021年市重大科技项目第一批资金1827万元、2018年和2019年度市科技重大项目通过验收后资金692万元；下达创新引导计划资金4.04亿元，其中一般科技计划项目资金235万元、企业研发投入后补助资金2.32亿元、科技金融资金514.39万元、科技创新奖励资金1.61亿元、创新创业活动经费379.7万元；下达创新平台计划资金1.12亿元，其中科技公共服务平台498.73万元、新型研发机构9341.5万元、研发平台资金980万元、创新载体资金400万元；下达科技人才计划资金915.38万元，其中科技创新人才“双百计划”810万元、科技人才“洪城计划”22.59万元、科技特派员专项资金82.79万元；下达科技条件建设专项资金730.04万元；下达服务乡村振兴战略专项工作经费60万元。

【科技项目资金服务保障】 2021年，做优科技金融服务保障，市科技发展引导基金直接股权投资项目5个，投资资金2500万元；洪城科贷通放贷企业111家，累计放贷资金3.22亿元；49家企业获得科技保险补助，保费补助514.39万元，提供风险保障共1375.2亿元。组织“预见独角兽计划”路演13期，帮助30家南昌本地企业融资近2亿元。关键核心技术研发持续发力，给予999家企业2020年研发费用后补助2.32亿元。实施18项市科技重大项目，安排支持资金3045万元；启动南昌市“揭榜挂帅”制项目，征集到企业重大技术需求15项。

【科技成果转移转化】 2021年，全市举办20场科技成果对接活动，对接领域涵盖航空、生物医药、电子信息、新材料等南昌市重点发展产业，共达成20项科技成果合作协议，4000余人次参与对接。南昌市承办江西省首届科技成果拍卖会。拍卖会聚焦江西省重点发展产业和区域特色产业，共15项科技成果进行拍卖，拍价总计1407.8万元，成交额2198万元，总溢价率55.9%。南昌市完成技术合同认定登记3278项，技术合同成交额106.7亿元，分别占到全省的49.5%和25.8%，较上年同期分别增长73.5%和46.4%，培养10名（初级）技术经纪人。南昌科技广场组织开展技术成果推介、企业融资、科技政策宣传、成果评估评价等各类科技创新活动174场，共征集发布最新可供转化技术成果1531项，促成62项技术成果落地南昌，征集发布企业真实技术难题需求963项，促成技术交易额4.21亿元。

【科学技术奖励】 2021年，全市有21个项目获2020年度省科学技术奖励，占各设区市获奖总数的31.82%。其中，技术发明奖一等奖1项，科技进步奖一等奖5项、二等奖6项、三等奖9项，获奖数量在全省各设区市中排名第一位。6项一等奖项目包括江西洪都航空工业集团有限责任公司主持完成的《大飞机复杂蒙皮镜像铣高精高效加工工艺关键技术及应用》项目和江西正谱奕和科技有限公司（技术发明奖）、双胞胎（集团）股份有限公司、江西东南野生植物开发有限公司、江西佳时特数控技术有限公司、南昌硅基半导体科技有限公司等单位参与完成的5个项目。

（钟思平）

表21　　南昌市获2020年度江西省科学技术奖励项目情况一览表

序号	奖励等级	项目名称	主要完成人及主要完成单位	所在县区
1	技术发明奖一等奖	分时空电离质谱技术及其生命分析应用	陈焕文(东华理工大学)、李建强(江西正谱奕和科技有限公司)、张兴磊(东华理工大学)、董晓峰(东华理工大学)、钟序辉(江西正谱奕和科技有限公司)、罗丽萍(南昌大学)	经开区
2	科技进步奖一等奖	仔猪肠道屏障功能及机体免疫调控关键技术研发与应用	游金明、邹田德、王自蕊、谢正军、瞿明仁、季春源、张庆生、何余涌、吴志青、黎观红、许兰娇、陈丽玲、潘珂 江西农业大学、双胞胎(集团)股份有限公司、上海源耀农业股份有限公司	高新区
3	科技进步奖一等奖	二氢杨霉素精制工艺技术及其功能评价和产品开发应用	熊伟、李雄辉、王慧宾、胡居吾、杨金生、付建平、韩晓丹、刘昕昕、袁菊如、季清荣、徐国良 江西省科学院应用化学研究所、江西东南野生植物开发有限公司	高新区
4	科技进步奖一等奖	航空薄壁导管关键构件高质高效轻量化介质成形技术与装备	徐雪峰、范玉斌、孟宝、黎明、熊光利、肖洁、门向南、齐世文、韩金全、文松涛、杨坪川、魏科、付春林、刘华、孙前江 南昌航空大学、北京航空航天大学、江西洪都航空工业集团有限责任公司、成都飞机工业(集团)有限责任公司、江西佳时特数控技术有限公司	高新区、南昌县
5	科技进步奖一等奖	硅基氮化镓绿光LED材料芯片关键技术及应用	王光绪、吴小明、刘军林、刘苾雨、李丹、郑畅达、方芳、莫春兰、丁杰、孙伟科、郝志强、涂洪平 南昌大学、南昌硅基半导体科技有限公司	高新区
6	科技进步奖一等奖	大飞机复杂蒙皮镜像铣高精高效加工工艺关键技术及应用	郑和兴、向兵飞、刘旭、许可、康晓军、周造文、肖胜辉、刘长青、胡雅玲、徐明、郝小忠、熊勇、熊旭、刘春江 江西洪都航空工业集团有限责任公司、南京航空航天大学、南京工业大学	高新区
7	科技进步奖二等奖	金属增材再制造及其表面强化关键技术与产业化	王德、张友亮、胡强、陈新贵、谢玉江、程香平、陈祖华、陈志宝、王明生、郭慧 江西省科学院应用物理研究所、江西瑞曼增材科技有限公司	高新区
8	科技进步奖二等奖	面向公共安全的宽剂量多核素辐射测量关键技术及其应用	王仁波、汤彬、张海平、张雄杰、王清亚、高永涛、王海涛、李福龙、黄凡、李福生 东华理工大学、中广核贝谷科技有限公司	高新区
9	科技进步奖二等奖	新一代全顺负压监护型救护车开发与应用	王亮、彭琪祯、黄桂意、刘琴、陈大勇、孙洪伟、曹忠兴、陈青、李红云、廖文文 江西江铃汽车集团改装车股份有限公司	南昌县
10	科技进步奖二等奖	山地公路滑坡地质灾害风险评价与监测预警关键技术	薛凯喜、王升福、朱正伟、徐哈宁、侯龙清、庞拓、刘文峰、万强、雷阳、刘邦 东华理工大学、江西省飞尚科技有限公司、重庆大学、珠海国勘仪器有限公司、江西省勘察设计研究院、中铁十六局集团路桥工程有限公司、南京白鲨测绘科技有限公司	南昌县

续表21

序号	奖励等级	项目名称	主要完成人及主要完成单位	所在县区
11	科技进步奖二等奖	中药浸膏粉吸湿与玻璃化转变理论研究及关键技术应用	何雁、饶小勇、罗晓健、梁红波、程林、王乐云、熊磊、张尧、张爱玲、刘微 江西中医药大学、江西本草天工科技有限公司、南昌航空大学、南昌杏林白马药业股份有限公司	高新区、新建区
12	科技进步奖二等奖	一种高纯度尿促卵泡素的制备方法	万偲、徐富勇、黄优生、魏超娟、胡著阳、李菊根、纪明妹、戴曼庆、杨华英 江西浩然生物制药有限公司	高新区
13	科技进步奖三等奖	畜禽养殖粪污等农业废弃物资源化利用关键技术与集成创新	陈庆隆、陈柳萌、李东、桂伦、陈葵、黄强、姚健 江西省农业科学院农业应用微生物研究所、中国科学院成都生物研究所、中国热带农业科学院环境与植物保护研究所、江西正合环保工程有限公司、江西省山江湖开发治理委员会办公室	青云谱区
14	科技进步奖三等奖	杜仲芦笋等中草药替抗养殖技术创制与应用	李思明、黄坚、刘文舒、欧阳玲花、范志勇、刘益平、郭小泽 江西省农业科学院畜牧兽医研究所、四川农业大学、湖南农业大学、江西嘉博生物工程有限公司、江西旺大动物科技有限公司	南昌县
15	科技进步奖三等奖	鄱阳湖流域湖泊净水渔业关键技术集成创新与示范	陈文静、欧阳珊、张燕萍、张爱芳、吴小平、章海鑫、周春花 江西省水产科学研究所、南昌大学、江西军山湖生态农业发展有限公司、江西仙女湖渔业有限公司	进贤县
16	科技进步奖三等奖	高耐蚀耐磨合金层制备关键技术与成套装备及工程应用	王善林、张体明、谢吉林、王凯、邓颖、谢雨田、李宏祥 南昌航空大学、方大特钢科技股份有限公司、北京科技大学、重庆科技学院	高新区
17	科技进步奖三等奖	配电网故障智能化处理关键技术、成套装备及应用	李升健、郭亮、王晓卫、唐飞、余霜鸿、宋国兵、潘建兵 国网江西省电力公司、西安交通大学、武汉大学、西安兴汇电力科技有限公司、泰豪软件股份有限公司	高新区
18	科技进步奖三等奖	文化遗产景观地旅游综合服务平台关键技术研究与示范	方朝阳、齐述华、廖明伟、廖明、罗津、陈志平、顾华奇 江西师范大学、江西省基础地理信息中心、江西师大科技园发展有限公司、江西普适科技有限公司	高新区
19	科技进步奖三等奖	典型公路桥梁服役性能提升关键技术研究	江祥林、王国强、吴刚、黄智华、唐煜、邹友泉、代力 江西赣粤高速公路股份有限公司、江西省交通科学研究院、东南大学、南京林业大学、北京特希达科技有限公司	高新区
20	科技进步奖三等奖	智慧高速公路关键技术与实践	费伦林、刘文峰、狄小峰、张纪升、谢晓如、张一衡、张琦 江西省高速公路投资集团有限责任公司、交通运输部公路科学研究所、交通运输部科学研究院、江西方兴科技有限公司、江西飞尚科技有限公司	西湖区、南昌县
21	科技进步奖三等奖	复杂地质环境下隧道的聚能减震爆破施工安全与控制关键技术	于洋、黄龙华、耿大新、丰光亮、郭立军、彭爱红、苏玉宝 华东交通大学、中国科学院武汉岩土力学研究所、中铁四局集团有限公司、江西省交通工程集团建设有限公司、核工业华东建设工程集团公司	红谷滩区、新建区

说明：含驻地国企、市属医院，不含央企、省属高校、院所、医院

（资料来源：市科技局）

高新技术产业发展

【概况】 2021年,全市高新技术企业1950家,占全省总量的29.05%。培育独角兽、瞪羚企业,新增39家企业入榜江西省独角兽(种子、潜在)、瞪羚(潜在)企业榜单,占全省的25%。至年底,有107家领军企业入榜,占全省数量的29.15%。开展"下县区、走园区、进场区"等8次政策宣讲活动,制作7部政策专题片,全市企业在线观看人数超过1万人次;举办3场专家线上答疑,参与人数超过1.2万人次。兑现2020年高新技术企业财政奖励资金1.38亿元。省、市媒体先后7次宣传报道全市高新技术企业政策和培育典型经验。

【高新技术企业量质"双提升"培育行动实施】 2021年,按照《南昌市高新技术企业量质"双提升"行动方案》,联合各方力量,持续加大高新技术企业培育力度,构建"科技型中小企业—高新技术企业—创新型领军企业"的梯次培育机制。完成高新技术企业培育系统建设工作,全市有4713家企业完成入库。分2批共申报高新技术企业1689家,申报数量为全省第一位,占全省申报总数的31.55%。经发掘培育潜在、种子独角兽企业8家,占全省总数的50%;瞪羚、潜在瞪羚企业31家,占全省总数的22.1%。支持独角兽、瞪羚企业立项3个科技重大专项,下拨资金555万元。对经省科技厅认定的2020年度独角兽、瞪羚企业已兑现奖励资金320万元。全年,组织9批科技型中小企业入库,2360家企业入库国家中小企业信息库,占全省的28.23%,比上年增加666家,增长率39.3%。落实各项政策措施,兑现846家新认定高新技术企业和107家规模以上首次新认定为高新技术企业的奖励资金1.34亿元。

【科技创新载体培育】 2021年,根据《南昌市洪城众创备案管理与绩效评估办法》《南昌市科技企业孵化器、众创空间管理办法》,开展市级众创空间、科技企业孵化器的申报与认定工作,积极推荐企业申报国家级、省级科技企业孵化器和众创空间。全年,新增"特康科技企业孵化器"1家省级备案众创空间,新增"南昌清控科创众创空间""东华理工大学大学生创业孵化园""物联众创空间""江西科技师范大学科创空间""赣江科技创客空间""创客学园""江西纳米技术众创空间"7家省级科技企业孵化器,新增"南昌萤火虫众创空间""南昌优唐众创空间""南昌清控科创众创空间"3家市级备案众创空间。至年底,全市有众创空间94家。其中,国家备案众创空间24家,占全省总量的48%;省级众创空间36家,占全省总量的24.8%。科技企业孵化器34家。其中,国家级科技企业孵化器10家,占全省总量的52.6%;省级科技企业孵化器16家,占全省总量的20%。

【创新创业大赛系列活动】 2021年8月31日,由省科技厅、市政府主办,市科技局承办的第十届中国创新创业大赛江西赛区暨第六届"洪城之星"创新创业大赛在南昌举行。大赛于7月2日启动,历时3个月完成初赛、复赛、决赛、尽职调查、推荐入围全国赛等阶段工作。此次大赛在疫情影响下,组委会收到全省304家企业有效报名,其中南昌市确认报名企业101家。大赛初赛企业304家(初创组62家、成长组242家),95家(初创组35家、成长组60家)晋级复赛,47家(初创组17家、成长组30家)晋级决赛。决赛分初创组、成长组2个组别进行。决赛采取"8+7"现场路演答辩评审方式进行,即参赛企业用PPT陈述项目8分钟,评委提问和答辩7分钟。参赛企业涵盖新一代信息技术、生物、新能源汽车、节能环保、新能源、高端装备制造、新材料7个产业领域,分组别进行路演答辩,充分展现企业项目发展前景。14位来自省外的具备国家大赛评审专家资格的评委从技术和产品、商业模式及实施方案、行业及市场、团队管理、财务分析等五大方面对各参赛项目进行现场答辩提问并评分,并对项目发展提出建议意见。大赛获奖企业21家(初创组11家、成长组10家),分别为一等奖2名(初创组、成长组各1名)、二等奖4名(初创组、成长组各2名)、三等奖6名(初创组、成长组各3名)、优胜奖9名(初创组5名、成长组4名)。为鼓励和支持优秀创业企业,大赛专设奖金池200余万元。推荐入围全国赛企业23家(初创组6家、成长组17家),13家(初创组2家、成长组11家)企业获第十届中国创新创业大赛全国赛优秀企业奖。

表22 第十届中国创新创业大赛全国赛南昌市获奖企业一览表

奖项	企业名称	所属县区	组别
优秀企业奖	江西中洪博元生物技术有限公司	南昌县	成长组
优秀企业奖	南昌菱形信息技术有限公司	红谷滩区	成长组

续表22

奖项	企业名称	所属县区	组别
优秀企业奖	江西普瑞丰生态科技有限公司	青云谱区	成长组
优秀企业奖	中科水研(江西)科技股份有限公司	高新区	成长组
优秀企业奖	南昌登特科技有限公司	高新区	成长组

(资料来源:市科技局)

表23　第十届中国创新创业大赛(江西赛区)暨第六届"洪城之星"创新创业大赛南昌市获奖企业一览表

奖项	企业名称	所属县区	组别
二等奖	江西中洪博元生物技术有限公司	南昌县	成长组
优秀奖	南昌菱形信息技术有限公司	红谷滩区	成长组
二等奖	江西正谱奕和科技有限公司	经开区	初创组
优秀奖	江西山容生态农业科技有限公司	新建区	初创组

(资料来源:市科技局)(钟思平)

科技人才

【概况】　2021年,市科技局牢固树立"科技强市、人才强市"理念,立足挖掘培育本土人才,主动引进紧缺高端人才,多措并举,不断夯实人才工作根底,为推进全市科技创新高质量发展提供人才保证和智力支持。至年底,全市参加科技活动7021人,其中R&D活动4642人(自然科学345人、农业科学999人、医学科学719人、工程与技术科学2270人、人文与社会科学309人);硕士、博士研究生学历2280人。

【科技创新人才"双百计划"实施】　2021年,组织开展全市高层次科技创新人才"双百计划"推荐申报工作,40个人才(团队)项目入选。入选的"双百计划"人才中拥有博士学位的27人,拥有正高级职称的21人。项目主要分布在电子信息、航空装备、生物医药、汽车和新能源汽车、人工智能、绿色食品等产业,紧贴全市重点和战略性新兴产业发展方向,为全市重点产业发展提供人才智力要素保障。

【科技人才"洪城计划"推进】　2021年,举办南昌市高层次科技人才"洪城计划"创业大赛,吸引248个项目参赛,增长43.35%,最终10个项目斩获奖项。推进2020年"洪城计划"创业大赛获奖项目落户,10个获奖项目中已有8个项目分别落户南昌高新区、红谷滩区、青云谱区、进贤县,部分项目投入运营。

【高层次科技人才引育】　2021年,市科技局完成国家级重大人才计划的组织申报、审核推荐等各环节工作,全市4名高层次科技人才入选国家级人才计划,列全省第一位。10名高层次科技人才入选省级科技人才计划。其中,3人入选省主要学科学术和技术带头人培养计划(领军人才),7人入选省高层次和急需紧缺海外人才引进计划。

【发布人才和项目需求】　2021年,组织部分重点企业参加由科技部(国家外国专家局)、深圳市人民政府主办的第十九届中国国际人才交流大会,充分展示南昌市引才引智成果,宣传科技创新政策,开展对接洽谈合作。为充分发挥国际化平台作用,在大会新开发的海外人才交流洽谈系统上,南昌市面向海外发布人才和项目需求30余个。

科技平台建设

【概况】　2021年,市科技局实施创新驱动发展战略,集聚创新资源,加快合作引进重要创新平台建设,搭建创新研发平台,提升自主创新能力,抢占发展制高点,提升区域创新及成果转化能力,加快创新型城市建设步伐,为南昌打造区域科创中心提供科技支撑。至年底,全市有国家重点实验室5家,占全省的83%;国家工程技术研究中心4家,占全省的50%;省级重点实验室174家,占全省的77%;省级工程技术研究中心127家,占全省的32%;省级技术创新中心6家,占全省的18.75%。市级重点实验室115家，市级工程技术研究中心185家。

【基础研发平台建设】 2021年，贯彻落实《南昌市推动企业研发机构建设攻坚行动计划(2018—2023年)》，推动全市规上工业企业、高新技术企业、高等院校、科研院所建立研发机构。全年新增1家省部共建国家重点实验室、16家省级重点实验室、6家省级技术创新中心；组织开展市级基础研发平台申报认定工作，新认定20家市级重点实验室、29家市级工程技术研究中心。市级工程技术研究中心和重点实验室资助经费共980万元。至年底，全市有国家级重点实验室5家、国家级工程技术研究中心4家；有省级重点实验室174家、省级工程技术研究中心127家、省级技术创新中心6家；有市级重点实验室135家、工程技术研究中心212家。

【新型研发机构建设】 2021年，贯彻落实《南昌市支持新型研发机构发展办法》《南昌市新型研发机构建设实施细则(试行)》，不断加快新型研发机构建设，推动北京大学南昌创新研究院、浙江大学南昌研究院落地建设，并做好新型研发机构的管理服务。至年底，与大院名校、龙头企业合作共建10家新型研发机构。5月28日，北京大学南昌创新研究院完成事业单位法人注册登记工作。10月，对全市落地注册满一年的新型研发机构进行年度考核。年底，红谷滩区与浙江大学计算机科学与技术学院签订浙江大学南昌研究院具体落地协议。

【南昌科技广场运营】 2021年，南昌科技广场采用“政府引导、专业运营、市场化运作”思路，不断探索科技成果转移转化创新服务模式，依托“预见独角兽计划”“中科心客基金”等，一手抓优质项目，一手引联动资金，为科技创新服务搭建新载体、新抓手，助推江西省科技成果转移转化工作落地。同时，开创产学研成果转化新模式，逐步探索出“实地走访、1V1对接、跟踪服务”新模式，形成“行业选择—走访企业—需求发布—会议对接—政策支持—需求解决”的一站式服务流程。南昌科技广场作为南昌技术创新和成果转化的加速器、产业转型升级和资源开放共享的助推器，助推科技人才引育、科技企业孵化、科技成果转化等工作。发布最新技术成果1379项，企业真实技术难题需求1015项。促成39项技术成果落地南昌，促成技术交易额4.21亿元。组织技术成果推介、企业融资、科技政策宣传、成果评估评价等各类科技创新活动127场次，组织网上技术服务活动11场。在各新闻网站上发布新闻900余条，发送宣传折页5000余册。举办预见“独角兽”计划线上路演300余期，线下路演15期，预见“独角兽”计划江西卫视路演栏目已录制播出2期。预见“独角兽”巾帼专栏路演每月组织5名女性优质创业项目，帮助其对接投资。预见“独角兽”创业实验室11位学员获得投资，投资占比高达55%，融资过1亿元，联合组建江西科创基金规模10亿元，首期规模5亿元。协办2届江西省独角兽、瞪羚企业榜单发布会，协办第一、二届滕王阁创投峰会。北上广资源助推音乐人汪峰FIIL耳机项目主体落户青云谱，助推浙江鸿蚁光电等8个高层次科技人才项目落户南昌。发起成立江西省技术转移产业联盟，联盟成员单位有140余家。首届江西省科技成果拍卖会举办，15项科技成果竞拍成交价2198万元。征集入库技术专家156位，征集各类科技展品84项。利用“互联网+”搭建南昌市科技创新公共服务载体，打通信息“孤岛”，为全市科技创新活动提供各类专业服务，初步打造成为集聚创新资源最多、服务力量最强、服务功能最完善的一站式科技创新服务平台。

（钟思平）

科普活动

【概况】 2021年，南昌市通过举办科技活动周和科普知识宣传等活动，开展各种群众性科普活动，普及科学知识，宣传科技政策，营造群众学科学、参与科学的社会气氛，提高公众科学素质，为推动全市经济社会发展做出贡献。开展“下县区、走园区、进厂区”政策宣讲及科技下乡服务等活动65项，参与4万余人次，发放4.5万余份资料，科技咨询6000余人次。

【科技活动周】 2021年5月，全市举办以宣传中国共产党领导科技发展为主题的科技活动周，突出党对科技全面领导和方向指引，弘扬科学家精神，开展科技为民服务活动，破除“伪科学”，用科学理论占领思想阵地。5月20日，南昌市科技活动周启动仪式在新建区心怡广场举行，各县区科技管理部门代表以及有关社区、企业、学生和群众代表等600余人参加启动仪式。启动仪式上，市县领导向5支科技服务小分队授旗，赠送图书，为2021年南昌市科普讲解大赛获奖选手和单位颁奖。科技周活动期间，在全市范围内开展“下县区、走园区、进厂区”宣讲，市科技局分派8个宣讲小组，采取在县区、开发区、大学科技园内举办报告会、专题培训会、座谈会等方式向企业宣讲国家、省、市科技政策、各类科技计划项目和申报流程等一系列惠企政策。通过宣讲活动，实地了解企业创新需求，为企业了解国家、省、市各项科技政策和熟悉掌握2021年市级科技计划项目要求搭建互动交流平台，帮助企业熟悉政策、掌握政策、运用政策，提供精准服务，助力企业创新转型和高质量发展。

【科普讲解大赛活动】 2021年4月11日，举办南昌市科普讲解大赛，10名获奖选手被授予“南昌市十佳科普使者”称号。大赛前三名获奖选手将被推荐参加全省科普讲解大赛。在省科普讲解大赛中，2名选手分别获得江西省科普讲解大赛一等奖、二等奖。通过大赛活动，进一步普及科学知识、弘扬科学精神，在全市营造爱科学、讲科学、学科学、用科学的良好氛围，增强大众对科学的认知度和参与度，提高全民科学文化素养。

（钟思平）

无线电管理

【概况】 2021年，赣中无线电监测中心（以下简称“赣中中心”）开展中国共产党成立100周年“无线电电磁环境大规模整治专项行动”，联合公安部门开展打击治理电信网络新型犯罪工作，加强铁路沿线电磁环境专项监测，做好无线电台站管理和无线电法律法规普法宣传，抓实推进无线电发射设备销售备案工作，完成重大活动和各类考试无线电安全保障任务，为维护中心区域内的空中电波秩序和频率使用安全作出贡献。

【无线电电磁环境大规模整治专项行动】 2021年，根据省工信厅中国共产党成立100周年期间“全省无线电电磁环境大规模整治专项行动”工作统一部署和要求，赣中中心于6月1日至7月15日开展集中打击整治非法设置使用无线电台（站）专项行动。采取固定监测与移动监测相结合、城区与县乡相结合、日常监测与专项活动相结合办法，对赣中区域12个县8个区开展拉网式全方位移动监测。启用固定监测站22座，动用便携式监测设备70台（套），出动人员48人次，监测时长7200小时，行驶路程1200千米。行动期间，查获“黑广播”3起，为设台单位排除干扰1起。

【铁路沿线电磁环境专项安全监测排查】 2021年，按照《江西省安委会办公室关于进一步加强全省铁路沿线安全防范工作的通知》要求，赣中中心快速部署，组织监测队伍，集中技术力量，于4月下旬至5月上旬，对南昌市境内沪昆高铁、昌吉赣高铁、向蒲铁路、南昌西环铁路沿线电磁环境开展为期1个月的专项安全监测排查工作。重点对GSM-R频段、400MHz铁路专用频率、铁路800MHz频段、三大通信公司2G频率等多个频率进行监测，保存频率图40张，出动监测车辆10车次，启用监测设备45台（套），出动监测人员40人次，监测时长200个小时。

【无线电发射设备销售备案核查】 2021年9月8日，赣中中心组织召开无线电发射设备销售备案核查工作部署会。12月1—3日，联合市市场监督管理局、各县区无线电协管办开展无线电发射设备销售备案市场监督检查工作。对南昌市城区、湾里管理局、进贤县、南昌县等9个区域销售无线电发射设备的大型商场、沿街店铺进行检查指导，发放备案操作手册1000余份。全年，南昌市新增备案主体541家，新增备案设备3595台。

【重大活动和各类考试无线电安全保障】 2021年，完成2021世界VR产业大会云峰会无线电安全保障。在第七届中国国际“互联网+”大学生创新创业大赛保障中第一时间排除现场干扰。1月23日，南昌地铁4号线开通前夕，组织技术人员对地铁沿线进行电磁环境监测，为南昌地铁4号线开通保驾护航。完成教育、司法、会计类等18场重大考试无线电安全保障工作，出动人员300余人次、发现并压制作弊信号14起，有效维护考试公平正义和社会稳定。

【设台单位行政许可技术审查和检查】 2021年，赣中中心协助省工信厅完成7家设台单位行政许可技术审查，核查并录入台站130个。协助厅无线电管理处对2家设台单位开展“双随机、一公开”行政检查，推动辖区内无线电频率和台（站）依法依规使用。

【无线电法律法规宣传】 2021年，赣中中心坚持法治为民，做好无线电法律法规普法宣传。线上通过省工信厅、县区政府办网站宣传《无线电管理条例》；线下走进社区发放宣传手册1万余本，展示收缴的非法无线电发射设备10余种，用鲜活案例教育引导群众遵纪守法。联系省军分区、市人社局等考务部门，开展反高科技考试作弊培训和刑法宣传3次；发挥县区协管办和三大电信运营商优势，群发短信30万条，不断扩大普法宣传覆盖面，增强群众的无线电频谱资源意识和无线电发射设备销售备案意识。

（殷　晴）

气象测报

【概况】 2021年，南昌市气象局防灾减灾气象保障服务取得成效，气象现代化软硬实力增强，趋利避害助力乡村振兴作用明显，服务生态文明建设亮出特色名片。市气象局获全省气象部门高质量发展综合考评优秀单位称号，在全省市级气象现代化评估中获全省第二名，观测业务质量26项指标中13项位列全省第一名、24项位列全省前三名，预报业务质量8项指标4项全省排前三名、2项排第一名。@南昌天气官方微博发布效应突出，首次进入全国气象行业政务榜前十名，排名江西政务榜第6位，连续7年蝉联南昌政务榜榜首，获2021年度全国十大气象微博政务微博和2021年度快速响应优秀微博2个奖项。

【气候】 2021年，南昌市气温明显偏高，降水偏多，日照偏少。年内气温波动起伏大，降水时空分布不均。年降水量1962.8毫米，比历年偏多15.3%；年日照时数1666.6小时，较历年偏少142.3小时。年平均气温19.7℃，比常年偏高1.2℃，创有气象记录以来新高。年初阶段性低温冰冻。1月上旬，先后受两股强冷空气影响，出现寒潮、大风、降雪天气过程。过程最低气温降至－4.2℃—－8.1℃，山区降至－10.9℃。初春阴雨寡照。3月1日至4月15日，南昌平均降水量380.8毫米，较常年同期平均偏多35.7%；平均日照时数81.4小时，较常年同期平均偏少65.9小时，历史同期排位第四低位。平均阴雨日数37.2天，较常年同期平均偏多7.5天，创历史同期第三高。春季强对流天气频发。3月30日至4月1日，南昌市出现数轮冰雹、雷暴大风、短时强降水等强对流天气。强对流天气导致南昌城区、南昌县、进贤县、新建区等部分乡镇出现风雹灾害。南昌市观测站观测到冰雹直径最大为60毫米，为气象史上最大。5月10—13日，南昌市出现暴雨，局部大暴雨，并伴有短时强降水、雷暴大风、冰雹，进贤县出现直径15毫米的冰雹；累计降水133.9毫米，较历史同期偏多3.5倍，创历史同期新高。5月中下旬雨量创历史新高，出现洪涝灾害。5月10—31日，累计降水393.2毫米，较常年同期偏多1.7倍，创历史同期新高。6月底至7月初出现年内最强连续暴雨过程。6月27日至7月2日，遭遇连续暴雨袭击，全市平均累计降水186.0毫米。8月中下旬持续雷雨天，缓解高温。8月11—29日，南昌出现连续降水过程，局部出现暴雨到大暴雨。全市平均降水209.5毫米，较常年同期偏多1.79倍，排历史同期第二位。降水导致其间全市平均气温27.4℃，较常年同期偏低1.3℃，其间超35℃的高温日数仅有1天。9月到10月中旬异常高温，高温日数明显偏多，伏秋旱阶段性特征明显。9月1日至10月17日，南昌全市平均气温26.4℃，较常年同期偏高2.6℃，35℃及以上高温日数17天，均创历史同期新高。期间平均降水28.6毫米，较历史同期偏少七成。年末迎寒潮，出现降雪。12月24—26日，南昌出现岁末寒潮，26日全城飘雪。受寒潮天气影响，26日平均气温较24日普遍下降8℃—10℃，27日最低气温达-2℃—-1.3℃；有45个观测站出现7级以上偏北大风，其中3站出现8级大风。

【气象服务】 2021年，南昌市极端天气气候事件呈现频发多发态势：其中3月底出现连续强冰雹天气；5月中旬出现强降水集中期，同期降水超历史；伏秋期高温日数突破历史纪录，出现秋冬连旱。全市气象部门坚持以人民为中心，做好强对流、暴雨、高温、干旱等预报预警服务工作，发布气象情况反映213期，预警信号226次。在3月底的强对流天气过程中，市气象台48小时内连发17次预警信号，其中强冰雹预警提前量超过半小时，预警信号平均提前量明显提升。建立重大活动气象全链条服务流程，完成2021南昌飞行大会、2021世界VR产业大会、第七届中国国际"互联网+"大学生创新创业大赛等11次重大社会活动服务。

【生态文明气象保障】 2021年，与生态环境部门联合开展日常空气污染气象扩散条件会商，发布会商材料300余期；联合发布空气污染预警1次，建议启动空气污染应急响应3次。全年实施地面人工影响天气作业71次，协助南昌飞机增雨作业14架次，助力空气质量连续三年达标。为适应生态气候业务发展，开展包括油菜、荷花、桂花花期预测的特色生态旅游气象服务。为种粮大户、专业合作社及乡镇农技站提供农业气象服务，服务产品质量全省排第一名。开展鄱阳湖生态气候监测能力提升行动，建成鲤鱼洲梯度气象观测系统和鄱阳湖湖区通量观测系统。

【气象现代化南昌品牌打造】 2021年，市气象局以市政府印发气象现代化贯彻实施意见、年度工作方案和三年行动计划为契机，科学规划现代化质量巩固提升路线，获批全省市级高质量气象现代化综合试点。推动突发事件预警信息发布体系建设，实现预警信息发布承担机构全覆盖、预警信息发布项目经费落实与项目建成全覆盖、预警信息发布工作维持经费全覆盖、预警信息发布事项收录全覆盖。高山人影作业评估站、鄱阳湖湿地生态站、L波段雷达大修、天气网眼系统建设先后实施。观测质量管理体系运行良好，全市国家站、区域站设备检定、校准工作高标准完成。新增道路交通安全气象指数和森林火险气象等级预报产品，与应急管理、生态环境部门联合发布森林防火气象风险预警、空气污染预警。

【气象法治建设推进】 2021年，采取"双随机、一公开"执法检查和专项检查相结合的方式开展防雷安全检查113家单位，实现危化品场所防雷安全检查全覆盖。动态调整并印发《2021年南昌市气象局执行的标准清单》，结合气象业务服务申报《校园科普气象站观测指南》《直播油菜气象观测标准》2个地方标准。印发《加强气象行政执法队伍建设的实施方案》，全面推行气象行政执法"三项制度"落实，举办全市气象行政执法全过程记录规范性评比活动。落实"谁执法谁普法"普法责任制，开展法律"六进"宣传教育活动30次。

表 24　　2021 年南昌市主要气象要素一览表

要素	数值	时间												
		1 月	2 月	3 月	4 月	5 月	6 月	7 月	8 月	9 月	10 月	11 月	12 月	全年
降水（毫米）	累计值	5.8	76.1	260.7	270.8	406.8	273.4	230	316.9	37.7	26.5	49.1	9	1962.8
	距平值	−77.8	−19.2	69.2	57.8	188.4	−68.2	53.7	196.9	−27.6	−23.3	−43.3	−47.3	260.8
	历史值	83.6	95.3	191.5	213	218.4	341.6	176.3	120	65.3	49.8	92.4	56.3	1702
气温（℃）	累计值	7.3	12.7	14	17.5	23.2	27.8	30.5	29.1	29.2	20.5	14.6	9.6	19.7
	距平值	1.4	4.3	1.8	−0.9	−0.1	1.6	0.9	−0.1	3.6	0.2	0.4	1.4	1.2
	历史值	5.9	8.4	12.2	18.4	23.3	26.2	29.6	29.2	25.6	20.3	14.2	8.2	18.5
降水日数（天）	累计值	6	12	21	21	21	14	11	19	4	8	10	8	155
	距平值	−7.3	−1.6	3.7	3.8	5.3	−1	0.5	8.7	−2.9	0.4	1.5	−0.2	11
	历史值	13.3	13.6	17.3	17.2	15.7	15	10.5	10.3	6.9	7.6	8.5	8.2	144
相对湿度（%）	累计值	57	75	80	80	79	76	71	79	68	72	67	65	72
	距平值	−17	0	2	3	3	−5	−4	5	−5	4	−5	−5	−2
	历史值	74	75	78	77	76	81	75	74	73	68	72	70	74
日照（小时）	累计值	157.9	99.8	67.1	53.6	87.8	133.9	208.3	154.9	252	127.6	157.5	167.1	1666.6
	距平值	68.9	16.7	−27.1	−71.6	−73.6	−25.6	−40.3	−78.3	62.5	−40.8	14.5	29.3	−142.3
	历史值	87.1	90	101.1	132.7	155.5	145.3	237.5	227.5	191	175.3	138.1	127.8	1808.9
蒸发量（毫米）	累计值	49.4	49.3	50.8	65.6	81.9	106.3	134.2	94.4	132.1	99.1	58.2	54.7	976
	距平值	11.9	9.2	−0.3	−5.4	−8.6	18.5	−1.2	−44.2	13.9	−1.3	−5.8	6	−7.3
	历史值	37.5	40.1	51.1	71	90.5	87.8	135.4	138.6	118.2	100.4	64	48.7	983.3
气压（百帕）	累计值	1019.6	1014.5	1012.3	1010.6	1003.2	999.1	997.7	999.9	1004.6	1013.1	1015.9	1021	1009.3
	距平值	−0.4	−2.7	−1	2.2	−0.9	−0.7	−1	0	−1.4	0.4	−0.8	0.6	−0.5
	历史值	1020	1017.2	1013.3	1008.4	1004.1	999.8	998.7	999.9	1006	1012.7	1016.7	1020.4	1009.8

（资料来源：市气象局）

（王睿之）

教 育

综 述

【概况】 2021年，南昌市教育系统坚定不移加强党的全面领导，打造党建品牌，整合资源提升教育保障水平、教育服务水平，增强教育供给能力，努力培养时代新人，提升教师队伍职业素养，维护校园和谐稳定。推动落实市领导联系学校、学校党政主要领导上思政课制度。推动市委落实定期研究教育工作机制，市委常委会审议通过《南昌市教育事业高质量发展三年攻坚行动方案（2021—2023）》等文件。成立市委教育工委意识形态工作领导小组，落实意识形态责任制。落实全面从严治党要求，压紧压实“两个责任”（党委负主体责任，纪委负监督责任），开展各类督查60余次，受理信访投诉335件，给予党政纪处分和其他处理的教师36人，问责校级领导7人，清退违规收费104.62万元。

【教育保障水平提升】 2021年，编制《南昌市教育事业发展“十四五”专项规划》，推动教育事业高质量发展。完成市政府民生实事人大票决项目任务，加速推进市本级重大重点项目建设进度。完成校园建设项目18个，新增校园用地面积47.42万平方米、校舍建筑面积52平方米，普通班级数637个、学位3.1万余个。全市有14项中小学新建项目列入《市政府民生实事人大票决项目任务》。

【教育供给能力增强】 2021年，落实《南昌市中心城区幼儿园布点规划（2016—2020年）》，加快幼儿园网点建设步伐，努力扩增普惠性学前教育资源。67所普惠性幼儿园完成开园任务，新增普惠性学位1.9万余个。开展省级示范园迎评、市级示范园申报工作，新增3所省级示范园。义务教育优质均衡水平进一步提升。完成大班额化解五年规划任务，全市大班额下降到3%以内，超大班额完全消除，标准班额占比大幅提升。出台《关于进一步推动义务教育集团化办学高质量发展的实施意见》，持续推进集团化办学。出台《南昌市普通高中新课程实施工作意见》，制定《普通高中新课程新教材实施国家级示范区建设工作三年规划》，遴选16所学校申报省级新课程新教材实施示范校，全面启动普通高中新课程新教材国家级示范区和示范校建设。在2所普通高中增挂中职学校牌子，开设飞机设备维修等7个“职普融通班”，继续开展“1+X”证书试点工作，全面推广“现代学徒制”和企业新型学徒制，构建纵向贯通、横向互融的发展格局。

【立德树人任务落实】 2021年，坚持德育为首，推动思政课改革创新，开展思政大课堂、同上一堂党史思政课活动。开展“四史”教育、开学第一课、志愿服务等活动，引导中小学生扣好人生第一粒扣子。南师附小德育工作案例入选教育部落实《中小学德育工作指南》典型案例名单。用好红色资源，开展知识竞赛、课本剧等红色文化主题教育活动，创新开展“云研学”活动，引导青少年学生传承红色基因，赓续红色血脉。落实“五育”并举，开展体美劳“晒课表”。打造“健康知识+基本技能+专项技能”体育教学模式。举办第七届中小学生、幼儿“魅力校园”艺术节、科技节等活动，开展第三届经典诵写讲大赛等语言文字活动，提升青少年学生综合素养。在各级体育艺术科技竞赛中，获国家级奖项23个、省级奖项519个。

【教师队伍建设】 2021年，市教育局广泛开展“牢记初心使命、潜心教书育人”师德师风主题教育活动，严肃查处师德违规行为，印发《南昌市教育局师德监管及“一票否决”实施办法（试行）》加大师德监管力度。构建“国培省培引领、市培县培主导、校本培训补充”的多层级培训体系，实现教师培训全覆盖。举办南昌市第二届中小学青年教师教学竞赛，评选695名市优秀青年骨干教师。至年底，全市有享受省政府津贴专家1人、市政府津贴专家8人、省特级教师101人、省学科带头人215人、省级骨干教师745人、正高级职称教师64人、“洪城学师”84人、3人入选教育部首届基础教育教学指导专业委员会专家名单、330余人次在各类教学竞赛中获省级及以上一等奖，一支结构合理、素质优良的师资骨干队伍基本建成。

【教育服务水平提升】 2021年，全面落实“双减”政策，加强校外培训机构整治，发放60余万份“致家长一封信”，实施网格化管理，关停培训机构830家，义务教育阶段学科类培训机构总数由501家下降到1家，100%实现学科类培训机构“营转非”。出台《南昌市义务教育学校作业设计与实施指导意见》。在全国率先出台地市级义务教育学校课后服务质量管理标准，搭建全省首个信息化管理平台，高质量开展课后服务，全市应开展课后服务的539所城区和农村乡镇中心校实现全覆盖，参与学生57.8万人。以民办学校年检为抓手，规范民办学校办学行为。紧盯考试招生公平公正，在全国率先建设城市大脑“学位信息一键查”场景，在首届中国新型智慧城市创新应用大赛中获一等奖，并在全球智慧教育大会作经验交流。教育部副部长钟登华在2021国际人工智能与教育会议上向全体与会人员推介高中学考机考改革经验。

【教育经费投入】 2021年，南昌市一般公共预算教育支出138.05亿元，比上年增长1.87%。全市统一城乡义务教育学校生均公用经费基准定额，小学每生每年650元，初中每生每年850元。在此基础上，按照年生均200元标准，增加农村寄宿制学校公用经费补助。落实不足100人规模较小学校按100人核定公用经费政策及特殊教育学校、随班就读残疾学生公用经费补助和寄宿生生活费补助政策。建立普通高中生均公用经费拨款制度，普通高中每生每年1000元。建立学前教育生均公用经费拨款制度，学前教育生均经费补助标准为每生每年600元。

（刘兴利）

学前教育

【概况】 2021年，南昌市教育局加强各级各类幼儿园管理和内涵建设，进一步提高全市学前教育公共服务水平，不断满足人民群众日益增长的“上好园”美好期盼。全市学前教育规范有序发展，学前教育师资队伍综合素养和科学保教实践能力逐步提升，全市保教质量整体呈上升趋势，各类幼儿园差距逐步缩小，优质资源持续扩大。全市有幼儿园1150所，教学班7588个，毕业幼儿6.67万人，招生7.04万人，在园幼儿20.23万人。其中，公办幼儿园450所，教学班4025个，毕业生3.6万人，招生3.71万人，在园幼儿11.31万人，教职工1.38万人，专任教师7970人；民办幼儿园700所，教学班3563所，毕业生3.07万人，招生3.33万人，在园幼儿8.92万人，教职工1.27万人，专任教师6946人。在民办幼儿园中，普惠性民办幼儿园495所，教学班2894所，毕业生2.64万人，招生2.72万人，在园幼儿7.38万人，教职工1.03万人，专任教师5607人。全市学前三年毛入园率90.87%，普惠性覆盖率92.38%。

【普惠性园位扩增】 2021年，市教育局加快学前教育发展，不断支持扩大普惠性学前教育资源，持续规范对全市普惠性幼儿园的认定和管理。全年新增普惠性幼儿园67所，新增普惠性学位1.9万余个。其中，新增公办幼儿园57所（南昌县5所、进贤县1所、安义县2所、东湖区5所、西湖区3所、青山湖区4所、青云谱区5所、新建区6所、南昌高新区10所、红谷滩区14所、南昌经开区1所、湾里管理局1所），新增公办学位1.6万余个，进一步满足群众对普惠性园位需求。

2021年5月20日，青山湖区第二幼儿园开展“童心向党 深情告白”主题活动

（杨紫韬 摄）

【示范性幼儿园建设】 2021年，市教育局持续扩大优质学前教育资源，扎实推进学前教育普及普惠安全优质发展，不断满足人民群众对优质学前教育需求。要求各幼儿园对照新修订的《江西省示范幼儿园评估标准(修订)》《南昌市示范性幼儿园评估与管理办法(修订稿)》要求，在办园条件、园务管理、保教队伍建设、安全与卫生保健、教育工作等方面认真进行梳理自查，建立园所园情档案；严格按照标准及时整改存在的问题，不断提高幼儿园办园水平，提升办园质量。全市新增青云谱区第一幼儿园、湾里管理局招贤镇中心幼儿园、青山湖区塘山镇中心幼儿园3所省级示范园；新增南昌县龙翔春和景明幼儿园、进贤县城投教育水榭花都幼儿园、南昌天奥大地幼儿园、西湖区桃花第二幼儿园、青云谱区阳光幼儿园等15所市级示范园。此外，龙泉实验幼儿园、红谷滩云溪幼儿园等5所省级示范园和桃花中心幼儿园、青云谱镇中心幼儿园等6所市级示范园通过复评。

【保育保教质量建设】 2021年，市教育局修订《南昌市示范幼儿园评估与管理办法》，进一步提高市级示范园准入门槛。出台《南昌市学前教育质量提升三年行动计划(2021—2023)》，从坚持科学规划、强化教研引领、优化课程实施、深化队伍建设、扩大优质资源、探索信息化应用6个方面，整体设计规划全市学前教育高质量发展路径。出台《幼儿一日保教工作流程和规范操作要求》，对幼儿园一日活动的各个环节进行科学规范管理，为幼儿身心健康发展创造良好的环境与条件，切实提升幼儿园保教质量。

【学前教育师资建设】 2021年，市教育局联合市委机构编制委员会办公室、市人力资源和社会保障局、市财政局出台《南昌市公办幼儿园人员总量管理暂行办法》，进一步满足公办幼儿园用人需求，解决公办园编制不足和教师待遇不高的问题。举办2021年全市学前教育管理能力提升培训班，300余名幼儿园园长、骨干教师参加培训。选派20人参加全省幼儿园骨干教师专业能力竞赛，16人分获全能一、二、三等奖，获奖率80%。

(廖斌璐　胡利华)

义务教育

【概况】 2021年，南昌市有小学419所，毕业生7.05万人，招生7.41万人，在校生44.03万人，教职工1.79万人，专任教师1.76万人；初中229所，毕业生6.94万人，招生7.03万人，在校生21.15万人，教职工2.08万人，专任教师2.01万人。全市已建成网点布局日趋合理、办学条件不断完善、教育质量逐年提升、区域均衡发展的义务教育服务体系，保障适龄儿童接受良好九年义务教育。

【义务教育优质均衡发展】 2021年，市教育局下达薄弱环节改善与能力提升资金4835万元，持续改善农村学校基本办学条件，有序扩大城区学校学位供给。编制《薄弱环节改善与能力提升工作项目规划(2021—2025年)》，未来五年全市规划投入9.9亿元，实施项目244个，建设校舍面积4.2万平方米，新增学位3.1万个。坚持减存量和控增量相结合，立足于新建、改扩建学校、布局调整学校，严格规范招生，起始年级严格按小学45人、初中50人的标准实施阳光招生。持续推进化解大班额工作，完成大班额化解五年规划任务，全市大班额下降到3%以内，超大班额完全消除，标准班额占比大幅提升，进一步促进义务教育优质均衡发展。

【集团化办学机制建立】 2021年，南昌市各县区普遍建立集团化办学机制，成立义务教育集团46个，实现县区全覆盖，推动区域内优质资源均衡发展。4月8日，市教育局按照“激发办学活力、聚力内涵提升、促进持续发展”工作原则，印发《关于进一步推进义务教育集团化办学高质量发展的实施意见》(以下简称实施意见)，扩大集团化办学覆盖范围，完善集团化办学建设模式，提升集团化办学治理水平，推动全市集团化办学管理由简单整合走向现代治理建设。实施意见出台后，全市多个教育集团相继成立，成为迅速扩大优质教育资源的一项重要举措。各教育集团派出骨干精英组建筹备组进行结对帮扶，新成员学校选派教师到集团母校学习取经。核心校派出管理人员和骨干教师到成员校参与管理和任教，成员校组织管理人员和骨干教师到核心校跟班学习，逐步实现教师资源配置优质均衡。集团办学教育资源和教育理念的辐射作用凸显，集团学校齐头并进，优质学校实现扩容，薄弱学校得以提升。

【“零择校”政策执行】 2021年5月12日，市教育局印发《关于做好2021年义务教育免试就近入学工作的实施意见》，合理划定义务教育学校学区范围，对城区公办义务教育学校招生实行容量限额管理。印发《关于公布2021年城区初中学校招生学区范围的通知》，各县区相应出台实施意见及公布学区范围。全市小学单校划片、公办初中单校划片对口直升总数14.44万人，实现中小学招生“零择校”目标。

【控辍保学】 2021年，市教育局持续巩固控辍保学攻坚成果，下发《关于做好2021年控辍保学工作的通知》，要求扎实做好控辍保学。指导各县区教育行政部门会同有关部门组织开展专项行动，组建工作专班深入各学校，以建档立卡户学生、因病因残学生为核心，建立重点控辍保学工作目标。以排查疑似辍学为方法，建立“一人一案”工作档案和持续跟踪销号管理台账。以8项相关制度为抓手，完善6项控辍保学工作机制。建立全市1030名疑似辍学学生台账，实施跟踪销号管理，并全部销账。

【义务教育学生暑期托管】 2021年，为有效解决义务教育学校学生暑期“看护难”问题，市教育局组织开展暑期托管工作。7月15日，印发《南昌市教育局关于做好义务教育学校学生暑期托管服务工作的通知》，要求各学校动员干部、党员教师、青年教师和有专长的学科教师积极参与暑期托管服务，通过开放自习室、图书馆、阅览室、运动场馆等方式，为学生提供基本托管服务。托管服务内容主要为游戏活动、文体活动、阅读指导、综合实践、兴趣拓展、作业辅导等。至年底，全市48个托管机构（含学校、社区托管班、托管点等）564名教师志愿参与托管服务，服务2363名学生，暑期“看护难”问题得到初步解决，减轻家长负担。

【“五项管理”工作】 2021年5月10日，市教育局印发《关于推进落实“五项管理”工作的实施方案》，对加强中小学生手机、作业、睡眠、读物、体质健康管理（简称“五项管理”）工作进行部署，促进学生健康成长和全面发展。“五项管理”工作力求从“小切口”推进“大改革”，切实引导中小学校、广大家长及社会各界转变育人观念，持续营造良好育人环境，促进青少年健康成长，培养德智体美劳全面发展的社会主义建设者和接班人。做好国务院教育督导办到南昌实地督导“五项管理”迎检工作，南昌市“三三二三三”（手机管理突出“三个强化”强化引导、强化服务、强化指导；作业管理突出“三个规范”，即规范作业内容、规范作业布置、规范作业批改；睡眠管理强调“二个减轻”，即减轻义务教育学生作业负担、减轻校外培训负担；读物管理构建“三个机制”即清单预审机制、联合推荐机制、确认审核机制；体质管理突出“三个提升”，即提升体质健康工作水、提升校园体育特色发展水平、提升校园体育竞赛水平）工作法得到督导组专家点赞。开展“五项管理”优秀案例和学生征文征集工作，评选出优秀案例294篇，主题征文191篇。

（廖斌璐 胡利华）

普通高中教育

【概况】 2021年，南昌市有正常招生普通高中学校74所。其中，市直属公办学校22所，市属民办学校21所，省属事业单位办4所，县区属公办学校16所，县区属民办学校11所。在校生11.92万人，高中阶段毛入学率93.3%。继续推进高中阶段大班额化解工作，全面消除66人以上超大班额，56人及以上大班额占比控制在5%以内。

【普通高中特色发展】 2021年，南昌市普通高中特色发展典型案例《抓好“四个三”，构建普通高中多样化有特色发展格局》被教育部基础教育司评为“2021年度全国基础教育优秀工作案例”。南昌市第一中学、南昌市外国语学校、南昌市朝阳中学3所学校通过省级第二批普通高中特色学校评估认定。6月21日，南昌市外国语学校承接“全省基础教育综合改革暨中小学德育工作会”实地参观考察任务；11月，南昌市教育局、南昌市外国语学校在“全省普通高中特色学校创建现场视频会暨高中新课程新教材实施推进会”上作典型经验交流，南昌市朝阳中学、南昌市实验中学承担实地考察任务。

【新课程新教材实施】 2021年，市教育局印发《南昌市普通高中新课程实施工作意见》，研究制定《普通高中新课程新教材实施国家级示范区建设工作三年规划》，进一步明晰改革发展路径和任务目标，压实改革工作责任。南昌第三中学、南昌第十中学等16所学校获批江西省普通高中新课程新教材实施省级示范学校。完成新教材的教辅材料选定工作，全市普通高中学校高中一年级均启用新教材、实施新课程，新一轮课程改革全面铺开。全市53篇作品入选2021年全省普通高中新课程新教材教育成果展示活动获奖作品。举办全市新课程新教材普通高中学科研修班，组织教师6000余人次参加15个学科的培训活动，组织全市244名教育行政部门管理人员、54名教研员和3000余名学科教师参加全员网络研修，组织全市14个学科的1000余名学科教师参加2021年普通高中新课程新教材省级培训。出台《南昌市普通高中学科教学指导意见》，推动新课程新教材实施工作有序开展。承办全市普通高中“新课程·新教材”教学研讨会，举行教学开放日活动，推出市教研员上“下水课”，组织高中段全学科申报市级攻关课题18个，开展大中小思政一体化教研。

【高考综合改革】 2021年，南昌市开展市级高考综合改革宣讲培训工作，深入解读《江西省深化普通高考综合改革实施方案》及其配套文件，详细介绍逐步形成分类考试、综合评价、多元录取的考试招生模式和健全促进公平、科学选才、监督有力的高校考试招生管理体制机制，提升教育工作者对高考综合改革的知晓率和熟知度。成立市教育局高中综合素质评价研制小组，系统谋划、分工研制、集中整合，推进综合素质评价工作深入开展。

【民族教育】 2021年，市教育局认真做好民族教育工作，指导南昌市第十七中学、南昌县莲塘第一中学、进贤县第一中学办好内地民族班，加强党和国家民族政策宣传教育。开设内地民族班各学校在重德育、提质量、强管理上下功夫、出实招，注重爱国主义教育、民族团结教育、心理健康教育，培养德智体美劳全面发展的有用人才，促进民族班学生健康成长。南昌市第十七中学被国家民委评为第八批全国民族团结进步示范单位。

【普通高考录取】 2021年，全市高考录取43878人（含保送97人，强基计划60人，高职单招10003人），占全市报名人数的81.2%。其中，提前本科批次录取2232人；本科一批录取6406人；本科二批录取10556人；专科录取14478人；运动训练单招录取185人；74人被清华大学、北京大学录取，空军、海军招飞录取27名空军飞行学员。

（柴　哲　肖浩宇）

特殊教育

【概况】 2021年，南昌市做好特殊儿童就学安置工作，除不具备学习条件的学生外，其他病残学生采取随班就读、特教学校就读、送教上门等方式就读，残疾儿童少年入学安置率95.5%，超过省定要求。至年底，全市有特殊教育学校8所，毕业生219人，招生246人，在校生1267人，教职工254人，专任教师249人。

【特教学校发展】 2021年，市教育局争取中央、省级专项补助290余万元用于扶持特教学校发展，全面落实特殊教育学校、随班就读残疾学生公用经费补助和寄宿生生活费补助政策。对启音、盲童等特殊学校的资金使用及学校发展情况开展实地调研。组织各县区、学校对全市2230名残疾儿童入学情况开展排查，扎实做好特殊儿童就学安置工作。除不具备学习条件的学生外，其他病残学生采取随班就读、特教学校就读、送教上门等方式就读，全市残疾儿童入学率95.5%，超过江西省适龄残疾儿童少年义务教育入学率的规定要求。

【特殊教育教师教学技能展示活动】 2021年11月19—20日，南昌市举办特殊教育教师专业技能展示活动。活动分听障教育、智障教育、视障教育、资源教师4个组进行。选手们通过说课、技能展示和特长展示比赛充分展现特殊教育教师的专业素养与风采。活动共评选出听力障碍专业全能一等奖1名、二等奖2名、三等奖3名；视力障碍专业全能一等奖1名、二等奖1名、三等奖2名；智力障碍专业全能一等奖1名、二等奖3名、三等奖5名；随班就读工作资源教师全能一等奖1名、二等奖3名、三等奖5名；单项奖共106人次。

民办教育

【概况】 2021年，南昌市民办中小学、幼儿园782所，在校学生206246人，教职工21157人，专任教师11837人。其中，民办幼儿园700所，在园幼儿89226人，教职工12702人；民办小学9所，在校学生33097人，教职工561人；民办初中23所，在校学生32434人；民办高中36所，在校学生32435人，教职工6741人（中学）；民办职高14所，在校学生19054人，教职工1153人。

【民办教育机构管理】 2021年，市教育局坚持以评促建，严格执行《南昌市民办教育机构年检实施办法》，做好民办学校年检工作，以此为抓手督促学校落实整改要求，推动全市民办教育健康持续发展。严格执行《南昌市教育局关于进一步加强市管民办学校招生广告备案管理的通知》，对36所市管民办学校招生宣传广告进行审查备案，对个别违规发布"高考状元、升学率"等问题的学校进行全市通报批评并给予相应处理。转发《江西省教育厅等三部门关于规范非营利性民办学校收费管理工作的通知》，细化调费清单，明确收费管理要求。印发《南昌市教育局关于2021年市管民办学历教育学校收费标准公示的通知》，公布市管民办学历学校收费标准，要求全市各级各类民办学校要严格执行收费公示制度，主动接受学生、家长和社会监督。

【民办教育招生改革】 2021年，市教育局制定《南昌市2021年民办义务教育阶段学校招生工作方案》，加强招生计划管理、过程管理、行为管理，落实民办中小学招生"一同步一志愿三统一"（民办学校与公办同类学校同步招生，1名小学毕业生只能填报1所民办学校，实行网上报名时间、面谈时间和录取时间三个统一）。同时全面落实民办义务教育阶段学校登记入学+电脑随机录取招生政策，严格核定招生计划，进一步压缩超规模学校规模，持续推进教育公平公正、确保招生规范有序。

【民办教育奖优扶特】 2021年，市教育局进一步规范全市校外培训机构审批和管理工作，配合市行政审批局并指导各县区做好审批工作，设立2所优质民办学校，恢复1所民办学校高中办学层次，新增义务教育学位2562个、高中学位980个。用好市级民办教育发展专项资金，用于支持非营利性民办普通高中和中等职业学校、义务教育阶段学校改善办学条件。下达308.8万元奖励扶持资金给上一年度督导评估达标合格学校，下达补助资金348.22万元给19所民办学校采购教育技术装备,并对接收进城务工人员随迁子女的5所民办学校给予补助90.8万元。

【校外培训机构治理】 2021年,市教育局制定《南昌市校外培训机构“大排查大整治大督查”工作方案》,指导开展校外培训机构常态化治理。落实“双减”各项指标任务,大幅压减学科类培训机构,会同市发改委、市行政审批局出台义务教育阶段学科类培训机构市场指导价。开展校外培训机构材料和从业人员审核,确保培训领域意识形态安全。出台《南昌市校外培训机构学科类和非学科类认定办法》,精准区分机构类别。开展义务教育阶段学科类校外培训机构“营转非”登记,确保义务教育公益属性。出台《南昌市校外培训机构预收费监管暂行办法》,将全部培训机构收费行为纳入监管,保障学员权益。创设“南昌市校外培训机构监管平台”,以信息化手段落实监管职责。制定《南昌市校外培训机构治理“学科类机构压减攻坚”专项行动实施方案》,抓实培训机构长效综合治理。开展隐形变异培训行为专项整治,切实巩固治理成效。至年底,全市校外培训机构从1448所压减到618所,学科类培训机构压减率99.8%,位居全省第二位,实现培训机构资金监管率100%、学科培训机构“营转非”率100%、无证机构动态关停率100%的目标。

(陈 堃 郑环宇)

中等职业教育

【概况】 2021年,南昌市中等职业教育学校有48所,其中全日制学历教育中职学校27所、普通技工学校21所。职普招生比43.56∶56.44,职普在校生比62.21∶37.79(职业教育含在南昌省属中专和五年一贯制高职在校生)。招生专业164个(新增专业27个),其中第一产业专业占总数的3.3%、第二产业专业占总数的55.6%、第三产业专业占总数的41.1%。通过中高职对接、对口单招、普通高考升学、技能人才拔尖选优等方式,全市中职生升入高等院校比例42%。毕业生就业率92.76%,对口就业人数占直接就业人数的93.47%,本地就业率65.79%,留赣率66.7%,较上一年度明显提升,呈现高就业率向高质量就业转变、服务经济和社会能力日益增强的趋势。

【职教改革推进】 2021年2月7日,市政府印发《关于推进职业教育综合改革提质创优的实施方案》(以下简称实施方案)。实施方案提出建设目标:经过5—10年时间,政府统筹、社会多元办学的职业教育格局基本形成,办学规模与办学质量协调发展,“类型教育”特色更加鲜明,职业教育现代化水平和社会服务能力大幅提升。完善与区域发展规划、经济结构和产业布局相适应、职普相互渗透、学历教育与职业培训互认转换、中高职衔接贯通、产教深度融合、体现终身教育理念的现代职业教育体系。实施方案明确“着力构建区域现代职业教育体系、着力构建校企协同育人新格局、着力建设高水平职业院校师资队伍、着力提升职业院校办学质量、着力提升服务区域社会经济发展贡献力”5个主要措施,坚持面向市场、服务发展、促进就业的办学方向,优化学校和专业布局,构建德智体美劳全面发展的人才培养体系,提升产教融合校企协同育人效果,大力推进职业教育均衡化、优质化、现代化发展,为全市经济社会高质量发展提供强有力人才保障和智力支撑。建立以市政府分管副市长为召集人、市委宣传部等20个部门(单位)为成员单位的南昌市职业教育联席会议制度,完善“南昌市职业教育改革领导小组”议事协调机构,以职普融通和校企共建为契机,加快推进和落实职业教育改革各项工作。

【普职融通育人模式】 2021年,市教育局出台《关于推进高中阶段普职融通育人模式改革的指导意见(试行)》,以“资源共享、课程共建、教师互动、学分互认、学籍互转”为重点,建立普通高中教育与中等职业教育融合衔接、互相融通的人才培养机制。以南昌市第十八中学、南昌市第二十三中学为首批试点学校,分别开设工艺美术、民航运输服务、飞机设备维修、无人机操控与维护、航空服务5个专业,招生267人,探索普通高考和职教高考双轨升学培养模式。

【职业院校与企业共建】 2021年,市教育局参与市政府重点调研课题“促进产教融合,推进职业教育高质发展”并形成报告,为学校、企业合作“双向赋能”。全市职业院校与企业共建产业学院33个,涉及新能源汽车维修、计算机网络应用等55个专业,学生覆盖面占学生总数的64.9%。稳步推进“1+X”证书制度工作。南昌市12所中职学校有电子商务、城市轨道交通客运服务等25个专业,参与电子商务数据分析职业技能等级证书、城市轨道交通站务职业技能等级证书等44个“1+X”证书(初、中级)试点,批准学生526人次参加证书试点培训。

【职业技能比赛】 2021年4月,市教育局发出《关于举办2021年南昌市职业院校技能大赛中等职业学校班主任能力比赛的通知》。比赛分为业务能力组和“最美中职班主任”组。采用校级初赛、市级决赛遴选办法,再择优推荐参加省赛。6月5日,南昌市职业院校技能大赛中等职业学校班主任能力比赛决赛在南昌汽车机电学校举行。比赛分模拟授课、答辩2个环节进行,最后评出业务能力组一等奖5名、二等奖9名、三等奖6名,"最美中职班主任"组一等奖3名、二等奖10名、三等奖10名。根据比赛成绩,推荐参加全省、全国职业技能比赛,获得好的成绩。在全省职业院校技能大赛教学能力比赛中,获全省二等奖3个、三等奖7个。在全国职业院校班主任能力大赛中获一等奖1名、三等奖1名,2人获评全省"最美中职班主任"。在全国职业院校学生技能大赛中,获二等奖3个、三等奖9个。

【中国(南昌)现代职教城建设】 2021年,南昌市主动适应供给侧结构性改革需要,服务内陆开放型经济试验区、省内重点产业链发展、交通强省建设等重大战略,重点打造产教城融合发展的中国(南昌)现代职教城,以职教学院集群、特色产业组团、安南小镇三大板块为核心,规划24.6平方千米,投入300亿元,引进10所以上高水平职业院校,打造总人口20万人的职业教育产业园区。职教城与全国一流高校开展战略合作筹建现代产业学院,积极探索多种合作办学模式,持续完善多元协同育人机制,通过培养造就大批产业需要的高素质应用型、复合型、创新型人才,为提高区域竞争力和汇聚发展新动能提供人才支持和智力支撑。

(张　敏)

普通高等教育

【概况】 2021年,驻南昌普通高等学校坚持服务发展大局,加快推进高等教育内涵式发展,在培养高素质人才、攻克"卡脖子"技术、推动科技成果转移转化等方面持续发力,为经济社会发展提供强劲支撑。至年底,驻南昌普通高等学校有49所,其中本科高校20所、职业本科高校2所、高等职业学校27所。普通高等教育在校生749252人。其中,研究生46982人(博士生2999人、硕士生43983人),普通本科生347451人,职业本科生11617人,高职专科生343202人。教职工50149人。

【高校科技创新】 2021年,驻南昌普通高等学校进一步优化科研管理,提升科研绩效,推动高校科技成果转移转化。南昌大学教授谢明勇当选2021年度中国工程院院士,实现江西省高校中国工程院院士零的突破。科技部批复依托华东交通大学组建省部共建轨道交通基础设施性能监测与保障国家重点实验室,东华理工大学科技园被科技部、教育部认定为第十一批国家大学科技园。东华理工大学"铀资源勘查与开发协同创新中心"被认定为省部共建协同创新中心。

【服务地方经济社会发展】 2021年,省教育厅出台《关于进一步推动高等学校服务江西经济社会发展若干措施》,从高水平应用型人才培养、产教融合型专业建设、科技服务与科研成果在赣转化、促进大学生留赣创新创业就业、高校和教师考核评价改革等方面出台十大举措,推动高校助力江西高质量跨越式发展。组织召开全省部分重点产业链校企合作对接座谈会和江西省普通本科高校现代产业学院建设工作推进会,印发《江西省普通本科高校现代产业学院建设实施方案》,推动高校传统专业学院转型升级,积极组建现代产业学院,深入推进产教融合。

【国家职业教育VR示范实训基地建设】 2021年,省教育厅筹措建设资金25亿元,打造职业培训、理论教学、师资培训、技能竞赛、学术研究、能力测试等"六位一体"的国际领先示范职教实训基地,成为2021世界VR产业大会新亮点。举办VR实训师资培训班4期,接待全国各省市区、职业院校及企业考察调研参观近200次,召开超1000人规模的职业教育示范性虚拟仿真实训基地建设工作推进会和"国家虚拟仿真+职业教育"高端论坛,进一步扩大基地影响力。江西现代职业技术学院、江西交通职业技术学院、江西软件职业技术大学入选教育部职业教育示范性虚拟仿真实示范训基地培育项目。

2021年9月23日,国家职业教育虚拟仿真示范实训基地投入试运行

(马悦　摄)

【全省职业教育大会在南昌召开】 2021年9月28—29日，省委、省政府在南昌召开全省职业教育大会。会议总结江西省职业教育改革发展成就经验，分析江西省职业教育发展面临的新形势新要求，部署当前和今后一个时期全省职业教育工作。省委书记刘奇、省长易炼红对打造职业教育创新发展高地、推动全省职业教育高质量发展作出批示。省委副书记叶建春出席并讲话。省委常委、省委宣传部部长梁桂出席。副省长孙菊生出席并传达刘奇、易炼红批示要求。会议强调，要努力打造部省共建职业教育创新发展高地，把习近平总书记对职业教育"大有可为"的殷切期盼转化为江西职业教育"大有作为"的生动实践。要坚持一体推进，持续巩固中职教育基础地位，推进高职教育提质培优，稳步发展本科职业教育，打破职业教育人才培养"天花板"，加快构建高质量职业教育体系。要坚持内强外联，引导职业院校走特色发展之路，加强"双师型"队伍建设，优化职业院校专业布局，推动职业教育专业与产业发展"同频共振"，实现从学校到企业的无缝对接。要创新校企合作办学机制，不断丰富多元办学主体，加强国际交流合作，推动形成政府统筹管理、行业企业积极举办、社会力量深度参与的办学格局。要坚持改革创新，持续深化"放管服"改革，深入推进考核评价制度改革，确保下放给职业院校的权力接得住、用得好、受监督，持续增强职业教育的认可度和吸引力。

【江西省职业教育活动周暨南昌市职业教育活动月】 2021年5月25日，江西省职业教育活动周暨南昌市职业教育活动月启动仪式在南昌举行。副省长孙菊生出席仪式并宣布活动正式启动。活动周主题为"技能让生活更美好"，省、市、县三级共33所职业学校现场展示职业教育改革发展成果。通过开展志愿服务、线上宣传展示、"为职业教育亮灯"等活动，把职业教育宣传好，展示好，谋划好、发展好，营造全社会关心和支持职业教育发展的良好氛围。启动仪式上，对2020年全国职业院校教学能力比赛、全省职业院校技能大赛获奖代表进行表彰，南昌市与下一届举办地赣州市进行旗帜交接。

【第七届中国国际"互联网+"大学生创新创业大赛】 2021年10月12—15日，由教育部等12个部委和江西省人民政府共同主办，南昌大学、南昌市人民政府和井冈山市人民政府承办的第七届中国国际"互联网+"大学生创新创业大赛总决赛在南昌大学举办。通过比赛，江西省获24块金牌、28块银牌、77块铜牌，获2个优秀组织奖、3个先进集体奖和3个最佳单项奖；江苏省、浙江省、江西省列全国前三名（部属高校均列入属地省份计算）。南昌大学获金奖数量位列全国高校第一名。

（省教育厅）

成人教育

【概况】 2021年，南昌市整合各类教育资源，进一步推进全市终身教育体系建设，均衡发展城区社区教育，优先发展乡村社区教育，实现全市社区教育创新、内涵和高质量发展，打造江西社区教育"南昌样板"。在江西广播电视大学南昌市分校及其教学点基础上，设立市、县开放大学，学习型社会的重要载体和平台日趋完善。以推动重点课题研究为抓手，不断丰富社区教育内涵。成立全省首家社区家庭教育指导服务中心——南昌市右营街社区家庭教育指导服务中心，被授予全省社区教育教研先进单位。首届江西省"家校社协同育人"学术研讨会在青云谱区社区教育学院举办，推进南昌市学习型城市建设。在教育部组织的全民终身学习周活动中，全市4人获得全国及省级百姓学习之星称号，6个品牌获评全国及省级全民终身学习品牌。

【全民终身学习活动周】 2021年11月22—28日，以"庆建党百年华诞，谱终身学习新篇"为主题，南昌市举办2021年全民终身学习活动周。活动周期间，各县区社区教育学院结合疫情防控常态化要求，组织社区教育学校和社区教育学习中心，创新互联网+社区教育（老年教育、职工教育、农民教育）方式，推动社区教育服务落实"双减"政策，助力社区教育与老年教育融合发展。联动辖区内的相关单位和学校，针对群众多样化、个性化的终身学习需求，围绕职业技能培训、全民健康、老年人运用智能技术教育培训等主题，安排45项主题学习活动，涉及家庭教育和"双减"讲座、创业培训、妇女教育、科学育婴、心理健康培训和老年教育活动等，参加市民累计约20万人。

【开放教育】 2021年，江西广播电视大学南昌市分校经南昌市人民政府批准，正式改名为南昌开放大学。南昌开放大学原隶属关系、管理体制以及办学职能保持不变，业务上接受国家开放大学和江西开放大学的全面指导，主要职责为服务全市市民终身学习，以现代信息技术为支撑，建设成为面向全市开展开放教育、社区教育、老年教育、职业教育的新型高等学校。学校在校生10418人，专业涵盖文理工医农五大类的大专、本科专业共32个。学校围绕全市社会经济发展目标，积极转型发展，开拓进取创新，被评为南昌市第十八届文明单位、南昌市综治先进单位。

【成人教育考试】 2021年，全市有44642人报考成人高校，占全省的

17.96%。其中，大专起点达本科23830人，高中起点达本科4491人，高中起点达专科16321人，免试707人。组织自学考试2次，报名34138人次，占全省的33.21%，91828科次，占全省33.32%。组织全国中小学教师资格考试（笔试）2次，报名137064人次，占全省的30.4%，280167科次，占全省的31.83%。

（万　翔　肖浩宇）

素质教育

【概况】　2021年，市教育局印发《南昌市大中小学思政课一体化建设实施方案》，推动大中小学同上一堂思政课活动，加强师生理想信念教育。通过“学宪法、讲宪法”主题演讲比赛、“宪法卫士”网上知识竞赛、“中小学优质法治课”竞赛等系列主题活动增强青少年的法治意识和普法知识。深化体教融合，完善学校体育“健康知识+基本运动技能+专项运动技能”教学模式。开展“高雅美育课堂，艺术教育引领”进校园活动，新增9所全国中华传统文化传承学校，以京剧、赣剧、采茶戏、南昌瓷板画等传统艺术为载体，传承非物质文化遗产。举办“南昌市第七届中小学生、幼儿科技节”“第三十六届南昌市青少年科技创新大赛”“北斗”科普活动、青少年创意编程与智能设计等活动，提升青少年的科学素养，培养德智体美劳全面发展和能担当时代重任的中国特色社会主义事业建设者和接班人。南师附小教育集团德育工作案例入选教育部《第二批“一校一案”落实〈中小学德育工作指南〉典型案例名单》。南昌市启音学校教师徐丽被授予南昌市“三风”榜样人物。4名班主任和3名思政课教师入选教育部《2021年全国中小班主任基本功和思政课教师教学基本功展示交流活动典型经验名单》。熊才意和颜洁被评为“全省首批中小学思政课‘名师工作室’主持人”。

【思政教育】　2021年，市教育局作为全省唯一设区市教育行政部门代表，在全省学校思想政治理论课建设视频推进会上作经验介绍，被省教育厅授予全省第五届中小学班主任育人风采展示活动优秀组织奖。下发《南昌市大中小学思政课一体化建设实施方案》，推动落实市领导联系学校和市委、市政府主要领导赴豫章师范学院、南昌市第二中学讲授思政课。开展以“致敬戍边英雄”为主题的校党政负责人春季开学思政第一课活动；举行全市师生同上一堂“喜迎‘七一’共庆百年、跨越时空的信仰”党史思政课活动，先后被省教育电视台、央视江西站、中国江西网等媒体报道。组织青年志愿服务活动，下发《全市教育系统青年教师志愿服务方案》，组建80余支队伍，人数超过2000人，每月志愿服务80余次。组织开展全市中学生社团评选工作，评选出南昌市第二中学Sta科技协会等10个社团为十佳精品社团、江西科技学院附属中学心理协会等20个社团为优秀社团。

【法治教育】　2021年，市教育局组织开展青少年法治知识竞赛、“学宪法、讲宪法”主题演讲比赛、“宪法卫士”网上知识竞赛、“中小学优质法治课”竞赛。选送的学生谭政作为江西代表队队员之一参加教育部第六届全国学生“学宪法讲宪法”知识竞赛总决赛，助力江西省代表队荣获团体一等奖，指导教师胡华林获“优秀指导教师一等奖”。全市中小学生“宪法卫士”网上学习答题参与68余万人次，市教育局获第六届全省学生“学宪法、讲宪法”活动最佳组织奖。

【体育】　2021年，市教育局贯彻落实《关于全面加强和改进新时代学校体育工作的意见》，强化学校体育工作，培养学生运动兴趣、运动技能，保证学生每天至少1小时校园体育活动。深化学校体育教学改革，围绕“教会”“勤练”“常赛”，完善学校体育“健康知识+基本运动技能+专项运动技能”教学模式。贯彻实施国家学生体质健康标准。深化体教融合，健全协同育人机制，落实“双减”和“五项管理”要求，建立完善家庭、学校、政府、社会共同关心支持学生全面健康成长的激励机制。开展中小学体育美育“晒课表”工作，严格落实国家课程方案和课程标准，督促开齐开足上好体育美育课。常规开展青少年校园足球特色学校校内普及活动、农村学校校园足球校内足球活动、高中组“三大球”市级锦标赛等多项校园体育活动。全国青少年校园足球专家组对“全国青少年校园足球改革试验区”创建工作进行评估检查并给予肯定。在全省中小学大课间省级展示活动中，4个代表队均获得一等奖，市教育局获优秀组织奖。获得2021年江西省中小学阳光体育高中组竞赛一半奖牌数，包揽三大球高中组比赛男女组别第一名。

【美育】　2021年，市教育局持续推进学校美育改革发展，加强和改进学校艺术教育工作。贯彻落实中共中央办公厅、国务院《关于全面加强和改进新时代学校美育工作的意见》，开展“高雅美育课堂，艺术教育引领”进校园活动，推进“一校一品”建设，做到校校有特色，生生有特长。新增9所全国中华传统文化传承学校，以京剧、赣剧、采茶戏、南昌瓷板画等传统艺术为载体，弘扬中华优秀传统文化。举办全市第七届中小学生、幼儿“魅力校园”艺术节暨“奋斗百年路 启航新征程”优秀书画作品、合唱展评等活动，推广惠及全体学生的合唱、合奏、集体舞、课本剧、艺术实践工作坊等实践活动,组织参加江西省教育系统庆祝中国共产党成立100周年师生合唱展示活动、江西省第八届中小学生幼儿艺术展演活动,并获得100余项奖励。其中,艺术表演类一等奖32个、二等奖31个、三等奖8个;艺术作品类一等奖3个、二等奖5个、三等奖7个;学生艺术工作坊一等奖1个、二等奖2个;美育改革创新案例一等奖4篇、二等奖4篇、三等奖3篇;市教育局获"优秀组织奖"。同时,有17项优秀艺术节目、艺术作品、艺术工作坊、美育改革创新案例被推荐参加全国第七届中小学生艺术展演活动,推荐率占全省的29.8%。其中,艺术表演类占推荐总数的50%、艺术工作坊占推荐总数的28.5%;美育案例占推荐总数的40%。

【科普教育】 2021年,市教育局贯彻落实南昌市《全民科学素质行动计划纲要实施方案》,普及青少年科学知识和运用科技知识能力。举办南昌市第七届中小学生、幼儿科技节,结合"科普日""科技活动周""世界环境日""校园科技文化节"等主题,开展大型科普展览、科普大篷车进校园、科普讲座等活动。举办第三十六届南昌市青少年科技创新大赛、"北斗"科普活动和青少年创意编程与智能设计、航海、车辆建筑、无人机、航空模型、人工智能教育竞赛及科技辅导员专题研讨会、高校科学营等活动,实施"南昌市校园科普联播网"工作,培养青少年的创新精神和实践能力。组织参加"北斗杯"全国青少年体育大赛、"北斗杯"全国青少年科技创新大赛、全国青少年航空航天模型锦标赛、第五届全国青少年无人机大赛,获得金牌10枚、银牌6枚、铜牌7枚。组织参加江西省青少年航空航天模型锦标赛、江西省青少年机器人竞赛、第36届江西省青少年科技创新大赛、江西省青少年航空航天模型锦标赛暨江西省"体育·惠民100"青少年航空航天模型比赛、江西省青少年创意编程与智能设计大赛、江西省首届"好奇心"科普节青少年主题征文活动,获得个人一等奖124个、二等奖168个、三等奖175个;团体总分第一名7个、第二名6个、第三名3个,优秀组织奖9个。

【心理健康教育】 2021年,南昌市构建市县校三级心理服务体系;开展第五届主题为"心理健康有你有我"南昌市中小学心理健康宣传月活动;启动全市学生心理普查,完成全市632所学校42.4万人次的全员学生心理普查,建立学生心理档案。编纂发布《南昌市中小学心理工作手册(2021版)》,开展第五批心理健康教育达标学校和第三批心理健康教育示范学校评估。全市有全国心理健康教育特色学校3所,江西省心理健康教育特色学校6所,南昌市心理健康教育示范学校43所,南昌市心理健康教育达标学校147所。

【素质教育质量建设】 2021年,在高考总分较上一年少10分的情况下,全市城区第一批次省级重点中学统招投档最低分数线与上一年基本持平,总分优秀率为39.23%、提高1个百分点;总分及格率77.06%、提高3.24个百分点,全市总分低分率为零的学校18所。全市高考高分段人数增加,文、理科一本上线率均有较大提升。南昌市教育科学规划个人课题立项1886项、攻关("名师+"专项)课题立项70项、江西省基地办课题立项92项、江西省规划办课题立项63项。南昌市教育科学规划个人课题结项1128项、规划(含攻关)课题结项33项、江西省规划办课题结项67项。在江西省第十七届基础教育优秀成果评选中,获特等奖1项、一等奖6项、二等奖8项。全市各学科集中开展教研活动1000余场,全市各级各类学校教师20余万人次参与;建立38所中小学(幼)学科教学研究基地;举办以"评价改革引领教育高质量发展"为主题的第四届"赣派教育家成长"论坛活动;在全省教育科研工作推进暨协同攻关研讨会上,南昌市作为全省唯一的设区市代表作交流发言;邀请教育专家王崧舟到南昌讲

2021年6月30日,南师附小玉泉岛校区"小杜鹃"管乐团在南昌八一起义纪念馆演奏

(熊家福 摄)

学；组织60位市级骨干教研员到苏州大学研训；举办全市教育科研培训班、新课程新教材普通高中学科研修班；到南昌县、进贤县、红谷滩区、青山湖区、经开区等县区20余所学校开展青年教师素质提升大讲堂暨送教下乡活动，送课150余节，送培60余场。研究出台《南昌市义务教育学校作业设计与实施指导意见》，举办作业设计与实施专题培训，举行义务教育学校教师单元作业设计竞赛活动，汇编优秀作业设计案例。

（程　洪　邓怀丽　刘　昆　樊剑辉　肖　雯）

教育管理

【概况】　2021年，全市教育系统深化教育领域改革，落实教育经费投入，精准施策助推教育脱贫攻坚，加快扩充城乡基础教育空间资源，聚焦重难点问题，推进教育督导“两项评估”“两项考核”，推动智慧教育全面发展，打造“全国智慧教育示范区”、推动智慧教育示范校建设，加强教师队伍建设，全市教育管理工作不断优化。

【教育督导评估】　2021年，市教育局设有市教育局总督学1人、副总督学2人和专职督学3人。完成第六届市督学和第二届市督导评估专家换届，聘任120位市督学和100位市督导评估专家。市级督学挂牌督导责任区共18个，聘任18位责任督学、35位责任督学助理。在中国教育督导微信公众号、江西教育微信公众号等国家、省级媒体上稿12篇，数量位居全省第一位。开展《教育督导问责办法》专题学习、责任督学网络培训等学习培训4次。组织开展市级教育督导案例评选，推选20篇优秀案例参加全省评比，其中12篇被遴选为典型案例。聚焦重难点问题，推进“两项评估”“两项考核”（“两项评估”：县域义务教育优质均衡创建督导评估和县域学前教育普及普惠创建督导评估；“两项考核”：党政干部履行教育职责考核和高质量发展综合考核）。围绕大班额、教师待遇、幼儿园三大建设任务、中职达标校建设等教育发展过程中重难点问题，及“五项管理”“双减”等重点工作任务，先后开展专项督导。全年开展“1+N”月度督导10次，运用督导观评课平台开展专项督导2次，发现并整改问题220余个。推进县域学前教育普及普惠督导评估和县域义务教育优质均衡发展督导评估“两项评估”，加大县区“两项评估”专项奖补资金力度，安排预算2500万元进行专项奖补。获得省高质量综合绩效考评“教育发展”考评全省第二名、一类设区市第一名，连续4年位居全省第一方阵。首次全程组织对县区政府履行教育职责督导评价工作，压实政府优先发展主体责任。

【教育信息化建设】　2021年，南昌市教育信息化工作坚持在教育理念与模式、教学内容与方法的改革创新，加强与科研院校、优质企业合作，建立定期统筹调度机制，充分发挥社会舆论导向作用，营造安全可靠的教育网络环境。2月1日，教育部科技司评选出第二批全国“智慧教育示范区”10个城区，南昌市作为全省唯一地市入选示范区建设名单。聚焦智慧考试、智慧教学、智慧学习、智慧研训、智慧管理5个方面全面开启智慧教育工作，并按照“区域统筹、区校一体、应用驱动、集约创新”原则，打造21所示范校，重点推进智慧作业、教学通、智慧阅读等项目。

【平安校园建设】　2021年，市教育局建立以智慧化管控为引领，以“雪亮工程”安防智能管理平台为载体，以防冲撞防护设施为防护盾的人防、物防、技防“三位一体”校园智能防控网络。按计划分步骤完成校园安防“4个百分之百”建设任务，顺利通过“雪亮工程”全国示范城市验收，全市“新型警力护校园”“四个一”工程完成率125%。不断加强学校安全治理能力，推进校园周边问题整治，采取常态化摸排与专项整治相结合，通过App平台发布校园周边治安志愿巡防、平安宣传、心理健康等活动61次，化解60余起心理危机。采取教育、调解等方法，处理信访1346件，接待来访人员2000余人，回复率100%。

【教师招聘交流】　2021年，南昌市招收定向师范生191名，接收安置定向培养师范毕业生172名，实施特岗教师计划实际录用到岗154人，通过面向社会公开招聘中小学教师1444人，聘用公费师范生128人，通过高层次人才“绿色通道”引进教育人才3人，受理认定全市教育系统高层次人才24人。全市中小学校累计交流轮岗教师1121人、校长81人。完成全市义务教育教师平均工资收入水平不低于当地公务员平均工资收入水平目标任务。

【教师职称与先进评定评选】　2021年，南昌市认定市直学校（单位）中小学初级职称173人，评审通过全市中小学一级教师专业技术职称1206人、中小学高级职称664人，推荐评选中小学正高级教师18人，评选表彰“洪城学师”24人。组织开展全市教育系统“七个一百”“七个十佳”先进典型选树活动，产生700名先进教师典型。南昌市八一中学左小玲获全省优秀党务工作者称号、南昌市第二中学姚宜品获全省优秀共产党员称号。推荐评选全省教育系统优秀党务工作者3人、优秀共产党员4人，推荐评选市优秀党务工作者4人、优秀共产党员4人。评选全市教育系统优秀党务工作者 30 人、优秀共产党员 100 人，教师节期间表彰慰问一批优秀教师、长期从教教师。

【师生获奖情况】 2021 年，在"基础教育精品课"遴选工作中，全市获"部级精品课"41 节；在第二十五届全国教师教育信息化交流活动中，南昌市有 7 个作品获得国家级奖项；在全国中小学思政课教师教学基本功大赛中，南昌市松柏小学教师朱曼、南昌市团结路学校教师吴菲、南昌市第二中学教师周艳丽获一等奖；选送南师附小教师黄茜录像课《在牛肚子里旅行》参加第三届全国统编小学语文教科书课例征集活动并获一类课；江西师大附中教师李建明、南昌市第二中学教师吴文利获全国物理青年教师教学大赛一等奖；在全省基础教育优秀教学课例现场展示交流活动中，全市 26 个参赛学科有 25 个学科共 27 人获得一等奖（其中 10 人获一等奖第一名）；在全省"天工杯"第三届中小学青年教师教学竞赛决赛中，7 人获一等奖，其中 4 人获一等奖第一名；在全省优秀教学资源展示活动中，常规作品获省级奖 269 个，系列学科课程资源省级奖 174 个，智慧作业微课资源省级奖 397 个；在中小学（幼儿园）教师网络学习空间创建展示活动中，获得省级奖 69 个。在数学、物理、化学、生物全国中学生竞赛中，99 位学生获省级赛区一等奖，摘得 14 枚金牌、19 枚银牌。其中，江西师大附中学生杨数获得世界冠军，3 人入选省队，2 人入选国家集训队并获得保送清华、北大的资格。在全省普通高中综合实践成果展示活动中，南昌市外国语学校代表队获全省一等奖，南昌市第十九中学代表队获三等奖；在全省普通高中学生通用技术设计成果展示活动中 15 人次获奖；在江西省华人少年作文交流展示活动中 94 人次获奖，8 个单位获优秀组织奖；在第十五届"地球小博士"全国

2021 年 9 月 6 日，2021 年南昌市"年度教师"选拔活动总决赛举行

（市教育局 供图）

地理科普知识大赛中，2 名学生获一等奖；在"中国梦"行动有我成语中国微电影大赛中，5 件作品获全国一等奖；在学生信息素养提升实践活动（含数字创作类和机器人竞赛类）中，南昌市有 11 件作品获得国家级奖项，738 件作品获得省级奖；"互联网+"创新创业大赛，南昌大学附属中学、江西财经大学附属中学、南昌市第三中学、南昌市外国语学校等校入围"建行杯"第七届江西省"互联网+"大学生创新创业大赛萌芽赛道，均获省级奖，在全国总决赛萌芽赛道上，江西财经大学附属中学作品《溯境方舟》获全国奖项。

【《南昌市教育事业高质量发展三年攻坚行动方案（2021—2023 年）》印发】 2021 年 2 月，市委办公室、市政府办公室印发《关于印发〈南昌市教育事业高质量发展三年攻坚行动方案（2021—2023）〉的通知》。《南昌市教育事业高质量发展三年攻坚行动方案（2021—2023）》（以下简称《方案》）包括指导思想、总体要求、重点任务、保障措施 4 个方面内容。《方案》明确 3 项重点任务：推进网点建设工程，确保各类学位扩大供给；实施保障强基工程，加大各类资源保障力度；实施提质创优工程，推进教育持续优质发展。按照《方案》要求，南昌市用 3 年时间推进全市教育事业高质量发展，学前教育普及普惠程度提升，义务教育从基本均衡向优质均衡推进，普通高中教育从基本普及向多样化有特色发展，整体推进中等职业教育提质扩容。

【语言文字活动开展】 2021 年，第 24 届全国推普周重点活动在南昌举办。按照活动要求，围绕"普通话诵百年伟业 · 规范字写时代新篇"主题，采取各种形式开展推广普及普通话宣传，提高市民推普参与意识和语言文字规范意识，在全社会营造"说普通话，写规范字，做文明人"的良好氛围，获全国推普周领导小组办公室、教育部语用司好评，并发专函感谢。组织开展书法名家进校园暨第七届规范汉字书写大会、青少年诗词大赛、中华经典"诵写讲"等活动，语言文字工作典型经验在全省语言文字会议上作交流发言。

（孙 锶 张 俊 杨柏凌 曾 磊 吴建飞 肖 雯 刘 玉 刘兴利）

文　化

文化场馆

【概况】　2021年，南昌市文广新旅局坚持以人民为中心，以推进公共文化服务标准化均等化为抓手，积极推动基层公共文化服务体系建设工程，实现市县区均有文化(图书)馆、乡镇均有综合文化站，农家书屋覆盖率达到100%。建成并免费开放莲花书屋、抱朴书屋、尚书阁等10家精品图书馆(城市书房)，创新打造全省首家馆企合作的南昌铁路局机务段城市书房1个，走出一条全民覆盖、精准供给、特色服务的公共文化服务新路径。全市拥有公共图书馆10个，文化馆10个，各类博物馆(纪念馆)20个。

【南昌市图书馆】　2021年，南昌市图书馆坚持全年免费开放，实行全面夜间开放，推出“免押金办证”“扫码借书”等服务，为市民借阅图书提供更多实惠与便利。推动“书香洪城”建设，将阅读延伸至城市每一个角落，在地铁多个站点设立“地铁图书馆”，推广多元化阅读，首次与国企合作打造南昌机务段“南机·智慧书房”。开展全民阅读系列活动，全年举办“豫章讲坛”线上线下公益讲座27场，推出“图书大篷车”进学校、夜市、社区和景区活动95场，开展“小小洪旗手”阅读推广活动47场，开展“好书计划”阅读推广活动29场，开展线上线下图书展览28场，举办2021“红旗颂”交响管乐新年音乐会，组织开展“读红色书籍 讲红色故事”比赛。

【南昌市文化馆】　2021年，南昌市文化馆发挥全民艺术普及职责，多角度、全方位开展辅导培训、文化交流和非遗传承等工作。继续推进“我们的节日”“群星大讲堂”“都市小剧场”“我是小小传承人”等特色品牌活动。组织开展“都市小剧场”公益性演出35场次，让群众在家门口观看演出。“群星大讲堂”公益培训班面向市民开设舞蹈、绘画、书法、合唱、二胡、钢琴、素描等10余项500余期免费艺术培训，举办“唱支山歌给党听”群众歌咏大赛活动，吸引参赛队伍数量823支，参与演出群众人数1.4万人，参与市民5万余人，让全民艺术普及转化成切实的惠民成果。

【南昌市博物馆】　2021年，南昌市博物馆围绕新馆建设主线，以建设国家一级博物馆为目标，提升综合管理能力，优化展览陈列，开展藏品管理，提升窗口服务水平，发展科普教育。3月，与江西省文物考古研究院达成合作共建协议，设立南昌考古工作站暨南昌公众考古展示与研究中心。组织考古发掘与整理，完成南昌地区出土文物清单，厘清省考古院历年来出土文物约2100件(套)，完成象南中心古墓群500余件出土器物数据整理。开展形式多样的社教工作，举办“匠心致初心·洪城迎国庆”公众考古文物修复体验社教活动、“文博进校园 历史润童心”——南昌千年历史文化系列社活动，参观14万余人次，让珍藏在博物馆的文物“活”起来、传统技艺传下去。

【尚书阁精品图书馆开馆】　2021年1月6日，青云谱区尚书阁精品图书馆开馆暨揭牌仪式在八大山人梅湖景区华南博物馆举行。尚书阁精品图书馆占地面积约1600平方米，总建筑面积3300平方米，为三进院落式的二层明清建筑，建筑整体规模宏大，工艺精湛，是现存单体规模较大、保存较完整的明清建筑。该馆藏书3万余册(其中电子图书1万余册)，涵盖文学、历史、政经、励志、旅游等。全年免费开放。尚书阁精品图书馆分图书阅读区、休闲消费区、展示演艺区、户外活动区4个功能区，形成以“图书阅览、藏品展示、文化交流、香道茶饮”等诸元素组成的公共型文化空间。

【廉文化馆—红书屋阅览室开放】 2021年1月29日，由红谷滩区打造的廉文化馆—红书屋阅览室正式对外开放。红书屋阅览室位于红谷滩区长天廉文化主题广场廉文化展馆二楼，总占地面积380平方米，藏书量1.3万册，室内引入电子阅读机、智能借还书机和智能办证机等智能化设备，为市民提供全程自助图书服务。红书屋内还设置摄影作品展览区、廉文化书法展示区等。

【未来空间·未时图书馆开放】 2021年2月，由红谷滩区打造的九龙湖公园未来空间·未时图书馆正式对外开放。未来空间·未时图书馆总建筑面积约1200平方米，一楼为“智·生活”空间，包含智能咖啡区、智慧阅读区、智育儿童区三大板块；二楼是“享·生活”空间，设置DIY手作、镜面迷宫、主题换装等年轻人喜欢的娱乐共享项目。馆内功能多元、书香浓郁，陈列书籍1万余册。

【抱朴书屋开放】 2021年2月4日，由新建区委宣传部、新建区文广新旅局、江西新华发行集团有限公司新建区分公司共同打造的抱朴书屋开放。抱朴书屋位于新建区城区心怡广场内西北角，占地面积300平方米，藏书5000余册，室外设有450余平方米的休闲阅读区，是新建区首家向公众免费开放的精品图书馆。屋内设有儿童阅读区、多媒体展示区、书画交流室，通过各功能区提供特色服务，打造集图书借阅、美学传播、文化引领、文创展示为一体的文化体验新空间。抱朴书屋内木质书架与透明玻璃墙设计搭配既明亮又有质感，屋外搭配适量绿植和个性阅览桌椅，读者既可以在屋内阅读，还可以在书屋外度过静谧时光，充分享受阅读乐趣。

【意·书房开放】 2021年2月6日，意·书房免费对外开放。意·书房使用面积422平方米，坐落于青山湖西岸，依托原江西外贸储运仓库老厂房及铁路历史文化遗存，秉承“修旧如旧”原则，致力于打造南昌市艺术氛围最浓的城市书房。整个书房布局采取动静结合方式，由“艺术与创造”“思想闪耀”“天马行空”三大板块组成。其中，“艺术与创造”为智能化阅读及水吧休息区域，设有最新款的瀑布流、Kindle阅读区域等；“天马行空”为儿童的造梦空间，采用“悬空的玻璃房”隔层设计。意·书房主要有艺术类、设计类特色书籍，藏书5000余册，可满足不同层次读者阅读需求。

【西湖区首家社区儿童主题图书馆开馆】 2021年4月24日，西湖区首家儿童主题图书馆“童书馆”在朝农街道兰宫路社区开馆。“童书馆”占地面积150平方米，整体装修从青少年儿童视角出发进行设计，注重安全性、趣味性、益智性原则，加入互动性、体验式功能，注重色彩和空间布局，是集一体化功能的儿童阅读场所。馆内藏书4000余册，分为“绘本区”“青少年阅读区”2个功能区，分别为1岁—3岁、4岁至12岁的儿童提供阅读服务，并设有红色阅读角、自助查询机等。作为西湖区图书馆的分馆，“童书馆”实行自动化管理，可直接在机器上进行自助借还操作，并对公众免费开放。

【“南机·智慧书房”开放】 2021年10月12日，市图书馆与国企合作的首家书房——南昌机务段“南机·智慧书房”开放。把图书馆植入企业，不仅解决企业员工阅读“最后一公里”，也为企业文化服务赋能，为优化企业环境提供有文化温度的支撑。“南机·智慧书房”建筑面积260平方米，设备设施智慧化，服务功能多元化。书房设有志愿服务区、纸质阅读区、休闲朗读区、电子阅读文创区4个功能区，使用安全门禁联动系统、图书自助办证一体机、朗读亭、电子阅读本等智能化设备。南机·智慧书房纳入市图书馆总分馆体系，实现和市图书馆图书通借通还、资源共享，满足职工阅读需求，丰富职工文化生活。

（殷　悦）

公共文化活动

【概况】 2021年，南昌市文化广电新闻出版旅游部门致力于建设“服务目标均等化、供给主体多元化、运行机制专业化、公共服务效能化、管理体系制度化”的城市公共文化服务体系，让市民享有更加充实、更为丰富、更高质量的精神文化生活。全市公共文化场馆全部实现对外免费开放，公共图书馆总流通累计228.6万人次，文化场馆（站）免费开放服务人数累计192.2万人次，免费为农民群众送戏856场，放映电影18904场，各乡镇开展文化活动376场；创新开展“洪城街艺”街头艺术表演活动，发艺人证75组135人，组织策划街头艺人走进景区等开展大型公演活动14场次、线上直播322场次、街演活动1030场次，服务游客和市民累计38万人、抖音话题浏览超过1亿人次。

【“图书大篷车”】 “图书大篷车”是市图书馆由一辆客车改装的流动图书馆。车内配有多种电子阅读设备及种类齐全的图书，可以为市民提供免费阅览、现场办证等服务。2021年3月26日至6月23日，市图书馆开展50场“图书大篷车”送书进夜市系列活动，先后开进万寿宫历史文化街区、樟树林文化生活公园、蓝海广场、绳金塔、盈石广场、紫金广场、西湖万达广场等地夜市，为市民和游客送去流动文化服务。针对夜市居民，图书大篷车准备1500余册各种通俗类图书，还设有“红色图书”“文津图书奖”“每月好书推荐”“分阶阅读”分类书架，通过自助借还系统、电子歌德机、VR头盔等设备，为夜市游客及周边居民提供现场免费办理借书证、现场借还书、扫码电子阅读、VR体验等服务。市图书馆“图书大篷车”为市民提供流动服务，进机关、校园、军营、社区等流动服务60场，送书下乡12场，服务群众4000余人。在红谷滩区沙井街道普贤社区、省消防救援总队训练与战勤保障支队分别建立馆外流通点，精心挑选包括政治、历史、文学、医药卫生等内容书籍1100册送至流通点，全部图书统一编目加工，并开展业务辅导、协助上架。9月开始，为丰富小学生尤其是农民工子弟和留守儿童们的课余生活，市图书馆将图书大篷车开进校园，免费为学生办理借书证，并提供丰富的课外读物，举办VR体验、阅读讲座、读书交流、互动竞答、情景剧模仿等充满趣味性的课后文化活动，在孩子们心中播撒下自主学习和热爱阅读的种子。

【“小小洪旗手”少年儿童阅读活动】 2021年，市图书馆针对少年儿童，推广“小小洪旗手”少年儿童阅读活动品牌，特别开设初中、高中中外名著专架，填补初中生、高中生书籍短板，丰富少儿部馆藏。“小小洪旗手”少年儿童阅读活动，秉承引导少年儿童“爱读书、读好书”宗旨，常年开展少儿阅读推广活动，让小读者们走进图书馆，走进少儿部，爱上阅读。“小小洪旗手”少年儿童阅读活动成为以“大中华寻宝记”系列、“一本好书”系列、“绘本之旅”系列、“老鼠记者”系列、“小小图书管理员”系列活动为核心的活动品牌。全年开展“小小洪旗手”少年儿童阅读活动50场，服务读者1.5万人。

【“4·23”世界读书日活动】 2021年4月23日，由市文化广电新闻出版旅游局、市机关事务管理局主办，市图书馆、南昌新四军军部旧址陈列馆承办的“重温革命之路，点燃阅读星火”2021年“4·23”世界读书日暨“庆祝建党100周年”全民阅读系列活动在红谷大厦启动。活动现场开展“4·23”世界读书日暨“让书香飘满洪城”第二届全城共读活动，推动建设“学习型机关”，举办“新四军从这里走来”党史学习教育展览，让干部群众就近方便地了解党的光辉历史、传承革命精神。前来参加活动的干部群众结伴阅读，在全民阅读推广墙上签名，共同庆祝第26个世界读书日，迎接中国共产党百年华诞。活动现场发放《南昌市全民阅读倡议书》1000余封，倡议每位市民、每个家庭、每个单位行动起来，每天至少阅读半小时，让阅读成为一种生活习惯。“4·23”世界读书日前后，市图书馆组织开展第二届全城共读活动、“小青苗”倾听“大历史”、“难忘英雄，牢记党史”主题画展、“读书改变人生”公益行动、地方文献捐赠等20余场活动。

【“时代的礼赞——百年辉煌·以声献礼”经典诵读会】 2021年7月6日，为庆祝中国共产党成立100周年，由市图书馆主办，江西师范大学音乐学院播音与主持艺术系协办的“时代的礼赞——百年辉煌·以声献礼”经典诵读会在市图书馆举行。副市长李松殿，省图书馆馆长陶涛出席活动。300余位市民读者参加此次诵读会。整台诵读会围绕爱党爱国爱社会主义主题，分伟大觉醒、革命洪流、奋进新时代3个篇章，10个节目，以诗朗诵、情景剧、红色故事宣讲、合唱等表现形式，重温中国共产党同人民风雨同舟、生死与共，从胜利走向胜利的光辉历程，引导干部群众在欣赏节目中传承红色基因、赓续红色血脉。

【“伟大的开端——南昌起义史实展”巡展】 2021年6月18日，“伟大的开端——南昌起义史实展”巡展在上海大学开展。展览由上海大学、南昌市文化广电新闻出版旅游局主办，南昌八一起义纪念馆、上海红色文化研究院、上海大学图书馆承办。上海大学党委副书记段勇、南昌市文化广电新闻出版旅游局党组书记、局长万利平，南昌八一起义纪念馆馆长王小玲，上海大学教授恽代英烈士后人恽梅，上海大学1924级社会学系学生周大根烈士后人周亚南等出席开展仪式。这是“伟大的开端——南昌起义史实展”首次进高校巡展，在原展览基础上深入挖掘，因校制宜，量身打造，进一步弘扬“八一精神”，缅怀上海大学师生们在八一南昌起义中的光辉业绩。展览分为“石破天惊第一枪”“八一洪流绽芳华”2个篇章，展出历史照片300余张、珍贵文物18件。

【百年征途铸忠魂——新四军革命英烈专题展】 2021年6月24日，由市文化广电新闻出版旅游局主办，南昌新四军军部旧址陈列馆承办的百年征途铸忠魂——新四军革命英烈专题展在南昌新四军军部旧址陈列馆二楼临展厅开展。展期4个月。新四军英烈郭猛后人郭圣琼、李健后人唐东平以及市书院小学学生、群众150人参加开展仪式。展览分为“新四军英烈中的著名领导人”“新四军英烈中的指挥员及战士”“新四军中政治工作和地方工作领域的英烈”“新四军中后勤和文艺战线的英烈”“新四军中的英烈群体”5个部分，展示新四军英烈人物中的51位代表和9个英烈群体，展出图片200余张，珍贵文物10余件。展览通过新四军英烈人物介绍，重点展示英烈们的生动故事，力图再现英烈人物为争取民族独立、国家富强不惜抛头颅、洒热血的感人画面，激发人民为实现中华民族伟大复兴而努力奋斗。

【美术馆藏精品展出】 2021年6月29日至9月12日，由北京画院、何香凝美术馆与八大山人纪念馆共同主办的“流水高山写新图——何香凝与新中国时期的北京画坛展”“一幅画的诞生——北京画院画家作品展”分别在八大山人纪念馆真迹馆、彭友善美术馆举行。双展同开，以典型时代风貌贯穿百年来中国绘画艺术的传承与发展，向中国共产党成立100周年献礼。北京画院副院长郭宝君、中央文化和旅游管理干部学院项目主管王聪丛、故宫博物院研究员张淑娴、北京画院山水创作室主任买鸿钧、北京画院艺术部主任乐祥海、江西省美术家协会主席王向阳、江西省美术家协会原主席蔡超、江西省美术家协会原主席杨金星等美术馆、书画界代表和各大高校师生代表参加开幕式。“流水高山写新图——何香凝与新中国时期的北京画坛展”展出包括何香凝艺术精品、何香凝与北京画坛艺术家合作作品以及北京画坛艺术家精品共102件，涵盖了何香凝、叶恭绰、齐白石、徐悲鸿、陈半丁、郭味蕖等22位画家作品。展览分为“画高人寿”“图画新篇”“画坛友朋”3个单元。同时展出的还有珍贵历史图片、影像、图表等资料。“一幅画的诞生——北京画院画家作品展”会集北京画院31位在职画家创作的中国画、油画、装置、影像等不同艺术门类的作品100余件，较为全面地呈现北京画院画家群体艺术创作面貌。展览呈现画家们的艺术心得、工作场景、写生速写、画稿草图等，以翔实的图文资料讲述“一幅画”诞生的“台前幕后”。其间，还开展讲座、专家导览、志愿讲解等宣教活动，为观众全面了解展览背后的故事提供服务。

2021年9月30日，《那年八一》沉浸式实景剧在南昌八一起义纪念馆演出

（市文广新旅局　供图）

【共和之基——辛亥革命历史图片展】 2021年10月9日，由南昌八一起义纪念馆和辛亥革命博物馆联合举办的“共和之基——辛亥革命历史图片展”在南昌八一起义纪念馆开展。展览以辛亥革命博物馆基本陈列为蓝本，分为“革命原起”“武昌起义”“创建共和”“首义之城”4个部分，通过300余张历史图片，以重大历史事件、重要人物、相关实物为支撑，多角度、深层次地昭示辛亥革命肇造中国共和之基、推动现代文明进程的勋绩，带领观众重温波澜壮阔的辛亥首义历史风云。

【党史教育实景剧《那年八一》开演】 2021年9月29日，由市文化广电新闻出版旅游局、南昌八一起义纪念馆出品，江西文演文化服务有限公司制作的江西首部革命旧址沉浸式党史教育实景剧《那年八一》新闻发布会召开并举行首演。剧目通过将革命历史和实景演绎相结合，采取当下最流行的沉浸式体验，让观众以“革命旧址+换装互动”形式，走进历史发生地重温光辉岁月，感悟先辈情怀。《那年八一》的推出引发各大媒体关注。新华社发表文章《“红色摇篮”来了一群找答案的人》，浏览量103万人次。中央电视台、《人民日报》、中国新闻网、《中国旅游报》、文旅中国、“学习强国”学习平台、人民网等35家媒体聚焦报道。除官方媒体外，小红书、抖音等新媒体也有呼声、有话题。

【“都市小剧场”公益惠民演出】 2021年，市文化馆（市非物质文化遗产研究保护中心）积极引进包括采茶戏、魔术杂技剧、木偶戏、湘剧、民乐演奏等多种形式的演出，举办“国乐迎春”——江西省民族管弦乐学会新春音乐会、南昌采茶戏《秦香莲》、魔术杂技剧《魔幻大冲关》、木偶剧《森林王子》、人偶剧《白雪公主》等公益惠民演出活动。全年，群星剧场举办各类文化活动60余场次，参加活动2万余人。“都市小剧场”让百姓在家门口欣赏到高质量演出，这是市文化馆（市非物质文化遗产研究保护中心）为全面贯彻落实《南昌市加快构建公共文化服务体系的实施方案》推出的具体举措，也是与广大人民群众零距离接触、面对面提供精准服务的实际行动。

【党史学习教育红色故事情景讲述展演《八一军旗红》】 2021年7月31日,南昌八一起义纪念馆自编自导自演的党史学习教育红色故事情景讲述展演《八一军旗红》活动在市文化馆举办。整个剧目分为“前夜”“惊雷”“火种”“军魂”“青春”5个篇章,由南昌八一起义纪念馆全体干部职工演出,融合艺术化的手段、精巧的舞台设计,全景式展现八一南昌起义的历史过程,讴歌人民军队一路披荆斩棘、一路浴血荣光的不朽功勋,致敬不朽军魂,歌颂青春力量,让观众更加坚定永远跟党走的信念。

【乡村和校园戏曲演出】 2021年,市文化艺术中心深入实施“戏曲进乡村”“戏曲进校园”工程,送戏曲进基层、进校园,给乡村群众和学生送去党和政府的问候,丰富群众文化生活,满足群众精神追求。“戏曲进乡村”活动先后在西湖区桃花镇桃花一村村委会和东湖区扬子洲镇前洲村、三联村等村镇开展。全年演出30场,主要以戏曲、歌舞、小品等表演形式为主,深受基层人民群众喜爱。“戏曲进校园”活动先后在红谷滩区凤凰学校、市滨江学校、市珠市学校云飞路校区等学校开展。全年演出10场,主要是向广大学生宣传普及南昌采茶戏,弘扬本土特色文化,提高孩子们的戏曲爱好,丰富学生业余文化生活。

【市第五届广场舞大赛】 2021年1月27日,由市文化广电新闻出版旅游局主办,市文化馆承办,各县区文化馆、市文化志愿者协会协办的南昌市第三届市民艺术节·南昌市第五届广场舞大赛专家线上评审环节在市文化馆群星剧场开展。在疫情防控时期,南昌市第五届广场舞大赛采用“云”录播形式举行。该大赛由各县区自下而上选拔出12支舞蹈队,近400人参加最终决赛。大赛特邀中国文化馆协会常务理事、省文化馆馆长江丽君,省文联副主席、省舞协副主席廖祖峰等专家组成评审组,现场观看12支队伍表演视频,并逐一进行评审。12支参赛队伍的领队及选送单位负责人参与现场监督。经过网络投票及专家评审现场打分相结合,大赛最终评选出一等奖2名、二等奖3名、三等奖4名、优秀奖3名。

【“唱支山歌给党听”群众歌咏大赛】 2021年5—7月,市文化馆(市非物质文化遗产研究保护中心)组织开展“唱支山歌给党听”群众歌咏大赛。各县区开展初赛,市级举行决赛,吸引300余支民间艺术团队参与,参加演出的群众1.4万人。最后16支参赛队伍进入决赛,产生一等奖2名、二等奖6名、三等奖8名。通过共唱红歌形式,展示中国共产党成立百年来人民生活日益幸福、文化生活日益美好的城市精神风貌。

【“读红色书籍,讲红色故事”比赛】 2021年6月4日,由市文化广电新闻出版旅游局主办,市图书馆学会、市图书馆承办的庆祝中国共产党成立100周年“读红色书籍,讲红色故事”比赛在市图书馆举行。比赛分少儿组、成人组进行。各县区图书馆选送的9名少儿组选手和9名成人组选手参加比赛。选手们通过阅读红色书籍,结合自身所感所悟,以讲故事的方式展现党的光辉历程和辉煌成就以及江西发生的变化,抒发对革命先辈的崇高敬意和仰慕之情,表达践行初心使命、砥砺奋进前行的坚定信念。经过激烈角逐,胡芯悦、黄小文2名选手分别获得少儿组、成人组一等奖,进贤县图书馆和青云谱区图书馆获得“优秀组织奖”。

【“军旗升起的地方红色故事百人团”进行党史学习教育宣讲】 2021年3月7日,由市委宣传部指导,团市委、市文化广电新闻出版旅游局主办,南昌八一起义纪念馆承办的“军旗升起的地方红色故事百人团”成团暨授旗仪式在南昌八一起义纪念馆举行。团市委书记刘众星、市文广新旅局局长万利平、市委宣传部副部长张敏、南昌八一起义纪念馆馆长王小玲共同宣布百人团成团并向团队代表授予队旗。团市委、市文广新旅局机关干部及红色故事百人团成员150人参加活动。“军旗升起的地方红色故事百人团”成立后,志愿者和馆内专家、讲解员以诵读红色家书、红色故事宣讲、现场课堂等多种形式,走进学校、企业、社区、军营等进行党史学习教育宣讲。至年底,开展宣讲132次,吸引人民网、新华网、中国日报网、澎湃新闻、中国旅游新闻客户端等10余家媒体聚焦报道,各平台浏览播放量近100万次。

【《百年百课》党史学习教育系列活动】 2021年,南昌市小平小道陈列馆推出《百年百课》党史学习教育系列活动,在深入挖掘馆藏文物内涵与价值基础上,充分考虑各年龄参与者的身心特点和接受能力,设置不同的教学目标、体验内容及学习方式。按照6个“一”(1个系列红色展览、10套红色文创教育、100个红色故事、1000件红色文物、1万人红色研学、10万人联动参与)目标任务要求,组织人员进校园、进机关部队、进社区等地,开展红色故事宣讲等活动。同时,推出线上课程,以邓小平的革命生涯为线索,在微信公众号推出《春天的故事——党史中的小平》系列故事,详细介绍新民主主义革命时期、社会主义建设时期和中国特色社会主义建设时期的伟人故事。

【“学习雷锋,做新时代向上向善好青年”主题活动】 2021年3月5日,南昌新四军军部旧址陈列馆联合市书院小学共同举办“学习雷锋,做新时代向上向善好青年”主题活动。来自市书院小学的40名学生参与活动。陈列馆讲解员对雷锋精神进行宣讲,使学生再一次深入了解雷锋精神的意义,让学生在学习和生活中发扬雷锋精神。现场2位学生代表围绕“如何塑造新时期少先队员新形象”“如何在构建和谐校园活动中发挥少先队员的模范作用”“学雷锋到底学什么,怎么学,怎么做”进行发言。陈列馆工作人员带领学生志愿者在馆内进行志愿劳动。

【“铁军精神,薪火相传”主题活动】 2021年3月12日,由南昌新四军军部旧址陈列馆、江西省新四军研究会、江西科技师范大学、西湖区委宣传部、南昌市石头街小学共同举办的“铁军精神,薪火相传”主题活动在中共中央东南分局旧址雕塑广场举办。活动现场邀请新四军老战士叶道清、八路军老战士李潭清讲述抗战故事,通过英雄事迹激励青少年学习好党史、传承好红色文化、树立文化自信。主题活动在《人民日报》、江西新闻、南昌广播电视台分别登载报道,产生良好的社会效益。

【“勿忘国耻,珍爱和平”主题活动】 2021年12月13日,南昌新四军军部旧址陈列馆与南师附小教育集团联合开展“勿忘国耻,珍爱和平”主题教育活动,并举行共建签约仪式。南师附小教育集团在陈列馆建立少先队校外实践教育基地,并成立少先队“新星”大队。活动中,师生和陈列馆工作人员集体默哀,表达对南京大屠杀死难者的哀思。学生们通过参观陈列馆、观看视频、听老师讲述革命故事,深刻了解那段屈辱的历史及设立“国家公祭日”的内涵。活动旨在让学生们铭记历史,珍惜现在和平生活,奋发图强,为中华民族伟大复兴而努力奋斗。

【“回溯峥嵘岁月,传承红色基因”红色故事宣教纪念活动】 2021年10月12日,南昌新四军军部旧址陈列馆与南昌石头街小学共同举办的“回溯峥嵘岁月,传承红色基因”红色故事宣教纪念活动在南昌新四军军部旧址陈列馆多功能厅举行。现场邀请新四军老战士唐万清、席树荣为石头街小学的50名师生讲述亲身经历和革命故事。通过开展纪念活动,让学生们深受教育,立志成才,继承革命先烈遗志,做好革命事业接班人。

（殷 悦）

文学与艺术

【概况】 2021年,南昌文学艺术工作者坚持以人民为中心的创作导向,深入生活、扎根人民,加强现实题材创作,不断推出讴歌党、讴歌祖国、讴歌人民、讴歌英雄的精品力作。坚持以文艺活动为牵引,在带动创作、带动人才、带动影响力上下功夫,举办一系列有主题、有声势、有影响的活动,彰显南昌文艺魅力,丰富群众业余文化生活,提升南昌文艺影响力、传播力。围绕庆祝中国共产党成立100周年,创排一批优秀文艺作品。大型革命历史题材南昌采茶戏《兰妹子》首演,组织创作歌曲《风华正茂》《再起航》《军旗下的映山红》等10余首,并创作采茶戏《红色挑伕》、话剧《方志敏》等一批戏剧剧本。创作各类美术作品200余幅、瓷板画作品200余幅。举办各类展览25次,接待观众27.96万人次。11月,文化和旅游部公布“2021—2023年度‘中国民间文化艺术之乡’”名单,青云谱区青云谱镇再次上榜。8月,省文化和旅游厅公布2021—2023年度江西省民间文化艺术之乡名单,青云谱区青云谱镇被命名为“灯彩之乡”,新建区昌邑乡被命名为“戏剧之乡”,安义县龙津镇被命名为“唢呐之乡”,青山湖区南钢街道被命名为“书画之乡”。

【《我们的八一》新书发布活动】 2021年8月1日,南昌八一起义纪念馆与团市委、江西教育出版社共同主办的《我们的八一》新书发布会在南昌八一起义纪念馆举行。南昌八一起义纪念馆探索“文创+宣传”新形式,策划编纂出版《我们的八一》儿童绘本,再现八一南昌起义光辉历史。此次活动先后得到人民咨询、新华网、中新媒等媒体宣传报道,中央和省、市媒体报道30余次,线上点击量160余万人次。

【“天下万寿宫”主题有奖征文大赛】 2021年1月26日,由市文广新旅局、市文联、南昌日报社和市政公用集团主办,市作协和南昌万寿宫文化街区运营管理有限公司承办的“天下万寿宫”主题有奖征文大赛结束。活动自2020年11月启动,收到征文稿件204篇、特邀作者稿件4篇。征文来自全国26个省、自治区和直辖市。经过初评、终评,最后评选出一等奖作品1篇、二等奖作品2篇、三等奖作品3篇、优秀奖作品5篇。征文紧扣“天下万寿宫”主题,围绕万寿宫历史溯源、赣商精神、江右商帮、江西会馆、民俗文化、建筑文化、乡愁文化等内容,讲述万寿宫的历史变迁和传说故事及万寿宫历史文化街区的新感受、新变化等,弘扬主旋律,传播正能量。

【南昌市谷雨诗会】 2021年4月24日,由市文联和青山湖区委、区政府主办的“百年荣光·伟大梦想——庆祝建党百年·2021年南昌市谷雨诗会”在青山湖高新技术产业园区管委会大楼举行。南昌市诗人、诗歌爱好者共200余人参加。谷雨诗会作品征集历时1个月,得到各省市诗人、诗歌爱好者参与,共收到北京市、上海市、湖南省、湖北省、四川省、江苏省、山东省等27个省、自治区、直辖市作者的近5000首诗作。经过评委会评审,评选出一等奖2名、二等奖4名、三等奖6名、优秀奖20名。获奖作品主题鲜明,内涵丰富,风格多样,重温党的光荣历史，弘扬党的优良传统，传承红色基因，讴歌党领导人民取得的辉煌成就，反映南昌和青山湖区的崭新风貌和人文历史，抒发爱党爱国爱人民的美好情感。

【滕王阁金秋诗会全球诗词征集大赛】 2021年8月18日，由北京大学、南昌市人民政府主办，北京大学中文系、中共南昌市委宣传部、南昌市文联承办的2021年滕王阁金秋诗会全球诗词征集大赛获奖名单揭晓。该赛事自2021年4月中旬开始，得到海内外广大诗人参与，收到投稿9000余件。北京大学和江西省诗词专家组成评委会，本着公平、公正、公开原则，对参赛作品进行初评、终评，最后评出一等奖2名、二等奖10名、三等奖40名、优秀奖46名。

【美术作品入选国家级作品展】 2021年，南昌画院（南昌美术馆、南昌瓷板画研究中心）蓝威作品《石钟山记》入选中国美术家协会主办的“第精神·图式——第二届中国写意油画双年展”。杨晶作品《隐秘年华》入选中国美术家协会主办的“第十一届全国工笔画作品展”。林川作品《心怡太古十二品》、赵建新作品《中式新娘》、胡茉莉作品《立持如意》分别获得中国工艺美术学会主办的“2021年‘中匠杯’工艺美术优秀作品大赛”金奖、银奖、铜奖。林川作品《春夏秋冬四条屏》、赵建新作品《胡须老人》、周丽作品《驰》《鲸系》获得中国陶瓷工业协会主办的“第十届‘大地奖’中国陶瓷创新与设计大赛”金奖。谈承勇作品《张定宇肖像》参展文化和旅游部非物质文化遗产司主办的“‘百年百艺·薪火相传’中国传统工艺邀请展”。邹武、范宇等11位画家的10幅作品入选中国工艺美术学会主办的“2021红星照耀中国——全国工艺美术红色主题作品展”。

【文化名人作品展】 2021年1月1日，齐白石生辰。为纪念这位人民艺术家，八大山人纪念馆与北京画院共同策划的纪念齐白石156周年诞辰主题活动在“浑无斧凿痕——对话齐白石北京画院典藏作品展”展厅举行。活动特邀嘉宾齐白石曾孙女齐驸为现场观众讲解齐白石画虾的笔墨精进过程，并示范作画，分享“齐派”风格的创作心得和对齐白石艺术作品的见解。12月18日，由八大山人纪念馆、江西师范大学美术学院主办的“彭友善和他的时代——纪念彭友善诞辰110周年研究展”在彭友善美术馆正式开展，共展出作品及文献200余件，展现20世纪爱国画家彭友善致力于中西合璧的国画创作、美术研究和教育事业的光辉一生。12月30日，由中央美术学院美术馆、八大山人纪念馆主办，青云谱区文化广电新闻出版旅游局协办的“天才纵横——中央美术学院美术馆藏任伯年作品专题展（南昌站）”在八大山人纪念馆开幕。展览为文化和旅游部2021年全国美术馆馆藏精品展出季入选项目，展期3个月。展览展出作品50件（29套），其中任伯年作品16套，展示任伯年画家的艺术历程和对艺术变革带来的影响，反映中国绘画的发展变化。

【盛世·墨缘——南昌市博物馆书画艺委会作品特展】 2021年4月9日，由市委宣传部、市文化广电新闻出版旅游局主办，市博物馆、南昌美术馆（南昌画院）承办的盛世·墨缘——南昌市博物馆书画艺委会作品特展（含捐赠）在南昌美术馆开展。特展持续至4月28日结束。省文联主席叶青，市文化广电新闻出版旅游局党组书记、局长万利平等以及此次画展作者等参加开幕式。开幕式现场为杨金星、游新民、林峰、周京山、范坚5位书画家颁发南昌市博物馆收藏证书。市博物馆为进一步丰富馆藏文物数量和质量，面向社会开展文物征集活动，专门成立“南昌市博物馆书画艺术委员会”，聘请杨金星、游新民、林峰、周京山、范坚5位书画家担任委员。5位书画家向市博物馆捐赠书画精品25幅。展出作品76件（其中捐赠作品25件），内容主要涉及南昌的人文、山水及花鸟。

【采茶戏《兰妹子》入选江西文化艺术基金重点项目】 2021年12月17日，江西文化艺术基金管理中心公布《江西文化艺术基金2021年度重点项目立项名单》。市文化艺术中心报送的大型南昌采茶戏《兰妹子》入选江西文化艺术基金重点项目，获得100万元扶持资金。《兰妹子》讲述江西革命根据地创建初期，一个贫苦妇女兰妹子先后收养地主弃子和红军遗孤并将抚养成人、投身革命的故事。全剧描绘了一幅幅江西革命老区人民跟党走的壮丽画卷，彰显了信仰之美、理想之美和人性之美。市文化艺术中心特邀省戏曲专家、国家一级导演王秀凡担纲《兰妹子》总导演。音乐舞美服装都坚守本地特色，全程采用南昌本土方言和特色服饰，让观众在观看演出同时领略源远流长的豫章文化。

【“丹青守望”南昌画院建院四十周年暨迎新春美术作品展】 2021年12月28日，由市文化广电新闻出版旅游局主办，南昌画院（南昌美术馆、南昌瓷板画研究中心）承办的“丹青守望”南昌画院建院四十周年暨迎新春美术作品展在南昌美术馆开展。展览至3月1日结束，免费对公众开放。省文化和旅游厅副厅长陈晓平，副市长王强，南昌画院名誉院长王林森，南昌画院名誉院长蔡超，省美协名誉主席、南昌画院名誉院长杨金星，江西画派研究会副会长、南昌画院名誉院长林峰，省工笔画学会会长、南昌画院名誉院长游新民等知名艺术家代表、优秀画友、各界嘉宾以及艺术爱好者、媒体记者近300人参加开幕仪式。展览遴选出的132幅作品(90幅美术作品、42幅瓷板画作品),均出自南昌画院名誉院长、艺术顾问、在职画家、特聘画家以及南昌瓷板画艺术家之手,是南昌画院艺术家们紧扣时代主题、弘扬社会主义核心价值观最新创作精品力作。

【首届“洪城街艺”街头文化艺术节】 2021年11月19—21日,首届“洪城街艺”街头文化艺术节在万寿宫历史文化街区举行,吸引1万余名游客和市民观看。游客和市民不仅能观看到街头说唱、街头戏曲、街头非遗、街头舞蹈等表演外,还可逛逛“洪城街艺”手工艺人打造的街头市集。“洪城街艺”是在市委宣传部指导下,由市文化广电新闻出版旅游局、团市委、市城市管理局和中至文娱策划共同推出的南昌市街头文化项目。通过招募街头艺人并对艺人表演进行动态管理,形成常态化、可持续的南昌街头艺术表演模式,提升南昌城市网红度和文化氛围,丰富市民文化生活,助力“文化之城”建设。

【甘肃甘南·江西南昌书画摄影交流展】 2021年7月13日,“讴歌伟大时代,赓续红色血脉——庆祝中国共产党成立100周年甘肃甘南·江西南昌书画摄影交流展”在南昌八零油画学社展览馆(高新区美术馆)开幕。交流展由甘南州文联、南昌市文联联合主办,聚焦庆祝中国共产党成立100周年主题,以书画摄影等艺术形式,讴歌伟大的党,讴歌伟大时代,赓续红色血脉。交流展展出80余位甘南优秀艺术家创作的100幅书画摄影作品。

【南昌市第三届摄影作品展】 2021年7月30日,由市文联、市摄影家协会主办的“庆祝中国共产党成立100周年——南昌市第三届摄影作品展”在万寿宫美术馆开幕。展览分艺术类、纪实类2个类别,展出70件摄影作品。摄影作品展现了在党的领导下南昌经济社会文化建设取得的成就,描绘了人民的幸福美好生活和精神面貌,突出了英雄城南昌最具时代特点的文化符号影像和经典瞬间,表达了广大摄影家对党、对祖国、对人民、对南昌的深厚感情和永远跟党走的坚定决心。

【江西省主题漫画创作展览在南昌巡展】 2021年9月29日至12月28日,由省委宣传部、省文明办、省文学艺术界联合会共同主办,省美术家协会、市委宣传部、市文明办、市文学艺术界联合会承办,省美协漫画艺委会、市美术家协会、各县区相关单位协办的“倡导移风易俗,弘扬时代新风——江西省主题漫画创作展览(南昌巡展)”在南昌市及各县区进行巡展。此次展览围绕“倡导移风易俗,弘扬时代新风”主题,重点针对城镇乡村存在的高价彩礼、封建迷信、人情攀比、厚葬薄养等不良风气,大力宣传移风易俗新风尚,引导广大群众破除陈规陋习,倡导喜事新办、厚养薄葬、勤俭节约、文明理事的社会新风尚,为助力乡村振兴凝心聚力。此次展览展出98件作品,免费向市民开放。同时,利用线上展览方式进行宣传,并挑选部分优秀作品印制宣传画张贴宣传。

【“时代新风进万家”移风易俗专场文艺志愿服务】 2021年9月29日,由省委宣传部、省文明办、省文联主办,市委宣传部、市文明办、市文联、省文艺志愿者协会和青山湖区委、区政府等承办的“时代新风进万家”移风易俗专场文艺志愿服务走进全省新时代文明实践中心(所、站)活动(首场)在青山湖区罗家镇罗家广场举行。活动针对社会上存在的“扭曲陋习”,通过曲艺、戏剧、音乐、舞蹈等艺术形式,宣传移风易俗新风尚,为助力乡村振兴凝心聚力。10月18—19日,在西湖区、新建区新时代文明实践中心开展文艺志愿服务活动,同时举办“倡导移风易俗,弘扬时代新风”江西省主题漫画、摄影创作流动展,宣传移风易俗新风尚,弘扬新风正气。辖区群众600余人观看演出和展览。

【第四届汤显祖戏剧奖暨江西地方戏曲优秀剧目展演(南昌赛区)】 2021年11月19日,由省戏剧家协会、市文联主办,市戏剧家协会承办,市文化馆协办的第四届汤显祖戏剧奖暨江西地方戏曲优秀剧目展演(南昌赛区)在南昌群星剧场举行。比赛有9支队伍参赛,表演内容既有经典采茶戏,也有贴近时代主题的原创新剧目。老戏新剧齐上演,充分展示全市戏剧艺术创作的优秀成果,对于推动全市戏剧事业繁荣发展、推进文化大市文化强市具有积极意义。

【“文化记忆”——张杰书画作品展】 2021年12月6日,由市委宣传部、省书法家协会、省美术家协会指导,市总工会、市文联、市文广新旅局主办的“文化记忆”——张杰书画作品展在南昌美术馆开幕。部分市总工会特聘专家代表,市文学艺术院、市美协、市书协、市评协负责人及社会各界书画艺术家、书画爱好者200余人参加开幕式。展览从12月6日开始至12月12日结束,展出张杰近十年来创作的书画作品130件。展览分3个篇章,展现先贤志士探求民族复兴、文化重光的责任担当以及中华民族独有的精神风骨。12月10日,“张杰书画作品研讨座谈会”在市总工会召开。省市书画界有关专家就张杰的书画艺术风格、特点以及对中国美术和书法的深远影响进行研讨。

【书法名家进校园活动】 2021年12月27日,市委宣传部、省书法家协会指导,市文联、市教育局联合主办的书法名家进校园活动在南昌市第二中学举行启动仪式。市委常委、宣传部部长李松殿出席启动仪式，并为“书法名家工作室”揭牌。此次书法名家进校园活动采取先行试点方式，首先在南昌市第二中学、南昌市第二十三中学、南昌市第二十八中学和南师附小4所学校设立6个“书法名家工作室”，由19名书法水平高、教学能力强的书法名家负责。各工作室结合所在学校的具体情况和实际需求，有侧重、有针对性地安排各种形式和内容的书法教学和实训活动。通过活动，将中华优秀传统文化渗入未成年人思想道德培养体系，将规范化书写方式引入课堂，将正规化书法教学带入校园。

【“红色文艺轻骑兵”送欢乐下基层文艺志愿演出】 2021年12月30日，市文联、市文艺志愿者协会组织文艺家，在武警南昌支队某基地举办“红色文艺轻骑兵”送欢乐下基层首场文艺志愿演出。此次演出有舞蹈《蓝色的风》、民乐合奏《战马奔腾》、黄梅戏《夫妻观灯》、川剧《变脸》、相声《我要唱歌》、评书《狙击手》和男女声独唱、武术表演等节目，受到官兵们欢迎和赞誉。南昌文艺工作者为官兵们送上最诚挚的节日问候，对进一步增进军地军民感情、营造“军爱民，民拥军，军民一家亲”双拥氛围具有积极意义。

【南昌万寿宫历史文化街区全国征联大赛】 2021年12月31日，由市文联、市政公用集团主办，市楹联家协会、万寿宫历史文化街区运营管理有限公司承办的“天下万寿宫，文化豫章城”南昌万寿宫历史文化街区全国征联大赛揭晓。大赛面向全国楹联爱好者，征集反映万寿宫历史文化并展示南昌经济社会发展成就的自撰联。征稿自2021年11月4日启动，至12月15日结束。经过初评、终评、复评、审核环节，评出一等奖2名、二等奖5名、三等奖8名、优秀奖30名。吴振奇（湖南）、赵继杰（江西）的楹联作品获一等奖。

（殷　悦　龚慧颖）

文化遗产保护

【概况】 2021年，全市文物部门持续提升文物利用水平，保护历史文化遗产，弘扬中华优秀传统文化。以守护文化遗产为根本，提升文物保护水平，重点出台《南昌市关于文物保护利用改革的实施方案》，实施青云谱（古建）消防等一批文物安全工程，启动市级文物安全监管平台建设工程，实现国有和集体所有的文物博物馆单位设置文物安全责任公告公示牌。以展示历史文化为目标，促进博物馆高质量发展，重点推进市博物馆新馆维修改造工程等博物馆项目。举办2021年“5·18”国际博物馆日江西主会场活动。以促进文旅融合为抓手，激发文物旅游发展潜力，万寿宫历史文化街区对外开街，至年底接待游客1000万余人次。南昌汉代海昏侯国遗址公园、小平小道陈列馆创建国家AAAA级旅游景区。

【万寿宫历史文化街区开业】 2021年10月1日，万寿宫历史文化街区正式开业。开业活动包括百万补贴券优惠活动和网红直播大会、市集游园会等。市民游客在享受万寿宫街区可看、可吃、可玩、可体验“一条龙”服务同时，还能感受老街巷的市井文化魅力。万寿宫历史文化街区建设按照“修旧如旧、保存历史记忆、让文化融入生活”要求，旨在保护街区历史遗存、恢复街区街巷肌理及传统建筑风貌、激活街区的商贸人文气息、保护和利用该区域的历史及文化内涵。项目建筑面积14.5万平方米，复原并保留晚清赣派民居风格的三街五巷，123栋建筑，设有尚品街、潮尚领地、赣味人家、文创市集、江西礼物、南昌市街六大特色业态区域，为游客打造沉浸式体验街景。

表25　2021年南昌市国家级、省级非遗项目一览表

序号	项目类别	项目名称	申报区域	项目最高级别
1	民间文学（4项）	南昌萧峰萧史吹箫引凤故事	新建区	省级
2		南昌浴仙池传说	西湖区	省级
3		滕王阁传说	南昌市	省级
4		绳金塔传说	西湖区	省级
5	传统音乐（5项）	二塘长工山歌	进贤县	省级
6		安义唢呐	安义县	省级
7		南昌胡华锣鼓十八番	南昌县	省级
8		新建得胜鼓	新建区	省级
9		江西古琴艺术	青山湖区	省级

续表25

序号	项目类别	项目名称	申报区域	项目最高级别
10	传统舞蹈（7项）	二塘泼蛇灯	进贤县	省级
11		李渡车仂灯	进贤县	省级
12		青山湖双龙戏珠	青山湖区	省级
13		北刘轿舞	青山湖区	省级
14		城南龙灯	青云谱区	省级
15		进贤罗家狮舞	进贤县	省级
16		进贤梅庄花棍	进贤县	省级
17	传统戏剧（1项）	南昌采茶戏	南昌县	省级
18	曲艺（3项）	筱贵林南昌谐谑故事	西湖区	省级
19		进贤李渡道情	进贤县	省级
20		南昌清音	东湖区	国家级
21	传统体育、游艺与杂技（1项）	安义硬门拳	安义县	省级
22	传统美术（4项）	瓷板画	东湖区	国家级
23		进贤文港微雕	进贤县	省级
24		南昌宣纸刺绣	西湖区	省级
25		豫章绣	东湖区	省级
26	传统技艺（13项）	文港毛笔制作技艺	进贤县	国家级
27		李渡烧酒酿造技艺	进贤县	省级
28		安义黄洲宗山米粉制作技艺	安义县	省级
29		安义匾额书法雕刻技艺	安义县	省级
30		安义糕点印模雕刻技艺	安义县	省级
31		南昌塔城豆豉制作技艺	南昌县	省级
32		南昌汪山土库古建营造技艺	新建区	省级
33		进贤张公夏布制作技艺	进贤县	省级
34		进贤白圩木板活字印谱	进贤县	省级
35		东湖赣发绣技艺	东湖区	省级
36		新建走马灯制作技艺	新建区	省级
37		东湖胎发毛笔制作技艺	东湖区	省级
38		南昌瓦罐煨汤制作技艺	东湖区	省级

续表25

序号	项目类别	项目名称	申报区域	项目最高级别
39	民俗（11项）	上坂关公灯	新建区	国家级
40		江西板龙灯	南昌县	省级
41		南昌祭轿	南昌县	省级
42		西山万寿宫庙会	新建区	国家级
43		万寿宫文化	西湖区	省级
44		齐客过年风俗	青山湖区	省级
45		新建石岗梅烛灯	新建区	省级
46		安义安家开大炉踩金砖	安义县	省级
47		青云谱版王庙龙舟赛	青云谱区	省级
48		南昌蒋巷黄河灯	南昌县	省级
49		南昌向塘灯棍节	南昌县	省级

（资料来源：市文广新旅局）

【非物质文化遗产保护】 2021年，市文化馆（市非物质文化遗产研究保护中心）在深入挖掘南昌非物质文化遗产资源基础上，对全市非物质文化遗产代表性项目及其代表性传承人开展一系列保护传承传播工作，努力维护和拓展非物质文化遗产的生存与发展空间，鼓励和吸引更多人加入传承行列，实现非遗可持续保护。至年底，全市新增“南昌清音”“文港毛笔制作技艺”2个国家级非物质文化遗产代表性项目和8名省级非物质文化遗产代表性传承人。物质文化遗产代表性项目184项。其中，国家级非物质文化遗产代表性项目5项，省级非遗代表性传承人42名，非市级非遗代表性传承人125名。

【南昌非遗美食节】 2021年6月3、9日，由市文化广电新闻出版旅游局主办的南昌非遗美食节在万寿宫历史文化街区举行。此次活动以“非遗美食寻味南昌”为主题，线上线下共同开启舌尖非遗共享，多维度、多层次展示和推广南昌非遗、南昌味道、南昌人文。展示的南昌非遗项目包括瓷板画、豫章剪纸、豫章绣、流湖棕编、万家绘染布画、青云谱面人刘等。豫章酱卤、三江口萝卜腌菜、松湖米粉肉、李渡薯粉条、温圳酱菜、扬子洲辣酱等南昌本地非遗美食生产企业带着传统非遗美食产品开展集中展销活动，让非遗与旅游“联姻牵手”，释放出非遗的文化价值和旅游价值。市文化广电新闻出版旅游局还从南昌市126个非遗项目中选出22个非遗美食传统技艺项目，通过图片和文字形式，集中展现包括安义黄洲宗山米粉制作技艺、池溪脯辣椒制作技艺、吹糖人制作技艺、大塘东坡肉制作技艺、李渡烧酒酿造技艺等，解读南昌人生活密切相关的“非遗美食密码”。活动期间，市民可以免费观演、观展和互动体验。同时在线上开启南昌非遗美食节评选活动，分为“非遗美食”和“特色美食”2个大类，有67道南昌名菜入围。

【南昌地区先秦典型遗址调查】 2021年12月，市博物馆组织考古专业人员对安义县、进贤县等地的先秦典型遗址进行翔实调查。主要调查安义台山遗址、樟灵岗遗址和进贤城墩遗址、七座连城遗址、寨子峡遗址、南土墩遗址等。此次调查详细记录遗址自然形态，补充地图定位、航拍照片等数字化资料，丰富遗址周边地理环境信息。采集到各类石器残件、毛坯、石砧板、印纹硬陶片等200余件。

【入选全省百处革命旧址保护利用案例】 2021年12月31日，省文化和旅游厅公布全省百处革命旧址保护利用案例评选推介结果。南昌市7个项目入选“江西省革命旧址保护利用案例”，1个项目入选“江西省革命旧址保护利用优秀案例”，1个项目入选“江西省革命旧址保护利用示范案例”。入选“江西省革命旧址保护利用案例”的有：南昌八一起义纪念馆申报的“守护文物安全，赓续红色血脉——‘八一’起义指挥部旧址安全保护实践探索”“‘八一’起义指挥部旧址—总指挥部旧址加固维修工程”“‘八一’起义指挥部旧址——贺龙指挥部旧址修缮工程”“‘八一’起义指挥部旧址—朱德旧居修缮工程”；南昌新四军军部旧址陈列馆申报的“中共中央东南分局旧址抢救性保护”“新四军军部旧址保护利用”；小平小道陈云旧居陈列馆申报的“原新建县拖拉机修配厂旧址保护”。“守护文物安全，赓续红色血脉——‘八一’起义指挥部旧址安全保护实践探索”入选“江西省革命旧址保护利用优秀案例”，“中共中央东南分局旧址抢救性保护”入选“江西省革命旧址保护利用示范案例”。

【“江西非遗购物节”南昌地区巡展活动】 2021年9月29日至10月7日，由市文化广电新闻出版旅游局主办，市文化馆、市文化志愿者协会承办的“江西非遗购物节”南昌地区巡展活动在南昌高新区新城吾悦广场开启。活动以国庆节为契机，依托吾悦广场“幸福中国家”全国性活动平台，将“非遗”元素植入其中，通过“非遗作品展”“非遗技艺大赏”“非遗游园会”“民俗节目展演”等方式，全方位助推“非遗+购物”展销模式，为非遗传承人与大众文化消费搭建平台，吃、喝、玩、乐、购全方位展现南昌非遗特色。瓷板画、安义匾额书法雕刻技艺、豫章剪纸、幽兰画糖人、流湖棕编、豫章刻瓷等10余项省、市级非物质文化遗产代表性项目在现场展示，让广大群众近距离欣赏非遗、体验非遗。除非遗技艺展示外，得胜鼓、双龙戏珠、南昌清音、南昌大鼓、朝阳洲木排号子、南昌民谣、南昌采茶戏、江西古琴艺术等传统民俗节目进行展演，打造“寻梦赣鄱”主题系列演出。巡展活动首次依托全国性活动平台，贯彻“见人、见物、见生活”非遗保护理念，以独具城市记忆的“非物质文化遗产”融入都市商圈，助力文旅消费升级。

【“一校一非遗”品牌活动】 2021年，市文化馆（市非物质文化遗产研究保护中心）以推动“非遗进校园”为契机，联合多所学校，深入开展“一校一非遗”品牌活动。联合市启音学校、省直文化系统保育院、市育新学校、青山湖区胡家小学、新建第三小学、昌北第二小学、市石头街小学7所学校，以南昌市126项市级非物质文化遗产项目为主题，开展“我是小小传承人”非遗手工体验课程60余期。全部课程结束后，市文化馆（市非遗研究保护中心）对学生们的非遗手工作品进行集中展示，并评选出一批优秀作品，与非遗项目传承人作品共同在各个校园进行巡展。

【瓷板画“非遗进校园”活动】 2021年，南昌画院（南昌美术馆、南昌瓷板画研究中心）与市教育局合作，开展瓷板画“非遗进校园”活动。全年在24所中小学校开展瓷板画活动，培养小小非遗传承人1500余人，创作非遗作品5000余幅。同时，开展“非遗进校园”成果展，展出优秀作品600余幅，赢得校方、学生、家长及社会各界好评。瓷板画“非遗进校园”活动旨在培养青少年瓷板画传承人，推动南昌瓷板画技艺传承和保护。

【瓷板画公益讲座】 2021年9月4日开始，南昌画院（南昌美术馆、南昌瓷板画研究中心）为使非遗文化得到更好的传承和发展，让传统技艺“活起来”，在周末举办公益讲堂，帮助广大市民了解、熟悉国家级非遗——瓷板画。每周授课内容与报名预约听讲都在线上平台公布。全年举办公益讲堂6次，招募96名学员进行体验。同时，在官方微信公众号上推送相关文章，以节气、节日为主题，打造网上云展厅，让市民足不出户欣赏南昌瓷板画。网上云展厅展示包括《重阳 · 情寄瓷画，登高望远怀故乡》《瓷板画等你赏“花”赏“月”赏中秋》《七夕情画，一大波美到窒息的婚纱系列瓷板画邀您共赏》《瓷上妙笔绘恩师，致敬最可爱的人》等系列瓷板画。

【第二届非遗文创设计大赛】 2021年9月26日，由市文化广电新闻出版旅游局主办、市文化馆承办的“第二届非遗文创设计大赛”启动。大赛以“全民共创，非同‘遗’般”为主题，旨在挖掘文创人才，培育和激发文创产业新活力，宣传展示南昌时代风采。大赛以南昌市126项非遗代表性项目为元素，面向全国征集文创设计产品，分为“文物文化类”“乡村民俗类”“重大题材类”“景区和城市类”等主题。大赛设4个级别奖项，奖金从600元至12000元不等。大赛从9月底开始至12月结束，分为作品征集、初赛、复赛、决赛、颁奖展览与研企对接6个阶段，收到全国各地参赛作品288件，最后评出一等奖1名、二等奖2名、三等奖3名、优秀奖10名。在整合南昌非遗文创产业资源基础上，融合“新意、心意、新艺”，挖掘和展示南昌特色，通过短视频评选、直播深化、线下展览和电商孵化等一系列活动展示一批优秀非遗创意项目，让更多优质非遗创意作品得到市场转化，从而加快南昌非遗创意产业新发展。

【“5 · 18”国际博物馆日江西主会场活动】 2021年5月18日，由省文化和旅游厅（江西省文物局）、市政府主办，市文化广电新闻出版旅游局承办的2021年“5 · 18”国际博物馆日江西主会场活动在南昌八一起义纪念馆举行。省文化和旅游厅党组成员、副厅长、省文物局局长丁新权，市政协副主席李广振等出席活动，并共同宣布此次活动暨红色百年——全国革命文物图片选萃展开幕。红色百年——全国革命文物图片选萃展分为“革命岁月”“建设年代”“改革篇章”“奋进新时代”4个篇章，展示中国共产党团结带领全国各族人民开展社会主义革命和建设的光辉历程和辉煌成就。展出革命文物照片300张、革命文物50余件，其中“北伐战争时期国民革命军总司令部任命叶剑英为新编第二师代理师长任命状”和“1949年南昌市人民政府(政)字第一号布告手稿”为国家一级文物。

【入选全国文化遗产云传播十佳云讲堂】 2021年11月,南昌八一起义纪念馆报送的“坚定理想信念跟党走——感悟南昌起义中国共产党人的风采”党性教育课,获由中国电视艺术交流协会、中国文物报社主办的“全国文化遗产云传播精品征集推介活动”——云讲堂十佳项目。“坚定理想信念跟党走”党性教育课由南昌八一起义纪念馆副馆长熊艳燕授课,围绕八一南昌起义这段历史,通过“坚定执着忠于信仰”“敢于担当听党指挥”“严守纪律作风优良”“勇往直前百折不挠”4个部分内容,向大家讲述八一南昌起义中国共产党人发挥的先锋模范作用。

【象南中心古墓群出土文物整理工作启动】 2021年9月1日,南昌市博物馆正式启动象南中心古墓群出土文物整理工作。首批整理出土陶瓷器130余件,包括器物修复、摄影、数字化三维建模、考古绘图、拓片等工作。至年底,陶瓷器整理基本完成。象南中心古墓群出土的160余件(套)漆木器、铜器、丝织品的修复方案正在加紧编纂。象南中心古墓群考古项目位于西湖区,为老城区核心区域,北靠孺子路,东邻象山南路,南接南浦路,西边为船山路。象南中心古墓群发掘清理墓葬11座,出土陶器、瓷器、铜器、铁器、金器、漆木器以及采集样本等各类遗物400余件套。

(殷　悦)

新闻出版

【概况】 2021年,南昌市新闻出版部门按照党中央、国务院和省委、省政府及市委、市政府重大决策和部署,围绕重大活动、重要会议等,精心策划《学习贯彻十九届六中全会精神》《喜迎党代会,奋进新征程》等专题专栏,进行宣传报道,传播好声音,弘扬正能量。结合全市中心工作和实际情况,打造一批《啄木鸟在行动》《南昌红色印迹》等新闻专题报道品牌,唱响南昌故事,扩大南昌影响。注重媒体融合发展,构建数字影像平台,服务全市政务新媒体建设,主流媒体用户不断增多,视频直播平台影响不断扩大。深化新闻出版行业改革,建立完善管理体制机制,加强印刷出版发行企业日常监督管理,规范市场经营秩序,促进新闻出版事业稳步发展。

【专题品牌打造】 2021年,南昌日报社始终坚持“政治家办报”,聚焦主责主业,紧紧围绕市委、市政府中心工作,积极策划报道,得到省、市领导批示表扬或工作批示38次。《南昌:英雄城里的红色印记》专题被“学习强国”平台首页推荐并在党史频道置顶区推出,专题总阅读量超700万人次。舆论监督栏目“啄木鸟在行动”,问题办结率98.5%,延伸品牌“聚焦‘怕慢假庸散’”,问题办结率97.7%。公益品牌项目“千愿牵手”14年为1.5万名贫困家庭学子圆梦。6月,与全国41家主流媒体共同启动2021年“最美家乡人”评选。南昌市因连续六届推送产生年度十佳最美家乡人,入选全国网友票选的“最美之城”。策划推出《致敬》有声图书,入选中国出版传媒商报“2020年度影响力图书”。在南昌援鄂医疗队出征和凯旋一周年之际,启动“致敬”摄影展巡展,举办展览12场,参观近10万人次。出品歌曲《共产党为人民百年千年万年》,被“学习强国”学习平台推送,列入省、市重点文艺作品创作。

【主题报道】 2021年,南昌日报社严格落实中央、省、市有关精神和部署要求,服务中心和大局,把握好舆论引导的时机、力度和效果,围绕庆祝中国共产党成立100周年、党的十九届六中全会、省党代会、市党代会和全国、省、市“两会”等重大主题,根据上级要求开设“奋斗百年路 启航新征程”“学习贯彻十九届六中全会精神”“作示范、勇争先,感恩奋进谱新篇——喜迎省第十五次党代会”“喜迎党代会,奋进新征程”“学习贯彻市第十二次党代会精神”“巩固提升南昌首位度,充分彰显省会担当”“沿着高速看变化”等专题专栏;根据工作实际开设《学党史、听党话、感党恩、跟党走》《对党说句心里话》《南昌红色印迹》《我为群众办实事》《转作风、优环境》《来自重大重点项目一线的报道》《2021年南昌十大民生实事项目巡看》《现场直击》等栏目。此外,做好世界VR产业大会、南昌飞行大会、卫星导航年会等重大活动报道。全年刊发《政经周刊》13期,推出《南昌速度》《城市大脑半年考》《寻路百年映初心》《玩转文化新地标》《开局“十四五”打造五大功能新城》《对接大湾区》等文章。

【外宣工作】 2021年,南昌日报社“外宣厨房”在海外平台拥有账号11个,其中机构账号2个、个人账号7个、网红账号2个。“外宣厨房”深入发掘南昌特色,就热门话题积极互动,取得较好效果,多次获得省市宣传部门肯定,获得综合排名全省各设区市第一名、机构账号列全省各设区市第一名、个人账号连续10个月保持全省全平台第一名、海外网友互动量位列全省各设区市第一名等5个全省第一名。

【主流媒体用户增多】 2021年,南昌日报社依托自主研发的南报应用平台开发的“南昌头条”“爱南昌”客户端,总下载量突破300万人次,日阅读量超100万人次。《南昌晚报》微信公众号在全国1200余家官方媒体的新媒体排名中列第32位,稳居江西省主要媒体机构排行第二位。《南昌晚报》抖音号用户数221万人,7月单月流量突破2亿人次;用户数由纸媒用户100万户扩大到全网用户1900余万户。

【视频直播平台建设】 2021年,南昌日报社充分利用视频直播吸引粉丝、服务客户,扩大融媒体平台影响。全年推出各类视频直播近200场。《南昌晚报》抖音、快手排名均位居全省前四位,抖音粉丝量260万人次,快手粉丝量75万人次,100余条稿件播放量达到千万级点击量。同时,在做好专题专场直播基础上,《南昌晚报》微信视频号推出全天候"慢直播",内容包括南昌地标云直播、全国媒体联动直播及国内热门事件直播等,基本实现24小时不间断。

【数字影像平台构建】 2021年,南昌日报社与北京字节跳动合作,建设南昌数字影像平台和图片、视频数据库,充分发挥互联网、大数据和信息资源规模等方面优势,推动报业与互联网深度融合,提升南昌报业发展水平。与市档案馆、市史志办等部门和全市各县区及市摄影家协会共建共享,主动承担市委、市政府重要影像资源的备份存储责任。至年底,录入市委、市政府重要影像资源数据10万余件。

【网络安全检查和风险评估】 2021年,南昌日报社组织技术力量,对南昌新闻网等新闻发布系统进行全面梳理和自查,及时发现问题,采取具体措施,逐项进行整改。同时,邀请第三方权威机构对报社进行网络安全检查和风险评估,升级网站防护系统及发布系统,保障意识形态领域安全。第三方权威机构每日对报社各系统进行风险评估,并出具安全报告。每周对各新媒体平台内容安全进行排查,对可能存在隐患的微博评论等评论区一律关停,无法关停的安排专人全天候值班把关。

【服务全市政务新媒体建设】 2021年,南昌日报社依托于南昌日报社全媒体平台,积极服务全市政务新媒体建设,179个政务公众号入驻南昌日报社应用平台。通过发起活动,累计为"南昌发布""南昌市人民政府""南昌市文明办""南昌县发布""进贤县发布"等政务公众号增粉331万人。同时,积极打造近100个社区群,覆盖全市各县区部分社区,为市民近距离提供互帮互助、咨询政策等服务。至年底,社区群成员有2万余人。

【印刷企业发展】 2021年,市文广新旅局继续推进新闻出版产业发展,实现新闻出版行业严格自律、市场秩序规范、服务水平提高工作目标。南昌市印刷复制行业取得快速发展,发展规模不断扩大。至年底,全市有各类印刷复制企业352家,其中出版物印刷企业80家、数字印刷企业6家、中外合资印刷企业3家、外商独资企业1家、包装装潢印刷企业137家、其他印刷品印刷企业117家、专项企业8家。全年印刷工业总产值80.44亿元,销售收入80.41亿元,利润总额8.93亿元,从业人员10375人。规模以上(年印刷产值5000万元以上)印刷企业17家,其中年印刷工业总产值在亿元以上企业3家。

【出版发行企业审核】 2021年,市文广新旅局深入探索新闻出版行业改革,通过理顺行业管理体制、组建行业管理机构,不断激发新闻出版行业市场活力。全年对全市出版物批发企业336家、出版物零售企业881家、内部资料出版企业58家,共1275家企业进行年度审核,实地审核出版发行单位20家。全市出版发行企业营业收入568.15亿元,利润总额61.77亿元,资产总额1280.36亿元,从业人员32210人。发放新版印刷许可证、出版物经营许可证近3000份,进一步规范发行企业市场秩序。完成8家新闻单位共400余份新闻记者证换证工作,为新闻出版产业健康发展夯实基础。

(殷 悦 宁可铮)

广播电视

【概况】 2021年,全市广播电视管理工作部门落实意识形态工作责任制,强化各类重要时间节点舆论导向管理,抓牢播出安全保障,全年安全播出及广电信息网络安全零事故。持续加强境外卫星电视传播秩序专项整治,打击非法卫星地面接收设施工作稳居全省第一方阵。扎实开展广播电视产业统计工作,市文化广电新闻出版旅游局被国家广播电视总局评为基层广播电视产业统计先进集体。2021年,南昌广播电视台开办新闻综合、都市、咨询、公共4个电视频道,全年播出时长2.63万小时;开办综合、交通音乐、经济生活3个广播频率,全年播出市场1.97万小时;广播电视开设栏目61个,播出节目1.45万期。广播电视外宣在中央广播电视总台发稿总数均比往年有所突破,上稿量位居全国城市台前列。按照全市事业单位改革要求,南昌广电网络传输中心完成转企改制工作。

【广播电视舆论引导】 2021年,市文化广电新闻出版旅游局积极督导市县(区)播出机构开展庆祝中国共产党成立100周年、脱贫攻坚、全面小康、"两会"等重大主题宣传,组织开展新冠疫情防控、防灾减灾、禁捕退捕、防恐反诈等信息发布、舆论引导、科普宣传和公益广告宣传,指导全市各级广播电视机构播出公益广告3722条,传达节目调整信息140余次、宣传提示48次、收听收看简报26期,制作宣传提示5次。组织优秀节目、公益广告集中展播20部(次),收集数据150条。督促落实全市禁捕退捕、生态整治等广播电视宣传任务7项。同时组织各级广播电视媒体开展"打假治敲"专项行动、"抵制低俗庸俗媚俗"专项行动、网络信息安全排查及应急演练等,严格舆论导向管理和线上线下管理。联合全市各级广播电视播出机构对劣质选秀和综艺节目进行清理,对失德劣迹艺人相关作品、节目及时下架,保障广播电视舆论宣传风清气正。

【广播电视安全播出保障】 2021年,市文化广电新闻出版旅游局在庆祝中国共产党成立100周年、"两会"等重要时间节点,要求全市各级广播电视播出机构严格执行国家广电总局、省广电局的各项新闻宣传指令和技术安全操作指令,确保指令及时传达到位。组织修订完善安全播出应急预案,抓好演练落实,先后组织安全播出应急演练11次。开展安全大检查,对南昌广播电视台、各县区融媒体中心等单位实地检查,发现问题并下达整改通知书,督促整改落实到位。全年开展安全播出检查42次,发出整改通知63份。充分发挥市文化广电新闻出版旅游监测中心的作用,切实严把节目内容和广告导向关。全年,市文化广电新闻出版旅游监测中心提交舆情监测日报183份,综合报告21份,及时发现和叫停不规范节目、广告53条。严格规范商业广告播放时段、播放时长、播放频率、内容导向,利用技术手段实时监测市县两级商业广告播出,对违法商业广告及时查处。

【广播电视系统建设】 2021年,市文化广电新闻出版旅游局积极争取相关政策支持,组织指导市县两级广播电视播出机构加快推进频道高清化改造,加大专业频道采、编、播人才培养力度。至年底,南昌广播电视台新闻综合频道、都市频道、资讯频道、公共频道实现高清化播出。督导南昌八〇一台抓好设备升级改造,确保中波实验工作高质量落实。推进有线、无线、卫星和互联网互联互通,建设跨网跨屏跨终端的多功能数字文化传播网。支持县区电台融媒体中心转型,对各县区融媒体中心、市广播电视台、南昌新闻网信息网络传播视听节目审批相关要求开展初审转报工作。至年底,全市12个县区融媒体中心挂牌运营。

【广播电视节目制作】 2021年,市文化广电新闻出版旅游局扎实做好广播电视节目制作企业审批转报工作,全年受理企业审批转报材料113份,审批企业58家,占全省总量的85%。在广播电视节目创作中,要求全市各级广播电视播出机构做好选题孵化及作品质量管理,督促引导广播电视媒体充分发挥南昌乃至江西红色资源丰富优势,深入挖掘充分反映党的初心使命题材,力争创作生产在全省、全国有影响力的文艺作品。在广播电视节目评先创优工作中,组织节目栏目评优、推优,获2021年度江西广播电视奖各类奖项32项,其中一等奖9件、二等奖7件、三等奖16件,稳居全省地级市前列。

【非法卫星地面接收设施专项整治】 2021年,市文化广电新闻出版旅游局贯彻执行《卫星电视广播地面接收设施管理规定》,进一步加强对非法卫星地面接收设施、境外电视网络接收设备整治工作,坚决打击非法生产、销售、安装和使用卫星地面接收设施行为。专项整治主要集中在铁路、公路沿线小区非法境外卫星设施拆除和宾馆酒店违法接收境外卫星节目2个重点。至年底,全市集中开展各项整治活动50余次,取得较好成效。保障重要时间节点广播电视播出安全,全市出动整治车辆733辆次、整治人员1429人次,查处非法接收设施销售点179处,收缴非法接收设施223套,强制拆除非法接收设施404套,自行拆除非法接收设施431套,印发宣传品5000余份。

【主流媒体舆论引导】 2021年,南昌广播电视台聚焦全市中心工作,围绕"庆祝中国共产党成立100周年"、党史学习教育、"我为群众办实事"、文明城市创建、"转作风、优环境"、疫情防控等重大主题以及中国卫星导航年会、世界VR产业大会、南昌飞行大会等重大活动,以专栏、专题和专场直播等形式展开密集宣传,发挥主流媒体舆论引领作用。对2021中国航空产业大会暨南昌飞行大会进行融媒体直播,全网播放量超480万人次。"两会"期间,首次推出的"两会""幸福照相馆"成为网红打卡点,得到中宣部表扬。原创话题"聚焦2021南昌'两会'"总阅读500余万人次,登上新浪微博同城热搜第一位。

【媒体深度融合】 2021年,南昌广播电视台加快推进媒体深度融合发展,强化主流网络舆论阵地建设,通过"掌上南昌"App、官网和微信、微博、抖音等新媒体运营,整合全台资源,实现一次采集、多种生成、全媒覆盖。南昌广播电视台官方抖音号是全省第一个粉丝过500万人次的媒体账号,居全省第一位。"掌上南昌App"入选"2021年度江西省广播电视媒体融合成长项目"。

【庆祝中国共产党成立100周年报道】 2021年,南昌广播电视台围绕庆祝中国共产党成立100周年,推出系列报道"奋斗百年路 启航新征程"、专题专栏《课本里的党史故事》《歌声中的党史》、MV《人民是天》及"全城热诵·百年风华"朗诵活动等。《我是红色讲解员》等多条党史教育和庆祝中国共产党成立100周年稿件分发阅读量超100万人次;官方微博发布直播10余场,总阅读量近2100万人次。

“奋斗百年路，启航新征程——党史故事汇”专栏，寻访北京市、上海市及延安市、瑞金市等16座城市、50个纪念场馆，连续播出86期节目。联制联播《打卡江西各地北京路》《最美赣鄱红》等，“在学习强国”全国总平台专栏推出。

【稿件采用分发】 2021年，南昌广播电视台在中央广播电视总台上稿量继续稳居全国城市台第一方阵。在中央广播电视总台发稿470条，其中在总台央视《新闻联播》发稿128条，在总台央广《新闻和报纸摘要》《全国新闻联播》栏目上稿141条，上稿排名居全省各设区市第一名。在江西广播电视台发稿2789条，其中在江西卫视《江西新闻联播》发稿709条；在《全省新闻联播》《江广早班车》等栏目发稿1012条，排名居全省各设区市第一名。海外分发6条稿件，包括《这里是南昌：豫章故郡，洪都新府》《南昌飞行大会：华丽炫酷精彩瞬间》《江豚归来》等。其中，短视频《Amazing city view of east China's Nanchang》在You Tube、Twitter、Facebook、New China TV上推送，并被翻译成日语、韩语和印尼语，全网阅读量超过155万人次。

【优秀作品获奖】 2021年，由南昌广播电视台原创的短视频《江豚归来》获得中宣部国际传播局“Z世代”立项；广播节目《芝麻开门》被国家广电总局评为2020年度“少儿节目精品发展专项资金”扶持栏目奖；短视频《大厨“校长”》获国家广电总局“红色记忆网络短视频大赛”一等奖；《勇敢逆行！江西首批援助湖北武汉医疗队集结出征！》《青云谱区：众福花园“面子”亮了“里子”却无人管》获第二十八届江西新闻奖一等奖；文学作品《见信如晤》、广播主持《每一个孩子都值得拥有爱》等获得江西广播电视奖一等奖；电影《浴火丹青》入选2021年度江西省国家电影事业发展专项资金扶持电影项目。

【“5G数字传媒”项目入围广电总局项目库】 2021年，南昌市重大重点项目之一的“基于广电5G架构的移动物联数字传媒”项目，运用广电5G传输技术架构和南昌广电自身的播控技术优势，将数字信号传播到搭载在城市公交、城市小区、城市电梯、城市户外等出行场景下的信息终端上，实现视频播出和互动，形成一个覆盖城市移动出行场景下的直播宣传数字媒体联播网。项目入围国家广电总局“第二批国家广播电视和网络视听产业发展项目库（高新技术创新开发与应用推广类）”，是江西省唯一入围项目。该项目的“基于广电5G架构的移动物联播控技术研究”写入“江西省广播电视和网络视听‘十四五’发展规划”。

（殷 悦 舒 丹）

文化产业

【概况】 2021年，南昌市文化广电新闻出版旅游局加快推进“文化强市”“旅游强市”建设，以文旅融合发展为主线，制定文化旅游产业发展扶持政策，深入实施文化旅游消费试点工作，着力推动文化旅游产业转型升级，不断放大文化和旅游产业综合效应。全年，全市规模以上文化及相关产业企业总数302家，比上年增加37家；实现营业收入505.68亿元，增长13.2%。全市有营业影院76家、银幕541块，歌舞娱乐场所242个，游乐场所45个，互联网上网服务营业场所717个。南昌市699文化创意园获“江西省文化产业和旅游产业融合发展示范区”称号，江西安义古村群景区、怪石岭景区2家单位入选“江西省文化产业和旅游产业融合发展示范区创建单位”，南昌印钞有限公司、方大特钢科技股份有限公司获评江西省工业旅游示范基地，新建拖拉机配件修造厂原邓小平劳动车间（南昌市小平小道陈列馆）获评江西省工业遗产旅游基地，万寿宫历史文化街区、湾里太平镇心街获评首届省级夜间文旅消费集聚区。江西华广电影视科技有限公司获评江西省第九批省级文化产业示范基地。

【文化产业项目】 2021年，南昌市推进吴齐美术馆建设，优化提升梁书美术馆、红色记忆展示馆展陈运营，启动黄本贵美术馆等名人场馆建设，持续完善“公办民助”文化场馆建设运营模式。打造重点文化产业项目，《寻梦滕王阁》大型沉浸式实景演出元旦正式公演，万寿宫历史文化街区运营，南昌军事装备展示中心轻武器馆对外开放，南昌汉代海昏侯国遗址公园、八大山人梅湖景区被认定为国家AAAA级旅游景区，南昌交响乐团举行挂牌仪式并举办首秀演出。建成莲花书屋、抱朴书屋、尚书阁等10家精品图书馆并免费开放，创建社区邻里中心文体中心150个、村（社区）综合性文化服务中心1993个。推动非遗传承与保护工作创新发展，新增国家级非遗项目2个、江西省非遗传播基地3个，举办首届南昌非遗美食节。联合北京大学举办“2021年滕王阁金秋诗会”，进一步提升“滕王阁”品牌影响力和南昌城市美誉度。

【文化旅游企业融资】 2021年，市文化广电新闻出版旅游局深化政府、银行、企业合作，破解文化旅游企业“融资难”“融资贵”“融资慢”问题。针对省文化和旅游厅推出的江西省中小微文旅企业贷款（以下简称“文旅贷”），南昌市配套安排100万元专项资金，设立“文旅贷”风险补偿金。至年底，全市有15家企业通过县区初审、市文化广电新闻出版旅游局复审后推荐入库“文旅贷”，共申请6020万元贷款，其中南昌市溪霞风景旅游管理实业有限公司、江西凤凰山庄生态农业发展有限公司、江西文博疗养服务中心有限公司共获得贷款1300万元，获贷金额居全省第一位。

【电影市场复苏】 2021年，南昌市电影市场复苏平稳有序，新增影院3家、银幕19块。至年底，全市有营业影院76家、银幕541块。进入南昌市开展加盟业务的院线21条。全市全年观影人次1080.3万人次，电影票房收入4.06亿元，同比增长137.74%，占全省总票房的30%，票房收入居全省首位，在"中国城市票房50强"中位列第25位。万达影城红谷滩店、江西华影国际影院、南昌县玺悦影城、博纳国际影城、万达影城青山湖万达广场店、中影数字国际影城、万达影城西湖万达广场店7家影院票房均超1000万元。红谷滩区影院票房收入9507.63万元、青山湖区影院票房收入5937.45万元，分列全省县(区)票房排名前两位。

【"南昌文旅一卡通"发行】 2021年，市文化广电新闻出版旅游局创新工作思路，探索工作方法，在全国创新推出文化旅游融合新方式——"南昌文旅一卡通"。全年安排1000万元，升级"南昌旅游一卡通"为"南昌文旅一卡通"，持卡市民在享受进入47家加盟景区免费政策基础上，同时享受演艺、影院、书店等文化企业的免费或优惠政策。全年，南昌文旅一卡通发行量37.02万张，同比增长17.67%，同类卡发行量位居全国第一位。全年，一卡通会员旅游近150万人次，其中文旅融合项目12.1万人次，累计为加盟景区引流500万人次，为加盟景区及文化企业带来超过3500万元收入，文化旅游消费乘数效应数亿元，带动全市文化旅游及相关产业发展。

【《促进全市文旅产业经济高质量发展的若干政策措施》出台】 2021年4月12日，由市文化广电新闻出版旅游局起草的《促进全市文旅产业经济高质量发展的若干政策措施》以市政府办公室名义印发。《促进全市文旅产业经济高质量发展的若干政策措施》共13条。其中，丰富文旅业态的政策措施6条，用于鼓励发展工业旅游、乡村旅游、红色旅游、推进文旅融合、开发文创商品和做强旅游商品；加大宣传推广的政策措施2条，分别为客源招来奖励和旅游包机、专列、包车、专线的奖励政策；提振文旅消费的政策措施1条，具体为推出"南昌文旅一卡通"；培育龙头企业的政策措施4条，分别从支持新建文化产业园区、支持改扩建文化产业园区、鼓励景区创建和鼓励饭店创建等方面给予政策。《促进全市文旅产业经济高质量发展的若干政策措施》对培育文旅企业、发展壮大文旅产业具有积极引领作用。

(张　翔　殷　悦)

档案工作

【概况】 2021年，南昌市档案馆开展南昌特色档案资料征集、《峥嵘岁月·初心如磐——中国共产党在南昌的一百年》画册编纂、"百年恰是风华正茂"档案资料图片展等系列活动，展现南昌地方党组织百年斗争历程和辉煌成就。努力拓展档案资源，加强档案接收前业务指导，认真做好市直单位和有关部门档案接收工作，做到接收流程规范、完善。坚持服务群众、服务社会和经济建设，深化档案服务利用，深入开展档案宣传教育，切实发挥档案功能作用。坚持创新发展，强化档案安全体系建设和信息化建设，进一步优化档案管理水平。至年底，馆藏档案总数为619147卷、175262件。其中，民国时期档案45673卷，中华人民共和国成立后档案573474卷、75262件，馆藏数量居全省设区市第一位。

【档案资源建设】 2021年，探索档案服务方式，加大重大活动档案、民生档案等接收力度，做好各单位档案接收工作。全年，累计接收纸质档案共148722卷(科技档案10182卷、专业档案138540卷)、33882件(全部为文书档案)；接收照片档案3390张、录音档案44分30秒、录像档案66分58秒；接收单位全宗卷5家。把好进馆档案质量关口，开展进馆前的档案及全宗卷质量等业务指导100余次。联合市档案局，组织全市疫情防控相关单位人员开展疫情档案业务培训，到市安可项目基地开展现场规范性指导，到各县区开展脱贫攻坚档案检查督导，完成南昌轨道交通2号线工程竣工档案验收。重新修订《南昌市档案馆收集档案范围及移交工作规范》，更新完善档案移交表，新增虫霉检查、鉴定审核和全宗卷接收等流程，档案接收工作更加规范、完善。

【档案服务利用优化】 2021年，档案查阅利用岗位工作人员在日常查阅接待中做到热情接待、文明用语、依法查档、规范办理、安全利用、廉洁自律、勤俭节约，为档案利用查询者提供优质高效服务，努力提升群众查档利用满意度。全年，接待档案利用1357人(次)，电子档案利用60010次，实物档案利用13490卷(册)，打印、复印、翻拍档案文件22645页，异地查档邮寄档案5次，编写档案利用效果实例文章15篇。打造民生档案跨馆异地利用机制，与上海、北京、成都、深圳、福州、长沙、杭州等地综合档案馆签订《民生档案跨馆异地利用服务工作协议书》，实现民生档案的跨馆异地利用和出证，便利群众异地查档办事。对接"赣服通"平台，实现手机查档。至年底，通过江西省民生档案共享平台累计受理"赣服通"手机查档业务150人次，推进符合规定情况下的不见面查档服务。

【档案安全体系建设】 2021年,完成馆库监控系统改造,达到监控画面均可视清晰、监控主机存储参数90天的标准。监控系统实现IP实名匹配,新增手机监控功能,主机运行速度更快,电源线路设计更安全,后期维护更方便。完成全宗卷室整修、特藏室扣条加固、部署防虫防霉药物、库房日常清洁等工作,保障档案安全管理。创新开展档案开放鉴定工作,全年完成档案按卷鉴定1963卷、按件鉴定4776件,引进试行第三方档案鉴定利用管理系统,加快档案鉴定开放,完成5.1万条数据鉴定。突出抓好电子信息网络安全,定期开展档案电子信息系统、应用系统、网站、服务器等安全排查,对外访问端口严格管控。购置安装专业证书,网站数据传输首次实现加密处理,有效提升档案信息电子化安全等级。

【档案信息化建设】 2021年,强化档案目录数据库建设,完成文书档案4818卷、74476件及轨道交通档案10182卷、257785件和照片3990张、录音(像)49卷的目录数据入库。根据国家档案局与北京数字科怡科技发展有限公司签订的《江西省2019年度国家重点档案文件级目录采集项目合同》要求,实现民国档案目录采集138132条,完成项目终验,顺利结项。推进纸质档案数字化工作,纸质档案数字化工作通过政府购买服务形式具体实施,市档案馆全程指导、监督、抽查、验收。全年,完成扫描纸质档案147.69万页、补录文书目录25195条、新建照片档案数据库3926条。至年底,馆藏档案完成档案数字化482078卷,数字化率75.7%,超过省档案局要求标准15.7个百分点,数字化率居全省设区市前列。做好数字档案馆维护,依据硬件使用状况,实施2021年南昌数字档案馆硬件设备改造维护项目,全面优化硬件系统、更新更换硬件设备,制度化开展月度巡检,确保硬件设施的稳定性、可靠性。

【特色档案征集】 2021年,通过以民间资源为基础、以媒体报道为导向、以资源开发为主导的档案征集途径,加强南昌特色档案资料征集,传承地方历史文化。全年,征集到《南昌风物赋》《南昌风光名胜——新"豫章十景"》《壮烈的开端·南昌起义研究》《南昌公交人——南昌市公交行业管理》《南昌名典第二卷》等地方相关资料共395册,征集到万寿宫(翠花街)老墙砖、"百廿二中·志高心远"——南昌市第二中学120周年纪念徽章、上海全色胶卷等实物档案15件。启动口述历史采集工作,保护南昌非物质文化遗产,传承优秀传统文化,记录南昌地方文化遗产。征集和拍摄老城区民国历史老建筑及城市建设照片,记录南昌城市发展变迁。全年征集和拍摄照片611张,录制微视频1个,逐步改善馆藏结构、丰富档案门类。

【档案宣传教育】 2021年,依托"南昌档案"微信公众号,发挥档案特色,利用馆藏资料推出《南浔铁路话沧桑》《"新生活运动"集团婚礼》等相关系列文章,持续讲好南昌故事;连载"百年瞬间"专题故事和"南昌革命故事"系列文章,全年推送档案宣教文章112篇,丰富党史学习教育红色史料。履行爱国主义教育基地职能,组织全市学校师生参观馆内档案特藏库,引导未成年人深化对南昌历史和发展的认知,厚植爱国爱昌情怀。加强档案干部专业教育,学习新修订的《中华人民共和国档案法》,开展"业务大讲堂"交流学习班,全馆干部档案业务水平得到进一步提升。组织全馆干部职工参加"百万网民学法律",在"国家安全教育日"、网络安全宣传周、宪法宣传周等重要节点,开展国家安全和网络安全等普法宣传,组织新任职务职级领导干部和新入职干部开展宪法宣誓活动,营造懂法、守法、护法的浓厚氛围。

【庆祝中国共产党成立100周年档案资料图片展】 2021年6月9—18日,市档案馆结合"6·9"国际档案日,联合市档案局、市史志办公室、市直机关工委在红谷大厦举办"百年恰是风华正茂"庆祝中国共产党

2021年6月9日,"百年恰是风华正茂"档案资料图片展开展

(市档案馆 供图)

成立100周年档案资料图片展。展览以中国共产党南昌历史为主线，展出300余张珍贵历史图片，展示中国共产党在南昌市百年间的斗争历程和壮丽画卷。展览分为“开篇”“新民主主义革命时期”“社会主义革命和建设时期”“改革开放和社会主义现代化建设时期”“中国特色社会主义新时代”5个板块。全市机关党员干部2000余人参观展览，在市直机关中引起较好反响，得到市级多家媒体关注报道。

【《峥嵘岁月·初心如磐》画册编纂出版】 2021年7月，充分利用自身馆藏资源，筛选档案历史资料，编纂出版《峥嵘岁月·初心如磐——中国共产党在南昌的一百年》历史画册，有950张图片，约5万字，内部出版。该画册分为新民主主义革命时期、社会主义革命和建设时期、改革开放和社会主义现代化建设时期、中国特色社会主义新时代4个部分，以图文并茂的方式记录南昌地方党组织在各个历史时期的重大举措、重要活动、重大事件、重要人物，展现南昌人民在中国共产党领导下进行革命和建设的艰苦历程和伟大成就。

（杨柳青）

地方志工作

【概况】 2021年，南昌市史志办公室（以下简称市史志办）着力打造精品年鉴，深入推进旧志点校工作，全面启动《南昌市扶贫志》《南昌市全面小康志》编纂工作，较好完成年度各项目标任务。由于《南昌年鉴（2019）》获得第七届全国地方志优秀成果（年鉴类）市级综合年鉴特等年鉴，南昌市人民政府于1月22日发出《关于对南昌市史志办公室的嘉奖令》，要求各地、各部门认真学习先进经验，为在描绘新时代江西改革发展新画卷中展现南昌作为作出更大贡献。《南昌年鉴（2020）》分别获得第八届全国地方志优秀成果（年鉴类）市级综合年鉴一等年鉴、江西省第六届年鉴质量评比设区市年鉴一等年鉴。

【《南昌工业史话》编纂出版】 2021年，在上一年工作基础上，全面完成《南昌工业史话》编纂工作，由江西高校出版社出版。全书39万余字，对南昌工业发展上下古今、产业发展、企业变迁、工业劳模等情况进行概括与梳理，全方位、多视角反映南昌工业发展历程中的重大事件、重要成就、宝贵经验、创业精神，用史话鲜活语言记录南昌工业发展的辉煌历程。该书共分“艰难起步：南昌近代工业的演进”“艰苦奋斗：南昌工业的良好开局”“奋发图强：南昌工业的继续发展”“曲折前行：南昌工业发展的努力”“改革探索：南昌工业活力的迸发”“改革攻坚：南昌工业发展的突破”“改革深化：南昌工业发展的壮大”“改革创新：南昌现代工业的崛起”8个部分，是一部真实记录南昌工业发展演变史的著作。

【《图记南昌》编纂】 2021年，按照“以图记事、以图载史”要求，紧扣2020年全市工作亮点、特点和成果、成就，进一步在提升编纂质量和缩短编纂时间上下功夫，落实责任部门和人员，明确工作任务和要求，精选图片，精编文字，精心设计，精细排版。10月，2020年卷《图记南昌》内部出版。全书5万余字，选用图片560余张。全书分“亲切关怀，殷切期望”“彰显省会担当，展现省会作为”“经济建设”“政治建设”“文化建设”“社会建设”“生态文明建设”“党的建设”“开发区新貌”“县区（管理局）风采”10个部分，生动、直观、形象地展示2020年南昌经济社会发展历程和取得的成就。在完成2020年卷《图记南昌》编辑工作任务后，广泛收集2021年卷《图记南昌》图片和文字资料，着手整理、筛选、编辑。至年底，整理文字材料5万余字。

【“纪录小康工程”启动】 2021年，市史志办围绕中央“纪录小康工程”总体要求，开展一系列工作。做好全市脱贫攻坚口述史料征集工作，联合市乡村振兴局向全市脱贫攻坚口述史征集对象发布征稿通知，并进行业务指导、校核修改，及时上报省委党史研究室。编辑《全面小康大事记》，形成26万余字文稿，真实记录新中国成立后，全市人民在市委、市政府带领下，攻坚克难、砥砺前行的伟大历程和辉煌成就。启动《南昌市扶贫志（1978—2020）》《南昌市全面小康志（1978—2020）》编纂，系统总结改革开放后南昌决战决胜脱贫攻坚和全面建成小康社会的成功经验。至年底，市政府已下发编纂通知并成立南昌市扶贫志和全面小康志编纂委员会。市史志办牵头成立总纂室，拟订《南昌市扶贫志编纂工作实施方案》《南昌市全面小康志编纂工作实施方案》篇目大纲向各单位征求意见。

【旧志整理】 2021年，市史志办围绕“加快推进文化强省建设，进一步扩大赣鄱文化影响力”要求，深入推进地方志文化研究。继续加强与省社科院专家合作，在多方搜集旧志底本基础上，优中选精，持续做好明万历《新修南昌府志》点校注释工作。至年底，全书点校文字66万余字，形成文稿91万余字。完成《万历〈南昌府志〉编纂论述》论文撰写工作。

【《南昌年鉴（2021）》编辑出版】 2021年，在总结年鉴编辑工作经验基础上，围绕南昌经济社会发展实际及特色，在征求有关年鉴工作专家意见后，对《南昌年鉴（2021）》编目大纲进行调整。与《南昌年鉴（2020）》比较，保留类目35个，删除“重大重点项目建设”类目，增加“特辑”和“应急管理”2个类目。年初召开组稿会，采取以会代训方式，讲评上年度年鉴编辑情况、工作方法和经验，提出具体要求，努力提高编辑水平。抓好年鉴编辑工作，落实责任，明确任务，及时调度和交流，加强督促和指导，精心修改校核，提高编辑质量和效率。12 月，《南昌年鉴（2021）》出版。全书 133 万字，设类目 36 个、分目 249 条、条目 2300 条、随文表格 46 个、随文图片 66 张、宣传彩页 26 版、图片 55 张。

【县区地方志工作督导】 2021 年，市史志办按照地方志事业发展要求，扎实开展县区地方志工作督促和指导，推动全市地方志工作水平整体提升。将县区综合年鉴业务指导纳入工作常态，及时追踪县区年鉴编纂进度，在年初开展集中授课的基础上，对机构改革后职能调整的部分县区史志部门开展重点培训。至年底，全市县区综合年鉴“一年一鉴、公开出版”工作全面完成。开展县区志和部门志指导工作，组织参加《高新区志》审稿座谈会，与相关编纂人员就志书编纂情况进行交流，提出初审意见；参加《湾里区志（1969—2020）》验收会，出具审查意见。

（李皓月）

文化市场管理

【概况】 2021 年，南昌市文化广电新闻出版旅游局以繁荣市场为第一要务，以规范市场为第一保障，持续加强文化、广电、新闻出版、旅游市场的监管及执法力度，不断强化执法队伍素质建设，完善文化旅游市场监管机制，扎实开展文化旅游市场治理整顿，严厉打击各类违法经营行为，营造和谐的文化旅游市场氛围。全年出动检查人员 5732 人次，检查经营单位 2228 家（次），查处文化市场各类违法案件 99 起，移送司法机关 7 起。

【文旅行业安全生产和疫情防控落实】 2021 年，市文化广电新闻出版旅游局紧盯安全生产专项整治三年行动重点任务，牢固树立“隐患就是事故”理念，着眼“防患于未然”，分析文化旅游行业安全生产工作形势，部署安全生产风险隐患排查、重点难点问题整治等工作，制定《南昌市旅游突发公共事件应急预案》《市文广新旅系统节假日及重点时段应急保障工作制度》，确保全市文广新旅行业安全形势持续稳定。进一步完善疫情防控运行机制，优化组织指挥体系，推动各项防控措施落实落细。督促文化和旅游经营单位落实疫情防控具体举措，强化员工疫情防控培训，严格上岗工作规范，加强人员健康监测和管理。在重要时间节点，部署全市各级文化市场综合执法机构对文化和旅游市场疫情防控和安全生产工作开展巡查，规范企业经营行为，严格落实安全责任，切实做到防患于未然。

【文化旅游行业领域专项整治行动】 2021 年，市文化广电新闻出版旅游局深入开展全市文化旅游行业领域专项整治行动。文化行业重点整治互联网上网服务营业场所（网吧）、歌舞类营业场所（酒吧）、量贩式 KTV、商务 KTV（夜总会）、游戏游艺厅（室）5 类文化娱乐场所。市县两级文化执法队伍对娱乐场所进行不间断反复检查，每月检查覆盖率 100%，做到不留盲区，不存死角，并对查处的娱乐场所违法违规行为依法依规进行严肃处理。开展全市旅游市场专项整治行动，重点整治旅游景区及周边游客集中区域的“黑车”“黑导游”“黑旅行社”，重点查处强买强卖、诱骗欺诈、收取“保护费”等违法违规行为。

【文化娱乐行业“黄赌毒”专项整治】 2021 年，市文化广电新闻出版旅游局在全市文化娱乐行业开展打击“黄赌毒”专项整治行动，严厉打击文化娱乐场所宣扬淫秽、赌博、暴力以及与毒品有关的违法犯罪活动，严厉查处娱乐场所酗酒闹事、寻衅滋事、涉赌、涉毒、涉黄等问题。采取抓好“面上”、管住“网上”、盯牢“线上”的整治措施，坚决抵御“黄赌毒”。在“面上”，相继开展游戏游艺、印刷、复印打印等传统行业专项整治，全面查处盗版书籍和各类黄色淫秽非法出版物。在“网上”，严查严管网络文化市场，整治含有涉黄内容的网络游戏产品、含有宣扬赌博内容的棋牌游戏、含有危害社会公德内容的网络游戏低俗宣传行为。在“线上”，对广播电视、地面卫星接收设施、互联网视听节目服务单位进行全面排查，对市区“小锅卫星接收器”“卫星天线”“卫星锅”发现一个、拆除一个，坚决杜绝“黄赌毒”入侵。

【全市软件正版化督导检查】 2021 年 9 月，市文化广电新闻出版旅游局组成 3 个软件正版化工作核查组，抽查新建区、西湖区 2 个县区和市信访局、市公路局等 13 家市直单位，就软件正版化日常管理台账、正版软件安装使用等工作情况进行检查。12 月，组织开展全市市直单位和各县区软件正版化工作年度考核，并对全市正版软件备案信息进行及时更新。通过认真分析统计结果，全面、准确地掌握全市机关软件正版化工作进度，进一步提升全市机关软件正版化水平。

【校园周边文化市场专项检查】 2021 年 8 月 23 日至 9 月 3 日，市“扫黄打非”办联合市市场监管局开展校园周边文化市场专项检查。专项检查旨在进一步净化校园周边文化市场环境，保障全市校园及周边出版物市场安全、规范、健康有序发展，保护未成年人健康成长。此次专项检查重点为校园周边网吧、文化用品店、打字复印店、出版物销售网点及校园图书室。特别是对 3 元、5 元等低价购物店内的出版物进行逐一排查,清查含有危害未成年人身心健康的淫秽色情、低俗、暴力恐怖、迷信等内容的出版物和侵权盗版教材教辅,为未成年人健康成长创造良好的文化环境。

【预防未成年人网络沉迷宣传活动】 2021年11月1—2日,市文化广电新闻出版旅游局在融创海洋乐园、绿地303观光厅景区开展预防未成年人网络沉迷宣传活动。活动现场,工作人员给未成年人分发《预防未成年人网络沉迷宣传手册》,具体讲解沉迷网络的生理伤害和心理损害、影响学习和安全隐患等,教育青少年争作网络文明传播者、网络道德模范者、网络文明使者、网络安全卫士,共同遵守青少年网络文明公约,共同营造清朗的网络空间,共同守护未成年人健康成长,培养有理想、有道德、有文化、有纪律的社会主义建设者和接班人。现场发放《预防未成年人网络沉迷宣传手册》500余份。

【"人在旅途,法在心中"短视频大赛】 2021年8月1日,由市文化广电新闻出版旅游局主办的"人在旅途·法在心中"短视频大赛作品征集正式启动。活动旨在结合新媒体时代大力开展普法宣传,提高游客文明旅游、守法用法意识,进一步传播文明旅游理念,倡导文明旅游行为。同时,通过短视频大赛作品,用最时尚的方式讲述普法故事,展示英雄城的文明气息。大赛以"人在旅途,法在心中"为主题,采取"线上+线下"方式进行,设置一等奖1名、二等奖3名、三等奖6名、优秀奖20名以及参与奖若干名。普法内容为《中华人民共和国旅游法》《旅行社条例》《江西省旅游者权益保护条例》《江西省旅游条例》。大赛收到短视频参赛作品200余个。经过筛选,51个参赛短视频入围。此次活动网页浏览量20万人次,取得良好的宣传效果。

【"正道""新风"集中行动】 2021年,南昌市"扫黄打非"办公室周密部署"正道""新风"集中行动,先后组织实施"清源""净网""护苗""秋风""固边""关于涉党史领域境外有害出版物及信息专项整治"及"扫黄打非"风险隐患大排查、有害信息大清理、重点问题大整治等专项行动。把清查文化市场、查缴非法出版物作为工作重点,结合印刷企业、发行单位年检工作,检查经营单位520余家,立案查处"扫黄打非"违法案件43起。

【侵权盗版及非法出版物集中销毁活动】 2021年4月29日,市"扫黄打非"工作领导小组在江西核工业印刷厂举行侵权盗版及非法出版物集中销毁活动,充分展示全市"扫黄打非"工作成果,体现保护知识产权、打击侵权盗版的坚定立场和坚强决心。此次活动以"保护知识产权,打击侵权盗版"为主题。全市共集中销毁各类侵权盗版及非法出版物1万余件。其中,盗版及非法音像制品200余件,盗版软件及非法电子出版物800余件,盗版及非法书报刊9000余件。

【全市"扫黄打非"暨版权保护工作培训班开班】 2021年4月13—16日,市文化广电新闻出版旅游局在江西省研学基地举办"扫黄打非"、版权保护和执法监督工作培训班。全市各县区"扫黄打非"办、市文化市场综合执法支队有关负责人50人参加培训。省文化和旅游厅调研员李浩、华东交大副教授张志祥分别讲授《如何加强文化旅游市场的综合执法监督》《解读著作权法》,市文化广电新闻出版旅游局法律顾问崔莹进行《中华人民共和国行政处罚法》修订解读。通过法律讲解、案例分析、经验介绍、工作交流、实际操作,进一步提升全市执法人员理论素养和工作水平。

【南昌市与沈阳市文化市场综合执法对口交流协作】 2021年7月21日,沈阳市—南昌市文化市场综合执法对口交流活动启动仪式在南昌市文化市场综合执法支队举行。双方签订《2021—2022年沈阳市与南昌市文化市场综合执法对口交流协作实施方案》,并就旅游、网络、文物、版权等执法领域开展座谈交流。此次活动旨在贯彻落实文化和旅游部《关于实施东西部地区文化市场综合执法对口交流协作计划(2021—2023)的通知》《2021—2023年辽宁省与江西省文化市场综合执法对口交流协作实施方案》,深入推进两市对口交流协作,加深文化市场综合行政执法改革交流互鉴。按照《2021—2022年沈阳市与南昌市文化市场综合执法对口交流协作实施方案》,沈阳市和南昌市将整合发挥两地文化执法队伍资源优势,采取现场培训、驻场学习、以案施训、联合办案、案卷评查、座谈调研等形式,增强执法工作对口交流协作成效;通过开展执法协作、联合办案,提升文化市场新兴领域、重点领域、重大案件的办案能力。

(殷　悦)

卫生健康

综　述

【概况】　2021年，全市卫生健康系统在“我为群众办实事”、“转作风优环境”活动年、“医疗卫生领域突出问题专项治理”等活动中取得较好成效，市第九医院胡敏华荣获第48届南丁格尔奖章，全国仅有3人。落实市委吸引10万人才，开展“百场校招”部署，组织线上卫生专场直播招聘会和省市卫健领域人才招聘工作座谈会，组织卫生单位参加校招活动44场次，提供岗位1025个，收到简历4652份，签订协议301人。开展履责约谈1204人次、提醒约谈65人次、任前谈话85人次，家访监督69人次，把倾向性问题解决在盟芽状态。持续抓好“红包”问题治理，全系统拒收红包672人次、54万余元，收到锦旗551面、感谢信179封，树立医务人员清正形象。健康南昌建设63%监测指标提前完成2022年省定目标，部分指标在全省乃至全国都处于较先进水平，在2021年度健康江西考核中排名全省第一、在2019—2021年度健康江西三年综合考核中排名全省第一。以历史最高分第五次蝉联国家卫生城市称号，指导安义县通过江西省卫生县城命名。持续完善社区卫生机构布点建设，全市1427个基层医疗卫生机构搭建起“城乡15分钟医疗卫生服务圈”，滕王阁街道社区卫生服务中心等9家机构在“优质服务基层行”活动中被国家卫健委通报表扬。举办2021上海合作组织传统医学论坛。评选首届10名市级名中医和6名基层名中医，新增7个示范中医馆项目。南昌急救中心“5G+智慧急救大脑”项目和市洪都中医院“基于5G+智慧中医技术的老年慢性病中医药社区管理体系建设”项目入选国家级应用试点项目。至年底，全市有各级各类医疗机构2716所，其中驻昌省级医院13所、市属公立医院8所、县区政府举办的二级以上公立医院12所、乡镇卫生院94个、独立设置的妇幼保健机构9所（均为县区级）、市县疾控中心11所；全市医疗卫生机构拥有床位4.61万张（省直医院22660张、市直医院5704张、县区医院4430张、卫生院3336张、民营医疗机构9947张）；每千人口床位数7.16张（2021年国家平均6.77张），每千人口执业

2021年9月14日，第48届南丁格尔奖章获得者胡敏华先进事迹报告会在南昌举行

（市卫健委　供图）

（助理）医师数2.97人（2021年国家平均3.02人），每千人口护士数4.09人（2021年国家平均3.55人）。

【医学重点学科建设】 2021年，按照“以项目建设为先、以学科建设为根”发展理念，印发《关于南昌市市级重点专科建设项目实施方案（试行）的通知》，升级设立“市级重点专科建设项目”，将专科建设项目拓展到所有医疗卫生健康单位，每个项目给予300万元资金及相关政策支持（包括增加绩效、个人发展、学术职务等），助力全系统高质量发展。按照整体规划、差异发展、均衡布局、分步实施、兼顾公益的原则，组织专家对2021年市级重点专科申报项目进行评审。经过评审及公示等程序，确定市级重点专科建设项目16个，市级重点专科培育项目5个。建设15个“三大中心”（胸痛中心、脑卒中中心、创伤急救中心），初步形成危急重症抢救体系。市第一医院获批国家标准化代谢性疾病管理中心（MMC）、全国示范中心；省中西医结合医院鼾症专病门诊等亚专科，顺利通过国家PCCM科规范化建设认证，并获批省级肺胀病诊疗中心；市第三医院呼吸与危重症医学科通过PCCM科规范化建设认证，并被授予“国家PCCM科规范化建设三级医院达标单位”；市洪都中医院争取到国家中医疫病防治基地和国家中医药服务能力提升改造工程2个项目；省皮肤病专科医院成为国家皮肤与免疫疾病临床医学研究中心分中心建设单位。

【卫生健康系统改革】 2021年，按照全市事业单位改革要求，努力打造改革试点“新亮点”。各涉改事业单位全部揭牌挂牌，完成相关人员转隶、干部调整等工作，人员队伍稳定，各项工作有序。全市公立医院医疗服务性收入占比为29.06%，与改革前相比提升7.1个百分点；药品收入占比（不含中药饮片）为29.23%，与改革前相比下降14.61个百分点；门诊次均费用同比下降1.58%，出院次均费用同比上升6.19%，与上年相比均明显下降。紧密型医疗联合体建设稳步推进，南昌县试点组建具有独立事业单位法人资质的“医疗健康管理集团”，并实施人员总量管理制度。

【群众健康保障服务】 2021年，南昌市统筹推进婚前孕前保健工作，全市婚检率98.64%。全市建成各类托育机构41家，“托幼一体化”幼儿园272家，托位12855个。落实老年人看病就医36条助老便利举措，5个社区评选为首批“全国示范性老年友好型社区”，在全省排第一名。10种重大疾病免费救治和25种重大疾病专项救治，审批救治4052人次。“先看病后付费”场景，有效缩短群众就医流程，在全省政务数据共享应用观摩会上作为先进案例分享，获评江西省政务数据共享应用特色创新案例。

【健康南昌建设】 2021年，制定健康南昌建设工作委员会办公室工作规则及公文办理制度，建立健康南昌行动稿件报送制度，制定健康南昌建设监测评估方案和健康南昌建设考核方案。制定健康南昌建设“年度重点任务”，对各个专项行动工作提出具体计划。在纳入健康南昌建设监测68项指标中，有43项指标超前完成2022年全省目标，占指标总数的63.24%，部分指标在全省乃至全国处于较先进水平。在全省健康江西考核中，健康南昌建设工作位于全省前列。

（张建昀）

新冠肺炎疫情防控

【概况】 2021年，南昌市为打造安全保障“新防线”，重新调整各工作组架构及成员，省委常委、市委书记担任市疫情防控指挥部第一组长，建立形成“12+6”工作机制（12个工作组及6个专班）的高效指挥体系。在市疫情防控指挥部统一调度下，全力做好疫情监测预警、流调溯源、核酸检测、隔离转运、消毒技术指导和健康宣传等各项工作。按照“应接尽接、梯次推进、突出重点、保障安全”原则，全市提前5天在江西省各地市中第二个完成省级下达的上半年疫苗接种任务，提前36天完成12岁以上人群全程免疫接种任务。为积极构筑全人群免疫屏障，10月16日全市启动第三针加强免疫、10月28日启动3岁—11岁人群新冠疫苗接种工作，全市先后组建16个方舱接种点、90个固定接种点、39个临时接种点、713个接种台，日接种量最高16万人。全市日单管核酸检测量达40万份，较上年提升7倍。设置便民核酸检测点126个，打造“城区15分钟核酸采样圈”。发挥专家组智囊团作用，全市累计开展新冠疫情风险研判173次，发布工作提示311次，形成专家风险共识30次。不断强化“三公”（公卫、公安、工信）流调溯源工作，建立“三公”三级流调协调机制，流调溯源队伍增加5倍，集中隔离能力增加4倍，快速高效处置人员、食品、物品阳性事件14起。处置“3·25”境外输入关联疫情等多起突发事件，选派152人次到7个省8个市开展疫情处置工作，得到国务院联防联控机制督查组、省疫情防控指挥部肯定。市疾控中心在省内地市级疾控机构中率先开展新冠病毒二代、三代基因测序。

【基层新冠肺炎疫情防控】 2021年，充分发挥基层医疗卫生机构防控网底作用，牢牢坚守新冠肺炎疫情防控第一阵线。在疫情期间，基层医疗卫生机构全面落实首诊负责制和预检分诊制度，对所有就诊人员进行“一看一测一查一问”。

即看是否佩戴口罩、测量体温、查验健康码、询问流行病学史，对发热患者信息进行详细登记，并详细询问患者情况，引导患者到发热诊室或发热门诊就诊，规范基层发热病人的登记、筛查、隔离、报告、治疗和转诊等服务，实现快速诊断、严格筛查，用流畅的“闭环”把患者管理到位。至年底，全市基层医疗卫生机构留观发热病人3.87万人，转诊发热病人4623人，有效分担市县发热门诊压力，筑牢新冠肺炎疫情防控“前沿阵地”和“重要哨点”，夯实基层公共卫生安全防线。制定下发《集中医学隔离观察场所设置规范和管理工作指南》《关于进一步加强集中医学隔离场所工作人员管理的通知》《南昌市新冠肺炎集中隔离场所健康管理及风险防控工作指引》等一系列规范性文件，组织全市基层医疗机构积极参与隔离场所防控工作，派遣1200余名基层医务人员进驻隔离点工作，全力保障隔离工作有序运行。至年底，全市储备集中隔离场所124个，启用隔离场所110个，累计集中隔离41141人，单日最高隔离9000余人。全年督查指导隔离场所情况10余次，通报6次，持续保持隔离场所“零事故”、隔离人员“零交叉”、工作人员“零感染”。

【疫情防控信息化建设】 2021年，协助推进市防控信息化建设，对接25个定点发热门诊、50余个集中医学隔离观察场所和120余个基层卫生机构，指导落实昌通码转码变码，解决市民出行和防护问题。“健康南昌”服务号上线核酸检测(愿检尽检)、新冠疫苗预约接种、疫情防控公共服务机构导航等功能模块，为疫情防控、居民出行和疫苗接种提供便利。鼓励各级医疗机构运用信息化手段助力防疫，推出线上免费问诊咨询、慢病患者等服务，有效缓解疫情防控压力，保障群众对健康咨询需求。

【常态化疫情防控健康教育】 2021年，全市紧贴疫情防控形势和群众需求，高频次、多形式开展疫情防控宣传与教育。在广播、电视台、报纸、网站等10余家省市主流媒体宣传报道新冠肺炎疫苗接种、核酸检测等疫情防控政策、措施及科普知识1000余次；在市卫生健康委官方微信公众号和官方微博发布南昌市新冠疫情通报、日常疫情防控政策和相关科普知识1500余次；在公共场所张贴和发放《春节出行保障健康安全》《新冠疫情防控最新守则》《接种新冠疫苗，共筑免疫屏障》等宣传画报与折页6种7万余份；多次组织人员深入社区、单位、学校开展以“文明健康生活方式”为主题线上线下相结合的健康教育活动，覆盖近290万人次，公众传染病防治素养水平不断提高。

（张建昀）

疾病防控

【概况】 2021年，南昌市疾病预防控制工作坚持新冠疫情防控和其他疾控工作相统筹，坚持急性传染病防控和慢性非传染性疾病控制相统筹，坚持体系建设、机构完善与能力提升相统筹原则，推进健康南昌建设，倡导健康生活方式，实行健康影响因素干预，改善健康环境，防控重大疾病。持续巩固疫情防控成果，坚持“战疫情、促发展”两手抓、两手硬，加强霍乱、手足口病、流感、布病、登革热等急性传染病的监测预警、风险评估，完成结核病、慢性病、艾滋病、血吸虫防治和免疫规划实施等工作任务，完成全市消除麻风病危害工作达标任务。

【重点传染病防控】 2021年，全市疾病预防控制机构坚持常态化疫情防控和重点传染病防控两手抓，积极应对手足口病、流感、诺如病毒感染性腹泻等季节性高发传染病疫情，保障全市人民群众身体健康。全人群HIV抗体检测率27.9%，抗病毒治疗成功率97.3%，位列全省第一位；东湖区疾控中心建立全省首家县区级确证实验室。顺利通过国家级和省级“十三五”结核病防治规划终期评估验收，全市肺结核报告发病率下降到54.73/10万，肺结核患者治疗成功率95.54%；稳步推进耐药结核病防治工作，其中高危人群耐药筛查98.56%，新肺结核病原学检查阳性患者耐药筛查率89.35%，利福平耐药肺结核患者纳入治疗率为84.62%，各项指标均达到“十三五”规划目标。全市各县区均完成病媒生物密度监测、登革热伊蚊监测、重点行业病媒生物侵害率调查等工作任务。南昌市新开展蜱虫监测试点工作。全市处置诺如病毒感染性腹泻、流感、手足口病等聚集性疫情43起。

【免疫规划推进】 2021年，继续实施扩大国家免疫规划政策，免疫规划疫苗接种率以乡镇为单位持续保持在90%以上。加强疫苗冷链监测，实现疫苗储存和在途运输全过程的温度监测、预警报警，开创免疫规划工作新局面；建立区域范围内各级相关部门疫苗管理综合协同机制，实现疫苗从市级出入库、区级出入库、社区入库到门诊使用全过程管理；加强针对流动儿童预防接种工作精细化管理，使流动儿童与常住儿童均能享受到国家计划内疫苗免费接种。10月16日，为构筑全人群免疫屏障，全市启动新冠病毒疫苗加强免疫。10月28日启动3岁—11岁儿童接种工作，疫苗相关传染病保持在较低水平。

【慢病综合防控】 2021年，东湖区、西湖区、新建区、湾里管理局、青云谱区和南昌县获“国家慢病综合防控示范区”称号，青山湖区获“省级慢病综合防控示范区”称号，新建区通过“第三批国家慢性病综合防控示范区”复审。持续推进适龄儿童口腔干预项目，惠及西湖区、青云谱区、新建区、湾里管理局、南昌县、红谷滩区、高新区6~9岁学生儿童。至年底，全市完成3508名学生儿童10524颗牙的窝沟封闭工作、8903名3岁—6岁儿童的涂氟工作。各县区开展肿瘤监测工作，覆盖率100%。城市癌症早诊早治项目惠及7个县区20余个社区2万余人。

【流调队伍建设】 2021年，各县区疾控机构成立流行病学调查队伍64支、280余人，组建由街道、公安、基层卫生、疾控等人员组成的密切接触者追踪流调队伍3000余人。各县区均完成桌面推演、实战演练、全员核酸检测3次演练。3—4月，市疾控中心承办全市“公共卫生杯”新冠肺炎流行病学调查大比武活动，市县疾控机构、基层医疗卫生机构、二级以上公立医疗机构相关人员参加。市疾控中心举办省级现场流行病学培训班1期，制作6套标准化课件，对县区疾控机构开展至少6轮次300余人次的技能培训。

【输入性疟疾规范处置】 2021年，南昌市辖区各医院网上报告1例输入性疟疾，此病例为南昌市报外地病例。全市疾控机构对疟疾病例进行流行病学个案调查，医疗机构对病例进行规范治疗，规范治疗率100%。全市完成不明原因发热病人血检2542人。其中，县级复核血片307人（复核率12.08%）；市级复核血片88人（阴性血片87人，阴性复核率3.42%；阳性血片1人，阳性复核率100%）。

【血吸虫病风险防范】 2021年，全市完成血吸虫病询检查病26.81万人次，完成任务数（17.8万人次）的150.62%；完成血检查病9.2万人次，完成任务数（7.75万人次）的118.73%；完成粪检查病3113人次，完成任务数（3000人次）的103.77%；治疗病人（含扩大化疗）10937人次，完成任务数（1.5万人次）的72.91%；完成晚血救治968例，完成任务数（844例）的114.69%；查螺26266.98万平方米，完成任务数（20700万平方米）的126.89%；药物灭螺2150.72万平方米，完成任务数（1750万平方米）的122.90%。

【地方病碘营养水平监测】 2021年，全市开展地方病碘营养水平监测，对2700户盐样和2700份尿样进行碘含量检测。其中，非碘盐11份，碘盐2689份，合格碘盐2616份，不合格碘盐84份，碘盐覆盖率99.59%。居民合格碘盐食用率96.89%，盐碘含量中位数为24.17毫克/千克。全市学生尿碘中位数为214.38微克/升，孕妇尿碘中位数为190.74微克/升。市疾控中心对南昌县、西湖区、新建区3个县区662名儿童进行甲状腺B超检查，西湖区和新建区各发现1名9岁学生为甲状腺肿大，人口标化甲肿率为0.3%。

（张建昀）

城乡医疗卫生

【概况】 2021年，全市基层卫生健康工作坚持“以基层为重点”工作方针，以打造“健康之城”为目标，主动适应脱贫攻坚与乡村振兴有效衔接新要求，适应新冠肺炎疫情常态化防控形势，提升基层卫生健康服务水平和基层医疗机构服务能力。全市94个乡镇卫生院、1151个村卫生室、53个社区卫生服务中心和127个社区卫生服务站构建起“城乡15分钟医疗卫生服务圈”，打通卫生健康服务“最后一公里”。扎实推进全民健康信息化，开展“先看病后付费”“互联网+卫生健康”等多项工作；抓好重大重点项目建设，围绕全市经济社会发展大局和健康南昌建设全局，认真谋划重大重点项目；落实卫生健康统计，着重提高统计数据质量，为卫生健康事业发展提供重要数据支撑。

【社区卫生服务体系建设】 2021年，贯彻落实市委、市政府建设“1+5+X”社区邻里中心部署，加快推进社区卫生服务体系建设，打造便民、利民15分钟社区卫生服务圈，完成年度72个“1+5+X”社区邻里中心建设任务。市卫健委坚持“保基本、强基层、建机制”原则，加快推进社区卫生服务体系建设，积极引导省、市级综合性医院下沉到全市社区卫生服务机构，参与邻里中心基层医疗卫生服务点建设，基本实现社区卫生“体系建设网络化、服务项目人性化、人才建设常态化”目标。针对社区群众不同的卫生健康需求，结合自身行业功能特点，突出对“X”的内涵延伸，拓展打造四大特色服务，包括“三甲医院+社区”医联体建设覆盖、175个健康小屋建设、多形式社区婴幼儿照护服务、热敏灸技术在社区的推广应用，打通优质卫生健康服务进社区的“最后一公里”。

【家庭医生签约服务】 2021年，全市基层医疗机构家庭医生签约服务工作在稳定签约数量、巩固覆盖面的基础上，把工作重点向提质增效转变，做到签约一人、履约一人、做实一人，不断提高居民对签约服务的获得感和满意度。在推进常规签约工作基础上，创新工作模式，推广试点做法，发挥引领示范作用，使签约服务多样化、更富选择性，实现签约对象系统、科学、个性化管理，使签约医生真正成为居民健康“守门人”。同时，联合市医保局制定《关于做好医保基金支付家庭医生签约服务费相关事项的通知》,进一步规范医保基金支付家庭医生签约服务费工作,组织开展全市基层医疗卫生机构家庭医生签约服务工作情况考核评比,额外财政补贴90万元用于考核激励。至年底,全市社区卫生服务中心100%的医生、乡镇卫生院100%的医生、乡村90%以上的医生参与签约服务活动,组建家庭医生服务团队1500余个,与全市291万余名常住居民进行家庭医生签约。

【医联体建设】 2021年,根据《南昌市基层医疗机构医联体建设项目实施方案(试行)》,进一步提升基层服务能力,不断完善基层医疗机构医联体的组织管理模式、运行机制和激励机制,推进医联体建设工作。按照每个市级最高补助50万元标准,至年底,医联体建设完工验收项目9个,下达结算资金167.08万元。全市组建市级医疗集团7个、县级医共体10个,经省卫健委备案组建省级专科联盟9个,远程医疗协作网5个。市直8家医院、县区10家县级医院全部牵头组建医联体,全市所有二级以上公立医院和政府办基层医疗机构全部参与医联体。通过构建医疗联合体网络,使城乡居民就近享受到便捷、优质、连续、同质化医疗卫生服务。

【基本公共卫生服务】 2021年,稳步推进国家基本公共卫生服务项目工作。市、县(区)财政建立稳定的基本公共卫生服务保障机制,采取先预拨、绩效考核后结算方式,落实农村人均70元、城市人均72元补助标准,保障项目工作实施。为居民免费提供12类基本公共卫生服务,其内容包括建立居民健康档案、健康教育、预防接种、儿童健康管理、孕产妇健康管理、老年人健康管理、高血压和2型糖尿病等慢病患者健康管理、严重精神障碍患者管理、肺结核患者健康管理、中医药健康管理、传染病和突发公共卫生事件报告和处理、卫生计生监督协管等。此外,城区居民还免费享有妇女保健和低保对象、残疾人保健服务内容,扩大受益人群覆盖面,更好满足人民群众对基本卫生保障需求。至年底,全市建立城乡电子居民档案521.2万份,电子建档率92.31%,规范化电子健康档案覆盖率66.5%;疫苗接种率以乡为单位达90%以上;老年人城乡社区规范健康管理服务人数累计39.2万人、服务0岁—6岁儿童26.8万人;高血压患者规范管理服务30.8万人,规范管理服务率67.66%;年度内2型糖尿病患者规范管理服务10.9万人,规范管理服务率63.43%;社区在册居家严重精神障碍患者健康管理20756人;肺结核患者规则服药率93.28%;全市常住居民家庭医生签约291万余人,签约率52.3%。

【基层发热诊室建设】 2021年,全面落实"及时发现、快速处置、精准管控、有效救治"目标要求,大力提升基层医疗机构应对新冠肺炎疫情能力。根据《南昌市基层医疗机构标准化发热诊室建设实施方案》,遵循"平战结合"原则,因地制宜,按照新建和改建2个标准持续推进。至年底,全市立项建设基层发热诊室36个(新建22个、改建14个),其中验收基层发热诊室10个(新建4个、改建6个)。

【优质服务基层行活动】 2021年,根据省卫健委《关于做2021年优质服务基层行活动工作的通知》要求,分解下达年度创建指导性目标任务,对县区、机构优质服务基层行工作相关人员进行全面动员,督促各县区按要求持续开展好创建工作。组织市、县评审专家110余人次参加线上培训,准确把握指标内涵,结合能力标准和评价体系,逐月调度通报评审进展。至年底,全市达到"优质服务基层行"创建工作标准机构有78家,其中11家基层医疗卫生机构获国家卫健委通报表扬。

【基层卫生人员培训】 2021年,以基层卫生人员实际需求为导向,以补短板为目标,以提高基层医疗卫生服务能力和家庭医生团队实用技能为重点,坚持中西医结合、医防融合原则,积极巩固拓展健康扶贫成果同乡村振兴有效衔接,组织对5个原有脱贫攻坚任务县(区、局)的256名基层医务人员开展能力提升培训。通过培训,提高基层医务人员常见病、多发病的诊疗能力和实操能力、应对突发公共卫生事件和应急处理能力,推广中医适宜技术以及儿童眼保健等,提高群众的获得感和对基层医疗卫生服务的利用率和满意度。

【乡村医生队伍建设】 2021年,在继续做好村卫生室定向医学生培养基础上,妥善安置2017级定向医学生毕业后进入村医力量薄弱的村卫生室执业。启动并组织195名农村医学专业中专毕业生参加全市乡村医生执业资格考试,落实"两个允许"政策(允许医学专业高校毕业生免试申请乡村医生执业注册;允许农村医学专业中等医学学历人员,经统一考试合格后,申请乡村医生执业注册),不断充实乡村医生队伍。对新进入村卫生室执业的乡村医生实施"乡聘村用"管理,逐步建立一支素质良好、结构合理、适应需要、相对稳定的农村医疗卫生队伍,确保农村群众就近就医需求。

【全民健康信息化推进】 2021年,以城市大脑"先看病后付费"场景为抓手,选取市第三医院、市洪都中医院、省皮肤病专科医院和红谷滩沙井社区服务中心进行试点,通过打通医院信息系统、区域卫生信息平台、电子社保卡系统、医保结算系统、城市公共信用平台等多个部门信息系统，对就医流程进行再造，构建新型就医流程，解决南昌市市级医保参保人员门诊就医支付结算多次排队和忘带医保卡等问题，最大程度节省患者就诊时间。以“5G+卫生健康”为突破，探索创新，推进新一代信息技术在卫生健康领域应用。南昌急救中心“5G+智慧急救大脑”项目和市洪都中医院“基于5G+智慧中医技术的老年慢性病中医药社区管理体系建设”项目，入选工信部、国家卫健委“5G+医疗健康应用试点项目名单”。

【医疗卫生重大重点项目建设】 2021年，实行日报告、周调度、月总结，加快推进项目建设，积极推进市第一医院九龙湖分院项目、市洪都中医院二期工程项目建设。围绕全市经济社会发展大局和健康南昌建设全局，总结反思应对新冠肺炎疫情中暴露出来的问题与短板，从急救能力提升、公共卫生检测能力提升、传染病医疗救治能力提升等方面，认真谋划一批重大重点项目。9月，新建市急救中心项目开工，省中西医结合医院瑶湖分院项目、省皮肤病专科医院异地新建项目前期手续基本办理完毕。新建南昌急救中心项目获得8000万元一般债资金；市洪都中医院中医药能力提升改造工程获得专项债资金2亿元，1亿元中央预算内资金；新建江西省中西医结合医院瑶湖分院项目获得专项债资金1.5亿元，省皮肤病专科医院异地新建项目获得专项债资金0.8亿元。

【健康扶贫成果同乡村振兴有效衔接】 2021年，全市卫生健康系统深入贯彻“以人民为中心”服务理念，不断拓展脱贫攻坚成果，优化惠民服务举措，提升健康服务能力，助力乡村振兴。依托全国健康扶贫动态管理系统，加强因病致贫返贫监测预警，对1205名返贫风险较高、208名开展大病专项救治的原贫困户及时组织基层医疗机构开展精准帮扶。联合出台《关于做好全市健康扶贫政策衔接工作的通知》，明确原贫困人口医疗费用经基本医保、大病医保和医疗救助报销后剩余部分由县区财政按原渠道予以保障，稳定2021年度原脱贫群众医保报销90%的政策。全市基层医疗机构1500余个家庭医生签约服务团队与42780名原建档立卡贫困人口开展家庭医生签约服务，签约率92.12%（在南昌人员签约100%）。其中，高血压等4类慢性病患者签约8945人，签约率97.09%，并全部开展履约服务。继续组织市、县公立医院55名优秀医务人员到乡镇卫生院挂职副院长，通过精准支援，有效缓解农村群众看病难问题。对接安排第二批156名定向毕业生进入村卫生室执业，保障群众就近就医需求。

（张建昀）

2021年8月18日，南昌市第一医院九龙湖分院项目工地建设场景

（马悦　摄）

妇幼保健

【概况】 2021年，全市妇幼健康系统以全方位全生命周期健康服务为重点，巩固疫情防控和妇幼健康事业发展成果，全市妇幼健康工作进展顺利，有力保障全市妇幼健康。至年底，全市完成“两癌”检查28350人，其中“乳腺癌”检查9147人、“宫颈癌”检查19203人，完成三年目标任务。

【母婴安全保障】 2021年，全市逐步形成以预防和减少孕产妇和婴儿死亡为核心，以落实母婴安全保障制度为重点，以提升医疗机构服务能力为抓手，以强化质量安全管理为保障，为群众提供安全、有效、便捷、温馨的妇幼健康服务工作模式，母婴安全总体形势较好。至年底，全市有7个危重孕产妇和5个危重新生儿救治中心，9个行政县区均设立孕产期和儿童2个集中管理中心。

【妇幼健康促进行动】 2021年，认真落实《妇幼健康促进行动实施方案（2020—2030年）》，全面加强出生缺陷综合防治工作，积极构建出生缺陷综合防治体系，预防和减少出生缺陷，提高出生人口素质。充分利用“婚育全程一站式服务中心”，做到婚登婚检无缝衔接，婚检孕检“两检同做”。同时，加大宣传力度，进一步强化群众优生意识和自我保健意识，全市孕前优生健康完成检查27020人，完成率114.86%；全市免费婚检率98.64%，疾病检出率15.33%。育龄妇女补服叶酸预防神经管畸形项目完成32689人，完成率102.15%；预防艾滋病、梅毒和乙肝母婴传播项目完成37222人，完成率97.95%。农村适龄妇女“两癌”筛查覆盖率100%。

【南昌县妇幼保健院评审】 2021年，根据《江西省妇幼保健机构等级评审办法（试行）》和《关于加强妇幼保健机构等级评审管理工作的通知》要求，经南昌县卫生健康委申请，市卫健委于6月1日组织专家对南昌县妇幼保健院进行现场评审。经过综合现场评审、书面评价、医疗保健信息统计评价和社会评价4个方面的评价及专家组评审意见，最终评审南昌县妇幼保健院符合二级甲等妇幼保健院标准。

【母婴安全比赛】 2021年9月28日，由市卫健委、市妇联主办，市第三医院（市妇幼保健院）承办的“2021全市母婴安全大比武”举行。市卫健委、市妇联、市第三医院有关领导等观摩比赛。此次活动按照“全员培训、全员竞技”要求，以理论考核和实践考核相结合形式开展。实践考核包括重度子痫前期、产后出血、前置胎盘、胎盘早剥、子宫破裂、羊水栓塞六大产科危急重症和新生儿复苏技能的应急演练。全市7支危重孕产妇救治中心代表队参加此次比赛。经过激烈角逐，评选出一等奖1名、二等奖2名、三等奖4名。此次比赛旨在贯彻落实党史学习教育要求，深入开展“我为群众办实事”实践活动，推进新一轮妇女儿童发展纲要实施。同时，以赛促学、以赛促练，提升全市产科危急重症救治中心业务能力，为母婴安全保驾护航。

职业卫生

【概况】 2021年，全市职业病防治工作立足保障用人单位从业人员健康权益，重点加强职业病“防治法”宣传，全力推进职业病防治技术能力提升，扎实做好用人单位工作场所“三同时”（建设项目职业病防护设施必须与主体工程同时设计、同时施工、同时投入使用）建设、工作场所职业病危害因素监测、职业病危害项目申报、“职业健康示范企业”创建活动、全市用人单位“职业健康达人”评选活动等工作，全市用人单位从业人员健康水平不断提高。

【职业病防治技术能力提升活动】 2021年，依托市疾控中心承办“2021年南昌市职业卫生现场检测技术培训暨采样技能比武活动”，在全省率先范围内开展职业卫生技术水平能力提升活动。活动以理论培训和技能比武形式展开，12个县区级疾控职业卫生技术队伍参加培训和比武。经过激烈角逐，评选出6个团体奖。其中，一等奖为新建区疾控中心代表队，二等奖为南昌县代表队和安义县代表队，三等奖为青山湖区代表队、青云谱区代表队和进贤县代表队。通过活动开展，提高县区疾控机构职业卫生检测技术理论和实践能力，为开展国家职业病防治项目工作储备技术力量。

【职业病危害项目申报】 2021年，开展涉及职业病危害因素用人单位基本情况调查摸底工作，督促用人单位如实进行职业危害项目申报，掌握全市企业职业病危害因素基本情况。协调市市场监管局、市行政审批局、市生态环境局、市发改委、市人社局等相关单位协助提供涉及职业病危害因素用人单位基础资料，进一步完善全市职业病危害因素企业台账，并同步完成职业病危害因素检测和职业健康监护项目。至年底，全市重点行业职业病危害项目申报率100%、职业病危害因素定期检测率100%，达到全省目标要求。

【职业健康创建评比活动】 2021年，组织开展“职业健康示范企业”创建活动，经各县区初步筛选，全市有10个县区（西湖区、红谷滩区未申报）的19家用人单位申报“职业健康示范企业”。经过用人单位自评、县区卫健委督促指导，市职业病防治领导小组部分成员单位市卫生健康委、市总工会、市工信局组成3个考评验收小组，对申报企业开展“职业健康示范企业”验收评审工作，评出12家“职业健康示范企业”，并对获得“示范企业”称号用人单位给予一定资金帮扶和授牌，对相关用人单位落实企业主体责任起到较好促进作用。按照省卫生健康委员会、省总工会《关于做好争做“职业健康达人”活动的通知》精神，市卫生健康委、市总工会联合印发《关于做好争做“职业健康达人”活动的通知》，从5月开始，在全市开展争做“职业健康达人”活动。由各用人单位推荐和县区卫生健康委、工会组织审核，经市卫健委和市总工会同意，全市评出27名“职业健康达人”。

【全国第19个“职业病防治法”宣传周】 2021年4月25日至5月1日，围绕“共创健康中国，共享职业健康”活动主题，组织开展《中华人民共和国职业病防治法》宣传周活动。宣传周活动坚持把保护劳动者健康放在首位，把宣传活动作为预防、控制和消除职业病危害、保护劳动者健康的重要手段，通过组织专家深入企业宣讲、制作宣传视频、进行线上线下咨询、发放宣传资料等形式开展。宣传周期间，开展主题宣讲活动63次、宣传咨询活动49次、警示教育活动31次，发放宣传资料20765份，制作宣传视频15份，出动宣传人员317人次，宣传受众人数1.5万余人。

（张建昀）

老龄健康

【概况】 2021年，南昌市老龄健康工作以“进一步强化老龄工作、扎实推动老年健康服务体系建设、深入推进医养结合工作”为主要内容，以抓好“三个建设”（全国示范性老年友好型社区建设、老年医学科建设、老年友善医疗机构建设）、开展“两个试点”（医养结合与失能老年人评估指导项目试点、建设社区老年医疗护理服务站试点）、做到“一个提升”（医养结合机构服务质量提升）等六大重点工作为目标，扎实做好老龄健康工作，努力提高工作质量水平，不断提升全市老年人幸福感、获得感和安全感。

【老年友好型社区创建】 2021年，根据省老龄办《关于开展老年友好型社区创建与推选“全国示范性老年友好型社区”工作的通知》要求，在全市组织开展老年友好型社区创建工作，先后对东湖区、青云谱区、红谷滩区、高新区、湾里管理局、新建区、南昌县等地7个创建社区进行实地查看和精细化指导，从中选优。经市老龄办初核，向省老龄办推荐“全国示范性老年友好型社区”候选名单。青云谱区青云谱镇青英社区、红谷滩区沙井街道鹿璟名居社区、南昌县武阳镇前进社区、高新区艾溪湖管理处溪湖北社区、南昌县八月湖街道杨家湾社区5个社区被评选为中国首批“全国示范性老年友好型社区”，在江西省创建“全国示范性老年友好型社区”工作中排名第一位。

【老年友善医疗机构建设】 2021年，组织开展全市老年友善医疗机构建设。对照《江西省老年友善医疗机构建设实施方案》，围绕老年友善文化、老年友善管理、老年友善服务、老年友善环境4个方面内容的16条建设标准，市卫健委老龄健康、中医药部门密切协作，联合组织开展多次专项调研和督导工作。经机构自查申报、县级自评以及市级核查、审定，最终经过省级专家现场实地复核，全市有42家医疗机构经过审核合格。其中，二级以上申报医疗机构有14家，二级以下申报基层医疗机构28家，老年友善医疗机构数量在全省中排名第三位。

【医养结合与失能老年人评估指导项目试点】 2021年，为进一步改善和提高南昌市老年人生活质量和健康水平，省卫生健康委通过前期调研，确定在安义县开展医养结合与失能老年人评估指导项目试点，即为65岁及以上老年人与失能老年人提供医养结合健康评估、评判标准、健康服务等方面进行试点探索。至年底，安义县申请评估1670人，已评估1653人，确认失能1274人，占全县65岁以上老年人总评估数的5.68%，在江西省医养结合与失能老年人评估指导项目试点工作16个试点县（区）中排名第二名，为进一步推动南昌市医养结合工作深入发展积累可复制、可持续经验做法。

【全国智慧助老公益行动】 2021年，按照省市老龄办“智慧助老”工作以及全国“智慧助老公益行动”要求，南昌市组织开展全国智慧助老公益南昌站系列活动。依托章金媛志愿团队在全市城乡组建“南昌市智慧助老公益志愿服务队”16支，以“我教老人用手机，助力老年人乐享银龄生活”为主题，聚焦出行、就医、消费、办事、文娱等老年人日常生活涉及的高频事项和服务场景，对老年人使用智能手机进行培训，帮助老年人消除智能手机使用障碍。全市培训老年人1.5万人，服务老年人2万余人次。此活动是中国老年学和老年医学学会、中国老龄事业发展基金会和滴滴公益基金会联合发起的“智慧助老公益行动”，在北京市、上海市、广州市、深圳市、南昌市等15个城市举行“智慧助老——我教老人用手机”公益培训，把智能手机使用培训送到各地老年人身边。

（张建昀）

爱国卫生

【概况】 2021年，南昌市爱国卫生工作以国家卫生城市复审为契机，深入开展爱国卫生立法、农村卫生创建、病媒生物防制、无烟环境建设、重点医院文明城市创建、卫健系统垃圾分类等工作，改善城乡人居环境，保障人民身体健康。2021年，南昌市以历史最高分顺利通过国家卫生城市复审，第五次蝉联国家卫生城市称号。安义县创建省级卫生县城，实现省级卫生县城全市全覆盖。新增62家市级无烟党政机关和57所市级无烟学校，南昌县控烟工作经验向全省推广。

【国家卫生城市复审通过】 按照全国爱卫办工作安排，原定于2020年的国家卫生城市复审工作延迟至2021年。市卫健委提前谋划，多方协调，采取一系列措施持续开展巩卫工作，精准做好国家卫生城市复审各项工作。根据省爱卫办转来全国爱卫办下达的《江西省南昌市巩固国家卫生城市工作暗访情况报告》及《南昌市国家卫生城市工作暗访评价表》，此次暗访南昌市最终评分为805分，以历史最好成绩通过国家卫生城市复审暗访，达到预期目标。

【关于深入开展《爱国卫生运动实施意见》出台】 2021年，为认真贯彻《国务院关于深入开展爱国卫生运动的意见》《江西省人民政府关于深入开展爱国卫生运动的实施意见》精神，按照市政府办公室要求，于8月份完成《关于深入开展爱国卫生运动的实施意见》起草工作，征求市爱卫会各委员单位意见，收到25个单位意见回复，其中有9个单位提出17条意见，基本予以采纳。修改后经市卫健委主任办公会讨论通过，形成送审稿，经市政府2021年第27次常务会讨论通过，《南昌市人民政府印发关于深入开展爱国卫生运动的实施意见的通知》于11月11日出台，为全市深入开展爱国卫生运动提供政策指引。《关于深入开展爱国卫生运动的实施意见》包括“指导思想、工作目标、主要任务、工作要求”4个部分，明确“改善城乡环境面貌，建设美丽宜居南昌；保障舌尖上的安全，创建国家食品安全示范城市；倡导文明健康、绿色环保的生活方式，促进健康素养的社会养成；加强社会健康管理，助推健康南昌建设”4个方面主要任务。

【爱国卫生立法调研】 2021年，根据全市立法工作计划，《南昌市爱国卫生工作条例》列入2021年立法调研项目。市卫健委开展系列爱国卫生立法调研工作，不断推进爱国卫生立法进程。8月上旬，派员参加省人大常委会执法检查组赴九江市、萍乡市、鹰潭市、宜春市等地检查和调研爱国卫生工作。8月23日，陪同省人大、市人大执法检查组对南昌高新区进行检查和调研爱国卫生工作。11月上旬，市人大组织人员对《南昌市爱国卫生工作条例》进行立法调研检查，为下一步立法工作打好基础。

【卫生县城和乡镇创建】 2021年，根据国家和江西省要求，启动新一轮全市国家和省级卫生乡镇、市级卫生村创建工作。进贤县、安义县2个县城创建国家卫生县城，南昌县塘南镇等23个乡镇申报国家卫生乡镇，南昌县泾口乡等13个乡镇申报省级卫生乡镇，进贤县所有乡镇分别申报国家、省级卫生乡镇（已是省级卫生乡镇的申报国家卫生乡镇，其他所有乡镇申报省级卫生乡镇）。指导并帮助安义县创建省级卫生县城，实现全市省级卫生县城创建全覆盖目标。

【病媒生物防制】 2021年，为加强病媒生物防制工作管理，在全省率先推动从事病媒生物防制有偿服务单位和个人备案工作。至年底，全市各县区备案企业51家。在2020年改变市级病媒经费使用方式后，继续坚持下拨病媒生物防制工作经费这一做法，并由原来180万元增加至215万元，将其作为基层病媒生物防制补助经费，保障全市公共外环境病媒生物防制工作及基层应急工作。结合迎接国家卫生城市复审工作，组织专业人员对各县区病媒生物防制工作开展2次专项督查，主要对病媒生物滋生地治理、灭鼠毒饵盒设置、科学用药、宣传发动等工作情况进行督查，并进行分组排名，全市通报督导结果。

【爱国卫生月系列主题活动】 2021年4月是全国第33个爱国卫生月。结合全市巩固国家卫生城市、文明城市创建、垃圾分类、春季统一灭鼠灭蚊活动和倡导文明健康绿色环保生活方式活动等工作，开展以“文明健康绿色环保”为主题的爱国卫生月主题活动。活动期间，组织全市各县区进行环境卫生大整治，重点对背街小巷、居民区内卫生死角进行清理，开展清除杂草、整治违规菜地、疏通下水道、整治出店经营、更换破损井盖等工作。联合市卫生健康促进中心举办南昌市巩固国家卫生城市工作暨第33个爱国卫生月线上有奖知识竞答活动，宣传、倡导文明健康、绿色环保的生活方式。全市有1.81余万人参加有奖知识问答，1900余人领取微信红包。

【无烟环境创建】 2021年，组织开展全市无烟党政机关和无烟学校创建工作，全面实施控烟行动，营造健康向上无烟环境。按照《南昌市无烟党政机关评分标准》和《南昌市无烟学校评分标准》，组织人员开展多轮创建无烟单位技术指导和评估验收。至年底，全市有62家党政机关和57所学校通过无烟党政机关和无烟学校达标评估。市级无烟党政机关创建全覆盖。南昌县控烟经验在2021年全省爱国卫生工作暨倡导文明健康绿色环保生活方式推进会议上向全省进行推介。通过无烟单位创建工作推动全社会控烟，助力健康南昌建设。

【卫健单位全国文明城市创建】 2021年，深入推进全市卫健单位全国文明城市创建工作，印发《南昌市重点医院全国文明城市创建常态长效工作方案》，及时调整南昌市卫健系统创建全国文明城市工作领导小组，明确创建目标任务，落实工作责任要求。开展2轮全员全国文明城市创建工作业务培训，不断提高创建工作能力和水平。采取市卫健委领导带队分片包干督查、市卫健委相关科室人员针对重点难点问题专项督查和聘请第三方专业公司不定期全面督查的相结合方式，健全完善督查工作制度，加强文明城市创建长效管理。强化生活垃圾分类工作，每月坚持开展交叉考核并进行抽查，压实工作责任，促进生活垃圾分类工作有序开展。组织市卫健委下属单位相关工作人员学习《南昌市生活垃圾分类管理条例》，按时完成生活垃圾分类和文明创建月报工作。

【健康知识普及行动】 2021年，在省、市级广播、电视、报纸、网站等主流媒体开设健康教育专栏,如《健康365》《健康有一套》《健康在线》《医疗新闻》《健康直通车》等10余栏目,定期宣传卫生健康政策和健康科普。组织南昌市健康科普专家库成员深入各县区开展健康江西行暨科普专家“走基层、送健康”活动。活动覆盖全市12个县区620余万人次,发放健康宣传材料20余种1.5万余份。市、县(区)健康教育机构不定期组织人员到社区、学校、机关和企事业单位等场所,开展健康科普讲座活动近200次,覆盖人数近3万人。巩固脱贫地区健康促进成果,组织人员开展健康教育进脱贫乡村942次、进家庭16643次、进学校286次,乡村骨干培养1808人次。

(张建昀)

卫生监督

【概况】 2021年,全市卫生监督执法部门履行卫生法律法规赋予的监督职责,严格落实卫生各项工作要求,进一步深化“放管服”改革,全面推行“双随机、一公开”制度,强化事中事后监管,以查办案件为抓手,依法开展公共场所卫生、饮用水卫生、学校卫生、医疗卫生、职业卫生、放射卫生、传染病防治、计划生育和中医服务等综合监督行政执法工作,查处违法行为,净化卫生环境,推动全市卫生事业健康发展。

【公共卫生监测调查】 2021年,全市各县区城乡饮用水水质监测实现全覆盖,设立监测点323个,监测水样630份,超额完成监测任务。根据国家有关生活饮用水卫生监督监测工作要求,市卫生健康部门第四季度对南昌市城区9个集中式供水单位开展卫生监督监测工作。12月2日,南昌市卫生健康委员会公示2021年第四季度南昌市城区生活饮用水水质监测结果:全市抽检城区生活饮用水18件(其中出厂水9件、末梢水9件),合格18件,合格率100%。监测结果显示,南昌市城区生活饮用水卫生质量符合国家饮用水卫生标准。在全市范围内开展儿童青少年近视率和常见病调查工作,对25252名在校学生进行视力调查测试;进贤县获批第二批全国儿童青少年近视防控适宜技术试点县(区)。

【卫生监督执法检查】 2021年,全市各级卫生监督执法机构对监督对象进行经常性卫生计生监督执法检查14707户次,其中公共场所卫生检查7159户次、医疗卫生检查3134户次、传染病防治(含采供血)检查3123户次、生活饮用水(含涉水产品)卫生检查197户次、学校卫生检查586户次、放射卫生检查218户次、职业健康检查机构检查32户次、消毒产品检查141户次、餐饮具集中消毒单位检查29户次、计划生育检查64户次。严厉打击违反卫生健康法律法规行为,全市查处公共场所、医疗执业、传染病防治、计划生育、职业健康等各类违法案件1799件,较2020年上升28.7%,罚款396.01万元,较2020年上升7.1%。

【卫生领域专项整治】 2021年,聚焦为群众办实事,围绕民生热点问题,开展卫生领域专业整治。至年底,组织全市卫生监督机构开展打击无证行医专项检查(查处无证行医案件19起)、医疗美容专项检查(立案查处37起)、放射整治提升年专项检查(立案查处45起)、职业卫生专项检查(检查企业559家,查处案件89件)、消毒产品卫生专项检查(检查各类企业63家)、托幼机构卫生监督专项检查(检查托幼机构188家)、住宿业场所卫生监督专项检查(检查住宿场所998户、查处案件61起)、集中空调通风系统卫生专项检查(对14家医疗机构、68家公共场所采样检测)、游泳场馆卫生专项检查(采样抽检99户)、涉水产品卫生监督专项检查(检查生产企业4家、销售单位167家)、二次供水专项检查(检查二次供水单位290家)等11个卫生专项整治工作,切实消除卫生安全隐患,维护人民群众健康权益。全市查处卫生健康行政处罚案件1795件,与2020年相比增长28.5%。

【疫情防控卫生监督保障】 2021年,对医疗卫生机构传染病疫情报告、疫情控制、消毒隔离、医疗废物处置和病原微生物实验室生物安全等情况进行重点监督检查,检查相关单位132次;开展学校、托幼机构秋季开学疫情防控卫生监督检查,检查学校267所。制定下发《关于切实加强全市公共场所卫生监督工作的通知》,督促公共场所开展消杀清洗、联防联控工作,监督检查卫生管理制度落实情况。聚力重大活动卫生保障,完成省、市“两会”和中央环保督察、中央政法队伍教育整顿督察、第十二届中国卫星导航年会、国际产学研用合作会议、2021年世界VR产业大会、第七届中国国际“互联网+”大学生创新创业大赛、第二届鄱阳湖国际观鸟周及2021年高考、中考等10项卫生监督保障工作,对接待单位进行全面卫生监督检查,下达卫生行政执法建议书18份,涉及保障接待场所采样抽检38次。

(张建昀)

中医药事业

【概况】 2021年,南昌市有三级甲等中医医院2家、三级乙等中医医院1家、二级甲等中医医院3家。全市公立中医医院编制病床2468张,平均病床使用率100.77%。中医药人员668人，其中高级职称126人，中医类别执业（助理）医师505人。门急诊总数150.34万人次，出院病人8.04万人次。同时，南昌市社会办中医获得长足发展，全市社会办中医医疗机构393家。其中，备案制中医诊所130家，服务能力和群众认可度全面提升。

【中医药服务机构建设】 2021年，全市乡镇卫生院、社区卫生服务中心中医馆全覆盖。全市获得3个省级示范中医馆项目，数量居全省之首，并筹措市级专项资金经费用于4个市级示范中医馆项目建设。2个省级中医专病（科）区域诊疗中心建设进展顺利。洪都中医院通过与上海龙华医院联系，成为“国家中医急诊与重症医学区域诊疗中心”协作单位。新增1个省基层中医药人才培养基地，2个省级中医药重点研究室。市洪都中医院创建江西省中医特色重点医院。依托国信医药谷（南昌嘉言中医特色医疗服务街），搭建全省首家中医特色治疗平台，建设具有网上预约、多点执业、合作交流、督导培训4项功能的民间中医（专长）医师特色治疗平台，获省中医药管理局中医药专项资金支持。

【中医医院项目建设】 2021年，全市县级以上中医医院建设项目5个。其中，新建区中医医院2017年开始扩建康复综合大楼，2021年上半年投入使用；市洪都中医院二期工程建设项目（中医药传承创新工程重点中医医院建设项目）、江西省中西医结合医院瑶湖新院、南昌县中医院新建中西医结合综合大楼（含传染性疾病科）、进贤县中医院新区项目建设不断推进。

【名中医评选】 2021年3月，市卫健委印发《关于开展南昌市名中医、基层名中医评选的通知》，在全市范围内开展首届市级名中医和基层名中医2个类别名中医评选工作。按照《南昌市名中医、基层名中医评选方案》要求，南昌市名中医必须在政治思想、身体状况、资格条件、临床能力、学术成果、教学水平6个方面符合具体评选条件；南昌市基层名中医必须在政治思想、身体状况、资格条件、临床能力、群众评议、个人成果6个方面符合具体评选条件。经个人申请、县区推荐、资格初审、评委审核及公示等程序，评出10名南昌市名中医、6名南昌市基层名中医。

（张建昀）

医政药政管理

【概况】 2021年，全市医政医管和药政工作按照实施健康南昌战略部署，坚持以群众更满意为目标，完善医疗服务体系、提升服务能力、改善医疗服务、强化医疗机构监管、加强行业作风建设，做好新冠肺炎疫情防控和医疗救治工作，促进全市医疗事业更加均衡更加充分发展。急危重症救治体系快速推进，5个“三大中心”经过评价通过。5G、VR等新技术在医疗领域融合应用，医学科研项目，资金增加。县级医院服务能力提升，医疗救治队伍壮大，平安医院建设水平提升，维护医疗机构安全稳定。

【城乡贫困人口重大疾病专项救治】 2021年，认真落实“光明·微笑”、儿童“两病”、贫困家庭尿毒症免费血透、贫困家庭重性精神病患者免费救治、贫困家庭妇女“两癌”免费手术治疗和食道癌、胃癌、直肠癌、结肠癌、肺癌、肝癌、耐多药结核病、慢性阻塞性肺气肿、慢性粒细胞白血病、急性心肌梗死、风湿性心脏病、脑卒中、血友病、1型糖尿病、甲亢、儿童苯丙酮尿症、尿道下裂及地中海贫血25种城乡贫困人口重大疾病专项救治工作，减轻城乡贫困患者医疗费用负担。全市全年审批救助4671人次，不断提高城乡贫困家庭医疗保障水平，防止因病致贫、因病返贫。其中，免费救治贫困家庭严重精神障碍患者2089人次，免费救治尿毒症患者1966人次，施行白内障复明手术2019例，施行唇腭裂患者修补手术30例。疾病应急救助制度得到有效落实，解决一批身份不明、无能力支付医疗费用患者的医疗急救保障问题。

【医疗质量安全】 2021年，进一步发挥医疗质控中心专业指导优势，加强医疗质控中心检查情况运用，将其作为医院专业技术水平重要依据和医院评审评价内容之一。各医疗质控中心组织开展专业培训会10余次，举办专业竞赛1次，开展专业调查12次，质控检查覆盖全市各级各类医疗机构。编纂并印发《南昌市2020年医疗质量控制报告》，全面总结全市医疗质量控制情况，推进全市医疗质量持续改进。深入推进DRGs工作，督促医院加强信息化建设，开展全市病案首页和DRGs培训，组织全市医疗机构参加ICD-11培训，持续强化医院病案首页质量。至年底，新增2家医院开展DRGs数据报送工作，全市25家医院上传病案首页数据至省DRGs绩效平台。

【改善医疗服务行动实施】 2021年，为持续推进“改善群众就医体验”主题活动，全面贯彻落实省卫健委《江西省改善群众就医体验主题活动实施方案（2021—2023年）》，切实为群众办实事、解难题，不断增强群众获得感、幸福感、安全感，结合实际情况，制定《南昌市改善群众就医体验主题活动实施方案（2021—2023年）》。按照实施方案要求，全市各级医疗机构以改善人民群众看病就医感受为出发点，突出问题导向，聚焦群众看病就医的急难愁盼问题，推进深化改革和提升服务，进一步加强医疗服务管理，提高医疗服务质量,通过提升群众就医等待、诊疗、人文、环境、费用体验,为人民群众提供更高水平、更加满意卫生和健康服务,不断增强人民群众获得感。

【急危重症救治体系构建】 2021年,强化重点疾病系统管理,全面加强胸痛中心、脑卒中中心、创伤急救中心等“三大中心”建设,推动构建快速、高效、城乡一体的急危重症医疗救治体系,提高急危重症救治效率和水平,构建新型诊疗模式。至年底,全市有5个“三大中心”经过评价通过,15个“三大中心”初步建立危急重症抢救体系。

【基层基本药物制度完善】 2021年,全面落实基本药物制度各项政策措施。全市有94个乡镇卫生院、1100余个村卫生室、50个社区卫生服务中心(其中非政府办社区卫生服务中心22个)实施国家基本药物制度,实现国家基本药物制度在乡镇(村)、街道全覆盖。全市基层医疗机构网上采购药品总计1.78亿元,其中国家基药1.37亿元,所有药品均实行零差率销售,保障居民基本用药价格合理,实现临床用药渐趋合理、药品更加安全有效、社会反响总体良好目标。

【血液供应保障能力提升】 2021年,鼓励无偿献血,接待无偿献血4.22万人次,采集血液6.9万单位,比2020年增长26.5%;供应血液17.1万单位,增长20.7%。深入开展基础性、应用性输血研究,为采供血工作提供技术支撑和理论依据。南昌市中心血站在省内率先建立血小板供者资料库,完成1000余人份数据入库,为南昌大学第一附属医院、市第一医院、南昌县人民医院等多位血小板输注无效患者进行精准配型与输注,提升输注疗效。

【医疗急救系统和功能优化】 2021年,持续加强和完善南昌市智慧急救云大脑目标,不断优化智慧急救云大脑五大系统(院前院内救治协同平台、智慧云调度系统、电子病历系统、移动支付及电子发票系统、数据型精细化管理系统),开展院前院内协同救治平台运行,落实信息规范共享、远程急救指导、院内急救准备3项功能。全面构建集5G应急事件聚焦平台、5G应急移动调度指挥系统、5G+VR远程急救培训、5G+智能急救定位、5G+全省院前急救质控平台等于一体的“南昌智慧急救专科群”,持续提升应急处置及转运能力。

【医院药事管理】 2021年,整体推进国家基本药物制度实施方案,提升基本药物供应保障水平。加强公立医疗机构药品采购使用监管,推动优先使用基本药物,促进临床合理用药。规范药学发展服务,提升药学服务水平,促进合理用药。规范静脉用药调配中心用药医嘱审核工作,促进静脉用药合理使用,保障患者用药安全。规范全市治疗药物监测临床检测流程,加强相关实验室管理,提升临床治疗药物监测服务质量,促进临床精准用药和个体化用药规范化发展和临床应用。加强全市罕见病管理,提高罕见病诊疗水平,做好罕见病用药供应保障监测工作,维护罕见病患者健康权益。加强对抗菌药物临床使用,优化临床合理用药管理,规范临床用药行为。为深入推进卫生健康领域“放管服”改革,加强和规范医疗机构麻醉药品和第一类精神药品使用管理,严格依法规范毒、麻、精、放等特殊药品临床使用与管理,保障医疗安全。

【平安医院建设】 2021年,会同市公安局联合下发加强医疗机构安全稳定文件,开展拉网式医院安全隐患排查。全市58家二级以上医疗机构按标准要求配齐安保人员53家,达标率91.4%;开展安检工作51家,要求至少配备手持安检器,配置率88%;安装安检门26家,安装率44.8%;安装通道式X光安检机12家,安装率20.7%。安防系统不断完善,二级以上医疗机构全部安装视频监控系统,安装率100%;接入公安系统“雪亮工程”31家,接入率53.4%;安装一键式报警装置33家,安装率56.8%。及时处理医疗纠纷投诉,全年处理各类信访、投诉约1300余件,占市卫健委信访投诉量的50%,做到有登记、有处理、有答复。及时移送信访、投诉中发现的违法违规线索,移送公安机关“黑救护车”线索1起,向县区发送工作提示函1件。

【医疗救治机构队伍组建】 2021年,充分发挥发热门诊“哨点”作用,全市二级及以上综合医院和传染病定点医院共设置发热门诊(不含省级)24个,其中14个按照最新要求完成发热门诊规范化达标验收。组建市级新冠肺炎病例医疗救治专家组和10支市级后备医疗队,明确市第九医院作为市级定点救治医院,南昌县、进贤县、安义县和新建区人民医院为县级定点救治医院。5家定点医院有收治床位747张(总床位2974张),占总床位数的25%。至年底,全市49家(不含在南昌的省级医院)核酸检测机构(医院23家、第三方检测机构16家、疾控机构10家)日最大检测量共40余万份(单管),核酸检测能力在全省排名第一位,满足全市625余万人在3天内完成全员核酸检测工作要求。抽调143名医务人员分别组建采样队1批、检测队2批、流调队参与支援上饶疫情防控工作。其中,核酸采样应急队总在岗队员数100人,覆盖49个采样点,完成核酸采样203687人次。

【市属公立医院绩效考核评价】 2021年,调整市深化医药卫生体制改革领导小组和公立医院管理委员会相关人员组成，完成2020年度县区深化医改考评工作并纳入市政府对各县区高质量发展考核评价指标体系，推动医改措施落地见效。按照《南昌市市属公立医院绩效考核评价办法(试行)》要求，组织开展市属公立医院2020年度绩效考核评价工作。考评医院为市第一医院、省中西医结合医院、市第三医院、市第九医院、市洪都中医院、省精神病院、省皮肤病专科医院。考评采取医院自查自评、考评资料审核、现场考核评价等方式进行。经过考核评价，市直7所医院考核结果优秀1所、良好6所。

【医疗服务价格动态调整】 2021年，按照《南昌市城市公立医院综合改革医疗服务价格调整实施方案》要求，持续在11家市公立医院开展医疗服务价格调整工作，落实医药价格改革相关举措，合理调整医疗服务价格，推动医疗服务质量水平提升。自2017年至2021年，全市开展5次医疗服务价格调整，调整医疗服务价格1708项。其中，上调1525项，下调183项，中医项目调整79项，初步理顺市县乡三级医疗服务价格比价关系。所有调整收费项目纳入医保报销范围，不增加群众负担，医疗服务价格动态调整机制初步建立，医务人员劳动价值逐步体现。

【医防融合发展】 2021年，将公共卫生职能建设纳入年度医改重点任务，推动公立医院与疾控机构建立人员通、信息通、资源通和监督监管制约的医防协同机制，明确公共卫生首席专家制度、人员交流选派、交叉培训、定期沟通协调、协同发展和资源共享及监督监管制约6项工作机制。将公立医院公共卫生职责履行情况纳入绩效考核评价指标体系，推动医防融合。全市22家公立医院组建公共卫生工作管理委员会，对在职人员传染病防治、院感控制知识和技能培训率100%，市属8家三级公立医院全面实行公共卫生首席专家制度。

【生物安全协调机制建立】 2021年，全面学习贯彻《中华人民共和国生物安全法》普及生物安全法相关知识，推进全市生物安全工作协调机制建立。完善协调机制，牵头成立南昌市生物安全工作协调机制领导小组，制定生物安全协调机制工作规则，落实协调机制责任清单。召开全市生物安全工作协调机制联络员会议，并对全市生物安全协调机制成员单位联络员进行培训。

【医学领先学科和省市共建学科申报】 2021年，积极组织各市直医疗机构申报医学领先学科和省市共建学科。新申报医学领先科分别为：老年医学骨质疏松学科、肿瘤治疗—鼻咽癌和输血技术。新申报省市共建学科分别为：医学影像学(母胎医学)、呼吸与危重症医学科和新生儿科遗传代谢病筛查。3个省市共建学科获得立项。

【医学科研水平提升】 2021年，开展2个年度市级新技术引进和农村适宜推广项目评审工作；立项新技术引进项目20项和农村适宜技术20项。下达2020年度医疗卫生服务能力建设专项资金120万元，其中省医学领先学科和省市共建学科配套补助经费37万元。2021年申报各类申报科研课题745项。其中，申报国家级项目40项、省级项目179项、市级项目526项，获得国家自然基金3项、省级项目87项、市厅级项目287项。

【卫生人员教育培训】 2021年，加强卫生人员教育培训基地管理，督促各基地做好迎接国家和省教育培训督导检查工作，对照检查标准完成整改、评估工作。按照2021年度住培结业考核和招生工作相关要求，督促各培训基地严格落实做好结业考核和招生相关工作。做好2020年度全科医师转岗培训招生工作，招收113名学员参加培训。完成2019年度的全科医师转岗考核工作，并按照考核要求完成此次基地考核工作。完成2021年度助理全科医师培训招生工作，完成2021年度助理全科医师结业考核工作。

【继续医学教育】 2021年，注重继续医学教育，不断提高全市各级各类民营医疗卫生机构参训率与合格率。各民营医疗卫生机构必须纳入“华医网管理平台”，开通账号将医护人员信息录入平台，积极开展继续医学教育活动。定期督查加强继续教育管理，做好继续教育年度验证审核工作，将单位继续医学教育参与率与合格率列入考核指标中。积极组织各单位申报2021年度各级各类继续教育项目，已立项53项国家级继续教育项目、46项省级继续教育项目、96项市级继续教育。

(张建昀)

体 育

综 述

【概况】 2021 年，南昌市体育系统以“打头阵、当先锋、作表率”决心，扛起省会城市体育担当，全市体育工作呈现向好发展态势。投入资金 458 万元，推进“15 分钟健身圈”建设。累计发放 300 万元体育消费券，拉动市民体育消费。体育设施不断完善，开放率和利用率 100%。体教融合、体社融合发展都取得良好成绩，创历史新高。南昌市运动员在国内外重大比赛中取得良好成绩，获得 9 枚金牌、4 枚银牌、3 枚铜牌。南昌市体育局被评为 2017—2020 年度全国群众体育先进单位、第十六届江西省文明单位；南昌马拉松获评世界田联精英标牌赛事；南昌八一体育综合体被评为“国家体育产业示范项目”。

【体教融合发展】 2021 年，市体育局、市教育局对各级各类青少年学生体育赛事进行整合，首次合作举办全市“滕王阁杯”青少年联赛暨中小学生运动会，共同制定《南昌市教育体育联盟校工作方案》，批准成立以市体校为龙头的 22 家教育体育联盟校。同时，持续推动“一条龙”训练工作方案实施，进贤县、南昌县、西湖区、新建区等县区相继制定配套政策。5 月，副省长孙菊生在南昌市调研体教融合工作时给予充分肯定。全市公办体校有 121 人被高等院校录取，与上年同比增长 128%，其中 16 人被武汉大学、华中科技大学、华南理工等“985”“211”大学录取，各项指标均创历年新高。

【体社融合发展】 2021 年，南昌市评选出 44 家社会机构为南昌合作办训基地，基地涉及 19 个奥运项目与 1 个非奥项目，有 32 家训练基地被评为全市星级训练基地，全市青训呈现市队校办、县区办、协会（俱乐部）办等多种模式。至年底，南昌市在省体育局注册运动员 5276 名，再创历史新高。各训练基地在全省比赛中获得 172 个优秀、216 个良好和 158 项单项冠军，向省优秀运动队输送运动员（含试集训）46 人，有省运会夺金点近 100 个。

【体育消费】 2021 年，市体育局不断优化营商环境，协调破解“体育健身游泳场馆按非居民用水标准执行”等惠企政策落地难的问题，在全

2021 年 11 月 27 日，南昌市“体育超市”开幕式在八一体育场举行

（市体育局　供图）

国率先为经营性体育健身游泳场馆降水价，通过评估确定首批15家游泳池享受优惠水价，用水价格从11.55元/吨降至4.45元/吨，年均减少水费近100万元。克服新冠肺炎疫情不利影响，运用“体育超市”等形式，汇集100余家体育商户，举办“体育红利大派送，全民健身热洪城”2021南昌体育惠民消费月活动，发放300万元体育消费券，拉动市民体育消费。

【“15分钟健身圈”建设】 2021年，根据《南昌市人民政府办公室关于下达2021年市政府民生实事人大票决项目任务的通知》精神，市体育局投入458万元铺设983套（件）健身器材。其中，结合“我为群众办实事”民生重点攻坚项目，完成民生实事人大票决项目124个点位（市本级负责建设59个点位，县区负责建设65个点位）、736套（件）器材的安装并投入使用。同时，聘请专业第三方维修团队对主城区破损、老化的健身设施进行维修。全市主城区健身路径建设点位1700余个、器材2.1万余套（件），建设7个体育公园（较上年增加3个）、5个县区级全民健身中心（较上年增加2个）。城区“15分钟健身圈”得到完善。

【体育设施】 2021年，南昌市有各类体育场地17652个，所有的乡镇（街道）、行政村（社区）建有便捷实用的公共体育健身设施，各类体育设施开放率和利用率100%。全市有南昌市体育公园、西湖朝阳江滩公园、青云谱包家花园体育公园、青山湖丹霞体育公园、湾里磨盘山体育公园、进贤体育公园、红谷滩体育公园7个体育公园，较2020年增加3个；有安义县、东湖区、西湖区、青山湖区、新建区5个县区级全民健身中心，较2020年增加2个。南昌市八一体育场、南昌县体育场、南昌县体育馆、进贤县体育场4个大型体育场馆以及全市154个社会足球场全部实行对外低费免费开放。至年底，人均体育场地面积2.3平方米，全市经常参加体育锻炼人数232.5万人，《国家体育锻炼标准》测验活动达标率92%。

【全民健身活动】 2021年，市体育局围绕“健康南昌”建设，举办“科学健身抗疫情”居家健身“云动”打卡活动，吸引25.7万人次参与健身打卡；举办“全民健身·健康南昌”南昌市首届社区运动会，采取线上、线下相结合方式，涉及全市380余个社区，参赛群众线下比赛1万余人，线上比赛3.4万余人。开展“科学健身进机关、进社区、进企业、进校园、进乡村、进警营”六进活动、国民体质检测“进机关、进企业、进社区”三进活动，免费为数万人提供体育公益服务。开展“娃娃学游泳”“娃娃学体育”公益活动和“奔跑吧·赣鄱少年”南昌市青少年夏令营，全市1.2万名中小学生参加；全市58家体育协会和24家体育俱乐部开展大众活动300余次（项），覆盖不同职业和年龄层群众。

【国内外体育比赛获奖】 2021年，南昌市运动员在国内外重大比赛中获得9枚金牌，4枚银牌，3枚铜牌。羽毛球选手李诗沣代表中国参加苏迪曼杯世界羽毛球混合团体赛和汤姆斯杯羽毛球团体赛分别获得冠军和亚军，射击选手熊亚暄参加东京奥运会，跳水选手邓佳琪为江西省代表团夺得第十四届全运会首枚金牌。在全省锦标赛各项目竞技中，南昌市获得11个团体总分第一名，获奖总数位列全省第一名，获奖总数占团体项目总数一半以上。其中，三大球项目优势明显，锦标赛中篮球包揽全部项目冠军、男子排球取得前三名、足球项目获得两金四银，全省百县足球比赛中，四强席位被南昌市包揽3个席位，巩固竞技体育全省龙头地位。举办“北斗杯”全国青少年体育大赛总决赛、南昌赛艇大师赛暨赣粤城际联赛、南昌市城市定向挑战赛，中国桨板俱乐部联赛暨全国U系列赛（南昌站）、全国象棋甲级联赛、全国射击冠军赛（步枪项目）、WESG电子竞技运动会、“问剑红谷滩”中国击剑大师赛、“跑游南昌，助力英雄马”·南昌马拉松系列活动等比赛。中央电视台、新华社等主流媒体对赛事活动进行报道，欧洲和亚洲赛艇协会主席通过视频方式向南昌赛艇大师赛暨赣粤城际联赛发来祝贺。

群众体育

【概况】 2021年，南昌市群众体育工作深入贯彻落实《全民健身条例》《全民健身计划》和健康南昌行动，积极响应“我为群众办实事”科学实践活动，大力开展全民健身运动，推动全民健身和全民健康深度融合，不断开创南昌市群众体育新局面，群众事业取得新成果。全市经常参加体育锻炼人数比例37.2%，每千人公益社会指导员数2人，国民体质监测合格率91.1%。市体育局被评为“2017—2020年度全国群众体育先进单位”，全市体育系统有9个集体和6名干部职工获全国群众体育先进称号。

【社会体育指导员培训班】 2021年，市体育局组织18人参加国家级社会体育指导员培训班、98人参加江西省一级社会体育指导员培训班、476人开展市本级二级社会体育指导员培训班。至年底，全市各级社会体育指导员总数14182人，占全市总人口比例2.26‰。组织开展市本级二级社会体育指导员培训班4期，提高基层社会体育指导员能力素质和管理水平。其中，专项班2期，全市各单项协会、俱乐部开设的协会专班1期，南昌市民生实事人大票决项目专项二级社会体育指导员培训班1期。

【南昌市首届社区运动会】 2021年10月,举办南昌市首届社区运动会。比赛采取线上、线下相结合方式,设团体赛和个人赛。线下比赛按照预赛和总决赛2个阶段进行。预赛在各县区设分会场举行,全市12个县区有380余个社区近40万人次参与比赛,群众参与度高、覆盖范围广。总决赛由市体育局统一进行组织,来自12个县区的100余个社区1000余名市民参加总决赛各项目角逐。社区运动会线上比赛分为团体健步行和个人健步跑。除传统体育竞技项目,还有踢毽子、拔河等“老社区”运动项目。上至七旬老人、下至3岁儿童都能在社区运动会的现场找到适合自己的运动项目,努力传递“让运动成为一种家风”理念,丰富社区文体活动,提高居民生活满意度。

【南昌市城市定向挑战赛】 2021年10月,2021年南昌市城市定向挑战赛举办。比赛向市民全方位展示南昌红色文化资源,专门设置6条主题线路、2条亲子线路,将南昌40余处城市地标串联起来向参赛者展现英雄城南昌的城市魅力,向更多人传递全民互动、全民参与、全民健身赛事理念。比赛结合党史学习教育,专门开辟1条“红色记忆”主题线路,通过答题、讲党史宣传党的精神和纲领。10月24日,3000余名参赛者从南昌国际体育中心出发,奔跑在大街小巷、景点地标,引领绿色生活,传递文明、年轻、快乐、健康生活理念,成为一张南昌市体育文化名片。赛事有近40家媒体进行宣传报道,网络稿件220余篇,点击浏览量2130万人次,宣传视频(含开幕式直播)点击量550万人次,微博讨论话题1133万人次。

【“科学健身进机关、进乡村”活动】 2021年9月,通过“你点单,我配送”形式开展“科学健身进机关”活动。活动以健身技能培训、科学健身讲座、科学健身宣传、国民体质监测、健身活动组织等为主要内容,选取14个健身项目进行专业技能指导。与往年相比,此次活动增加击剑、马术体验、冰壶等项目,提高职工参与热情。全年为全市55个市直机关1600余名干部职工提供基本体育公共服务,寓教于乐、拓宽视野、锻炼身心,促进机关干部职工素质全面提升。9月23日,市体育局、市农业农村局在新建区怪石岭生态园联合主办2021年南昌市丰收运动会农耕、拔河比赛。比赛包含拔河、农耕健身大赛(抢收稻谷、挑担接力、种瓜收瓜)2个大项、4个小项,有12支代表队254名运动员参加,把农民体育健身项目融入农耕文化,让大家在欢乐氛围中享受丰收乐趣。10月3日,由市体育局、市农业农村局联合主办的“2021年南昌市丰收运动会棋类比赛暨南昌市第四届围棋团体赛在新建区怪石岭生态园举行,有12支代表队48名运动员参加。此次比赛丰富全民健身活动内容和形式,推动全民健身与健康、公益、旅游、文化等融合发展。

【“我们的节日”系列全民健身活动】 2021年,为积极满足人民群众体育健身需求,营造“党的盛典、人民的节日”浓厚社会氛围,围绕“我们的节日”开展“我们的节日·春节”新春惠民趣味健身活动、2021年“我们的节日·七夕”空竹展演活动、2021年“我们的节日·七夕”击剑全民健身活动、“我们的节日·中秋节”2021南昌市中秋登高健身活动、“我们的节日·中秋节”畅游赣江活动、“我们的节日·重阳节”2021南昌市第三届垂直登高赛、2021南昌市全民健身千人公益健步走活动。活动项目有爬山、健步、游江和趣味项目等,丰富群众体育生活,增强群众身体素质。

【国民体质检测“进机关、进企业、进社区”活动】 2021年4月28日,市体育局在江西运通汽车集团开展“我为群众办实事,科学健身进企业”系列公益活动,邀请科学运动指导专家为江西运通汽车集团100余名员工开展“科学健身大讲堂”和体质检测服务。通过国民体质检测,企业员工拿到自己的“个性化运动处方”,进一步了解自己的体质状况,及时发现亚健康苗头,并且知道如何科学运动,在提升健康水平同时避免运动伤害。9月29—30日,开展“我为群众办实事,科学健身进一线”国民体质检测公益活动,300余名环卫工人和人民教师参加。此次公益活动除常规项目体质测试外,另外增加体适能的体成分、骨密度、亚健康、平衡能力和动脉硬化等测试项目。活动还邀请北京体育大学运动人体科学博士、南昌航空大学体育学院副教授周进进行科学健身指导,并发放科学健身指导手册等宣传资料,向一线职工说明相关检测结果,讲解健康素养相关知识,引导大家树立正确健康观,形成健康生活方式,提高身体素质。

【工间健身操推广普及活动】 2021年,市体育局联合市直机关工委、市总工会、南昌日报社等单位,在全市开展推广普及工间健身操活动。全市各机关、企事业单位干部职工积极参与,按照标准的工间操动作进行健身锻炼。工间操可以在操场、空旷场地、空余厂房等地开展,通过简单易上手的伸胳膊、抬腿、弯腰等运动,从而达到舒缓压力、强身健体、提振精神、增进团结的效果,传递“快乐工作、健康生活”理念,营造“运动健康、快乐高效”工作氛围。

【全民健身志愿服务活动】 2021年,以南昌市社会体育指导员为基础组建南昌市新时代文明实践体育志愿服务团队,积极开展全民健身志愿服务活动。2月6日,南昌市新时代文明实践体育志愿服务团队在湾里梅岭镇梅岭村开展进乡村活动,向梅岭村捐赠篮球、足球、羽毛球、乒乓球、音响以及防疫用品等物资;与当地村民进行广场舞交流并提供指导,推进体育服务进基层工作。3月9日,在青山湖区桃竹村开展南昌市新时代文明实践"学雷锋月"党员进乡村体育志愿服务活动。志愿者为村民们开展广场舞展演活动,提供相关体育志愿服务。

【"奔跑吧·赣鄱少年"南昌市青少年夏令营】 2021年,市体育局主办"奔跑吧·赣鄱少年"南昌市青少年夏令营活动,丰富学生暑期生活,提升青少年身体素质,让青少年在愉快氛围中参与体育锻炼。其中,首期夏令营(足球)于7月19日在南昌国际体育中心开营。青少年夏令营包括拳击、足球、田径、摔跤等11个项目技能培训。全年举行40余期夏令营活动,近3000名来自各县区的青少年免费参加。

【参加"我要上全运"江西省选拔赛】 2021年,根据《关于举办"我要上全运"全国第十届运动会群众赛事活动江西省选拔赛的通知》精神,市体育局对接各县区、市属各级单项体育协会,落实责任,积极组队参赛。通过线上线下相结合方式,最大限度鼓励全民参与,做好南昌市参赛工作。线下除篮球外,完成乒乓球、国际象棋、足球等8个项目的选拔赛,200余人代表南昌市参赛;线上展演类组建26个小项,包括城市街道(社区)组、农村乡镇组、企事业单位组3个组类,近180个线上视频参与。最终,南昌市代表队在选拔赛中有60名运动员获得全运参赛资格。

【《国家体育锻炼标准》达标赛】 2021年12月3日,由市体育局主办的"全民健身,健康南昌"2021南昌市《国家体育锻炼标准》达标赛在八一体育场举行,来自各县区的10支代表队262名运动员参赛。达标赛按年龄分为青年组、壮年一组、壮年二组和老年组4个组别,参赛选手年龄在18岁至69岁。比赛项目包括30秒跳绳、1000米跑(男)、800米跑(女)、立定跳远、十字象限跳、坐位体前屈、3000米快走、掷实心球、绕杆跑、曲线托球跑等项目,涵盖速度、耐力、力量、灵敏度、柔韧性等方面比赛。

【南昌市第十一届迎新健步行】 2021年12月30日,由市政府主办,市体育局、市直机关工委、市总工会、湾里管理局承办的"全民健身·健康南昌"南昌市第十一届迎新健步行活动在湾里磨盘山森林公园举行。全市各县区(开发区、湾里管理局)、市直各单位18个方阵3600名代表参加。此次健步行活动途经空中栈道、磨盘山体育公园等多个磨盘山森林公园风景点,同时还集中展示洪崖丹井、曼山谷、灵官亭等湾里多个网红打卡点,倡导积极健康、低碳环保生活方式。活动现场还进行全民健身项目展示,展演湾里康养啦啦操、街舞等节目。

【"娃娃学游泳体彩来买单"公益活动】 2021年7月15日,市体育局围绕办人民满意的体育,深入开展"我为群众办实事"活动,在南昌县昌南体育中心举行开班仪式,全面启动"娃娃学游泳·体彩来买单"公益活动。"娃娃学游泳·体彩来买单"活动采取市县联动的方式合作举办,人数由往年的2000人扩大到近5000人,免费培训对象为10周岁(2010年9月1日至2011年8月31日出生)学生。各县区还根据自身特色开设优秀党员子女、医务人员子女、现役军人子女、外地来昌务工人员子女、SOS儿童村孩子、太阳村孩子、服刑人员子女等"爱心班"。"爱心班"孩子的年龄放宽到9周岁—14周岁(2007年9月1日至2012年8月31日出生)。公益活动旨在通过学游泳、会游泳、安全游泳,降低学生暑期溺水事件发生,达到强健体魄、健康成长目的。

【"娃娃学体育体彩来买单"免费活动】 2021年7月,市体育局开展"娃娃学体育·体彩来买单"系列公益免费培训活动。活动涉及足球、航模、海模、国际象棋、武术、赛艇等22个冬夏季体育项目。根据不同项目,培训班分别确定培训5岁—14岁适龄儿童。活动与上年相比,增加15个项目,新增马术、滑雪、陆地冰壶等项目。全年参加培训适龄儿童近5000人,较上年增加数倍。"娃娃学体育"培训丰富儿童暑期及课后体育活动内容,让更多孩子走出家门,在汗水中收获欢乐与成长,提高个人综合素质、开阔眼界。同时起到引领和示范效果,带动孩子及家长参与体育项目运动锻炼,从而促进体育消费,带动南昌市体育产业发展。

【"新年来健身,健康过春节"活动】 2021年,在疫情防控常态化背景下,按照各级政府倡导群众就地过年要求,市体育局组织开展"新年来健身,健康过春节"活动,统筹春节期间全市社会体育场地开放工作,进一步增强在南昌过年群众的获得感、幸福感和归属感。中央和省、市媒体多次报道"新年来健身,健康过春节"活动。同时,针对疫情防控常态要求,召开工作部署会,切实抓好体育系统疫情防控工作;组成督导小组,对社会体育场馆疫情防控措施落实情况开展督导检查,确保疫情防控工作落到实处。

青少年体育

【概况】 2021年,市体育局以体育后备人才培养为重点,组织开展“滕王阁杯”2021南昌市青少年体育联赛暨南昌市中小学生运动会、2021年南昌市青少年快乐体操赛、2020—2021学年南昌市青少年儿童电子制作锦标赛等赛事。丰富青少年体育活动,建立建成项目多、服务人群广的青少年冬(夏)令营活动体系,不断培养体育优秀人才。至年底,全市建成省级青少年俱乐部44个,建立全市社会力量合作办训基地60个,6个县(区)进入全省青少年业余训练十强。

【组织参加全省青少年比赛】 2021年,南昌市组织近3000名运动员参加全省田径、游泳、击剑、攀岩等21个项目比赛,获得跆拳道、皮划艇、足球、国际式摔跤、拳击、射击、击剑、篮球、排球、武术套路、游泳11个项目第一名,继续在全省保持领先地位。参加全省田径、篮球、足球3个项目的百县运动会,获得14个一等奖和11个二等奖、三等奖,东湖区获篮球男子和女子组冠军、男子足球冠军。组队参加阳光体育大会,获得一等奖。

【第十二届中国卫星导航年会“北斗杯”全国青少年体育大赛总决赛】 2021年5月23日,第十二届中国卫星导航年会“北斗杯”全国青少年体育大赛总决赛在南昌市九龙湖湿地公园举办。竞赛形式为北斗智慧跑及北斗智慧定向,设有大学组、高中组、亲子组(高年龄)、亲子组(低年龄)4个组别,1000余名青少年及家庭亲子组合参加。参赛选手利用手机中预设的App或小程序,在北斗导航定位与授时功能加持下,按照设计的竞赛线路,精准到访打卡点并完成闯关任务。经过激烈比拼,黄戈乔、陈慧妍、周涛、冯超颖、单宝良、刘公彦、张新建、曾伟平等人分获北斗智慧跑和北斗智慧定向4个组别冠军。

【“滕王阁杯”2021南昌市青少年体育联赛】 2021年,市体育局与市教育局首次联合主办“滕王阁杯”2021南昌市青少年体育联赛暨南昌市中小学生运动会。运动会包括篮球、足球、排球、乒乓球、羽毛球、田径、游泳、网球8个项目。各县区预选赛从3月开始,从预选赛的2万余人中最终选拔出近3000名选手,参加为期近1个月的总决赛。总决赛于10月16日在红谷滩足球训练基地启动,11月6日结束。整个比赛前后历时8个余月。最终,东湖区获得篮球团体总分第一名,经开区、红谷滩区分别获得篮球团体总分第二、三名;西湖区获得田径团体总分第一名,东湖区、进贤县分别获得田径团体总分第二、三名;青山湖区获得排球团体总分第一名,西湖区、进贤县分别获得排球团体总分第二、三名;西湖区获得网球团体总分第一名,南昌县、红谷滩区分别获得网球团体总分第二、三名;西湖区获得羽毛球团体总分第一名,东湖区、红谷滩区分别获得羽毛球团体总分第二、三名;西湖区获得游泳团体总分第一名,东湖区、经开区分别获得游泳团体总分第二、三名;红谷滩区获得足球团体总分第一名,东湖区、青山湖区分别获得足球团体总分第二、三名;东湖区获得乒乓球团体总分第一名,红谷滩区、西湖区分别获得乒乓球团体总分第二、三名。

【学校田径、乒乓球赛】 2021年4月24—25日,由市体育局主办的2021年南昌市体育传统项目学校田径、乒乓球比赛在东华理工大学举行。比赛有来自全市24支学校代表队、400余名运动员和教练员参加,是近几年来参赛人数最多的一次。桃花小学获得田径比赛团体总分第一名,南钢学校、珠市学校分别获得田径比赛团体总分第二、三名;南京路小学、东湖小学、邮政路小学分别获得乒乓球比赛团体总分前三名。

【青少年儿童电子制作锦标赛】 2021年4月24日,由市体育局、市教育局联合主办,省无线电定向运动协会承办的2020—2021学年南昌市青少年儿童电子制作锦标赛在朝阳小学举行。锦标赛通过各区县选拔,有783名中小学生参加。比赛

2021年5月23日,第十二届中国卫星导航年会“北斗杯”全国青少年体育大赛总决赛在南昌举行

(市体育局　供图)

设有幼儿组、小学组、初中组、高中组，项目包括电子百拼、简易编程机器人、基础型机器人等。通过竞赛，分别产生电子百拼幼儿组、小学组（A、B、C 组）、初中组男子和女子指定电路、创新电路一、二、三等奖；简易编程机器人小学组、初中组男子和女子一、二、三等奖及高中组男子和女子一、二等奖；基础型机器人小学制作和行走男子组前三名；各组别团体奖。

【青少年国际式摔跤公开赛暨全省锦标赛选拔赛】 2021 年 5 月 25—26 日，由市体育局主办的 2021 年南昌市青少年国际式摔跤公开赛暨全省锦标赛选拔赛在南昌县体育馆举行。此次选拔赛是南昌市首次举办的青少年国际式摔跤公开赛，赛程共 2 天，全市 165 名选手参加。摔跤公开赛的举办也是为江西省锦标赛选拔优秀运动员，做到以赛促练，为夺取全省摔跤锦标赛胜利打下基础。

【青少年跆拳道公开赛暨全省锦标赛选拔赛】 2021 年 5 月 30—31 日，由市体育局主办的 2021 年首届红谷滩杯南昌市青少年跆拳道公开赛暨全省锦标赛选拔赛在红谷滩区碟子湖小学举行。此次选拔赛，赛程共 2 天，全市 190 名选手参加。通过比赛，共有 73 人获奖。其中，女子甲组第一名 5 人、第二名 3 人、第三名 1 人；男子甲组第一名 7 人、第二名 7 人、第三名 4 人；女子乙组第一名 4 人、第二名 3 人、第三名 3 人；男子乙组第一名 6 人、第二名 6 人、第三名 5 人；女子丙组第一名 3 人、第二名 3 人、第三名 2 人；男子丙组第一名 5 人、第二名 3 人、第三名 3 人。

【中小学击剑邀请赛】 2021 年 5 月 29—30 日，由市教育局、市体育局联合主办，市第十中学承办，市击剑协会协办的南昌市首届中小学击剑邀请赛在市第十中学阳明路校区举办。全市 50 所学校，共 200 余名运动员参加。邀请赛设男女花剑、重剑、佩剑个人赛和团体赛，其中个人赛按照年龄段分 15 个组别，团体赛分 8 个组别进行同场竞技。

【青少年快乐体操比赛】 2021 年 6 月 4—6 日，由市体育局主办的 2021 年南昌市青少年快乐体操比赛在南昌市第三中学（青云谱校区）举行。全市有 46 个小学、幼儿园，1253 名运动员参加比赛。此次比赛是南昌市首次举办，充分展示南昌市中小学生昂扬向上的进取精神，对提高学生身体素质，推进快乐体操项目的开展起到促进作用。比赛按甲、乙、丙 3 个组别，分规定操、弹网操、自编自由操、趣味接力、个人器械、个人体能 6 个项目计算带入分。最终，西湖区以 324 分获得团体总分第一名，东湖区以 149 分获得团体总分第二名，新建区以 84 分获得团体总分第三名。

【青少年游泳公开赛暨全省游泳锦标赛选拔赛】 2021 年 6 月 19—20 日，2021 年南昌市青少年游泳公开赛暨全省游泳锦标赛选拔赛在昌南体育中心游泳馆举行。比赛由市体育局主办，全市有 15 支代表队、近 500 名运动员参加。比赛设有 7 个年龄组、81 个竞赛项目，116 场比赛。南昌市通过举办省锦标赛选拔赛，旨在发现苗子、尖子，为游泳专业队伍提供后备人才，同时作为一次重要的练兵，也为全市游泳运动员们提供一个重要展示和实战平台，提升全市青少年游泳运动整体水平。最终，经过 2 天激烈角逐，西湖区、荣宇体育、江西赣东获得此次选拔赛的团体总分前三名。

【青少年武术散打公开赛暨全省锦标赛】 2021 年 6 月 20—21 日，2021 年南昌市青少年武术散打公开赛暨全省锦标赛选拔赛在市第三中学（青云谱校区）举行。比赛由市体育局主办，全市 10 家代表队、近 200 名运动员参赛。选拔赛是南昌市武术散打后备力量的一次大练兵和大检阅，通过比赛让运动员得到技术上的交流与提升，达到为武术散打运动选拔人才的目的，拓宽全市竞技体育后备人才输送渠道。

竞技体育

【概况】 2021 年，全市竞训工作围绕“巩固提升发展首位度、充分彰显省会担当”目标，主动对标一流，以省锦标赛竞赛和备战省运会为抓手，较好完成全年各项工作任务。深化事业单位机构改革，整合各单位职能，提高工作效能。组织参加 2021 汤姆斯杯羽毛球团体赛、2021 年全国国际式摔跤锦标赛暨第十四届全国运动会摔跤预赛等国内外赛事，加强对外交流学习，提高体育竞技水平。至年底，全市注册运动员 5276 名，其中新注册 1383 名，较上年增长 35%；全市有 42 所训练基地，较上年新增 6 所。

表 26　　2021 年南昌市运动员获金牌一览表

序号	姓名	性别	比赛名称	项目	比赛项目	带训教练	输送教练
1	邓佳琪	女	中华人民共和国第十四届运动会	跳水	青年组女子跳台	黄萍	史隆浩 龚玮艳

续表26

序号	姓名	性别	比赛名称	项目	比赛项目	带训教练	输送教练
2	张扬	男	2021 年全国皮划艇锦标赛	皮艇	男子四人皮艇 1000 米	刘利 胡生贵	关伟
3	黄鑫	男	2021 年全国国际式摔跤锦标赛暨第十四届全运会预赛	国际式摔跤（古典）	男子古典跤 55 千克	黎淑金 范阿文	卢斌
4	王鹏翔	男	2021 年全国皮划艇锦标赛	皮艇	男子四人皮艇 1000 米	刘利 胡生贵	应伟
5	左有民	男	2021 年全国皮划艇锦标赛	划艇	男子双人划艇 1000 米	赵文岭	刘扬
6	雷林山	男	2021 年全国皮划艇锦标赛	划艇	男子双人划艇 1000 米	赵文岭	刘扬
7	钱锋	男	2021 年全国航海模型锦标赛	航海模型	航海模型 C5 瓶装模型	钱锋	
8	熊亚瑄	女	2021 年全国射击冠军赛（手枪项目）	射击	女子 10 米气手枪	黄春晖	田新
9	李诗沣	男	2021 年苏迪曼杯羽毛球赛	羽毛球	混合团体	球类中心	段国相 刘嘉维

（资料来源：市体育局）

【南昌市社会力量合作办训基地命名】 2021 年 11 月 19—23 日，市体育局组织 5 个评估小组，通过查阅资料、实地考察场地和设施、观看日常训练以及召开座谈会等方式，对全市 2021 合作办训基地和 2022 年新申报的基地进行评估。经过评估、公示等程序，决定授予南昌县少年儿童体育学校等 42 家单位为 2021—2022 年度南昌市社会力量合作办训基地，授予新建区业余体育学校等 34 家单位 2021—2022 年度南昌市合作办训星级基地称号。根据《南昌市社会力量合作办训实施办法》要求，按照标准对合作办训基地 2021 年取得省级以上比赛成绩给予奖励，对授予星级基地的合作办训单位给予 3 万—10 万元补助。

【第一批南昌市教育体育联盟校成立】 2021 年 12 月，市体育局、市教育局共同印发《关于公布第一批南昌市教育体育联盟校的通知》，以市体校为龙头，以体育项目为纽带，联合市县区 23 所学校组建教体联盟，旨在推动青训进校园，进一步推广市队校办、市队县办模式。教育体育联盟校通过充分发挥联盟校的规模优势、人才优势、联动优势和场馆资源优势，最大限度地发挥成员校的特色优势和办训效益，形成资源共享、优势互补的联盟优势，推动各成员校体育训练水平整体提升，把联盟校建设成为全省青少年体育训练的龙头、教体融合的标杆、开门办训的窗口。

【万科青山湖杯南昌赛艇大师赛暨赣粤城际联赛】 2021 年 12 月 4 日，由市政府主办，市体育局、青山湖区政府承办的 2021“万科青山湖杯”南昌赛艇大师赛暨赣粤城际联赛在青山湖举行。赛事设男女 4 双、8 单、混合 8 单、赣粤城际联赛、环湖追逐赛等多个项目组别，共有 22 个各地知名俱乐部以及赛艇爱好者和来自广州市、深圳市、东莞市等地的企业家代表队 200 余人、90 余条赛艇参与。联赛旨在发挥

2021 年 12 月 4 日，“万科青山湖杯”南昌赛艇大师赛暨赣粤城际联赛举行

（市体育局　供图）

体育在经济社会发展中的作用，通过赛艇赛事的参与及论坛交流会的开展，搭建南昌市与广州市等城市交流新平台，深化赣粤之间交流与合作，推动水上自然资源向经济社会资源转化，助力城市发展。

【中国桨板俱乐部联赛暨全国U系列赛（南昌站）】 2021年10月5日，2021中国桨板俱乐部联赛暨全国U系列赛首站在南昌市举办。赛事分为青山湖及九龙湖2个赛区，来自北京市、浙江省、广东省、河北省、湖南省、海南省、江西省等省市20支参赛队伍280余名选手参加比赛。比赛设有公开组长距离6000米、青少年长距离2000米、青少年技术赛1000米等组别。田皓、徐浩婷、王弘辉、周雨歆、王弘辉、周雨歆分获各组别的冠军。

【参加江西省第二届男子篮球联赛】

2021年，由省体育局主办的江西省第二届男子篮球联赛于9—11月举办。该联赛是近两年国内唯一采取主客场制并全程适量开放观众的唯一省级专业联赛。南昌市高度重视，精心准备，补强队伍，吸纳更多南昌最优秀的球员加盟球队，积极训练、认真备战，努力提高竞技水平和比赛观赏性。最终南昌队获得亚军，南昌队12号刘博文摘得总决赛三分王。

体育产业

【概况】 2021年，全市体育产业工作紧紧围绕加快推进体育强市建设，重点在打造“国家体育消费试点城市”上下功夫，扎实推进体育产业发展，不断夯实体育产业基础。南昌市居民体育消费总规模126.52亿元，人均体育消费2022.70元。南昌市体育产业法人和产业活动单位3054家，体育产业总产值279.55亿元，增加值94.73亿元，增加值占地区生产总值的比重为1.65%，较全国（1.06%）高0.59个百分点。全市有各类体育场地1.79万个，体育场地面积1573万平方米，人均体育场地面积2.44平方米。利用好“欧洲杯”等体育赛事，开展体育彩票销售工作，反哺体育事业，推动全市体育事业发展。至年底，体彩南昌分中心销售额13.21亿元，同比增长33.5%。

【国家体育消费试点城市建设】

2021年，按照《南昌市推进国家体育消费试点城市建设实施方案》要求，持续培育体育消费新场景，不断壮大体育消费新群体，高质量建设国家体育消费试点城市。至年底，先后举办2021年“健康南昌·百万人健身行动”南昌市群众体育公益活动、体育惠民消费月、体育超市等活动，吸引市民积极参与，发放体育消费券400万元，通过终端补贴带动市场新消费，直接拉动消费额1000余万元，促进体育消费市场繁荣，为推进“国家体育消费试点城市”建设培育新动能。

【国家体育产业示范项目打造】 南昌八一体育场综合体占地面积7万余平方米，由八一体育场、体育公园和青山湖水上运动中心组成的八一体育场综合体，是南昌市中心面积最大、设施较全的体育产业集聚区。2021年，借助闲置看台下面空间，南昌八一体育场综合体与南昌市足球协会、南昌市田径协会、南昌市击剑协会、南昌市广场舞协会等合作，吸引18家协会和俱乐部入驻，打造汇集全民健身、健身培训、大众赛事、休闲娱乐等多种体育项目于一体的多功能体育综合体，推动八一体育场由单一场馆向综合性场馆转变。南昌八一体育综合体有击剑、田径、篮球、围棋、航模、射击射箭、广场舞、瑜伽等20余个体育种类，成为新型的都市运动中心。3月，南昌八一体育综合体被评为“国家体育产业示范项目”。

【社会足球场馆免费低收费开放】

2021年，南昌市对“十三五”期间建成的64片符合条件的社会足球场地进行奖补，发放1840万元奖补资金，切实为建设社会足球场的企业送去温暖。落实足球场“建管用”一体化机制，推动全市社会足球场地开展免费低收费开放，要求所有政府资金投资的社会足球场全免费开放，其他资金投资的社会足球场每周免费和低收费开放至少15个小时，切实引导周边居民开展足球运动，为群众健身锻炼提供方便。至年底，全市有南昌市体育中心、南昌县体育馆、南昌县体育场、进贤县体育公园4个公共场馆开始免费或低收费开放。各场馆每周低免开放时间不少于35小时，全年开放时间不少于300天，双休日、国家法定节假日、全民健身日、学校寒暑假期间每天开放时间不少于8小时。场馆所属户外公共区域及户外健身器材每天免费开放。

【游泳场馆降水价】 2021年，按照市体育局、市行政审批局、市发改委联合印发的《关于落实体育健身类游泳场馆优惠水价政策的通知》要求，从2021年1月1日起，对积极参与体育消费试点城市建设的体育健身类游泳场馆，申报并审核通过后，享受二类非居民用水价格（4.45元/吨）优惠政策。经过游泳场馆申报、属地体育行政部门审核、第三方机构审核评估、社会公示等环节，确定首批15家游泳池享受优惠水价，用水价格从11.55元/吨降至4.45元/吨，受惠场馆水费同比减少60%。

（邓鼎元）

社会生活

人口家庭

【概况】 2021年,南昌市人口工作深入贯彻落实《中共中央、国务院关于优化生育政策促进人口长期均衡发展的决定》(以下简称《决定》)及新修订的《江西省人口与计划生育条例》(以下简称《条例》)精神,积极稳妥实施三孩生育政策及配套支持措施,改革服务管理制度,进一步完善家庭发展支持体系,推动实现适度生育水平,促进人口长期均衡发展。

【人口监测工作运行】 2021年,全市以提升人口监测质量为重点,在人员、经费等方面予以倾斜,各级明确专门人员和专项经费,确保人口监测正常运行。南昌县和进贤县分别作为国家和省级人口监测点,定期对全员人口信息进行逻辑审核,督导做好监测统计和专项调查,按期保质完成调查任务。

【人口信息共享】 2021年,依据省级卫生计生信息平台数据,充分发挥人口信息系统与“赣服通”信息交换协作功能,实行数据比对,及时修正信息,提高数据共享及时性。进一步加强部门协作沟通,通过部门整合信息,提高信息质量,实现市级各类医疗机构和计生信息共享“绿色通道”。

【人口形势研究分析】 2021年,为落实国家和省卫健部门有关加强人口发展战略研究要求,组织有关人员探索研究新形势下三孩政策内涵及实现方式,促进生育政策与相关经济社会政策相衔接。继续开展对“十四五”期间出生人口变动态势进行数据分析评估,及时客观反映出生人口变化和规律,为全市经济社会发展相关政策的制定提供人口数据参考。

【人口出生率连续下降】 2021年6月公布的第七次全国人口普查数据显示,至2020年11月1日零时,全市常住总人口为625.50万人。江西省全员人口信息系统显示,2020年10月1日至2021年9月30日,全市出生42701人,人口出生率为7.42‰,连续5年下降;人口自然增长率为5.42‰,连续6年下降。

【优化生育政策宣传】 2021年,组织开展优化生育政策、促进人口长期均衡发展各项政策举措宣传,通过多种形式对法律有关规定进行解读。充分利用政府门户网站、报刊电视、“健康南昌”等平台开展宣传教育,形成有利于全面加强人口工作社会氛围;将新修订《江西省人口与计划生育条例》纳入各级中心组学习内容和单位法制教育培训内容;把学习宣传《江西省人口与计划生育条例》纳入群众性文化活动中,扩大学习宣传贯彻落实《江西省人口与计划生育条例》的范围,营造全社会支持生育、促进生育、优生优育、适龄婚育的良好氛围。

【生育服务中心(窗口)规范建设】 2021年,围绕“放管服”改革,投入800余万元,对全市146个计生服务窗口实行“一站式”规范化建设,全面落实线上线下无缝对接和“只跑一次”或“一次不跑”要求。投资1600余万元,按照“一链办理”要求,完成13家县级综合婚育服务中心建设,全面实现“婚姻生育同登记、婚孕两检一流程、妇儿两检一窗办”模式,全市婚检率提高至96.58%。至年底,全市生育服务系统办结总数30977例。其中,一孩15227例、二孩12624例、三孩2481例,再生育审批645例。

【人口出生情况】 2021年,南昌市人口出生数41946人,人口出生率7.38‰,自然增长率5.41‰。其中,一孩出生数17766人,一孩率42.35%;二孩出生数17446人,二孩率41.59%;三孩及以上出生数6732

人,多孩率 16.05%。

【母婴安全制度推行】 2021 年,认真落实母婴安全“五项制度”,从源头严防风险,全面开展妊娠风险筛查与评估。规范推进出生缺陷三级预防制度,减少先天残疾发生和缺陷儿出生。全市为 52139 名新生儿开展疾病筛查。全年累计完成孕前优生健康检查 22486 人,完成年任务 83.22%;累计完成婚前医学检查 39192 人,婚检率 98.85%。将母婴室配置纳入《南昌市文明行为促进条例》内容,全市公共场所配置率 100%;二级以上医院和城区接种门诊母婴室配置实现全覆盖,并可通过“南昌健康”App 实现地址查询和导航服务。

【法规文件清理】 2021 年,全市根据新修订《江西省人口与计划生育条例》,及时清理不适合当前人口发展形势法规文件和社会制约措施,释放生育潜能,推进实现适度生育水平。至年底,废止《南昌市流动人口计划生育工作条例》《南昌市人口和计划生育“一票否决”制度实施办法》等 10 个法规和文件。

【婴幼儿照护服务】 2021 年,南昌市成立市县 2 级照护服务指导中心,结合妇幼保健工作、“优孕、优生、优育”新三优中心、0—3 岁婴幼儿照护服务指南、母子健康手册等,多渠道多形式指导家长掌握科学育儿方法和技能。鼓励机关企事业单位提供场地或资金为本单位职工提供婴幼儿照护服务,在有条件社区“1+5+X”邻里中心开办托育机构或增设托育服务点,支持社会力量婴幼儿照护模式,在财政资金建设补贴、普惠运营补贴等方面给予相应政策支持。至年底,全市建成各类托育机构 41 家,设有托位 2737 个,入托幼儿 1413 人;开展“托幼一体化”幼儿园 272 家,提供托位数 8797 个,入托幼儿 4119 人。11 月 15 日,市财政局、市卫健委联合下发《关于印发南昌市婴幼儿照护服务机构补助资金项目实施细则的通知》,采取以财政补贴方式专项用于提高南昌市婴幼儿照护服务机构规范化建设和服务运营水平,增加普惠性托育服务供给。市人社局、市教育局加强专业建设、培育技能人才,在多所技工学校、中职学校开设护理、幼儿保育等专业课程,全年培训母婴护理员、育婴员、保育员 1871 人次,发放补贴 249.25 万元。

【计划生育奖励制度实行】 2021 年,落实国家、省计划生育奖励扶助、特别扶助制度和阳光助学享受对象资格确认、备案工作。全市资格确认享受奖扶对象 9779 人、特扶对象 3355 人、阳光助学 295 人,扶助资金 33384 万元,其中市级配套资金 495 万元;推进城镇独生子女父母奖励费工作,全市非国企(或机关事业单位)政策享受对象 147110 人,奖励资金 17277.8 万元;发放计划生育特殊家庭一次性抚慰金 122 人,发放资金 61 万元。

【流动人口子女就近入学】 2021 年,按照《关于做好 2021 年义务教育免试就近入学工作的实施意见》要求,坚持“以流入地政府管理为主、以公办学校接收为主”原则,根据就近入学有关规定,来南昌人员随迁子女按照生源类别依序进入学区学校接受义务教育,妥善解决城市流动人口子女入学问题。全年组织全市各中小学接收 8.38 万名流动人员随迁子女就近入学。其中,小学为 6.29 万人(新生入学 1 万人),初中为 2.09 万人(新生入学 0.64 万人)。

【少数民族流动人口服务管理】 2021 年,南昌市出台《关于推进全国少数民族流动人口服务管理示范城市建设实施方案》,健全少数民族流动人口服务管理体系,在市、县区、乡镇(街道)、村(社区)构建民族工作管理网络,解决少数民族流动人口服务管理“最后一公里”问题。以南昌市少数民族流动人口服务中心为核心,在红谷清真大寺和西湖区恒茂社区分别设立南昌市少数民族流动人口服务中心第一和第二分部,以少数民族经商人员经营的拉面店、烧烤餐厅为依托,在 12 个县区分别建立 18 家少数民族流动人口联系服务站,明确各联系服务站站长和工作职责,实现少数民族流动人口服务管理全覆盖。

【计划生育特殊家庭帮扶】 2021 年,坚持帮扶计划生育特殊家庭,为计划生育特殊家庭办理疾病医疗综合保险。全年投入资金 191.4 万元,办理疾病医疗综合保险 3355 人。开展走访慰问计划生育特殊家庭,按照每户不得低于 800 元标准,发放慰问金 313.5 万元。按照省卫健委部署,全面落实计划生育特殊家庭 3 个全覆盖(就医绿色通道、家庭医生签约、联系人制度),并为 3355 名计划生育特殊家庭成员提供免费体检。深入推进“暖心行动”,为计划生育特殊家庭老人提供送餐送药、理发助浴、养生保健等服务。西湖区、青山湖区“暖心家园”获评国家计生协“暖心家园”项目。组织建立心理援助队伍和志愿者服务队伍,为计划生育特殊家庭人员提供心理辅导、精神慰藉、志愿服务,缓解计划生育特殊家庭成员心理压力。鼓励并帮助计划生育特殊家庭重新构建完整家庭,为失独家庭开展再生育技术服务 41 人次,采取辅助生殖技术 15 人。

【收养】 2021 年,南昌市严格按照《中华人民共和国民法典》规定,依法办理收养登记,健全儿童收养评估工作机制,科学开展收养家庭抚养教育能力评估,规范外国收养家庭寻根回访接待工作,建立寻根回访长效机制。从市级福彩资金列支 10 万元,以购买服务形式,委托第三方机构开展全市收养评估工作。至年底,办理收养登记29人,其中三代以内同辈旁系血亲子女收养21人、福利机构抚养弃婴4人、生父母有特殊困难无力抚养3人。

【家庭教育服务】 2021年,市妇联注重家庭教育服务,推动家庭教育工作高质量发展。3月8日,市妇联、市教育局联合开展“领跑新学期、激活内动力”家庭教育直播讲座,12.6万人线上听讲。5月28日,市妇联和市教育局联合举办南昌市第三届家庭教育节开幕式暨第二届家庭教育高峰论坛。论坛同步网上直播,59万人次线上收看。联合市教育局启动“陪伴的力量”家庭教育百场巡讲,4000余名家长听讲。全年,开展儿童“防溺水”安全教育宣讲101场,1万余名儿童受益。

【“六心家园”家庭教育心理健康实践基地成立】 2021年3月24日,由市妇联、市妇女儿童活动中心打造的“六心家园”(开心、爱心、连心、连心、信心、明心、知心家园)家庭教育推广计划启动,“六心家园”家庭教育心理健康实践基地在邮政路小学教育集团正式落成并揭牌。市妇联党组成员、副主席黄朝华及500名师生、家长共同参加活动。“六心家园”家庭教育推广计划以邮政路小学家庭教育实践基地为试点,会聚全市120余名家庭教育指导师、心理咨询师以及教师志愿者,针对儿童心理成长特点及需求,开设人际沟通、情绪管理、挫折教育等28项专题课程。全年,实践基地开展家庭教育23场,服务1200人次。

【殡葬服务】 2021年,南昌市作为首批入选全国首批80个殡葬综合改革试验区城市之一,积极落实殡葬改革政策要求,移风易俗,推广绿色殡葬理念,规范安葬设施规划建设,重点完善殡仪馆、骨灰堂、公益性公墓等基本殡葬公共服务设施,全面落实基本殡葬服务免费制度。至年底,全市累计建成城乡公益性公墓(骨灰堂)830个,行政村覆盖率100%。争取中央、省市各级福彩资金879万元用于殡葬设施建设,加快推进26个殡葬设施提升改造,其中示范性殡仪馆2个、城市公益性骨灰堂(公墓)2个、农村公益性骨灰堂(公墓)22个。南昌市倡导骨灰撒散、树葬、花坛葬、草坪葬等节地或不占地安葬方式,奖补标准为每例1000元—3000元。全面实行遗体接运、冷藏、火化、普通骨灰盒费和骨灰寄存5项基本殡葬服务在殡葬服务机构直接核免。南昌市城区免费标准按每具遗体1620元执行。南昌县、进贤县、安义县和新建区制定奖补办法进行提标或增加免费项目,每具火化遗体减免1800元以上。至年底,全市发放5项基本殡葬服务免费资金10056人1588万元,发放生态安葬补助38人9.2万元,全市新增遗体火化率连续33个月保持在100%。为最大限度阻断疫情聚集性、输入性传播,巩固突发疫情社会面基本清零成果,南昌市落实疫情防控常态化举措,印制文明祭祀通告9万份,推行错峰祭祀、预约祭祀、代客祭祀、网络祭祀等服务,高效保障清明、中元、冬至期间全市152万余人次祭祀需求。瀛上墓区连续多年实现“零燃放、零乞讨、零投诉”。

(张建昀 殷慧勤 刘文瑶)

劳动就业

【概况】 2021年,全市开展招聘活动621场次,提供岗位97.07万个,达成就业意向7.38万人;城镇新增就业72245人,新增转移农村劳动力39515人。全年为258家困难企业发放稳岗返还补贴5.58亿元,为17726家企业发放一般性稳岗返还补贴6522.25万元,综合降低社会保险费率,为企业减轻负担26.65亿元;新增发放创业担保贷款12.96亿元,直接扶持创业者4631人次,带动就业15142人次;全市创业孵化基地发展到28家(其中国家级2家、省级8家),驻昌院校大学生就业创业指导中心发展到27家,创业培训定点机构59家。

【就业形势监测分析】 2021年,市人社局落实党中央、国务院“六稳”“六保”重大决策部署,准确把握全市就业形势及变化趋势,在全省率先开展全市就业市场景气指数、高校应届毕业生就业情况、工业园区重点企业用工情况、农村劳动力转移就业情况的动态监测工作。结合全市经济发展社会现状,通过对相关数据进行分析研究,分析识别出潜在风险隐患,提出稳就业有关意见建议,按季度形成全市就业形势监测分析季度报告,为市委、市政府决策提供参考。

【企业薪酬调查】 2021年,南昌市统筹制定《2021年南昌市企业薪酬调查及信息发布工作方案》,加强企业工资宏观调控,指导企业建立科学合理薪酬制度,合理确定职工工资水平和增幅。组织召开全市企业薪酬调查工作布置会暨培训会,布置薪酬调查工作,培训调查骨干力量。调查对象为全市各种登记注册类型的企业和由企业直接支付工资的劳动者,主要调查企业人工成本情况和从业人员工资报酬情况。市人社局负责调查工作的组织和统筹协调,加大工作调度和数据审核力度,形成数据初审、复审工作流程,严格对县区上报数据进行审核,将不合理或错误数据及时返回企业核实、修改,保证数据质量。7月,全市企业薪酬调查工作全面完成。

【市属国企负责人薪酬改革】 2021年,市人社局印发《关于开展2019年度市属国有企业在岗职工工资统计工作的通知》，进一步严格规范市属国有企业负责人履职待遇管理，建立统一规范的国有企业负责人薪酬管理制度，健全监管体制机制，推动职业经理人队伍建设。按照通知要求，开展市属国有独资、国有控股企业2019年度市属国有企业在岗职工平均工资统计工作。参加统计企业31家，在岗职工55165名。印发《关于做好2019年度市属企业负责人薪酬备案和信息披露工作的通知》，持续推进薪酬备案及信息披露工作。

【创业孵化基地建设】 2021年，根据《南昌市创业孵化基地建设实施办法》，经过县区推荐、实地考察、社会公示等评估认定程序，市人社局新认定筑享空间基地、兵哥送菜基地为南昌市市级创业孵化基地。至年底，全市建设各级创业孵化基地28家。其中，国家级2家，省级8家，市级8家，县区级10家。

【大学生就业创业指导中心建设】 2021年，市人社局与53所驻南昌院校就业工作部门加强联系，新设立驻南昌院校大学生就业创业指导中心16所。驻南昌院校大学生就业创业指导中心贴近大学生开展服务，主动引导大学毕业生留昌就业创业、开展职业规划，帮助落实困难大学生就业援助政策等。组织开展指导中心服务情况评估工作，对通过评估的21所中心给予5万元至50万元不等的工作经费补贴，拨付补贴资金400万元。

【招聘就业服务】 2021年，市人社局采取“线上+线下”形式开展“春风行动暨就业援助月”“保用工稳就业促发展”“百场校招”等专项活动，通过“南昌人社”“洪城职聘”等官网平台向社会发布就业岗位信息和推送劳动者求职信息，促进供需对接，减轻疫情对就业带来的影响。至年底，全市各类公共招聘平台有3.16万家企业提供97.07万个就业岗位，达成就业意向人数7.38万人；开通“保用工”专机12架次、专车8车次，为重点企业输送员工1488人，发放重点企业返岗交通补贴73.51万元。

【高校毕业生就业服务】 2021年，市人社局加强与各县区、开发区、市直相关单位联动，征集全市辖区范围内的就业岗位，合理分配到南昌市10万人才来昌留昌“百场校招”活动中，进一步提升用人单位岗位需求与应聘者的意向匹配率，吸引更多大学毕业生和技能人才爱上南昌、建设南昌。至年底，举办校园专场招聘活动570场，累计吸引进场企业28361家，提供就业岗位90.37万个，达成就业意向人数7.38万人。对离校未就业高校毕业生开展实名制登记，一对一提供政策援助，引导帮助实现就业。至年底，全市累计登记离校未就业高校毕业生7498人，实现就业5175人，就业率69%；发放困难高校毕业生一次性求职补贴2.4万人，补贴资金2404.4万元；发放一次性创业补贴109人，发放金额54.5万元。

【“洪城创业故事汇”创业典型进校园活动】 2021年，市人社局积极开展以“我是洪城创业者”为主题的南昌市“洪城创业故事汇”创业典型进校园活动，把创业榜样、创业政策、创业服务零距离带到大学生创客身边。在活动现场，第二届“洪城创业故事汇”多位榜样人物分享创业艰辛历程。人社部国家级创业培训师、人社部《创办你的企业》教材改编专家高爱兰指导高校学子如何发现创业商机；豫章师范学院大学生双创项目《豫章儿童康复中心》进行路演展示，创业榜样和导师现场点评。第二届“洪城创业故事汇”榜样人物杨宇川与大家分享创业经验。此项活动受到央广网、人民网、凤凰网、新浪网、江西日报网媒端、中国江西网和江西都市报网站端、微博端等相关媒体关注并进行宣传报道，线上直播观看23.16万人次。

【“春风行动”招聘活动】 2021年，市人社局联合市直相关部门举办以“迎新春送温暖、稳岗留工”为主题的专场招聘会。招聘会现场设有政策宣传区、南昌VR产业基地专区、高新工业园区、安义工业园区、临空园区、浙江义乌组团招聘专区等，提供适合高校毕业生、退役军人、农民工、就业困难人员的就业岗位。年轻人返乡就业成为此次招聘会最大亮点。此次活动组织146家用工企业参与，提供8000余个就业岗位，吸引3000余人进场求职。活动当天1859名求职人员现场与企业达成就业意向，缓解部分企业招工难、用工难的问题。招聘会还采取“线上+线下”形式开展“春风行动暨就业援助月”招聘会58场，吸引进场求职5.06万人，推送岗位信息4.98万条，发放春风卡等宣传资料8.04万份。

【“百千万专项行动”招聘活动】 2021年6月5日，市人社局在南昌市人社大厦举办百千万夏季专场招聘会。招聘会有进场参加现场招聘会企业263家，提供就业岗位超9500个，现场吸引求职者近4600人，达成初步就业意向2023人。进场企业涉及零售、金融、教育、IT软件、物流、建筑等多个行业，岗位涵盖会计、行政、教师、信息技术、技术工种、销售、储备干部等多个领域。此外，为进一步强化招聘效果，同步在南昌人才招聘网开展“职等你来·就业同行——2021年百日千万网络招聘专项行动”，为用人单位招聘人才提供对接服务。

【“百场校招”活动】 2021年10月23日，南昌市吸引10万名大学生和技能人才来南昌创业就业“百场校招”活动在南昌大学启动。启动活动采取“1+3”联动模式，分为1个主会场和3个分会场，现场设置招聘区、政策咨询区、创业项目展示区、洪城人才卡发放区、直播带岗区、现场签约区等六大功能区。“1+3”主分会场有进场企业546家，提供就业岗位32929个，吸纳入场求职大学生1.75万余人，初步达成就业意向5572人。启动活动以“云直播”方式向全球现场直播，实现线上线下同时开展招聘。

【就业政策保障】 2021年，南昌市先后制定稳就业相关政策，激发用人主体需求，稳住就业岗位。市政府印发《关于进一步做好稳就业工作实施意见的通知》及相关实施细则、市人社局制定印发《关于就业困难人员灵活就业社保补贴有关事项的通知》、市人社局会同市财政局联合印发《关于南昌市创业孵化基地建设实施办法的补充通知》等一揽子以点带面、全面覆盖的稳就业政策措施相继推出，政策效应逐步释放。指导各县区(开发区)、湾里管理局人社部门结合职能，主动作为，重点关注高校毕业生等青年就业创业引导，鼓励就业困难人员多形式灵活就业，鼓励建设创业载体带动创业就业，为维护就业形势稳定备足政策“工具箱”。

【农民工和就业困难人员就业帮扶】 2021年，市人社局注重围绕市场急需紧缺职业，大力开展电商、家政等适合农民工就业的技能培训和新业态培训。对通过市场渠道难以就业的农民工，开发乡村保洁员、护林员等公益性岗位托底安置。对符合条件的返乡创业企业招用建档立卡贫困人员、登记失业人员，落实税收优惠政策。通过分类援助、精准施策，重点帮扶零就业家庭就业，对全市就业困难人员家庭开展逐户走访，对未就业困难人员进行登记认定，组织“一对一”就业帮扶。至年底，全市发放公益性岗位补贴4284人，补贴资金1526.54万元；发放社会保险补贴13657人次，补贴资金3452.16万元；发放灵活就业人员社会保险补贴10525人。

【建档立卡贫困人员就业帮扶】 2021年，市人社局出台《关于加强就业帮扶巩固拓展脱贫攻坚成果助力乡村振兴有关工作的通知》，加大农业、服务业、扶贫车间等渠道的吸纳力度，用足用好以工代赈、公益岗位等政策，帮助实现家门口就业。至年底，全市建档立卡贫困劳动力27265人，有就业意愿贫困劳动力27215人，已就业27116人，有就业意愿的就业率99.6%；提供公共就业招聘服务1.3万余人次，帮助贫困劳动力实现就业2100人；组织就业技能培训838人次；公益性岗位安置1900人，发放补贴607.71万元；为6929人落实交通补贴，发放补贴276.75万元；为吸纳242名贫困劳动力的35个扶贫车间发放运行补贴12.7万元；全市困难群体由政府代缴城乡居民养老保险费77716人，领取待遇人数41231人。做好退捕渔民就业安置，及时获取退捕渔民基本情况、就业意愿和培训需求，开展就业培训，引导转产就业。至年底，全市建档立卡退捕渔民23014人，需转产安置17345人，已转产就业17345人。

【失业保险稳岗返还】 2021年7月，市人社局协调发改、工信、税务、财政等部门采取“一家牵头、并联审核、限时办结”方式实行“不见面”申报，发挥5个部门通力协作、联动配合的联审和数据运行机制，不断降门槛，优化申报材料联审程序，完成258家面临暂时性困难企业失业保险稳岗资金的审核和返还工作，拨付返还2020年度资金5.58亿元，惠及企业职工6.95万人，较2019年度返还金额提高284.95%。同时，采取“精准发放”方式实施普惠性失业保险稳岗返还。至年底，为全市17726家企业发放一般性稳岗补贴6522.25万元，惠及职工40.84万人。

【职业技能提升行动】 2021年，市人社局严格按照“开班申请、组织实施、巡查抽查、考核鉴定、台账检验、资金核拨”六步法工作流程，稳步推进职业技能提升培训。采取对各县区一月一排名的“督战”方式开展职业技能提升行动。至年底，全市共完成职业技能提升行动培训人次9.2万人，完成全年任务的136.46%；拨付资金9023.44万元，完成全年任务的181.05%。其中，企业职工岗位技能培训3.39万人，拨付补贴3319.75万元；就业技能培训5.81万人，拨付补贴5703.69万元。市本级开展职业技能提升培训3.36万人，完成全年任务的134.2%；拨付专项资金3902.97万元，完成全年任务的259.47%。

【和谐劳动关系单位创建】 2021年，市人社局创新开展和谐同行“双十佳”培育共同行动，印发《关于2021年南昌市劳动关系和谐同行“十佳企业”“十佳园区(乡镇街道)”命名的决定》，命名表彰10家和谐劳动关系“十佳企业”和10家和谐劳动关系“十佳园区(乡镇街道)”，下发每家获评单位10万元培育经费，初步形成劳动关系和谐单位培育工作“南昌模式”，对和谐劳动关系创建起到良好的示范带动作用。组织开展省第二届模范劳动关系和谐单位选拔推荐工作，推荐上报的南昌矿山机械有限公司等4家企业被表彰为江西省模范劳动关系和谐企业，推荐上报的进贤医疗器械科技产业园等2个工业园区被表彰为江西省模范劳动关系和谐园区，推荐上报的青云谱区徐家坊街道等2个乡镇(街道)被表彰为江西省模范劳动关系和谐乡镇(街道)，表彰数量位居省内各地市首位。

【服务平台多点搭建】 2021年，市人社局实施更加积极的就业创业政策，搭建部门联动平台和企业用工服务平台，为就业者提供更好的就业环境。通过建立健全多部门合作机制，统筹落实全市就业工作，理顺成员单位责任分工和运行机制，组建联络员队伍，建立全市公共就业服务平台，精准解决双方求职招聘需求，促进人岗精准匹配，确保月月有招聘活动，时时有就业服务。至年底，全市建立重点企业用工服务站29家，准确掌握企业用工需求变化，及时反馈并协助解决企业用工中出现的新情况、新问题。

【根治欠薪机制完善】 2021年，受新冠肺炎疫情等因素影响，工程建设领域尤其是房地产建设领域企业资金周转压力较大，陆续有在建工程项目出现停工现象，继而造成因工程款支付不及时不到位，导致拖欠农民工工资问题多发频发。市人社局按照“属地管理、谁主管谁负责”原则，逐级签订责任书，层层传导压力、层层明确责任，特别是主要领导承担起根治欠薪工作“第一责任人”职责。全面压实各县区属地管理责任和各成员单位行业监管职责。至年底，南昌市实现在建工程项目“两金六制”(包括农民工工资保证金、政府应急周转金，以及劳动用工实名制管理、农民工工资专户、按月发放工资、总包代发、工程款支付担保、施工现场维权信息告示牌等6项制度)巡查全覆盖。经市劳动保障监察部门排查统计，全市在建工程项目共466个，其中房地产项目340个(含棚户区改造、安置房项目)，全市在建工程项目落实根治欠薪“两金六制”巡查覆盖率100%；市本级农民工工资保证金收缴135笔，合计2.04亿元；全市退还农民工工资保证金274笔，6.48亿元，其中以保证保险保函形式置换的有77笔，3.02亿元；全市收到全国根治欠薪线索反映平台欠薪线索6912起，已办结6448起，涉及4134人，金额5895.1万元；立案查处农民工欠薪案件144起，为650名农民工追回工资751.86万元，结案率100%。全市未发生因农民工工资引发的50人以上群体性事件或造成严重后果的极端事件。

【劳动争议调解机制建立】 2021年，市人社局探索建立多元联动的劳动争议调解机制，逐步建立司法调解、人民调解、仲裁调解相结合的劳动争议纠纷联动化解工作模式。与司法部门联动，在市劳动仲裁院设立法律援助室、人民调解室，对劳动争议案件进行案前调解。实行调解优先，劳动仲裁机构将调解贯穿于办案全过程并丰富多种调解手段，探索出实地调解、电话调解、座谈调解、预约调解、委托调解等多种调解方式，调解思路进一步拓宽。至年底，全市受案后调解率85%。

【劳动争议仲裁与劳动保障监察协调联动机制】 2021年，市人社局发挥劳动争议仲裁与劳动保障监察制度优势，快捷高效处理劳动关系矛盾纠纷，依法维护当事人合法权益。通过切实开展劳动纠纷联调联处，及时做好案件办理工作。坚持首问负责、依法履职、协调合作，全力保障劳动争议仲裁与劳动保障监察协调联动工作开展。通过建立劳动仲裁与劳动监察联动办案机制，更好地发挥仲裁和监察在劳动维权方面的作用。至年底，全市共向社会公布重大劳动保障典型案例7起。

(李　玢)

收入消费

【概况】 2021年，南昌市坚持稳中求进工作总基调，维护地区居民就业，增加居民工资性收入，出台积极财政政策，扶持中小微企业和民营经济发展，解决就业问题和劳动更多人经营性增收，居民收入稳步增长。全市消费市场总体平稳，物价水平温和上涨。全年居民消费价格总指数(CPI)比上年上涨1%。其中，消费品价格上涨0.9%，服务价格上涨1.2%，商品零售价格上涨1.6%。城镇居民家庭恩格尔系数为31.0%，农村居民家庭恩格尔系数为33.5%。

【城镇居民收入】 2021年，全市城镇居民人均可支配收入50447元，增加3651元，增长7.8%，首次迈进5万元关口。从收入结构看，城镇居民收入结构呈现出“二升二降”态势。城镇居民人均工资性收入30917元、人均转移净收入9062元，分别增长10.8%、10.4%；人均经营净收入2938元、人均财产净收入7530元，分别下降4.4%、1.2%。

【农村居民收入】 2021年，全市农村居民人均可支配收入22913元，增加1992元，增长9.5%。从收入结构看，农村居民收入结构呈现出“三升一降”态势。农村居民人均工资性收入14605元，上升19.6%；人均财产净收入1240元，上升8.8%；人均转移净收入3582元，增长29.8%；人均经营净收入3485元，下降27.5%。

【城镇居民消费支出】 2021年，全市城镇居民人均消费支出31038元，增长11.0%。组成消费支出的八大项“七升一降”。其中，人均食品烟酒支出9614元，增长5.5%；人均衣着支出1773元，增长14.3%；人均居住支出7971元，增长7.8%；人均生活用品及服务支出1799元，增长26.5%；人均教育文化娱乐支出3515元，增长61.1%；人均医疗保健支出2324元，增长1.0%；人均其他用品和服务支出772元，增长51.7%；人均交通通信支出3271元，降低6.1%。

【农村居民消费支出】 2021年，全市农村居民人均消费支出16576元，增长15.7%。组成消费支出的8个大项“七升一降”。其中，人均食品烟酒支出5555元，增长15.7%；人均衣着支出782元，增长27.1%；人均居住支出3958元，增长29.2%；人均生活用品及服务支出755元，增长39.4%；人均教育文化娱乐支出2031元，增长21.6%；人均医疗保健支出1126元，增长19.8%；人均其他用品和服务支出278元，增长26.3%；人均交通通信支出2091元，降低15.3%。

表 27　2021 年南昌市城镇居民平均每人每年收支构成一览表

单位:元

项　目	2021 年	项　目	2021 年
可支配收入	50447	财产性支出	89
工资性收入	30764	转移性支出	2008
工资	29757	个人所得税	86
经营净收入	3106	部分商业保险支出	132
财产净收入	7493	购置资产及非经常性转移支出	1818
转移净收入	9084	借贷性支出	1132
养老金或离退休金	8310	存入储蓄款	2
家庭总支出	37160	借出款	2
消费支出	31038	归还借款	33
生产经营费用支出	943	归还住房贷款	870

(资料来源:市统计局)

表 28　2021 年南昌市城镇居民平均每人每年消费支出及构成一览表

项　目	消费支出(元)	构成(%)
消费支出	31038	100
食品烟酒	9644	31.1
食品	6814	22
烟酒	670	2.2
饮料	165	0.5
饮食服务	1995	6.4
衣着	1780	5.7
衣类	1486	4.8
鞋类	293	0.9
居住	8051	25.9
生活用品及服务	1814	5.8
交通和通信	3291	10.6
交通	2478	8.0
通信	813	2.6
教育文化娱乐	3364	10.8
教育	2442	7.9
文化娱乐	923	3.0
医疗保健	2317	7.5
医疗器具及药品	479	1.5
医疗服务	1838	5.9
其他用品与服务	777	2.5
其他用品	471	1.5
其他服务	306	1.0

(资料来源:市统计局)

表 29　2021 年南昌市农村居民家庭总收入及构成一览表

项目	平均每人(元)	构成(%)
全年总收入(未扣除生产费用)	26788	100
工资性收入	12602	47
经营净收入	9622	35.9
第一产业	5957	22.2
农业	4725	17.6
林业	447	1.7
牧业	704	2.6
第二产业	444	1.7
第三产业	3220	12.0
财产净收入	1044	3.9
转移净收入	3521	13.1

(资料来源:市统计局)

表 30　2021 年南昌市农村居民家庭总支出及构成一览表

项目	平均每人(元)	构成(%)
总支出	22900	100
消费支出	16576	72.4
食品烟酒	5378	23.5
衣着	752	3.3
居住	3822	16.7
生活用品及服务	752	3.3
交通和通信	2502	10.9
教育文化娱乐	1970	8.6
医疗保健	1114	4.9
其他用品与服务	287	1.3
生产经营费用支出	3577	15.6
第一产业	1244	5.4
第二产业	211	0.9
第三产业	2123	9.3
财产性支出	71	0.3
转移性支出	474	2.1
购置资产及非经常性转移支出	1119	4.9
购置资产支出	350	1.5
非经常转移支出	770	3.4
借贷性支出	1071	4.7

(资料来源:市统计局)(钟　莎)

社会保险

【概况】 2021年，南昌市企业职工、机关事业单位、城乡居民参加养老保险人数分别达到218.53万人、15.24万人、142.58万人，工伤保险、失业保险参保人数分别达到123.47万人、68.9万人；全市社保自助服务网点增至85个，全市累计办件量210.7万件，其中非窗口临柜办件率为90.11%。南昌市基本医疗保险参保人数为565.1万人。其中，职工医疗保险人数142.3万人，居民医疗保险参保人数422.8万人。全市基本医疗保险基金收入103.09亿元，全市基本医疗保险基金支出89.7亿元。

【社会保险覆盖面扩大】 2021年，南昌市企业职工基本养老保险参保企业和参保人数持续增长。全市企业职工基本养老保险参保企业数为11.74万家，新增4.41万家，同比增长56.9%；参保人数（含离退休人数）为218.53万人，新增10.06万人，增长4.8%；在职参保人数为158.22万人，新增9.53万人，增长6.4%。机关事业单位养老保险参保单位和参保人数平稳增长，全市机关事业单位养老保险参保单位数为3618家，新增466家，增长14.8%；参保人数（含离退休人数）为15.24万人，新增0.39万人，增长2.6%；在职参保人数为9.98万人，新增0.27万人，增长2.8%。

【养老待遇提高】 2021年，南昌市累计发放企业职工基本养老金189.66亿元，同比增长6.95%；全年累计发放机关事业单位离退休人员基本养老金30.22亿元，增长4.42%。依照统一部署，完成2021年度企业和机关事业单位退休人员养老保险待遇调整工作，惠及全市63.77万名企业和机关事业单位退休人员，人均增资121.72元/月；调整后，全市企业退休职工人均养老金水平达到2817.72元/月。将城乡居民养老保险基础养老金最低标准由每人每月110元提高至145元，惠及全市60岁以上城乡老年群体共37万人。全市企业离退休人数60.31万人，新增0.53万人，增长0.9%。全市机关事业单位离退休人数5.26万人，新增0.12万人，增长2.3%。

【社保经办能力提升】 2021年，市人社局按照省人社厅“八统一”（即主项名称、子项名称、经办依据、申请材料、办事流程、经办流程、经办时间、办事表单8个统一）的规范和“一窗受理、一站式服务、一链办理”要求，全面梳理社保业务事项、经办规则、风险划分、审核程序，建立健全业务经办服务事项标准体系，下发《关于规范南昌人社政务服务有关事项的通知》，进一步规范人社政务服务，不断升级南昌“智慧人社”模式，构建“15分钟”经办服务圈，优化特殊群体便民服务，不断提升企业、群众的获得感、幸福感和满意度。至年底，社保经办月均服务15.99万人次，工作日日均服务7678人次。其中，线上经办（网厅、手机App、自助服务机）月均服务14.41万人次，工作日日均服务6919人次。

【“不见面”经办服务】 2021年，市人社局逐步完善“123”社保业务“愉快办”服务模式，推动企业个人办事“网上办”“掌上办”。全市社保自助服务网点增至85个，113台自助服务机分布各县区经办大厅、乡镇便民中心和银行网点，均可实现21项个人高频业务办理服务，将“群众在‘家门口’轻松办社保”落到实处。至年底，市本级经办服务总量191.95万人次，咨询服务约18.75万人次。其中，线下经办服务18.98万人次，线上经办服务172.97万人次。窗口取号人员从日均1100人下降为500人左右。全市已有1.75万家企业通过“一网通办”平台完成参保登记，“网上办、掌上办、自助办”业务经办量占总业务经办量的90.11%。

【“社保费减免缓降”政策】 2021年，企业社保费减免业务由市社保中心按政策规定通过信息系统统一办理，无须企业另行申报，企业按正常缴费渠道进行缴费即可。同时，为帮助企业应对疫情影响，全市实行疫情期间社保费缓征政策，允许企业暂缓申报缴纳社会保险费。社会保险费的减免缓降政策实施，降低企业用工成本，对受疫情影响较大的企业给予支持，有效纾解企业资金困难，助力企业复工复产。至年底，全市企业累计综合降低社会保险费率额总计为26.65亿元。其中，养老保险降费额为16.8亿元，失业保险降费额为6.12亿元，工伤保险降费额为3.73亿元。

【退捕渔民基本养老保险全覆盖】 2021年，市人社局及时完成享受政府补助养老保险的渔民身份审核认定，确保退捕渔民基本养老保险全覆盖。至年底，全市退捕渔民参保人数22069人，完成率100%。其中，纳入职工养老保险参保人数8127人，纳入城乡居民养老保险参保人数13942人。

【欺诈骗保专项治理行动】 2021年，市人社局印发《南昌市开展打击社会保险领域欺诈骗保专项治理行动实施方案》的通知，运用数据分析筛查、档案核查、经办业务审核等方式筛查疑点，结合群众举报线索，对违规领取养老、工伤、失业保险待遇及欺诈骗保行为开展专项检查，重点打击违规领取行为（主要包含死亡冒领、服刑冒领、重复领取及其他不符合领取社会保险待遇条件的行为）和欺诈骗保行为（主要包含通过隐瞒情况，伪造、编造相关材料达到欺诈骗取或协助他人欺诈骗取社会保险基金目的的行为)。至年底,接收318条疑点问题数据,依规处理5名重复领取养老保险待遇的人员,追回金额27.98万元;追回服刑人员冒领待遇211人,追回金额892.26万元。

【提前退休审核专项核查】 2021年,市人社局根据《江西省继续开展企业职工基本养老保险提前退休问题专项核查工作方案》要求,结合开展社会保险基金安全"警示教育月"活动,对所涉及的全市企业职工养老保险提前退休政策及审核情况进行排查,逐条梳理问题情况,采取措施及时整改,并建立完善防控制度。部署全市企业职工提前退休自查工作,做好相关文件、案卷及资料的自查、整理、备查工作。严格落实提前退休申请相关时间节点要求,对在填报特殊工种岗位人员信息和申报提前退休过程中弄虚作假的企业,列入违规企业黑名单。

【医保重点事项改革】 2021年,南昌市全面落实国家5个批次、省1个批次药品集中带量采购中选结果,涉及药品225种,药品价格平均降幅63.79%,最大降幅达到97.64%,有效减轻群众就医时药品费用负担。开展跨省异地就医门诊直接结算试点工作,为异地备案参保对象同步开通门诊刷卡功能。全年为全市2.76万名参保人员办理跨省异地就医备案上报工作,有2.85万人次进行异地就医住院费用直接结算。推进医保支付方式改革,将一级医疗机构纳入病组分值结算范围,实现全覆盖。动态调整病组支付标准,实现支付方式精准高效。

【医保信息系统建设】 2021年,市医保局全力做好省医保信息平台上线工作,及时开展新系统使用培训,建立应急队伍,明确平台切换应急处置流程,按时间节点落实信息平台切换工作。升级优化网上经办大厅服务,参保人及参保企业通过网上大厅即可办理人员参保登记、停保续保、异地备案、缴费明细查询等业务。至年底,累计办理参保登记8.11万人次,续保23.54万人次,停保28.76万人次,单位年度基数调整3133家,网厅合计办理业务60.41万笔。全面推广应用医保电子凭证。督促全市两定医药机构完成解码验证、身份确认、结算支付等医保电子凭证相关功能接入改造,引导参保人申领激活个人医保电子凭证,实现医保电子凭证在定点医药机构移动支付。

【新冠肺炎救治医疗保障】 2021年,市医保局联合市财政局、市卫健委成立南昌市新冠病毒疫苗及接种费用保障协调小组,调度全市各相关单位和各相关医疗机构做好新冠病毒疫苗及接种费用相关保障工作。及时保障疫苗经费,一次性筹集4.06亿元用于新冠肺炎疫苗采购,保障市民能够及时免费接种疫苗。第一时间将疫苗接种费用划拨给疫苗接种点,免除医疗机构后顾之忧。落实核酸检测费用医疗保障工作,及时按政策拨付核酸检测医疗保障费用。至年底,全市共发生核酸检测总费用3528.16万元,其中统筹基金支付"应检尽检"人群费用1898.02万元。

【两定医药机构管理】 2021年,市医保局组织两定医药机构(指自愿与统筹地区经办机构签订医保协议,为参保人员提供医疗、药品服务的医疗机构、实体零售药店)评估准入工作,不断提高定点医药机构覆盖率,增强医疗保障服务能力。全年新增纳入南昌市基本医疗保险定点医药机构274家。其中,零售药店185家、医疗机构89家。制定《关于规范定点医药机构动态管理工作的通知》,建立全市两定医药机构信息库,规范两定医药机构信息管理,实现动态调整维护。至年底,全市有定点医药机构3142家,其中医疗机构1671家、零售药店1471家。做好两定医药机构同城互认工作,实现省本级和南昌市定点医药机构同城互认。

【医疗保障各项机制体制健全】 2021年,南昌市相继建立健全职工医疗保险、城乡居民大病保险和"两病"管理保障政策,完善多层次医疗保障体系建设,切实扩大参保覆盖面和政策享受人群。印发《关于贯彻落实江西省人民政府办公厅关于统一规范职工基本医疗保险和大病保险政策的实施意见的通知》,进一步完善职工基本医疗保险和大病保险制度。印发《关于调整南昌市城乡居民基本医疗保险和大病保险政策的通知》,调整基本医疗保险统筹基金最高支付额度,确保基本医保和大病保险可持续运行。印发《南昌市深化城乡居民高血压、糖尿病门诊用药保障和健康管理专项行动方案》和《关于完善高血压、糖尿病长期用药处方管理工作的通知》,实现高血压、糖尿病门诊用药保障人群全覆盖,支持医疗机构根据患者病情将处方用药量放宽至3个月。指导运营平台和保险公司对商业补充医疗保险产品进行更新迭代,实现不限年龄、性别、职业、既往病参保,同时降低免赔额,开放职工基本医疗保险个人账户,让更多参保患者能够进入保障范围。

【医保基金综合监管】 2021年,市医保局联合多部门出台《南昌市医疗保障基金监管和信用体系建设联席会议制度》《南昌市医疗保障定点医疗机构信用评定与管理暂行办法》等制度文件,建立基金监管联席会议和信用体系建设联席会议制度,形成多部门联合执法和监管结果协同运用机制,推动医疗保障基金监管信用信息共享、互认和联合惩戒。以国家医保智能监控示范点城市建设为契机，全面推进医保智能监控建设。制定《南昌市医疗保障局关于医保基金智能监控暂行规定》等规章制度，建立“线上审核+线下稽核”工作机制。开展专项治理“回头看”行动，实施基金监管存量问题“清零行动”，统筹安排开展“双随机、一公开”检查、交叉检查、省市飞行检查，实现12个县区（开发区）全覆盖，暂停医保服务协议28家，解除协议22家，限期整改1762家，追回违规基金10129.47万元，行政罚款423.31万元。开展打击欺诈骗保集中宣传活动，全市共发放宣传折页20.04万份、宣传海报1.06万张，播放宣传视频4859场次，参与组织《医疗保障基金使用监督管理条例》培训650场。

【医保经办服务优化】 2021年，市医保局推进高频事项就近办理，系统梳理全市医保经办高频事项、全市通办目录及实施细则，异地就医备案等4项业务实现全市通办。开展门诊特殊慢性病病种鉴定下沉，在I类门诊特殊慢性病鉴定下沉基础上，在市本级推行“II类门诊特殊慢性病病种鉴定下沉”工作，直接由定点医疗机构“一站式”受理认定，有效减少门诊特殊慢性病申报流转时间，进一步压缩办理时限。多渠道解决老年人等特殊群体医保办事需求。通过推行授权代理、亲友代办等功能，实现老年人等特殊群体医保办理绿色通道。

（李　玢　任　曼）

社会救助

【概况】 2021年，市民政局集中排查和专项治理严重影响低保兜底保障落实、社会救助政策落实、侵害困难群众利益和低保领域存在的“人情保”“错保”“漏保”等问题，全面公开全市在享低保对象、低保政策和投诉举报电话，进一步提高政策知晓率。开展农村社会救助专项治理行动，动态管理退出低保对象3971户7949人，新增纳入低保对象2377户4225人。为全市5000余名分散供养特困人员落实委托照料服务，建立探访服务制度。强化备用金管理制度，根据乡镇（街道）大小、人口等实际情况向乡镇（街道）预发备用金985万元。

【城乡困难群众救助】 2021年，南昌市发放困难群众生活基本救助资金8.03亿元。保障城市低保17125户29556人，保障人数占非农人口比例为0.87%。发放城市低保金2.23亿元，人均补差水平601元。保障农村低保42607户74329人，保障人数占农业人口比例为3.23%。发放农村低保金4.72亿元，人均补差水平521元。保障城镇特困人员928人，集中供养338人，分散供养590人，累计发放城镇特困供养资金1016万元。保障农村特困人员5529人，集中供养1073人，分散供养4456人，累计发放资金6738.8万元。发放失能特困人员照料护理补贴821.5万元，发放半失能特困人员照料护理补贴180.5万元，发放自理特困人员照料护理补贴522.1万元。保障20世纪60年代精简退职职工394人，发放资金366.4万元。实施临时救助5437人次，发放救助金额1111.6万元，人均救助水平1937元。救急难439人次，发放救助金额45.5万元。特别救助33人次，发放救助金额33.9万元。南昌市在江西省率先实现社会救助标准城乡统一。城乡低保标准和人均补差水平统一提高到每人每月795元、500元；城乡特困人员供养标准提高到每人每月1035元；城乡失能特困人员照料护理补助标准提高到每人每月1480元，半失能特困人员照料护理补助标准提高到每人每月370元，自理特困人员照料护理补助标准提高到每人每月80元；20世纪60年代精简退职老弱残职工救济标准，城乡人员每人每月提高到610元。农村低保标准和人均补差水平、农村特困供养标准增幅均超过50%，全面提升城乡困难群众基本生活水平。至年底，全市城市低保17125户29556人、农村低保42607户74329人按照统一标准落实社会救助政策。

【流浪乞讨人员救助管理】 2021年，南昌市成立由民政、公安、城管、卫健等单位组成的联合专项巡查流浪乞讨人员小组，在全省率先开展流浪乞讨人员“零点清零”行动。春节期间，全市救助街面流浪乞讨人员71人，基本实现“零乞讨、零露宿、零事故、零负面舆情”。市救助管理站以“大爱寻亲，温暖回家”为主题，深入开展救助寻亲专项行动，建立民政与公安联动机制，推动形成长期滞留人员身份甄别常态化，尽最大努力帮助一批长期滞留人员回家团聚。至年底，接待求助人员1727人次，街面救助1022人次。

【家庭经济状况核查】 2021年底，为进一步规范南昌市居民家庭经济状况核对工作，维护社会救助公平正义，促进社会和谐稳定发展，市核对中心接受最低生活保障、临时救助、特困人员供养、支出型困难家庭、低收入家庭、住房救助等社会救助申请家庭经济状况核查委托88760户234360人。其中，最低生活保障64270户195327人；临时救助1927户5906人；特困人员供养5329户5648人；支出型贫困家庭123户480人；低收入家庭56户164人；住房救助17055户26835人。

【慈善救助】 2021年，市民政局积极推动全市慈善组织使用“慈善中国”平台，宣传《中华人民共和国慈善法》和《江西省实施中华人民共和国慈善法办法》等各项政策法规。在全市20所中小学校开展“慈善文化进校园”活动，着力提升青少年的慈善意识和社会责任感。安排650万元善款，开展“济特困”“固长城”“治顽疾”“撑蓝天”“送关怀”“助民生”等形式多样的慈善系列救助活动。在全省率先开展慈善信托，全市备案慈善信托项目22项，慈善信托资金3931.84万元，慈善信托数量及规模居全省第一位。全市6个慈善项目、机构和个人获第二届“赣鄱慈善奖”表彰。

（殷慧勤）

社会福利

【概况】 2021年，市民政局完善孤残儿童基本生活保障体系关爱服务体系，大龄残疾青年就业体系，保障孤残儿童合法权益，提高服务水平。开展“福彩圆梦·孤儿助学工程”，安排市级福彩公益金安排资金23.8万元，将机构养育孤儿助学金标准由省定标准每人每年1万元提高到2万元。发动儿童督导员、儿童主任、社会工作者定期开展入户走访，对全市16285名留守儿童、32864名困境儿童建卡造册，实施分类评估，确定保护等级。对监护缺失或遭受侵害的儿童，落实主动发现和强制报告制度，确保遭遇危困儿童“发现一人，救助一人”。从下拨提高的中央财政困难群众救助资金中列支近1600万元，用于未成年人救助保护政府购买服务项目。

【福利彩票】 2021年，市民政局主动应对彩票监管趋严和风险隐患增多的新常态，有效化解疫情和快开游戏、中福在线退市的叠加影响，聚焦主责主业，加强政策宣传引导，优化彩票销售站点布局，坚持帮扶和培训并举，改善购彩环境，实现全市福彩“十四五”发展良好开局。至年底，全市累计销售彩票5.61亿元，同比增长42.2%，任务完成率103.02%，共募集福彩公益金4650万元。其中，电脑彩票累计销售4.97亿元，增长35.9%；即开彩票累计销售6410万元，增长122.7%。

【孤儿关爱服务保障】 2021年，南昌市建立孤儿基本生活保障标准自然增长机制，机构养育、散居孤儿标准分别达到每人每月1820元、1280元，事实无人抚养儿童参照散居孤儿补差发放，保障标准高于全省。全年发放基本生活保障资金2198万元，惠及521名孤儿和1117名事实无人抚养儿童。建立残疾孤儿（残疾事实无人抚养儿童）照料护理补贴制度，每人每月1200元，共保障残疾孤儿（残疾事实无人抚养儿童）318人。深入开展“孤残儿童手术康复明天计划”，为116名散居孤儿进行免费体检。组织实施“福彩圆梦·孤儿助学工程”，对全市在读中专、大专、本科和硕士研究生的48名成年孤儿给予每人每年1万元助学金。

【残疾人补贴制度落实】 2021年，南昌市在全省范围内率先建立残疾人2项补贴自然增长机制，将困难残疾人生活补贴从每人每月60元提高至80元，重度残疾人护理补贴从每人每月70元提高至80元，保障标准全省最高。简化残疾人2项补贴发放程序，将残疾人2项补贴发放纳入南昌“城市大脑”系统，实现与残疾人口数据库、低保、特困、殡葬等信息数据全联通、全共享。与银行、技术方签订三方协议，通过“城市大脑”App一键直达功能，将2项补贴资金直接发放到个人账户，发放时间由几个工作日缩短到几分钟。开通2项补贴“跨省通办”业务，对办理申请所需材料实行一次性告知，通过受理窗口直接进入办理流程，实现2项补贴就近办、马上办。至年底，保障困难残疾人33634人、重度残疾人42450人，发放2项补贴7256万元。

（殷慧勤）

住房保障

【概况】 2021年，市住建局保障和改善民生，完善住房保障体系，推进住房保障工作。至年底，全市（含三县一区）发放租赁补贴28741户8222.35万元，超额完成省政府下达的25150户的年度目标任务。市中心城区对公租房清腾退房源重新分配1065套。南昌市（市本级，下同）归集公积金118.64亿元（含年度结息4.02亿元），归集额完成全年目标任务的112%，同比增长15%。至年底，累计归集住房公积金798.23亿元，住房公积金归集余额316.75亿元；新增开户单位3673户，新增开户职工12.35万人；全市开户单位16989家，开户职工数为100.29万人（其中，正常缴存58.30万人、封存41.99万人）；提取住房公积金91.64万人次、73.77亿元，分别增长10%、9%，其中住房消费类提取61.18亿元，增长9%，占全年提取总额的83%；发放住房公积金贷款9908户、43.26亿元（含商转公贷款2779户、11.35亿元），分别增长56%、59%；住房公积金贷款余额223.97亿元，贷款逾期率为0.05‰；住房公积金个贷率为71%，较上年降低5个百分点，信贷资产实现持续优质管理。

【保障性租赁住房项目建设】 2021年，南昌市将产业园配套用地建设的租赁住房、集体土地建设的试点租赁住房7个项目5457套（间）、作为2021年保障性租赁住房建设任务。7个项目总建筑面积32.7万平方米，总投资13.8亿元，可保障1.65万人。其中，6个项目、5177套（间）住房在开发区的产业园区配套用地建设，供驻园区的企业员工使用；1个项目、280套住房为利用集体建设用地建设，分配给无房新市民、青年人使用。至年底，4个项目、4828

套住房建成；2个项目、349套住房完成主体结构施工；1个项目、280套住房完成桩基施工。

【南昌市“十四五”保障性租赁住房建设规划目标制定】 2021年，市住建局立足南昌市实际，在统计底数的基础上，制订形成《南昌市发展保障性租赁住房调研报告》《南昌市“十四五”保障性租赁住房建设规划目标和2022年度建设计划》。按照立足当前、着眼长远的规划原则，结合“一枢纽四中心”发展定位以及“双百计划”“百万人才来昌留昌创业就业”等人才战略，南昌市将“十四五”时期保障性住房规划任务确定为8万套（间），确保可满足新市民、青年人年均新增10万人—15万人的居住需求。

【保障性租赁住房建设和管理实施办法制定】 2021年，根据《国务院办公厅关于加快发展保障性租赁住房的意见》《江西省人民政府办公厅关于加快发展保障性租赁住房的实施意见》，市住建局牵头起草《南昌市保障性租赁住房建设管理实施办法》，在经多轮内部讨论和征求相关单位意见后，于12月初报市政府进行审议。实施办法立足服务民生宗旨，从保障性租赁住房项目的筹集、审批流程简化到运行期满退出，从保障对象的准入、线上（线下）的申请到退出管理等各方面提出合理的便民举措，并全面落实国务院提出的土地支持、审批支持、资金补助、税费支持、金融支持、民用水电气支持6个方面的政策支持。

【企业开户“一网通办”】 2021年，市住房公积金管理中心推动企业开户接入江西省企业登记网络服务“一网通办”平台，新设立企业在申报企业营业执照时同步设立住房公积金单位账户，提升业务办理效率，降低企业办事成本。同时，为方便单位每月缴纳住房公积金，推出缴存公积金自助托收业务。单位可与市住房公积金管理中心以协议方式选择定日托收或自助托收模式，免去单位经办人自行前往银行办理转账环节。定日托收由市住房公积金管理中心每月固定日发起，当日申请即时到账；自助托收由单位自行发起，即时申请即时到账。全年全市221家单位通过“一网通办”开设账户。

【公积金业务就近办】 2021年，市住房公积金管理中心积极探索“住房公积金+银行”新型服务模式，推动公积金业务就近可办。12月15日，在东湖区、西湖区、青云谱区、青山湖区、经开区、高新区等城区范围内12个中国工商银行、中国建设银行网点设置“住房公积金业务专窗”，受理住房公积金归集、提取、贷款、协议签订4个大类21项高频个人服务事项。南昌市住房公积金业务办理网点全面覆盖全市范围内各行政区域。

【“商转公”业务优化】 2021年，市住房公积金管理中心积极破解业务难点，多次协调不动产登记部门及委托贷款合作银行，推出“商转公”（职工住房商业贷款转为公积金贷款）组合贷款业务。6月15日，正式推出优化的“商转公”贷款业务。优化后的“商转公”业务模式从4个方面进行业务优化升级：在原本须职工自筹资金结清商贷的业务模式基础上，新增中心垫资模式；推出公积金及商业贷款的组合贷款模式；推出未取得不动产权证书的房屋可申请“商转公”贷款；通过优化业务流程，将原来职工办理“商转公”组合贷款需在房屋开发企业、不动产部门及市住房公积金管理中心之间往返3次，变为中心“一窗受理”，方便缴存职工。

（胡嘉慧　庞笑甫）

社区建设

【概况】 2021年，市民政局组织开展全市第十一届村（居）委会选举，选齐配强村（居）委会干部队伍，推进城乡社区协商，培育一批协商示范社区，引导居民群众有序参与。继续指导各县区（开发区、管理局）完善村规民约、居民公约，推进移风易俗，树立文明新风。配合市委组织部制定《关于村（社区）基层组织五年综合提升计划的实施方案》，强化基层群众性自治组织建设，推进基层村（居）民自治。推进示范社区创建活动，指导西湖区深化全国实验区创建工作。继续组织开展第五批全省“绿色社区美丽家园”示范创建活动。全面开展基层群众性自治组织出具证明事项清理，巩固基层挂牌和考核评比清理整治成果。全面开展社区场所提质攻坚行动，解决面积不达标、位置不集中、功能不健全等问题，进一步提高场所面积达标率，合理配置社区综合服务设施，完善城乡社区服务功能。加强城市社区工作者队伍职业体系建设，进一步落实薪酬体系，提高村干部薪酬待遇标准，强化培训教育，优化队伍结构。打造72个社区邻里中心，构建“便民、利民、惠民”15分钟社区生活圈。

【第十一届村（居）委会选举】 2021年4月，南昌市按照全省统一部署，依法依规、平稳有序地完成全市村（居）委会换届选举工作，全面实现预期目标。村委会选举方面，1144个村实现党组织、村委会正职“一肩挑”，占比99.2%，依法推选产生5224名成员。其中，中共党员3484人，占比约为66.7%；大专及以上学历人员2243人，占比约为42.9%，较上届提高约9.9%；致富能手1541人，占比约为29.5%，较上届提高约14.5%；女性成员1421人,占比约为27.2%,较上届提高约4.2%;平均年龄约为39岁,较上届下降4岁。居委会选举方面,793个社区全面实现党组织、居委会正职"一肩挑",依法推选产生4307名成员。其中,中共党员2292人,占比约为53.2%;大专及以上学历人员3480人,占比约为80.8%,较上届提高约44.8%。

【社区活动场所提质攻坚行动】 2021年1月,市民政局联合市委组织部开展社区活动场所提质攻坚行动。行动对象为活动场所面积不达标、位置不集中、功能不健全的社区。行动分全面摸底、集中攻坚、验收总结3个阶段实施。通过采取"建、购、租、拨、补、合"6种方式对154个社区服务场所进行提升改造,投入资金2.2亿元,新增用房面积5.5万平方米。改造后全市881个社区办公用房面积均达到300平方米以上。1153个农村社区综合服务设施覆盖率100%,其中面积400平方米以上的占70%。

【城乡社区自治协商模式创新】 2021年,市民政局围绕群众最关心、最直接、最现实的公共事务和居民群众急难愁盼的民生实事,聚焦需要上级支持的基层自治服务事项和需要群众支持的政府公共服务事项,采取自上而下与自下而上相结合的方式收集议事主题,挖掘广大群众的原生动力,创新开展"幸福圆桌会""有事来说""三问一说"、红色物业"五位一体"等自治协商新模式,协调解决群众急难愁盼问题5000余件,满意度达95%以上。西湖区"幸福圆桌会"模式,被中央主流媒体报道,得到中央党史学习教育第六指导组肯定,并获得省政府及时奖励。

【"1+5+X"邻里中心建设】 2021年,紧扣实现中心城区社区邻里中心全覆盖目标,全面整合资源,深入推进"1+5+X"社区邻里中心建设("1":以党建为统领;"5":教育、医疗、助老、商业、文体等5类服务形态及衍生业态;"X":打造15分钟社区生活圈,满足社会多层次、多样化需求),不断解决市民社区生活中的痛点难点问题,满足社会多层次、多样化需求。至年底,市民政局建设"1+5+X"社区邻里中心72个。全市已打造邻里中心264个,中心城区实现"15分钟社区生活圈"全覆盖,让群众在家门口轻松享受从"油盐酱醋茶"到"衣食住行乐"的一站式舒心服务。民政部原部长李纪恒在视察湾里管理局招贤社区邻里中心时,对邻里中心"南昌品牌"给予肯定。

【全国社区治理和服务创新实验区创建】 2021年,市民政局围绕"推进社区分类治理,实现服务精准施策"实验主题,打造全省唯一的国家级社区治理和服务创新实验区。采取"2545"工作法(2条路径、5种分类、4个机制、5项成效),通过"幸福微实事""幸福圆桌会""幸福微心愿"等"幸福三重奏"活动,推进社区分类治理,将治理重心不断下移。实现社区精准服务、基层协商民主、补齐困难居民需求。11月,西湖区通过民政部结项验收,向全国提供破解老旧城区社区治理难题的"西湖经验"。

【志愿服务活动】 2021年,市民政局争取市本级福彩公益金69万元,开展2021年购买志愿服务项目18个。围绕扶老、助残、扶贫、助学、疫情防控等主题,展开形式多样的志愿服务活动。鼓励支持社工机构建立志愿服务队伍,推行"社工+志愿者"模式,发挥社会工作人才专业作用。开通志愿服务问题答疑热线,及时处理志愿服务信息系统操作常见问题。采取"志愿者+App模式",宣传志愿服务精神及活动内容,动员广大群众主动参与志愿服务活动,为基层社会治理和疫情防控作出积极贡献。至年底,全市实名认证注册志愿者总数48.95万人,实施志愿服务项目11980个,服务时长841万余小时,直接或间接受益群众80万人次。

【社工站建设】 2021年12月3日,市民政局联合市委组织部、市委宣传部、市财政局、市人社局等部门下发《南昌市推进乡镇(街道)社会工作服务站建设增强基层民政服务能力实施方案》,建立多部门协同推进乡镇(街道)社会工作人才队伍建设的领导机制,召开全市乡镇(街道)社会工作服务站建设推进会并组织相关人员参加各类专题培训,在全市范围内全面推动乡镇(街道)社工站建设。至年底,全市建设完成乡镇(街道)社工站34个,占全市总数的29.8%。

(殷慧勤)

社会组织管理

【概况】 2021年,南昌市登记社会组织3840家。其中,社会团体1267家,民办非企业单位(社会服务机构)2567家,基金会6家。市本级登记社会组织809家。其中,社会团体470家,民办非企业单位(社会服务机构)330家,基金会6家。建设社会组织孵化基地13个。至年底,全市有30家社会组织参与32个疫情防控项目,投入扶贫资金439万元;121家社会组织参与139个乡村振兴项目,投入资金2754万元;245家社会组织参与374个社会治理项目,投入资金2346万元,15家社会组织参与15个抗洪抢险项目,投入资金289万元。

【社会组织检查】 2021年12月6日,市民政局发布《关于市本级社会组织2020年度检查情况的通报》。按照《社会团体登记管理条例》《民办非企业登记管理暂行条例》等有关规定，对市本级社会组织开展2020年度检查工作，重点检查社会组织在机构设置、财务运作、业务活动、遵纪守法、参与乡村振兴、党建工作开展情况等方面情况，并根据年检情况认定为合格、基本合格和不合格。至年底，全市完成年检376家，其中年检合格287家、基本合格89家。

【“我为企业减负担”专项行动】 2021年4月27日，市民政局印发《关于在全市行业协会商会中开展“我为企业减负担”专项行动的通知》，减免收费项目，降低收费标准，提升会员服务。加强对行业协会商会的日常业务指导，切实提升行业协会商会收费透明度。至年底，全市256家行业协会商会签订诚信自律承诺书；163家行业协会商会减免收费180万元、降低收费78万元；12家行业协会商会重新规范会费收取标准和程序；35家行业协会商会通过提升服务为会员企业减负90万元。

【非法社会组织整治】 2021年，市民政局始终坚持细致排查，全面构建高压态势，力求在打击整治非法社会组织方面不留盲区、不留隐患。成立专项行动领导小组，召开专题座谈会，发布倡议书，印制宣传手册，开展进社区宣传活动，引导社会组织和市民群众甄别非法社会组织，坚决抵制非法社会组织活动。畅通投诉举报渠道，发布合法社会组织查核途径，公布涉嫌非法社会组织名单。建立社会组织建设与管理工作联席会议制度，完善民政、公安、市场监管等多部门协同查处的专项行动工作机制，在打击整治工作中形成部门联动、上下贯通合力。至年底，全市依法取缔9家非法社会组织。

【“僵尸型”社会组织整治】 2021年8月13日，市民政局联合印发《南昌市整治“僵尸型”社会组织专项行动实施方案》，采取“整改规范一批、督促注销一批、撤销登记一批”工作思路，在全市范围内开展“僵尸型”社会组织专项整治行动。通过报纸、网站等平台及时发布专项行动进展、已撤销社会组织名单等工作动态，加大宣传引导力度，营造良好氛围。坚持培育发展和综合监管并重，在专项行动中注重为社会组织服务，合理简化流程，创新简便方式。发挥全市社会组织建设与管理工作联席会议制度作用，形成反应迅速、配合密切、应对有力的长效工作机制。至年底，全市注销社会组织20家，撤销社会组织102家，10家社会组织经过整改达到规定要求。

【社会组织日常执法监督】 2021年9月18日，市民政局制定《关于开展2021年度市本级社会组织“双随机、一公开”抽查工作的通知》，通过“双随机、一公开”平台，随机抽取25家社会组织开展实地检查，并委托有专业资质的会计师事务所进行财务专项审计，出具专项审计报告，并对检查结果进行公示。其中，市瓷板画行业协会、南昌八一球迷俱乐部、市婚庆行业协会结果是终止检查；市心远中学、南昌宝林书画藏品博物馆、江西南昌新华电脑中专学校等6家社会组织基本符合；南昌现代外国语象湖学校、市新干商会、市港航运输行业协会等16家社会组织结果是符合。通过检查，加强对社会组织的监督管理，完善社会组织财务管理制度，规范社会组织行为。

（殷慧勤）

地名管理

【概况】 2021年，南昌市地名管理工作部门深入开展地名公共服务工程和地名标准化工作，实现地名管理科学化、规范化、信息化。加强地名管理，切实做好不规范地名清理整治、地名普查成果转化、地名命名、地名文化建设等工作，以适应城乡建设、社会发展和人民生活需要。至年底，全市命名道路25条，注销道路名称14个，命名住宅小区、建筑物共66个，变更起止点道路3条；新安装、更新路牌550块，维护路牌197块，审核交通指示牌257块。出版《南昌地名故事集》《南昌市标准地名录》。

【地名图录典志出版】 2021年，市民政局挖掘南昌地名文化内涵，弘扬南昌优秀地名文化，推进第二次全国地名普查成果转化，根据《江西省第二次全国地名普查成果转化规划（2016—2020）年》要求，组织编纂《南昌市标准地名图集》《南昌市标准地名词典》《南昌市地名志》，《南昌地名故事集》《南昌市标准地名录》。

【地名规范管理】 2021年，市民政局按照“尊重当地地名的历史和现状，保持地名的相对稳定”工作要求，不断规范地名命名、更名。在城市道路命名中，重新启用一些文化底蕴丰厚的老地名。至年底，全市命名道路25条。其中，东湖区6条，西湖区1条，青云谱区7条，青山湖区5条，红谷滩区6条。变更道路起止点3条。做好住宅区、建筑物名称审批工作，全年命名住宅区、建筑物66个。聚焦“大、洋、怪、重”等不规范地名，推进不规范地名专项整治工作。全年清理整治21处不规范地名，超额完成民政部规定的清理整治清单。

【地名标志长效管理】 2021年，市民政局做好地名标志设置与维护工作。及时设置国标路牌，做到设置地名标志与城市道路建设同步进行。至年底，全市新设路牌550块。通过日常巡查和借助数字城管信息平台监控，加强对路牌维护管理，做到维护更新常态化。及时维修、更换被损坏的路牌，维护路牌197块，确保道路路牌完好无损。严格审核新设的交通指示牌257块，准确使用标准地名。街路地名标志美观、大方、醒目、牢固，有效发挥街路地名标志指位导向功能，满足市民群众出行导向需求。

（张智生）

表31　2021年南昌市区新命名住宅区、建筑物一览表

序号	标准名称	类别	地理位置	所在辖区
1	广茂汇都	商住	新建区玉壶山大道516号	新建区
2	朗境名邸	商住	红谷滩区德兴街688号	红谷滩区
3	艾山小区	商住	红谷滩区丽景路95号	红谷滩区
4	物联产业园	工业	新建区璜溪大道888号	新建区
5	依云悦府	商住	青山湖区咏梅路128号	青山湖区
6	宏创发展中心	商办	红谷滩区世贸路138号	红谷滩区
7	悦山居	住宅	湾里管理局绿苑路888号	湾里管理局
8	东澜小区	住宅	青云谱区广州路1408号	青云谱区
9	明樾轩	商住	新建区工业大道98号	新建区
10	碧涵居	商住	新建区长堎大道988号	新建区
11	出版中心	办公	红谷滩区丽景路95号	红谷滩区
12	齐城尚品小区	商住	青山湖区齐城冈大道99号	青山湖区
13	和瑞小区	住宅	红谷滩区青原山路1106号	红谷滩区
14	林海雅居	住宅	湾里管理局袁家路310号	湾里管理局
15	添汇鑫坊	商住	青云谱区广州路1411号	青云谱区
16	春晖园	商住	青云谱区塔子桥路328号	青云谱区
17	长盛坊	商业	西湖区站前西路215号	西湖区
18	长盛文旅商业中心	商旅	西湖区十字街779号	西湖区
19	云麓小区	住宅	新建区天福路266号	新建区
20	铂云商业中心	商业	新建区天福路366号	新建区
21	瑞宸文府	商业	青山湖区青山湖南大道448号	青山湖区
22	湖畔珺府	住宅	红谷滩区采樵街369号	红谷滩区
23	佳境小区	商住	红谷滩区阁皂山大道977号	红谷滩区
24	博泰时代中心	商业	红谷滩区西站大街1688号	红谷滩区
25	添汇文院	商住	青云谱区博文路166号	青云谱区
26	添汇商住中心	商业	青云谱区广州路988号	青云谱区
27	秀雅小区	商住	湾里管理局招贤大道1300号	湾里管理局
28	滨购商业广场	商业	东湖区爱国路6号	东湖区

续表31

序号	标准名称	类别	地理位置	所在辖区
29	青湖苑	住宅	东湖区七里街398号	东湖区
30	祥云悦府	商住	西湖区抚生路288号	西湖区
31	朝悦茗苑	商住	新建区武功山大道5666号	新建区
32	禧悦雅云小区	商住	红谷滩区龙虎山大道3333号	红谷滩区
33	瑞禧小区	住宅	红谷滩区青原山路1266号	红谷滩区
34	宏发小区	商住	新建区宏福大道988号	新建区
35	禧悦滨湖花园	商住	红谷滩区西隆瑞街199号	红谷滩区
36	香樟雅居	商住	湾里管理局招贤大道387号	湾里管理局
37	江澜府	商住	西湖区沿江南大道2029号	西湖区
38	江西文演中心	商服	红谷滩区武功山大道899号	红谷滩区
39	文演艺居	商住	新建区凤台路699号	新建区
40	湖城山院	住宅	新建区溪霞大道2777号	新建区
41	集锦城	商住	新建区温泉东大道88号	新建区
42	鸿海大厦	商办	红谷滩区平安东二街246号	红谷滩区
43	红谷悦城	商住	新建区长堎大道999号	新建区
44	云逸雅苑	住宅	新建区宁王路3999号	新建区
45	联富雅苑	住宅	新建区凤台路777号	新建区
46	欣泽苑	商住	湾里管理局下泽路6号	湾里管理局
47	春璟小区	商住	青云谱区博文路766号	青云谱区
48	丰和商业中心	商业	红谷滩区赣江北大道88号	红谷滩区
49	湾里交警指挥中心	办公楼	湾里管理局招贤大道1366号	湾里管理局
50	雅馨居	商住	湾里管理局梅仙路30号	湾里管理局
51	竹苑小区	商住	湾里管理局刘綎街50号附1号	湾里管理局
52	冯翊小区	商住	湾里管理局刘綎街55号附1号	湾里管理局
53	金竹小区	商住	湾里管理局邓禹街53号附1号	湾里管理局
54	悦荟小区	商住	青云谱区城南大道2666号	青云谱区
55	望悦府	商住	新建区宏福大道966号	新建区
56	青年佳苑	商住	新建区四联路111号	新建区
57	祥瑞源小区	商住	新建区四联路111号	新建区
58	新建文化中心	公服	新建区赛银大道666号	新建区
59	工贸建材商业中心	商业	新建区文化中心东路506号	新建区
60	鼎窑瓷园艺术大楼	办公	东湖区洪都北大道909号	东湖区
61	朝阳锦里商业中心	商住	西湖区抚生南路718号	西湖区
62	高科制造产业园	工业	新建区宁远大街1230号	新建区

续表31

序号	标准名称	类别	地理位置	所在辖区
63	和而顺产业园	工业	新建区坚磨大道999号	新建区
64	百汇商务中心	商办	红谷滩区达仁路268号	红谷滩区
65	绿地国际博览中心	展厅	红谷滩区怀玉山大道1315号	红谷滩区
66	绿景雅居	商住	青云谱区博文路560号	青云谱区

（资料来源：市民政局）

表32　2021年南昌市区新增道路名称一览表

序号	标准名称	类别	起止点	所在区域
1	怡康路	道路	东起碟子湖大道 西至乌沙河	红谷滩区
2	启华路	道路	南起奋进路 北至嘉言路	红谷滩区
3	奋进路	道路	北起嘉言路 南转西至双云路	红谷滩区
4	腾科路	道路	东起奋进路 西至双云路	红谷滩区
5	下滩路	道路	西起沿江南大道 东至抚生路	西湖区
6	燕安路	道路	南起顺外路 北至水岸名居	青山湖区
7	龙锦路	道路	东起秦风路 西至高新南大道	青山湖区
8	昌达路	道路	西起城南大道 东至昌东大道	青山湖区
9	汇文路	道路	东起高新南大道 西至学院路	青山湖区
10	京玉巷	道路	西起京山北路 东至井冈山大道	青云谱区
11	下尧巷	道路	西起施尧路 东至尧顺路	青云谱区
12	振飞路	道路	北起新溪桥南一路 南至广州路	青云谱区
13	洪飞路	道路	北起新溪桥南一路 南至广州路	青云谱区
14	腾飞路	道路	北起新溪桥南一路 南至广州路	青云谱区

续表32

序号	标准名称	类别	起止点	所在区域
15	中支桥路	道路	北起解放西路 南至希圣路	青云谱区
16	新联路	道路	北起解放西路 南至希圣路	青云谱区
17	八一大道355支路	道路	西起八一大道 东至广场北路	东湖区
18	八一大道365支路	道路	西起八一大道 东至广场北路	东湖区
19	八一大道369支路	道路	西起八一大道 东至广场北路	东湖区
20	三经路320支路	道路	西起沿江北大道 东至三经路	东湖区
21	青山南路601支路	道路	西起青山南路 东至樟树林路	东湖区
22	赣桥南路62支路	道路	北起赣桥南路 南至起凤路	东湖区
23	螺丝塘路	道路	西起九龙大道 东至规划路	红谷滩区
24	建峰路	道路	北起岭口路 南至学府大道	红谷滩区
25	拂晓路	道路	东起高新南大道 西至谢佛路	青山湖区

（资料来源：市民政局）

退役军人事务

【概况】 2021年，南昌市退役军人事务局深入推行“尊崇工作法”（紧密结合退役军人服务保障管理各项职能，在全社会营造尊崇军人、退役军人和其他优抚对象浓厚氛围的工作方法），推动“尊崇工作法”入选全国党委退役军人事务工作领导机构示范工作法，被退役军人事务部授予全国军休工作先进单位称号、《中国退役军人》宣传工作先进单位称号。社会化拥军工作在全国会议上作典型发言。承办全省宣传贯彻《中华人民共和国退役军人保障法》活动启动仪式、全省“新长征”退役军人志愿服务活动启动仪式、“9·30”烈士纪念日省市向人民英雄敬献花篮仪式等三大全省性活动。

【退役军人就业创业提升活动】 2021年3月31日，举办“满怀忠诚讲尊崇 千行百业共拥军”集中签约仪式，全市104家拥军企业与退役军人事务部门现场签约。签约企业覆盖医疗、购物、餐饮、住宿、景区、银行、装修、理发等多个领域，为现役军人、退役军人及其他优抚对象提供就业岗位、消费优惠、优先服务等优惠优待措施。开展“千企万岗”就业创业提升活动，举办线上线下招聘活动46场，1200余家企业参与，企业提供岗位2万余个。评选退役军人创业示范企业10家，创业标兵12名。组织有关承训机构开展退役军人职业技能培训，培训退役士兵。在江西软件职业技术大学开办首期退役军人创业培训试点班。制定出台《南昌市关于促进新时代退役军人就业创业工作的实施意见》，凝聚各方力量为退役军人就业创业提供有力保障和优质服务。

【市委退役军人事务工作领导小组会】 2021年8月13日，省委常委、市委书记、市委退役军人事务工作领导小组组长李红军主持召开市委退役军人事务工作领导小组2021年第1次全体会议，市委退役军人事务工作领导小组成员参加会议。会议传达学习中央退役军人事务工作领导小组第八、第九次全体会议精神及省委退役军人事务工作领导小组2021年第一次全体会议精神，学习《中华人民共和国退役军人保障法》，听取市委退役军人事务工作领导小组2020年以来工作情况汇报。会议审议并原则通过《南昌市退役军人服务保障“十四五”规划》《中共南昌市委退役军人事务工作领导小组2021年工作要点》《中共南昌市委退役军人事务工作领导小组成员单位工作职责》《中共南昌市委退役军人事务工作领导小组成员单位联络员工作职责》《中共南昌市委退役军人事务工作领导小组督促检查工作规定》《中共南昌市委退役军人事务工作领导小组关于军地合力推动我市退役军人有关工作的实施方案》和《南昌市促进新时代退役军人就业创业实施意见》。

【退役军人服务帮扶】 2021年，全市有退役军人服务中心（站）2083个，退役军人服务保障体系日益完善。完成军休干部活动中心老旧小区改造工作和办公楼加装电梯工作，改善军休干部学习、娱乐、休养环境。在退役军人服务中心（站）按照商超模式打造富有“军味”的“尊崇驿站”，建立《积分管理办法》、公示制度等，为加入“尊崇驿站”的退役军人发放“积分存折”，退役军人通过参与乡村振兴、志愿服务、矛盾调解、防灾救灾等基层社会治理活动获得积分，凭积分可定期兑换奖品。开展“情暖老兵·关爱帮扶”行动，为困难退役军人申请帮扶资金。协调市慈善总会救助金，帮扶困难退役军人。至年底，培育5家全国典型标杆退役军人服务站，创建23家“全省百家红色退役军人服务站”，西湖区朝阳洲街道退役军人服务站被评为“全国百家红色退役军人服务站”。

【退役军人思想政治教育】 2021年，加强退役军人思想政治教育，开展退役军人“八一讲堂”2000余场，开展线上“八一讲堂”8000余次。举办优秀退役军人红色宣讲报告会，邀请“全国优秀青年思想教育工作者”“全国模范军队转业干部”等作红色教育专题报告。邀请1000余名退役老兵观看红色电影《长津湖》《跨过鸭绿江》，深化党史学习教育成果。对全市“兵支书”建档立卡，加强退役军人党员教育管理。建立定期联系退役军人“流动党员”管理方式。联合市委组织部发文，在全市各级退役军人服务中心（站）设立党员“八一服务站”，深入开展“齐同心、齐步走”结对帮扶活动，由退役军人党员以“一对一、一对二”的模式开展全员结对、分类结对，全覆盖联系其他退役军人。挑选11名优秀退役军人，组建南昌市“老兵宣讲团”。12月4日，举行“老兵宣讲团”巡回宣讲报告会，达到一个宣讲、一批带动，宣讲一次、影响一片的效果。举办全市“回望军旅路，奋斗新征程”主题宣讲大赛，多名退役军人参赛，充分展示退役军人的良好风貌。突出庆祝中国共产党成立100周年，组织军休干部参加“唱支山歌给党听”歌咏比赛、门球赛和全省“尊崇杯”运动会等活动，取得较好成绩。

【“最美退役军人”评选和宣传】 2021年12月3—12日，根据市委宣传部、市退役军人事务局《关于开展2021年南昌“最美退役军人”评选宣传活动的通知》精神，开展“最美退役军人”评选。经过广泛发动、深入挖掘、组织推荐、资格审核、民主评审、征求意见、实地考察、会议研究等程序，评选12名2021年度南昌“最美退役军人”，1名优秀退役军人获评2021年度江西“最美退役军人”。在退役军人服务中心设立“荣誉室”，在退役军人服务站设立“光荣榜”，在南昌广播电视台“尊崇新闻”栏目播出优秀退役军人先进事迹，引领广大退役军人和干部群众学习，营造尊崇军人职业、尊重退役军人的浓厚氛围。

【“新长征”志愿服务】 2021年，组建“新长征”退役军人志愿服务队，由各级退役军人服务中心（站）负责人担任队长，并招募志愿者。3月5日，承办全省“新长征”志愿服务“学雷锋、办实事，感党恩、显担当”主题活动。南昌市7支退役军人志愿者服务队和方志敏精神宣讲志愿服务队、省荣军医院志愿服务队，在现场开展健康义诊、法律知识宣讲、平安自治知识宣讲、文化科技知识宣讲、就业创业咨询、方志敏精神宣讲、卫生清洁、关爱特殊群体等志愿服务活动。至年底，全市“新长征”退役军人志愿服务队开展党史学习教育、政策法规宣讲、健康义诊、就业创业、走访慰问、关爱帮扶、疫情防控、平安建设、防灾减灾、矛盾化解等16类215个志愿服务项目，4.8万余场次志愿服务活动。

【烈士纪念活动】 2021年，开展弘扬英烈精神、传承红色基因系列活动，拍摄“忠诚永铸——江西省烈士纪念设施建设巡礼专题展”宣传视频。全市先后开展各种宣传活动，如市烈士陵园开展“薪火百年耀千秋”——南昌英烈事迹图片巡展、方志敏烈士纪念园建立“方志敏精神宣讲队”巡回宣讲、开发《囚室的呐喊》等3堂红色党课、推出“咏史·诵典·贺岁百年”诵读活动等，营造尊崇英雄、缅怀先烈的社会风尚。开展“替烈士看爹娘”和“关爱革命烈士后代”活动，在春节、清明、“七一”、“八一”、烈士纪念日期间，投入120万元，对全市烈属进行多批次、全覆盖走访慰问。请专业画师为烈士画像。江西嘉佑曙光骨科医院为烈士后代开展健康体检活动，免费为1名烈士的后代进行颅骨修补手术。开展为烈士寻亲活动，为9名烈属在广西、陕西、辽宁等地找到烈士安葬地。6月23日，在市烈士陵园开展“魂归热土，英灵安息”——烈士骨灰集中安葬仪式，集中安葬32位烈士。9月30日，在八一广场举办省、市四套班子领导及各界代表向人民英雄敬献花篮仪式活动，约1200人参加活动。全年，为烈属办6类20项实事。全市各级烈士纪念设施接待祭奠瞻仰烈士人员100万人次。联合市检察院制订《关于开展县级及以下烈士纪念设施管理保护实施方案》，深入南昌经开区瀛上公墓管理单位和新建区开展联合督导检查工作，摸排县级烈士纪念设施3处、散葬烈士墓46处，投入86万元对31处县级及以下烈士纪念设施进行维护整修，将2处散葬烈士墓迁往市烈士陵园集中安葬。在全省率先完成422处烈士纪念设施校核工作，充实完善南昌市1000余名烈士英雄名录信息。

（董　琦）

民族宗教事务

【概况】 2021年，南昌市民族宗教事务局（以下简称“市民宗局”）始终以铸牢中华民族共同体意识为民族工作主线，以整治宗教领域突出问题夯实宗教基层基础为宗教工作目标，全面深化少数民族流动人口服务管理示范城市建设，积极引导宗教与社会主义社会相适应，确保全市民族团结、宗教和睦、社会和谐的良好氛围，充分彰显省会城市民宗部门的责任担当。组织全市民族宗教界开展庆祝中国共产党成立100周年主题教育系列活动，进行爱党、爱国思想教育，凝聚力量建设美丽南昌。市民宗局被国家民族事务委员会评为2021年度全国民委系统信息工作优秀集体。

【少数民族参观团活动】 2021年9月29日，市民宗局组织少数民族参观团开展“弘扬中华优秀传统文化，铸牢中华民族共同体意识”活动。参观团先后赴中国毛笔文化博物馆、池溪乡兰家畲族村、李渡元代烧酒作坊遗址等地参观学习。活动让少数民族群众实地感受中华传统文化的博大精深，亲身体会毛笔制作和酿酒工艺，增进“五个认同”，铸牢中华民族共同体意识。

【城市少数民族服务管理】 2021年，市民宗局继续加强少数民族流动人口随迁子女教育服务，全年共协调解决260名少数民族流动人口随迁子女就近入学问题。建立完善21家南昌市少数民族流动人口联系站、57家新疆籍经商务工人员联系服务站。指导各县区充分利用中国传统节日为载体，组织各族群众开展“我们的节日”系列主题活动，搭建各民族文化认同和情感交流平台。

【民族团结进步教育宣传月活动】 2021年9月13日，南昌市民族团结进步宣传月启动仪式在红谷滩区普贤邻里中心举行。此次宣传月活动围绕“铸牢中华民族共同体意识、开创民族团结进步事业新局面”主题，通过开展民族政策法规宣传、民族团结进步创建标识征集、社会主义核心价值观教育实践活动、各民族趣味运动会、迎中秋国庆文艺会演、企业职工篮球赛等活动，引导各族群众参与，不断铸牢中华民族共同体意识。

【铸牢中华民族共同体意识展示馆建设】 2021年，南昌市铸牢中华民族共同体意识展示馆面积400多平方米，坐落于万寿宫历史文化街区内。展示馆围绕“多元携手铸中华、民族团结谱新篇、幸福洪城一家人”3个主题，通过精雕细琢的展览设计、丰富时尚的展陈手段、观往知来的历史研究和种类多样的民族产品，以图文展示、实物展示、多媒体介绍等形式，全方位、立体化展示南昌市民族工作成就、民族团结进步创建成果，教育引导各族干部群众不断铸牢中华民族共同体意识，共同维护民族团结进步。

【南昌市少数民族联谊会第四次代表会议召开】 2021年7月13日，南昌市少数民族联谊会第四次代表会议在滨江宾馆召开。市委常委、统战部部长乐文红出席会议并讲话。大会审议并通过《第三届理事会工作报告》《第三届理事会财务报告》《更名为南昌市民族团结进步协会的建议》《南昌市民族团结进步协会章程》以及选举办法，选举产生会长、副会长、秘书长，并正式通过更名为南昌市民族团结进步协会。

【宗教事务管理】 2021年，市民宗局开展贯彻落实《宗教教职人员管理办法》工作，督促指导宗教团体将《宗教教职人员管理办法》作为宗教界学习宗教政策法规的重要内容，开展宣讲、阐释、学习活动。通过开展宗教教职人员信息化管理、宗教教职人员备案和注销备案工作，进一步加强宗教教职人员日常管理。在全市开展宗教活动场所消防安全和房屋安全隐患排查整治工作。开展非法宗教出版物专项清理工作，配合做好校园意识形态安全防范工作，协同配合开展打击网上非法宗教活动专项行动。

【宗教法治宣传教育】 2021年，南昌市召开宗教界法治宣传教育暨宗教教职人员管理工作动员部署会，下发《关于印发〈南昌市组织开展宗教界法治宣传教育工作方案〉通知》，对开展法治宣传教育的时间、内容、对象等进行明确要求。至年底，全市组织宗教人士1100余人次进行法治宣传教育，开办各级学习培训班18个，发放学习宣传用品1000余册，宗教工作干部和宗教界人士法治意识及依法办事水平提高。

【爱党爱国爱社会主义演讲比赛】 2021年7月22日，南昌市宗教界庆祝中国共产党成立100周年暨爱党爱国爱社会主义演讲比赛在志道堂举行。南昌市委统战部领导干部、市道协领导班子成员、各县区道协以及部分道教场所负责人30人参加此次活动。演讲比赛由各县区（含开发区、湾里管理局）和全市性宗教团体择优选出1名宗教界人士，有17人参加比赛。通过比赛，南昌市道协李倩获得一等奖，南昌市道协副秘书长冯振勇获得二等奖。

（张　楚）

精神文明建设

【概况】 2021年，南昌市精神文明建设工作聚焦“巩固提升南昌首位度，充分彰显省会担当”目标定位，围绕举旗帜、聚民心、育新人、兴文化、展形象的使命任务，以社会主义核心价值观为引领，以创建文明城市为载体，深入开展思想道德建设，推进群众性精神文明创建系列活动，市民文明素质和城市文明程度得到明显提高，为南昌经济社会发展提供强大精神动力和道德支撑。第十八届南昌市文明单位1147家、南昌市第三届文明校园215所、南昌市2019—2020年度文明村镇203个、文明家庭20户，2户家庭被评为全国文明家庭；51所学校被评为省级文明校园，6所学校被评为全国文明校园。

【文明新风尚行动】 2021年，加大《南昌市文明行为促进条例》实施力度，开展文明旅游、文明交通、文明餐桌、文明礼仪宣传活动，倡导文明健康绿色环保生活方式，引导市民养成良好生活习惯。建立“1+37+1000”文明交通劝导宣传机制，即打造1个文明交通治理中心、37个文明交通宣传治理站和1000个企事业单位、社区、学校文明交通治理劝导室。在住宅小区门口设立文明头盔爱心驿站，采取交警联合社区、物业和志愿者三位一体开展文明交通治理工作，寄送不文明交通劝导信（含电子劝导信）70.7万封，寄送文明交通单位提示函1047封，针对不文明行为抄告党政机关1078家、公职人员1447人。

【网络传播文明】 2021年，加强文明网站及“文明南昌”微信公众号建设，“文明南昌”微信公众号粉丝数达50万人次，发布信息900余条，开展网络文明传播活动18个，制作网站专题10个。其中，“我为第七届南昌市道德模范点赞”网络文明传播活动阅读量超过64万人次；为庆祝中国共产党成立100周年策划的“红色传家宝”网络文明传播活动阅读量128.8万人次，网友参与讨论5100余人次；“我的端午这样过”网络文明传播活动阅读量14.3万人次。文明南昌微信公众号推出“童心向党教育实践活动”“我有红色传家宝”“南昌邀请您晒家底”等系列专题，向建党百年献礼。

【移风易俗】 2021年，进一步加强移风易俗制度建设，推广积分制、道德评议会、红白理事会等做法，推动形成文明乡风、良好家风、淳朴民风。组织移风易俗专题采访10次，倡导文明新风尚。围绕“倡导移风易俗，弘扬时代新风”主题，举办移风易俗漫画巡展11场。印发移风易俗简报，在全市推广移风易俗工作经验做法。加大禁燃禁放宣传力度，在清明、冬至期间，向全市群众印发《清明文明祭祀》倡议书和《致市民朋友一封信》，倡导文明祭祀、绿色祭祀、平安祭祀。

【诚信建设】 2021年，全面推进实施《南昌市关于集中治理诚信缺失突出问题提升全社会诚信水平实施方案》，制定《关于建立对失信被执行人联合惩戒措施的协作机制的意见》，明确失信被执行（法）人作为参评文明单位、文明村镇、文明家庭等各项评选的限制条件。评选11个诚信示范街区。建立南昌市公共信用信息平台，归集全市35万户企业约3.2亿条信用信息，公示红榜信息21710条、黑榜信息11542条。

【“我们的节日”主题活动】 2021年，

印发《关于开展“我们的节日”和重大纪念日主题活动的通知》，利用传统节日和重大纪念日传承中华优秀传统文化、传承红色基因，推动红色名村建设，打造市级红色名村8个。组织全市爱教基地优秀讲解员参加全省讲解员大赛，7名参赛选手进入前十名。元宵节期间，在西湖区观鱼村开展“我们的节日·元宵喜乐会”活动。清明节期间，组织志愿者教居民制作纸菊花，倡导文明祭祀、绿色环保。制定印发《南昌市开展“倡导国庆新民俗、打造爱国活动周——我们的节日·国庆”新时代文明实践活动方案》，利用国庆假期组织开展新时代文明实践活动，丰富城乡群众节日文化生活，营造隆重、热烈、欢乐的节日氛围，被省委宣传部在全省推广。

2021年11月5日，南昌市万佐成（右八）、熊庚香（右七）夫妇获第八届全国道德模范称号。图为颁奖典礼

（市委宣传部　供图）

【道德模范和身边好人事迹学习宣传活动】 2021年，在《南昌日报》和南昌电视台开辟“道德模范和身边好人学习宣传”专栏，定期刊播。组织协调中央、省、市媒体对全国道德模范万佐成、熊庚香和江西省道德模范杨辉利等进行集中宣传采访。组织道德模范杨辉利、郭联发、周海萍、李林等到新建二中、南昌高新区万科社区、育新学校、东湖区北湖小学等进行巡讲。制作先进事迹展板80块，在68个社区（广场）进行展览200余次，参观3万余人。设计制作5万张道德模范海报，在全市公交站台、地铁站、社区、机关场所、广场等地张贴宣传。

【文明城市创建】 2021年，全市创建全国文明城市总结表彰大会暨常态长效工作部署会召开，对197家“创建全国文明城市工作先进单位”、505名“创建全国文明城市工作先进个人”、500名“文明市民”进行表彰。制定下发《2021年南昌市创建全国文明城市指挥调度工作机制（试行）》等文件，不断完善南昌市创建常态指挥体系和工作机制。坚持创建为民、问题导向、重点发力，扎实推进空中管线整治、无障碍环境建设、老旧小区改造、文明交通治理等重点工作，取得阶段性成效。南昌市获“全国无障碍环境示范市”。

【未成年人思想道德建设】 2021年，组织全市795所中小学围绕“扣好人生第一粒扣子”主题，深入开展“传承红色基因”“童心向党”“弘扬传统文化”“劳动美”等主题教育实践和“阳光成长”心理健康教育活动，21万人次参与“青春心向党·奋斗新征程”等主题团日活动，59万名少先队员参与“红领巾心向党”主题队日活动。南昌市第二十八中学等9所学校获评第三批全国中小学“中华优秀传统文化传承学校”。西湖区在辖区各学校成立“香樟子”经典诵读工作室，向荣小学把“抖空竹”纳入课堂，被评为“江西省中华优秀文化艺术空竹项目传承校”“江西省全民健身空竹训练基地”。

【志愿服务体系完善】 2021年，志愿服务体系日益完善，市级组建10支行业性志愿服务队伍。通过压实属地主体责任，县区组建“县区、乡镇（街道）、村（社区）”三级志愿服务队伍。通过发挥示范引领作用，组建一批文明单位、文明校园志愿服务队伍。通过发挥市、区志愿服务联合会作用，吸纳一批社会组织志愿服务队伍。至年底，南昌市注册志愿者90.03万人，注册志愿服务组织志愿服务队6690支，志愿服务活动数109525个、志愿服务时长2643万小时。志愿服务品牌化，青山湖区“爱心厨房”志愿服务项目、1+3+N文明实践志愿服务项目、邻里家园社区新时代文明实践示范项目、“益成长”校园青少年扶贫关爱文明实践项目4个项目被列为全省示范性重点志愿服务扶持项目，“绘啦课堂”社工关爱留守儿童项目被共青团中央评为全国三星项目、被省文明办列为全省“示范性重点志愿服务项目”，南昌县赣抚红十字志愿服务队龚志榜被中国志愿服务联合会、河南省精神文明建设指导委员会评为河南省防汛救灾优秀志愿者。

（张　翔）

南昌市社会科学界联合会

【概况】 2021年，南昌市社会科学界联合会（以下简称“市社科联”）坚持围绕中心、服务大局，团结带领全市社科工作者，解放思想、改革创新、扎实工作，为繁荣发展南昌市哲学社会科学事业、助力南昌改革发展作出新贡献。编纂出版《南昌发展蓝皮书（2021）》，总结回顾南昌市经济社会发展取得的成绩，指出存在的不足及其原因，分析今后发展趋势，为市委、市政府和相关部门以及各县、区科学决策提供重要参考。组织开展南昌市经济社会发展重大研究课题和南昌市社会科学“十四五”（2021年）规划课题研究，全市共有5项课题入选南昌市经济社会发展重大课题，39项课题入选“十四五”（2021年）社科规划课题。出版12期《现代人文》杂志，刊登南昌经济社会发展应用对策研究成果以及具有南昌地方特色的社科理论成果。适应疫情防控要求，加大在网上开展社科普及宣传工作力度，指导和支持南昌理论网，进一步调整、增加栏目，充实丰富宣传内容，创新优化网页设计，增强思想性、知识性、趣味性、观赏性，开设“学习贯彻十九届六中全会精神”专栏、开展《江西省社会科学普及条例》知识问答等，使网站点击率提高、受众面扩大。依托“豫章学习讲堂”、各县区社联和市属学会的社科讲坛讲堂、新时代文明实践中心、省市县优秀社科普及示范基地等平台优势，组织社科工作者“进企业、进农村、进机关、进校园、进社区”，开展多种社科普及宣传活动，在干部群众中传播党的创新理论和社会科学知识。

【社科普及基地建设】 2021年，继续推进社科普及基地发展建设，指导支持各级各类社科部门结合实际，充分发挥各自优势和特长，巩固提升社科普及基地宣传功能作用，开展形式多样社科普及宣传活动，在社科普及宣传中充分发挥示范、带动、辐射作用。与市图书馆联合举办“寻访红色足迹——共产党人的革命之路”图片展和“赠送优秀社科图书”进社区活动，宣传党的光辉历程和辉煌成就。市妇女儿童活动中心开展“我爱我的祖国——红色主题阅读”、“春蕾陪伴，牵手成长”小候鸟助飞帮扶计划等活动，培养少年儿童健康思想情操。开展南昌市第六批社科普及示范基地申报工作，培育建设一批新的社科普及基地，扩大社科普及基地覆盖面。

【社科类学会建设发展】 2021年，严格落实《南昌市社会科学界联合会社团管理办法》，指导和督促市属学会建立健全各项规章制度，按章程做好日常管理、年检、换届等工作，使学会建设和管理进一步纳入制度化、规范化轨道。引导和支持各市属社科学会开展各具特色活动，市图书馆与市社科联联合开展优秀社科图书进社区活动，市妇女儿童活动中心开展“致敬耕耘，礼赞丰收”劳动教育亲子活动、市家庭教育学会开展“双减”政策和家庭教育立法宣传活动、市公共健康与社会发展研究会开展公共健康巡诊义诊下基层活动等，得到广泛认可，取得一些成绩。市教育学会获省教育学会颁发的编程优秀组织奖，市家庭教育学会获由市妇联、市教育局授予的“十三五”期间家庭教育先进单位荣誉称号，市法学会获全省普法工作先进单位荣誉称号，市图书馆学会获省图书馆学会等单位授予的2021年全民阅读先进单位荣誉称号和2021年江西省“爱·悦读”少儿童诗童谣原创大赛优秀组织单位奖及“书江右文化·览赣鄱风采”征文、摄影大赛优秀组织单位奖。

【社科部门规范管理】 2021年年初，全市社科工作交流座谈会在新建区召开。各县区社科联、市属学会、科普基地相关负责人参加，座谈交流社科工作经验。制定落实《市社科联领导干部深入基层调查研究、帮扶工作实施办法》，建立班子成员与县区社联、市属学会挂钩联系制度，采取多种方式深入基层调查研究，了解县区（高校）社联和市

2021年11月12日，南昌市第十三届社科普及宣传周优秀社科图书赠送活动在湾里管理局梅岭镇梅岭村举行

（市社科联 供图）

属学会工作情况，协调帮助解决实际问题。简化、规范、明确市属社科类社科组织成立、换届、年检、变更、注销以及举办报告会、研讨会、论坛、讲座的审批办结流程，实行限时办结制，方便基层干部和群众办事。抓好《江西省社会科学普及条例》贯彻落实工作，督促县区人民政府将社会科学普及经费列入本级财政预算，并随着经济发展和工作需要而增加。

【社科课题研究】 2021年，围绕市委、市政府中心工作，联系南昌改革发展实际，坚持以问题为导向，聚焦改革发展中一些"重点""热点""难点"问题，采用县区部门提+社科专家选+市有关领导点的选题办法和公开招标方式，组织开展全市经济社会发展重大课题和全市社科规划课题研究。全年，组织开展5项南昌市经济社会发展重大招标课题和39项南昌市社会科学"十四五"（2021年）规划项目课题研究工作，推出一批重要研究成果。其中，《关于高水平抓好向塘国际物流港建设研究》《关于把象湖、梅湖整合开发打造成南昌具有特色魅力的人文生态旅游景区研究》《关于高水平建设南昌东站高铁新区的"谋"与"思"》等课题研究成果得到省领导肯定批示，《农工党践行中国新型政党制度研究》获农工党中央2021年度理论研究优秀论文一等奖。

【学术理论研讨和交流】 2021年7月26日，由市委宣传部、市委党史学习教育领导小组办公室、市社科联、南昌社科院共同举办的南昌市庆祝中国共产党成立100周年理论研讨会召开。研讨会上，宣读《关于表彰南昌市庆祝中国共产党成立100周年理论征文活动中优秀论文和组织工作奖的通报》，为获奖作者和单位集体颁奖，部分专家学者作交流发言。12月，全国城市社科院第三十一次院长联席会议在深圳市举行。市社科联党组成员、副主席邹时光和南昌社科院社会所所长戴庆锋参会。戴庆锋代表南昌社科院进行交流发言，所著论文《高质量发展背景下现代城市治理路径分析》被收入《全国城市社科院第三十一次院长联系会议论文集》。经会议评选，南昌社科院获评全国城市社科院先进单位。

【《南昌发展蓝皮书（2021）》编纂出版】 2021年，市社科联与市发改委共同组织编纂出版《南昌发展蓝皮书（2021）》。该书分为"综合篇""部门篇""调研篇"3个部分，共收录南昌社会科学院课题组、南昌市发展和改革委员会课题组、南昌市经济研究中心课题组等20个课题组的32篇课题成果，如《南昌市经济社会发展报告》《南昌市农业和农村形势分析与展望》《加快南昌社会信用体系建设的对策研究》《南昌经济发展瓶颈与对策研究》等，对全市上年度改革开放和经济、社会、文化、生态、城建等方面工作情况进行回顾和总结，对下一步发展态势进行展望和分析，对存在的一些突出问题提出对策和建议，帮助全市各级干部掌握情况、把握形势、拓宽视野、理清思路。

【南昌市第十三届社科普及宣传周活动】 2021年11月1日至12月15日，市委宣传部、市社科联联合举办主题为"永远跟党走·建功新时代"南昌市第十三届社科普及宣传周活动。根据疫情防控有关要求，社科普及宣传周与往年相比，活动时间由原来一周拓展到一个半月。活动规模有所压缩，取消社科普及宣传周启动仪式等大型活动，开展主题宣讲、优秀社科图书赠送、宣传展板巡展、有奖知识竞答等小型、分散、流动的宣传活动和网上宣传活动。科普周期间，举办讲座讲演、知识竞赛、咨询服务、媒体科普、文艺表演、赠阅社科图书等各种贴近群众生活、百姓乐于接受的活动共150场。组织参加省社联举办的习近平总书记"七一"重要讲话精神有奖问答和党的十九届六中全会精神有奖问答，被省社联授予"优秀组织单位"荣誉称号等。

【社科"五进"宣传宣讲活动】 2021年，采取基层"点菜"、社联"买单"方式，紧密围绕党的创新理论及路线方针政策、优秀传统文化、群众关心关注的热点等社科普及重点内容，根据干部群众不同需求，依托"豫章学习讲堂"、各县区社联和市属学会的社科讲坛讲堂、新时代文明实践中心、省市县优秀社科普及示范基地等平台优势，通过报告会、研讨会、展台咨询、展板宣传、文艺汇演、知识竞赛等多种形式，组织社科工作者进社区、进农村、进学校、进机关、进企业，开展针对性和实用性较强的社科普及宣传活动，促进社科知识普及和干部群众社科素养提升。全年，全市开展各类社科普及宣传活动共1000余场，各级各类社科讲坛讲堂举办宣讲800余场。

【南昌社会科学院事业单位机构改革】 2021年，贯彻落实中央和省委、市委各项决策部署，按照上级要求做好南昌社会科学院（以下简称南昌社科院）、《现代人文》编辑部事业单位改革工作。事业单位改革启动之前，市社科联、南昌社科院是两块牌子、两支队伍、一个班子、合署办公。改革后，南昌社科院被明确为市社科联下设正科级事业单位，原《现代人文》编辑部的职能、编制并入南昌社科院。南昌社科院核定人员编制19名（全额拨款）；领导职务为院长（正科级）1名、副院长（副科级）3名。

表 33　　2021 年南昌市经济社会发展重大招标课题立项一览表

序号	课题编号	课题名称	负责人	单　位
1	ZDSK202101	关于加速提升南昌城市发展能级研究	曾　光	江西省委党校
2	ZDSK202102	关于大力推动南昌数字经济与实体经济深度融合研究	王自力	江西财经大学
3	ZDSK202103	关于将南昌打造成中消费中心城市研究	谌飞龙	江西财经大学
4	ZDSK202104	关于把南昌打造成全国红色文化教育培训基地研究	黄细嘉	南昌大学
5	ZDSK202105	关于进一步推进南昌文旅融合发展研究	殷　剑	南昌师范学院

（资料来源：市社科联）

表 34　　南昌市“十四五”（2021）社科规划课题立项一览表

序号	课题编号	课题名称	负责人	单　位
1	YJ202101	南昌市乡村旅游助力乡村振兴的发展机制研究	王文辉	南昌大学
2	GL202101	关于南昌市推进数字政府建设的路径探究	鄢灵慧	中共南昌市委党校
3	GL202102	南昌河湖水环境协同治理研究	帅清华	南昌航空大学
4	YJ202102	南昌市传统村落文旅融合发展路径研究	张冬良	江西农业大学
5	JY202101	非均衡发展视域下南昌高等职业教育产教深度融合实训平台建设研究	邝海	江西科技师范大学
6	FX202101	数字文化传播的侵权防范与治理研究——以南昌市为例	胡卫萍	华东交通大学
7	FX202102	物业管理法治化路径研究——以南昌市高新区溪湖北社区为例	杨美蓉	南昌社会科学院
8	YJ202103	乡村振兴背景下南昌智慧农业发展研究	钟晟	中共南昌市委党校
9	YJ202104	大南昌都市圈综合承载力评价研究	陈英	江西科技学院
10	FX202103	推进“大数据”技术与南昌新能源动力蓄电池产业融合发展研究	赵大伟	南昌航空大学
11	GL202103	推动南昌产业发展向智能化、数字化转型研究	甘卫华	华东交通大学
12	SH202101	提升南昌市基层社会治理水平研究	戴庆锋	南昌社会科学院
13	YJ202105	在构建新发展格局中南昌扩大有效投资路径研究	袁伟	南昌工学院
14	SH202102	南昌市新时代文明实践和志愿服务工作探索研究	钟莉君	中共南昌市委党校
15	YJ202106	以航空物流为重要抓手助推南昌空港经济发展研究	胡剑芬	南昌航空大学
16	YJ202107	南昌市县域文化旅游发展对策研究——以进贤县为例	章新根	中共进贤县委党校
17	YJ202108	南昌推动数字经济与文化旅游融合发展研究	何丽君	南昌社会科学院
18	YJ202109	南昌市农产品质量安全监管研究	徐光耀	江西省农业科学院
19	GL202104	文化融合视角下传统村落旅游核心竞争力提升路径探究	李翠	江西服装学院
20	DJ202101	党建引领城市社区治理的共性困境和优化路径——以南昌市为例	赵坤	中共南昌市委党校

续表34

序号	课题编号	课题名称	负责人	单 位
21	GL202105	南昌市航空运动产业高质量发展研究	于锦荣	南昌航空大学
22	YJ202110	新发展格局下南昌市建设高质量区域性中心城市的路径研究	罗思越	南昌社会科学院
23	YS202101	互联网+视域下南昌城市品牌形象设计研究	乔梁	南昌职业大学
24	GL202106	加强基层社区治理,打造“昌治久安”南昌品牌研究	周云	中共南昌市委党校
25	SH202103	“三孩生育”政策下南昌市婴幼儿托育服务体系研究——以红谷滩区为例	万苏春	南昌航空大学
26	YJ202111	南昌城市道路交通数字化治理效果分析	官晓风	江西科技学院
27	YJ202112	新“三品一标”背景下的南昌农业品牌发展研究	卢慧	江西省农业科学院
28	SH202104	健康老龄化背景下南昌市“医养结合”养老服务模式研究	江泽慧	江西中医药大学
29	XW202101	南昌“网红”旅游品牌塑造策略研究	李丹	南昌工学院
30	YS202102	海昏侯墓孔子像的历史文化价值研究	黄鑫	南昌职业大学
31	GL202107	人才新政背景下南昌高层次人才引进策略优化研究	赖崇德	江西农业大学
32	YJ202113	系统推进南昌市生态治理长效机制建设研究	郭建斌	南昌社会科学院
33	SH202105	以文化名片为依托进一步提升南昌城市辨识度、美誉度研究	鲁远	中共南昌市委党校
34	GL202108	数字经济背景下社会保障窗口服务机制创新研究	郭家瑜	南昌市湾里管理局
35	YJ202114	以人为核心的新型城镇化建设质量提升研究——以大南昌都市圈为例	晏朝飞	南昌航空大学
36	YJ202115	数字化视角下南昌公共文化服务资源均等化研究	王慧	江西科技学院
37	GL202109	文明城市创建背景下的城市管理模式研究——以新建区为例	徐强	中共新建区委党校
38	ZZ202101	南昌数字化政府建设的成效及优化研究	卢文娟	豫章师范学院
39	YJ202116	推动南昌智能公共服务建设研究	段志明	南昌社会科学院

（资料来源：市社科联）（许 飏 赵 璐）

应急管理

综　述

【概况】　2021年，南昌市应急管理部门按照“对党忠诚、纪律严明、赴汤蹈火、竭诚为民”要求，坚持人民至上、生命至上安全发展理念，严格贯彻党管意识形态工作责任制，紧扣安全生产责任落实，扎实推进安全生产专项整治三年行动及“十大攻坚战”（重大安全风险管控“回头看”、安全隐患排查治理“清零”、安全生产“打非治违”、高危行业领域淘汰落后产能、企业技术改造升级、安全生产监管执法能力提升、企业从业人员安全技能提升、公共安全文化建设、“双千示范”工程建设、安全生产应急救援能力提升）行动，推进安全生产法治建设，构建安全生产风险防控体系，加强安全基础保障能力建设，全市安全生产形势实现总体稳定。

【应急指挥】　2021年，南昌市在构建完善“大应急”工作格局中，深入推进应急管理指挥体系建设，投入950万元推动应急指挥平台建设，构建纵向贯通、横向互联的信息汇总和辅助决策体系，协助指挥各类应急专业队伍开展救援处置行动。不断完善优化应急指挥平台，建立横向到边（市直单位互联互通）、纵向到底（市、县、乡三级互联互通）的应急指挥体系。整合共享公安、消防、交通、城管、林业、水利、气象、市场监管、卫生健康、自然资源等单位的灾害事故、救援力量、物资装备等信息，及时有效获取第一手信息源，逐步构建完善“大应急”的工作格局。

【应急预案】　2021年，为提高应对各类风险和处置突发事件能力，南昌市进一步完善应急预案体系，依托应急指挥系统，建立全市应急预案动态化数据库，实现应急预案的“大数据”动态化管理，发挥应急预案在应急救援中的基础作用。召开应急预案管理工作会，明确不同层级应对事故灾难的职责，明确重点岗位、重点环节具体处置措施。完成《南昌市森林火灾应急预案》《南昌市危险化学品生产安全事故应急预案》2项预案修订，组织相关单位专家对修订后的《南昌市地震应急预案》进行评审。

【应急保障】　2021年，南昌市不断完善应急保障机制，建立风险监测管控体制机制225个，基本制定应急值班值守、监测预警、隐患排查治理、应急物资储备等机制。全市各行政村（社区）加强隐患排查，共建立隐患台账809个，其中东湖区、西湖区、青云谱区、小蓝经开区各行政村（社区）隐患台账建立率100%。全市各乡镇（街道）经费保障1100余万元，其中南昌县财政划拨290万元专项经费用于乡镇应急办公场所、设施建设等。全市902个行政村（社区）根据工作需要安排应急经费400余万元，各乡镇（街道）基本配置适量的救援物资。严格落实值班值守制度，实行24小时在岗值班制度，确保通信联络和信息渠道畅通。加强对有关突发情况掌控，对预警性、苗头性信息认真研判、妥善处置，确保有效应对和处置各类突发事件。

【应急救援队伍建设】　2021年，南昌市为进一步提升灾害事故应急救援能力，不断加强全市应急救援队伍建设。为重点应急救援队伍提供经费保障，提供装备物资支持，解决应急救援队伍实际困难。至年底，全市132个乡镇（街道）均按要求配置至少2名—3名应急管理人员，其中专职人员216名、兼职人员259名。全市1949个行政村（社区），有1560个设置应急服务站（点），配置专职人员520名，兼职人员1995名。其中，南昌县、进贤县、东湖区、西湖区、青云谱区、红谷滩区、南昌高新区和南昌经开区所有行政村（社区）均设置应急服务站(点)。全市各乡镇(街道)均组建至少1支应急救援队,全市有各类应急队伍381支7553人。

(孙美焘)

防灾减灾

【概况】 2021年,市应急局加强风险研判,提升综合风险防控能力。及时进行综合风险分析会商,认真履行减灾委办事机构职责,及时启动救灾预警响应。全年召开自然灾害综合风险分析会商会议2次。主动会同国土资源、水利、农业、气象等部门加强会商研判。高度重视灾情管理工作,强化报灾力量,明确工作流程,及时、准确、规范统计上报灾情。全市全年有2人因雷击死亡,倒塌房屋6间,受灾农作物面积7133.33公顷。其中,农作物成灾面积1953.33公顷,绝收面积440公顷,直接经济损失4876.6万元。

【防灾减灾指导】 2021年,争取省级农业生产和水利救灾资金632万元。根据不同灾种、不同影响程度、不同作物、不同生育时期开展农事指导,通过微信、网络等向县区、乡镇、村组及种粮大户等下发生产防灾减灾措施和建议42期次,联合气象发布气象服务信息44期次,为春耕、双抢、秋收冬种等关键农时生产提供服务。在防灾减灾日,市农业农村局下发《关于开展2021年全国防灾减灾日有关工作的通知》,要求各有关部门聚焦风险、筑牢根基,始终坚持人民至上、生命至上,将风险源头管控和灾害风险隐患排查治理作为提升社会治理能力、增进人民福祉的重要内容抓紧抓实,科学防范化解灾情风险。7月中旬,根据农业重大自然灾害应急预案进行桌面推演,梳理应急流程,明确应急责任,提高应急处置能力。

【防汛灾害救援】 2021年,市应急局做好防汛和地质灾害救援工作,制定下发《南昌市2021年防汛工作要点》《南昌市防汛抗旱指挥部工作规则》《南昌市防汛抗旱指挥部办公室工作规则》,明晰、完善指挥部成员单位、办事机构人员及职责、任务等,保障转隶后防汛指挥机构及办事机构运行。5月26日22—23时,市本级及赣江尾闾和环湖地区及时启动防汛IV级应急响应。启动响应后,投入抗洪抢险11235人次,其中机关干部7239人次、群众3996人次。组织各城区集中对雨水井、检查井、下水道、雨水箅等清淤疏浚,清掏雨水管网614千米,清运淤泥2.49万立方米。调试和保养维护泵站、井盖、应急抢险车辆等设备,维修更换雨水箅子3268套,检修雨水泵站20座。全市各级储备防汛草袋194.2万条,麻袋50.03万条,编织袋299.9万条,卵石27.64万立方米,块石7.95万立方米,冲锋舟50艘,橡皮舟82艘。

【森林防灭火】 2021年,市应急局印发《全市林区输配电设施火灾隐患专项整治工作方案》,明确工作任务和要求。联合市林业局、市公安局、南昌供电公司等成员单位成立5个督导小组,开展林区输配电设施火灾隐患专项整治工作。全年全市各级开展森林防火执法检查300余次,排查各类隐患740余处,已全部整改到位。严厉打击森林违法用火行为。全市森林公安机关出动警力390人次,打击森林火灾案件4起。其中,刑事案件2起、刑拘2人,治安案件2起、治安拘留1人,行政处罚1人。全年全市发生森林火灾2起,受害森林面积6.37公顷。受害林地为低丘缓坡灌木林地,由民间祭祀用火引起,无人员伤亡事情。森林火灾24小时扑灭率100%,森林火灾案件查处率100%。

【地质灾害防治】 2021年,组织编制《南昌市地质灾害防治“十四五”规划(2021—2025)》,部署安排南昌市“十四五”期间地质灾害防治工作。落实地质灾害应急值守、群测群防制度,加强地质灾害隐患排查、巡查、核查,加强预警预报和科学分析研判,实现全市地质灾害防治连续多年“零伤亡”目标。实施地灾防治项目9个,投入防治经费767.09万元。全年,发布预警预报信息213次,开展地质灾害防治宣传活动30余次,发放宣传资料5273份,接受宣传群众2000余人次。派出巡查排查队伍500余人次,巡查排查隐患点780余处,消除隐患7处,转移受威胁群众546户1180人次,切实维护人民群众生命财产安全。

【综合减灾社区创建】 2021年,市应急局推进综合减灾示范社区创建工作。至年底,全市创建全省综合减灾示范乡镇(街道)2个、全省综合减灾示范社区9个、全市综合减灾示范社区22个、全市综合减灾精品示范社区2个。率先在全省出台区级综合减灾示范单位创建奖补文件,夯实基层应急管理力量,推动全市防灾减灾救灾能力提升。

【防灾减灾宣传】 2021年,市应急局加大防灾减灾宣传力度。以“提高基层应急能力,构筑防灾减灾生命安全防线”为主题,加强自然灾害防治能力建设,开展“5·12”防灾减灾宣传周系列活动。会同南昌日报社、《南昌晚报》共同举办“防灾减灾知识有奖竞答”免费送口罩活动,5天答题人数超过25万人次。将防灾减灾宣传与赣江两岸灯光秀相结合,在西岸绿地双子塔和东岸新力、力高2栋高楼播放宣传短视频和字幕,获得央视《朝闻天下》栏目专门报道。

(孙美焘)

安全生产监督管理

【概况】 2021年,南昌市应急管理局(以下简称"市应急局")紧扣安全生产责任落实,扎实推进安全生产专项整治三年行动及"十大攻坚战",大力推进安全生产法治建设,全面构建安全生产风险防控体系,加强安全基础保障能力建设,全市安全生产形势实现总体稳定。全市全年发生安全事故148起、死亡129人。与2020年同期比,事故起数减少13起、死亡人数增加15人,起数下降8.01%、死亡人数上升13.2%。其中,工矿商贸领域发生亡人事故46起、死亡51人,死亡人数增加5人,上升10.90%;道路运输业发生事故102起、死亡78人,起数减少13起、死亡人数增加10人,起数下降11.30%、死亡人数上升14.70%。发生火灾事故4001起,死亡10人,受伤17人。

【企业主体责任落实】 2021年,市应急局按照"标本兼治"要求,落实企业主体责任。通过线上抽查和线下检查方式,督促各类企业自觉应用江西省安全生产监管信息系统,自觉开展隐患自查自改自报和上报企业主体责任履职报告。对未在信息系统实行线上管理的企业,列入重点监管对象,加大检查频次和力度。持续通过线上线下督促检查方式,督促企业开展"五个一"活动(开展一次全覆盖的安全风险辨识评估;开展一次集中隐患排查治理活动;开展一次系统的安全规章制度和操作规程对标梳理;开展一次全员安全教育培训;开展一次彻底的违章指挥、违章作业、违反劳动纪律现象"三违"集中行动)。建成南昌市安全生产监测预警系统(一期),对32家重点危化、工贸、非煤矿山、烟花爆竹企业的重大危险源状态、企业主体责任落实等情况进行实时智能监管和预测预警。至年底,全市在省安全生产监管信息系统上注册的2312家企业中,2307家按照要求登录系统和登记隐患。企业排查上报隐患38023个,整改37834个,整改率99.5%。

【重要时期安全稳定】 2021年,市应急局紧盯春节、中秋节、国庆节和庆祝中国共产党成立100周年活动及全国"两会"、党的十九届六中全会、省十五次党代会召开等重要时期,以市安委办名义及时下发工作通知,组织召开安全防范会议,部署专项督查、检查,保障全市安全形势平稳有序。庆祝中国共产党成立100周年活动期间,以"防风险、保安全、迎大庆"为目标,结合汛期、高温气候安全生产特点,组织开展安全大检查、隐患大排查工作。采取"四不两直"、随机抽查、交叉检查等方式,深入企业、深入一线不间断开展安全生产督查、检查,持续保持高压态势,将责任压实到企业、压力传导到一线,督促各级各部门压实安全生产责任,落实各项安全防范措施,排查重大隐患104条,落实到位95条。

【"十大攻坚战"】 2021年,市应急局以"从根本上消除隐患、从根本上解决问题"为目标,制定《南昌市安全生产专项整治三年行动"十大攻坚战"工作方案》,围绕2个专题和12个重点整治领域明确85项集中攻坚阶段目标任务清单,推进三年行动"十大攻坚战"(重大安全风险管控"回头看"、安全隐患排查治理"清零"、安全生产"打非治违"、高危行业领域淘汰落后产能、企业技术改造升级、安全生产监管执法能力提升、企业从业人员安全技能提升、公共安全文化建设、"双千示范"工程建设、安全生产应急救援能力提升)工作,确保全市安全生产形势平稳,杜绝较大及以上事故发生。至年底,退出烟花爆竹生产企业1家、建材企业1家,改造提升企业25家,培训教育企业从业人员13505人(其中高危行业领域企业"三项岗位人员"12768人),完成创建标准化示范企业112家、风险管控示范企业73家。

【安全生产事故调查处理】 2021年,市安委办完成省安委办挂牌督办的2起较大事故调查(进贤县"8·18"较大触电亡人事故,经调查认定为非生产安全事故;南昌县"9·15"较大道路交通事故,经调查认定为非生产经营性道路交通事故)。提级调查安义县"12·1"江西南亚铝业一般坠落溺亡事故,涉事企业顶格处以100万元罚款,对企业主要负责人、分管负责人、安全管理人员等4人均从重进行行政处罚。对8起一般生产安全事故进行挂牌督办。对全市在工矿商贸领域发生的46起生产安全事故全部进行调查处理。

【"打非治违"百日行动】 2021年,市应急局制定《南昌市开展安全生产"打非治违"百日行动的工作方案》,组织各县区、市政府各部门及全市生产经营单位深入开展一系列安全生产"打非治违"活动,将"打非治违"工作关口前移,将各街道、乡镇划分为2000余个单元,推行"网格化"管理。至年底,检查各类生产经营单位2000余家次,出动各类行政执法人员4700余人次,查处各类安全隐患1695处,已整改隐患1695处,开展各类行政处罚500余次;责令停产整顿212家,暂扣吊销证照1家,关闭取缔5家,经济处罚1422.25万元,移送司法机关80人,联合惩戒39家。

【城镇燃气安全排查整治】 2021年,市应急局印发《关于开展燃气安全隐患专项排查治理工作的通知》《关于切实做好当前安全防范工作的紧急通知》《南昌市城镇燃气安全隐患排查整治工作实施方案》，督促燃气行业管理部门牵头会同市场监管、住建、公安、商务、自然资源、消防等部门齐抓共管，聚焦燃气项目前期规划、燃气经营、餐饮等公共场所燃气、老旧小区燃气、燃气项目工程、燃气具等燃气源头、燃气管道设施、燃气使用8个方面，全面排查燃气管网和涉及燃气各领域安全风险隐患，摸清底数、强化措施，提升燃气安全保障水平。至年底，排查出违章压占整改项目整改隐患189处，其中重大隐患11处、一般隐患178处。燃气安全改造项目中老旧管网改造项目完成47.3千米改造，其中庭院管网完成28.8千米、市政道路完成18.5千米。

【消防通道集中整治】 2021年8月10日至12月底，市应急局会同市消防救援支队开展消防通道集中整治行动，对全市1590个住宅小区、1529个公共建筑开展排查。整治行动分动员部署、排查整治、检查考核、建立长效机制4个阶段。整治主要内容为：消防通道管理责任不落实；占用消防车道违法停放机动车辆；占用消防通道违章搭建建（构）筑物或者占道经营；占用消防通道违法设置铁桩、石墩、水泥墩、栅栏门等障碍物；占用、堵塞、封闭疏散通道乱停乱放电动自行车（自行车）和违规充电；未按标准设置消防通道的行为等。重点整治交通道路、居民住宅及机关、团体、企业、事业及社会单位消防车道堵塞、占用和建筑内部疏散通道、安全出口占用、封闭等违法违规现象。至年底，各地党政领导带队检查143次，完成施画消防车道标线标志的小区（单位）2506个，公共建筑集中施画消防车道标线标志791处。发现占用、堵塞、封闭消防通道违法行为13084起，已整改12862起，处罚394起，处罚人数414人，罚款99063元；发现占用消防通道违章搭建建（构）筑物或者占道经营等违法违规行为308起，拆除违章搭建建（构）筑物54处，挪走、拖移占用消防车通道车辆1762辆，清理电动车乱停乱放3274辆。

【安全生产宣传教育】 2021年，市应急局与《南昌日报》《南昌晚报》、南昌广播电视台签订宣传协议，开辟应急管理专栏和专刊，利用政府官方网站、官方微博、官方微信全面宣传和解读习近平总书记关于安全生产重要论述等相关内容，推出各类重点报道、访谈报道等超过300篇。《中国应急管理报》以《江西南昌市应急管理队伍强化“党建+”激发战斗力：在一场场大考中攻坚克难化险为夷》《驻村第一书记的乡村振兴梦》大篇幅报道市应急局党建促业务情况。市应急局被《中国安全生产报》评为“全国应急管理新闻宣传暨学报用报先进单位”。至年底，市安全生产警示教育基地接待51044人次。6月开展第20个全国“安全生产月”活动。活动期间，共开展安全生产大讲堂、大家谈、公开课、微课堂、在线访谈和基层宣讲1330场，参与人数17万人次；以主题展播、歌舞表演、展示展览等形式举行“6·16”安全宣传咨询日等宣传咨询活动750场，参与人数24.9万人，派发传单资料超过10万份；利用赣江两岸灯光秀，地铁、公交以及全市各类公众场所电子屏等开展安全宣传展示，播放各类宣传品3480部、65万余条次。

（孙美焘）

消防救援

【概况】 2021年，南昌市消防救援支队坚持改革创新、提质强能，积极应对疫情防控等风险挑战，先后完成援豫抗洪抢险、“11·22”白马庙制药厂职工宿舍楼坍塌救援等工作和中国共产党成立100周年活动、世界VR产业大会等大型消防安保任务，防范化解重大消防安全风险和应对处置各类灾害事故能力和水平不断提升，实现社会火灾形势和队伍内部“两个高度稳定”。市消防救援支队先后获全国性集体荣誉1项、个人荣誉1项，省级荣誉表彰11项，市级荣誉表彰31项。在全省消防行业职业技能大赛搜救犬模块及灭火救援模块分获第一名、第三名，在全国南部片区火调比武竞赛中获单项第二名，在全省火调竞赛中获团体一等奖。专职消防队员麦玉山获全国消防行业技能大赛灭火战斗项目组“金头盔”称号。

【消防救援演练】 2021年7月6—8日，市消防救援支队举办全市消防救援队伍实战练兵比武竞赛。全市19支代表队，220名消防救援人员参加竞赛。竞赛设置个人和集体23个项目，包括5000米跑、60米肩梯登楼操、挂钩梯上四楼、十楼负重、100米消防障碍、4×400米消防接力、楼层火灾救人操等。7月12日，市消防救援支队在特勤大队召开实战练兵比武竞赛闭幕式。此次竞赛团体总分前六名的消防大队依次是南昌县大队、特勤大队、经开大队、青云谱大队、西湖大队、进贤县大队。

【消防安全进百万家活动】 2021年6月，市消防救援支队开展“消防安全进百万家”宣传活动。活动以城乡接合部和老旧住宅小区居民群众为重点，消防宣传人员到企业、商场、在建工地等开展“扫街式”消防咨询服务，走进社区、院校开展消防安全知识培训讲座，深入农村、沿街商铺、高速服务区开展“一警六员”（社区公安民警和中央在京单位执勤武警，各街道、乡镇政府和村（居）委会基层工作人员，安全生产巡查员，物业服务企业职员，保安员，消防安全重点单位及餐饮、娱乐等火灾高风险场所职员，微型消防站义务消防员和社会志愿人员）实操实训活动，将消防宣传引向深入。投入资金130万余元自主研发制作一次性纸杯、钥匙扣、数据线、鼠标垫、笔袋等文创产品 16 种、100 万余件，全部赠送给参与群众。至年底，宣传活动吸引 43.96 万名群众参与，扫码关注市消防救援支队微信公众号超 96.8 万人次，发放各类消防文创产品 173 万余份，收到火灾隐患举报 224 条，受理有效举报 159 条，提升社会力量参与消防工作的积极性和主动性。

【消防执法服务发展】 2021 年 2 月 23 日，市消防救援支队印发《南昌市消防救援支队深化消防执法改革服务经济社会发展九项措施及条文释义》。此文件包括优化行政审批服务、改革消防监管方式、优化便民利企服务等举措，在全省消防救援队伍中率先提出“初次违法或轻微违法及时整改可不予处罚”，全力打造省会城市一流消防执法营商环境。缩减行政许可范围和时限，除公共娱乐场所外，其他建筑面积 300 平方米以下的公众聚集场所投入使用，营业前不需申请办理消防安全检查，消防行政审批时限缩短 60%。推行消防行政许可“网上办”“掌上办”，全市所有消防大队上线“赣服通”，实现网上受理“一次不跑”、窗口受理“只跑一次”。推行行政许可证照电子化，发出全省第一张消防许可电子证照。合理确定“双随机、一公开”监督抽查比例和频次，对消防管理规范有效、三年未发生火灾事故、消防守信行为良好的单位，降低消防监督抽查频次，并在消防行政许可、服务指导等方面予以优先。通过创新工作举措，全年 400 余家单位企业免于处罚，有效提升社会群众满意度，以高质量的消防执法服务助力社会经济发展。

【“智慧消防”建设】 2021 年 2 月，南昌市委、市政府按照平台、标准、运维、推广“四统一”要求，将“智赣 119”建设纳入“城市大脑”提质扩面第二批应用场景重点建设项目，市大数据局在城市大脑运营指挥中心设置专门的“智赣 119”值守运维中心和应用场景展示厅。以老旧小区、高层建筑、养老机构、群租房、“三合一”、“九小”场所为重点，联动电力部门开展用电流量监测，综合应用智能报警、智慧用电等消防物联网设施，实现早预警。融合交管、消防、气象、环卫等资源，建设“一键护航”智能调度平台，推行“消防+交警”“消防+综治”“消防+环卫”等模式，以最优方案、最短时间调度使用各类消防站、消防水源以及社会联勤联调力量，实现快响应。至年底，“智赣 119”消防物联网平台上线“城市大脑”指挥中心，2000 余家单位、30 余万个物联网消防设施纳入平台，建成 15 个社区和重点行业分平台，接入“双随机、一公开”、消防应急指挥等业务系统，实现跨部门数据共享、信息互推、力量联动。

【消防救援人才培养】 2021 年 5 月 18 日，市消防救援支队与江西师范大学成人高等教育合作办学签约仪式在南昌举行。江西师范大学党委书记黄恩华，省消防救援总队党委委员、政治部主任黄敏分别致辞讲话。市消防救援支队政治委员罗梁和江西师范大学继续教育学院院长冯昊代表双方签订合作办学协议，标志着人才培养“揭榜挂帅”落实落地。根据协议，江西师范大学与南昌市消防救援支队开展合作，成立江西师范大学南昌市消防救援支队函授站，采取“线上+线下”“送教到一线”模式，让消防指战员不离开一线工作岗位就能够提升学历，提高能力素质。

【“消防夜市”】 2021 年 11 月，为全面展示全市消防改革转制三年来工作成就，营造全市浓厚的“119”消防宣传月活动氛围，市消防救援支队以“为群众办实事”为出发点，创新打造南昌“消防夜市”宣传品牌。组织开展授旗训词三周年成果展示、全城亮屏、“百万网民学法律”消防知识竞赛、火灾隐患随手拍、“请进来+走出去”参观体验、“一警六员”消防基本技能实操实训、校园消防疏散逃生演练、志愿者进百万家宣传 8 个系列主题活动，广大群众在与消防宣传员接地气互动活动中，学习掌握消防安全常识及逃生自救技能。“消防夜市”被当地群众和网友称赞为“最具烟火气，最抚凡人心”的活动。活动期间，全市共开展消防宣传线上直播 2 次，线下开展各类消防培训、消防疏散演练等活动 100 余场，线下参与活动群众 6 万余人，线上直播参与 170 万余人次，张贴宣传海报 3 万余份。

表 35　　2021 年南昌市火灾事故一览表

项目	合计	市区	三县
一、火灾次数(次)	4001	2646	1355
二、死亡人数(人)	10	8	2
三、受伤人数(人)	17	14	3
四、经济损失(万元)	6684.96	5613.81	1071.15

（资料来源：市消防救援支队）（黄亦陈　杜人鹏）

县区(管理局)

南昌县

【概况】 南昌县位于南昌市南部,东接进贤县,南邻宜春丰城市,西北与新建区隔赣江相望,东北濒鄱阳湖,三面环抱南昌市主城区。属赣抚平原,地势南高北低。国土面积1810.7平方千米(含麻丘镇、昌东镇),辖9个镇(莲塘、向塘、蒋巷、幽兰、塘南、武阳、冈上、广福、三江)、7个乡(泾口、南新、八一、黄马、塔城、富山、东新)、1个街道办事处(八月湖街道办)、1个国家级开发区(南昌小蓝经济技术开发区)、1个省级开发区(向塘开发区)和1个管委会(银三角管理委员会),另有麻丘镇、昌东镇由南昌高新区代管。2021年,全县有263个行政村和123个居委会,户籍总人口107.3万人,其中城镇人口35.93万人、乡村人口71.37万人。完成地区生产总值1195.6亿元,同比增长8.7%;地方一般公共预算收入79.3亿元,增长12.6%。在中郡研究所发布的全国县域经济百强县排名中,南昌县位居第19位,实现"十三连升"。6月29日,中央组织部决定,授予中共南昌县委书记、小蓝经开区党工委书记熊运浪"全国优秀县委书记"称号。12月15日,南昌县获"2017—2020年度平安中国建设示范县"称号。

【政治建设】 2021年,南昌县扎实开展党史学习教育,"五型"政府建设持续巩固深化。大力开展"我为群众办实事"主题实践活动,全县30个重点民生项目全面完成。自觉接受县人大依法监督,办理人大代表建议68件,办复率和满意率均100%,15项工作接受县人大常委会专项审议。主动接受县政协民主监督,办理政协委员提案120件,委员满意率100%。认真接受群众监督,办结"12345"政府服务热线诉求4.6万余件,群众满意率95%。《媒体聚光镜》曝光问题52个,整改率100%。创新评选5个项目推进"蜗牛奖",鞭策项目建设提速增效。开展全国法治政府示范创建。坚持政府带头过紧日子,县级一般性支出压减2.1亿元。创新开展政府投资项目成本优化工作,实现一级预算单位审计监督全覆盖。全面加强政府系统党风廉政建设,聚焦项目推进、公共服务、粮食购销等领域,大力整治"怕慢假庸散""油松痞"等作风顽疾,干部作风进一步改进。

【经济建设】 2021年,南昌县工业投资完成406.5亿元,增长15.8%。新增规上工业企业73家,总数412家,2项指标均居全市第一位。汽车及零部件、绿色食品产业被认定为省级产业集群,生物医药产业被认定为省级培育产业集群。江铃股份富山工厂、济民可信生物医药产业园等项目全面投产。智能装配制造、半导体、新能源新材料等战略性新兴产业加快发展,华通芯电电子信息元器件、鸿富杰科技智能光幕研发生产等项目开工建设。煌上煌、佳时特等6家企业入选市"5G+智慧工厂"培育库,三鑫医疗、人之初科技等首批10家传统制造业标杆企业数字化改造完成。深入推进"映山红"行动,百胜智能在深交所上市,全年新增3家上市挂牌企业。装配式建筑产品年产量126万立方米,占全市市场份额80%以上;建筑业总产值实现1796.9亿元,占全省的1/5,增长14.5%。规上服务业营业收入实现77.6亿元,增长32.4%;第三产业增加值实现465.3亿元,增长10.4%。京东亚洲一号、传化物流等5个物流头部企业投入运营,苏宁、菜鸟网络二期等5个省重大重点项目加快建设,圆通速递、民生电商等4个项目签约落户。品牌物流企业发展到30家,建成标准仓储面积80万平方米,签约全国首个"京东物流智能供应链产业学院"。与京东集团开展全面战略合作,盒马鲜生江西总部、腾讯云启产业基地等项目签约落户。县本级投入1550万元支持原城纪等市场主体开展各类促消费活动,新洪城大市场被列入全国商品市场优化升级专项行动试点单位。全社会消费品零售总额完成376亿元,增长19.9%;全年新增限上商贸企业(单位)160余家,新增数量创历史之最。京东农场、益海嘉里中央厨房等现代农业项目签约落地,广福牧原生猪养殖基地、黄马澳沃生态农业产业园等项目加快推进,冈上镇国家产业强镇(一期)项目建成投产。

【社会建设】 2021年,南昌县国土空间总体规划方案基本形成,城市体检自检报告完成编制。九龙大桥、姚湾综合码头等重大基础设施稳步推进,桃新大道主线通车,南昌南站主体结构完工。莲西大道、斗南路提升改造等27个公建配套项目全面竣工,东莲路东延、迎宾大道提升改造等70项工程加快推进,南外环项目取得历史性突破。通过全国文明城市复检,获评"全省城市功能与品质提升综合考核先进县城",全国新型城镇化质量百强县市排名前移至第32位。全年教育经费总投入31.6亿元,新增公办幼儿园46所,新增公办学前学位1.2万余个,新建、改扩建文山路学校、洪州学校等8所义务教育学校,净增学位1.5万个。高考本科上线人数持续攀升。累计接种新冠肺炎疫苗210余万剂,核酸检测50余万人次,常态化疫情防控防线持续筑牢。深入推进县域综合医改试点,推进检验中心、影像中心等六大中心信息化建设,新建、改扩建医疗机构8家,新增床位1100余张。县文化中心项目全面竣工,大型现代南昌采茶戏《抚河三道湾》参加全国采茶戏会演。新增国家AAA级旅游景区1家,省AAAA乡村旅游点1个,省乡村旅游重点村1个,创建"省级全域旅游示范区",获评全省旅游产业发展先进县。

2021年12月30日,南昌县桃新大道快速路实现主线通车

(马悦 摄)

【社会稳定】 2021年,南昌县新增建设"雪亮工程"视频探头,推进43个"智慧平安小区"建设。开展"断卡"等反诈专项行动,严厉打击治理电信网络诈骗等违法犯罪。开展政法队伍教育整顿,常态化开展扫黑除恶专项斗争。推动鄱阳湖区十年禁捕政策落地,获评鄱阳湖区联谊联防工作先进县。创建全省食品安全治理示范县。高标准推进乡镇综治中心100%建设。持续推进法治乡村建设,培育农村"法律明白人"7.8万人。全面升级"民情连心桥"工作,办结群众身边的"急难愁盼"问题10.4万余件。常态化开展矛盾纠纷"大化解",调处各类复杂矛盾纠纷1100余件,全县信访总量下降21.6%。深入开展安全生产三年专项整治行动,安全形势总体平稳。2021年全省公众安全感测评排名大幅前移,位居全省第49位,创历史最佳成绩,荣获"平安中国建设示范县"称号。举办全省在乡村治理中推广运用清单制暨试点工作流动现场会,幽兰镇和蒋巷镇柏岗山村等入选全国第二批乡村治理示范村镇。

【民生工程】 2021年,南昌县4712名脱贫群众实现就业,脱贫群众人均可支配收入增长21.9%。新增城镇就业7710人、农村劳动力转移就业10580人,设立残疾人网络直播销售平台和残疾人共富车间,新增残疾人就业100人,"零就业家庭"安置率100%。统一城乡低保标准,基本养老、医疗保险参保率分别达到90%和97.1%。城镇居民、农村居民人均年可支配收入分别达46349元和25444元,分别增长8.3%和10.1%,均高于全市平均水平0.5个百分点。总投资85.1亿元的10个方面69件民生实事扎实推进,人大票决确定的12件民生事项全面完成。银湖塔田、邓埠等6个安置房竣工交付,金湖唐村一期、银三角万湖二期等8个安置房加速建设,全年完成房屋征收180万平方米。改造老旧小区9个,新建公厕406座,整治空中管线110千米,道路白改黑5.5万平方米,提升绿色廊道14千米。深入实施农村人居环境整治工作,三江(二期)、塔城等集镇综合整治改造全面完工,蒋巷中心公路、105国道等"四精"线路整治提升全面完成,塘南镇张溪村茄上等3个乡村振兴试点村和广福镇漳溪村黄家等4个美丽宜居示范村建设推进,500个新农村提升点建设基本完成。投入4.2亿元推进实施14.2千米县道升级改造、74.7千米乡镇主干公路建设、9座危桥改造以及150千米农村公路安全生命防护工程建设,“四好农村路”网络持续完善。全面完成城乡供水一体化建设规划编制,80个村庄生活污水治理项目加快推进。城乡环卫一体化服务外包实现全覆盖,农村生活垃圾处理率100%。投入8000余万元改造升级乡镇敬老院16个,13个“1+5+X”社区邻里中心全面建成。新增投入1.2亿元实施县域配电网建设,110千伏黄马变电站建成投运,新建、改造电力线路290千米。新建供水管网36千米。新开通及优化公交线路36条,全县公交线路总里程3051千米。

【澄湖北大道东延工程开工建设】 2021年1月22日,南昌县举行澄湖北大道东延工程开工仪式。市委副书记严允,县委书记、小蓝经开区党工委书记熊运浪等出席。澄湖北大道东延工程西起澄湖东路,沿京九铁路上跨后连通青山湖大道,东至昌东大道,全长3.3千米,为双向六车道设置,工程总投资约11.8亿元,计划2023年9月完工,是南昌市“十纵十横”、南昌县“九纵九横”主干路网格局的“重要一横”,是破解八一乡与莲塘主城区被铁路割裂、激发南莲路以东板块发展活力的“重要一笔”。该工程竣工后,将改善南莲路、莲谢路等道路基础设施超负荷现状,减轻莲塘老城区的交通压力,有效破解昌南地区到南昌东站以及出城的交通瓶颈,推动南昌县形成“北融南扩、东拓西连”的城市发展格局。

【第五届莲花经贸文化节举办】 2021年6月26日,“相约莲花季·共筑昌南梦”2021南昌县(小蓝经开区)第五届莲花经贸文化节在原城纪开幕。开幕式活动由游园参观、开幕仪式、文艺演出3个部分组成,并设置线上直播及云端互动,让观众在网上即时观看晚会现场盛况。此届莲花经贸文化节涵盖开闭幕式、全域旅游精品线路设计大赛、庆祝中国共产党成立100周年书画展、大地艺术展、名家讲座、新洪城购物节、农民丰收节等十大活动,突出“以莲为媒、以文会友、以商兴县”品牌效应。活动期间,签约引进项目19个,其中投资50亿元以上项目4个、20亿元以上项目3个,实现文旅活动、经贸活动融合发展。10月16日,文化节在县洪州体育馆闭幕,现场举行招商引资项目签约仪式,签约金额303亿元。

(刘汉求)

进贤县

【概况】 进贤县位于南昌市东南方向60千米。土地面积1971平方千米,其中城区面积37.3平方千米,耕地面积7.59万公顷。林地面积4.6万公顷,森林覆盖率22.36%。2021年,全县户籍人口84.21万人,其中城镇人口23.38万人、乡村人口60.84万人。辖9个镇、12个乡、1个垦殖场、1个省级开发区,264个村民委员会,72个居民委员会,2341个自然村,2831个村民小组。全县统筹做好稳增长、促改革、调结构、惠民生各项工作,经济社会保持平稳健康发展,实现“十四五”良好开局。入选全省首批“湿地银行”建设试点地区。文港毛笔制作技艺入选第五批国家级非物质文化遗产代表性项目名录。三里乡、文港镇获批10亿元级国家特色产业乡镇。文港镇获评全省第二批“五型”政府建设示范镇。温圳镇、民和镇获评省级生态乡镇。军山湖鱼蟹开发公司通过“江西绿色生态”认证。

【政治建设】 2021年,贯彻全面从严治党要求,政府系统党风廉政建设和反腐败工作取得新成效。推进党史学习教育,常态化学习习近平总书记重要讲话及指示批示精神。办结人大代表建议245件、政协提案230件。办理“12345”政务服务热线反映问题2.4万件,满意率97.6%。办结“问政江西”转办件86件。紧扣“学史明理、学史增信、学史崇德、学史力行”目标,推进党史学习教育走深走实。以学促行,全县各级党委(党组)理论学习中心组专题学习研讨130场,开展读书班60期。加强青少年理论宣传教育,开展“青少年学党史”“红领巾学‘四史’”等教育活动,利用主题班队会、报告会、演讲会等形式开展学习活动74场次。以变促新,发挥当地红色资源优势,组织党员干部、青少年参观红色教育基地,开展红色走读等活动。以中共温圳特支在解放时期发生的革命故事为原型,编排红色情景剧《特别支部》;在前坊镇西湖李家打造红色文化爱国主义教育基地、在县二中打造“红园”,建造开国将军陶汉章塑像,讲述革命事迹、开展红色教育;县图书馆开辟红色阅览区,通过VR新技术让读者沉浸式体验红色文化;李渡镇开设“大喇叭”红色教育专栏,用声音传播党史等。全县开展参观寻访、现场教学等活动300场,开展“学党史·祭英烈”主题活动100场。采取“线下采访+融媒报道”形式,打造立体宣传,发挥老党员、老教师、好人模范的正能量,创新推出“庭院宣讲”“板凳会”等理论宣讲活动。全县开展宣讲活动30场次,各级宣讲员100余人,受众3万人。县委党校老师撰写的《民生无小事·枝叶总关情——中国共产党民生建设百年历程及启示》获南昌市理论研讨会特等奖,并选送中宣部。组织开展党史学习教育知识竞赛、“学党史、知党情”知识问答、理论文章征集评选、“唱支山歌给党听”群众歌咏以及“百年中国梦·风雨同舟情”庆祝中国共产党成立100周年暨“文笔光华”第二届全国书画作品展等,在全县营造“学党史、讲党史、用党史”的浓厚氛围。以干促进,把为民办实事作为检验党史学习教育成效的“标尺”,推进“我为群众办实事”实践活动。开展“跑省厅市局,进企业、进村社,争政策、争项目、争资金,问民意、问需求、问难点、问良策”的“一跑二进三争四问”专项行动,常态化开展进企业、进村社活动。创新推出“一线工作法”,县四套班子领导带头深入基层一线,为群众、企业办实事解难题。完成民生项目432项,全县66个民生重点攻坚项目全部完成年度计划任务。“两降”工作得到群众赞誉,燃气降价惠及县内44家工业企业,公交降价全年为群众让利1500万元。收集群众、企业反映问题线索1668件,办结1637件,办结率98.1%。全年编印党史学习教育简报95期,典型经验做法被省委简报采用11篇、市委简报采用42篇,推出系列专题报道158期,推送各乡镇、各单位党史学习教育动态信息2680条(次),新华社、人民网和《江西日报》、江西卫视及《南昌日报》、南昌电视台等中央、省、市媒体报道全县经验成效650篇(次)。

【经济建设】 2021年,全年实现地区生产总值354.4亿元,按可比价比上年增长8.4%;地方一般公共预算收入20.02亿元,同口径增长11.8%;社会消费品零售总额139.1亿元,增长19.56%;规模以上工业增加值增长9.7%;固定资产投资增长10.9%;实际利用内资200.54亿元,增长7.02%;实际利用外资2.57亿美元,增长7.98%;城镇居民人均可支配收入4.31万元,增长7.75%;农村居民人均可支配收入2.35万元,增长9.81%。主导产业提质增效,构建现代产业体系,医疗器械、钢结构产业集群实现营业收入228.1亿元、142.4亿元,分别增长15.1%、12.3%,两大产业集群继续被认定为省级重点产业集群。新增规模以上工业企业35家。建成高标准农田986.67公顷,粮食总产量5.1亿千克。全年电商交易额突破160亿元。项目支撑动能增强,105个县重大重点项目完成投资199.6亿元,占年度计划的107.1%。美格尔技改扩建和益成实业、华赣烟气等25个项目建成投产,致邦住工、力为环境等68个项目开工建设。全县新签约项目52个,协议投资总额387.2亿元。志博信、维德医疗、李渡酒业扩建等项目成功落户。坚持“项目跟着资金走”,争取中央预算内项目资金9000万元,地方政府债券9.83亿元。

【社会建设】 2021年,注重优化管理,城市功能日趋完善。编制完成第三轮进贤县城市开发边界线上报方案。改造老旧小区5个、25.1万平方米。完成既有住宅加装电梯10台。建设城市绿道2条,新改建邮票绿地3个。完成山前余家、付家征迁工作。街巷二路、街巷五路等城区断头路全面贯通。完成县城生活污水处理厂三期扩建项目,军山湖水厂、泉岭生活垃圾焚烧发电厂二期进展顺利。开展城乡环境整治“百日攻坚”行动,清理垃圾2.1万吨,铲除违规菜地7万平方米、破墙透绿4000米。乡村振兴有效衔接。投入财政衔接资金7689万元,规划建设产业扶贫项目36个,消除村级集体经济薄弱村。打造新农村建设村点236个、美丽村庄26个、美丽庭院4347个,建成省级美丽乡镇2个。农村无害化改厕率93%,农村生活垃圾有效治理率提升至98%。完成县道改造升级82.5千米。316处水利工程全部纳入标准化常态化管理,万亩圩堤、小型病险水库完成除险加固。生态环境更加宜居。第二轮中央生态环境保护督察交办信访件完成率达98.7%。$PM_{2.5}$平均浓度为27微克/立方米,空气优良率98%,空气质量在全市排名第一位。县级集中饮用水水源地水质达标率100%。土壤环境质量总体稳定。完成造林2200公顷,占计划数123.9%。推进“放管服”和行政审批制度改革,完成123项改革任务。实行“一枚印章管审批”,881项依申请事项实现100%网上可办,“一次不跑”“只跑一次”事项办理19.9万件。制定并出台第八个县乡(镇)财政结算体制。深化事业单位改革试点工作,全县223个涉改事业单位精简为80个。科技创新成果显著。全县规模以上制造业企业中设立研发机构的比例达20%以上;研究与开发投入2.96亿元,增长38.9%。成功申报省级工程技术研究中心3家、市级2家。全县高新技术企业增至95家,认定科技型中小微企业77家,入选江西省瞪羚(潜在)企业2家、市级“专精特新”中小企业7家。入选“洪城工匠”6人。营商环境逐步优化。推进“转作风、优环境”活动,开展“一跑二进三争四问”专项行动,建立“红黄榜”评估评比机制。设立“办不成事”窗口,企业、群众办事体验不断提升。设立“企业开办网上服务专区”,实现企业开办6个事项全流程3小时办结,营业执照半小时办结。提升金融服务能力,“财园信贷通”发放贷款8.5亿元,“财政惠农信贷通”发放贷款1.14亿元。

【社会稳定】 2021年,压实安全稳定工作责任,社会大局和谐稳定。推动平安进贤建设,“长风2号”行动排名全市前列。部署安排安全生产专项整治三年行动“十大攻坚战”工作,检查企业单位1152家次,辨识风险点376处,管控到位376处;排查隐患1613条,整治到位1613条,整改率100%。食品药品安全监管持续强化,出动执法人员1850人次,检查药品零售企业、医疗机构893家次。推进重复信访治理、积案化解工作年底清零攻坚战专项行动,接待受理群众反映问题的信访事项1495批5161人次,同比批次总量下降2.9%，人次总量下降1.3%。常态化开展扫黑除恶，严厉打击违法犯罪行为。启动“八五”普法，县司法局获全国组织宣传工作人民调解先进集体称号。谭慧娟获全国检察机关扫黑除恶专项斗争优秀个人称号。完成村(社区)“两委”换届。

【民生工程】 2021年，突出共建共享，幸福指数不断攀升。社会保障扩面提标，开展“我为群众办实事”实践活动，人大代表票决的民生实事项目基本完成，66项民生重点攻坚项目扎实推进。全年民生支出33.6亿元。城乡居民养老保险参保人数32.8万人，参保率95.2%。累计发放低保、特困、临时救助等困难群众资金1.8亿元。新增城镇就业6095人，“4050”困难人员就业395人，新增转移农村劳动力8697人。新建嵌入式养老院4个，提升改造乡镇敬老院11个。开展根治农民工欠薪工作，为709名劳动者清欠工资925万元。深化双拥共建，安置退役军人并发放优抚安置补助金。公共事业快速发展。推动“双减”政策，义务教育学校课后延时服务实现全覆盖。民和一小、四小等9所新改扩建学校投入使用，新增学位1.2万个。推进医改工作，加强国家、省级重点中医专科建设，实现乡镇卫生院中医馆全覆盖。县人民医院新院区主体完工，县中医院扩建加快推进。疫情防控保持“双零”，完成新冠肺炎疫苗接种109万剂次。推动文化强县建设，送戏100场、送电影4600次，开展文体活动120场。

【重大重点项目集中开工】 2021年3月19日，进贤县总投资416.86亿元的58个重大重点项目集中开工。市委常委、政法委书记胡晓海出席仪式，并宣布开工。集中开工的项目中：20亿元以上项目8个，10亿元—20亿元项目3个，5亿元—10亿元项目5个，1亿元—5亿元项目19个。医疗器械类项目主要有：投资50亿元的长山晏乡中国防疫物资生产储备基地、投资20亿元的维德医疗器械生产及电商基地等15个项目，总投资94.58亿元。电子信息及绿色建筑类项目主要有：投资50亿元的高多层5G通讯电路板制造基地、投资20亿元的创宏重钢构件生产、投资20亿元的鸿祥铁路桥梁钢结构及站房钢结构装配式建筑、投资20亿元的进贤工投钢结构配套产业集聚区等10个项目，总投资136.33亿元。乡村振兴类项目主要有：投资100亿元的钟陵硒旺小镇、华盟生态牧业有限公司柯溪生态养猪、温氏禽畜有限公司王家岭高效智能生态养殖小区等9个项目，总投资105.68亿元。其他项目总投资80.27亿元。

2021年12月22日，进贤县人民医院新院区主体完工

（熊家福　摄）

【文港镇毛笔制作技艺入选第五批国家级非遗名录】 2021年6月10日，国务院公布第五批国家级非物质文化遗产代表性项目名录185项、扩展项目名录140项，文港镇毛笔制作技艺榜上有名。文港毛笔制作技艺在东晋时期由中原传入，有1600余年历史，至宋元时期成为传统产业，明清时期达到鼎盛。文港镇毛笔产业发达，驻全国各地实体店5100余家，电商企业5000户，从业人员2万余人，毛笔产量8.5亿支，产值29.8亿元，毛笔产量、销售额占国内总量的75%左右，是全国最大的毛笔产销集散地。

【三里乡入选全国乡村特色产业10亿元镇】 2021年11月10日，农业农村部公布第十一批全国“一村一品”示范村镇及2021年全国特色产业10亿元镇亿元村名单，全国174个镇被认定为2021年全国乡村特色产业10亿元镇。进贤县三里乡入选。2021年，三里乡黄鳝养殖面积866.67公顷，39万箱，年产量1170万千克，年产值超10亿元，年利润2.4亿元。其中400箱以上的黄鳝养殖户526户，28万箱。全乡养殖户1250户，从业人员3500人(转移从事外湖捕捞的渔民就业300人、吸引在外务工回乡创业人员120人)。

【军山湖鱼蟹开发公司通过“江西绿色生态”认证】 2021年12月15日，“江西绿色生态”品牌建设大会在南昌市召开。会议公布江西省首批40家通过“江西绿色生态”认证的企业名单,江西省进贤县军山湖鱼蟹开发公司上榜。进贤县作为首批"江西绿色生态"品牌建设试点县,大力实施绿色生态品牌培育工程,主导制定《地理标志产品·军山湖大闸蟹》等4项省级地方标准、1项团体标准;推进"江西绿色生态"品牌建设,培育一批"江西绿色生态"品牌产品,推动绿色生态产品与服务标准化、品牌化,促进质量效益提升和产业转型升级,提高全县绿色发展水平。

【进贤县特种水产养殖助农增收】 进贤县作为全省水产养殖大县,拥有湖泊、水库、池塘等水域面积5.84万公顷,渔业资源丰富,被省农业农村厅认定为"无公害水产品产地"。军山湖是全国县域内最大淡水湖,总面积2.13万公顷,水质优良。军山湖清水大闸蟹荣获"中国名牌农产品""中国十大名蟹"等称号。2021年,螃蟹产量240万千克,产值4亿元,带动农户户均增收1.55万元以上。

(王　方)

安义县

【概况】 安义县位于南昌市西北部,总面积660.23平方千米,耕地面积2.23万公顷,森林面积2.73万公顷,森林覆盖率是45.62%。2021年,全县户籍人口30.74万人,其中城镇人口9.41万人、乡村人口21.33万人。常住人口26.53万人,其中城镇人口14.56万人、乡村人口11.97万人。人口自然增长率4.02‰。辖7个镇3个乡1个管理处,104个村民委员会、27个居民委员会。全县围绕"拼争'四个第一',开启'五县'建设"目标,以"工业园区、职教新区、全域旅游、城乡融合"四大区域为主阵地,全力实施"奋战百天、决胜全年"十大攻坚战行动,扎实做好"六稳"工作、全面落实"六保"任务,凝心聚力促改革,坚定不移谋发展,努力开创高质量发展新局面。

【政治建设】 2021年,安义县基层党建"三化"(基层党建标准化、规范化、信息化)建设全面提质增效。10个基层党组织被评为市"六好"(班子建设好、组织设置好、服务队伍好、服务能力好、服务机制好、服务业绩好)党组织。安义驻广东省佛山市党支部"三化"建设试点工作得到市委组织部肯定。该党支部书记龚绍青被省委评为全省优秀共产党员。选送的"好课程"《共同富裕的"绿能模式"》现场教学点——江西绿能农业发展基地获评2021年全省干部教育培训现场教学示范点推荐目录。投入1000余万元,建立城市社区工作者职业体系,规范提升村干部待遇。村书记待遇每年不低于5万元(不含养老保险),社区干部待遇每月不低于3300元(不含四险一金),工作10余年的社区书记待遇每月不低于4000元。开展赴武汉市5所高校引进优秀大学毕业生政策宣讲系列活动,举办高校宣讲活动5场、高层次人才签约活动1场、10万人才来昌留昌创业就业"百场校招"线上招聘活动2场、座谈会1场。党政储备人才选拔考试报名人数在全市位居第一名。争取各级资金452.5万元。其中,中央扶持村集体经济项目资金360万元,争取省市村、社区活动用房维修改造资金82.5万元,争取三培两带项目资金10万元。在各类中央、省、市主流媒体刊物上稿50余篇。其中,《江西安义建议:"抬高"获得"光荣在党50周年"纪念章发放"门槛"》被中组部组"工参阅"采用。《党建工作指导站为基层党建工作按下"加速键"》一文被登载于省委《当代江西》2021年第3期。开展庆祝中国共产党成立100周年系列活动,为安义县1156名老党员颁发"光荣在党50年"纪念章。其中,党龄最长的61年,年龄最大的88岁。高质量完成县乡领导班子换届。乡镇党政正职平均年龄比上一届下降1.2岁,全日制大学学历比上届提高40%。率先完成村(社区)"两委"换届,全面实现"一肩挑"、村党组织书记"两升一降"等目标。做实政治谈话,协助出台《安义县政治谈话"八必须"规定》,县乡换届后全县开展新一轮政治谈话1100人次,实现对全县股级以上干部政治谈话"全覆盖"。坚决整治侵害群众利益问题。全县共查处发生在群众身边的腐败和作风问题134起,处理159人,其中党纪政务处分95人。坚决纠治"四风"问题。扎实开展"抓落实、求实效"作风建设专项整治行动,查处服务窗口"拖"、行政审批"慢"、上班纪律"松"、会风会纪"散"等作风问题28起,处理34人,立案4人。加强对违反中央八项规定精神等问题监督检查,查处违反中央八项规定精神问题10起,处理15人,党纪政务处分12人,通报6起10人。开展公务接待"吃公函"问题专项督查,发现问题23个。严查党员干部、公职人员酒驾醉驾问题35起,处理35人,其中科级干部8人。向全县党员领导干部发送廉政短信3600余条。创新开通"安商直通车",常态化开展跟踪暗访,监督推动县交通局等职能部门解决企业诉求12个,重点查处县市监局工作人员"窗口腐败"典型问题,立案6人,追缴违纪款4.95万元。加大查处力度,全年纪检监察机关处置问题线索266件,立案116件,增长39.76%,涉及科级干部16人;给予党纪政务处分120人(其中科级干部12人),留置4人。注重抓早抓小,全年运用"四种形态"处理445人次。坚持以案促改,跟进制发纪检监察建议46份,推动出台农村宅基地规范管理、村账乡管、三资管理等制度。对117名乡镇换届新任领导干部开展集体任前廉政谈话。在《中国纪检监察报》发表《责任落实明确到人具体到事》等理论文章,全年共在中央和省级媒体上稿38篇。开展粮食购销领域腐败问题专项整治,发现普遍性倾向性问题23件,立案16人,鼓励主动投案交代问题13人,移送司法机关3人。严肃查处落实省委巡视整改照抄照套市级文件等形式主义问题2起,立案2人,问责党组织2个。县委换届后启动第一轮巡察,对县林业局等4个单位及其5个下属单位党组织开展重点巡察、延伸巡察。

【经济建设】 2021年,安义县实现地区生产总值123.71亿元,同比增长8.3%。一般公共预算收入完成14.11亿元,增长18.8%,规上工业总产值达到321.66亿元,规上工业营业收入达到308.90亿元,规模以上工业企业总数达到230家;城镇居民人均可支配收入4.09万元,增长8.5%;农村居民人均可支配收入2.09万元,增长10.3%。组织参加各类招商活动近20场,新引进项目38个,立项投资额256.79亿元,其中"152"项目(省、市、县各级领导谋划招引一批100亿元、50亿元、20亿元产业大项目好项目落地开工)4个。全年安排重大重点项目132个,年度计划完成投资261.56亿元。其中,列入省重点建设项目2个、省大中型项目10个、市重大重点项目33个。承办2021年全市第四季度重大项目集中开工仪式。完成1533公顷高标准农田建设,新增果业基地466.67公顷,429个自然村完成村庄果园化目标任务。承办第一届中国米粉节全国米粉大赛,被授予"中国手工米粉地标美食县"称号,"安义米粉"被认定为国家地理标志证明商标。水稻产业链入选全国农业全产业链典型县建设名单。江西绿能农业公司获批国家级农业产业化龙头企业,东阳镇获评全国"一村一品"示范村镇。获得中国智能门窗合作示范基地"国字号"招牌。金鑫发铝业获评省制造业民营百强企业。江西安义工业园区被认定为全市唯一省级化工集中区。举办金花节、古村花海爱情节、新民枇杷节、乔乐金果节、农民丰收节等节庆活动。创建省级全域旅游示范区,安义古村群景区创建省级生态旅游示范区。黄洲镇茅店村获评省级乡村旅游重点村,新民乡绿都生态谷获评江西省AAAA级乡村旅游点。

【社会建设】 2021年,安义县有序推进潦河南岸城南片区污水管网、安义大桥拓宽工程、西外环等27项重大城建项目,武举潦河公园、平安公园建成开放。完成15个老旧小区提升改造,超额完成既有住宅加装电梯工作。开展创建省文明城市、省森林城市、省卫生县城活动。获评全省城市功能与品质提升提质进位专项考核先进县。实施乡村建设行动,完成长均墨山、乌溪卢家等13个精品示范村打造,基本完成71个新农村点建设。启动农村人居环境整治提升五年行动,完成4个乡镇农村生活垃圾分类处理终端建设,农村户厕改厕率95.1%,获评全国村庄清洁行动先进县、全国水系连通及水美乡村建设试点县、全省农业农村工作先进县,入选全国"四好农村路"示范县公示名单。长均乡观察村获评第二批全国乡村治理示范村镇。中国(南昌)现代职教城被列入省市"十四五"规划和省市重大重点项目。

【社会稳定】 2021年,安义县建立全省首家县级公安机关可视化指挥调度中心,承办全省优抚对象年度确认工作部署会。持续深化民兵调整改革工作,不断提升国防后备力量建设水平。严格落实安全生产责任制,安全生产形势保持总体稳定。食品抽检合格率达98%以上,药品抽检合格率100%。以乡镇换届为契机,配齐配强10个乡镇的政法委员。将市域社会治理127项试点指标任务和"十大工程"41个大类项目,逐条逐项分解到"一办五组"和39个县社会治理领导小组成员单位。出台涉稳问题分类归口处理机制,全年完成重大决策社会风险评估24件。推进19个智慧小区建设,覆盖率41.8%,完成6个乡镇、15个社区、35个村的综治中心创建工作。创新推出"有事来说"基层协商治理平台,开展协商活动971次,解决群众操心事、烦心事、揪心事843件,说事办结率达95%以上。全年核查有关线索24条,破获9类个案9起,受理涉黑涉恶腐败和"保护伞"问题线索2条,党纪政务处分1人,立案审查"保护伞"1人,立案查处失职失责案件1人。投入200余万元提升改造县反诈中心,组建受理处置、研判打击等8个职能组。至年底,侦破电诈案件16起,刑拘59人,打击贩卖"两卡"团伙5个,预警劝阻36591人次。严把村(社区)"两委"换届选举关,逐一审查"两委"班子候选人员是否存在涉黑涉恶等情况。开展全县防范"民转刑"案件矛盾纠纷大排查大化解,累计摸排社会矛盾纠纷334件,化解328件,化解率98.2%。建立县乡村三级多元调解机构,打造乔乐乡"老刘调解室"等品牌。认真落实涉稳问题分类归口处理机制,对可能影响社会稳定的8件突出矛盾纠纷归口到相关单位进行稳控和化解。对三级及以上精神障碍患者落实"四位一体"管控服务,由政府出资按季度发放"以奖代补"奖金给患者家属及精防医生,为102名三级以上患者购买监护人责任险,全年未发生一起肇事肇祸案(事)件。组织县直单位干部开展城区夜间巡逻,乡镇干部与派出所干警联动开展乡村夜间巡逻。安装天网工程、智慧云眼及乡村视频等各类视频探头,实现建制村、自然村全覆盖。建立企业法律纠纷联动处理机制,成立知识产权纠纷人民调解委员会,县法院、县检察院、县司法局在工业园区驻点服务,定期安排法官、检察官、律师驻点值班、办公,为园区企业和员工提供优质、高效公共法律服务。帮助企业“减税降费”437万元,开展上门法律宣讲服务79次,提供法律咨询60余人次,调处涉企纠纷487件。全县公安机关围绕群众“急难愁盼”问题,推出窗口便民利民服务举措10条,创新多警种业务“一站式”办理模式,在全市率先打造集户籍、治安、交管、禁毒、出入境等公安服务于一体的智能化政务服务中心,实行“一网通办”“一门通办”。健全“公益损害观察员”制度,办理安全生产、公共卫生等领域公益诉讼案件,全年办理安全生产领域公益诉讼案件22件、文物保护领域公益诉讼案件3件、未成年人保护领域公益诉讼案件4件。连续14年被评为全省“平安县”,连续9年公众安全感全市第一名,连续6年被评为全省信访工作“三无县”(指无进京越级上访、无大规模集体上访、无因信访问题引发的极端恶性事件和舆论负面炒作),是全市首个全国信访“三无县”。

【民生工程】 2021年,安义县抓好“四尘三烟三气”整治(即加强建筑工地扬尘、道路扬尘、运输扬尘、堆场扬尘“四尘”治理;强化餐饮油烟、烧烤油烟、生物质焚烧浓烟“三烟”整治;加强机动车尾气、工业废气及燃煤锅炉烟气“三气”治理),$PM_{2.5}$、PM_{10}连续三年双二级达标。严格落实河(湖)长制、林长制,水环境持续改善。长埠木马水库出现“水中熊猫”桃花水母,全县地表水县界出境断面水质达到Ⅱ类标准,集中式饮用水水源地水质达标率100%,空气优良率、环境空气质量综合指数位居全市前列。至年底,新增城镇就业人员3959人,完成目标任务数的168%;“4050”困难群体就业200人,完成率100%;转移农村劳动力6327人(其中省内5502人),完成率101.2%,开发公益性岗位331人,发放补贴112.49万元。通过“码上

2021年3月15日,安义县2021年第一批重大重点项目集中开工仪式举行

(安义县　供图)

办”,开通审批绿色通道,发放创业担保贷款10630万元。建立脱贫人口就业监测机制,对标4024名贫困劳动力,通过就业扶贫车间、公益性岗位安置、技能培训就业、外出务工输出等措施,多举措帮扶3140人稳就业,促进脱贫劳动力就业率达98%。帮助1314名脱贫户外出务工并落实交通补贴62.16万元,培训城乡贫困劳动力283人次,兑现55家工业园区企业和帮扶车间吸纳人员就业补贴28.58万元,发放创业贷款152万元,助力乡村振兴。养老、失业、工伤、医疗等社会保险参保总数47.17万人次。推进县三小综合楼、县幼儿园扩建等校建项目10个,新增学位4290个,开启豫章师范学院与板溪小学集团化合作办学新模式。有序推进县级公立医院改革,完成7家乡镇卫生院发热诊室建设,托育机构建设主体工程完工。文峰全民健身中心开放使用,建成“15分钟健身圈”点位3个,群众文化体育活动设施逐步完善。

【安义县与豫章师范学院全面战略合作协议签约仪式举行】 2021年1月20日,安义县人民政府与豫章师范学院举行全面战略合作协议暨板溪小学、板溪幼儿园办学签约仪式。根据协议,双方本着“优势互补、资源共享、科学嫁接、注重实效、互利共赢”原则,建立长期、稳定、全面合作关系。双方共同制定安义教育事业发展合作计划等,促进教育高质量发展。根据实际需求,双方开展全面联合办学,提升安义教育管理、教学教研、信息技术等水平。豫章师范学院每年定期为安义培训教师,实施名校长、名教师培养工程。双方互派一定数量在职教师进行交流支教,丰富教育教学经验与阅历,提升教学实践应用水平。

【安义县重大重点项目集中开工】 2021年3月15日,安义县举行重大重点项目集中开工仪式。集中开工40个重大重点项目,总投资152.2亿元。其中,工业项目20个,总投资111.9亿元,包括富丰技术年产5万套铝合金灯杆5G智慧路灯项目;城市建管项目10个,总投资10亿元,包括安义县北溪张家安置房、潦河北路、规划路工程项目,主要建设内容是新建道路、绿化、交通、排水、智慧照明等工程;乡村全面振兴项目10个,总

投资30.4亿元,包括都市现代农业特色果业示范县等项目。

【2021CHA中国美食烹饪锦标赛米粉专项赛】 2021年6月11—12日,2021CHA中国美食烹饪锦标赛——米粉专项赛暨第一届中国米粉节江西米粉创新挑战赛在安义千年古村群开赛。挑战赛旨在通过创新,提高米粉烹饪水平,提升米粉餐饮行业的竞争力和影响力,把小米粉做成大产业。米粉节以“中国米粉,味聚江西”为主题,设置四大板块、25项主要活动,展览展示面积超3万平方米。展会有省内外参展企业550家,摊位数近1000个,规模创全国米粉行业展会之最。大赛邀请来自广西壮族自治区、福建省、贵州省、云南省、重庆市、湖南省、湖北省及江西省的251名选手,经过2天16场比赛,完成参赛作品502道(其中米粉制品251道,米粉菜品251道)。参加团体竞赛单位共49家。通过竞赛,评选出个人赛金奖、团体赛金奖、个人赛特金奖、团体赛特金奖、团体奖前十名、米粉烹饪工匠奖前十名。

【企业开办“一日办结”】 2021年4月22日,安义县行政审批局深入推进“放管服”改革,进一步优化营商环境,从“减时间、减环节、减费用、减材料”4个方面入手,推行企业开办线上“一网通办”、线下“一窗通办”服务模式,全面实现企业开办全流程1个工作日内办结,提升企业开办效率。在减环节方面,对全审批流程进行精简压缩和流程再造,将企业开办压缩至2个环节;在减材料方面,在政务服务大厅设置“企业开办全链帮办服务专窗”,逐步实现企业开办“一窗受理、一次提交、后台流转、一窗发放”。至年底,全县有20余家新设企业享受“一日办结”便利。

【安义县首场10万人才来昌留昌“百场校招”活动举办】 2021年10月16日,南昌市10万人才来昌留昌“百场校招”安义县招聘活动分别在南昌职业大学和江西文理技师学院举行。此次招聘会参会企业60家,其中南昌市企业19家、安义县工业园区企业41家,涵盖生物医药、电子信息、化工生产等多个行业,提供就业岗位1200余个。招聘会吸引4000余名大学生到场,现场接收简历1900余份,线上接收简历240余份,达成就业意向510人次。

(刘娉斐)

东湖区

【概况】 东湖区是南昌市重要中心城区之一,地处南昌市东北部,东以北京西路与洪都大道的交会点、洪都北大道、青山湖西岸线、青山北路、青山湖闸与富大有堤交会点为界,南以北京西路、八一广场南端、八一大道、中山路、中山桥、中山西路为界,西、北均以赣江南航道中心线为界,区域面积53.93平方千米,辖1个镇、9个街道办事处和2个管理处,设90个社区居民委员会、7个单位社区、21个村民委员会。2021年,全区常住人口41.29万人,其中城镇常住人口38.96万人,人口城镇化率为94.36%,人口出生率为6.78‰,自然增长率为1.11‰。辖区绿地面积472.2公顷,城区绿化覆盖率29.69%,人均公共绿地面积7.19平方米。

【政治建设】 2021年,东湖区发挥党委总揽全局、协调各方领导核心作用。支持区人大及其常委会依法履职,发挥人大在重大决策和工作监督中的重要作用,支持政协发挥协商民主重要作用,各级领导机关决策的民主化、科学化水平不断提高。承办区人大代表建议94件,办结率100%;区政协提案129件,办结率100%。巩固壮大最广泛的统一战线,民族、外事、侨务等工作取得新成绩。成立全省首家公证归侨侨眷服务站,创建为侨服务新平台;打造豫章街道滨江社区、樟树林文化生活公园2个“党外知识分子之家”,党外知识分子活力和凝聚力进一步增强。豫章小学紫金城校区被评为第四批江西省民族团结进步示范单位,也是全省首个小学生民族团结进步示范基地。志道堂被评为江西省宗教界爱国主义教育基地。召开区党代会、区人代会、区政协会,完成区、镇、村(社区)三级领导班子换届选举。全区110名新任村(社区)党组织书记全部通过法定程序担任村(居)委员会主任,“一肩挑”比例达到100%。与换届前相比,村(社区)“两委”班子成员大专以上学历上升5.46%,农村致富能手上升38.1%,平均年龄下降4.01岁。推动村(社区)、机关、学校、医院等多个领域党组织入选市级“六好”党组织;区非公党建示范点入选全市“三化六好”巡看点位,迎接省委组织部视察调研。在全市率先完成社区活动场所“提质攻坚”任务,场所面积“不达标”、位置“不集中”等问题全面清零,89个社区活动场所面积全部达到300平方米以上。墩子塘街道荣获江西省第二批“五型”政府建设示范乡(镇、街道)称号。

【经济建设】 2021年,东湖区经济建设保持稳中有进、进中向好发展态势。全年实现地区生产总值452.13亿元,同比增长8.2%;固定资产投资增长13%;实现社会消费品零售总额395.56亿元,总量排名全市第二名;实现地方一般公共预算收入14.94亿元,增长7.36%,同口径增长4.51%,税收占比80.09%;全年实际利用外资4.29亿美元,增长7.75%;实际利用内资96.72亿元,增长7.22%;城镇居民人均可支配收入为51816元,增长7.3%。产业结构更优化,全区三次产业结构比为0.16∶8.32∶91.52。服务业总量持续扩大,对全区经济拉动作用日益增强。规模以上服务业企业98户,完成营业收入70.19亿元,增长11.5%。金融服务实体经济力度持续加大,发放小额贷款、担保贷款等16万余笔,融资48亿元。大力推广普惠金融,近1000家企业注册省市普惠金融服务平台,授信25亿元。数字经济发展势头强劲,入驻软件信息、物联网、人工智能等数字经济核心产业企业175家,总数达到750家,实现营业收入8.59亿元,增长48.9%。夜间经济和特色街区经济发展迅速,福州路酒吧夜市街完成亮化升级,百花洲文旅街区商业氛围进一步浓厚。消费市场提质扩容,举办第一届中国米粉节分会场、胜利路步行街"胜利归来""胜利购精彩"等系列商贸活动,参加江西"百县百日"文旅消费季活动。国庆节期间,举办线上线下深度融合文旅活动24场,拉动文旅消费180余万人次,实现销售总额近1.65亿元。牢固树立"项目为王"理念,推进重大项目建设。先后开展项目推进"百日攻坚"专项行动、"决胜全年"项目推进大会战等活动。全年签约重大重点项目53个,投资总额259.01亿元。开工重大重点项目56个,累计完成投资74.22亿元,投资完成率107.32%。其中,产业项目开工22个,累计完成投资58.18亿元,投资完成率115.2%。中骏世界城、赣电中心、江旅·都市方舟等重大产业项目推进。国控医疗南昌健源康复医院进入试运行阶段,实现"当年落地、当年开工、当年投产"。招商局文化创意产业园项目开园,成为南昌又一网红打卡地。乡村振兴全面推进,培育农业龙头企业年销售收入超1亿元的3家,超10亿元的2家。全年农业产业化销售收入68.65亿元,增长9.57%。投入800万元的扬子洲镇熊万村市级乡村振兴点建设完成,推动农业高质高效,农民富裕富足,农村宜居宜业。全区新登记注册企业1710家,增长36.5%,注册资金71.3亿元,投资项目备案140个,总投资145.3亿元,市场活力不断迸发。在2021年全市高质量发展率先"作示范、勇争先"现场会(城区、湾里管理局组)评比中位列第三名。坚持"走出去"和"引进来"并重,强化内外联动、双向招商。全区累计招商231批次,增长352.94%;对接省外客商2622批次,增长142.1%。参与世界VR产业大会、世界赣商大会、"三企"入赣大会、第十二届中国中部投资贸易博览会、粤港澳大湾区经贸合作会、南昌(上海)现代服务业招商推介会、南昌市电子信息产业发展大会等系列活动,实现强链延链补链精准招商。签约落户投资38.6亿元的南昌武商广场、投资20亿元的江佰泰资产投资咨询江西总部、投资5亿元的国控医疗南昌健源康复医院、投资6亿元的合亦载道数字孵化基地等项目。全年招引千万元以上产业招商项目295个,投资总额258.69亿元。其中,20亿元以上项目2个、5亿元至20亿元(不含)项目13个、1亿元至5亿元(不含)项目36个、1000万元至1亿元(不含)项目244个。认定国家高新技术企业18家,入库科技型中小企业106家,天轴通讯等3家数字企业入选全省"瞪羚"(潜在)企业名单,江西电信信产获省级企业技术中心认定,北斗云智慧等2家企业入选省级大数据示范企业,江西天驰高速等3家单位通过市级工程技术研究中心或重点实验室立项。江西交通咨询等10家企业被认定为省市"专精特新"企业,其中省级7家、市级3家;华睿交通等6家企业入选市中小企业梯次培育库。推进"映山红"行动,新增省级重点拟上市企业1家、新四板挂牌展示企业1家、区级后备资源库企业5家。商标注册2260件,专利申请3929件,增长146%;专利授权943件,增长63.7%。全区技术合同交易额突破8亿元。

【社会建设】 2021年,东湖区坚持城市形象内外兼修持续提升为目标,开展城市建管十大提升行动。推进64个老旧小区改造工作(涉及改造居民楼1170栋,惠及居民3.4万余户),既有住宅加装电梯审批通过32台、完成15台,进度列全市第一位。完成民园南路、上沙窝路支路断头路打通工程。完成滕王阁生态停车场、长申购物广场停车场、社区停车场建设,新增泊位1501个。在各背街小巷、院内院外施划停车泊位线10.5万余米,解决3万余辆非机动车、1500余辆机动车停放问题。新建(改建)江纸社区、南湖社区等邮票绿地5个,完成马家池路、文教北路、永外正街支路3条道路"白改黑"工程和500盏LED路灯"暗改亮"工程以及叠山路立面提升改造工程。完成中山路、叠山路、南湖、北湖局部沿线及水面、水岸静态亮化工程。完成全区农村公路临水临崖路段隐患整治,高标准建成全区首个乡村振兴试点村——熊万村后万自然村。全面提升城市管理科学化、精细化、智能化水平,持续改善全区市容环境卫生状况。推进落实主次干道(商业街)门前管理责任制,发放门前三包资料8044份,完成6842户商户责任签订工作,整体签约率100%。开展垃圾分类宣传"八进"工作,推进垃圾分类"撤桶并点"工作,实施垃圾分类设施信息化改造,完成"撤桶并点"小区186个,建成490处垃圾分类集中投放亭、129处可回收物暂存点、108处有害垃圾暂存点,完成5座垃圾站改造升级。推进"马路本色"进社区、进庭院,加强社区庭院环境卫生综合整治力度。不断提升环卫设施管养水平,健全完善管养机制。深化共享单车"路长制"管理模式,重点加大学校、医院、地铁口等区域无牌非机动车辆管理力度,街面秩序明显改善。在全市"厕所革命"行动考核中取得5个第一名、4个第二名的良好成绩;在2021年第四季度城市环境综合整治八大行动暨南昌市城市综合管理考核城区组排名中列第一名。加强饮用水水源保护力度,开展扬子洲水厂取水口水质采样分析,水质达到地表水Ⅱ类标准,合格率100%。聘请第三方机构,加强重点水域、重点排口水质监测,关闭存在环境污染隐患的2家船舶修造厂,赣江东湖段特别是扬子洲段水质环境明显改善。不断提升大气环境监测科技化水平,完成覆盖各镇(街道、管理处)的10座空气自动监测站建设并开始试运行。抓好中央、省环保督察问题整改,2020年省生态环境保护督察"回头看"交办信访件43件,已整改销号43件,销号率100%;2021年第二轮中央生态环境保护督察问题信访件45件全部整改销号。深入开展"转作风、优环境"活动年、企业大走访大服务等活动,在全省首创"1+10+N"办税模式,打造"15分钟"办税圈。区统一行政权力由原来1042项下降到619项,实现区本级行政权力再压缩40.6%,643项依申请政务服务事项全部进驻区政务服务大厅,真正让办事群众体验到"进一扇门,办所有事"。在企业开办方面,全链条办理(含发票申领、公章刻制、社保开户等)实现3小时办结,企业开办实现"一窗受理、一次提交、一窗发放"。全年新增登记注册企业1710家,增长36.5%。在工作日和周末、节假日延时错时服务时间外,通过24小时无人政务超市为群众提供"不打烊"政务服务。在第十六届中国全面小康论坛暨首届中国经济社会高质量发展论坛颁奖大会上,东湖区获"2021年度中国营商环境百佳示范县市"称号。2021年政务数据共享工作在全省100个县(市、区)考核排名第一名。

【社会稳定】 2021年,东湖区深入推进扫黑除恶常态化工作,不断加强六大重点行业领域整治,共侦破9个大类涉黑涉恶个案40起,刑拘、批捕85人。以网络为新战场,以专项行动为牵引,以现案为突破口,持续强化社会治安稳定。全年共刑拘758人,行政处罚1672人,抓获网逃140人,实现32天电诈"零警情",5个社区电诈"零发案"。开展信访问题集中攻坚行动,化解信访积案147件,获评2020年度全省信访"三无"县(市、区)。始终保持反腐高压态势,处置问题线索216件,采取留置措施3人,涉嫌犯罪移送检察机关1人。实施疫情全链条防控,全力守护群众生命安全和身体健康,全年无新增病例报告,保持境外输入和本地确诊病例"双零"增长,新冠疫苗接种累计完成80余万剂次。

【民生工程】 2021年,东湖区用于保障和改善民生资金17.95亿元,占一般公共预算支出71.5%。健全分层分类救助体系,落实提标提补政策,将城市低保标准、特困人员供养标准、孤儿供养标准分别提高至795元、1035元、1280元。累计实施临时救助330人次,发放低保金、特困人员供养救助金等3178.48万元。为6569户住房困难群众发放住房租赁补贴1799万余元。实施医疗救助26474人次,救助金额1122.05万元。发放重点优抚对象抚恤金及生活补助1239万元、高龄津贴2301万余元。在全区推行"防贫救助",为3258名城镇贫困群众购买城镇人口防贫责任保险。完善家庭困难学生资助体系,实现贫困家庭子女就学资助全覆盖。进一步扩大"时间银行·幸福食堂"覆盖面,建成幸福食堂14个,逐步解决老年人用餐难题。持续开展志愿服务活动,全区志愿者总人数为3487人,开展公益活动次数8535次,累计服务时长15.06万小时,较上一年度公益活动新增1453次,服务时长增加1.42万小时。新增5所公办幼儿园,新增公办学位900余个,完成22所社区邻里中心园验收,新增认定5所普惠性民办幼儿园。义务教育阶段优质教育资源覆盖率80%,有效缩小城乡、校际差距,区域内义务教育学校教育质量和办学水平得到整体提升。区政府残工委被国务院残工委授予"2021年度全国残疾人工作先进单位"称号,实施残疾人精准康复服务行动,发放用于残疾儿童康复补助资金193.13万元,发放用于残疾人日间照料机构托养补助资金81.54万元,发放残疾预防诊断、评定补助资金15.35万元,发放残疾人假肢安装资金15.3万元、残疾人家庭无障碍改造器材资金11.01万元,有需求的残疾人康复服务覆盖率不断提升。实施48个农村公益事业项目,涉及农村人居环境、村庄道路安全、小型水利等方面,提升村民获得感、幸福感。围绕"每年吸引10万名大学生和技能人才来昌留昌创业就业"目标,高标准做好岗位征集、"百场校招"等工作,在南昌人才网"港网窗"平台上发布351家企业的岗位需求,工作完成率319.17%。其中,适合大学生就业岗位6950个,占总岗位比例达58.22%。4名科技创新人才和3个科技创新团队入选市高层次科技创新人才"双百计划"。深入贯彻落实"四个最严"要求,不断强化食品药品监管力度,入选"2018—2020年江西省食品安全治理示范县区",在全区11个农贸市场建成食品安全快检室,防止不合格食品流向市民餐桌。

【"胜利归来"主题消费活动】 2021年10月1日,东湖区在胜利路步行街举办"胜利归来"第二季胜利"购"主题活动启动仪式。此次活动投资100万元,动员沿街商铺参加,最大限度放大政策和资金杠杆作用,促进消费回补和潜力释放。活动创新模式,瞄准新消费,融合科技、电音、美食、艺术等"潮"元素,打造新的沉浸式、体验式消费场景,增强互动性和娱乐性,深度拓展"夜经济""宅经济""智慧经济""网红经济"等消费业态,推动东湖经济高质量跨越式发展。活动首日客流量突破15万余人次,日均客流量超12万余人次,激发市场主体积极性。

【与余干县结对合作】 12月6日,东湖区组织人员赴余干县开展推进大南昌都市圈县(市、区)结对联系对接活动,并就"1+7"合作协议事项进行交流研讨。余干县与东湖区一道,坚定不移落实省委、省政府加快打造"大南昌都市圈"重大战略部署,确保省委、省政府重大决策在余干落地生根、结出硕果。在初步搭建的"1+7"合作协议基础上,创新合作方式,全面拓展合作领域,推动两地在更高层次、更广领域开展深度合作,取长补短、扬优成势,汇聚携手共进、协同发展、合作共赢合力。在"1+7"总体合作框架下,重点围绕农业发展、文化旅游、商贸合作、品质教育、医疗资源、金融产业、生态保护7个方面推进深层次、多领域、全方位的合作交流,聚力打造大南昌都市圈协同联动发展典范。

【"红色走读"永远跟党走暨可爱的中国·清明诗歌会活动】 2021年4月2日,东湖区四套班子领导和党员群众代表300余人到方志敏广场,以缅怀革命先烈、纪念方志敏烈士为主题,开展党史学习教育之"红色走读"永远跟党走暨可爱的中国·清明诗歌会活动。参与活动人员走进方志敏爱国事迹陈列馆,聆听方志敏烈士的革命事迹,接受爱国主义熏陶和党史学习教育。方志敏烈士女儿方梅受邀参加。活动视频在人民网、新华社客户端浏览超100百万人次。

【庆祝中国共产党成立100周年歌咏比赛】 2021年6月28日,东湖区在滨江宾馆大会堂举办以"初心向党,咏唱东湖"为主题的"唱支山歌给党听"东湖区庆祝中国共产党成立100周年群众歌咏比赛决赛。由东湖区各镇、街道、管理处及区委各部门、区直各单位、各人民团体、非公有制经济组织的干部群众组成14支队伍参加比赛。参赛者用歌声表达对党、对祖国的热爱和忠诚,抒发东湖人爱党爱国爱社会主义的时代豪情,展现广大干部群众实干担当、砥砺奋进的时代风采。此次歌咏比赛通过"南昌东湖区发布"微信公众号及"掌上东湖"App 2个平台进行网络直播,观看直播28万人次。

(熊志红)

西湖区

【概况】 西湖区是南昌市中心城区之一,东起京九铁路线与青山湖区毗邻,南以洪城路东段、抚河路南段、象湖以及南隔堤为界与青云谱区、南昌县接壤,西滨赣江中心线与红谷滩区交界,北沿中山路、北京西路与东湖区相连。2021年,区域面积35.3平方千米,管辖1个镇、11个街道,设13个行政村、138个社区居委会。全区户籍人口45.7万人,常住人口48.5万人。全区统筹安全和发展两件大事,拉高线促发展,接地线强发展,筑底线保发展,在庆祝党的百年华诞中汲取自信发奋动能,在彰显主城区主担当中齐心创新求进。

【政治建设】 2021年,西湖区召开区政府全体会议2次,政府常务会议26次,集体学法11次,受理区本级行政复议39起。健全政府依法决策机制,全年109份规范性文件实现合法性审查率、对外公布率100%。邀请"两代表一委员"列席区政府常务会议,提升行政决策公开水平。开设重大决策信息发布和公众参与平台,完成政务公开信息6439条,办理区人大代表建议86件、区政协提案87件,实现答复率、满意率均100%。"12345"政府服务热线受理群众诉求4.13万件,群众满意率98.96%。继续推进"赣服通"西湖分厅4.0版建设,注册用户数24.39万人、访问总量452.09万人次。全区379项行政审批事项、297项公共服务事项、60项街道(镇)公共服务事项全部公布实施。构建区、街道(镇)、村(社区)三级帮办代办体系,为企业群众提供免费帮办代办服务。推行"智慧"办税新模式,95%以上涉税(费)事项实现网上办理。设立10个"一窗通办"受理窗口,行政审批事项全部纳入"一窗受理"范围。梳理出全区行政权力581项,依申请服务事项606项,全区"一次不跑"事项199项,"最多跑一次"事项301项,推进"容缺受理+告知承诺"改革、"免证大厅"建设,让企业群众少跑腿。企业年报率98%、个体年报率99%,列全市第一位。坚定不移纠治"四风",大力整治"微腐败",严查群众身边不正之风,严惩损害营商环境和侵害群众利益行为,查处作风问题239件291人。规范区级财政投资项目163个,审减金额1.33亿元。加大审计监督力度,完成审计项目32个。

【经济建设】 2021年,西湖区实现地区生产总值670.68亿元,同比增长10%,总量居全省县(市、区)第四位,增幅居全市第二位;地方一般公共预算收入21.5亿元,增长23.5%,增幅居全省第一位;社会消费品零售总额396.3亿元,增长19.5%,总量居全省第一位;规模以上服务业营业收入完成274.8亿元,增长17.6%,总量全省第一位。每平方千米产值达到19亿元,居全省首位;城镇居民人均可支配收入突破5万元,居全省前列。获评全省"五型"政府建设先进集体、中国高质量发展示范县市(区)。全年举办区级专项招商活动3场,完成签约项目59个,签约金额204.61亿元。引进总部型企业24家。总投资645.97亿元的61个区级重大项目全部开工。深入推进“辖区企业认亲”活动,与1102家企业结对“认亲”,解决企业诉求347个。荣获全省利用外资先进单位称号。深入实施产业链链长制,统筹做好铸链、补链、延链、强链文章,布局现代商贸、文化旅游、数字经济等产业集群。举办首届数字经济发展大会,数字经济营业收入实现46.43亿元,增长12.3%。设立西湖分会场,举办第一届中国米粉节,吸引客流量20万余人次。万寿宫、绳金塔历史文化街区分别入选省级商业街区改造提升试点街区和重点培育街区名单。获全市服务业发展优秀奖。

2021年10月1日,西湖区举行第二届商贸消费节启动仪式暨万寿宫历史文化街区开业典礼

（西湖区　供图）

【社会建设】　2021年,西湖区常态化疫情防控工作紧抓不懈,累计接种新冠疫苗109.8万剂次,全程接种任务完成率110%。至年底,连续684天无新增本地确诊病例。区属七医院老年医学分院和系马桩街道社区卫生服务中心被确定为省级医养结合试点单位,建成嵌入式养老院11个。2个热敏灸体验中心和3个热敏灸体验馆运营。完成邻里中心医疗服务点建设31家,建设健康小屋33个,15分钟健康便民服务圈基本形成。全省第一个公办托育机构——区妇幼保健院托育中心开园,成为省市两级婴幼儿照护服务试点县区样板。出台优质均衡教育实施方案,开工建设华侨城第二学校。朝阳新城第二幼儿园等3所公办幼儿园开园,增加园位1140个。落实“双减”(有效减轻义务教育阶段学生过重作业负担和校外培训负担)工作,无证培训机构整治率、学科类校外培训机构压减率均达100%。完成全区111所校园(含民办)安防“四个一”建设工程,在全省率先实现全覆盖。在全省县(市、区)党政领导干部履行教育职责督导评价中,连续四年获优秀等次。坚持文化惠民,吴齐美术馆开工建设,新开放城市书房2所。组织开展各类文化志愿服务活动200余场,惠及群众近30万人次。开设多种公益培训课程,服务2万余人次。在全省科普讲解大赛、全省百县快乐体操等比赛中勇夺桂冠,获评全国群众体育先进单位。桃花路、绳金塔周边4条道路正式通车,成为全市第一个和第二个完工的“胡子工程”(进度缓慢、一拖再拖而长期不能投入使用的基建工程)。在全市率先完成无障碍停车场建设,率先出台雨污管网建设及水体治理提升工作方案。高品质完成老旧小区综合改造51个,其中南烟小区改造项目先后迎接民进中央调研组、华东六省一市政协代表团实地考察。妥善解决持续14年之久的景田大厦办证难题和持续6年之久的洪城路1号房屋征迁历史遗留问题。在全市率先出台C、D类危旧房整治实施方案,探索D类危房改建路径。强力推进九洲高架沿线、铁路沿线环境综合整治,全力开展银燕物流、老福山街心花园、洪城商圈乱象整治,城市管理重点难点区域面貌得到改观。空中管线整治经验做法入选全省典型案例。开出全市首张违规占道施工罚单,城管执法系统考核、“马路本色”考核获全市第一名。

【社会稳定】　2021年,西湖区全年刑事警情1556件,下降19%。电诈发案率下降22.4%,为群众挽回损失328.6万元。常态化推进扫黑除恶专项斗争,摧毁黑恶势力犯罪集团1个,侦破涉黑涉恶类案件9起。深入推进“雪亮工程”,建成一批天网视频监控探头,实现辖区主次干道、重点部位全覆盖。推进智慧平安小区建设,建成智慧平安小区60个。在全市第一批完成区级“一站式”社会矛盾纠纷调处化解中心建设,接待群众1440人次,化解率86%。行政调解8546件,人民调解814件,桃花司法所获全国模范司法所称号。全年信访总量下降13.85%。深入开展平安志愿者服务,招募平安志愿者2万名,组织各类志愿服务活动6566次。弘扬社会正能量,表彰见义勇为先进分子9人。处置消费者投诉举报9539件,为消费者挽回经济损失396万元。扎实开展全区安全生产专项整治三年行动,共排查整改企业安全隐患3785处,责令停产整顿企业61家。在全市率先完成1736户城镇非居民用户加装燃气安全装置工作,铁路二村社区、桃欣嘉苑小区成为全市消防通道整治现场会议观摩点位。开展“互联网+明厨亮灶”行动,电梯应急处置平台接入率为100%。全年未发生较大及以上安全生产责任事故。

【民生工程】 2021年,西湖区将低保、特困人员、孤儿每月基本生活保障分别提高到795元、1035元、1280元,困难群众基本生活水平全面提升。城乡居民医保人均补助标准提高到580元,政策普及普惠率提高。新增城镇就业7024人,“4050”人员再就业1221人,城镇失业人员再就业3340人。创业培训2407人次,发放创业担保贷款8720万元。实施“洪城计划”“春风行动”等线上线下招聘活动62场,达成就业意向7602人。为农民工和劳动者追回拖欠工资900余万元。通过民政部全国社区治理和服务创新实验区结项评估,全年召开“幸福圆桌会”1377场,解决问题1639个;开展全区第四批“幸福微实事”,完成居民票选项目397个,总投资3.8亿元。11个社区老年食堂投入运营,老年人就餐问题得到有效解决。

【西湖区重大项目集中开工】 2021年3月26日,西湖区举行2021年重大项目集中开工暨“项目大会战”动员大会。市人大常委会主任吴伟柱宣布开工。此次集中开工的重大项目23个,总投资142.68亿元。其中,产业项目9个,总投资112.35亿元;城建项目9个,总投资16.23亿元;民生项目5个,总投资14.1亿元。2021年,全区重大重点项目61个,总投资651.2亿元,涵盖省大中型项目4个、市重点推进项目6个、市重大重点项目23个。

【“吴齐美术馆”项目开工】 2021年7月12日,西湖区举行“吴齐美术馆”项目开工仪式。吴齐是当代书画艺术家。“吴齐美术馆”是西湖区首家公办民助美术馆,也是南昌“文化之城”建设的重要内容。项目位于西湖区算子桥以东、孺子路以北地块,周边靠近孺子亭公园,建筑面积为828.9平方米,建筑层数为2层。该项目总投资1400万元,建设规模及内容包括土建基础工程、土建工程、室内装饰装修工程、园林景观工程、供电自来水工程及中央空调机组等,建设单位为西湖城市建设投资发展有限公司。

(熊　涛)

青云谱区

【概况】 青云谱区位于南昌市区南部,东与青山湖区罗家镇接壤,南与南昌县为邻,北毗西湖区,西临象湖与西湖区桃花镇隔湖相望,因境内“青云谱道院”(今八大山人纪念馆)而得名,有“英雄城南大门”之称。2021年,全区区域面积43.17平方千米,户籍人口25.93万人,辖5个街道办事处(三家店、洪都、徐家坊、京山、岱山)、1个镇(青云谱镇)和1个城市综合功能区(新经济产业集聚区),共76个社区居民委员会、12个村民委员会。

【政治建设】 2021年,青云谱区委中心组专题学习17次、专题研讨10次,开展重大主题示范宣讲400余场。扎实开展党史学习教育,举办庆祝中国共产党成立100周年系列活动,深入开展“我为群众办实事”实践活动,20个民生重点攻坚项目在全市率先完成。建成新时代文明实践中心(所、站)96个,实现区域全覆盖。积极推广洪科社区“红色物业”模式,“五位一体”议事协商机制社区达70%以上。创新成立全省首支“红色创投基金”。成立全市首个快递行业联合党支部和快递企业党建联盟,探索新产业、新业态、新群体党建新路径。投入约1.5亿元,高标准完成37个党群服务中心提档升级,打造洪科、三店西、京新等一批全省领先的党群服务中心。开展政法队伍教育整顿,清除害群之马,整治顽瘴痼疾,推动以案促改、以案促建、以案促治。深入推进党风廉政建设和反腐败斗争,查处违反中央八项规定精神和“怕慢假庸散”、侵害群众身边利益不正之风及上级移送移交等问题112起,处理141人。组织开展十三届区委第一轮巡察以及“大起底、大清查、大督导”专项活动。

【经济建设】 2021年,青云谱区坚持统筹推进疫情防控和经济社会发展,扎实做好“六稳”工作、全面落实“六保”任务。全年实现地区生产总值401.77亿元,同比增长10.2%;500万元及以上固定资产投资、社会消费品零售总额增速、城镇居民人均可支配收入等指标均高于全市平均水平。现代服务业快速发展,规模以上服务业营业收入增速31.8%,建筑业总产值468.2亿元,增速18.1%。江南云港物流总部产业园、台湾水果展销交易平台获评省级服务业集聚区,江西省交通设计研究院、江西网络电视公司获评省级服务业龙头企业。八大山人梅湖景区以全省第一的成绩获评国家AAAA级旅游景区,南钞公司获评省级工业旅游示范基地。举办“遇见·梅湖”和“遇见·洪都”活动,国庆节期间接待游客数增长414%、收入增长139%。开展“项目大推进”百日攻坚行动,签约51个项目,签约金额210.6亿元,引入明清商业街、万科四季都会2个20亿元以上项目;34个省、市重大重点项目开工率、年度投资计划完成率均达100%;三、四季度11个集中开工项目总投资111.2亿元,项目数量及投资额位列中心城区第一位。以新经济产业集聚区为主战场开展“空间大清理”百日攻坚行动,梳理全区低效产业用地140余公顷,3个月盘活清理全区低效用地38公顷,引入1962文创园等项目。

【社会建设】 2021年,青云谱区坚持以"四精"理念推动城市功能与品质提升,打造天蓝水清、宜居宜游青云谱。投入18.5亿元,扎实推进城市建管十大提升行动,完工246个项目。完成总投资约10亿元的2.7万户老旧小区改造,改造面积300万平方米。打造景泰花园、洪城路、南耐等一系列精品小区,完成洪都新城路网一、二期14.7千米建设,打通断头路3.4千米,"四横六纵"多维立体交通路网雏形初现。新建5个停车场,全国单体量最大的立体停车场司马庙智慧立体停车场投入使用。利用城市"边角地""零碎地"见缝插绿,新建5个邮票绿地,总面积2500平方米。开展城市环境综合整治八大行动、城管执法"五大整治"、铁路沿线专项整治系列活动,高标准实施3条道路整体提升和3条道路绿化提升工程。全力配合省市重大重点项目建设,完成九洲高架东延项目征迁3万平方米村级用房攻坚扫尾完成,老旧小区改造中拆除违章搭建15万平方米。开展"奋战一百天,环境大整治"百日攻坚专项行动,持续打好"蓝天、碧水、净土"三大攻坚战,$PM_{2.5}$排名实现较大进位,4年来首次达到空气质量二级标准。严格落实"河长制"工作职责,进一步改善水环境质量。完善土壤污染防治体系,有效管控工业企业和建设用地土壤环境风险。深入推进53件中央生态环境保护督察、省生态环境保护督察"回头看"问题整改,销号率94.3%。

【社会稳定】 2021年,青云谱区建成公安"四个中心"智慧警务平台,打击电诈和涉毒犯罪成效位列全省前列,非法集资案件零新增,狠抓安全生产工作,全年未发生重大影响案(事)件和重大安全生产事故,获评全省食品安全示范区。人力资源市场清理整顿行动获人社部、公安部、国家市场监管总局联合表彰,劳动仲裁案件结案率100%。完成全区基层武装部规范化建设,获评全省征兵工作先进集体。京山街道获评全省综合减灾示范乡镇;城南村获评第二批全国乡村治理示范村。全省首个街道级枢纽型治理平台—徐家坊街道"小叮当"经验文章被《南昌改革》登载推广。电信网络诈骗犯罪打防机制进一步健全,侦破电诈案件数上升268%,电诈发案增幅降低30%。打造全省首家引入社会资本的"崇军银行",让更多退役军人从志愿服务中受益;建设全市首个"拥军综合体",签约企业245家。全区安全形势持续稳定,全年未发生重特大安全生产事故。持续深入开展集中治理重复信访、化解信访积案专项工作。区信访局获评全省信访系统"人民满意窗口"。

【民生工程】 2021年,青云谱区坚持民生事业优质均衡发展,补短板、破难题、兜底线。开展"才聚青云"系列线上线下招聘会、10万人才来昌留昌创业就业"百场校招"活动47场次,帮助4571名大学生与企业达成初步就业意向。徐家坊街道获评省模范劳动关系和谐街道。先后引进江西师范大学、南师附小教育集团等优质教育资源合作办学;四大魅力课程体系在全省推广,"双减"相关做法得到省、市点赞。医疗体系更全,全省规模最大的重症康复专科医院——瑞康医养康复中心和全市规模最大的洁佳托育服务中心投入运营。做好常态化疫情防控工作,在全省第六个完成18岁以上人群第一剂次疫苗接种任务。新建12个"1+5+X"社区邻里中心,在江联社区打造全市首家院落式邻里中心;新建5家嵌入式养老院,老年人家庭适老化改造工作被中央电视台综合频道《新闻联播》头条报道,青云谱镇青英社区获评"全国示范性老年友好型社区"。开展全国服务类社会救助试点工作,为社会救助对象主动链接服务1万余人次,"爸妈食堂"被《人民日报》等央媒报道。开展各类公共文化活动1100余场,区文化馆创建国家一级馆,梅汝璈故居入选全省百处革命旧址保护利用案例;青云谱镇连续两届蝉联"中国民间文化艺术之乡"。

【洪都街道洪科社区老旧小区改造】 2021年,青云谱区大力推进老旧小区改造工作,统筹优化生产、生态、生活空间。洪都街道洪科社区属于洪都居住区待改造的11个社区之一,有64栋楼、3025户,总人口9805人,改造面积约10.2万平方米。邀请北京清华同衡、上海同济、中国美院等国内知名城市规划设计团队实地考察指导,投入1.2亿元对洪科社区实施"道路优化+绿化润景+功能优化+完善配套+人文关怀+智能安防"六位一体改造,得到居民认可。《江西改革工作简讯》报道青云谱区大力推进老旧小区改造工作,相关经验做法得到住建部高度肯定,并在全国推广。

【青云谱区市民服务中心大楼投入使用】 2021年2月2日,青云谱区市民服务中心新址正式投入使用。青云谱区市民服务中心大楼位于南昌市青云谱区广州路995号,是集行政审批、公共服务、自助服务等多功能于一体的政务集中办事大楼,总建筑面积约19564平方米,一、二、三层为群众和企业办事专区,十二层为行政办公区。一层为社保、医保专区、24小时自助服务区;二层为税务,民政专区;三层为综合受理"大一窗"服务专区。中心将区级123项行政许可事项划分进"大一窗"综合受理窗口,其中设置6个综合受理窗口、2个出件窗口。通过"大一窗"综合服务窗口,市民可以集中办理事项,节约时间。

【司马庙智慧立体停车场投入使用】 2021年2月7日，司马庙智慧立体停车场投入使用。项目总投资额1.2亿元，占地约6800平方米，建筑面积约2.1万平方米。该智能立体停车场层高27层，可提供停车位920辆，配备400个充电车位。车主只需操作液晶触摸屏，通过停车位智能分配和自动旋转装置，即可完成停车、取车、缴费。停车场辐射周边十字街王府井、司马庙建材大市场等，有效解决周边居民商户车辆停放问题。

【青云谱区红色创投基金启动】 2021年7月15日，由市委组织部、市民政局指导，区委、区政府主办，区委组织部、区民政局承办的“红色创投基金”启动仪式暨项目清单发布会在青云谱区举行。活动现场，第一批《青云谱区“红色创投基金”项目需求清单》发布，有39个项目需求，涵盖民生公益服务、社区营造孵化和督导评估等3个大类10个小类，包括枢纽型社会组织孵化、党群服务中心长效运营、党史教育进社区等项目。青云谱区“红色创投基金”由区委、区政府发起设立，是省内首支“红色创投基金”，初期资金规模300万元，后期将依法接收公益捐赠。

【洪都街道洪校社区开办“爸妈食堂”】 2021年12月，青云谱区洪都街道洪校社区扎实开展“我为群众办实事”实践活动，针对社区内居住较多的空巢、独居、孤寡、失能老人，子女无法照顾周全，日常买菜做饭不便等问题，引进社会组织开办“爸妈食堂”公益午餐项目，为有需要的老人免费提供午餐。社区志愿者还直接把爱心午餐送到部分行动不便的老人手上，打通服务困难老人的“最后一公里”。该做法被《人民日报》、新华社等央媒报道。

（徐　亮）

青山湖区

【概况】 青山湖区位于南昌城东，赣江下游，青山湖畔，是南昌城的发源地，因辖区风景秀美的“青山湖”而得名。2021年，青山湖区辖湖坊、塘山、京东、罗家4个镇，上海路、青山路、南钢、站东4个街道，青山湖高新技术产业园区1个省级工业园区。全区有60个行政村、109个社区居委会、15个家委会，257个自然村。区域面积127.6平方千米，耕地面积1533公顷，水稻播种面积1400公顷，蔬菜播种面积440公顷。水面117.8公顷，主要分布在罗家镇。户籍人口44.2万人，常住人口66.26万人，登记的流动人口14.5万人。

【政治建设】 2021年，从严从实抓党建，持之以恒转变干部作风，着力抓班子、带队伍，推进全面从严治党向基层延伸，政治生态持续向上向好。持续深化“五型”政府建设，坚持重大问题向区委报告，自觉接受区人大、区政协及各方面监督，104件人大代表建议、327件政协提案全部办结。转变政府职能，梳理“一次不跑”和“只跑一次”事项259项，104个高频事项实现“掌上办”，“12345”政府服务热线、“五型”政府建设社会监督平台群众反映问题办结率、满意度均超过95%。组织开展党史学习教育，在中央、省、市主流媒体发出好声音，推出党史学习相关报道300余篇（条），其中在《人民日报》等中央主流媒体上稿6篇。编发《青山湖区委党史学习教育工作简报》110期，在《江西省委党史学习教育工作简报》刊登14条，位列全市第三名。举办“唱支山歌给党听”青山湖区庆祝中国共产党成立100周年歌咏展演活动。制作录制《唱支山歌给党听》《没有共产党就没有新中国》《我和我的祖国》《不忘初心》等一批新媒体产品，在线观看累计121.3万人次。

【经济建设】 2021年，青山湖区地区生产总值完成611.8亿元，比上年增长8.8%；地方一般公共预算收入15.9亿元，增长7.6%；地方财政支出32.9亿元，增长9.0%；社会消费品零售总额完成288.8亿元，增长20.1%；500万元以上固定资产投资增长14.5%；实际利用外资3.6亿美元，增长6.6%；规模以上工业增加值增长11.2%。新开业商贸综合体1个、大型商超3个，新入驻楼宇项目275个，规模以上服务业企业112家，规模以上服务业营收增长15.9%；LED封装产能突破4000条，规模以上工业企业264家，现代针纺、冶金建材、电子信息三大主导产业产值分别突破500亿元、210亿元和50亿元；发展数字经济，江西流量经济产业基地全面运营，全区电子商务年交易额突破370亿元，位居全省前列。参加10余场省市招商活动，举办2场集中签约活动，全年新签约亿元以上项目59个，其中“5020”项目（国家级开发区每年至少引进1个50亿元的产业项目，省级开发区每年至少引进1个20亿元的产业项目）1个、“152”项目（指省、市、县各级领导谋划招引一批100亿元、50亿元、20亿元产业大项目好项目落地开工）4个，总金额363.3亿元。举办4场集中开工活动，推进总投资超1000亿元的243个重大重点项目，项目开工率、竣工率、投资完成率分别达到91.8%、87.2%和113.9%。中国电建江西总部等一批总部项目落户。青山湖区荣获2020年度全省高质量发展先进县（市、区）称号。

【社会建设】 2021年，青山湖区各项社会事业全面进步。继续加大教育投入，全区教育总投入7.12亿元。新增普惠性幼儿园4所，新增小区配套幼儿园4所，新增幼儿园学位1050个。全区116家幼儿园有81

家开设托育班。推进5个校建项目(南镇学校、罗家学校、李巷小学、临江学校和天香学校)建设,新增校园面积27.36万平方米,总学位容量达11460个。全区科技投入支出7398万元,占全区财政总支出的2.25%。培育认定科技型中小企业253家,增长21.8%;培育认定高新技术企业36家,高新技术企业总数149家;新增专利授权量1730件,万人有效发明专利拥有量11.79件,高分通过国家知识产权强县工程试点区验收。着力推进科技成果转移转化,完成技术合同登记198项,交易额10.5亿元。拥有国家级科技企业孵化器3家,各级众创空间17家。城镇新增就业6197人,城镇失业人员再就业2000人,就业困难人员就业395人,新增农村劳动力转移1200人(其中省内新增农村劳动力转移1100人),培训人数4166人(其中创业培训1110人、以工代训16人)。失业保险参保人数9200人,青年见习人数152人,城镇登记失业率≤2.85%,零就业家庭安置率为100%。完成创业担保贷款发放6453万元(其中个贷161笔、3103万元,带动576人就业;为8家小企业发放贴息贷款3350万元,完成全年任务的111.25%),回收6071万元,回收率为100%。探索"互联网+人社"服务模式,通过线上培训、线上招聘,开展线上就业创业服务活动,有15家企业完成365人次的线上培训。举办6场线上直播招聘会,338家企业参加,累计发布招聘岗位5706余个,吸引12626人次在线参与。全区出生人口3455人,人口出生率6.91‰,人口自然增长率6.06‰。全年投入1280万元用于全区医疗服务能力建设,区疾控中心卫生应急能力提升项目全面竣工,基本构建起对各类突发公共卫生事件的快速处置检测能力,基本构建起对辖区所有大、中、小企业进行职业病危害因素和饮用水检测45个项目的检测能力。医联体建设迈上新台阶,市第十医院依托市第一医院专家团队以及中山大学眼科中心合作平台,在院内建设预防接种门诊以及增设眼科近视综合防治门诊,弥补医院长期以来的眼科、防疫科等科室缺失。狠抓生态环境改善,103件信访件已整改销号101件。持续打好蓝天、碧水、净土三大保卫战,建成3座地埋分步式污水站和14处农村分散式生活污水处理站,全区空气质量优良率达到94%,省控县界断面水质达到国家Ⅲ类标准。垃圾分类投放全面实施,推进"撤桶并点"行动,全年完成76个小区的撤桶并点工作,打造东方府邸、钦都豫景等6个垃圾分类示范精品小区,增设垃圾分类集中投放亭553座,新增小型垃圾转运车辆42辆。处理污染投诉603件,立案调查环境违法行为5件,下达行政处罚决定书5份,罚款49.4万元。在全区范围内开展"散乱污"企业排查整治工作,全年关停"散乱污"企业27家。打通仁杰医药北侧规划路、龙湖西侧规划路、民营大道(民富路—民强路段)3条断头路;京安路、民富路、民园路、南池路、冶金大道5条道路"白改黑";建设高新大道(北京东路—创业路)、南京东路(高新大道—艾溪湖)、艾溪湖南路(南京东路—北京东路)3条绿道。完成房屋征收建筑面积约108万平方米、3085户,位居全市中心城区第一名,保障高铁新区开发和高铁东站建设。整治7条背街小巷,改造34个老旧小区,加装19台既有住宅电梯,打造2个城市公园、5个邮票绿地,建设16个公厕和3917个停车泊位。数字城管"线上监管",处理数字城管案卷32.87万个,整改总数32.67万个,整改率99.39%。以科普、交流、体验为一体的昆虫科普体验中心试运行,以感动中国人物万佐成、熊庚香故事改编的原创歌曲《一元厨房》荣获江西省第四届"赣鄱群星奖",推出"家的味道"新春文旅大礼包,"江西风景独好系列丝巾"在2021中国特色旅游商品大赛亮相,699文化创意园获评江西省文化和旅游产业融合发展示范区创建单位。

【社会稳定】 2021年,深入推进法治青山湖、平安青山湖建设,坚决守牢疫情防控、安全生产、信访维稳等发展底线,维护社会总体稳定。完成平安青山湖智慧安防平台及智能联网探头建设项目。电信网络新型违法犯罪案件立案1807起,抓获涉案嫌疑人582人,刑拘321人,协助外地公安部门抓获犯罪嫌疑人92人,破获涉诈案件161起,破获100万元以上公安部督办电信诈骗案15起,抓获涉案团伙24个,捣毁涉案窝点18个。办理涉黑涉恶9类个案114起,刑拘犯罪嫌疑人122人,逮捕100人,移送起诉47人;破获涉毒刑事案件108起,刑事拘留犯罪嫌疑人140人,查处吸毒人员277人,强制戒毒42人,社区戒毒76人,缴获毒品21650.4克。组织举办4次教育转化专班,转化12名邪教顽固痴迷分子。接待和处理群众赴各级上访1560批4808人次。全区整治范围内企业(含建设工程项目)986家,排查各行业领域问题隐患7662条,整改完成7453条,整改率97.3%;全区各有关单位成立检查组156个,开展督导检查1232次,检查单位1632家,督导问题602个。各行政执法部门通力合作,联合执法,发挥区、镇、村三级组织作用,建立起"条块结合,部门联动"的安全生产立体执法格局,行政处罚676次,约谈警示企业96家,责令停产整顿6家,关闭取缔1家,实施经济处罚168.95万元。推进治理重复信访、化解信访积案专项工作,第一批交办的95件重复信访事项,办结95件,化解稳定81件。召开全区性信访工作调度会7次,全年受理2243件网上信访事项,网上信访占比72.2%。信访工作机构及时受理率100%,信访事项按期办结率100%,信访部门满意率84.5%。全年未发生大规模群体性事件。青山湖区委政法委获“平安中国建设”先进集体称号。

【民生工程】 2021年,坚持民生为本,社会民生福祉不断提升。推进总投资69.8亿元的134个民生实事项目建设,10件人大票决民生实事项目全部完成。累计投入民生资金20.4亿元,发放社会救助、就业困难人员补贴、退役军人优待金等各类救助资金6200余万元,发放残疾人“两项补贴”资金447.24万元,推动4333名困难人员全部纳入医保兜底。推进社区体育发展,完成安装健身路径40套。在飞燕路、市第二干休所、芒果产业园、铁九邻里中心、南方社区打造5处邮票绿地,建设面积约2.6万平方米。京东镇公园里社区、南钢街道江氨社区、罗家镇谢埠社区、湖坊镇顺外路社区、塘山镇南京东路社区5个社区邻里中心建成,4个社区嵌入式养老院投入使用,全区新增养老床位125个。成立劳动争议案前速调联调中心,劳动争议双方提供优质高效调解服务。李巷小学、丹霞文体公园图书馆和羽毛球馆、区智慧化政务服务大厅建设竣工。举办青山湖区2021年“中国农民丰收节”庆祝活动,展示新时代农民精神风貌。建成农村公厕25座,落实区级奖补87万元。投资120余万元,完成4座水体黑臭门塘整治。组建的92个家庭医生服务团队与20.62万名城市居民开展家庭医生签约,完成居民电子健康档案44.03万份。送电影下乡1068场,送书1000余册,接待读者24万人次,图书借阅2.3万册次。开展公益免费课256课时,受众人数4000人。开展线上公益讲座43场,线上展览20场,微阅读活动30场。

【“1+5+2”重点工作推进机制构建】 2021年,以大抓落实为导向,创新构建“1+5+2”重点工作推进机制。“1”即一个总指挥部,成立以区委书记为总负责,区长为总指挥,区四套班子领导为副总指挥的总指挥部。“5”即五大工作专班,包括扫楼扫街、做大经济总量工作专班;抓大引大、做强产业项目工作专班;改旧建新、做优城市建设工作专班;常态长效、做精城市管理工作专班;长治久安、维护社会稳定工作专班。“2”即资金保障领导小组和作风督导领导小组。全区以“1+5+2”重点工作机制大抓落实、狠抓落实,盘活干部资源,凝聚干事合力,形成“党政主官带头抓、四套班子全上阵、全区上下齐参与”的“大落实”格局,经济发展实现争先进位,主导产业持续做大做强,城市功能品质明显提升,城市形象面貌大幅改善,社会大局保持安全稳定。

【“学习强国”线下体验空间】 青山湖区“学习强国”线下体验空间位于青山湖传媒大厦14楼,占地面积约200平方米,总投资约100万元,内有藏书6000多册、2台“学习强国”在线学习一体机,设置学习加油站、学习交流角、积分兑换角和学习大讲堂4个区域。2021年,青山湖区通过学习氛围营造、平台内容推介、学习互动参与以及学习活动开展等方式,实现线上线下同频共振、相互促进,吸引广大市民群众参与体验,更好激发市民群众学习热情,更好让党的创新理论“飞入寻常百姓家”。

【江西流量经济产业园开业】 2021年1月6日,江西流量经济产业园开业。此项目位于青山湖区京东镇,总投资23.5亿元,总建筑面积16.5万平方米,有7栋楼宇。以直播电商新经济、新业态为核心,围绕“直播+产业”发展定位,依托本地产品供应资源,借助平台生态赋能,推动本地实业与流量经济、数字经济等新业态相融合,为青山湖区乃至江西本土企业开辟新的营销渠道。基地打造供应链选品区、休闲洽谈区、公共展示区、活动区等,引入青山湖区特色针织服装产品及省内外供应链商家入驻,基地签约注册企业64家,其中限上(入统)企业3家;引入省内头部直播机构入驻,机构签约达人超50人,全网粉丝体量超过4亿人次。

【“一庭一中心”】 2021年1月18日,青山湖区法院依托塘山法庭成立“南昌市交通事故速裁法庭”“南昌市交通事故多元解纷中心”(以下简称“一庭一中心”)。“一庭一中心”在全省率先打破行政区划限制,对全市8个中心城区的机动车交通事故责任纠纷进行集中管辖,汇聚起法院、交警、保险、鉴定、公益律师等多元解纷力量,构建成“一体受理、一网通办、一站调解、一庭诉讼、一键理赔”的专业化解纷模式,实现纠纷一体化全流程在线处理。至年底,有1575起案件当事人在线申请调解,涉及总金额2.7亿元,调解完成1180件,达成调解611件,调解成功率51.78%。该工作举措在最高人民法院“总对总”在线诉调对接工作推进会上作经验交流,并在全省政法队伍教育整顿成果交流会上作推介。

【项目建设】 2021年3月2日,江西省“省市县三级联动推进重大项目开工暨‘项目大会战’动员大会”在青山湖区高铁东站项目现场召开。3月24日,全区召开2021年“项目大会战”暨“千名干部进千企”活动动员大会,推进全区重大重点项目建设。7月15日,举行2021项目集中签约暨重大重点项目集中开工仪式,分会场集中开工项目45个,总投资339.35亿元。9月24日,通过视频连线方式参加全市第三季度重大项目集中开工活动。此次集中开工项目涉及工业、服务业2类,共4个项目,总投资40亿元。其中,工业项目2个,分别为青山湖区电子信息（LED）产业总部研发基地、科晨电力研发总部大楼，总投资22亿元；服务业项目2个，分别为喜悦汇购物中心、慈怀医疗大健康项目，总投资18亿元。12月28日，遴选7个项目参加全市2021年第四季度重大项目集中开工活动。其中，产业发展项目4个（工业项目2个：百度飞桨人工智能赋能中心项目、艾赫普斯电子智能单兵数字化集成项目；服务业项目2个：顺外181文教融合产业园、江西省跨境电商产业园项目）；社会民生项目3个（临江学校新建工程、京川邓村安置房、秦胜安置房），总投资51.74亿元。

【劳动争议案前速调联调中心成立】 2021年7月，青山湖区劳动人事争议仲裁院成立劳动争议案前速调联调中心，抽调专业人员，做实案前调解，整合各方资源，形成联调合力，为劳动争议双方提供优质高效调解服务。案前速调联调中心按照双方自愿、依法公正、专业规范、调裁衔接原则开展调解工作。至年底，受理劳动争议案件102起。其中，调解成功并向劳动仲裁委员会申请置换调解书的65起，调解成功率64%，调解成功案件平均用时8天；调解不成功转入劳动仲裁程序的37起。

【招商引资推介签约会举办】 2021年11月21日，青山湖区举办2021招商引资推介签约会暨“数字经济+现代针纺”产业论坛，200余位客商和企业精英代表参加。现场签约项目16个，签约总金额167.7亿元，涉及智能制造、装备制造、数字经济、总部经济、文化产业等多个领域。其中，10亿元以上项目6个（中国电建江西总部、中铁水利水电规划设计集团项目、百度飞桨人工智能产业创新中心、新锐国潮数字经济产业基地项目、豪驰5G智慧项目、心励方大型工业数码打印设备生产基地项目）。

【青山湖区图书馆昆虫科普体验中心运行】 2021年12月31日，青山湖区图书馆昆虫科普体验中心开始试运行。体验中心位于区图书馆4楼，占地面积约300平方米，集昆虫科普教育、自然体验于一体，为昆虫爱好者和青少年提供科普教育互动平台。体验中心分室内与室外2个部分。室内由森林仿真体验区、人机互动区、标本展示区、“精灵之书”阅读区、摸屏电子阅读区等部分组成。室外以“奇妙的世界、伟大的贡献”为主题，设置生态走廊、童趣森林等区域，展示昆虫对大自然的贡献。大幅全息互动投影、大型人机互动蝴蝶机器人以及昆虫百科电子屏，收集展示活体昆虫和实体标本100余种，让参观者近距离观察它们的主要外部特征。

【医保“比心”工作法创新推行】 2021年，青山湖区持续推进医疗保障系统行风建设，切实转变作风，强化为民服务意识，把件件“医保实事”办到群众心坎上，用医保部门的“实事成色”擦亮百姓的“幸福底色”。区医疗保障局创新推行的“比心”工作法，入选2021年度全国医保系统行风建设的典型案例。“将心比心”聚民忧，打造医保办事示范窗口，增设便民利民服务设施，设立志愿者服务窗口，成立“比心室”，每天安排1名中心领导实行“坐班”服务，接待来访群众，了解诉求、调解纠纷、疏导情绪，设身处地为群众着想，解群众困难；“以心换心”出实策，提升医保经办服务效能，围绕深化“放管服”改革和打造“五型”政府等目标，整合医保业务，规范业务流程，通过内部流转、限时办结，实现医疗保障“一站式服务、一窗口受理、一单制结算”，在微信公众号增设业务咨询和办理功能，14项高频业务实现不见面办理、“一次不跑”，全年线上（含邮箱、电话、微信公众号、赣服通）办件量1.5万余件，约占总业务量的50%，节假日错时延时服务事项办件量达2300余件；“同心用心”破难题，推进医保下沉网络建设，通过“三统一、两拓宽”（统一业务权限、统一业务标准、统一业务培训，拓宽经办服务网点、拓宽问题沟通渠道）积极构建覆盖全区医保服务下沉网络，将24项医保服务下放至医保服务经办全区通办点，确保“把好事办好、让群众满意”。

（宋文娟）

新建区

【概况】 新建区位于江西省中部偏北，东与红谷滩区接壤、隔赣江与南昌县相望；南与丰城市毗邻；西与高安市、安义县交界；北、西北与永修县相连；东北濒鄱阳湖与都昌县、鄱阳县、余干县为邻。2021年，全区区域面积2193.32平方千米，辖16个乡（镇）、1个省级开发区及68个社区居委会、245个行政村，户籍总人口64.29万人。新建区获“全国工业百强区”“全省重点水域禁捕退捕工作优秀单位”“全省首批食品安全治理示范县区”“江西省鄱阳湖区越冬候鸟和湿地保护先进县区”“全国产粮油大县”等称号。

【政治建设】 2021年，区委理论学习中心组开展集中学习研讨20次，开展主题宣讲300余场，创新举办“欣悦大讲堂”。组建5个党史学习教育指导组，开展4轮全覆盖式督导，各级领导干部撰写心得体会、理论文章300余篇，召开专题组织生活会790余场。在“两微一端”、今日头条等媒体开设“学党史、庆百年”等专栏。发挥巡察利剑作用，开展一届区委巡察整改

“大排查、大起底”,对照中央和省、市、区委巡视巡察反馈问题进行“过筛式”督导,不断巩固整改成效。保持惩治腐败高压态势,开展粮食购销和城市绿化领域腐败问题专项整治,集中整治群众身边不正之风和腐败问题,处置问题线索544件,立案278件,党纪政务处分326人,涉及科级干部22人。查处违反中央八项规定精神问题27起32人,党纪政务处分31人,全区政治生态更加风清气正。新建区获评全省“五型”政府建设先进集体,溪霞镇获评全省“五型”政府建设示范乡镇。

【经济建设】 2021年,新建区完成生产总值393.38亿元,规模以上工业增加值同比增长11.2%,增幅全市排第6名。地方一般公共预算收入完成36.57亿元,增长11.7%,增幅全市排第5名。社会消费品零售总额173.37亿元,增速保持全市第1名。全年新增限上企业29家,固定资产投资增长14%,增幅全市排名第3名。新增规模以上工业企业19家,在库工业企业175家,营业收入570.09亿元。城镇居民人均可支配收入4.57万元,增长7.4%。农村居民人均可支配收入2.32万元,增长9.4%。全区省口径实际利用外资4.12亿美元,增长8.2%;实际利用内资175.68亿元,增长7.1%。乾照光电等14家企业入选江西省产融合作主导产业重点企业名单。34个亿元以上工业项目全面开工,完成投资132.6亿元。新认定高新技术企业14家,高新技术产业产值占规模以上工业比重达到38%。江西再生环保产业有限公司等5户企业被认定为省“专精特新”(专业化、精细化、特色化、新颖化)中小企业,江西金达莱环保股份有限公司成功入围工信部第三批“专精特新”“小巨人”企业(业绩良好、发展潜力和培育价值,处于成长初期的小企业,通过培育推动其健康成长,最终成为行业中或本区域的“巨人”),江铃晶马和林恩茶业入选“江西制造”首批省级榜单。全年新增企业4134户,增长38%。全区粮食播种面积8.27万公顷,生猪存栏33.16万头、出栏57.47万头,均超额完成市里下达任务;蔬菜播种面积达5573.33公顷、总产11.65万吨,分别增长2.1%、1.7%;高标准农田建设连续两年获得省级表彰。现代农业加速推进,南昌植物园加快建设步伐,农业技术创新智能化温室等5个项目竣工投产,牧原集团规模化生猪养殖基地投入生产。农业产业稳步提质,汪氏蜜蜂园等3家农业企业品牌被认定为全省“赣鄱正品”品牌,3家农业企业获“江西绿色生态”认证,3家企业领办的联合体被省农业农村厅认定为农业产业化省级示范联合体,林恩茶业入选中国农业品牌目录并被农业农村部评为农业国际贸易高质量发展基地。新增电商企业12家,电商交易额实现410亿元,增长27%。全区餐饮业营业额15.8亿元,增长18%,5家餐饮门店获评全省赣菜特色门店。金融市场日益活跃,平安银行、广发银行入驻,全区银行机构各项存款余额620.3亿元,各项贷款余额646.6亿元。文旅活力持续增强,旅游接待1751.1万人次,增长22%;旅游综合收入94.2亿元,增长20.3%;溪霞镇店前村入选第三批全国乡村旅游重点村。中至数据集团股份有限公司获评“省级文化和科技融合示范基地”,入选“江西省文化企业20强”。

【社会建设】 2021年,认真落实“洪城计划”、南昌“人才10条”和“10万大学毕业生和技能人才来昌留昌创业就业”等政策,举办线上线下“百场校招”活动50场,对高层次人才给予资金、疗养、就医绿色通道、子女上学等优惠政策,引进省外人才483人。获批1家博士科研创新中心。发放青年人才生活补贴267万元,为创新发展揽才、留才。新建二中初中部、欣悦湖学校等投入使用,新增学前教育公办学位1830个。狠抓“双减”政策落实,为7万余名学生提供校内课后服务。建成医共体乡镇医疗机构13家,成为“十四五”时期全省首个达到血吸虫病传播阻断标准的县区。常态化精准做好疫情防控工作,新冠肺炎疫苗接种经验和模式在全省推广。区文化中心投入使用。全民健身设施实现社区、行政村全覆盖。7个社区邻里中心、45个居家养老服务点基本建成,构建“15分钟社区幸福生活圈”。16个老旧小区、13条背街小巷提升改造工程基本完工。新建大道东延等3条断头路、欣悦湖等片区10条市政道路竣工通车。新增城市绿道8千米、邮票绿地5个、公共停车泊位206个,新建、改建城区公厕6座,完成14条主次干道、11个社区、1个农贸市场、164条背街小巷空中管线整治。城区排水管网改造三年攻坚计划启动实施。垃圾分类投放亭建设实现全覆盖,建成全市首个生活垃圾分类在线监管平台,城市功能品质稳步提升。

【社会稳定】 2021年,深入推进市域社会治理现代化试点工作。区乡村三级综治中心实体化建设完成,49个智慧平安小区全面建成,“雪亮工程”“智慧云眼”“智慧平安小区”覆盖面持续提升。扎实开展政法队伍教育整顿,常态化推进扫黑除恶专项斗争,“赣鄱百日缉毒”、反诈“长风2号”等行动成绩在省市排名前列,诈骗案件发案率降幅位列全市第一位。开展信访“积案化解、百日攻坚”行动,开展防范和处置非法集资工作,全区信访秩序好转。食品安全连续五年零事故。社会大局和谐稳定,入选全国社会治理百强县区。获鄱阳湖区联谊联防先进县区、全省扫黑除恶先进单位、全省首批食品安全治理示范县区等称号。

【民生工程】 2021年,新建区民生投入71.2亿元,占一般公共预算支出比重83%。扎实推动巩固拓展脱贫攻坚成果同乡村振兴有效衔接,创新推行"一个中心指挥、一张网络覆盖、一个网格办事、一个标准考核"的动态监测网格化管理模式。安排财政衔接资金5773万元实施帮扶项目69个,确保"两不愁三保障"和饮用水安全问题动态清零。城乡低保提标扩面,发放城乡低保金1.3亿元、城乡居民养老保险资金1.42亿元、高龄补贴1644.83万元。拨付城乡居民医疗保险财政补助资金5838万元,一站式城乡医疗救助资金2406万元,保障性租赁补贴423万元,社会保障体系不断夯实。发放创业担保贷款1.58亿元,新增城镇就业人数7284人,农村转移劳动力8004人,零就业家庭就业安置率100%,民工工作得到省委领导肯定。持续深入开展农村人居环境综合整治,全面实行"月督查、月调度、季考核"机制,重点打造268个一般新农村点、1个美丽宜居示范乡镇、3个美丽宜居示范村、3个乡村振兴试点村,乡村面貌焕然一新。荣获全省农村人居环境整治工作先进县区、实施乡村振兴战略实绩考核先进县区称号,4个村镇获评省级文明村镇。坚持统筹城乡、以城带乡,"四好农村路"建设完成县乡道升级改造68.6千米,窄路面拓宽43.5千米,重建危旧桥18座。城乡公共交通一体化进程加快,通车里程2902.5千米,实现村村通客车。空气质量优良率达91%,$PM_{2.5}$空气质量达到国家二级标准。集中式饮用水水源水质达标率均为100%。乌沙河新建区段续建配套工程、乌沙河礼步湖、东风桥污水处理应急服务工程,以及5个集镇污水处理厂、67个农村生活污水治理项目全面竣工。持续整治农业面源污染,农作物秸秆综合利用率超过90%。全区粮食播种面积8.27万公顷,粮食总产量5.35亿千克,连续13年被评为"全国产粮油大县"。新建高标准农田3200公顷,连续两年获得省级表彰。

【乐化镇、樵舍镇委托南昌经开区管理】 2021年3月26日,市委办公室、市政府办公室下发《关于新建区乐化镇和樵舍镇委托经开区管理的通知》(以下简称《通知》)。经市委、市政府研究同意:决定将新建区乐化镇、樵舍镇委托给南昌市经开区管理,原行政区划不变,仍归属新建区。除法定必须由县级政府负责管理的行政事项外,其他事务由新建区书面授权经开区负责,所涉经费及法律责任由经开区承担。《通知》下发后,各相关单位严格交接程序,认真审核交接相关事项,实现稳妥交接,确保工作不断档。

【新建区重大重点项目集中开工】 2021年3月26日,新建区2021年重大重点项目开工仪式在南昌轨道交通产业园举行。市委常委、副市长肖云出席开工仪式并宣布项目开工。标志着总用地面积约200公顷、产值规模逾千亿元的南昌轨道交通产业园项目开工建设。此次集中开工项目24个,投资224亿元。其中,第一产业项目3个,投资3.1亿元;第二产业项目5个,投资115亿元;第三产业项目3个,投资7.2亿元;基础设施项目13个,投资98.6亿元。项目涉及智能制造、新能源、AR/VR、现代农业、基础设施等领域。

【营商环境优化】 2021年,新建区开展"转作风、优环境"行动,持续加大"放管服"改革力度。在全省率先设立"惠企政策奖补专项资金"专用账户,在"赣服通"率先上线"新惠通"政策直达平台,上线惠企政策事项162项,为1002家企业兑现资金1.57亿元。此项做法被列为江西省优化营商环境改革攻坚典型案例。至年底,发放"财园信贷通"贷款8.46亿元,惠及企业148家,有效缓解企业融资难问题。区行政审批局荣获"第五届中国政务服务博览会百佳实践单位"称号,科骏实业获评省"双千计划"人才工程。在全省营商环境测评中,新建区综合排名全省第三名。

【江西维乐电池有限公司投产】 2021年4月28日,江西维乐电池有限公司投产仪式在新建经济开发区举行。公司由世界500强企业LG新能源与国内500强企业维科集团共同投资建设,以LGES先进技术为支撑,凭借LGES全球独有的"层叠成结构",先进的电极技术及LGES专业技术团队管理为核心,为全球市场提供高端产品和技术服务。公司总投资30亿元,用地面积19.7公顷,建设面积40万平方米。规划建设总产能4000万只/月电芯生产基地,其中一期建设6条产线,投产规模500万只/月,2021年4月建成投产,就业人数620人。

【"点亮百姓门前一盏灯"工程建设】 新建城区中心分布着许多基础设施年久老化、楼道感应灯大多损坏的开放式老旧小区,小区居民夜间出行不便、不安全。为解决这些问题,新建区通过实地走访调研,摸清情况,并以打造智慧平安小区(街区)为契机,主动作为,破解难题。2021年3月,新建区投入800余万元,全面启动"点亮百姓门前一盏灯"工程建设,把照明灯具安装在百姓最需要的地方。至年底,辖区内所有开放式小区点亮楼道灯近13800盏,路灯450盏,涉及全区23个社区。辖区内开放式小区单元楼道灯均安装完毕,实现楼道照明全覆盖,惠及辖区2万余户居民。“点亮百姓门前一盏灯”工程实施,提高群众夜间出行的安全性,提升群众的安全感和幸福感。该工程被江西省认定为“我为群众办实事”的先进典型,《人民日报》进行专题报道。

【“农民工之家”新模式】 2021年,坚持以“打通服务群众最后一公里”为抓手,升级打造3.0版农民工综合服务中心,为农民工提供“创业就业、权益维护、岗位培训、心理咨询”等全方位、综合性贴心服务。成立新建区农民工(散工)联合工会、新建区农民工权益协会、新建区“法院+工会”劳动争议诉调对接工作室。至年底,登记接送农民务工车辆7539辆次,核发交通补助4.5万余元;为1000余名农民工免费购买团体人身意外伤害保险;受理农民工维权案件64件,涉及金额388.64万元;为农民工追讨工资226.85余万元。

(蔡晓华　沈　杨　吴志芳)

红谷滩区

【概况】 红谷滩区地处赣江西岸,现为江西省委、省政府和南昌市委、市政府所在地。2002年设立红谷滩新区管委会,2020年成为行政区。区域面积175平方千米,常住人口55.58万人,下辖厚田乡、生米街道、沙井街道、卫东街道、红角洲管理处、凤凰洲管理处、九龙湖管理处。2021年,全区实现生产总值730.25亿元,同比增长8.0%。社会消费品零售总额305.04亿元,增长19.5%;城镇居民人均可支配收入52406元,增长7.83%;农村居民人均可支配收入22805元,增长9.33%。

【政治建设】 2021年,红谷滩区打造“红色物业”、楼宇党建、“零工”经济等一批党建品牌阵地及VR党群服务中心、数字党建馆、“红色政务大厅”等品牌。重点推进2个“红色驿站”、12个“1+5+X”社区邻里中心、7个农村颐养之家建设,凤凰村获评“省级红色名村”。聚焦区域发展、疫情防控、VR产业、营商环境等重点工作,在中央和省市媒体上稿1200余篇,其中省级以上媒体上稿281篇。全区选树表彰“两优一先”典型119人、党组织30个,发展党员302名,为544名老党员颁发“光荣在党50年”纪念章。发挥区委理论学习中心组示范引领作用,全年组织集体学习14场,其中研讨交流9场,并结合“红谷连心会”活动带头在基层开展党的十九届六中全会精神宣讲,带头在支部讲党课。区委常委班子领导开展“对党说句心里话”寄语祝福等活动,推进党史学习教育走深走实、见行见效。“人人讲,人人学”“红谷连心会”等特色亮点做法得到中央和省市巡回指导组肯定。坚持把学习党史落到办实事、开新局上,“我为群众办实事”民生项目95个,其中红谷滩区四套班子领导挂点重点项目30个,切实解决群众“急难愁盼”问题。

【经济建设】 2021年,红谷滩区统筹推进疫情防控和经济社会发展,坚定不移走高质量发展之路,扎实做好“六稳”工作,全面落实“六保”任务。项目投资提速增效,总投资2146.7亿元的152个重大重点项目建设,完成年度投资336.4亿元,VR科创城等74个省市重大重点项目,均提前1个月完成全年投资。招商引进入统亿元以上项目65个,总投资额610亿元。其中,投资10亿元以上项目19个,“152”项目8个,创历史新高。以世界VR产业大会为契机,签约25个项目。投资100亿元的平安金融中心、投资50亿元的江南温泉城商业体等一批龙头性项目相继开工。上线“赣服通”县区分厅4.0版,红谷滩分厅新增上线事项及服务事项260项;开设“办不成事”反映专窗,得到中央电视台《新闻联播》、人民网、《江西日报》等中央和省市各级媒体报道。新增减税降费2.62亿元,为35家企业放贷“财园信贷通”1.63亿元,缓解中小企业融资难问题。市场主体新增14792家,总数达到56807家,企业年度新增数和总数列全省第1位,全省营商环境评价升至第45名。全年,地区生产总值完成730.25亿元,增长8.0%,全省县(市、区)排第3位。社会消费品零售总额305.04亿元,增长19.5%;规模以上服务业营业收入205.25亿元,增长16%;500万元以上固定资产投资708.45亿元,增长13.5%;一般公共预算收入34.2亿元,同口径增长4.66%;实际利用外资2.42亿美元,增长9.8%。拥有全省唯一金融商务区,聚集各类金融机构1237家,年度税收贡献超100亿元,全年实现区本级金融业增加值255.28亿元,全市排第1名。

【社会建设】 2021年,红谷滩区强化衔接周边县区,破除发展瓶颈,提高城市承载能力。开通5G基站1490个,排名全市第一名;新增新能源汽车充电车位214个、公共停车泊位2633个;建设赣江市民公园(四期)、九龙湖公园、绿地雨阳公园等重点项目,已开工面积57万平方米;快速推进总投资210亿元的城市建设重大重点项目17个,完成茶山路等6条道路建设、学府大道等11条道路改造,新建道路21条、总长25.6千米,打通断头路4条,推进红角洲、九龙湖路网施工建设,协调推进赣江北大道下穿京九铁路通道工程。推进6个老旧小区提升改造;新建18座城市公厕。完成全区雨污水管网清淤排查检测890千米,整治雨污混接点位630余处。完成325件中央和省环保督察历次交办问题及信访件销号。启动生米南防洪排涝水系整治工程,开展前湖及上下游水系整治,清理水系水渠淤泥39万立方米,整治岸线护坡4.8千米。开展工地扬尘、秸秆焚烧等问题整治,PM2.5平均浓度每立方米32微克,空气优良率93.2%。城市管理十大课题全面铺开,拆除闽江路等5处久围不建的围墙围挡,"门前三包"试点效果明显,共享单车停放得到规范。3个月关停54家非法"三站一场",8天内完成D4、D6地块征收扫尾工作,城区品质得到提升。"马路本色"行动实现全覆盖,文明创建常态长效,环卫改革深入推进,城市管理"三合一"养护市场化考核不断规范。投入2800万元推进垃圾分类工作,建成全省首座垃圾分类科普体验馆,完成名门世家、联泰尚城小区垃圾全程分类,打造一批垃圾分类示范小区,城市环境更加洁净。

【社会稳定】 2021年,红谷滩区落实涉稳信息每日研判调度机制、突出信访案事件"会诊"机制、矛盾纠纷"三个一"机制(每日一排查、每半月一调度、每月一交账)。全年排查矛盾纠纷3505件,化解3394件,化解率96.83%。对照"三年试点两年基本达标"目标要求和工作任务清单,开展市域社会治理现代化试点工作。至年底,区本级53项工作指标已完成35项,基本完成5项,完成率75.47%。常态化开展扫黑除恶专项斗争,审结2件涉黑恶案件,对27名被执行人财产进行全面查控,执行到位金额2162万元。聚焦六大重点行业领域整治,紧盯重点岗位、关键环节,加强日常监管,完善市场准入、备案管理等机制,提高监管实效,堵塞监管漏洞。区社会治理数据平台接入辖区516家单位的二、三类探头,实现全区指挥调度功能;建成智慧平安小区100个,建成率46.73%。9月,中央电视台《新闻联播》报道凤凰家园"智慧平安小区"运用智能报警系统成效。扎实推进区、镇、村三级综治中心规范化建设,加强全区796名网格员培训和管理,全区网格员处理民安民生问题3864件。在全市各县区中第一个实现公共安全视频在社会治理领域的功能预警和共享应用。针对社会体制改革所涉13项政法领域改革任务,实行项目式、清单化推进,在全市政法"十大暖心举措"和"十大创新举措"评选活动中,获得双项殊荣。牵头抓好全区政法队伍教育整顿,受理案件线索84件,办结率100%;排查顽瘴痼疾问题1433个,整改率100%;运用监督执纪四种形态处分违纪干警108人,制定务实管用制度52项。

【民生工程】 2021年,红谷滩区8项民生支出占地方一般预算支出83.45%。投入8075万元提升改造12个农贸市场,打造4个星级农贸市场;完成20台既有住宅加装电梯任务。城镇企业职工养老保险参保人数41742人,城乡居民养老保险参保人数12663人。城乡居民医保普通门诊统筹签约达到142622人,签约率90%。建设完成云溪学校(二期)、新龙学校、博雅学校、生米中心小学,新增10所幼儿园,提供中小学幼儿园公办学位超8700个。扎实开展"双减"行动,学科类培训机构压减率80%。扎实推进常态化疫情防控,省儿童医院红谷滩院区运营,生米镇、九龙湖、凤凰洲3个社区卫生服务中心中医馆项目基本建成。推动基本公共卫生和家庭医生签约服务,完成电子健康档案32.4万份,建档率96.6%。全区67个居家养老服务站点与社区卫生服务机构签订医养合作协议,签约服务率100%。推进市域社会治理现代化试点工作,完成平安建设精品工程、智防提升工程等"十大工程"项目34个。建成全国首个城区级数字孪生地图,超前完成40个"智慧平安小区"建设任务,共建有"智慧平安小区"97个,各项指标均名列全省前茅。落实县级领导包案制度,推动形势持续好转。P2P平台风险化解处置形成"红谷滩模式"。

【第三届中国(江西)动漫文化产业博览会】 2021年10月1日,第三届中国(江西)动漫文化产业博览会暨艾妮动漫游戏展在南昌绿地国际博览中心开幕。此次博览会由江西文演集团联合广东鸿威国际会展集团主办。博览会展出面积约3万平方米,展会为期3天,设有动漫文化馆、国风潮流馆和游戏&音乐馆三大主题场馆,邀请猫之城、雾山五行、食之契约等200余家知名动漫机构及萧忆情Alex、四维、月黑、山河等多名行业嘉宾、漫画家及泛娱乐艺人参加。活动开幕首日吸引1.2万余人次动漫爱好者前来参观。

【"红谷飞跃·数智未来"论坛】 2021年10月16日,"红谷飞跃·数智未来"论坛暨南昌·一亿中流上市加速器开园仪式在红谷滩区举行。仪式上,南昌·一亿中流信息科技有限公司与江西快人科技有限公司等5家企业进行现场签约。坐落于红谷滩区人社大厦的南昌·一亿中流上市加速器是江西省首个上市加速器,致力于从全国重点引进高科技、高成长性优质企业,对企业进行"政策、产业、战略、资本"全面赋能,打造全国知名、城市领先的企业上市加速器聚集地。2月,南昌·一亿中流快速器园区入驻后,开展园区运营、企业引进服务等一系列工作。至年底,企业入驻率80%,累计洽谈意向企业80余家,已入驻企业15家。其中,签约重点企业5家,待落地项目5家。园区企业累计实现产值近5亿元,完成投资额数千万元。

(徐　卓)

湾里管理局

【概况】 湾里管理局位于南昌市西

郊,距昌北机场、南昌西站车程均在20分钟以内,交通十分便利。2021年,湾里管理局辖4个镇、2个街道办事处、1个管理处和21个社区居委会、35个村委会,总面积238平方千米,常住人口11.36万人,森林覆盖率73.27%。湾里管理局紧紧围绕"打造城市中央公园"发展目标,以"自信、发奋、齐心"精神状态,埋头苦干、勇毅前行,先后获全省"美丽宜居与活力乡村(+民宿)"联动建设示范县、"全省森林防火平安县(区)"称号、全省19个开发区公众安全感测评第三名、江西省国家生态文明试验区改革示范经验优秀成果一等奖等。罗亭至梅岭公路入围2020年度江西省"最美十大农村公路"。

【政治建设】 2021年,以庆祝建党百年为契机,以党史学习教育为抓手,纵深推进全面从严治党。及时跟进学习党的十九届六中全会、省委书记易炼红在南昌调研时讲话、省第十五次党代会、市第十二次党代会等会议讲话精神,不断持续强化理论武装。扎实推进"我为群众办实事"实践活动,完成杜鹃园林相改造、无物业开放式小区基础设施微改造等37个重点民生项目。不断筑牢党建堡垒,完成镇领导班子、村"两委"换届选举,创评市级"六好"基层党组织10个,整顿软弱涣散基层党组织3个,建成村(社区)党组织服务群众项目86个。严明纪律作风,查处违反中央八项规定、损害群众利益等作风问题24个,处理56人。保持惩治腐败高压态势,运用监督执纪"四种形态"处理76人次。受理信访举报71件,下降38%,立案30件,党纪政务处分19人。

【经济建设】 2021年,湾里管理局地区生产总值75.2亿元,同比增长0.8%;一般公共预算收入11.2亿元,增长14.8%,增速列全市第四位;规模以上工业增加值增长11.4%,增速列全市第四位;社会消费品零售额19亿元,增长20.7%,增速列全市第二位;限额以上零售额4.3亿元,增长39.1%;规模以上服务业营业收入11.9亿元,增长18%,增速列全市第六位;城镇居民人均可支配收入实现45086元,增长7.2%;农村居民人均可支配收入实现17575元,增长8.6%。江中药业、南昌矿山机械获评江西省智能制造标杆企业。罗亭工业园实现工业总产值31.8亿元,增长27.86%,税收5693.99万元,增长20.60%。新经济产业园实现主营业务收入13亿元,增长103%,税收8100万元,增长90%。举办葡萄采摘节、农民丰收节等休闲农业节庆活动。南昌市级农业产业化龙头企业2家、市现代农业产业园3家。其中,湾里果旅产业园获评"全市十大重点现代农业产业园"。梅岭时光亲子乐园开业,磨盘山森林公园乐道全线贯通,九龙溪田园综合体跻身江西省AAAA级乡村旅游点。举办中秋云端音乐会、磨盘山美乐会、太平啤酒节等30余场旅游节庆活动,接待游客2338.64万人次,实现旅游综合收入超75亿元。唱响"湾里人家"民宿、农家乐品牌,太平镇跻身第一批全国乡村旅游重点镇、第十一批全国"一村一品"示范村镇,梅岭镇立新村列为第二批全省乡村旅游重点村。引进投资3000万元以上重点产业项目17个,总投资122.53亿元,包括投资60亿元的长天大健康文旅项目、投资21亿元的乐逍遥农文旅综合体项目、投资14.5亿元的党·湾里旅游综合集群项目。

【社会建设】 2021年,强攻项目、扩大开放,推进社会发展,发展活力不断增强。深入开展"转作风、优环境"活动,纵深推进"放管服"改革,政务大厅进驻事项"应进全进",局、镇(街、处)、村(社区)三级红色帮办网络全面建成,企业落户湾里实现开办"零负担"。扎实开展"企业大走访、服务大提升"专项活动,全覆盖走访企业7800余家,解决重大堵点难点痛点问题69个。完成梅岭大道、天宁西路、前湖快速路段等提升改造工程,新建成3个"邮票绿地",首个智慧农贸市集——漫和城建成开业。完成人工造林、封山育林、低产低效林改造200公顷。森林防灭火力度持续加大,连续13年获评"全省森林防火平安县(区)",获评2018—2020年度全省森林防火先进单位。全域禁燃禁放、扬尘治理、露天禁烧等工作持续加强,全局空气质量优良天数326天,优良率93.9%,稳居全市"第一方阵"。深入推进水环境治理攻坚,实施"一厂一策",建立智能化GIS系统,城镇生活污水无害化处理率稳定100%,3个集中式饮用水水源水质均达到Ⅲ级标准。

【社会稳定】 2021年,始终抓牢安全生产、信访维稳、食品药品监管等工作,保持和谐稳定大局。建成运行"湾里智慧大脑"——智慧湾里指挥中心;创新实施城乡综合管理第三方治理和网格化管理;上线运行农村人居环境治理"万村码上通"5G+长效管护信息化平台。在2021年度全省19个开发区公众安全感测评中列第三位,全市夜间出行安全感列第二位,罗亭镇义坪村入选全国乡村治理示范村。

【民生工程】 2021年,始终聚焦解决人民群众"急难愁盼"事项,推动社会民生持续改善。湾里二小(雅戈尔希望小学)异地重建项目开工,九湾学校启动建设,湾里二幼九湾天铂分园建成开园,湾里培特实验小学升格为九年一贯制学校。南昌市生殖医院新增月子中心、妇产科,南昌市第四医院与乡镇卫生院医联体建设推进。常态化疫情防控稳扎稳打,做到"重点人群、重点场所、重点环节"防控紧盯不放,"零确诊、零疑似"防控成效持续巩固。全面规范39个农村颐养之家运营管理,新建成4个"1+5+X"社区邻里中心,完成4个老旧小区改造、5台既有住宅加装电梯。全面推行五色小区管理模式,上线“城市管理随手拍”小程序。乡村面貌更加靓丽,精心打造农村人居环境提升村点11个、美丽示范村庄4个、新农村提升村点5个,招贤镇乌井村入选2021年中国美丽休闲乡村。推动巩固拓展脱贫攻坚成果同乡村振兴有效衔接,严格落实“四个不摘”要求,投入1600余万元建成21个乡村振兴项目,乡村振兴工作取得阶段性成果。

【南昌岭秀湖广场地下综合体项目签约】 2021年7月21日,南昌岭秀湖广场地下综合体项目签约仪式举行。签约仪式上,湾里管理局与中核二四建设有限公司签订投资框架协议书。南昌岭秀湖广场地下综合体项目占地总面积约6.48万平方米,为地下2层建筑,总建筑面积约10.57万平方米,商业面积约2.5万平方米。项目围绕岭秀湖公园打造一个集音乐、喷泉、公园、魔幻灯光于一体的湖面广场,建设地下人防停车场及配套下沉式精品商业广场,停车位不少于3000个。

【梅岭时光亲子乐园开园】 2021年1月25日,梅岭时光亲子乐园开园仪式在梅岭镇举行。梅岭时光亲子乐园项目总投资9400万元,总占地面积为8.42公顷。亲子乐园以山、水、林为载体,以“活力度假、旅游休闲”为重点,面向社会推出5个大类38项游玩项目,主要由声光电动力游乐集群、亲子畅游无动力区、松鼠部落小动物互动基地、四季花海、植物迷宫矩阵、农耕文化园、新型特色健康餐饮、田园旅游服务中心、旅行书店及隐花堂民宿等业态集群组成。除打造游玩项目,整个乐园还对区域内山体、湿地、溪流等资源环境进行整体生态规划,打造一处以生态、文化、休闲、健康为特色,参与性、互动性、娱乐性的深度休闲游玩新地标。至年底,接待游客26万人次,收入1900万元。

2021年1月25日,梅岭时光亲子乐园开园

(成　奔　摄)

【首届南昌湾里磨盘山美乐会】 2021年10月1日,首届南昌湾里磨盘山美乐会开幕。开幕式上,歌舞节目先后上演。现场邀请嘉宾品鉴乐街菜品美食,组织网红探店,推出微信集赞活动,派发相应消费代金券。现场吸引近4000名市民入场观看,网络观看近4万人次。美乐会至10月6日结束,为期6天,有游乐道、赏乐会、逛乐街、品乐食四大主题活动。每天有不同内容的专场音乐会,营造6个不同氛围的音乐主题之夜。活动现场搭建景观帐篷、多种娱乐游戏,在萧史街里既有海鲜、烧烤,又有地方特色小吃,还有巡游节目现场体验,让游客度过愉快时光。活动期间,接待游客6万余人次,收入近1000万元。

【全国象棋男子甲级联赛在湾里举行】 2021年10月31日至11月11日,由国家体育总局棋牌运动中心、中国象棋协会、南昌市人民政府主办,南昌市体育局、南昌市湾里管理局承办的2021全国象棋男子甲级联赛“大美湾里杯”第二阶段在湾里保利皇冠酒店开赛。第二阶段赛程紧凑,11月7日举行第12轮至第22轮比赛,11月11日进行决赛。最终四川成都懿锦控股队获第1名、河南楚河汉界天伦队获第2名、广东碧桂园队获第3名、浙江民泰银行队获第4名、厦门象屿队获第5名、北京威凯 & 金环建设京冀联队获第6名。

【磨盘山森林公园栈道全线贯通】 2021年6月,磨盘山森林公园栈道全线贯通。该栈道于2019年8月13日开工,2020年1月初部分建成对外开放。磨盘山森林公园依托其山体森林植被,有机融入特色文化元素“乐道十二境”,并利用园内地形优势,对景观进行高差处理,营造出错落有致的层次美。同时,为保护原生植被,“AI乐道”全部钢结构均采用工厂预制、人工建设。栈道包括智能步道系统、互动灯带、语音智能识别亭、智慧公厕等多种智能化AI元素,打造出一条融汇自然生态与科技生活相协调的快“乐”步道,营造览景游山绿色开放空间,成为广大市民网红打卡地。

(张近荣　陈泽中)

人物·荣誉

第48届“南丁格尔奖章”获得者

胡敏华 女，1968年6月出生，江西省南昌市第九医院主任护师，章金媛爱心奉献团南昌市第九医院志愿服务队志愿者。胡敏华从事临床护理30余年，坚守抗击艾滋病一线20余年，是第十八届“贝利·马丁奖”获得者、中国南丁格尔志愿服务总队“优秀志愿者”、全国“五一巾帼标兵”、江西省先进工作者、首届江西红十字“博爱大使”、南昌市“道德模范”“三风”榜样人物。

胡敏华参与江西省艾滋病治疗中心创建，并打造全省艾滋病专科护理特色品牌。坚守抗艾一线，每天身处“职业暴露”最前沿。累计救护艾滋病患者2000余名，陪护抚慰艾友及家属2万余人次，关爱拯救无数个濒临破碎家庭，温暖了许多艾滋病患者的心，感动了无数网民，成为有口皆碑的“最美引领者”。

新冠肺炎疫情防控期间，胡敏华身先士卒、奋战一线，规范隔离病房管理、护士职责、患者转运、取药、取标本、患者餐饮等制度流程。她闻令而往，作为江西省第七批、南昌市第五批援鄂医疗队员，义无反顾地奔赴最艰险的武汉抗疫前线，大爱温暖江城，圆满完成驰援任务，被湖北省人民政府授予“最美逆行者”荣誉称号。

此外，胡敏华牵头成立抗艾志愿服务团，医生、护士、艾滋病感染者和社会爱心人士等1000余人在她的感召下积极加入志愿队伍中来。带领团队不断创新服务模式，开通“与艾滋病为邻”微博，利用网络平台进行线上线下互动，每天同各地的艾友交流、沟通，为广大艾友构筑起一个精神家园。

第八届全国道德模范

万佐成、熊庚香夫妇 万佐成，男，汉族，1954年7月生，江西省南昌市青山湖区石泉村村民；熊庚香，女，汉族，1956年3月生，江西省南昌市青山湖区石泉村村民。2018年3月被省文明办评为“江西好人”，2018年12月被中央文明办评为“中国好人”，2020年10月被省妇联授予江西最美家庭称号，2020年11月被中央文明委授予第二届全国文明家庭称号，2020年12月被新华社授予“中国网事·感动2020”年度网络感动人物称号，2021年2月被中央广播电视总台授予感动中国2020年度人物称号，2021年11月5日当选全国助人为乐道德模范。从2003年开始，万佐成、熊庚香夫妇在江西省肿瘤医院旁的一条小巷里开办一家“抗癌厨房”，18年如一日，为众多病人家属提供锅灶炒菜，减轻病患家庭经济负担。从一个普通的油条摊到众人皆知的“爱心厨房”“一元厨房”，万佐成夫妇在这片狭窄的空间内传递出浓浓温情，为来自全国各地的病人家属提供锅碗瓢盆、炉灶煤火、油盐酱醋，象征性收1元成本费，让病人吃上热饭菜。

2021年全国五一劳动奖章获得者

易艳丹 女，1979年10月出生，江西南昌人，中共党员，1996年8月参加工作，中小学正高级教师，南昌师范附属实验小学教育集团理事长、校长、党委副书记，全国德育工作指导专委会委员，全国少工委委员，省人大代表，省特级教师，省督学，省青联常委，省电化教育教材审查委员会委员，南昌市教育学会副理事长，南昌市政府津贴获得者。

参加工作以来，易艳丹沉潜探

索，锐意进取。在课堂上，做方法独特、机敏智慧的“魅力园丁”；管理中，做善解人意、和教师交心的“知心姐姐”；科研上，做废寝忘食、孜孜不倦的“拼命三郎”。曾获得“全国课改优秀教师”“江西省教育系统先进工作者”“江西省五一劳动奖章”“江西省五一巾帼标兵”“省语文学科带头人”“省骨干教师”“省基础教育课程改革工作先进个人”“南昌市十佳校长”“南昌市名师”等称号。

易艳丹教艺精湛，多次在全国、省、市各级语文及思品教学大赛中分获一、二等奖。行思并进，多次主持参与研究国家级、省级课题，参与省级教科书、教辅材料编写，撰写的数十篇教学论文、案例、反思及调研报告分获全国、省、市一等奖，并在全国、省级刊物上发表。专业引领，辅导师生在各级各类比赛中屡获一、二等奖，并多次在兄弟省市上观摩课、做讲座，受到好评。主持的名师工作室获“江西省教育系统名师工作室”“市优秀工作室”荣誉称号，并在全国名师工作室观摩活动中作主题发言。

2015年8月调任南昌师范附属实验小学校长后，致力于发挥集团优质教育资源优势，着力打造“画面文化，向上教育”学校特色文化，回归教育本原，提升教育品质，用一颗朴素的农民心和一双创新的科技手，进行整体谋划，精耕细作，抓住师生两极，推行种子课程，改善学校教育生态，努力探寻学习方式的新重构、学校社群的新关系、技术工具的新可能、评价体系的新设定，为学生提供适切的全人教育，打造江西省均衡教育新样本，实现优质教育品牌增值，让更多普通百姓子女享受更加优质教育服务。

育人育本，和实生物。近年来，南昌师范附属实验小学先后承担140余个国家级和省、市级教育教学课题研究。先后与美国、新加坡等学校建立密切合作交流关系，与云南省、新疆维吾尔自治区及省内近百所学校建立手拉手帮扶关系，千校结好，实现教育全球漫游。学校获“第一届全国文明校园”“教育部全国中小学德育工作优秀案例”“国家级语言文字规范化示范学校”“全国校园文化先进学校单位”“全国优秀少先队集体”“江西省三八红旗集体”等300余项荣誉称号。中央电视台、《中国教育报》、《光明日报》、《江西日报》、新华网、人民网等多家媒体多次报道学校教育工作。

刘妃艳 女，1991年4月出生，江西赣州人，中共党员，2018年8月在南昌工学院参加工作，人工智能学院专职教师，南昌工学院VR技术教研室（VR技术中心）副主任，江西省巍啊文化传播有限公司创意总监，擅长并致力于虚拟现实技术的交互界面设计模块，2020年江西省五一劳动奖章获得者。

从教以来，刘妃艳始终热衷本职、辛勤耕耘，乐于奉献并积极关爱学生，不断加强自身师德修养来影响和激励学生。在教学实践中，刘妃艳坚持以“学生为中心”、培养学生“职业关键能力”理念，注重“示范、讨论、讲评、实践”四结合，通过生动活泼的教学方法激发学生学习兴趣。与同事团结协作，带领学生参加各类型教学专业型大赛，取得了较好成绩，做到以赛促教、触类旁通。在中国大学生广告艺术节学院奖2019年春季赛中，指导学生获国家级优秀奖3项；在2019年举办的第14届江西省大学生计算机制作大赛中，指导学生获得省级一等奖、二等奖。

在江西省巍啊文化传播有限公司担任公司创意总监期间，刘妃艳注重加强与需求方的沟通和交流，勤于思考，创新进取，取得较多成绩。2020年12月，推动南昌工学院重点实验室项目PCB制版工艺虚拟仿真实验项目开发；2020年11月，推动江西景德镇图书馆陶瓷工艺虚拟仿真项目开发；2020年9月，独立完成南新科创企业宣传策划；2020年11月，独立完成江门市众锐五金制品有限公司商标设计；2019年12月，获得江西省“天工杯”首届虚拟（增强）现实职工职业技能大赛团队一等奖；2019年11月，获得全国3D/VR/AR数字化虚拟仿真主题赛项二等奖；2019年9月，获得南昌市“当好主人翁、建功新时代”首届虚拟现实（VR）职工职业技能大赛二等奖；2019年7月，获得虚拟现实多媒体课件制作大赛优胜奖。

刘妃艳用自己平凡的实际行动，践行着一个优秀VR教育工作者对初心的坚守和信念的追求，是VR教育战线上的杰出劳动标兵，是青年一代的优秀楷模。

2021年江西省五一劳动奖章获得者

吴红兵　南昌福德隆实业有限公司技术总工

秦红光　南昌市群福针织制衣有限公司车间主任

陈绍梅（女）　江西顺丰速运有限公司收派员

高建兵　南昌市众腾生态园有限公司主管

杨福荣（女）　江西新通城餐饮管理有限责任公司店长

李　颖（女）　江西南昌公共交通运输集团有限责任公司工会主席

张燕燕（女）　南昌市洪都中医院护士长

陶永军　南昌市新建区疾控中心党支部书记

章小宝　南昌市公安局红谷滩分局党委委员、副局长

陈加群　江西铃格有色金属加工有限公司压铸工厂技师

王春华　江西金鑫发铝业有限公司董事长

唐建波　南昌市天盾保安服务有限公司董事长

2021年南昌籍获二等功退役军人名录

李　辉　南昌市高新区
　　　　93793部队
周丽君　南昌市东湖区
　　　　武警江西总队南昌支队
沈　征　南昌市青云谱区
　　　　95039部队

2021年全国五一劳动奖状获得者

南昌县莲塘第一中学　南昌县莲塘第一中学是南昌市首批十大名校、江西省优秀重点中学、全国百强中学。学校有着65年的光辉办学历程，素以学风浓厚、教风严谨、办学有方、人才辈出在社会上享有盛誉，是教学精英施展才华的沃土，是莘莘学子实现梦想的摇篮。近年来，学校全面贯彻党的教育方针，以办人民满意教育为宗旨，着力培养德智体美劳全面发展的社会主义建设者和接班人，实现教育教学质量、师生幸福指数与社会贡献度的全面提升。莲塘一中秉持“正直、包容、求实、创新”的校训精神，引领立德树人、追求卓越的价值航向。学校坚持以生为本，依托地域鲜明的文化特色，着力打造“青荷文化”，形成“青荷（亲和）教育”办学理念，以《播种》校刊、青荷报、青荷网、青荷广播站、青荷讲堂为阵地，行青荷（亲和）教育，致力培养知书达礼、向上向善、优雅从容的青荷（亲和）新人。近年来，在全体师生的奋力拼搏下，学校教育教学质量稳步攀升，先后有60余名优秀学子被清华、北大录取。连续三年荣获清华大学“优质生源中学”称号。2020年，莲塘一中被教育部确定为普通高中新课程新教材实施国家级示范校，学校再次勇立教育改革创新潮头，成为新课程、新教材、新高考研究排头兵。

2021年全国工人先锋号获得者

江铃汽车股份有限公司刘辉劳模创新工作室

“刘辉劳模创新工作室”是原江铃汽车股份公司车架厂的一个模具班组，主要承担车间2000余套汽车冲压模具的维护、质量提升、生产力改善，以及工艺技术创新、师带徒等职责。“刘辉劳模创新工作室”领办人刘辉是全国劳动模范、全国技术能手、中国机械冶金建材“行业工匠”，享受国务院政府特殊津贴、国家级刘辉技能大师工作室领办人、江西省第一届“首席技师”。“刘辉劳模创新工作室”，拥有全国职工职业钳工技能大赛国家级资格裁判1人，享受国务院政府特殊津贴2人，全国、省、市和江铃集团等不同层次劳动模范10人，全国、省、市技术能手7人。工作室共有核心成员20人。其中，9人拥有除模具钳工以外的3种岗位操作技能，6人能熟练掌握运用模具设计、模块堆焊、坐标镗、内外圆磨、光学曲线磨等一岗多能新技能、新工艺。

江西慧谷互联商业运营管理有限公司服务组

江西慧谷互联商业运营管理有限公司服务组连续在2019年、2020年江西省总工会和南昌市总工会主办的省、市VR职工职业技能竞赛中负责大赛全程策划执行服务、后勤保障工作。该班组为确保大赛顺利进行，就大赛执行各项工作做全面精心部署和安排，提前做好各项预案。每次大赛持续周期2个多月。该组所有成员共克时艰，秉着不怕苦、不怕累的精神，成功完成各项工作任务，使得大赛圆满成功，得到各级政府、社会各界以及所有参赛人员一直认可。

2021年江西省五一劳动奖状获得者

江西银湾物业管理有限公司

进贤县总工会

国家税务总局南昌市税务局第一稽查局

丰和营造集团股份有限公司

江西建昌集团有限责任公司

2021年江西省工人先锋号获得者

江西中恒地下空间科技有限公司设备研发部

江西省中西医结合医院骨伤二科

西湖区教科所黄筱红劳模创新工作室

江西兵哥送菜实业有限公司营销部

国家电投集团江西电力工程有限公司南昌分公司维护部热控班组

国家电投集团江西电力有限公司新昌发电分公司燃运车间运行三班

江西五十铃汽车有限公司总装厂EOL线

南昌轨道交通集团有限公司运营分公司秋水广场站

南昌印钞有限公司胶凹制作部

南昌顶津食品有限公司制造处

附　录

政府工作报告(摘录)

——在南昌市第十六届人民代表大会第二次会议上

南昌市人民政府市长　万广明

(2022年1月22日)

过去一年,我们坚持以习近平新时代中国特色社会主义思想为指导,在省委、省政府和市委的坚强领导下,在百年党史中汲取力量,在彰显省会担当中锐意进取,实现"十四五"良好开局。经初步核算,地区生产总值增速8.7%;地方一般公共预算收入同口径增长10%;规模以上工业增加值增长11.4%;固定资产投资增长11.1%;社会消费品零售总额增长17.4%;实际利用外资增长8.3%;海关出口总值增长25.9%;城镇和农村居民人均可支配收入分别增长7.8%、9.5%。

(一)创新驱动释放活力

创新平台加快建设。新增国家重点实验室1家、市级重点实验室20家、市级工程技术研究中心29家、市级企业技术中心52家。省高层次人才产业园项目一期投入运营,中国信通院江西研究院、中国工业互联网研究院江西分院和国家工业互联网大数据中心江西分中心、北京大学南昌创新研究院加快建设。

创新动能更加强劲。全市科技型中小企业入库2360家,占全省28.23%。新增39家企业入选我省独角兽(潜在、种子)、瞪羚(潜在)企业榜单,总数达到107家,占全省29.15%。大力开展每年吸引10万名大学生和技能人才来昌留昌创业就业行动,举办线上线下"百场校招"454场,兑现奖励补贴超11亿元,人数超7万人,其中硕士以上学历7789人。引进和培育高层次科技创新人才20名、高层次科技创新团队20个。

创新生态持续优化。成功举办第十届中国创新创业大赛(江西赛区)暨第六届"洪城之星"创新创业大赛。推动企业与科研院所开展多层次、多模式合作,建立创新成果共享机制,成立了全省首个技术转移产业联盟。科技金融服务体系不断完善,实施科技发展引导基金直接股权投资项目5个,为99家企业发放"洪城科贷通"贷款,为1133家企业发放"洪城科创券",为999家企业发放普惠性研发补助2.32亿元。全年专利授权量25043件,增长39.83%;发明专利授权量2672件,增长59.52%。青云谱区、青山湖区通过国家知识产权强县工程试点评审。

(二)改革开放蹄疾步稳

深化改革力度加大。政府工作部门机构调整优化,深化事业单位改革试点基本完成。国有资产清查处置工作全面深入。"放管服"改革持续深化,"赣服通4.0版南昌分厅"加快建设;"互联网+政务服务"体系不断完善,近200个首批高频事项实现全程网办;推行"六多合一"集成审批机制,实施"三大超简"审批工程建设项目平均审批时间压缩至74个工作日;全面简化5G基站设施审批流程改革经验被住建部列入全国工改十大创新举措。农业农村、国资国企、教育、医疗养老、财税金融等重点领域和关键环节改革取得明显成效。

营商环境更加优化。全面落实215项营商环境改革举措,营商环境综合评价排名全省第一。纳税人满意度在全国省会城市排名第四,较上年提升17位。试行企业开办"3小时办结流程";推行"企业开办首套印章刻制政府买单",企业开办实现"零成本"。编制出台《南昌市

2021年度涉企资金兑现政策清单》。持续开展纾困助企、减税降费等工作,累计为企业减负395亿元。

大南昌都市圈一体化进程加快。昌景黄铁路、昌九客专、南昌东站、西二环高速公路、320国道改线、S49枫生快速路北段提升改造工程等项目有序推进。圈内公共服务一体化进程加快,实现人员异地就医即时结算、同等级医疗机构检查结果互认、公积金异地贷款购房享受同城化待遇。区域协作更加紧密,我市9个县区与丰樟高、鄱余万、奉靖永"一对一"结成对子,推动"共圈发展"。

双向开放高质高效。成功举办2021世界VR产业大会云峰会、2021中国航空产业大会暨南昌飞行大会、中国卫星导航年会、上合组织传统医学论坛、中国绿色食品博览会等重大活动。承接粤港澳大湾区产业转移更加通畅,与广东省七市签署战略合作框架协议。产业链招商扎实推进,中国商飞全球供应商大会、欣旺达供应商大会、华勤供应商大会成功举办。招大引强富有成效,全年签约重大项目717个,其中"5020"项目52个。昌北国际机场枢纽地位逐步提升,开通西宁、福州、佛山等10个新航点。进境冰鲜水产品、食用水生动物和进境水果三个指定监管场地通过预验收,南昌国际邮快件中心完成改造升级。中欧班列实现图定运行,全年开行112列。外贸发展提质增效,全年外贸进出口1293.6亿元,占全省25.97%,小蓝经开区汽车及零部件基地、安义县建材市场分别获批国家级、省级外贸转型升级基地。

(三)现代产业体系加快构建

数字经济成效显著。"两区六园多点"的数字产业布局初步形成。VR、物联网、大数据、云计算、人工智能加快发展,华为、腾讯、海康威视、软通动力等一批数字经济龙头企业和项目纷纷落地。全国首个国家级职业教育虚拟仿真示范实训基地投入运营。高新区5G+VR特色产业园获评江西省首批5G产业基地。工业互联网标识解析二级节点平台投入使用。全市已开通5G基站12350个,重点场所5G网络通达率100%,成功获评全国首批千兆城市。

工业经济量质双升。主导产业发展势头强劲,八大重点产业全年营业收入6227.32亿元,增长21.0%,其中电子信息产业营业收入接近2000亿元(含电子信息服务业)。企业效益持续提升,规模以上工业企业完成营业收入7723.86亿元,增长20.7%。工业投资稳中向好,增长18.7%,其中工业技改投资增长23.5%。中国商飞江西生产试飞中心项目阶段性交付使用。江铃小蓝富山新能源汽车生产基地项目全面投产,欣旺达南昌动力电池生产基地、华勤千亿产业基地、济民新药研发生产基地、华润微电子、美晨手机生产基地、东方雨虹(江西)生产基地、同兴达精密光电摄像头模组等"5020"项目加快建设。累计培育国家"专精特新""小巨人"企业17家,省级"专精特新"中小企业137家、省级专业化"小巨人"企业21家、省级制造业单项冠军企业12家。积极推进企业上市"映山红行动",新增上市公司4家,全市A股上市公司达到26家。

现代服务业蓬勃发展。全年实现服务业增加值3194.11亿元,增长9.1%。江西流量经济产业园建成并投入使用。平安国际金融中心、春秋航空江西分公司、顺丰智慧产业基地等重点现代服务业项目有序推进。总部经济取得突破,腾讯安审中心、中盛金融中心、紫光智慧教育全国总部等系列区域性总部或分中心项目先后落户。全球四大会计师事务所之一的"德勤"落户南昌。南昌市大学生电子商务创业孵化基地获批国家级电商示范基地。南昌汉代海昏侯国考古遗址公园、小平小道陈列馆、八大山人梅湖景区成功创建国家AAAA级旅游景区。

现代农业稳步提升。粮食生产连续11年稳定在21亿千克以上,"米袋子""菜篮子"量足质优。新增农业产业化国家级重点龙头企业3家、市级龙头企业73家。10家农企入围中国农企500强。成功创建4个省级现代农业产业园。安义县入选国家水稻全产业链典型县。创建省级以上都市休闲农业品牌101个,其中国家级品牌25个。湾里管理局入选全省"美丽宜居与活力乡村(+民宿)"联动建设示范县。

(四)经济循环畅通有序

消费潜力逐渐释放。商业布局不断优化,建成开业大型商业综合体38个,特色商业街18条,品牌连锁便利店960余家,万寿宫、绳金塔历史文化街区分别入选省级商业街区改造提升试点街区和重点培育街区名单。我市入选全国首批商品市场优化升级专项行动试点和全国首批城市"一刻钟便民生活圈"试点名单。组织开展促消费活动1000多场。成功举办第一届中国米粉节。文旅消费强劲复苏,旅游接待1.75亿人次,旅游总收入1691.3亿元,分别增长15.9%和14.65%。

项目建设支撑有力。756个市级重大重点项目完成投资2441.56亿元,占年度计划投资113.8%。200个省大中型项目累计完成投资1099.1亿元,占年度计划投资127.9%。采取"链条图"推进、"红黄灯"预警的办法,开展"项目大会战""三、四季度重大重点项目集中开工"等活动,启动"胡子工程"攻坚战,在全市上下形成了大抓项目、抓大项目的浓厚氛围。

流通体系日益完善。成功创建南昌陆港型国家物流枢纽,130多家物流企业落户南昌向塘国际陆港,建成物流标准仓储面积60万平方米。县域综合供配中心、分拨中心和以邮政、快递网点为支撑的乡镇社区末端公共服务点加快布局,城乡物流配送体系进一步完善。

(五)城乡面貌日新月异

城市功能不断完善。《南昌市国土空间总体规划》方案基本形成,昌西南等城市增量区域规划加快编制。

城市“双修”深入推进，成功入选全国首批城市更新试点名单。地铁1号线北延和东延、2号线东延工程有序推进，4号线开通运营，轨道交通运营里程达128.6千米，实现地铁四线换乘。桃新大道主线通车，沿江中北大道提升改造、小蓝大道快速化、九龙大桥、桃花南路快速化、九洲高架东延等工程加快推进，城市道路交通体系日臻完善。城市体检工作顺利推进，改造老旧小区265个，整治背街小巷554条，新改建公厕57座，基本形成“10分钟如厕圈”。新建邮票绿地52个，开工建设城市公园23个，建设绿道180余千米。建设公共停车场114个，新增泊位数25976个。

管理水平优化提升。优化城市管理部门职能，将综合执法权统一管理，推动行政执法职权下放。建立完善市、区、街道环卫考核机制，城区道路机械化清扫率达95%以上，建成生活垃圾分类投放亭4381个。全面开展占道经营、餐饮油烟、露天烧烤和露天垃圾焚烧整治，巩固铁路沿线整治成效，城市乱象得到有效治理。开展十大不文明交通行为整治，交通拥堵指数由1.31降为1.27，我市首次跻身全国交通健康榜前十。爱国卫生运动深入开展，以历史最高分通过国家卫生城市复审。文明城市创建体制机制更加完善，实现由突击整治向常态长效转变。

乡村振兴步伐加快。5个乡村振兴示范区、8个美丽宜居示范乡镇、20个美丽宜居示范村、20个乡村振兴试点村建设有序推进。智慧农村人居环境管护建设纵深推进，农村生活垃圾治理实现全覆盖，农村旱厕基本拆除，农村生活污水治理梯次推进。荣获全国首批“四好农村路”市域示范创建突出单位、全省首批“四好农村路”示范市。南昌县乡村治理体系建设试点示范做法入选第三批全国典型案例，全市5村1镇被评为全国乡村治理示范村镇。农村集体经济持续壮大，全市村集体经济全部达10万元以上，20万元以上超80%。城乡公共服务均等化持续改善，政务服务延伸至村实现全覆盖。

（六）绿色发展全面推进

环境保护成效明显。中央和省生态环保督察反馈问题整改扎实推进，突出生态环境问题治理成效明显。空气质量优良天数334天，优良率91.5%，PM2.5年均浓度累计下降7.3%，空气质量连续四年达国家二级标准，在全国省会城市持续领先。实施麦园垃圾场综合整治，异味扰民问题基本解决。河湖长制有力落实。退捕禁捕成效明显。城区污水管网系统整治全面铺开，国考断面水质优良率达90.9%，赣江干流达Ⅱ类水质。土壤和地下水污染防治稳步推进，污染地块安全利用率达90%以上。

绿色底蕴更为厚实。全面实施“三线一单”生态环境分区管控，划定环境管控单元95个。完成人工造林0.11万公顷，32个森林乡村和4个乡村风景林建设全面完成，全市绿化覆盖率达41.3%。进贤县“湿地银行”试点顺利开展。五星白鹤保护小区拓展至70公顷。赣抚尾闾综合整治工程和裘家洲生态保护工程顺利开工。建成海绵城市96.48平方千米。

低碳循环有序推进。持续抓好能源双控工作，强化“两高”项目准入管理。生态产品总值（GEP）核算试点工作稳步推进。省级以上工业园区循环化改造覆盖率达71.4%。绿色建筑发展有序推进，新开工绿色建筑占比99.3%。绿色出行创建行动成效明显，绿色出行比例达75%，公共交通机动化出行分担率达60%。

（七）民生福祉持续增进

民生保障更加充分。全市财政民生类支出累计完成726.4亿元。10项市人大代表票决民生实事全部完成。发放各类困难群众救助资金8.1亿元。新增城镇就业72245人，新增转移农村劳动力39515人。深入实施全民参保计划，养老保险、工伤保险、失业保险参保分别达376.35万人、123.47万人、69.19万人。县级福利院特困失能老人集中照护占比达100%。脱贫攻坚成果巩固拓展，兜底保障、动态监测等机制全面落实，脱贫人口人均可支配收入17292元，增长22.3%。

公共服务统筹推进。教育优先发展战略深入推进，新增普惠性幼儿园67所，新增普惠性学位1.9万余个，新改扩建义务教育学校15个，省级普通高中特色学校增加到7所，成功获批全国智慧教育示范区。东湖区连续四年荣获国家义务教育质量监测实施“县级优秀组织单位”荣誉称号。全面落实“双减”政策，学科类培训机构总数由501家下降到57家，全部实现“营转非”。常态化疫情防控精准有效，新冠疫苗接种工作有序开展。婴幼儿照护服务规范化建设加快推进，全市“托位”达1万个。公立医院综合改革持续深化，国家区域医疗中心建设有序推进。文化强市深入推进，“千年豫章郡·天下英雄城”形象品牌不断唱响。建成“1+5+X”社区邻里中心264个，实现中心城区服务功能全覆盖。西湖区全国社区治理和服务创新实验区建设顺利通过结项评估。

社会治理持续加强。市域社会治理现代化示范城市和社会治安防控体系建设示范城市创建成效显著，“雪亮工程”全国示范城市建设通过验收。常态化扫黑除恶专项斗争深入推进。非法传销整治工作卓有成效，成功移出全国传销重点整治城市名单。县区综治中心综合服务功能提档升级，南昌县荣获平安中国建设示范县。高质量建成智慧平安小区906个，完成941所中小学、幼儿园“四个一”工程建设。国家食品安全示范城市创建取得阶段性成果，获评首批省级食品安全示范城市。信访积案治理成效明显，全市安全形势总体平稳。同时，国家安全、退役军人事务、人民防空、防灾减灾、气象、科学普及、民族宗教、外事侨务、对台事务、档案史志、残疾人、工会、青少年、妇女儿童、红十字、慈善等各项事业取得新进步。

一年来，我们扎实开展党史学习教育，持续深化“五型”政府建设。坚持重大问题向市委报告，自觉接受市人大、市政协及各方面的监督，高质量办理省市人大代表建议187件、省市政协委员提案380件；深入开展法治政府示范创建，连续五年获评全省优秀；在全省率先开展市本级部门预算执行全覆盖审计。大力开展“我为群众办实事”实践活动，全市447个重点民生项目全部完成。市“12345”政务服务便民热线荣获“2021年度优秀智能建设成果案例”奖，全年受理各类诉求121.3万余件，群众满意率95.4%。红谷滩区、安义县和高新区昌东镇、新建区溪霞镇等7个乡镇分别获评全省第二批“五型”政府建设示范县（区）和示范乡（镇、街道）。

各位代表！这些成绩的取得，是习近平新时代中国特色社会主义思想科学指引的结果，是党中央、国务院，省委、省政府和市委正确领导的结果，是市人大及其常委会、市政协监督支持的结果，是全市人民共同奋斗的结果。我代表市人民政府，向全市人民，向市人大代表、市政协委员，向各民主党派、工商联、人民团体和社会各界人士，向中央、省驻昌单位，向驻昌解放军、武警部队官兵和应急救援队伍指战员，向关心支持南昌发展的港澳台同胞、海外侨胞和国内外友好人士，表示衷心感谢！

我们也清醒认识到，南昌发展还面临不少困难和挑战，经济总量不大，产业结构不优，发展首位度不高，新旧动能转换较慢，区域辐射带动能力偏弱；创新支撑能力不强，关键核心技术突破不多；全面深化改革还不到位，营商环境建设有待进一步优化；城市功能品质还需提升，交通路网还存在瓶颈，山水特色和历史文化彰显不够；民生领域存在短板，公共服务领域还存在薄弱环节，城乡发展不平衡问题依然存在；少数干部干事创业劲头和能力不足，等等。我们将坚定信心，知难而进，勇毅前行，推动经济社会高质量跨越式发展，决不辜负全市人民的期望和重托。

组织机构及负责人名录

市级领导机构干部名录

中共南昌市委

吴晓军　省委常委、市委书记（任至7月）
李红军　省委常委、市委书记（7月任）
黄喜忠　副书记、市长（任至2月）
万广明　副书记、代市长（2月任）、市长（3月任）
严　允　副书记（任至2月）
李镇发　副书记（5月任，任至8月）、组织部部长（任至8月）
钱　昀　（女）副书记（8月任）
余正琨　常委、组织部部长（8月任）
胡晓海　常委、政法委书记（任至7月）、副市长（8月任）
王万征　常委、副市长（任至10月）、南昌高新技术产业开发区党工委书记（9月任）
黄冬生　常委、纪委书记（8月任）
熊运浪　常委、政法委书记（7月任）
李松殿　常委、宣传部部长（9月任）、副市长（任至10月）
梅　峰　常委（8月任）、南昌经济技术开发区党工委书记（9月任）
乐文红　（女）常委（任至8月）、统战部部长（任至9月）
饶绍清　常委、统战部部长（9月任）
肖　云　常委、副市长（挂职）
赵晓毛　秘书长、办公室主任（11月任）
熊绍群　副秘书长
张湘赣　副秘书长、办公室主任（任至11月）
康健林　政研室主任、副秘书长（兼）、改革办副主任
赵　俊　合作交流办党委书记、主任、副秘书长（兼）（3月任）
吴志强　副秘书长、二级调研员

南昌市人大常委会

吴伟柱　党组书记（任至9月）、主任（任至10月）
李镇发　党组书记（9月任）、主任（10月任）
宋　铀　党组副书记（11月任）、副主任（10月任）
刘德辉　党组成员（11月任）、副主任（10月任）
谭绍木　副主任（民主党派）
王　强　党组成员（11月任）、副主任（10月任）
万昱原　党组成员（11月任）、副主任（10月任）
张湘赣　党组成员（11月任）、副主任（10月任）
寇立群　（女）党组成员（11月任）、副主任（10月任）
孙　毅　党组成员（11月任）、副主任（10月任）
赵东亮　一级巡视员（2月任）
李福如　党组成员（任至3月）、副主任（任至3月）、一级巡视员（2月任）
张　力　党组成员（任至3月）、副主任（任至3月）、一级巡视员（2月任）
陈以荻　党组成员（任至3月）、副主任（任至3月）、一级巡视员（2月任）

申少平　党组副书记(任至11月)、副主任(任至10月)
王　敏　(女)党组成员(任至11月)、副主任(任至10月)
沈　杰　党组成员(任至11月)、副主任(任至10月)
罗剑云　党组成员(任至11月)、副主任(任至10月)
梅茂发　党组成员(3月至11月)、副主任(3月至10月)
余志坚　党组成员(3月至11月)、副主任(3月至10月)
杨保根　党组成员(3月至11月)、副主任(3月至10月)
汪军伟　党组成员、秘书长(3月任)、机关党组书记、办公室主任(兼)(12月任)
徐永立　市人大常委会二级巡视员(11月任)
胡灵驱　副秘书长(正县长级)(11月任)、办公室主任(任至11月)、机关党组成员
熊秋林　副秘书长、民革市委会副主委(兼)

南昌市人民政府

黄喜忠　市委副书记(任至2月)、市长(任至2月)
万广明　市委副书记、代市长(2月任)、市长(3月任)
胡晓海　市委常委、政法委书记(任至7月)、副市长(8月任)
肖　云　市委常委、副市长(挂职)
龙国英　(女)副市长
肖铁军　副市长(10月任)
赵　捷　副市长(10月任)
江新洪　副市长(10月任)
彭开先　副市长(10月任)
王　强　副市长(10月任)
王万征　市委常委、副市长(任至10月)、南昌高新技术产业开发区党工委书记(9月任)
李松殿　市委常委、宣传部部长(9月任)、副市长(任至10月)
宋　铀　副市长(任至10月)
樊三宝　副市长(任至10月)
邹晓东　秘书长(12月任),办公室党组书记、主任(11月任)
吴长金　办公室二级巡视员
陈吉炜　副秘书长
王　耀　副秘书长、办公室主任(任至11月)
王小文　副秘书长
杨墉富　副秘书长
汪　成　副秘书长(兼)(3月任)
万里菲　(女)副秘书长
黄小华　秘书长、办公室党组书记(任至11月)
黄　琰　(女)副秘书长(任至11月)
杨保根　副秘书长(任至3月)

政协南昌市委员会

刘家富　党组书记、主席(任至10月)
卢伟平　党组书记、主席(10月任)
樊三宝　党组副书记(11月任)、副主席(10月任)
黄清玉　副主席、民建市委会主委
熊志刚　副主席、市工商联主席
万　敏　副主席
宋亮生　党组成员(11月任)、副主席(10月任)
谢为民　党组成员(11月任)、副主席(10月任)
薛有旺　副主席(10月任)、民盟市委会主委、市检察院副检察长
黄小华　党组成员(11月任)、副主席(10月任)
魏宏平　副主席(10月任)、九三学社市委会主委
周智安　副主席(任至10月)
李广振　副主席(任至10月)
黄耀华　副主席(任至10月)
胡　彬　副主席(任至10月)
罗蜀强　原副主席
余　刚　党组成员、秘书长(3月任)、机关党组书记、办公室主任(兼)(11月任)
张　菁　副秘书长(正县长级)(11月任),机关党组成员(1月任)
衣　萍　副秘书长

南昌市纪委监委

黄冬生　市委常委、市纪委书记(8月任)、市监委主任(10月任)
朱　斌　市纪委常务副书记(任至9月)、市监委副主任(任至10月)
寇立群　(女)市纪委副书记(任至9月)、市监委副主任(任至10月)
徐　强　市纪委副书记(任至9月)、市监委副主任(任至10月)
刘　峥　市纪委副书记(9月任)、市监委副主任(10月任)
黄细华　市纪委副书记(9月任)、市监委副主任(10月任)
晏　青　市纪委常委(任至9月)、市监委委员(任至12月)
姚　平　市监委委员(任至12月)、市纪委常委(9月任)
李　莉　(女)市纪委常委(9月任)、市监委委员(12月任)
晏永青　市纪委常委(9月任)、市监委委员(12月任)
屈小兵　市纪委常委(9月任)、市监委委员(12月任)
徐　军　市纪委常委(9月任)
肖　璐　(女)市监委委员(12月任)
张乐洋　市监委委员(12月任)
刘军平　组织部部长
何剑芳　(女)宣传部部长
刘　健　(女)党风政风监督室主任

樊彦洲　信访室主任
梁卫东　第一室主任
雷进先　第二室主任
邓　军　第八室主任
李　军　第九室主任
王雁鸣　干部监督室主任
余友明　二级调研员
付石兰　(女)四级调研员
聂志强　四级调研员
胡贤清　四级调研员
谭良娇　(女)四级调研员

市直单位县级以上干部名录

市委办公室

赵晓毛　市委秘书长、办公室主任(11 月任)
熊绍群　市委副秘书长
张湘赣　市委副秘书长、办公室主任(任至 11 月)
康健林　市委副秘书长、政研室主任、改革办副主任
赵　俊　市委副秘书长、合作交流办主任(8 月任)
吴志强　市委副秘书长、二级调研员
钟国栋　副主任、二级调研员
李晓东　市纪委市监委派驻市委办公室纪检监察组组长
吕东锦　副主任
赖继红　正县级督查专员
袁耕宇　二级巡视员(任至 11 月,退休)
曾国华　市委督查室主任
崔瑞娟　(女)市委“民声通道”工作室主任(副县级)
章余铁　二级调研员
何　勐　副县级督查专员(任至 10 月)
吴　群　(女)四级调研员
梅清贵　副县级督查专员

市人大常委会机关

汪军伟　党组成员(1 月至 12 月)、秘书长(3 月任)、办公室主任(12 月任)
胡灵驱　副秘书长、办公室主任(任至 12 月),副秘书长(正县长级)(12 月任)
熊秋林　副秘书长(民主党派)
宋　晓　办公室副主任
耿承军　(女)监察和司法委主任委员
邓　亮　监察和司法委副主任委员
刘锡平　监察和司法委副县级专职委员
黎建武　财经委主任委员(3 月任)
张春辉　财经委主任委员(任至 3 月)、二级巡视员
周茂林　财经委副主任委员
熊卫平　财经委二级调研员
郑　琴　(女)预算工委副主任
周国繁　教科文卫委主任委员
付园萍　(女)教科文卫委副主任委员
熊春水　教科文卫委副县级专职委员
刘志勇　农业和农村委主任委员(3 月任)
胡友胜　农业和农村委主任委员(任至 3 月)、二级巡视员
江新忠　农业和农村委副主任委员
陈雄斌　农业和农村委副县级专职委员
邹建华　城建环保委主任委员(3 月任)
熊贤莉　城建环保委主任委员(任至 3 月)、一级调研员
刘　敏　(女)城建环保委副主任委员
陈金华　(女)城建环保委副县级专职委员
谢文斌　法制委主任委员
曾宏斐　(女)法制委副主任委员
王绍江　法制委副县级专职委员
周国群　社会建设委主任委员(3 月任)
吕　娄　(女)社会建设委主任委员(任至 3 月)、二级巡视员
汤王东　社会建设委副主任委员(2 月任)
欧阳小敏　社会建设委副县级专职委员
陶　成　法工委主任、一级调研员
熊　成　法工委副主任
吴倨峰　备案审查工委副主任
杨晓波　选任联工委主任、市委组织部副部长
刘荣林　选任联工委副主任

市政府办公室

邹晓东　市政府秘书长(12 月任),党组书记、主任(11 月任)
吴长金　二级巡视员
陈吉炜　市政府副秘书长、党组成员
王　耀　市政府副秘书长、党组成员,主任(任至 11 月)
王小文　市政府副秘书长、党组成员
杨墉富　市政府副秘书长、党组成员
汪　成　市政府副秘书长(兼)、党组成员(3 月任)
万里菲　(女)市政府副秘书长、党组成员
杨志龙　党组成员、正县级督查专员
余毛毛　党组成员、副主任、二级调研员
叶　涛　党组成员、副主任
张永华　党组成员、市纪委监委驻市政府办公室纪检监察组组长
王　英　(女)党组成员、副主任
涂俊炜　党组成员、副主任
李德平　四级调研员

农小兵　市政府参事室主任
吴建清　四级调研员
彭严明　副县级督查专员
蒋建山　副县级督查专员
汪美宁　四级调研员
祝雄华　研究室副主任
黄诗健　研究室副主任
黄小华　市政府秘书长、党组书记(任至11月)
黄　琰　(女)市政府副秘书长、党组成员(任至11月)
杨保根　市政府副秘书长、党组成员(任至3月)

市政协机关

余　刚　市政协党组成员、秘书长,办公室主任(兼),机关党组书记
张　菁　市政协副秘书长(正县级),机关党组成员
衣　萍　副秘书长
饶小敏　办公室二级调研员(原秘书长)(3月任)
罗　平　提案委主任
袁海秋　提案委二级巡视员
钟春发　经济委主任
郭子东　机关党组成员,农业和农村委主任
胡荣棣　农业和农村委二级巡视员
丁慧兴　机关党组成员,人资环城建委主任
余　颖　教科卫体委主任
衣　萍　社会和法制委主任
徐　峰　机关党组成员,民族和宗教委主任
罗　坤　社法民宗二级巡视员
杨晓辉　机关党组成员,港澳台侨和外事委主任
熊墨明　港澳台侨和外事委一级调研员
张恒立　机关党组成员,文化文史和学习委主任
陈军虎　机关党组成员,市纪委监委派驻市政协办公室纪检监察组组长
江文升　办公室副主任
谈水泉　提案委副主任
夏云标　农业和农村委副主任
何　民　人资环城建委副主任
刘绍友　教卫文体文史委副主任
况胜秀　社法民宗委副主任
王志勤　办公室二级调研员
左　辉　办公室二级调研员
王河湧　办公室二级调研员
潘建华　社法民宗委二级调研员
曹克强　经科委四级调研员

市委组织部

李镇发　市委副书记(5月任,任至8月)、组织部部长(任至8月)
余正琨　市委常委、组织部部长(8月任)
余志坚　市人大常委会党组成员、副主任(3月任,任至10月),常务副部长
凌　菲　(女)副部长(兼),市委老干部局局长
黄国平　副部长(正县长级)
杨晓波　副部长,市人大常委会选任联工委主任(兼)
郝思一　市纪委市监委派驻市委组织部纪检监察组组长
卢亮昊　副部长,市委非公有制经济组织和社会组织工委书记、二级调研员
张六顺　二级调研员(任至10月)
曾光华　四级调研员

市委宣传部

李松殿　市委常委、宣传部部长(9月任)、副市长(任至10月)
夏清平　常务副部长
熊中高　副部长,市委网信办主任
李少峰　市纪委监委派驻市委宣传部纪检监察组组长
张　敏　副部长
陈　焜　副部长
郭国亮　市文明办副主任
程　超　市文明办副主任
李学聪　市文明办副主任
雷丽红　四级调研员
温华贵　四级调研员
张定章　四级调研员

市委统战部

乐文红　(女)市委常委、统战部部长(任至8月)
饶绍清　市委常委、统战部部长(9月任)
高革霞　(女)市委统战部常务副部长(1月任)
黄　文　副部长
刘小坚　副部长
熊冬燕　(女)副部长
麦建宁　副部长
杨　燕　(女)市纪委监委派驻市委统战部纪检监察组组长
李建红　副部长(任至9月,调离)
吕　璠　(女)副部长
杨　杰　四级调研员

市委政法委

胡晓海　市委常委、政法委书记(任至7月)、常务副市长(8月任)
熊运浪　市委常委、政法委书记　(7月任)
赵泽华　常务副书记(正县级)
慈海波　副书记(正县级)

李国水　副书记(正县级)
柯文翔　副书记
杨　成　政治部主任
何运游　四级调研员
彭淑萍　(女)市法学会专职副会长,四级调研员
徐　宏　市综治中心主任

市委台办

巫　滨　(女)主任(任至3月)
夏小兰　(女)主任(12月任)
邹冬梅　(女)副主任
余建明　副主任、二级调研员
蔡安枪　副主任(任至12月)
戴继斌　四级调研员
尤丁发　四级调研员

市委政研室

康健林　市委副秘书长、政研室主任、改革办副主任
杨平水　副主任、二级调研员
车红云　副主任、二级调研员
高　峰　副主任
罗建国　改革办专职副主任
叶想英　四级调研员

市委老干部局

凌　菲　(女)局长
张　芳　(女)副局长
唐雄华　副局长
黄素萍　(女)二级调研员
朱经伟　二级调研员
涂　兵　四级调研员
王爱华　市关心下一代工作委员会办公室主任(副县级)

市直工委

钱　昀　第一书记(兼)
陈奕蒙　书记
梁厚生　副书记
殷红锋　(女)副书记
陈　俊　副书记
李　智　工委委员
廖文生　工委委员
钱　靖　工委委员
杨启棠　二级巡视员

市委编办

陶寒光　主任、二级巡视员
孔令源　副主任
周　丽　(女)副主任
郑钦新　副主任
高小华　三级调研员

市委信访局

聂嘉平　市委副秘书长、信访局局长、二级巡视员(1月任)
万明凤　(女)正县级督查专员
刘玉国　正县级督查专员
诸　虹　(女)副局长
袁定福　副局长
刘多祯　市信访接待中心主任
张智华　(女)二级调研员(9月任)
顾国强　二级调研员(6月退休)

市委巡察办

姚　平　主任
蒋　理　副主任
艾安水　副主任

市委网信办

熊中高　主任,市委宣传部副部长(兼)
刘　力　副主任
刘　煜　副主任
胡洪武　二级调研员
丁江华　四级调研员

市委党校

严　允　校长(任至2月)
钱　昀　校长(11月任)
胡晓海　院长(7月任)
陶东阳　常务副校(院)长
杨云峰　副校(院)长
钟爱保　副校(院)长
万　强　副校(院)长
邓裕斌　副校(院)长
蔡水珍　二级调研员
程　敏　二级调研员
王传林　副调研员

市合作交流办

赵　俊　党委书记、主任
李　莉　党委委员、副主任
高宝华　党委委员、副主任
叶东发　党委委员、副主任
章　勇　四级调研员

市机关事务管理局

汪　成　党组书记、局长
卢学文　党组成员、副局长
何小波　党组成员、副局长
张　恩　党组成员、副局长
吴荣富　调研员
李晓东　副调研员
熊建军　副调研员
戴　琦　四级调研员

市史志办

谢晓亮　主任
张永华　副主任、二级调研员
徐明生　副主任
邓水龙　副主任
涂俊彦　四级调研员

市档案馆

余小勇　馆长
叶寿祥　副馆长
占明义　副馆长
黄　霞　（女）副馆长
徐迎晨　二级巡视员
李小云　（女）二级调研员（8 月退休）

市法院

刘　星　党组书记、代院长（9 月任）、院长（10 月任）
吕清泉　党组书记（任至 9 月）、院长（任至 8 月）
张　萍　党组副书记、副院长（9 月退休）
罗　辉　党组成员、副院长（12 月退休）
黄淑彬　党组成员、副院长
钟明强　副院长
刘建玲　党组成员（任至 8 月）、副院长
焦　健　党组成员、政治部主任
李红刚　党组成员、副院长
刘晓辉　党组成员、市纪委监委派驻市法院纪检监察组组长
刘　东　党组成员、执行局局长
陈　芳　党组成员、审判委员会专职委员
廖治中　审判委员会专职委员
余行飞　审判委员会专职委员

市检察院

刘鸿斌　党组书记、代检察长（9 月任，任至 11 月）
　　　　党组书记、检察长（11 月任）
邓修作　党组副书记、副检察长（正县级）
曹运革　党组成员、副检察长（正县级）
薛有旺　南昌市政协副主席（10 月任），民革市委会主委，副检察长
周　铭　党组成员、市纪委监委派驻市检察院纪检监察组组长、二级调研员
戴雪玲　（女）党组成员、政治部主任
熊红文　党组成员、检委会专职委员
田　勇　检委会专职委员
刘　炽　党组书记、检察长（任至 8 月）、一级高级检察官（8 月任）
涂平贵　党组成员、副检察长（任至 8 月）

市总工会

李福如　市人大常委会副主任，党组书记（任至 11 月）、主席（任至 12 月）
刘德辉　市人大常委会副主任，党组书记（11 月任）、主席（12 月任）
李　林　党组副书记、常务副主席
张小芳　（女）党组成员、副主席
邹循泷　党组成员、副主席
陈水平　党组成员、副主席
周宇凤　党组成员、经费审查委员会主任、二级调研员
熊　艳　（女）党组成员、女职工委员会主任，市妇女联合会副主席（兼）
钟　东　党组成员、市教科文卫体工会主席
梅树华　二级调研员（2 月退休）
张　霖　四级调研员

团市委

刘众星　书记
邓　培　（女）副书记（任至 8 月，转岗）
曾　晋　副书记
熊　坚　副书记

市妇联

胡　斋　（女）党组书记、主席
梅　丽　（女）党组成员、副主席
黄朝华　（女）党组成员、副主席
陈　姝　（女）党组成员、副主席
吴建华　四级调研员
黄礼娟　（女）四级调研员

市文联

万晓东　党组书记、主席（6 月任）
赵　军　党组书记、主席（任至 6 月，到龄改非），二级巡视员
龚建峰　党组成员、副主席
周文彬　党组成员、副主席

贺思敏　(女)二级调研员
雷　雨　(女)四级调研员
林继敏　四级调研员

市社科联

喻凤林　党组书记、主席
皮　洁　(女)党组成员、副主席
邹时光　党组成员、副主席
彭路萍　(女)党组成员、副主席
谢蔚如　(女)四级调研员

市侨联

刘小坚　党组书记、主席
陈　铭　(女)党组成员、副主席
许日强　党组成员、副主席

市残联

余　颖　党组书记、理事长
吴卫平　党组成员、副理事长
林善岳　党组成员、副理事长
邓林和　党组成员、副理事长
徐训波　四级调研员

市科协

孙群力　党组书记、一级调研员
邹玉萍　(女)主席
辜　锋　党组成员、副主席
李培赣　党组成员、副主席
杜　敏　党组成员、副主席
尹　炜　(女)二级调研员
涂继光　四级调研员(任至3月,调离)

市红十字会

潘　凌　(女)党组书记、常务副会长
曹小明　党组成员、专职副会长
梁　璐　(女)党组成员、副监事长
侯　正　(女)党组成员、副会长(挂职)
范德有　党组成员、四级调研员

市发改委

雷　强　党组书记,主任提名人选(11月任)、主任(12月任)
贾彧超　党组书记、主任(任至8月)
赖育雷　党组成员、副主任、二级调研员
钟　坚　党组成员、副主任、二级调研员
何彦军　党组成员、副主任
何华辉　党组成员、市纪委监委派驻市发改委纪检监察组组长
陈　瑛　党组成员、副主任
华　东　党组成员、副主任(挂职)
钟雷英　副主任
熊　飞　四级调研员
李少卿　四级调研员
黄建平　四级调研员
欧阳龙　原市公管办副主任
刘　翔　原市公管办二级调研员
熊季翔　二级调研员(10月退休)

市工信局

唐艳华　党组书记、局长(6月任)
陈　净　(女)党组成员、副局长、二级调研员
伍秋平　党组成员、副局长
邹　涛　党组成员、副局长
李素敏　(女)党组成员、副局长(挂职)(任至6月)
牛丽坤　(女)党组成员、副局长
刘述民　副局长(挂职)(7月任)
史渝闽　四级调研员

市国资委

黄中平　党委书记、主任(12月任)、二级巡视员
吴坤荣　党委委员、副主任、二级调研员
周仁斌　党委委员、副主任、二级调研员
傅荣志　党委委员、副主任、二级调研员
易　坚　党委委员、副主任、二级调研员
黄少林　党委委员、市纪委监委派驻市国资委纪检监察组组长
詹水发　二级巡视员
唐三湘　市政府参事、二级调研员
舒　洪　外派监事会主席
汪发林　外派监事会主席
杜小华　外派监事会主席
万晓峰　(女)二级调研员
胡国元　四级调研员

市人社局

巫　滨　(女)党组书记、局长(3月任)
龚小毛　党组成员、市纪委监委派驻市人社局纪检监察组组长
陈　进　党组成员、副局长
詹晓庆　(女)党组成员、副局长
刘晓锋　党组成员、副局长
肖　欢　二级调研员(1月退休)
徐贞科　二级调研员
万新华　四级调研员

张　赶　市社会保险事业服务中心负责人(原市社会保险管理中心主任)
李宏宇　市劳动保障监察支队负责人(原市劳动监察局局长)
邓　健　市人事考试中心负责人(原市人事考试中心主任)
韩　斌　市社会保险事业服务中心党总支负责人(原市社会保险管理中心党总支书记)
胡巧蓉　(女)民盟市委兼职副主委

市城市管理和综合执法局

杨保根　党组书记、局长(任至4月,调离)
罗建华　党组书记、局长(11月任)
胡军锋　党组成员、副局长
张裕生　党组成员、副局长、二级调研员
唐尚洪　党组成员、副局长
黄泉勇　党组成员、副局长
占肆土　党组成员、市纪委监委派驻市城市管理和综合执法局纪检监察组组长
孙新初　党组成员、副局长
吴　军　党组成员
刘国华　党组成员、副局长
陈宗龙　党组成员、副局长、二级调研员
曾享庭　党组成员、副局长、二级调研员
户春才　党组成员
秦　芳　党组成员,市城市管理综合执法支队党委书记、支队长、二级调研员
胡文海　二级调研员
罗红辉　二级调研员(12月任)
喻国平　二级调研员
彭小林　二级调研员

市外事(港澳事务)办

梅　梅　(女)党组书记、主任
毛亦水　党组成员、副主任、二级调研员
甘裕红　(女)党组成员、副主任
曾建民　党组成员、副主任
申继明　四级调研员

市应急管理局

陈　曙　党委书记、局长
罗春来　党委委员、副局长、二级调研员
邓保良　党委委员、副局长
吴　堃　党委委员
黄爱华　党委委员、副局长、二级调研员
潘四清　党委委员、市纪委监委派驻市应急管理局纪检监察组组长、二级调研员

马小娟　党委委员、副局长
陶志海　党委委员、副局长
李爱水　党委委员
杨　航　四级调研员
林向东　四级调研员
赖洪标　副县级领导
欧小青　副县级领导

市民族宗教事务局

黄　文　党组书记、局长
欧阳晓文　党组成员、副局长
买买提·麻木提　党组成员、副局长提名人选(12月任)
谭三国　党组成员、副局长(任至12月),二级调研员
熊　武　二级调研员

市行政审批局

宋亮生　党组书记、局长
黄招员　党组成员、副局长
叶见瑜　党组成员、副局长
陶筱玲　党组成员、副局长
张世忠　党组成员、副局长
杜　琴　党组成员、副局长
黎　强　二级调研员

市政务服务数据管理局

宋亮生　党组书记、局长
李　鑫　党组成员、副局长(正县级)
黄招员　党组成员、副局长、二级调研员
叶见瑜　党组成员、副局长
张　庆　党组成员、副局长
尹　娟　党组成员、副局长
陶筱玲　党组成员、副局长
张世忠　党组成员、副局长
杜　琴　党组成员、副局长
何美斌　党组成员、副局长(挂职)
郑　斌　二级调研员
黎　强　二级调研员

市金融办

邓　峰　党组书记、主任
许小兵　副主任
李志超　党组成员、副主任
秦　娟　党组成员、副主任

市公安局

肖铁军　省公安厅党委委员(8月任)、南昌市政府副市长(10月任)、党委书记(9月任)、局长(9月

任)、督察长(9 月任)
万秀奇　党委书记、局长、督察长(任至 8 月)
徐十斗　党委副书记、常务副局长
郑义端　党委副书记、副局长
张增和　党委委员、副局长,兼市警校校长
陈国宏　党委委员、副局长,兼特警支队政委
杨玉章　党委委员、副局长,兼交管局政委
李永春　党委委员、副局长(8 月任)、市纪委监委派驻市公安局纪检监察组组长任至 8 月)
陈国梁　党委委员、政治部主任
汪　勇　党委委员、交管局局长
范晓云　党委委员(2 月任)、特勤局局长
涂咸高　党委委员、市纪委监委派驻市公安局纪检监察组组长(8 月任)

市民政局

邹晓东　党组书记、局长(任至 11 月)
戴　闽　党组书记、局长(12 月任)
焦玉庄　党组成员、副局长、二级调研员(任至 4 月)
王国辉　党组成员、副局长、二级调研员
汪礼良　党组成员、市纪委监委派驻市民政局纪检监察组组长
曹志宏　党组成员、副局长
熊印根　党组成员、副局长
邱　锐　二级调研员

市司法局

王　强　党组书记、局长兼市强制隔离戒毒所第一政委
罗永兴　党组成员、市强制隔离戒毒所党委书记、所长
廖云生　党组成员、副局长、二级调研员
周晓雄　党组成员、副局长、二级调研员
万文革　党组成员、副局长
汤潇琼　党组成员、副局长
周义军　党组成员、副局长
凌小晋　(女)党组成员、政治部(警务部)主任
涂慧玲　(女)二级巡视员
邱　荣　二级调研员
冯庆文　四级调研员
廖承文　四级调研员
舒奕斌　四级调研员
李　通　市法治南昌建设办专职副主任
朱　雷　副县级干部

南昌仲裁委员会

张根水　主任

市城乡建设局

徐　强　党组书记、局长(任至 7 月)
熊焕标　副局长、二级调研员
张　敏　党组成员、市纪委监委派驻市城乡建设局纪检监察组长、二级调研员
饶良富　党组成员、副局长
池建林　党组成员、副局长
王观石　副局长(7 月任,挂职)
翟圣智　一级调研员
周庆荣　党组成员(任至 9 月)、二级调研员(9 月任)
龚著勤　二级调研员
万　军　二级调研员
李仉红　(女)四级调研员

市自然资源和规划局

陈明远　党组副书记、副局长
谢为民　党组成员、市纪委监委派驻市自然资源和规划局纪检监察组组长
陈献忠　党组成员、市土地储备中心主任
徐　侃　党组成员、副局长
吉伟伟　二级调研员
袁义松　二级调研员(7 月退休)
陈长春　党组成员、副局长
徐海平　二级调研员
何文军　(女)党组成员、副局长

市住房保障和房产管理局

李　勇　党组书记、局长
肖　虹　党组成员、副局长
陈建华　党组成员、副局长
欧阳锋　党组成员、市纪委监委派驻市住房保障和房产管理局纪检监察组组长
徐　胜　党组成员、副局长
罗　峻　党组成员、副局长
朱和平　二级调研员(5 月退休)

市生态环境局

陈宏文　党组书记、局长
曾晓翔　党组成员、二级调研员
郑家万　党组成员、市纪委市监委驻市生态环境局纪检监察组组长、二级调研员
章美良　党组成员、副局长
黄宝强　党组成员
刘忠马　党组成员
刘　扬　党组成员、副局长

市交通运输局

熊保良　党组书记、局长
俞剑平　党组成员、副局长、二级调研员
阮亦彬　党组成员、副局长(兼)
车小琴　(女)党组成员、副局长
余其江　党组成员、市纪委监委派驻市交通运输局纪检监察组组长(任至12月)
严晓群　党组成员、副局长、二级调研员
罗　宁　党组成员、副局长
李东昇　二级调研员(任至12月)
肖洪辉　四级调研员

市人防办

丁俊昌　党组书记
徐　静　主任
熊幸平　党组成员、副主任(二级调研员)
黄文金　党组成员、副主任
刘建勇　党组成员、副主任
谭来长　副主任(兼)
李克荣　二级巡视员
李　俊　四级调研员
陶涛会　四级调研员

市农业农村局

龚林涛　党组书记、局长
崇林风　(女)副局长
刘　健　(女)党组成员、副局长
朱旺生　党组成员、副局长、二级调研员
陈玉保　党组成员、副局长
凌永青　(女)党组成员、副局长、二级调研员
祝国强　党组成员、副局长、二级调研员
罗伙庚　党组成员、市纪委监委派驻市农业农村局纪检监察组组长
邓善华　党组成员
罗小琴　(女)党组成员、副局长
李慎林　党组成员、副局长
张　东　党组成员、副局长
王　胜　党组成员
张晓方　二级巡视员
王蕴文　二级调研员
江润保　二级调研员
黄文生　四级调研员
樊　滔　四级调研员
万云标　四级调研员

市林业局

宋　明　局党组书记、局长
丁　乐　局党组成员、副局长、二级调研员
杨馥宁　局党组成员、总工程师
谢凤俊　局党组成员
罗美英　局党组成员、副局长
陶丽珍　局党组成员、副局长
胡　明　局党组成员、副局长、二级调研员
肖天佑　局党组成员、市绿委办主任
王水生　二级调研员
胡友军　四级调研员

市水利局

胡崇敬　党组书记、局长
涂传建　党组成员、副局长、二级调研员
詹成龙　党组成员、副局长
胡秋华　党组成员、市纪委监委派驻市水利局纪检监察组组长、二级调研员
吴　民　党组成员、副局长(3月任)
李爱水　党组成员兼市应急局党组成员
吴海勤　党组成员、市河湖长制办公室专职副主任
周洪都　二级调研员(1月退休)
杨剑波　二级调研员(9月退休)
杨宏富　党组成员、副局长(任至3月),二级调研员
罗柏林　四级调研员
邹　幸　四级调研员
冒红星　四级调研员

市乡村振兴局

龚林涛　党组书记(12月任)
徐小萍　(女)党组成员、副局长
陈　慧　党组成员、副局长
易连发　二级调研员
熊国爱　四级调研员

市财政局

万昱原　党组书记、局长(任至11月)
涂晓晖　党组成员、南昌政府和社会资本合作创新中心主任(任至11月),党组书记、局长提名人选(11月任,任至12月),党组书记、局长(12月任)
陈国广　党组成员、副局长、二级调研员
胡　箭　党组成员、副局长、二级调研员
黄书林　党组成员、市纪委监委派驻市财政局纪检监察组组长
曾　辉　党组成员、副局长
毛志东　党组成员、副局长
胡丽华　(女)市政府参事、市财政局二级调研员
王晓平　四级调研员

市审计局

万仁如　党组书记、局长、二级巡视员
张根全　党组成员、副局长、二级调研员
彭艳云　党组成员、副局长
徐宝华　党组成员、副局长
胡蓓蓓　(女)党组成员、总审计师
廖金红　四级调研员
何稳庚　四级调研员
熊家芳　原市重大项目稽察特派员办公室主任

市统计局

兰　园　(女)党组书记、局长(12月任)
夏小兰　(女)党组成员、副局长(12月调离)
肖玉芳　(女)党组成员、副局长
许卫群　(女)党组成员、副局长
胡　强　党组成员、副局长
胡林发　四级调研员
张志萍　(女)四级调研员

市商务局

陈建军　党组书记、局长
黄信红　党组成员、副局长、二级调研员
张建平　党组成员、副局长
石　浩　党组成员、副局长
胡足卿　党组成员、副局长
胡　星　市商贸和会展服务中心主任、四级调研员
陶东铭　四级调研员
雷　艳　(女)四级调研员
彭望元　四级调研员

市投资促进局

戴　琼　(女)党组书记、局长
李凌鹏　党组成员、副局长
金　伟　副局长
曾伟群　党组成员、副局长
朱　彪　党组成员、副局长
张　庆　副局长(7月挂职)
赵国华　二级调研员
严笑正　二级调研员(7月退休)
徐国华　四级调研员
董　德　中国国际贸易促进委员会南昌市支会(中国国际商会南昌商会)副会长兼秘书长
吴筱萍　四级调研员
周兵林　四级调研员(4月退休)

市市场监督管理局

徐云辉　党组书记、局长、二级巡视员
邹建华　党组成员、副局长(1月调离)
曾性军　党组成员、副局长
付流云　党组成员、副局长
邓瑞禄　党组成员、市纪委监委派驻市市场监察管理局纪检监察组组长
田卫国　党组成员、副局长
喻　兵　党组成员、经开区局分党组书记、局长
龙纪瑞　党组成员、副局长
吉　丽　(女)党组成员、红谷滩区局分党组书记、局长(党组成员任至8月)
张志刚　党组成员
钱太高　党组成员(8月调离)
汪炳钦　党组成员、副局长
朱景新　党组成员、副局长
谢志春　党组成员
罗丽华　(女)一级调研员(10月退休)
陈卫东　二级调研员
敖春海　二级调研员
殷政权　二级调研员
刘灿东　二级调研员
余路华　三级调研员(12月任)
赵红华　(女)四级调研员
谌燕军　(女)四级调研员
李年生　四级调研员
罗中凯　四级调研员

国家税务总局南昌市税务局

龚云斌　党委书记、局长、一级高级主办
付和平　党委副书记、副局长、一级高级主办(7月任)
罗建萍　(女)党委副书记、副局长、二级高级主办(9月任)
张　俊　党委委员、副局长、二级高级主办
王振峰　党委委员、副局长、二级高级主办
钟绪林　党委委员、三级高级主办
游利民　党委委员、副局长、二级高级主办
黄　青　党委委员、市纪委监委派驻市税务局纪检监察组组长
吴汉江　督办(11月任)
王宝军　督办
郑晓辉　(女)一级高级主办
陈国富　二级高级主办
裘以华　二级高级主办
邱　明　二级高级主办(7月免党委委员、副局长)
姜雁平　二级高级主办
刘炳生　二级高级主办
林延敏　(女)二级高级主办
何　剑　二级高级主办　(8月免党委委员、副局长)
余国良　二级高级主办

郭南昌　二级高级主办(任至8月)
吴一亮　三级高级主办
李有望　三级高级主办
姜建华　四级高级主办
胡芳梅　(女)四级高级主办
郭斌明　国家税务总局南昌市税务局稽查局二级高级主办(4月免市税务局稽查局副局长(副处长级)
邹小婷　国家税务总局南昌高新技术产业开发区税务局二级高级主办[4月免南昌高新技术产业开发区税务局党委委员、副局长(副处长级)]
张云如　国家税务总局南昌市红谷滩区税务局党委书记、局长、二级高级主办

市气象局

谢银水　党组书记、局长
陆春信　党组成员、纪检组长
郭　艳　(女)党组成员、副局长
龚细明　党组成员、副局长
刘　燕　(女)二级调研员
吴延年　二级调研员

市教育局

谢为民　工委书记、局长(任至11月)
黄　琰　(女)工委书记(11月任)、局长(12月任)
刘国平　工委委员、副局长、二级调研员
陈　瑜　工委委员、副局长
蔡爱民　工委委员、市第二中学校长、二级调研员
熊　彪　工委委员、市教育考试院院长
卢　琛　工委委员、市纪委监委派驻市教育局纪检监察组组长
付青岚　(女)工委委员、副局长
万晓玲　(女)工委委员、总督学
李智良　二级调研员
朱道清　四级调研员
唐庆伟　四级调研员

市科学技术局

吴新财　党组书记
李淑英　(女)局长
万小敏　党组成员、副局长、二级调研员
李世玉　党组成员、副局长、二级调研员
江　燕　党组成员、副局长、二级调研员
付长根　党组成员、市纪委监委派驻市科技局纪检监察组组长
黄端伟　党组成员、副局长
党　钢　二级调研员
陈　丹　二级调研员
曹绍炜　四级调研员
叶保平　正县级干部
袁荪安　四级调研员
张发根　四级调研员
魏琴虹　四级调研员

市文广新旅局

万利平　党组书记、局长
赵刚平　(女)二级巡视员
陈清华　二级巡视员(6月退休)
熊　伟　党组成员、副局长、二级调研员
刘国产　党组成员、副局长、二级调研员
袁　峰　党组成员、副局长、二级调研员
饶掀洪　二级调研员
徐　芬　(女)党组成员、二级调研员(8月任)
帅晓萍　(女)党组成员、副局长、二级调研员
张　良　党组成员、市纪委监委派驻市文广新旅局纪检监察组组长
宋国平　党组成员、市“扫黄打非”办主任
郭　慧　(女)副局长(7月任,挂职)
刘用长　二级调研员(6月退休)
罗东文　四级调研员
邓穆超　四级调研员

市卫健委

雷　强　工委书记(任至11月)、主任(任至12月)
朱世鸣　工委书记(11月任)、主任(12月任)
易海英　(女)工委委员、副主任、二级调研员
王　群　工委委员、副主任
万　鹏　工委委员、副主任、二级调研员
赵海金　工委委员、市纪委市监委派驻卫生健康委纪检监察组组长
张　萍　(女)工委委员、副主任(6月任)
黄立发　市政府参事、二级调研员
陆春华　二级调研员(8月退休)
涂晓明　二级调研员
符德厚　四级调研员
姚　敏　(女)四级调研员
徐国水　二级调研员

市体育局

杨　春　党组书记、局长
宗云彪　党组成员、市体校校长
罗晓云　党组成员、副局长、二级调研员
熊庆峰　党组成员、副局长
许　慧　(女)副局长
艾　民　二级调研员

市退役军人事务局

刘祈虎 党组书记、局长
邓 宏 党组成员、副局长
杜辉根 党组成员、副局长
彭达兵 党组成员、副局长
吴义文 四级调研员

市医保局

郭 宇 党组书记、局长
涂小凤 党组成员、副局长
熊慧平 党组成员、副局长
舒敏强 二级调研员
焦玉庄 二级调研员

市大数据管理局

李 鑫 党组书记、局长
张 庆 党组成员、副局长
尹 娟 党组成员、副局长
何美斌 党组成员、副局长(挂职)
郑 斌 二级调研员

市中小企业服务局

陈建军 党组书记、局长(12月任)
石 浩 党组成员、副局长(12月任)
朱 彪 党组成员、副局长(12月任)

市公路事业发展中心

万文浩 党组副书记、主任
万治强 党组成员、副主任
戴志军 党组成员、副主任
章金华 党组成员、副主任
杨玉江 二级调研员
邓安祥 四级调研员

市重点公共建设项目管理中心

熊 伟 党组书记、主任
陈京广 党组成员、总工程师
黄文华 党组成员、副主任
万兆兰 (女)副主任
罗 辉 党组成员、副主任

市供销合作社联合社

罗毛则 党组书记、理事会主任
钟仁和 党组成员、理事会副主任
彭贤柏 党组成员、理事会副主任
樊林乔 二级调研员
丁绍平 二级调研员

南昌高新技术产业开发区

王万征 市委常委、副市长(6月任,任至10月)、党工委书记(9月任)
黄 俊 工委书记(11月退休)
刘德辉 工委副书记、管委会主任
陈 艳 (女)工委副书记
李旭晟 工委委员、管委会副主任(任至11月,调离)
吴前进 工委委员、管委会副主任
喻慧平 工委委员、纪工委书记
刘用强 工委委员、管委会副主任
万 洪 工委委员、公安分局局长
洪 霞 (女)工委委员
熊 俊 工委委员、组织部部长
姜玉林 管委会二级巡视员
邬裕江 管委会一级调研员
付碧波 (女)管委会一级调研员
陈镇华 管委会二级调研员
杨 磊 (女)管委会四级调研员
周友水 管委会二级调研员
谢小宝 管委会二级调研员
叶 敏 管委会二级调研员(6月退休)

南昌经济技术开发区

梅 峰 市委常委、党工委书记(9月任)
于立山 区党工委副书记、管委会主任
程建兵 区党工委副书记
吴国荣 区党工委委员、管委会副主任
徐海波 区党工委委员
张 磊 区党工委委员、管委会副主任
王 励 区党工委委员、管委会副主任
刘 兴 区党工委委员、纪工委书记、监察组组长
谢 浩 区党工委委员、公安分局局长
贺 敏 区党工委委员、管委会副主任(12月任)
吴海保 区管委会二级调研员
徐国星 区管委会二级调研员
雷惠珍 区管委会二级调研员(9月任)
罗能人 区管委会二级调研员(9月任)
张良生 区管委会四级调研员
熊 伟 区管委会副县级干部

南昌小蓝经济技术开发区

熊运浪 党工委书记(任至7月,调离)
陈 翔 党工委副书记、管委会主任
徐 峰 党工委副书记(任至1月,调离)
柯雪琴 (女)党工委委员、区纪工委书记、区监察组组长
李 碧 党工委委员、管委会副主任

涂莉华　(女)党工委委员、管委会副主任
葛　苗　党工委委员、管委会副主任
周结华　党工委委员、管委会副主任(任至7月,挂职)

南昌临空经济区

于立山　工委书记、管委会主任(11月任)
谭建平　工委委员、管委会副主任
刘　兴　(女)工委委员、纪工委书记、监察组组长
殷　勇　工委委员
李珍明　工委委员、规划建设部部长
李　葵　工委委员、工管办主任(任至8月,调离)
周　辉　管委会四级调研员、经营发展部部长
宋俊娟　(女)管委会四级调研员、人力资源部部长
廖晨照　管委会四级调研员、综合协调部负责人

南昌汉代海昏侯国遗址管理局

叶明和　党工委书记
彭印琨　党工委副书记、局长
万　欣　(女)党工委委员、副局长
邹慧丰　(女)党工委委员、纪工委书记、监察组组长
刘斯武　党工委委员、副局长
李跃华　一级调研员

湾里管理局党工委、管理局

赵晓毛　党工委书记(任至11月)
龚志强　党工委副书记、局长
汪众华　党工委副书记(任至8月)
高招彪　党工委委员、副局长
万爱军　党工委委员、湾里公安分局局长
杜卫东　党工委委员、纪检监察工委书记
涂　晔　党工委委员、副局长
王仪镇　党工委委员、副局长
余桂林　副局长(挂职,7月任)

红谷滩区

周　亮　党工委书记(任至7月)
任海斌　党工委副书记、管委会主任(任至9月)
符师勇　党工委委员、管委会副主任
万晓娟　(女)党工委委员、管委会副主任
邓越峰　党工委委员

南昌综合保税区管理委员会

徐海波　党组书记、主任
洪　霞　党组成员、副主任
熊金兔　党组成员、副主任
齐林松　党组成员、市纪委监委派驻南昌综合保税区纪检监察组组长

吴　斌　三级调研员
涂凤保　四级调研员
刘　华　四级调研员

民革南昌市委会

薛有旺　主委
熊秋林　副主委
余　斌　副主委
邹　萍　专职副主委

民盟南昌市委会

郭　翀　(女)主委、市社会主义学院院长
方燕红　(女)专职副主委(任至11月)
胡巧蓉　(女)副主委(兼)
万　菁　(女)专职副主委
雷伍华　副主委(兼)

民建南昌市委员会

黄清玉　(女,土家族)市政协副主席,市民建主委
田　艳　(女)红谷滩区政协副主席提名人选,市民建副主委(兼)
贺龙茹　(女)市民建副主委
郑建辉　(女)青山湖区科协主席,市民建副主委(兼)
雷峻峰　南昌雷式学校董事长,市民建副主委(兼)

民进南昌市委会

谭绍木　市人大常委会副主任、民进市委会主委
邹玉萍　(女)市人大常委会教科文卫委员会主任、民进市委会副主委
郑洪健　东湖区人大常委会副主任、民进市委会副主委
王　光　西湖区政府副区长、民进市委会副主委
邹萍莉　(女)民进市委会专职副主委(兼)秘书长
刘英杰　办公室主任、四级调研员

农工党南昌市委员会

龙国英　(女)主委
李美君　(女)副主委
吴一建　副主委
李　杰　(女)副主委
胡国华　副主委

九三学社南昌市委会

魏宏平　市政协副主席、九三学社南昌市委会主委
童　华　九三学社南昌市委会专职副主委
王　晖　九三学社南昌市委会副主委、南昌市第一医院心胸外科主任

市工商联

熊志刚　主席（市政协副主席）
熊冬燕　（女）党组书记、副主席（市委统战部副部长）
张晓伟　党组成员、副主席
王妮娜　（女）副主席
陈东飞　党组成员、副主席
余登伟　二级调研员
付苏臣　二级调研员
吴卫华　二级调研员
周　芸　（女）二级调研员
李　维　四级调研员（7月退休）
张安发　四级调研员
蒋　虹　四级调研员
欧阳凡　党组成员（市委统战部四科科长）
刘　欣　（女）党组成员、秘书长

南昌广播电视台

许海霞　（女）党组成员、副台长
罗　兰　（女）党组成员、副台长
舒民强　党组成员、副台长
王　庆　（女）党组成员、总编辑
徐　红　（女）副县级干部

南昌日报社

李良生　社长
胡洪水　总编辑
朱艳萍　（女）副总编辑
张春勇　副社长
万荣海　调研员

县区委常委及人大、政协主要负责人名录

南昌县委

熊运浪　书记（任至8月）、小蓝经开区党工委书记
陈　翔　书记（8月由县委副书记、县长转任）、小蓝经开区管委会主任
贾彧超　副书记（8月任）、县长（8月任代县长，10月任县长）
罗国栋　副书记（任至7月）
杨先国　副书记（8月任）
吴　华　常委、纪委书记、监委主任（任至8月）
陈奇勇　常委、组织部部长（任至8月）
张周平　常委
陶亿国　常委、常务副县长（任至2月）
陈伟峰　常委、宣传部部长（任至8月）
皮　钧　（女）常委、统战部部长
闵员根　常委、政法委书记
刘荣鑫　常委、纪委书记（8月任）、监委主任（8月任监委代主任，10月任监委主任）
胡朝辉　常委、宣传部部长（8月兼任宣传部部长）
杨　燊　常委（任至8月）、武阳镇党委书记（4—7月兼任）
邹春华　常委、组织部部长（8月任）
付向宇　常委、常务副县长（8月任）
万向阳　常委、副县长（8月任）

南昌县人大常委会

黄芝亮　主任（任至10月）
刘万勇　主任（10月任）

南昌县政协

郑响龙　主席（任至8月）
邹艾民　主席（10月任）

进贤县委

徐　强　书记（7月任）
王　强　书记（任至7月）
熊　辉　副书记、县长（10月任）
叶修堂　副书记、县长（任至10月）
邹敏琴　副书记（8月任）
邓之武　常委、组织部部长（8月任组织部部长）
魏维新　常委、组织部部长（任至8月）
陈　云　常委
杨志文　常委、副县长
涂辉平　常委、纪委书记、县监委主任（8月任）
钱太高　常委、政法委书记（8月任）
黄华辉　常委、政法委书记（任至8月）
涂莉花　常委、统战部部长（8月任）
胡国星　常委、统战部部长（任至8月）
徐永钢　常委、副县长（8月任常委）
吴庆和　常委、宣传部部长（8月任）
陈　韬　常委、宣传部部长（任至8月）

进贤县人大常委会

胡志强　主任（10月任）
胡鹏飞　主任（任至10月）

进贤县政协

胡建平　主席（10月任）
钱和平　主席（任至10月）

安义县委

彭开先　书记（任至7月）

谭伯乐　县长(任至7月)、书记(7月任)
罗国栋　副书记(8月任)、代县长(8月任、任至10月)、县长(10月任)
周荣卿　副书记(任至8月)
凌敏杰　常委、常务副县长(任至8月)、副书记(8月任)
叶　飞　常委、常务副县长(10月任)
廖明哲　常委、组织部部长
章征江　常委
邵应兰　常委、宣传部部长(任至9月)
杨　峻　常委、宣传部部长(9月任)
余建国　常委、政法委书记(9月任)
刘志伟　常委、副县长、安义工业园区党工委书记(8月任)
夏森珍　常委、纪委书记、监委主任(任至8月)
龚飞霞　常委、纪委书记、监委主任(8月任)
黄剑魁　常委、统战部部长(任至8月)
张　帆　常委、统战部部长(8月任)

安义县人大常委会

刘万勇　主任(任至8月)
熊　斌　主任(10月任)

安义县政协

黄小平　主席(任至8月)
陈伟峰　主席(10月任)

东湖区委

高辉红　书记(2月任)、副书记(任至2月)
刘　闯　书记(任至2月)
胡俊峰　副书记(2月任)、区长(2月任)
王成久　副书记(任至8月)
邓云生　副书记(8月任)
魏维新　常委、组织部部长(8月任)
宣　治　常委、常务副区长
李　婷　(女)常委、副区长
邵应兰　常委、区纪委书记、区监委主任(8月任)
况灯明　常委、统战部部长
熊广义　常委、宣传部部长
程家华　常委、政法委书记(8月任)
邱建新　常委
徐仲平　常委、区纪委书记、区监委主任(任至8月)
唐铭市　常委、组织部部长(任至8月)
胡志强　常委、政法委书记(任至8月)
张　恩　常委
刘荣鑫　常委、宣传部部长(任至8月)

东湖区人大常委会

喻国泰　主任(任至10月)
陈　兰　(女)主任(10月任)

东湖区政协

王　玮　(女)主席(任至10月)
陈　宇　主席(10月任)

西湖区委

梅茂发　书记(任至3月)
黄小燕　副书记、区长(任至3月),书记(3月任)
陶亿国　副书记、区长(3月任)
熊振强　副书记(2月任)
杨　燊　常委、常务副区长(8月任)
邓云生　常委、常务副区长(任至8月)
郭小玲　常委、宣传部部长(8月任)
熊　斌　常委、宣传部部长(任至8月)
陈　韬　常委、纪委书记、监委主任(8月任)
胡建平　常委、纪委书记、监委主任(任至8月)
万　勇　常委、政法委书记(8月任)
王建国　常委、政法委书记(任至8月)
余　铭　常委、统战部部长(8月任)
王反金　常委、统战部部长(任至8月)
胡　海　常委(8月任)、政府党组成员、副区长
陈　冲　常委
李　隽　常委、组织部部长(8月任)
王　新　常委、组织部部长(任至8月)

西湖区人大常委会

马　力　主任(任至10月)
夏森珍　(女)主任(10月任)

西湖区政协

唐于禄　主　席(任至10月)
胡国星　主　席(10月任)

青云谱区委

叶修堂　书记(7月任)
孙　毅　书记(任至7月)
汪众华　副书记、区长(7月提名区长候选人,8月任副书记,10月任区长)
吴江辉　副书记、区长(区长任至7月,副书记任至8月)
熊　敏　副书记(组织部部长任至8月,8月任副书记)
杨育星　副书记(任至6月)
黄华辉　常委、政法委书记(8月任常委,9月任政法委书记)
林　峰　常委、常务副区长
左　烨　常委
郭保庚　常委、统战部部长(9月任统战部部长)
黄云松　常委、统战部部长(常委任至8月,统战部部长任至9月)

李建红　常委、组织部部长(8月任常委、组织部部长)
腾作鹏　常委、宣传部部长(8月任常委,9月任宣传部部长)
杨　涛　常委、宣传部部长(常委任至8月,宣传部部长任至9月)
徐志勇　常委、纪委书记、监委主任(8月任常委、纪委书记,10月任监委主任)
陈子柠　常委、纪委书记、监委主任(常委、纪委书记任至8月)
杨　峰　常委、副区长(8月任常委)

青云谱区人大常委会

唐铭市　党组书记、主任(8月任党组书记、主任提名人选,10月任主任)
魏根金　党组书记、主任(党组书记任至8月,主任任至10月)

青云谱区政协

黄小平　党组书记、主席(8月任党组书记、主席提名人选,10月任主席)
胥　萍　(女)党组书记、主席(党组书记任至8月,主席任至10月)

青山湖区委

王　强　书记(任至4月)
袁一旦　副书记、区长(任至4月)、书记(4月任)
杨育星　副书记、区长(10月任)
陈　兰　(女)副书记(任至8月)
刘昌华　副书记(8月任)
詹洪武　常委、统战部部长(任至8月)
毛　涛　常委、统战部部长(8月任)
秦三友　常委、政法委书记(任至8月)
胡建勇　常委、政法委书记(8月任)
段宏勋　常委、组织部部长(任至8月)
龚　婧　常委、组织部部长(8月任)
徐永强　常委、纪委书记,区监察委主任
叶　飞　常委、宣传部部长(任至8月)
兰杨丽　常委、宣传部部长(8月任)
吴绘云　常委(任至8月)
万志军　常委(8月任)
胡建光　常委、常务副区长
江　龙　常委、副区长

青山湖区人大常委会

黄志平　党组书记、主任(任至10月)
郑响龙　党组书记、主任(10月任)

青山湖区政协

邹艾民　党组书记、主席(任至8月)
聂玉华　党组书记、主席(10月任)

新建区委

饶绍清　书记(任至7月,调离)
王　玮　副书记、区长(任至8月)
　　　　书记(8月任)
王成久　副书记、区长(8月任)
唐艳华　副书记(任至6月,调离)
章建云　常委、组织部部长(任至8月)、
　　　　副书记(8月任)
陈　宇　常委、宣传部部长(任至8月,调离)
邓　培　常委、宣传部部长(8月任)
杨先国　常委、常委副区长、纪委书记(纪委书记任至6月,常委副区长任至8月,调离)
李　葵　常委、常委副区长(8月任)
冯　健　常委、纪委书记(6月任)
秦润民　常委、副区长(6月任)
贾中强　常委、组织部部长(8月任)
涂文坚　常委、政法委书记(8月任)
聂玉华　常委、统战部部长(任至8月,调离)
李细平　常委
夏云峰　常委、政法委书记(任至8月,转任)
　　　　常委、统战部部长(8月任)

新建区人大常委会

刘　珠　主任(任至9月)
钱和平　主任(9月任)

新建区政协

陈圣栋　主席(任至9月)
黄云松　主席(9月任)

红谷滩区委

吴江辉　书记(7月任)
周　亮　书记(任至7月)
刘光荣　常委、副书记(8月任)、副区长候选人(任至7月)、区长候选人(7月任至10月)、区长(10月任)
任海斌　副书记(任至8月)、区长候选人(任至7月)
万晓娟　(女)副书记
仇海泉　常委、副区长候选人(8月任至10月)、副区长(10月任)、政法委书记(任至9月)
邓越峰　常委、宣传部部长
帅　志　常委、区纪委书记、区监委主任候选人(任至10月)、区监委主任(10月任)
胡　军　常委、组织部部长(8月任)
陈　敏　(女)常委(8月任)、统战部部长(9月任)

唐　武　常委(8月任)、政法委书记(9月任)
沈　平　常委(8月任)
邱　胜　常委(任至8月)、统战部部长(任至9月)、二级调研员
刘昌华　常委、组织部部长(任至8月)
徐　咏　常委(任至8月)

红谷滩区人大常委会
吴韶宸　党组书记、主任候选人(任至10月)、主任(10月任)

红谷滩区政协
陶国强　党组书记、主席候选人(任至10月)、主席(10月任)

中央、省属企事业及金融单位主要负责人名录

航空工业江西洪都航空工业集团有限责任公司
纪瑞东　党委书记、董事长
张　弘　党委副书记、总经理

江西中烟工业有限责任公南昌卷烟厂
罗　飚　党委书记、厂长

青山湖海关
颜　斌　党委书记、关长

市邮政管理局
李淑屏　(女)党组书记、局长、二级调研员(任至1月，转任)
阮亦彬　党组书记、局长(1月任)

南昌市消防救援支队
赵　伟　支队长
罗　梁　政委

中国移动通信集团江西有限公司南昌分公司
黄智东　总经理

中国电信南昌分公司
邬高萍　党委书记(任至3月)
陈　斌　党委书记(3月任)、总经理

中国联合网络通信有限公司南昌市分公司
韩智洪　党委书记、总经理

国网南昌供电公司
彭振华　总经理、党委副书记

中国铁路南昌局集团公司
王　培　党委书记、董事长
汤立新　党委副书记、董事、总经理

江西省机场集团公司
万　林　党委书记、董事长
周敏生　党委副书记、总经理(任至10月)
姜春阳　党委副书记、总经理(10月任)

中国石化销售股份有限公司江西南昌石油分公司
韦哲峰　经理

江西南华医药有限公司
王克勤　党委书记　董事长

南昌市烟草专卖局(公司)
揭东轲　党组书记、局长(经理)

中国人民银行南昌中心支行
张瑞怀　行长

江西银保监局
李赛辉　党委书记、局长

江西证监局
唐理斌　党委书记、局长、一级巡视员

中国农业发展银行省分行营业部领导人
孙　磊　党委书记、总经理

中国工商银行南昌分行
姜成茂　行长

中国农业银行南昌分行
张建成　党委书记

中国银行南昌市分行
李　雄　党委书记、行长

中国建设银行南昌分行
李　洪　行长

招商银行南昌分行
张　蓉　行长

江西银行股份有限公司
骆小林　党委副书记、行长

南昌农商银行
熊　斌　党委书记、董事长（任至6月，调离）
郭先境　党委书记、董事长（6月任）

中国人寿保险股份有限公司南昌分公司
刘家茂　党委书记、总经理

中国人民财产保险股份有限公司南昌市分公司
卢海根　总经理

平安产险江西分公司
曹　阳　总经理

平安人寿江西分公司
曾雅恒　总经理

太平洋人寿南昌中心支公司
贾仲红　总经理

市属企事业单位主要负责人名录

南昌工业控股集团
李水平　党委副书记、总经理（任至8月）、党委书记、董事长（8月任）

南昌旅游集团
张东林　党委书记、董事长
肖　壮　党委副书记、总经理

南昌轨道交通集团有限公司
万先逵　党委副书记、总经理

南昌城投公司
涂建平　党委书记、董事长
张东林　党委副书记、总经理、董事（任至8月）
章　勇　党委副书记、总经理（8月任）

南昌市政公用投资控股有限责任公司
邓建新　党委书记、董事长
万义辉　党委副书记、总经理

经济社会统计资料

表36　　行政区划统计表（2021年末）

单位：个

地区	街办	居委会	镇	乡	村委会
全市	**36**	**921**	**50**	**28**	**1163**
区	35	688	23	6	491
东湖区	9	97	1	0	21
西湖区	11	147	1	0	13
青云谱区	5	75	1	0	12
青山湖区	4	145	4	0	67
新建区	3	132	16	5	326
红谷滩区	3	92	0	1	52
县	1	233	27	22	672
南昌县	1	134	11	7	304
安义县	0	27	7	3	104
进贤县	0	72	9	12	264

表 37

主要年份国民经济主要指标统计表

指标	单位	2018 年	2019 年	2020 年	2021 年	2021 年比上年增长(%)
年末总人口(户籍)	万人	531.88	536.00	538.29	540.38	0.39
年末总人口(常住)	万人	601.62	614.05	625.58	643.75	2.90
地区生产总值	亿元	5119.33	5536.66	5783.32	6650.53	8.7
地方一般公共预算收入	亿元	461.75	477.00	483.86	484.84	10.0
地方一般公共预算支出	亿元	752.41	834.11	838.17	870.01	3.8
农林牧渔业总产值	亿元	321.01	360.53	401.62	411.11	9.7
规模以上工业增加值	亿元	–	–	–	–	11.4
500 万元及以上固定资产投资	亿元	–	–	–	–	11.1
#工业投资	亿元	–	–	–	–	18.7
规模以上服务业营业收入	亿元	810.52	896.69	928.33	1188.02	19.0
社会消费品零售总额	亿元	2143.83	2382.31	2452.74	2878.74	17.4
进出口总值	亿元	787.60	1062.43	1151.47	1293.56	12.3
#出口值	亿元	451.64	646.52	713.07	897.68	25.9
实际利用外资	亿美元	34.89	37.72	40.60	43.95	8.3
城镇居民人均可支配收入	元	40844	44136	46796	50447	7.8
农村居民人均可支配收入	元	17866	19498	20921	22913	9.5

注:1.2018 年末、2019 年末常住人口数为根据第七次全国人口普查结果修订数据;
2.2021 年地方一般公共预算收入增速为同口径增速。

表 38

南昌在全省的位置情况表

(2021 年)

指标	单位	总 量	总量排名	占全省比重(%)	增速(%)	增速排名
人口(常住)	万人	643.75	2	14.3	2.90	1
土地面积	平方公里	7195	7	4.3	—	—
地区生产总值	亿元	6650.53	1	22.5	8.7	7

续表38

指标	单位	总 量	总量排名	占全省比重(%)	增速(%)	增速排名
规模以上工业增加值	亿元	—	—	—	11.4	6
500万元及以上固定资产投资	亿元	—	—	—	11.1	5
规模以上服务业营业收入	亿元	1188.02	1	32.4	19.0	—
社会消费品零售总额(法人口径)	亿元	2878.74	1	23.6	17.4	8
地方一般公共预算收入	亿元	484.84	1	17.2	10.0	10
实际利用外资	亿美元	43.95	1	27.9	8.3	3
海关出口值	亿元	897.68	1	24.4	25.9	5
城镇居民人均可支配收入	元	50447	1	—	7.8	7
农村居民人均可支配收入	元	22913	1	—	9.5	8

表39 南昌的人均水平情况表

指标	单位	2020年	2021年
地区生产总值	元/人	93307	104788
农林牧渔业总产值	元/人	6480	6478
住户存款余额	元/人	69693	75256
社会消费品零售总额	元/人	39572	45358
城镇居民人均可支配收入	元/人	46796	50447
农村居民人均可支配收入	元/人	20921	22913
人均公园绿地面积	平方米	12.04	13.05
居民生活用电量	千瓦时	762	842

表40 常住人口基本情况表

指标	单位	2020年	2021年
年末总人口	万人	625.58	643.75
男性人口	万人	327.47	337.18
女性人口	万人	298.11	306.57
城镇人口	万人	488.44	506.23

续表40

指标	单位	2020 年	2021 年
乡村人口	万人	137.14	137.52
城镇化率	%	78.08	78.64
年平均人口	万人	619.81	634.67
出生人口	万人		4.58
出生率	‰		7.21
死亡人口	万人	3.11	3.19
死亡率	‰	5.02	5.02
自然增长人口	万人		1.39
自然增长率	‰		2.19

注:表中空缺数据暂未反馈。

表 41　城市居民消费价格指数情况表(以上年为100)

指标	2020 年	2021 年
居民消费价格总指数	102.5	101.0
一、食品烟酒	107.5	99.8
#粮食	102.6	101.2
鲜菜	107.6	108.0
水产品	108.7	109.0
蛋	89.4	107.6
二、衣着	100.9	99.9
三、居住	99.9	100.2
#租赁房房租	100.3	99.9
水电燃料	99.4	100.9
四、生活用品及服务	100.2	100.3
五、交通和通信	96.9	104.3
#交通	94.7	105.2
通信	100.5	101.0
六、教育文化娱乐	102.2	104.1
#教育	104.6	105.4
文化娱乐	99.4	101.7
七、医疗保健	99.7	100.6
八、其他用品和服务	105.9	98.5

表 42 固定资产投资增速情况表

单位:%

指标	2020 年	2021 年
全社会固定资产投资	8.8	11.1
#500 万元及以上固定资产投资	8.8	11.1
#基础设施投资	12.4	-4.3
5000 万元及以上项目投资	72.1	8.1
按经济类型分		
国有	27.6	-12.5
非国有	3.1	19.9
按建设性质分		
#新建及扩建	23.0	5.8
改建和技术改建	-21.7	41.7
按产业分		
#工业投资	3.7	18.7
房地产开发投资	6.4	0.4

表 43 房地产开发企业情况表

指标	单位	2020 年	2021 年	2021 年比上年增长(%)
房地产开发投资	亿元	971.57	975.84	0.4
#住宅投资	亿元	683.19	721.24	5.6
本年新增固定资产	亿元	377.44	272.33	-27.8
房屋施工面积	万平方米	6068.95	5927.10	-2.3
#新开工	万平方米	1087.85	1241.53	14.1
#住宅	万平方米	773.45	901.76	16.6
房屋竣工面积	万平方米	846.27	628.37	-25.7
#住宅	万平方米	622.90	407.89	-34.5
房屋竣工价值	亿元	273.57	205.90	-24.7
#住宅	亿元	185.19	130.46	-29.6
商品销售面积	万平方米	1770.83	2019.49	14.0
#住宅	万平方米	1367.24	1562.29	14.3
商品房销售额	亿元	1943.94	2076.27	6.8
#住宅	亿元	1485.60	1652.28	11.2
土地购置面积	万平方米	228.54	58.64	-74.3

表44 城市建设情况表

指标	2020年	2021年
城市绿化(城区)		
园林绿地面积(公顷)	14388	14642
#公园绿地	3814	4053
人均公园绿地面积(平方米)	12.04	13.05
城区绿化覆盖率(%)	41.3	43
年末公园(含动物园,个)	92	95
公园面积(公顷)	1577	1782
城市道路		
道路总长度(公里)	1616.25	2456.83
道路总面积(万平方米)	3570.85	5567.03
人行道总面积(万平方米)	680.71	927.41
公共交通		
营运车辆(辆)		
公共汽车	4361	4287
轨道交通	606	834
营运线路条数(条)		
公共汽车	386	436
轨道交通	3	4
营运线路长度(公里)		
公共汽车	9560	10346.7
轨道交通	88.85	128.6
全年客运量(万人次)		
公共汽车	20773	22402
轨道交通	13593.12	25968.01
年末出租汽车(辆)	5453	5453
全社会用电量(亿千瓦时)	**253.99**	**287.00**
#工业用电	132.30	147.52
居民生活用电	47.22	53.43
城市自来水供应		
自来水厂(个)	11	11
供水能力(万立方米/日)	147	164.22
供水总量(万立方米)	43673	47303
#生活用水	17846.03	18871.39
供水管道长度(公里)	7816	7901

续表 44

指标	2020	2021
城市供气		
液化气储气能力(吨)	2163	2163
液化气供应总量(吨)	19530	19393
#家庭用量	19507	19370
液化气用气数(万户)	150373	135335
#家庭用气数	150373	135335
液化气用气人口(万人)	24. 21	19. 36
天然气供应总量(万立方米)	49132. 8	54607. 2
#家庭用量	16443. 72	17801. 43
天然气用气户数(万户)	1152493	1235252
#家庭用气数(万户)	1129238	1229226
天然气用气人口(万人)	274. 7	285
气化率(%)	94. 8	98. 0

注:2020 年部分数据已修正。

1.部分部门数据尚未认定,可能存在变动;

2.2020 年部分数据已修正;

3.城市道路、城市供水、城市供气数据由市住建局提供,数据不包括南昌县、进贤县、安义县部分。

表 45 对外签订利用外资协议(合同)情况表

指标	2020		2021	
	项目(个)	金额(万美元)	项目(个)	金额(万美元)
外商直接投资	**60**	**48547**	**76**	**81900**
合资企业	28	23019	42	10197
合作企业	0	0	0	0
独资企业	31	25498	33	71533
外商投资股份制企业	1	30	1	170

表46　实际利用外资情况表

单位：万美元

指标	2020年	2021年
实际利用外资	**406008**	**439506**
一、分三次产业		
第一产业	—	1855
第二产业	205386	251946
第三产业	200619	185709
二、分区域		
日韩东南亚	1970	7
美加	7676	26435
欧洲大洋洲	58987	59161
投资性公司投资	11133	7000

表47　金融机构本外币存贷款余额情况表

单位：亿元

指标	2020年	2021年
存款余额	**13676.82**	**14757.42**
#住户存款	4319.67	4776.22
非金融企业存款	5791.82	6079.06
广义政府存款	2980.82	3179.00
贷款余额	**16005.62**	**17620.96**
#住户贷款	4460.55	4849.51
短期贷款	934.61	1044.67
中长期贷款	3525.93	3804.85
企(事)业单位贷款	11427.09	12701.64
#短期贷款	3217.63	3354.42
中长期贷款	7318.76	8139.79

表 48 农林牧渔业总产值(当年价)情况表

指标	绝对数(亿元)		构成(%)	
	2020 年	2021 年	2020 年	2021 年
农林牧渔业总产值	**401.62**	**411.11**	**100**	**100**
农业产值	154.62	167.24	38.5	40.7
林业产值	5.99	6.47	1.5	1.6
畜牧业产值	148.28	126.64	36.9	30.8
渔业产值	74.48	87.81	18.5	21.4
农林牧渔专业及辅助性活动产值	18.26	22.95	4.5	5.6

表 49 规模以上工业增加值增速和构成情况表

指标	2020 年	2021 年
规模以上工业增加值增速(%)	**4.7**	**11.4**
#国有	-23.5	24.1
集体	-18.7	-9.6
股份合作	33.0	32.7
股份制	4.6	9.6
外商及港澳台商	5.9	19.9
#私营企业	-0.7	13.3
#轻工业	0.0	12.2
重工业	8.0	10.8
#大中型	5.6	9.2
规模以上工业增加值构成(%)	**100**	**100**
#国有	0.38	0.68
集体	0.01	0.01
股份合作	0.11	0.23
股份制	87.34	81.75
外商及港澳台	12.10	17.29
#私营企业	21.73	30.41
#轻工业	40.61	38.95
重工业	59.39	61.05
#大中型	76.26	72.85

表 50　规模以上工业营业收入统计表

单位:亿元

指标	2021 年	比上年增长(%)
总计	7723.86	20.7
#国有	31.02	17.6
集体	0.50	-0.7
股份合作	29.88	49.6
股份制	6272.76	19.6
外商及港澳台	1386.44	24.9
#私营企业	2587.15	26.5
#轻工业	2231.03	21.1
重工业	5492.82	20.5
#大中型	5496.91	17.3

表 51　规模以上服务业主要指标情况表

指标	单位	2021 年	比上年增长(%)
企业数	户	1084	17.2
营业收入	亿元	1188.02	19.0
营业成本	亿元	909.13	15.4
税金及附加	亿元	6.03	38.8
营业利润	亿元	80.5	44.8
应交增值税	亿元	24.3	38.8
从业人员	人	19.44	0.3

表 52　社会消费品零售总额统计表

单位:亿元

指标	2020 年	2021 年	2021 年比上年增长(%)
社会消费品零售总额	**2452.74**	**2878.74**	**17.4**
一、按消费地区分			
城　镇	2229.65	2620.74	17.2
#城　区	1540.19	1896.35	16.2
乡　村	223.09	258.00	19.6
二、按行业分			
批发和零售业	2340.44	2738.78	18.4
住宿和餐饮业	112.30	139.96	0.4

表 53

交通运输情况表

指标	2020 年	2021 年	2021 年比上年增长(%)
货物运输量(万吨)	**14787.0**	**18695.0**	**26.4**
铁 路	362.6	418.8	15.5
公 路	13156	16784	27.6
水 运	1250.2	1474.9	18.0
民 航	18.2	17.3	-4.9
旅客运输量(万人)	**5497.4**	**4888.8**	**-11.1**
铁 路	2658.8	3058.0	15.0
公 路	1892	842	-55.5
水 运	3.9	9.2	135.9
民 航	942.7	979.6	3.9

注:2020 年全国公路货运数据已调整。

表 54

邮电事业情况表

指标	2020 年	2021 年	2021 年比上年增长(%)
邮电业务总量(亿元)	814.98	155.37	30.7
函件(万件)	645.6	386.0	-40.2
包裹(万件)	10.4	9.0	-13.0
快递(亿件)	4.66	6.36	36.5
国内同城快递(万件)	5446.1	6274.9	15.2
国内异地快递(万件)	40613.9	56489.5	39.1
国际及港澳台快递(万件)	581.5	873.1	50.1
快递业务收入(亿元)	55.50	63.73	14.8
订销报纸累计数(万份)	8379.9	8923.5	6.5
订销杂志累计数(万份)	337.9	317.6	-6.0
固定电话年末用户数(万户)	91.5	88.7	-3.1
移动电话(万户)	727.3	783.8	7.8
互联网宽带接入用户(万户)	275.2	310.9	13.0

注:2021 年邮政业务总量、电信业务总量测算不变单价已调整,增速为可比口径。

表55 卫生机构基本情况表

指标	2020年	2021年
一、卫生机构(个)	2686	2716
#医院(不含卫生院)	136	139
二、卫生床位数(万张)	4.42	4.61
#医院	3.88	4.02
三、卫生机构人员(万人)	6.31	6.58
#卫生技术人员	5.08	5.41
执业医师(助理)	1.79	1.91

表56 各级各类学校情况表

单位:所

指标	2020年	2021年
普通高等学校	52	49
普通中等学校	27	27
普通中学	304	312
职业高中	16	16
小　学	445	419
特殊学校	8	8

表57 学校教师数和在校学生数统计表

单位:人

指标	专任教师数		在校学生数	
	2020年	2021年	2020年	2021年
普通高等学校	35762	36273	687852	708034
普通中等学校	2115	2172	75569	83127
普通中学	30252	32452	321771	329182
职业高中	596	704	15492	21389
小　学	17573	17638	435424	440345
特教学校	241	249	1190	1267

表 58　学校招生数和毕业生数统计表

单位：人

指标	招生数		毕业生数	
	2020 年	2021 年	2020 年	2021 年
普通高等学校	229516	218469	168172	163495
普通中等学校	27322	31324	20768	21558
普通中学	107378	110204	101770	104209
职业高中	7114	9816	4818	3802
小　学	72655	74133	67321	70503
特教学校	263	246	231	219

表 59　广播、电视、出版基本情况表

指标	单位	2020 年	2021 年
广播电台	座	3	3
广播覆盖率	%	100	100
电视台	座	6	6
电视覆盖率	%	100	100
有线电视用户	万户	93. 29	75. 13

表 60　体育事业基本情况表

指标	单位	2020 年	2021 年
获得奖牌数	枚	441	458
#金牌	枚	192	195
银牌	枚	137	141

表 61　社会保险、保障基本情况表

指标	单 位	2021 年
失业保险参保人数	万人	69. 19
领取失业保险金人数	万人	1. 96
养老保险参保人数	万人	233. 77
享受养老保险的离退休人数	万人	65. 57
城市居民最低生活保障家庭	万户	1. 71
城市居民最低生活保障人数	万人	2. 96
农村居民最低生活保障家庭	万户	4. 26
农村居民最低生活保障人数	万人	7. 43
城乡医疗救助人数	万人	14. 42
城镇社区服务站(中心)	个	921

索 引

说明

一、索引采用主题分析法编制，大部分选用关键词。

二、索引按标引词汉语拼音字母顺序排列，标目后数字为页码，字母 a 为左栏，b 为中栏，c 为右栏。

三、分目标题用黑体字表明。

主题索引

C

G

H

K

L

M

N

P

Q

R

W

Y

Z

数字索引

字母索引

表格索引

南昌市史志办公室官方微信